Nenad Stefanov

Die Erfindung der Grenzen auf dem Balkan

Balkanologische Veröffentlichungen
Geschichte, Gesellschaft und Kultur
in Südosteuropa

Herausgegeben von
Hannes Grandits und Wolfgang Höpken

Band 65

2017
Harrassowitz Verlag · Wiesbaden

Nenad Stefanov

Die Erfindung der Grenzen auf dem Balkan

Von einer spätosmanischen Region zu nationalstaatlichen Peripherien: Pirot und Caribrod 1856–1989

2017
Harrassowitz Verlag · Wiesbaden

Die Reihe *Balkanologische Veröffentlichungen. Geschichte, Gesellschaft und Kultur in Südosteuropa* setzt die Serie *Balkanologische Veröffentlichungen. Osteuropa-Institut der Freien Universität Berlin* fort.

GEFÖRDERT VOM
Bundesministerium für Bildung und Forschung

Das der Publikation zugrundeliegende Forschungsvorhaben (Phantomgrenzen in Ostmitteleuropa, Teilprojekt: Phantomgrenzen in Südosteuropa) wurde mit Mitteln des Bundesministeriums für Bildung und Forschung unter dem Förderkennzeichen 01UC1104D von 2011 bis 2017 gefördert.

Umschlagabbildung: Familientreffen an der jugoslawisch-bulgarischen Grenze, die seit Mitte 1950er einmal im Jahr für einen Tag geöffnet wurde. Abgebildet ist eine Familie aus dem Dorf Držina (Dimitrovgrad) Ende der 1950er Jahre. © Privatarchiv Cvetko Ivanov, Dimitrovgrad.

Bibliografische Information der Deutschen Nationalbibliothek
Die Deutsche Nationalbibliothek verzeichnet diese Publikation in der Deutschen Nationalbibliografie; detaillierte bibliografische Daten sind im Internet über http://dnb.dnb.de abrufbar.

Bibliographic information published by the Deutsche Nationalbibliothek
The Deutsche Nationalbibliothek lists this publication in the Deutsche Nationalbibliografie; detailed bibliographic data are available in the Internet at http://dnb.dnb.de .

Informationen zum Verlagsprogramm finden Sie unter
http://www.harrassowitz-verlag.de

Gedruckt auf alterungsbeständigem Papier.
Druck und Verarbeitung: Memminger MedienCentrum AG
Printed in Germany

ISSN 0170-1533
ISBN 978-3-447-10923-9

Für Nicole

Inhalt

Vorwort ... XI

1 Einleitung ... 1
1.1 Fragestellung ... 5
1.2 Begriffe ... 7
1.2.1 Loyalitäten ... 7
1.2.2 Grenzen ... 9
1.2.3 Mikro-/Lokalgeschichte ... 14
1.3 Verfahren ... 16
1.4 Forschungsstand ... 17
1.5 Quellen ... 24
1.6 Stadt, Land, Grenze ... 29
1.6.1 Administrative Einteilungen seit der osmanischen Epoche ... 35
1.6.2 Städte ... 36
1.6.3 Kultur und Sprache ... 40

2 Gesellschaft und Grenzen, gesellschaftliche Barrieren und Übergänge im osmanischen Pirot ... 46
2.1 Einführung: Periodisierungen und Territorialisierungen ... 46
2.2 Institutionen, Rollen, Überschneidungen, Handlungsradien: institutionell und kommerziell. ... 56
2.2.1 Čorbadžija und Kodžabaše ... 58
2.2.2 Esnaflije ... 62
2.2.3 Das Pirotsko Obštesvo: Insitution der christlichen Bevölkerung in Pirot ... 63
2.2.4 Interaktion jenseits der „Grenzen“: die Karriere des Kücük Rista/ Mali Rista ... 66
2.3 Die Stadtgesellschaft in der Epoche intensivierter Reformen 1860–1876 ... 75
2.4 Kommunikationsräume in der spätosmanischen Epoche ... 92
2.4.1 Bildung für die Untertanen und Konflikte in einer neuen Form von Öffentlichkeit ... 95
2.4.2 Kommunikationslinien: Straßen, Märkte, Telegrafen ... 98
2.4.3 Lesen bildet – neue Grenzen? ... 105
2.5 Aushandlungsformen von Konflikten vor der Existenz nationaler Grenzziehungen: Die Unruhen von 1836 ... 114

3 Grenzziehungen 125
3.1 Die Auseinandersetzung um die nationale Zugehörigkeit in Pirot: „Ziegen oder Schafe“ 125
3.1.1 Semantiken der Zugehörigkeit – Die Petitionen als authentische Willensbekundungen der lokalen Bevölkerung 135
3.1.2 Zuspitzung der Auseinandersetzung 138
3.1.3 Dumme Bauern und national aufgeklärte Bürger 140
3.2 Die Grenzziehung als Herausforderung an die Lokalgesellschaft. Das Lokale als Herausforderung an die Grenzzieher. Konstellationen 152
3.2.1 Unnatürliche Gegebenheiten und gerade Linien. Halbe Dörfer – ganze Häuser 156
3.2.2 Phantomort Radočina 158
3.3 Grenzen in Bewegung: Phantomgrenzen aus der Perspektive der Landgesellschaft 162
3.4 Zäsur in den Städten/Neue Ordnung des Raums 172
3.4.1 Karrieren und Arrangements. Biografien zwischen Serbien und Bulgarien 172
3.4.2 Die Opština in Pirot. Übergänge 183
3.4.3 Lokale Gewährsleute. Das Alte im Neuen 187
3.5 Loyalitäten im Umbruch 191
3.5.1 Loyaltäten und der Zwang zur Eindeutigkeit 202
3.6 Loyalitäten in Bewegung. Grenzorganisation und Mobilität über die Grenze hinweg 211
3.7 Prozesse der Integration, Rhythmen und Geschwindigkeiten 222
3.8 Grenzorganisation 230
3.8.1 Traditionelle Handelswege oder Schmuggelpfade? 233
3.8.2 Wandernde Feiertage und andere neue Pfade 239
4 Vom undefinierten Gebiet zur abgrenzenden Einordnung. Praktiken der Eindeutigkeit zwischen 1878 und 1920 244
4.1 Neugier, Erkundungen, Zuschreibungen, Distanz 246
4.2 Landschaften, Mikroregionen, nationale Territorien 258
4.3 De-finitiv: Die Etablierung von Wissenschaften über das Volk 266
4.3.1 Definitionen von Regionen. Voraussetzungen 268
4.3.2 Gelehrtenpolitiker: De-finition, Typenbildung, Grenzziehung 274
4.3.3 Praktiken im lokalen Kontext 275
4.4 Wissenschaft und Grenzziehung: Die Pariser Friedenskonferenz 1919 283
4.4.1 Grenzziehungen 289
5 Grenzen Verschieben. Loyalitäten Fixieren. 1920–1956 293
5.1 Jugoslawisch-Bulgarische Beziehungsgeschichten: Politik und Diplomatie 304
5.2 Zwischen den Grenzen: Caribrod 311
5.2.1 Integration 319

5.2.2 Zuspitzung und Eskalation ... 325
5.2.3 Migration ... 331
5.2.4 Dvuvlastnici – Landeigentümer zwischen den Grenzen ... 335
5.2.5 Rumba an der Grenze. Arrangements in unruhigen Zeiten. ... 337
5.3 Grenzen in Bewegung: Verschwinden der Grenzen 1941–1948 ... 340

6 Die Region im Wandel: Strukturen, Grenzen, Räume ... 361
6.1 Veränderung der Infrastrukturen: Gesellschaft und Grenze ... 361
6.1.1 Demografie und Migration ... 362
6.1.2 Urbane Infrastruktur und wirtschaftliche Entwicklung ... 370
6.2 Infrastrukturen der Grenze ... 385
6.2.1 Grenzregime ... 387
6.2.2 Kleiner Grenzverkehr ... 394
6.3 Semantiken der Grenze ... 398
6.4 Phantomgrenzen ... 404
6.4.1 Staatsbürgerschaft/Minderheit/Spielräume ... 405
6.4.2 Eindeutige Geschichten über mehrdeutige Vergangenheiten ... 416
6.4.3 Entstehung der Phantomgrenze Ende der 1960er bis 1989, serbische und bulgarische Dörfer. ... 426
6.4.4 Phantomregionen 1: das osmanische Erbe ... 431
6.4.5 Phantomregionen 2: Schopen, Torlaken und Šopluk. Wissenschaftsdiskurse und Aneignungsformen im lokalen Kontext ... 434
6.4.6 Remanenz und Situativität ... 444

7 Zusammenfassung ... 450

8 Quellen- und Literaturverzeichnis ... 459

Abkürzungsverzeichnis ... 475

Illustrationen und Karten ... 476

Die ganze Gegend erzählen, die Zeit!
Peter Kurzeck, Vorabend

Vorwort

Die Fotografie auf dem Umschlag zeigt eine vermeintlich alltägliche Familienszenerie: die erweiterte Verwandtschaft bei Landpartie und Picknick. Die Stimmung ist gelöst, einladend wird dem Fotografen zugeprostet, der den Fokus auf die Versammelten gerichtet und den weiteren Zusammenhang außen vor gelassen hat. Was auf dem Foto nicht zu sehen ist, hält alles andere als die Idylle eines Landausflugs bereit. Die Fotografie entstand bei einer der seit 1956 stattfindenden Treffen an der jugoslawisch-bulgarischen Grenze. Mit dem Bruch zwischen Jugoslawien und der Sowjetunion 1948 war diese Grenze zu Bulgarien – als treuem Bündnisgenossen der Sowjetunion – zu einer nahezu hermetischen Barriere des Kalten Krieges geworden. Nahezu alle Familien hatten Verwandte auf beiden Seiten der Grenze. Viele, die bis dahin von der jugoslawischen Seite zur Arbeit nach Sofia gependelt waren, waren mit einem Mal von ihren Familien abgeschnitten und konnten für Jahre keinen Kontakt aufnehmen. Diese Erfahrung teilten nahezu alle Familien in der hier behandelten Region auf beiden Seiten der Grenze. Nach dem Tod Stalins bahnten sich allmähliche Veränderungen an. Die „srešte" (Treffen) an der Grenze, wie sie in der lokalen Sprache heißen, wurden eingeführt. Jeweils ein oder zwei Mal im Jahr organisierten beide Staaten für einen Tag – von Sonnenauf- bis kurz vor Sonnenuntergang – Treffen im Niemandsland. Diese waren zwar Gelegenheiten einander wieder zu sehen, jedoch kann man nicht von unbeschwerten Vergnügen sprechen. Zudem durfte nicht jeder in dieses Niemandsland. Jene, die der Flucht nach Bulgarien verdächtigt wurden, bekamen keine Passierscheine. Bei diesen Treffen wachten Parteileute und Spitzel misstrauisch darüber, dass die befristete Harmonie nicht durch „ideologische Indoktrination" gestört wurde, und darauf, dass sich nicht etwa in der Menge potentiell Flüchtende verloren und nach dem Treffen unbemerkt auf der „anderen Seite" verblieben. Dies kam häufiger vor. Die Folge war in Jugoslawien der Verlust des gesamten Eigentums der Zurückgebliebenen, in Bulgarien die Deportation der übrigen Verwandtschaft in den Nordosten des Landes.

Diese Zeit markierte einen vorläufigen Höhepunkt der Entwicklung der Grenze zu einer Barriere, seitdem diese 1878 gezogen worden war. Wie die Menschen unter jeweils verschiedenen gesellschaftlichen Bedingungen damit umgingen, ob sie einen Schnaps auf deren Verschwinden tranken, wie es vielleicht die Leute auf dem Bild taten, oder ob sie sich mit der Grenze abfanden und mit dieser zu leben versuchten, darum geht es in dieser Arbeit.

Dass diese überhaupt angegangen werden konnte, ist dem vom BMBF geförderten Kompetenznetzwerk „Phantomgrenzen in Ostmitteleuropa" unter der Leitung von Béatrice von Hirschhausen zu verdanken. Für diesen stimulierenden und produktiven Arbeitszusammenhang, in dem aus ganz unterschiedlichen Ausgangslagen und regionalen Schwerpunkten sich ein gemeinsamer Diskussionskontext darüber entwickelte, was Phantomgrenzen sein können, bin ich dankbar. Es handelte sich um eine nicht selbstverständliche und deshalb schöne Erfahrung, regelmäßig den Stand des eigenen Projektes und dessen Bezug zu den anderen in einer uneitlen, freundlichen, zugewandten und zugleich immer kritischen, konzentrierten Atmosphäre immer wieder reflektieren zu können.

Hannes Grandits unserem Projektleiter im Teilprojekt „Phantomgrenzen in Südosteuropa“ möchte ich für seine aufmunternde und belebende Neugier danken, die sehr hilfreich bei der Bewältigung der einzelnen Arbeitsetappen war.

Im Zusammenhang des Projekts danke ich Béatrice von Hirschhausen, Sabine von Löwis, Đorđe Tomić, Michael G. Esch, Kai Struve, Karin Casanova und allen anderen dafür, diese spezifische Atmosphäre geschaffen haben, in der es sich so gut diskutieren lies. Großer Dank gilt auch den Studierenden die mich im Arbeitsprozess umfassend unterstützt haben: Pauline Morley, Valerie Nieberg und Julian Nitzsche.

Mein Doktorvater Holm Sundhaussen, der viel zu früh und ganz unerwartet verstarb, hat diese Arbeit mit Interesse und zahlreichen wertvollen Hinweisen begleitet, die mir viel bedeuten. Wolfgang Höpken, in dessen Colloquium ich meine einzelnen Schwerpunkte vorstellen konnte, möchte ich dafür danken, mir immer wieder neue Perspektiven auf das Thema Grenze eröffnet zu haben. Christian Voss danke ich für seine zahlreichen Hinweise im Hinblick auf die komplexe linguistische Dimension und seine enorme Unterstützung in der Endphase des Projekts. Dass diese letzten Meter bestritten werden konnten, habe ich auch Jörg Baberowski zu verdanken.

Danken möchte ich auch den Mitarbeiterinnen und Mitarbeitern der aufgesuchten Archive: des Arhiv Srbije in Belgrad, des Centralen Dăržaven Arhiv in Sofia, des Historischen Archivs der Bulgarischen Nationalbibliothek, sowie des Arhiv Pirot.

Insbesondere die Kooperation mit dem Muzej Ponišavlja in Pirot mit deren Mitarbeiterinnen Mila Panajatović und Saška Velkova war eine großartige Erfahrung: Im Haus des Piroter Kaufmanns Mali Rista aus der spätosmanischen Epoche, das heute Museum der Stadt Pirot ist, konnten wir uns auf eine gemeinsame und deshalb anregende Spurensuche nach deren vormaligem Besitzer begeben. In diesem Zusammenhang danke ich ganz besonders auch meinem Kollegen Florian Riedler aus den „Phantomgrenzen“ für seine selbstlose Unterstützung, in dem er die Piroter und mich mit einzigartigen Quellenfunden aus dem Istanbuler Archiv beglückt hat, die weiteren Aufschluss über die Geschichte Pirots in der Osmanischen Zeit gegeben haben. Ebenso danke ich dem Piroter Historiker Dejan Ćirić für viele anregende Gespräche und seine Unterstützung.

Mein Dank gilt ebenso den Mitarbeiterinnen und Mitarbeiterinnen der Bibliothek „Detko Petrov“ in Dimitrovgrad, in der ich das Privileg hatte, unter fantastischen Bedingungen zu arbeiten. Allen voran bin ich Elizabeta Georgiev verpflichtet, Wissenschaftlerin, Dichterin, Kinderbuchautorin und Bibliothekarin, die mir dies ermöglicht hat. Gleiches gilt für den vormaligen Direktor Ivan Ivanov, von dem ich viel über die Region und deren Verwerfungen gelernt habe. Die Leiterin der Archäologischen Abteilung der Bibliothek, Vesna Nikolov, hat dabei meinen zeitlichen Horizont erheblich geweitet, insbesondere als Überreste der ehemaligen Via Diagonalis in Dimitrovgrad entdeckt und freigelegt wurden.

Ohne Cvetko Ivanov kann ich mir diese Arbeit, auch die buchstäbliche Arbeit an diesem Projekt, gar nicht richtig vorstellen. Cvetko Ivanov, Autor einer beeindruckenden Reihe von Studien zu den Dörfern des Burel steht für eine „Heimatgeschichte“ jenseits von Betulichkeit oder zwanghafter nationaler Zuordnung. Cvetko kennt alle Dörfer auf beiden Seiten der Grenze und die wenigen Menschen, die noch in ihnen leben, wie auch die vielen, die von dort in alle möglichen Winkel Jugoslawiens und Bulgariens gezogen sind, und fast alle bulgarischen lokalen und zentralen Archive. Cvetko hat mir ganz buchstäblich viele Türen geöffnet. Gerade aufgrund der Zurückgezogenheit und auch Skepsis, die bei vielen Menschen in dieser Region charakteristisch ist, wenn es um die belastende und belastete Vergangenheit von Grenzziehungen geht.

Diese Arbeit widme ich meiner Ehefrau und Gefährtin Nicole Münnich. Ohne sie wäre alles unvorstellbar.

Potsdam, im September 2017 Nenad Stefanov

1 Einleitung

Die Veränderungen, die 1989 in Europa einsetzten, wurden zunehmend als Bedeutungsverlust des Nationalstaats betrachtet. Dieser Prozess, so die eingängige Einschätzung in Teilen der Publizistik und Wissenschaft, ging mit der Transnationalisierung von politischen Entscheidungsprozeduren und staatlicher Herrschaft einher. Mit dem allmählichen Abbau staatlicher Souveränität und ihrer Verlagerung in transnationale Institutionen, so schien es, verlor ebenso jene Linie an Bedeutung, an der sich nationalstaatliche Souveränität im Raum manifestierte: die Staatsgrenze. Nicht zuletzt der Mauerfall sowie der sich danach intensivierende europäische Einigungsprozess schienen derartige Vermutungen zu bestätigen. Medial wurde damit der Anschein alltäglicher Selbstverständlichkeit von neuer Grenzenlosigkeit und Mobilität vermittelt. Diese erschienen als Signum der neuen Epoche nach 1989. Damit wurde auch eine Deterritorialisierung politisch-gesellschaftlicher Ordnungen in Zusammenhang gebracht.

Die neueren Debatten über transnationale Netzwerke und Globalität nahmen diese Erfahrungen auf. Solchen Deutungen wurde zunächst aus einer kulturanthropologisch orientierten Geografie entgegenhalten, dass zwar im Erfahrungsraum vieler Westeuropäer Grenzen alter Prägung aus dem Blickfeld geraten, dagegen aber neue Barrieren entstanden seien, die eine vorgestellte globale Mobilität und *flows* beträchtlich bremsen würden. In den letzten beiden Jahren hat sich der Widerspruch zwischen der Vorstellung grenzenloser Zirkulation von Gütern, ungehinderter Mobilität, und dem Wunsch nach einer Steuerung dieser Prozesse zugespitzt, der sich auch in einer Rückkehr zur klassischen Sichtbarkeit von Staatsgrenzen manifestiert.

Gerade Südosteuropa oder genauer das in den 1990er Jahren zerfallende Jugoslawien erschien ohnehin seit 1989 als Gegensatz zu dieser Tendenz der neuen Ströme von Gütern und Ideen, und verwandelte sich in den 1990er Jahren in ein neues Laboratorium für die gewaltsame Schaffung neuer Gemeinwesen fest abgegrenzter ethnisch-nationaler Kollektive. Diesen Prozess der Entstehung neuer Staaten, und damit neuer Grenzen, der auch nach den Kriegen in den 1990er Jahren anhielt, verfolgten die Menschen in Westeuropa als Zuschauer zumeist in den Abendnachrichten. Dort wurden sie anhand einer sich immer weiter verändernden Landkarte im Hintergrund über neu hinzugekommene Grenzlinien im südöstlichen Teil Europas unterrichtet. Dieses Neue wurde dabei reflexhaft als ganz Altes verstanden, worin Abgrenzungen, die der Realsozialismus übertüncht habe, wieder zu ihrem angeblichen Recht kämen. Das zeigte sich ganz besonders deutlich in der westlichen Publizistik, an der oft anzutreffenden Rechtfertigung der durch den Krieg erzielten neuen Trennlinien als unvermeidlich und typisch für den Balkan.

Im westlichen Alltagsbewusstsein erschienen somit Grenzen und besonders ethnische Abgrenzung als wesentliches Merkmal des „ruhelosen Balkan" – so der Titel eines Buches aus den 1990er Jahren –, der in seinen regelmäßigen Eruptionen immer neue Ethnien und damit Grenzen hervorbrachte.

Doch Grenzen waren für die Gesellschaften des Zentralbalkans Ende des 19. Jahrhunderts eine neue Erscheinung. Nach annähernd fünfhundert Jahren osmanischer Herrschaft manifestierte sich in den Diskursen, Imaginationen und Praktiken der Grenzziehungen das Neue der nun nationalstaatlich gefassten Herrschaftsordnungen. Vormalige Zentren osmanischer Provinzen wurden mit einem Mal zu Randgebieten, die zwischen den neuen Nationalstaaten bitter umstritten waren. Vor allem diese Konflikte rückten in das Blickfeld der Geschichtsschreibung. Nicht nur die nationalen Historiografien in Südosteuropa eigneten sich aus der Perspektive eines imaginierten nationalen Zentrums Grenzen als Erzählrahmen an. Dadurch erschienen die dann einsetzenden gesellschaftlichen Prozesse und Wandlungen ausschließlich als Konflikt- und Konfrontationsgeschichte. Im Mittelpunkt standen die jeweils miteinander konkurrierenden Ansprüche auf die Gebiete entlang der neuen Grenzen, Unterdrückung, Assimilation und Kriege.

Dies gilt für viele Regionen Südosteuropas und ganz besonders für die hier im Fokus stehende Region zwischen Niš in Serbien und Sofia in Bulgarien.[1] Lange Zeit, bis ins 19. Jahrhundert handelte es sich um eine der Kernregionen des Osmanischen Reiches in Europa. Das Jahr 1878 markierte dann mit den Beschlüssen des Berliner Kongresses den definitiven Wendepunkt der Entwicklung einer osmanischen Provinz zur nationalen Peripherie am westlichen bzw. östlichen Rande der beiden neuen Nationalstaaten Serbien und Bulgarien. 1920 kam es dann aufgrund der Beschlüsse der Friedenskonferenz von Paris zu einer Verschiebung der Grenze nach Osten. Die Grenzveränderung war ein Ergebnis der Machtkonstellationen nach dem Ersten Weltkrieg. Serbien war Teil der Entente, Bulgarien hingegen schloss sich den Mittelmächten an. Das Motiv für diese Entscheidung der bulgarischen Regierung war deren Anspruch auf Makedonien als selbstverständlichen Bestandteil der bulgarischen Nation, das aber zuvor Serbien zugeschlagen worden war. Die Entscheidung der bulgarischen Regierung, Serbien den Krieg zu erklären, führte zum Zusammenbruch der serbischen Front gegenüber Österreich-Ungarn, dem Rückzug der serbischen Truppen aus Serbien und der darauffolgenden Besatzung und Aufteilung Serbiens durch Österreich-Ungarn und Bulgarien. Bulgarien bekam dabei das so genannte „Morava-Bulgarien" einschließlich der Städte Niš, Pirot und Vranje sowie Makedonien zugesprochen. Nach der Niederlage der Mittelmächte und damit auch Bulgariens 1918 wurde auf der Pariser Friedenskonferenz der Status quo ante wiederhergestellt, sodass Serbien seine Grenzen von 1913 zurückerlangte. Doch die serbische Regierung forderte darüber hinaus eine „strategische Erweiterung" seines Territoriums auf Kosten des bisherigen bulgarischen Staatsgebiets und damit auf Gebiete, die seit 1878 zu Bulgarien gehört hatten. Die Belgrader Regierung argumentierte mit der Sicherung seiner Bahnlinien vor einem potentiellen bulgarischen Angriff. Doch Bulgarien sollte auch für seinen „Verrat" sanktioniert werden. Trotz des erbitterten Widerstands der neuen bulgarischen Regierung, die insgesamt eine Aus-

1 Im Allgemeinen sind für diese Region die Bezeichnungen „Šopluk" sowie v. a. in Bulgarien „Zapadnite pokrajnini" in Verwendung. Die Bezeichnung „Šopluk" ist hier Gegenstand der Analyse und wird daher nur in ganz bestimmten Fällen verwendet. „Zapadnite pokrajnini" („die Westlichen Gebiete") ist eine Bezeichnung aus der politischen Publizistik, die insbesondere nach dem Friedensvertrag von Neuilly nach dem Ersten Weltkrieg für die Städte Caribrod und Bosilegrad in Verwendung kam, die Bulgarien an den neuen jugoslawischen Staat abtreten musste. Diese Bezeichnung ist stark revanchistisch aufgeladen und nationalistisch konnotiert, deshalb wird auf ihre Verwendung hier verzichtet.

söhnung mit Serbien und eine engere Beziehung zu dem neuen südslawischen Staat anstrebte, wurde im Friedensvertrag von Neuilly die Übergabe der beiden Städte Caribrod und Bosilegrad beschlossen. Daraufhin setzte in Caribrod eine Fluchtbewegung nach Bulgarien ein, in deren Zuge v. a. Beamte die Stadt verließen. Viele Kaufleute kehrten indessen nach einiger Zeit zurück, als sie den Eindruck gewannen, dass sich die Nachteile der Grenzverschiebung für ihren Handel in Grenzen hielten. Dennoch kam es zwischen 1923 und 1934 zu einer Gewaltdynamik, als durch eine in Sofia gegründete „Befreiungsbewegung“ nach dem Vorbild und mit Unterstützung der IMRO Bombenanschläge an der Grenze, in Pirot sowie an der Bahnlinie nach Istanbul verübt wurden. Die serbischen Sicherheitskräfte nahmen umgekehrt die Landbevölkerung in Kollektivhaft. Mit der Annäherung zwischen beiden Staaten löste die bulgarische Regierung die „Befreiungsorganisation“ auf, doch Regierung und große Teile der Öffentlichkeit blieben bei der Forderung, das Ziel der Annährung solle auch die Rückgabe der „Westlichen Gebiete“ („Zapadnite pokrajnini“) sein. Nach der Okkupation Caribrods durch Bulgarien während des Zweiten Weltkriegs, die als Befreiung betrachtet wurde, blieb die Grenze auch zwischen den beiden kommunistischen Bruderstaaten bis 1948 offen, bis es durch den Konflikt zwischen Jugoslawien und der Sowjetunion zu einer bis dahin nicht gekannten hermetischen Schließung kam – ähnlich wie jener zwischen der BRD und der DDR. Nach 1956 setzte eine Verbesserung der Beziehungen zwischen den beiden Staaten ein, diese blieben aber bis 1989 immer wieder von Konflikten geprägt.[2] Mit der Entstehung des sozialistischen und föderativen Jugoslawien wurde die Bevölkerung in den 1920 von Bulgarien abgetrennten Gebieten als bulgarische Minderheit anerkannt. Indessen entwickelte die Bevölkerung in diesen Gebieten seit den 1960er Jahren vermehrt ein Selbstverständnis als Jugoslawen. Eine Kategorie, die es paradoxerweise als „Nation“ in Jugoslawien nicht gab. Nach 1989 blieb diese immer noch bestehen, um sich dann bei den Volkszählungen zunehmend in „Unentschiedene“ zu transformieren. Diese Prozesse reflektierten sich auch auf die „alte Grenze“ und ließen diese gerade in Phasen eskalierender politischer Konflikte sichtbar bleiben. Das allmähliche Unsichtbarwerden setzte Mitte der 1960er Jahre ein.

In dieser Region bündeln sich auf besondere Weise all jene Momente, die mit Grenzziehung verbunden und charakteristisch für die Gesellschaften des Balkans sind. Gleichzeitig weist die hier behandelte Region auch eine Reihe von Spezifika auf.

Erstens drängt sich eine Hinterfragung des etablierten Erzählmusters der Konfrontationsgeschichte auf – in diesem Fall zwischen Serbien und Bulgarien –, die bisher nur ereignisgeschichtlich betrachtet wurde. Eine Konfrontationsgeschichte, die im hier behandelten Grenzgebiet zwischen Serbien/Jugoslawien und Bulgarien mit vier Kriegen verbunden ist: 1885, 1913, 1915–1918, 1941–1944. Letztere gingen zugleich mit der Erfahrung von Besatzung und Assimilationsbestrebungen einher. Wie es Bernard Lory für Bitola festgestellt hat,[3] interessierten dabei die umstrittenen Gebiete selbst die intellektuellen Stichwortgeber und politischen Eliten aus den Zentren der neuen Nationalstaaten nur untergeordnet.

2 Vgl. Mančev, Krăstjo: Sărbija i srăbsko-bălgarskite otnošenija 1804–2010, Sofija, 2014; Mančev, Krăstjo und Nikolov, Bogdan: Caribrod. Prosveta i Kultura na Granica meždu Skarani Državi, in: Jubileen Sbornik. Izsledvanija v čest na 80-godišninata na prof. Krăstjo Mančev, Sofija, 2006; Zlatković, Srba, Vasev, Cvetan und Vidanović, Gavrilo: Dimitrovgrad 1877–1945, Beograd, 1989.

3 Lory, Bernard: La Ville Balkanissime. Bitola 1800–1918, Istanbul, 2011.

Relevant blieben sie nur als „Teil", als „Stück" des nationalen Territoriums. Besonders ausgeprägt ist diese Wahrnehmung und Praxis für die hier behandelte Landschaft. Sie tritt nur als umstrittenes Gelände zwischen den Nationalstaaten Serbien und Bulgarien in Erscheinung und symbolisiert nurmehr „alte" Konfrontationsstellungen zwischen den beiden Staaten; Phasen friedlicher Kooperation erscheinen darin als Ausnahme.

Vor allem die Tatsache, dass Staatsgrenzen in Ost-und Südosteuropa seit 1989 gerade im Unterschied zu der Zeit des Krieges noch einmal ihren Charakter verändert haben, staatliche Kontrolle und Präsenz nicht mehr allein an die Linie der Grenze und den Punkt des Übergangs gebunden sind, ermöglicht es, mit dem Datum von 1989 als Endpunkt, Genese und Modifikationen der Präsenz von Staatsgrenzen über einen längeren Zeitraum zu untersuchen. Die Gesellschaft des Zentralbalkans wurde erst 1878 mit Staatsgrenzen konfrontiert. Seitdem lassen sich über eine Epoche von etwa 100 Jahren die Etablierung und Veränderung sowie die Verschiebung von Staatsgrenzen untersuchen. Und ebenso lässt sich in diesem Zusammenhang thematisieren, wann und warum nach territorialen Veränderungen ehemalige Grenzlinien im gesellschaftlichen Alltag als Phantomgrenzen wirkten.

Zweitens kam der Widerspruch nationalistischer Vereinnahmung und der Uneindeutigkeit der lokalen Akteure hier besonders deutlich zum Tragen, wodurch sich die Auseinandersetzungen zwischen staatlichem Zentrum und neuer Peripherie anschaulich herausarbeiten lassen, ohne dass sich diese Auseinandersetzungen als interethnische, interkonfessionelle etc. beschreiben ließen. Damit stehen die Erfahrungen in dieser Region exemplarisch auch für das in den Balkangesellschaften allgemein anzutreffende Spannungsverhältnis zwischen dem Bedürfnis nach Eindeutigkeit einerseits und den Viel- oder Mehrdeutigkeiten des gesellschaftlichen Alltags andererseits. Diese Mehrdeutigkeit war und blieb für die Akteure nationaler Homogenität sowie später sozialistischer Konformität eine problematische Herausforderung. Neben den Gemeinsamkeiten mit anderen heutigen Grenzregionen, etwa der Dobrudža, Makedonien und den Rhodopen, gibt es aber ein Moment, das hier noch einmal besonders klar zu Tage tritt: Vor dem und im Jahr 1878 gab es für eine Grenzziehung in der lokalen Gesellschaft keine symbolischen, kulturellen Sollbruchstellen, aus denen neue nationale Abgrenzungen hätten hervorgehen können. Zu beiden Seiten der Grenze sprachen die Menschen weiterhin dieselbe Sprache, die sowohl zum serbischen als auch zum bulgarischen Standard Differenzen aufwies, feierten dieselben Feste, befolgten dieselben Rituale und Kulte, pflegten weiterhin verwandtschaftliche Beziehungen über die Grenze hinweg. Beide Staaten hatten erhebliche Mühen aufzuwenden, und es benötigte viel Zeit, bis auf der einen Seite der Grenze bulgarische und auf der anderen serbische Untertanen auftauchten. Der tiefgreifende Einschnitt des Realsozialismus mit seinen gewichtigen Unterschieden auf beiden Seiten prägte Zugehörigkeiten wiederum neu und war zugleich die Phase, in der sich gerade ethnonationale Zuordnungen durchzusetzen begannen. Dennoch „geisterten" aus der Perspektive der Akteure des Zentralstaats immer wieder „Phantome" der Uneindeutigkeit vergangener Zuordnungen, die ohne das Nationale auskamen, durch die Region.

Im Zusammenhang damit kann drittens ein interessantes widersprüchliches Verhältnis der Protagonisten nationaler Ideen und der Akteure der nationalen Zentren in beiden Staaten gegenüber der hier behandelten Region beobachtet werden: Einerseits wurde eine unbedingt serbische bzw. fraglos bulgarische Zugehörigkeit behauptet, andererseits konstatierten Gelehrte und Politiker auf beiden Seiten gleichermaßen unablässig bis in die Gegenwart mangelndes nationales Bewusstsein bei den dortigen Menschen. So gehört diese Region auch nicht zu den Zentren auf beiden nationalen *mental maps*. Die Zentren finden sich für Serbien bemerkenswerterweise außerhalb des Staatsgebiets, in der Herzegowina und im Kosovo. Für Bulgarien ist dies v. a. Thrakien, die Städte in der Sredna Gora, in der die sogenannte nationale Wiedergeburt der bulgarischen Nation im 19. Jahrhundert begann, oder – wiederum außerhalb des Staatsterritoriums – in Ohrid, Makedonien, als Stätte jahrhundertealter bulgarischer Bildungsbestrebungen.[4] Dennoch kommt es zu einer fast automatischen Subsumierung dieser Region in die jeweils geltenden Vorstellungen vom Nationalen Raum, die aber gleichzeitig mit einer systematischen Geringschätzung der lokalen Gesellschaft verbunden ist, da die immer wieder aufs Neue konstatierte Absenz nationalen Bewusstseins als geistige Unterentwicklung gedeutet wird.[5]

Hier sei vorläufig zusammengefasst: Vor der Entstehung der Grenze existierten keine Trennlinien, weder in sprachlicher noch in konfessioneller Hinsicht vermochten die Protagonisten des Nationalen, potentielle Sollbruchstellen für zukünftige Abgrenzungen zu entdecken. Daher verlegten sich viele Gelehrtenpolitiker bis in die Mitte des 20. Jahrhunderts und oft darüber hinaus darauf, diese Region vollständig zu vereinnahmen. Zugleich wuchs der Anteil der Beschreibungen, welche die Grenzziehung als Impulsgeber eines natürlichen Prozesses betrachteten, in dem sich serbische und bulgarische Zuordnung buchstäblich natürlich herausbildeten. Dass es sich bei der Evolution dieser Kategorie zur dominanten Zuschreibung um einen sehr langen und sehr konfliktbehafteten Prozess handelte, und das nicht zwischen zwei entgegengesetzten nationalen Kollektiven, sondern zwischen Staat und lokaler Gesellschaft auf beiden Seiten der neuen Grenze, lässt diese in beiden Staaten gängige Interpretation außer Acht.

1.1 Fragestellung

Anhand der Landschaft um die Städte Pirot, Dimitrovgrad und Trn wird analysiert, wie sich eine spätosmanische Provinz in die Peripherie zweier Nationalstaaten verwandelte. Welche Wirkung hatten die Grenzziehungen auf diese Region, die durch die Grenze dauerhaft durchtrennt wurde? Die Herausbildung einer neuen Form von Territorialität, die sich in der neuen Grenze manifestierte, geschah unter ausgesprochen konfliktreichen Bedingungen, die zu nicht weniger als fünf Kriegen zwischen den beiden Nationalstaaten von 1885 bis 1945 führten.

Zweitens steht diese Grenzziehung Ende des 19. Jahrhunderts, die ebenso neue Formen gesellschaftlicher Abgrenzungsprozesse in Gang setzte, zugleich in einer dialektischen Wechselwirkung mit Kommunikationslinien, liegen die beiden Städte doch an der berühmten Route Via Diagonalis, von den Osmanen „Orta kol"[6] („Mittlerer Arm") genannt, die Kleinasien mit Mitteleuropa verbindet. Diese Dialektik zwischen überregionalen, transnati-

4 Im Hinblick auf Serbien hat hierzu Tanja Petrović unlängst einen beeindruckenden Essay veröffentlicht, der zugleich in der öffentlichen Reaktion diese Marginalisierung aufzeigt. Petrović, Tanja: Srbija i njen Jug. "Južnjački dijalekti" između jezika, kulture i politike, Beograd, 2015.

5 Trifunoski, Jovan: Les Chops en Macédoine, in: Balcanica, 4 (1973).

6 In dieser Arbeit werden alle osmanischen Begriffe und Bezeichnungen in der südslawischen Variante geschrieben.

onalen Kommunikationslinien und neuen ethnonationalen Abgrenzungen im Lokalen war gleichsam im Vertrag des Berliner Kongresses festgeschrieben: Eine wesentliche Bedingung für die staatliche Unabhängigkeit (Serbien) bzw. Autonomie (Bulgarien) bildete die Errichtung des jeweiligen Teilstücks der Eisenbahnlinie, die Istanbul mit Mitteleuropa verbinden sollte. Ein Jahrzehnt später war auf dieser Strecke der sagenumwobene Orient-Express unterwegs, mehr als ein halbes Jahrhundert danach dann der Istanbul-Express, den von oder nach München erst junge Männer, „Gastarbeiter" aus der Türkei, bald aus Jugoslawien und etwas später ihre Familien nutzten. Nicht ganz hundert Jahre nach der Eröffnung der Eisenbahntrasse 1888 prägten die Strecke der private PKW-Verkehr der „Gastarbeiter" zwischen Deutschland und der Türkei, und das bis zum heutigen Tag.

Dabei geht es nicht darum, wie der Transformationsprozess von spätosmanischer Gesellschaft zu neuer nationalstaatlicher Zuordnung als eine Art teleologisch verstandene Entwicklung vonstattenging. Vielmehr steht die Frage im Mittelpunkt, wie sich die Wechselbeziehung gestaltet zwischen den Akteuren der neuen Zentren und jenen der lokalen Gesellschaft, in diesem Prozess der Etablierung neuer Herrschaft durch Grenzziehungen. Eine teleologisch gefasste Entwicklung ist in diesem Zusammenhang ohnehin nicht produktiv, da mit der Existenz der multinationalen jugoslawischen Föderation seit 1945 auf der einen Seite der Grenze das Nationale in einer besonderen Form in seiner Bedeutung eingeschränkt wurde. Zugleich setzte der jugoslawische Staat als spezifische übernationale Herrschaftsform in der hier behandelten Region ganz eigene Dynamiken jenseits des bisherigen Zwangs zur Eindeutigkeit frei.

Mit dieser Fragestellung ist auch eine auch andere Gewichtung der osmanischen Epoche verbunden. Angefangen mit einer veränderten Periodisierung: In der klassischen Historiografie beginnt die Geschichte dieser Region mit der Entstehung der Nationalstaaten. Davor erstreckt sich eine ereignislose Dauer der Unterdrückung des Nationalen durch die osmanische „Fremdherrschaft". Diese Arbeit setzt aber mit der Ankündigung von Reformen 1856 im Osmanischen Reich und deren Wirkung in der Region an. Gesellschaftliche Modernisierungsprozesse werden damit von der Entstehung der Nationalstaaten entkoppelt und aus einem Kausalzusammenhang mit nationaler Staatlichkeit gelöst. Ebenso werden gesellschaftliche Abgrenzungen der osmanischen Zeit nicht einfach als ungebrochen fortgesetzt aufgefasst. Es wird aufgezeigt, dass zu möglichen konfessionellen und sprachlichen Hierarchien auch soziale hierarchische Trennlinien kommen, welche die beiden erstgenannten konterkarieren.

Ausgangspunkt für den Fokus auf die spätosmanische Epoche in dieser Region ist die bisher systematische Geringschätzung der Epoche der Reformen aus der Perspektive der Nationalgeschichtsschreibung. Dieser andere Blickwinkel wurde zusätzlich durch die Feldforschung noch weiter motiviert, in der – wie weiter unten ausgeführt wird – unerwartet viele Quellen in lokalen Museen und Archiven entdeckt wurden.

Der verhältnismäßig lange Zeitraum, den diese Arbeit abdeckt, ermöglicht auch einen diachronen Vergleich zwischen den verschiedenen staatlichen Ordnungen und deren Interaktion mit der lokalen Gesellschaft. In dieser langen Zeitspanne veränderten sich natürlich beide Pole. Die Region selbst wird nicht als ahistorische Wesenheit und eigene Substanz betrachtet, als Gleichbleibendes gegenüber den sich verändernden Formen des Drucks vonseiten des staatlichen Zentrums. Zugleich – dies kann schon vorweggenommen werden – hat sich gezeigt, dass in diesen immer wieder veränderten Konstellationen von Zentrum und

Region, trotz des massiven staatlichen Drucks, trotz politischer Gewalt, sich das Handeln, die Erfahrung und Reflexion der Akteure im Lokalen nicht glattschliffen. Sie fügten sich nicht bruchlos in das vermeintlich nationale Große und staatliche Ganze ein.

Damit eng verbunden ist die Analyse der Wandlung von Provinz zu Peripherie, die Umkehrung der Perspektive, gleichsam eine Dezentrierung der Geschichten. Bisher wird die Geschichte der Region aus der Perspektive der Zentren beschrieben. Hier aber liegt der Schwerpunkt systematisch auf dem lokalen Kontext als einem Prisma, in dem sich die Wechselbeziehung von Zentrum und Peripherie, politischer Macht und lokalem Handeln, nationalen Diskursen und eigensinnigem Alltag brechen, sowie die Beziehung zwischen staatlichen Institutionen und regionalen Strukturen in verschiedensten thematischen Spektren.

Eine praktische Voraussetzung für einen solchen dezentrierenden Perspektivenwechsel bietet der Fokus auf die Region. Die zentralen Archive wurden soweit als nötig hinzugezogen, doch der Schwerpunkt der Forschungsarbeit liegt in der Region, da bisher nicht im Ansatz davon ausgegangen wurde, dass sich dort relevantes Quellenmaterial finden ließe, was der besagten Geringschätzung aller Aspekte dieser Region auf beiden Seiten der Grenze entspricht. Ohne davon ausgehen zu können, hat sich erwiesen, dass ungewöhnlich viel Material in Erscheinung trat. Diese Quellen, insbesondere aus dem Museum Pirot und aus der Materialsammlung der Bibliothek „Detko Petrov" in Dimitrovgrad, haben v. a. für die osmanische Zeit sowie die Jahrzehnte danach zu einer Reihe von Neuentdeckungen geführt, die bisherige Vorstellungen revidieren, wie sie in der serbischen und bulgarischen Geschichtsschreibung weiterhin gerne gepflegt werden. Zugleich bietet dieses Quellenkorpus eine überaus wichtige Ergänzung zu jenen in den zentralen Staatsarchiven, da hier lokale Akteure zum Vorschein kommen, individuelle Lebensgeschichten jenseits der dominanten Erzähllinien.

1.2 Begriffe

Da es sich um einen langen Zeitraum handelt, wird die Veränderung der lokalen Gesellschaft und deren Verhältnis zu den neuen nationalen Zentren anhand verschiedener Analyseachsen thematisiert: Erstens Loyalität (einschließlich deren Transformation im Sozialismus), Herrschaft und Integration. Zweitens anhand der „heuristischen Metapher" der Phantomgrenzen, die eine Auseinandersetzung mit räumlichen Strukturen sowie Diskursen über Räume impliziert. Drittens vermittels regional-/mikro-/lokalgeschichtlicher Ansätze. Zugleich ist allen drei Analyseachsen die Prämisse einer Wechselbeziehung zwischen Strukturen, Diskursen und Akteuren gemeinsam.

1.2.1 Loyalitäten

Ausgangspunkt für die Verwendung dieses Begriffs für die Auseinandersetzung mit Herrschaftsformen und gesellschaftlichen Beziehungen ist gerade dessen erwiesener Nutzen in der Epoche der Tanzimat, wie Hannes Grandits in seiner Studie zur multikonfessionellen Herzegowina gezeigt hat.[7] Ein derart formulierter Loyalitätsbegriff problematisiert es, „bei

7 Grandits, Hannes: Herrschaft und Loyalität in der spätosmanischen Gesellschaft. Das Beispiel der

der Perspektive des herrschenden Systems und seiner Vertreter zu verbleiben. Im Gegenteil erfordert seine Anwendung zwangsläufig sich auch den ‚anderen' zuzuwenden. Damit wird auch sichtbar, dass Herrschaftsbeziehungen nicht eindimensional, linear zu verstehen sind. (...) Da der Begriff der Loyalität so nach den tatsächlichen Haltungen und Beziehungen des Individuums fragt, ergibt es sich beinahe unweigerlich, dass sich der Blick für das Nebeneinanderstehen bzw. Zusammenwirken von verschiedenen Loyalitäts- und auch Identifikationsmustern öffnet."[8] Doch nicht nur im Hinblick auf die spätosmanische Epoche selbst, sondern gerade für die Zeit der Übergänge und den Wechsel zwischen Herrschaftsordnungen erweist sich ein solches Verständnis von Loyalität als produktiv, um das erwähnte Nebeneinander von Loyalitäten systematisch zum Ausgangspunkt zu nehmen für eine Analyse der Veränderung von Orientierungen, Zuordnungen und Herrschaft sowie des Verhältnisses zu Herrschaft:

> Für Perioden von weitreichenden Veränderungen in solchen Legitimitätskonstrukten (...) ist der Loyalitätsansatz eine ganz besonders hilfreiche Sonde, wenn es darum geht, z. B. die Ausübung von Herrschaft im Zusammenhang mit (Neu-)Orientierungen von Loyalitäten zu analysieren.

Die in der Analyse besonders wichtige Prozesshaftigkeit der Herausbildung von Loyalitäten wird an anderer Stelle hervorgehoben:

> What were the consequences of the shifting system of power in the realm of social, economic and cultural everyday realities? (...) What were the continuities and discontinuities in this period of far-reaching changes?

Eng verbunden mit der Analyseebene der Loyalitäten ist die Auseinandersetzung mit den Formen von Integration in das jeweilige neue Staatswesen. Das ist hier besonders im Hinblick auf das Fürstentum/Königreich Serbien relevant, da dort die bisher osmanischen Gebiete in einen bereits existierenden Herrschaftszusammenhang inkorporiert wurden, während sich im Fürstentum Bulgarien zeitgleich neue Gravitationszentren politischer Macht herauszubilden begannen:

> The conceptual framework of social integration has helped the authors to better understand the complexities of social life in the late- and post-Ottoman Balkans. In particular, social integration can be seen as shaped by three mutually related notions that are closely interlinked with existing or changing modes of loyalty. These are: 1) the concept of multiple and competing loyalties; 2) a pronounced difference in loyalties during times of peace and times of war or violent conflict; and 3) the strong influence of the power apparatus on relations of loyalty.[9]

Der Fokus auf die Herrschaftsbeziehungen, insbesondere auf die Vielschichtigkeit solcher Loyalitäten seitens der lokalen Akteure, verhindert auch die Verselbständigung und Domi-

---

multikonfessionellen Herzegowina, Wien, Köln, Weimar, 2008.

8 Ebenda, S. 16.

9 Grandits, Hannes, Clayer, Nathalie und Pichler, Robert: Introduction, in: Conflicting Loyalties in the Balkans. The Great Powers, the Ottoman Empire and Nation Building, hrsg. von Hannes Grandits, Nathalie Clayer und Robert Pichler, London, 2011, S. 5.

nanz von Kategorien wie Nation und nationale Zugehörigkeit, die lange Zeit die Beschreibung dieser Prozesse in der Forschung beherrschten. Wie auch Hannes Grandits betont, ist ein solcher Ansatz „einer oft recht essentialistisch verstandenen Auffassung von kollektiven Identitäten vorzuziehen".[10]

Im Hinblick auf die Entwicklungen in der Phase nach dem Ende der osmanischen Herrschaft ist der Fokus auf die Prozesshaftigkeit, Situativität, Unabgeschlossenheit des Projekts eines modernen Nationalstaats von Bedeutung. Die klassischen nationalzentrierten Narrative in Serbien und Bulgarien, aber oft auch darüber hinaus, suggerieren einen linearen, zielgerichteten Prozess, in dem sich der Nationalstaat letztlich durchsetzt und die Gesellschaft formt. Vermittels einer differenzierten Abgrenzung von Hrochs Phasenmodell der Durchsetzung nationaler Zuordnung als maßgeblichem Prinzip von Herrschaft, lassen sich andere Zugänge entwickeln, welche die Offenheit gerade auf der Akteursebene betonen:

> Yet some of Hroch's modernist followers tend to assume that the nation is somehow unavoidable. They argue that the nation embodies modernity and that peoples that do not become a nation have some kind of defect. Our case studies, and many other cases of successful or unsuccessful nation-building, reveal that the actors involved in nation-building often lacked a clear goal or concept. They often did not know or envision, where their project would end. They were often much more flexible and context-sensitive, than a post-factual reconstruction might reveal.[11]

Für diese Arbeit ist eine solche Kontextualisierung von Nation in gesellschaftlichen Prozessen und Konflikten von zentraler Bedeutung. Diese ist ein Moment davon, nicht aber als prägendes Leitmotiv zu sehen. Die Bedeutung von Situativität gilt genauso, wie deutlich geworden ist, für die Protagonisten des Nationalstaats. Diese können ihr Handeln und Zielorientierungen ebenso an lokale Verhältnisse anpassen.

1.2.2 Grenzen

Ein Schwerpunkt dieser Arbeit liegt auf der Entstehung einer Grenzgesellschaft. Um jedes Missverständnis einer damit implizierten evolutiven, letztlich harmonischen Transformation zu unterbinden, steht hier die Auseinandersetzung der lokalen Gesellschaft mit dem neuem Hindernis im Vordergrund. Damit wird eine andere Perspektive als in einer diplomatie- oder ereignisgeschichtlich orientierten Beschreibung gewählt. In einer solchen klassischen Wahrnehmung ist es die Region, sind es die Menschen an der Grenze, die Schwierigkeiten bereiten, indem sie sich nicht an die neuen Grenzen halten, durch die Probleme an der Grenze entstehen und damit Regelungsbedarf zwischen den beiden Nationalstaaten.

Der Aufschwung der Border Studies in den letzten beiden Jahrzehnten hat einen solchen Zugang, den Fokus auf das Lokale fest etabliert.[12] Um diesen Konflikt und Aushandlungsprozess nicht allein als Verlustgeschichte (Verlust an Kommunikationslinien, Handels-

---

10 Grandits, Herrschaft und Loyalität, 2008, S. 16.

11 Grandits, Hannes und Brunnbauer, Ulf: The Ambiguous Nation. Socialist and Post-Socialist Nation Building in Southeastern Europe in Perspective, in: The Ambiguous Nation. Case Studies from Southeastern Europe in the 20th Century, hrsg. von Hannes Grandits und Ulf Brunnbauer, München, 2013, S. 23.

12 Vgl. Newman, David: Contemporary Research Agendas in Border Studies. An Overview, in: The Ashgate Research Companion to Border-Studies, hrsg. von Doris Wastl-Walter, Farnham, 2011, S. 33–49.

wegen, Einschränkung der regionalen Orientierung etc.) zu erzählen, werden hier weitere Impulse aus den Border Studies aufgegriffen, die Grenzen auch als Ressource in den Blick nehmen.[13] Dabei handelt es sich bei weitem nicht um Schmuggel allein. Besonders in den Teilkapiteln zu den Veränderungen seit der Jahrhundertwende sowie jenen im sozialistischen Jugoslawien werden Momente thematisiert, in denen die Grenze als Chance in Erscheinung tritt.

Für die Beschreibung der Transformation einer Region hin zu einer Grenzgesellschaft und die Verschiebung von Grenzen aus historischer Perspektive hat der Ansatz der Phantomgrenzen einen großen Stellenwert.[14] Vermittelt über die Frage nach dem Verschwinden und Wiederaufkommen von Trennlinien und vormaligen Grenzen lassen sich Historizität von Zuordnungen (das Verschwinden von Abgrenzungen) und ihre situative Dynamik (ihr Auftauchen) analysieren, ohne in ahistorische Essentialismen „nationaler Identität" als unveränderbarer Essenz zu verfallen.

Die „heuristische Metapher" der Phantomgrenzen ermöglicht für die Entwicklungen, die sich nach den Grenzziehungen anbahnten, einen anderen Zugang jenseits dieses Narrativs schicksalhafter unausweichlicher Konfrontation zwischen ethnonationalen Kollektiven auf zwei Ebenen: einmal in der Verlagerung des Schwerpunktes weg von einem nationalen Zentrum hin auf den gesellschaftlichen Alltag der Menschen in der Region, der Bedeutung der Grenzlinien und deren Veränderungen im lokalen Kontext. Zweitens ebenso im Hinblick auf all jene Orientierungen, Vorstellungen und auch Praktiken, die nicht in einer eindimensional nationalen Fassung gesellschaftlichen Raumes aufgehen.

Beides, ehemalige Grenzlinien als Phantomgrenzen und vormalige Raumstrukturen, die möglicherweise in dem neuen Territorialisierungsprozess verschwinden, die später als Phantomräume in Erscheinung treten können, sind für die hier behandelte Region gerade in ihrer Komplementarität von Bedeutung, um die angedeuteten Prozesse aus einer dezentrierten Perspektive nachzuvollziehen.

Um zu veranschaulichen, was in diesem Zusammenhang aus dem Kontext der Phantomgrenzen von Bedeutung ist, sei auf zentrale Überlegungen innerhalb dieses Konzepts eingegangen. Wesentlich für das Verständnis von Phantomgrenzen ist die beständige gegenseitige Vermittlung dreier Ebenen: „Phantomgrenzen und -räume verstehen wir als gleichzeitig imaginiert (d. h. diskursiv produziert und weitervermittelt), erfahren (d. h. von den Akteuren und wissenschaftlichen Beobachtern als Erfahrung wahrgenommen und in der Praxis aktualisiert) und gestaltet (d. h. durch Territorialisierungsprozesse)."[15] In der Wechselbeziehung dieser drei Schwerpunkte kommt den Akteuren zentrale Bedeutung zu. Nicht zuletzt aus diesem Fokus ist die „heuristische Metapher" der Phantomgrenzen motiviert. Dabei orientiert sich diese an den Debatten der letzten Jahrzehnte zwischen strukturgeschichtlichen Ansätzen und jenen der Mikrogeschichte bzw. Alltagsgeschichte, in

13 Bruns, Bettina: Grenze als Ressource. Die soziale Organisation von Schmuggel am Rande der Europäischen Union, Wiesbaden, 2010.

14 Phantomgrenzen beinhalten „frühere, zumeist politische Grenzen oder territoriale Gliederungen, die, nachdem sie institutionell abgeschafft wurden, den Raum weiterhin strukturieren." Grandits, Hannes, Hirschhausen, Béatrice von, Kraft, Claudia, Müller, Dietmar und Serrier, Thomas: Phantomgrenzen im östlichen Europa. Eine wissenschaftliche Positionierung, in: Phantomgrenzen. Räume und Akteure in der Zeit neu denken, hrsg. von dies. [, Göttingen, 2015, S. 18.

15 Ebenda.

denen die bisher als randständig betrachteten Subjektivitäten und Akteure in den Mittelpunkt rückten:

> All diesen Debatten ist gemeinsam, dass sie den Wechsel hin zu einem Paradigma gesucht haben, welches die Akteure in den Mittelpunkt stellt, ihr Handeln kontextualisiert und Erklärungsansätze bietet, die den Ablauf und die Eigendynamiken der Handlungen selbst einbeziehen. So wird die jeweilige situative Logik in den Vordergrund gestellt und der Agency (Handlungskompetenz) vermeintlich autonomer Subjekte großer Raum gegeben.[16]

Damit wird deutlich, dass für eine solche Herangehensweise ebenso Konzepte wie jenes des „Eigen-Sinns"[17] von systematischer Bedeutung ist für die Auseinandersetzung mit der Wechselbeziehung zwischen Imagination, Erfahrung und Praxis, indem dabei die Frage im Mittelpunkt dieser Arbeit steht, wie die lokalen Akteure auf nationalstaatliche Territorialisierungsprozesse reagieren, in denen sich neue Formen von Herrschaft und gesellschaftlicher Ordnung vermitteln. Es wird gefragt, ob und wie die lokalen Akteure auf die neuen Institutionen und Praktiken von Herrschaft eingehen, ob diese neuen Formen von Ordnung im Lokalen stabilisiert oder unterlaufen werden, wie sich die Auseinandersetzung zwischen den Formen neuer Herrschaft und den vorhergehenden Alltagspraktiken in der Region gestaltet.

Im Hinblick auf die Auseinandersetzung mit Diskursen ist es wichtig, auch deren gesellschaftliche, kompensatorische Funktion in Zeiten der Krise mitzureflektieren:

> Analytisch ist es daher wenig sinnvoll, danach zu fragen, welche Vorstellung von Raum die richtige ist oder war, sondern es gilt herauszuarbeiten, wann, von wem, und mit welchen Interessen welche Raumkonzepte in Anspruch genommen werden. In Anlehnung an den von Marc Redepennig entwickelten kommunikations- und systemtheoretischen Ansatz soll somit Raum als eine Selbstbeschreibungsformel von Gesellschaften verstanden werden, die als Ordnungs-, Kommunikations-, und Beobachtungsform mithilfe der Differenz hier/dort gesellschafsspezifische Unterscheidungen zu markieren ermöglicht. Die Kategorie Raum fungiert in dieser Logik als Kontingenzunterbrecher und bedient das ungebrochene Verlangen nach Übersichtlichkeit, Ordnung und Harmonie. Vor allem in Krisensituationen kann die Rede vom Raum eine Art Bewältigungsstrategie sein, die Komplexität reduzieren, Unsicherheiten einebnen und stabile Ordnungen suggerieren hilft.[18]

Wenn von Territorialisierungsprozessen die Rede ist, dann bezieht sich dieser Ausdruck auf das Konzept von Charles S. Maier, damit die Veränderungen von moderner Territorialität und staatlicher Herrschaft auch in ihrer räumlichen Dimension zu analysieren und als Pro-

---

16 Grandits, Hannes: Gewandelte Wissensordnungen, neu gefasste Nostalgien. Zur Aneignung „vergangener" Raummuster in Ostmittel- und Südosteuropa nach 1989, in: Phantomgrenzen. Räume und Akteure in der Zeit neu denken, hrsg. von Béatrice von Hirschhausen et al., Göttingen, 2015, S. 25.

17 Wie noch deutlich werden wird, hat das Konzept Eigensinn für die heuristische Metapher der Phantomgrenzen eine besondere Bedeutung. Hier wird der Begriff in jenem Zusammenhang verwendet, wie er in dem Band Phantomgrenzen diskutiert wird, vgl. S. 15.

18 Jureit, Ulrike: Das Ordnen von Räumen. Territorium und Lebensraum im 19. und 20. Jahrhundert, Hamburg, 2012, S. 13.

zess langer Dauer zu betrachten, der von der Frühen Neuzeit bis in die 1960er Jahre reicht. Bestimmt wird dieser Prozess von dem Ziel: „Territory is space with a border that allows effective control of public and political life." Allerdings betont Maier – was von großer Bedeutung für diese Arbeit ist –, dass die Stabilität oder Durchsetzungsfähigkeit nicht allein von gut kontrollierten Grenzen abhängt, sondern im Zuge der Etablierung des modernen Staates die in den unterschiedlichen Epochen entstehenden gesellschaftlichen und wirtschaftlichen Ressourcen stärker zu nutzen. Im Unterschied zu den feudalen Strukturen von Herrschaft, die in räumlicher Hinsicht von multiplen Loyalitäten und Pflichten in einem bestimmten Gebiet geprägt sind, verhält es sich bei dem Vorgang moderner Territorialisierung anders: „(...) the territorial state reaches down in an effort, to tap the ressources generated by peasants and townsmen more directly".[19] Für Maier stehen Zunahme staatlicher Kontrolle, Differenzierung der Infrastruktur, ökonomische Dynamik und die Einfassung dieser Prozesse in ein abgegrenztes Territorium in einer Wechselbeziehung, die er als Territorialisierung bezeichnet. Im Hinblick auf diese Arbeit sind staatliche Territorialisierungsprozesse natürlich insofern von großer Relevanz, als dass sie ein Moment der oben angesprochenen „Gestaltung" von Raum sind, mit denen die lokalen Akteure konfrontiert sind.

Um die immer noch dominante Vorstellung kritisch hinterfragen zu können, dass – gleichsam in einer Verballhornung der Hegelschen Geschichtsphilosophie – die Überbleibsel der osmanischen Zeit als Überreste einer überholten Herrschaftsordnung („asiatische Despotie") notwendig dem Vergessen und Verschwinden anheimfallen, ist hier die Auseinandersetzung mit Remanenzphänomenen von Bedeutung, insbesondere in Hinblick auf den letzten Teil dieser Arbeit.[20] Die Fokussierung auf das Wiederauftauchen bestimmter Strukturen, Diskurse und Praktiken steht dabei notwendig in Beziehung mit veränderten Bedingungen, unter denen sie in Erscheinung treten:

> Bei der Erforschung von Phantomgrenzen und Phantomräumen steht die Frage im Mittelpunkt, wie und weshalb sich in einem bestimmten Zeitraum unterschiedliches soziales, historisches und imaginiertes Erbe gegenseitig beeinflussen und zu etwas Neuem kombinieren, das wiederum mehr oder weniger lange überdauern kann. Damit unterstreichen wir den temporären und nichtdeterminierten Charakter der untersuchten Regionen – eben ihre »phantomhafte« Natur.[21]

Damit wird deutlich, dass es sich um eine systematische Wechselbeziehung zwischen Remanenz und Situativität handelt, die gerade für den hier behandelten Kontext von zentraler Bedeutung ist. Vergangene Raumstrukturen oder Trennlinien kommen nicht einfach, geheimnisvollen Gesetzen folgend, zum Vorschein. Daher ist die Dimension der „Situati-

19 Maier, Charles S.: Transformations of Territoriality. 1600–2000, in: Transnationale Geschichte. Themen, Tendenzen und Theorien, hrsg. von Gunilla Budde, Sebastian Conrad und Oliver Janz, Göttingen, 2006, S. 32–55.

20 Trotz der neuen Raumgliederung prägen sie die sozialen Praktiken weiter. Solche Remanenz-Phänomene lassen sich erkennen in Architektur, städtischen und dörflichen Siedlungsstrukturen, aber auch in der Repräsentation empirischer Daten in Statistiken oder Karten zum demografischen Verhalten, zum Wahlverhalten oder anderen sozialen Praktiken. Grandits, Hirschhausen et. al., Phantomgrenzen im östlichen Europa, 2015, S. 18.

21 Ebenda, S. 19.

vität" von großer Bedeutung, die mögliche deterministische Vorstellungen produktiv unterläuft: So

> zielt die Beschäftigung mit Phantomgrenzen darauf ab, situativ zu verstehen, wie sich Charakteristika einer Region etablieren und reproduzieren und unter welchen Umständen sie bestimmte historische Epochen überdauern bzw. weshalb sie verschwinden.[22]

Aus dem Stellenwert der Situativität erschließt sich die Notwendigkeit einer akteurszentrierten Perspektive. Remanenzphänomene werden ins Verhältnis gesetzt „zu den situierten, konkreten, womöglich eigensinnigen Strategien der Akteure".[23] Situativität von Phantomgrenzen gerade für Umbruchsphasen thematisiert Hannes Grandits anhand der Veränderungen um 1989, in denen bisherige Wissensordnungen einen massiven Bedeutungsverlust erlebten. Dabei werden Wissensvorräte im Zuge von Konfliktdynamiken aktiviert, in denen in historisierender Form auf verschwundene Grenzlinien Bezug genommen wird. Grandits betont, dass

> Grenzen im eigentlichen Sinne nach 1989 nicht groß verändert wurden. Im Grunde wurde nur der Status der Grenzen verändert, und zwar folgend einem zentralen Prinzip internationalen Völkerrechts, des Prinzips uti possidetis.[24]

Im Hinblick auf Territorialisierungsprozesse in Südosteuropa, erlebten insgesamt aber

> nur wenige Gegenden der Welt im 20. Jahrhundert in vergleichbar starker Weise so umfangreiche Grenzveränderungen(, wie eben diese, Anm. N. St.). Zunächst dynastischen Prinzipien folgend im 19. Jahrhundert, danach deklarativ dem Selbstbestimmungsrecht der Völker, bis hin zu biologistisch-ethnischen Konzepten, die im Zuge des Zweiten Weltkriegs ihren Kulminationspunkt hatten, sowie dann nach 1989 mit „historischer Legitimation" versehen.[25]

Allgemein wird davon ausgegangen, dass die Einwirkung zentralstaatlicher Praktiken, oft vermittels Zwang und Gewalt, letztlich zur definitiven Durchsetzung von nationaler Eindeutigkeit geführt hat, und dass damit nationalen Zuordnungen entscheidende Prägekraft zukommt. Ausgehend von den skizzierten Überlegungen zu Phantomgrenzen stehen hier gleichsam die Grenzen und die vielfältigen Brechungen solcher Zugriffe durch die neuen Zentren im Mittelpunkt: Es wird untersucht, wie in beiden Dimensionen Remanenzphänomene in Erscheinung treten, die über das Nationale hinausgehen, bzw. dessen ambivalente Bedeutung aufzeigen. Die Fokussierung auf Situativität und Remanenz ermöglicht es ebenso, aus der bisherigen Perspektive einer irreversiblen linearen Entwicklung vom „Vornationalen" ins „Nationale", vom *from – into* herauszutreten.

---

22 Ebenda, S. 19.
23 Ebenda.
24 Grandits, Gewandelte Wissensordnungen, 2015, S. 134–65, hier S. 140.
25 Ebenda, S. 140.

1.2.3 Mikro-/Lokalgeschichte

> Südosteuropa wird überwiegend über seine Nationalstaaten wahrgenommen. Diese sind aber Produkte des 19. – 21. Jahrhunderts und verdecken kulturelle Raumstrukturen, die über wesentlich längere Zeiträume gewachsen sein können. Auch in der Diskussion über die Ost- und Südosterweiterung der europäischen Union steht die Raumkategorie des Nationalstaats im Vordergrund. Dabei wird der heute in Südosteuropa dominierende staatspolitische Zentralismus übernommen, der besonders im 20. Jahrhundert große Anstrengungen unternommen hat, regionale Vielfalt einzuebnen und eine kulturelle Homogenisierung zu erreichen. Noch heute werden in viele Staaten regionalgeschichtliche Ansätze und regionalkulturelle Strömungen eher als negativer Faktor für die nationalstaatliche Einheit betrachtet.[26]

Dies trifft insbesondere auf die hier behandelte Region zu: Oft wird ein Fokus auf Regionalgeschichte aus der Warte der klassischen Nationalgeschichte als potentiell sezessionistisch beargwöhnt. Dies entspricht dem Selbstverständnis solcher Geschichtsschreibung, dass Geschichte in Bezug auf Räume immer nur als Erzählung einer Ganzheit gedacht wird und bestimmte Räume dann höchstens nur zwischen konkurrierenden Ganzheiten als deren umstrittener Teil in Erscheinung treten können. Regionen werden im Sinne des *ethnic engineering* entweder als Kerne oder Elemente des Nationalstaats betrachtet.

Lange Zeit bildete die Auseinandersetzung mit Regionen eine Randerscheinung und wurde nur im Hinblick auf die Etablierung der Nationalstaaten als Marginalie notiert. Doch schon seit einiger Zeit existieren Impulse zu einer neuen Auseinandersetzung mit Regionen, die sich aus diesem klassischen Spannungsfeld Nation – Region lösen.[27]
Philipp Ther hat angemerkt, dass die Forschung bisher sehr erfolgreich darin war, die Konstitution der Nationalstaaten zu rekonstruieren und die verschiedenen Formen dieses Prozesses der Absorption nicht-nationaler Orientierungen zu analysieren.[28] Allerdings eröffne sich bei einer solchen Darstellung der „Erfolgsgeschichte" des Nationalstaates die allzu voreilige Betonung von dessen lückenloser oder letztgültiger Durchsetzung.[29] Dies gilt es in einem noch viel stärkeren Maß für die Nationalstaaten Südosteuropas zu berücksichtigen.

Am Beispiel der hier zu untersuchenden Region zeigt sich, wie wechselhaft und gebrochen die Durchsetzung nationalen Selbstverständnisses und wie mühsam die Zurückdrän-

---

26 Metzeltin, Michael und Schmitt, Oliver J. (Hrsg.): Das Südosteuropa der Regionen. Sitzungsberichte der philosophisch-historischen Klasse, Wien, 2015, S. 7.

27 Troebst, Stefan: Vom *spatial turn* zum *regional turn*? Geschichtsregionale Konzeptionen in den Kulturwissenschaften, in: Dimensionen der Kultur- und Gesellschaftsgeschichte. Festschrift für Hannes Siegrist zum 60. Geburtstag, hrsg. von Matthias Middell, Leipzig, 2007, S. 143–59; Roth, Klaus: What's in a Region? Southeast European Regions Between Globalization, EU-Integration and Marginalization, in: Ethnologia Balkanica, 11 (2007), S. 17–41; Brunnbauer, Ulf: Editorial, in: Ethnologia Balkanica, 11 (2007), S. 5–15, hier S. 11.

28 Weber, Eugen: Peasants into Frenchmen. The Modernization of Rural France, 1870–1914, Stanford, 1976.

29 Ther, Philipp: Sprachliche, ethnische und kulturelle „Zwischenräume" als Zugang zu einer transnationalen Geschichte Europas, in: Regionale Bewegungen und Regionalismen in europäischen Zwischenräumen seit der Mitte des 19. Jahrhunderts, hrsg. von Philipp Ther und Holm Sundhaussen, Marburg, 2003, S. IX–XXIX, hier S. XIII.

gung regionaler Orientierungen war.[30] Nationale Zuordnung blieb nicht statisch, sondern veränderte sich bis in die Gegenwart hinein immer wieder. Dass ein ethnisch-nationales Selbstverständnis zwar dominant, aber nicht ausschließlicher Bezugspunkt ist, demonstriert sich in einem neuen Interesse für diese Region.[31]

In West- und Mitteleuropa ist oft von einer Tradition eines bestimmten rechtlichen Status einer Region, verbunden mit dessen territorialer Formierung über einen längeren Zeitraum auszugehen. Gerade für den Zentralbalkan sind aber solche rechtlich überlieferten Traditionen, die einen bestimmten Raum umfassen, seit der osmanischen Herrschaft kein ausreichender Anhaltspunkt. Regionale Bezeichnungen entstanden erst in der Periode der Entosmanisierung (Sandžak, Makedonien) oder aber sie verschwanden bzw. wurden in dieser Phase immer weniger sichtbar (Stari Vlah, Šumadija, Šopluk). Holm Sundhaussen hat angesichts der Schwierigkeit der Definition von Regionen vorgeschlagen von *starken* und *schwachen* Regionen zu sprechen und diese in ihrem historischen Wandel zu betrachten. Während *starke* Regionen über einen langen Zeitraum in der gesellschaftlichen Wahrnehmung präsent bleiben (Sandžak – außerhalb des Zentrabalkans v. a. Siebenbürgen, Dalmatien, Kroatien-Slawonien), was sich bisweilen auch in einem besonderen rechtlichen Status niederschlagen kann (tendenziell Makedonien), sind *schwache* Regionen einem allmählichen Verschwinden preisgegeben (Stari Vlah), oder aber sie sind in der lokalen Wahrnehmung mit wechselvollen Konjunkturen präsent, ohne dass sie einen besonderen rechtlich-territorialen Status erlangen (Šumadija, Šopluk).[32]
Dieses Verständnis von schwachen Regionen korrespondiert mit dem weiter oben beschriebenen Ansatz, Regionen als Remanenzphänomen zu verstehen. Es hat sich gezeigt, dass zwar etwa die Bezeichnung des Šopluk, die mit der osmanischen Zeit verbunden ist, für eine längere Zeit außer Gebrauch kam und höchstens im Gelehrten- und Expertendiskurs verwendet wurde, um dann Ende der 1980er Jahre unter gänzlich veränderten Bedingungen von der lokalen Bevölkerung wieder aufgegriffen zu werden. Die Auseinandersetzung mit regionalen Zuschreibungen, Vorstellungen von Raumstrukturen jenseits des Nationalen und ihrer Bedeutung im Alltagshandeln ist aufschlussreich für das Verständnis der gesellschaftlichen Veränderungen, welche die hier behandelte Region zwischen den 1960er und 1980er Jahren erlebte.

Zugleich wird hier eine Konstellation zwischen lokalen, regionalen und transnationalen Akteuren sichtbar, wie sie Matthias Middell als produktiv für eine transnationale Geschichtsschreibung betrachtet – schließlich wurden die Grenzziehungen auf dem Berliner Kongress 1878 und der Friedenskonferenz in Paris 1918 beschlossen, von den Protagonis-

30 Vgl. einen ähnlichen Befund für Makedonien: Brunnbauer, Ulf: Vom Selbst und den Eigenen. Kollektive Identitäten, in: Historische Anthropologie im südöstlichen Europa. Eine Einführung, hrsg. von Karl Kaser und Robert Pichler, Wien, 2003, S. 377–402.

31 Pirotski Zbornik, Schwerpunktthema: Identitet Piroćanaca, 32–33 (2007/2008). Vgl. auch: Živković, Vitomir: Torlak, Pirot, 1994; Kostić, Kosta: Prilog Etnoistoriji Torlaka, Novi Sad, 1996; Hristov, Petko: Trans-border Exchange of Seasonal Workers in the Central Regions of the Balkans (19th–20th Century), in: Ethnologia Balkanica, 12 (2008), S. 215–30. Wobei dieser Ansatz die Dimension regionaler Zugehörigkeit in einer Hierarchie verhandelt, in der das Nationale in seiner Erstrangigkeit unbestritten bleibt.

32 Sundhaussen, Holm: Die Šumadija. Historische (Nicht-)Region und/oder „mental map“?, in: Das Südosteuropa der Regionen. Sitzungsberichte der philosophisch-historischen Klasse, hrsg. von Michael Metzeltin und Oliver J. Schmitt, Wien, 2015, S. 277–312.

ten der Nationalstaaten umgesetzt, wozu sich dann die lokalen Akteure in unterschiedlichen Formen verhielten.[33] Gleichwohl wird diese Konstellation nicht in einer hierarchischen Form gedacht, sondern das Augenmerk auf die lokalen Dynamiken gelegt.

1.3 Verfahren

Im Mittelpunkt stehen die Städte Pirot und Dimitrovgrad (Caribrod) sowie Trn, auf das jedoch nur punktuell Bezug genommen wird. Dabei ist es wichtig zu betonen, dass die Geschichte der Beziehung zwischen Grenze und lokaler Gesellschaft in dieser Arbeit im Mittelpunkt steht. Alle weiteren Aspekte sozialhistorischer Entwicklung werden nur soweit aufgegriffen, als dass sie mit diesem engeren Themenfeld der Grenze und der lokalen Gesellschaft verbunden sind.

Im Verlauf der Darstellung verlagert sich der räumliche Schwerpunkt innerhalb des Analysezeitraums. Für die osmanische Zeit steht Pirot im Vordergrund. Mit der Etablierung der Grenze 1878 rückt auch das bisherige Dorf Caribrod in den Fokus. Als Grenzübergang kommt es in dem bisherigen Dorf zu einem Entwicklungsschub. Während Pirot als Handelsstadt durch die Auswirkungen der neuen Barriere stagniert, erlebt das bisherige Dorf Caribrod einen Aufschwung. Mit der Verschiebung der Grenze 1920, der Einbeziehung Caribrods in das neue Königreich der Serben, Kroaten und Slowenen verlagert sich der Schwerpunkt der Arbeit nochmals stärker auf diese Stadt. Caribrod wechselt die Staaten, nicht jedoch seine Funktion als Grenzstadt. All jene Probleme, die für Pirot für die Zeit zwischen 1878 und 1914 beschrieben wurden, treten nun unter den veränderten Bedingungen der Zwischenkriegszeit in einer massiveren Form zutage. Der engere Fokus bleibt auf Caribrod und Umgebung auch für die Epoche des Realsozialismus. All jene Konflikte, Auseinandersetzungen und neuen Formen der Zuordnungen, die spezifisch für den Umgang mit Uneindeutigkeit im sozialistischen Jugoslawien waren, lassen sich besonders gut anhand der Verhältnisse in Caribrod/Dimitrovgrad beschreiben, ohne dass Pirot vollständig aus dem Blick gerät. Die Entwicklungen während der beiden Weltkriege in der Region werden nur im engeren Zusammenhang des hier im Mittelpunkt stehenden Themas aufgegriffen. Besatzung und Kollaboration in beiden Weltkriegen sind ein Gegenstand für sich und verdienen angesichts der enorm aufgeladenen Narrative dazu in Serbien und Bulgarien eine eigene Forschungsarbeit.

Gleichzeitig bleibt der Schwerpunkt insgesamt auf einer Region, die bis 1878 die Kaza Šehirkoj/Pirot bildete. In den beiden letzten Kapiteln stehen einerseits die gesellschaftlichen Wandlungsprozesse in der Region in der Epoche des Realsozialismus im Mittelpunkt, andererseits die Diskurse und Praktiken um Zuordnungen, und deren Aneignung im lokalen Kontext. Dabei wird punktuell über das Jahr 1989 hinausgegangen. Um jeden Ansatz einer Essentialisierung zu vermeiden, wird in der Arbeit schlicht von „der Region“ gesprochen.

Die Arbeit folgt prinzipiell einem chronologischen Aufbau. So insbesondere in den ersten drei Kapiteln (2. Osmanisches Reich, 3. Grenzen ziehen, 4. Wissenschaft und Grenzen),

33 Middell, Matthias: Der spatial turn und das Interesse an der Globalisierung in der Geschichtswissenschaft, in: Spatial Turn. Das Raumparadigma in den Kultur- und Sozialwissenschaften, hrsg. von Stefan Döring und Tristan Thielmann, Bielefeld, 2008, S. 103–24.

in den letzten beiden Kapiteln (5. Grenzen in Bewegung, 6. Phantomgrenzen) wird dagegen in thematischen Querschnitten regelmäßig Bezug auf bestimmte Entwicklungen aus der Zeit davor genommen. Dies gilt insbesondere für die wirtschaftliche Entwicklung, die Infrastruktur der Grenze einschließlich des Passwesens sowie Vorstellungen von räumlichen Gliederungen und Zuordnungen.

Hier sei noch angefügt, dass Bosilegrad und Umgebung, die zeitgleich mit Caribrod dem neuen südslawischen Staat 1920 zugeschlagen wurden, nicht Gegenstand der Analyse ist. Der wichtigste Grund dafür ist, dass es sich um zwei unterschiedliche Regionen handelt. Bosilegrad als Zentrum der Region Krajište gravitierte stark nach Kjustendil in Bulgarien und heute nach Surdulica und Vranje in Serbien. Zwischen beiden, Caribrod und Bosilegrad, gab es so gut wie keine Kontakte. Für gewöhnlich werden in der bulgarischen Geschichtswissenschaft beide Städte als „Zapadnite pokrajnini" („Westliche Gebiete") zusammen behandelt. Dabei handelt es sich um eine essentialisierende Perspektive ethnonationaler Homogenität, die beide Gebiete unabhängig von den regionalen Unterschieden abstrakt zusammenfasst. Auf Bosilegrad wird hier v. a. im Hinblick auf den Vergleich der Entwicklung beider Regionen im sozialistischen Jugoslawien Bezug genommen.

1.4 Forschungsstand

In den vergangenen Jahren hat die Forschung zu Grenzen in der Geschichtswissenschaft einen markanten Aufschwung erlebt.[34] Nicht zuletzt das Ende der Blockkonfrontation in Europa und das Ende der Bipolarität als außerwissenschaftlicher Impuls, die Neuaneignung der Kategorie des Raumes im wissenschaftlichen Kontext[35] sowie die Infragestellung des Nationalstaates als ultimativem räumlichem Ordnungsprinzip haben dazu beigetragen.

Doch schon in den 1920 Jahren kritisierte Lucien Febvre die Vorstellung von Grenzen als etwas Organischem. Er betrachtete sie nicht einfach als geografische Trennlinien, sondern sah in den Grenzgebieten eigene distinkte Zonen mit geografischen Gemeinsamkeiten auf beiden Seiten.[36] Dieser Ansatz, der die Seiten entlang einer Grenzlinie zu einer Art Grenzgesellschaft verbindet, ist hier von besonderem Interesse.

Eine weitere Überlegung von Lucien Febvre dagegen wird in der gegenwärtigen Forschung relativiert. Für Lucien Febvre war der Blick auf das Zentrum erkenntnisleitend für das Verständnis von Grenzen: „Nicht von der Grenze muss man ausgehen, um sie zu erforschen, sondern vom Staat."[37] Das Zentrum des Staates strukturiert ihm zufolge gesellschaft-

34 François, Etienne, Seifarth, Jörg und Struck, Bernhard: Grenzen und Grenzräume. Erfahrungen und Konstruktionen, in: Die Grenze als Raum, Erfahrung und Konstruktion. Deutschland, Frankreich und Polen vom 17. bis zum 20. Jahrhundert, hrsg. von Etienne François, Jörg Seifarth und Bernhard Struck, Frankfurt am Main, 2007, S. 7–32, hier S. 7.

35 Middell, Matthias und Naumann, Katja: Global history and the spatial turn. From the impact of area studies to the study of critical junctures of globalization, in: Journal of Global History, 5 (2010), S. 149–70; Middell, Spatial Turn, 2008; Schlögel, Karl: Im Raume lesen wir die Zeit. Über Zivilisationsgeschichte und Geopolitik, München, Wien 2003, hier insbesondere: Spatiale Atrophie. Das Verschwinden des Raumes, S. 38 f.; Troebst, Vom *spatial turn* zum *regional turn*, 2007, S. 143–59.

36 Febvre, Lucien und Bataillon, Lionel: A Geographical Introduction to History, London, 1966 (Erstausgabe 1924), S. 301.

37 François, Seifarth und Struck, Grenzen und Grenzräume, 2007, S. 13.

liche Ordnung und definiert die Grenzlinien. Die jüngere Forschung hat dagegen die Grenzzonen als spezifisches Forschungsthema entdeckt,[38] das eine Erweiterung des bisherigen Verständnisses von Zentrum und Peripherie zulässt: Mit dem detaillierten Blick auf die „Peripherie" erschließt sich diese als spezifisch strukturiertes gesellschaftliches Territorium.[39]

In diesem Zusammenhang stehen auch Anregungen für eine vergleichende Geschichte von Grenzgesellschaften.[40] Dieser Impuls findet sich in den neuen, kulturgeschichtlich orientierten Ansätzen zur Thematisierung von Grenzen wieder. Wesentlich ist dabei der Fokus auf die bisher als Peripherie betrachteten Grenzgesellschaften. Deren Analyse lässt wiederum Rückschlüsse auf das Zentrum und den sich konstituierenden Nationalstaat zu, seine Stärken und Schwächen. Mittlerweile hat sich dieser Ansatz auch disziplinübergreifend fest etabliert.[41]

Der Ansatz, nicht nur eine Seite der Grenze, sondern vielmehr beide Seiten als „distinkte Zone" in den Mittelpunkt der Forschung zu stellen, ist mittlerweile unter dem Stichwort „Grenzregionen" ein bewährter Zugang geworden.[42] Die Grenzgesellschaft soll als eigenes Netz gesellschaftlicher Beziehungen zwischen verschiedenen Gruppen auf beiden Seiten der Grenze begriffen werden. Die Durchsetzung der Grenze bzw. das Misslingen der Grenzziehung ist vermittels der regionalen Eliten und deren Einpassung bzw. Widerstand gegen die Integration in ein neu gebildetes Staatsterritorium untersucht worden. Inspiriert von Ansätzen postkolonialer Geschichtswissenschaft wird die Konstruktion von Grenzen in ihrer Prozessualität betrachtet, d. h. in ihrer Genese, Dauer, Veränderung und schließlich ihrem möglichen Verschwinden. Daran orientiert sich auch diese Arbeit, da hier die Entwicklungen im serbischen wie auch bulgarischen Teil der entstehenden und sich verändernden Grenzgesellschaft über einen langen Zeitraum analysiert werden. Der Ansatz einer spezifischen Chronologie der Grenze[43] bildet einen produktiven Rahmen, um die einzelnen Entwicklungsphasen begrifflich fassen zu können.

In den letzten Jahren hat sich ausgehend von diesem Ansatz eine Reihe von Publikationen dem Vergleich von Grenzen bzw. Aspekten der Grenze in Ost- und Westeuropa gewidmet.[44] Für die letzten fünfzehn Jahre wird eine „Hochkonjunktur" in der Auseinandersetzung mit Grenzen in Ost- und Mitteleuropa konstatiert:

---

38 Sahlins, Peter: Boundaries. The Making of France and Spain in the Pyrenees, Berkeley, 1989.

39 Ebenda, S. 4 f.

40 Baud, Michiel und Schendel, Willem van: Toward a Comparative History of Borderlands, in: Journal of World History, 8 (1997) 2, S. 211–42.

41 Houtum, Henk van: An Overview of European Geographical Research on Borders and Border Regions, in: Journal of Borderlands Studies, 15 (2000) 1; O'Dowd, Liam: The Changing Significance of European Borders, in: New Borders for a Changing Europe. Cross-Border Cooperation and Governance, hrsg. von Liam O'Dowd, James Anderson und Thomas M. Wilson, London, 2003, S. 13–36.

42 Baud und Schendel, Toward a Comparative History of Borderlands, 1997, S. 221.

43 Ebenda, S. 224 f.

44 Duhamelle, Christophe, Kossert, Andreas und Struck, Bernhard: Perspektiven für eine vergleichende Grenzforschung Europas, in: Grenzregionen. Ein europäischer Vergleich vom 18. bis 20. Jahrhundert, hrsg. von Christophe Duhamelle, Andreas Kossert und Bernhard Struck, Frankfurt am Main, 2007, S. 1–24.

> Am deutlichsten wirkten dabei die durch den Systemwechsel 1989/91 auf verschiedenen Ebenen ausgelösten Prozesse – die neue geopolitische Situation nach dem Wegfall des Eisernen Vorhangs im Zentrum Europas, die Veränderung des Charakters von Grenzen.

Insbesondere in der deutsch-polnischen Forschung hat dies zu einer erheblichen Ausdifferenzierung der Forschungsfelder und Konzeptionen geführt.[45] So wenig es ein Zufall ist, dass sich gerade die Forschung zu Grenzen in Polen derart ausdifferenziert hat, so sehr erstaunt es, dass für die Gesellschaften des Balkans ein solcher Schub ausgeblieben ist.

Neben ersten Überlegungen zu Grenzen in Südosteuropa, die sich vornehmlich auf die unmittelbare Gegenwart beziehen,[46] berücksichtigt die Forschung bisher hauptsächlich den Bereich des Territoriums des ehemaligen Habsburgerreiches[47] und hier besonders das so genannte Triplex Confinium, die habsburgische Militärgrenze, in der venezianisches, osmanisches und habsburgisches Gebiet aneinanderstießen.[48] Doch anders als im Fall der über Jahrhunderte bestehenden Militärgrenze, die voneinander unterschiedlich verfasste Territorien trennte, handelt es sich bei den Grenzen im Gebiet des Zentralbalkans bzw. des europäischen Teils des Osmanischen Reiches um ein relativ neues Phänomen, das Ende des 19. Jahrhunderts in einem Gebiet hervortrat, das seit dem 14. Jahrhundert eine solche Form der Territorialisierung von Macht nicht gekannt hatte. Dennoch bleibt das Gebiet des Osmanischen Reiches (mit Ausnahme Bosniens) weiterhin aus einer solchermaßen neu ausgerichteten Forschung ausgespart. Grenzlandschaften in Südosteuropa werden zum Teil auch über die Analyse von Minderheiten, über die Spannung zwischen dem ethnischen Prinzip als Grundlage von Staatsbürgerschaft und der ethnisch heterogenen Gesellschaften thematisiert – allerdings nicht systematisch.[49] Vor allem in ethnologisch und kulturanthropologisch inspirierten Arbeiten gewinnt dieses Themenfeld in Bezug auf Südosteuropa immer größere Bedeutung.[50]

---

45 Haslinger, Peter: Grenze als Strukturprinzip und Wahrnehmungsproblem. Theorien und Konzepte im Bereich der Geschichtswissenschaften, in: Die galizische Grenze 1772–1867. Kommunikation oder Isolation?, hrsg. von Christoph Augustynowicz und Andreas Kappeler, Wien, 2007, S. 5–20.

46 Lienau, Cay (Hrsg.): Raumstrukturen und Grenzen in Südosteuropa, München, 2001; Grimm, Frank-Dieter (Hrsg.): Grenzen und Grenzregionen in Südosteuropa, München, 1998.

47 Wörsdörfer, Rolf: Ethnisch-nationale Differenzierung in den Ostalpen. „Deutsch, Windisch, Slowenisch“ 1920–1991, in: Die Nationalisierung von Grenzen. Zur Konstruktion nationaler Identität in sprachlich gemischten Grenzregionen, hrsg. von Michael G. Müller und Rolf Petri, Marburg, 2002, S. 137–60.

48 Roksandić, Drago: Triplex confinium ili o granicama i regijama hrvatske povijesti 1500–1800, Zagreb, 2003; Geza, David (Hrsg.): Ottomans, Hungarians, and Habsburgs in Central Europe. The Military Confines in the Era of Ottoman Conquest, Leiden, 2000; Grandits, Hannes: Familie und Gesellschaft in der habsburgischen Militärgrenze. Lika und Krbava zu Beginn des 18. Jahrhunderts, in: Microhistory of the Triplex Confinium, hrsg. von Drago Roksandić, Budapest, 1998, S. 27–68; Kaser, Karl: Freier Bauer und Soldat. Die Militarisierung der agrarischen Gesellschaft an der kroatisch-slawonischen Militärgrenze (1535–1881), Wien, Köln, 1997.

49 Steinke, Klaus und Voss, Christian (Hrsg.): The Pomaks in Greece and Bulgaria. A model case for borderland minorities in the Balkans, München, 2007; Vgl. dazu auch: Promitzer, Christian (Hrsg.): (Hidden) Minorities. Language and Ethnic Identity between Central Europe and the Balkans, Münster, 2009.

50 Green, Sarah: Notes from the Balkans. Locating Marginality and Ambiguity on the Greek-Albanian Border, Princeton/NJ, 2005; Green, Sarah: A sense of border. The story so far, in: A Companion to

Dass sich Geschichtswissenschaften bisher eher weniger damit beschäftigt haben, verwundert. Dabei waren Diskussionen um Grenzen, deren Künstlichkeit oder tiefe „Verwurzelung in der Geschichte" integraler Bestandteil der Kriege um ethnisch homogene Territorien in den 90er Jahren im ehemaligen Jugoslawien. Diese Kriege wurden in erster Linie zur Verschiebung von Grenzen geführt.[51] Trotz dieser zentralen Bedeutung der Grenze hat dies kein geschichtswissenschaftliches Interesse ausgelöst. Vermutlich ist es zu einem Teil der Tatsache geschuldet, dass in den Staaten des Westbalkans der Diskurs zu Grenzen weiterhin selbstverständliches Element der politischen Legitimation ist, der sich auch ein großer Teil der lokalen Forschung verpflichtet sieht. Der Konstruktionscharakter von Grenzen wird dabei allenfalls bemüht, um eine Revision bestehender Grenzlinien zu fordern. Ein Ansatz, solche Praktiken zum Gegenstand geschichtswissenschaftlicher Forschung zu machen, befindet sich noch im Stadium genereller und essayistischer Reflexion.[52] Bisher wurden in der westlichen Südosteuropaforschung die „Mythenproduktion" des Zentrums in den Blick genommen, die Konstruktionen nationaler Gemeinschaft behandelt. Gleichwohl mangelt es aber noch an einem Ansatz, der die bisher erforschten Entwürfe von Nation,[53] die Mythenproduktion im nationalen Zentrum mit gesellschaftlicher Erfahrung in der Peripherie[54] in Beziehung setzt und die lokalen Trägergruppen nationaler Ideen analysiert.

Im Hinblick auf die hier im Mittelpunkt stehende Region ist die Forschung insbesondere zur osmanischen Epoche sowohl in internationaler Hinsicht als auch in den betreffenden Ländern sehr überschaubar. Dennoch existiert eine Reihe von Arbeiten, die eine hervorragende Basis und Ausgangspunkt zugleich bilden. Hier sei v. a. Hans-Jürgen Kornrumpf mit seinen Beiträgen zur administrativen Ausgestaltung des hier interessierenden Donauvilajet und der Kaza Pirot genannt.[55] In der bulgarischen Historiografie kam es in den vergangenen

---

Border Studies, hrsg. von Thomas M. Wilson und Hastings Donnan, Chichester, 2012, S. 573–92; Dimova, Rozita: Transgressing Law and Morality. Temporality, Nationalism and Borders in the Southern Balkans, in: Journal of Southeast European and Black Sea Studies, 15 (2015) 3 (Special issue: Localising Moralities. Power and Temporality in Southeastern Europe, hrsg. von Sabine Strasser and Jelena Tošić); Trubeta, Sevasti: Die Konstitution von Minderheiten und die Ethnisierung sozialer und politischer Konflikte. Eine Untersuchung am Beispiel der im griechischen Thrakien ansässigen Moslemischen Minderheit, Frankfurt am Main, 1999; Donnan, Hastings, Hurd, Madeleine und Leutloff-Grandits, Carolin (Hrsg.): Border crossings, moving borders. Divisions, Passages and Thresholds in European Borderlands, Manchester, 2016; Blumi, Isa: Not our Kind. Generational Barriers Dividing Postwar Albanian Migrant Communities, in: Walls, Borders, Boundaries. Strategies of Surveillance and Survival, hrsg. von Marc Silberman, Karen E. Till und Jaren Ward, New York, 2012, S. 155–72.

51 Pešić, Vesna: Krieg um Nationalstaaten, in: Kollektive Erinnerung, nationale Formierung, ideologische Aufrüstung, hrsg. von Thomas Bremer, Nebojša Popov und Heinz-Günther Stobbe, Berlin, 1998, S. 15–44.

52 Jakšić, Božidar: Granice – izazov interkulturalnosti, Beograd, 1996.

53 Vgl. exemplarisch: Sundhaussen, Holm: Serbische Volksgeschichte. Historiker und Ethnologen im Kampf um Volk und Raum vom Ende des 19. bis zum Ende des 20. Jahrhunderts, in: Volksgeschichten im Europa der Zwischenkriegszeit, hrsg. von Manfred Hettling, Göttingen, 2003, S. 301–25; Müller, Dietmar: Staatsbürger auf Widerruf. Juden und Muslime als Alteritätspartner im rumänischen und serbischen Nationscode. Ethnonationale Staatsbürgerschaftskonzeptionen 1878–1941, Wiesbaden, 2005.

54 „Peripherie" beinhaltet hier durchaus die gesamte Gesellschaft jenseits der Hauptstadt.

55 Kaleshi, Hasan und Kornrumpf, Hans-Jürgen: Das Wilajet Prizren. Beitrag zur Geschichte der türkischen Staatsreform auf dem Balkan im 19. Jahrhundert, in: Südost-Forschungen, 26 (1967), S.

Jahren mit der für diese Arbeit relevanten Epoche des Tanzimat zu einer intensivieren Beschäftigung. Die Tendenz geht hin zu einem Abrücken von der insgesamt dichotomisch und antagonistisch geprägten Vorstellung von der osmanischen Herrschaft. Dabei werden in viel stärkerem Maße als zuvor auch die christlichen Untertanen als Akteure innerhalb der unterschiedlichen Segmente von Herrschaft erschlossen. Bislang bezog sich dies ausschließlich auf die Erzählungen von der „bulgarischen Wiedergeburt", die suggerierten, diese hätte sich gleichsam isoliert von den übrigen Veränderungsprozessen im Osmanischen Reich vollzogen.[56] Jetzt stehen vielmehr die christlichen Čorbadžije (angesehene Städter, Kaufleute) als Akteure im System der Steuerpacht im Vordergrund, Karrieren von Kaufleuten vermitteln die neuen Formen der Verflechtung in dieser Phase als auch die vielfältigen Loyalitäten.[57] Auch das als Mustervilajet geschaffene Donauvilajet findet mittlerweile mehr Beachtung und wird nicht mehr nur als Fußnote in einem auf den Untergang des Osmanischen Reiches ausgerichteten Narrativ betrachtet.[58]

Anders verhält es sich mit der historiografischen Tradition in Serbien im Hinblick auf diese Region. Wie noch eingehend beschrieben wird, liegt hier der Scherpunkt ganz ausschließlich auf osmanischer Unterdrückung und serbischem Widerstand gegen dieselbe. Die Epoche der Tanzimat tritt dabei überhaupt nicht in Erscheinung. Bemerkenswert ist, wie Vladimir Stojančević, der Doyen der historischen Forschung zu Südostserbien, die geschichtswissenschaftliche Produktion zu diesem Themenbereich und der Region nahezu im Alleingang geprägt hat.[59] Seine Schülerin Borislava Lilić hat eine zweibändige Geschichte der Stadt Pirot vom Beginn des 19. Jahrhunderts bis zum Ende des Ersten Weltkriegs vor-

---

176–238; Kaleshi, Hasan und Kornrumpf, Hans-Jürgen: Zur Geographie und Infrastruktur des Kaza Pirot (Sehirköyü) vor 100 Jahren, in: Südost-Forschungen, 28 (1969), S. 284 f.; Kornrumpf, Hans-Jürgen: Die Territorialverwaltung im östlichen Teil der europäischen Türkei vom Erlass der Vilayetsordnung (1864) bis zum Berliner Kongress (1878) nach amtlichen osmanischen Veröffentlichungen, Freiburg, 1976.

56 Vgl. Daskalov, Rumen: Kak se misli Bălgarskoto văzraždane. Istoriografsko proučvane, Sofija, 2002.

57 Janeva, Svetla: Bălgari – otkupvači na danăci văv fiskalnata sistema na Osmanskata Imperija, Sofija, 2011; Atanasov, Hristijan: V osmanskata periferija. Obštestvo i ikonomika văv Vidin prez 18. vek, Sofija, 2008; Davidova, Evguenia: Balkan Transitions to Modernity and Nation-States. Through the Eyes of Three Generations of Merchants (1780s–1890s), Leiden, Boston, 2013.

58 Pletnjov, Georgi: Midhat Paša i upravlenieto na Dunavskija vilaet, Veliko Tărnovo, 1994. Petrov, Milen V.: Tanzimat for the Countryside. Midhat Paşa and the Vilayet of Danube, 1864–1868, Ann Arbor, 2007; Tafrova, Milena: Tanzimatăt, vilaetskata reforma i bălgarite. Administracijata na Dunavskija vilaet (1864–1876), Sofija, 2010.

59 Stojančević, Vladimir: Knez Miloš i Istočna Srbija 1833–1838, Beograd, 1957; Stojančević, Vladimir: Južnoslovenski narodi u osmanskom carstvu od Jedrenskog Mira 1829. do Pariskog Kongresa 1856. godine, Beograd, 1971; Stojančević, Vladimir: Jugoistočna Srbija u vreme oslobođenja 1877/78. godine, in: Leskovački zbornik, knj. XV, Leskovac, 1975, S. 71–78; Stojančević, Vladimir: „Kodžobaša" trnske kaze Aranđel Stanojević i srpskobugarski spor oko Trna i Znepolja 1878–1879, in: Istorijski časopis, 25/26 (1978/79), Beograd, 1979, S. 193–217; Stojančević, Vladimir: Oslobodilački pokret u Ponišavlju od Velike Seobe 1690. do Oslobođenja Timočke Krajine 1833. godine, in: Pirotska buna 1836. godine (sa posebnim osvrtom na oslobodilački pokret u Pirotu i Ponišavlju od turskog osvajanja do oslobođenja 1877/78. godine), hrsg. von Borislava Lilić, Pirot, 1997, S. 7–19; Stojančević, Vladimir: Nastojanja Srbije da se oslobodi Stara planina u XIX veku, in: Pirotski zbornik, Bd. 23/24, Pirot, 1998, S. 17–19; Stojančević, Vladimir: Iz prošlosti Pirota i okoline, Pirot, 2000.

gelegt, die diesem Narrativ bruchlos folgt.[60] Mittlerweile entwickeln sich aus dem lokalen Kontext neue Forschungsinteressen, die Kontrapunkte zu diesem Narrativ setzen.[61]

Die darauffolgende Epoche der Nationalstaaten wird zumeist als Konfrontationsgeschichte konzipiert, ganz zu schweigen von einer Beziehungsgeschichte, die das Lokale zur Kenntnis nehmen würde. Daher liegt der Fokus insbesondere auf den einzelnen Verträgen und Kongressen und wird zumeist über San Stefano, den Berliner Kongress und den Serbisch-Bulgarischen Krieg 1885 periodisiert,[62] um die Zwischenzeit auszusparen, die nicht von derart konfliktgeladenen Beziehungen geprägt war, und dann wieder mit den Balkankriegen und dem Ersten Weltkrieg diese Periodisierung für das lange 19. Jahrhundert fortzusetzen. Während die Forschung dazu in Jugoslawien im Vergleich zu anderen Beziehungsgeschichten nicht überreich, aber doch präsent ist, handelt es sich in der bulgarischen Tradition v. a. um vereinzelte Aufsätze und einen starken Schwerpunkt auf dem siegreichen Krieg von 1885.[63] Gegenseitige Wahrnehmungen, Verflechtungen, multidimensionale Beziehungsgeschichten, die nicht Diplomatie- und Kriegsgeschichte darstellen, sind für das 19. Jahrhundert eine Seltenheit, von ganz wenigen und sehr wichtigen Ausnahmen abgesehen.[64]

Das genaue Gegenteil ist in der Epoche der Zwischenkriegszeit zu beobachten: Während sich die serbischen bzw. jugoslawischen Publikationen primär auf die Friedenskonferenz in Paris konzentrieren und kaum mit diesem Teil der neuen Grenzen befassen,[65] liegt in der bulgarischen Geschichtswissenschaft eine größere Forschungstätigkeit – im Hinblick auf die Region – für diese Phase vor. Während in der Historiografie zum Jugoslawien der Zwischenkriegszeit der so genannte serbisch-kroatische Gegensatz nahezu alle anderen Themenbereiche dominiert, und damit auch die jugoslawisch-bulgarischen Beziehungen, war und sind in der bulgarische Historiografie die Zwischenkriegszeit und besonders die Gebietsverluste ein zentrales Element des Narrativs der „nationalen Katastrophe" und der Ungerechtigkeit der Pariser Friedensordnung. Das bedeutet aber zugleich nicht, dass sich keine Ansätze unabhängig von diesem Narrativ entwickeln konnten. Dafür stehen in erster

---

60 Lilić, Borislava: Istorija Pirota i okoline I–II (1804–1918), Pirot, 1994.

61 Velkova, Saška und Panajotović, Mila: Mali Rista i njegovo vreme, Pirot, 2014.

62 Vgl. auch: Samardžić, Momir: Od San Stefana do Slivnice. Srbija protiv Bugarske 1878–1886, Novi Sad, 2008; sowie zur Grenzziehung in der Region ders.: Evropa i obeležavanje granica Srbije 1878–1879, Novi Sad, 2006; ders.: Jedno svedočanstvo o razgraničenju Srbije i Bugarske 1879. godine, in: Zbornik Matice srpske za istoriju, 65–66 (2002), S. 263–270; ders.: Izveštaj srpskog komesara u Međunarodnoj komisiji za razgraničenje Srbije o obeležavanju srpsko-bugarske granice 1879. godine, in: Spomenica Istorijskog arhiva Srem, 2 (2003), S. 115–145.

63 Stojančević, Vladimir: Srbija i Bugarska od Sanstefanskog mira do Berlinskog Kongresa, Beograd, 1986; Jovanović, Vladimir: Srbija i Bugarska. 1886–1896, Beograd, 2002; Avramovski, Živko (Hrsg.): Jugoslovensko-bugarski odnosi u XX veku, Beograd, 1980; Mančev, Sărbija i srăbsko-bălgarskite otnošenija, 2014.

64 Berov, Hristo: Balkanska industrijalizacija balkanskih „Mančestera": Leskovac i Gabrovo (1878–1912), in: Godišnjak za društvenu istoriju, 3 (2012), S. 7–41.

65 Außer den Arbeiten Ende der 1960er – etwa Mitrović, Andrej: Jugoslavija na Konferenciji Mira 1919–1920, Beograd, 1969 – und jenen, die einen Schwerpunkt auf die jugoslawisch-bulgarischen Beziehungen und Auseinandersetzungen hinsichtlich Makedonien legen, neuer dazu: Pavlica, Branko: Razgraničenje Jugoslavije s Bugarskom (1919–1922), in: Tokovi istorije, 1–2 (2002), S. 16–23; Tasić, Dmitar: Prisajedinjenje Caribroda i Bosiljgrada Kraljevini SHS 1920, in: Tokovi istorije, 3 (2007), S. 121–31.

Linie die Arbeiten von Krsto Mančev, dessen Lebensgeschichte selbst stark von dieser Grenze geprägt wurde, insbesondere der schwersten Zeit zwischen 1948 und 1956, wovon hier ebenfalls die Rede sein wird.[66] Illustrativ für Formen der Erinnerung und Reflexion der Zwischenkriegszeit sind die Memoiren zweier späterer hochrangiger Funktionäre, die ihre politische Sozialisation im Caribrod der Zwischenkriegszeit erlebten und wie Trajana Nenova am Spanischen Bürgerkrieg teilnahmen.[67] Die 1989 zur Geschichte der Stadt Dimitrovgrad/Caribrod erschienene Monografie, die ebenso die Zwischenkriegszeit thematisiert, ist hier v. a. Teil der Auseinandersetzung mit Formen von Geschichtsbewusstsein in der Region.[68]

Zur Geschichte dieser Region während der sozialistischen Epoche ist im Grunde bis auf einige Aufsätze nicht gearbeitet worden. Auch wenn diese Beiträge neueren Datums und stark quellenbasiert sind, so bleiben sie im nationalgeschichtlichen Rahmen fixiert und nehmen die jeweils existenten Arbeiten „auf der anderen Seite“ nicht war.[69]

Dafür gibt es jedoch einen vergleichsweise umfangreichen Bestand an zeitgenössischer soziologischer, wirtschaftswissenschaftlicher und ethnografischer Publizistik, die in den lokalen wissenschaftlichen Zeitschriften veröffentlicht wurde. Aufgrund ihres Quellencharakters wird sie weiter unten im Zusammenhang mit den Quellen diskutiert.

Ebenso existiert eine Reihe von geografischen, klassisch landeskundlichen Arbeiten,[70] Dorfstudien, die von großem Nutzen für die Rekonstruktion von Alltagshandeln, Kommunikationslinien und Raumstrukturen sind.[71] Gleichwohl gibt es große qualitative Unterschiede zwischen den einzelnen Studien, sodass eine Reihe solcher Monografien v. a. aufschlussreich für Vorstellungen von Zuordnungen ist, von der Beziehung zwischen Region und Zentrum, Dorfleben, der Bedeutung der Grenze. Das gilt ganz besonders für zwei Großprojekte für Trn und sein Umland, in denen sich die Herausgeber buchstäblich in das

66 Mančev, Krăstjo: Jugoslavija i meždunarodnite otnošenia na Balkanite 1933–1939, Sofija, 1989; ders.: Bălgarija i nejnite săsedi, Sofija, 1978. Ganz dezidiert zu der hier behandelten Region: Mančev, Krăstjo und Gudeva, Mariana: Zapadnite pokrajnini v bălgarsko-jugoslavskite otnošenija, in: Istoričeski pregled, 7 (1990); Petrov, Metodi: Nacionalno-osvoboditelnoto dviženie v Zapadnite pokrajnini – 1919–1934, Sofija, 1995.

67 Nenova, Trajana: Razgovor s minaloto, Sofija, 1985; Hristov, Stefan: Pătišta izvărveni, Sofija, 1979.

68 Vasev, Cvetan, Zlatković, Srbislav und Vidanović, Gavrilo: Dimitrovgrad 1878–1944, Beograd, 1989.

69 Hinzu kommt, dass sich diese Arbeiten ganz ausdrücklich die Perspektive jener Institutionen, aus denen das Quellenkorpus stammt, ganz zu eigen machen: Cvetković, Vladimir Lj.: Sabori na jugoslovensko-bugarskoj granici 1956–1958, in: Geografija i Politika, hrsg. von Vera Božić, Beograd, 2014. Für einen anderen Zugang steht: Valtchinova, Galia: Kinship and Transborder Exchange at the Bulgarian-Serbian border in the second half of the 20th century, in: European Journal of Turkish Studies, <https://ejts.revues.org/607>, 4 (2006); vgl. auch: Dragišić, Petar: Bugarska manjina u Srbiji i Rezolucija Kominforma, in: Tokovi Istorije, 1–2 (2002), S. 37–44; ders.: Jugoslovensko-Bugarski odnosi 1944–1949, Beograd, 2007.

70 Vidanović-Sazda, Gavrilo: Vidlič-Zabrđe. Prilog poznavanju privrednog tipa, razvitka i razmeštaja proizvodnje i razmene dobara jedne zaostale periferne kraške oblasti, Beograd, 1960; ders.: Visok. Privredno-geografska ispitivanja, Beograd, 1955; Ćirić, Jovan: Geografija Pirota, Pirot, 1965; Ćirić, Jovan und Živković, Vitomir: Krupac. Geografija, istorija društveni život, Pirot, 1974.

71 Exemplarisch: Zdravković, Božidar J.: Od Alačev Čivlika do Velikog Jovanovca, Pirot, 1976; Cvetković, Duhomir: Hronika sela Kostur, Pirot, 2001; Spasić, Časlav: Hronika sela Prisjan, Pirot, 2001; Zdravkov, Georgi und Sotirov, Slobodan: Senokos. Selo koje ne sme da nestane, Pirot, 2012; Stavrov, Stanimir: Petrlaš. Selo koje nestaje, Beograd, 2014.

bulgarische nationale Narrativ einschreiben.[72] Die Dorfstudien von Cvetko Ivanov heben sich davon deutlich ab. In zweierlei Hinsicht: Einmal unterscheidet sich Cvetko Ivanovs Herangehensweise von jener der üblichen Monografien darin, dass diese quellenbasiert sind, vornehmlich aus dem Zentralen Staatsarchiv in Sofia, dem Militärarchiv in Veliko Tărnovo, dem Archiv Pirot, was mit intensiver jahrelanger Feldforschung kombiniert wird. Zudem decken die Genealogien der einst komplexen Familienhaushalte, um die es sich bei den Monografien handelt, eine bestimmte Mikroregion ab, den Burel. Die auf der genannten Datenbasis entstandene Übersicht über Familiengenealogien eines klar begrenzten Raumes bietet eine einzigartige Möglichkeit der Analyse von Migrationsbewegungen in transregionaler Perspektive, die für diese Arbeit außerordentlich wichtig und damit noch längst nicht erschöpft ist.[73] In jüngster Zeit erschienen auch Studien zu Geschichte und Kultur der Stadt, die sich stark von den weiterhin dominanten nationalen Narrativen in beiden Staaten lösen.[74]

1.5 Quellen

Für die Analyse der Beziehungen zwischen den neuen Machthabern, den Institutionen der neuen Nationalstaaten und der lokalen Gesellschaft wurden hauptsächlich die Bestände der beiden Innenministerien zwischen 1878 und 1914 genutzt. Der Schwerpunkt lag dabei auf den ersten beiden Jahrzehnten, in denen der Versuch der Zentralmacht, seine Herrschaft in der Region durchzusetzen, besonders anschaulich nachvollzogen werden kann.[75] Dies gilt auch für die Grenzziehung selbst, wobei hier die Belgrader und Sofioter Bestände um jene der Grenzkommission ergänzt wurden, die vom Berliner Kongress beauftragt worden war, die Grenzziehung durchzuführen.[76] Des Weiteren wurden die Korrespondenzen zwischen

---

72 Dies gilt v. a. für den *Trnski Zbornik*, in dem detailliert auf jene Familiengeschichten eingegangen wird, die sich für die Zugehörigkeit des Gebietes zu Bulgarien eingesetzt haben, um den Makel zu beseitigen, der durch die Entscheidung von einigen einflussreichen Akteuren für Serbien auf der Stadt lastete. Umgekehrt gilt das gleiche im serbischen Kontext für Pirot. Vgl. auch Vălčinova, Galina: Znepovalski pohvali. Lokalna religija i identičnost v zapadna Bălgarija, Sofija, 1999; Kostov, Stamen: Trănsko, Sofija, 2002; Gigov, Todor und Trănsko Kulturno-Prosvetno Družestvo „Ruj“ (Hrsg.): Trănsko. Minalo i săvremie, Sofija, 2008; Mironova-Panova, Stojanka: Trănskijat kraj. Očerci iz negovoto minalo, Sofija, 2008; Todorov, Radoslav, Trănsko-Znepolsko kulturno-prosvetno i blagotvoritelno Družestvo „Ruj“ (Hrsg.): Sbornik Trănski kraj. Prinos kăm izučavane na zapadnite bălgarski kraišta, Sofija, 1940; Ruskov, Vladimir: Caribrod, Zapadnite pokrajnini i pò na zapad, Sofija, 2007.

73 Ivanov, Cvetko: Borovo. Istini i legendi, Dimitrovgrad, 2004; ders.: Dragovita Zlatna, Dimitrovgrad, 2007; ders.: Banski dol i banskodolci, Dimitrovgrad, 2010; ders.: Šumje i Goleš, Dimitrovgrad, 2011; ders.: Prača, Dimitrovgrad, 2012; ders.: Rusimovci i Vrtinci, Dimitrovgrad, 2012; ders.: Dušata na Caribrodsko, Dimitrovgrad, 2012; ders.: Vera i kamen, Dimitrovgrad, 2013; ders.: Skrvenica, Dimitrovgrad, 2014; ders.: Asanovci, Rusimovci, Vrtinci, Dimitrovgrad, 2016; ders.: Planinica, Gornja i Donja, Dimitrovgrad, 2016; ders.: Gornja Držina, Dimitrovgrad, 2016.

74 Georgiev, Elizabeta: 111 godina knjige. Biblioteka u Dimitrovgradu 1898–2009, Dimitrovgrad, 2010.

75 Es handelt sich um die Bestände der Innenministerien sowie Außenministerien in den beiden Staaten, die im Zusammenhang mit Diskussionen über Grenzkorrekturen und Kontrollverfahren an der Grenze stehen.

76 Im Politischen Archiv des Auswärtigen Amtes waren es v. a. die Quellen im Kontext des Berliner Kongresses: PA AA R 12987 Acta zur serbisch-bulgarischen Grenzziehung.

den Innenministerien und den Kreisvorstehern (Okružni Načalnici) hinzugezogen, in denen die lokale Gesellschaft als Hindernis für die effektive Durchsetzung der Grenze plastisch deutlich wird.[77]

Ausgangspunkt für die Archivrecherche und auch unabhängig davon von großer Bedeutung ist die außerordentlich ertragreiche Quellenedition von Ilija Nikolić, *Pirot i Srez Nišavski* für die Zeit von 1804 bis 1918 in drei Bänden, wobei jeder einzelne Band über 2.000 Dokumenteneinheiten enthält, die Nikolić in jahrzehntelanger Arbeit zusammengetragen hat.[78] Gleichwohl ist die Quellensammlung, trotz ihres außergewöhnlichen Facettenreichtums an Themenbereichen unterschiedlichster Art, von der Tendenz geprägt, die Verbindungen Pirots zu Serbien in den Vordergrund zu stellen, und so in das serbische nationale Meisternarrativ zu integrieren, während die nicht minder wichtigen oder sogar relevanteren Beziehungen in das Gebiet des heutigen Bulgarien stark vernachlässigt wurden. Das gilt in umgekehrter Richtung in noch stärkeren Maß für die vom staatlichen Zentralarchiv in Sofia herausgegebene Quellenedition zu den sogenannten „Westlichen Gebieten", Caribrod und Bosilegrad. Hier steht ganz eindeutig die „Leidenszeit" der Zwischenkriegszeit im Vordergrund, die nahezu zwei Drittel der edierten Dokumente ausmacht. Für die Zeit davor, von 1878 bis 1920 wurden insbesondere solche Quellen ausgesucht, welche die Fürsorge und Unterstützung des bulgarischen Staates für die beiden Städte in den Vordergrund stellen. Konflikte und Auseinandersetzungen bei den Wahlen kommen dabei so gut wie überhaupt nicht vor. Nichtsdestotrotz bot diese Edition einen ebenso guten Ausgangspunkt für die Archivrecherche, wie auch für die Zeit des „Informbüro" Ende der 1940er und Anfang der 1950er Jahre, die in den serbischen Archiven noch gar nicht zugänglich sind.[79]

Für die Errichtung der Grenze und deren Infrastruktur, wie etwa Zoll und das darüber hinausgreifende Passwesen, wurden neben den Quellen der zuständigen Ministerien (zumeist Innen- und Finanzministerien) auch die Gesetzessammlungen und Amtsblätter hinzugezogen, vermittels derer sich die einzelnen Anweisungen, Anordnungen, Gesetze und Vertragstexte zum zwischenstaatlichen Handeln bis zum Ende des Untersuchungszeitraums nachvollziehen lassen.[80] Dies war insbesondere deswegen notwendig, weil dazu eine Forschung nur in wenigen Ansätzen existiert.[81]

Wie schon erwähnt bildet der Fokus auf Quellen in der Region selbst einen besonderen Schwerpunkt dieser Arbeit. Gerade im Hinblick auf die Epoche der Tanzimat, die bisher von der Forschung in Serbien weitgehend ignoriert wurde, finden sich ganz im Gegenteil überraschend viele aussagekräftige Quellen. Erwähnt sei hier insbesondere die Korrespondenz des Piroter Kaufmanns Rista Ioanov/Jovanović dessen Haus heute das Museum des

---

77 Im Arhiv Srbije war in dieser Hinsicht v. a. der Bestand AS MUD-P relevant.

78 Nikolić, Ilija: Pirot i Srez nišavski. Arhivska građa Bd. 1–3, Pirot, 1981.

79 Centralen Dăržaven Arhiv (Hrsg.): Arhivite govorjat, Nr. 35. Bălgarite ot zapadnite pokrajnini (1878–1975), Sofija, 2005.

80 Zbornik zakona i uredaba Kneževine/Kraljevine Srbije 1877–1913. Dăržaven Vestnik, 1879 ff., Službeni List SFRJ 1945–1992.

81 Promitzer, Christian: Grenzen der Bewegungsfreiheit. Die Diskussion um Quarantänen am Beispiel des Osmanischen Reichs und Bulgariens vom Beginn des 19. Jahrhunderts bis zu den Balkankriegen (1912/13), in: Zonen der Begrenzung. Aspekte kultureller und räumlicher Grenzen in der Moderne, hrsg. von Gerald Lamprecht, Ursula Mindler und Heidrun Zettelbauer, Bielefeld, 2012, S. 35–50; Krsmanović, Dragan: Carina i carinska služba u Srbiji (1804–1914), Beograd, 2006; Krsmanović, Dragan: Istorija na bălgarskite mitnici 1879–2008, Sofija, 2009.

Nišavagebiets (Muzej Ponišavlja) beherbergt. Dieses umfasst sowohl osmanisch-türkische Dokumente, als auch Handelskorrespondenzen mit Istanbuler Kaufleuten mit einem Schwerpunkt auf den 1850er und 1860er Jahren.[82] Hinzu kommt der Kondik bzw. Tefter der Metropolie des Nišavagebiets, der von der Piroter Gemeinde geführt wurde und weit über religiöse Dinge und ein bloßes Rechnungsbuch einer Kirchengemeinde hinausgeht.[83] Anhand der Aufzeichnungen im Kondik, die von den 1840er Jahren bis 1871 reichen, lässt sich auch vieles andere nachvollziehen, so etwa der Aufstieg der christlichen Kaufmannschaft in dieser Zeit.

Neben den Korrespondenzen und Deftern weiterer Piroter Kaufleute, die im Piroter Museum aufbewahrt und hier punktuell herangezogen werden, ist v. a. die im Archiv der Nationalbibliothek in Sofia aufbewahrte Korrespondenz der Piroter Kaufleute von Bedeutung.[84] Allein die Quantität dieser Korrespondenz ist überraschend, angesichts der Tatsache, dass bis heute die offensichtlich intensiven Beziehungen in das Gebiet des heutigen Bulgarien weitestgehend verdrängt und vergessen sind. Diese Quellen ermöglichen es, die bisherige Vorstellung von den Verhältnissen im Pirot des 19. Jahrhunderts, wie sie in der serbischen Forschung präsent sind, weitestgehend zu revidieren. Ebenso werden in dieser Korrespondenz die weitverzweigten Beziehungen der Kaufleute insbesondere nach Istanbul besonders gut sichtbar. Der Privatbestand des in Pirot gebürtigen, später in Sofia lebenden Wissenschaftlers Spas Vacov legt zugleich ganz andere, nicht kommerzielle Netzwerke offen, die auch in die Donaumonarchie reichten.[85]

Das Historische Archiv der Nationalbibliothek in Sofia verfügt ebenso über eine nahezu lückenlose Sammlung der bulgarischsprachigen Zeitungen der so genannten Wiedergeburtszeit wie etwa *Bălgarija*, *Carigradski Vestnik*, die neben der Vilajetzeitung *Duna*v ausgewertet wurden, die von außerordentlicher Bedeutung für die Region in der Tanzimat-Epoche war.[86]

Während diese überregionalen Zeitungen der Tanzimat-Epoche punktuell von Pirot und der Region berichteten, entstanden nach 1878 insbesondere auf der nun bulgarischen Seite in Caribrod und Trn in immer neuen Schüben Zeitungsprojekte, von denen sich insbesondere die *Nišava* eine längere Zeit nach der Jahrhundertwende halten konnte, und die für diese Arbeit von hoher Relevanz sind.[87]

82 Velkova, Saška und Panajatović, Mila: Mali Rista i njegovo vreme, Pirot, 2014.

83 Nikolić, Ilija (Hrsg.): Tefter Nišavske mitropolije. 1834–1872, Pirot, 1976.

84 Nacionalna biblioteka Kiril i Metodi, Bălgarski istoričeski arhiv, Bestand Tapčileštov.

85 In Pirot geboren, verließ Vacov die Stadt, nachdem sie gemäß der Entscheidung des Berliner Kongresses zu Serbien gehörte. In Sofia hatte er verschiedene Ämter in Ministerien inne und wurde zum Begründer der modernen Meteorologie in Bulgarien. Ausführlicher zu seiner Person in Kapitel eins und zwei.

86 Dunav/Tuna, Zeitung des Donau-/Tunavilajets 1865–1877; Bălgaria, Konstantinopel, 1859–1863 (hrsg. von Dragan Cankov); Carigradski Vestnik 1848–1862 (hrsg. von Ivan Bogorov et al.).

87 Zeitschriften und Zeitungen, die in Caribrod und Trn erschienen: Die Monatsschrift *Domašen Učitel* („Der Heimlehrer") erschien im Jahr 1889. *Caribrod* September 1901 bis März 1902 (insgesamt 17 Ausgaben, lokale Zeitung der Volksliberalen Partei von Dimităr Petkov). *Nišava*, Wochenzeitung, die von 1909 bis 1915 erschien und von Mihail Hadžiev herausgegeben wurde, der auch Besitzer der einzigen örtlichen Druckerei war, die er in den USA gekauft hatte. Vgl. Georgiev, 111 godina knjige, 2010, S. 33.

Hinzu kommt für diese Epoche des Übergangs auch der Blick von außen, von Gelehrten wie Konstantin Jireček, der gerade in der Anfangsphase des bulgarischen Staates im neu entstehenden Bildungsministerium arbeitete, dessen Arbeit hier in verschiedenerlei Hinsicht von großer Bedeutung ist: einmal als Impulsgeber und Begründer des bulgarischen Geschichtsnarrativs, woran sich auch der Transfer von Ideen und Vorstellungen von Geschichte und Nationalstaat plastisch nachvollziehen lässt.[88] Zudem bietet das Tagebuch, das Jireček während seiner Zeit in Bulgarien führte, eine besondere Perspektive auf die Wahrnehmungen eines Angehörigen der mitteleuropäischen Elite auf diese Zeit der Übergänge.[89] Hinzu kommt das zuerst in tschechischer und danach in deutscher Sprache erschienene Überblickswerk zur Geschichte und Gegenwart des Fürstentums Bulgarien, das hier auch aufgrund der Konzeptionen und Vorstellungen nationaler Räume anhand der darin vorgenommenen räumlichen Einteilungen des Territoriums des neuen Staates interessant ist.[90] Im Hinblick auf die Raumstrukturen in der spätosmanischen Zeit wie auch den Veränderungsprozess ist wie in so vielen anderen Kontexten Felix Kanitz von Bedeutung, der über die Region und die Stadt Pirot recht anschauliche Schilderungen in seinen Arbeiten hinterlassen hat.[91] In diesem Zusammenhang wird auch die zeitgenössische volkskundliche Publizistik als Quelle thematisiert.[92]

Für die Zwischenkriegszeit stehen ebenso lokale Quellen zur Verfügung: Einmal handelt es sich um die Wochenzeitung *Glas našeg Istoka* bzw. *Naš Istok*, die zwischen 1934 und 1939 in Pirot und Caribrod erschien und ein Blatt der Parteigänger von Milan Stojadinović in der Region war. Aufgrund des Fokus auf Quellen in der Region selbst kam es zu einem überraschenden Fund in der Bibliothek Dimitrovgrad. Dort lagerten seit Mitte der 1980er Jahre und bisher unbeachtet zwei große Kisten. Darin fand sich Korrespondenz und Fotografien der Lehrerfamilie Gajdarov. Die Briefe umfassen einen Zeitraum von 1882 bis in die 1960er Jahre. Sie sind buchstäblich eine Geschichte für sich, können aber gerade für die Zwischenkriegszeit eine subjektive Perspektive auf diese Zeit der Zuspitzung vermitteln.

---

88 Jireček, Konstantin: Geschichte der Bulgaren, Prag, 1876.

89 Jireček, Konstantin: Bălgarski dnevnik 1879–1884, Sofija, 1930–1932 (2 Bände, hrsg. von Stojan Agrirov, Neuauflage, Sofija 1995). Insbesondere weil Jireček zu dieser Zeit auch mit einigen Pirotern zusammenarbeitete, die nach 1878 nach Sofia gegangen waren. Ebenso wichtig ist die Korrespondenz. Mijatev, Petăr (Hrsg.): Iz Arhiva na Konstantin Ireček. Prepiska s bălgari. Dokumenti za obštestveno-političeskata i kulturnata istorija na Bălgarija ot 1871 do 1914 godina, Sofija, 1953. Sowie Bände 2 (Prepiska s bălgari, Sofija, 1959) und 3 (Prepiska s čuždenci, Sofija, 1963).

90 Jireček, Konstantin: Das Fürstenthum Bulgarien, seine Bodengestaltung, Natur, Bevölkerung, wirthschaftliche Zustände, geistige Cultur, Leipzig, 1891.

91 Kanitz, Felix P.: Donau-Bulgarien und der Balkan. Historisch-geographisch-ethnographische Reisestudien aus den Jahren 1860–1879, Leipzig, 1875–1879 (3 Bände); Kanitz, Felix P.: Das Königreich Serbien und das Serbenvolk von der Römerzeit bis zur Gegenwart, Leipzig, 1904–1909 (2 Bände). Für die Region punktuell ebenso wichtig: Boué, Ami: Die europäische Türkei, Wien, 1889.

92 Hristov, Simeon: Pirotskijat okrăg i negovoto naselenie, in: Sbornik za Narodni Umotvorenija, Nauka i Knižnina, Bd. 11, Sofija, 1894; Cvijić, Jovan: Balkansko Poluostrvo, in: ders.: Gesammelte Werke, Bd. 2, Beograd, 1987; Nikolić, Vladimir: Stari Pirot. Etnološke Beleške iz Prošlosti Grada, Pirot, 1974; ders.: Iz Lužnice i Nišave, in: Srpski Etnografski Zbornik, Bd. 16, Beograd, 1910; Nikolić, Rista: Krajište i Vlasina. Antropogeografska izučvanija, in: Godišnik na Sofijskija Universitet – Istoriko-filologičeski fakultet, Bd. 12.2, Sofija, 1923; Petrović, Jelenko: Pečalbari naročito iz Okoline Pirota, Beograd, 1920.

Für diese Jahre wurde eine Reihe weiterer Korrespondenzen entdeckt, die in diese Arbeit mit aufgenommen werden, wie jener von Vlasaki und Ljuba Aleksov, Eheleuten, die Ende der 1920er Jahre als Kommunisten zu Grenzgängern zwischen zwei autoritären Staaten wurden.

Für die Zeit nach 1945, insbesondere aber seit den 1960er Jahren, ist die jugoslawische Minderheitenpublizistik von großer Relevanz, die mit der Institutionalisierung der nationalen Minderheiten einherging. Wie auch in allen anderen Gegenden, in denen Minderheiteninstitutionen gegründet wurden, entstand eine Reihe von Zeitungen, Zeitschriften und Verlagen in den als offiziell anerkannten Sprachen der jeweiligen Minderheit. In Dimitrovgrad erschien Anfang der 1950er Jahre die Wochenzeitung *Glas na Bălgarite v Jugoslavija*.[93] Allerdings handelte es sich bei dieser Zeitung in erster Linie um ein Blatt, das in Belgrad redigiert wurde, und dessen Funktion es war, im Propagandakrieg mit dem sowjetischen Block im Zuge der Resolution des Informbüro die Position der jugoslawischen Parteiführung in bulgarischer Sprache darzustellen. Nicht von ungefähr wurde der *Glas na Bălgarite* dann 1956 mit dem Ende des Konflikts eingestellt. Gleichwohl begannen in dieser Wochenzeitung auch Journalisten und Schriftsteller aus der Region zu arbeiten, sodass der *Glas na Bălgarite* die Grundlage für die ab 1959 erscheinende Wochenzeitung *Bratstvo* bildete, die sich viel stärker den Themen in der Region widmete und die grundlegende Transformation mit vermittelt, die die Region im jugoslawischen Sozialismus erlebte.[94] Ein Resultat der Förderung der Institutionalisierung von Minderheiten war, dass selbst in Regionen mit schwacher Infrastruktur im Hinblick auf Pressewesen und Publizistik nun unabhängig von den lokalen materiellen Voraussetzungen, Zeitungen und Zeitschriften erscheinen konnten sowie zahlreiche Bücher veröffentlicht wurden. Hier ist v. a. die Zeitschrift *Most* von Interesse, die neben ihrem Schwerpunkt auf Lyrik und Prosa auch soziologische, wirtschaftswissenschaftliche und historische Studien zur Region veröffentlichte, die als Quellen für die grundlegende Transformationsphase seit den 1960er Jahren genutzt werden können.[95] In dieser Arbeit sind hauptsächlich die beiden erstgenannten von Belang, ebenso wie etwa eine komparative Studie von Cvetan Vasev zu der wirtschaftlichen Entwicklung der Region.[96]

Doch nicht nur auf dem Gebiet der Publizistik der bulgarischen Minderheit wurden damit auch neuartige regionale, lokale Strukturen publizistischer, wissenschaftlicher Öffentlichkeit geschaffen. Auch über die Unterstützung regionaler Zeitschriften mit einer wissenschaftlichen Ausrichtung bildeten sich Foren heraus, in denen wissenschaftliche Texte aus nahezu allen Disziplinen veröffentlicht wurden, angefangen von modernen Methoden der Schafzucht bis hin zur mikroregionalen Toponymik. Für diese Arbeit ist in diesem Zusammenhang hauptsächlich der *Pirotski Zbornik* von Belang.[97] Gemeinsam mit den erwähnten Zeitungen und Zeitschriften bilden diese Publikationen eine gute Basis, um das Spektrum

---

93 *Glas na Bălgarite* 1949–1956.

94 *Bratstvo* 1959–2013. Neue Serie seit 2016.

95 Exemplarisch: Georgiev, Elizabeta: Izdavačka delatnost Narodne biblioteke „Detko Petrov“ Dimitrovgrad (1996–2016). Anotirana bibliografija / Izdatelska dejnost na Narodnata biblioteka „Detko Petrov“ Dimitrovgrad (1996–2016). Anotirana bibliografija, Narodna biblioteka „Detko Petrov“, Dimitrovgrad, 2016.

96 Vasev, Cvetan: Ikonomičesko Razvitie na Gorno Ponišavie, Niš, 1970.

97 Pirotski Zbornik, Bd. 1, 1968 ff.

von Vorstellungen, Wahrnehmungen und Interpretationen des tiefgreifenden Transformationsprozesses zwischen 1960 und 1989 zu erfassen.

1.6 Stadt, Land, Grenze

Wie beschrieben steht hier die Region zwischen Niš und Sofia im Mittelpunkt, die sich in etwa mit dem Gebiet der früheren Kaza (Gerichtsbezirk) Šehirkoj in der osmanischen Zeit deckt und als solche spätestens seit Mitte des 16. Jahrhunderts nachgewiesen ist. Prägend für Pirot und Caribrod ist ihre Lage an der wichtigen Kommunikationslinie zwischen Kleinasien und Mitteleuropa. Seit der Antike als „Via Militaris" (oder auch „Via Traiana") bekannt,[98] später in osmanischer Zeit als „Orta Kol" (Mittlerer Arm) bezeichnet, stellte sie eine wichtige Heerstraße der Osmanen dar und war zugleich Route der Gesandtschaften, die, aus Mitteleuropa kommend, den Sultan an der Hohen Pforte aufsuchten. Später verlief hier die Eisenbahntrasse des legendären Orientexpresses, danach wie erwähnt der Istanbul-Express zwischen Istanbul und München, auf dem die türkischen und später jugoslawischen Gastarbeiter ihren Weg in die Bundesrepublik fanden. In dieser Zeit wuchs die Bedeutung der Straße, die zur Autobahn ausgebaut ein Teil des transjugoslawischen Autoput und zur E-75 wurde, auf der die Gastarbeiter nun zunehmend in eigenen PKWs in beide Richtungen unterwegs waren. Gleichzeitig war und ist diese Route eine wichtige Verbindung für den Güterlastverkehr zwischen Europa und dem Nahen Osten.

Die Landschaft entlang dieser Route wird von Mittel- und Hochgebirgen sowie Hochebenen in nordwestlicher und südöstlicher Richtung dominiert, dem westlichen Teil des Balkangebirges. Links der Nišava erreichen die Gebirgsketten 1.500 m Höhe, mit wenigen kleinen Talkesseln, und werden vom 1.900 m hohen Ruj dominiert. Südlich der Nišava wird dieser Gebirgskomplex von der Südlichen Morava im Westen und der Struma im Osten eingegrenzt.

In nordwestlicher und südöstlicher Richtung wird die Region vom Flusslauf der Nišava geprägt, an der entlang sich ein größeres Tal öffnet, das Piroter Feld (mit einer Länge von 18 km und einer Breite von etwa 6 km), eingerahmt von den Bergen Vidlič (1.413 m) im Norden und Vlaška Planina (1.443 m) im Süden. In der Folge verengt sich das Tal, das an der heutigen Staatsgrenze eine Breite von 2 km aufweist, auf den Fluss Nišava bis zum Beginn des Dragoman-Canyons. Bei dem Städtchen Dragoman, am so genannten Dragoman-Pass, endet die hier untersuchte Region, das Gebirge öffnet sich in südöstlicher Richtung zum Sofioter Feld.

Insgesamt lässt sich die Region im Hinblick auf die Beschaffenheit der Vegetation und des Reliefs links und rechts der Nišava unterscheiden. Die Landschaft rechts des Flusses in Richtung des Balkangebirges ist von verkarsteten Hochebenen und weitläufigen Almen geprägt (den höchsten Punkt bildet Midžor mit 2.169 m), jene links der Nišava von hügeligem Mittelgebirge, das zwischen 1.200 m und 1.600 m erreicht, mit wenigen, engen Tälern. Es finden sich nur noch wenige Flächen von hochstämmigem Buchen- und Eichenwald. Nach verschiedenen Schüben der Entwaldung, die um die Jahrhundertwende durch die

98 Popović, Mihailo: Von Budapest nach Istanbul. Die Via Traiana im Spiegel der Reiseliteratur des 14. bis 16. Jahrhunderts, Leipzig, 2006.

Schaf- und Ziegenzucht einen Höhepunkt erlebte, und durch Aufforstungsmaßnahmen in den 1950ern (vorwiegend mit Nadelbäumen) zunächst aufgehalten wurde, dominiert v. a. Eichengestrüpp.[99]

Nahezu alle Dörfer sind spätestens seit dem Beginn der Herrschaft des Osmanischen Reiches auf diesem Gebiet nachgewiesen.[100] Dabei gab es durchaus Unterschiede zwischen dem jeweiligen Status der einzelnen Siedlungen. Neben der Mehrzahl der Dörfer, die während der Blütezeit des Osmanischen Reiches als nicht erbliche Einkommensquelle den so genannten Timarioten[101] zugewiesen waren,[102] gab es eine Reihe von Privilegierungen und Steuererleichterungen. So hatte etwa eine Reihe von Dörfern im 16. und 17. Jahrhundert einen besonderen Status inne, der ihnen Steuererleichterungen einbrachte. Dabei handelte es sich etwa um so genannte Vojnugan-Dörfer bzw. einzelne Höfe in den Dörfern. Vojnuken verfügten frei über ihren erblichen Besitz, und waren zudem von einigen Steuern befreit. Dafür hatten sie zu Kriegszeiten bestimmte Leistungen zu erbringen.[103] Oder aber Dörfer mit Derbendži-Status: Diese überwachten besonders gefährliche Stellen an der Straße nach Stambul, seien es Engpässe, Schluchten oder Brücken. Für das Dorf Gojin Dol bei Dimitrovgrad ist der Status als Ćupridžija (Brückenwächter) überliefert, der die Einwohner von allen „gewöhnlichen und außerordentlichen Steuern“ befreite. Den Reisenden wurde Sicherheit bei der Passage in der Form signalisiert, dass jeweils ein Dorfbewohner auf einer Anhöhe postiert war und eine große Trommel schlug.[104]

Eine Reihe von Dörfern ist aus Čifliks entstanden, die insbesondere seit der Mitte des 18. Jahrhunderts in der hier behandelten Region in Erscheinung traten. Dabei handelte es sich im Vergleich zu Makedonien und Nordostbulgarien um recht kleine Güter, die insgesamt die Größe kleinerer Dorfgemarkungen nicht überschritten.[105] Das Wort „Čiflik“ bezeichnet in diesem Zusammenhang eine Form von Landbesitz, die sich v. a. städtische Würdenträger (Ajane) insbesondere in der Zeit der Schwächung der osmanischen Zentralmacht aneigneten.[106] Die Bauern, die auf den Čifliks arbeiteten, waren „für Niederlassungs-

99 Vasev, Zlatković und Vidanović, Dimitrovgrad 1878–1944, 1989, S. 25.

100 Ćirić, Jovan: Naselja Gornjeg Ponišavlja i Lužnice, in: Pirotski Zbornik, 8–9 (1979).

101 Nicht vererbbares osmanisches Dienstlehen, das seitens des Sultans gegen die Teilnahme an Kriegszügen gewährt wurde. Deren Besitzer, Spahis, gehörten meist der Reiterei an. Seit dem 16. Jahrhundert allmählicher Niedergang dieser Lehensform. Vgl. Lemma Timarioen, in: Sundhaussen, Holm und Clewing, Konrad: Lexikon zur Geschichte Südosteuropas, Wien, 2016, S. 936.

102 Hristov, Trans-border Exchange of Seasonal Workers, 2008, S. 215–23.

103 Katić, Tatjana und Katić, Srđan: Gojin Dol, naselje i stanovništvo u 16. veku, in: Pirotski Zbornik, 40 (2015), S. 121–37, hier S. 124.

104 Ebenda, S. 128.

105 Dies wird an dem Dorf Obrenovac deutlich, das bis 1878 „Golem Čiflik“ („Großer Čiflik“) genannt wurde. 1891 nahm das Dorf insgesamt eine Fläche von 268,71 ha ein und dürfte damit anschaulich die Größe der größeren Čifliks in der Region abbilden.

106 Grundsätzlich bezeichnet Čiftlik „die Basiseinheit einer Bauernwirtschaft (etwa „Hufe“), die vom Familienoberhaupt mit Hilfe eines Ochsengespanns (türk. čift) unter den Pflug (türk. ebenfalls čift) genommen wird (...) Daneben bezeichnete Čiftlik kleinere oder größere Einheiten von Miri-Land, die im Zuge der graduellen Auflösung des osmanischen Timar-Systems und nach Aufkommen teilweise auf Lebenszeit vergebener Steuerpachten (malikane) in private Hände fallen, nicht selten zugunsten städtischer Steuerpächter.“ Ursinus, Michael: Lemma Čiftlik, in: Lexikon zur Geschichte Südosteuropas, hrsg. von Holm Sundhaussen und Konrad Clewing, Wien, Köln, Weimar, 2016, S. 237.

und Nutzungsrecht am landwirtschaftlichen Boden zu Abgaben verpflichtet".[107] Wie in der Herzegowina waren es zumeist Familien, die bis dahin Viehwirtschaft in den Bergen betrieben hatten, und nun auf den Gütern der Ajane arbeiteten. Sie waren verpflichtet, ein Drittel bis zur Hälfte ihrer Erträge dem Čiflikbesitzer zu übergeben, sowie unbezahlte Arbeiten für ihn zu leisten.[108] Diese Abhängigkeitsformen wurden in der hier behandelten Region auch als „Gospodarluk" bezeichnet.[109] Prinzipiell war die Position der Čiflikbauern sehr ungesichert: Sie konnten jederzeit vom Gut vertrieben werden, wenn der Besitzer mit ihrer Arbeit unzufrieden war. Dies begann sich erst mit den Tanzimat-Reformen zu ändern.[110] Wie Hannes Grandits betont, war das Spektrum der Abhängigkeitsverhältnisse recht breit und zumeist von einem paternalistischen Verhältnis des Čiflikbesitzers gegenüber den Bauern geprägt.[111] Gerade dies ist für die hier behandelte Region charakteristisch.[112] Es herrschte ein permanenter Mangel an Čiflikbauern, sodass Vertreibungen weniger das Problem waren als gegenseitige Abwerbungen von Bauern der Čiflikbesitzer. Die mündlichen Überlieferungen sind von einem ausnehmend positiven Bild der Ajane geprägt.[113] Ebenso eigneten sich seit Mitte des 19. Jahrhunderts auch christliche Kaufleute Čiflikgüter an. Die Čifliks bestanden zumeist aus einer so genannten Kula (Turm) des Besitzers im Mittelpunkt, weiteren Nutzgebäuden und den Strohhütten der Čiflikarbeiter, die sich darum gruppierten.[114] Die Kula bestand in der hier behandelten Region in der Regel aus einem Erdgeschoss aus Haustein und einem weiteren Geschoss aus Lehm, und hatte wenig mit einem Wehrturm gemein, der sonst mit diesem Wort assoziiert wird.[115]

Charakteristisch für die gesamte Region ist die Kleinteiligkeit des Landbesitzes nach dem Ende des Osmanischen Reiches, der im Durchschnitt 2,5 ha bis 5 ha nicht überschreitet. Das Prinzip der Realteilung und das zunehmende Bevölkerungswachstum um die Wende zum 20. Jahrhundert zementierten die kaum rentable Bewirtschaftung kleinster und sehr verstreut gelegener Flächen.[116]

---

107 Grandits, Herrschaft und Loyalität, 2008, S. 136.

108 Ebenda, S. 153, 171.

109 „Gospodarluk" bezeichnet die Privatisierung von Staatsland in den 1840er Jahren v. a. auf dem Gebiet des heutigen Nordwestbulgarien. Letztlich handelt es sich somit um eine regionale Bezeichnung für den allgemein voranschreitenden Prozess der Entstehung von Čifliks.

110 Grandits, Herrschaft und Loyalität, 2008, S. 154, 173.

111 Ebenda, S. 171 f.

112 Im Piroter Feld, wo es die größte Zahl von Čifliks gab, trugen diese zumeist den Namen ihrer Besitzer: Alačev Čivlik, Ćopin Čivlik, Brćin Čivlik, etc.

113 Ivanov, Skrvenica, 2014.

114 Ursinus, Lemma Čiftlik, 2016, S. 238.

115 Bei den Überlieferungen ist es für die anderen Mikroregionen unklar, ob es sich um kleine Güter wohlhabenderer muslimischer Dorfbewohner handelte oder um kleine Čifliks, so v. a. im Burel und Zabrđe. Für das Dorf Radejna im Zabrđe ist zumindest ein muslimischer Friedhof und eine Malá „Turci" nachgewiesen. Zugleich existiert eine Geschichte, dass dieses Dorf zuvor „Ametov Čivlik" geheißen habe. Erinnerungen überschneiden sich zwischen Spahis und Čiflik-Sahibije: Diese lebten in Godeč, Caribrod und Pirot (Vidanović-Sazda, Vidlič-Zabrđe, 1960, S. 47). Čifliks sind charakteristisch für alle Landschaften, nur im Derekul tauchen sie nicht auf.

116 Wenngleich die Häuser größer wurden und mit Ziegeln bedeckt waren, hatten noch 1937 90 % der Häuser einen Erdboden, waren also nicht gedielt. Dies änderte sich bis zur großen Migration in die umliegenden Städte nicht mehr. Ćirić und Živković, Krupac, 1974, S. 177.

Daran änderte sich auch unter den Bedingungen des jugoslawischen Realsozialismus nichts. Es kam zu keiner vergleichbaren Kollektivierung wie etwa in Bulgarien. Zwar entstanden aus den genannten Gründen schon in den 1920er Jahren in dieser Region Landkooperativen, die aber v. a. zum Erwerb von Landmaschinen und zum besseren Absatz der landwirtschaftlichen Produkte gegründet wurden. Größere agrarindustrielle Komplexe wie in Bulgarien wurden nicht gebildet. Ein erster Versuch, vermittels größerer Kooperativen profitabel zu wirtschaften, begann in den 1960er Jahren – zeitgleich zu einer intensiven Landflucht. Diesem Versuch war kein Erfolg beschieden, da durch die fortgesetzte Migration die Dörfer in den 1980er Jahren auf ein Drittel ihrer Einwohnerzahl geschrumpft waren. In der Gegenwart wird in den Dörfern kaum noch Agrarwirtschaft betrieben, diese sind ohnehin nahezu verlassen. Die wenigen verbliebenen Dorfbewohner, zumeist im Rentenalter, verschenkten in den letzten beiden Jahrzehnten ihren Besitz an die Gemeinde, um im Gegenzug Sozialhilfe zu erhalten.[117]

Anziehungspunkt für die Landbevölkerung waren in den 1960er bis 1980er Jahren die größeren Metropolen außerhalb der Region, aber auch Pirot und Dimitrovgrad, in denen neben Textilfabriken die gummiverarbeitende Industrie dominierte, die primär Autoreifen und Gummiopanken herstellte, wobei Ersteres bis heute in Pirot produziert wird. Mit dem Ende des Sozialismus setzte eine massive Deindustrialisierung ein, sodass für die Einwohner von Dimitrovgrad primär die Dienstleistungen rund um den Grenzübergang als Beschäftigungsmöglichkeiten verblieben.

So wie die Landschaft rechts und links des Flusses unterschiedlich ist, sind es auch die Dorfstrukturen: Links der Nišava dominieren Streusiedlungen, während es auf der anderen Seite Haufendörfer sind. Allerdings setzte auch auf dieser Seite spätestens Anfang des 19. Jahrhunderts ein Prozess ein, in dem die Dorfbewohner den bisherigen Dorfmittelpunkt verließen und zu ihren Almen umsiedelten. Die Gründe dafür sind unklar – es kann eine Auswirkung der Epidemien sein wie auch der instabilen Lage um die Wende vom 18. zum 19. Jahrhundert. Dieser Prozess wurde in der Phase der Reformen im Osmanischen Reich aufgehalten. Zu dieser Zeit wurde angeordnet, dass sich die Dorfbewohner wieder im ehemaligen Dorfmittelpunkt anzusiedeln hatten. Die zerstreuten Mahallas[118] im Burel entstanden wiederum Ende des 19. Jahrhunderts. Ursache war die erwähnte Realteilung, die mit der der Auflösung der komplexen Familienhaushalte einsetzte, und sich im Burel hier bei äußerst knappen Flächen für Viehzucht und Landwirtschaft besonders drastisch auswirkte. Die neuen Kernfamilien bauten ihre jeweiligen neuen Häuser nun an jenen Stellen, an denen sich die Almhütten der Zadruga befanden. Zum Teil sind die einzelnen Malé bis zu 2 km voneinander entfernt.

Ein Strukturmerkmal ist die große Relevanz der Viehzucht, insbesondere von Schafen. Ebenso spielte die saisonale Migration und später dauerhafte Arbeitsmigration eine große Rolle. Im Allgemeinen war der zersplitterte Kleinbesitz einer der Auslöser. Im Znepole, Burel und Derekul kamen die ohnehin geringen Flächen für Weideland hinzu. In diesen Mikroregionen entwickelten sich deshalb schon sehr früh saisonale Migration und eine Spezialisierung einerseits auf das Maurer-, andererseits auf das Schreinerhandwerk.[119]

117 Ivanov, Planinica, 2016.

118 Hier wird der lokale Ausdruck „Malá“ verwendet.

119 Hristov, Trans-border Exchange, 2008, S. 215–23.

Eine weitere Gemeinsamkeit ist die Präsenz zahlreicher vlachischer Toponyme, die zumeist mit der alteingesessenen romanischen Bevölkerung verbunden sind, die offensichtlich bis in die osmanische Zeit in der Region siedelte.[120]

Die anhaltende Relevanz der Mikroregionen für Raumstrukturen und Orientierung im Raum ist ebenso ein Strukturmerkmal dieser Gegend. Konstantin Jireček, jener Historiker aus der Habsburgermonarchie, der das nationale Narrativ in Serbien und Bulgarien prägen sollte und sich Anfang der 1880er Jahre als hoher Beamter im neuen bulgarische Staat versuchte, vermerkte dies – nicht unbedingt als Vorteil – anhand der Kleinteiligkeit der Raumstrukturen im neuen Fürstentum Bulgarien:

> Der geringe Verkehr zwischen den einzelnen Landschaften und der Mangel eines nationalen Zentrums begünstigte die Entwicklung lokaler Eigenthümlichkeiten. Fast jeder Kreis und jedes Thal hat seinen Dialect, seine Gesichtstypen, seine Trachten, sein Temperament, ja mitunter seine eigenen Masse und Gewichte.[121]

Vom Nationalstaat erhoffte sich Jireček eine Überwindung solcher Kleinteiligkeit. Nichtsdestotrotz ist sie bis in die Gegenwart v. a. im Selbstverständnis der Menschen in den Regionen von Bedeutung geblieben. Insbesondere wenn es darum geht, seine Herkunft anzugeben, verweisen die Menschen heute noch darauf, aus welcher Mikroregion sie stammen.

Neben den genannten Gemeinsamkeiten lassen sich daher auch Unterschiede zwischen den einzelnen Mikroregionen feststellen.

Die Region gliedert sich in folgende Mikoregionen: das Piroter Feld, die Nišavaebene, Burel, Zabrđe, Visok, Derekul, das Znepole, sowie im weiteren Umland Lužnica, Graovo, Krajište, die heute alle von der Staatsgrenze zwischen Bulgarien und Serbien durchschnitten werden (siehe Karte im Anhang). Zumeist sind diese durch spezifische Naturgegebenheiten charakterisiert, in denen sie sich voneinander unterscheiden. Teils bilden sich diese Unterschiede in der Toponymie ab, wie etwa bei Visok, jenem Teil der Gebirgskette des Balkangebirges in dieser Region, der zumeist als westlicher Balkan bezeichnet wird, den nördlichen Rand der gesamten Region bildet und auf dessen Kamm, der Höhen um die 2.000 m erreicht, zugleich die Staatsgrenze zwischen Serbien und Bulgarien verläuft. Die weiten Weideflächen zeigen die Dominanz der Schafzucht in dieser Region an. Zugleich ist diese durch hohe Buchenwälder geprägt, daher auch die Wichtigkeit des Visok für die Holzversorgung. Mit der Zeit hat der Baumbestand deutlich abgenommen.

---

120 Dazu Konstantin Jireček: „Das rumänische Element war einst in Bulgarien viel stärker und eine Menge Wlachen hat sich schon vor langer Zeit bulgarisiert. In vielen Landschaften, wo sich gegenwärtig nur im Sommer einige wlachische Wanderhirten blicken lassen, zeugt eine an Gebirgshöhen und Hochthälern haftende romanische Nomenclatur von einer jetzt verschwundenen altansässigen Bevölkerung lateinischer Zunge. Die meisten dieser Dorf- und Bergbezeichnungen sind über das Bergland zwischen der Morava, der oberen Struma und dem Isker zerstreut. (...) in der nahen Landschaft Visok gibt es eine Ortschaft Bukurovci (rum. bukor = „schön"); in der Landschaft Burel zwischen Caribrod und Breznik liegen die Orte Emul, Orul, Gurguljat, Radulovci (Nachkommen eines Radul), Cacurovci. Ein ansehnliches Dorf in den Engen des Sukovoflusses heisst Vlasi, der Felsberg dabei Mumul. Ein Berg neben dem Städtchen Trn wird Ciroilit genannt, zwei Dörfer in der Umgebung Herul (oder Erul) und Banišor", vgl. Jireček, Fürstenthum, 1891, S. 124.

121 Ebenda, S. 54

Ebenso findet sich in der Bezeichnung der Mikroregion Derekul, abgeleitet vom türkischen „Tal der Türme“, die landschaftliche Gestaltung wieder. Es handelt sich dabei um ein Tal, das von einer Schlucht geprägt ist, die sich an einigen Stellen auf eine Breite von 10 m verengt und von bizarren Felsformationen dominiert wird.[122]

Die einzelnen Mikroregionen unterscheiden sich ebenso durch graduell verschiedene Schwerpunkte in den traditionellen Wirtschaftsformen. Dies sei kurz an der Beziehung zwischen den Mikroregionen Zabrđe und Burel erläutert.

Zabrđe – was in der lokalen Sprache die Landschaft hinter den Hügelketten bezeichnet, die das Nišavatal nach Norden hin abgrenzen und um die 800 m hoch sind – nimmt auf der jugoslawischen Seite eine Fläche von 166 km^2 ein und bildet eine Hochebene auf der Höhe von 600 m bis 700 m.[123] Charakteristisch für das Zabrđe ist, dass es sich um ein Karstgebiet handelt, was besonders am Odorovsko Polje anschaulich wird, das mit 12 km^2 die größte Karstdepression in Ost- und Südostserbien darstellt.[124]

Agrarwirtschaft wird für das Zabrđe erst nach der Jahrhundertwende zur wichtigsten Einkommensquelle und erst in dieser Zeit ersetzten Eisenpflüge die bisherigen aus Holz. Indikativ ist, dass – mit Ausnahme des Piroter Feldes – hier im Vergleich zu den anderen Mikoregionen der höchste Anteil landwirtschaftlich genutzter Flächen erreicht wird: Dieser beträgt 36 % im Verhältnis zu 47 % Weidefläche.[125] Gegen Ende der Zwischenkriegszeit wurde Getreide sogar exportiert, im Unterschied zu anderen Mikroregionen.[126] Nach 1878, dem Ende der osmanischen Herrschaft, stagnierte die Schafzucht, freilich auf hohem Niveau, da der bis dahin wichtigste Abnehmer die Metropole Istanbul gewesen war. Dennoch kam es zu einer graduellen Erholung der Viehzucht durch die intensivierte Produktion der Käsesorte Kačkavalj/Kaškaval. Diese wurde im 19. Jahrhundert seitens der Lokalbevölkerung von den nomadischen Karakatschanen erlernt und übernommen.[127]

Die Mikroregion Burel befindet sich auf der linken Seite des Flusslaufs der Nišava, und zeichnet sich durch seine Kleinkammerigkeit (enge kleine Täler) aus. Insgesamt bestanden wenig Möglichkeiten für eine ertragreiche Landwirtschaft sowie die Schafzucht in jenem Umfang, wie es auf der anderen Seite des Flusses im Zabrđe und im Visok der Fall war. Zwar war die gesamte Region im 19. Jahrhundert und auch lange danach von saisonaler Arbeitsmigration geprägt, doch im Burel ist diese ausgesprochen dominant. Zu dieser transregionalen kam im Burel noch eine mikroregionale Arbeitsmigration hinzu, deren Ziel das Zabrđe war. Dabei handelte es sich zum einen in erster Linie um junge Männer, die sich als so genannte „Momci“, als Knechte bei den wohlhabenden Bauern im Zabrđe verdingten. Zum anderen waren es junge, unverheiratete Frauen, die in der Erntesaison als Erntehelferinnen im Zabrđe beschäftigt wurden. Aus dieser mikroregionalen Arbeitsteilung haben sich in den beiden Mikroregionen sozial konnotierte Zuschreibungen entwickelt. Den Burelci gelten die Zabrđani als hochfahrend, eingebildet und arrogant. Den Zabrđani wiederum die Burelci als unzuverlässig und faul. Die Arbeitsteilung hatte bis in die 1950er Jahre Bestand. Doch weiterhin werden diese Zuschreibungen teils ironisch, teils aber auch

122 Ebenda, S. 14.
123 Vidanović-Sazda, Vidlič-Zabrđe, 1960, S. 6.
124 Ebenda, S. 9.
125 Ebenda, S. 68.
126 Ebenda, S. 68.
127 Ebenda, S. 95. 15.668 Schafe 1921, 17.628 im Jahr 1952 (S. 97).

ernsthaft in der lokalen Tagespolitik verwendet, wenngleich die Menschen aus beiden Mikroregionen seit zwei Generationen in Dimitrovgrad leben.[128]

1.6.1 Administrative Einteilungen seit der osmanischen Epoche

Die hier im Mittelpunkt stehende Region deckt sich, wie erwähnt, ungefähr mit dem Umfang der Kaza Šehirkoj. Als Kaza ist Pirot seit 1525 ausgewiesen und auch an ihrem Umfang scheint sich bis 1878 nichts verändert zu haben. Die Kaza umfasste das Gebiet der heutigen Gemeinden Babušnica (Lužnica), Bela Palanka (Ak Palanka) und Dimitrovgrad im heutigen Serbien sowie Trn (Znepolje/Iznebol), Dragoman und Godeč im heutigen Bulgarien.[129]

Seit dieser Zeit um 1525 war Pirot „als Nefs-i Sehirköy im Liva Sofya, stets Kaza im Paša-Sandžak Rumeli“. Lange Zeit war Sofia Zentrum des Paša Sandžaks, des Sitzes des Beglerbegs von Rumelien, bis dieser in den 1830er Jahren nach Monastir/Bitola verlegt wurde. Damit büßte Sofia seine vormalige zentrale Stellung definitiv ein. In der Reformzeit war der Sandžak Sofia dann wie der Nišer Sandžak des Donauvilajet.[130] In dieser Zeit wurde die Kaza Pirot dem an Bedeutung gewinnenden Nišer Sandžak zugeordnet, der nun an der Grenze des Osmanischen Reiches zum tributpflichtigen Fürstentum Serbien lag. Für kurze Zeit, von 1874 bis 1875, war der Nišer Sandžak dann Teil des neuen Vilajet Prizren, dann wurde 1877 die Kaza Pirot kurzzeitig zum Sandžak des Valilik Sofia, um 1878 als Teil des neuen Vilajet Kosovo geführt zu werden, mit den Kazas Šehirkoj, Iznebol (Trn) und Piriznik (Pernik).[131]

1878 wurde die Kaza Pirot zwischen den beiden Staaten, dem Fürstentum Serbien (ab 1882 Königreich) und dem Fürstentum Bulgarien, geteilt. Deren westliche Hälfte mit Pirot wurde zum Okrug Pirot (Kreis). Die östliche Hälfte der ehemaligen Kaza wurde zunächst mit Trn als Zentrum eines neuen Okrăg (Kreis), dessen eine Okolija (wörtlich Umgebung, die niedrigste Verwaltungsstufe in Bulgarien, der vormaligen osmanischen Nahija entsprechend) Caribrod war. Dieser Okrăg wurde allerdings aufgelöst, womit die fortschreitende Peripherisierung der Region auf dieser Seite der Grenze begann. Trn wurde zur Okolija herabgestuft, das ebenso wie die Okolija Caribrod zum Okrug Sofia gehörte. Nach 1920 wurde ein Teil der Caribrodska Okolija mit der Stadt Caribrod selbst durch die neue Grenzziehung zum Caribrodski Srez (Bezirk, wiederum die unterste Verwaltungsstufe in Jugoslawien) im neuen SHS-Staat. Für die andere Hälfte der Okolija, die in Bulgarien verblieb, wurde der bisherige Name Caribrodska Okolija beibehalten, nur dass deren Zentrum in dem Dorf Godeč lag. Diese Verwaltungseinheiten, ob Bezirk oder Kreis, hatten insgesamt nur eingeschränkte Selbstverwaltungskompetenzen, wie noch ausführlich gezeigt wird. Das änderte sich auch nach dem Zweiten Weltkrieg nicht. In Bulgarien blieb es bei der zentra-

128 Beim Kennenlernen ist die Frage nach dem Dorf, aus dem sich die Familie in der Stadt angesiedelt hat – woraus sich dann die Mikroregion ergibt – bis in die Gegenwart üblich.

129 Vgl. Katić und Katić, Gojin Dol, 2015, S. 121–137.

130 Kornrumpf, Territorialverwaltung, 1976, S. 312. So wird etwa 1613 in einem Sultans-Ferman an den Bejlerbej von Rumelien und den Kadi von Sofia von der „Nahija Šehirköy im Pascha-Sandschak von Sofia“ gesprochen, in: Galabov, Galab und Duda, Herbert W. (Hrsg.): Die Protokollbücher des Kadiamtes Sofia, München, 1960, S. 191. 1647 existierte ein Bistum, das die „Kreise Sofia, Breznik, Šehirköy und Iznebol umfasste“ (Ebenda, S. 364).

131 Kornrumpf, Territorialverwaltung, 1976, S. 335.

listischen Ausrichtung der Verwaltung. Die Föderalisierung des jugoslawischen Staates mag auf den ersten Blick und im Unterschied zu Bulgarien eine graduell größere Selbstständigkeit administrativer Untereinheiten suggerieren, allerdings bezog sich dies nur auf die Ebene der Republiken, die selbst wiederum in ihrer Verwaltungsstruktur stark zentralistisch ausgerichtet waren. Im Zusammenhang mit den Verwaltungsreformen in Jugoslawien in den 1950er Jahren wurden die Dorfgemeinden (Opština) aufgelöst, der bisherige Bezirk Caribrod/Dimitrovgrad wurde zur einzigen Opština für das Gebiet des bisherigen Bezirks umgewandelt und gehörte mit Pirot zur Oblast Niš. In der Gegenwart ist Dimitrovgrad als Opština, gemeinsam mit den beiden anderen Opštinas Babušnica und Bela Palanka, Teil des Kreises Pirot, was wiederum dem Umfang der einstigen Kaza Šehirkoj entspricht, bzw. dessen westlichen Teil, der auf der serbischen Seite der Grenze liegt. Auf der bulgarischen Seite gehören die vormaligen Teile der Kaza Šehirkoj, die Gemeinden Trn, Breznik und Dragoman, zum Kreis Sofia.

1.6.2 Städte

Pirot und Dimitrovgrad liegen an einer wichtigen Verkehrsverbindung zwischen Mitteleuropa und Kleinasien, zwischen Okzident und Orient, die nicht nur eine bedeutende Heerstraße sowohl in römischer als auch in byzantinischer und osmanischer Zeit, sondern auch jene Route war, welche die Gesandtschaften insbesondere der Habsburger Monarchie für ihre Reisen an den Sultanshof nutzten. Durch die Reiseberichte dieser Gesandtschaften ist auch einiges über die Region bekannt. Selbstverständlich sind diese nicht als unvermittelt authentische Wiedergabe damaliger Lebensrealitäten zu sehen.[132] Dennoch eignen sich die Reisebeschreibungen durch ihre nahezu regelmäßige Frequenz von etwa zwei bis vier Jahrzehnten, die Veränderungen von Topografien nachzuzeichnen. Auch und gerade für diese Region liefern insbesondere die Notizen von Salomon Schweigger dahingehend Eindrücke, wie Alltag und Festtag, Kleidung und Nahrung durch mitteleuropäische Reisende wahrgenommen und festgehalten wurden.[133]

Die Existenz einer Siedlung in römischer Zeit auf dem Gebiet des heutigen Pirot ist seit dem 3. Jahrhundert n. Chr. belegt. In römischen Quellen wird sie als Turres bezeichnet und bestand höchstwahrscheinlich v. a. aus einem namensgebenden Wachturm an der Via Militaris. Dieser Name soll dann zur griechische Entsprechung Pyrgos gewechselt haben, woraus dann die slawisierte Form Pirot entstanden sein soll.[134] In osmanischer Zeit kam der Name Šehirkoj auf, was zumeist als „Dorfstadt" gedeutet wird. In der lokalen Sprache wurde entweder Šarćoj oder Pirot verwendet.

Stefan Gerlach notierte während seine Reise an den Sultanshof 1578 ebenfalls einiges über die Region:

---

132 Vgl. Burschel, Peter: Topkapı Sarayı. Oder Salomon Schweiggers Reise ans Ende der Zeit, in: Räume des Selbst. Selbstzeugnisforschung transkulturell, hrsg. von Andreas Bähr, Peter Burschel und Gabriele Jancke, Köln, Weimar, Wien, 2007, S. 29–40.

133 Fikret Adanir nutzt diese Reisebeschreibungen auch ganz explizit, um den Wohlstand dieser Region zu Hochzeiten der osmanischen Epoche nachzuweisen. Faroqhi, Suraiya und Adanir, Fikret: Introduction, in: The Ottomans and the Balkans. A Discussion of Historiography, Leiden, Boston, 2002, S. 1–56.

134 Ćirić, Jovan: Pirot, in: Socijalistička Republika Srbija, Beograd, 1985, S. 489–494, hier S. 488.

> Darauff wir aus dieser Clausen (dem Canyon bei Dragoman) in ein schön-weit-grosses und eben Feld/das etliche Meil in sich hat/und auff allen Seiten mit hohem Gebürg beschlossen ist/ und da bald zu einem Brunnen gekommen/ darob Zaribrod/ein klein Bulgarisches Dörfflein lieget/das man nit siehet/ allein die Christen kommen herfür/ und bringen/nach ihrer Gewohnheit/ in der Bulgarey/ Bogatschen/ Erdbeer/ Käß/ Milch/ Butter und anders zu Kauff. Auff solchem schönen Fruchtland fuhren wir von diesem Brunnen immer fort/ und kamen Nachmittag um 3. oder 4. Uhren/gen Sarckoi oder Pirot/wie es die Bulgaren nennen. Das ist ein grosser Marckfleck/und hat ziemlich feine verschlossene Häuser/wohnen etliche Zauschen/auch über die 150. Spahi drinnen/die aber nit in den Krieg ziehen/es gehe dann der Beglerbeg aus Griechenland selbsten mit. (…) Ausser dem Marck hat es ein Schloß gehabt/davon stehen noch 4. hohe feste Thürnen mit einer Ringmauren umgeben. Die Christen sagen/daß Milosch Coboli/welcher den Türckischen Kayser Murat erstochen/da seine Wohnung gehabt habe. So hat es auch das Ansehen/daß es ein vornehmer Ort in der Bulgarey geweßen sey/ und Fürsten da gewohnet haben. (…) Daherum ist eine schöne Ebene mit Korn/ und zur Rechten ein Gebürg mit Weinwachs.[135]

Evlija Čelebi, der osmanische Verfasser der erst spät entdeckten und buchstäblich legendär gewordenen Reiseberichte durch das Osmanische Reich, kam 1660 auf seinen Reisen durch die Balkanhalbinsel auch durch Pirot:

> Es ist der Sitz eines Kadis im Rang von 150 Aspern, die Stadtfestung, eine wunderschöne Burg in viereckiger Form, liegt auf einem Felsvorsprung. Doch da sich diese Stadt in unmittelbarer Nähe des Šeher Sofia befindet, im Landesinneren, gibt es keine Gebäude innerhalb der Festung. (…) In Pirot gibt es insgesamt 1000 Häuser, ebenerdig und mit einem Stockwerk, sie sind mit Dachziegeln gedeckt und von großen Höfen, Weinreben und Gärten umgeben. Von allen Häusern sind jene von Mahmud Aga Pirotli und Ali-Aga Nišli am schönsten. Es gibt eine ausreichende Zahl an Moscheen, sieben Grundschulen, einen Han in der Čaršija, zwei kleine Hamams und ungefähr zweihundert Läden. Alle Raya des Šeher sind Bulgaren.[136]

Nach dem Ende der Osmanischen Herrschaft und dem Wegzug der muslimischen Bevölkerung lebten etwa 8.000 Menschen in Pirot. Bis in die Zwischenkriegszeit stagnierte die Entwicklung der Stadt, bedingt einerseits durch die Grenze, die sie von den bis dahin wichtigsten Absatzmärkten und Handelspartnern abschnitt, andererseits durch die Eisenbahn, mit der Fertigprodukte aus Westeuropa in die Region gelangten und mit denen das örtliche

135 Gerlach, Stephan: Stephen Gerlachs deß Aeltern Tage-Buch, der von zween glorwürdigsten Römischen Käysern, Maximiliano und Rudolpho beyderseits den Andern dieses Nahmens, höchstseeligster Gedächtnüß, an die Ottomannische Pforte zu Constantinopel abgefertigten, und durch den wohlgebohrnen Herrn Hn. David Ungnad ... mit würcklicher Erhalt- und Verlängerung deß Friedens, zwischen dem Ottomanischen und Römischen Käyserthum ... glücklichst-vollbrachter Gesandtschafft, Frankfurt am Main, 1674, S. 522.

136 Čelebi, Evlija: Putopis. Odlomci o jugoslovenskim zemljama, Sarajevo, 1973, S. 60 f., zit. nach: Velkova, Saška und Panajatović, Mila: Putopisci o Pirotu i pirotskom kraju, Pirot, 2012; Zirojević, Olga: Carigradski drum od Beograda do Sofije (1459–1683), in: Zbornik Radova Istorijskog Muzeja Srbije, 7 (1970).

Handwerk und Gewerbe in Qualität und Preisen nicht konkurrieren konnte. Davon erholte sich die Stadt erst in den 1950er Jahren im sozialistischen Jugoslawien, als vermittels Industrialisierung und Landflucht ein Bevölkerungswachstum einsetzte. Heute leben in Pirot 38.785 Menschen.

Wie aus dem Reisebericht von Stefan Gerlach hervorgeht, war Caribrod zu dieser Zeit ein kleines Dorf. Aufgrund des Namens liegt die Annahme nahe, dass hier die Straße von Konstantinopel bzw. Istanbul auf die andere Uferseite des Flusses wechselte. Hans Dernschwam ist der erste, der das Dorf erwähnt.[137] In späteren Quellen ist von einem Veliki und einem Mali Caribrod die Rede. Im 16. Jahrhundert, aber sicherlich auch darüber hinaus, war v. a. Veliki Caribrod ein „Menzil“, eine Poststation, an der auch Pferde gewechselt wurden und in Kriegszeiten das osmanische Heer sein Lager aufschlug. Im Gegenzug zur Zucht von Postpferden genossen die Einwohner von Veliki Caribrod bedeutende Steuererleichterungen.[138] In den meisten Reisebeschreibungen fungieren beide Siedlungen als wichtiger Rastpunkt der kaiserlichen Gesandtschaften. Mitte des 19. Jahrhunderts wurden in Caribrod Tscherkessen aus den bisherigen Herrschaftsgebieten des Osmanischen Reiches angesiedelt, die an Russland gefallen waren. Zu diesem Zweck wurde auch der Bau einer Moschee eingeleitet. Doch nach dem Ende der osmanischen Herrschaft 1878 verließen die Tscherkessen mit den übrigen muslimischen Einwohnern die Region. In dieser Zeit umfasste Caribrod etwa 150 Häuser und ungefähr 800 Einwohner.[139] Konstantin Jireček beschreibt Caribrod als „Kaisersfurth“, ein „Städtchen (1785 E.) in engem Thal, das jetzt als Grenzort rasch aufblüht“.[140] Die Bevölkerungszahl wuchs bis 1920 auf etwa 4.000 Einwohner, um dann nach der Grenzziehung von 1920 auf 3.000 abzufallen. In der Zwischenkriegszeit und den ersten Jahrzehnten des sozialistischen Jugoslawien wuchs die Einwohnerzahl von 2.944 (1948) auf 9.497 bis 1981, was bei den Zählungen gleichzeitig die höchste Zahl ist.[141] 1952 wurde Caribrod zu Ehren Georgi Dimitrovs in Dimitrovgrad umbenannt.[142] Heute leben 7.977 Menschen in der Stadt.

Trn und das Znepolje waren eine im Südosten gelegene Nahija der Kaza Pirot. Die Landschaft des Znepolje ist geprägt durch enge Täler und das Bergmassiv des Ruj mit einer Höhe von bis zu 1.900 m. Trn als Ortschaft scheint relativ jung zu sein. So wurde in den osmanischen Dokumenten zwar die Landschaft „Iznebol“ erwähnt, jedoch keine Stadt. In den Steuerregistern taucht die Bezeichnung „Isnebol Kassabasi“ auf – demnach wurde das

---

137 Die erste osmanische Erwähnung fällt in das Jahr 1521 als „Tekfur Bunari“ („Kaiserbrunnen“); vgl. Nikolov, Bogdan: Hronologija na Dimitrovgrad, Dimitrovgrad, 1963, S. 7.

138 Katić und Katić, Gojin Dol, 2015, S. 125. Beide Caribrods wiesen 1525 127 Steuerpflichtige auf, davon 63 in Veliki Caribrod.

139 Vasev, Zlatković und Vidanović, Dimitrovgrad, 1989, S. 12.

140 Jireček, Fürstenthum, 1891, S. 460.

141 Ćirić, Dimitrovgrad, 1985, S. 441.

142 Diese Umbenennung fiel mitten in den Konflikt zwischen Jugoslawien und der Sowjetunion, in dem Jugoslawien aus dem Verband der sowjetisch dominierten Volksrepubliken ausgeschlossen wurde. Dadurch spitzten sich auch die Beziehungen zu Bulgarien, wie noch zu zeigen sein wird, enorm zu. Die Umbenennung der Stadt nach dem kürzlich verstorbenen Führer der bulgarischen KP und dem einflussreichen Funktionär der Komintern, Georgi Dimitrov, sollte die Linientreue des jugoslawischen Bundes der Kommunisten demonstrieren.

gesamte Znepolje als Kassaba bezeichnet und es gab keine eigentliche größere Ortschaft.[143] Erst in der ersten Hälfte des 19. Jahrhundert trat Trn als Palanka in Erscheinung.[144] Obwohl dem Anschein nach heute Trn und das Znepolje eine periphere Landschaft darstellen, befand sich Trn am Knotenpunkt eines regionalen Verkehrsnetzes, der Landstraße zwischen Kjustendil und Pirot, sowie zwischen Sofia und Vranje.[145] Die Intensität der Beziehungen nach Pirot wird allein schon daran deutlich, dass Trn Teil der Nišava-Eparchie war. In den 1860er Jahren schließlich verbesserte sich auch die Verkehrsverbindung nach Pirot, als Mithat Paša eine überwachte Landstraße anlegen ließ, welche die Reisezeit nach Pirot durch das unzugängliche Gelände deutlich verkürzte.

In der ersten Hälfte des 19. Jahrhunderts erlangte Trn Bekanntheit als Rückzugsort des in dieser Zeit im Zentralbalkan agierenden Krdžalien-Führers Karavezija (so in der lokalen Sprache). Er und v. a. sein Sohn Ali Beg prägten für vier Jahrzehnte die Geschichte der Stadt.[146]

Entgegen dem in der Nationalhistoriografie viel zitierten Narrativ über das „türkische Joch" und die Krdžali, tauchen im Trner Kontext auch viele symbiotische Erzählungen über Karavezija auf. Einer Legende zufolge sei Kara Fejz in Breznik geboren und im Grunde ein konvertierter Landsmann. Anderen zufolge habe Kara Fejz selbst die Ortschaft begründet.[147] In einigen Überlieferungen wird dessen Sohn und Nachfolger Ali Beg als tolerant und gerecht dargestellt,[148] dessen Unabhängigkeit von der Zentralgewalt und damit gleichzeitig sein wohlwollendes Verhältnis zur lokalen Gesellschaft hervorgehoben wird.[149] Damit divergieren solche Überlieferungen zu Trn von den späteren kanonisierten Formen in Bulgarien und bilden wiederum einen Teil der Spezifik dieser Gegend ab.[150]

---

143 Jireček, Fürstenthum, 1891, S. 465.

144 Vidanović-Sazda, Vidlič-Zabrđe, 1960, S. 29 f.

145 Kostov, Stamen, Jordanov, Mirko: Grad Trăn, Sofija, 2011, S. 50.

146 Jireček, Fürstenthum, 1891, S. 466: „Unter Selim dem Dritten wurde das Bergland ein Sitz der Kyrdzalis. In dem „Spahiviertel" (Spahijska Mahala) von Trn gegenüber der neuen Schule wurde 1882 die dreistöckige Kula (Thurm) niedergerissen, in welcher einst die berühmten Kyrdzalienhäuptlinge, der Albanese Karafeiz (hier nennt man ihn Karavezija) und sein Sohn Alibey, der 1832 Sofia plünderte, mit ihren Reisigen und einem Kreis ausgewählter Schönen residirten. Unter ihren Bewaffneten oder Sejmens waren auch Christen der Gegend, deren Söhne und Enkel noch leben." Vgl. auch Esmer, Tolga: Economies of Violence, Banditry and Governance in the Ottoman Empire around 1800, in: Past & Present, 224 (2014), S. 163–99, hier S. 195.

147 Zwei sollen hier erwähnt werden: Todorov, Sbornik Trănski kraj, 1940; Gigov, Todor (Hrsg.): Trănsko, Sofija, 2002.

148 Todorov, Sbornik Trănski kraj, 1940, S. 111; in lokaler Tradition Turci als „sevapli čoveci", Mischehen (Vidanović-Sazda, Vidlič-Zabrđe, 1960, S. 43).

149 Vidanović-Sazda, Vidlič-Zabrđe, 1960, S. 32.

150 In dem 1940 herausgegebenen *Trnski Zbornik*, der in seiner voluminösen Form und reichen Ausstattung die Integration dieser Landschaft in den bulgarischen Nationalstaat preist, wurde unter den Autoren des Bandes lebhaft darüber gestritten, ob Trn die Leiden der Osmanenzeit, wie sie der verbreiteten Ansicht nach im übrigen Bulgarien anzutreffen waren, tatsächlich erspart worden waren, wie es einer der Autoren sah. Das Ausbleiben „nationalen Leidens", des „türkischen Jochs" erschwerte die Einschreibung der Gegend in das nationale Narrativ. Denn aus dieser Unterdrückung resultierte erst der kulturelle Widerstand des „Văzraždane" und danach die bewaffnete Revolution der Apostel. (Todorov, Sbornik Trănski kraj, 1940, S. 112, nationalistische Kritik ebenda, S. 122), dazu auch Vidanović-Sazda, Vidlič-Zabrđe, 1960, S. 28.

Ein weiteres Charakteristikum dieses Gebiets ist die so genannte Pečalba, die saisonale Migration, welche die Menschen nach Serbien, in die Donaufürstentümer sowie nach Edirne und Istanbul führte. Insgesamt war eine solche saisonale Arbeitsmigration, auf die im Detail noch zurückzukommen ist, kennzeichnend für das gesamte Gebiet der Kaza Pirot. Während sich die Landgesellschaft im Trner Umland – zumeist Holzarbeiter und Maurer – sowie in der Gegend von Crna Trava und dem Krajište insbesondere in Richtung des Fürstentums Serbien orientierte, arbeiteten die Tagelöhner aus der Piroter Umgebung auf bojarischen Landgütern in der Wallachei. Die Orientierung nach Serbien und die Spezialisierung auf das Maurerhandwerk stellten somit eine Besonderheit des Trner Gebiets dar.[151] Zahlreiche Trner Maurer heirateten in der Šumadija oder in Belgrad, blieben ihrem Handwerk und dem Baugewerbe treu und wirkten später als Mittler für die anderen Tajfe, wie die Wandergemeinschaften der saisonalen Arbeitsmigranten genannt wurden.[152] Damit existierten für die Region um Trn ungewöhnlich intensive Wechselbeziehungen zu Serbien.

Aus dem Rückzugsort eines Räuberhauptmanns, der sich zum Vertreter der imperialen Ordnung wandelte, entwickelte sich Trn nach 1878 zum Verwaltungszentrum des auf der bulgarischen Seite der Grenze verbliebenen Gebietes der bisherigen Kaza Pirot. Allerdings brachte die seit 1888 durch Caribrod verlaufende Eisenbahnstrecke die zunehmende Peripherisierung der Stadt mit sich, die dann auch ihre kurzzeitige Bedeutung als regionales Zentrum verlor. Als Trn noch das Zentrum des Trnski Okrug war, konnte es etwa 2.000 Einwohner verzeichnen. Heute leben dort 2.443 Menschen.

Die Grenzziehung hatte die paradoxe Folge, dass Trn und sein Umland, dessen Alltagsökonomie mit seiner saisonalen Arbeitsmigration stärker auf das Gebiet der Šumadija ausgerichtet war, Teil des bulgarischen Staates wurde. Dagegen gehörte Pirot, dessen Kaufleute engste Beziehungen nach Sofia, Samokov und Istanbul pflegten, anschließend zum serbischen Staat. Dabei ist jedoch zu bemerken, dass jede Form von Staatsgrenzen stets inkommensurabel mit (mikro-)regionalen Orientierungen und Arbeitsteilungen sein muss, der Widerspruch zwischen Staatsgrenze und lokaler Gesellschaft ist gewissermaßen inhärent. Was mit diesem Widerspruch dann geschieht, ist Gegenstand dieser Arbeit.

1.6.3 Kultur und Sprache

Kulturell sind trotz der Grenzziehung und der politischen Gewalt, die für einen langen Zeitraum die Region prägte und deren Ziel ethnonationale Grenzziehungen waren, weiterhin kohäsive Faktoren präsent. Dies gilt für die lokalen Feste, traditionelle Musik und die Feiertagstrachten (jenseits ihrer Erscheinungsform als Destillat in der offiziellen Staatsfolklore in Bulgarien). Hauptsächlich aber wird die weiter bestehende Gemeinsamkeit in der lokale Sprache deutlich, die beiderseits der ehemaligen Grenzlinie – sowie beiderseits der heutigen serbisch-bulgarischen Grenze – gesprochen wird. Wie schon eingangs betont,

---

151 Vidanović-Sazda, Vidlič-Zabrđe, 1960, S. 38. Saisonale Migration erfolgte auch nach Istanbul: „Unter der Türkenscherrschaft hatte Znepolje die Pflichten und Privilegien der Vojnik's; im Frühjahr 1876 zogen die Einwohner zum letzten Mal nach Konstantinopel, um die Hengste des Sultans zu warten. Für die ganze Umgebung galt daher das Gebiet von Trn als ein freies Land, um so mehr als es im Gebirge ausser einigen Häusern im Hauptort keine Türken gab." Vgl. Jireček, Fürstenthum, 1891, S. 465.

152 N. (Todorov, Sbornik Trănski kraj, 1940, S. 139, 166), Biographien (Ebenda, S. 594 f.; Kostov, Trănsko, 2002, S. 79).

existierte weder in religiösen kulturellen Praktiken noch in der Sprache eine mögliche Sollbruchstelle für die späteren ethnonationalen Abgrenzungen, welche durch die Grenzziehung zwischen beiden Staaten in Gang kam. So wird das Paradox ermöglicht, dass „Serben" und „Bulgaren" dieselben Feiertage feiern, dieselbe Sprache sprechen. Zugleich ist die Zugehörigkeit der Sprache zum serbischen bzw. bulgarischen Standard in den Sprachwissenschaften beider Länder bis in die Gegenwart vehement umstritten. Genauer: Die vermeintliche Notwendigkeit, die lokale Sprache einem nationalen Standard zuzuordnen, sowie die fehlende Anerkennung der Tatsache, dass beide Standards rezente Artefakte gesellschaftlicher Modernisierung sind, führt zu diesem Konflikt. Gleichzeitig ist die lokale Sprache von einer Reihe Spezifika gekennzeichnet, weshalb an dieser Stelle etwas genauer darauf eingegangen wird.[153]

Häufig wird die lokale Sprache als „Šopski" (bzw. in der Sprachwissenschaft z. T. als torlakische Varietät) bezeichnet, was nicht ganz zutreffend ist, da sich diese von der in der Region um Sofia – dem östlichen Teil des Šopluk – gesprochenen lokalen Sprache in einigem unterscheidet. Da in der Sprachwissenschaft insbesondere in Serbien aber dieser Ausdruck verwendet wird, wird diese Bezeichnung nur in diesem begrenzten Rahmen ebenfalls aufgegriffen. Ansonsten ist in der Arbeit von „lokaler Sprache" die Rede, da diese in Pirot als „Pirotski Govor" („Piroter Sprache") und in Dimitrovgrad als „Šopski" bezeichnet wird, es aber zwischen beiden keine Unterschiede gibt. Die Gründe für diese Unterscheidung, das Verhältnis gegenüber der lokalen Sprache seitens der Zentren und der Region werden in dieser Arbeit an anderer Stelle, in Kapitel sechs, diskutiert.

Ein wesentliches Merkmal der lokalen Sprache, bzw. dieser Varietät oder Dialektes, wie die Sprachregelung in der Linguistik lautet, ist dessen Zugehörigkeit zum Balkansprachbund.[154] Der Balkansprachbund besteht aus dem Albanischen, Bulgarischen, Griechischen, Rumänischen (Aromunischen), und Makedonischen. Einige Elemente des Sprachbundes werden auch im Serbischen sichtbar. Ausgangspunkt für die Existenz dieses Sprachbundes ist die Beobachtung, „dass die Balkansprachen in Syntax und Phraseologie, sowie in der Wortbildung überraschende Gemeinsamkeiten aufweisen, obwohl sie verschiedener Herkunft sind und sich im Grundwortschatz, sowie im lautlichen Bereich stark unterscheiden".[155] Hier seien kurz zentrale Gemeinsamkeiten nach Schaller aufgeführt:

1. Die teilweise Übereinstimmung der Vokalsysteme.
2. Der Zusammenfall von Genitiv und Dativ im Albanischen, Bulgarischen, Makedonischen, Rumänischen.
3. Der nachgestellte Artikel im Rumänischen, Albanischen, Bulgarischen und im Makedonischen.

---

153 Der Direktor der Dimitrovgrader Bibliothek, Ivan Ivanov, betonte in diesem Sinne in einem Gespräch, dass es sich bei der Sprachpraxis in Dimitrovgrad eher um eine Triglossie (serbisch, bulgarisch, lokale Sprache) als um eine Diglossie handelt.

154 „Ein Sprachbund weist mindestens zwei gemeinsame Merkmale auf, die sich auf mindestens drei nicht zur gleichen Familie gehörende Sprachen erstrecken, um genetisch bedingten Ursprung oder einseitige Beeinflussung im Definitionsbereich des Sprachbundes auszuschließen." Schaller, Helmut W.: Die Balkansprachen. Eine Einführung in die Balkanphilologie, Heidelberg, 1975, S. 58.

155 Ebenda, 97.

4. Der Verlust des Infinitivs v.a. im Bulgarischen und Neugriechischem, teilweise im Serbischen und südalbanischen. „Der Infinitiv wird in den Balkansprachen durch Nebensätze oder auch gleichgeordnete Sätze ersetzt“.
5. Die Umschreibung des Futurs im Neugriechischen, Albanischen, Bulgarischen, Makedonischen, Rumänischen und Serbischen mit dem Hilfsverbum „wollen“.[156]

Schaller unterscheidet vor diesem Set von Merkmalen Balkansprachen ersten Grades, den nahezu alle angeführten Eigenschaften gemeinsam sind, sowie Balkansprachen zweiten Grades, die nur einige dieser Eigenschaften aufweisen, und die Randzonen des Balkansprachbundes bilden. Bei den Randzonen handelt es sich um Serbisch und Neugriechisch. Die lokale Sprache wird in diesem Zusammenhang als „torlakischer Dialekt“ bezeichnet und als „Balkandialekt ersten Grades“ eingestuft, der von einer „Höchstzahl von Balkanismen“ geprägt ist.[157]

Die klassischen Vertreter, sowohl der serbischen, als auch der bulgarischen Sprachwissenschaft Aleksandar Belić und Stefan Mladenov wiesen einen solchen Denkansatz der Strukturierung von Sprache zurück, der national geformte Standards als Ausgangspunkt der Kategorisierung ausblendete. Diese Skepsis gegenüber dem Konzept des Balkansprachbundes ist letztlich bis in die Gegenwart für eine national zentrierte Linguistik dominant geblieben. Dabei zeigt sich gerade an der Analyse des hier im Mittelpunkt stehenden Dialekts die ganze Widersprüchlichkeit einer solchen Zentrierung auf einen Standard. Einerseits wurden zwar Balkanismen etwa von der serbischen Linguistik für diesen Dialekt als prägend konzediert, aber gleichzeitig wird an der Letztinstantlichkeit einer eidneutigen nationalen Prägung festgehalten. So etwa paradigmatisch bei bei Ivan Popović.[158] Dessen Observationen zum Šopski werden exemplarisch für die serbische Dialektologie angeführt, da diese bis in die Gegenwart Popovićs Thesen folgt.

Das Gebiet des Schopischen überschneidet sich dieser Interpretation nach einerseits mit der Zone des Prizren-Timok-Dialekts innerhalb der štokavischen serbokroatischen Dialektgruppe und andererseits der Übergangszone der westbulgarischen Dialekte. Als Spezifika des Schopischen, die diesen Dialekt von den übrigen der serbokroatischen štokavischen Sprachgruppe unterscheidet und ihm seine Eigentümlichkeit verleihen, werden als wesentlich tatsächlich die Balkanismen hervorgehoben:

1. „Zerfall“ (immer aus der Perspektive des konstruierten Standards, Anm. N. St.) des Kasussystems, die Reduktion der Deklinationsformen auf einen Nominativ und einen *casus generale* akkusativischer Herkunft:[159] *od majku, s's ruku, u kuću.*
2. Doppelte Verwendung von Pronomina: *Da mu kažeš nemu, videl s'm ga Milana*[160].
3. Entfallen des Infinitivs, der durch die Präsenzform mit vorangestellter *da*-Konstruktion ersetzt wird: *moram da dojdem, oču da vidim,*[161] *sakam da jedem.*

---

156 Ebenda, 101f..

157 Ebenda, 105.

158 Popović, Ivan: Geschichte der serbokroatischen Sprache, Wiesbaden, 1960. Neuere Arbeiten bleiben weiterhin dem Unterfangen verhaftet, die lokale Sprache einem der Standards zuzuordnen, so dass sie hier nicht gesondert herangezogen werden: Sobolev, Andrej N.: Sprachatlas Ostserbiens und Westbulgariens, Bd. 1–3, Marburg, 1998.

159 Popović, Geschichte, 1960, S. 244.

160 Ebenda.

161 Ebenda.

4. Der Gebrauch des postponierten Artikels: *čovek-'t, žena-ta, dete-to.*[162]
5. Ein exspiratorischer Akzent, wobei die betonte Silbe selbst recht kurz ausgesprochen wird: *mlekó* (schop.) – *mléko* (srkr.), *deté – déte,*[163] *češmá – čésma.*
6. Die „partielle oder vollkommene Reduktion der unbetonten Vokale": *sr^{a}mota – sramota* (srkr.), *zv^{a}ni – zvoni, zabrávi – zaboravi* (srkr.).[164]

Diese Erscheinungen treten ansonsten bei den südslawischen Sprachen nur im Bulgarischen, Makedonischen auf sowie bei den nichtslawischen Balkansprachen – im Albanischen, Griechischen und Rumänischen, und demonstrieren damit die Zugehörigkeit dieses Dialektes zum Balkansprachbund.

Die Evidenz von Balkanismen war aus der Perspektive einer essentialistisch ausgerichteten serbischen Linguistik aber störend, da die lokale Sprache damit nicht eindeutig einem Standard zugeordnet werden konnte. Damit erklärt sich die Forderung nach einer Aussparung der Balkanismen und einer „historischen" bzw. „diachronischen" Vorgehensweise, um die Zugehörigkeit des Schopischen zu den übrigen südslawischen Sprachen zu demonstrieren. Popović behauptet, die Balkanismen seien vergleichsweise spät als Prägung und Einfluss hinzugekommen, was auch für die bulgarische Sprache selbst gelte. Überhaupt verlören die die Balkanismen an Bedeutung, wenn der „historische Aspekt" bedacht werde, und der „ursprüngliche" Zustand des Dialekts analysiert werde.[165] Denn die „Rekonstruktion" des „Urzustands" ergebe einen „serbischen Urgrund".[166] Lapidar wird am Ende der Argumentation festgestellt: „(...) die bulg. Dialektologie braucht sich mit dem Šopluk nicht zu befassen."[167] Denn der Šopluk gehört nach dem Ausgeführten zum westlichen südslawischen Typus und ist serbisches Sprachgebiet.[168]

In der Auseinandersetzung um die Stellung des schopischen Dialekts in den südslawischen Sprachen nimmt der bulgarische Sprachwissenschaftler Stojko Stojkov eine Sonderstellung ein. Stojkov spricht von „prehodni govori", Übergangsdialekten.[169] Diese Übergangsdialekte, die sich ungefähr mit der von Popović umrissenen Zone des Schopischen decken, teilt Stojkov in zwei Gruppen. Geografisch geht er dabei von der bulgarisch-serbischen Grenze bis 1918 aus, in eine dem bulgarischen Standard näher stehenden Zone, die er als „belogradčiško-trănski govor" bezeichnet. Die andere bezieht sich auf das Gebiet zwischen Knjaževac und Pirot, Leskovac und Vranje auf der anderen Seite.[170] Als Argument für die Eigenständigkeit dieser lokalen Sprache als Übergangsform führt Stojkov die Tatsache an, dass dieses Gebiet vom 15. Jahrhundert bis 1878 eine administrative, politische und damit auch soziale Ganzheit bildete.[171]

162 Ebenda. Wobei Popović anmerkt, dass dieser Balkanismus sich auf den Osten des Šopluk bezieht.
163 Ebenda, S. 245.
164 Ebenda, S. 245.
165 Ebenda, S. 249.
166 Ebenda, S. 251. Es wird allerdings betont, dass es sich dabei v. a. um den ursprünglichen Charakter handeln soll, der seither verschiedene Wandlungen erlebt hätte.
167 Ebenda, S. 258.
168 Ebenda, S. 261.
169 Stojkov, Stojko: Bălgarska Dialektologija, Sofija, 1993, S. 163.
170 Stojkov stellt dabei fest, dass die These unhaltbar sei, die Prehodni govori insgesamt dem Bulgarischen zuzuschlagen, wie es noch die bulgarische sprachwissenschaftliche Autorität Ljubomir Miletič tat oder aber wie ganz entgegensetzt Belić den rein serbischen Charakter behauptete. Ebenda.
171 Ebenda, S. 163.

Hier sollen einige Spezifika aufgeführt werden, die Stojkov für diese lokale Sprache als charakteristisch betrachtet, und die in den vorangegangen Typisierungen nicht genannt wurden. Als wesentliche phonetische Eigenheiten führt Stojkov folgende an:

1. Die Mitlaute *č* und *dž* anstelle von *št* und *žd* im bulgarischen Standard: *noč, plačujem, vedža, medža* etc.
2. Das vollständige Verschwinden des *h*: *pleto* (*pletoh*), *gre* (*grjah*), *bua* (*bălha*), *leb* (*hljab*), etc.

Weitere morphologische Spezifika der Prehodni govori:

1. Die Endung *-e* für feminine Substantive und Adjektive: *žene, sestre, ribe, ruće; bele, ž'lte, crne*.
2. Die Endung *-ta* im Nominativ fem. und *-tu* im Akkusativ fem.: *rekatá došlá, minúl rekútu.*[172]

Im Hinblick auf eine allgemeine Definition der lokalen Sprache folgen die erwähnten Dialektologen wie deutlich geworden ist, hauptsächlich einer Zuordnung zu *einem* Sprachsystem, wobei Stojkov dahingehend differenziert, dass er von Übergangsdialekten spricht. Es ist bemerkenswert, dass in der serbischen Dialektologie, wenn es um die Einordnung des hier behandelten Dialekts geht, oft außersprachliche Kriterien einbezogen werden. So ergibt sich bei Popović der Widerspruch, dass typologisch zwar die Balkanismen als wesentliches Merkmal des Dialekts hervorgehoben werden, die aber im nächsten Schritt für irrelevant erklärt werden. Es handelt sich insgesamt um eine Vorstellung, die von einer ursprünglichen Teilnahme des Dialektes an der serbokroatischen Sprachentwicklung und anschließender Trennung ausgeht, die aber den „serbischen Grund" entscheidende Bedeutung zuweist, um damit auch den territorialen Anspruch auf dieses Gebiet zu untermauern.[173]

Eine weitere Zuordnung der lokalen Sprache, die sich nicht-linguistischer Kriterien bedient, ist ihre Identifikation mit ethnischer Zugehörigkeit. Indikativ dafür sind die Feldforschungen einer weiteren Autorität der serbischen Linguistik, Pavle Ivićs Darstellung des Piroter Dialekts.[174] In der Definition der Mundart und dem Sammeln des Sprachmaterials „bewegt" sich Ivić bis zu dem Dorf Činiglavci, womit die Caribroder lokale Sprache ausgeschlossen bleibt. Zudem wird unausgesprochenerweise die Grenzlinie zwischen Serbien und Bulgarien bis 1918 – die an dem Ort Činiglavci verläuft – zur Grundlage gemacht. Demnach gehören jene Mundarten zur Prizren-Timok-Gruppe, die an die Grenze bis 1920 reicht und deshalb von „Serben" gesprochen wird. Das ist insofern bemerkenswert, als die Grenze von 1920 hier nicht nur als ethnische sondern auch als sprachliche konstruiert wird.

Lässt man aber historische und ethnische Argumente in der Bestimmung des schopischen Dialekts beiseite, so wird die Notwendigkeit umso deutlicher, dass diese bisher dominierende Vorstellung hinterfragt werden sollte, wonach die lokale Sprache ausschließlich dem einen oder anderen Sprachzentrum zugeordnet wird. Oder aber man betrachtet das Schopische bzw. die lokale Sprache als eigenständiges sprachliches Phänomen, dem man sich aus serbischer *und* bulgarischer Perspektive nähern kann. Hierfür bietet der Zugang

172 Ebenda, S. 164.

173 Ebenso weist die Rede von einem „Urgrund" auf Elemente einer ideologisierten Vorstellung hin, in der die „Urförmigkeit" oder das Alter entscheidende Instanzen in der Frage nationaler Zugehörigkeit sind.

174 Ivić, Pavle: O poreklu i osobinama pirotskog govora, in: Izabrani Ogledi. Bd. 3. Iz Srpskohrvatske Dijalektologije, hrsg. von Pavle Ivić, Niš, 1991, S. 191–205.

Balkansprachbundes eine Möglichkeit, von Zuordnungen zu ausschließlich einem und dann noch rezenten Standard als unproduktiv abzusehen.[175] Wichtig ist ebenso zu betonen, dass es sich nicht etwa ausschließlich um die Sprache der Landbevölkerung handelt. Wie Briefe der christlichen Piroter Städter an den Sultan sowie die Korrespondenzen von Piroter Kaufleuten mit ihren Kompagnons in Istanbul zeigen, verwendeten diese die hier beschriebene Sprache ganz selbstverständlich.

175 „Die Gliederung der Balkansprachen und Balkandialekte nach verschiedenen Graden der Balkanisierung vermeidet außerdem das Problem der Sprachgrenzen und Übergangsdialekte." Schaller, Balkansprachen, 1975, S. 106.

2 Gesellschaft und Grenzen, gesellschaftliche Barrieren und Übergänge im osmanischen Pirot

2.1 Einführung: Periodisierungen und Territorialisierungen

Hier stehen Formen von Grenzen und ihre Überwindung in der Gesellschaft der spätosmanischen Epoche im Mittelpunkt. Dies geschieht wie zuvor erklärt mit dem Ziel, eine Vorstellung von Abgrenzungen, Zuordnungen, Definitionen, Selbstverständnissen und Verflechtungen in der Zeit vor der Entstehung der Nationalstaaten zu gewinnen, um dann die Veränderungen bzw. Kontinuitäten verfolgen zu können.

Pointiert fasst Holm Sundhaussen die wesentlichen Merkmale im Hinblick auf gesellschaftliche Grenzen und kulturelle Barrieren in der osmanischen Stadt auf dem Balkan zusammen:

> Alles in allem waren die osmanischen Städte keine ethnischen, konfessionellen und kulturellen Schmelztiegel, und sollten dies auch nicht sein. Die konfessionell und professionell definierten Wohnviertel markierten zugleich gesellschaftliche Grenzen, die selten (oder nie) überwunden wurden. Die osmanischen Balkanstädte waren im weitesten Sinne des Wortes polykulturell. Die Funktionsweise dieser polykulturellen Gesellschaft ist bislang kaum untersucht worden. Die große Mehrheit der städtischen Bevölkerung war lateral gegliedert, d. h. die einzelnen (entsprechend Konfession und Beruf klassifizierten Segmente) existierten nebeneinander. Intergruppen- bzw. interethnische Beziehungen waren vermutlich nur auf wenige Bereiche beschränkt und spielten sich vornehmlich auf dem Markt ab.[1]

Hier stehen genau jene Momente im Hinblick auf die Funktionsweise von Städten am Beispiel von Pirot im Vordergrund, erstens Formen von „Grenzüberschreitungen", die für den Zentralbalkan noch kaum thematisiert worden sind, und zweitens, mit den Formen von Verflechtungen jenseits konfessioneller Trennlinien in einem unmittelbaren Zusammenhang stehend, der Aufstieg der christlichen Kaufleute in dieser Region, der in dem hier behandelten Zeitraum stattfand. Dieser war ohne neue Formen der Verflechtungen, die konfessionelle Grenzen überwanden, aber auch über regionale Grenzen hinausgingen, nicht zu denken. Damit wiederum stehen die Entfaltung und der Aufschwung der christlichen Gemeinde, die sich zusehends aus einer religiösen Gemeinschaft in eine säkulare Institution transformierte, in einem Kausalzusammenhang. Diese war zwar immer noch konfessionell eingehegt, aber deren Belange und Aufgabe überschritten weit den engen Kreis kirchlicher Angelegenheiten. Insgesamt ist hier schon einmal festzuhalten, dass im Gegensatz zur bisherigen Forschung die Epoche zwischen den 1840er und 1870er Jahren die eines enormen

1 Sundhaussen, Holm: Sarajevo. Die Geschichte einer Stadt, Wien, Köln, Weimar, 2014, S. 58 f.

kommerziellen wie auch kulturellen Aufschwunges für die behandelte Region ist. Vor diesem Hintergrund werden besagte Grenzen, Barrieren und Möglichkeiten ihrer Überwindung oder Umgehung thematisiert.

Allgemein hat sich im letzten Jahrzehnt die Auseinandersetzung mit der Epoche der Reformen im Osmanischen Reich nochmals intensiviert und eine neue thematische Vielfalt hervorgebracht. Dabei geriet die so genannte Peripherie zunehmend in den Blick, nachdem bis dahin oftmals die Protagonisten der Reformen im politischen Zentrum im Vordergrund standen. Ebenso lösten sich die neueren Arbeiten von klassischen Deutungen, die v. a. die Unzulänglichkeiten der Reformen in den Vordergrund stellten. Diese neueren Arbeiten konzentrieren sich zunehmend auf die konkrete Praxis der Reformen in den einzelnen Regionen des Osmanischen Reiches. Insbesondere die Zeit zwischen den 1850er und 1870er Jahren steht dabei im Mittelpunkt.[2]

In einem bedeutenden Teil des Mainstreams der nationalen Historiografien Serbiens und Bulgariens kam den erwähnten beiden Jahrzehnten keine besondere Aufmerksamkeit zu (im Hinblick auf Serbien gilt dies für jene Gebiete, die zu dieser Zeit noch Teil des Osmanischen Reiches waren) oder sie war insgesamt – wie in Bulgarien – negativ konnotiert. Das Verhältnis zur Geschichte des Osmanischen Reiches ist seitens der klassischen Nationalgeschichte sowie in einem Teil der Publizistik von bemerkenswerten Stauchungen oder Streckungen geprägt: An sich handele es sich um eine leere Zeit, die keiner Periodisierung bedürfe, wenn Bewegung in die Dauer des Stillstandes kommt, dann sind es Unruhen und Aufstände der gegen das „Joch“ der „Fremdherrschaft“ aufbegehrenden Serben und Bulgaren.

In der serbischen Geschichtswissenschaft überwog lange Zeit die Einschätzung, die Phase von den Krimkriegen bis 1876/77 sei von unablässigen Konflikten geprägt gewesen. Fokussiert auf die Geschicke der christlichen Bevölkerung im Osmanischen Reich, wurde der Schwerpunkt auf die unmittelbare Zeit nach den Aufständen 1804/1815 gelegt, sowie auf die Krisen der 1830er Jahre im Zentralbalkan, um sogleich an die Aufstände in der Herzegowina 1875 anzuschließen. Die Zeit dazwischen sei von zaghaften Reformversuchen im Osmanischen Reich geprägt, die jedoch vergeblich und damit keiner weiteren Betrachtung wert seien.[3] So ergab sich in diesem Narrativ gleichsam eine Kette von Unruhen, Aufständen, permanenter Instabilität, die in die Verdrängung des Osmanischen Reiches aus dem Zentralbalkan sowie die Souveränität und Gebietserweiterung des Fürstentums Serbien mündete, und aus der die Gründung des Fürstentums Bulgariens notwendig resultierte.

In der bulgarischen Geschichtsschreibung dominiert zwar ebenso eine teleologische Ausrichtung, die auf die naturnotwendige Gründung des neuen bulgarischen Staates nach einer Epoche der Unruhen und Aufstände abzielt. Doch ist diese Epoche insgesamt anders akzentuiert. Die beiden Jahrzehnte 1850 bis 1870 stehen oft im Mittelpunkt der Darstellung

2 Vgl. Einleitung: Grandits, Clayer und Pichler, Introduction, 2011; Daskalov, Kak se misli bălgarsko văzraždane, 2002.

3 Vladimir Stojančević kam in dieser Hinsicht ein Alleinvertretungsanspruch zu, wenn es um die Geschichte des heutigen Südostserbien geht. Gleichsam programmatisch für seine weiteren Forschungen: Stojančević, Južnoslovenski narodi, 1971.

der „nationalen Bourgeoisie" oder aber einer „nationalen Öffentlichkeit", wie die Terminologie in den unterschiedlichen Interpretationen lautet – gleichwohl wird der Widerspruch ausgeklammert, dass sich diese nationale Bewegung innerhalb der osmanischen Gesellschaft formiert und in einer Kausalbeziehung zu den Reformen steht. All dies aber geschieht unter osmanischer Herrschaft, der zugleich die Fähigkeit zu Reformen abgesprochen wird.[4]

Lange Zeit hatte es den Anschein, als vollziehe sich in historiografischen Darstellungen diese „Wiedergeburt" gleichsam extraterritorial, vollständig entkoppelt von ihrem gesellschaftlichen Kontext im Osmanischen Reich. Vielleicht mag dies ein Moment des neuen ideologischen Selbstverständnisses der Akteure nationaler Ideen beschreiben, der so genannten „Komitetlije"[5], die „Befreiungskomitees" in Bukarest oder Belgrad gründeten. Oder aber der angesehenen Händlerfamilien, deren Praxis von Grenzüberschreitungen zwischen Odessa, Bukarest und Smyrna geprägt war. Reproduziert wurde vermittels solcher Geschichtsschreibung besonders das im 20. Jahrhundert dominante Vorurteil, Vorgänge wie Aufklärung und Modernisierung könnten sich niemals im osmanischen Kontext vollziehen, sondern immer nur gegen alles „Osmanische". Modernisierung wurde nachträglich immer mit der Bedingung der Ablösung osmanischer Herrschaft verbunden. „Osmanisch/Orientalisch" wurde seitens der Protagonisten nationaler Ideen als Gegensatzpaar zu „Aufklärung/Rationalität" gedacht.

Gleichzeitig offenbart sich in der bulgarischen Geschichtsschreibung in einem wichtigen Punkt ein etwas ambivalenteres Verhältnis zu dieser Epoche. Dieser wird eine gewisse Fortschrittlichkeit nicht abgesprochen, insbesondere vor dem Hintergrund, dass diese sich in dem eigens als Musterprovinz gegründeten „Donaubulgarien" abspielten. Einige der Maßnahmen des ersten Gouverneurs Midhat Paša (auf dessen mögliche Herkunft aus Russe und damit Bulgarien regelmäßig verwiesen wird) werden als „dauerhafte Errungenschaften" bewertet, wie etwa die Einrichtung von landwirtschaftlichen Sparkassen, die ein wichtiger Ausgangspunkt für die spätere Agrarbewegung gewesen sei. Gleichzeitig gilt Midhat Paša aber als energischer Gegner der Komitetlije in Bukarest und Belgrad. Dessen Reformen, speziell die neue Strafordnung, wurden als Versuch einer effektiveren Bekämpfung der bulgarischen Befreiungskomitees interpretiert. Im Unterschied zu solchen Konzeptionen der zwanzig Jahre zwischen Krimkrieg (1853–56) und Russisch-Osmanischen Kriegen (1876/77) entwickelt sich seit einigen Jahren ein Zugang, der die Akteure der bulgarischen Nationalbewegung oder, genauer, die Geschichte der christlichen Honoratioren in einem osmanischen Kontext thematisiert. Nicht mehr nur als Spender und Stifter christlicher Schulen und Kirchen, die zu nationaler Aufklärung beigetragen haben sollen, sondern ebenso als Teil der lokalen osmanischen Herrschaftsschicht, in der Konflikte nicht entlang ethnisch-konfessioneller Linien verlaufen, werden diese gesellschaftlichen Akteure nun analysiert.[6]

---

4 Daskalov, Kak se misli bălgarsko văzraždane, 2002.

5 Abgeleitet von „Komitee", da sich in dieser Zeit zahlreiche Komitees zur Befreiung Bulgariens von osmanischer Herrschaft bildeten. Das bekannteste war jenes in Bukarest. Für die späteren Jahrzehnte ist v. a. die daraus hervorgegangene Umwandlung „Komitadži" geläufig, die den bewaffneten Kampf betont.

6 Vgl. Janeva, Bălgari – otkupvači, 2011.

Wie Milen Petrov und Galina Valčinova bemerkt haben, zeichnen sich lokalgeschichtliche Studien, die häufig von „kraevedi" („Heimatforschern") durchgeführt werden, von größerer Differenziertheit aus, in der Art, wie sie die osmanische Epoche wieder ins Bewusstsein bringen.[7] Dass es die Möglichkeit gibt, auf solche verschriftlichten mündlichen Traditionen zurückzugreifen, zeigt, wie es auch in der Feldforschung zu der hier behandelten Region deutlich wurde, dass die osmanische Epoche die Menschen zweifellos in einer Intensität beschäftigt hat, dass deren Geschichten auch über mehrere Generationen hinweg tradiert wurden, die in keinem Verhältnis zum Desinteresse der klassischen Forschung steht (wie hier an anderer Stelle weiter ausgeführt wird). Allerdings kam es nicht zu einer Institutionalisierung in Form einer Verschriftlichung von Familiengenealogien wie in Bosnien und der Herzegowina, wodurch ein vielfältiger Einblick in Selbstverständnisse und gesellschaftliches Handeln in dieser Epoche möglich wäre.[8] Dies hat zwei Gründe: Erstens bedeutete 1878 die Marginalisierung und mehr oder weniger erzwungene Abwanderung der muslimischen Notablen aus Pirot und den anderen Städten einen tiefgreifenden Einschnitt,[9] wodurch ein wesentlicher Teil der Gesellschaft nicht mehr präsent war, zweitens kam in den Augen der neuen Herrschaftselite dem Osmanischen keine Bedeutung zu. Dies sollte lange so bleiben, ausgenommen die Konjunkturen des Orientalischen um die vorletzte Jahrhundertwende in der serbischen Literatur und dem Theater,[10] in deren Zuge sich dann auch der Vorsteher der Piroter Lehrerschaft Vladimir Nikolić[11] um 1911 mit der Geschichte und den Verhältnissen in Pirot zur Zeit des Osmanischen Reiches zu beschäftigen begann. In seinen Aufzeichnungen bleiben die Konturen dieser Gesellschaft von vier Jahrzehnten zuvor unscharf. Vladimir Nikolić, der neben seiner Lehrertätigkeit auch ethnografische Forschungen betrieb und im Zusammenhang mit Forschungen zu serbischen Siedlungen eine umfangreiche Studie über die Bevölkerung der Lužnica und Nišava herausgab,[12] sammelte dennoch unverdrossen weiter Zugleich kommen durch den notizenhaften Stil der Aufzeichnungen, der noch nicht für eine Veröffentlichung geglättet war, seine Gesprächspartner und deren Vergangenheitsbilder deutlicher als üblich zum Vorschein. Denn in diesen Notizen vermerkte Nikolić immer auch den biografischen Hintergrund seiner Experten. Dieses Kapitel nimmt das Bewusstsein von der Fragmentarität der Überlieferungen zur osmanischen Geschichte Pirots und seiner Umgebung auf, die hier v. a. als beständige Auseinandersetzung mit den Formen der Aneignung von Vergangenheit zu denken ist und nicht

---

7 Petrov, Tanzimat for the Countryside, 2007.

8 Vgl. Grandits, Herrschaft und Loyalität, 2008.

9 Vgl. zu den Prozessen der Abwanderung der muslimischen Bevölkerung nach 1878: Höpken, Wolfgang: Der Exodus. Muslimische Emigration aus Bulgarien im 19. und 20. Jahrhundert, in: Osmanen und Islam in Südosteuropa, hrsg. von Reinhard Lauer und Hans Georg Majer, Göttingen, 2013, S. 303–432.

10 Sremac, Stevan: Zona Zamfirova, Erstausgabe Beograd, 1906; Stanković, Borisav: Nečista Krv, Erstausgabe Beograd, 1910, deutsche Übersetzung: Hadschi Gajka verheiratet ihr Mädchen, München, 1935.

11 Vladimir Nikolić (1872–1944) wurde in Čajetina in eine Beamtenfamilie hineingeboren. Die Schule besuchte er in Užice und Belgrad. Nachdem er die Lehrerausbildung absolviert hatte, bekam er seinen ersten Posten als Dorflehrer 1897 in der Nähe Pirots, von 1904 bis 1914 als Lehrer in Gnjilan. Nach dem Ersten Weltkrieg Aufseher der Schulen in den Bezirken um Niš. Vgl. Nikolić, Ilija P.: Vladimir M. Nikolić 1872–1944, in: Nikolić, Stari Pirot, 1974, S. 5.

12 Nikolić, Iz Lužnice i Nišave, 1910.

als eine lückenlose wissenschaftliche Reproduktion einer Epoche. Dieses Verfahren ist durch die oft sehr fragmentarischen Quellen geprägt sowie die in sich widersprüchlichen Formen des Erinnerns an die spätosmanische Epoche. Diese Arbeit kommt daher notwendig immer wieder auf diese Aneignungsformen zurück und bietet keine „Geschichte aus einem Guss“, die Gewissheit von Ganzheitlichkeit suggeriert.

Geht es um eine vorläufige Periodisierung, so sind drei Zeitmarken aus der Perspektive des Zentrums zu beachten: Erstens die Erweiterung des Fürstentums Serbien und die Festlegung seiner Grenzen sowie das erste Dokument der Tanzimat, der Hatišerif von Gülhane 1839.[13] Zweitens das Ende des Krimkriegs sowie eine Intensivierung der Reformen mit dem Hatt-i Hümayun von 1856. Drittens schließlich die Einrichtung des Mustervilajets Tuna/Dunav 1864 unter der Herrschaft von Midhat Paša. Dabei handelt es sich um Zeitmarken aus der Perspektive des Zentrums, die sich allerdings auf den hier untersuchten Rahmen auswirken, jedoch in einem anderen Tempo und Rhythmus. Graduelle Veränderungen schienen sich in der Stadtgesellschaft Pirots mit der Veröffentlichung des Hatišerif abzuzeichnen. Einen grundlegenden Einschnitt bedeutete jedoch die Inspektionsreise des Vezirs Kıbrıslı Mehmed Emin Paša 1860, die ihn auch nach Pirot führte und weiter unten ausführlich behandelt wird. Dieser griff dabei in die Stadtangelegenheiten direkt ein, und zugleich mündete diese Inspektionsreise in der Einsetzung Midhat Pašas 1860 als neuem Vali des Ejalets Niš, was wiederum der Ausgangspunkt für die Einrichtung des Mustervilajets war. Hier verschränken sich demnach überregionale und regionale Entwicklungen. Daher fungiert das Datum 1860 als Wendepunkt für die Beschreibung der Entwicklungen in Pirot und dessen Umland. Im Folgenden werden Momente des gesellschaftlichen Alltags, seiner Organisation und den Institutionen in einer spätosmanischen Kleinstadt in den Blick genommen, um anschließend die Dynamiken zu beschreiben, die nach dem Besuch des Großvezirs einsetzten und die beiden Jahrzehnte bis zum Ende der osmanischen Herrschaft in diesem Gebiet prägten.

Die Auseinandersetzung mit der Stadtgeschichte Pirots bietet einen Zugang zu Städten jenseits der administrativen großen Zentren Niš und Sofia.

Pirot gehörte seit Beginn des 19. Jahrhundert zum Nišer Sandžak.[14] Der Sandžak Niš bestand in den 1860er Jahren aus den sechs Kazas Niš, Pirot, Leskovac, Vranje und Trn.[15] Die in der hier untersuchten Phase erfolgte territoriale Reorganisation der Verwaltung wird weiter unten ausführlich behandelt.

Im „Mali Služebnik“ des Popen Aleksa aus dem Dorf Staničenje bei Pirot findet sich eine Auflistung von Entfernungen: „(...) да се знае има оди пиротъ до станболъ 120 саата а до свиштовъ има 43 саати а до вилибе има 46 саати до сересъ има 53 саати а до бѣлградъ има 60 саати.“[16] Es handelt sich zumeist um wichtige Handelszentren,

---

13 Insgesamt existiert zu den Reformen eine wachsende Literatur: Hier seien nur zwei zentrale Arbeiten aus verschiedenen Epochen genannt: Davison, Roderic H.: Reform in the Ottoman Empire, 1856–1876, Princeton, 1963; Adanir, Fikret und Faroqhi, Suraiya (Hrsg.): The Ottomans and the Balkans. A Discussion of Historiography, Leiden, Boston, Tokyo, 2002.

14 Vgl. Einleitung.

15 Kaleshi/Kornrumpf, Das Wilajet Prizren, 1967, S. 176–246, hier S. 183.

16 Nikolić, Vladimir: Narodne škole u Pirotu i okrugu Pirotskom do Oslobođenja 1877. godine, sa

wodurch deutlich wird, in welche Richtungen sich die Kaufleute in und um Pirot orientierten: Die Kommunikationslinien verweisen vorwiegend nach Osten zum Donauhafen Svištov, zur Handelstadt Plovdiv in Thrakien sowie in den Süden zum Handelszentrum Serres. Während die meisten genannten Städte in etwa zweieinhalb Tagen zu erreichen waren, lagen Belgrad im Nordwesten und Istanbul im Südosten – beide als zentrale Punkte auf der Via Diagonalis – mit mehreren Tagesreisen Entfernung zu weit weg. Damit sind die wichtigsten Bezugspunkte außerhalb des regionalen Raums angezeigt, in denen sich die Handelsbeziehungen der hier betrachteten Region abbilden und so etwas wie den Bezugsrahmen innerhalb des osmanischen Reiches darstellen können.

Eine stetige Interaktion wird jedoch in einem engeren geografischen Kreis sichtbar. In dessen Mittelpunkt findet sich der Piroter Panajir (Jahrmarkt), an dem sich regionaler Austausch und regelmäßige Handelsbeziehungen anschaulich abbilden lassen. Dies vermittelt speziell ein Brief von Kaufleuten der Region an den Sultan, in dem sich diese für die gute Organisation bedanken sowie die Sicherheit, die auf dem Jahrmarkt durch den Kajmakam von Pirot gewährleistet wurde. Der Brief wurde dabei nicht von den Piroter Kaufleuten unterzeichnet, sondern stammte von solchen aus Niš und war ebenso von jenen aus Leskovac, Samokov, Vraca und Vidin namentlich unterzeichnet worden.[17] Damit sind Orte genannt, zu denen die Entfernungen weitaus geringer waren als die im Služebnik festgehaltenen Städte, in einem Radius von ca. 100 km. Zwischen diesen Städten, insbesondere von Pirot zu Samokov, bestand ein intensiverer Austausch, hauptsächlich im Hinblick auf das Schreinerhandwerk und die Eisengewinnung in Samokov, die in einer regionalen Arbeitsteilung stärker interagierten. Die Kirchen in Pirot und Umland wurden überwiegend von Meistern aus Samokov mit Ikonostasen ausgestattet und von den bekannten Samokover Zografen ausgemalt.

Nach dieser kurzen Beschreibung der räumlichen Orientierungspunkte der Piroter Kaufleute stellt sich die Frage nach der Stadtgliederung im 19. Jahrhunderts. Wie der türkische Name Šehirkoj (Šehirköy, „Stadt-Dorf") es schon andeutet, handelte es sich zunächst um keine größere Stadt.[18] Allerdings auch nicht um ein verschlafenes Provinznest, wie die Angaben aus der Salname, dem statistischen Jahrbuch des Vilajet Prizren für die Kaza Pirot 1875 zeigt:

> In Pirot gibt es neun große Moscheen, zwei Kirchen, eine Synagoge, drei Tekkes, 879 Läden (verglichen mit der größeren Handelstadt Leskovac existierten dort mehr

starinskim zapisima i beleškama o Pirotskoj eparhiji, Sremski Karlovci, 1924, S.111. „(...) es möge bekannt sein, dass es von Pirot nach Stambul 120 Stunden sind, bis Svištov sind es 43 Stunden, bis Vilibe (Plovdiv, Anm. N. St.) 46, bis Serres 53 Stunden, bis Belgrad 60 Stunden."

17 Brief von Kaufleuten an Sultan Abdulmedžid von 1852: Osmanisches Archiv des Premierministerium (BOA), Istanbul, MVL 125/54 (24 Muharrem 1269=7. Nov. 1852). Ich danke Florian Riedler, der mir diese Quelle zur Verfügung gestellt hat.

18 Dabei existieren auch andere Interpretationen. Wie Olga Zirojević anmerkt, könnte es sich auch um eine Siedlung handeln, die von einem Derwisch-Orden gegründet wurde, was Mitte des 15. Jahrhunderts im Prozess der definitiven Herrschaftsübernahme in diesem Teil des Balkans gängig gewesen sein soll. Demnach würde sich der Name der Stadt von der Siedlung der Šejhs ableiten, der Vorstände der Orden, „Šejhlerköy", woraus mit der Zeit „Šehirköy" wurde. Zirojević, Olga: Oko imena Šehirkej (tur. Šehirkoy), in: Istorijski časopis, 27 (1980), S. 233–36.

Läden, nämlich 901, aber weniger Hans, nur 14, was auf die Wichtigkeit der Route hinweisen kann, Anm. N. St.), 22 Hane, 119 Weinhäuser, 80 Magazine, 42 Backöfen, 31 Kaffeehäuser, acht Mühlen, drei Gerbereien, zwei Bäder, eine große Uhr mit Schlagwerk, einen ordentlichen Regierungskonak, eine Festung (Kale), und zwei Schanzen (tabye). In der Stadt gibt es die Grabmäler von Tahatavibaba und Gazi Iskender Bey, ferner befinden sich auf städtischem Grund eine Wollkämmerei, eine Fabrik zur Herstellung von Kordeln, sieben Teppichwebstühle und 50 Messestände (panayir dukkanlari).[19]

Das osmanische Šehirkoj formierte sich entlang der Via Diagonalis bzw. der überregionalen Straße, die Mitteleuropa mit Istanbul verband. Ende des 18. Jahrhundert und insbesondere in der ersten Hälfte des 19. Jahrhunderts begann die Stadt zu wachsen. V. a. die christliche Bevölkerung aus der Umgebung siedelte sich nun in der Stadt an. Dies entspricht den Darstellungen der urbanen Entwicklung in dieser Phase des Osmanischen Reiches insgesamt, die gerade für diese Zeit einen Zuwachs der christlichen Bevölkerung in den Städten annehmen.[20] Auf diese Weise entstanden Anfang des 19. Jahrhunderts zwei Gravitationszentren in Pirot. Zu dem bisherigen Zentrum „Pazar" an der Straße nach Istanbul, das sich in südöstlicher Richtung entwickelte und an einer Nordwest-Südost-Achse positioniert war, kam nun als weiterer städtischer Gravitationsschwerpunkt das Viertel Tija Bara weiter nördlich auf dem rechten Ufer der Nišava hinzu.[21]

Im 19. Jahrhundert blieb Pazar der eigentliche Schwerpunkt der Ortschaft, der u. a. aus den Malé[22] Pop Jonina Malá, Pop Pešina Malá, Pop Kostina, Pop Mančina, Nova Malá, Pop Georgina Malá sowie Kale Malá, Galata Malá, Adži Asan Čivlik Malá bestand.[23] In dieser Aufzählung von Simeon Hristov, einem Zeitgenossen, der während der 1860er und 1870er Jahre in Pirot lebte, wurden die Namen der muslimischen Malé nicht genannt. In den Überlieferungen um die Jahrhundertwende verschwanden dann auch die alten Malánamen, die nach Geistlichen benannt waren, es blieben nur jene Toponyme, die nun stärker die Funktion von Orientierungspunkten für die gesamte Stadt besaßen: Kale Kapija, Jevrejska Malá, Stanbol Kapija, Mustafa-Agin Čivlik (später Nova Malá), Jasen Kapija und Galata Malá.[24]

Bei Simeon Hristov[25] bezeichneten Zuschreibungen wie Stambol Kapija noch „Gegenden", keine Malé. Hieran wird auch deutlich, dass zwar die Gegenden, in denen überwie-

19 Salname des Vilajet Prizren für das Jahr 1874/75; zit. nach Kaleshi/Kornrumpf, Das Wilajet Prizren, 1967, S. 213 f.

20 Sahara, Tetsuya: The Ottoman City Council and the Beginning of the Modernization of Urban Space in the Balkans, in: The City in the Ottoman Empire Migration and the making of urban modernity, hrsg. von Ulrike Freitag, Malte Fuhrmann, Nora Lafi und Florian Riedler, London, 2011, S. 26–50; Todorov, Nikolai: The Balkan City, 1400–1900, Seattle, London, 1983.

21 Ćirić, Geografija Pirota, 1965, S. 30; Tija Bara: „Tiha Bara" als trockengelegter Sumpf, so die klassische Etymologie.

22 Im Unterschied zu dem ansonsten gebräuchlichen „Mahala" verwende ich hier „Malá" mit der Betonung auf der zweiten Silbe, wie sie in dieser Region üblich ist.

23 Hristov, Pirotskijat okrăg, S. 313. Die muslimischen Malé wurden nicht erwähnt.

24 Ćirić, Geografija Pirota, 1965, S. 37.

25 Simeon Hristov, von dem noch ausführlich die Rede sein wird, ist um 1850 in Pirot geboren und aufgewachsen.

gend Muslime lebten, wie Galata Malá, weiterhin überliefert wurden, dagegen nicht deren Gliederung in weitere einzelne Malé, wie sie bei der Aufzählung der christlichen deutlich wurde. Darin zeigt sich ein Funktionswandel der Malá, die nicht mehr als grundlegende Einheit für Steuererhebung fungierte[26] und damit in der Strukturierung der Stadt von keiner großen Bedeutung mehr war. Es bleiben jene Bezeichnungen, die weiterhin als Orientierungspunkte im städtischen Raum dienten. Die Namen der muslimischen Malé fanden dagegen keinen aufmerksamen Sammler, wie Vladimir Nikolić es war, oder waren in den Augen von Simeon Hristov nicht mehr bedeutend genug, um an sie zu erinnern.

Die Malé erstreckten sich wie erwähnt von Nordwesten nach Südosten, beginnend mit der Malá Kale Kapija, die sich um die ehemalige Festung Pirots formierte, die seit ihrer Zerstörung als Kaserne für die regulären osmanischen Einheiten diente. Mustafa Agin Čivlik bildete mit einer dreistöckigen Kula des Čiflikbesitzers entlang der Straße nach Istanbul den Endpunkt der Ortschaft. In dessen Zentrum in Pazar befand sich die Galata Malá, die durch ihre Lage als Verkehrsknotenpunkt, an dem die wichtigsten regionalen Straßen zusammentrafen, v. a. von Gasthäusern (Hans) geprägt war, an die sich entlang der Straße nach Istanbul die Verwaltungsgebäude, ein Marktplatz mit einem ihn dominierenden Šadrvan sowie einer Sahat Kula anschloss.[27] Ebenso an die Galata Malá in Pazar anschließend befand sich die größte Moschee Pirots,[28] die „Careva Džamija", samt Medresse. Insgesamt waren es wohl sieben Moscheen,[29] die in Pazar standen, sowie jeweils ein größerer Hamam für Frauen und einer für Männer an dessen südlichem Rand.[30] In der Jevrejska Malá gab es ein Badehaus für die jüdischen Piroter.[31] Am nördlichen Rand von Pazar befand sich die 1834 neu errichtete Kirche der christlichen Gemeinde in Pirot. Um das eigentliche Pazar und das Handelszentrum Galata Malá gruppierten sich demnach gleichsam in einem Kreis

---

26 Vgl. Riedler, Florian: Communal Boundaries and Confessional Policies in Ottoman Nish, in: *Journal of the Economic and Social History of the Orient*, erscheint 2018.

27 Ćirić, Geografija Pirota, 1965, S. 38.

28 „Die Sultansmoschee steht noch in Pazar. Die zweite war in der Straße, in der sich jetzt das Načelstvo befindet. Die dritte Moschee stand dort, wo auch der Mustaf Agin Konak war. Die vierte bei der heutigen Post, dort war auch der türkische Friedhof, die fünfte Moschee wo ich die Verwaltung des Nišavabezirks befindet, die sechste, dort wo jetzt das Offiziershaus steht. Die siebste stand im Mečkin Sokak am Stambol-Tor. Dort waren auch zwei Tekije." Vgl. Nikolić, Vladimir: Stari Pirot. Etnološke Beleške iz Prošlosti Grada, Pirot, 1974, S. 58. Die Aufzählung vermittelt die räumliche Dichte, in der sich die Sakralbauten in Pazar befanden. Diese entspricht in etwa dem heutigen engeren Stadtzentrum.

29 Die zwei weiteren befanden sich offensichtlich im Stadtteil Tija Bara.

30 Nikolić, Stari Pirot, 1974, S. 41.

31 Die Existenz einer jüdischen Gemeinde in Pirot ist spätestens für die Zeit um das Ende des 16. Jahrhundert belegt, da in einem Briefwechsel des Rabbis von Thessaloniki ein Dajan (Richter) in Šarkoj erwähnt wird (Lebl, Ženi, Jevreji u Pirotu, Pirot 2015, S. 57). Für die osmanische Zeit ist eine Synagoge ausgewiesen, mit einer Gemeindeversammlung, einer Schule, sowie einer Mikwe. Die Synagoge, befand sich in Pazar in nächster Nähe zur Hauptmoschee – nicht einmal 200 Meter entfernt. Die Synagoge wurde 1958 abgerissen. an ihrer Stelle wurde die Hauptpost der Stadt errichtet (Velkova, Saška und Panajotović, Mila, Šalom iz Pirota. Sećanje na Pirotske Jevreje, Pirot 2015, S. 34). Die erste Volkszählung nach der Eroberung (1879) wies 360 Piroter jüdischen Glaubens aus (Lebl, Jevreji u Pirotu, S. 35). Dabei ist unklar ob diese Zahl auch jener vor 1878 entspricht, da auch viele jüdische Familien in diesem Zeitraum Pirot in Richtung Sofia verliessen, insbesondere Kaufleute, die auf diese Weise ihre geschäftlichen Beziehungen aufrechterhalten wollten.

administrative und sakrale Gebäude, die zugleich zeigen, dass Pazar nicht ethnokonfessionell segregiert war. Moschee, Synagoge und das orthodoxe Gotteshaus waren voneinander nicht mehr als 200 m entfernt. Sicherlich war die Mehrheit seiner Einwohner muslimisch, doch das entscheidende Kriterium ist wohl, wie es sich Vladimir Nikolić drei Jahrzehnte später erzählen ließ, dass dort die wohlhabenden Čaršilije lebten.[32]

Tija Bara als zweiter Stadtteil entstand vermutlich weitaus später. Reisebeschreibungen aus dem 16. und 17. Jahrhundert vermerkten noch keine Siedlung auf der rechten Seite der Nišava. Tija Bara war offenbar aus einzelnen Behausungen verschiedener Čiflikgüter entstanden, in denen die Čiflikčije lebten, da sich in der unmittelbaren Umgebung zahlreiche Čifliktoponyme finden, und diese auch weiterhin von den Gütern geprägt wurden.[33] Diese kleine Agglomeration von Hütten scheint im 18. Jahrhundert Zielpunkt von Migrationen aus dem nördlichen ruralen Hinterland geworden zu sein, aus dem sich dann der Stadtteil entwickelte. Unabhängig von dieser Möglichkeit mutmaßte Vladimir Nikolić aus den Erzählungen seiner älteren Gesprächspartner, dass Tija Bara um die Mitte des 18. Jahrhunderts entstanden sein müsse.[34] Mitte des 19. Jahrhunderts hatte Tija Bara wohl mehr als sechs Malé – Hristov berichtete wiederum nur von den christlichen Hadži Pop Zaharina Malá, Pop Pejčina Malá, Pop Dimitrina, Pop Nikolina, Pop Georgina und Varoš Malá.[35] Jovan Ćirić erwähnt aus den Überlieferungen ebenso die Malá der Roma. In deren Nähe sollen die Roma auch einen eigenen Friedhof besessen haben.[36]

Ausgehend von der Besiedlung von Tija Bara aus dem christlichen, ruralen Umland, bevorzugten Autoren wie Vladimir Nikolić eine Strukturierung der Stadt in ein christliches Tija Bara und das „gemischte" Pazar.[37] Hier finden sich schon Anklänge jener Konzeptionen, die der Volkskundler Tihomir Djordjević in den nächsten Jahren als zentrales Narrativ vom Dorf als Vitalität verkörpernden Ursprung der serbischen Nation entwickeln sollte – der zugleich nach der sogenannten „Befreiung" den Grundstoff für eine nationale Moderne bilden solle, was synonym war mit der nationalen Homogenisierung von Urbanität.[38] Damit verbindet sich ebenso die Erzählung von Tija Bara als dem Stadtteil, in dem aus den ehemaligen Bauern erfolgreiche, fleißige und bescheidene Handwerker werden. In diesen Qualitäten und ihrer untergeordneten Stellung fungieren die Bewohner von Tija Bara gleichsam als Gegenmodell und in Distanz zu jenen wohlhabenden christlichen Čorbadžije,

32 Nikolić, Stari Pirot, 1974, S. 22.

33 Kostić, Kosta N.: Istorija Pirota, hrsg. von Ilija Nikolić, Pirot, 1973, S. 27.

34 In Tija Bara soll es Anfang des 19. Jahrhunderts „nur zwei Hans" gegeben haben; Nikolić, Stari Pirot, 1974, S. 13.

35 Hristov, Pirotskijat okrăg, 1994, S. 313. Ćirić nennt weitere: Jendek Mala, Brankova, vgl. Ćirić, Geografija Pirota, 1965, S. 38.

36 Nikolić, Stari Pirot, 1974, S. 17.

37 Nikolić hielt zwar fest, dass es auch in Tija Bara „türkischen Besitz" gegeben habe, doch „angesichts der Unsicherheit, am häufigsten wegen Kriegen, haben die Türken alles verkauft und sind in das Viertel Pazar geflüchtet, näher an der Festung und bei den anderen Türken. Ihre Plätze sind dann schrittweise von Serben eingenommen worden, die sich von allen Seiten ansiedelten." Nikolić, Stari Pirot, 1974, S. 14.

38 Vgl. Čolović, Ivan: Town and Country in the Work of Tihomir Djordjevic, in: ders.: The Politics of Symbol in Serbia. Essays in Political Anthropology, London, 2002, S. 112–21.

die in unmittelbarer räumlicher Nähe der osmanischen Machthaber in Pazar lebten.[39] Jedoch lässt sich eine solche ethnosoziale Dichotomisierung des Stadtraums kaum aufrechterhalten. Die Neusiedler in Tija Bara kamen aber keineswegs als Habenichtse nach Pirot, sondern setzten durchaus auch schon in ihren Dörfern begonnene Erfolgsgeschichten als regionale Kaufleute fort. Die zunehmende Besiedlung von Tija Bara in der ersten Hälfte des 19. Jahrhunderts entspricht den Beobachtungen Tetsuya Saharas, sowie Nikolaj Todorovs in der Darstellung dieses Prozesses für Plovdiv.[40] Demnach kam eine recht heterogene Bevölkerung in den neuen Stadtteil. Auch in ethnokonfessioneller Hinsicht ist kaum von Homogenität auszugehen. Die muslimischen Piroter hatten ihre Dućans und Wohnungen auch in Tija Bara.[41] Wie schon angedeutet gab es dort ebenso Moscheen, mindestens eine ist belegt – die Strošena Džamija.[42] Die Differenz zwischen den beiden Vierteln bestand zum einen darin, dass sich die wichtigsten Institutionen und Funktionen in Pazar befanden. Gesellschaftliche Unterschiede wurden sichtbar zwischen dem von Handwerk geprägten Tija Bara und Pazar, das vielfältigere Funktionen städtischer Arbeitsteilung aufwies. Doch diese waren nicht ethnokonfessionell grundiert.[43] Es wird deutlich, dass Šehirkoj/Pirot (in der lokalen Sprache Šarćoj) – wie wahrscheinlich viele osmanische Ortschaften – keine Verräumlichung ethnokonfessioneller Grenzen im städtischen Raum als Ganzes kannte, wie sie rückwirkend von jenen, die auf der Suche nach der Nation in der Zeit vor dem Nationalstaat waren, in die Jahrzehnte zuvor zurückprojiziert wurden. Weder bildeten Tija Bara und Pazar distinkte, soziale und auch ethnische Ganzheiten, noch waren sie in konfessioneller Hinsicht klar voneinander getrennt. In der Rückschau wurde v. a. die Malá als Sollbruchstelle für ethnokonfessionelle Abgrenzungen betrachtet, deren zweite wesentliche Eigenschaft, neben der konfessionellen Trennung der Wohnviertel, ihre fiskalische Funktion, in den Hintergrund trat. Die Malé wurden als „ethnisch reine Basiseinheiten" für die weitere Entwicklung gedeutet. So bemerkte Georg Wilhelmy in seiner während des Nationalsozialismus entstandenen Arbeit über „Hochbulgarien" ganz im herrschenden Jargon seiner Zeit, dass die orientalische Stadt zunächst als problematisches Völkergemisch erscheine. Doch um Verständnis für die besondere Geschichte des Orients werbend, betonte Wilhelmy, dass die Grundeinheiten der Stadt jeweils muslimisch oder „reinbulgarisch" seien und –ähnlich wie Tihomir Djordjević es für Serbien behauptete – dass diese eine gesunde Grundlage für die spätere Nationalisierung Sofias sein würden.[44] Der konfessionell abgrenzende Charakter verselbständigte sich somit gegenüber ihren weiteren Eigenschaften, die sie für die osmanische Stadt als Wohnbezirk hatte.[45]

---

39 Zugleich notierte Vladimir Nikolić, dass es viele Dućans (Läden) von Muslimen in Tija Bara gegeben habe, was seiner regelmäßigen Betonung von Tija Bara als einem „rein" christlichen Viertel widerspricht; Nikolić, Stari Pirot, 1974, S. 13 f.

40 Sahara, The Ottoman City Council, 2011; Todorov, The Balkan City, 1983.

41 Hudžet (gerichtliche Bescheinigung) über An- und Verkauf eines Dućans in Tija Bara von 1826 zwischen Ahmed Aga Boloka und Hadži Hasan Aga Hadžiosman; zit. nach Nikolić, Pirot i Srez nišavski, 1981, Dok. Nr. 31, S. 22.

42 Nikolić, Stari Pirot, 1974, S. 58.

43 Ćirić, Geografija Pirota, 1965, S. 40.

44 Wilhelmy, Herbert: Hochbulgarien Sofia. Wandlungen einer Großstadt zwischen Orient und Okzident, Band 2, Kiel, 1936, S. 52.

45 Dem gegenüber stehen aber genauso Belege, dass die Einwohner einer Mahala unterschiedlichen

Wie in den anderen Städten stellten für die Bewohner verschiedene Sprachen, verschiedene Schriften ein Teil ihres Alltags dar. Aus den Quellen ergeben sich Osman-Türkisch, die lokale slawische Sprache, Griechisch und Sephardisch als geschriebene, sowie Romani als gesprochene Sprache.[46]

Auch eine klare Grenze zwischen Stadt und Land ist schwer auszumachen. Dabei ist es nicht nur der Name Šehirkoj, der dies als Besonderheit Pirots ausweißt. So heißt es auch in der Salname des Vilajet Prizren über die Kaza Pirot für das Jahr 1875: „Die Umgebung des Ortes ist im Umkreis von vier Stunden Gartenland; von dem erzeugten Obst und Gemüse wird ein kleiner Teil nach Sofia und Znepole geliefert."[47] Die vorhin erwähnten Čifliks an den Rändern der Stadt erschienen als gleitender Übergang in die rurale Umgebung. Manche Čifliks wurden mit der Erweiterung des städtischen Raums Pirots zu Vororten und danach zu Malé. Andere Čifliks entstanden wiederum an den neuen weiten Rändern der Stadt.

Was Florian Riedler für Niš gezeigt hat, ist auch für Pirot keine Ausnahme. Ebenso wie in Niš verwitterten jene Schanzen zunehmend, die als materiale Trennlinien zwischen Stadt und Land gedeutet werden konnten, die zu Zeiten der Österreichisch-Türkischen Kriege Ende des 18. Jahrhunderts um die nichtbefestigten Siedlungen gezogen worden waren. Ein solcher Jendek (Graben) existierte Ende des 18. Jahrhunderts auch um Tija Bara, bezeichnete auch eine kleine Malá. Doch blieb letztlich vom Jendek nur noch die so genannte Malá. Grenzen zwischen Stadt und Land erlangten zwar keine räumliche Visualisierung, waren aber dennoch wirksam, wie weiter unten in dieser Arbeit anhand von Selbstverständnissen, Abgrenzungen und ihrer räumlichen Dimension untersucht wird.

2.2 Institutionen, Rollen, Überschneidungen, Handlungsradien: institutionell und kommerziell.

Eine Annäherung an die Piroter Stadtgesellschaft in der ersten Hälfte des 19. Jahrhunderts stößt auf zahlreiche Hindernisse. Prinzipiell ist diese Zeit für die nationale Geschichtsschreibung, wie erwähnt, von geringem Interesse, jenseits der immer wiederkehrenden Geschichten von Unterdrückung und Aufstand. Im Gegensatz zu Bosnien oder Herzegowina existierte keine lokale Erzähltradition, vermittels derer Geschichten über Generationen, etwa von lokalen Potentaten, weitergetragen worden wären. Oder genauer – es bestand womöglich aus einer zentralen Perspektive kein Interesse daran, diesen Aufmerksamkeit zu schenken und sie zu sammeln, oder diese Sammlungen erschienen zu einem Zeitpunkt vielleicht aus der lokalen Perspektive unbedeutend angesichts einer zentrierten Nationalgeschichte, in der ein lokaler Kontext irrelevant zu werden schien. Eine Ausnahme gibt es: der schon erwähnte Vladimir Nikolić und dessen Notizen über das alte Pirot. In seinem

---

Konfessionen angehören konnten, wie es etwa für Sofia im 18. Jahrhundert nachgewiesen wurde. Vgl. Ivanova, Svetlana: Sofijaneca prez 15–17. vek, in: Sofija. 120 Godini Stolica, hrsg. von BAN, Sofija, 2000, S. 158–69, hier S. 167.

46 Lilić, Istorija Pirota, 1994, S. 181.

47 Salname des Vilajet Prizren für das Jahr 1874/75; zit. nach Kaleshi/Kornrumpf, Das Wilajet Prizren, 1967, S. 213 f.

locker gefügten, nicht zusammenhängend geschriebenen Manuskript, das er nicht mehr für eine Veröffentlichung überarbeitete, finden sich zahlreiche Hinweise auf Personen, Institutionen und Gebräuche – jenseits der bekannten Schlaglichter auf Aufstand und Unterdrückung. Um die Jahrhundertwende sprach Vladimir Nikolić mit alten Pirotern über die Zeit des „alten Pirot", versuchte sie dazu zu bewegen, ihre Erlebnisse und Erinnerungen an die alte Ordnung zu schildern. Es ist dies der Impuls eines wissbegierigen Lehrers in einer gesellschaftlichen Atmosphäre, in der das „pusto tursko" allmählich einen besonderen Reiz zu entfalten schien, der in den Erzählungen und Novellen von Stevan Sremac sowie den Theaterstücken von Bora Stanković auf ein neugieriges Publikum stieß. Es ist unklar, ob das Interesse an den Piroter Čorbadžije bei Nikolić auch durch solche Lektüre geweckt wurde, zumindest fiel seine Feldforschung in Pirot mit der Mode des neuen Orientalismus zusammen.

Die bisherige lokalgeschichtliche Forschung hat sich weitestgehend an Nikolić orientiert, ohne dessen Forschungskontext und Erkenntnisinteressen zu thematisieren und seine Notizen als einen Rekonstruktionsprozess zu betrachten, in dem bestimmte Pfade eingeschlagen, andere dagegen nicht weiterverfolgt wurden. Gleichsam hermetisch, unverbrüchlich gesetzt und damit buchstäblich erschöpfend erscheint das Wissen, das über Pirot im 19. Jahrhundert in den Arbeiten der neueren Zeit wiedergegeben wird. Frei von den Dilemmata und Unklarheiten, die Vladimir Nikolić selbst in seinem Manuskript formuliert, wird in der offiziellen Überlieferung, die sich auf Nikolić bezieht, der Eindruck von Lückenlosigkeit und vollständiger Kenntnis erheischt. Diese aber beruhen gleichzeitig auf recht knappen Hinweisen aus den Notizen. Dabei ist die Geschichte Pirots im 19. Jahrhundert deshalb so faszinierend, weil sie so unbekannt und aus einer rätselhaften Zeit zu stammen scheint, weil Bezüge und Beziehungen im Verlauf des letzten Jahrhunderts wiederholt gekappt, andere aufgenommen, wiederum andere vergessen wurden. Daher ist es immer auch von Bedeutung zu beachten, wie dieser den Faden aufzunehmen versucht, um die Jahrhundertwende, als sich die Zeit von fünfundzwanzig Jahren zuvor in eine Legende des Befreiungskampfes zu transformieren beginnt, zugleich aber in ihrer Vagheit und Verschwommenheit zeitlich scheinbar entrückter als die Zeit des national eingefassten Mittelalters.

Für eine nicht-osmanistische Herangehensweise verengt sich der Quellenbestand noch einmal spürbar. Dennoch bieten sich Zugänge gerade in der Tradition von Nikolić, der das Lokale in den Blick nahm: So wurde in den 1950er Jahren im Unternehmen „Otpad" der Kondik bzw. der Tefter der Nišava-Eparchie, der Piroter Gemeinde entdeckt, der von 1834 bis 1872 geführt worden war.[48] Damit lassen sich einige Details der Stadtgesellschaft erschließen. Sein Entdecker, Ilija Nikolić, erarbeitete zugleich die in der Einleitung erwähnte umfangreiche Quellensammlung für die Geschichte Pirots im 19. Jahrhunderts bis 1918.[49] Wichtige Hinweise bietet eine weitere Entdeckung, die des Tefters des Kaufmannes Rista Joanov/Jovanović, vermittels dessen sich nicht nur die Handelsbeziehungen erschließen lassen.[50] Schließlich vermehrt sich die Zahl der Quellen in der intensiven Phase der Reformen zwischen 1860 und 1876. Nicht nur die so genannte Wiedergeburtspresse der

48 Nikolić, Tefter, 1976.
49 Nikolić, Pirot i Srez nišavski, 1981.
50 Mit freundlicher Genehmigung des Museums Pirot.

bulgarischen Nationalbewegung oder die amtliche Zeitung des serbischen Fürstentums, insbesondere das Amtsblatt des Donauvilajets *Dunav/Tuna* (bilingual in Bulgarisch und Osman-Türkisch) ist auch für die Geschichte Pirots von großer Relevanz. In dieser Arbeit werden zudem alle weiteren Quellen und die Sekundärliteratur zusammengeführt, die zumeist nur jeweils in einem bulgarischen bzw. serbischen Nationalnarrativ Beachtung gefunden haben – um gegen den „nationalen" Strich gebürstet[51] und zusammen gelesen weitere Facetten städtischer Gesellschaft in der spätosmanischen Epoche zu erschließen.

An dieser Stelle steht die Stadtgesellschaft in der spätosmanischen Epoche insbesondere unter dem Aspekt von gesellschaftlichen Grenzen und möglichen Verbindungspunkten sowie Übergängen in einer räumlichen Perspektive im Mittelpunkt. Vermittels der Fokussierung eines räumlichen Aspekts werden der praktische Austausch und sinnstiftende Orientierungen der lokalen Akteure in einer nicht mehr ganz so kleinen osmanischen Stadt erschlossen. Auf diese Weise werden im Folgenden lokale Netzwerke in einem weiteren regionalen Zusammenhang thematisiert, die eine Vorstellung von den Formen gesellschaftlichen Selbstverständnisses in einer vor- oder nichtnationalen Fassung vermitteln können.

2.2.1 Čorbadžija und Kodžabaše

Mindestens seit Mitte des 18. Jahrhunderts existierte die Institution des Kodžabaša. Im Zusammenhang mit der Vorstellung der „Wiedergeburt" der bulgarischen Nation, die sich seit diesem Zeitraum anbahnte, gerieten jene Institutionen in das Blickfeld der späteren historiografischen Forschung, die damit im Zusammenhang stehen konnten. Daraus geht hervor, dass die Institution des Kodžabaša v. a. mit der Aufgabe betraut war, die Steuerhöhe in seinem Verantwortungsbereich zu bestimmen und die Steuern dann einzusammeln, wie es auch die Überlieferung für Pirot nahelegt. Weitere Aufgaben des Kodžabaša bestanden darin, die ihm unterstellte Bevölkerung für anstehende Fronarbeiten zu organisieren sowie Anordnungen und Verlautbarungen der Herrschaft weiterzugeben. Folgerichtig sieht Tetsuya Sahara diesen als Mittler zwischen osmanischer Herrschaft und christlicher lokaler Bevölkerung. Für die Gebiete zwischen Donau und Balkan und jene Rumeliens (im engeren Sinne) sowie Thrakiens war ein Rat von fünf bis zwölf Personen charakteristisch. Dieser bestimmte gemeinsam mit dem Kodžabaša den konkreten Steuereintreiber und beriet über weitere Angelegenheiten.

Gemäß den zeitgenössischen Vorstellungen von Geschichte als Geschichte der berühmten Persönlichkeiten, fragte Vladimir Nikolić nach solchen in Pirot. An erster Stelle notierte er Hadži Neša Filipović, der die ersten drei Jahrzehnte des 19. Jahrhunderts in Pirot geprägt haben soll. Allerdings ist dabei anzunehmen, dass er nicht nur überliefertes Wissen der alten Piroter heranzog, sondern sich genauso auf das bis dahin gesammelte offizielle Wissen zu Pirot bezog, konkret auf die sogenannte Enzyklopädie *Das Fürstentum Serbien* von Milan Đ. Milićević.[52] Als Person gleichsam idealtypisch für die Verflechtung von hohen Beamtenpositionen, wissenschaftlicher Arbeit, insbesondere der Geschichte der Persönlichkeiten des neuen Staates, hatte dieser eine Übersicht über Geschichte, Geografie

51 Vgl. auch Grandits, Herrschaft und Loyalität, 2008.

52 Milićević, Milan Đ.: Kraljevina Srbija, Novi krajevi, Pirotski okrug, Beograd, 1884, S. 165–269 sowie 435–47.

und Ethnografie der neuen Gebiete angelegt, die zugleich deren in der Vergangenheit enge Bindung an Serbien belegen sollten. Bei Pirot indes wären seine Ausführungen besonders sparsam geblieben, hätte er nicht auf die Korrespondenz zwischen dem Fürsten Milan Obrenović bzw. seinen Beamten einerseits und Hadži Neša Filipović aus der zweiten Hälfte der 1830er Jahre zurückgreifen können. Diese war verbunden mit einem lokalen Aufstand, der weiter unten von Bedeutung sein wird. So wird deutlich, dass Nikolić nicht voraussetzungslos in den lokalen Zusammenhang eintauchte, sondern bereits formiertes Wissen seinen Gesprächen voranstellte. Dass Hadži Neša Filipović einen Konnex zu Serbien aufwies, machte ihn für Nikolić nur noch interessanter. An dieser Stelle ist dabei von Bedeutung, dass Nikolić vermittels seines Interesse an Hadži Neša versuchte, mehr über die Herrschaftsformen in Pirot zu erfahren. Hadži Neša war den Erzählungen nach ein Vertreter der Čorbadžije, auf den viele Initiativen zur Institutionalisierung der christlichen Gemeinde zurückgingen. Ebenso war er einer der ersten Kodžabaše, zu denen die Erinnerung zurückreichte.[53]

Hadži Neša galt als „glavni kmet – Kodžabaša“ für die Christen in Pirot.[54] Als Kodžabaša war Hadži Neša der Überlieferung nach verantwortlich für die Aufbewahrung der Steuern Harač und Vergija.[55] Diese sammelte und überbrachte Hadži Neša dem „Gospodar“.[56] Auf Initiative des Hadži Neša, heißt es, begannen die Piroter Čorbadžije, regelmäßig Zusammenkünfte für Beratschlagungen zu vereinbaren.[57]

Während „Kodžabaša“ mit einigen Variationen (Kaza čorbažis, Gradonačalnik, Gospodar)[58] einen ungefähr umgrenzten Aufgabenbereich und Funktionen umfasst, existiert bei dem Wort „Čorbadžija“ ein weitaus größeres Bedeutungsspektrum. In der bulgarischen Historiografie und Publizistik ist der Begriff durchaus ambivalent besetzt. In dem für das nationale Narrativ Maßstäbe setzenden Roman Ivan Vazovs „Unter dem Joch“ bilden die Čorbadžije in ihrer Mehrheit eine urbane Schicht, die den Erfordernissen des Befreiungskampfes eher zögerlich gegenübersteht. Auf ihren kleinteiligen Vorteil rechnend sind sie um gute Beziehungen zu den osmanischen Machthabern besorgt, halten vorsichtig Distanz zu diesen oder sind von Bereicherungsgier getriebene, gewissenlose Kollaborateure. Nur die Ausnahmen unter ihnen zeigten ein „nationales Gewissen“ und unterstützen die Befreiungsbemühungen der Jungen.[59] Diese werden – ähnlich wie in den Romanen von Sremac, weniger bei Stanković etwa drei Jahrzehnte später – als kluge und gerechte Bewahrer patri-

53 „Kodžabaša“ bezieht sich zumeist auf den Vorsteher eines christlichen Viertels, einer Malá in einer Ortschaft in der ersten Hälfte des 19. Jahrhunderts, der v. a. für das Einsammeln von Steuern gegenüber der osmanischen Herrschaft verantwortlich war. „Čorbadžija“ ist dagegen eine stärker umgangssprachlich genutzte Bezeichnung für zu Wohlstand gekommene Christen, die zugleich über politischen Einfluss in der Stadtgesellschaft verfügten.

54 Nikolić, Stari Pirot, 1974, S. 63.

55 *Vergija:* Steuer auf Gebäude und Läden, *arač:* Kopfsteuer, sowie *desetak* als Naturalsteuer in der Landwirtschaft, vgl. Nikolić, Stari Pirot, 1974, S. 69; ab 1864 Kapitalsteuer *Tidžare,* (ebenda, S. 70).

56 Nikolić, Stari Pirot, 1974, S. 64.

57 Ebenda.

58 Hristov, Hristo: Bălgarskite Obštini prez Văzraždaneto, Sofija, 1973, S. 81.

59 Vgl. den Roman von Vazov, Ivan: Pod Igoto, Erstausgabe Sofija, 1894.

archaler Sittlichkeit gepriesen und so dem urbanen Kontext entrückt und in ein imaginäres Reich nationaler Sittlichkeit eingefügt, das seinen Ursprung auf dem Land hat.[60]

Während bis 1944 die bulgarische Geschichtswissenschaft von einer polemischen Diskussion um Rolle und Würdigung der Čorbadžije in der „nationalen Wiedergeburt" geprägt war, formte sich in der staatssozialistischen Epoche deren Verständnis in der Übertragung des Gegensatzes zwischen Bourgeoisie und Proletariat auf die bulgarischen Verhältnisse zwischen Čorbadžije einerseits, sowie nationalbewussten Handwerkern und jungen Gebildeten andererseits.[61] Dabei kam es allerdings immer wieder auch zu Schwerpunktverschiebungen, gerade nach einer stärker national ausgerichteten Geschichtsschreibung, die wiederum die Leistungen der Čorbadžije für die Etablierung einer bulgarisch-nationalen Allgemeinbildung im Osmanischen Reich hervorhob. Neuere Ansätze, die weiter unten ausführlich in der Arbeit diskutiert werden, entwickeln eine differenzierte Beschreibung des sozialen und politischen Status, der, wie Milen Petrov treffend bemerkt, nicht mehr davon bestimmt ist, Ausschau nach den Verrätern an der nationalen Sache zu halten.[62]

Wie angedeutet, enthält „Čorbadžija" eine Reihe von Zuschreibungen, die über jene des „Kodžabaša" hinausgehen. Diese hielt etwa Branislav Nušić fest, der 1902 – also zu der Zeit, als Vladimir Nikolić die osmanische Vergangenheit Pirots erforschte – die osmanische Gegenwart in Priština als serbischer Konsul studierte und ebenso versuchte, diese gesellschaftliche Gruppe einzuordnen. Čorbadžija, so notierte Nušić, bezeichne wohlhabende christliche Städter („bogatiji i stariji ljudi" – „reichere und ältere Leute"), die konservativ ausgerichtet seien.[63] Hier folgte Nušić der zeitgenössischen Wahrnehmung, die schon bei Vazov angedeutet wurde, wesentlich ist aber v. a. die Zuordnung zu einer städtischen Oberschicht in der spätosmanischen Epoche. Daraus ging die Möglichkeit hervor, Ämter wie das des Kodžabaša zu besetzen. In den 1830er Jahren war dies eine der wenigen Möglichkeiten formeller Teilhabe an Herrschaft und dies nur im lokalen Kontext. Andererseits boten solche Ämter aber auch eine gute Gelegenheit, im lokalen Kontext die Interessen der Čorbadžije zu wahren oder Konflikte mit überregionalen Akteuren auszuhandeln.[64] Die polarisierende Skizze von Vazov vom unterwürfigen „christlichen Türken"[65] verschweigt den Spielraum, der den Čorbadžije im lokalen Rahmen zur Verfügung stand. In erster Linie aber waren sie als Kaufleute[66] auf vielfältige Weise mit regionaler Herrschaft verflochten, traten auch als Steuerpächter[67] auf, worauf weiter unten nochmals eingegangen wird.

---

60 Vgl. Čolović, Town and Country, 2002, S. 112–21.

61 Daskalov, Kak se misli bălgarsko văzraždane, 2002.

62 Vezenkov, Alexander: In the Service of the Sultan, in the Service of the Revolution. Local Bulgarian notables in the 1870s, in: Conflicting Loyalties in the Balkans. The Great Powers, the Ottoman Empire and Nation-Building, hrsg. von Nathalie Clayer, Hannes Grandits und Robert Pichler, London, 2010, S. 135–54; Petrov, Tanzimat for the Countryside, 2007. Zugleich entwickelte sich nach 1989 ein neues Interesse an den Čorbadžije in einer größeren Öffentlichkeit; Stefanova, Milena: Kniga za bălgarskite čorbadžii, hrsg. von UI „Sv. Kliment Ohridski", Sofija, 1998.

63 Nušić, Branislav Đ.: Kosovo. Opis Zemlje i Naroda, Beograd, 1986 (1902), S. 97.

64 Petrov, Tanzimat for the Countryside, 2007, S. 221.

65 Vazov, Pod Igoto, 1894.

66 Petrov, Tanzimat for the Countryside, 2007, S. 219.

67 Ebenda, S. 223. Offenbar schon 1836, vgl. Nikolić, Narodne škole, S. 107: „perva godina izlezo po harace".

In Pirot kamen die Čorbadžije in einer Art Rat zusammen – noch vor der Einführung solcher seitens des Zentrums institutionalisierter Räte, von denen noch die Rede sein wird. Dabei waren bei diesen Treffen, die Hadži Neša wieder eingeführt haben soll, die einflussreichsten Persönlichkeiten der jeweiligen Malé zugegen. Nach den Erzählungen, die Vladimir Nikolić notierte, kamen in den 1830er Jahren die Čorbadžije jeder Malá zum Treffen in die Kafana des Ajdukoglu, der zugleich auch Ältester/Vorsteher (Ustabaša) des Terzijski Esnaf (Schneiderzunft) war.[68] An diesen Treffen nahmen ebenso die Vertreter der wichtigsten Esnafe teil. Die Erzählungen über die Treffen zeigen die schrittweise Institutionalisierung dieses Rates. Zunächst in der Kafana, später im Haus des Kaufmanns Djordje in Tija Bara und schließlich im Gebäude der Metropolie, der Kirchenleitung der Nišava-Eparchie in Pazar. Nikolić hielt fest, dass sich die älteren Piroter daran erinnerten, dass es Treffen von 25 Personen waren. Andere sprachen von zwölf Personen, demnach wäre jede Malá mit einer Person vertreten gewesen.[69]

Entsprechend der Milletstruktur, die als Grundlage dieses Rates anzunehmen ist, konnten die Čorbadžije auch in weltlichen Fragen unter den christlichen Bewohnern Entscheidungsbefugnisse wahrnehmen: „Idi bre kod vašite čorbadžije, če vi bolje presude a i može da vi izmire" („Geht zu euren Čorbadžije, die werden besser urteilen und können euch auch versöhnen"), sollen die Einwohner von den muslimischen Notablen Pirots zu hören bekommen haben.[70] Dies zeigt zugleich, dass für die weiter in der Überlieferung unsichtbar bleibenden muslimischen Notablen in Pirot die christlichen Čorbadžije zuverlässige Gewährsleute darstellten, die sie zugleich von der Verstrickung in mögliche überflüssige Streitigkeiten entlasten konnten. Vladimir Nikolić führte etwa eine Entscheidung über Besitzteilung an, die von dem Rat 1846 durchgeführt und handschriftlich bezeugt wurde. Der örtliche Daskal (Lehrer) fungierte dabei als Protokollant.[71] Ebenso wurde Nikolić von einer Art Čorbadžijegericht berichtet, auf dem Čorbadžije über Streitigkeiten unter Christen Urteile sprachen. Bei dieser Gelegenheit wurde von einer Partei eine Klage („savije-tužbe") vorgetragen, worauf der Čorbadžijerat ein Urteil fällte. Sanktionen bestanden meistens darin, für die Kirche beispielsweise Kerzenwachs zu spenden.[72] Doch auch körperliche Strafen wie Ohrfeigen sollen von den Čorbadžije bzw. ihren Bediensteten vollzogen worden sein.[73] Wie weit Čorbadžije beanspruchten, über die Angelegenheiten der christlichen Bevölkerung zu verfügen, in der sich patriarchales Selbstverständnis jenseits dessen nationaler Weichzeichnung und Stadtgesellschaft ohne Privatheit verschränken, zeigen die Erinnerung an Strafen gegen christliche Frauen, die sich „schlecht verhalten" hätten. Diese wurde für eine bestimmte Zeit in einem Zimmer der Metropolie eingesperrt.[74]

68 Tefter des Terzijski Esnaf aus dem Jahr 1843; zit. nach Nikolić, Pirot i Srez nišavski, 1981, Dok. Nr. 126, S. 104; siehe auch Nikolić, Stari Pirot, 1974, S. 63.

69 Nikolić, Stari Pirot, 1974, S. 65. Bei dem Gremium von 25 Mitgliedern des Rates ist davon auszugehen, dass auch die Vertreter aller Esnafe einbezogen waren.

70 Ebenda.

71 Ebenda.

72 Ebenda.

73 Ebenda, S. 66.

74 Ebenda.

2.2.2 Esnaflije

In der klassischen Geschichtsschreibung zur so genannten Wiedergeburtszeit, die den Reformen Aufmerksamkeit schenkt, wird den Čorbadžije als gesellschaftliche Gruppe die der Esnaflije gegenübergestellt. Auf diese Weise wurde seitens der Historiker während des Realsozialismus im Binnenbereich des christlichen Millet ein Klassengegensatz entwickelt, um den Anspruch einer Genese des neuen Nationalstaats, der schon auf modernen Grundlagen (dem Klassengegensatz) basierte, einlösen zu können. Indem dieser ohne weitere Ausführungen allein im christlichen Millet als unhinterfragt verortet und die übrigen städtischen Akteure ausgeklammert wurden, ist zugleich ethnische Homogenität eine nicht weiter diskutierte selbstverständliche Grundlage. Hristo Hristov zufolge entwickelte sich der soziale Gegensatz zu einem nationalen: Während sich die Čorbadžije ausbeuterisch gegenüber den Armen in der Stadt und der Landbevölkerung verhielten und damit anational handelten, entwickelten die Esnaflije nationales Bewusstsein und traten damit der osmanischen Herrschaft unversöhnlicher gegenüber. Ein Beleg ist für Hristov das *grkomanstvo*, die Orientierung der Čorbadžije an griechischer Kultur und Sprache, die auf diese Weise ihren eigentlichen Ursprung vergessen, womit sich die Flexibilität und Ausbaufähigkeit einer marxistisch-leninistischen Darstellung in ethnisierender Richtung zeigt.[75] Auch nach dem Ende der staatsozialistischen Herrschaft bleiben solche Versatzstücke in Historiografie und Publizistik weiterhin präsent. Allerdings stehen die Esnafs nicht mehr im Zentrum der Aufmerksamkeit, schon gar nicht im Hinblick auf den Nachweis der These von Konzentrationsprozessen in der Bildung privaten Kapitals und damit der Entstehung von Klassengegensätzen.[76]

Hier sind die „Esnaf-Čoveci“, wie es im Kondik bzw. Tefter der Nišava-Eparchie heißt, im Hinblick auf das gesellschaftliche und institutionelle Gefüge der osmanischen Provinzstadt Pirot von Bedeutung, als eine jener Gruppen, die auch nach dem Ende des Osmanischen Reiches sichtbar blieben, an die erinnert wurde, nicht zuletzt da diese Institution noch eine gehörige Zeit weiterbestand. Wichtig ist hier die Institutionalisierung der Handwerker in ihren Zünften. Es ist aber unklar, inwieweit diese ebenso an die Milletstruktur gebunden waren. Im Unterschied zu den Kaufleuten erscheinen damit die Handwerker in einem stärkeren Umfang institutionalisiert. Diese hatten auch Befugnisse, Steuern einzutreiben. So ist etwa in der ersten Hälfte des 19. Jahrhundert das Recht der Esnafe, Steuern einzutreiben, für Sofia nachgewiesen, wo Esnaflije ihren Steuereintreiber bestimmen.[77]

In Pirot existierten Mitte des 19. Jahrhunderts zahleiche Esnafe. Die größten unter ihnen waren die der Terzije (Schneider) und Abadžije (Hersteller eines besonderen Wollstoffs). Wie allgemein bekannt, ging es den Esnafen um die Eindämmung möglicher Konkurrenz. Zu diesem Zweck wurden etwa für die Terzije einheitliche Tarife festgelegt,[78] ebenso welcher Stoff woher erworben werden konnte und wie die Preise während des Piroter Panajirs

75 Hristov, Bălgarskite Obštini, 1973.

76 Vgl. Vučo, Nikola: Raspadanje esnafa u Srbiji, Bd. 1, Beograd, 1954.

77 Hristov, Bălgarskite Obštini, 1973, S. 60.

78 Vorschriften des Esnaf der Schneider (Terzije), in: Nikolić, Pirot i Srez nišavski, 1981, Dok. Nr. 141, S. 112.

(Jahrmarkt) festzulegen seien. Bei Zuwiderhandlungen waren Geldstrafen vorgesehen oder – ähnlich wie im Rat der Čorbadžije – Spenden für die Kirche.[79]

Im Rahmen dieses Themas ist deren Bestreben nach größtmöglicher Eigenständigkeit im lokalen Rahmen von Bedeutung. Explizit hieß es in den Regeln des Terzijski Esnaf – was für die übrigen ebenso angenommen werden kann –, dass jede Form von Streitigkeiten nur im Esnaf verhandelt und geschlichtet werden solle. Der Gang vor jedes andere Gericht werde mit hohen Geldstrafen und der längerfristigen Schließung des Dućans (Laden) sanktioniert.[80]

Zugleich war der Esnaf in der christlichen Gemeinde mit Spenden für die Armen in der Stadt, für öffentliche Bauvorhaben sowie die Kirche gegenwärtig.[81]

Für Pirot eine klare Abgrenzung sozialer Gruppen vermittels des Schemas mit Čorbadžije auf der einen und Esnaflije auf der anderen Seite vorzunehmen, wie sie die klassische Geschichtsschreibung suggeriert, gestaltet sich allerdings schwierig. Stellten doch die Esnafe selbst einen Versuch dar, den gesellschaftlichen Alltag nach den Interessen ihrer jeweiligen Handwerkszunft zu regeln. Ebenso waren die Unterschiede in Prestige und Einkommen zwischen den einzelnen Handwerken ausgesprochen sichtbar: Vom Terzija über den Grnčar und den Vurundžija bis hin zum Kalajdžija reicht die Bezeichnung Esnaf nicht aus, um ihren sozialen Status in der Stadt zu bestimmen. Der zuvor erwähnte Goga Ajdukoglin, in dessen Mehana sich der christliche Rat traf, macht dies deutlich: Er war zwar Esnaflija, allerdings dessen Vorsteher (Ustabaša), Ältester der angesehenen Schneiderzunft (Terzijski Esnaf). Sicherlich kann Goga Ajdukoglin von seinem Rang und seinen Einkünften her als Čorbadžija bezeichnet werden, denn er lebte nicht nur von seinem Handwerk, sondern besaß auch eine Mehana, die zumindest soweit akzeptabel gewesen sein muss, dass sich die übrigen christlichen Notablen dort treffen mochten. Damit wird deutlich, dass es eher fließende Übergänge zwischen Esnaf-Čoveci und Čorbadžije gab, dass keine eindeutigen sozialen Grenzen existierten, wie es die klassische Nationalgeschichte nahelegt.

2.2.3 Das Pirotsko Obštesvo: Insitution der christlichen Bevölkerung in Pirot

„U Mitropoliju predi gradonačalnici i predi narodom pirotskom i predi isnavom malim i velikim predavamo esap crkovni",[82] so heißt es für das Jahr 1844 im Tefter der Nišava-Eparchie, wie dieser gemeinhin in der lokalgeschichtlichen Forschung genannt wird.[83] Dies war die Institution, in der die christlichen Stadtbewohner, zumindest die einflussreicheren unter ihnen, zusammenkamen. Der überlieferte Tefter, wie gesagt ein Zufallsfund, ist ein

79 Regeln der Esnafi im Tefter des Terzijski Esnaf aus dem Jahr 1843; zit. nach Nikolić, Pirot i Srez nišavski, 1981, Dok. Nr. 127, S. 105.

80 Ebenda.

81 Die Ausgaben des Esnaf zeigen, dass sich diese, neben Spenden für die Einrichtung von Kirchen oder für mittellose Piroter, wohl auch an der Finanzierung von Brückenbauten beteiligten: „Za ćupriju da dadosmo na mastori (...)". Nach dem Terzijski Esnaf aus dem Jahr 1843; zit. nach Nikolić, Pirot i Srez nišavski, 1981, Dok. Nr. 131, S. 106.

82 „In der Metropolie vor den Stadtvorstehern, und vor dem Piroter Volk, und vor den Esnafen, den kleinen und großen, übergeben wird die kirchliche Buchhaltung und das Geld"; Nikolić, Tefter, 1976, S. 12.

83 Vgl. Nikolić, Tefter, 1976.

Glücksfall, zeugt er doch über einen Zeitraum von vier Jahrzehnten von den Entwicklungen zumindest im christlichen Teil der Stadtbevölkerung. In ihm lassen sich die jährlichen Einnahmen und Ausgaben verfolgen, die zunächst in engem Zusammenhang mit der Eparchie standen, und damit einiges vom gesellschaftlichen Alltag in der Stadt erschließen. Dabei bedeutet es aber nicht, dass sich die Gemeinde erst ab 1844 institutionalisierte. Es ist anzunehmen, dass auch zuvor ein solches Buch der Einnahmen und Ausgaben geführt wurde. Zudem ist die Bezeichnung des über 160 Seiten dicken Buches als Tefter nicht ganz zutreffend. Im Buch selbst wird es zumeist als Kondik bezeichnet. Offenbar wurden im Osmanischen Reich in den zentralen Kirchen der Metropolien oder Eparchie solche Kondiki geführt, wie dies Hristo Hristov für das Gebiet des späteren Bulgarien erforscht hat.[84] In dieser Tradition, wichtige Entscheidungen im Kondik festzuhalten, wurden diese von den Esnaflije und Kaufleuten geführt, die damit Verantwortung für die lokale Kirche übernahmen.[85]

In Pirot wurden von einem Rat, der im Kondik nun als „Pirotsko Obštestvo" („Piroter Gemeinde/Öffentlichkeit") bezeichnet wurde und höchstwahrscheinlich aus jenem hervorgegangen war, der zuvor im Zusammenhang mit der Funktion des Kodžabaša erwähnt wurde,[86] zwei Epitropi (Laien, die sich um die Finanzen und andere weltliche Angelegenheiten der Kirche kümmerten) für die Dauer eines Jahres bestimmt. Meistens handelte es sich um einen Čorbadžija und einen Esnaflija. Mit der Zeit, insbesondere seit den 1860er Jahren, ging dieses Amt nur noch an Esnaflije. Diese legten dann zumeist an Weihnachten oder spätestens zum Osterfest Rechenschaft ab und schrieben die Einnahmen und Ausgaben in den Kondik.[87] Dies geschah zumeist in Absprache mit dem jeweiligen Episkop des Konstantinopolitaner Patriarchats, der in der Einleitung zum Rechenschaftsbericht auch namentlich genannt wurde.[88]

Die Aufgaben des Obštestvo beschränkten sich nicht nur auf die Kirche. Zwar stellte die Bezahlung der einzelnen Priester und der Ausgaben für die Kirche selbst, von Ikonen bis hin zu Kerzenwachs, die Ausgangsaufgabe dar. Darüber hinaus jedoch entwickelte das Obštestvo eine rudimentäre Armenfürsorge, von Kleidung bis hin zur Grablegung. Ebenso kümmerte es sich um Lehrer und ihre Bezahlung (dazu weiter unten). In vier verschiedenen „Diskosi"[89] wurde in der Kirche für die Schule, für die Armen, für die Friedhöfe gesammelt. Das Obštestvo verfügte darüber hinaus auch über Besitz. 1838 besaß die Gemeinde zwei Dućans in Pazar sowie zwei Häuser in Tija Bara, die sie vermietete.[90] Das Obštestvo

84 Hristov, Bălgarskite Obštini, 1973, S. 52.

85 In Plovdiv ist ein solches Gremium für 1818 nachgewiesen, das schriftlich seine Regeln festgehalten hat. Der Rat bestand aus sieben Personen: vier Kaufleuten und drei Esnaflije (ebenda, S. 56 f.). So findet sich auch die Bezeichnung „Millet Vekili" in Plovdiv, die in der ersten Hälfte des 19. Jahrhunderts aus den Esnafen gewählt wurden, um Gemeindeangelegenheiten zu verwalten. Ebenda, S. 53.

86 Nikolić, Stari Pirot, 1974, S. 66.

87 Ebenda.

88 Tefter, ebenda.

89 Es handelt sich wohl um Behältnisse für die Spenden. So heißt es im Kondik: „Vier Diskose: für die Schule (840 Groschen), für die Armen (800) und für die Popen (779), sowie die Friedhöfe (334), alles 1843." Nikolić, Tefter, 1976, S. 25.

90 Oktober 1838: Es gibt zwei Dućans der Kirche in Pazar, einen großen Dućan, ein Haus in Tija Bara von der Kirche, in der die Mönchin Baba Bona lebt, das wir für die Schulden von Neša bekommen haben." Ebenda, S. 162.

zeigte auch Eigenschaften eines Notariats, so wurden Besitzstände mit Billets beglaubigt.[91] Mit der Zeit fungierte es auch als eine Art Darlehenskasse und erweiterte nach 1860 seine Tätigkeiten speziell in diesem Bereich. Das Obštestvo nur als Kirchengemeinde zu verstehen, greift zu kurz. Der Kondik zeigt, wie sich die Tätigkeitsfelder seit 1834 Jahr für Jahr erweiterten, wie auch die verwalteten Summen umfangreicher wurden. Das zeugt wiederum vom kommerziellen Aufschwung, den die christliche Gemeinde seit den 1830er Jahren erlebte.

Die einleitenden Formeln „Pred narod i pred gradonačalnici i pred isnafi“[92] sollten in ihrer Bedeutung nicht überdehnt werden.[93] Doch diese zeigen zugleich auch einen gewissen Grad der Selbstverwaltungsmöglichkeiten an und damit einhergehend eines städtische Selbstverständnisses der einzelnen Gruppen: der Gradonačalnici, der Esnaflije und des Narod. Gradonačalnici sollte dabei nicht in seiner heutigen Bedeutung als Bürgermeister missverstanden werden. In dieser Bezeichnung findet sich die vorhin erläuterte Vagheit wieder, wie Čorbadžija oszilliert Gradonačalnik zwischen gesellschaftlichem Status und offiziellem Amt. Die Differenz zwischen formeller und informeller Herrschaft scheint zu verschwimmen. Andererseits sind das Ausmaß und die geregelten Formen solcher Selbstverwaltung von großer Bedeutung, gerade im Hinblick auf den Verlauf der weiteren Entwicklung, auf die weiter unten eingegangen sind. Die Tatsache, dass Vladimir Nikolić von den alten Pirotern auch oft zu hören bekam, sie würden sich nicht an eine Opština erinnern, es hätte keine Opština gegeben, braucht nicht zu bedeuten, dass das Obštesvo tatsächlich nur im engeren Sinne die Funktion einer Kirchengemeinde hatte. Nicht nur, dass die Bezeichnungen unterschiedliche Inhalte implizieren können, die in den beiden sich entwickelnden Standardsprachen dann klare Differenzen zeigten („Gemeinde“ und „Gesellschaft“),[94] vielmehr erschließt sich daraus der neue Erfahrungshintergrund der alten Piroter mit der Form einer zentralisiert ausgerichteten Stadtverwaltung, die seit 1878 schon zwei Jahrzehnte deren Leben geprägt hatte, bis Vladimir Nikolić nach der Opština in früheren Zeiten fragte. Eine solche Opština als Filiale der Zentralmacht hatte es freilich in der hier im Mittelpunkt stehenden Zeit nicht gegeben.

Die Frage nach Institutionen jenseits einer konfessionellen Fassung ist für die Stadt schwierig zu beantworten. Zumindest ist aus neueren Untersuchungen bekannt, dass es solche

91 In einem „Bilet“ von 1846, das „unser Pirotsko Obštestvo“ ausstellte und das die Solvenz bzw. den finanziellen Stand einer Familie bestätigen sollte, werden explizit ein Kodžabaša sowie jeweils die Vorstände der Esnafe der Weber und Schneider genannt (*ustabaša tkački, terzibaša*); Nikolić, Pirot i Srez nišavski, 1981, Dok. Nr. 137, S. 110.

92 Nikolić, Tefter, 1976, S. 16.

93 Bemerkenswert ist, dass die serbische Lokalgeschichte in diese Richtung auch nicht initiativ geworden ist, und sich nicht besonders für diese Institutionen interessiert hat. Es ist nicht überraschend, bei diesen Beschreibungen auf Vladimir Nikolić zurückgreifen zu müssen, der sich als Letzter damit beschäftigt hat. Dagegen ist die Beschäftigung mit den christlichen Gemeinden in der bulgarischen Geschichtswissenschaft ausgesprochen intensiv, da diese als Ausweis der Existenz nationalen Bewusstseins fungieren. In der serbischen Geschichtswissenschaft dagegen konzentriert man sich in der Beschreibung des 19. Jahrhunderts auf das Narrativ der Errichtung des serbischen Staates.

94 In den Quellen „Gradonačalnici“, aber keine Verwendung von „Opština“.

auch vor dem Hatt-i Hümayun von 1856 bzw. vor der Errichtung des Donauvilajet 1864 gegeben hat. 1840/41 wurden so genannte „Memleket-Medžlise“ eingerichtet, als Versuch, die Steuern direkt einzutreiben, um auf die problematische Vermittlung durch Steuerpächter verzichten zu können. Milen Petrov sieht in den Memleket-Medžlise „a kind of local census commitees“,[95] die aber keine administrative Funktion hatten.[96] Obwohl die Steuerpacht 1842 nach schlechten Ergebnissen dieses Experiments wieder eingeführt wurde, blieben die Memleket-Medžlise als Räte bis 1864 bestehen. Darauf wird weiter unten ausführlicher eingegangen. Petrov bezeichnet sie als „cliques of local notables“ von Christen und Muslimen. Ähnlich wie beim Obštestvo verschränken sich hier offizielles Amt und Interessen lokaler Akteure. Diese Medžlis wurden allerdings zunehmend zur Quelle von Unzufriedenheit angesichts der Undurchsichtigkeit der Entscheidungen und des Handelns dieser Räte. Dass es ein solches Medžlis in Pirot gegeben hat, in dem Piroter Christen und Muslime zusammenkamen, kann zwar nicht bewiesen, jedoch angenommen werden, aufgrund verschiedener Konflikte, auf die weiter unten eingegangen wird.

2.2.4 Interaktion jenseits der „Grenzen“: die Karriere des Kücük Rista/ Mali Rista

Bei der Darstellung der Stadtgesellschaft, der Akteure, die aus den verschiedenen Überlieferungsresten aufscheinen, ist immer die Differenz mitzubedenken, die zwischen deren seinerzeitiger Bedeutung besteht, von der wir heute nicht mehr viel wissen, und den Deutungen ex post, aus denen einzelne Splitter aus wenigen Erinnerungen an Leute wie Hadži Neša oder Mali Rista wieder aufgegriffen werden. Die Selektivität und Kontingenz der Nationalgeschichtsschreibung, die im Nachhinein bestimmte Persönlichkeiten herausgreift, verschwindet hinter dem behaupteten Kontinuum der behaupteten Relevanz dieser Personen in historischer Perspektive. So bei dem erwähnten Hadži Neša, der bis Mitte der 1830er Jahre Kodžabaša in Pirot war. Die Erinnerungen der lokalen Gesellschaft kreisen dabei um die Unruhen von 1841, in denen Hadži Neša wohl als Vermittler auftrat, und die durch den Briefwechsel mit Miloš Obrenović den Historikern dessen Bedeutung verdeutlichte. Die aus dem lokalen Kontext herausgegriffene Erinnerung, dass Hadži Neša von „Beg Miloš“, wie es heißt, aus einer schwierigen Situation mit der osmanischen Herrschaft heraushalf, befriedigte die Suche seitens der serbischen Historiker nach möglichen Anknüpfungspunkten zum national „Vertrauten“, so dass nahezu alle übrigen Kodžabaše und Čorbadžije im Hintergrund und damit aus der institutionellen Erinnerung verschwanden. Dabei ist auch über Hadži Neša kaum etwas gesagt und nahezu alles unbekannt. Dieser war zuallererst nationales Symbol, aber kein historisches Subjekt bzw. Subjekt der Geschichte, an das erinnert wurde. Ob er sich überhaupt zum nationalen Symbol eignete, ist ebenso schwierig

95 „The first local councils of the Tanzimat period were established during the government's brief experiment in direct tax collection (1840–1841) and were designed not as policy-making, or even consultative bodies, but as a kind of local census committees. Originally known as Meclis-i Muhassılîn, these councils had to prepare the population and property rosters that were to form the base for the future equitable tax system promised in the 1839 Gülhane Edict.“ Petrov, Tanzimat for the Countryside, 2007, S. 235. „Although the direct collection experiment proved to be a financial disaster and the government reverted to farming out the major taxes in 1842, the councils were retained and, as Memleket Meclises, existed until 1864.“ Ebenda, S. 97 f.

96 Ebenda, S. 97.

zu beantworten. Schließlich siedelte sich Hadži Neša mit seiner Familie in Sofia an.[97] Grund soll wiederum ein Konflikt mit „den Türken“ und deren „Speichelleckern“ („turske udvorice“) gewesen sein, wie es bei Nikolić heißt.[98] Sieht man von der Vazovschen national gefärbten Fassung solcher Streitigkeiten ab, so wird wohl eine Auseinandersetzung mit einem Teil der Piroter christlichen wie auch muslimischen Notablen den Ausschlag für die Umsiedlung gegeben haben. Mehr wissen wir nicht. Nur dass sowohl die Beziehungen zu Miloš Obrenović als auch der Umzug nach Sofia vieles über regionale Orientierungen oder Netzwerke jenseits des lokalen Rahmens sagen, kaum aber etwas über nationale Zugehörigkeit.

Ähnlich verhält es sich bei dem Kaufmann Mali Rista. Er gehört ebenso zu den wenigen Persönlichkeiten aus der hier behandelten Epoche, die nicht vollständig dem Vergessen anheim gefallen sind. Dies hat v. a. einen Grund. Dessen Wohnhaus, das der Kaufmann in den 1840er Jahren errichten ließ, ist eines der sehr seltenen architektonischen Hinterlassenschaften aus der osmanischen Epoche. Nach dem Zweiten Weltkrieg wurde das Gebäude auf Direktive der Partei zum Stadtmuseum umgewidmet. Erst durch diese Musealisierung scheint aber Mali Rista retrospektiv zu einem der einflussreichen Piroter Čorbadžije der spätosmanischen Epoche geworden zu sein. Die Einzigartigkeit des architektonischen Denkmals sowie des Interieurs, das aus dieser Epoche in dem nun zum Museum umgewidmeten Gebäude zusammengetragen wurde, mag den Eindruck besonderer Bedeutung des Mali Rista noch verstärkt haben.

Orientiert sich die Vorstellung von der Stadtgesellschaft an den Arbeiten serbischer Historiker zu Pirot sowie des Museums, dann bleibt Mali Rista der einzige, der aus dem schemenhaften verwischten Bild wenigstens in Umrissen hervortritt.

Während durch die Musealisierung des Wohnhauses heute Mali Rista als *der* Čorbadžija Pirots gilt, vermittelt sich schon durch die Lage des Hauses in Tija Bara und seine Biografie eine andere Geschichte. Es ist die eines Zugezogenen, eines Aufsteigers – der aber nicht zu den lange schon etablierten Čorbadžije aus Pazar gehörte. Mali Rista kam wohl Ende der 1820er, Anfang der 1830er Jahre nach Pirot, in einer Phase, die gemeinhin für den europäischen Teil des Osmanischen Reiches als eine Zeit gilt, in der sich für kleinere Kaufleute aus einem ruralen Kontext kommerzielle Aufstiegsmöglichkeiten in der Stadt ergaben. Ausführlich hat dies Nikolaj Todorov für die 1830er Jahre anhand des Verlagswesens in und um Plovdiv beschrieben, wo die neuen Händler ihre bestehenden Netzwerke ins städtische Milieu zur protoindustrieller Produktion im Hinterland nutzen und auf diese Weise die bisherigen Stoffpreise unterbieten konnten.[99] Der Aufstieg des Mali Rista ist zwar nicht an solche Formen von Manufaktur gebunden, doch geprägt von seinen Beziehungen im Piroter Umland.

97 Bei Kostić sind es dessen Nachfahren, die in Sofia leben. Ein Nachfahre soll Vojin Ćirković gewesen sein, der um die Jahrhundertwende ein bedeutender Lokalpolitiker in Pirot war; Kostić, Istorija Pirota, 1973, S. 46.

98 Nikolić, Stari Pirot, 1974, S. 63.

99 Vgl. dazu: Ersoy-Hacısalihoğlu, Neriman: Textile Trade In Bulgaria In The Mid-Nineteenth Century And The Gümüşgerdan Family, in: Living in the Ottoman Ecumenical Community. Essays in Honour of Suraiya Faroqhi, hrsg. von Vera Costantini und Markus Koller, Leiden, 2008, S. 181–200.

Aus dem Dorf Zavoj nordöstlich von Pirot kommend, siedelte er sich in Tija Bara an, das sich gerade in dieser Zeit zunehmend erweiterte. Wie beschrieben lag das dominante Unterscheidungsmerkmal zwischen Tija Bara und Pazar in der gesellschaftlichen Hierarchie. Hier lebten die in jüngerer Zeit Zugezogenen, nicht die alteingesessenen Čorbadžije. Ebenso stand das Haus des Mali Rista am Rande von Tija Bara, in Richtung von Pazar, in der Nähe des Flusses Nišava, der beide Stadthälften voneinander abgrenzt. Sein kommerzieller Erfolg allerdings verhalf ihm zu einer angesehenen Position innerhalb des Obštestvo. Er soll eine dominante Position im Viehhandel eingenommen haben, was auch seine über die Jahre regelmäßig bleibenden Kontakte zu Zavoj erklärt.[100] Um die Jahrhundertwende erinnerte man sich an Mali Rista als ungemein erfolgreichen und ein wenig geheimnisvollen Mann. Vladimir Nikolić hielt die Geschichten über Mali Rista fest. Dieser sei um 1830 als armer Bauer aus den Bergen gekommen, um dann schlagartig Reichtum zu erlangen:

> Damals herrschte in Vidin ein sehr reicher Paša Hussein, der sich um 1840 an die Piroter Türken wandte, da er einen Kalauz („Mittler“ in diesem Zusammenhang, Anm. N. St.) für Pirot und Umgebung suchte, der für ihn Vieh und Butter erwerben sollte. Die Piroter Türken empfahlen in Einvernehmen mit den Piroter Čorbadžije Mali Rista, der durch sein Können bereits hervorgetreten war, sogleich nach Vidin aufbrach, und, wie sie sagen, sieben Ladungen Gold mitbrachte. Und seitdem begann er in Kaufmannsangelegenheiten auf Rechnungen des Hussein im gesamten Piroter Bezirk zu arbeiten.[101]

Zwei Momente sind hier jenseits märchenhafter Überlieferung mit einem Goldschatz in sieben Truhen von Bedeutung. Zum einen der räumliche Radius stetiger Handelskontakte: Wie weiter oben deutlich wurde, gehörte Vidin zum engeren Netz der Handelsbeziehungen Pirots. Insbesondere aber auch für den Handel der Dörfer im Visok, aus denen Mali Rista stammte, am Südhang der Stara Planina, die ihre Schafe zu einem Teil über Vidin in der Walachei verkauften. Das zweite bedeutsame Moment in dieser Erzählung ist der Karriereweg, vermittelt über einen muslimischen Vidiner Notablen, der gleichzeitig im Viehhandel aktiv gewesen sein soll.[102] Es wird deutlich, dass diese Zeit kaum als segregierte gedacht werden kann, in denen Christen und Muslime nicht nur in getrennten religiösen, sondern auch abgeschotteten kommerziellen und gesellschaftlichen Welten lebten. Mali Rista kam demnach als Aufkäufer von Vieh für einen sehr wohlhabenden Vidiner muslimischen Notablen durch seine Kompetenz der Kenntnis der lokalen Gegebenheiten zu einem Wohlstand, der ihm weitere Investitionen ermöglichte.

Insbesondere aus einem Tefter, einem Schuldenbuch des Mali Rista, das aus dem Jahr 1854 erhalten geblieben ist, werden die Situierung im lokalen Kontext sowie Momente des Alltags in der Stadtgesellschaft sichtbar. Es ist der einzig erhalten gebliebene Tefter des Kaufmanns, und anscheinend führte er nicht nur für jedes Jahr, sondern auch für seine

---

100 Nikolić, Stari Pirot, 1974, S. 44 f.

101 Ebenda.

102 Hussein Paša war zwischen 1833 und 1844 Muhafiz von Vidin. Vgl. Atanasov, Hristijan: V osmanskata periferija: Obštestvo i ikonomika văv Vidin i okolnostta prez 18. vek, Sofija, 2008.

unterschiedlichen Unternehmungen verschiedene Bücher. Im Tefter wird immer auf den des Vorjahres bzw. den nächsten verwiesen. V. a. aber die Überschrift *Tevter dućansko ot veresiju opšti* („Allgemeiner Ladentefter für Schulden") deutet darauf hin, dass es sich um einen Tefter handelte, in dem Mali Rista die Schulden seiner Kunden festhielt. Wobei *dućansko* nicht unbedingt zu bedeuten hat, dass es sich um Schulden für verkaufte Ware handelt. Ebenso sind Geldleihgeschäfte notiert worden.[103]

Hauptsächlich war er im nordöstlichen Umland Pirots tätig. Neben seinem Schwerpunkt im Viehhandel stellte ein weiterer den Zwischenhandel mit verschiedenen Gütern dar: zum einen Eisenwaren, Nägel, Holzbohlen zum Hausbau; zum anderen Wein, Mehl und Maiskorn, die Mali Rista insbesondere in der kleineren Ortschaft Temska verkaufte, die einen Anlaufpunkt für die Dörfer des westlichen Visok bildete.[104] Es folgten die Dörfer des Umlands sowie einige im westlichen Visok. Dort sind v. a. Leihgeschäfte mit den örtlichen Keajas (Dorfvorständen) festgehalten. Allerdings scheinen die Geschäfte des Mali Rista nicht nur alten Bekanntschaften gefolgt zu sein. Zumindest für das Jahr 1854 handelte Mali Rista ungewöhnlich viel mit dem Dorf Tuden, das am östlichen Ende des Visok liegt. Zwei weitere Schwerpunkte in etwas größerer Entfernung lagen in Trn/Znepol (so im Tefter), in den dortigen Dörfern sowie der Umgebung von Leskovac. So wird bei Mali Rista der zu Beginn skizzierte Radius der Piroter Handelskontakte wieder sichtbar. Neben den größeren Unternehmungen der Steuerpacht konzentrierte sich der lokale Handel des Mali Rista in einem Radius von etwa 80 km bis 100 km mit den Eckpunkten Niš in westlicher Richtung, Tuden (auf der Straße nach Berkovica und Vraca) in östlicher, die Dörfer des Visok im Norden sowie die Umgebung von Leskovac im Süden und das Znepolje im Südosten.

Sein Handels- bzw. Schuldenbuch führte Mali Rista nicht nach Datum, sondern hatte es nach Kategorien eingeteilt. Deren Sinn erschließt sich vorrangig aus seiner Perspektive. Neben den bereits erwähnten Dörfern, für welche die Schulden verzeichnet sind, folgt eine Mischung aus professionellen, verwandtschaftlichen, gender- und ethnokonfessionellen Zuschreibungen. Bei „Momci" etwa handelte es sich um die Diener der Čorbadžije. Entweder jene, die für Mali Rista selbst arbeiteten und sich offensichtlich bei ihm verschuldeten, oder aber auch jene anderer Čorbadžije. Die Momci wurden demnach als distinkte soziale Gruppe in der Stadt wahrgenommen. Die nächste Rubrik bilden „Žene udovice", sowie „Žene". Es wird deutlich, dass Frauen in diesem patriarchalen Kontext zumindest selbständig Geld leihen konnten – allerdings zeigt sich der enorm eingeschränkte Rahmen von Selbständigkeit darin, dass immer der Name des Mannes zum gemeinsamen „Prekór" (Spitzname) oder Familiennamen genannt wird. Interessant ist auch, dass in dieser Rubrik u. a. die Piroter Musliminnen genannt werden. Deshalb, weil sich an diese Rubriken drei konfessionell-nationale anschließen: *turci, evreji, cigani*. Zugleich ist es ebenso interessant, dass die Christen nicht explizit rubriziert werden, auch nicht national, sie firmieren schlicht unter *čaršija*. Daneben existierte noch die Rubrik *popove i kaludjeri*. Es schlossen sich jene an, die für die Handelsinfrastruktur des Mali Rista Bedeutung hatten: *kolare* („Radmacher") und *kacare* („Böttcher"), die sicher für den Transport seiner Waren von Bedeutung waren. Es folgten wichtige Abnehmer – *bakali* („Gemischtwarenändler"), *handžije i mehandžije*

103 Tefter des Mali Rista: Tevter dućansko ot veresiju opšti (für das Jahr 1854), Museum Pirot.
104 Ebenda, S. 4–23.

(„Hanbesitzer und Gastwirte") – sowie Piroter Handwerker, darunter *terzije* („Schneider"), *abadžije* („Aba-Schneider"), *bojadžije* („Maler"). Gesondert sind die *turci hlebari* („türkische Brotbäcker") und *simidžije* („Simit-Bäcker") genannt. Es folgen noch *keae otluk* („Keaa" bezeichnet in der lokalen Sprache den Ćehaja, in diesem Zusammenhang den Dorfältesten) und einzelne Personen, die Freunde oder Verwandte des Mali Rista waren. Daraus lässt sich schließen, dass „Turci" als Zuschreibung durchaus verwendet wurde, ein Distinktionsmerkmal im Alltag darstellte. Entsprechend den Milletstrukturen, die, wie beim Obštestvo gesehen, einen Teil des städtischen Alltags bestimmten, ist dies auch nicht überraschend. Gleichwohl ist bisher ebenso deutlich geworden, dass es sich bei diesen Distinktionen nicht um unüberwindbare Trennlinien handelte. Primär folgten die Rubriken im Tefter eher praktischen Erwägungen der Übersichtlichkeit der Eintragungen als vorgefassten ethnonationalen Kategorien. Schließlich wird auch sichtbar, dass die Geschäfte mit den „Turci" im Tefter großen Raum einnehmen.

Hinzu kam der offenbar sehr einträgliche Handel mit Butter, den er insbesondere mit seinem Schwiegersohn und Geschäftspartner Tanča Kuklin betrieb. Der Tefter Kota Kuklins dokumentiert die Intensität der Kontakte mit der Landbevölkerung in zahlreichen Dörfern südlich von Pirot, mit denen schon jeweils früh im Jahr die Mengen der zu liefernden Butter vereinbart und Vorschüsse gezahlt wurden.[105] Während der Eisenwarenhandel auf die Region beschränkt blieb, kam dem Vieh- und insbesondere dem Butterhandel überregionale Bedeutung zu. Butter verkauften Mali Rista und sein Schwiegersohn Tanča nach Istanbul. Die Handelstätigkeit des Mali Rista veranschaulicht somit plastisch das Verhältnis zwischen dem lokalen und überregionalen, auf die Metropole ausgerichteten Handel: Im lokalen Handelsradius trat Mali Rista als Verkäufer von Eisenwaren im Piroter Umland über die eigentliche Kaza hinaus in Erscheinung. In den Dörfern wiederum kaufte er Vieh und Milchprodukte auf, um mit diesen in einem größeren Rahmen zu handeln.

Es zeigt sich, dass der erfolgreiche Handel im Lokalen (Gemischtwaren, Eisen etc.) sowie die Vernetzung mit einflussreichen muslimischen Notablen beim Aufkauf von Vieh und Butter den Aufstieg zum überregionalen Handel (mit Butter) ermöglichte und dieser wiederum die notwendigen Verbindungen zum Einstieg in noch erträglichere Geschäfte brachte. Denn neben dem Handel kam noch eine weitere lukrative Einnahmequelle hinzu, die allerdings einiges an Eigenkapital sowie ausgezeichnete überregionale Vernetzung verlangte, und zugleich den Aufstieg des Mali Rista am eindrücklichsten dokumentiert: die Beteiligung an der Steuerpacht.

Einige neuere Studien zur Geschichte von Kaufmannsfamilien im heutigen Bulgarien zeigen nicht nur deren enge Verflechtungen mit muslimischen Notablen im Handel. Zunehmend investierten sie in den 1830er Jahren und noch intensiver in der Zeit des Donauvilajets ihren neuen Reichtum in Steuerpacht. Die Ausmaße dieser Investitionen sind kaum bescheiden zu nennen. Svetla Janeva hat diesen neuen Markt für bulgarische Händler, und wie er sich insbesondere seit den 1850er Jahren entwickelte, umfassend beschrieben.[106] Auch Mali Rista war in diesem Geschäft präsent, allerdings in einem beschränkteren Um-

---

105 Kota Kuklin handelte v. a. mit Butter, kaufte diese von Bauern auf. (Tefter des Kota Kuklin, S. 96). Diese verkaufte er wohl insbesondere nach Istanbulweiter . Ebenda, S. 116.

106 Janeva, Bălgari – otkupvači, 2011.

fang. Es waren wohlhabende Kaufleute zumeist aus der Sredna Gora, aber auch Vidin und Vraca, die in diesem Geschäft für große regionale Einheiten den Zehnten, Beglik oder andere Steuerpachten aufkauften.[107] Allerdings waren diese zumindest auf sehr gute Kenntnisse der jeweiligen Gebiete angewiesen, für die sie das Recht auf Steuereintreibung erworben hatten.[108] Zuverlässige Kontakte in den lokalen Bereich waren wichtig, um erstens eine möglichst ungestörte Steuereintreibung zu garantieren, und zweitens „Überraschungen" durch schlechte Ernten oder Trockenheit, die zur Dezimierung des Viehs führten, zu vermeiden. Es zeigt sich, dass diese Erstaufkäufer zumeist die erworbenen Rechte in Teilen an weitere Steuerpächter verkauften und nicht mit dem Eintreiben der Steuer selbst, sondern v. a. mit diesem Transfer Gewinn machten.[109] Zumeist folgt eine Kette von Weiterverkäufen, in denen die Steuerpacht für immer kleinere Einheiten aufgekauft wurde. Behielten die Erstaufkäufer das Recht für ein größeres Gebiet – wie die im großen Rahmen operierenden Brüder Hadžitoševi aus Vraca –, waren sie auf zuverlässige Gewährsleute vor Ort angewiesen. Es anzunehmen, dass auf diese Weise auch nicht so kapitalkräftige Kaufleute aus Pirot in diesem System der Steuerpacht operieren konnten. Dabei wird ein überregionales Netzwerk sichtbar, in dem die regionalen Kaufleute wie die Hadžitoševi darauf angewiesen waren, gute Kontakte in die Hauptstadt zu pflegen, da sie nicht über genügend Kapital verfügten, um unmittelbar für größere Gebiete für die Steuerpacht mitbieten zu können. Die Sarafen in Istanbul konnten solche Unternehmungen finanzieren und das Mitbieten ermöglichen.[110] Auf den jeweiligen „Märkten" für die Steuerpachten war auch ein so genannter Garant Voraussetzung, der dafür bürgte, dass die veranschlagte Summe zum Kauf der Steuerpacht tatsächlich eingezahlt werden konnte. Solche Bürgschaften, die gleichsam Bankiers oder Sarafi erteilten, wie sie in Istanbul genannt wurden, praktizierte auch Hristo Tăpčileštov, der u. a. eine wichtige Rolle in der Entstehung des bulgarischen Exarchats spielen sollte.[111] Mit seinen Kontoren in Odessa, Bukarest und Istanbul verfügte er über ein ausreichendes Vermögen, um solche Garantien abgeben zu können und daran wiederum zu verdienen. Gleichzeitig vermittelte er in Istanbul auf den Markt kommende Steuerpachten an Kaufleute aus der Provinz weiter. So etwa auch für Mali Rista. Dieser wandte sich aber im Unterschied zu dem oben beschriebenen Verfahren der Weitervermittlung und Streuung von Steuerpachten direkt an Tăpčileštov. Es ist unklar, wie der Kontakt zustande kam. Der überlieferte Briefwechsel zwischen dem Carigrader Saraf Tăpčileštov und dem Piroter Kaufmann Mali Rista stammt aus der Zeit zwischen 1858 und 1860, den Jahren, in denen die kommerzielle Karriere des Mali Rista einen Höhepunkt erreicht hatte. Die Briefe zeigen, dass Mali Rista den Sarafen Tăpčileštov aus persönlichen Begegnungen in Istanbul kannte, was nicht verwunderlich ist, da sich Piroter regelmäßig aus geschäftlichen Gründen in Istanbul aufhielten, wie ein weiterer Briefwechsel zeigt, auf den weiter unten eingegangen wird.

---

107 So kaufte die Kaufmannsfamilie Čalakovi die Steuer Ondaluk für einen größeren Teil Rumeliens auf: für Thrakien, die Dobrudža sowie Vraca gemeinsam mit den Städten Dupnica, Radomir, Pirot, Kumanovo, Breznik, Sofia, Samokov und Ihtiman. Ebenda, S. 59.

108 Ebenda, S. 171.

109 Ebenda, S. 168.

110 Ebenda, S. 117, 119 sowie 137.

111 Davidova, Balkan Transitions, 2013, S. 83–92.

Es gibt wenige solcher Dokumente für diese Epoche, in denen sich in Umrissen etwas von dem Selbstverständnis und der Individualität der lokalen Akteure zeigt, jenseits der staatlichen Eliten oder solcher einflussreicher Geschäftsleute wie den Tăpčileštovi, den Georgievi oder den Mustakovi.[112]

Mali Rista konnte schreiben und rechnen, doch dass er auch nach zwei Jahrzehnten im Hinblick auf Bildung ein Neuling vom Land war, zeigt die Form der Briefe. Die Briefe kamen ohne Zeichensetzung aus und waren im lokalen Dialekt gehalten, der in kirchenslawischen Lettern geschrieben wurde. Die zeittypischen Begrüßungsfloskeln und Manierismen – wie sie etwa aus der Korrespondenz von Vuk Karadžić mit seinen Abonnenten aus der Provinz bekannt waren oder aber auch in den Briefen der Piroter Opština auftauchten – fehlten nahezu vollständig. Nur kurz äußerte er zu Beginn der Briefe Wünsche für eine gute Gesundheit, verwies dankbar und zufrieden auf die seine, um danach ohne Umwege auf die nächsten Butterlieferungen einzugehen. Am wichtigsten allerdings war das Werben um Tăpčileštov als Financier für den Aufkauf von Steuern für Pirot und Umgebung. Mali Rista versorgte ihn dabei mit Informationen, welche Steuern nun gehandelt werden sollten und aus welchen Gründen es sich um ein vielversprechendes Geschäft handele.[113] Es wird deutlich, dass Mali Rista auch in diesem Geschäftsmodell des Aufkaufs von Steuerpachten in kleineren Einheiten aktiv war und dabei nicht auf Mittelsmänner angewiesen war, sondern über direkte Verbindungen zu den einflussreichen Kreditgebern verfügte. Dabei verkaufte er offenbar auch weitere Anteile für bestimmte Dörfer weiter, wie es entsprechende Forderungen an Dorfvorstände in seinem Tefter nahelegen. Einmal bot Mali Rista Tăpčileštov an, sich einerseits an dem Aufkauf von Beglik (Viehsteuer) zu beteiligen,[114] das andere Mal an üşür und Weinzoll.[115] Nicht immer ging Tăpčileštov auf die Anfragen des Mali Rista ein. Zumindest einmal, 1860, beteiligte er sich am Aufkauf der Steuerpacht für üşür, das ihm Mali Rista gemeinsam mit seinem Piroter Kompagnon Mustafa Efendi vorschlug.[116] Die Briefe dokumentieren auch die Selbstverständlichkeit der Zweisprachigkeit für Mali Rista: so waren Angaben zu einem weiteren Kompagnon in Istanbul auf Türkisch, aber in jener kyrillischen Schrift geschrieben, die Mali Rista sonst auch benutzte.[117]

---

112 Mitev, Plamen und Račeva, Vanja (Hrsg.): Balkanskite izmerenija na familijata Mustakovi, Sofija, 2008.

113 Brief Mali Rista an Hristo Tăpčileštov, 18.5.1858 NBKM BIA Arhiva Hristo Tăpčileštov I A 1787 l. 1.

114 Brief Mali Rista an Hristo Tăpčileštov, 18.5.1858 NBKM BIA Arhiva Hristo Tăpčileštov I A 1787 l. 2.

115 Desweiteren informiert Mali Rista den Kaufmann aus Carigrad etwa über die Preise von Wein und schlägt ihm vor, die Steuern für Wein sowie den üşür, den Zehnt auf Naturalien, aufzukaufen; Brief Mali Rista an Hristo Tăpčileštov, August 1859, NBKM BIA Arhiva Hristo Tăpčileštov I A 1799.

116 Davidova, Balkan Transitions, 2013, S. 66; Janeva, Bălgari – otkupvači, 2011, S. 137.

117 „на султинъ аупъ џабърнда Бостанъ скалесъндь – Батлакъа ва мутултезита мутасаръас изсталу хаџи мустафия“; Der Satz würde im modernen Türkisch etwa folgendermassen lauten: „Sultan Eyüp cıvarında Bostan iskelesinde … ve mütesellim(?) mutasarrıfı(?) izzetli Hacı Mustafa'ya: Dem ehrwürdigen Hadschi Mustafa, … und Aufseher des Steuerpächter, (wohnhaft) in Eyüp am Bostan Anleger.“ Ich danke Florian Riedler für die Übersetzung. Brief Mali Rista an Hristo Tăpčileštov, August 1859, NBKM BIA Arhiva Hristo Tăpčileštov I A 1799.

Hier werden zweierlei Verflechtungen sichtbar, die zwischen den Kaufleuten aus der Provinz und jenen kapitalkräftigen der Metropole, sowie im lokalen Kontext zwischen christlichen und muslimischen Kaufleuten. Janeva betont die Bedeutung muslimischer Kompagnons im Hinblick auf die Absicherung vor möglichen rechtlichen Streitigkeiten, in denen die Christen allein möglicherweise größeren Risiken ausgesetzt wären.[118] Andererseits ist hier von besonderer Bedeutung, dass die Kooperation im lokalen Rahmen bereits existierte, erfolgreich war und nun auch auf größere Unternehmungen ausgeweitet wurde. Dies wurde auch in dem erwähnten Tefter des Mali Rista deutlich, in dem der Handel mit den „Turci" großen Raum einnahm. Ebenso scheint es sich um einen beiderseitigen Verflechtungsprozess gehandelt zu haben. Im Lokalen fügten sich neue Aufsteiger wie Mali Rista nicht nur in die bestehenden Netzwerke ein, in eine Hierarchie mit den muslimischen Notablen an der Spitze – was auch Kenntnisse des Türkischen bedeutete –, auch für die muslimischen Notablen schien zu erfolgreichen Geschäften zumindest die teilweise Beherrschung der Kommunikationsformen der christlichen Geschäftspartner zu gehören.

Diese Verflechtung zeigt sich auch im Negativen bzw. in einem „unschönen Ereignis" für Mali Rista, von dem in einem Brief des Pirotsko Obštesvo an Hristo Tăpčileštov die Rede ist.[119] Da es sich hier zugleich um ein zentrales Element des bisherigen nationalen Narrativs zur Person des Mali Rista handelt, das Mila Panajotović und Saška Velkova, durch ihre akribische Rekonstruktion des Briefwechsels des Obštesvo mit Tăpčileštov, offiziellen osmanischen Dokumenten in Bezug auf Mali Rista und dessen persönlichen Papieren widerlegen konnten, wird hier dem Besuch des Großvezirs in Pirot 1860 und den Reformen in der Region vorgegriffen, die gleich im Anschluss geschildert werden. Dass etwas mit Mali Rista geschehen war, wird auch in der national-serbisch orientierten Forschung thematisiert. Bisher wurde dies immer mit dem Besuch des Großvezirs in Verbindung gebracht, der eine Inspektionsreise durch das heutige Donaubulgarien sowie den Nišer Sandžak unternahm. Ein Grund waren zunehmende Klagen und Eingaben der christlichen Bevölkerung aus diesen Gebieten. Dabei sprach der Großvezir gleich an Ort und Stelle Strafen gegen Beschuldigte oder ihm missliebige Personen aus. Auch Mali Rista soll davon betroffen gewesen sein, doch aus ganz anderen Gründen. Der Großvezir, so die gängige Behauptung, habe Mali Rista wegen seiner serbisch-patriotischen Orientierung bestraft und aus der Stadt vertrieben.[120]

Panajotović und Velkova konnten allerdings vermittels der Notizen im Tefter seines Schwagers für 1860 und die folgenden Jahre nachweisen, dass sich Mali Rista im Jahr 1860 weiterhin in der Region aufhielt und ihm nichts zugestoßen war. Vielmehr lassen sich an den Notizen Kosten für Reisen des Mali Rista im Umland und in den Jahren darauf auch nach Istanbul belegen, die mit seinen Geschäften verbunden waren.[121]

Allerdings taucht Mali Rista dann in der Zeit zwischen 1867 und 1871 nicht mehr wie bisher in den verschiedenen Handelsbüchern seines Schwagers auf. Tatsächlich hatte er zu

118 Janeva, Bălgari – otkupvači, 2011, S. 139.
119 Brief des Pirotsko Obštestvo an Hristo Tăpčileštov, 11.2.1868; zit. nach Velkova/Panajotović, Mali Rista, 2014, S. 31.
120 Lilić, Istorija Pirota, 1994, S. 119.
121 Velkova/Panajotović, Mali Rista, 2014, S. 28.

dieser Zeit Pirot für etwas längere Zeit in Richtung Istanbul verlassen. Doch es waren nicht patriotische Motive, die sich dahinter verbargen, sondern schlicht eine Unmenge von Schulden. Mali Rista hatte sich in seinem zunehmend erfolgreichen Geschäft der Steuerpacht verspekuliert. Auf Gewinne aus der Steuerpacht hoffend, hatte er sich Geld bei verschiedenen seiner muslimischen Kompagnons geliehen. Als sie dann auf Rückzahlung drängten, er diese aber nicht leisten konnte, verließ er die Stadt. In Istanbul bemühte er sich dann um einen Ferman, der eine Art Offenbarungseid darstellte, den er dann als Sultans-Ferman ausgestellt bekam.[122] Doch auch dies änderte an seiner schwierigen Lage nichts, so dass er Tăpčileštov um Unterstützung bat. Diese versuchte bei den betreffenden Regierungsstellen zu vermitteln, und es wurde eigens ein besonderer Inspektor aus Istanbul nach Pirot geschickt, um die Angelegenheit zu untersuchen, denn bei einem der Gläubiger handelte es sich um ein angesehenes Mitglied des Idare Medžlis, sowie um den Sandăk Emini, den Kämmerer von Pirot. Letztlich musste Mali Rista trotz des Offenbarungseides einiges von seinem Besitz im Stadtteil Tija Bara verkaufen. Die weitgehende Entschuldung gelang wohl erst 1871, wie es sich in den persönlichen Unterlagen des Mali Rista abzeichnet.[123] In dieser Zeit scheint er sich endgültig aus Pirot nach Istanbul verabschiedet zu haben, wie aus einem Dokument aus dem Jahr 1874 hervorgeht.[124] Wann Mali Rista starb – 1874 dürfte er etwa sechzig Jahre alt gewesen sein –, ist unklar. Zumindest gibt es in Pirot keine Grabstätte.

Zu dem weitaus prosaischeren, aber nicht weniger interessanten Bild, jenseits eines nationalen Heroismus, in dem Mali Rista sich zeitlebens für die serbische Sache eingesetzt habe, kommt noch rückblickend die aus der Perspektive nationaler Zuordnungen unbefriedigende nationale Mehrdeutigkeit von Mali Rista hinzu. Und dies obwohl sich die offizielle Historiographie bemühte, Čobadži Rista als serbischen Patrioten zu verewigen, der wegen seines Nationalgefühls die Stadt verlassen musste. Dass es wie hier dargestellt, ganz andere Gründe waren, blieb bis zur Eröffnung der Ausstellung über Mali Rista im Museum Pirot im Jahr 2014 unbekannt. Tatsächlich war der einzige konkret mit Mali Rista verbundene Hinweis auf eine serbische Orientierung, den serbische Historiker bemühten, seine Unterschrift unter den Petitionen als Rista Ioannovič. Doch erstens verwendete Mali Rista abwechselnd verschiedene Varianten: mal Ioannov, mal Ioannovič. Zweitens hatte auch ein -ič zu dieser Zeit in der weiteren Region keine vorrangig nationale Konotation, auch in Zentralbulgarien unterschrieben viele Čorbadžije mit dieser Variante. Es spricht vieles

---

122 Die Schulden des Mali Rista, die in diesem Ferman festgehalten waren, beliefen sich auf 28.520 Groschen. Hinzu kam aber eine weitaus höhere Summe von 170.000 Groschen, die Mali Rista seinem bisherigen Kompagnon Ahmed Aga schuldete. In einem Hudžet vom 18.2.1871 war die Erlassung der Schuld durch die Zahlung von 60.000 Groschen festgehalten; Reprint des Hudžet mit Übersetzung in Velkova/Panajotović, Mali Rista, 2014, S. 111.

123 Ebenda, S. 33. Der erwähnte Hudžet vom 18.2.1871. Es ist bemerkenswert, dass sich in all den Jahrzehnten niemand für diese im Piroter Museum bekannten Dokumente interessierte und auf die Idee kam, diese übersetzen zu lassen. Erst Saška Velkova und Mila Panajotović haben damit ganz andere Perspektiven auf Mali Rista ermöglicht.

124 Dort heißt es, dass er seit fünf Jahren nicht mehr in der Stadt lebt. Es handelt sich um das Gesuch („arz-i-hal“) eines Gläubigers vom 20.5.1874 vor dem Handelsgericht Pirot, eine Quittung auf das an Mali Rista ausgezahlte Geld zu erhalten, worauf das Handelsgericht feststellte, dass der Betreffende seit etwa fünf Jahren nicht mehr in Pirot weilte.

dafür, dass diese nachträglich scheinbar so existentiellen Zuordnungen für Mali Rista und seine Ranggenossen, die Piroter Čorbadžije schlicht keine besondere Bedeutung hatten. Interessant ist, dass ein Dokument, ein Kaufvertrag für ein Grundstück der von den osmanischen Behörden 1869 ausgestellt worden war, Mali Rista als Angehörigen der „bulgar tajfa" ausweist.[125] Hier ist weniger die Zuordnung selbst von Belang, weil sie nichts darüber aussagt, ob Mali Rista sich damit identifizierte, damit etwas anzufangen wusste. Es ist das zeitgenössische Verständnis von Nation, dass bemerkenswert ist: als Tajfe wurden zumeist Seilschaften von Handwerkern auf Wanderschaft bezeichnet. Der Ausdruck Tajfe suggeriert eine lose Vereinigung, die im Zusammenhang mit nationaler Zugehörigkeit höchstens als Landsmannschaft übersetzt werden könnte. Mehr war auch zu diesem Zeitpunkt im osmanischen Imperium nicht wichtig. Darin vermittelt sich die Vagheit und der geringe Bedeutungsgrad solcher Zuordnungen.

2.3 Die Stadtgesellschaft in der Epoche intensivierter Reformen 1860–1876

Es ist deutlich geworden, dass sich für die christlichen Stadtbewohner, insbesondere aber für die Čorbadžije, der Handlungsspielraum seit der Verkündung der Hatt-i Hümayun (1856) bedeutend erweitert hatte. Dies schloss aber die Verschärfung von Konflikten nicht aus, die, wie dargelegt, nicht entlang ethnokonfessioneller Grenzlinien verliefen. Der Unmut über die Praktiken der Steuerpacht sowie wachsende Steuerlast wurde seitens der Landbevölkerung zusehends größer. Hinzu kam die Unzufriedenheit der christlichen Gemeinde mit ihrem Bischof Antim, worauf noch ausführlich eingegangen wird. Um die Unzufriedenheit einzudämmen, griff die Hohe Pforte zu dem – wie es Richard Davison nennt – bewährten Mittel: der Inspektionsreise des höchsten Amtsträgers, der Großvezirs. Dadurch sollten die Missstände vor Ort aufgeklärt und Lösungen gefunden werden.[126] Doch dieses Mal (1860) hatte die viel beachtete Inspektionsreise durch die Sandžaks im europäischen Teil des Reiches weitreichende Folgen. Es blieb nicht bei einer einmaligen Sanktionierung von Vergehen. In der Folge wurde 1861 der berühmte Reformer Midhat Paša als Vali des Nišer Sandžaks eingesetzt. Dessen Reformen wurden nach vier Jahren mit der Errichtung des Mustervilajets Tuna/Dunav in einem größeren Gebiet institutionalisiert.

Die Inspektionsreise des Großvezirs Mehmet Kıbrıslı und insbesondere dessen hier besonders relevanter Aufenthalt in Pirot bündeln in plastischer Weise die unterschiedlichen Faktoren, die im Zuge der Reformen zum Tragen kamen und miteinander in einem Spannungsverhältnis standen: die internationalen Impulse (u. a. auf Druck insbesondere der russischen Diplomatie) zu einer Intensivierung der Reformen; die regionalen Machthaber, die teilweise versucht hatten, trotz der Reformen weiterhin die überkommenen Herrschaftspraktiken aufrechtzuerhalten; die Akteure im lokalen Kontext, etwa christliche und muslimische Kaufleute, die einerseits die Reformen nutzten, andererseits mit den bisherigen Machthabern ein Auskommen zu finden suchten; schließlich die Landbevölkerung, die

125 Velkova/Panajotović: Mali Rista, 2014, S. 113.
126 Vgl. Davison, Reform in the Ottoman Empire, 1963, S. 105 f.

sich zunehmend gegen die beiden genannten Gruppen zur Wehr setzen wollte. Hier kamen Protagonisten des imperialen Zentrums, überregionale Notabeln und die lokalen Akteure innerhalb weniger Tage in Kontakt – mit zugleich lang andauernden Konsequenzen.

Im Folgenden werden die Konflikthemen kurz umrissen, insbesondere im Hinblick auf die Konsequenzen für die lokalen Akteure. Im weiteren Verlauf des Kapitels werden sodann die weitreichenden institutionellen Veränderungen beschrieben, die der Inspektionsreise folgten. Diese werden insbesondere im Hinblick auf zwei Aspekte untersucht: Erstens wie sich die Intensivierung der Reformen auf die Handlungsspielräume der lokalen Akteure auswirkte. Zweitens stehen überregionale Kommunikationsräume im Vordergrund, die mit dem neuen Vilajet geschaffen wurden und von besonderer Wichtigkeit sind. Denn dadurch wird klar, dass solche transregionalen Kommunikationsräume in diesem Teil des Osmanischen Reiches schon vor der Fassung in nationalstaatliche Rahmen existierten. Womit auch eine irreführende Kausalbeziehung zwischen Nationalstaat, Modernisierung und neuen Formen überregionaler Kommunikation in Frage gestellt wird.

Zunächst aber soll – wie es bisher schon geschehen ist – die bisherige national zentrierte Erzählung mit einbezogen werden, die für lange Zeit die Wahrnehmungen, Einschätzungen und Interpretationen dieser Epoche und v. a. dieses Ereignisses prägte. Denn auch in der nationalen Geschichtsschreibung besitzt die Inspektionsreise des Großvezirs einen besonderen Stellenwert. Auf diese Weise wird deutlich, wie sich solche „Nacherzählungen" formten und gleichsam vor subjektive lokale Erfahrungen schoben, diese unzugänglich werden ließen, bis diese national zentrierten Erzählungen den Anschein unhinterfragbarer Wahrhaftigkeit erlangten. Dies ist nicht allein dem Interesse an Erzähltraditionen und der Stabilität von Wissensordnungen geschuldet, sondern der praktischen Wirkung, die diese Erzähltraditionen bis in die Gegenwart entfalten, wenn es um die Auseinandersetzung mit dem osmanischen Erbe geht, die einer kritischen Reevaluation sowohl des Erbes als auch von dessen Überlieferung hohe Hürden setzt.

Im Grunde setzt die nationale Erzählung über die Inspektionsreise bei den Einschätzungen der zeitgenössischen russischen Diplomatie und der serbischen Presse an. Insbesondere für die regionale Geschichtsschreibung Südserbiens blieb die auch hier immer wieder herangezogene Arbeit von Vladimir Nikolić über die Volksschulen, sowie die Studie des glühenden Nationalisten Jovan Hadži Vasiljević *Srpski narod i turske reforme* aus den 1920er Jahren maßgebend.[127] Allgemein lautete die Einschätzung, erstens sei die Inspektionsreise letztlich der Beweis für die unerträglichen Missstände, zweitens richteten sich die Sanktionen, die während der Reise ausgesprochen wurden, gegen tapfere Patrioten, die sich für eine Befreiung dieser Gebiete vom „türkischen Joch" einsetzten. An dieser Deutung änderte sich in der Historiografie des sozialistischen Jugoslawien bis in die Gegenwart hinein nichts.[128] Allerdings erfolgte eine wichtige Akzentverschiebung. Einschließlich der Zwischenkriegszeit galt der phanariotische Bischof Antim als das Opfer bulgarischer und

127 Hadži-Vasiljević, Jovan: Srpski narod i turske reforme (1852–1862), Beograd, 1921.

128 Stojančević, Južnoslovenski narodi, 1971; ders.: Srpski Narod pod Turskom Vlašću u Prvoj Polovini 19. veka, in: Istorija Srpskog Naroda, Buch 5, Bd. 1, hrsg. von dems., Beograd, 1994, S. 215–50.

türkischer Machenschaften, da er nach der Inspektion des Großvezirs aus Pirot vertrieben wurde. Insbesondere Hadži Vasiljević argumentierte, dass im Gefolge des Großvezirs, buchstäblich in dessen Windschatten, eine Reihe bulgarischer Agitatoren reise, um ihre eigenen Ziele zu erfolgen, die hauptsächlich darin bestanden, den phanariotischen Klerus durch den bulgarischen zu ersetzen.[129] Hadži Vasiljević verstieg sich gar zu der Behauptung, Antim sei ein heroischer serbischer Patriot gewesen. Im sozialistischen Jugoslawien war wohl die Würdigung eines phanariotischen Geistlichen als einem nationalen Befreiungskämpfer kaum mehr überzeugend. So war nicht mehr von Antim die Rede, sondern von Mali Rista, der als Verfolgter der osmanischen Herrschaft und aus Pirot Vertriebener unvermutet ins Spiel gebracht wurde.[130] Ohnehin seien die türkischen Behörden wegen des serbischen Patriotismus des Mali Rista misstrauisch geworden und hätten die Gelegenheit der Inspektionsreise genutzt, um ihn zu vertreiben. Dass die Dinge zeitlich wie sachlich völlig anders lagen, wurde soeben beschrieben.

In der zeitgenössischen bulgarischsprachigen wie auch der serbischen Presse stellte die Inspektionsreise des Großvezirs ein Ereignis von besonderem Rang dar. Von allen Etappen der Reise wurde berichtet und die Maßnahmen des Großvezirs wurden ausführlich geschildert. Dabei wechselten sich in der Wochenzeitung *Bălgarija* aus Istanbul Auszüge aus dem offiziellen *Journal de Constantinople* ab mit Berichten von Korrespondenten vor Ort, die entweder mit Initialen oder Pseudonymen („Der Hirte von der Stara Planina") die Artikel unterzeichneten. Dabei folgte die Berichterstattung der *Bălgarija* der nationalen Deutung von der Nutzlosigkeit der Besuche. Die Kritik der Korrespondenten richtete sich gegen die „Machenschaften des griechischen Klerus". Dadurch fiel auch unabhängig von der Inspektionsreise ein Fokus auf Pirot, da sich dort kurz zuvor massive Unzufriedenheit mit dem Metropoliten Antim gezeigt hatte. Schon in den Wochen vor der Ankunft des Großvezirs hatten Mitglieder des Obštestvo versucht, den „carski medžlis in Pirot" wie es in der *Bălgarija* heißt, zu überzeugen, Antim endlich aus Pirot hinauszuwerfen. Ihm wurden sexuelle Vergehen gegen minderjährige Mädchen und Jungen vorgehalten. Hinzu kamen Vorwürfe, dass Antim als Steuerpächter ungerechtfertigt hohe Abgaben verlangt habe. Doch nicht alle hochrangigen Mitglieder des Obštestvo stellten sich gegen Antim. Entgegen der Meistererzählung vom griechisch-bulgarischen „Kirchenkampf", auf den ausführlich am Ende des Kapitels eingegangen wird, verlief der Konflikt quer durch die Reihen der Čorbadžije: Hadži Viden, der auf den Briefen der Opština immer als Erster in der ersten Zeile mit seinem Siegelring unterzeichnete, und Georgi Kokalo unterstützten Antim. Der Konflikt blieb

---

129 Als Quelle dieser Darstellung von Antim als proserbisch wird ein Mönch genannt, den Vladimir Nikolić in seiner 1922 veröffentlichten Arbeit zitiert. Dieser hebt aber bei Nikolić die Beschuldigungen wegen zu hoher Steuern hervor und erwähnt, dass zwei Čorbadžije ebenso sanktioniert wurden; Nikolić, Narodne škole, 1924, S. 127. Bei Hadži-Vasiljevic (der aber Nikolić nicht erwähnt) wandelt sich Antim zu einem Verteidiger der Serben; Hadži-Vasiljević, Srpski narod, 1921, S. 27. In der Version von Nikolić ergänzt der Mönch jedoch, es sei erzählt worden, dass die eigentliche Ursache dessen Klage über die Verhältnisse gegenüber einem englischen Reisenden gewesen sei; Nikolić, Narodne škole, 1924, S. 127. Allein darauf bezieht sich die Überlieferung. Bei den angeblichen Agitatoren handelte es sich um neu eingesetzte Beamte – wie Dragan Cankov –, die später zu einflussreichen Politikern des Fürstentums wurden.

130 Lilić, Istorija Pirota, 1994, S. 119.

bis zur Ankunft des Großvezirs ungelöst. Danach wurde entschieden, dass Antim – aber auch Hadži Viden und Georgi Kokalo – die Stadt zu verlassen hatte. Von Mali Rista war weder in den serbischen noch den bulgarischen Zeitungen die Rede.

Mit der Ankunft des Großvezirs rückten weitere Probleme in den Vordergrund. Die *Bălgarija* berichtete, dass sich aus allen Dörfern, welche die Delegation durchquerte, die Dorfbewohner der Delegation anschlossen, um in Pirot ihr Recht zu fordern.[131] Mehr als 1.050 Beschwerden wurden in Pirot dem Großvezir übergeben.[132] Felix Kanitz beschreibt die Szenerie der Inspektion der Großvezirs in seinem eigentümlichen Stil für Niš, die sich nicht wesentlich von jener in Pirot unterschieden haben dürfte:

> Tausende von Bauern zogen mit Bittschriften dem, einem Messias gleich, erwarteten Grossvezier in den Städten entgegen. Panischer Schrecken ging ihm voran. Man erzählte sich, der Satrazam hätte den Bischof von Sarköi (Pirot) verhaften lassen und Gleiches stände dem Pascha von Niš bevor. Die Moslims dieser Stadt sahen weniger verächtlich als sonst aus den Café's auf die vorübergehenden Djaurs herab. Und weniger zuversichtlich ritten die Mudire der nahen Orte, begleitet von ihrem obligaten Trosse von Pfeifenstopfern, Kavassen u. s. w. (…) Die Schuldigen zitterten, oder suchten sich, wie der reiche Čohadži, durch die Flucht jeder Verantwortung zu entziehen. Die Türken neigten sich feige vor Suleyman, hinter seinem Rücken nickten sie aber mit den Köpfen — bekanntlich das türkische Zeichen der Verneinung und Verwunderung.[133]

Wie gezeigt, waren die Auslöser für die Unzufriedenheit zahlreich, in Pirot sorgte der Bischof für Unmut, insbesondere Korruption in Verbindung mit dem Aufkauf von Steuerpachten stand im Vordergrund.

Die *Bălgarija* resümmierte, auf das *Journal de Constantinople* zurückgreifend, dass es v. a. drei große Komplexe waren, welche die Beschwerden hervorriefen. Erstens richtete sich ein wesentlicher Teil der Unzufriedenheit gegen die „Mültezime", die für einen Großteil der „Ungerechtigkeiten und Bedrückungen" verantwortlich waren.[134] Diese hätten aufgrund

> der steigenden Preise und damit im Zusammenhang den Zehent für die Erzeugnisse unverhältnismäßig erhöht, ebenso die Nichtauszahlung der Gebühren an ihre Agenten für den Transport der Erzeugnisse sowie für die Verpflegung ihrer Agenten, die von Dorf zu Dorf gingen.[135]

---

131 Bălgarija, 20.7.1860, Nr. 70, S. 270 f.

132 Ebenda, S. 274 f.

133 Kanitz, Donau-Bulgarien und der Balkan, 1875, S. 103.

134 Bălgarija, 20.7.1860, Nr. 70, S. 274 f.

135 Ebenda. Auch Kanitz ging auf dieses Problem ein: „Die Bedrückung durch die Pascha's, Bischöfe, Mudire, Defterdare (Steuereinnehmer) in und außerhalb der Medjlise bildeten mit zahlreichen Variationen das stehende Thema derselben. Wohl die Hälfte der angebrachten Rechtsstreitigkeiten bezog sich aber auf schwebende Güterverhältnisse zwischen der Rajah und ihren türkischen Grundherren, die grösstentheils in der Aufhebung der Spahiluks wurzelten." (Kanitz, Donau-Bulgarien und der Balkan, 1875, S. 109). Kanitz zitierte Hahn zur Problematik der Steuerpacht: „(...) als wir die Aecker

Zweitens ging es um „Proteste" gegen die Untätigkeit und die Korrumpiertheit der örtlichen Behörden, besonders die bisherigen Medžlise waren Gegenstand der Beschwerden. Drittens handelte es sich um Streitigkeiten unter den Dorfbewohnern um Landbesitz.[136]

Die Nachforschungen der Delegation des Großvezirs förderten in Pirot in kürzester Zeit eine Reihe von Vergehen zu Tage. Dies war nicht zuletzt einer der wichtigen zu erzielenden Effekte: Reihenweise wurden Missstände explizit genannt und die Lösung folgte auf dem Fuß. Derart sollte die Effektivität und Handlungsfähigkeit der Zentralregierung den Menschen vor Ort, aber auch der diplomatischen internationalen Öffentlichkeit demonstriert werden. Für die Zentralregierung war es ebenso wichtig, klarzustellen, dass sie ganz im Geiste der Tanzimat handelte: Die Schuldigen sollten ganz ohne Ansehen ihrer konfessionellen Zugehörigkeit bestraft werden – gleichgültig, ob es sich um muslimische Amtsträger, christliche Steuerpächter oder Geistliche des Konstantinopolitaner Patriarchats handelte, keiner solle verschont werden, zitierte die Presse den Großvezir.[137] In Pirot bedeutete dies ganz konkret, dass der Piroter Müdir (Amtsvorsteher) Mahmut Aga dafür bestraft wurde, dass er von zwei Pirotern, Peo und Raso 260 Dukaten ohne Erklärung und ein Bestechungsgeld von 60 Dukaten entgegengenommen habe. Darüber hinaus hätte Mahmut Aga für seinen „Müdirlik" 45.000 Groschen zu viel von den Stadtbewohnern eingefordert.[138] Zudem wurde der Nišer Würdenträger Zejnel Paša angeklagt, den Bewohnern Pirots mehr als 23.000 Groschen abgepresst zu haben unter der Drohung, ihre Felder andernfalls zu verkaufen.[139] Desweiteren wurden der „Hakim (Richter, Anm. N. St.) von Šarköy (...) und auch einige der bulgarischen Čorbadžije angeklagt, sie seien, manche mehr, manche weniger, der Korruption mit der bisherigen Herrschaft in der Stadt zugeneigt, die jetzt bestraft wurde".[140]

Die innerhalb der Stadtgesellschaft zum Vorschein kommenden Verflechtungen zeigten, dass die Grenzen zwischen Herrschaft und Unterdrückung nicht entlang konfessioneller

---

in der ganzen Umgegend mit graumodrigen Getreidehaufen bestanden fanden und die Leute klagten, dass ihr vor sechs Wochen geschnittenes Getreide auf dem Felde verfaulen müsse, weil sie es nicht eintun dürften. Die armen Leute litten durch den Hader zweier Compagnien, welche beide den Zehent gepachtet zu haben behaupteten, und vor dessen Entscheidung die Erhebung nicht gestattet werden konnte. Wir erfuhren jedoch später, dass der Pascha die Erlaubniss zur Einbringung des Getreides auf seine eigene Verantwortung ertheilt habe, und das anhaltend schöne Herbstwetter hat wohl die Leute vor Schaden bewahrt." Ebenda, S. 110. Es soll sich um 4.000 Petition aus dem Nišer Sandžak gehandelt haben; Davison, Reform in the Ottoman Empire, 1963, S. 105.

136 Bălgarija, 20.7.1860, Nr. 70, S. 274 f.

137 So hieß es in einem Bericht der *Bălgarija*: „Seine Hoheit der Großwesir wies (die neuen Mitglieder des zuvor aufgelösten Medžlis, Anm. N. St.) auf ihre wirkliche Aufgabe hin, gab ihnen auch die Konsequenzen zu verstehen, sollten sie die patriotischen Absichten der Reichsregierung („Imperatorsko Pravitelstvo", Anm. N. St.) nicht erfassen und die gewissenhafte Ausübung ihres Dienstes vernachlässigen. Seine Hoheit erklärte ihnen in der formalsten Weise und auf naheliegende Art, dass sie alle sich in vollendeter Gleichheit befinden würden. Nur der Glaube soll sie außerhalb des Rates unterscheiden, und das mit der Bedingung, dass dieser Unterschied niemals Grund für Hass und Leidenschaften zwischen ihnen sein darf, die Prinzipien der Gleichheit vor dem Gesetz gelten und geschützt sind (…)." Ebenda, S. 270 f.

138 Ebenda, S. 274 f.

139 Ebenda.

140 Ebenda.

Trennlinien verliefen, sondern auch die christlichen Notablen ein Teil dieses Problemkomplexes aus Bestechung bei Steuerpachten und willkürlicher Erhebung von Steuern waren. Nichtsdestotrotz war der massive Protest der Landbevölkerung, der während der Inspektionsreise sichtbar wurde, ein wichtiger Impuls für jene, die Reformen forderten.

Aus den Erfahrungen der Inspektionsreise des Großvezirs wurde in der Presse gefolgert, dass es zwar keine systematische Benachteiligung der Christen vor Gericht gab, doch deren Zeugenschaft in vielen Fällen vor Gericht weiterhin nicht anerkannt wurde. Zweitens hatte die Empörung gegen Antim gezeigt, dass die Unzufriedenheit mit dem phanariotischen Klerus in der Region wuchs. Drittens schien das größte Problem Bestechung im Umfeld der Vergabe von Steuerpachten zu sein. Hier erfolgte zumindest die größte Zahl an Sanktionen. Ziel der Reformer war es deshalb, einen möglichsten direkten Einfluss auf die lokalen Akteure seitens des Zentralstaates zu gewinnen. Eine der ersten konkreten Maßnahmen sollten die Verbesserung des Polizeiwesens und insgesamt die Entwicklung einer Verkehrsinfrastruktur sein.[141] Um in dieser Hinsicht Veränderungen zu erreichen, wurde Midhat Paša im Januar 1861 als Gouverneur, als „Vali des Ejalets Niš mit dem Rang eines Vezirs" eingesetzt. Im Verlauf des nächsten Jahrzehnts sollte er einige Berühmtheit als Reformer erlangen. Zwei seiner Vorhaben waren offenbar die „Eindämmung der Auswanderung der Bulgaren nach Serbien" und insgesamt die Modernisierung der Verwaltung.[142] Damit begann eine Phase intensivierter Reformbestrebungen in dieser Region, einige Jahre, bevor das Tunavilajet eingerichtet wurde. Galt das 1864 eingerichtete Tunavilajet danach in der zeitgenössischen Wahrnehmung wie auch in der späteren historiografischen Forschung als Musterprovinz, die Möglichkeiten und Grenzen der Reformbestrebungen aufzeigen sollte, so lässt sich letztlich der Nišer Sandžak ab 1861 als Experimentierfeld für jene Maßnahmen verstehen, die danach im Tunavilajet umgesetzt wurden.[143]

Diese mit dem Amtsantritt von Midhat Paša einsetzende Reformpraxis wird hier jenseits nationaler Teleologie verfolgt. Insgesamt hat sich die Historiografie mit Blick auf das 19. Jahrhundert von der klassischen Sichtweise entfernt, die auf die Entstehung der Nationalstaaten konzentriert war. Insbesondere Jürgen Osterhammel fasst diesen Perspektivwechsel unter der Charakterisierung des 19. Jahrhunderts nicht so sehr als einer Epoche des Nationalen, sondern vielmehr als Jahrhundert der Imperien.[144] Auch im Hinblick auf den hier behandelten Teil Europas ist der verbreitete Topos von stabilen Nationalstaaten versus instabile Imperien in Zweifel zu ziehen. Dies gilt insbesondere für die Epoche der Refor-

---

141 „The commission was (...) dissatisfied with the tax-farming system; some of the *iltizamcı*'s were imprisoned for bribery and extortion, and the accountant-general (*muhasebeci*) of Nish was imprisoned for accepting a bribe from a Jewish tax farmer. Kıbrıslı Mehmed tried to curb extortion by ordering that a commitee of local notables control the assessments made by the *iltizamcı* on the produce of each individual." (Hervorhebungen i. O.) Davison, Reform in the Ottoman Empire, 1963, S. 105 f.

142 Kornrumpf, Hans-Jürgen: Midhat Pascha, Ahmed Şefik, in: Biographisches Lexikon zur Geschichte Südosteuropas, Band 3, München, 1979, S. 192–94, hier S. 193.

143 Die Inspektionen machten die Hohe Pforte vertrauter mit den Verhältnissen in den Provinzen, „provided the basis for sending the capable Midhat Paşa to be governor in Nish in 1861, and laid the groundwork for the reform of provincial administration by the vilayet law of 1864"; Davison, Reform in the Ottoman Empire, 1963, S. 108.

144 Osterhammel, Jürgen: Die Verwandlung der Welt. Eine Geschichte des 19. Jahrhunderts, München, 2009, S. 603 sowie 606.

men, der Tanzimat, wobei sich die Forschung zunehmend von der Verfallserzählung entfernt, in der die Tanzimat allenfalls eine randständige Episode darstellen.[145] Jenseits solcher großer Erzählbögen vom unaufhaltsamen Ende oder verklärender Reichsidyllen steht hier im Vordergrund, wie gesellschaftliche Konflikte ausgehandelt wurden, die sich insbesondere im Spannungsfeld von gesellschaftlichen Akteuren zwischen Zentrum und Peripherie bewegten.[146]

Für ein besseres Verständnis der Veränderungen, die in der hier behandelten Region schon 1861 einsetzten, sei die administrative Struktur des 1864 eingerichteten Donauvilajets kurz skizziert, die nicht zuletzt auf den Erfahrungen im Nišer Sandžak beruhte.[147]

Der erste Versuch v. a. im Hinblick auf eine effektivere Verfügbarkeit der Steuern, in den 1830er Jahren Räte einzurichten – die so genannten „Memleket-Medžlise", von denen weiter oben schon kurz die Rede war und in denen alle Konfessionen zusammen kamen –, war offenkundig aus der Perspektive des Zentrums nicht zufriedenstellend verlaufen. Diese Memleket-Medzlise wiesen einen hohen Grad an Selbständigkeit im regionalen Kontext auf. Wie zuvor für Pirot geschildert, gelang es den lokalen Ajanen und Čorbadžije wie Mali Rista, diese Memleket-Medžlise hauptsächlich zu ihrem Vorteil und für Absprachen im Hinblick auf das Einsammeln der Steuern zu nutzen. So verwandelten sich die Memleket-Medžlise von beabsichtigten Instrumenten der Reichsverwaltung für einen besseren Zugriff in die Provinz in Knotenpunkte lokaler Netzwerke der Ajane und Čorbadzije. Wie an Mali Rista deutlich wurde, waren konfessionelle Zuordnungen von geringerer Bedeutung. Allerdings resultierte dies nicht in einem wachsenden Spielraum für alle Teile der Stadtgesellschaft, sondern blieb dem Zufall, der Geschicklichkeit etwa von Aufsteigern wie Mali Rista überlassen. Daraus erklärt sich, dass nicht nur die Vertreter der Zentralmacht die bisherigen Medžlise als Mangel empfanden, sondern sich starker Unmut gegen die nicht transparenten Absprachen auch in großen Teilen der Stadtgesellschaft äußerte.[148]

So war es auch kein Zufall, dass die erste große symbolische Handlung des Großvezirs in Pirot 1860 die öffentliche Auflösung der bisherigen Medžlise war und er per Akklamation durch die versammelten christlichen, muslimischen und jüdischen Notabeln neu wählen ließ. Es sollten nun „ehrenvolle und ehrliche Männer unter vollständiger Freiheit des Gewissens" gewählt werden.[149]

Bekanntlich hat die klassische Historiografie eine reformerische Wirkung, auch in Richtung einer Verstärkung der Beteiligung der christlichen Bevölkerung an den Amtsgeschäften, in Zweifel gezogen. Zu Recht weisen jedoch neuere Studien darauf hin, dass eine solche Fragestellung, etwa der Bewertung eines demokratischen Charakters der Reformen, problematisch ist, da seitens der Reformer dieser Institution eine andere Funktion zugedacht war: die Verwaltung und Kontrolle der Provinzen durch das Zentrum zu verbessern.

145 Vgl. Reinkowski, Maurus: Die Dinge der Ordnung. Eine vergleichende Untersuchung über die osmanische Reformpolitik im 19. Jahrhundert, München, 2005.

146 Ein solcher Ansatz zeigt sich auch in Arbeiten zum Donauvilajet bzw. zu Midhat Paša, die sich allmählich aus den bisher dominierenden nationalen Fassungen zu lösen beginnen.

147 Das Donauvilajet setzte sich aus folgenden Sandžaks zusammen: Niš, Vidin, Sofia, Tărnovo, Ruščuk, Varna, Tulča.

148 Petrov, Tanzimat for the Countryside, 2007, S. 97.

149 Bălgarija, 20.7.1860, Nr. 70, S. 270 f. Im neuen Donauvilajet wurden diese Räte 1864 aufgelöst.

Allerdings ist die Einrichtung des Donauvilajets ebenso in einem europäischen Kontext zu sehen, der eine differenzierte Einordnung dieser „Anordnungen" ermöglicht. Die 1860er Jahre sind insgesamt gekennzeichnet von dem doppelten Bestreben, einerseits imperiale Verwaltungen effektiver zu gestalten, andererseits dem Druck nach politischer Partizipation weiterer gesellschaftlicher Schichten in Teilen nachzugeben, wie er sich in den Revolten des Jahres 1848 manifestiert hatte. Aus dieser Perspektive erscheinen die 1860er Jahre als Epoche europaweiter Reformversuche, in der sich auch dynastisch begründete Herrschaft allmählich auf Forderungen nach Konstitutionen und etwa einer Erweiterung des Wahlrechts einließen, wie in Preußen im Zuge „der Revolution von oben" und im Falle der Aufhebung der restriktiven Gesetze in Österreich-Ungarn nach dem Ausgleich 1867 sowie der Abschaffung der Leibeigenschaft im Russischen Reich.[150] In diesen in großen Teilen Europas zum Vorschein kommenden Reformprozess fügte sich auch das Osmanische Reich mit seiner Musterprovinz des Donauvilajets ein. Es ist kein Zufall, dass in den 1860er und 1870er Jahren ein Kritiker europäischer Verhältnisse und insbesondere der russischen Autokratie, Karl Marx, bemerkte, dass die Beanstandungen der Verhältnisse im Osmanischen Reich seitens der russischen Diplomatie leere Heuchelei blieben, solange sich das Russische Reich nicht selbst einem solchen Reformprozess unterziehe.[151] Gleichwohl erwartete Marx nichts, was man unter Demokratisierung verstehen konnte oder in der zeitgenössischen Sprache der Gleichsetzung der christlichen Bevölkerung, sondern die Steigerung der Effektivität des osmanischen Militärs als Bollwerk gegen das Dominanzstreben Russlands. Dennoch schwang zugleich auch bei anderen Zeitgenossen in solchen Beobachtungen immer mit, dass sich die Partizipationsmöglichkeiten der christlichen Bevölkerung verbessert und erweitert hatten. Unterdessen zeichnete diese Ambivalenz zwischen der Effektivierung der imperialen Staatsapparate und der Erweiterung der Partizipationsmöglichkeiten für einen größeren Kreis von Untertanen und Bürgern die genannten Prozesse in allen Teilen Europas aus.

Die neu eingerichteten Institutionen hatten v. a. verwaltende und konsultative Funktionen und waren vom Vilajetzentrum in einzelne Kazas hierarchisch gegliedert. Zentral war das Medžlis-Idare-i-Vilajet als Verwaltungsrat in Rusčuk, sowie das Medžlis-i-Umumi-i-Vilajet, eine Art Generalversammlung des Vilajets.[152] Auf Sandžak- und danach auf Kazaebene wurden die Idare-Medžlise eingerichtet – beratende Gremien oder Räte, zuständig für die lokalen Fragen.[153] Auf der „untersten" Ebene schließlich, in den einzelnen Malé der Ortschaften bzw. in den Dörfern, wurden Ältestenräte gebildet, die so genannten Ihtjar-Medžlise, mit einem Dorfvorstand, dem Muhtar, an ihrer Spitze. Alle Entscheidungen und Regelungen, die auf Kazaebene getroffen wurden, waren vom Idare-Medžlis des Vilajets zu überprüfen.[154] Für die besonderen Belange der Städte im Zusammenhang mit den Reformen wurden nach einiger Zeit besondere Stadträte, die Beledije, begründet. Diese existierten in

150 Stefanov, Nenad: Verfassungsgeschichte Serbiens, in: Handbuch der europäischen Verfassungsgeschichte im 19. Jahrhundert, Band 3 (in Vorbereitung).

151 Karl Marx an Pjotr Lavrovič Lavrov, 16.3.1877, in: Marx-Engels-Werke, Band 34, Berlin, 2000, S. 256.

152 Petrov, Tanzimat for the Countryside, 2007, S. 89.

153 Ebenda, S. 91.

154 Ebenda.

den größeren Städten seit 1865[155] und waren zuständig „for municipal infrastructure works“, etwa die Marktaufsicht und im Zusammenhang damit die Einhaltung von Hygienevorschriften sowie die Straßenbeleuchtung, die auch in Pirot eingeführt wurden.[156] Spätestens 1868–1869 existierten solche Beledije auch auf Kazaebene. Neben den Idare-Medžlis existierten für die Verwaltung, hier der Kaza Pirot, auch Verwaltungsämter wie jenes des Sandăk-Emini, des Aufsehers der Telegrafenstation, sowie des Schreibers.[157]
Die Mitglieder der genannten Räte wurde zur Hälfte von Amts wegen, zur anderen durch Wahlen bestimmt. Nur bei dem gewählten Teil der Räte trat die Regelung in Kraft, dass anteilig auch Christen berücksichtigt werden sollten.[158] In den Räten auf Kazaebene, den Idare-Medžlise, sollten alle Millets zu gleichen Teilen vertreten sein. Dabei waren Christen in den westlichen Gebieten des Vilajet unterrepräsentiert, wo ihr Anteil an der Bevölkerung relativ hoch war – umgekehrt verhielt es sich im Osten des heutigen Bulgarien, wo die christlichen Mitglieder im Verhältnis zu ihrem geringeren Anteil an der Gesamtbevölkerung überrepräsentiert waren.

Die Möglichkeiten, in die Medžlise gewählt zu werden, verengten sich dabei, je höher die Institutionen in der Hierarchie des Vilajet angesiedelt waren.[159] Zur jährlich stattfindenden Wahl konnte sich auf Gemeindeebene jeder männliche Bewohner stellen, der älter als achtzehn Jahre war und mindestens fünfzig Piaster Steuern zahlte. Um bei den Wahlen des Dorfes oder der Malá Müdirs (Vertreter der einzelnen Mahallas) antreten zu können, sollte der Kandidat mindestens dreißig Jahre alt sein und Steuern mindestens in der Höhe von hundert Piastern zahlen.[160] Auf Kazaebene wurde für den Kazarat alle zwei Jahre von einer Kommission eine Kandidatenliste erstellt. Letztere umfasste den Müdir der Kaza, den Kadi, den Mufti, den Imam, die Schreiber der Kaza sowie die religiösen Vorstände der anderen Gemeinden.[161] Nach der Zusammenstellung dieser ersten Liste wurde sie dem betreffenden Ihtjar-Medžlis vorgelegt, die ein Drittel der Namen strich. Daraufhin ging diese an den Kajmakam (Bezirksvorsteher) der betreffenden Kaza, der eine weitere Hälfte der Namen strich. Das übrige Drittel galt als gewählt.[162] Dieses Verfahren wurde auch auf den höheren Ebenen angewandt.

In den 1860er Jahren veränderte sich damit graduell die Inkorporation auch der christlichen Bevölkerung in die Verwaltung des Osmanischen Reiches auf dem Zentralbalkan. Hier war die nun institutionalisierte Mitsprachemöglichkeit auf lokaler Ebene, die zuvor in den beschriebenen, nicht institutionalisierten Beziehungen existiert hatte. Sicherlich waren die Aufstiegsmöglichkeiten für die Čorbadžije eingeschränkt, aber dennoch existent. Viele der späteren prominenten Vertreter des bulgarischen Staates erlebten ihren Aufstieg im osmanischen Beamtenapparat. Hier sei nur an Dragan Cankov erinnert, der wie zahlreiche

155 Ebenda.
156 Ebenda, S. 92.
157 Dunav, 22.3.1867.
158 Petrov, Tanzimat for the Countryside, 2007, S. 92.
159 Ebenda, S. 96.
160 Ebenda, S. 95.
161 Ebenda, S. 96.
162 Ebenda.

andere in der neuen Vilajetverwaltung tätig war.[163] Anderen, insbesondere aus der zentralen Region der neuen nationalen Bildungsbewegung, gelang der Aufstieg bis hin zur Mitgliedschaft im Staatsrat (Aleko Bogoridi, Gavril Karstevič). Demnach lässt sich von einer Verflechtung in der Entflechtung sprechen. Für diese Epoche ist der Widerspruch konstitutiv, dass der Entflechtung im Hinblick auf die Forderung nach der Loslösung vom Osmanischen Reich der Aufstieg in dessen Institutionen vorausging. Dragan Cankov und seine Arbeit in der Zensurbehörde stehen exemplarisch dafür. Diesem Prozess der Verflechtung in der Entflechtung ist – trotz einiger Ansätze in dieser Richtung – bisher zu wenig Aufmerksamkeit gewidmet worden.[164] Doch gerade ein solcher Ansatz kann die Offenheit gesellschaftlicher Entwicklungen besonders gut herausarbeiten.

Auch in der Provinz Pirot wurden die neuen Möglichkeiten spürbar. Dies geht aus dem Briefwechsel des Piroters Spas Vacov hervor, der in Zagreb studierte, und dem ein Freund zufrieden schrieb, dass sich die Einkommensaussichten zusehends besserten:

> Mein lieber Spasčo, Sofia wurde zum Vilajet ganz wie Rusčuk. Jetzt ist Niš, zusammen mit allen seinen Kazas, unter Sofia; und so wird unser Handelsgericht zukünftig ein divani istinaf (appelatives Gericht, Anm. N. St.) und ich als Mitglied werde 1000 Groschen monatlich erhalten. Dein wie ein Bruder.[165]

Die ex post als naturnotwendig begriffene Entstehung voneinander klar abgegrenzter nationaler Bewegungen, die ebenso stringent in dieser Wahrnehmung in der Auflösung des Osmanischen Reiches resultierte, waren von diesem gegensätzlichen Moment entscheidend geprägt. Milen Petrov und insbesondere Aleksandăr Vezenkov haben die Ambivalenzen beschrieben, die sich als Verflechtung in der Entflechtung auf den Begriff bringen lassen.[166] Jene Akteure, die sich für bulgarische Bildungseinrichtungen und eine unabhängige Kirchenorganisation einsetzten, konstituierten sich als politische Akteure in osmanischen Institutionen. Der Erfolg der Bestrebungen insbesondere zur Errichtung einer kirchlichen Autonomie, des späteren Exarchats, war zu einem Teil gerade dadurch bedingt, dass dessen Protagonisten aus osmanischen Institutionen heraus agierten, oder – wie der erwähnte wohlhabende Saraf Tăpčileštov, der zu einem bedeutenden Teil die Entstehung des Exar-

---

163 Cankov arbeitete u. a. zwischen 1863 und 1865 als Zensor für bulgarische Bücher in Svištov. 1863 ließ er in dieser Funktion Bücher von bulgarischen Lehrern konfiszieren. Danach wurde Cankov Lehrer in Russe und arbeitete mit Mihajlovski und T. Šiškov an der Midhatschen Schulreform, wofür er von russischen Zeitungen wie der *Vremja* heftig kritisiert wurde. Für seine Verdienste in diesen Ämtern erhielt Cankov von der Hohen Pforte den Orden Medzhidiye 5. Ranges. Ab 1867 distanzierten sich Cankov, Mihajlovski und Siskov von der Bildungspolitik im Vilajet; Pletnov, Midhat Paša, 1994, S. 162.

164 Vezenkov, In the Service of the Sultan, 2011; Brunnbauer, Ulf: Der Balkan als translokaler Raum. Verflechtung, Bewegung und Geschichte, in: Südosteuropa-Mitteilungen, 51 (2011) 3, S. 78–94.

165 Brief von Krsto Nešov an Spas Vacov nach Zagreb – ausgewählt von den Herausgebern, da hier nachgewiesen sein soll, dass Sofia Zentrum eines Vilajets wird, interessanter aber ist die Information der Beteiligung, ganz selbstverständlich an der Verwaltung; BAN-NA, F. 69 (SV), op. 1, a. e. 5, l. 19–20. 1–2; zit. nach Văzvăzova-Karateodorova, Kirila N. und Dragolova, Lidija (Hrsg.): Sofija prez Văzraždaneto, Sofija, 1988, S. 164.

166 Vgl. Vezenkov, In the Service of the Sultan, 2011; Petrov, Tanzimat for the Countryside, 2007, S. 217.

chats und der Errichtung einer bulgarischen Kirche in Istanbul mitfinanzierte – fest in der Istanbuler Gesellschaft verankert waren.[167] Erst diese Reformen der 1860er Jahre, die eine straffe Organisation zum Ziel hatten, ermöglichten überhaupt die Entstehung dieses neuartigen Kommunikationsraumes, in dem insbesondere in Istanbul eine in den verschiedensten Facetten national orientierte Presse entstand, wovon noch die Rede sein wird.

Für den lokalen Kontext ist hier wichtig, dass es zur Institutionalisierung von Handlungsspielräumen kam, die bisher von Wohlwollen, persönlichen Beziehungen und Neigungen der städtischen Notabeln abhingen. Freilich handelte es sich dabei um eine Balance zwischen bisherigen Gepflogenheiten, die nicht vollständig zurückgedrängt wurden, und den Neuerungen seitens der Reformer. Milen Petrov hat anschaulich beschrieben, wie der Anspruch einer straffen zentralistisch ausgerichteten Ordnung immer wieder dadurch konterkariert wurde, dass die beabsichtigten Veränderungen den jeweiligen lokalen Gegebenheiten angepasst wurden.[168] Aufgrund des Fehlens osmanischer Quellen können hier nur die Berichte der Zeitung *Dunav* herangezogen werden, wenn es um die Zusammenstellung der Piroter Medžlise geht. Eine Aufzählung der Spender für neue Zündnadelgewehre zeigt die Präsenz der Piroter Čorbadžije und Esnaflije in den neuen Institutionen, so etwa auch des Mali Rista, der an dieser Stelle als „Hristju Aga“ erwähnt wird.

Dabei ist allerdings bemerkenswert, dass die Aufzählung zuächst nach Konfessionen und erst anschließend nach Rang getrennt erfolgt. Für jede Konfessionen werden in jeweils hierarchischer Reihenfolge die Spender genannt. Dabei stehen an vorderster Stelle die Mitglieder der Verwaltung, danach folgen die angesehenen Städter. Zunächst werden die muslimischen Leitungsbeamten, danach die Ajane sowie in der Folge die Verwaltungsbeamten genannt.[169] Darauf folgen die christlichen, abgestuft nach Mitgliedern der Medžlise und danach den „gradski prvenci“.[170] Es folgen die Vorstände der Esnafe sowie Kaufleute[171], schließlich einzelne Vorsteher der umliegenden Dörfer[172]. Ganz am Ende finden sich angesehene Mitglieder der jüdischen Gemeinde[173]. Diese konfessionelle Abgrenzung

167 Mit einem Kapitel zur Familie Tăpčileštov, vgl. Davidova, Balkan Transitions, 2013.

168 Viele der Inspektionsreisen dienten dazu, die Verhältnisse vor Ort auszuloten, um dann zu entscheiden, welche Maßnahmen vor Ort jeweils durchführbar waren.

169 Pirotskija Kajmakam Halil Bej, Najbinat Hafiz Abdul Bakja, Hafiz Husein Efendi (beide Vertreter des Idare Medžlis), Hadži Hasan Bej (Mitglied des Daavije). Es folgen die „gradski prvenci“: Tahmis Ahmed Aga, Ibrahim Sami Aga. Danach der Leiter des Nufuz, Ahmed Efendi, (Gehilfe des städtischen Rates), der Leiter der Telegrafenstation Fehmi Efendi, Sandăk-Emini Mustafa Ferid Efendi.“ Danach noch „prvencite“ (der Umgebung, die Zuschreibung „gradski“ fehlt hier): Jusuf Bej, Veli Bej.

170 Hristju Aga und Penčo Aga als Vertreter des Idare Medžlis, Panajot Aga und Gogo Aga als Vertreter des Daavije. Der Mültesim Mitju Aga. Von den „prvenci“ (ohne „gradski“): Živku Gatev, Karakaš Iko, Kole Pešov, Petăr Vladikov, Georgi Hadži Videnov.

171 Bakal-Bašija Krstju, handžijat Gatju, bakalinat Vanči, bakalinat Branko, kujundžijat Gogu, gospodin Džeku Džordži, bojadžijat Kojčo, gospodin Kirku Živkov, Gogu Živkov, Gospodin Angelku, Gospodin Gjorgu.

172 Slavinjalijat (Slavinja) Gospodin Goke, Simkoslijat (Senokos) gospodin Mato, Čjariportlijat (Caribrod oder Čiprovci?) Gospodin Goke, Tudundijat (Tuden) gospodin Kiru, Želju Kjorev, Devku, Baltirilovcalijat (Balta Berilovac) Minu, Tešmicalijat (Temska) gospodin Gočjo, Vitanovcalijat (unklar) Galub, Vranicalijat (Vranište) Conko, Palankalijat (Ak Palanka) Stojan, Blatalijat (Blato) Goke, Starpovcalijat (unklar) Petr, Strelcalijat (Strelac) Jafet.

173 Evrejskite prvenci Hadži Mahir bazirgjan, Izrail bazirgjan, Jaku bazirgjan.

innerhalb der städtischen Hierarchie stand im Widerspruch zum „Osmanlilik“, dem im Hatt-i Hümayun von 1856 vorgegebenen Ziel, alle Untertanen zuerst als Osmanen zu betrachten. Dies wird bei der hier dokumentierten Sammelaktion deutlich, in der die Loyalität aller Untertanen, gleich welchen Glaubens, dokumentiert werden sollte. Ob Christen, Juden oder Muslime – sie alle spendeten für den Erfolg des Heers des Sultans. Das Spannungsverhältnis zwischen konfessioneller Segregation und einer überkonfessionell ausgerichteten Verwaltung kam schon in der Rede des Großvezirs Mehmet Köprülü in Pirot 1860 anlässlich der von ihm initiierten Neuwahl zum Ausdruck. Zwar wurden in einer Zeremonie die neuen Mitglieder der Medžlise mit dem Schwur auf ihr jeweils heiliges Buch vereidigt. Doch Köprülü betonte, alle Mitglieder der Räte seien gleich – nur ihre Glaubenszugehörigkeit „soll sie unterscheiden, und das außerhalb der Räte, mit der Bedingung, dass dieser Unterschied niemals zur Ursache von Hass und Leidenschaften werden soll“.[174] Trotz dieser Widersprüchlichkeit der ideologischen Fundierung der Räte – einerseits sollten die Angehörigen aller Konfessionen rechtlich gleichgestellt sein, andererseits die konfessionellen Unterschiede manifest sichtbar bleiben – stand die Inkorporierung der christlichen Čorbadžije in die neuen staatlichen Institutionen auf Kazaebene im Zusammenhang mit dem Aufschwung der christlichen Gemeinde in Pirot und den damit verbundenen neuen Möglichkeiten kommerzieller Interaktion jenseits konfessioneller Schranken.

Neben den Idare-Medžlise auf Kazaebene, der Beledije seit 1872 auf Stadtebene, sowie den einzelnen Vorständen der Malé bildete die kirchliche Gemeinde seit den 1830er Jahren weiterhin einen Ausgangspunkt für die Beteiligung an der Regelung öffentlicher Angelegenheiten, allerdings in konfessionellen Grenzen. Wie oben beschrieben, war es die ursprüngliche Aufgabe der Gemeinde, finanzielle Mittel für die kirchliche Infrastruktur zu gewährleisten, die Piroter Schule, ebenso wie die Armenfürsorge[175] und die Pflege der Friedhöfe zu finanzieren, sowie einen Teil der Bezahlung der örtlichen Popen zu gewährleisten.[176]

In den folgenden Jahren, insbesondere seit Ende der 1850er, erweiterte sich der Umfang der Tätigkeiten der Gemeinde zusehends, es existierten nun ein „školski dućan“ („Schulladen“)[177] sowie eine Mädchenschule.[178] Insbesondere die Geldgeschäfte nahmen nun immer größeren Raum im Kondik ein. Drei Arten von Leihgeschäften werden dabei sichtbar: Senet, Temesuc und Reim.[179]

Die Erweiterung der Aufgaben legt es nahe, weniger von einer Kirchengemeinde zu sprechen und die zeitgenössischen Bezeichnungen „Obština/Obštestvo“ zu verwenden. Diese enthalten in ihrer semantischen Bedeutung auch die Kirchengemeinde, deuten jedoch zugleich auf die Erweiterung der Handlungsmöglichkeiten in einer säkularen Richtung hin, die bei „Obštestvo“ deutlicher mitschwingt, nicht zuletzt, da dies im Bulgarischen auch als „Gesellschaft“ verstanden werden kann. Ebenso wie im Abschnitt zum „Pirotsko Obštestvo“ an dem Wort „Gradonačalnik“ beschrieben, schwingen unterschiedliche Be-

174 Bălgarija, 20.7.1860, Nr. 70, S. 270 f.
175 So ist etwa für 1839 angegeben: „za siromasi košulje i benevreci“; Nikolić, Tefter, 1976, S. 9.
176 Ebenda, S. 25.
177 Ebenda, S. 134.
178 „eine Wagenladung Holz für die Mädchenschule“ . Ebenda, S. 136.
179 Ebenda, S. 45.

deutungen mit, sodass es problematisch wäre, tatsächlich eine Art „Bürgermeister" oder „Kommune" darunter zu verstehen. Ebenso problematisch ist es, diese säkulare Dimension einfach beiseite zu lassen. Eine stärker säkulare Akzentuierung erscheint umso mehr gerechtfertigt, als für diesen Zeitraum in anderen Städten des Zentralbalkans regelrechte „Verfassungen" der Obštini ausgearbeitet wurden.[180] Eine solche liegt für Pirot nicht vor, doch entspricht die Führung des Kondik den Regeln der Verfassung für Samokov, welche die Wahl von Epitropi aus den Reihen der bekannteren Personen vorsieht sowie deren Aufgabenfeld beschreibt.[181]

Anscheinend führte der wachsende Umfang der Geldgeschäfte dazu, dass in Pirot zwar weiterhin zwei Epitropi bestimmt wurden, welche die Verantwortung für jedes Jahr übernahmen, doch die „Buchhaltung" wurde in den 1860er Jahren von zwei weiteren Personen, Georgi Pavlov und Rista Nikolin, im ständigen Wechsel, aber durchgängig geführt.[182] Die Leihgeschäfte vermitteln eine Strukturierung nach unterschiedlichen Gruppen, worin auch Gender eine bedeutende Rolle spielt. So sind es v. a. Frauen, die gegen Pfänder leihen. Dabei handelte es sich um geringfüge Summen von einigen Groschen. Dabei stellt sich auch die Frage, ob dies bedeutet, dass der zunächst als Pfand hinterlassene Schmuck als ausschließliches Eigentum der Frauen betrachtet wurde. Doch auch einzelne Kaufleute waren seit Mitte der 1850er Jahre in der Lage, Geld zu verleihen. Der Tefter des Kaufmanns Kota (Pešin) Kuklin, dem Kompagnon des Mali Rista, zeigt, dass auch einzelne Kaufleute in der Lage waren, größere Kredite zu gewähren.[183] Kota Kuklin scheint in dieser Zeit so wohlhabend gewesen zu sein, dass er 1869 das ehemalige Grundstück (wohl in Pazar) des Hadži Neša aufkaufen konnte.[184]

Bei den Temesuci, Belegen über eingezahltes Geld, sind es die bekannteren Čorbadžije, die größere Summen investierten.[185] Es folgen mit deutlich kleineren Beiträgen Handwerker. Unter den Schuldnern dagegen finden sich insbesondere Gärtner und Fuhrleute.[186] Es

---

180 In den 1850er Jahren: Samokov (Hristov, Bălgarskite Obštini, 1973, S. 135) und Koprivštica. Ebenda, S. 140.

181 Ebenda, S. 135.

182 Temesuci werden ab 1864 von Petar Nikolić verzeichnet; Nikolić, Tefter, 1976, S. 60. Diese Liste ist besonders bedeutend als Übersicht über Čorbadžije 1864 und deren Rang bzw. Einzahlung. Auch Frauen zahlten ein: „Eka na Stamena Miru Žena (Eka, die Frau von Stamen Mita)". Ebenda. 102 Personen werden aufgezählt.

183 1871 Априлийа 23: Конта насенете Куде щоима даузимамъ. (1871, April der 23. Konten der Senets, die mir zustehen) Insgesamt verlieh Kota Kuklin für einen Zeitraum von einem halben Jahr an sechzehn Schuldner 27.996 Groschen; Tefter des Kota Kuklin, S. 62.

184 „1869 йулийя 20: означавамъ кадъ узе хаџи нешино старо празно место сасъ едну ижу ћирамиску от парите метури хаџи амета и от х. Иврама лире турсће доброуности 109 гроша лира 6195 хометъ параси иба". (1869 Juli, der 20.: Ich zeige an, wann ich Hadži Nešas altes leeres Grundstück kaufte, mit einem Haus mit Ziegeldach, von dem Geld (...) des Hadži Ahmet und Hadži Avram (Ibrahim?) Ebenda, S. 134.

185 Dort sind etwa angeführt: Čorbadži Rista mit einer beglaubigten Einzahlung von 3.240 Groschen sowie Kola Kokalo mit 5.125 Groschen. Ebenda, S. 114.

186 „Басчаван" (Basčavan, Gärtner) und „Рабаџие" (Rabadžije, Fuhrleute). Dazu kommen noch „Милостивно" (für die Armen), „Пангаръ" (панагиар – Spendenschale zu Ehren der Muttergottes). Ebenda, S. 69.

werden die Konturen zumindest des christlichen Teils der Stadtgesellschaft sichtbar, in denen sich auch die unterschiedlichen sozialen Schichten abzeichnen.

Eine Vorstellung von der Hierarchie innerhalb der christlichen Opština gibt ein Dankesschreiben, das die Piroter Čorbadžije an den Sultan richteten, da dieser eine größere Summe für die Errichtung einer Schule innerhalb der Metropolie gespendet hatte.[187] Auf das Schreiben folgen in mehreren Reihen die Unterschriften angesehener Städter samt dem Abdruck ihres jeweils persönlichen Siegelrings, die mehr als zwei Drittel des Briefes einnehmen. Dort scheint die Reihenfolge nicht dem Zufall überlassen worden zu sein: Am Anfang steht der immer wieder zu Beginn solcher Schreiben auftauchende Name des Hadži Viden Ioanovič. Als dritter in der ersten Reihe nach Kola Gogin (vermutlich ein Nachkomme des in früheren Briefen zu Beginn genannten Goga Caribrotli) wird der aktuelle Kodžabaša Penča genannt. Der hier oft im Mittelpunkt stehende Mali Rista tritt erst an sechster Stelle, aber immerhin in der ersten von sechs Zeilen als Rista Ioanov in Erscheinung. In den ersten drei Zeilen finden sich mit ihrem Siegelringabdruck Piroter Städter, in den nächsten drei Reihen folgen Personen aus Dörfern, wahrscheinlich die Kmeten des als Nachname genannten Dorfes, die ihren Namen mit einem in Tinte getauchten Fingerabdruck beglaubigten.[188]

Demnach ist das Obštestvo nicht in erster Linie als in sich homogene Gemeinde zu verstehen, in der eine konfessionell grundierte Solidarität alle Mitglieder miteinander vereint. Vielmehr lassen sich die einzelnen gesellschaftlichen Gruppen erahnen, wobei der Einfluss der Čorbadžije auf das Obštestvo am deutlichsten durchscheint. Diese treten ebenso als Eigner von Čifliks in Erscheinung, so dass sich daraus schließen lässt, dass soziale und konfessionelle Trennlinien nicht zusammenfielen.[189]

Insgesamt lässt sich demnach die klassische Vorstellung von muslimischen Herrschern und unterdrückten Christen nicht aufrechterhalten. In der bulgarischen Historiografie in der Epoche des Staatsozialismus wurden die unterschiedlichen gesellschaftlichen Konstellationen und Interessen insbesondere zwischen Handwerkern zwar herausgearbeitet,[190] allerdings erfuhren diese wiederum insbesondere bei Hristov letztlich eine Reduzierung auf einen angenommenen Gegensatz zwischen nationalbewussten Esnaflije und osmanenhörigen Čorbadžije. Während die Esnaflije mit der Forderung nach mehr Mitspracherecht immer auch die Notwendigkeit nationaler Emanzipation verbunden hätten, erscheinen die Čorbadžije auf den schnellen Vorteil aus, der in opportunem Verhalten gegenüber der Staatsmacht resultiert. Der in dieser Meistererzählung inhärente Widerspruch, dass die Čorbadžije zugleich als Gönner und Wohltäter vermittels der Errichtung und Finanzierung von Schulen gelten, wird nicht thematisiert.

Für Pirot lässt sich ein solcher Gegensatz zwischen Esnaflije und Čorbadžije nicht aufspüren, zumal auch weitere verschiedene Akteure auf der Bildfläche erscheinen, die in der

187 Schreiben der Piroter Čorbadžije an den Sultan 1854. Osmanisches Archiv des Premierministerium (BOA), Istanbul, MVL 272/26 (11 Cemaziyelahir 1270=11 März 1854). Ich danke Florian Riedler, der mir diese Quelle zur Verfügung gestellt hat.

188 Vielleicht handelte es sich beim Tragen des Siegelrings ebenso um eine Neuerung, in der eine graduelle Veränderung der Stellung der christlichen Händler sichtbar wird.

189 Ein Ristin Čivlik wird im Kondik erwähnt: Марица у Ристинъ чивлик (Marica in Ristin Čivlik),; Nikolić, Tefter, 1976, S. 79. Vgl. auch Velkova/Panajotović, Mali Rista, 2014, S. 13.

190 Hristov, Bălgarskite Obštini, 1973; Daskalov, Kak se misli bălgarsko văzraždane, 2002.

Fokussierung auf Esnaf und Čorbadžije ausgespart bleiben: verwitwete Frauen, Fuhrleute, Čiflikdžije, die zumeist recht kleine Summen Geld gegen Pfänder leihen, sowie Gärtner.

Ebenso zeigt sich in dem Kondik, dass insbesondere seit Mitte der 1860er Jahre jeweils beide Epitropi Esnaflije sind, während zuvor jeweils ein Čorbadžija und ein Esnaflija mit dieser Aufgabe betraut wurden.[191] Während sich die Esnaflije zunehmend – jenseits ihrer Esnafe – auch innerhalb der Obština Einfluss aneigneten, erweiterten die Čorbadžije ihren Handlungsspielraum auf der Ebene der gesamten Stadt und der Kaza, wie es die zuvor erwähnte Spenderliste mit Hristo Aga und Penčo Aga als Vertreter des Medžlis gezeigt hat. Die Möglichkeit, das Obštesvo als eine Form von Zivilgesellschaft in ihrem Entstehungsprozess zu bezeichnen, findet darin seine Grenze, da Entscheidungsprozesse sicherlich auch informeller Macht folgten.[192]

Die erwähnte Spenderliste aus dem Amtsblatt *Dunav* geben eine ungefähre Vorstellung von der Kooperation zwischen christlichen und muslimischen Notablen, wie sie auf institutioneller Ebene erforderlich war. Bisher gab es kaum Anhaltspunkte, inwieweit solche Kooperationen jenseits konfessioneller Segregation lediglich auf die Vorgaben der Reformer zurückzuführen waren, die dann mit der Errichtung solcher Medžlise und insbesondere der Beledije in Gang kamen, aber außerhalb der neuen Institutionen nicht existierten – oder ob diese tatsächlich auf außerinstitutionellen Verkehrsformen der Stadtgesellschaft beruhen konnten. Ein Brief der Piroter aus dem Jahr 1861 an den erwähnten Tăpčileštov deutet dagegen auf Letzteres hin. Der Inhalt des Briefes ist vergleichsweise ungewöhnlich: Die „narodoprestaviteli" („Volksvertreter"), wie sich die Vertreter der Piroter Obština in diesem Brief nannten, baten darin den Carigrader Saraf, dem aus Pirot geflohenen Sohn des Mustafa Aga auszurichten, dass er wieder zurückkehren könne. Es scheint, als hätte sich Tăpčileštov um diesen zuvor gekümmert, da sich die Čorbadžije bei ihm für dessen Hilfe bedankten: „Които отми дасмо благодарни навашитъ трудъ що дасе потрудите Заради мустава агинога сина по ймену Йбраим."[193]

Einer möglichen Spekulation zufolge hatte dieser Sohn Schulden angehäuft, offenbar bei den Piroter Čorbadžije, ohne die Möglichkeit, diese zu begleichen. Da dies wohl den Zorn seines Vaters hervorrief, hatte er die Stadt verlassen. Nun ließen die Piroter christlichen Čorbadžije ausrichten, dass alle Schwierigkeiten bereinigt seien. Sie betonten, dass sein Vater Mustafa kein schlechter Mensch sei und er daher nichts zu befürchten habe. So heißt es in dem Brief:

> даница пратишъ упиротъ даси дома доиде Коитоес данас у цари градъ наоди (…) сасъ кога год било човека то убаво да му кажешъ нищо да се негрижа Ващо писмо сва община за нега молили одъ неговога бащу мустава агу прозку

191 Am Kondik zeigt sich insbesondere zu Beginn der 1870er Jahre, dass das Amt der Epitropi zunehmend von Handwerkern der Esnafe ausgeübt wird. Einerseits kann dies etwas über deren wachsenden Einfluss, andererseits aber genauso etwas über die Wichtigkeit der neuen Gremien für die Kaufleute, wie der Idare Medžlis, aussagen, die zunehmend von diesen Ämtern beansprucht sind.

192 Hier wäre der zeitgenössische Ausdruck der „Association" am nächstliegenden als Neuerung Mitte des 19. Jahrhunderts gegenüber klassischer „Korporation" verwendet, die ein freiwilliger Zusammenschluss im Gegensatz zu ständisch gebundenen Verbänden ist.

193 Brief der Piroter Obština an Hristo Tăpčileštov, 2.5.1861. NBKM BIA 1.A.166: „Wir sind dankbar für Ihre Mühe, die sie auf den Sohn von Mustafa Aga verwendet haben".

> узели защо негов баща нее лошъ човекъ досад билъ итако данасъ благодари да му синъ доиде код нега защо он еданъ синъ у бащу и он како сваки млад човекъ огрешилъ тесие свои домъ оставилъ й на вешъ уцари градъ дошалъ тосе данасъ све негове грешке оди бащуту простише и слободно да си дойде у свои вилаетъ (...) зато това турче сва пиротска община га сака даси доиде икабулъ чини имали иголеми ИЧорбацие исиромаси и селски и градски.[194]

Der Brief macht die oben diskutierte hierarchische Struktur der Gemeinde deutlich, die aus distinkten Gruppen den „großen" und den „kleinen", den „Städtern" und den „Dörflern" besteht. Bedeutend ist ebenso, dass hier sichtbar wird, dass „Vilajet" und „Heimat" synonym verwendet werden. Dabei handelte es sich um eine traditionelle Bezeichnung, die nicht mit der neuen administrativen Einheit verbunden war.

Im Zusammenhang mit den hier diskutierten Verflechtungen ist v. a. bemerkenswert, dass sich die christlichen Čorbadžije an den christlichen Kreditier und Kaufmann in Istanbul wenden, um die Angelegenheiten einer muslimischen Familie aus Pirot voranzubringen. Voraussetzung hierfür war sicherlich ein Vertrauensverhältnis zwischen dem genannten Mustafa Aga und den Piroter Čorbadžije, das offenbar durch das Handeln des Sohnes drohte, in Mitleidenschaft gezogen zu werden. Es zeigt sich, dass die Institutionen der Reformen nicht nur Fassaden waren, hinter denen die konfessionelle Segregation weiterhin wirksam blieb, sondern dass diese mit schon bestehenden Netzwerken korrespondierten, die über sporadische Geschäftsverbindungen hinausgingen.

Im Hinblick auf den Handlungsspielraum der lokalen christlichen Bevölkerungen sind drei Ebenen von Bedeutung, auf denen sich die Handlungsmöglichkeiten für bestimmte gesellschaftliche Akteure zeigten.

Erstens die nun institutionalisierte Mitsprache auf Kazaebene – die sicherlich nicht vollständig die bis dahin existenten lokalen und regionalen Netzwerke und konfessionsübergreifenden Beziehungsgeflechte ersetzte.

Zweitens bedeuteten die Zentralisierungsbestrebungen, die den wesentlichen Inhalt der Reformen seit 1861 darstellten, keineswegs ein vollständiges Durchdringen der lokalen Machtgeflechte. Davison spricht auf der Ebene von imperialem Zentrum und neuer Provinz von „a mixture of centralization and decentralization".[195]

Dies zeigt sich auch an Mali Rista: Obwohl er gerade Ende der 1860er Jahre in großen Schwierigkeiten steckte, die auch Nachforschungen aus dem staatlichen Zentrum zur Folge hatten, gelang ihm gar die Wahl in den Idare-Medžlis, wie die von ihm angeführte Spenderliste in der *Dunav* zeigte. Im ambitionierten Vorhaben der Einführung einer strafferen

---

194 Ebenda. „Dass du ihn uns schickst nach Pirot, damit er nach Hause kommt, der jetzt in Carigrad ist. (...) Gleich mit welchem Menschen, damit du ihm schön sagst, dass er sich nicht sorgen braucht. Die ganze obština hat seinen Vater hat um Vergebung gebeten und bekommen,, denn er ist kein schlechter Mensch bisher gewesen und deshalb ist er jetzt dankbar, wenn sein Sohn zurückkehrt, denn es ist sein einziger und wie jeder junge Mensch hat er sich versündigt, indem er sein Heim verlassen hat, alle seine Verfehlungen verzeiht ihm sein Vater und er kann ganz frei in seine Heimat zurückkehren, denn diesen jungen Türken möchte die ganze Piroter Opstina zurück und dass er dort Gutes tut, auch die Kleinen und die Großen, die Čorbadžije und die Armen, die Dörfler wie die Städter" Es folgen die Unterschriften.

195 Davison, Reform in the Ottoman Empire, 1963, S. 146.

Verwaltung gelang es den bis dahin einflussreichen lokalen Akteuren, sich an die neuen Gegebenheiten anzupassen, ohne bedeutende Machteinbußen zu erleiden. Vielleicht gilt dies insbesondere für die christliche Bevölkerung, im Unterschied zu den bis dahin in einem größeren regionalen Maßstab einflussreichen muslimischen Notabeln. Umgekehrt passten auch die Reformer ihre Maßnahmen an den jeweiligen lokalen Kontext an. Wie Milen Petrov gezeigt hat, muten die Reformen im Donau-Vilajet daher wie ein beständiges vorsichtiges Sondieren an, inwieweit jeweils die Ziele umgesetzt werden konnten.[196] Im Unterschied zur Herzegowina zeigt sich, dass es zu keinem offenen, gar gewaltsamen Konflikt um die Durchsetzung der neuen Ordnung kam. Vielmehr erscheint die Etablierung des Donau-Vilajet als ein beständiger Prozess der Aushandlung zwischen der neuen Vilajetverwaltung und den jeweiligen lokalen Akteuren, der insbesondere für deren christlichen Teil sogar eine Erweiterung ihres Wirkungskreises mit sich brachte.

Drittens zeigen die lokalen Quellen den Grad der Verflechtung gerade im kommerziellen Bereich an. Angesichts des zähen Vorurteils von der „osmanischen Unterdrückung“ kann nicht oft genug betont werden, dass auch in diesem Teil des Osmanischen Reiches gesellschaftliche und konfessionelle Grenzen nicht deckungsgleich waren. Die Unzufriedenheit, die während der Inspektionsreise 1861 zum Ausdruck kam, richtete sich gegen christliche und muslimische Čiflikbesitzer und Steuerpächter gleichermaßen. Vielmehr handelte es sich um Grenzen innerhalb der Stadt, zwischen Kaufleuten, Prvenci (den „Ersten“) und Professionen im Hinblick auf Rang und Einfluss, welche die zugleich vermeintlich konfessionell klar gegliederte Hierarchie unterliefen, wie sie die Reformer in den Spenderlisten der *Dunav* abbilden wollten. Allgemein existierte in Anlehnung an Burcu Akan Ellis eine gesellschaftliche Grenze zwischen den Städtern, Šehirilije und der Landbevölkerung. Zugleich blieb diese für die hier behandelte Region besonders in der Zeit der Tanzimat recht unscharf. Gerade in den 1860er Jahren kam eine gesellschaftliche Dynamik zur vollen Entfaltung, die sich in den beiden Jahrzehnten angebahnt hatte. Der Erfolg einer neuen Gruppe von Aufsteigern aus den umliegenden Dörfern, wie es Mali Rista war, bestand v. a. darin, von seinen Bezügen zur Landgesellschaft zu profitieren.

Kanitz, dem sich freilich nicht nachsagen ließe, dass er besonders große Sympathien für das Osmanische Reich hegte, vermerkte mit Anerkennung die sichtbaren Neuerungen:

> Vieles fand ich total verändert.[197] (...) Schon im Herbste 1864, als ich West-Bulgarien nach blos zweijährigem Intervall wieder betrat, konnte ich die ersten Anfänge wohlthätigen Umschwungs wahrnehmen, welche Mithad's neues Regiment, namentlich in dem socialen Verhältnisse zwischen Moslims und Rajah, zum mindesten äusserlich hervorgerufen hatte. Ich war überrascht, in den Konaks zu Vidin, zu Lom, Adlieh u. s. w., die Rajah menschenwürdiger von den türkischen Beamten behandelt zu sehen, ja in einzelnen Bureaus christlichen Beamten zu begegnen; wenn auch diese nur mehr geduldet, als gleichberechtigt neben ihren moslim'schen Collegen erschienen. Ganz besonders fiel mir aber das veränderte Benehmen der meine Escorte bildenden Zaptie's (Gensd'armen) gegenüber der bäuerlichen christlichen Landbe-

196 Petrov, Tanzimat for the Countryside, 2007, S. 314.
197 Kanitz, Donau-Bulgarien und der Balkan, 1875, S. 102.

völkerung auf, deren schlimmste Feinde und Bedränger sie noch zwei Jahre zuvor gewesen waren.[198]

2.4 Kommunikationsräume in der spätosmanischen Epoche

Die Auseinandersetzung mit Grenzziehungen impliziert notwendig die Beschäftigung mit den Veränderungen der Fassungen von Gebieten und Landschaften, erfordert die Vergegenwärtigung von Kommunikationsräumen vor der Entstehung der Nationalstaaten. Besonders die hier behandelte Epoche ist angesichts der Errichtung des Donau-Vilajet von besonderem Stellenwert: Die politischen Veränderungen sollten ihren Ausdruck auch und besonders durch eine Neugliederung des gesellschaftlichen Raumes finden. Bislang allerdings wird die Relevanz der räumlichen Dimension von Ordnung und Herrschaft im Osmanischen Reich ausgesprochen niedrig veranschlagt.

Die Konzeptionalisierung des osmanischen Erbes im Hinblick auf die Prägung von Landschaften und deren Nachwirken in der Strukturierung von Raum ist in Südosteuropa bekanntlich ein weites und recht umstrittenes Feld. Selbst Maria Todorova sieht keine Notwendigkeit einer Anknüpfung, wenn überhaupt, dann im Hinblick auf die vorosmanische Epoche: „The internal Ottoman divisions had followed closely the boundaries of the numerous Balkan principalities existing in the 14th and 15th centuries and the stages of ottoman conquest." Sie geht dagegen von einer „clear, although not immobile continuity from the pre-Ottoman period" aus.[199]

Hier zeigt sich kaum ein Unterschied zur klassischen national zentrierten Forschung, wie sie insbesondere bei Petăr Koledarov deutlich wurde. Dieser setzte die Relevanz der osmanischen Herrschaft für Raumstrukturen und Orientierungen in historischer Perspektive ausgesprochen niedrig an, wenn er sie nicht gar für unbedeutend hielt.[200] Dennoch soll im Folgenden überlegt werden, inwieweit die osmanische Epoche, die ein halbes Jahrtausend lang diesen Raum geprägt hat, ebenso zur Formung dessen beigetragen hat, was als historische Region bezeichnet werden kann, deren Wandel und Wirkung in den weiteren Teilen dieser Arbeit von großer Bedeutung ist.

In den 1860er Jahren, die hier im Mittelpunkt stehen, kam es mit der Gründung des Donau-Vilajets zu einer dialektischen Wechselbeziehung zwischen Zentralisierung und Regionalisierung, wie sie anhand der Partizipationsmöglichkeiten veranschaulicht wurde: Einerseits wurden die bisherigen Rechte und Handlungsspielräume der Statthalter und der lokalen Notabeln beschnitten.[201] Andererseits bedeutete die neue Aufmerksamkeit für die Strukturierung der Provinzen im Hinblick auf Verwaltung, Verkehr und Kommunikation

198 Ebenda, S. 113.

199 Todorova, Maria: The Ottoman legacy in the Balkans, in: Imperial legacy. The Ottoman imprint on the Balkans and the Middle East, hrsg. von Carl L. Brown, New York, 1996, S. 45–77, hier S. 54.

200 Koledarov, Peter: Ethnical and Political Preconditions for Regional Names in the Central and Eastern Parts of the Balkan Peninsula, in: An historical geography of the Balkans, hrsg. von Francis W. Carter, London, 1977, S. 293–317.

201 Ursinus, Michael: Regionale Reformen im Osmanischen Reich am Vorabend der Tanzimat, Berlin, 1982.

deren neuartige Profilierung.[202] Dies beinhaltete zwar aus der Perspektive der Zentralmacht auch das Ziel einer Vereinheitlichung der Provinzen, zugleich aber erweiterte sich innerhalb der Provinzen der Kreis gesellschaftlicher Gruppen, die an Entscheidungsprozessen beteiligt wurden. Auf diese Weise konnte sich eine organisatorische Kohärenz innerhalb der Provinzen anbahnen, wie sie bis dahin unbekannt war.[203]

Das Donauvilajet entstand aus den bisherigen drei Ejalets Niš, Vidin und Silistra, und umfasste eine Fläche von etwa 92.000 km^2.[204] Es reichte damit vom heutigen Südostserbien über das Gebiet des heutigen Bulgarien zwischen Donau und Balkangebirge bis hin zur Landschaft der Dobrudscha sowie den Küstenstreifen am Schwarzen Meer. Damit fanden sich unterschiedliche Landschaften unter einer Verwaltung zusammen, deren Hauptsitz Russe an der Donau in der östlichen Hälfte des Vilajets wurde: die Gebiete zwischen der Landschaft Kosovo und Niš, die protoindustriellen Zentren am Nordhang des Balkangebirges von Gabrovo, das wichtige regionale Zentrum Veliko Tărnovo sowie die weitläufige, von größeren Gütern geprägte Landschaft südlich der Donau.[205] Insbesondere dort dominierte ausgedehnterer Čiflikbesitz, der dagegen in der hier behandelten Region in kleinerem Umfang in Erscheinung trat. In der national zentrierten Geschichtsschreibung ist die Vorstellung vorherrschend, dass das Vilajet ursprünglich „Bulgaristan" heißen sollte. Jedoch sei dies aufgrund der Befürchtung einer Stärkung der bulgarischen Nationalbewegung verworfen worden. Aus demselben Grund sei nicht Tărnovo Hauptstadt geworden, da dieses in den Augen der Osmanen ein Zentrum der nationalbewussten Bulgaren gewesen sei.[206]

Die neue Verwaltungsorganisation fügte die bisher bekannten Einheiten Sandžak, Kaza und Nahije in einer neuen Hierarchie zusammen. Das Vilajet war unterteilt in sieben Sandžaks[207]: Niš, Vidin, Sofia, Tărnovo, Russe, Varna und Tulča. Jeder dieser Sandžaks bestand aus mehreren Kazas.[208] In diesen wiederum stellten Nahije, Karije und Kasabat (Städte und größere Ortschaften), wie oben erwähnt, die grundlegenden Verwaltungseinheiten dar.[209]

Pirot bildete das Zentrum einer gleichnamigen Kaza, die etwa jenem Gebiet entsprach, das hier im Mittelpunkt steht, und befand sich im Sandžak Niš. Dieser gliederte sich in

---

202 Vgl. Reinkowski, Dinge der Ordnung, 2005.

203 „Es zielte auf eine Zentralisierung innerhalb des Vilayet und die Stärkung des Provinzgouverneurs, sollte aber zugleich die Eigenständigkeit der Provinzen gegenüber Istanbul erhöhen. Die Kompetenzen der einzelnen Verwaltungsorgane wurden genauer bestimmt und voneinander abgegrenzt. Die Ortschaften (karye) und Dörfer (köy) erhielten ihre eigene Verwaltung, die ein Ältestenrat (ihtiyar meclisi) unter dem Vorsitz eines von den lokalen Notabeln gewählten Muhtar führte. Das anfangs nur im Donau-Vilayet als einer Modellprovinz angewandte Gesetz wurde wenig später auch in Bosnien, Erzurum und Syrien eingeführt." Ebenda, S. 44.

204 Petrov, Tanzimat for the Countryside, 2007, S. 52.

205 Ebenda.

206 Ebenda, S. 18.

207 Wie erwähnt existierte die Bezeichnung „Sandžak" schon seit langer Zeit für kleinere Verwaltungseinheiten, ebenso wie in jurisdiktioneller Hinsicht die Bezeichnung „Kaza". Hier wurden diese in einen neuen administrativen Bezugsrahmen zwischen Zentrum und Peripherie gesetzt; vgl. ebenda, S. 83.

208 Tabelle ebenda, S. 86.

209 Ebenda, S. 83.

sechs Kazas: Niš, Pirot, Prokuplje (Ürgüb), Leskovac (Leskofca), Vranje (Ivraniye) und Trn (Iznebol). Dabei waren die Kazas in drei Klassen unterteilt, deren Bedeutung bislang unklar ist: Die Kaza Pirot bildete die erste Klasse, während Leskovac und Vranje zur zweiten, Prokuplje und Trn zur dritten gehörten.[210] Damit änderte sich zunächst wenig an dem bisherigen regionalen Orientierungsrahmen für die Piroter Stadtgesellschaft. Allerdings bedeutete die Ausrichtung der Sandžaks auf das neue Zentrum des Vilajets in Russe einen neuen überregionalen Orientierungsrahmen, der zu dem traditionellen hinzukam, der auf die Hauptstadt des Osmanischen Reiches ausgerichtet blieb. Dies zeigte sich auf dreierlei Weise, erstens in der schon erwähnten Verwaltungsstruktur, zweitens in neuen Formen der Kommunikation sowie drittens in den neuen Verkehrslinien. Im Folgenden stehen die letzteren beiden Dimensionen im Mittelpunkt.

Fast noch im Jahr der Gründung der neuen Donauprovinz wurde auch das Amtsblatt *Dunav/Tuna* ins Leben gerufen. Es handelte sich dabei buchstäblich um ein Dokument der Tanzimat. Die Zeitung diente den Redakteuren, die zugleich zum engsten Kreis der Reformer gehörten, auch dazu, die Bestrebungen der Reformen zu erklären und in die Gesellschaft hinein zu vermitteln.

Die Entstehung des neuen Kommunikationsraums steht in einer engen Wechselbeziehungen zu den Inhalten, die vermittelt werden sollten. Daher ist es notwendig, auch die Ideen und Vorstellungen von gesellschaftlicher Ordnung zu thematisieren, die vermittelt werden sollten, und welche Akteure daran partizipierten.

Insgesamt genossen die Amtsblätter in den Provinzen, die im Zuge der Tanzimat gegründet wurden (Prizren, Bosna etc.), in der sich in Istanbul formierenden intellektuellen Öffentlichkeit kaum Ansehen. Die Zeitung *Istanbul* etwa kritisierte gerade unter dem Gesichtspunkt des offiziösen Charakters der Amtsblätter, von dem sie sich als private Zeitung abheben wollte, deren Einfallslosigkeit und letztlich Nutzlosigkeit.[211] Insbesondere mit der *Bosna* wurde dabei hart ins Gericht gegangen, deren Berichte nach Ansicht der Redakteure der *Istanbul* nur aus Kuriositäten wie Kälbern mit zwei Köpfen und ähnlichen Sonderlichkeiten bestünden.[212] In einer Serie von Artikeln, die sich mit der Provinzpresse auseinandersetzte, wurde allerdings die *Tuna/Duna* den übrigen Amtsblättern als Vorbild gegenübergestellt. Diese sei mehr Gazette als Amtsblatt und veröffentliche auch eigenständige Reflexionen zu den Veränderungen in diesem Teil des Osmanischen Reiches. Gewürdigt wurde allerdings, dass sich der Blick der *Tuna* auch über die Grenzen des Osmanischen Reiches nach Westen richte. Die *Istanbul* hob insbesondere die Presseschau in der zweimal wöchentlich erscheinenden *Dunav/Tuna* hervor, die auf Übersetzungen aus französischen, Wiener und Berliner Zeitungen beruhte. Tatsächlich nahm diese Presseschau einen bedeutenden Teil des Blattes ein. Die *Dunav/Tuna* erschien auf vier Seiten bilingual in türkischer und bulgarischer Sprache. Der erste Teil enthielt Nachrichten aus der Verwaltung des Vilajets, es folgten Berichte aus allen Sandžaks des Vilajets, die ungefähr ein

---

210 Dunav, 1.3.1865, S. 2.

211 Ursinus, Michael: Gazette and Independent. Early Disputes between Ottoman Newspapers. Metropolitan versus Provincial, in: Querelles priveés et contestations publiques. Le role de la presse dans la formation de lópinion publique au Proche Orient, hrsg. von Christoph Herzog, Raoul Motika und dems., Istanbul, 2002, S. 99–114, hier S. 105.

212 Ebenda, S. 106.

Drittel des Blattes einnahmen. Den größten Raum beanspruchten Meldungen über Ereignisse in Frankreich, der Donaumonarchie, Preußen sowie Russland, die teils aus Übersetzungen von Zeitungsartikeln aus diesen Ländern bestanden. Zumeist waren sie zugleich mit Kommentaren versehen, die über die Bedeutung und den Nutzen für das Publikum belehrten, die diese aus der Lektüre über die jeweiligen Geschehnisse ziehen konnten.
Gerade im Hinblick auf die potentielle Leserschaft, die zu dieser Zeit angesichts des rudimentären und erst im Aufbau begriffenen Schulsystems möglicherweise aus einem recht kleinen Kreis bestand, erscheint die Zahl von 1.500 Exemplaren beeindruckend (ursprünglich waren es 100)[213] und vermag eine Ahnung von einem im und über das Vilajet hinaus entstehenden Kommunikationsraum zu geben. Immer wieder wurden besonders gefragte Ausgaben nachgedruckt.[214]

2.4.1 Bildung für die Untertanen und Konflikte in einer neuen Form von Öffentlichkeit

Vermittels der Auseinandersetzung mit der *Tuna/Dunav* lassen sich neue Momente in der Rechtfertigung und Darlegung des Sinns der bestehenden Herrschaftsordnung erschließen. Verlautbarungen über Neuerungen im Leben der Provinz, die das Amtsblatt dokumentierte, spielten sich auch weiterhin im „wohltuenden Schatten des Sultans" ab, wie es regelmäßig hieß. Aus dieser scheinbaren Selbstverständlichkeit von Herrschaft trat allerdings ein Element ihrer Rechtfertigung hervor, das durchaus an rationale Legitimationsmuster in der säkularen Tradition der Aufklärung anknüpfte. Die Redakteure begriffen sich nicht nur als einfache Boten herrschaftlicher Verordnungen. Sie sahen sich zugleich als Mittler einer neuen Begründung von Herrschaft. In deren Zentrum standen die Stichworte Bildung und Vernunft. Offenkundig reichte es den neuen Beamten nicht, dass die bestehende Herrschaftsordnung sich aus sich heraus und aus göttlichem Willen rechtfertigen sollte.

Eine rationale Herleitung stand nun im Vordergrund, die zugleich den Untertanen vermitteln sollte, dass solche Vernünftigkeit auch für sie von großem Vorteil sei: Bildung verheiße dem Untertanen Wohlstand, da die Fügung unter die Gesetze des Sultans der Vernunft entspringe. Diese Einsicht wiederum bewirke, dass sich der Untertan v. a. der Arbeit widme, die schließlich Wohlstand hervorbringe. Gesellschaftliche Konflikte oder, aus der Perspektive der Redakteure, Aufruhr und Auflehnung wurden in der *Duna/Tuna* nicht mit religiösen Zuschreibungen negativ konnotiert wie Ungläubige etc., sondern standen auch dort in Zusammenhang mit Bildung: Nur Ungebildete würden sich gegen die Herrschaft auflehnen. Bildung ermögliche es, Zusammenhänge zu durchschauen und damit auch falsche Versprechungen, dies resultiere schließlich in der Notwendigkeit der Erkenntnis der Ein- und Unterordnung unter die Herrschaft des Sultans.[215]

Dieses Neue zeigt sich insbesondere in der zugespitzten Situation seit dem Frühjahr 1867, als sich eine Gruppe von jungen bulgarischen Nationalisten entschloss, mit kleinen

213 Herzog, Christoph: Die Entwicklung der türkisch-muslimischen Presse im Osmanischen Reich bis 1875, in: Aneignung und Selbstbehauptung. Antworten auf die europäische Expansion, hrsg. von Dietmar Rothermund, München, 1999, S. 15–44, hier S. 29.

214 Ebenda.

215 Dunav, 10.3.1865, S. 2.

bewaffneten Gruppen, die aus den benachbarten Donaufürstentümern nach Bulgarien geschickt werden sollten, die dortige Bevölkerung zum Aufstand aufzurütteln. Über das Scheitern des Aufstands und die Suche nach den Verantwortlichen berichtete die *Tuna/Dunav* ausführlich. Die Redakteure setzten sich dabei v. a. räsonierend mit der Herausforderung „der Einbildungen von Freiheit“ auseinander.

Ähnlich reagierte die *Dunav/Tuna* auf Broschüren der Nationalrevolutionäre, wie die von einem „Geheimen Zentralkomitee“ herausgegebene *Broschüre aus Galac*, in der die schwierige Situation der bulgarischen Bevölkerung angeprangert und die Gewalt der Aufständischen gerechtfertigt wurde. Der zentrale Beitrag[216] entwarf ein Bild des Wohlstands, von „Frieden und Ruhe“, die in „dieser Provinz“ herrschen würden. Vermittels eines imaginierten Reisenden, der die einzelnen Teile des Vilajets besuchte, wurden zwei Dinge in den Vordergrund gestellt: die Eintracht von Bulgaren und Türken in allen Dörfern und Städten sowie der herrschende Wohlstand, der dabei mit der Harmonie zwischen beiden in eine ursächliche Beziehung gesetzt wurde. Nur einige Gebiete im Westen des Vilajets, zwischen Vidin und Vraca, seien verarmt, weil die ahnungslosen und ungebildeten Bewohner sich auf russische Betrüger eingelassen hätten, um von diesen schließlich ausgeraubt zu werden. Dabei ist bemerkenswert, dass Russland nicht allein als machtpolitischer Antipode erschien – sondern sich nach Ansicht der Redakteure auch zivilisatorisch auf einer niedrigeren Stufe als das Osmanische Reich befand.[217]

Solange sich die Bulgaren nicht täuschen lassen und vernünftig bleiben – sich also etwa nicht mit den Russen einlassen –, sei deren Wohlfahrt gewährleistet.

> Aus den vielen bisherigen Erfahrungen und Beobachtungen hat sich gezeigt, dass das bulgarische Volk seinem natürlichen Charakter nach immer zu Frieden und Ruhe neigte, und sich zur gleichen Zeit ausschließlich mit seiner Arbeit beschäftigt, es hat sich auch erwiesen, dass es mit diesem seinem Charakter vor den eitlen Einbildungen von Freiheit und Unabhängigkeit gefeit ist, die sich stärker bei anderen Völkern gezeigt haben.[218]

Abgesehen davon, dass solche Vorstellungen, die von osmanischen Beamten über „die Bulgaren“ geäußert wurden, für die Geschichte von Stereotypentransfers sehr produktiv sein können, da dieses Stereotyp mindestens bis Mitte des 19. Jahrhunderts auch aus westlicher Perspektive prägend für Bulgarien blieb, zeigt sich hier v. a., dass den „Revolutionären“ ihren Verheißungen einer „süßen Freiheit“, insbesondere Frieden, Arbeit und Wohlstand entgegengestellt werden. Hier kann nicht weiter darauf eingegangen werden, ob es sich dabei allein um ein Idealbild handelt, das die osmanischen Beamten vom Zustand der Provinz entwerfen, oder ob diese auch versuchten, bei der bulgarischen Leserschaft, den bulgarischen Honoratioren in der osmanischen Verwaltung und den übrigen Čorbadžije die Grundlagen ihrer eigene Loyalität zur osmanischen Herrschaft in den Vordergrund zu stellen. Zumindest tauchen Fleiß, Ruhe und Wohlstand wiederholt in den Berichten als Antipoden zu den Schilderungen der Aufrührer und ihrer kriminellen Taten auf. Beständig

216 Dunav, 9.4.1867, S. 1.
217 Dunav, 9.4.1867, S. 1.
218 Dunav, 1.6.1867, S. 2.

wurde die Loyalität der Bulgaren im Vilajet gepriesen und hervorgehoben, dass dies jene im „Bukarester Komitee" niemals begreifen könnten. Immer verwiesen die Redakteure darauf, das bulgarische Volk zeige, dass es auf der Seite seines Herrschers stehe, wenn es sich ohne Aufforderung und allein mit Stöcken bewaffnet an der Jagd gegen die „Hajduti" beteilige.

Als weiterer Beleg für diese Loyalität erschienen seit Sommer 1867 regelmäßig Petitionen aus nahezu allen Städten des Vilajets, die sich gegen bewaffneten Aufruhr gegen die Obrigkeit aussprachen. Über das Zustandekommen dieser Protestbriefe, die von den christlichen Honoratioren der Ortschaften unterzeichnet wurden, ist nichts bekannt. Wichtig sind in diesem Zusammenhang sowohl weiterhin die Argumentationsformen als auch deren Vergleichbarkeit bzw. mögliche Funktion als schon existierendes Handlungsmuster für die Petitionen ein Jahrzehnt später, als es etwa um die Zugehörigkeit Pirots zu Serbien und Bulgarien ging.

Bemerkenswert ist bei den Räsonnements über Loyalität und Freiheit, dass es nicht bei einem vernunftgeleiteten Paternalismus blieb, in dem die Redakteure „dem bulgarischen Volk" anempfehlen, was vernünftig ist. Mit den Petitionen, in denen in ähnlicher Form die Vorzüge der herrschenden Ordnung betont wurden, vermittelt sich der Eindruck, dass jene, die bisher die Adressaten waren, sich nun selbst zu Wort meldeten. Es bleibt dabei durchaus nicht nur bei einer formelhaften Verurteilung der Taten und einer klaren Distanzierung. Vielmehr wurde in einer Reihe von Petitionen versucht, den Nutzen aufrührerischer Aktionen zu widerlegen und deren „Unvernünftigkeit" aufzuzeigen. Es entsteht der Eindruck, dass es auch immer darum ging, Begriffe zu besetzen und von dem Sprachgebrauch der nationalen Revolutionäre abzugrenzen.

So heißt es in der Petition aus Tărnovo gegenüber dem Versprechen der „süßen Freiheit" bei den „Komitetlije":

> Die Freiheit des Einzelnen ist begrenzt durch die Freiheit der anderen Mitglieder. Deswegen ist es fast überflüssig, zu sagen, dass es unbegrenzte Freiheit nur bei den Wilden und bei den bösen Raubtieren gibt. Wenn es also wahr ist, dass gesellschaftliche Freiheit in der harmonischen Übereinstimmung der Interessen jedes Mitgliedes der Gesellschaft besteht, und im Schutz das jeder für seine Ehre, für sein Leben und Eigentum in den Gesetzen findet, dann ist es überflüssig, dass zu anderen Listen gegenüber dem wahren Sinn der Freiheit kommt, wie sie es, meine Herren, versuchen zu verzerren. Nun sehen Sie, was wir unter Freiheit verstehen, und in deren Genuss in unserer Stadt kommen von einer solchen wohltuenden und vernünftigen Freiheit in der weisen Herrschaft des barmherzigen Zaren.[219]

Diese Petitionen sind von großer Bedeutung, da – wie weiter oben kurz angedeutet wurde – auf diese Weise auch sichtbar wird, dass jenseits der Bestrebungen einer Zuspitzung von Konflikten durch den gezielten Einsatz von Gewalt – was im Aprilaufstand von 1876 gipfelte – sich auch Räume für öffentliche Debatten entwickelten, die bisher in der Forschung

219 Ebenda.

nicht ausreichend einbezogen worden sind, wenn es um die Verfasstheit der spätosmanischen Gesellschaft in diesem Teil des Reiches geht.[220]

Auch die Piroter nutzen diesen neu entstandenen Kommunikationsraum. Freilich aus einer Verlegenheit heraus. Nachdem eine Nachricht in Umlauf gesetzt worden war, dass Vertreter der Städte Leskovac, Vranje und Pirot beim serbischen Fürsten vorgesprochen und sich über ihre schwere Lage beklagt hätten, beeilte sich das Obštestvo, sich in einem offenen Brief an Midhat Paša, der im bulgarischsprachigen *Carigradski Vestnik* veröffentlicht wurde, von dieser Unternehmung zu distanzieren, und erklärte, dass keiner seiner Vertreter teilgenommen habe. Da es sich beim *Carigradski Vestnik* um kein Amtsblatt handelte, ist zu vermuten, dass die Initiative tatsächlich von den Piroter Čorbadžije ausging.[221]

Wichtig ist hier, dass Redakteure in Rustčuk auf die Herausforderung durch die „Revolutionäre" und einen Teil der bulgarischen Zeitungen in Istanbul eingingen und eine eigene Definition der von den Revolutionären beanspruchten zentralen Begriffe entwickelten.

Die Auseinandersetzung mit solchen Begrifflichkeiten ist auch aus dem Grund der Vergleichsmöglichkeit mit dem herrschaftlichen Selbstverständnis der Protagonisten des serbischen und bulgarischen Nationalstaats in dieser Region von Bedeutung, um dem Bild einer Tabula rasa im Hinblick auf Debatten und eine politische Öffentlichkeit zu entgehen, auf der sich vermeintlich der Nationalstaat in dieser Region ab 1878 formiert.

Die Auseinandersetzung mit der Handhabung solcher Begrifflichkeiten durch die Redakteure des Amtsblatts *Dunav/Tuna* bietet die Möglichkeit, zu analysieren, inwiefern es sich nach 1878 um einen substantiellen Einschnitt handelt, mit dem die lokale Bevölkerung konfrontiert wird, oder in welcher Form sich auch gleitende Übergänge und Parallelen im herrschaftlichen Selbstverständnis zeigen.

2.4.2 Kommunikationslinien: Straßen, Märkte, Telegrafen

Doch wie gelangte das Amtsblatt *Dunav* überhaupt nach Pirot? Zwar befand sich Pirot eher am Rande des neuen Vilajets, dafür aber an einer der zentralen Kommunikationslinien des Osmanischen Reiches, der Straße von Mitteleuropa nach Istanbul. Seit seiner Zeit in Niš konzentrierte sich Midhat Paša neben der Reform der Verwaltung v. a. auf die Verbesserung und den Ausbau des Straßennetzes. In den Erinnerungen der Landbevölkerung entlang der Straße nach Carigrad tritt die Absicherung der Straße in den Vordergrund.[222] Die vorherrschenden Bilder in diesen Erinnerungen zeigten, wie zu erwarten, hauptsächlich die unüberschaubare Menge von Soldaten, wenn das osmanische Heer wieder einmal in Bewegung gesetzt wurde, was zugleich eine der Grundfunktionen dieser Straße von Istanbul nach

220 Milen Petrov greift in einer anderen Quellenkategorie diese Problematik auf; Petrov, Milen V.: Everyday Forms of Compliance. Subaltern Commentaries on Ottoman Reform, 1864–1868, Comparative Studies in Society and History, Band 46, 4 (2004), S. 730–59.

221 Caregradski Vestnik, 18.5.1861, S. 2. Ebenso schickten die Piroter direkt eine Erklärung an den Muhaviz des Sandžak Niš, Midhat Paša, dass sie mit den Gerüchten nichts zu tun hätten; Нѣговом Превосходителству честитомъ везиру нишкомь Муавизу Априлиа втори (Seiner Exzellenz, dem ehrenhaften Vezir, dem Muaviz von Niš) 1861; zit. nach Nikolić, Pirot i Srez nišavski, 1981, Dok. Nr. 189, S. 154.

222 Kolić, Božidar: Hronika sela Obrenovca, unveröffentlichtes Typoskript, Fertigstellung 1962/63.

Belgrad war. Ebenso die zahlreichen Karawanen, die das Bild der Straße prägten. Von der lokalen Bevölkerung wurde das „Džade“ (türk. „Weg“), wie die Straße in der Umgangssprache genannt wurde, allerdings für den lokalen Verkehr weniger genutzt.[223] Insbesondere die Bevölkerung an der Nišava war auf dem parallel zum Džade, aber im hügeligen Gelände verlaufenden „surudžisći put“ („Schäferweg“) unterwegs. Dieser wurde sonst von den Viehhändlern für deren Hammelherden genutzt, die sie in Istanbul verkauften.[224]

Möglicherweise wichen die Menschen aus Gründen mangelnder Sicherheit auf die Nebenstraßen aus. Dies änderte sich jedoch spätestens in den 1860er Jahren. In regelmäßigen Abständen wurden Wachposten in festen Gebäuden aus Stein eingerichtet.[225] Daneben fanden sich, ebenfalls in regelmäßigen Abständen, auch Gasthäuser, so genannte Hane. Agin Čivlik, das heutige Obenovac, etwa 25 km von Pirot in südöstlicher Richtung entfernt, war eine solche Station. Die Čiflikbewohner konnten innerhalb dieser neuen Infrastruktur auch Arbeit finden. So nennt der unbekannte Autor einen Anta Silivrija aus Agin Čivlik, der Diener eines der Wachposten bei Obrenovac war.[226] Doch es blieb nicht allein bei solchen Umbaumaßnahmen. Midhat Paša ließ insgesamt eine große Zahl neuer Straßen als Chausseen bauen, dabei auch auf ausländische Ingenieure zurückgreifend. Es handelte sich um überregionale Verkehrswege mit erhöhten Fahrbahnen und festem Belag, die über ein Entwässerungssystem verfügten, an deren Rändern schattenspendende Pappeln gepflanzt wurden.[227] Zumindest in dieser Hinsicht enthielten sich die Reisenden auch nach 1878 nicht des Lobes für den Reformer und Vali des Donau-Vilajets.

In diesem Teil des Vilajets war die Anlage neuer Straßen ohnehin geboten: Da durch die neue Grenze bei Niš die bisherige Verbindung dieses Teils des Vilajets nach Norden in Richtung der Donauhäfen Lom und Vidin versperrt war, ließ Midhat Paša zwei neue Fahrstraßen („muntazam šose caddeleri“) von Vidin und Lom nach Pirot bzw. auf diese Weise an die Straße nach Istanbul anlegen, die beide jeweils zwei Pässe das Balkangebirge überquerten.[228] Die Redakteure der *Dunav* betonten anlässlich der Fertigstellung der Trasse von Pirot nach Vidin (diese verlief in nördlicher Richtung über den Pass Sv. Nikola), die Piroter und die umliegenden Ortschaften selbst hätten an die Vilajetregierung appelliert, um endlich Vorzüge genießen zu können, wie die Verkürzung der Reisezeit um ein Drittel. Allerdings war die gepriesene „tatkräftige“ Mithilfe der Bevölkerung Voraussetzung für den Straßenbau. Die Arbeit an der Trasse war für jedes Dorf verpflichtend, an der diese entlangführte.[229] Offiziell waren dafür Entschädigungen vorgesehen, nicht nur in diesem Fall ist es unklar, ob es dazu kam. Die „große Leichtigkeit“ der Reisens, auch dank der auf der Trasse errichteten „29 Brücken“, wie es in der *Dunav* zufrieden hieß, sollte wohl Entschädigung genug sein.[230]

223 Ebenda, S. 1.
224 Ebenda, S. 2.
225 Pletnov, Midhat Paša, 1994, S. 102–05.
226 Kolić, Hronika, 1962/63, S. 2.
227 Pletnov, Midhat Paša, 1994, S. 104. An den Straßenrändern sollten Bäume gepflanzt werden, um im Winter den Schnee abzuhalten und die Straße genau zu markieren.
228 Kaleshi/Kornrumpf, Geographie und Infrastruktur, 1969, S. 284 f.
229 Petrov, Tanzimat for the Countryside, 2007, S. 135.
230 Ausführlich werden die technischen Leistungen gewürdigt: „Auf dieser Straße wurden 29 Brücken

Das Augenmerk lag aber nicht nur auf solchen überregionalen Verbindungen. Die zweite der beiden neuen Routen führte von Pirot in nordöstlicher Richtung über Berkovica nach Lom und verbesserte somit die Kommunikation mit Berkovica, die zum engeren Handelsradius der Piroter Händler gehörte (vgl. Karte zu Kommunikationslinien im Anhang). Auch die alte Straße von Trn nach Pirot, die bis dahin zusehends mühsamer für Fuhrwerke zu passieren und zudem von recht steilen Abschnitten geprägt war, wurde in der genannten Form ausgebaut.

In der Salname (Jahrbuch) des Vilajets Prizren für das Jahr 1874/75, zu dem Pirot als Teil des Nišer Sandžaks von Beginn der 1870er Jahre gehörte, sind die zeitlichen Entfernungen angegeben: Auf der Straße nach Istanbul sollen es „acht Stunden bis zur Grenze von Sofia" und „sechs Stunden bis zur Grenze von Niš" sowie fünf Stunden nach Iznebol (Trn) gedauert haben.[231] Die kurze Zugehörigkeit zwischen 1872–1875 zum neuen Vilajet Prizren änderte nichts an der Zugehörigkeit zum bisherigen Kommunikationsraum – so berichtet etwa die *Dunav* bis 1876 weiter über die Verhältnisse in Pirot sowie anderen Städten. Im dortigen Amtsblatt *Prizren* allerdings tauchte Pirot nur selten auf.

Die Bedeutung dieser neuen Straßen lag nicht nur in ihrer Funktion einer Verbesserung der Kommunikationslinien im Vilajet. Straßen, wie auch alle anderen gesellschaftlich vermittelten menschlichen Eingriffe in die Natur, demonstrieren ebenso politische Herrschaft in der Landschaft. Martin Warnke hat solche „politischen Landschaften" für West- und Mitteleuropa analysiert und dabei gezeigt, dass Straßen nicht nur in ihrer Anlage, Ausrichtung und Hinführung auf markante Punkte (Kirchen etc.), sondern auch in der Gestaltung ihrer Infrastruktur, etwa durch Meilensteine oder Erinnerungstafeln, an den Erbauer und dessen Herrschaft über dieses Gebiet erinnern sollten.[232] So demonstrierten die neuen Alleen oder die hier beschriebenen Einrichtungen von Kontrollposten (Kales) die Herrschaft der Reformer und Midhat Pašas. Nicht von ungefähr hat sich bis in die Gegenwart im lokalen Kontext für einzelne noch sichtbare Straßenabschnitte der Name des Herrschers erhalten.

Die neuen Wege kamen auch dem Piroter Panajir, dem Jahrmarkt zugute. Bemühungen um Sicherheit und gute Verkehrswege hatte es auch zuvor gegeben, wie aus einem Schreiben von Kaufleuten aus Vidin, Niš, Vraca und Leskovac hervorgeht. In diesem Schreiben an den Sultan lobten die Kaufleute den damaligen Kajmakam der Kaza Pirot.[233] Sie hoben hervor, dass er einerseits für die Sicherheit der Wege zum Panajir gesorgt habe und zugleich auf diesem eine geregelte Abwicklung der Handelsgeschäfte gewährleiste. Der Brief

errichtet, kleine und große, mit steinernen Bögen und an den Seiten mit Holzwerk." Dunav, 30.9.1868, S. 2.

231 Kaleshi/Kornrumpf, Geographie und Infrastruktur, 1969.

232 Warnke, Martin: Politische Landschaft. Zur Kunstgeschichte der Natur, München, 1992, S. 18.

233 Daran wird auch das engere Einzugsgebiet des Panajir nochmals deutlich: Auf den Panajir kommen Vidinlije, Vračanje (Vraca), Berkovčanje (Berkovica), Beligradčanje (Belogradčik), Sofijanci (Sofia), Samokovci (Samokov), Znepolci (Znepolje/Trn), Leskovčanje (Leskovac), Nišlije (Niš). Die Petition ist unterschrieben von Handwerkern und Kaufleuten aus Serbien/Gurgusovac (heute Knjaževac), Vidin, Belogradčik, Sofia, Samokov, Leskovac. Nach den Städtenamen folgen die Unterschriften bzw. Fingerabdrücke. Undatierte Petition. Ich danke Florian Riedler, dass er mir diese Entdeckung aus dem Başbakanlık-Archiv Istanbul zur Verfügung gestellt hat.

schloss mit der Bitte, dieser Kajmakam möge ihnen, den Kaufleuten noch lange erhalten bleiben. Es ist unklar, ob dieses Schreiben tatsächlich der Initiative der Kaufleute entsprang oder es für den Kajmakam aus anderen Gründen wichtig war, der Zentralregierung seine wohltätige Amtsleitung in Erinnerung zu rufen. Wichtig ist hier, dass die Wirtschaftsbeziehungen innerhalb der Region in den Blick kommen, die sich zugleich in den folgenden Jahren der Tanzimat erweiterten. In einem Beitrag aus dem Jahr 1868 berichtete die *Dunav* über den großen Aufschwung, welchen der Panajir genommen habe. Ausführlich wurde dabei der Umsatz der Kaufleute aufgeführt, nach Städten und Esnafen gegliedert.[234] Der größte Umsatz – es handelt sich sicher um ungefähre Summen – kam auf Händler aus Sofia und Niš: Für Manufakturwaren aus Sofia wurden 500.000 Groschen angeführt, ebenso scheinen die Pantoffelmacher (100.000) und Sattler (80.000) aus Sofia gute Geschäfte auf dem Panajir gemacht zu haben. Für Manufakturwaren aus Niš wurden 400.000 Groschen veranschlagt, hinzu kamen „Gemischtwaren" (80.000) sowie Schuhwerk (100.000). Es folgten Angaben für Manufakturwaren aus Plovdiv (200.000) sowie Eisenwaren aus Karlovo (100.000), Schuhwerk aus Tărnovo (300.000), Pantoffelmacher aus Pazardžik (100.000) sowie Bekleidung aus Monastir (100.000). Aus dem Umlands Pirots wurden v. a. unterschiedlich verarbeitete Wollstoffe umgeschlagen, Aba und Šajak, und dies in einem größeren Umfang von 500.000 Groschen, daneben auch Kelims aus Berkovica (100.000).[235]

Kanitz widmete sich dem Panajir ausführlich und versäumte es dabei nicht, diesen mit einem exotisch orientalischen Rahmen zu versehen, in dem kein Detail des Jahrmarktes, insbesondere aber auch kein Vorurteil fehlen sollte:

> Da ich gerade in der zweiten Messwoche, in welcher die Landbevölkerung von allen Seiten heranströmt, den Panajir besuchte, gestaltete sich das bunte, lärmende Gewoge wahrhaft verwirrend. Die Drogenhändler, welche auch Henna zum Färben der Nägel und Handflächen für türkische Frauen führen, die Verkäufer von Kolonialwaren, Konfekt und getrockneten Früchten, von bunten Baumwollstoffen, Kopftüchern, Bauernschuhen, Riemzeug usw. hielten ihre Ernte. (…) Kaffee, Zucker, Tabak, Petroleum, Salz, Wachskerzen, Seife, nebst hundert anderen Bedürfnissen, kauft der Bauer in der Stadt, und ist sein Dorf weit entfernt von ihr, alljährlich einmal auf dem Panajir. Auf diesen treibt er sein Vieh, bringt er Häute, Wolle, Wachs, Honig usw.; mit dem erlösten Bargelde wandert er sodann von Laden zu Laden, von Zelt zu Zelt, prüfend und feilschend, das zu weit gehende Gefallen von Frau und Töchtern an Putz und Flitter bekämpfend. (…)
>
> Seitwärts vom grossen Verkehrsstrom, in den schmalen Gassen, erholte ich mich vom betäubenden Lärm. Weniger begehrt, weil kostspielig, sah man hier mit schwarzen Schnüren oder blinkenden Silber- und Goldborten bedeckte Jacken, Westen, Beinkleider und Caksiren (Kniegamaschen); Kleidungsstücke von 3 bis 10 Gold-Lira (1 = 20 Mark) erschienen durchaus nicht hoch im Preise, im Verhältnis zur oft bewundernswerten Arbeit. Ihr Hauptvorzug besteht namentlich in der Symmetrie und Präzision der aus Schnurwerk auf dem grünen, karmesinroten und drapp-

234 Dunav, 7.9.1866, S. 2.
235 Ebenda.

> farbenen Tuche aufgenähten Arabesken. (...) Die Mehrzahl der Abadzi (Schneider) waren Arnauten und kamen aus dem fernen Pristina, Prilip, Skoplje u. a. Die Händler mit Kupferzeug kamen vom schwarzen Drin und hielten kleine Teller und Näpfe mit hermetisch schliessenden gewölbten Deckeln zum Auftragen der Speisen, grosse Pilavschüsseln, Waschbecken mit zierlichen Kannen und Rauchgefässe von zierlichen Formen feil. Hart an ihre Buden stiessen jene der Gelbgiesser und Messerfabrikanten aus dem Balkan mit prächtigen Altarleuchtern und Hängelampen, unter welchen mir solche in Kreuzform mit dem Drachentöter Georg auffielen; daneben hatten Silberfiligranarbeiter von Nis reizende Gegenstände ausgelegt. (...)
>
> Alles, was auf dem Panajir von Wirk- und Webwaren vorhanden, dann Fesse, geblümte Kopftücher, feines Schuhwerk, Papier, Stearinkerzen, Porzellan, Glaswaren usw. gelangte durch bulgarische Kommissionare zu Wien, Leipzig, Marseille, London, Manchester usw. über Lom, Rustschuk, Salonik und Konstantinopel hierher. Die türkischen Bahnen begünstigten den Import zur See aus dem fabrikreichen Westeuropa auf Unkosten Österreichs; doch gab es wichtige Artikel, Lampen, Glas, Zündhölzchen usw., in welchen letzteres beinahe ausschliesslich von Norden herab den Markt bis Rustschuk, Tirnova und Philippopel beherrschte. (...)
>
> Ging es überall lärmend her, so kulminierte das hochwogende Panajirleben bei den ambulanten Zelten und Herden spekulativer Kaffeeschänker und Garkoche. Hier konsumierten Türken, Bulgaren, Tscherkessen, Zigeuner, Albanesen und Tataren stehend oder auf roh gezimmerten Bänken hockend im Schatten improvisierter grüner Laubdächer guten und schlechten Kaffee, Caj, Sorbet, Rakie, Wein, Knoblauch, Zwiebeln, Rettiche, gesottene Bohnen und Pita, eine Lieblingssorte mit Kraut und Käse gefüllter flacher Kuchen. Soviel man auch verzehrte, immer wurde für neu zuströmende durstige und hungernde Gäste gesorgt. (...)[236]

Aus den nüchternen Angaben des Amtsblatts und Kanitz' effektheischenden Schilderungen geht zumindest anschaulich die Orientierung des Handels in Pirot und dessen Umland hervor, die vornehmlich nach Südosten ausgerichtet war. Ebenso wird sichtbar, wie wichtig die Donauhäfen Vidin und Lom sowie Thessaloniki (via Serres) für den Import von westlicher Industrieware waren, und dies noch vor der Errichtung der Eisenbahnlinie ein Jahrzehnt später. Es zeigt sich, dass „Provinz" auch ein relationaler Begriff sein kann, zumindest war dieser Teil für westliche Industrieprodukte nicht unerreichbar. Dabei werden auch die unterschiedlichen Ebenen der Handelsbeziehungen deutlich, die gleichsam als konzentrische Kreise erscheinen, zugleich aber auch in einer Veränderung begriffen waren, die in der *Dunav* optimistisch in Richtung einer zunehmenden Erweiterung der Bedeutung des Panajirs gedeutet wurde. Dabei ist immer im Blick zu behalten, dass eine wichtige Funktion der *Dunav* die Popularisierung der Reformen war. Deshalb stehen hier nicht die Zahlen als Ausweis des wachsenden Umsatzes im Vordergrund, vielmehr die räumliche Dimension der kommerziellen Vernetzungen.

Bei dem Verweis auf den Panajir sollte die ohnehin bestehende Beziehung in die Hauptstadt nicht vergessen werden, die aus dem Piroter Gebiet v. a. mit Hammeln und Milchpro-

---

236 Kanitz, Donau-Bulgarien und der Balkan, 1875, S. 207–20.

dukten versorgt wurde. Zudem stellte Istanbul auch einen wichtigen Zielpunkt für die saisonale Arbeitsmigration dar, worauf noch eingegangen wird.

Der einmal im Jahr stattfindende Panajir bildete sicherlich nicht die wichtigste Informationsquelle für die Piroter. Bestimmt eignete er sich vortrefflich dazu, Beziehungen zu knüpfen, bisherige ausführlicher zu pflegen, sich genauer über die Verhältnisse andernorts zu informieren. Für tägliche Neuigkeiten sorgten sicherlich die Reisenden auf der Straße nach Istanbul – nicht umsonst verfügte Pirot wie geschildert über zahlreiche Hans.

Zeitungen begannen, wie am Beispiel der *Dunav* gezeigt, ebenfalls eine Rolle zu spielen. Die *Dunav* berichtete dabei nicht nur über Amtliches oder zumeist tragische Liebesgeschichten. Ebenso häufig wurden Neuigkeiten über wissenschaftliche Errungenschaften publiziert. Ausgesprochen detailliert wurde über Ankäufe von landwirtschaftlichen Maschinen oder Dampfschiffen aus Österreich und England informiert.[237] Offenbar wurden auch Journale im Stile der *Gartenlaube* ins Leben gerufen, allerdings ist unklar, in welcher Sprache und wie lange diese „Žurnali na priključenija" („Erlebnisjournale") existierten.[238] Dabei war die *Dunav* nicht die einzige Zeitung, die zumindest in der christlichen Gemeinde gelesen wurde. Im Kondik ist unter den Ausgaben für 1872 auch das ganzjährige Abonnement eines *Vestnik* aus Carigrad für Rista Hadži Pavlov vermerkt. Auch den ersten Teil einer bulgarischen Geschichte hatte Rista Hadži Pavlov über die Opština bestellt.[239] Daraus einen Schluss über eindeutige nationale Orientierungen zu ziehen, wäre voreilig. Im Vordergrund stand wohl prinzipiell das Bestreben nach Bildung und Unterrichtung über die allgemeinen Vorgänge. Dies zeigt sich an einem Brief aus der Stadt Tatar Pazardžik an die serbische Regierung, in dem der Absender um ein kostenloses Abonnement der *Srpske Novine* bat.[240] Einer Stadt also, die sonst in keinen Zusammenhang mit einer serbischen nationalen Bewegung gebracht wurde. Vielmehr veranschaulichen diese Hinweise, wie sich Handeln im lokalen und regionalen Kontext und das Bedürfnis nach Wissen um darüber hinausgehende politische Prozesse miteinander verschränkten. Zugleich sagt dies etwas über die Mobilität und Informiertheit der Menschen aus, die mit dem Verweis auf „nationales Bewusstsein" nur unzureichend diese Dialektik zwischem lokalem und überregionalem Kontext wiedergeben.

Zugleich erlangte eine neue Kommunikationstechnik zunehmend größere Bedeutung, die bislang nur eingeschränkt nutzbar war. So fand sich in der *Dunav* die Meldung, dass telegrafische Nachrichten, die bis dahin entweder nur in osman-türkischer oder französischer Sprache gekabelt werden konnten, nun auch in weiteren Sprachen und für alle Benut-

---

237 Dunav, 12.7.1868, S. 3.

238 Ein *Niški Zurnal na prikljucenija* wird erwähnt (Dunav, 1.11.1868), ebenso ein *Sofijski Zurnal na prikljucenija* (Dunav, 4.11.1868). Diese sind allerdings in keiner Bibliothek vorhanden.

239 So wurden Ausgaben notiert: „За цело лето за новине на ристу х. Павлово 147". 147 (für das ganze Jahr für Zeitungen für Rista Hadži Pavlov, ebenso „Für eine bulgarische Geschichte erster Band"; Nikolić, Tefter, 1976, S. 102.

240 Der Buchhändler Najden Ioanovič aus Tatar Pazardžik wandte sich an das serbische Bildungsministerium, ob die Srpske Novine gegen die Zahlung der Postgebühr an Leser aus verschiedenen Städten der Umgebung Tatar Pazardžiks geschickt werden könnten. Als „Poklon" des „Praviteljstva Srbskog" (Geschenk der Serbischen Regierung). Brief im Serbischen der Vor-Vuk-Karadžić-Redaktion geschrieben; Konev, Ilija: Bălgaro-srăbski i bălgaro-chărvatski knižovni vzaimootnošenija, Sofija, 1966, S. 32.

zer geöffnet wurden.[241] Dass Telegrafen unmittelbar nach deren Öffnung jenseits des Dienstgebrauchs dann auch tatsächlich von Privatpersonen genutzt wurden, belegt eine im Kondik der Eparchie aufgeführte Notiz der Summe, die für ein Telegramm bezahlt worden war. Dieses ging an Tăpčileštov, der seitens der Gemeinde kontaktiert worden war.[242] Da Tăpčileštov gleichzeitig ein wichtiger Förderer des Exarchats war, konnte es sich nicht nur um einen rein geschäftlichen Kontakt gehandelt haben.

Dass sich die Menschen für die Vorgänge und Angelegenheiten interessierten, die sich weit entfernt von ihrem unmittelbaren Gesichtskreis abspielten, belegt die umfangreiche Sammlung von Notizen auf den Innenseiten von Buchdeckeln und Kalendern, die der hier schon häufiger erwähnte Vladimir Nikolić zusammengestellt hatte. Zu solchen so genannten Marginalien, denen bis dahin v. a. dokumentarisches Interesse galt, entwickelt sich mittlerweile eine systematische Forschung, die auf diese Weise versucht, Selbstverständnis und Weltbildern der ruralen Bevölkerung nachzuspüren.[243] Auch der Piroter Lehrer Kosta Kostić sammelte in der Zeit vor dem Ersten Weltkrieg solche Marginalien, in denen regelmäßig auch Daten „großer Ereignisse“ vermerkt wurden – neben Erdbeben und Bränden fand sich auch die Notiz: „1853 лето Московъ и Турчини бише (се)“.[244] Einem Mana Pešin, Lehrer in dem unmittelbar bei Pirot gelegenen Dorf Gnjilan, war es wichtig, zu vermerken:

> Да се русиски царъ александаръ николаовићъ царъ родилса се на се на 17 априлию на 1818 лъто када е ступелъ на престолъ по бащинъ си смртъ на 22 февруаръ 1855 сене има александаръ у русию 67.000.000 има и жената на александру родила се на 27 юлию на 1824 лъто а венчана на 16 априлию 1842 лъто.[245]

Diese Informationen über den russischen Zaren und die Bevölkerungszahl waren für Mana Pešin offenbar von solcher Bedeutung, dass er sie neben Notizen zum Wetter, Schulden und Guthaben in seinem Gebetsbuch notierte. Dass selbst die Dorfbewohner in der Umgebung Pirots nicht „passiv“ von Nachrichten erreicht wurden, sondern auch selbst in viele Richtungen unterwegs waren, zeigt die Reise eines Mannes 1864 entlang der Route der saisonalen Migration nach Galac und von dort nach Bukarest, von der Kosta Kostić be-

241 Ankündigung in Dunav, 17.2.1869

242 „За телеграмъ за тучи леще у станболъ 95“. Für ein telogram (sic!) für tuči lešte (sic!) (Tăpčileštov); Nikolić, Tefter, 1976, S. 98.

243 Manolova-Nikolova, Nadja und Želeva, Penka: Letopisni Beležki ot Sredna Zapadna Bălgarija, Sofija, 1999; dies.: Istoričeski izsledvanija za Sredna Zapadna Bălgarija 15.–19. vek, Sofija, 2014.

244 Kostić, Istorija Pirota, 1973, S. 48. Gesammelte Aufsätze vom späten 19. Jahrhundert bis 1915. Allerdings handelt es sich weniger um eine historisch-kritische Bearbeitung, sondern um Auszüge von für den Autor interessanten Stellen, ohne dass deren Zusammenhang immer erklärt wird. Oft fehlen selbst genauere Angaben zu Fundort und Autoren. Dennoch vermitteln sich Eindrücke von Vorstellungen und Orientierung der Menschen in der zweiten Hälfte des 19. Jahrhunderts: „Im Jahr 1853 schlugen sich der Türke und der Moskov“.

245 Nikolić, Narodne škole, 1924, S. 114. „Der russische Zar Aleksandar Nikolaovič (sic!) wurde am 17.4.1818, das Jahr als er auf den Thron kam, nac dem Tod seines Vaters war der 22.2.1855, Aleksandar hat in Russland 67.000.000 (sic!), es gibt auch die Frau von Aleksandar, sie ist am 27.7.1824 geboren und verheiratet am 16.4.1842“.

richtet. Danach ging es mit dem Dampfschiff nach Belgrad und auf dem Landweg zurück nach Pirot. Die Reise hatte etwa zwei Monate gedauert und ist eine der vergleichsweise ausführlicheren Marginalien, in denen Städte und Reisedauer notiert sind.[246]

2.4.3 Lesen bildet – neue Grenzen?

Wie stand es überhaupt um die Schriftkundigkeit in Pirot? War dies eine seltene Erscheinung? Wie vollzog sich die Entstehung der Bildungsinstitutionen, waren diese notwendig konfessionell oder national eingefasst? Wer waren die Akteure, die Schulen errichteten?

Wie in vielen anderen Orten in diesem Teil des Balkans existierten rudimentäre Formen der Erlangung von Lese- und Schreibfähigkeiten in der ersten Hälfte des 19. Jahrhunderts. So gab es auch in Pirot innerhalb der christlichen Gemeinde mindestens seit den 1830er Jahren so etwas wie eine Schule, die an die Metropolie angeschlossen war. Daskal Pejča – Petar Đorgov, der auch einen Großteil der Eintragungen in den erwähnten Kondik vornahm – führte diese Schule. Ziel war es, v. a. das kirchenslawische Alphabet lesen und schreiben zu erlernen. Gelernt wurde mit kirchlichen Büchern. Bis in die 1850er Jahre war diese Form der Ausbildung auch in dem Schreibstil der Notizen im Kondik sichtbar sowie in manchen Briefen des Mali Rista, die in kirchenslawischer Druckschrift, ohne die Verwendung von Satzzeichen geschrieben wurde. Für Kaufleute oder Esnaflije war hinsichtlich ihres Gewerbes die Beherrschung von Lesen und Schreiben damit erfüllt. Kommunikation über die konfessionellen Grenzen hinweg blieb allerdings unerlässlich für ein erfolgversprechendes Gewerbe oder Handel. Der erwähnte Daskal Pejča, der den Erzählungen nach mit seiner Familie in dem Haus eines Sait Hodža aufwuchs, gab auch Unterricht in türkischer Sprache.[247] In seinen autobiografischen Erinnerungen beschreibt der bulgarische Dichter und Publizist Petko Račov Slavejkov anschaulich einen solchen Bildungsweg. Von seinem Vater ausersehen, dessen Geschäfte einmal zu übernehmen, wurde Slavejkov zunächst in die an die Kirche angeschlossene Schule geschickt, um Lesen und Schreiben zu lernen. Insbesondere Griechisch als Sprache der Kaufleute war dabei von Bedeutung. Nach zwei bis drei Jahren Ausbildung schließlich lernte Slavejkov bei einem Hodža die türkische Sprache.[248]

Es wird deutlich, dass solchermaßen erlangtes Wissen primär den Zweck hatte, sich möglichst erfolgreich in der spätosmanischen Gesellschaft zu bewegen. Kenntnisse der griechischen und der türkischen Sprache waren dabei von besonderem Vorteil. Es ist kein Zufall, dass einige Seiten des Kondik ausschließlich in Griechisch verfasst wurden.[249] Seit den 1850er Jahren fand der Unterricht zwar räumlich getrennt von der Kirche, aber immer noch mithilfe religiöser Bücher statt. Ob es gemischt-konfessionelle Schulen gab, ist unklar. Es ist sicher nicht ganz auszuschließen, da die Errichtung solcher gemischt-konfessionelle Schulen v. a. von Seiten der Vilajetverwaltung in der Zeit nach 1864 vorangetrieben

---

246 Kostić, Istorija Pirota, 1973, S. 58.

247 Nikolić, Stari Pirot, 1974, S. 14.

248 Memoiren Petko Slavejkovs: http://www.slovo.bg/showwork.php3?AuID=277&WorkID=14427&Level=2, zuletzt abgerufen 19.4.2017.

249 Ebenso nahm der Wirt Jovan Ajdukoglin in Tija Bara Unterricht in Griechisch; Nikolić, Narodne škole, 1924, S. 17.

wurde. Insbesondere im Zentrum des Vilajets, in Ruščuk, entstanden solche Schulen. Dass es aber eine solche Rüšdiye wie auch eine jüdische Schule gab, geht aus einer von Vladimir Nikolić notierten Erinnerung eines seiner Gesprächspartner hervor, der beschrieb, dass anlässlich von Besuchen höherer Würdenträger von den Schülern der jeweiligen Schulen Lieder vorzutragen waren.[250]

Wie der Kondik zeigt, blieb es in der christlichen Obština nicht nur bei einer Schule, insbesondere seit dem Ende der 1850er Jahre kamen weitere hinzu. Es gab mindestens zwei Lehrer, die von der Obština jährlich eine Entlohnung erhielten. Hinzu kamen in manchen Jahren weitere, sowie für einige Zeit eine Mädchenschule, die von einer Nonne geführt wurde, wobei der Inhalt des Unterrichts jedoch unklar blieb.

Gegen Ende der 1850er Jahre kam es innerhalb der Schulen des Piroter Obštestvo zu ersten Veränderungen. Mit Koce Gligoriev – Daskal Koce, wie er genannt wurde – hielten modernere Erziehungsformen Einzug. In der Literatur heißt es, dabei immer von Vladimir Nikolić ausgehend, der Piroter Daskal habe bei „einem Filaret“ in Sofia seine Ausbildung erhalten.[251] Es handelt sich dabei um Sava Filaretov aus Žeravna bei Sliven, der in Moskau studiert hatte und in diesen Jahren gemeinsam mit seiner Frau eine der ersten Mädchenschulen in Sofia eröffnet hatte. Filaretov galt als einer der Repräsentanten der neuen Schulbildung im Zuge der so genannten Wiedergeburt. In der nationalen Meistererzählung der bulgarischen „Wiedergeburt“ ist die Bewegung für bulgarischsprachige Schulen von überragender Bedeutung. Säkularisierung, Aufklärung und die „Erweckung“ eines angenommenen, in tiefem Schlaf versunkenen nationalen Bewusstseins fallen hier unterschiedslos zusammen. Im Mittelpunkt dieser seit dem Ende der 1840er Jahre insbesondere in der Sredna Gora (heutiges Zentralbulgarien) aktiven Bildungsbewegung stand die Emanzipation von der bis dahin v. a. griechischen Schriftkultur und die Entwicklung eines national bestimmten Schulunterrichts.

Mit der Hilfe des Daskal Koce erreichten erste Ausläufer dieser Tendenz mit einem Jahrzehnt Verspätung auch Pirot. In zahlreichen Studien hinsichtlich der Errichtung „bulgarischer“ Schulen entsteht dabei der Eindruck, es handele sich dabei um einen systematischen Prozess, in dem sich aus verschiedenen Zentren, insbesondere der Sredna Gora, nationales Wissen gleichsam in regelmäßigen konzentrischen Kreisen ausbreitete. Ex post verhärtete sich diese Vorstellung in den Nacherzählungen zunehmend, so dass das Faktum, dass Daskal Koce neue, nun bulgarischsprachige Fibeln einsetzte, gleichsam alleserklärend wurde.

Dabei handelte es sich aber zunächst nur um einen ersten Schritt der Säkularisierung, der von der Eigeninitiative der Lehrer und zahlreichen Zufällen abhing. So etwa erstens von dem Zufall, dass Daskal Koce in Sofia Schüler des an moderneren Lehrmethoden orientierten Sava Filaretov war, sodann dass sich die Opština entschied, ihn als Lehrer einzustellen. Es scheint ein Konkurrenzverhältnis zwischen der alten Schule des Daskal Pejča, der von Daskal Pota abgelöst worden war, und Daskal Koce gegeben zu haben. Dieses bestand wohl v. a. darin – wie es Vladimir Nikolić notierte –, ob die Eltern die strengen, traditionell patriarchalen Erziehungsmethoden des Daskal Pejča und seines Nachfolgers

250 Ebenda, S. 16.
251 Nikolić, Narodne škole, 1924, S. 18.

Daskal Pota bevorzugten oder jene neueren des Daskal Koce, der offenbar weniger physische Bestrafungen als pädagogisches Mittel einsetzte.[252] Der Unterschied zwischen beiden Lehrern wird zumindest im Schreibstil deutlich. Während der alte Daskal im Kondik in Großbuchstaben schrieb, waren die Briefe der Piroter an den Sultan wahrscheinlich von Daskal Koce verfasst: in Schreibschrift sowie an einer vorgestellten bulgarischen Standardsprache orientiert, dabei stark von kirchenslawischen Manierismen geprägt.

Zweitens bedeuteten die Neuerungen in erster Linie eine Säkularisierung des Unterrichts, wenn auch in einem begrenzten Umfang. Schließlich war der Daskal abhängig von den Vorstellungen der Čorbadžije, bei denen er in Lohn und Brot stand, darüber, was gute Bildung zu sein habe. Sollte er Ideen nationaler Erweckung verfolgt haben, war es zunächst wichtig, ob solche Ideen den Čorbadžije überhaupt genehm waren. Immerhin scheint Daskal Koce konfessionsübergreifend in der Stadtgesellschaft Vertrauen genossen zu haben, wurde er doch 1872 mit dem wichtigen Amt des Schatzmeisters der Stadt, des Sandăk Emini, betraut.[253]

Am Fall des Daskal Koce und seinen neuen Fibeln zeigt sich zunächst dem Anschein nach, wie Säkularisierung in das Nationale eingefasst zu sein scheint, wie beide unterschiedslos ineinandergehen. So zumindest aus der Perspektive der Nationalgeschichtsschreibung, wo sogar Ersteres, Säkularisierung und Aufklärung, in Letzterem, dem Nationalen, notwendig aufging, sich auflöste und schließlich diesem untergeordnet war. Umgekehrt ließe sich die Frage stellen, ob es sich für die jungen Lehrer der 1850er und 1860er Jahre vielleicht genau andersherum verhielt. Ob ihr Interesse auf die Säkularisierung gerichtet, die wesentlichen Inhalte, jene der Aufklärung und säkularen Bildung, von Bedeutung und die ohnehin noch ausgesprochen rudimentäre nationale Ornamentierung dieser Inhalte für sie zweitrangig waren.

Eine Verschiebung gewann dabei seit der Mitte der 1860er Jahre an Bedeutung, obwohl sie sich nicht vollständig durchsetzte. Wie in den bisherigen Ausführungen deutlich wurde, waren alle hier herangezogenen Quellen bis dahin in der lokalen Sprache verfasst, mit altkirchenslawischen Buchstaben geschrieben. In dem existierenden Kommunikationsraum erfüllte die lokale Sprache offensichtlich alle Anforderungen. Hinzu kam, dass diese Sprache als Dialektkontinuum auch in weiter entfernten Gebieten in südöstlicher Richtung wie Thrakien oder in nordöstlicher wie der Šumadija verstanden werden konnte.

Mit den neuen Lehrern kamen auch neue Konzeptionen von Kommunikationsräumen hinzu. Der Großteil der Lehrer kam entweder aus Pirot und hatte eine erste Schulbildung an den neuen, größeren säkularen Schulen etwa in Plovdiv erhalten oder aus anderen Gebieten des heutigen Bulgarien. Für diese Lehrer war es scheinbar von ebensolcher Bedeutung, bei den Söhnen der Čorbadžije und der wohlhabenden Esnaflije nicht nur Voraussetzungen für deren kommerziellen Erfolg zu schaffen, sondern ihre Aufmerksamkeit auf einen neuen Kommunikationsraum, eine neu entstehende bulgarisch-nationale publizistische Öffentlichkeit auszurichten, die zunächst einmal nur für sie selbst von einiger Relevanz war. Säkularisierung brachte auch in diesem Aspekt einen sonderbaren Widerspruch hervor. Eine solchermaßen verstandene Aufklärung schränkte den bisherigen Kommunikationsraum ein:

252 Ebenda.
253 Ebenda, S. 18 f.

Nicht etwa die Partizipation an einer entstehenden öffentlichen Sphäre, die das gesamte Imperium einschloss, stand im Vordergrund, sondern nur die Partizipation an einer ihrer national eingefassten Teilöffentlichkeiten. Die Bezeichnung der „Wiedergeburt" oder des „Aufblühens" einer bulgarischen Öffentlichkeit im Osmanischen Reich unterschlägt diesen Aspekt der Einschränkung auf eine gedachte Nation, und resultierte damit in einer neuartigen Segregation entlang ideologischer Grenzlinien sowie einer Partikularisierung, die mit solcherart verstandener Aufklärung verbunden ist. Doch handelte es sich dabei in Pirot sowie in zahlreichen anderen Orten eher um eine Tendenz als um ein Faktum. Auch in den neuen Schulen Ende der 1860er Jahre wurde Türkisch unterrichtet. Dass Französisch noch hinzukam, deutet eher in die Richtung der erwähnten „Verflechtung in der Entflechtung" als auf eine verstärkte Abkehr: Die Kenntnis des Französischen bildete eine der Voraussetzungen, um eine Ausbildung in der Verwaltung zu erlangen bzw. eine Beamtenlaufbahn einschlagen zu können.

Mit Daskal Rista aus Peštera im heutigen Bulgarien kam zu den beiden „Grundschulen" in Tija Bara und in Pazar so etwas wie ein vierjähriges Gymnasium hinzu.[254] Die neuen Lehrer eröffneten auch ein Čitalište, eine Lesestube unter dem programmatischen Namen „Prosveštenie" („Aufklärung"). Entsprechend dem Modell, das vielerorts Anwendung fand, übertrug man guten fortgeschrittenen Schülern den Unterricht mit den jüngeren Schülern. Einige von ihnen wurden danach in das Lehrerseminar nach Plovdiv geschickt und kamen anschließend als Lehrer nach Pirot zurück. In der Folge entstand auf diese Weise eine sicherlich übersichtliche, aber dennoch lokale Intelligenz.

Im Verlauf der weiteren Jahre bis 1877 scheint die Vereinheitlichung der Schulen der christlichen Gemeinde weiter fortgeschritten zu sein. Zunehmend etablierten sich feste Abläufe und Regeln, die wohl den Vorstellungen seitens der Lehrer wie der Gemeinde von einer modernen Schule entsprachen.[255] Im Gegensatz zu den vorangehenden Jahrzehnten wurden feste Unterrichtszeiten eingeführt, und während sich zuvor alle Schüler gemeinsam in einem Raum zum Unterricht zusammenfanden, wurde nun ein System nach Klassen eingeführt. Am Ende eines Schuljahres wurden Zeugnisse verteilt und den Besten feierlich samt Geschenken überreicht. Ob sich eine solche Institutionalisierung durch Konkurrenz zur staatlichen konfessionell gemischten Schulen ergab, um möglichst viele Schüler zu gewinnen, oder ob andere Vorbilder diesen Impuls auslösten, ist unklar.

Ganz eindeutig ist jedoch die scharfe Verurteilung dieser Bildungsbestrebungen durch Chronisten wie Vladimir Nikolić. In seiner Arbeit über die *Volksschulen in Pirot bis zur Befreiung 1877*, die wohl in der Zeit vor oder während der Balkankriege entstanden ist, aber erst 1922 publiziert wurde, verdammt Nikolić mit harten Worten dieses Tun:

> Wir können in unserer Seele die agitatorische und seelenlose Arbeit des Daskal Rista und seiner Helfer hassen; wir müssen in unserer Seele diese regelrechte Tortur

254 Ebenda, S. 29.

255 So wurden die mündlichen Prüfungen seit Anfang der 1870er Jahre an der christlichen Schule in einem feierlichen Rahmen mit Reden und Gedichten abgehalten; Hristov, Pirotskijat okräg, 1994, S. 307.

> und Attacke gegen unser damaliges Volk verurteilen, aber wie wir schon sagten, wir müssen auch exakt die damalige Schulbildung notieren.[256]

Das wissenschaftliche Ethos, dem sich Nikolić verpflichtet sah, gebot die vollständige Aufzeichnung der Geschichte der Schulbildung, deren Verurteilung verstand sich dabei von selbst. Es war auch klar, wer der Schuldige war: Daskal Rista und die „exarchischen Chauvinisten". Es waren, wie es der Leiter des Piroter Gymnasiums Kosta Kostić in einem kurzen Abriss der Piroter Geschichte um die Jahrhundertwende formuliert, allesamt „fremde Lehrer", die, wie es Nikolić andernorts beklagte, die in diesem Jahrzehnt zwischen 1866 und 1876 „geplündert und gebrandschatzt" haben.[257] Bemerkenswert ist, dass Nikolić, der lange Zeit Inspektor der Schulen im Piroter Bezirk war und in seinen Berichten regelmäßig beanstandete, dass Lehrer wie Schüler nur sehr mangelhaft die serbische Standardsprache beherrschten, in diesem Zusammenhang von einem Angriff auf den „Volksgeist" seitens der „fremden" Lehrer als Ursache dieses Zustands sprach. Vor den Zeiten des Exarchats seien die Schulen „im Geiste des Volkes selbst" und „im Geiste der Volkssprache selbst" betrieben worden.[258] Bei diesem Rückblick wandelte sich der in Nikolićs Augen mit außerordentlichen Mängeln behaftete Volksgeist der Gegenwart plötzlich in eine besondere Tugend.[259] Bemerkenswert ist ebenso, dass Nikolić zunächst Daskal Koce von diesem verwerflichen Tun freispricht. Ganz im Sinne der oben angeführten Überlegungen über das Verhältnis von Aufklärung und ihrer nationalen Ausrichtung, bemerkt Nikolić, dass sich Daskal Koce der Folgen des „Imports" bulgarischer Fibeln und Bücher überhaupt nicht bewusst, dass es ihm vorrangig darum gegangen war, die neuartige Bildung dieser Büchern zu vermitteln, ohne die Absichten der Hintermänner zu teilen.[260] Zwar lautet das Urteil über Daskal Koce – wie noch zu sehen sein wird –nicht besonders gnädig, doch versuchte Nikolić das von ihm notierte „Faktum" national-bulgarisch ausgerichteter Schulen zu externalisieren. Als „Fremdes aus dem Osten" (so der zeitgenössische Ausdruck für „Orient") sollte es nichts mit den Pirotern und der Landgesellschaft der Umgebung zu tun haben. Immerhin könne man auch zufrieden sein, dass diese Epoche letztlich keine Wirkung erzielt habe und von den Menschen vergessen wurde. Die Verve, mit der Nikolić diese „Epoche des Exarchats" verurteilt, verrät, dass diese womöglich nicht so spurlos geblieben war. Hier ist aber v. a. von Bedeutung, dass in den Augen Nikolićs „das Exarchat" eine fremde, machtvolle Organisation verkörperte, die „fremde Bücher" und „fremde Ideen" in die Stadt brachte, die mit dem „Volksgeist" nichts gemeinsam hatten, dessen gegenwärtige Erscheinung er freilich beanstandete, ohne sich um den Widerspruch zu kümmern, in den er dadurch geriet.

Was lässt sich über die „Epoche des Exarchats" in Pirot sagen, jenseits solcher dämonisierenden Invektiven? Bekanntlich ging der Errichtung einer bulgarischen Kirchenorganisation 1870 im Osmanischen Reich ein etwa zwei Jahrzehnte dauernder Konflikt zwischen dem Konstantinopolitaner ökumenischen Patriarchat und den Protagonisten der Idee einer

256 Nikolić, Narodne škole, 1924, S. 29.
257 Kostić, Istorija Pirota, 1973, S. 91.
258 Nikolić, Narodne škole, 1924, S. 26.
259 Ebenda, S. 17.
260 Ebenda, S. 18.

bulgarischen Nation voraus.[261] Dieser Konflikt nimmt in der nationalen Meistererzählung der „bulgarischen Wiedergeburt“ eine zentrale Stellung ein und verschränkt sich mit der oben erwähnten Geschichte einer „bulgarischen Aufklärung“. Mit der Anerkennung des Exarchats erlangte das Bestreben nach nationaler Autonomie bzw. Unabhängigkeit eine erste institutionelle Fassung. Das Milletsystem – ohne dass „System“ hier zu wörtlich verstanden werden sollte –[262] ermögliche einen gewissen Grad an Selbstverwaltung und deren Institutionalisierung auf konfessioneller Grundlage. Allerdings betrachteten sich die Protagonisten der bulgarischen Nationalbewegung in ihren Belangen durch die existierenden Millets (jüdisch, orthodox, später armenisch) als nicht vertreten. Sie forderten daher die Errichtung eines eigenen, eines „bugar-millet“. Ebenso wie in der Schulbewegung, die eng mit der Kirchenfrage verflochten war, ging es den führenden Vertretern darum, sich von der „griechischen kulturellen Bevormundung“, wie es nicht nur in der zeitgenössischen Presse hieß, im säkularen wie im religiösen Kontext zu emanzipieren. Dieser Streit dokumentiert sich einerseits in den lokalen Auseinandersetzungen mit den Bischöfen des Patriarchats in den einzelnen Städten sowie andererseits in der Debatte innerhalb der bulgarischsprachigen Zeitungen in Istanbul über den erfolgversprechendsten Weg hin zu einer bulgarisch-nationalen Kirche. Das „bulgarische Exarchat“ wurde insbesondere nach 1878 zu einem Stichwort für einen der Protagonisten nationalistischer Konkurrenz um Einfluss auf die christliche Bevölkerung in jenen Gebieten, die noch zum Osmanischen Reich gehörten.[263]

Im Zusammenhang mit diesem Thema sind v. a. zwei Aspekte im Hinblick auf das Exarchat von Bedeutung.[264] Erstens ging es in den Überlegungen zur Errichtung einer Kirchenorganisation den Protagonisten darum, keine rein geistliche Führung zu etablieren. Mindestens die Hälfte aller Mitglieder der Räte auf allen Ebenen der Hierarchie sollten Laien sein. Das höchste gesetzgebende Organ der Kirche war der Sabor, der aus geistlichen und weltlichen Personen bestehen und alle vier Jahre zusammentreten sollte, um die Rechnungen des Exarchats zu prüfen, Änderungen in der Satzung des Exarchats vorzunehmen sowie den Exarchen zu wählen.[265] Insbesondere die Geschichtsschreibung im staatssozialistischen Bulgarien hat diesen Aspekt betont, um die national-emanzipatorische Intention hervorzuheben und die religiöse Dimension in den Hintergrund zu rücken. Nichtsdestotrotz ist dieser Aspekt für das Verständnis der Wirkung auf lokaler Ebene von großer Bedeutung. In den einzelnen Eparchien, die nun kirchenrechtlich zum Exarchat gehörten, blieb die Schulaufsicht wie bisher bei den weltlichen Mitgliedern. „Die wirkliche Leitung in der Eparchie lag bei der Obština“, führt Zina Markova die Erinnerungen eines Lehrers aus Vraca an, das nicht weit entfernt von Pirot lag.[266] Noch 1872 waren die

---

261 Vgl. Daskalov, Kak se misli bălgarsko văzraždane, 2002.

262 Vgl. Ursinus, Michael: Zur Diskussion um „millet“ im Osmanischen Reich, in: Südost Forschungen, 48 (1989), S. 195–207.

263 Lory, Bernard: Schools for the destruction of society. School propaganda in Bitola 1860–1912, in: Clayer/Grandits/Pichler, Conflicting Loyalties, 2010, S. 46–63.

264 Ein dritter, die Gebiete des Exarchats als Entwurf eines nationalen Raumes wird weiter unten diskutiert.

265 Markova, Zina: Bălgarskata Ekzarhija, 1870–1879, Sofija, 1989.

266 Ebenda, S. 148.

Kompetenzen zwischen den neu zu bildenden „smeseni saveti", den „gemischten Räten", und der bisherigen Obština nicht klar abgegrenzt. Offensichtlich fielen in den meisten Orten beide Institutionen zusammen bzw. wechselten die Bezeichnungen, ohne dass sich in der Zusammensetzung viel veränderte. Dies wird in der zeitgenössischen Terminologie deutlich. Dort war häufig weiterhin von Obštini die Rede, obwohl es sich in zeitlicher Hinsicht um „smeseni saveti" gehandelt haben müsste.[267]

Zweitens kam die Institutionalisierung des Exarchats in dem vorgesehen Zuständigkeitsbereich nur sehr langsam in Gang. Nicht nur die Meinungsverschiedenheiten hinsichtlich der Repräsentation der Laien sowie das Festhalten an bisherigen Verfahren innerhalb der Körperschaften der christlichen Gemeinden verzögerten den Aufbau der Kirchenorganisation. Hinzu kam das Bestreben des ökumenischen Patriarchats, wenn schon nicht die Entstehung des Exarchats verhindern zu können, so doch zu verzögern. Zwar wurde 1870 offiziell das Bestehen eines bulgarischen Exarchats durch den Sultan sanktioniert, doch sollte es noch einige Zeit dauern, bis dieses überhaupt als Institution über Istanbul und die einzelnen Zentren in der Sredna Gora zu funktionieren und agieren begann. Erst im Verlauf der Jahre 1872 und 1873 wurden die einzelnen Eparchien, die dem Zuständigkeitsbereich des Exarchats zugeordnet wurden, auch allmählich nach den Vorgaben des Exarchats organisiert. Zugleich war eine definitive Satzung des Exarchats zu dieser Zeit noch nicht in Kraft. Vorgesehen war, dass die „smeseni saveti" gewählt werden sollten – wahrscheinlich von der bisherigen Obština. In den einzelnen Eparchien sollten dann drei geistliche und fünf bis sieben weltliche Personen mit einem Mandat von zwei Jahren den „gemischten Rat" bilden.[268]

In Pirot selbst zog sich die Umsetzung dieser Vorgaben sehr lange hin. Erst 1875, also keine zwei Jahre vor dem Ausbruch des Russisch-Osmanischen Krieges, war das Exarchat auch in dieser Eparchie institutionalisiert. Aus der Perspektive der Leitung des Exarchats hieß es unzufrieden, dass die Piroter weiterhin „sehr passiv" blieben. In ihrer Arbeit über das Exarchat mutmaßte Zina Markova, dass die Piroter vermutlich wegen der Nähe der serbischen Grenze eingeschüchtert gewesen seien und es deshalb vermieden haben, sich zu versammeln, um Schwierigkeiten mit „den Herrschenden" zu entgehen.[269] Schon die 1860 erfolgte Ablösung des Metropoliten der Nišava Antim, dem, wie oben bereits erwähnt, u. a. sexuelle Belästigung von Mädchen und Jungen vorgeworfen worden war, zeigt deutlich die Ambivalenz der zeitgenössischen Protagonisten des bulgarischen Exarchats. Als die Nachrichten über die Untaten Antims im Umlauf kamen, wurden diese bereitwillig von der Istanbuler bulgarischen Presse aufgegriffen, die sonst kaum über die Geschehnisse in Pirot berichtete. Die Empörung über Antim im lokalen Kontext wurde in einem erweiterten Deutungsrahmen fixiert: der Kampf der Piroter Bulgaren gegen den fremden Einfluss der Griechen, der sich hier zudem in seiner ganzen moralischen Verkommenheit zeigte.[270]

---

267 Markova, Bălgarskata Ekzarhija, 1989, S. 42.

268 Ebenda, S. 144.

269 „Po predlog blizostta na srăbskata granica členovete mu izbjagvali da se săbirat na zasedanija za da si spestjat neprijatnosti s vlastite." Ebenda, S. 146.

270 Bălgarija, 8.6.1860, Nr. 64, S. 180 f.

Zwei Dinge werden hier deutlich: Erstens bleiben Argumentationsmuster in den nachträglichen Deutungen trotz der zeitlichen Distanz gleich. Nikolić und auch Markova, mehr als acht Jahrzehnte später, beurteilen die Entwicklungen im lokalen Kontext jeweils als fremdbestimmt. Aus der Perspektive der notwendigen Determiniertheit aller Prozesse durch ein imaginäres nationales Zentrum kann das Lokale nur dessen Resonanzboden sein, jedoch keine eigenständigen Handlungen hervorbringen. Die mangelnde nationale Aktivität in einem national-serbischen Sinne der Piroter wird bei Nikolić mit dem Einfluss des Exarchats erklärt, bei Markova der Mangel national-bulgarischer Aktivität mit der Nähe der serbischen Grenze. Zweitens: Aus beiden national zentrierten Perspektiven offenbaren sich mit dem Blick auf Pirot Mängel und „Abweichungen". Diese werden wiederum – ob zu Beginn des 20. Jahrhunderts oder an dessen Ende – in dem Wirken auswärtiger Faktoren verortet. „Die Bevölkerung" wird immer schon unter das jeweils nationale Kollektiv subsumiert – dass solches Bewusstsein unverbrüchlicher Zugehörigkeit nicht aufscheint, kann aus einem solchen Blickwinkel nur durch Sabotage oder widrige Bedingungen verursacht sein.

Demgegenüber zeigt sich aber durchaus, dass aus der lokalen Perspektive solches Handeln jenseits von Eindeutigkeiten durchaus sinnbehaftet ist. Zwar waren die Aktivitäten im Hinblick auf das Exarchat nicht ausgeprägt, dafür aber wurde deutlich, dass sich die Bemühungen um eine systematische Schulbildung intensivierten und die Obština auch einen Ausschuss für die Schulen ins Leben gerufen hatte.[271] Zudem wurde eine zweite große Kirche, nun in dem Stadtteil Tija Bara gebaut. Daraus lässt sich nicht auf Unterdrückung und Passivität schließen, sondern schlicht auf Orientierungen, die nicht mit der nationalen Meistererzählung ex post zusammenfallen: „Endlich zeigten auch die Piroter, dass sie nicht ganz so verloren sind im Hinblick auf ihre Nationalität, wie viele ihrer Landsleute denken, (...) phanariotische Speichellecker, und ausbeuterische Čorbadžije" hieß es in der *Bălgarija*.[272]

Die hier sichtbare Zufriedenheit ist auch in weiteren Nachrichtentexten immer mit dem Hinweis darauf verbunden, dass es aus Pirot noch keine guten Nachrichten für die nationale Sache zu vermelden gebe.[273] Schuld daran sei nicht nur das „höllische Treiben des griechischen Metropoliten", sondern ebenso die nationale Bewusstlosigkeit „dieser kriecherischen Čorbadžije".[274] Auch hier werden nicht die lokalen Machtgeflechte und Verbindungen in den Blick gerückt, sondern der Konflikt auf einer „höheren Ebene" angesiedelt: auf der einen Seite das aufrechte und national gesinnte Volk, einschließlich jener Čorbadžije mit Gewissen, auf der anderen Seite jene, die, selbst verkommen, den Metropoliten unterstüt-

271 Erinnerungen an einen „Školski odbor" werden bei Nikolić erwähnt. Es handelt sich wahrscheinlich um ein Gremium, das sich mindestens in einem allmählichen Übergang seit den 1850er Jahren herauskristallisierte, als die mit der Schule verbundenen Angelegenheiten umfangreicher wurden; Nikolić, Narodne škole, 1924, S. 27.

272 Bălgarija, 8.6.1860, Nr. 64, S. 180 f. „Najposle i Piročanite pokazaha če ne sa tolkova zagubeni v otnošenie na narodnostta kolkoto gi misljat drugite im sootečestvenici. (...) fanariotski podlizurki i izjadnici čorbadžiji."

273 Bălgarija, 15.6.1860, Nr. 65, S. 187 f.

274 Ebenda.

zen. In den Beiträgen wurden Hadži Viden und Kokalo regelmäßig namentlich genannt und deren Unterstützung für den Metropoliten angeprangert.

Zusammenfassend lässt sich feststellen: Erstens wird klar, dass die angenommene „unheilvolle" Wirkung, die das Exarchat gehabt haben soll, nicht viel mit dessen realer Existenz zu tun haben kann. Es wurde deutlich, dass die Errichtung des Exarchats lange Zeit in Anspruch nahm und in Pirot in dieser Zeit kaum die von Nikolić unterstellte, eine verschleiernde Wirkung auf ein vorgebliches Nationalbewusstsein entfalten konnte. Zweitens blieben in der Organisation des Exarchats die lokalen bisherigen Obštini weiterhin stark präsent – dies gilt ganz besonders für die Zeit bis 1878. Erst mit der Entstehung eines Staatsapparats nach 1878 konnte das Exarchat jene Wirkung entfalten, wie sie bis 1912 in Makedonien in der Konkurrenz mit den griechischen und serbischen geistlichen und weltlichen Apparaten in der Errichtung der „Schools for Destruction" sichtbar wurde.[275] Drittens geht aus beidem hervor, dass in Pirot weiterhin die Obština ausschlaggebend für die Gestaltung der Schulbildung blieb. Die neu hinzukommenden Metropoliten, erst Partenije, dann ab 1872 Evstatije – von dem noch ausführlich die Rede sein wird –, hatten sich nicht anders als die Vertreter der staatlichen osmanischen Macht aus dem Zentrum in einen Aushandlungsprozess mit den lokalen Akteuren einzulassen.[276] Noch weniger konnten sie dabei eine den osmanischen Reformern vergleichbare Wirkung entfalten, da es ihnen an einer von den lokalen Akteuren unabhängigen Infrastruktur fehlte. Im Gegensatz zur bulgarischen Meistererzählung wurden vielerorts die neuen „bulgarischen" Geistlichen nach der Ablösung der „patriarchischen" Bischöfe nicht als Heilsbringer begrüßt. Wie beschrieben schwächte die Bewegung gegen Antim und gegen die damit verbundenen zunehmenden Abgaben die Kirche, wo sie nicht als kommunale, sondern als überregionale Institution zu wirken suchte – patriarchisch und exarchisch gleichermaßen.[277] Aus den verschiedenen Regionen häuften sich die Berichte, dass die Bereitschaft der Bevölkerung, die traditionellen Abgaben an die Kirche zu zahlen, auch nach der Ablösung der patriarchischen Bischöfe gering blieb und diese Abgaben wiederum von den weltlichen Mitgliedern der Räte eingesammelt wurden.[278] Es ist also demnach kaum anzunehmen, dass die Vertreter des Exar-

275 Lory, Schools for Destruction, 2010.

276 Besonders deutlich wurde dies in Niš, wo sowohl die Protagonisten serbischer als auch bulgarischer nationaler Ideen mit dem neu eingesetzten slawischen Mitropoliten unzufrieden waren. Der neugewählte Mitropolit Viktor verhalte sich defensiv und „schreibt und spricht in einer Art serbo-bulgarischen Zwischensprache, sammele nicht offensiv Geld für das Exarchat, hieß es in einem Bericht des Exarchats. Trotz dieser „übermäßigen Toleranz" wurde Viktor von der nach Serbien orientierten Gemeinde in Niš wiederum beschuldigt, die „Volksfreiheit" zu beschränken; Markova, Bălgarskata Ekzarhija, 1989, S. 120.

277 Die Bevölkerung, die zuvor von den Exponenten für ein bulgarisches Millet ermuntert wurde, Zahlungen an das Patriarchat zu vermeiden, setzte dies nun im Hinblick auf die Vladičina, die Steuer für das Exarchat, fort. Ebenda, S. 150. In der national gesinnten Presse wurde dieses Verhalten immer wieder verurteilt, der darin sichtbare Mangel an Patriotismus angeprangert. Ebenda. Darin wird auch deutlich, dass die Bewegung gegen das Patriarchat in erster Linie eine Bewegung gegen die Abgaben war. Erwartet wurde wohl als Alternative eine kommunale Kirche, mit weniger Abgabenlast. Ebenda, S. 149.

278 Es handelte sich dabei um die Vladičina, eine jährlich von der Gemeinde zu zahlende Steuer von durchschnittlich sechs Groschen. Vorgesehen war, dass von diesen sechs Groschen das Exarchat zwei Groschen, zwei als Gehalt des Bischofs, zwei für die eparhijskite saveti – Räte der Eparchie erhalten

chats in nur wenigen Jahren den unterstellten Einfluss auf die Stadtbewohner entfalten sollten. Weiterhin war die Orientierung aus dem lokalen Kontext heraus für die Interessen der einzelnen Mitglieder der Piroter Obština ausschlaggebend.

2.5 Aushandlungsformen von Konflikten vor der Existenz nationaler Grenzziehungen: Die Unruhen von 1836

Bisher standen Beziehungen und gesellschaftliche Trennlinien im städtischen Raum im Vordergrund. Bevor im nächsten Teil auf nationalstaatliche Grenzziehungen eingegangen wird, sollen nun zunächst Formen und Austragung von Konflikten – zwischen christlicher Gemeinde und Osmanen – vergegenwärtigt werden, soweit diese überliefert sind. Dies ist für die weitere Darstellung insofern von Bedeutung, als dass die Beziehung zwischen Region und Protagonisten politischer Gewalt im diachronen Vergleich analysiert werden kann, womit die Unterschiede der einzelnen Konfliktsituationen deutlicher zur Geltung kommen. Auf diese Weise kann die Erzählung von der dauerhaften Konflikthaftigkeit der Grenze präziser verortet und eine damit einhergehende Essentialisierung der Region als konflikthaft vermieden werden. Dazu ist es notwendig, chronologisch einen Schritt zurückzugehen. Natürlich ist die Epoche der Tanzimat keineswegs eine konfliktfreie Idylle, doch wurden Konflikte, wie gezeigt, in der behandelten Region nicht gewaltsam ausgetragen.

Blickt man aus dem Jahr 1876 – dem Beginn des Serbisch-Osmanischen Krieges – zurück, hatten sich die letzten gewaltsamen Unruhen vier Jahrzehnte zuvor ereignet. Es handelte sich um Unruhen in der Landbevölkerung, die sich im Verlauf des Frühjahrs 1836 zuspitzten. Der Rekurs auf diese Ereignisse erfolgt nicht schlicht aus der Tatsache ihrer – zu problematisierenden – Überlieferung. Er ist hier aus zweierlei Gründen von Bedeutung: Erstens spielt die neue Grenze zwischen tributpflichtigem serbischen Fürstentum und dem übrigen Osmanischen Reich darin eine besondere Rolle, zweitens sind Verlauf und Handlungsformen Voraussetzung für ein besseres Verständnis der nach 1878 einsetzenden Entwicklungen.

Hier wird ein Bogen zum Anfang des Kapitels geschlagen, da die Unruhen in der traditionellen Forschung mit dem schon erwähnten Hadži Neša Filipović in Verbindung gebracht werden. Im Folgenden wird zunächst die klassische Erzählung skizziert, danach werden die wichtigsten Konfliktfelder herausgearbeitet und im Anschluss die Strategien der Konfliktlösung analysiert.

Umgangssprachlich werden die Unruhen als „Buna", als Aufstand bzw. Empörung, bezeichnet und unmittelbar mit Hadži Neša Filipović verbunden, so dass von der „Hadži Nešina Buna" die Rede ist.[279] An Hadži Neša als entscheidendem Protagonisten wurde das

---

sollte. Zweitens waren es „slučajni prihodi", Gebühren zu bestimmten Anlässen mit einer festgelegten Summe für alle Formen von Ritualen. Die Bestimmung der durchschnittlichen Summe, das Einsammeln dieser Steuern und Gebühren oblag dem Muhtar und den Geistlichen, die den „smeseni saveti" verantwortlich sein sollten.

279 Lilić, Borislava: Pirotska buna 1836. godine i odnos kneza Miloša prema pograničnim krajevima, in: Pirotski zbornik, knj. 17–18, Pirot, 1992, S. 9–20; dies.: Pirot u planovima srpskih nacionalnih

gesamte 20. Jahrhundert hinweg dabei ungebrochen festgehalten.[280] Zwei Faktoren werden in dieser bis heute dominierenden Fassung der Geschehnisse als Auslöser in den Mittelpunkt gestellt: Zum einen die wachsende Abgabenlast sowie die Willkür bei der Festlegung der Abgaben gegenüber der Landbevölkerung. Zum anderen wird die Nähe der neu festgelegten Grenze des serbischen Fürstentums in den Vordergrund gestellt. Die Nähe der Grenze bedeutete die Möglichkeit des Kontakts mit den Vertretern der neuen Herrschaft und von nationaler Freiheit. Ganz konkret wird hauptsächlich die Erfahrung des Landerwerbs seitens der Bauern der Šumadija von ihren bisherigen muslimischen Herrschaften angeführt. In Zeiten zunehmender und willkürlich gehandhabter Abgabenlasten, verhießen die Entwicklungen im Fürstentum, so die gängige Darstellung, endlich einen Ausweg auch in den noch „unterjochten Gebieten".

Zunächst manifestierte sich diese Unzufriedenheit darin, dass die Landbevölkerung entlang der Grenze bei Gurgusovac, die etwa 50 km von der Stadt Pirot entfernt war, zunehmend auf das Gebiet des Fürstentums flüchtete. Nach zeitgenössischen Schätzungen sollen bis zu 1.500 Menschen zwischen 1835 und Anfang des Jahres 1836 über die Grenze geflohen sein.

In der traditionellen Lesart wirkten sich die schlechten Bedingungen auf dem Land auch auf die Stadt aus. Es sei zur wirtschaftlichen Stagnation bei Handwerkern und Kaufleuten in Pirot gekommen, wodurch auch deren Unzufriedenheit mit der herrschenden Ordnung zunahm. Hier wird insbesondere Hadži Neša genannt, der ein „persönlicher Freund" Miloš Obrenovićs gewesen sei und als eine Art „Vertrauensmann" („poverenik") des Fürsten Miloš für Pirot fungiert haben soll.[281] Zudem habe Hadži Neša als Kaufmann intensiven Handel mit den Habsburger Ländern getrieben und deswegen ohnehin unter der „Beobachtung der türkischen Herrschaft in Pirot" gestanden.[282] Der Zusammenhang zwischen der gärenden Stimmung in der Umgebung und Hadži Neša wird durch zwei Ereignisse im Jahr zuvor hergestellt: Im August 1835 „flüchteten" seine Söhne Konstantin und Manojlo über Gurgusovac nach Serbien. Sie wollten sich in Serbien ansiedeln, um osmanischen Geldstrafen zu entgehen.[283] Dieser Übertritt der beiden Söhne des Hadži Neša erscheint einerseits als Beleg für die engen Bindungen an den Fürsten und v. a. unausgesprochen als Impuls für die danach anwachsende Fluchtwelle.[284]

Das zweite Schlüsselereignis in der klassischen Darstellung des Aufstandes ist der „Surgun", die Verbannung des Hadži Neša gemeinsam mit einem weiteren Piroter nach Diyarbakır. Angeblich war die Ursache ein Streit mit dem Piroter Bischof.[285] Durch die

---

organizacija za oslobođenje od turske vlasti u XIX veku, in: Pirotski zbornik, knj. 19–20, Pirot, 1994, S. 9–20; dies.: Nastojanja Srbije da se oslobodi Stara planina u XIX veku, in: Pirotski zbornik, knj. 23–24, Pirot, 1998, S. 17–19.

280 Stojančević, Oslobodilački pokret, 1997, S. 7–19.

281 Der „angesehene" Hadži Nesa als „Vorsitzender des Pirotsko Obscestvo" mit Siegelring auf dem der serbische Doppeladler abgebildet ist; Lilić, Istorija Pirota, 1994, S. 81.

282 Ebenda, S. 80. Woher die Kenntnis über die Handelsbeziehungen von Hadži Neša stammt, wird nicht angeführt.

283 Ebenda, S. 81.

284 Ebenda.

285 Ebenda, S. 82.

Vermittlung Miloš Obrenovićs wurde die Strafe aufgehoben und Hadži Neša konnte nach Pirot zurückkehren.[286] Im Januar 1836 schließlich begab sich auch Hadži Neša nach Serbien.[287] In den ersten Monaten des Jahres 1836 begann sich die Situation zuzuspitzen. Gerüchte kursierten, dass viele unter den Flüchtlingen in Serbien Waffen kaufen würden. Daraufhin erhöhte das Osmanische Reich die Militärpräsenz in der Region. Der Piroter Ajan verhaftete Anfang April vorsorglich einige Kmeten, nahm diese als Geiseln für ihre geflohenen Landsleute.[288]

In dieser von zunehmender Spannung geprägten Situation intervenierte nun Miloš Obrenović mit einer Proklamation, in der er der Bevölkerung nachdrücklich ermahnte, keinen Aufstand gegen die lokalen Ajane anzuzetteln. Obrenović warnte darin vor dem türkischen Heer, drohte aber auch selbst mit Gewalt, sollten sich die Bauern seinem Rat nicht fügen.[289] Unterdessen trat Hadži Neša mit einer Beschwerde über die unhaltbaren Zustände in Pirot an den Vali von Rumelien in Bitola heran. Daraufhin schickte der Vali Ende April einen Inspektor nach Pirot.[290] Es kam zur Zusammenarbeit zwischen dem Muhurdar (Siegelbewahrer) des Valis und dem Vertreter des serbischen Fürsten, Avram Petronijević, die sich gemeinsam während des gesamten Zeitraums der Krise im Mai 1836 vor Ort aufhielten – entweder in Pirot oder in Gurgusovac. Auf Initiative Petronijevićs entwickelten beide einen Vorschlag zur Befriedung der Unruhen, den sie den lokalen Ajanen zukommen ließen.[291] Diese erklären sich zu Verhandlungen mit den Kmeten bereit. Daraufhin sollen die Kmeten unter der Führung des Hadži Neša nach Pirot zu den Gesprächen mit den Ajanen kommen. Unerwartet kamen Mitte Juni 1836 nicht nur wie vorgesehen die Dorfältesten für dieses Treffen zusammen, sondern 8.000 Bauern zogen mit Hadži Neša an der Spitze bewaffnet in die Stadt.[292] Dort kam es daraufhin zu Schüssen, und die Gewalt zwischen Christen und „Türken" eskalierte. Erst nach einer Weile gelang es Petronijević und dem Muhurdar, die Kontrolle wiederherzustellen.[293] Danach entspannte sich die Situation für mehr als einen Monat.

Vieles bleibt auch in diesen neueren Darstellungen, etwa bei Borislava Lilić, weiterhin im Unklaren. Über die Vorgänge in den Dörfern, von denen die Unruhen ausgingen und die womöglich zur Migration nach Serbien beitrugen, ist im Einzelnen nichts bekannt. Dennoch kommt Borislava Lilić zu dem Schluss, dass die Zielvorstellungen der „Buntovnici" nationale waren. Zwar besäße der Aufstand keinen manifesten politischen Charakter und weise keine offene Forderung eines „Anschlusses" an Serbien auf. Dennoch werde eine Tendenz zur nationalen Befreiung deutlich. Es ist in ihren Augen nur zu verständlich, dass

286 Ebenda, S. 81.
287 Ebenda.
288 Ebenda, S. 82.
289 Ebenda.
290 Ebenda.
291 Der Gesandte von Miloš Obrenović überreicht dem „Muhurdar Efendi" am 18. Mai einen Vorschlag für die Befriedung der Unruhen: 1. der „Ajan" und Vladika sollen mit ihren Gleichgesinnten Pirot verlassen. 2. Ordungsgemäße Steuerabgaben und Abschaffung der neuen Belastungen. 3. neuer türkischer Ajan soll Hadži Neša werden, sowie ein Vertreter der serbischen Regierung soll vermitteln. Ebenda, S. 83. Vorschläge werden angenommen. Ebenda.
292 Ebenda.
293 Ebenda.

die nationalen Bestrebungen von deren Protagonisten nicht offen geäußert werden konnten, „gleich wie stark diese in den verborgenen Gefühlen der Protagonisten vorhanden" waren. Dies sei den Umständen geschuldet gewesen, v. a. den internationalen Machtkonstellationen, dem antidemokratischen Charakter der Herrschaft im Habsburger Reich und in Russland, deren Eliten kein Verständnis für nationale Volksaufstände haben konnten, sowie deren legitimistischer Kurs in der Orientalischen Frage.[294]

Dieses „Gespür" vieler Autoren für die verborgen gebliebenen Zielvorstellungen der Akteure der Unruhen von 1836 beruht auch auf der Form und den Motiven, in der das Wissen über diese Ereignisse überliefert wurde. Deshalb ist ein Blick auf dieses Narrativ notwendig für ein besseres Verständnis des Konfliktes selbst. Das Wissen um die Unruhen kommt nicht in erster Linie aus der lokalen Überlieferung. Vielmehr wird der Aufstand als zentrales Ereignis in der Geschichte Pirots im 19. Jahrhundert mit der Einbeziehung der Stadt in das serbische Fürstentum generiert. Genauer, in der Enzyklopädischen Übersicht über die „neuen Gebiete" des Historikers und Staatsbeamten Milan Đ. Miličević.[295] Dieser hatte schon 1876 eine Übersicht über das Fürstentum Serbien vorgelegt. Im Jahr 1883 erweiterte er diese um ein ganzes Buch, das nun die „neuen Gebiete" Niš, Pirot, Vranje, Kuršumlija und Prokuplje mit einschloss. Miličević versuchte eine Art Generalüberblick über den territorialen Umfang der neuen Bezirke zu schaffen, Flora, Fauna, Demografie, Ethnografie und Geschichte, angereichert mit statistischen Daten zur jüngsten Entwicklung im Hinblick auf Bildung, Bevölkerung und Wirtschaft. Einen zentralen Platz nahm in der Darstellung der einzelnen neuen Bezirke deren „Geschichte" ein, die insbesondere die alten und engen Beziehungen zum Fürstentum Serbien nachweisen sollte. Während sich im Hinblick auf die übrigen Bezirke zumeist die Darstellung verdienter Patrioten fand, die sich in den Jahren zuvor für die nationale Sache engagiert hatten, gab es in Bezug auf Pirot dahingehend eine Leerstelle. Nicht zuletzt dies dürfte das Motiv gewesen sein, auf den hier behandelten Aufstand zurückzukommen, um auf diese Weise die alten Bindungen nach Serbien zu unterstreichen. Als hochrangiger Beamter hatte Miličević einen guten Einblick in die Korrespondenzen der Fürsten. So veröffentlichte er auch den größten Teil des Briefwechsels Avram Petronijevićs und Miloš Obrenovićs in jenem Kapitel, das der patriotischen Vergangenheit der Stadt zugedacht war. Dieses bestand aus nichts weiter als dieser Korrespondenz. Damit hatte Miličević die Darstellung der Geschichte Pirots im 19. Jahrhundert gleichsam kanonisiert. Alle folgenden Historiker zentrierten ihre Darstellungen auf dieses Ereignis, um der Zugehörigkeit Pirots zu Serbien unwiderlegbaren Nachdruck zu verleihen. So schmilzt gleichsam das lange 19. Jahrhundert in diesen Darstellungen zu zwei zentralen Kernen des nationalen Narrativs zusammen: 1836 und 1878. Beide sollen die Zugehörigkeit zur serbischen Geschichte ausweisen. Über lokale Überlieferungen indessen ist nichts bekannt. Diese wurden von der Darstellung überwölbt, wie sie die neue Herrschaftselite in den Schulen einführte.

Dass Hadži Neša kurz nach den Unruhen, in den 1840er Jahren, nach Sofia übersiedelte, wohl wegen anhaltender Streitigkeiten mit einem Teil der Piroter Čorbadžije, fiel dabei

294 Ebenda, S. 79.
295 Milićević, Kraljevina Srbija, 1884.

nicht ins Gewicht und wurde zumeist nicht erwähnt.[296] Ebenso scheint die Tatsache nicht gestört zu haben, dass Miloš Obrenović in diesem Konflikt in keinem günstigen Licht erschien, angesichts der Möglichkeit, die vermeintlich alten und festen Bande mit Serbien in den Blickpunkt zu rücken. Aus der Perspektive dieser Arbeit sind es aber gerade diese Handlungsformen von Akteuren wie Miloš Obrenović, die hier von Bedeutung für die Darstellung von Konflikten im regionalen Kontext sind und Aufschluss über regionale Konfliktdynamiken und deren Einhegung in der spätosmanischen Epoche geben.

Zunächst gilt es, diese Geschichte, wie sie die national zentrierte Geschichtsschreibung wiedergegeben hat, mit allgemeinen Veränderungsprozessen in Beziehung zu setzen, die in den 1830er Jahren einsetzten bzw. an Sichtbarkeit gewannen. Es handelt sich dabei um eine zunehmende Abgabenlast, der die Landbevölkerung ausgesetzt war. Und dies in einem Prozess, in dem an die Stelle der bisherigen Besitz- und Abgabenverhältnisse mit dem Verschwinden der Spahis, die nur eingeschränkte und klar umgrenzte Abgaben von den Bauern verlangen konnten, Privatisierung von Landbesitz trat, die zugleich mit zunehmenden Abgabelasten einherging. Hannes Grandits hat diesen Prozess für die Herzegowina beschrieben.[297] Für die hier behandelte Region wird diese Aneignung von Land seitens der Ajane zumeist als „Gospodarluk" bezeichnet. Hinzu kam die Praktik der Steuerpacht, die durch ihren hochspekulativen Charakter zumeist zum Nachteil für die Bauern geriet. Wie gezeigt, begannen zu dieser Zeit auch Christen, in diesem Feld aktiv zu werden. Der Einstieg in das Geschäft der Steuerpacht, das einiges an finanziellen Ressourcen oder entsprechend guten Verbindungen zum Geldleihen voraussetzte, offenbarte die Veränderung, die sich bei einem Teil der christlichen Stadtgesellschaft vollzog.[298] Im Unterschied zur nationalen Erzählung, in der das gemeinsame Leid der Städter und Bauern in einem Aufstand mündet, stehen sich hier Landgesellschaft und ein Teil der christlichen Städter vielmehr konträr gegenüber. Während für die Städter in den 1830er Jahren ein Aufstieg einsetzte, verschlechterte sich gleichzeitig die Lage eines Großteils der Dorfbevölkerung. Als Urheber sahen sie die Willkür der Ajane und die Gerissenheit der Steuerpächter – gleich, ob es sich um Christen oder Muslime handelte. Damit wird auch sichtbar, dass es sich in Pirot um zwei voneinander unterschiedene Konfliktlinien handelte. Einmal die Auseinandersetzung zwischen Städtern etwa als Čiflikbesitzer und Landbevölkerung, zum anderen die Spannungen zwischen Aufsteigern und Alteingesessenen in der Stadt.

Der Aufstieg der Čorbadžije ging sicherlich nicht ohne Konflikte und Reibungen vonstatten. So lässt sich zumindest der Streit zwischen Hadži Neša einerseits und den Ajanen sowie dem Bischof andererseits deuten, der in dem „Surgun" des Hadži Neša und eines weiteren Čorbadžija resultierte.[299] Die Begnadigung der beiden Čorbadžije, wohl durch die

296 Einzig in dem erst 1970 veröffentlichten Manuskript von Vladimir Nikolić findet sich ein Hinweis darauf, sowie in dem Kondik, wo für 1846 der Verkauf des Grundstücks des Hadži Neša in Pazar vermerkt wird.

297 Grandits, Herrschaft und Loyalität, 2008.

298 Wie schon weiter oben Janeva, Bălgari – otkupvači, 2011.

299 In dem Bericht der des zuständigen Offiziers der Grenzeinheiten über die Ankunft von Konstantin und Manol, den Söhnen des Hadži Neša wird auch bemerkt, dass Hadži Neša, „den die Türken diesen Sommer in die Verbannung schickten, sich mit dem Piroter Vladika zerstritten hat." Nikolić, Pirot i Srez nišavski, 1981, S. 28.

Intervention Miloš Obrenovićs, brachte einen regionalen Machtfaktor ins Spiel, der sich im Hinblick auf die Landgesellschaft in einer anderen Konstellation ebenso zeigte: die Erfahrung der neuen Grenze und damit die Sichtbarkeit einer neuen Ordnung, in der die Landbevölkerung auf der osmanischen Seite (abgesehen von der in Gang kommenden Landvergabe an die Bauern der Šumadija) nun einen einflussreichen, zudem christlichen Patron in „Beg Miloš“ erblickte, wie er genannt wurde, der sie in ihren Anliegen unterstützen konnte. Es werden also drei Momente sichtbar: erstens die Veränderungen der Besitzverhältnisse und deren Auswirkungen auf die Landgesellschaft, die in Unruhen resultierten, zweitens die Konflikte innerhalb der Stadtgesellschaft, drittens ein in beiden zum Vorschein kommender neuer regionaler Faktor – Beg Miloš.

Ein Aspekt ist dabei von besonderer Bedeutung: Die lokalen Akteure betrieben die Involvierung des neuen regionalen Potentaten und nicht umgekehrt. Sie waren es, die sich aktiv beteiligten, im Unterschied zu den Kriegen seit 1877, als sie nicht gefragt wurden und passiv blieben. Diese Akteure waren einige nach Serbien gewechselte Dorfbewohner, die vermittels bestehender mikroregionaler Handelsnetzwerke Kontakt und Unterstützung, Geld und Waffen zumeist bei subalternen Beamten im Fürstentum suchten. Im Unterschied zu den Čorbadžije. Diese wandten sich direkt an Beg Miloš – doch nicht etwa wie manche der Dorfbewohner, um einen Aufstand anzuzetteln, sondern um dessen Unterstützung für deren Eingaben bei der regionalen osmanischen Herrschaft zu sondieren.

In der Person des Hadži Neša bündelten sich nun beide Konfliktlinien, da dieser Miloš um unterstützende Vermittlung ersuchte, sowohl in den Streitigkeiten der Städter mit den Ajanen als auch den Schwierigkeiten der Bauern. In dieser Lesart wird deutlich, dass der „Ursprung“ der Unzufriedenheit ein bestimmter Piroter Ajan war. Doch nicht nur durch Hadži Neša, sondern ebenso durch die Berichte der Grenzeinheiten sah sich Miloš genötigt, gegenüber der Landbevölkerung aus der Umgebung Pirots Stellung zu beziehen. Das zu diesem Zweck am 2.4.1836 angefertigte Schreiben an die „geachteten Kmeten und das Volk, das sich bei dem Kloster Temska versammelt hat“, ist bemerkenswerterweise in der lokalen Sprache verfasst. Offenbar wollte Miloš sichergehen, dass er richtig verstanden würde, und die Kmeten begriffen, dass sie nicht mit seiner Unterstützung rechnen konnten. Schon die ersten Zeilen zeigten eine klare Distanzierung: Es sei ihm zugetragen worden, dass sie sich beim Kloster Temska versammeln werden, in welcher Absicht dies geschehe, wisse er aber nicht. Doch sollte es durch irgendwelche „muka i nevolja“ („Qual und Unbill“) verursacht sein, so sei es schlecht, solches zu tun. Sich in solcher Menge zu versammeln sei nicht gut. Danach folgte gleichsam die Erklärung des „Dienstweges“, an den sich die Unruhestifter zu halten hätten.

> въи си имате сега ваши коджабаши, пак ако сте имали каква неволя, да сте е показали на коджабашите, онъи бъи показали на войвода, и войвода бъи учинилъ на вазе дерман; ако не бъи ктелъ войвода, да въи учини дерманъ, тогава могли сте да да начините единъ арзъмагзаръ на честитога урумелъвалеси, пак бъи онъ ваша неволя извиделъ.[300]

300 „Ihr habt jetzt eure Kodžabaši, und wenn ihr irgendeine Unbill erleidet, meldet ihr das den Kodžabašas, er wird des dann dem Vojvoden melden, und der Vojvode würde euch helfen. Sollte er

Zum einen wird hier deutlich, dass es offenkundig seit einiger Zeit die Institution der Kodžabaši in den Städten und Dörfern gab. Ebenso hielt Miloš die Kmeten dazu an, sich an der herrschenden Ordnung und den gültigen Regeln zu orientieren, bei ihren Eingaben der Hierarchie zu folgen: sich erst an die Ajane und dann, sollte dies nichts fruchten, an den Vali von Rumelien zu wenden. Dies missachtend hätten sich die Kmeten ins Unrecht gesetzt und dadurch den umso größeren Zorn des „Zaren" und seines Heeres auf sich gezogen. Er, Miloš, werde nun einen seiner Berater zu ihnen schicken, damit dieser ihnen beibringe, sich an die geltende Ordnung zu halten. V. a. aber sollten die Kmeten diese Versammlungen auflösen und sich auf der Stelle in ihre Dörfer begeben, und ihm jene ausliefern, die sie derart getäuscht und zum Aufstand überredet hätten. Täten sie dies nicht, dann sollten sie wissen, dass er höchstselbst an den Vali geschrieben habe, die „turska vojska" („das türkische Heer") zu schicken, und dass er die serbischen Soldaten sammele, und dann würden „wir von allen Seiten gegen euch losschlagen, eure Dörfer zerstören und all euer Hab und Gut plündern".[301] Die Kmeten sollten keinen Augenblick meinen, Miloš werde das Patronat übernehmen. Sein Berater sei auch nicht mit der Aufgabe betraut gewesen, die Kmeten beratend zu unterstützen, sondern erstens herauszufinden, wer die Aufwiegler seien, und zweitens die Situation zu befrieden.

Doch Miloš wartete nicht, bis die Kmeten Kontakt zu den Ajanen aufnahmen. Es geschah ohnehin das Gegenteil. Aus den Berichten der Grenzposten an Miloš ist zumindest herauszulesen, dass auch Ende April weiterhin Dorfbewohner, insbesondere aus dem Nordosten der Piroter Umgebung, in das nicht allzu weit entfernte Gurgusovac kamen, um dort Waffen zu kaufen.[302] In der Zwischenzeit war der Vali in Bitola durch den Berater Miloš Obrenovićs, Avram Petronijević, sowie durch Hadži Neša unterrichtet worden. Anfang Mai schickte dieser dann seinen Muhurdar nach Pirot, der dort eine weitere Eskalation verhindern sollte. Nach einer ersten Inspektion in Pirot kam es an der neuen Grenze zu einem ersten Treffen mit Avram Petronijević, der Miloš hochzufrieden über das gegenseitige gute Verständnis berichtete.[303] Der Muhurdar hatte zuvor den Ajanen von Pirot mit den Vorwürfen seitens der Landbevölkerung konfrontiert, die dieser ihm gegenüber zurückwies und betonte, insbesondere von dem Piroter Hadži Hasan Efendi und dem Bischof belogen worden zu sein. Diese hätten ihn derart aufgewiegelt und zugleich getäuscht, so dass er sich entschlossen habe, Hadži Neša zu verbannen.[304] Um seine Position als eines der Oberhäupter der Stadt zu verteidigen, versuchte der nicht namentlich genannte Ajan, die Schuld auf

das nicht tun, könntet ihr dann die Bitte an den Vali von Rumelien richten, und er würde die Beschwerden untersuchen." Miloš Obrenović an die Kmeten des Volkes von Pirot, 2.4.1836; zit. nach Nikolić, Pirot i Srez nišavski, 1981, Dok. Nr. 47, S. 33.

301 Milićević, Kraljevina Srbija, 1884, S. 185.

302 Ebenda, S. 187.

303 Dankbarkeit, dass sich beide gut verstehen, offenkundig beherrschte Petronijević Griechisch besser als Türkisch, denn er berichtete außerordentlich zufrieden, dass der Muhurdar aus Morea stammte, und sie daher zumeist griechisch sprechen würden.

304 „(...) казивао је сам да Х. Неша једини биом који је деду и оцу његовом служећи, ктео и његов рз (част) и поштење да сачува, но владика и Х. Хасан ефендија, не могавши због приступа његовог код ајана, да чине она злочинства, која су по том чинили, преварили су га те је арз учинио, да се тај човек у сургун пошље"; Milićević, Kraljevina Srbija, 1884, S. 187.

den Bischof und wohl einen Konkurrenten abzuwälzen. Dies führte lediglich dazu, dass auch der Ajan Hadži Hasan sowie der Bischof aus der Stadt entfernt werden sollten.[305]

So eindeutig und drastisch die Entscheidung zur Absetzung anmutet, so uneindeutig und zurückgenommen war indessen der Vorschlag des Muhurdars zur Durchführung der Befriedung. Der Muhurdar war nicht sonderlich erpicht darauf, allein und persönlich den Beschluss in der Stadt durchzusetzen, so lautete zumindest die Einschätzung Avram Petronijevićs: So könnte die Nachricht davon für weiteren Aufruhr bei den mächtigen Ajanen der Umgebung (Sofia, Dupnica und Trn wurden genannt) sorgen,[306] die ohnehin darauf aus seien, den Vali zu schwächen. Ebenso habe der Muhurdar erst unlängst den Rang eines Kapidžibaša vom Sultan erhalten und fürchte, diesen dann zu verlieren. Er schloss aus, dass sich etwas an der Steuerlast ändern ließe. Diese sei zwar bedauerlicherweise im Augenblick tatsächlich erheblich, doch höchstens bei den städtischen Abgaben, die in Pirot selbst erhoben wurden, wie für den Handel mit Wein u. a., ließen sich womöglich mit den Ajanen neue Übereinkünfte erreichen.[307]

Auch Avram Petronijević wollte bei der Durchsetzung der vereinbarten Schritte nicht persönlich in Erscheinung treten. Sollten Vertreter des Fürstentums in Pirot auftauchen, so schrieb er an Miloš, würde dies sofort Gerüchte heraufbeschwören, die zu weiteren Erhebungen in der Umgebung von Sofia und Dupnica führen könnten, zugleich könnte dann ebenso alle Schuld dem Fürstentum zugeschrieben werden.[308]

Beide schlugen daher vor, sie würden gemeinsam Hadži Neša aufsuchen, der sich bei Miloš aufhielt. Dieser solle dann, ausgestattet mit einem Schreiben des Vali von Bitola und Beg Miloš, gemeinsam mit den Geflohenen nach Pirot zurückkehren und die Umsetzung der Vereinbarung einfordern.[309] Hier wird anschaulich sichtbar, wie stark der Vertreter der offiziellen osmanischen regionalen Herrschaft ebenso wie jener des serbischen Fürstentums zögerten, in diese lokale Auseinandersetzung hineingezogen zu werden. Gerade an der Praktik des Muhurdars wird das vorsichtige Taktieren im Hinblick auf die lokalen Machtkonstellationen deutlich, das auch in späteren Kontexten während der Durchsetzung der Tanzimat präsent blieb. Ebenso zielte deren „Intervention" nicht auf die Beseitigung des Grundes der Erhebung, der Steuerlast ab, es ging v. a. um die Moderation des lokalen Konflikts, ohne eine zu sichtbare Einmischung.

---

305 Ebenda, S. 203.

306 Ebenda.

307 An den allgemeinen Steuern ließen sich keine Erleichterungen vornehmen, gleichwohl aber an den lokalen. Ebenda, S. 189.

308 Ebenda.

309 Ebenda, S. 188. Miloš soll alle Flüchtlinge mit einem seiner Männer und einem Schreiben an die Ajane zurückschicken, dass sie in der nächsten Zeit nicht in die Dörfer dürfen, bis der Muhurdar eintrifft. Danach wollte der Muhurdar nach Serbien zu Hadži Neša, um mit ihm eine Vereinbarung zu treffen, „nach der der Ajan über das arme Volk herrschen sollte". Danach würde der Muhurdar einen Brief an den Vezir gemeinsam mit Hadži Neša richten, in dem die Probleme und die Verantwortlichen genannt werden. Danach würde er mit Hadži Neša nach Pirot reisen, um ihn dort als Kodžabaša einzusetzen, mit der Vereinbarung, dass die Ajane keine Entscheidungen ohne den Kodžabaša treffen könnten. In der Zwischenzeit würde er die Verbannung von Hasan veranlassen (wahrscheinlich in der Annahme, dass bis dahin ohnehin dazu ein Befehl aus Istanbul käme). Ebenda.

Fürst Miloš stimmte zwar dem Vorschlag zu, dass Hadži Neša in die Konfliktlösung einbezogen werden und möglichst alle Geflohenen dazu bringen sollte, unter seinem Schutz nach Pirot zurückzukehren. Dennoch bestand er zugleich darauf, dass auch Avram Petronijević und der Muhurdar diesen begleiteten.[310] Letztlich folgte Petronijević den Anordnungen seines Dienstherrn. Beide trafen Mitte Mai 1836 in Pirot ein. Eine Woche später, am 21. Mai, gelangte auch Hadži Neša aus dem Fürstentum nach Pirot.[311] Wie aus den Briefen Petronijevićs an den Fürsten hervorgeht, wurde Hadži Neša nun seitens der Ajane als Kodžabaša der Kaza Pirot anerkannt. Er sollte nun in diesem Amt eine Delegation von Kmeten aus der Umgebung zusammenstellen und sie nach Pirot bringen, damit eine Beendigung der Unruhen ausgehandelt werden konnte. Wie Avram Petronijević berichtete, wurde dies allerdings durch Eskalationsstrategien von beiden Seiten vereitelt. Noch bevor Hadži Neša überhaupt dazu kam, sich auf den Weg zu machen, hatte sich eine große Menge von Bauern – Petronijević spricht von 8.000 – vor der Stadt versammelt.[312] Ein Großteil ließ sich nicht davon abbringen, im Gefolge des Hadži Neša und den von ihm bestimmten Kmeten in die Stadt zu ziehen. Dort geriet der vorhergesehene Ablauf außer Kontrolle: Es kam seitens einiger muslimischer Stadtbewohner und der Bauern zu Schießereien. Eine Verhandlung war dadurch unmöglich geworden. Hadži Neša zog sich gemeinsam mit dem serbischen Unterhändler und dem Muhurdar in den Konak zurück. Die gewaltsamen Auseinandersetzungen wurden – in dem Brief bleibt es unklar wie –[313] erst während der Nacht beendet. Am nächsten Tag versuchte Petronijević, die Aufständischen, die sich inzwischen aus der Stadt zurückgezogen hatten und in größeren Gruppen zerstreut in der Umgebung der Stadt lagerten, davon zu überzeugen, dass es keinen Sinn hatte, ihre Forderungen mit Gewalt umzusetzen.[314] Enttäuscht schilderte sein „Botschafter" Miloš gegenüber deren Kompromisslosigkeit. Die Aufständischen, so schrieb er, würden ihn auslachen und erwarteten jeden Augenblick Kanonen, die ihnen Beg Miloš schicken würde. Nur massive Drohungen mit Gewalt, demonstrative Hinrichtungen von Aufständischen an der serbischen Grenze sowie die Suche nach Kontaktpersonen in Serbien, die „ihnen diesen Floh ins Ohr gesetzt" hatten, könnten seiner Ansicht nach etwas bewirken.[315] Erst am nächsten Tag waren die Aufständischen bereit, auseinanderzugehen.

Ursache dieser überraschenden Wendung war die Gefangennahme zweier Bauern an der Grenze zu Serbien, die umgehend zu den Aufständischen gebracht wurden. Dadurch zeigte sich, dass es nicht nur bei den Drohungen bleiben würde, von denen Petronijević gesprochen hatte.[316] Neben der zunehmenden Präsenz des osmanischen Militärs war es auch die Nachricht, dass nun der Rumeli Valis in einem Brief die Absetzung des Ajans verfügt hatte.

---

310 Ebenda, S. 190.

311 Ebenda, S. 198.

312 Ebenda.

313 Sogenannte „Arnauten" wurden seitens Petronijević und des Muhurdar zur Einschüchterung der Aufständischen gerufen. Ebenda, S. 200 f.

314 Zunächst waren die Versuche seitens Petronijević die Bauern in der Umgebung zu beschwichtigen erfolglos geblieben. Ebenda, S. 200.

315 Ebenda, S. 205.

316 Ebenda, S. 204.

Kurz danach traf der „Exarch des Patriarchats“ ein, um die Versetzung des Bischofs zu verfügen.[317]

Während damit der Aufruhr der Dorfbevölkerung beendet war, sahen sich nun die beiden Unterhändler mit der Weigerung des Hadži Hasan konfrontiert, seine Absetzung hinzunehmen. Er versuchte, erneut eine Eskalation herbeizuführen, indem er bewaffnet und von seinen Unterstützern begleitet durch die Čaršija ritt und vor einem erneuten Einfall der Bauern warnte. Sein Versuch, den Stadtteil Tija Bara zu stürmen, in dem vorwiegend Christen lebten, wurde vom osmanischen Militär vereitelt. An deren Spitze stand der Muhurdar und drohte damit, die einheimischen Muslime, die sich dem unbotmäßigen Ajan angeschlossen hatten, als Janičaren zu behandeln. Es war dies eine Anspielung auf die massive Gewalt bei der Abschaffung dieses Standes durch Sultan Mahmut weniger als ein Jahrzehnt zuvor, die sicherlich allen Akteuren noch Erinnerung war. Wie es Petronijević beschrieb, zeitigte diese Drohung unmittelbare Wirkung und der Ajan Hasan verlor sofort jegliche Unterstützung.[318] Hadži Hasan sollte in den nächsten Tagen zum Rumeli Valis gebracht werden.

Damit schienen nun beide Faktoren der Unruhe endgültig beseitigt zu sein. Aufschlussreich sind dabei die Absprachen zwischen Petronijević und dem Muhurdar für ein besseres Verständnis der Form, in der solche lokalen Konflikte schließlich beigelegt wurden. Diese Absprache mochte einer der Gründe für die erneute soeben beschriebene Zuspitzung sein. Wie Petronijević Miloš am 1. Juli 1836, unmittelbar nach den geschilderten Geschehnissen, berichtete, hatten er, der Muhrdar sowie einige Piroter Ajane abgesprochen, wie die gesamten Ereignisse sowie die Verantwortung dafür gegenüber dem Rumeli Valis und den Vertretern der Zentralmacht dargestellt werden sollten: Da der eigentlich im Mittelpunkt der Klagen der Dorfbevölkerung stehende Ajan zugleich ein guter Bekannter des Vali war, schien es insbesondere dem Muhurdar aussichtslos, ihn zu belangen. Deshalb sollte alle Schuld auf Hadži Hasan abgewälzt werden. Schließlich hatte auch der Ajan davon gesprochen, dass Hadži Hasan ihn getäuscht und betrogen habe. Für die Unruhen seitens der Landbevölkerung sollte der Bischof verantwortlich gemacht werden. Man einigte sich auf eine Darstellung, der zufolge der Bischof, als er von der Wiedereinsetzung des Hadži Neša erfuhr, über seine Mittelsmänner, Popen aus der Umgebung, die Bauern gegen die muslimischen Städter aufwiegeln ließ, wodurch es dann zu den Zusammenstößen in Pirot kam: „Damit fällt alles auf die obengenannten Personen zurück, und wir, das Volk, die Jerlije (einheimische Muslime, Anm. N. St.) und der Vojvoda waschen alle unsere Hände in Unschuld“, resümierte Petronijević zufrieden.[319]

In dieser Episode kommt die Relevanz der regionalen Akteure zum Vorschein. Keiner der beiden regional bedeutenden Akteure wollte es sich leisten, einfach über die lokalen Interessen hinwegzugehen. Auch die Macht der städtischen Akteure wird deutlich, ohne dass es sich um regionale Machthaber zu handeln brauchte. Ebenso wird deren Vernetzung als Form der Machtsicherung sichtbar. So konnte sich der Piroter Ajan, der doch am meis-

317 Ebenda.
318 Ebenda, S. 205.
319 Ebenda, S. 203.

ten beschuldigt wurde, Verantwortung für die Krise zu tragen, wegen seiner guten Beziehungen zum Rumeli Valis behaupten.

Dies zeigt zugleich auch die potentielle Willkür, die in der auch vom Kenner des Osmanischen Reiches Ami Boué gepriesenen Stärke der „Munizipien" liegen konnte, die dieser als Besonderheit des Osmanischen Reiches im Vergleich zu Westeuropa während seiner Reisen im europäischen Teil des Reiches hervorhob.[320] Jene Bauern, die in den Prozess der Umwandlung von Dörfern in Gospodarluk gerieten, waren die Objekte solcher Willkür.

Doch auch gerade für diese Akteure innerhalb der Landgesellschaft wird hier deutlich, wie sie sich einen unabhängigen Aktionsradius aneigneten.

Abschließend wird offenbar, dass es keine „homogene", national geschlossene Gruppe war, mit Hadži Neša an der Spitze, die gegen die Missstände aufbegehrte. Die Interessen der Čorbadžije, die Hadži Neša unterstützen, unterschieden sich von jenen der Kmeten in den umliegenden Dörfern. Erstere strebten die Absicherung des sozialen Aufstiegs innerhalb der Stadtgesellschaft und die Ausweitung des Einflusses des Kodžabaša an. Beg Miloš, der nur ein Jahr zuvor auf seiner Reise nach Istanbul zur Audienz beim Sultan auch in Pirot Station gemacht hatte, erschien als ein überregionaler Patron, der auch bei den Osmanen Ansehen genoss. Den rebellischen Kmeten ging es dagegen weniger um eine neue Ausbalancierung veränderter lokaler Machtgefüge. Sie wollten einen Missstand beseitigen und waren – anders als die Čorbadžije – den Ajanen gegenüber antagonistisch eingestellt. Während die Čorbadžije direkt um die Unterstützung von Miloš baten, wurden die Kmeten auf ihren Wegen aktiv: Sie suchten über ihre bekannten Mehandžije und Kaufleute, subalterne Beamte in Gurgusovac jene Ressourcen wie Geld und Waffen zu sichern, die dann später die Intervention des Beg Miloš zu ihren Gunsten herbeiführen würde.

Dieser war weder von einer nationalen Mission erfühlt, noch hatte er ein Interesse daran, die kürzlich erfolgte Gebietserweiterung seines Besitzes, die nun vom Sultan abgesegnet war, aufs Spiel zu setzen und damit auch seine regionalen Kontrahenten womöglich zu stärken. Vielmehr agierte er einem traditionellen Selbstverständnis folgend, das eher jenen Mustern entsprach, wie sie zu Beginn des Jahrhunderts bei regionalen Potentaten wie Ali Paša Tepedelenli[321] und anderen deutlich geworden waren. Ebenso hielt sich auch der Rumeli Valis damit zurück, zu stark in die lokalen Machtstrukturen einzugreifen, um seine eigene Position weiterhin zu sichern, die auch von dem Wohlwollen der regional einflussreichen Ajane abhing.

So wird deutlich, dass die lokalen Akteure erstens aktiv von sich aus die Involvierung regional einflussreicher Akteure betrieben und keine ohnmächtigen Opfer „türkischer Willkür" waren, die auf die Erlösung durch ein imaginiertes nationales Zentrum warteten, wie es die klassische nationale Geschichtsschreibung suggeriert. Ebenso wurde sichtbar, dass die regionalen Machthaber die lokalen Akteure in ihrem Handeln ernstnahmen und weit davon entfernt waren, diese zu unterschätzen, bzw. schlicht als passive Untertanen zu betrachten, wie es v. a. nach 1878 üblich werden sollte.

320 Ebenda.

321 Esmer, Economies of Violence, 2014.

3 Grenzziehungen

3.1 Die Auseinandersetzung um die nationale Zugehörigkeit in Pirot: „Ziegen oder Schafe“

Serbien trat am 15. Dezember 1877 in den Krieg gegen das Osmanische Reich ein. Zu dem Zeitpunkt dauerte der Russisch-Osmanische Krieg bereits mehr als ein halbes Jahr. Das lange Zögern Serbiens erklärt sich mit der misslungenen Kampagne (des so genannten ersten Serbisch-Türkischen Krieges von 1876) eineinhalb Jahre zuvor und mit den Schwierigkeiten, den Feldzug zu finanzieren. Angesichts der wachsenden Übermacht der russischen Armee sah die serbische Regierung dann aber die Möglichkeit, bei künftigen Verhandlungen über territoriale Ansprüche gegenüber dem Osmanischen Reich berücksichtigt zu werden.

Abseits des eigentlichen Kampfgeschehens konnte die serbische Armee sehr schnell Geländegewinne erzielen, da die osmanische Armee schon enorm geschwächt war.[1] Zunächst hatten die serbischen Truppen einen Belagerungsring um Niš gezogen, dann waren sie nach Süden und Osten vorgerückt. Schon nach zehn Tagen standen sie vor Pirot, und nach zwei Tagen Belagerung entschloss sich die Festungsbesatzung der osmanischen Armee in Pirot, den Rückzug anzutreten, woraufhin die Stadt von den serbischen Truppen eingenommen wurde. Die serbische Armee nahm die Verfolgung der osmanischen Einheiten auf und kam am 5. Januar 1878 erst kurz vor Sofia, bei dem Dorf Slivnica, zum Stehen, nachdem die russische Armee die zukünftige Hauptstadt Bulgariens eingenommen hatte. Im Zuge ihres Vorstoßes nahm die serbische Armee in Richtung Sofia noch weitere kleinere Orte ein, wie Caribrod, Trn und Berkovica, die später auch als serbisches Territorium reklamiert wurden.

Die Zeit zwischen dem Kriegsende, der Verkündigung des Vertrags von San Stefano bis zum Berliner Kongress wird in der auf Pirot und die neuen Gebiete bezogenen serbischen Darstellung vornehmlich als ein kontinuierlicher Prozess des Ausbaus der serbischen Herrschaft beschrieben.[2] Die bulgarische Forschung sieht dagegen in dem Aufbau der serbischen Verwaltung ausschließlich die Verdrängung alles Bulgarischen aus der Stadt Pirot.[3]

---

1 Popov, Čedomir: Srbija 1868–1878, in: Istorija Srpskog Naroda, Buch 5, Bd. 1, hrsg. von Vladimir Stojančević, Beograd, 1994², S. 305–448, hier S. 402.

2 Lilić, Istorija Pirota, Bd. 1, 1994, S. 241. Lilić bezieht in ihrer Darstellung bis auf Hristov, den sie zudem als tendenziös bezeichnet, keine bulgarischen Akteure mit ein. Der Bezug auf Hristov dient lediglich dazu, seine „propagandistische Tätigkeit” nachzuweisen. Ebenda, S. 250. Vgl. Stojančević, Srbi i Bugari, 1995, auf dessen Einschätzungen sich die Arbeit von Lilić im Wesentlichen bezieht.

3 Kumanov, M.: Bălgarite ot Pomoravieto i Timoško sled Berlinskija Kongres, in: Istorija na Bălgarija, Bd. 7, Bălgarija 1878–1903, hrs. von BAN, Sofija, 1991, S. 421–424, hier S. 421.

Im Allgemeinen wird der Einzug der serbischen Truppen in Pirot in der serbischen Publizistik als triumphal und von der Bevölkerung enthusiastisch begrüßt beschrieben.[4] In den Memoiren einzelner Generäle trifft man allerdings auch auf Beschreibungen, welche die Zurückhaltung und Furcht der Landbevölkerung vor den Toren Pirots erwähnten.[5] Nachdem ein Voraustrupp mit einigen Reitern die angesehenen Bürger und den Bischof in der Art und Weise des Empfangs der serbischen Armee unterwiesen hatte,[6] erfolgte nach einigen Stunden die offizielle Begrüßung vor der Stadt durch den Piroter Bischof Evstatije und andere kirchliche Würdenträger, um danach, begleitet von dem Jubel der Bevölkerung, in die Stadt einzuziehen.

Angesichts der schwierigen Situation, in der sich die gesamte Piroter Gegend befand, verflüchtigte sich jedoch rasch die anfängliche Euphorie. Seit 1876 herrschte mit kurzen Unterbrechungen Krieg, was insbesondere für die Landwirtschaft verheerende Auswirkungen hatte, da die Bauern kaum in der Lage waren, im Frühjahr und Herbst die nötigen Arbeiten zu verrichten.[7] Getreide musste aus Ungarn und Rumänien importiert werden. Die Kriegshandlungen im Winter, begleitet von Requirierungen sowohl von der serbischen als auch der osmanischen Armee, hatten ihr Übriges zur Verschlechterung der Situation der Land- wie auch der Stadtbevölkerung beigetragen.

Gewöhnlich werden in den Darstellungen die Schwierigkeiten solcher Art hervorgehoben, die aber von der neuen Verwaltung als Herausforderung angenommen wurden. Diese steht im Mittelpunkt der Geschichten und suggeriert eine Selbstverständlichkeit dieses Prozesses. Doch einer solchen Selbstverständlichkeit stehen zwei wesentliche Momente entgegen: Die Migration der muslimischen Bevölkerung und die Fortdauer der Kriegszustands allgemein stellen diese auf die Probe. Erstens bedeutete die Einnahme Pirots durch serbische Truppen eine tiefgreifende Zäsur für die bisherige Geschichte der Stadt, die in ihrer Wirkung über jene Ereignisse der Osmanisch-Österreichischen Kriege mehr als ein Jahrhundert zuvor weit hinausging. In der Forschung wird dies unter dem Euphemismus „demografischer Veränderungen“ gefasst.[8] Nahezu die gesamte muslimische Bevölkerung verließ während der Kampfhandlungen die Stadt und kam nicht mehr zurück. In der national zentrierten Forschung wird dies als die definitive „Befreiung von den Türken“ betrachtet. Im Weiteren wird noch zu diskutieren sein, inwieweit diese These des plötzlichen Verschwindens der muslimischen Bevölkerung zutrifft. Hinzu kommt, dass seitens einer derart orientierten Historiografie von der Folgerichtigkeit solcher „demografischer Veränderungen“ ausgegangen wird. Zumeist wird dabei argumentiert, dass die Muslime ohnehin angewiesen waren, von Christen eroberte Städte zu verlassen. Es wird der Anschein vermittelt, dass es sich um einen objektiven Automatismus handelte.[9]

---

4 Lilić, Istorija Pirota, Bd. 1, 1994, S. 241.

5 Djordjević, Vladan: Srpsko-turski rat, Beograd, 1907; zit. nach PSNG, Bd. 1, 1981, S. 213 ff.

6 Memoiren eines Stabsarztes: Marković, Mihajlo: Moje Uspomene. Drugi sprsko-turski rat 1877–1878, Beograd, 1906, S. 231–41; zit. nach PSNG, Bd. 1, 1981, S. 209.

7 Vojvodić, Mihailo (Hrsg.): Srbija 1878. Dokumenti, Beograd, 1978, S. 240–43.

8 Stojančević-Nikolić, Vidosava: Uprava pirotska 1877/78. godine. Administrativna podela, etničke, demografske i socijalno-ekonomske prilike, in: Pirotski zbornik, Bd. 3, 1971, S. 39–57.

9 Vgl. dazu Höpken, Exodus, 2013.

Dass Stadtbewohner ihren Heimatort aufgeben mussten, in dem ihre Familien oft über Generationen gelebt hatten, kommt in keiner solchen Nacherzählung vor. Geschweige denn, dass diese damit ihre Heimat aufgaben. Wie es Akan Elis für den zugespitzten Kontext fünf Jahrzehnte später in Makedonien zeigt, kursierte in Öffentlichkeit und Wissenschaft die unbestrittene Vorstellung, „die" Türken verließen nun einmal die Städte Makedoniens in Richtung ihrer eigentlichen Heimat, der Türkei.[10] Dass solche verzerrten Vorstellungen von Heimat Ergebnis der Dominanz abstrakter ethnonationaler Zuordnungsmuster sind, bahnt sich nur mühsam den Weg in ein national eingefasstes Alltagswissen, dass sich erst lange danach entwickelt, aber umso beharrlicher festgesetzt hat. Wie im vorangegangenen Kapitel gezeigt, hatten die Zeitgenossen ein wesentliches differenzierteres Verhältnis zu ihren muslimischen Nachbarn als die nachfolgenden.

Aus der Perspektive der hier verwendeten Quellen gibt es kaum Anhaltspunkte, vermittels derer sich dieser massive Einschnitt innerhalb der Stadtgesellschaft erschließen lässt. Allerdings existieren Hinweise, die es ermöglichen, die festgefügte Vorstellung von der Flucht der muslimischen Bevölkerung als einmaligen und irreversiblen Prozess in Frage zu stellen.

Das zweite Moment betrifft die Tatsache, dass der Krieg weiterhin andauerte, demnach ein Friedensvertrag, der die Zugehörigkeit zu Serbien hätte vorsehen und den Beginn des Aufbaus einer Verwaltung hätte nach sich ziehen können, noch nicht unterzeichnet war. Die Vertreter der Regierung handelten in einem Provisorium. Zumeist wird aber der Anschein erweckt, mit der Eroberung beginne ein geregelter Prozess des Aufbaus einer serbischen Verwaltung in den so genannten neuen Gebieten. Es handelte sich aber um das Gegenteil: Gerade das Jahr 1878 deutet die politischen Zerwürfnisse und Auseinandersetzungen an, welche die Integration dieser Gebiete in den serbischen Staat begleiteten und die im lokalen Kontext eine ganz eigene Dynamik entwickelten.

Grob lassen sich die Entwicklungen der Integration dieser Region in die neuen Staaten anhand dreier chronologischer Zäsuren einteilen:

1. Einnahme und Besatzung seit Dezember 1877,
2. die Verkündung des Friedensvertrages von San Stefano im März 1878,
3. die Gewissheit des Berliner Kongresses ab Mitte April 1878.

Im Folgenden stehen v. a. die Dynamiken, Auseinandersetzungen und Konflikte in Pirot und dem Piroter Umland im Mittelpunkt. Diese werden in Beziehung gesetzt mit jenen politischen Prozessen, die sich auf der Ebene der Großmächte sowie der serbischen Regierung und der Vertreter des neuen zu gründenden bulgarischen Staates vollzogen. Damit wird eine Konstellation zwischen lokalen, regionalen und transnationalen Akteuren sichtbar, wie sie Matthias Middell als produktiv für eine transnationale Geschichtsschreibung betrachtet.[11] Gleichwohl wird diese Konstellation nicht in einer hierarchischen Form gedacht, sondern das Augenmerk auf die lokalen Dynamiken gelegt.

---

10 Ellis, Burcu Akan: Shadow genealogies. Memory and identity among urban Muslims in Macedonia, Boulder, CO, 2003, S. 41–47.

11 Middell, Spatial Turn, 2008.

Das serbische Fürstentum entsandte sehr schnell Beamte in die eingenommenen Gebiete, um mit dem Aufbau einer Zivilverwaltung beginnen zu können und so die Ansprüche auf diese Territorien zu untermauern. Die Verwaltungsbeamten mussten sich an einem Regelkatalog orientieren, der auch die Forderung enthielt, die lokalen traditionellen Rechtsformen zu beachten und sich der Rolle als Befreier in seiner neuen Verwaltungstätigkeit bewusst zu sein.[12] Primär sah dieser Katalog die Organisation einer provisorischen Bezirksverwaltung vor, die in drei Abteilungen zu gliedern waren: Gericht, Polizei und Finanzen, die von erprobten serbischen Beamten geführt werden sollten. Die Gemeindeverwaltung sei neben dem serbischen Verwaltungsleiter von einem Vertreter des Ortes (Kmet) zu übernehmen, den der serbische Verwaltungsleiter unter den angesehenen Einwohnern bestimmen werde. Dem Kmet solle ein Gemeinderat von fünf bis fünfzehn Personen zur Seite stehen, die, wie im Regelkatalog betont wird, zuverlässig und „von besonderer Energie und Vertrauen“ sein müssten.[13] Alle wichtigen Angelegenheiten entschied jedoch die Bezirksverwaltung, v. a. was die Polizeiangelegenheiten betraf.[14]

Soweit die Vorstellung der serbischen Regierung vom reibungslosen Aufbau einer neuen Verwaltung in enger Kooperation mit der lokalen Bevölkerung. In Pirot stockte dieses Vorhaben gleich zu Beginn. Die Zivilverwaltung bestand zunächst nur aus dem nach Pirot gesandten Verwaltungsleiter (Načalnik) Djoka Stefanović und dem von ihm zum Bürgermeister bestimmten Piroter Kaufmann Ceka Krstić.[15] Erst nach einigen Wochen kamen zwei weitere Beamte für finanzielle und juristische Fragen hinzu.

Insbesondere das Ziel der Aufrechterhaltung der öffentlichen Ordnung sowie der nach dem Regelkatalog proklamierte friedliche Abzug und der Schutz des Privateigentums der geflohenen Türken wurden nicht erreicht. So führte die enorme Kälte im Januar 1878 dazu, dass serbische Soldaten begannen, die Holzhäuser der Piroter Muslime zu zerstören, um sich auf diese Weise Heizmaterial zu beschaffen.[16] Zahlreiche Einwohner und Bauern aus den umliegenden Dörfern beteiligten sich bald an diesem Vorgehen. In einem Telegramm vom 3. Januar 1878 an den Minister für die neuen Gebiete, Alimpije Vasiljević, zeigte sich der nach Pirot entsandte Verwaltungsleiter Djoka Stefanović überfordert, die Bevölkerung von Plünderungen der Häuser und Güter, v. a. aber der Getreidespeicher und anderer Vorratsgebäude der geflohenen muslimischen Bevölkerung abzuhalten. Dabei betonte Stefanović, dass er sich überhaupt nicht auf die Piroter verlassen könne, was die Einhaltung seiner Anordnungen betreffe. Obwohl er Wachen habe aufstellen lassen, würde die Plünderung in großem Ausmaß fortgesetzt. Stefanović beschwerte sich über die „Weichheit, Gleichgültigkeit, ja Unaufrichtigkeit“ der Piroter Bürger, mit denen eine Zusammenarbeit nicht möglich sei. Auch Verhaftungen hätten noch nicht gefruchtet, da sich die Einwohner immer wieder „in den Ruinen zu schaffen machen“.[17] Selbst die Armee requirierte leerstehende

12 Pravila za rukovodstvo činovnicima u zauzetim sada srpskim zemljama; zit. nach PSNG, Bd. 1, 1981, Dok. Nr. 293, S. 240–42, hier S. 240.

13 Ebenda, S. 241.

14 Ebenda.

15 Stojančević, Vladimir: Jugoistočna Srbija u vreme oslobođenja 1877/78. godine, in: Leskovački zbornik, knj. XV, Narodni muzej Leskovac, Leskovac, 1975, S. 71–78

16 Djoka Stefanović an Alimpije Vasiljević, 10.1.1878; zit. nach PSNG, Bd. 1, Dok. Nr. 299, S. 245.

17 Ebenda, S. 246.

Wohnhäuser geflohener Muslime, aber auch die gesamte private Einrichtung der in Pirot gebliebenen jüdischen Kaufleute.[18]

Die Regelung der Eigentumsfrage der geflohenen muslimischen Landbesitzer stellte ein ausgesprochen langwieriges wie problematisches Unterfangen dar, das sich unter Umständen bis zu zwanzig Jahre hinziehen konnte, wie noch zu zeigen sein wird. Die serbische Regierung verfügte, dass türkische Staatsdomänen zunächst in den Besitz des serbischen Staates übergehen und dann versteigert würden. Bei Privatgütern wurde das Land jenen Bauern, welche die Äcker bearbeiteten, zur Pacht oder zum Ankauf angeboten.[19] Endgültig geregelt wurde die Eigentumsfrage erst durch ein Gesetz im Jahr 1880. Bis dahin beanspruchten diese Verfahren die neue Verwaltung in großem Maße.

Die größte Aufmerksamkeit richtete sich in den ersten Wochen auf die machtpolitische Sicherung der „neuen Territorien". Die ersten administrativen Schritte, die ehemalige Piroter Kaza, die von der serbischen Armee erobert wurde, nun auch in den serbischen Staat einzugliedern, waren angesichts der internationalen Gesamtsituation nicht selbstverständlich. Während die serbische Armee Pirot bereits am 28. Dezember 1877 eingenommen hatte, endete der Krieg zwischen dem Osmanischen Reich und Russland erst am 31. Januar 1878 mit dem Waffenstillstand von Edirne. Anschließend führten die beiden Mächte Verhandlungen über die territorialen Konsequenzen des russischen Sieges. Zwischen Serbien und dem russischen Oberkommando wurde eine Einigung erzielt, dass sich Serbien zunächst nicht aus den eroberten Gebieten zurückziehen müsse, bis eine endgültige Regelung getroffen sei.

Neben den skizzierten administrativen Maßnahmen kam v. a. in der Presse der symbolischen Einbeziehung Pirots in das serbische Fürstentum große Bedeutung zu. Die offizielle Zeitung der serbischen Regierung, *Srbske Novine*, berichtete schon einige Tage nach der Einnahme von einem Dankgottesdienst für die Befreiung der Stadt, der mit dem „Singen der Hymne beendet wurde, die das Volk begeistert aufgenommen hat".[20] Kurz darauf wurde eine Grußadresse mit Neujahrswünschen der Piroter Bürger für den serbischen Fürsten Milan veröffentlicht, in der sie für ihre Befreiung dankten.[21]

Dem Leser der *Srbske Novine* in Belgrad mochte so der Eindruck vermittelt werden, die Einbeziehung der Gebiete vollziehe sich zwar unter noch unklaren Auspizien, aber mit dankbarer Billigung der örtlichen Bevölkerung. Doch so harmonisch gestaltete sich das Verhältnis der Piroter Čorbadžije gegenüber den serbischen Autoritäten nicht. Schon mit dem Beginn des Einzugs der Armee in Pirot gab es Reibungen im Verhältnis zwischen

18 Marković, Moje Uspomene; zit. nach PSNG, Bd. 1, Dok. Nr. 18, S. 210. Nach langwierigen und mühsamen Verhandlungen wird den Kaufleuten ein Teil ihres Besitzes zurückgegeben. Die Piroter Juden an Alimpije Vasiljević, Pirot 24.3.1878; zit. nach PSNG, Bd. 1, Dok. Nr. 350, S. 294.

19 Verfügung an alle Verwaltungen der befreiten Gebiete von Alimpije Vasiljević od strane člana vlade pri Vrhovnoj komandi, Alimpije Vasiljević, Nr. 264, 15.2.1878; zit. nach PSNG, Bd. 1, Dok. Nr. 328, S. 267; Lilić, Istorija Pirota, Bd. 1, 1994, S. 279.

20 Srbske Novine, 6.1.1878, Nr. 5, S.19; zit. nach PSNG, Bd. 1, Dok. Nr. 294, S. 243.

21 Srbske Novine, 20.1.1878, Nr. 15, S. 61; zit. nach ebenda, Dok. Nr. 295, S. 243.

Befreiern und Befreiten. Der Mönch Djordje Ignjatović, der sich zu dieser Zeit in Pirot aufhielt, berichtete in seiner Autobiografie[22] von ersten Misstönen bei der Begrüßung:

> Vor dem Volk stand der Vladika Evstatije mit seinen Priestern, welcher, als sich der General auf etwa zehn Schritte näherte, folgende fatale Worte aussprach: „Wir Piroter Bulgaren danken den serbischen Waffen, die uns heute von fünfhundertjähriger Sklaverei befreit haben." Dies hatte eine starke Wirkung auf den General, so dass er ihn mit den Worten unterbrach: „Es ist nicht die Zeit, dass wir uns damit befassen, wer was ist, sondern dem Kaiser, was des Kaisers ist, Gott, was Gottes ist."[23]

Der Načalnik Djoka Stefanović traf von Beginn an nicht auf das von ihm erwartete Umfeld. Schon Anfang Januar telegrafierte er irritiert nach Belgrad, hier würden „alle Intellektuellen bulgarisch sprechen und schreiben".[24] Wie aus dem vorangegangenen Kapitel deutlich wurde, gab es durchaus eine Reihe von Städtern, die schriftkundig waren und seit den 1860er Jahren auch wichtige Positionen in der Stadtverwaltung einnahmen. Etwa Koce Grigoriev, der als Schatzmeister der Stadtverwaltung in osmanischer Zeit fungierte. Ganz zu schweigen von der Piroter christlichen Schule, die gerade im Jahrzehnt zuvor einen großen Aufschwung erlebt hatte. Dennoch forderte Stefanović noch Ende Dezember in einem Telegramm an die Regierung, ihm dringend weiteres Personal zu schicken: vier Schreiber, von denen zwei mit Polizeiaufgaben vertraut sein sollen, sowie vier Bezirksbeamte. Bisher sei er noch ohne jeden Schreiber.[25] Die von Stefanović beanstandete Gleichgültigkeit und Unaufrichtigkeit der Piroter Bürger bezog sich nicht nur auf den oben dargestellten Umgang mit den Plünderungen. Sie scheint insgesamt das Verhältnis der Čorbadžije gegenüber dem Repräsentanten serbischer Herrschaft bestimmt zu haben und lässt sich ebenso als Distanz und Misstrauen letzterer gegenüber Stefanović deuten.

Dieses schien nicht unbegründet: Anfang Februar verfügte der Načalnik die Ausweisung Simeon Hristovs, eines gebürtigen Piroters, von dem noch ausführlich die Rede sein wird, nach Trn, während die Piroter Lehrer Ivan Tabakov, Elisej Manov, Nikola Petrov und der ehemalige Leiter der Schule und Mitglied der Obština, Hristo Pasarev, zu Hilfsarbeiten für die serbische Armee herangezogen wurden.[26] Auslöser der harschen Reaktion Stefanovićs war Simeon Hristov zufolge ein Protestschreiben der Piroter Obština über die unhaltbaren Zustände in der Stadt, insbesondere die nicht weiter begründeten Requirierungen von Nahrung und Eigentum.

Ebenso bekam Bischof Evstatije Mitte Januar einen „Assistenten" der serbisch-orthodoxen Kirche aus Belgrad an die Seite gestellt. Offiziell sollte ihm dieser bei der Korrespondenz mit dem serbischen Metropoliten sowie bei der Ordnung der Gemeindeangelegenhei-

22 Ignjatović, Djordje: Naši Sveštenici u novooslobodjenim krajevima, in: Vesnik Srpske Crkve, 1903, Nr. 1; zit. nach PSNG, Bd. 1, Dok. Nr. 150, S. 118–36.

23 Ebenda, S. 127.

24 Trebješanin, Radoš: Evstatije – poslednji Episkop Pirotske Eparhije, in: Pirotski zbornik, Bd. 7, 1975, S. 127–52, hier S. 136.

25 Telegramm von Đoka Stefanović an den Vorsteher des Stabs des Hauptkommandos, 28.12.1877; zit. nach PSNG, Bd. 1, 1981, Dok. Nr. 289, S. 238.

26 Hristov, Pirotskijat okrăg, 1894, S. 289.

ten nach Maßgaben der Metropolie behilflich sein. V. a. aber sollte die Präsenz des Assistenten den Wirkungskreis des Bischofs einschränken und dessen Aktivitäten überwachen.[27]

Offensichtlich war auch hier der Verwaltungsleiter von der Tatsache überfordert, dass so etwas wie eine kleine intellektuelle Öffentlichkeit „mitten in der bisherigen Türkei" existierte. Umso schlimmer, dass diese nicht dasselbe über die Zukunft der Stadt dachten wie die Vertreter des serbischen Staates. Doch die Hoffnung, die Abwesenheit der „Aufwiegler" werde die Stimmung in der Stadt beruhigen und zu Gunsten Serbiens wenden, trog.

Stefanović hatte auch Unterstützer. Hier wird zumeist die Familie der Čorbadži Krstini erwähnt. Dies wird zumeist damit erklärt, dass einer der Gebrüder, Ceka Krstin (nach 1878 Ceka Krstić), Handel mit Serbien trieb.[28] Dabei sollte betont werden, dass sich die Vertreter der Gemeinde und die vormaligen Würdenträger aus der Stadtverwaltung, wie der ehemalige Kmet Kota Daskalov, zunächst insgesamt loyal verhielten und sich an den Dankadressen an den serbischen Fürsten beteiligt hatten.[29] Bemerkenswert ist, dass sich Simeon Hristov und Ceka Krstić in den Erinnerungen gegenseitig als Anführer, Spione einer serbischen bzw. bulgarischen Partei betrachteten. Zwar hing die daraufhin eskalierende Situation mit dem Dilemma „serbisch oder bulgarisch" zusammen, sie kann aber nicht darauf reduziert werden.

Eine Woche nach der Ausweisung Simeon Hristovs und der Bestrafung der übrigen Lehrer mit Hilfsarbeiten hatte Stefanović in Erfahrung gebracht, dass es weiterhin Aktivitäten in der Stadt gab, die ihm missfielen. So hörte er von der Absicht, dass ein Dankschreiben an den russischen Zaren Alexander II. verfasst wurde. Hristov zufolge wurde daraufhin von den serbischen Behörden der Beschluss gefasst, eine Dankadresse an den serbischen Fürsten zu senden, sich jedoch nicht an der „bulgarischen Aktion" zu beteiligen.[30] Der bisherige Vorsteher der Obština, Kota Daskalov, sollte als angesehener Bürger die dafür benötigten Unterschriften in den Häusern der Piroter sammeln, die damit ihre Zugehörigkeit zur serbischen Nation bezeugt hätten. Als sich aber nicht der gewünschte Erfolg in Form zahlreicher Unterschriften einstellte, wurden ihm zwei offizielle serbische Vertreter zur Seite gestellt, die ihn bei der Sammlung von Unterschriften begleiten sollten.[31] Schließlich sollte sich die Stadtgesellschaft im Schulgebäude bei der neuen Kirche in Tija Bara versammeln, um dort die Adresse zu unterschreiben. Die Piroter Bürger wollten jedoch nur unterschreiben, wenn sie zuvor die Haltung des Metropoliten Evstatije dazu hören konnten. Hristov führt als Veranschaulichung die Stellungnahme Kota Kuklins an, des Schwiegersohns des Mali Rista gegenüber Kota Daskalov:

---

27 Alimpije Vasiljević an die Metropoliten von Niš und Pirot, Niš, 13.1.1878; zit. nach PSNG, Bd. 1, 1981, Dok. Nr. 304, S. 250, sowie Nikola Ružić an Alimpije Vasiljević, Pirot, 19.1.1878; zit. nach ebenda, Dok. Nr. 310, S. 254.

28 In der serbischen Historiografie wird Ceka Krstić als Vorbild für die einhellige Unterstützung der Piroter für die neuen Herrscher betrachtet, vgl. Lilić, Istorija Pirota, Bd. 1, 1994, S. 238. Bei Simeon Hristov firmiert Ceka Krstić als Anführer der „serbischen Partei", vgl. Hristov, Pirotskijat okrăg, 1894, S. 299.

29 Ebenda, S. 289.

30 Ebenda.

31 Ebenda.

> Väterchen, Sie wissen doch, dass wir in keiner Angelegenheit bisher einen Entschluss gefasst haben, ohne zuvor den Ältesten Evstatije um Rat zu bitten. Auch heute wollen wir nicht ohne ihn unterschreiben; er soll zu uns reden und uns sagen, ob wir nun Ziegen oder Schafe sind.[32]

Die Versammlung beschloss, nicht einfach die vorliegende Adresse zu unterschreiben. Hristov berichtete, dass daraufhin die Entscheidung fiel, zwei Adressen mit demselben Inhalt in einer serbischen und einer bulgarischen Variante zu verfassen:

> Die unterschreibenden Bürger der Stadt Pirot bezeugen hiermit vor Gott und der ganzen Welt, dass wir Bulgaren sind und solche auch bleiben werden. Wir fordern, unter jener politischen Herrschaft zu leben, unter die auch unsere übrigen Brüder Bulgaren kommen werden.[33]

Doch schon am nächsten Tag, dem 9. Februar 1878, wurde der Lehrer Georgi Tabakov von der serbischen Verwaltung für die dadurch entstandene Unsicherheit und Spannung in Pirot verantwortlich gemacht und arretiert. Kurz darauf wurde auch der ehemalige Schulleiter Pasarev aus denselben Gründen arretiert. Darauf kam es zu einer Zuspitzung der Spannungen. Erst versammelten sich alle Händler vor den Dućani (Läden) in der Čaršija und anschließend zahlreiche Stadtbewohner vor dem Amtssitz des Verwaltungsleiters Djoka Stefanović, um die Freilassung der Lehrer zu fordern.[34]

Der für die „serbische Partei" eintretende Priester Djordje Ignjatović stellt in seinen Memoiren die Ursache der Protestversammlung so dar, dass ein bulgarischer Lehrer, Georgi Rogozarev, es in der Kirche ablehnte, den Hut zu lüften, als ihn der neue serbische Pope dazu aufforderte, mit der Begründung, er sei Bulgare und kein Serbe. Dies führte zu einem heftigen Streit inmitten der Kirche, worauf ihn der Pope bei der Verwaltung anzeigte und diese ihn arretieren ließ.[35]

> Die leichtsinnigen Menschen, die schon seit langem von den Männern des Vladika Evstatije getäuscht wurden, folgten seinem Aufruf, ihre Läden zu schließen und vor die Stadtverwaltung zu ziehen. Unter das Volk hatten sich die Agenten des Vladika

---

32 Ebenda. Die erste Assoziation, die der Verweis auf Ziegen und Schafe auslöst, ist die Belanglosigkeit nationaler Unterscheidung. Holm Sundhaussen hat mich dagegen dankenswerterweise auf eine Bibelstelle hingewiesen, wodurch die Metapher von Ziegen und Schafen eine wertende Konnotation erhält:

> „Wenn aber der Menschensohn kommt in seiner Herrlichkeit und alle Engel mit ihm, dann wird er sich auf den Thron seiner Herrlichkeit setzen. (32) Und alle Völker werden vor ihm versammelt werden und er wird sie voneinander scheiden, wie ein Hirte die Schafe von den Ziegen scheidet, (33) und er wird die Schafe zu seiner Rechten stellen, die Zicklein aber zur seiner Linken". Matthäusevangelium S. 25,32f..

33 Die serbische Adresse wurde Hristov zufolge jedoch von niemandem unterzeichnet. Ganz im Unterschied zur bulgarischen, die „von allen Anwesenden unterzeichnet wurde". Ebenda, S. 290.

34 Ebenda. Die Namen der beiden Lehrer werden in den Briefen Hristovs an das bulgarische Komitee in Sofia genannt. Djordje Ignjatović spricht aber nur von einem Lehrer, der gefangengenommen wurde. Siehe folgende Anmerkung.

35 Ignjatović, Djordje: Naši Sveštenici iz novooslobođenih krajeva (Zabeleške), in: Vesnik Srpske Crkve, 1 (1903), S. 52–61, und 2 (1903), S. 141–150, und 3 (1903), S. 248–260; zit. nach PSNG, Bd. 1, Dok. Nr. 15, S. 118–36, hier S. 130.

> gemischt, auf deren Rufe hin das Volk ebenso zu schreien begann. Die Armee umstellte das Verwaltungsgebäude und brachte um die Stadt herum Kanonen in Position.[36]

Ebenso wurde von Simeon Hristov kolportiert, dass dabei der Konak von den Protestierenden gestürmt worden sei und diese den Načalnik aus dem Fenster warfen. Die Armee löste diese Versammlung auf und führte 40 Personen ab, die in der ehemals türkischen Festung für 18 Tage inhaftiert wurden. Der Bischof Evstatije, von der serbischen Verwaltung als Rädelsführer der Unruhen betrachtet, wurde nach einem kurzen Hausarrest in Pirot in das Fürstentum Serbien gebracht, wo er in einem Kloster bei Kruševac unter Arrest gestellt wurde.[37] Mitte März konnte Evstatije nach Pirot zurückkehren.[38]

Mit der Massenverhaftung der Piroter war schon nach kürzester Zeit ein Tiefpunkt der Beziehung zwischen neuer, provisorischen Verwaltung und den Stadtbewohnern erreicht.

Hristov stellt in seinen Schilderungen 16 Jahre nach den Ereignissen den Protest der Bürger gegen die Verhaftung des ihnen vertrauten Lehrers als deutliche Demonstration bulgarischen Nationalbewusstseins dar, welches sich gegen die illegitime serbische Herrschaft richtete. Das geringschätzige Benehmen des serbischen Statthalters Djoka Stefanović vor der versammelten Menschenmenge gegenüber dem Metropoliten Evstatije, der die Proteste überbringen sollte, ließ den Unmut der Menge nur noch weiter aufkochen, so dass die aufgebrachte Menge das Gebäude stürmte:

> Die Erstürmung der Kanzlei wurde von den schlimmsten Schimpfwörtern und Flüchen begleitet, an die Adresse der Befreier und Brüder Serben gerichtet. (...) In diesem Augenblick donnerten vor dem Haus Tausende von Stimmen: „Wir sind Bulgaren, wir wollen keine Serben sein, nieder mit den Serben, gebt uns unsere Lehrer wieder!“[39]

---

36 Ebenda, S. 133.

37 Lilić, Istorija Pirota, Bd. 1, 1994, S. 253. Borislava Lilić bewertet die Aktivitäten des Bischofs Evstatije als bulgarische Propaganda und ihn als Führer der „probulgarophilen (sic!) Strömung in Pirot“, womit es zu einer unzulässigen Einmischung eines Kirchenmannes in weltliche Angelegenheiten gekommen sei. Zina Markova sieht dagegen in ihrer Arbeit über das Exarchat die Tätigkeit Evstatijes als Widerstand gegen den „Serbismus“ in eigentlich bulgarischem Gebiet, als Führer der „antiserbischen Bewegung in Pirot“; vgl. Markova, Bălgarskata Ekzarhija, 1989, S. 247.

38 Trebješanin, Evstatije, 1975, S. 127–52, hier S. 149.

39 Hristov, Pirotskijat okrăg, 1894, S. 299. Damit nimmt Hristov die unmittelbar nach den Ereignissen eintretende Transformation des Konflikts in ein nationales Narrativ auf. In der nationalistischen bulgarischen Zeitung *Marica* erschien im Oktober 1878 ein Beitrag, der von der bulgarischen Forschung Ljuben Karavelov zugeschrieben wird, über diesen Vorfall in Pirot. Der zumindest widersprüchliche Konflikt erstarrt dort zu einem Gemälde nationaler Tugendhaftigkeit, in dem die Opferung für die Nation zur entscheidenden Tugend erhoben wird. Als die Piroter Čorbadžiji vom serbischen Verwaltungsleiter gezwungen werden sollen, sich als Serben zu bekennen, kommt es zu folgender Rede: „Hier kommt es also nun dazu, die nationale Zugehörigkeit zu bezeugen. Schnell waren wir uns einig, dass wir in jedem Fall unsere Volkszugehörigkeit beweisen mussten und es nicht zulassen durften, dass man mit unserer Ehre spielt. Und wir alle verbeugten uns vor dem Kmeten Krsto: ‚Tötet uns‘, rief einer der Versammelten, „doch wir werden auch im Jenseits unsere Nationalität bewahren. Wenn es das Ziel die-

Während es bei Hristov die Masse ist, die zu solchen Parolen gleichsam einstimmig einsetzt, vermittelt Ignjatović das Bild von einzelnen, verstreut in der Menge sich verlierenden Provokateuren, die den entstandenen Unmut für ihre eigenen Zwecke nutzen wollen. Schon in diesen ersten Rückblicken Hristovs und Ignjatovićs etabliert sich ein Wahrnehmungsmuster, das bis in die Gegenwart nicht durchbrochen worden ist: Beide sind sich einig, dass es sich um einen nationalen Konflikt handelt. Uneinigkeit herrscht hinsichtlich der Größenordnung des Konflikts. Hier ist es eine nationale Bewegung, welche die gesamte Stadt erfasst, dort handelt es sich um eine Lappalie, eine Episode, die langfristig folgenlos bleibt.

Der Konflikt entwickelte sich noch im Vorfeld der Verhandlungen in San Stefano und ist damit nur mittelbar von den Kontroversen um die territoriale und nationale Zugehörigkeit bestimmt. Territoriale Erweiterung wird seitens der Regierung zunächst insbesondere in Richtung Kosovo angestrebt, das allerdings im Unterschied zu Pirot nicht militärisch eingenommen wurde. Hier ist es in erster Linie ein Konflikt zwischen Stadtgesellschaft und einer neuen Herrschaft, die sich mit dem Gegebenen nicht zurechtfindet. Zwar wird er zusätzlich von den bevorstehenden Friedensverhandlungen befeuert, doch seine Dynamik gewinnt er aus der konfrontativen Haltung der neuen Verwaltung, die es offensichtlich kaum versteht, an die eingespielten Verfahren von Herrschaft und Stadtgesellschaft im bisherigen osmanischen Kontext anzuknüpfen. Vielmehr bringt der Načalnik nahezu die gesamte Stadtgesellschaft gegen sich auf. Demnach steht die Aushandlung von Spielräumen zwischen einer selbstbewussten Gemeinde, wie es der Streik der Esnaflije und die Versammlung zeigen, und neuer Herrschaft im Vordergrund, die von Beamten verkörpert wird, die sich für das Vorgefundene nicht interessieren. In diesen ersten Wochen, in der hier diskutierten ersten Februarhälfte, beginnen sich auch erst allmählich mögliche Handlungsalternativen auf die sich abzeichnende Übereinkunft in San Stefano seitens der serbischen Regierung herauszukristallisieren. Das Gebiet von Pirot spielt für den serbischen Staat in den Verhandlungen zum Vertrag von San Stefano nur eine untergeordnete Rolle.

Die Eskalation der Spannungen zwischen den Städtern mitsamt der bulgarisch orientierten Lehrer und der neuen serbischen Verwaltung führte wahrscheinlich dazu, dass der bisherige Verwaltungsleiter Djoka Stefanović, dessen allzu konfrontative Haltung der serbischen Sache mehr schadete als nutzte, Ende Februar durch den Professor des Belgrader Lyzeums, Panta Srećković, abgelöst wurde.[40]

---

ser Zusammenkunft ist, uns zu Serben zu machen, so werden wir alle nur mit unserem wirklichen Volksnamen sterben wollen."" Marica Nr. 22, 10.10.1878, in: Iz Publicistika na Ljuben Karavelov 1860–1878, Bd. 2, Statii, dopiski i pisma, hrsg. von Mihail Dimitrov, Sofija, 1965, S. 515–18.

40 Weder in der Literatur noch in den Quellen findet sich eine Bemerkung für diesen Wechsel. In der Quellensammlung gibt es ein Schriftstück, das diesen Wechsel zum Gegenstand hat. Der letzte Schriftwechsel von Stefanović mit dem serbischen Ministerium für die neuen Gebiete datiert vom 16.2.1878, also während der angespannten Lage, der erste von Srećković vom 22.2., nachdem am 19.2. eine proserbische Adresse verfasst wurde. Allerdings wurde der serbische Gesandte in San Stefano, Milojko Lešjanin, wegen der „Verschleppung" des Piroter Bischofs nach Kruševac von Graf Ignatiev zur Rede gestellt, nachdem er davon durch eine Depesche der russischen Verwaltung in Sofia unterrichtet worden war. Vgl. Milojko Lešjanin an den Außenminister Jovan Ristić, 10.3.1878; zit. nach PSNG, Bd. 1, Dok. Nr. 341, S. 280–82.

3.1.1 Semantiken der Zugehörigkeit – Die Petitionen als authentische Willensbekundungen der lokalen Bevölkerung

Durch die beschriebenen Auseinandersetzungen in Pirot verzögerte sich die Abfassung einer Dankadresse, die den serbischen Fürsten aus den übrigen Städten schon Anfang Februar erreicht hatte. Jene aus Pirot folgte erst Anfang März:

> Mehr als fünfhundert Jahre haben wir einen todesähnlichen Schlaf geschlafen, gefangen in den Ketten der Sklaverei der unbarmherzigen Türken. Die türkischen Gräuel rüttelten uns immer wieder aus unserem tiefen Schlaf auf, doch gebrochen und zermürbt, konnten wir uns nicht befreien. Erst Blitz und Donner deiner Kanonen vertrieb die Dunkelheit, die uns umfasste; der kräftige Stoß Deiner Falken zerstörte die Ketten, in denen wir schandhaft lagen, und das Hurra Deiner Armee vertrieb den bösen Traum und warf uns in die Arme unserer Brüder, unserer Retter. Herr, Deine Fahnen wehen in unserer reinen Luft, und dieses heilige Symbol des Glaubens, des Herrschers und des Vaterlandes wurde nun auch unser Symbol.
>
> Wie ein Kind, das zum ersten Mal eigene Schritte tut, erzitterten auch wir vor dem ersten Schritt. Deshalb blieben wir, Herr, sofort nachdem Du uns mit Deiner Armee befreitest, noch erstarrt und in diesem Zustand der Sprache noch nicht mächtig, Dir gebührend für die Freiheit zu danken. Wir waren noch nicht fähig, unsere Wiedergeburt zu erkennen, den Tausch der Sklaverei für Freiheit, die Freiheit des Lebens gegenüber dem drohenden heimlichen oder offenen Mord, die Freiheit der Religionsausübung anstelle ihrer Verfolgung, Freiheit der Ehre gegenüber der täglichen Entehrung und die Freiheit des Eigentums gegenüber der willkürlichen Räuberei.
>
> Hier sind wir nun, Herr, um Dir als unserem Erretter persönlich zu danken, dass wir Dir, Durchlauchtigster Herr, unsere Treue als Untertanen versichern, und Dich darum bitten, uns unter Deinen mächtigen Schirm zu nehmen, so dass Du uns einreihst unter alle übrigen serbischen Brüder. Wir schwören feierlich Treue und Ergebenheit gegenüber Dir und unserem Vaterland Serbien.
>
> Es lebe Fürst Milan Obrenović, die Fürstin und der Thronfolger Alexander. Es lebe die Armee. Deine Untertanen. (Es folgt eine Liste mit ca. 200 Namen, Anm. N. St.)[41]

Das Dankschreiben aus Pirot weist drei Schwerpunkte auf: Erstens, die Befreiung der Piroter durch Serbien und die Übernahme der nationalen Symbole. Dabei erscheint die Befreiung ausschließlich als Akt der serbischen Armee und des Fürsten, welche die Bevölkerung aus ihrer Lähmung aufrütteln. Zweitens, die Bürger Pirots erklären sich zu Untertanen des serbischen Fürsten und erbringen einen Treueschwur. In diesem Zusammenhang ist aber auch der Verweis auf die neuen Freiheiten von Bedeutung, die den Unterschied zu der vorherigen Ordnung manifestieren sollen.[42] Freiheit meint an dieser Stelle vorrangig die

41 Gedruckt in: Srpske Novine, 6.3.1878, S. 116–18; zit. nach PSNG, Bd. 1, Dok. Nr. 331, S. 270–72.

42 Eine Dankadresse aus der Stadt Vranje enthält eine ähnliche Passage, die sich auf die „neuen Freiheiten" bezieht, wobei dort die Rede von der Wiederherstellung eines vergangenen Zustands ist, „der einst freien Serben, den wir wieder im ganzen Sinne des Wortes nun erleben können". Im Folgenden bedan-

Wiederherstellung des Selbstbewusstseins der Einwohner als nun vollwertige Mitglieder der serbischen Nation und weniger die Aussicht auf bürgerliche Freiheiten. Vielmehr ist sie die „Befreiung" von den verschiedenen Mängeln, wie der sprichwörtlichen Unsicherheit im Osmanischen Reich, auf welche in der Petition angespielt wird, d. h. die Unversehrtheit des Körpers und der Schutz des Eigentums wird garantiert. Die Anführung der Freiheit der Religionsausübung könnte den Eindruck erwecken, dass es sich dabei um eine Festschreibung universaler Freiheit für alle Religionsgemeinschaften handele, doch mit dem Nebensatz „anstelle ihrer Verfolgung", wird klar, dass es dabei vorrangig um die serbisch-orthodoxe Kirche geht. Drittens, offensichtlich haben die Querelen in Pirot um die Abfassung der Petition ihre Spuren hinterlassen, da auf die „Verspätung" gesondert eingegangen wird. Die Figur des Fürsten als gütiger und gnädiger Vater, die in nahezu allen serbischen Petitionen aus dieser Phase vertreten ist,[43] wird noch einmal explizit erweitert mit dem Bild des unmündigen Kindes, das nicht in der Lage ist, seine Angelegenheiten selbständig zu regeln, geschweige denn, seinen Bedürfnissen einen eigenständigen Ausdruck zu verleihen.

Die Dankadresse aus Trn, die am 5. Februar 1878 veröffentlicht wurde, verleiht in ähnlicher Weise dem Schwur künftiger Untertänigkeit als Dank für die Befreiung von türkischer Herrschaft die größte Bedeutung:

> Im Namen des allmächtigen Herrn schwören wir Untertänigkeit für alle erwiesenen Wohltaten – wir, die bisher elende und kleinmütige Raja. Als treue, unzertrennliche Söhne unserer Mutter Serbien, verneigen wir uns vor Deinem Thron, für den wir gewillt sind, unsere Leben zu opfern. Es lebe unser allergnädigster Erretter.[44]

Ein Unterschied zu der Piroter Adresse ist die explizite Bereitschaft, das Leben für den neuen Herrscher zu opfern. Dagegen wird die eigene Stellung nicht wie im Piroter Fall metaphorisch umschrieben, sondern in Anlehnung an die bisherige gesellschaftliche Position in der osmanischen Zeit als Raja, als Untergebene und Schutzbefohlene, bestimmt.

In beiden Fällen ist die Schuld der Befreiten von großer Bedeutung, in der sie nun beim serbischen Fürsten stehen. Ist im Piroter Fall das Symbol der Schuld besonders aufgeladen durch den Konflikt mit der neuen serbischen Herrschaft, kommt es in der Trner Adresse wie auch dem Großteil der übrigen serbischen Petitionen ohne anderweitige „Belastungen" klar zum Ausdruck.[45] Für die „epochale Tat" der Befreiung von jahrhundertelanger türki-

---

ken sich die Verfasser für die väterliche Gnade Fürst Milans, und übergeben ihr Leben, ihre Familien und ihr Besitztum in seine Obhut. Dankadresse aus Vranje, überschrieben: „Von den Bewohnern der Stadt Vranje und Umgebung", 3.2.1878; zit. nach Vojvodić, Srbija 1878, 1978, S. 62.

43 „Wir bitten Dich untertänigst, uns unter Deine Fittiche zu nehmen, dass Du Dich um unser Wohl und Gut kümmerst, wie der Vater um seine Kinder, damit wir auch endlich von den Früchten des Glücks und Wohlstandes kosten können, unter Deiner weisen Führung (...) Wir werden für Dich auch das Liebste opfern." Dankadresse aus Breznik und Umgebung, 1. April 1878. Ebenda, S. 263–65.

44 Dankadresse der Einwohner von Trn, überreicht durch eine besondere Deputation in Niš, vom 5.2.1878, gedruckt in Srpske Novine, 14.2.1878; zit. nach ebenda, S. 65.

45 Ein besonders schönes Beispiel ist die Dankadresse aus der Ibar-Region, die an den Kosovo angrenzt und im Mittelalter das Stammland der serbischen Nemanjidendynastie war, ist die Dankadresse des Bezirks Ibar. In lyrischen Farben wird das Land der Nemanjići, die Wiege des Serbentums beschrieben. „Empfange dieses Blatt in Deinen ritterlichen Händen (...) Dein Degen durchbrach die eisernen Fesseln des Kosovo (...) Du reinigtest das Land von den Unreinen." 9.6.1878; zit. nach ebenda, S. 438.

scher Herrschaft durch die Armee des Fürsten Milan schulden ihm die Einwohner dieser Gebiete Dank. Diese Schuld, in der die Menschen stehen, verhält sich ursächlich zu ihrer neuen Untertanenschaft.

Die bulgarischen Petitionen sind ihrem Inhalt nach mit den serbischen geradezu deckungsgleich und von einer ähnlichen politischen Rhetorik geprägt. Aus diesem Grund soll nur ein Beispiel vorgestellt werden, da die bei den serbischen Petitionen angestellten Beobachtungen im Hinblick auf die nationalen Ideen auch in diesem Fall zutreffen:

> Eure Herrschaftliche Hoheit!
>
> Von höchsten christlichen Gefühlen bewegt und von großer Liebe zu Eurem Thron und Eurer Hoheit getragen, halten wir es für eine günstige Gelegenheit, Euch am heiligen Feiertag der Auferstehung Christi zu gratulieren und zum Allmächtigen zu beten, Euch ein langes Leben zu schenken und Eure Rechte gegen alle sichtbaren und unsichtbaren Feinde zu stärken.
> Herr! Bei allen diesen herzlichen Wünschen bitten wir, alle Bürger der Stadt Pirot und seiner ganzen Umgebung als reine Bulgaren, die wir sind, alleruntertänigst Eure Hoheit, dass Ihr Euch mit väterlicher Gnade uns Bulgaren zuwendet und folgende Bitte von uns empfangen mögt.[46]
>
> (...) Wir erklären gegenüber Eurer Hoheit, dass wir alle Bulgaren sind, Kinder von Vätern, Großvätern und Urgroßvätern Bulgaren, und auf das schärfste gegen die serbischen Machenschaften protestieren. Vor Ihnen und vor der ganzen Welt bitten wir Eure Hoheit alleruntertänigst und mit Tränen in den Augen, dass Ihr Euch väterlich unserer erbarmt, Befreier Bulgariens! Dass Ihr es nicht zulasst, dass wir unter dem für uns qualvollen serbischen Joch bleiben und dann bis zu unserem Grab unser Schicksal betrauern müssen. Wir hoffen auf Eure grenzenlose Barmherzigkeit, dass Ihr Euch unser als Eurer Söhne erbarmt, die untertänigsten Kinder, und uns mit unserem bulgarischen Volk, unserer Mutter Bulgarien, vereinigt, unter der wohltätigen Obhut und Eurem väterlichen Schatten Eurer Hoheit.[47]

Ein wesentlicher Unterschied besteht jedoch darin, dass in dieser bulgarischen Piroter Petition noch keine besonderen Eigenschaften genannt werden, welche die Spezifikation der bulgarischen Nation ausweisen, wie es bei den serbischen der Fall ist (Kosovo, Gusla etc.), was auf die wichtige Rolle der Existenz des serbischen Nationalstaats hinweist, wo eine solche nationale Typologie bereits ausgebildet wurde.

Insgesamt wird deutlich, dass in der Vorstellung der Verfasser der Dankadressen die Bevölkerung der neuen Territorien keine eigenständige Rolle in der Befreiung zukam oder diese vollkommen vernachlässigenswert erschien.[48]

---

46 Es folgt eine Schilderung der verschiedenen Serbisierungsmaßnahmen in Pirot sowie die Warnung vor der proserbischen Delegation aus Pirot.

47 Adresse mit 200 Unterschriften vom 18.4.1878 aus Pirot, in: Hristov, Pirotskijat okrăg, 1894, S. 297 f.

48 Dies wird um so deutlicher, wenn man dem Großteil der Adressen eine Ausnahme gegenüberstellt, in der die Einwohner von Vlasotinci (zwischen Vranje und Pirot) ihren Anschluss an Serbien fordern, und dies mit ihrer Unterstützung der serbischen Armee im Krieg 1877/78 begründen. V. a. aber mit dem Verweis auf 400 Gräber, welche die Teilnahme der Männer dieser Region am serbischen Aufstand 1814

3.1.2 Zuspitzung der Auseinandersetzung

Der neue serbische Verwaltungsleiter und Historiker Panta Srećković steht idealtypisch für die Verschränkung von Wissenschaft und Staatsbeamtentum in den neuen Balkanstaaten. Er gehört noch zu der „romantisch" ausgerichteten ersten Generation serbischer Historiker, welche die serbischen Heldenepen mit nationaler Geschichtsschreibung identifizierten und als authentische und letztgültige Quelle betrachteten. In der Geschichte der serbischen Historiografie findet Srećković v. a. Erwähnung als Vertreter überkommener Konzepte: So setzte Ilarion Ruvarac, der als Neuerer der serbischen Historiografie betrachtet wird, gerade in einer Polemik mit besagtem Srećković die Prinzipien einer an Leopold von Ranke angelehnten kritischen Methode der Geschichtswissenschaften letztendlich durch.[49]

Der neue Verwaltungsleiter übernahm sein Amt Ende Februar in einer Phase, als die Aussichten, dass Pirot ein Teil des serbischen Staates würde, allmählich zu schwinden begannen.[50] Bereits am 3.2.1878 erreichten erste Nachrichten die Regierung seitens ihres dortigen Gesandten in San Stefano, dass die serbischen Maximalforderungen, das gesamte Vilajet Kosovo sowie die Stadt Vidin zu erhalten, von den russischen Emissären als illusorisch bewertet wurden.[51] Schon zu diesem Zeitpunkt schwenkte die Regierung unter der Leitung Jovan Ristićs von diesem „Maximalplan" um zu einer territorial verkleinerten Forderung, die sich nun auf den gesamten Sandžak von Niš richtete. Doch auch diese wurde von dem russischen Gesandten Graf Ignatiev als übertrieben abgelehnt.[52] Im weiteren Verlauf der Sondierungen sowie nach dem Abschluss des Vertrags von San Stefano wurde seitens der russischen Emissäre in Aussicht gestellt, dass sich das Zarenreich dafür einsetzen werde, wie im Vertrag von San Stefano vorgesehen, dass das Gebiet um Mitrovica, Vučitrn und Novi Pazar Serbien zugeschlagen werde. Offenbar konzentrierte sich die serbische Regierung darauf, auch wenn sie von den Ansprüchen der Doppelmonarchie auf diese Gebiete wusste. Ristić blieb daher vorsichtig und ließ den russischen Gesandten übermitteln, wenn also der Vertrag von San Stefano umgesetzt werde, dann würden Trn Vranje und Pirot an Bulgarien übergeben.[53]

Für den Načalnik von Pirot, Panta Srećković, bedeuteten diese Entwicklungen auf dem diplomatischen Parkett für die Situation vor Ort zweierlei: Offensichtlich war sich die Regierung ihrer „neuen Errungenschaften" nicht so sicher und erließ an alle Načalnici am 20.2.1878 die Anordnung, das „gesamte Material und die Nahrung" in diesen Gebieten schon „zum Abtransport vorzubereiten".[54] Gleichzeitig sollte aber nichts unversucht gelas-

---

bezeugen. Danach folgt eine Aufzählung der Verschleppung serbischer Patrioten während der Aufstände der 30er Jahre in Kerkerhaft nach Anatolien. „Kann uns den jemand diese Opfer für die Befreiung und Vereinigung absprechen? (...) Man soll also wissen, dass wir zuerst Menschen und dann Serben sind." Srpske Novine, 12.4.1878; zit. nach Vojvodić, Srbija 1878, 1978, S. 255 f.

49 Vgl. Stefanov, Wissenschaft als nationaler Beruf, 2011, S. 170.

50 Panta Srećković an Alimpije Vasiljević, Telegramm, Pirot, 21.2.1878; zit. nach PSNG, Bd. 1, Dok. Nr. 332, S. 272.

51 Stojančević, Srbija i Bugarska, 1986, S. 32.

52 Milan Obrenović an Jovan Ristić, Telegramm, Niš, 16.2.1878; zit. nach PSNG, Bd. 1, Dok. Nr. 329, S. 268.

53 Stojančević, Srbija i Bugarska, 1986, S. 45.

54 Ebenda, S. 36.

sen werden, um die russische Regierung, und insbesondere den russischen Gesandten Graf Ignatiev, von der Ansicht abzubringen, bei Pirot handele es sich um eine bulgarische Stadt.[55] Daher sollten die Gebiete auch noch nicht geräumt werden. Die Anweisung Ristićs lautete, dies solle erst nach der Ankunft der Grenzkommission und der Regelung des neuen Verlaufs geschehen.[56] Der neue Piroter Verwaltungsleiter Srećković erschien für diese Situation weitaus besser geeignet als sein Vorgänger, da er nicht allein auf autoritäre Disziplinierung und Machtdemonstrationen durch die Armee setzte, sondern es einerseits verstand, geschmeidiger gegenüber den Čorbadžije aufzutreten.

Ebenso verlagerte Srećković den Schwerpunkt der Auseinandersetzung weg von der Spannung zwischen Čaršilije und neuen Beamten hin zum Streit um die Zugehörigkeit der Stadt und Kaza Pirot, in dem nun andere Akteure in den Vordergrund rückten bzw. sich der Konflikt auf die ehemaligen Piroter Lehrer und den Načalnik fokussierte. Gleichzeitig nahm nun aber auch der Druck auf Srećković von Akteuren jenseits der Stadtgesellschaft zu, insbesondere durch die Behörden in Sofia sowie durch den russischen Gesandten Graf Ignatiev selbst. Nun kamen die Leitung des Gouvernements Sofia in Person des Gouverneurs Pjotr Alabin sowie das bulgarische Nationalkomitee unter der Leitung Marin Drinovs ins Spiel. Für gewöhnlich wird in den Darstellungen ein geheimnisumwittertes „Nationalkomitee“ als der maßgebliche und einflussreichste Akteur betrachtet, der auf die Piroter Verhältnisse einwirkte. Dabei wird außer Acht gelassen, dass es vornehmlich Simeon Hristov und der ehemalige Piroter Kmet Koce Grigoriev waren, welche die Initiative ergriffen und versuchten, Alabin und Drinov gleichermaßen auf die Verhältnisse in Pirot aufmerksam zu machen. Insbesondere im Hinblick auf das Komitee waren es die alarmierenden Schreiben Grigorievs und Hristovs, die den Ausschlag für ein stärkeres Engagement des Komitees in der Piroter Region gaben.[57]

Zeitgleich mit der Unterzeichnung des Friedensvertrags in San Stefano wurde ein Telegrafenbeamter in Pirot vorstellig, der von Gouverneur Alabin den Auftrag erhalten hatte, die Telegrafenstation zu übernehmen und damit die Übergabe der Stadt an das Gouvernement Sofia vorzubereiten. Trn, Pirot und Vranje würden nun dem bisherigen Sandžak von Sofia angegliedert und demnächst würde die bulgarische Zivilverwaltung hier eintreffen, teilte der Telegrafenbeamte Panta Srećković mit. Dieser telegrafierte umgehend nach Belgrad und bat um Anweisung mit der Ankündigung, dass er versuchen würde, die Gouvernementsleitung so lange wie möglich hinzuhalten. Dem Telegrafenbeamten antwortete er, dass nichts unternommen werden könne, solange er auf die Anweisungen warte.[58] Mit seiner Verzögerungstaktik schien Srećković zunächst erfolgreich zu sein, der Telegrafenbeamte verließ Pirot, um auf weitere Anweisungen zu warten. Einige Wochen später, am 3.4.1878, erneuerte Alabin die Forderung nach der Räumung von Vranje, Pirot und Trn auf Grundlage des Vertrags von San Stefano. Der serbische Ministerpräsident Jovan Ristić

55 Ebenda, S. 50.
56 Ebenda, S. 36.
57 Dies zeigt die Korrespondenz von Hristov.
58 K. S. Protić an Milan Obrenović und Jovan Ristić (ohne Datum); zit. nach PSNG, Bd. 1, Dok. Nr. 340, S. 279.

intervenierte nun und ließ den Vertreter Serbiens in St. Petersburg erklären, dass ein Rückzug aus den besetzten Gebieten nicht infrage komme, solange das Osmanische Reich Serbien die vorgesehenen Gebiete Novi Pazar und Vučitrn nicht übergeben habe.[59]

Doch so entschlossen, wie es Ristić in seiner Erklärung vermittelte, waren die serbische Regierung und die Verwaltung nicht. Im Verlauf der Monate März und April 1878 bereitete sich die serbische Regierung auf einen Abzug aus den umstrittenen Gebieten vor. So berichtete Panta Srećković am 6.4.1878 Jovan Ristić, dass den Instruktionen, sich auf einen Rückzug vorzubereiten, Folge geleistet werde. Zu diesen Vorbereitungen gehörte auch das vorzeitige Eintreiben von Steuern. Schließlich sollte die Verwaltung auf alle Eventualitäten vorbereitet sein. Srećković betonte dabei, dass die Steuern zurückhaltend eingesammelt würden, um nicht die Bevölkerung gegen die Verwaltung aufzubringen.[60]

Doch neben dieser Vorbereitung eines möglichen Rückzugs wurde gleichzeitig der Weg zu einer intensiveren Kampagne für den Verbleib der besetzen Gebiete in Serbien eingeschlagen. Diese sollte einerseits auf die Kabinette in den Metropolen zielen und die dortige öffentliche Meinung beeinflussen, aber gleichzeitig auch im lokalen Kontext die Menschen davon überzeugen, dass diese nichts anderes seien als „alte Serben". Srećković verhielt sich hier geschickter – statt sich auf Einschüchterungsmaßnahmen auf die Stadt zu konzentrieren und damit die Polarisierung der Stadtgesellschaft zu vertiefen, richtete er sein Augenmerk auf die Landgesellschaft.

3.1.3 Dumme Bauern und national aufgeklärte Bürger

Simeon Hristov führte im Mai 1878 in einem Brief an den Sofioter Vizegouverneur Marin Drinov[61] eine weitere Klage über die zunehmenden Aktivitäten des serbischen Verwaltungsleiters, doch dieses Mal handelte es sich nicht um die Drangsalierung bulgarischer Patrioten. Der Anlass war für Hristov in gewisser Weise noch schlimmer:

> Der Piroter Statthalter selbst durchreiste mit seinem Helfer, Herrn Zaharije, am 29. April, begleitet von einer Gruppe Kavalleristen, die Piroter Dörfer, und von dort begaben sie sich nach Trn, Breznik und Slivnica. Überall, wohin sie kamen, versammelten sie die einfachen Leute und redeten auf sie ein, diese seien Altserben, und die Bulgaren haben sie belogen; sie drückten sich gegenüber dem bulgarischen Volk auf die unflätigste und schamloseste Weise aus, um Hass gegen ihren eigenen Brüder zu säen, was sie mittels der Entfremdung des Bauern von den Piroter Bürgern zu erreichen anstrebten. Abgesehen davon erzählen sie in allen Dörfern, dass, wenn sich die Bauern als Serben bezeichnen und mit Serbien vereinigt werden wollen, wenn die Kommission komme, um sie zu fragen, sie ihnen dafür versprechen, dass sie weder

59 Jovan Ristić an K. S. Protić, Beograd, 3.4.1878; zit. nach ebenda, Dok. Nr. 353, S. 297.

60 Panta Srećković an Jovan Ristić, Pirot, 8.4.1878; zit. nach ebenda, Dok. Nr. 355, S. 297.

61 Marin Drinov (1838–1906) personifiziert gleichsam idealtypisch den Gelehrtenpolitiker: Mit zwanzig Jahren siedelt er nach Russland um, studiert dort, wird Professor für Geschichte an der Charkower Universität. 1878 wird Drinov von der russischen Militärverwaltung als Gouverneur eingesetzt. Mitautor der ersten Konstitution Bulgariens. Zieht sich dann schnell aus der Politik zurück und kehrt nach Charkow an die Universität zurück. Vgl. Gjuzelev, Vasil: Marin Drinov (1838–1906) – Begründer der bulgarischen Slawistik und Mediävistik. In: Palaeobulgarica, 17 (1993) 4, S. 107–26.

> Beg-Steuer noch den Zehnten, noch andere Steuern nehmen werden, auch keinen Militärdienst einführen, dass der serbische Fürst ihnen für drei Jahre alle Abgaben erlasse. Jene aber, die sich als Bulgaren erklären, sofort erschossen werden, und zum Beweis ihrer Lügen behaupten sie, dass die Russen in Bulgarien den Begluk, den Zehnten und eine Kopfsteuer in Höhe von zehn Rubeln erheben, und mit solcher List versuchen sie die Bauern dazu zu bringen, in Serbien bleiben zu wollen.[62]

In seinem ersten ausführlichen Rechenschaftsbericht an den serbischen Ministerpräsidenten Ristić hob der Statthalter Panta Srećković die von Hristov als Agitation denunzierte Reise durch die Piroter Umgebung als besonders erfolgreiche Aktion hervor. Der Rechenschaftsbericht beschäftigte sich nur zu einem geringen Teil mit Fragen der Besteuerung und Eigentumsregelung. Die ganze Energie galt der Eindämmung des Einflusses „der schlimmsten und hinterhältigsten Menschen: der Bulgaren und ihrer Intriganten, die für die Befreiung nicht einen Tropfen Blut vergossen haben".[63] Durch „energische und unermüdliche Arbeit", berichtete Srećković dem serbischen Außenminister,

> haben wir diese Menschen für uns gewonnen, sodass sie zu Serben wurden, d. h. sie waren echte Serben, sie wussten aber nicht um den Unterschied zwischen dem Wort Russe, Serbe, Bulgare, doch nun kennen sie den Unterschied. Um mit den Worten von Miladin aus Berovica zu sprechen: „Haben die Serben den Türken den Danak zahlen müssen?" „Ja, sie mussten" – rufen die Bauern. „Werden die Serben den Türken in Zukunft den Danak zahlen müssen?" „Nein!" „Werden die Bulgaren den Türken den Danak zahlen" „Ja" „Nun denn, meine lieben Brüder! Ist es dann nicht besser, unsere Sklaverei auf einem Pferd zu verlassen als auf einem Esel? Die Bulgaren müssen noch mit den Türken ringen und sich um die endgültige Befreiung ihres Königreichs schlagen, wir aber werden sofort zu einem Königreich. Doch wir sind dabei auch noch richtige Serben: Wir feiern die Slava, tragen serbische Kleider und alle unsere Kirchen sind aus Nemanjićs Zeiten, wir besingen beim Guslaspiel das Kosovo, den Fürsten Lazar, die Nemanjići, Obilić, woher nehmen die das Recht, uns Bulgaren zu nennen? Wir sind keine Bulgaren, Brüder, wir sind nichts anderes als echte Altserben." In einer solchen Art arbeitend, erreichte man, dass die Menschen sich danach selbst als Serben bezeichneten.[64]

In diesem Bericht verdichtet sich die Form der Konstituierung nationaler Orientierung in den Gesellschaften des Balkans Ende des 19. Jahrhunderts. Die Bauern sind passive Empfänger der nationalen Botschaft; über einen Mittler – einen Staatsbeamten – werden sie in jenen Kernelementen unterwiesen, die für einen homogenen Nationalstaat von Bedeutung

62 Brief Nr. 7 an den Vizegouverneur von Sofia, am 19.5.1878, unterzeichnet von Koce Gligorijev und S. H. „Vertreter von Pirot"; Hristov, Pirotskijat okrăg, 1894, S. 300.

63 Derselbe Vorwurf wird von den Bulgaren gemacht, dass der Anteil der Serben an der Befreiung gering gewesen sei, und diese erst in den Krieg eingetreten seien, als dessen günstiger Ausgang sich bereits abgezeichnet habe.

64 Miladin Mančević, ein wohlhabender Bauer aus der Piroter Umgebung (Visok), wird dabei von Srećković als zuverlässiger Aktivist gelobt, da er lange in Serbien gelebt und dort auch lesen und schreiben gelernt hat. Panta Srećković an Jovan Ristić, 8.4.1878; zit. nach PSNG, Bd. 1, S. 297 f.

sind. Zum Schluss folgt ein Schnelldurchlauf nationaler Kostümografie und Folklore, die in ihrer Stichwortartigkeit und Abstraktheit jenseits der konkreten ruralen Lebenswelt steht und in ihrer Knappheit ihre geringe Relevanz bei der Agitation anzeigt. Entscheidend waren wohl die pragmatischen und wirtschaftlichen Argumente in diesen Ansprachen. Es deutet sich an, dass die Landgesellschaft weniger von der säkularen Religion des Nationalismus erfasst ist als die serbischen Beamten und die Piroter Lehrer.

Srećković intervenierte nicht wie sein Vorgänger persönlich gegen die „probulgarischen" Aktivitäten der Piroter Gemeinde, vielmehr lehnte er sich an serbisch orientierte, einflussreiche Bauern und Kaufleute in der Region an, die den Konflikt gegen die bulgarische Partei austrugen. So sollte sich eine eventuelle Missstimmung in der Bevölkerung nicht gegen die serbische Herrschaft richten. Eine solche Aufgabe übernahm beispielsweise ein Čorbadžija aus Trn, Arandjel Stanojević. Er setzte sich offen für einen Anschluss der Region an Serbien ein. Anlässlich der Unterschriftensammlung für eine probulgarische Petition kam Stanojević der serbischen Verwaltung in Pirot angesichts solcher „antiserbischen" Aktivitäten zu Hilfe:

> Die Petition wurde mit Ausrufen „Hurra, es lebe der König" unterzeichnet. Die Trner kamen mit Schüssen in die Luft, angeführt von Arandjel, und verließen Pirot auf dieselbe Weise, ließen die Piroter dabei verdattert stehen. Der Bischof war vollkommen niedergeschlagen, denn die Čorbadžije hofften, dass sie mit heimlichen Schreiben und heimlichen Intrigen (sic!) Erfolg haben würden, davon ausgehend, dass die Herrschaft nichts davon weiß. Doch als sie sich erfolglos und ertappt sahen, glühten sie vor Zorn.[65]

Im Gegensatz zu Pirot kam es Trn, aus dem Arandjel Stanojević nach Pirot galoppierte, nicht zu einem offenen Ausbruch von Streitigkeiten. Dies lag einerseits daran, dass es in dem verhältnismäßig kleinen Ort keine größere Schule gab und damit jene Akteure fehlten, die in Pirot so deutlich in Erscheinung traten. Andererseits beherrschte in diesen Tagen der Čorbadžija Arandjel Stanojević relativ unumstritten die Situation in dem Städtchen Trn.

Stanojević entwickelte sich für die serbische Verwaltung schnell zu einer bedeutenden Stütze im Aufbau staatlicher Herrschaft – nicht nur in Trn.[66] Gerade vermittels der Unterstützung durch Stanojević erwies sich der Weg, mithilfe von Versammlungen und Petitionen in den einzelnen Städten, die dann gebündelt an Russland und die übrigen Großmächte geschickt wurden, um sie von der Zugehörigkeit der Region zu Serbien zu überzeugen, als der richtige. Zumal in Trn und seinem Umland, dem Znepolje, diesen Maßnahmen kein so großer Widerstand wie in Pirot entgegengebracht wurde. Noch ganz zu Beginn der serbischen Einnahme dieser Gebiete, am 4. Februar 1878, erreichte das Generalkommando in Niš ein Dankesschreiben, das von zwei Abgeordneten aus Trn und der Region Znepolje überbracht wurde.[67]

---

65 Ebenda, S. 299.
66 Vgl. Stojančević, Srbi i Bugari, 1995, 259 ff.
67 Vojvodić, Srbija 1878, 1978, S. 64.

Die Versammlungen in der Umgebung von Pirot im Znepolje und der Gebirgsregion Visok, die dann im Frühjahr und Frühsommer stattfanden, konnte die serbische Verwaltung nun als Ausdruck des Volkswillens für den anstehenden Berliner Kongress behaupten.

Simeon Hristov beschuldigte Panta Srećković und dessen Gewährsleute Miladin Mančević (Visok) und Arandjel Stanojević (Znepolje), mit ihren Versammlungen einen Keil zwischen die Bürger und Bauern zu treiben, die doch allesamt bulgarisch seien.[68] Entscheidend jedoch war Hristov zufolge die Unerfahrenheit der Bauern, die sich für die „serbische Sache" missbrauchen ließen. „Die einfachen und dummen Bauern schauten nur nach dem eigenen Vorteil", wenn sie den Versprechungen der Serben Glauben schenkten, dass sie für drei Jahre von allen Steuern und von der Wehrpflicht befreit würden.[69] Die wichtigsten Argumente der serbischen Verwaltung betrafen eben diese Fragen. Neben der in Srećkovićs Brief an Ristić angeführten Argumentation, Serbien sei als Staat gegen das Osmanische Reich gesicherter als Bulgarien, kam v. a. dem Versprechen einer befristeten Steuerfreiheit und der in Gang gesetzten Übergabe des bislang türkischen Landeigentums große Bedeutung zu. Besonders wichtig war die Aussicht auf die Befreiung von einer drohenden Wehrpflicht. Dass es innerhalb der bäuerlichen Bevölkerung einen Widerhall auf diese Versprechungen gab, der sich in der Hinnahme der Aktivitäten der serbischen Verwaltung zeigte (den Versammlungen und vorgefertigten Petitionen), wertete Simeon Hristov als ein deutliches Zeichen ihrer Dummheit. Für ihn blieben die Bauern aber nicht nur Objekte der serbischen Propaganda, sondern schadeten in seinen Augen dem Ziel der Vereinigung aller Bulgaren, indem sie die Bewegung eines Teiles der Piroter nicht unterstützten.[70]

Die negative Reaktion auf das Abkommen von San Stefano seitens Englands und Österreich-Ungarns, die sich weigerten, dieses als definitive Lösung anzuerkennen und sogar mit einem Waffengang gegen Russland drohten, ermutigte die serbische Regierung in ihren Bemühungen, dieses Gebiet weiterhin für Serbien zu reklamieren. Gemäß dem Vertrag von San Stefano sollte es zum neuen bulgarischen Staatsgebiet gehören. Nachdem im April in einem Vorabkommen zwischen Großbritannien und Russland die Abhaltung einer internationalen Konferenz in Aussicht gestellt wurde, die in Berlin stattfinden sollte, erschien der serbischen Verwaltung die Situation wieder günstiger.[71] Dabei war es dem serbischen Außenminister Jovan Ristić besonders wichtig, dass die Eroberung durch serbische Truppen nicht das einzige Argument für den Verbleib des Šopluk in Serbien darstellte. Da von

68 Hristov, Pirotskijat okrăg, 1894, S. 302.

69 Brief von Hristov an Konstantin Jireček, 8.6.1878, in: Iz arhiva na Konstantin Ireček, Bd. 2, Prepiska s bălgari, hrsg. von Petăr Mijatev, Sofija, 1959, S. 147 f.

70 Ebenda. In der Tradition realsozialistischer Meistererzählung beschreibt Borislava Lilić den Konflikt in Pirot um Trn als klare Spaltung zwischen der städtischen und bäuerlichen Bevölkerung. Dass das proserbische Verhalten der Bauern mit deren Konservatismus und dem Festhalten an ihren (serbischen) Traditionen begründet wird, weicht nur scheinbar davon ab. Schließlich sieht die nationale Geschichtsschreibung in realsozialistischer Form in den Bauern die eigentlichen Träger nationaler Unabhängigkeitsbestrebungen. Lilić, Istorija Pirota, S. 247. Zu realsozialistischen Meistererzählungen siehe auch Daskalov, Roumen: The Making of a Nation in the Balkans, Budapest, 2004.

71 Lilić, Istorija Pirota, Bd. 1, 1994, S. 247.

russischer Seite argumentiert wurde, die Bevölkerung der von Serbien eroberten Gebiete sei ethnisch bulgarisch, galt es für die serbische Seite, diesen „Irrtum" zu berichtigen und nachzuweisen, dass die Bevölkerung von ihrer ethnischen Grundlage her eindeutig serbisch sei. Ein Weg, alle Zweifel an der ethnischen Zugehörigkeit des Šopluk auszuräumen, sah Ristić in der Entsendung einer Delegation nach St. Petersburg. Diese sollte aus „zuverlässigen und redegewandten Personen" bestehen, die dem Zaren gegenüber „dem Volkswillen Ausdruck verleihen". Die Gesandten sollten dabei „natürlich zuverlässig für eine Gemeinschaft mit Serbien eintreten".[72] Die Abordnung bestand aus je zwei angesehenen Personen aus Niš, Vranje und Pirot.

Flankiert wurde die Entsendung der Delegation mit dem Abfassen von Petitionen, die v. a. die internationale politische Öffentlichkeit im Blick hatten, besonders die in den Konflikt involvierten politischen Eliten, die am Berliner Kongress teilnehmen würden. In den Petitionen sollte die Zugehörigkeit zur serbischen Nation wie auch der Wille, mit Serbien vereint zu werden, zum Ausdruck kommen.[73] Jovan Ristić gab dabei Srećković auch Instruktion, die vorgefertigten Petitionen, die nach Russland gingen, möglichst im Stil der lokalen Sprache zu verfassen. Zwar blieb die Stilistik erkennbar weiterhin die der serbischen Behörden, offensichtlich war es den Beamten dennoch wichtig, den lokalen Kontext möglichst authentisch zu dokumentieren.[74]

Insbesondere in Pirot ergaben sich allerdings im Frühjahr 1878 weiterhin Schwierigkeiten, die Anordnungen reibungslos umzusetzen. Die bulgarisch orientierten Lehrer um Hristov verfassten einen Brief an den russischen Zaren und die Militärverwaltung von Sofia, in der die von Ristić auf den Weg nach Petersburg geschickte Abordnung als „Betrüger" denunziert wurde.[75] Die beiden Gesandten wurden darin als die größten „Peiniger der Piroter Bevölkerung zu osmanischen Zeiten" bezeichnet, die sich aus „niederen Gründen" sofort den neuen Herren zur Verfügung gestellt hätten, um ihre Macht zu erhalten. Sie reisten „mit lügenhaften Briefen, die wir ihnen nicht gegeben und noch nie gesehen haben", um so die Lüge zu verbreiten, die Piroter seien Serben.[76] Hier zeigte sich eine neue Qualität in der bisherigen Konkurrenz um die wahre Zugehörigkeit der Menschen in dieser Region. Bislang begnügten sich die Adressen und Petitionen mit der Nennung der ihrer Ansicht nach unwiderlegbaren historischen und ethnografischen Argumente. Nun aber, wie in dem angeführten Schreiben, wurden die jeweiligen Widersacher konkret in den Petitionen genannt und denunziert. Auch die serbischen Behörden verfuhren auf diese Art: In einer Petition der Bevölkerung von Trn, Pirot und Vranje an den russischen Zaren am 19.3.1878 hieß es: „Wir haben Böses von den bulgarischen Čorbadžije zu erleiden gehabt." „Verrat und Vertreibung" seien die beständigen Übel gewesen, derer sich „die serbische Bevölkerung zu erwehren habe".[77]

72 Jovan Ristić an K. S. Protić, Beograd, 21.3.1878; zit. nach PSNG, Bd. 1, Dok. Nr. 348, S. 293.

73 Ebenda. Für Borisava Lilić stellen die Gesandten Miladin Mančević und Aranđel Stanojević für St. Petersburg die „Verteidiger der Volkstraditionen und der serbischen nationalen Volksempfindung" dar. Lilić, Istorija Pirota, Bd. 1, 1994, S. 252.

74 Jovan Ristić an K. S. Protić, Beograd, 21.3.1878; zit. nach PSNG, Bd. 1, Dok. Nr. 348, S. 293.

75 Hristov, Pirotskijat okrăg, 1894, S. 302.

76 Brief vom 18.4.1878. Ebenda, S. 298.

77 Bitte („prošnja") der Einwohner Altserbiens an den Zaren Alexander II., 19.3.1878; zit. nach PSNG, Bd. 1, Dok. Nr. 347, S. 291 f.

Ausgerechnet in einer Phase, als Serbien daran gelegen war, die Einnahme des Šopluk als Befreiung des bisher von den Osmanen unterjochten serbischen Volkes darzustellen, wurden diese Anstrengungen von den Piroter Lehrern konterkariert. Hristov beklagte sich regelmäßig in Briefen an die russische Militärverwaltung in Sofia sowie an den russischen Verwalter des Sofioter Sandžaks, Pjotr Alabin, über die Repressalien der serbischen Verwaltung gegenüber der bulgarischen Gemeinde. Todesdrohungen, Stockhiebe, Spionagevorwürfe fanden in allen Briefen Erwähnung, wobei die gesamte Situation in düstersten Farben gezeichnet wurde. Diese Briefe ähnelten in ihrer Funktion den offiziellen Petitionen, welche die ethnische Zugehörigkeit der Piroter zum bulgarischen Volk bezeugen sollten. Darin bekundeten die Piroter den Willen, als „reine Bulgaren mit dem gesamten Körper des bulgarischen Volkes" vereinigt zu werden.[78]

Es ist der ganzen Welt bekannt, dass in der Piroter Gegend Bulgaren leben, die als Šopen bezeichnet werden, und ich bezweifle, dass unsere Brüder Serben über irgendwelche historischen Fakten verfügen, die ihre überzogenen Ansprüche belegen könnten.[79]

Die Situation komplizierte sich für die serbische Verwaltung zusätzlich durch die Forderung des bulgarischen Komitees in Sofia, anlässlich des Abkommens von San Stefano auch in Pirot Unterschriften für eine Dankadresse an den Zaren Alexander sammeln zu können. Zwar sollte diese Adresse keine Aussagen über die ethnische Zugehörigkeit der Bevölkerung enthalten, doch stand sie im Widerspruch zur negativen Haltung der serbischen Regierung zum Frieden von San Stefano. Ein solches Dankschreiben konnte dadurch als verklausulierter Ausdruck der Sympathien der Piroter Bürger für einen zukünftigen bulgarischen Staat betrachtet werden. Eine Sitzung des serbischen Ministerrats unter der Leitung des Fürsten Milan Obrenović, die eigens deswegen anberaumt worden war, fällte den Beschluss, dem Sofioter Gesandten Krăstjo Nešov, einem Enkel des Piroter Čorbadžija Hadži Neša, den Aufenthalt in Pirot in dieser Mission zu erlauben.[80] Allerdings wurde Nešov untersagt, die Unterschriften öffentlich oder von Haus zu Haus gehend zu sammeln, da dadurch „Unruhe und Zwietracht unter der serbischen Bevölkerung" entstehen könne. Es wurde lediglich gestattet, „wer unterschreiben wolle, zu ihm gehen solle".[81] Angesichts der Vorfälle und angespannten Lage war es nicht allzu wahrscheinlich, dass besonders viele Bürger, falls sie das Bedürfnis dazu hatten, unter den Augen der serbischen Verwaltung tatsächlich zu dem Sofioter Gesandten gehen würden.[82] In seinen Erinnerungen indessen preist Simeon Hristov den großen Erfolg dieser Mission. Trotz aller Hindernisse, die Krăstjo Nešov in den Weg gelegt worden seien, hätten sich die Menschen nicht davon abhalten lassen, im Haus Todor Kokalovs, eines angesehenen Čorbadžija, die Dankadresse zu

78 Brief vom 18.4.1878. Ebenda, Dok. Nr. 350, S. 294.

79 Ebenda, S. 296.

80 Sitzung des Ministerrats am 18.3.1878, in: Grujić, Jevrem: Zapisi Jevrema Grujica, Bd. 3, Beograd, 1923, S. 341; zit. nach PSNG, Bd. 1, Dok. Nr. 346, S. 291.

81 Hristov, Pirotskijat okrăg, 1894, S. 299.

82 Hristov bemerkt dazu, dass heimlich dennoch eine große Zahl von Unterschriften gesammelt wurde, die in einer „Nacht- und Nebelaktion" nach Pirot gebracht wurden. Die angeführte Zahl von 2.000 ist jedoch bei einer Gesamtbevölkerung von ca. 8.000 Menschen in keiner Weise glaubhaft. Ebenda, S. 300.

unterschreiben. Hristov spricht von 2.000 Unterschriften, die gesammelt und sicherheitshalber heimlich nach Sofia gebracht worden seien.[83]

Die Aktivitäten insbesondere des ehemaligen Piroter Schatzmeisters Koce Grigoriev, Kota Daskalovs und Simeon Hristovs zeigen eine zweifache Ausrichtung: Einerseits begriffen sie sich als Gesandte der Piroter Gemeinde in San Stefano – Hristov führt dabei Vollmachten der Gemeinde an, die diesen befähigten, die Interessen der Obština in San Stefano und Bulgarien zu vertreten.[84] Andererseits vermittelten sie Nachrichten über die Situation in Pirot nach Sofia. Sie versorgten Alabin in Sofia sowie Igantieff in San Stefano mit Informationen über die Lage vor Ort. Überdies berichteten sie regelmäßig an Gleichgesinnte nach Pirot über ihre Gespräche in San Stefano und Sofia.[85] Panta Srećković berichtete verärgert über diese nicht abnehmenden Aktivitäten am 12.4.1878 in einem Bericht an Regierung:

> Die Bulgaren arbeiten ununterbrochen, davon begünstigt, dass ihnen die Russen den Rücken freihalten. Am schlimmsten sind die Städter, unter denen es viele Čorbadžije gibt, und viele halten sich an die Bulgaren. Die Bauern im Allgemeinen neigen insgesamt eher uns zu. Es wäre schade, wenn diese Gegend zwischen Temska und Ginci, wie auch der Vlasotinački und der Trner Kreis an Bulgarien fallen würden.[86]

Offensichtlich waren es v. a. Simeon Hristov und Kota Daskalov, die in der politischen Öffentlichkeit für Pirot als Teil Bulgariens eintraten. In einem Brief an seinen Freund Spas Vacov[87] am 25.6.1878 schrieb Hristov, sie hätten beschlossen, dass Daskalov in Sofia bleiben solle, um dort auf die öffentliche Meinung und die sich herausbildende Staatselite Einfluss zu nehmen, während Hristov nach Plovdiv gehe, um dasselbe in der dortigen Öffentlichkeit zu tun. Daskalov solle dabei ebenso als Kontaktperson für die Piroter fungieren und deren Briefe an die betreffenden Stellen in Sofia und an Hristov in Plovdiv weiterleiten.[88]

Es ist aussagekräftig, dass sie nicht im lokalen Kontext agierten. Einerseits wurde ihnen das, wie beschrieben, von der serbischen Verwaltung erschwert. Andererseits schien dies eher ihrem Selbstverständnis zu entsprechen, im Kontext der entstehenden zentralstaatlichen Netzwerke zu handeln. Im Gegensatz zu der schon von serbischen Zeitgenossen wie auch der späteren Historiografie gepflegten Ansicht, ein „Komitee“ in Sofia steuere die Aktivitäten der jungen gebildeten Piroter („der Quertreiber aus dem Bulgarischen Komitee in Sofia“), wird insbesondere aus diesem Brief deutlich, dass es sich hauptsächlich um ein loses Netzwerk handelte, in dem allen voran Simeon Hristov und Kota Daskalov mit ihren Aktivitäten hervortraten. Hristovs Klage gegenüber Vacov, es mangele an Geld für eine

---

83 Ebenda, S. 295.

84 Ebenda, S. 293, 295.

85 Brief von Koce Grigoriev aus San Stefano an den Bevollmächtigten für die bulgarische Zivilverwaltung Anucin über die schwierigen Verhältnisse in Pirot, 11.4.1878, ebenda, S. 296. Erste zusammenfassende Darstellung des Konfliktes.

86 Stojančević, Srbija i Bugarska, 1986, S. 96.

87 Spas Vacov war wie Simeon Hristov gebürtiger Piroter, der sich nach der definitiven Einbeziehung der Stadt in serbisches Staatsgebiet entschied, Pirot zu verlassen. Vacov machte Karriere als Meteorologe und wurde zum Begründer der Meterologie in Bulgarien.

88 NBKM BIA Fond Nr. 227, a. e. 21, l. 47.

solche Arbeit, zeigt, dass es kaum Unterstützung vonseiten der maßgeblichen Politiker und somit auch keine zentral gesteuerten Aktivitäten für den vorgestellten nationalen Raum gab.[89] Vielmehr waren es lokale Netzwerke, die – wie jene aus den Ortschaften des Zentralbalkans, Rumeliens und Makedoniens – materiell gut ausgestattet waren. Damit hing die nationale Agitation stark von den lokalen Gegebenheiten ab. Im Vergleich zu diesen genannten Regionen waren allein aufgrund der Größe die Ressourcen in Pirot bescheidener. Daher auch die geringe Wirkung, die Hristov nach außen in eine europäische und regionale Öffentlichkeit sowie nach innen in die neue bulgarische politische Öffentlichkeit hinein erzielen konnte. Das Interesse der bulgarischen politischen Herrschaft an der Agitation in Pirot und Umgebung war offensichtlich gering. So beklagte sich Hristov, dass Marin Drinov, der Gelehrtenpolitiker, der in dieser Zeit ein zentraler Akteur der „bulgarischen nationalen Sache“ war, ihm von weiteren Aktionen abgeraten habe, damit sich das Verhältnis zu Serbien nicht verschlechtere: „Ималъ би много материали да ти съобща, като адреси и протести от Пиротъ върху сърбските притеснения а за сега тъез работи нъма да публикуваме, защото Гнъ Дринов не дава да се раздраняават страститъ повече.“[90] Es schien, dass in der Auseinandersetzung um die künftige Zugehörigkeit der Region die Bestrebungen des entstehenden politischen Establishment in Bulgarien nicht besonders ausgeprägt und im Wesentlichen von lokalen Akteuren wie Hristov und Daskalov getragen wurden.

Diese anhaltende Kampagne der bulgarisch orientierten Piroter versuchte Srećković vermittels Agitation unter der Landbevölkerung zu beeinträchtigen – zunächst innerhalb der Demarkationslinie. Doch seit Mitte Mai 1878 bezog er auch die Dörfer jenseits der Demarkationslinie in seine Kampagne mit ein. Damit war eine neue Qualität der Eskalation erreicht, die auch Gewalt mit sich brachte. Srećković versuchte, diese in seinem Sinne zu kanalisieren.

Hristov und Grigoriev berichtete Ende Mai 1878 dem Gouverneur von Sofia, Alabin, über die „Reisen“ Panta Srećkovićs in die Dörfer um Pirot, aber auch nach Trn, Breznik sowie die Umgebung von Slivnica jenseits der Demarkationslinie. Bemerkenswert ist dabei, dass sie abfällig über die Sammlung von Petitionen in „türkischer Tradition“ sprachen: Diese seien bereits verfasst und würden den Bauern verlesen, damit diese dann neben ihren Namen mit einem Kreuz zeichnen sollen.[91]

Es war, wie angedeutet, kein Zufall, dass sich Srećković auf die Gegend entlang der Demarkationslinie konzentrierte. Angesichts der baldigen Abhaltung des Berliner Kongresses kam es in den Monaten Mai und Juni immer häufiger zu heftigen Zusammenstößen zwischen den Dorfbewohnern und der russischen Armee, welche die Rechte des bulgarischen Komitees in Sofia auf diese Gebiete geltend machen wollte. Auch die bulgarischen nationalen Aktivisten versuchten nun, wie Panta Srećković, auf den Dörfern die Bevölke-

---

89 Stigmatisierung als einzige Bulgaren, die Simeon Hristov selbst erwähnt; ebenda.

90 Ebenda. „Ich hätte dir viel Material mitzuteilen, wie Adressen und Proteste gegen die serbischen Repressalien, doch in der nächsten Zeit werden wir diese Sachen nicht veröffentlichen, da Herr Drinov es nicht erlaubt, dass die Leidenschaften noch mehr aufgestachelt werden.“

91 Brief vom 19.5.1878 von Simeon Hristov und Grigoriev als Vertreter Pirots in Sofia an den Gouverneur von Sofia Pjotr Alabin über die neue Kampagne Panta Srečkovićs. Hristov, Pirotskijat okrăg, 1894, S. 301.

rung von einer sicheren Zukunft in einem bulgarischen Staat zu überzeugen. Der Erfolg hielt sich allerdings in Grenzen.[92]

Ende Mai war in den Gesprächen Ristićs mit dem österreichisch-ungarischen Außenminister Andrassy in Wien klargeworden, dass die Monarchie nicht bereit war, sich dafür einzusetzen, die Gebiete um Novi Pazar, Mitrovica und Vučitrn Serbien zu überlassen. Vielmehr erklärte sie diese zu ihrem Interessensgebiet.[93] Nun erlangte die Gewinnung des Nišer Sandžak erst recht an Bedeutung, was sich auch im Lokalen in der Zuspitzung auswirkte, die Srećković betrieb.

In den Dörfern der Kaza Pirot, die östlich der Demarkationslinie lagen, versuchte das russische Militär seit Mai Rekruten für die neue bulgarische Armee zu werben. Doch die Bauern wehrten sich dagegen mit dem Argument, dass sie Serben seien und nicht in die bulgarische Armee eingezogen werden können, woraufhin sie tatsächlich freigestellt wurden.[94] In anderen Fällen kam es jedoch zu gewaltsamen Rekrutierungen, was wiederum zum verstärkten Widerstand der Bauern gegenüber den russischen Militärs führte. Insbesondere in jenen Dörfern, in denen keine klare Zuordnung zum Kontrollbereich der serbischen oder russischen Armee bestand und sich zeitweise Einheiten beider Armeen aufhielten, kam es zu blutigen Zusammenstößen, als die russische Armee versuchte, dort Rekrutierungen durchzusetzen. Im Dorf Brezje bei Sofia nahmen die Bauern zivile Abgesandte aus Sofia fest, woraufhin es zu einer Strafaktion der russischen Verwaltung kam. Die Rädelsführer wurden verhaftet, ihr Vieh beschlagnahmt und ihre Anwesen zerstört.[95]

Panta Srećković, der ohnehin immer wieder diese Gebiete bereiste, drängte den serbischen Außenminister Ristić, etwas zu unternehmen und Truppen in diese Dörfer zu schicken, da sich Berichte über solche Maßnahmen aus Sofia häufen würden.[96] Doch Ristić wies den Verwaltungsleiter darauf hin, ein Großteil der Dörfer befinde sich jenseits der Demarkationslinie, die mit Russland vereinbart worden sei. „Und da sich der russische Gouverneur uns gegenüber loyal verhält, kann der Bitte dieser Dörfer nicht entsprochen werden." Die Bauern sollen sich deswegen nach Sofia wenden und sich gedulden, bis eine Kommission komme, die letztendlich entscheiden werde. „Dann können sie dieser gegenüber doch ihren Wunsch äußern, was maßgebend sein könnte."[97]

---

92 Srećkovićs Gewährsmann für den Bezirk Visok berichtete von den Aktivitäten „der Quertreiber aus dem Bulgarischen Komitee in Sofia" – Evstatije, Koce Daskal, den geflüchteten Piroter Kmeten Tošev, Dimitrije Makedonski. In dem Bericht, der nach Angabe des Gewährsmannes von den Bauern unterzeichnet wurde, „haben uns (die Piroter, Anm. N. St.) gedrängt, uns von unserer Mutter Serbien und unseren Brüder, den Serben, loszusagen, und uns dann Bulgarien anzuschließen". Der Piroter Bischof habe ihnen Steuern aufgezwungen, „wie unter den Türken". Es sei ein „höllisches und unmenschliches Treiben dieser Peiniger". Srpske Novine, 26.4.1878; zit. nach Vojvodić, Srbija 1878, 1978, S. 119.

93 Stojančević, Srbija i Bugarska, 1986, S. 112.

94 Brief von Hristov an Konstantin Jireček, 8.6.1878, in: Mijatev, Iz arhiva, Bd. 1, 1953, S. 147 f.

95 Ebenda.

96 Vojvodić, Srbija 1878, 1978, S. 341.

97 Ebenda, S. 346. Ein Brief aus einem betroffenen Dorf veranschaulicht diese Wünsche, von denen bei Ristić die Rede ist. Er ist in der ursprünglichen Orthografie in schopischem Dialekt abgedruckt: „Wir sind echte Altserben und wollen mit unseren Brüdern Serben sein. Das bulgarische Komitee will uns mit Gewalt bulgarisieren. Wir bitten Dich, Herr, und den russischen Zar Alexander, schaut, dass wir als echte Serben nun nicht unter der bulgarischen Macht bleiben, sondern Deine sind und uns zu unseren Brüdern Serben gesellen. Unsere alte serbische Grenze ist Bakarno Guvno, das wir Pobijen Kamik nen-

Gegenüber der großen Unterstützung für die und der starken öffentlichen Anteilnahme in Serbien an den Bemühungen von Arandjel Stanojević, die Stadt Trn auch auf dem Berliner Kongress für Serbien zu erhalten, verhielt sich die serbische Regierung ausgesprochen zurückhaltend. Nicht allein die ethnische Zugehörigkeit war für die territoriale Aufteilung von Bedeutung, sondern v. a. machtpolitische Konstellationen.

Dennoch wurden gerade in diesen Gebieten, in denen sich ein gewaltsamer Konflikt zwischen der Landbevölkerung und dem russischen Militär entwickelt hatte, Unterschriften für Petitionen über die serbische Herkunft gesammelt. Erklärungen wurden verfasst, die bezeugten sollten, dass es eine regelrechte Volksbewegung für die Vereinigung mit Serbien gab. Falls diese nicht eintreten sollte, wurde in den Petitionen aus den Orten an der zukünftigen serbisch-türkischen und serbisch-bulgarischen Grenze gedroht, dass die Menschen ihre Heimatorte kollektiv verlassen würden, da sie nicht weiter unter fremder Herrschaft leben wollten.[98]

Srećković versuchte die Dorfbewohner mit Versprechungen zu motivieren, sich weiter gegen die russischen Militärs zu wehren. Auf diese Weise meinte er den Druck auf die Piroter Lehrer oder, wie es in der Korrespondenz gerne bezeichnet wird, dem „Sofioter Komitee“ zu steigern und diese so von Kampagnen in Pirot abzuhalten. Doch Srećković verließ sich nicht nur darauf. Gleichzeitig veränderte sich die Gangart in Pirot selbst. Koce Grigoriev berichtete in Briefen an Simeon Hristov, dass diese serbischen Behörden seit Mai keine Reisen mehr nach Sofia erlaubten bzw. Piroter an der Passierung der Demarkationslinie gehindert wurden. Ebenso würden selbst so angesehene Čorbadžije wie Goga Caribrotli, der lange Jahre die Piroter Obština geprägt hatte, mit Prügeln eingeschüchtert.[99]

Offenkundig verfehlte diese Zuspitzung ihre Wirkung nicht, denn Jovan Ristić schien auf dem Berliner Kongress zuversichtlich, v. a. die russischen Vertreter von einer Volksabstimmung in der Kaza Pirot zu überzeugen. Dagegen waren die russischen Gesandten höchstens zu einer Inspektionsreise einer neutralen Kommission bereit. Um den Willen der Piroter zu untermauern, zu Serbien zu gehören, wurde am 27.6.1878 aus Pirot noch ein Telegramm nach Berlin geschickt. Darin wurde „den serbischen Brüdern für die Befreiung“ gedankt. „Angesichts der Gräber der Brüder in Pirot“ hieße es nun, tiefe Dankbarkeit zu zeigen.[100] Am nächsten Tag konnte Ristić telegrafieren, dass der Berliner Kongress entschieden habe, dass Pirot zu Serbien gehören solle.[101]

---

nen. (...) Nicht nur wir, sondern der ganze Sofioter Sandžak sind echte alte Serben, und alle sind bereit, das zu sagen, wenn sie danach gefragt werden, doch sie dürfen nicht, denn die Čorbadžiji und Komitetliji, wenn sie das erfahren, gibt es gleich Prügel und Knast. Wir leiden ärger als unter den Türken. Bei dem Gouverneur von Sofia Herrn Alabin können wir unsere Klage nicht anführen, denn dort sind das bulgarische Komitee und ihre Gendarmen und sobald sie uns sehen, schlagen sie uns und stecken uns ins Gefängnis. Erlaube es nicht, Herr, dass die Bulgaren uns so quälen und uns gewaltsam zu Bulgaren machen, wenn wir doch keine sind. Wir sind Serben, und mit den Serben wollen wir leben und auch sterben.“ Brief an Fürst Milan Obrenović von den Einwohnern des Dorfes Žiten; zit. nach Vojvodić, Srbija 1878, 1978, S. 336.

98 Stojančević, Srbi i Bugari, 1995, S. 264.

99 Hristov, Pirotskijat okrăg, 1894, S. 301 f.

100 Die Vertreter Pirots an die Volksversammlung in Kragujevac, Telegramm, 26.6.1878. Darunter finden sich die Unterschriften einiger bekannterer Čorbadžije, sowie von Amed efendi (sic!), Murat Ibrahim und Boor Konvino (sic!); zit. nach PSNG, Bd. 1, Dok. Nr. 374, S. 316.

Es wird deutlich, dass sich innerhalb der sechs Monate, die hier im Zentrum standen, nicht etwa ein „nationaler Konflikt“ entfaltet hat, sondern drei verschiedene Phasen der Auseinandersetzung zwischen neuer Herrschaft und lokaler Gesellschaft. In der ersten Phase entstand, wie gezeigt, im Januar und Februar 1878 ein Spannungsverhältnis zwischen der serbischen provisorischen Verwaltung und der Stadtgesellschaft. Die neue Verwaltungsleitung griff nicht auf bestehende Verwaltungsstrukturen zurück, nicht zuletzt auch begünstigt durch ein Überlegenheitsgefühl gegenüber der „orientalischen Rückständigkeit“. Nicht allein die Ignoranz gegenüber den bisherigen Aushandlungsformen zwischen Herrschaft und Gesellschaft führte zu den wachsenden Spannungen. Sowohl das explizite Misstrauen der serbischen Amtsleute gegenüber den Vertretern der lokalen Gesellschaft als auch deren konfrontatives Handeln jenen serbischen Amtsleuten gegenüber führten schließlich zur Eskalation.

In einer zweiten Phase verlagerte sich die Auseinandersetzung zwischen der lokalen Intelligenz und den serbischen Beamten – obwohl seitens der serbischen Regierung zunächst nicht mit großer Zuversicht geführt – auf die Deutungshoheit hinsichtlich der nationalen Zugehörigkeit. Diese richtete sich vornehmlich nach außen: an den Gouverneur von Sofia, an die Verhandelnden in San Stefano sowie in Richtung der europäischen Hauptstädte Wien, St. Petersburg und Berlin, in denen die Entscheidung über die Zukunft dieses Gebietes letztlich fallen würde.

In der dritten Phase verhärtete sich dieser Konflikt um die Deutungshoheit zunehmend – und zwar auf beiden Seiten der Demarkationslinie. Allerdings war es jenseits der Linie nicht die Stadt-, sondern die Landgesellschaft, die von der neu etablierten Herrschaft herausgefordert wurde. Hintergrund war der Wehrdienst: Während er sich im Osmanischen Reich für die christliche Bevölkerung trotz aller Reformen nicht hatte durchsetzen lassen, sollten die Männer in den Dörfern nun dazu gezwungen werden – noch dazu von den Militärs des russischen Zaren. Die russischen Offiziere und Soldaten erschienen somit weniger als Befreier, als vielmehr als Vertreter einer anderen imperialen Macht, die in ihrem Selbstverständnis wenig von national-ruraler Romantik geprägt waren, wie es auf der serbischen Seite sichtbar wurde. Panta Srećković versuchte, diesem Konflikt eine nationale Stoßrichtung zu geben und ihn im Hinblick auf den Berliner Kongress zu nutzen. In dieser dritten Phase kam es auch, wie gezeigt, zum ersten Mal nach Februar 1878 wieder zu systematischer Einschüchterung und Konfrontation mit jenen Pirotern, die sich an einem zukünftigen bulgarischen Nationalstaat ausrichteten.

Dabei wird deutlich, dass die Akteure im lokalen Kontext einen gewissen Handlungsspielraum hatten. Dies gilt sowohl für Panta Srećković, für die Bulgarien zugewandten Lehrer als auch die Landbevölkerung, zu der die serbischen Beamten in den Dörfern sprachen. Akteure aus allen Gruppen warteten nicht schicksalsergeben auf die Entscheidungen, die in San Stefano oder Berlin gefällt wurden, sondern versuchten, diese zu beeinflussen. Ebenso werden die Handlungsformen der einzelnen gesellschaftlichen Gruppen sichtbar.

101 Am 27.6.1878 wurde auf dem Berliner Kongress beschlossen, dass Pirot an Serbien angegliedert wird; Jovan Ristić, Berlin, 27.6.1878; zit. nach ebenda, Dok. Nr. 375, S. 317.

Die Piroter Čorbadžije und Esnaflije ließen sich von ihren bisherigen Erfahrungen im Hinblick auf die Aushandlungsprozesse mit den Repräsentanten staatlicher Herrschaft leiten. Der Großteil war nicht automatisch in einem antagonistischen Verhältnis befangen. Vielmehr schien in diesem halben Jahr die Situation lange offen. Der Großteil der bisherigen „Prvenci" (der „Ersten") sendete nach beiden Seiten Zeichen der Loyalität – um sicherzugehen, keine der beiden Optionen zu unterschätzen und dadurch in der Zukunft Nachteile zu erfahren. Doch das konfrontative Vorgehen der serbischen Verwaltung sowie die wachsende Sorge um die Aufrechterhaltung der Geschäftsbeziehungen nach Sofia, Plovdiv und Istanbul schuf eine Distanz gegenüber den neuen Beamten, die sich kaum wie Brüder gebärdeten, wie es in den Adressen immer feierlich hieß.

Anschaulich wird dies am Fall Arandjel Stanojevićs, der sich Optionen auf beiden Seiten offen ließ. Im Gegensatz zu den ideologisierten Lehrern stand im Mittelpunkt seiner Entscheidung, wo die Möglichkeit besonders günstig war, seinen lokalen Einfluss zu wahren. Somit kristallisierten sich einzig die Piroter Lehrer als genuine Trägergruppe nationaler Ideologie heraus.

Für die Landbevölkerung hatte die Frage nationaler Zuordnung eine andere Bedeutung. So deutet der Bericht Panta Srećkovićs über die Agitation des angesehenen Großbauern Miladin Mančević an, was für die Bauern in der Region im Vordergrund stand: Es ging ihnen hinsichtlich einer zukünftigen Staatsorganisation v. a. um die Klärung der neuen Steuerlasten, um die Regelung des Landeigentums und sichere Lebensbedingungen. Die angeführte Rede Miladin Mančevićs (vgl. Anfang dieses Unterkapitels) legiert diese Alltagsfragen mit einer Unterweisung in den wesentlichen Elementen serbischen nationalen Bewusstseins – des Kosovo-Mythos, der Kleidung sowie des Slava-Festes –, die der Bevölkerung klar machen sollen, worin nun ihre serbischen Eigenschaften bestehen.

In Srećkovićs Ausführungen über die vorgefundene nationale Indifferenz der Bevölkerung deutete sich darüber hinaus der geringe Einfluss bis dahin existenter Protagonisten des Nationalen an. Weder das seit dreißig Jahren bestehende autonome serbische Fürstentum noch die bulgarische Kirchenorganisation schienen nationale Bewusstwerdungsprozesse unter der ruralen Bevölkerung in Gang gesetzt zu haben. Denn diese Menschen betrachteten sich vorrangig als Christen und vermochten zwischen Serben oder Bulgaren keinen Unterschied zu sehen. Dies legt den Schluss nahe, dass eindeutige nationale Zugehörigkeit kein wesentlicher Bestandteil des Alltagslebens und der Selbstwahrnehmung in der gesellschaftlichen Rollenteilung war.

Es wäre jedoch falsch, von einer unvermittelten Beziehung zwischen sozialer Gruppe und nationaler Orientierung auszugehen. Schließlich hatte nationale Orientierung bei den Städtern – mit Ausnahme der jungen Lehrer – ähnlich wie bei der Landbevölkerung eine untergeordnete Bedeutung für deren gesellschaftliche Verortung gespielt. Distinktion im lokalen Kontext folgte entweder konfessionellen oder sozialen Motiven.

Borislava Lilić beschreibt den Konflikt um die nationale Zugehörigkeit als soziale Auseinandersetzung der Bauern mit den wohlhabenden Landeigentümern, die zunächst Steuereintreiber für den osmanischen Staat gewesen waren und sich nun bulgarisch orientierten. Das sozial verankerte und tief verwurzelte Misstrauen gegenüber den Kaufleuten brachte Lilić zufolge die Bauern in eine Gegnerschaft zu den Kaufleuten in Pirot, die für eine Vereinigung mit Bulgarien eintraten. Es wird allerdings in den Quellen nicht deutlich, dass es sich um eine Konfrontation zwischen Bauern und bulgarisch ausgerichteten Čorbadžije handelte, d. h. der Konflikt einen eindeutigen sozialen Charakter besaß, der nur nationalideologisch verbrämt war. Es handelte sich in einem nicht geringen Ausmaß um eine Auseinandersetzung mit den jeweils neu entstehenden nationalen Institutionen Serbiens und Bulgariens: der serbischen Verwaltungsleitung in Pirot, wo die bulgarischen Lehrer aufbegehrten, und der russischen Armee in Bulgarien, die auf den Widerstand der Bauern stieß.

Schließlich entschieden sich auch einige der Čorbadžije aus ihrer spezifischen Situation heraus, die serbischen Verteter zu unterstützen, wie Ceka Krstin, der zum Kmet von Pirot wurde, oder den erwähnten Arandjel Stanojević aus Trn. Was sehr wichtig ist: Es kam in der Frage der zukünftigen Zugehörigkeit der Region zu Serbien bzw. Bulgarien zu keiner direkten Konfrontation zwischen den Bauern aus der Umgebung von Pirot und den Piroter Čorbadžije, die sich nach Bulgarien orientierten. Zu einer Konfrontation kam stattdessen es zwischen diesen Čorbadžije und den Vertretern des serbischen Staates.

Diese Deutung der Auseinandersetzungen um die künftige territoriale Zugehörigkeit als einem in letzter Instanz sozialen Konflikt wird dann schematisch, wenn sie die erwähnten situativ motivierten Handlungen nicht wahrnimmt, die aus diesem Schema ausbrechen: so der Čorbadžije und der für sie wichtigen Opportunitäten, die sich von Fall zu Fall unterschieden.

Abgesehen von der schematischen Deutung des Konflikts als zwischen zwei soziale Gruppen bestehend, kommt es bei Borislava Lilić unter der Hand zu einer Ethnisierung: die Bauern würden die serbische Seite aufgrund ihrer tief verwurzelten patriarchalen und damit serbischen Einstellungen unterstützen. Aus einem solchen „gesunden Volksgeist" sei die Weigerung entsprungen, der „falschen" Agitation der Lehrer zu folgen und zugleich die Fähigkeit gegeben gewesen, die „richtigen" Argumente der Beamten zu erkennen.[102] Zugleich funktioniert diese Argumentation Lilićs flexibel, gleichermaßen in einem staatssozialistischen oder in einem nationalistischen Kontext, wo das jeweilige Moment in den Vordergrund rückt und beide sich zugleich gegenseitig bestätigen.

3.2 Die Grenzziehung als Herausforderung an die Lokalgesellschaft. Das Lokale als Herausforderung an die Grenzzieher. Konstellationen

Das Ergebnis des Berliner Kongresses, festgehalten im Berliner Vertrag vom 13.7.1878, bildete den vorläufigen Endpunkt der Auseinandersetzungen um die territorialen Ansprüche Serbiens und Bulgariens in dieser Region. Mit diesem Datum verknüpfen sich weitreichende Folgen für die Balkanhalbinsel, welche die dortigen politischen Entwicklungen in den nächsten Jahrzehnten prägen sollten: Das Fürstentum Bulgarien wurde gegründet, es entstand die halbautonome Provinz Ostrumelien, Serbien erhielt die vollständige staatliche Souveränität. Die Besetzung Bosnien-Herzegowinas durch Österreich-Ungarn im August 1878, die Okkupation des Sandžaks von Novi Pazar im Jahr darauf sowie die Gründung der Liga von Prizren 1878 stehen für die Krisenhaftigkeit dieses Prozesses der Entstehung neuer Nationalstaaten. Während in den nationalen Narrativen der Berliner Kongress als

102 Lilić, Istorija Pirota, Bd. 2, 1994, S. 147.

Auftakt nationaler Staatlichkeit verstanden wird, scheint die suggerierte Stabilität eher ein Bestreben denn Wirklichkeit geworden zu sein. Die latenten Konflikte zwischen den unterzeichnenden Großmächten und die offenen Konflikte zwischen den neuen politischen Akteuren auf dem Balkan deuten dies an. Allein schon die Grenzziehung produzierte neue Konfliktdynamiken.

Hier allerdings steht weniger das diplomatische Tauziehen in den europäischen Kabinetten im Vordergrund, als vielmehr die Formen der Interaktion zwischen den Vertretern der Großmächte, den Vertretern des serbischen Nationalstaates und der lokalen Gesellschaft. Anhand des Prozesses der Grenzziehung werden die Beziehungen zwischen transnationalen, nationalen und den lokalen Akteuren in den Fokus genommen.[103] Die Umsetzung des Berliner Vertrages bietet eine der seltenen Möglichkeiten, solche Konstellationen für eine kurze Zeit auf einem eng umrissenen Raum zu analysieren.

Im Berliner Vertrag wurde der Verlauf der neuen Grenzen auf der Grundlage des bis dahin existierenden österreichisch-ungarischen topografischen Kartenmaterials festgelegt. Zur Grenzziehung vor Ort sollte eine eigene Grenzziehungskommission gebildet werden, welche die Delimitation auf der Grundlage des Vertrages durchführen sollte.[104] Als sich abzeichnete, dass eine einzige Kommission mit dieser Aufgabe überfordert worden wäre, die Grenzen des neuen Fürstentums Bulgarien sowie Ostrumeliens zu ziehen, wurden gesonderte Kommissionen gebildet. In Bezug auf Serbien und dessen Grenzen gegenüber dem neuen bulgarischen Fürstentum sowie dem Osmanischen Reich war zunächst unklar, ob dies in die Belange der Allgemeinen Kommission des Berliner Kongresses fiel, die für alle Grenzziehungen zuständig war, oder ob eine eigene serbisch-osmanische bzw. serbisch-russische (Russland vertrat hier die Interessen des entstehenden bulgarischen Staates) zu bilden war. Eine enge Auslegung des Vertrages hätte zumindest einen solchen Schluss nahegelegt. Nach einigem Hin und Her einigten sich die Vertreter der Unterzeichnerstaaten im August 1878 darauf, auch für die neue serbisch-osmanische und für die serbisch-bulgarische Grenze eine internationale Kommission zu bilden.[105] Der serbischen Regierung war v. a. daran gelegen, eine rasche Grenzziehung gegenüber den osmanischen Gebieten im Südwesten, dem Sandžak Kosovo zu bewerkstelligen. Entlang der militärischen Demarkationslinie kam es immer wieder zu Konflikten mit albanischen bewaffneten Gruppen, die u. a. auch in der Vertreibung und Flucht der muslimischen Bevölkerung aus den von Serbien eroberten Teilen des Osmanischen Reiches ihre Ursache hatten. Die unsichere Demarkationslinie band einen großen Teil der serbischen Armeeeinheiten. Umgekehrt hoffte die serbische Regierung, die Delimitation im Osten mit Bulgarien so lange wie möglich hinausschieben zu können. Wie oben bereits angedeutet, requirierte der serbische Staat Agrarprodukte und Nahrungsmittel und zog Steuern aus jenen Gebieten ein, die zwar nach dem

103 Vgl. Middell, Spatial Turn, 2008.

104 Insgesamt: Geiss, Imanuel: Der Berliner Kongreß 1878. Protokolle und Materialien, Boppard am Rhein, 1978. Artikel 2 des Berliner Vertrags, S. 376; serbische Grenzziehung: Artikel 36, S. 395; Verpflichtung zu Eisenbahnbau für Bulgarien: Artikel 10, S. 380, und für Serbien: Artikel 38, S. 397.

105 Samardžić, Momir: Rad Međunarodne komisije za razgraničenje Srbije i obeležavanje srpsko-bugarske granice 1878–1879. godine, in: Peščanik, 2 (2004), Niš, 2004, S. 187–203, hier S. 193.

Berliner Vertrag dem Fürstentum Bulgarien zugeschlagen werden sollten, aber noch innerhalb der bisherigen militärischen Demarkationslinie auf serbischem Gebiet lagen.[106]

Nach einigen Verzögerungen – die osmanische Seite hatte lange keinen Vertreter geschickt – begann die Delimitation der serbisch-osmanischen Grenze mit einer ersten Sitzung der Kommission am 10.10.1878 in Niš. Die Kommission bestand aus jeweils einem Vertreter des Deutschen Reiches (Major von Alten), Österreich-Ungarns (Leutnant Bilimek), Englands (Captain Anderson), Italiens (Major Velini), Russlands, der ebenso das bulgarische Fürstentum vertrat (Baron Alexander Kaulbars), dem Französischen Generalkonsul in Belgrad (M. Aubaret), dem Vertreter des Osmanischen Reiches, Jahja Paša, sowie dem serbischen Offizier Oberst Zdravković. Ergänzt wurde die Kommission durch Topografen, Ingenieure und weitere Offiziere aus den Unterzeichnerstaaten.[107]

Einschließlich einer großen Verpflegungsabteilung mit mobiler Küche machte sich somit ein großer Tross auf den Weg von Niš zur Grenzziehung. Die Delimitation begann einige Tage später in Vranje in Richtung Südwesten. Allerdings wurde die Bestimmung der Grenze nach kurzer Zeit wegen der Verschlechterung der Wetterverhältnisse am 5.11.1878 abgebrochen und auf das nächste Jahr verschoben.[108]

Im April 1879 trat die Kommission erneut zusammen und begann am 15.5.1879 bei Vranje mit ihrer Arbeit an diesem Teil der neuen Grenze. Die topografische Aufnahme und Grenzziehung wurden knapp einen Monat später, am 9.6.1879, abgeschlossen. Dass die Grenzkommission in diesem Teilstück verhältnismäßig zügig vorankam, zeigt die Tatsache, dass sie zwischen Trn und der Stara Planina einige Male die Grenzziehung unterbrach und zu verschiedenen Streitpunkten in Pirot tagte. Die Grenzziehung zwischen Serbien und Bulgarien war nicht duch Unstimmigkeiten gekennzeichnet, wie beispielsweise an der rumänisch-bulgarischen Grenze (Streit um die Stadt Silistra) oder an der serbisch-osmanischen Grenze (Streit um Prepolac).[109] Ein knapper Monat für 100 km Luftlinie durch gebirgiges Gelände zum Teil ohne Straßen erscheint als eine recht ereignisarme Zeit, die Grenzziehung als schlichte behördliche Maßnahme. Dennoch handelte es sich um einen drastischen Eingriff in die Strukturen der lokalen Gesellschaft. In diesem scheinbar reibungslosen Verfahren wurden Widersprüche, Differenzen zwischen dem Vorhaben der Kommissionsmitglieder und der lokalen Gesellschaft deutlich. Die Sperrigkeit, Rätselhaftigkeit des konkreten Raumes, in den die Offiziere und Ingenieure gerieten und mit ihren Messinstrumenten und topografischen Karten (staatliche) Ordnung schaffen wollten, wurde bei dieser Delimitation besonders gut sichtbar. Die Protokolle der Kommission geben Aufschluss v. a. über die Streitpunkte.[110] In größerer Anschaulichkeit vermitteln die Briefe des Majors von Alten an das Auswärtige Amt sowie der abschließende Bericht des Leutnants Zdravković die Arbeit der Kommission. Während die Briefe des Majors von Alten an die

106 Ebenda.

107 Commission Internationale Pour la Delimitation de la Serbie: Protocoles 1879, Belgrade, 1879, S. 2 f.

108 Samardžić, Rad Međunarodne komisije, 2004, S. 187.

109 Zirkular des Kaiserlich-Deutschen General-Consulats Belgrad vom 7.6.1979, PA AA, R 12987, Acta zur serbisch bulgarischen Grenzziehung, A3155pr. Bericht des Vertreters des deutschen Kaiserreiches Major von Althen in Niš an das Auswärtige Amt, 2.6.1879. PA AA, R 12987, Acta zur serbisch bulgarischen Grenzziehung, A3832.

110 Protocoles 1879, S. 17–21.

Botschaft in Istanbul und das Konsulat in Belgrad, die dann weiter nach Berlin gesendet wurden, recht knappe Einschätzungen der übrigen Kommissionsmitglieder enthalten und sich auf die Beschreibung der Streitpunkte konzentrieren, ist der Bericht Zdravkovićs weit ausführlicher. Offenbar sah sich der Leutnant in einer Rechtfertigungssituation gegenüber Premierminister Ristić und schilderte deshalb ausführlich die Probleme sowie seinen Einsatz buchstäblich um jeden Zentimeter zu gewinnenden Territoriums.

Das Verfahren der Grenzziehung selbst oblag den Ingenieuren der Kommission. Durch die Berichte des deutschen Mitglieds, Major von Alten, und den Abschlussbericht des serbischen Offiziers Zdravković lässt sich der Verlauf der Delimitierung nachvollziehen: Eine „Vorhut" bestimmte mit Fahnen und Stangen jenes Gelände, das aufgenommen werden sollte.[111] Dieser folgten zwei russische Topografen sowie ein englischer Ingenieur, denen zwei serbische Offiziere assistieren. Zunächst wurde bei der topografischen Bestimmung das Gelände entlang einer geraden Linie erfasst, wobei sich die Topografen an den zuvor platzierten Markierungen orientierten. In dieser topografisch erfassten Fläche wurde dann die Grenzlinie bestimmt und schließlich in der topografischen Aufnahme eingezeichnet. Daraufhin nahm die Kommission die Umsetzung der Grenzlinie ab bzw. ordnete Berichtigungen an. Existierten bereits topografische Karten des betreffenden Geländes, vereinfachte sich das Verfahren. Zdravković sprach von etwa 20 km pro Tag, die auf diese Weise von Gelände in Grenze umgewandelt, „definiert" wurden.[112] Allerdings konnte es auch geschehen, dass sich die Aufnahme in unwegsamem Gelände verzögerte und die Kommission dann in Pirot einige Tage auf die Anfertigung der Karten wartete.

Gemäß den Vorgaben des Berliner Kongresses sollte sich die Grenzziehung an charakteristischen angenommenen natürlichen Grenzlinien, Bergkuppen und v. a. Wasserscheiden orientieren.[113] Die Ingenieure hatten die Vorgabe, sich bei Unklarheiten entlang der einzelnen kleineren Abschnitte an den Bachläufen zu orientieren und die Scheidelinien in dem lokalen Hydrosystem als auschlaggebenden Anhaltspunkt zu nehmen. Es stellte sich heraus, dass die Ingenieure während der gesamten Delimitation ständig damit befasst waren, die Grenzen zwischen Bachläufen ausfindig zu machen.

---

111 Die genaue topografische Erfassung erfolgte auf der Grundlage der österreichisch-ungarischen Karten. Allerdings wurden diese zunehmend durch russische Karten ergänzt. Gleichzeitig mit dem russischen Feldzug gegen das Osmanische Reich begann die kartografische Aufnahme Bulgariens. Hier fielen gleichsam territoriale Eroberung und Erfassung zusammen. Vermittels der modernen Triangulation (1.274 Triangulationspunkte wurden bestimmt) und astronomischer Ausrichtung wurde zum ersten Mal eine moderne Kartengrundlage für die Geografie Bulgariens geschaffen. Auf dieser Grundlage wurde in Russland 1882 Kartenmaterial zur Geografie Bulgariens im Maßstab 1:21.000 veröffentlicht. Gălăbov, Živko und Jordanov, Tjanko: Geografija, in: Istorija na Bălgarija, hrsg. von BAN, Sofija, 1999, S. 431 f.

112 Samardžić, Momir: Izveštaj srpskog komesara u Međunarodnoj komisiji za razgraničenje Srbije o obeležavanju srpsko-bugarske granice 1879. godine, in: Spomenica Istorijskog arhiva Srem, 2 (2003), S. 115–45, hier S. 121, 133, 142.

113 Ebenda.

3.2.1 Unnatürliche Gegebenheiten und gerade Linien. Halbe Dörfer – ganze Häuser

Es waren zwei Prinzipien, von denen sich nicht nur diese Kommission leiten lassen sollte: die Verwirklichung des Ideals der geraden Linie, wenn das Terrains übersichtlich war, und die Suche nach natürlichen Grenzlinien in unübersichtlichem Terrain. Die Grundlage sollten im Falle der serbisch-bulgarischen Grenze bereits vorhandene Karten bilden. Doch schnell erwies sich, dass weder die Karten zuverlässig noch das Gelände übersichtlich waren. Zu allem Überfluss erschwerten die dort lebenden Menschen eine reibungslose Durchführung des Unternehmens, ohne dabei im eigentlichen Sinne bewussten Widerstand zu leisten. Hier war es vielmehr der Eigensinn lokaler Verhältnisse und Akteure. Denn es stellte sich heraus, dass sich ihre Dörfer, teilweise sogar ihre Häuser mitten auf der angepeilten Grenzlinie befanden.

Auf solche Schwierigkeiten stieß die Kommission in der Region um Trn. Wie zuvor geschildert, bestanden die Dörfer in diesem Gebiet, das von engen Tälern und 1.200 m hohen Bergen geprägt ist, aus verstreuten Weilern, die sich zum Teil selbst einer eindeutigen Zuordnung zu Dörfern entzogen. Schon hier klagte die Kommission über die die mangelnde Übereinstimmung zwischen den Karten, die als Grundlage der Grenzziehung dienten, und den Verhältnissen vor Ort, was zu einer Art Leitmotiv des gesamten Vorhabens wurde. So stellte sich beispielsweise heraus, dass die Grenze direkt an der Wand eines Hauses vorbeigezogen werden sollte. Das bedeutete, dass sich das Haus in Serbien, der Vorgarten aber in Bulgarien befunden hätte.[114] Hier traten nun die Bewohner gleichsam in direkte Verhandlungen über den Grenzverlauf ein: Die Besitzerin bat, ihr Haus dem zukünftigen bulgarischen Territorium zuzuschlagen, da sich ihre Felder ebenso auf dieser Seite befanden. Umgekehrt forderte ein anderer Bewohner des Weilers, dessen Haus 50 m entfernt von jenem der Frau lag, dieses sollte sich zukünftig in Serbien befinden. Nicht weit entfernt von dieser Stelle wurde das Dorf Preseka in zwei Teile geteilt. Sechzig Häuser blieben auf der bulgarischen, zwanzig kamen auf die serbische Seite. Zdravković notierte, die Bewohner letzterer Häuser hätten die Kommission gebeten, dass Häuser und deren Felder zu Serbien gehören mögen, ebenso wie es die Ingenieure für das Dorf entschieden hatten.[115] Wie gravierend dieser Einschnitt für die Bewohner war, zeigt sich in der lokalen Herleitung des Namens Preseka (vgl. Kapitel 6). Bis zur Grenzziehung habe das Dorf Lokva geheißen, seit der Teilung sei es dann Preseka („Durchschnitten“) genannt worden.[116]

Doch die Menschen wandten sich nicht nur direkt an die Kommission. Offenbar entwickelten sie auch eigene Initiative. Aus dieser Gegend kursieren bis heute Geschichten, dass etwa die Bewohner von Cerev Del und Kusa Vrana (in der Nähe von Preseka) eigenständig die Grenze korrigierten. Die Kommission hatte einen Teil der Gemarkung von Kusa Vrana Serbien, und damit dem auf serbischer Seite verbleibenden Dorf Cerev Del zugeschlagen. Beide Dörfer einigten sich nun darauf, dass jedes seine ursprüngliche Gemarkung beibehalten sollte und verlegten die Grenzmarkierungspfosten eigenständig entlang der alten

114 Diese Geschichte wird weiterhin auch in dem Dorf selbst erzählt.

115 Samardžić, Izveštaj srpskog komesara, 2003, S. 121, 142.

116 Ćirić, Jovan: Preseka, in: Most, S. 82. Das Toponym Preseka ist tatsächlich älter als die Grenzziehung, wie Jovan Ćirić betont.

Gemarkungen.[117] Es ist dies eines der Beispiele, in denen nicht nur der Berliner Kongress, sondern auch die beiden Dörfer Kusa Vrana und Cerev Del an der Grenzziehung beteiligt waren. Die Kommission indessen orientierte sich nicht an den Gemarkungen, sondern suchte im Hinblick auf Preseka sowie bei anderen Dörfern angestrengt nach Wasserläufen, um diese dann gegeneinander abzugrenzen und so auf der Grundlage einer als natürlich betrachteten Linie die Grenze zu bestimmen. Offenkundig war es bei der Strukturierung des neuen politischen Raums autoritativer, auf die Natur „an sich" als letztinstanzlichem Delimitationskriterium zurückzugreifen, als auf vorhergehende, menschengemachte Abgrenzungen, wie es die Gemarkungen waren.

Doch auch in weit übersichtlicherem Gelände wiederholten sich solche Ungereimtheiten. So etwa wenige Tage später zwischen Pirot und Sofia bei dem Dorf Željuša, genauer gesagt an jener Stelle, an der die Grenze die wichtige Straße nach Istanbul kreuzen sollte. Željuša sollte den künftigen Grenzübergang bilden. Die Ortschaft fand sich aber nicht dort, wo sie gemäß des Berliner Vertrags sein sollte. Zudem war darin festgehalten, dass die Grenze etwa 1.000 m nordwestlich von „Segusa" zu ziehen sei.[118] Die konkrete Lage vor Ort brachte – aus der Perspektive der Kommission – die Situation durcheinander, zweifellos ist auch das Umgekehrte richtig, die Grenzkommission brachte mit ihrer Tätigkeit das Leben der Menschen vor Ort durcheinander. Es wird deutlich, wie eigenartig und unverständlich die Diskussionen der Kommission auf einen Außenstehenden wirken mussten. Sollten diese 1.000 m aus dem Berliner Vertrag (der Grund dafür ist nicht näher erläutert) umgesetzt werden, und darauf bestand v. a. der britische Vertreter, dann wäre die Grenze mitten durch ein weiteres Dorf, Gojin Dol, verlaufen. Zdravković ging sehr ausführlich auf diesen Streit ein, da er meinte, sich rechtfertigen zu müssen, weshalb das Dorf Gojin Dol nicht an Serbien gekommen war. Es entspann sich eine intensive Diskussion zwischen Kaulbars und Zdravković, in der „natürliche" und gerade Linien die größte Rolle spielten.[119] Es wurde nicht – wie noch während des Kongresses – mit Zugehörigkeiten ethnischer oder konfessioneller Art argumentiert, sondern der Kommission ging es um die Ideallinie im Gelände, die zudem das gewünschte Kriterium erfüllen und entlang einer Wasserscheide verlaufen sollte. Zdravkovićs Versuch, Gojin Dol für Serbien zu gewinnen, indem er die 1.000 m nordwestlich des Dorfes enden ließ, wies Major von Alten mit dem Argument zurück, dadurch würden die Bachverläufe gekreuzt, was unbedingt zu vermeiden sei. Hier wird ein Widerspruch offenbar: einerseits sollten sich das Moderne und Rationale der Grenzen der neuen politischen Gemeinwesen in deren Regelmäßigkeit, angelehnt an die regelmäßigen Formen geometrischer Körper, ausdrücken (wie etwa bei dem geografischen Umriss Frankreichs vom Hexagon die Rede war, als formvollendete Rationalität in Gestalt eines geometrischen Körpers), und andererseits sollte die Unverbrüchlichkeit der neuen Grenzen durch deren „natürliche" Grundlage im konkreten geografischen Raum gerechtfertigt werden. Denn die Vorgaben verlangten zwar nach Möglichkeit gerade Linien, dabei war aber auch auf die Wasserläufe zu achten. Kaulbars argumentierte mit der „geraden Linie", die konse-

117 Gespräch mit Cvetko Ivanov, 20.4.2015. Ob das Vorgehen erfolgreich war, darüber geben die Quellen keine Auskunft.

118 Protocoles 1879, S. 14–16.

119 Samardžić, Izveštaj srpskog komesara, 2003, S. 130.

quent vom vorangegangenen Punkt bis zu Gojin Dol gezogen werden sollte, womit das Dorf zu Bulgarien gehören würde. Zdravković hielt dagegen, dass eine solche gerade Linie hier nicht den Gegebenheiten entspreche und Gojin Dol zu Serbien gehöre. Major von Alten wiederum sah dazu keine Möglichkeit, weil es nicht die natürlichen Bachläufe berücksichtige.[120] Kaulbars sprach von der *Suche* nach der „idealen Linie".[121] Und tatsächlich war es so, dass die Kommission die Grenze nicht nach vorgegebenen Kriterien festlegte; die Protokolle und der Bericht legen nahe, dass sich die ideale Grenzlinie irgendwo in der Landschaft gleichsam verbarg und es galt, diese Linie zu entdecken. Diese ideale Linie konnte zugleich nur eine natürliche sein. Gerade in den Diskussionen um Segusa-Željuša war von einer solchen natürlichen Ideallinie beständig die Rede. Gerade Linien und natürliche Bachläufe gehörten dabei – so widersprüchlich dies auch sein mag – für die Kommission zusammen.

3.2.2 Phantomort Radočina

Bei der Delimitierung zeigte sich, dass es nicht zuletzt um eine Auseinandersetzung zwischen dem Primat der Karte und dem der lokalen Gegebenheiten ging. Es wurde deutlich, dass die Kommission versuchte, die Landschaft strikt aus der Perspektive der Karte zu deuten und diese, wie es schließlich ihre Aufgabe war, der Karte entsprechend zu formen. Die Ungenauigkeiten darin, welche die systematisch notwendige Differenz zwischen der in der Karte manifestierten Vorstellung von Herrschaft ebenso wie jene von notwendiger Zuordnung und der konkreten lokalen Gesellschaft deutlich machte, waren für die Kommission, für das Selbstverständnis von Kaulbars, Zdravković und von Alten nicht wesentlich. Aus ihrer Sicht konnte es sich höchstens um eine mangelhafte Karte handeln. Bessere Messungen mussten vorgenommen und demnach exaktere Karten hergestellt werden. Aber das Prinzip einfach umzudrehen, dem lokalen Raum jenen Rang zuzugestehen, den die Karte als Projektion staatlichen Territoriums innehatte, kam nicht in Frage. Daraus ergab sich die Konsequenz, dass Orte und Landschaften gesucht und gefunden werden konnten, die im konkreten Raum gar nicht existierten. So geschehen kurz vor Ende der Delimitation, wo die neue Grenze aus südlicher Richtung auf das Balkangebirge traf und von dort in westlicher Richtung abknickte, danach auf dem Kamm des Gebirges verlief, bis sie im Timokgebiet auf die alte serbisch-osmanische Grenze traf. Während die örtliche Topografie im Visok nun den Blick zwischen den einzelnen Vorgebirgen des Balkans freigab und leichtere Orientierung ermöglichte, bedeutete dies nicht, dass die Landschaft den Ingenieuren weniger Rätsel aufgab.

Gemäß des Berliner Vertrags erhielt der Punkt, an dem sich die Grenze aus südlicher Richtung nach Westen wenden sollte, den Namen Radočina.[122] Als die Kommission in den

---

120 Ebenda, S. 131.

121 Ebenda.

122 „Vom Berge Crni Vrh folgt die Grenze der Wasserscheidelinie zwischen Strúma und Morawa über die Gipfel des Strešer, Vilogolo und Mešid Planina, erreicht über die Gačina, Crna Trava, Darkovska und Drainica plan, sodann den Deščani Kladanec, die Wasserscheidelinie der Hohen Sukowa und der Morawa, geht geradenwegs auf den Stol und steigt von demselben hinab, um 1000 Meter nordwestlich von dem Dorfe Saguša die Straße von Sofia nach Pirot zu schneiden. Sie geht wieder in gerader Linie auf die Vidlič Planina und von dort auf den Berg Radočina in der Kette des Kodža Balkan hin-

Visok gelangte, stellte sie fest, dass von einem Radočina hier bisher noch niemand etwas gehört hatte.[123] Dem Punkt auf der Karte, der einen „Mt. Radočina" bezeichnete, entsprach keine solche Toponymie vor Ort.

Die Kommission beschloss daher, die Einheimischen in der Suche nach Radočina einzubeziehen. Einer der ersten, der dazu befragt wurde, war Mita Krstić, der Bruder des neuen Bürgermeisters Ceka Krstić. Beide gehörten zu jenen Piroter Čorbadžije, die sich für Serbien entschieden hatten und nun auf diese Weise belohnt wurden. Wie Zdravković in seinem Bericht festhielt, war Mita Krstić vom Načelništvo in Pirot instruiert worden, was er der Kommission über das unbekannte Radočina zu berichten hatte.[124] Zdravkovićs Bericht zufolge gelang Krstić vor der Kommission ein überzeugender Auftritt, als er erklärte, Radočina liege weiter östlich als vermutet. Als Mita Krstić dem serbischen Kommissionsmitglied unter vier Augen selbstzufrieden berichtete, dass er wohl die Kommission überzeugt habe, informierte ihn Zdravković, dass unterdessen Bauern aus Slavinja – dem Dorf, das in Bulgarien verbleiben sollte – einen Punkt genannt hätten, der an anderer Stelle liege. Um der serbischen Sache nicht zu schaden, sollte sich Krstić demnach bei den nächsten Befragungen zurückhalten. Schließlich trat Krstić erneut vor die Kommission, und gestand ein, dass die Bauern offenkundig die Gegend besser kannten als er. Es schien ohnehin ungewöhnlich, dass sich der Sohn eines Čorbadžija aus Pirot in der Mikrotoponymie der Gemarkung des Dorfes Senokos auskennen sollte, in dem Radočina vermutet wurde: Auch wenn diese Gegend zur Kaza Pirot gehörte, so waren die Dörfer doch etwa eine Tagesreise von Pirot entfernt.

Die Suche nach dem unbekannten Radočina hielt die Kommission mehrere Tage auf. Nach diesen ersten, wenig überzeugenden Befragungen beschlossen die Mitglieder der Kommission, sich selbst auf die Suche nach Radočina zu begeben. Doch auch diese Expedition blieb ohne zufriedenstellendes Ergebnis. Zwar hatte sich die Kommission bis auf den Kamm des Balkangebirges begeben und unterwegs immer wieder nach Radočina gefragt, doch bekamen sie nur Mutmaßungen zu hören, oder dass es sich um Ardečina und nicht Radočina handeln könne. In der Zwischenzeit scheinen die Bewohner der von der Grenzziehung betroffenen Dörfer, insbesondere von Senokos und Slavinja, erkannt zu haben, dass die Suche nach dem nicht existenten Ort für sie von Nutzen sein konnte, und begannen nun selbst von einem Radočina zu sprechen. Offenbar hatten sie den Eindruck, dadurch Einfluss auf die Entscheidung nehmen zu können. Nachdem die Kommission vom Kamm zurückgekehrt war, wurden die Bauern aus Senokos erneut befragt. Diese gaben die Auskunft, dass sie nun wüssten, wo Radočina liege, nämlich weiter westlich, jenseits ihrer Dorfgemarkung.[125] Aus Zdravkovićs Perspektive konnte es sich dabei nur um Beeinflus-

---

auf, indem sie bei Serbien das Dorf Doikinci und bei Bulgarien das Dorf Senakos beläßt." Vertrag zwischen Deutschland, Österreich-Ungarn, Frankreich, Großbritannien, Italien, Rußland und der Türkei (Berliner Vertrag), Artikel 2; zit. nach https://de.wikisource.org/wiki/Vertrag_zwischen_Deutschland,_Österreich-Ungarn,_Frankreich,_Großbritannien,_Italien,_Rußland_und_der_Türkei._(Berliner_Vertrag), zuletzt abgerufen: 18.4.2017.

123 Samardžić, Izveštaj srpskog komesara, 2003, S. 134.

124 Ebenda, S. 135.

125 Ebenda.

sung von außen handeln. So habe er vor dem Han, in dem die Kommission tagte, einen bulgarischen Gendarmen ausgemacht, der versucht habe, die Dorfbewohner zu instruieren, bevor sie vor die Kommission traten. Zdravković hob in seinem Bericht hervor, dass er daraufhin Kaulbars zur Rede gestellt habe, worauf dieser entgegnet habe, die serbische Seite verfahre ebenso, wogegen er, Zdravković, vehement protestiert habe.[126]

Am nächsten Tag, am 31.5.1879, entschloss sich die Kommission, aufgrund der weiter bestehenden Unklarheit noch einmal auf den Kamm hinaufzusteigen, um vor Ort die neuen Angaben der Bauern zu überprüfen. Mittlerweile war zumindest klar, dass es keinen Berg namens Radočina geben konnte. Dennoch ging die Kommission davon aus, dass es sich entweder um einen Abhang oder um Weiden unterhalb des Kammes handele. Die in Frage kommenden Punkte wurden mit hohen Pfosten markiert.[127] Auf die Aussagen der Bauern mochte sich die Kommission indes nicht verlassen, sondern suchte die Entscheidung in einem ihr vertrauten technischen Verfahren zu finden: Das italienische Kommissionsmitglied kam zu dem Schluss, dass nach den beiden Expeditionen mittlerweile zwei Punkte existierten, die als Radočina in Frage kamen. Mittels Triangulation sollte die Position dieser beiden Punkte bestimmt werden. Auf dieser Grundlage sollte dann die exakte Mitte zwischen beiden Punkten als das gesuchte Radočina bestimmt werden.[128] Die Kommission stimmte zu, dass im Grunde erst durch die Triangulation zwischen zwei mutmaßlichen Punkten ein wirkliches Radočina entstehen konnte. Einzig Zdravković stimmte gegen dieses Verfahren und betonte, dass immer noch nicht klar sei, was Radočina sei und wo es sich befinde.[129]

Aus der Perspektive der lokalen Bevölkerung blieben die Einflussmöglichkeiten außerordentlich gering. Die internationale Kommission interessierte sich primär für die gerade Linie. In diesem Gebiet wich sie davon nur bei Slavinja ab, um das Dorf nicht von den unmittelbar zugehörigen Äckern abzuschneiden. Doch diese Ausbuchtung blieb aus der Sicht der Kommission der einzige Schönheitsfehler in diesem Teil. Einzig bei der Verwirrung um Radočina vermochten es die Dorfbewohner, sich zumindest Gehör zu verschaffen, indem nun auch sie von einem Radočina zu sprechen begannen. Indessen versuchten die Vertreter des serbischen und bulgarischen Staates, die mit eigenen Gewährsleuten auftraten, direkten Einfluss auf die Menschen aus Slavinja und Senokos zu nehmen. Es ist bemerkenswert, dass sich die Dorfbewohner zunehmend direkt an die Kommission wandten und weniger an die zukünftigen Vertreter der beiden Staaten, die sich dieses Gebiet teilen sollten.

---

126 Vor dem Gasthaus, in dem die Bauern zu Radočina befragt wurden, versuchte ein bulgarischer Gendarm, diese zu instruieren, dass Radočina zugunsten Bulgariens verortet wird. Es kam deswegen zum Streit mit dem russischem Kommissionsmitglied, das, darauf angesprochen, entgegnete, das serbische Kommissionsmitglied handele ebenso. Der serbische Vertreter antwortete in „etwas stärkerem Ton“, dass dies nicht bewiesen sei, und würde das zutreffen, käme die Kommission nie zur Wahrheit und damit zur Grenzziehung. Ebenda, S. 136.

127 Ebenda.

128 Ebenda, S. 137.

129 Ebenda.

Wenige Tage nach dem Beschluss der Kommission, mittels der Triangulation das Phantom Radočina real werden zu lassen und somit die gerade Linie nahezu konsequent einzuhalten (mit Ausnahme der Ausbuchtung bei Slavinja), versammelten sich am 3. Juni die Bewohner der auf bulgarischer Seite liegenden Dörfer Kamenica, Senokos und Brajkovci vor der Kommission, um dagegen zu protestieren. Sollte die Grenze wirklich so gezogen werden, seien sie vom Berg Prelesje abgeschnitten, den sie zur Holzversorgung benötigen. Sie könnten der Kommission die richtige Position von Radočina zeigen, wodurch Prelesje in ihren Gemarkungen verbleiben würde. Offenkundig gingen die Dorfbewohner davon aus, dass sie die Suche nach dem Phantom weiterhin in ihrem Sinne nutzen konnten.[130] Einzig Zdravković und Kaulbars reagierten auf die, wie sie es nannten, Demonstration. Diese kam beiden ungelegen. Zdravković suchte nach möglichen Anstiftern und versuchte, deren Motiven auf den Grund zu gehen.[131] Kaulbars reagierte unwirsch: Nachdem einmal eine Lösung gefunden worden war, empfand er die Proteste als überflüssige Verzögerung und verwies die Bewohner des zukünftigen Fürstentums Bulgarien an den amtierenden Gouverneur Dondukov-Korsakov. Diesem sollen die Bauern ihr Anliegen vortragen. Die Kommission sei nicht dafür zuständig.[132] Zdravković hielt es für nicht unwahrscheinlich, dass der Verbleib von Prelesje in Serbien tatsächlich für jene Bauern, deren Dörfer in Bulgarien verblieben, zukünftig von großem Nachteil sein würde.[133] Damit hatte er nicht Unrecht, wie später zu zeigen sein wird.

Beiden gemein war ihr Misstrauen gegen die Demonstration und die Vermutung, dass hier bulgarische Staatsvertreter involviert waren. Dieses war nicht unbegründet, da etwa die serbischen Beamten – wie schon zuvor gezeigt – auch auf solche Mittel zurückgriffen. Bereits zu Beginn der Delimitation war bei Trn und Breznik eine Delegation der Landbevölkerung mit der Forderung vor die Kommission getreten, ihre Dörfer sollten zukünftig zu Serbien gehören. Die Form, in der diese Forderung gestellt wurde – mit einer Petition und Unterschriften –, legte nahe, dass sie von der serbischen Verwaltung zumindest unterstützt, wenn nicht gar organisiert worden war.[134] Daraus erklärt sich das Misstrauen an dem spontanen Protest bei Senokos.

Neben diesen beiden Formen, den organisierten Eingaben und Versammlungen bei Breznik und dem spontanen Protest der lokalen Bevölkerung, wurde während der Delimitation auch eine dritte Reaktionsmöglichkeit sichtbar. Unweit der schon beschrieben Schwierigkeiten der Grenzbestimmung bei Gojin Dol, dem zukünftigen Grenzübergang an der Straße nach Istanbul, tat sich nur wenige Kilometer weiter wiederum ein Hindernis für die gerade Linie auf: Das Dorf Paskašija lag mitten auf der vorgesehenen Linie. Eine Umgehung wie bei Slavinja im Visok konnte nicht durchgeführt werden, da die Gegend um Paskašija dichter besiedelt war und in jeder Variante große Teile von Gemarkungen getrennt worden wären. In diesem Fall hatte selbst Zdravković nichts gegen die Teilung „die-

130 Ebenda, S. 139.

131 Zdravković konnte einzig feststellen, dass ein junger Priester als Sprecher ausgewählt worden war. Ebenda.

132 Ebenda.

133 Ebenda.

134 Kaiserlich-Deutsches Generalconsulat Belgrad, Zirkular vom 4.6.1879. PA AA, R 12987 Acta zur serbisch bulgarischen Grenzziehung, A3155 pr.

ses armen, unbedeutenden Dorfes, das nur aus wenigen Häusern" bestand, um die gerade Linie zu gewährleisten.[135] Kaulbars verlangte, dass Paskašija nicht geteilt und in Gänze Bulgarien zugeschlagen werden solle, da es ohnehin nur wenige Häuser seien, die bei einer Teilung in Serbien verbleiben würden. Die Kommission entschied sich, die Bewohner zu befragen: Nach Zdravkovićs Auskunft reagierten diese vollständig passiv: „Wie die Kaiser und Könige sagen, sollte entschieden werden. Sie hätten darauf ohnehin keinen Einfluss".[136] Das Dorf wurde geteilt, mehrere Weiler (Malé) kamen an Bulgarien, einer an Serbien. Dieser wurde sogleich in Milojkovac (nach dem Offizier Milojko Lešjanin) umbenannt.

3.3 Grenzen in Bewegung: Phantomgrenzen aus der Perspektive der Landgesellschaft

Die Grenzziehung und das Errichten von Grenzübergängen schienen – trotz aller Streitigkeiten – schlicht eine behördliche Maßnahme zu sein, vermittels derer Anordnungen umgesetzt wurden. Noch im Februar 1879 waren die ersten Grenzübergänge eröffnet worden. Im November desselben Jahres, nach dem Ende der Delimitation, wurde die erste Poststation an der Grenze eröffnet.[137] Es hatte den Anschein, als würde der Staat mühelos nach seinen Vorstellungen Wege, Bewegungen, Routen der Menschen in der Region lenken können. Tatsächlich waren Stadt- und Landbevölkerung mit einem Hindernis konfrontiert, das bislang nicht existiert hatte: der Grenze.

Ganz unbekannt waren Grenzen für den mobilen Teil der Bevölkerung allerdings nicht. Bereits seit 1836 verlief etwa 50 km nördlich von Pirot die bisherige Grenze zwischen dem Fürstentum und dem Osmanischen Reich.

Obwohl das Fürstentum bis 1878 unter osmanischer Oberhoheit stand, hatte Miloš Obrenović bei der Bestimmung des territorialen Umfangs des autonomen Fürstentums bei der Ziehung von dessen Grenzen darauf geachtet, dass der Übergang zum Territorium seines Fürstentums von jenem des Osmanischen Reiches deutlich sichtbar sein sollte.[138] Tatsächlich drängte Miloš schon bei der Delimitierung darauf, dass Gräben gezogen, der Wald entlang der Grenzstreifen abgeholzt und ein sichtbarer Grenzzaun errichtet wurde.[139] Dieser Grenzzaun, der „plot"[140], sollte die Festigkeit eines neuen Staates demonstrieren, ein nicht

135 Samardžić, Izveštaj srpskog komesara, 2003, S. 134.

136 Ebenda. Im Unterschied dazu bitten Bauern aus Petrlaš die Kommission, dass jener kleine Teil der Gemarkung, der nach der Grenzlinie in Serbien verbleibe, ihnen dennoch zugestanden werde. Die Kommission lässt den serbischen Vertreter entscheiden. Dieser verweigert ein Zugeständnis.

137 Uredba des Knez Milan vom 9.2.1879 zur Eröffnung von drei Zollstationen an der provisorischen Grenze: bei Caribrod, Breznik und Balta Berilovac. Nach der Delimitierung werden Zollstationen in Vlasina, Obrenovac und kurz danach Sukovski Most eingerichtet. Danach noch am Deščani Kladenac und Ržana. Samardžić, Rad Međunarodne komisije, 2004, S. 189. 11.11.1879.

138 Stojančević, Knez Miloš, 1957, S. 69.

139 Ebenda.

140 Ausführlich dazu bei Kanitz, Felix: Serbien. Historisch-Ethnographische Reisestudien aus den Jahren 1859–1868, Leipzig, 1868, S. 192–94.

einfach zu überwindendes Hindernis beim Eintritt in das staatliche Territorium sein. Es stellt sich die Frage, ob nicht eine Kombination verschiedener Faktoren die Errichtung des Grenzzauns mitsamt der gesamten Grenzorganisation bewirkte: der Plot konnte ebenso seinen Ursprung in einer traditionellen Vorstellung haben, in der Miloš gleichsam seinen persönlichen Besitz mit einem Zaun versah, und weniger die Manifestation von modernem staatlichem Territorium im Sinn hatte. Die Organisation des Plots veränderte sich seit dessen Errichtung bis 1878 nur geringfügig. Die Bewachung der Grenze sollte durch Wachstationen gewährleistet werden, die in einem Abstand von etwa einer Stunde errichtet wurden.[141] Die Wachstationen bestanden zumeist aus je einem Scheiber und einem sogenannten Panduren, einem Staatsbediensteten; die eigentlichen Wachmannschaften wurden aus der lokalen Bevölkerung zusammengestellt. An der östlichen Grenze des Fürstentums gab es insgesamt 38 Grenzstationen mit 24 Buljubašen (Grenzkommandanten) und 120 Wächtern.[142]

Die Grenzübergänge, insbesondere der zentrale bei Aleksinac, wurden bis 1878 zunehmend erweitert und modernisiert. Dies ging auf die Forderung Österreichs zurück, das für die Ausweitung des Handels mit Vieh aus Serbien die Bedingung gestellt hatte, dass Serbien sich an die habsburgischen Hygieneverordnungen hielt. Dadurch entstand eine Reihe von so genannten „Kontumac"-Stationen (Quarantänestationen), mit Aleksinac als der größten; die Grenze durfte nur noch an diesen Stationen passiert werden. Während der Pestepidemien wurden sie vollständig geschlossen. Der Quarantänekomplex bei Aleksinac wurde mit der Zeit aufwendig ausgebaut,[143] befand er sich doch an der zentralen Kommunikationslinie zwischen Mitteleuropa und Istanbul. Für die Piroter war neben diesem Grenzübergang der kleinere bei Pandiralo in Richtung Ostserbien und Walachei von Bedeutung. Auch dieser fungierte gleichermaßen als Quarantänestation, Wachposten und Grenzübergang. Insgesamt hatte diese Grenze wenig Einfluss auf die Region, da, wie zuvor dargelegt, der Handel von Pirot und Umgebung sich v. a. in südlicher und östlicher Richtung abspielte. Dieser Grenzübergang war insbesondere für die saisonale Arbeitsmigration sowie für die überregionalen Viehhändler bedeutsam.

Die neue Grenzlinie mitten durch die Region hingegen stellte einen tiefgreifenden Einschnitt in Alltag, Arbeit und Kommunikation der Region dar. Allein schon die geschilderten Eingaben und Beschwerden während der Delimitation lassen erahnen, was es bedeutete, wenn sich nicht nur Gemarkungen, sondern auch einzelne Häuser mit einem Mal auf der einen oder der anderen Seite der neuartigen Trennlinie befanden. Welche Wirkung die Grenze hatte, in welchem Ausmaß diese die bisherigen Kommunikationslinien, Arbeitsalltag und Verkehrslinien zerschnitt, lässt sich jedoch durch die Korrespondenz der Behörden beider Staaten nicht vollständig erfassen, da diese sich selektiv auf bestimmte Gebiete fokussierten. Diese Fokussierung konnte verschiedene Ursachen haben, von den mikrolokalen gesellschaftlichen Konstellationen abhängen, vom Druck, den die lokale Bevölkerung auf die Beamten mit ihren „Grenzverletzungen" erzeugte, vom Eifer der jeweiligen Grenzposten sowie der Bezirks- und Kreisvorsteher, darüber Berichte zu schreiben und damit den

141 Stojančević, Knez Miloš, 1957, S. 82.
142 Ebenda.
143 Kanitz, Serbien, 1868, S. 278–87. Vgl. auch: Promitzer, Grenzen der Bewegungsfreiheit, 2012.

Staatsapparat in Gang zu setzen. Es ist wichtig, sich zu vergegenwärtigen, wie selektiv die neuen Amtsträger vorgingen. Dass sich die Bezirks- und zwischenstaatliche Korrespondenz besonders auf einige Gebiete konzentrierte, brauchte nicht zu bedeuten, dass sich die lokale Bevölkerung an anderen Stellen an die neue Trennlinie als staatliche Barriere hielt.

Zugleich ist es wohl kein Zufall, dass ausgerechnet in jener Gegend die ersten Schwierigkeiten auftauchten, die schon mit dem Phantom Radočina der Grenzkommission so viel Kopfzerbrechen bereitet hatte und im Frühjahr 1879 die Einwohner von Senokos und den umliegenden Dörfern auf den Plan gerufen hatte.

Schon kurz nach dem Ende der Grenzziehung sandte der Piroter Bezirksvorsteher am 20.7.1879 Berichte an das Belgrader Innenministerium über rechtswidrige Übertretungen der Grenze in beide Richtungen, insbesondere bei Senokos. Der bulgarische Außenminister Balabanov gab dem serbischen Vertreter in Sofia zu verstehen, dass ihm berichtet werde, die Bevölkerung von der serbischen Seite halte sich ebenso wenig an die vereinbarten Stellen zum Grenzübergang. Das bulgarische Außenministerium führte dies hauptsächlich auf die mangelhafte Durchführung der Grenzziehung zurück. Die bulgarischen Beamten waren wie ihre serbischen Kollegen der Ansicht, dass eine ideale Linie existiere, die eine effektive Trennung ermögliche, ohne dass solche „Schwierigkeiten" aufträten. Daher solle die Grenze nicht weiter markiert werden, sondern eine serbisch-bulgarische Kommission werde über strittige Punkte entscheiden.[144]

Der Konflikt um die Grenze, in der die serbischen und bulgarischen lokalen Behörden, die lokale Bevölkerung und schließlich die Zentralbehörden beider Staaten involviert waren, nahm in drei Phasen zwischen 1879 und 1882 an Intensität zu. Allerdings wäre es irreführend, von einer Eskalation zu sprechen. Vielmehr handelte es sich um unterschiedliche Grade von Aufmerksamkeit der staatlichen Behörden, die diese dem Widerspruch zwischen den traditionellen Kommunikationswegen und der Grenze als neuer Tatsache widmeten, die von den davon betroffenen Menschen nicht bzw. nicht immer zur Kenntnis genommen wurde. In einer ersten Phase beschäftigte dieser Widerspruch die Kreis- und Bezirksbehörden auf beiden Seiten der Grenze. In der zweiten Phase wanderte die Auseinandersetzung auf die Schreibtische der diplomatischen Vertretungen und der beiden Außenministerien. In der dritten Phase schließlich traten die lokalen Akteure zunehmend deutlicher in Erscheinung.

Nachdem sich weiterhin insbesondere im Gebiet um Senokos die lokale Bevölkerung nicht von der Grenzlinie beirren ließ, wurde am 2.8.1879 eine Kommission aus den Bezirksvorstehern (Načelnici) gebildet (für die Kreise Pirot und Vranje), die Serbien vertraten, dem bulgarischen Botschafter in Serbien Dimitar Kirovič sowie dem Načalnik des Bezirks Sofia. Die serbischen Teilnehmer der Inspektion bestritten die von den bulgarischen Kommissionsmitgliedern geäußerte Ansicht, dass die internationale Kommission zum Schaden der Bulgaren getäuscht worden sei, und dass „unsere Leute" auf der bulgarischen Seite

144 Samardžić, Rad Međunarodne komisije, 2004, S. 190. Einen wichtigen Schwerpunkt des Briefwechsels und der Verhandlungen bildete der Grenzabschnitt bei Bregovo am nördlichen Teil der serbisch-bulgarischen Grenze. Jedoch bestand diese Grenze schon in osmanischer Zeit und bildete seit den 1840er Jahren einen stetigen Streitpunkt zwischen den Behörden des Fürstentums und des Osmanischen Reiches. Diese Streitigkeiten werden daher hier nicht weiter behandelt, da sie unmittelbar an die vorherigen anknüpften.

Holz für den Grenzzaun geschlagen hätten. Sie insistierten, dass die Linie entsprechend dem Vertrag richtig gezogen worden war. Die einzige Vereinbarung, die an Ort und Stelle getroffen wurde, betraf den dritten Punkt der bulgarischen Forderungen: „Drittens, dass es einige offene Übergänge geben soll, die die Bulgaren nutzen können, um ihre Felder zu bebauen, die auf unserer Seite verblieben sind.“[145] Eine befristete Ausnahmeregelung von serbischer Seite wurde für Senokos vorgeschlagen, allerdings nur an bestehenden Übergängen. Es sollte keine neuen Übergänge geben. In Zukunft, so hofften auch die bulgarischen Politiker, würde das „Problem“ durch Landverkauf auf beiden Seiten gelöst.[146] Bis dahin sollte relative Bewegungsfreiheit herrschen.

Offensichtlich blieb auch diese Vereinbarung, insbesondere der Punkt, dass die lokale Bevölkerung die existierenden Grenzübergänge nutzen sollte, ohne größere Wirkung. Im Mai 1880 machte das serbische Innenministerium in dieser Hinsicht ein weiteres Zugeständnis, indem es anordnete, dass sich die Dorfbevölkerung von Senokos und Umgebung auf beiden Seiten der Grenze frei bewegen könne, um ihre Felder zu bearbeiten. Dadurch verringerte sich die Zahl der „Zwischenfälle“, wenn Dorfbewohner unkontrolliert jenseits von Grenzübergängen die Grenze passierten, wie es seitens der Behörden hieß.[147] Doch die Beschwerden hielten an, insbesondere dass die serbischen Grenzbeamten die Bauern aus dem bulgarischen Teil an der Bearbeitung ihrer Felder auf der serbischen Seite der Grenze hindern würden.[148]

Im April 1881 nahmen die Ministerien das Heft des Handelns in die Hand. Indem nun die Zentralbehörden eine Regelung der Verhältnisse an der Grenze zu erreichen suchten, trat die Auseinandersetzung um die Folgen der Grenzziehung in eine zweite Phase: Erstens wies das serbische Innenministerium die lokalen Behörden an, die lokale Bevölkerung bei der Feldarbeit nicht zu behindern, und verlangte von der bulgarischen Seite, dasselbe zu tun. Zweitens beschlossen die serbische und die bulgarische Regierung im Mai 1881 die Bildung einer hochrangigen Kommission, welche im Zeitraum eines ganzen Monats die gesamte Grenze inspizieren sollte.[149] Auf der Grundlage der Erkenntnisse dieser Kommission sollten Vertreter beider Regierungen Vorschläge entwickeln, die zu einer definitiven Regelung von Grenzverlauf und Passage führen sollten. Doch insbesondere die Grenzziehung am Fluss Timok, an der bisherigen serbisch-osmanischen Grenze, bildete einen nicht aufzulösenden Streitpunkt. Im Zentrum stand die Frage, ob der Flusslauf selbst oder – da sich der Flusslauf regelmäßig veränderte – das jenseitige Ufer als Grenze definiert werden sollte. Es kam aber zu keiner Einigung. Auch zwei Jahre nach dem Beginn der Auseinandersetzung um die Folgen der Delimitation waren die beiden Regierungen zu keiner abschließenden Vereinbarung gekommen.[150]

145 Ebenda, S. 191.

146 Ebenda, S. 192.

147 Samardžić, Momir: Pogranični problemi u odnosima Srbije i Bugarske 1879–1884. Koreni, razvoj, značaj, in: Istorijski časopis, 53 (2006), S. 195–215, hier S. 199.

148 Samardžić, Rad Međunarodne komisije, 2004, S. 194.

149 Vom 19.6. bis 29.7.; ebenda. Eines der Mitglieder war Milan Đ. Milićević, der kurz danach eine Monografie über die neuen Gebiete verfassen sollte, die noch Erwähnung finden wird.

150 Ebenda.

Ein wesentliches Moment in der bisherigen Auseinandersetzung bestand in dem Versuch beider Regierungen, die lokale Bevölkerung buchstäblich in neue Bahnen zu lenken: Diese sollten die Grenze nur an den offiziell vereinbarten Punkten überqueren und sich in Zukunft vollständig auf ihre jeweiligen neuen Zentren ausrichten, ihren Besitzungen jenseits der neuen Trennlinie den Rücken zukehren und diese verkaufen. Damit wäre aus der Sicht der Behörden der erstrebenswerte Zustand, nämlich Ruhe an der Trennlinie, endlich erreicht gewesen.

Eine weitere Neuerung, die nicht allein die neuen Grenzgebiete betraf, aber hier in unmittelbarem Zusammenhang mit der Grenze steht, war der Versuch beider Staaten, Einfluss auf die Nutzung der Ressourcen zu gewinnen. So wehrten sich die serbischen Beamten gegen Vorwürfe aus den Ministerien, sie würden die Bevölkerung willkürlich an der Grenzpassage hinderten. Dem sei nicht so, vielmehr verhinderten sie damit eine unsystematische Abholzung des Waldes.[151] Insbesondere im Gebiet Prelesje, dem bekannten Streitpunkt der Internationalen Kommission 1879, wurden die Dorfbewohner am freien Grenzübertritt gehindert. Schon während des Sommers 1881 mehrten sich die Beanstandungen der Beamten über unkontrollierte Grenzübertritte. Im Herbst 1881 schrieb der Vorsteher des Bezirks Pirot an das Innenministerium. Prelesje (nun in Serbien gelegen) habe zwar zur Gemarkung des Dorfes Senokos (nun in Bulgarien gelegen) gehört, und deren Bewohner könnten auch weiterhin dort Holz schlagen, die Holznutzung müsse sich aber nun an die in Serbien geltenden Gesetze halten:

> Die Bezirksverwaltung hat nichts dagegen, dass die Leute aus Slavinja und Senokos (auf der bulgarischen Seite, Anm. N. St.) in unseren Wäldern Brennholz sammeln, denn sie haben dies auch vor der Grenzziehung getan, sondern die Bezirksverwaltung verweigert ihnen nicht sachgemäßes Holzschlagen, dass unseren Gesetzen widerspricht. Sie können Reisig, totes Holz etc. sammeln, aber nicht Bäume schlagen und dies nach eigenem Gutdünken tun.[152]

Die Grenzwächter schilderten die Situation in alarmierenden Tönen und sprachen von der Zugrunderichtung des Waldes. Dieser werde, wenn nicht Einhalt geboten werde, noch in diesem Winter vollständig verschwunden sein.[153] An der Auseinandersetzung um die zukünftige Nutzung des Waldes zeigt sich, dass dieser nun im staatlichen Besitz war. Bis dahin war Prelesje „selska imovina" (Dorfbesitz) gewesen, wobei die Einwohner untereinander die Nutzung der Flächen vereinbarten. In vielen anderen Dörfern der Region kam es nach 1878 ebenso zu Konflikten gerade im Hinblick auf Waldbesitz, der vom Staat beansprucht wurde. Es wurden darüber jahrzehntelange Streitigkeiten vor Gericht ausgetragen.[154] Oftmals gingen diese Streitigkeiten zugunsten der „selska imovina" aus, die sich bis

151 Ebenda, S. 195.

152 Načelstvo des Bezirks Pirot an den Innenminister, 15.10.1881; zit. nach PSNG, Bd. 1, Dok. Nr. 647, S. 627.

153 Der Innenminister an den Präsidenten des Ministerrats, 3.12.1881; zit. nach PSNG, Bd. 1, Dok. Nr. 671, S. 653.

154 So konnten Streitigkeiten darüber, ob nun Waldgebiete Staatsland seien oder auch zuvor nachweislich zu einem Dorf gehörten, über mehrere Jahrzehnte andauern. Im Dorf Skrvenica (zu dieser Zeit im Fürstentum Bulgarien) wurde die Auseinandersetzung zwischen Staat und Gemeinde um das Waldstück Ribni Dol erst 1909 zugunsten der Gemeinde beigelegt. Ivanov, Skrvenica, 2014, S. 42.

in die erste Hälfte des 20. Jahrhunderts erhielt.[155] Der Konflikt um Prelesje hatte durch die Grenze eine besondere Sichtbarkeit, und gerade dort war eine Lösung zugunsten der Dorfbewohner schwierig.

Von der serbischen Regierung informiert, untersagte die bulgarische Regierung den Bewohnern der nun bulgarischen Dörfer Slavinja und Senokos, weiterhin im nun serbischen Prelesje Holz zu schlagen. Allerdings hielten sich diese nicht daran. Die Warnungen beider Seiten an die Landbevölkerung nahmen nicht ab, weiterhin korrespondierten die beiden Regierungen über die Situation.[156] Es mag überraschend wirken, wie viel Aufmerksamkeit beide Zentralbehörden diesem Vorgang widmeten. Dahinter stand das Ziel, die in Teilen (Bulgarien) bzw. vollständig (Serbien) erlangte Souveränität auch zu praktizieren und auf dem staatlichen Territorium durchzusetzen. Selbst traditionelle Praktiken wie das Holzschlagen konnten dabei als Herausforderung wirken, wenn zudem auch noch das Gebiet eines anderen Staates involviert war. Dadurch verwandelte sich die traditionelle Holznutzung der Landbevölkerung im Blick der staatlichen Behörden in inakzeptablen Eigensinn.

Allerdings intensivierten sich die Grenzüberschreitungen und damit aus der Sicht der Behörden die Probleme an der Grenze. In den Berichten der Grenzwachen sowie der Bezirksvorsteher verschränken sich jene Bewegungen über die Grenze, die zumeist mit Feldarbeit und Holzschlag in Verbindung standen, mit grenzüberschreitendem Raub und Schmuggel zu einem kaum durchschaubaren Geflecht illegaler Grenzübertritte.

Neu war, dass die Einwohner der Dörfer entlang der Grenze nun als Gestalter der Grenzlinie in Erscheinung traten, welche die Grenzlinie entlang ihrer Bedürfnisse veränderten. So setzten sich die Beschwerden über die nicht genehmigte Überschreitung der Grenze fort. Den vorläufigen Vereinbarungen in der zweiten Jahreshälfte 1881 zum Trotz setzten sich diese Grenzüberschreitungen auch im März 1882 fort. Dabei ließen sich die Dorfbewohner auch nicht durch Gewaltandrohung davon abbringen. Im Gegenteil, wie es in einem Bericht des Bezirksvorstehers in Pirot hieß, würden die Bewohner von Senokos

> nicht auf die Befehle unserer Behörden hören, dass der markierte Grenzstein („Međa“, Anm. N. St.) nicht angetastet und zerstört werden darf, und haben ihr Tun fortgesetzt und acht von ihnen haben unsere Grenzwächter angegriffen und wollten sie schlagen.[157]

Hier handelte es sich schon nicht mehr allein um die unerlaubte Überquerung der Grenze. Die Bewohner von Senokos wurden in dem Bericht beschuldigt, die Grenzmarkierungen beseitigt zu haben. Doch es blieb nicht nur beim Verschwinden der Grenzsteine. Der gesamte Graben scheint während dieser Zeit unsichtbar geworden zu sein. Dies geht aus der Anordnung hervor, dass der Grenzzaun auf einem beträchtlichen Teil der Grenzlinie, v. a. im Visok, erneuert werden sollte. Der Bezirksvorsteher berichtete, dass der Grenzzaun

155 Stojančević-Nikolić, Uprava pirotska, S. 50.
156 Samardžić, Pogranični problemi, 2006, S. 207.
157 16.3.1882 Erster Bericht des Načalništvo Pirot an Ministerpräsidenten; AS MUD-P p. 42.

jetzt so zerstört ist, dass er an einigen Stellen nicht mehr sichtbar ist, und die eigentliche Grenzmarkierung, der Grenzstein, und damit die Grenzlinie nicht mehr zu erkennen ist, die den Boden des Fürstentums Bulgarien von dem des Fürstentums Serbien trennt.[158]

Der Bezirksvorsteher spekulierte, dass der Grund hierfür aller Wahrscheinlichkeit nach Schmuggel war. Allerdings führte dieser ebenso die Absicht an, dass die Bewohner damit einfacheren Zugang zu ihren Feldern suchten:

> Dadurch, dass sie die Spur der wirklichen Grenzlinie zerstört haben, sind die Bulgaren zu serbischem Land gekommen, unter der Ausrede, dass sie ihr eigenes Land bearbeiteteten, das nach der Grenzziehung auf serbischer Seite verblieben sei. Stattdessen beginnen sie jetzt entlang einer geraden Linie, die sie sich selbst gegeben haben, in einem gewissen Abstand einen Graben auszuheben und neue Marksteine aufzustellen, womit sie der Grenze eine ganz neue Richtung geben, womit sie sich eines bedeutenden Teils unseres Landes aneignen.[159]

Da die Staatsmächte deutlich machten, dass die störende Linie nicht verschwinden würde, begannen die Einwohner von Senokos und den anderen Dörfern sich diese in eigensinniger Weise anzueignen. Dabei ließen sie sich durch die regelmäßigen „Berichtigungen" nicht beirren. So hielt der Načalnik von Pirot fest, dass er diesen Zustand bereits bei seinem Amtsantritt angetroffen habe und bei dem Versuch, dem Spuk ein Ende zu machen, auf immerzu wachsende Widerstände gestoßen sei.[160] Was die Behörden auf der einen Seite versuchten, als trennenden Zaun und Graben zu errichten, verschwand nach kurzer Zeit, indem die Dorfbewohner auf der anderen Seite die neu ausgehobenen Gräben zuschütteten und nach ihren Vorstellungen neu zogen. So berichteten am 22.5.1882 die Grenzkommandanten an den Bezirksvorsteher von Pirot, dass bei zwei Grenzübergängen im Visok in der Nähe des Dorfes Ržana die Grenzlinie erneuert worden sei, indem die Bevölkerung verpflichtet worden sei, neue Gräben auszuheben. Allerdings hätten auf der bulgarischen Seite die Dorfbewohner von Slavinja aus dem Wald heraus die Arbeit beobachtet. „Jedoch haben die Leute aus Slavinja sofort danach mit ihren Händen die Gräben wieder zugeschüttet und unkenntlich werden lassen. Sie haben also am selben Tag, als diese Arbeiten ausgeführt wurden, sofort die Grenze verletzt." Die Grenzkommandanten hätten dagegen nichts ausrichten können, da sie, wie so oft, zu wenige gewesen seien, um sich den Bewohnern der Dörfer des Visok entgegenstellen zu können.[161] Bemerkenswert ist, dass hierbei eine heimliche Unterstützung durch „die Piroter" angeführt wird, ohne auszuführen, um wen es sich dabei handelt: „Darin unterstützen sie auch unsere Piroter und sie feuern sie darin auf heimlichen Wegen an, obwohl solche Handlungen unseren vaterländischen Interessen schaden."[162]

---

158 AS MUD-P F. 7, p. 27.

159 Ebenda.

160 Ebenda.

161 Svetozar Radonjić, Hauptmann (Buljubaša) der Grenzwachstation Prelesje – an den Načelnik des Bezirks Visok, 27.5.1882; zit. nach PSNG, Bd. 1, Dok. Nr. 722, S. 715.

162 AS MUD-P F. 7, p. 27. Es ist unklar, ob es sich hier v. a. um den Versuch der Diskreditierung der

Derart blieb die Grenzlinie in Bewegung. Behörden und Landgesellschaft traten dabei in einen eigentümlichen Aushandlungsprozess ein, in dem das Monopol auf die Kontrolle der Landschaft als staatlichem Territorium in Frage gestellt wurde. Die Akteure aus den Dörfern versuchten, die Grenzlinie – wenn sie diese nicht schon vollständig beseitigen konnten – so doch an ihren Notwendigkeiten auszurichten. Dadurch wurde die staatliche Grenzlinie, die, einmal gezogen, über Nacht wieder verschwinden konnte, um an anderer Stelle als Produkt der lokalen Akteure wieder aufzutauchen, zu einem Phantom.

Die Grenzwächter und Bezirksvorsteher setzten diese Praktiken häufig in Beziehung zu kriminellen Handlungen. So sahen die Grenzwächter es beispielsweise als Vorbereitung zu einem Überfall, als die Bauern aus Senokos und den anderen Dörfern einen Graben verschwinden ließen und einen neuen zogen. Denn die Leute aus Senokos griffen daraufhin die Schäfer auf der serbischen Seite der Grenze an „und wollten das Vieh gemeinsam mit den Schäfern in ihr Dorf bringen. Doch wir konnten sie auf gute Weise vom Vieh abringen, und die beiden Schäfer brachten sie in ihr Dorf.“[163] Weder im Bericht der Grenzkommandanten noch in dem folgenden Bericht des Piroter Bezirksvorstehers an das Innenministerium wird der Hintergrund der Verschleppung der beiden Hirten näher ausgeführt. Diese wird ausschließlich in Verbindung mit der nicht genehmigten Übertretung der Grenze gebracht. Welche weiteren Ursachen eine Rolle spielten, etwa lokale Konflikte zwischen den Dorfbewohnern und den Landbesitzern, deren Hirten entführt wurden, bleibt offen.

Weitaus zahlreicher fielen dagegen die Berichte aus, in denen eine Kausalbeziehung zwischen den beschriebenen Grenzbewegungen und dem Holzschlag im Prelesje hergestellt wurde. Allein zwischen Ende Mai und Anfang Juni 1882 häuften sich die Berichte der einzelnen Grenzwächter bei Prelesje über unerlaubten Holzschlag[164] bis hin zu Meldungen

---

Radikalen in Pirot um Rasa Milošević handelt, die in Opposition zur Regierung der Fortschrittler standen und deswegen diese Beziehung mit Pirotern hergestellt wird.

163 Das Načelstvo des Piroter Kreises berichtete über diesen Vorgang an das Innenministerium am selben Tag. Die Botschaft in Sofia solle Druck ausüben, dass die beiden Hirten befreit werden. (PSNG, Bd. 1, Dok. Nr. 715, S. 710) In einem weiteren Schreiben berichtete das Načelstvo Pirotsko dem Innenministerium, dass am 21.5. Bauern aus Slavinja die Grenze überquert und aus dem Staatsgut, das an Mića Jovanović und Fejzul Asanović aus Pirot verpachtet war, 1.000 Schafe geraubt sowie die Hirten der beiden Händler, Isa und Vidan aus Pakleštica, entführt hätten. Das Načelnstvo habe die Vertretung in Sofia informiert, diese solle sich für die Freilassung von Isa und Vidan einsetzen. Ebenso wurde gebeten, die Armee an die Grenze zu schicken, um Ordnung zu gewährleisten. (AS MUD-P F. 8, p. 27/882) Zudem gab es Auseinandersetzungen mit Herzegowinern, welche die Grenze aus Bulgarien in Richtung Bosnien überquerten und Waffen schmuggelten.

164 Bericht des Grenzwächters bei Prelesje über Ereignisse vom 21.5.1882. „Die Bewohner der Dörfer Senokos, Slavinja, und Izatovci kamen, zerstörten den ‚plot‘ und begannen, auf unserer Seite Holz zu schlagen.“ Die Wächter versuchten, dies zu verhindern, doch die Bauern erhoben ihre Äxte gegen sie und verschafften sich so den Durchgang. Stojan Ranđelović an den Načelnik des Bezirks Visok, 25.5.1882; zit. nach PSNG, Bd. 1, Dok. Nr. 719, S. 713. Ebenso Bericht des Buljubaša von Prelesje, 27.5.1882: „Die Leute aus den Grenzdörfern in Bulgarien, aus Senokos, Slavinja und Izatovci haben jetzt am Montag und Dienstag (am 24. und 25) an sechs Stellen die Grenze verletzt, sowie die Gräben, welche die Grenze markierten, haben den ‚plot‘ zugeschüttet und auf diese Weise gewaltsam unseren Boden betreten, und haben aus dem Berg Prelesje in diesen beiden Tagen 140 Wagen Holz weggebracht.“ Die Grenzwächter hätten versucht, dies zu verhindern, doch die Bauern seien in der Überzahl gewesen. Ihr Načelnik habe ihnen dann die Erlaubnis dafür gegeben. Svetozar Radonjić, Hauptmann (Buljubaša) der Grenzwachstation Prelesje, an den Načelnik des Bezirks Visok, 27.5.1882; zit. nach PSNG, Bd. 1, Dok. Nr. 722, S. 715.

aller Grenzwachen im Visok, dass die Grenze von den Bewohnern nahezu aller Dörfer auf der bulgarischen Seite ununterbrochen übertreten werde. Es sammelten sich regelmäßig etwa 50 Personen, die auf der serbischen Seite Holz schlugen.[165]

Dabei lag das Augenmerk der Behörden nicht auf der Gesellschaft, um die Konflikte zu verstehen, die sich zwischen ihnen und der Landbevölkerung entwickelten; die Aufmerksamkeit galt vielmehr jener Linie, die staatliches Territorium delimitierte. Die Semantik der Berichte legt dies offen. Es geht nicht um die Verhältnisse in den angrenzenden Dörfern, sondern um die Grenze selbst: „(...) die Grenzbevölkerung Bulgariens erlaubt es uns nicht, unsere Grenze zu schützen."[166] Die lokale Gesellschaft wird buchstäblich von der Grenze aus definiert, wenn der Vorsteher des Visokkreises davon spricht, dass es ein „Ansturm der Bulgaren" sei, der „unsere Grenze zerstört" und „unseren Wald dezimiert". Die konkrete Beziehung zwischen Umland und Dorfbevölkerung ist unerheblich. Es sind Bulgaren, die „unsere Grenze" und davon ausgehend dann „unseren Forst" zerstören.[167]

Doch gegenüber dem beständigen Eigensinn der lokalen Bevölkerung, die sich weder an solche Semantiken noch die materialen Markierungen hielt, blieben die Behörden ratlos. Ende Juni 1882 fand wiederrum ein Treffen des Vorstehers des Visokkreises mit dem Vorsteher des Kreises von Berkovica auf der bulgarischen Seite der Grenze statt. Dieser allerdings wollte keine Vereinbarung treffen, ohne dass zuvor Ingenieure den Grenzverlauf bestimmten.[168] Indessen kamen weitere Beschwerden vom bulgarischen Vertreter in Belgrad. Dieser beanstandete unkontrollierte Grenzübertritte in Richtung Bulgarien bei Caribrod.[169] Das serbische Außenministerium berichtete in diesem Zusammenhang zugleich von über 3.000 Menschen – „duša naših" („unserer Seelen") –, die bei der Aushebung des Grenzgrabens Schäden an den Feldern und Pflanzungen in Bulgarien verursacht hätten.[170] Daran wird ersichtlich, in welchem Umfang die lokale Bevölkerung mobilisiert wurde, um die Grenzlinie sichtbar werden zu lassen, die von denselben Dorfbewohnern so beharrlich ignoriert wurde.

Im August 1882 schlug die bulgarische Regierung erneut die Bildung einer Kommission vor. Die bulgarische Seite sollte Todor Ikonomov vertreten, Pirot sollte Treffpunkt sein.[171] Zu dem angestrebten Treffen kam es dann erst im Oktober in Belgrad.[172] Ende November

---

165 Die Hauptmänner (Buljubaše) der Grenzwachen (Karaule) an den Načelnik des Bezirks Visok, 5.6.1882; zit. nach ebenda, Dok. Nr. 728, S. 723.

166 AS MUD-P F. 7, p. 27.

167 Stojan Ranđelović an den Načelnik des Bezirks Visok, 25.5.1882; zit. nach PSNG, Bd. 1, Dok. Nr. 719, S. 713.

168 Samardžić, Rad Međunarodne komisije, 2004, S. 196.

169 Innenministerium an den Außenminister, Belgrad 25.6.1882; zit. nach PSNG, Bd. 1, Dok. Nr. 732, S. 728.

170 AS MUD-P F. 8, p. 27/882.Bericht des Außenministeriums vom 25.6.1882 [was ist mit diesem Datum? und mit den beiden Quellenangaben hintereinander?]; Sowie: AS MUD-P, 24, p. 80. Das Ministerium schlug Schadensersatz vor. Es wurde indes beschlossen, dass zuvor noch das Treffen der beiden Načalnici abgewartet werden sollte.

171 Samardžić, Rad Međunarodne komisije, 2004, S. 197.

172 Bulgarien schlägt eine Kommission vor Ort vor. Serbien zögert, da vermutet wird, dass Bulgarien die Grenzlinie insgesamt revidieren will. Ebenda.

einigten sich beide Seiten darauf, dass eine Kommission mit Ingenieuren die Grenze an jenen Punkten in Augenschein nehmen sollte, an denen die Beschwerden am häufigsten waren. Ebenso wurde vereinbart, dass die Grenze an einigen Punkten den Gemarkungen angepasst werden könne. Sollte eine Anpassung nicht möglich sein, solle der Landbesitz verkauft bzw. getauscht werden. In der Zwischenzeit könne die Landbevölkerung an speziell dafür vorgesehen Punkten die Grenze passieren. Die Steuern seien in jenem Staat zu zahlen, in dem die Besitzer solchen „Doppelbesitzes" („dvuvlastni imoti") lebten, Zoll werde nicht erhoben.[173] Allerdings wurde die Konvention von der serbischen Regierung nicht ratifiziert, insbesondere aufgrund des Punktes, der die Anpassung der Grenze an die dörflichen Gemarkungen vorsah.[174] Eine Lösung blieb offen, ebenso schwand die Bedeutung der aus staatlicher Sicht ungeregelten Übertritte an der Grenze, sowohl in der amtlichen Korrespondenz als im Hinblick auf die Beziehungen zwischen den beiden Staaten. Erst vier Jahre später, nach 1886, zeigten sich neue beiderseitige Bemühungen, eine Regelung zu finden.[175] Doch insgesamt kam für den gesamten Zeitraum keine tragfähige Lösung zustande.

Die Aussagekraft der zur Verfügung stehenden Quellen zu diesen Vorgängen ist auf den Fokus ihrer Verfasser einzuschränken. Das, was als Konflikt berichtet wird, ist erstens zumeist nur ein Ausschnitt. Die Entstehung und Austragung von Konflikten in der Landgesellschaft vor der Grenzziehung um strittige Dorfgemarkungen oder Weideland, die dann etwa zu Verschleppung von Hirten führen konnten, finden in die Nachforschungen der Behörden keinen Eingang, sind aber hier zu berücksichtigen, da es sich um die Transformation von Konflikten zwischen Dörfern um Land in zwischenstaatliche Grenzkonflikte handelt. Zweitens spitzten schon die Grenzziehung und die Existenz dieser neuen Linie solche bestehenden lokalen Konflikte zu, wie sie hier beschrieben wurden, über deren weiteren Hintergrund die Berichte schweigen. Die Grenzlinie und damit die Praktiken der beiden Staaten bzw. ihrer Grenz- und Verwaltungsbehörden sind selbst als wesentliche Auslöser zu betrachten. Mit den Praktiken der Grenzziehung, der Präsenz eines neuen Akteurs, des Staates, veränderten sich schon bestehende Konflikte in der Landgesellschaft.

Anschaulich wird dies an einer Streitigkeit zweier Dörfer Ende der 1880er Jahre, in der die neue Grenze, die neuen Wege zu den einzelnen Besitzungen sowie offensichtlich bestehende Streitigkeiten zwischen Dörfern um Waldbesitz in einer eigentümlichen Konstellation aufeinandertrafen. Der Načelnik des serbischen Bezirks Vlasotinci berichtete dem Innenministerium von einer Beschwerde der Bewohner eines Dorfes auf der bulgarischen Seite der Grenze, Miloslavci, gegen die Bewohner eines anderen Dorfes, das sich ebenso auf der bulgarischen Seite der Grenze befand, Glavanovci. Die Menschen aus Miloslavci besäßen Felder und Wald auf der serbischen Seite der Grenze und konnten nach den provisorischen Vereinbarungen von 1888 die Grenze frei passieren.[176] Unter der einzigen Bedin-

173 Am 23.11.1882. Ebenda.
174 Ebenda, S. 198.
175 Ebenda.
176 18.2.1888; AS MUD-P 7 p. 107.

gung, dass sie sich bei den Grenzposten zu melden hatten, konnten sie ihre Felder ohne Einschränkung bewirtschaften, ebenso wie Holz in ihrem Wald schlagen. Am Grenzübergang Deščani Kladenac bei Trn brachten die Einwohner von Miloslavci nun die Beschwerde vor, dass jene aus Glavanovci ohne jede Erlaubnis über die Grenze gingen und Holz in jenem Wald schlügen, der eigentlich Miloslavci gehöre. Die Bauern aus Miloslavci wurden von den Grenzbehörden daraufhin angewiesen, eine Klage einzureichen, doch schien es von serbischer Seite keine Handhabe dagegen zu geben. Offenkundig hatten die bulgarischen Grenzposten größeres Verständnis für die Beschwerden der Leute aus Miloslavci. Um deren Klagen Gewicht zu verleihen, versahen die Beamten der bulgarischen Zollstation die Eingabe aus Miloslavci mit der Bemerkung, dass die Leute aus Glavanovci zusätzlich auch bulgarische Ware bei den Übergängen schmuggelten, wogegen sie aber bisher nicht hätten erfolgreich einschreiten können.[177]
Dieser kurze Einblick in die Streitigkeit zweier Dörfer auf der nun bulgarischen Seite der Grenze, Glavanovci und Miloslavci, die Besitzungen auf der serbischen Seite beanspruchten, steht stellvertretend für die zahlreichen Konflikte zwischen den Dörfern, die es um die Gemarkungen in dieser Zeit gab, die vor Gericht entschieden werden sollten – und es dennoch zu keiner Einigung kam.[178] Die Grenzlinie schuf nicht ausschließlich neue Konflikte, aber sie veränderte diese. Hier erschien sie sogar als Chance für die Leute aus Glavanovci, sie zu ihren Gunsten zu nutzen, befand sich doch das Stück Wald, um das sich beide Dörfer stritten, nun auf dem Territorium eines anderen Staates, was lange Amtswege mit Umwegen über zwei Hauptstädte und zurück impizierte, so dass sehr viel Zeit vergehen konnte, bis eine Regelung gefunden, eine Sanktion beschlossen worden wäre. Daran wird ebenso sichtbar, dass die Grenze in dieser Phase keineswegs die von den Vertretern des Zentralstaates imaginierte hermetische Linie darstellte.

Es sind demnach die lokalen Akteure, die sich aktiv die Grenze aneignen. Sie sind nicht nur passive Opfer von Entscheidungen, die weit entfernt von ihnen getroffen wurden. Vielmehr vermögen sie die Grenze selbst für eine bestimmte Zeit in Bewegung zu bringen. Dies steht im Gegensatz zu jenem oft verbreiteten Bild von der passiven Unterordnung. Dem Bild der Frohnarbeit an der Aushebung verordneter Gräben steht das Zuschütten, die Beseitigung der Gräben, deren eigensinnige Verwandlung in ein Phantom gegenüber.

3.4 Zäsur in den Städten/Neue Ordnung des Raums

3.4.1 Karrieren und Arrangements. Biografien zwischen Serbien und Bulgarien

Unter welchen allgemeinen Bedingungen spielten sich die beschriebenen Auseinandersetzungen an der Grenze ab? Wie vollzog sich die Errichtung und Durchsetzung neuer staatli-

177 AS MUD-P p. 107.

178 Streitigkeiten um die „richtige" Gemarkung zwischen Dörfern waren gerade in dieser Zeit die Regel, als Kreise und Bezirke neu vermessen wurden. Vgl. die Studie Cvetko Ivanovs zu dem Weiler Šumje, der zwischen den Dörfern Vlasi und Poganovo zu jahrzehntelangen Rechtsstreitigkeiten führte. Ivanov, Šumje i Goleš, 2011.

cher Institutionen auf beiden Seiten der neuen Grenzlinie, die dieser Linie überhaupt erst Sinn geben und sie festigen sollten? Im Allgemeinen hat die Forschung in Serbien und Bulgarien diesen Prozess unterschiedlich gewichtet. In der serbischen Historiografie handelt es sich um die Erreichung der Souveränität und eine Erweiterung des staatlichen Territoriums. Die existierenden Institutionen dehnen damit ihre Kompetenz auf neu hinzugekommene Gebiete aus.[179] In der bulgarischen Historiografie steht die Neuschaffung der staatlichen Institutionen im Vordergrund. Dabei wurde in der klassischen Historiografie hervorgehoben, dass schon eine kulturelle und institutionelle Basis in den Gemeinden sowie der kirchlichen Organisation des Exarchats existierte. Während des so genannten Kirchenkampfes mit den griechischen Bischöfen in bulgarischen Gemeinden hätten sich Ansätze einer eigenständigen Kirche entwickelt.[180] Allgemein wird die Institutionalisierung der neuen Macht als ein in sich stimmiger Prozess betrachtet, als Maßnahme, in der sich in einer gleichmäßig verlaufenden Bewegung die Macht des Staates verkörpert und von dessen Beamten und Behörden vom Zentrum auf seine Peripherie ausdehnt. Dagegen wurde schon anhand des Prozesses der Abgrenzung, der Verwirklichung der Grenzlinie, sichtbar, wie sich mit einem Mal Landschaften mit verschiedenen dörflichen Zentren in Ränder verwandelten, die zum Teil nicht mehr zugänglich waren und Konflikte potenzierten oder auslösten.

Was geschah nun mit Pirot und jenen anderen Ortschaften dies- und jenseits der neuen Grenze, die sich bisher auf einer Kommunikationslinie zwischen Niš und Sofia befanden, auf der Via Diagonalis, auf der Straße nach Istanbul, und die nun den jeweils letzten Punkt in einem neuen Staatsgebiet abbildeten? Verlief dieser Prozess tatsächlich so reibungslos wie oft dargestellt? Im Folgenden wird auf die Entstehung der beiden staatlichen Institutionen eingegangen und deren Wirkung im lokalen Kontext gezeigt.

Zugleich existiert im serbischen nationalen Narrativ der Topos eines tiefgreifenden, gleichwohl unausweichlichen Einschnitts, der in der Forschung häufig unter der Bezeichnung „demografische Veränderung“ zusammengefasst wird.[181] Zweierlei ist dabei kennzeichnend in der klassischen Darstellung: erstens die Unaufhaltsamkeit und zweitens die Schnelligkeit dieses Prozesses. Binnen weniger Wochen sei die muslimische Bevölkerung aus den Städten und Dörfern verschwunden. Für die Region gilt es nun, sowohl das herkömmliche Bild jener grundlegenden und raschen Veränderung der ethnokonfessionellen Zusammensetzung der Bevölkerung zu überprüfen als auch den systematischen institu-

---

179 Stojičić, Slobodanka: Novi krajevi Srbije. 1878–1883. Državnopravno i političko izjednačenje novooslobođenih krajeva sa doratnom Kneževinom Srbijom, Leskovac, 1975. Dies.: Agrarno pitanje u novooslobođenim krajevima Srbije posle srpsko-turskih ratova 1878–1907. Pravni i politički aspekt, Leskovac, 1987.

180 Daskalov, Kak se misli bălgarsko văzraždane, 2002, S. 36–44.

181 Exemplarisch: Stojančević-Nikolić, Vidosava: Etnička, demografska i socijalno-ekonomska struktura Niša posle oslobođenja od Turaka (1878–1885), in: Leskovački Zbornik, Bd. 13, Leskovac, 1973. Vgl. neuere Ansätze: Frantz, Eva: Zwischen Gewalt und friedlicher Koexistenz. Muslime und Christen im spätosmanischen Kosovo, 1870–1913, Wien, 2014. Die Flucht und Übersiedlung der muslimischen Bevölkerung während dieser Epoche wird in der serbischen Historiografie bisher nur in deskriptiver Form in neueren Arbeiten thematisiert: Jagodić, Miloš: Novi krajevi Srbije (1912–15), Beograd, 2012. Zur Situation in Bulgarien und den massiven Repressalien gegen die muslimische Bevölkerung während der Kriegshandlungen, vgl. Höpken, Exodus, 2013.

tionellen Neubeginn. Wie reibungslos waren diese Veränderungen? Verschwand die muslimische Bevölkerung tatsächlich so schnell aus dem städtischen Leben, das sie für so lange Zeit geprägt hatte?

Im Folgenden stehen zunächst die institutionellen Veränderungen im Vordergrund. Im Allgemeinen übernahm die Historiografie das Urteil der zeitgenössischen Protagonisten des Zentralstaats, die Einbindung der „neuen Gebiete“ in den Nationalstaat, deren Anschluss an das „Mutterland“ sei von der Bevölkerung dankbar aufgenommen worden. Weiter oben wurde allerdings bereits gezeigt, dass die Reaktion im regionalen Kontext bei weitem nicht von Dankbarkeit geprägt war, sondern neuartige Konflikte auslöste: In der Stadt wurde dieses Bestreben nach Unterordnung und Loyalität gegenüber dem Zentralstaat als Auseinandersetzung um nationale Zugehörigkeit ausgetragen. Ein großer Teil der Landgesellschaft erlebte diesen Prozess, wie beschrieben, als Streit um den Grenzverlauf. Wie vollzog sich nun die Einbeziehung dieser Region auf längere Sicht?

Diese Prozesse werden veranschaulicht vermittels der Biografien, Lebensläufe und Karrierewege von Personen aus der Region. So ist es möglich, die bis heute in den beiden Nationalhistoriografien betriebene Reduktion von Konflikten auf nationale Auseinandersetzungen zu entgehen, in denen ausschließlich der einen oder der anderen nationalen Sache verpflichteten Protagonisten in Erscheinung treten. Anhand eines genaueren Blicks auf die Lebensläufe treten die Ambivalenzen und Paradoxien in den Handlungen der Individuen in den Vordergrund und ermöglichen eine differenziertere Beschreibung dieses Prozesses. Dabei gilt auch hier, was schon im zweiten Kapitel hervorgehoben wurde: die ausgesprochen fragmentierte Überlieferung der einzelnen Biografien. Im lokalen Kontext bleiben die Individuen dieser Zeit zu großen Teilen ebenso schemenhaft, wie es schon anhand der Ausführungen zu Mali Rista deutlich wurde. Die große nationale Erzählung überlagert auch hier deutlich Leben und Handeln bekannterer Einzelner aus Pirot und Umgebung. Auf solche Personen wird im nationalen Narrativ nur verwiesen, um die Harmonie des gesamten Prozesses an Einzelpersonen veranschaulichen und belegen zu können. Andere wiederum treten – auch in den lokalen Publikationen – gar nicht in Erscheinung, da ihre Orientierungen, Entscheidungen und ihr Handeln nicht in das Bild passen. Dies gilt insbesondere für Piroter wie Simeon Hristov, von dem schon zuvor die Rede war, der in der serbischen Historiografie ignoriert oder höchstens als verirrte Seele, als Abtrünniger stigmatisiert wird. Dabei ist die Quellenbasis nicht so lückenhaft, wie es die bisherige Literatur nahelegt, die sich schlicht nicht damit auseinandergesetzt hat. Eine beträchtliche Zahl von Briefen an einen anderen aus Pirot stammenden Studenten, Spas Vacov, der in Zagreb studierte, ist im historischen Archiv der Nationalbibliothek in Sofia überliefert.[182] Anhand der jungen Gebildeten wie Simeon Hristov, aber auch traditioneller Honoratioren wie Aranđel Stanojević (Rangel Stanoev) und Unternehmern wie Sima Sokolov sollen zentrale Aspekte dieses Übergangs veranschaulicht werden.

Zuvor sei kurz die rechtliche und administrative Einbeziehung der Region beiderseits der Grenze in die neuen Staaten skizziert. Das Fürstentum Serbien beanspruchte noch während des Krieges, die Eingliederung des besetzen Gebietes rechtlich selbst zu regeln. Dies kam

182 NBKM BIA Fond Nr. 227.

in dem Gesetz über die „Einrichtung der befreiten Gebiete“ vom 3.1.1878 zum Ausdruck. Die Möglichkeit, die Ressourcen der Region für den serbischen Staat zu nutzen, wurde mit dem Gesetz über „Provisorischen Verwaltungseinteilung und Versorgung der befreiten Gebiete“ vom 14.5.1878 weiter präzisiert und geregelt.[183] Zu Beginn des Jahres 1878 wurde eigens ein Ministerium gebildet, das die Verwaltung und Ordnung in den neuen Gebieten zu koordinieren hatte.[184] Wohlgemerkt behielt die Militärverwaltung bis Mai 1878 die maßgebliche Weisungsbefugnis, ihr waren alle anderen Behörden unterstellt.[185] Erstes Ziel der Verordnung vom Mai 1878 war die Erfassung aller Gemeinden sowie eine Volkszählung – beides sollte nicht zuletzt der Eingliederung in das Steuersystem dienen. Das serbische Steuersystem sah nur noch eine jährlich zu erhebende Steuer auf den gesamten Besitz vor, im Gegensatz zu den bisher sehr unterschiedlichen Steuern auf Rinder, Schafe etc.[186] Mit dem Vorzug der geregelten Steuerlast warb Panta Srećković bei seiner Agitation ganz besonders – auch wenn zu diesem Zeitpunkt weder der serbische Staat die volle Souveränität erlangt hatte, noch es eine internationale Einigung über die territoriale Zugehörigkeit dieser Region gab. Dennoch wird an diesen rechtlichen Maßnahmen deutlich, dass die serbische Regierung die Einbeziehung dieser Gebiete in den staatlichen und territorialen Rahmen Serbiens vorantrieb. Dabei erstreckten sich diese Gesetze auch auf jene Teile der Region, wie Trn und Caribord, die später nicht dem serbischen Fürstentum zugeschlagen wurden. Die Entscheidungen über die Gültigkeit dieser rechtlichen Maßnahmen blieben letztlich dem Berliner Kongress im Juni 1878 vorbehalten. Eine erste dauerhafte Regelung wurde nach dem Berliner Kongress und den dortigen Entscheidungen über den territorialen Umfang der neuen Staaten mit dem Gesetz *O podeli prisajedinjenog zemljišta na okruge i srezove* (*Über die Aufteilung des hinzugekommenes Gebietes in Kreise und Bezirke*) vom 17.12.1878 getroffen.

Ebenso erfolgte seit Beginn des Jahres 1878 die Zusammenstellung neuer Vorstände der Opštine (Gemeinden) im Gebiet von Pirot. Es wurde ein Piroter Kreis (Okrug) gebildet, der aus dem Gebiet der Kaza Pirot bestand, das auf der serbischen Seite der Grenze verblieben war. Dieser Okrug bestand wiederum aus vier Srezen (Bezirken): dem Srez Nišava, Srez Visok, Srez Lužnica und dem Srez Bela Palanka.[187] Innerhalb des engeren Umlandes von Pirot, dem Srez Nišava, wurden 22 Opštine ins Leben gerufen. Zu diesem Zeitpunkt, wurden die Kompetenzen, mit der die Opštine ausgestattet werden sollten, kontrovers diskutiert. Dem Fürsten bzw. später König Milan gingen diese aus der Verfassung von 1869 zu weit. Deswegen wurden die in der Verfassung vorgesehenen Kompetenzen der Opštine erst 1881 auf die neuen Gebiete übertragen,[188] um dann nur kurze Zeit später für ganz Serbien kassiert zu werden. Okrug und Srez waren keine Körperschaften der Selbstverwaltung, sondern lokale Institionen der beiden Ministerien. Das bedeutet, dass sich der Grad der

183 Stojičić, Novi krajevi, 1975, S. 38.

184 Stojančević-Nikolić, Uprava pirotska, 1971, S. 40.

185 Ebenda, S. 44.

186 Ebenda, S. 51.

187 Popović, Ljubodrag: Popisi i šematizam u Pirotskom okrugu od 1879. do 1914. godine, Pirot, 2010, S. 11.

188 Ebenda, S. 12.

Partizipation im Vergleich zu den Möglichkeiten im Osmanischen Reich, wie es sie seit 1864 gegeben hatte, nun eingeschränkter gestaltete.

Jeweils drei Personen, der Kmet sowie zwei Stellvertreter, sollten einer Gemeinde vorstehen. Die Bezirksleitung („sreska uprava") bestand ebenso aus drei Mitgliedern: jeweils einem für Polizeiangelegenheiten, für Gerichtsbarkeit und für Finanzen.[189]

Während das serbische Fürstentum erste Maßnahmen ergriff, um die neuen Gebiete rechtlich in sein Staatsterritorium einzugliedern, blieb der Staat auf der zukünftig bulgarischen Seite der Grenze ein Provisorium. Laut des Berliner Vertrags sollte die russische Militär- und Zivilverwaltung nur bis zur Einigung der Großmächte bestehen. In der Einigung selbst wiederum sollte dann eine Frist vereinbart werden, bis zu der die russischen Truppen das Land zu verlassen hatten und der Aufbau einer einheimischen Verwaltung beginnen konnte. Bis zu diesem Zeitpunkt behielt die russische Verwaltung in Bulgarien die territoriale und administrative Gliederung des Osmanischen Reiches bei, nur mit veränderter Terminologie: Aus Sandžaks wurden Gouvernements, aus Kazas wurden Okrăzi.[190] An dem bisherigen Besteuerungssystem veränderte sich ohnehin nichts, da das zukünftige Fürstentum Bulgarien weiterhin unter osmanischer Oberhoheit stehen sollte. Damit wurden auch die bisherigen Steuern wie der Zehent, die Viehsteuer Beglik etc. weiterhin erhoben.[191] Die Herrschaftsform, Hauptstadt und territoriale Einteilung des neuen Fürstentums festzulegen, blieb der konstituierenden Versammlung vorbehalten, die in Tărnovo tagte. Auch danach ging der Aufbau neuer Institutionen nicht in dem erhofften Tempo voran. Das zeigen die Tagebücher Konstantin Jirečeks, der als hoher Staatsbeamter bzw. Minister zwischen 1879 und 1884 in Bulgarien weilte.

Gerade die unterschiedliche Situation in Serbien und Bulgarien im Jahr 1878 hatte dem Piroter Načalnik Panta Srećković einen Vorteil bei seiner Agitation unter der Landbevölkerung verschafft. Er trat nicht als Mitglied einer provisorischen Verwaltung auf, deren Zukunft ungewiss war, sondern als Vertreter des serbischen Staates. Die umgehende Einführung serbischen Rechts sollte keine Zweifel an der zukünftigen Zugehörigkeit lassen. Während die hochrangigen russischen Offiziere Distanz zur Landgesellschaft wahrten oder Bauern gar zu Strafen verurteilten, bemühte sich Srećković zu demonstrieren, dass hier nun „Stammesgenossen" scheinbar „von gleich zu gleich" auf einer Ebene zusammenkämen.

Allerdings traf dies auf die rechtliche Stellung der neuen Gebiete im Rahmen der serbischen Rechtsprechung (noch) nicht zu. Zwar wurde an einer schnellen rechtlichen Einbeziehung gearbeitet, gleichzeitig aber achtete die serbische Regierung in wichtigen Bereichen auf eine unterschiedliche rechtliche Stellung der neuen Gebiete gegenüber dem serbischen Fürstentum. Zwar sahen die Gesetze Garantien für Bürger christlichen und muslimischen Glaubens (Artikel 76), Steuerpflicht sowie Wehrpflicht (Artikel 81) vor, und ebenso wurde bereits Ende 1878 den neuen Bürgern des Fürstentums aktives und passives Wahlrecht zugestanden.[192] Doch insbesondere in einem zentralen Punkt wurden Rechte und

189 Stojančević-Nikolić, Uprava pirotska, 1971, S. 41.

190 Petrov, M.: Vremenno rusko upravlenie, in: Istorija na Bălgarija. Bd. 7, Bălgarija 1878–1903, hrsg. von BAN, Sofija, 1991, S. 23–28.

191 Daskalov: Bălgarskoto Obštestvo, Bd. 1, 2005, S. 407.

192 Stojičić, Novi krajevi, 1975, S. 38.

Gesetze aus dem bisherigen Fürstentum nicht in die neuen Gebiete übertragen: die nach heftigen Auseinandersetzungen mit dem Gesetz von 1875 gewährten Rechte zur Selbstverwaltung der Gemeinden und zur Wahl ihrer Vertreter. Ebenso wurde verfügt, dass die in Serbien geltende Prozessordnung, das Gesetz über Rechtsanwälte sowie die Regelungen zu Sicherheit und Unantastbarkeit von Grundbesitz und Eigentum nicht angewendet werden konnten.[193] Dies hing, wie unten weiter ausgeführt wird, mit der Auseinandersetzung um das Eigentum der geflohenen oder ausgewanderten Muslime zusammen. Die rechtliche Angleichung der neuen Gebiete erfolgte erst unter den Jungkonservativen oder Fortschrittlern („Naprednjaci“) genannten Partei am 27.3.1881. Zu diesem Zeitpunkt war das liberale Gesetz über die Gemeinden von 1875 bereits wieder kassiert worden.[194] Darauf wird weiter unten ausführlicher eingegangen. Hier gilt es zunächst, festzuhalten, dass – während im zukünftigen Bulgarien die staatlichen Institutionen erst im Aufbau begriffen waren und es eine längere Phase des Übergangs von einer imperialen Ordnung zur provisorischen Verwaltung einer weiteren imperialen Macht (Russland) gab – im serbischen Fürstentum die neuen Gebiete in einen bestehenden institutionellen Rahmen eingegliedert werden konnten, bei dem die Regierung des Fürstentums Tempo und Grad der Integration bestimmte.

Simeon Hristov

Um einen Eindruck von dieser ersten Phase der Etablierung der neuen Ordnung zu gewinnen, wird hier auf einige Etappen im Lebensweg des Piroters Simeon Hristov (1862–1902) eingegangen, einer der Hauptprotagonisten für eine Einbeziehung Pirots in das zukünftige Fürstentum Bulgarien. Ein Moment der Überlieferung von Hristovs Lebensweg ist seine Tabuierung im heutigen Pirot, auf die kurz eingegangen wird. Bis in die Gegenwart wird Simeon Hristov nicht als Teil der Piroter Lokalgeschichte betrachtet. In den einschlägigen Publikationen findet sich kein Hinweis auf ihn. Höchstens am Rande jener Texte, die sich mit den Auseinandersetzungen im Frühjahr 1878 befassen. Darin erscheint Hristov als Zugereister, oder, wie es Vladimir Nikolić formulierte, ein Schüler aus der Zeit, „als das Exarchat plünderte und brandschatzte“, und damit als Agent der bulgarischen Sache. So wird bis in die Gegenwart Hristov aus dem Piroter lokalen Zusammenhang externalisiert.[195] Seit der Zeit Vladimir Nikolićs bis heute ist die Vorstellung, auch in der regionalen Publizistik, dass sich Piroter Städter in einem bulgarischen kulturellen Kontext verortet haben könnten, mindestens eine Zumutung, wenn nicht gar eine Lüge.[196] Tatsächlich ist aber die

193 Ebenda, S. 43

194 Ebenda, S. 52.

195 Diese Abwehrhaltung existiert noch bis in die jüngste Zeit: Simeon Hristić (sic!) habe seinen Namen zu Simeon Hristov verändert, da er unter den Einfluss der Exarchisten geraten sei. Wörtlich heißt es, er habe seinen Namen von Hristić in Hristov geändert und sei zum „Exarchismus konvertiert“. Bis in die Gegenwart wird nicht reflektiert, dass die Quelle solcher Einschätzungen und der Terminologie Vladimir Nikolić ist, der wie erwähnt seine Notizen zu Pirot 1911 niederschrieb, in der Hochphase der Konkurrenz zwischen nationalistischen Bildungsorganisationen in Makedonien. Diese projizierte er auf die Verhältnisse in Pirot vier Jahrzehnte zuvor zurück, also in die 1870er Jahre, als das Exarchat erst im Entstehen begriffen und noch kein derartiger Kampfbegriff war wie zu Nikolićs Zeit. Vojičić, Dragoslav: Počeci Gimnazijskog Školovanja u Pirotu, in: Pirotski Zbornik, Bd. 24, 2009, S. 11–20.

196 Zudem wird die Geschichte der Schulbildung in Pirot vor 1878 externalisiert: Das seien Bulgaren

Korrespondenz zwischen Hristov und Vacov, zwei Söhnen von Piroter Čorbadžije, in einer Vorstufe der künftigen bulgarischen Standardsprache geschrieben bzw. dem Standard, wie er in dem Amtsblatt *Tuna/Dunav* verwendet wurde.

Vor diesem Hintergrund, dass sich nicht nur die genannten beiden, sondern die meisten ihrer Generation in einem bulgarischen kulturellen Kontext verorteten,[197] erschließt sich die Vehemenz der Verurteilungen bei Nikolić für die „schlimme Zeit der Exarchie". Nikolić, hier stellvertretend für das nationale Narrativ in diesem Kontext, zielte damit auf jene Menschen ab, die sich in Pirot auch nach 1878 Richtung Bulgarien orientiert hatten, für die ihm jedes Verständnis fehlte. Im Kapitel zuvor wurde gezeigt, dass es sich dabei nicht um das „Werk der Exarchie" handelte, etwas von außen der eigentlich serbischen Bevölkerung Aufgezwungenes. Erstens blieb die Organisation der Gemeinde weiterhin in den Händen der Čorbadžije, zweitens hatte Simeon Hristov schon vor der Entstehung der Exarchie in der zweiten Hälfte der 1860er Jahre Schulen in Sofia und Plovdiv besucht. Das zeigt wiederum, dass sein Vater, der ihn auf diese Schulen schickte, für ihn einen Bildungsweg gewählt hatte, der nicht von einer „externen" Institution wie dem Exarchat vorgegeben, gleichsam eingeflüstert wurde, wie bis heute die Orientierung an den bulgarischen Bildungseinrichtungen entschuldigt wird. Bei Simeon Hristovs Vater handelt es sich aller Wahrscheinlichkeit nach um den Čorbadžija Rista Hadži Pavlov.[198] Über seinen Besitz ist nichts bekannt, allerdings wird sein Einfluss in der Stadt darin deutlich, dass er in den 1870er Jahren der christliche Vertreter im Rat (Medžlis) des Kazagerichts war.[199] Hier wird auch exemplarisch deutlich, dass die überregional vernetzten und einflußreichen Čorbadžijafamilien Wert auf Bildung legten und Bildung als Karrieremöglichkeit gesehen wurde. Rista Hadži Pavlov selbst scheint das Schreiben erst spät erlernt zu haben – das belegt sein Tefter. Darin finden sich lange Auszüge aus der Bibel, die nahelegen, dass Hadži Pavlov auf diese Weise das Schreiben übte. In diesem Tefter notierte er wichtige Ereignisse wie Überschwemmungen, Epidemien und die Durchreise mächtiger Persönlichkeiten durch Pirot.[200] Auch scheint er großes Interesse an Heilkunde gehabt zu haben, notiert er doch im Tefter eine Reihe von Ratschlägen und Heilungsmethoden für Krankheiten. Daher scheint die Idee, dass sein Sohn Simeon Hristov Chemie studieren sollte, nicht von ungefähr zu kommen. Nach dem Abschluss einer Art Gymnasium in Plovdiv und einem Jahr als Lehrer an der Piroter Schule

gewesen, die nach Pirot gekommen seien und mit „türkischer Unterstützung" eine Schule gegründet hätten. Die Ablehnung jeglicher bulgarischer Dimension in der Geschichte der Stadt geht so weit, die in Frage stehenden zehn Jahre nicht auf die Geschichte gymnasialähnlicher Schulbildung anzurechnen, sondern als Jubiläumsdatum den Beginn des serbischen Schulwesens nach 1878 zu wählen. Ebenda.

197 Dazu gehörten neben seinem Briefpartner Spas Vacov (1856–1928) u. a. Georgi Mečkonev (1858–1930), der bulgarischer Offizier wurde, und Elisej Manov (gest. 1931), der nach der Grenzziehung als Lehrer in Caribrod und Pirdop arbeitete.

198 Rista Hadži Pavlov war 1859 Kodžabaša, wie aus einer Taufurkunde von 1858 hervorgeht, die von den Vertretern des „Pirotsko Obštestvo" unterzeichnet worden war; zit. nach PSNG, Bd. 1, Dok. Nr. 164, S. 142.

199 Popović, Todor: Blede uspomene mog života, hrsg. von Borislava Lilić, Pirot, 1996, S. 98.

200 Hadži Pavlov Tefter, IB 276, Museum Pirot; vgl. Velkova, Saška und Panajotović, Mila: O Pismeneh. Stara i Retka Knjiga Muzeja Ponišavlja, Pirot, 2014, S. 8.

1871 ging Hristov nach Zagreb, wo er von 1872 bis 1876 zunächst das Realgymnasium besuchte. 1876 begann er, in Prag Chemie zu studieren.[201]

Die Korrespondenz mit seinem jüngeren Landsmann Spas Vacov, den Hristov mit „dragi Kum“ („lieber Kum“) anspricht, zeigt lange vor dem Aufkommen der jugoslawischen Idee um die Jahrhundertwende die Selbstverständlichkeit der Praxis südslawischer Netzwerke, über imperiale Grenzen von Donaumonarchie und Osmanischem Reich hinweg. Hristov bewegte sich seit Anfang der 1870er Jahre zwischen Pirot, Zagreb und Belgrad, und korrespondierte mit Bekanntschaften in Zadar. In der zweiten Hälfte der 1870er Jahre spannte sich der Bogen bis Prag, das für ihn hinsichtlich der dortigen Presselandschaft eine besondere, bis dahin ungekannte Entdeckung schien. So schrieb Spas Vacov nach Zagreb, dass Prag auf einer weitaus höheren Zivilisationsstufe als Zagreb stehe.[202] Allerdings hielt es ihn dort nicht besonders lange: Schon im August 1876 war Hristov wieder in Belgrad. Auch dort wohnten Bekannte, existierten Netzwerke. Dort traf Hristov eine Reihe von Pirotern, die sich geschäftlich in Belgrad aufhielten. Darunter auch Bae Krsto, der in den Briefen immer wieder als Gönner und Unterstützer genannt wird. Wie aus den Briefen hervorgeht, finanzierte dieser auch einen großen Teil der Ausbildung zumindest von Hristov und Vacov.[203] Bae Krsto war einer der Gemeindevorsteher in Pirot, der oft als „Čorbadži Krsto“ tituliert wurde und in der Gemeinde für die beiden Anfang der 1870er Jahren eingerichteten Schulen zuständig war. Im August 1876 war Hristov nicht wegen seiner Ausbildung nach Belgrad gereist, sondern um als Freiwilliger am Serbisch-Osmanischen Krieg teilzunehmen. Sein Vater jedoch sollte davon nichts erfahren. Vacov sollte seinem Vater versichern, dass Hristov nach Wien gereist sei: „Пакъ ако би питал баща ми, то може с писмото да ги увериш че несъм въ Сърбия.“[204] In dieser Situation schien Hristov nicht mehr an an die Fortsetzung seines Studiums zu glauben:

> Ако само може бае крсто да те подържа, то си щастлив и аз ти от сръце желая туй щастие. Колкото за мене това вече свършена работа. Нѣмам надѣжда понататък да продължавам, а да се върна за Пирот вижда ми се тешко. Моята

201 http://bulrod.blogspot.com/2014/03/blog-post_29.html. NBKM BIA Fond Nr. 227, a. e. 21, l. 1. Zu Studenten aus einem bulgarischen Kulturkreis vgl. Luetić, Tihana: Bălgarski studenti văv Filosofskija fakultet na Zagrebskija univerzitet ot 1874 do 1914 g., in: Istoričesko bădešte, god IX, 1–2 (2005), Sofija, 2006, S. 236–66.

202 NBKM BIA Fond Nr. 227, a. e. 21, l. 1.

203 Alles deutet darauf hin, dass es sich dabei um den Vater (Kota Krstin/Krstov) des 1866 in Pirot geborenen Krăstjo Krăstev handelt, der später als einer der Begründer der bulgarischen Literaturkritik große Bekanntheit erlangen sollte. Sein Vater war als wohlhabender Čorbadžija bekannt und förderte Schul- und Studienaufenthalte junger Piroter. Die Familie siedelte nach 1885 nach Sofia um. Cankov, Georgi: Krăstjo Krăstev, Sofija, 1987, S. 7–9.

204 NBKM BIA Fond Nr. 227, a. e. 21, l. 10a. „Wenn also mein Vater fragt, kannst du sie mit dem Brief überzeugen, dass ich nicht in Serbien war. (...) Wenn dich Bae (sic!) Krsto unterstützen kann, dann bist du ein glücklicher Mensch. Das ist für mich eine schon beendete Sache. Ich habe keine Hoffnung, es weiter zu verlängern, und nach Pirot zurückzukehren, scheint mir schwer. Meine Zukunft ist ungewiss, und ich habe den Eindruck, dass mit mir alles Mögliche geschehen kann.“

будущност е в неизвестност и струвам си за мене може да всякакво нещо да се случи.[205]

Zugleich machten seine Freunde ihm Vorwürfe, dass er im August 1876 in den serbischen Staatsdienst eingetreten war. Gegenüber Vacov erklärte er: „Причини по който съмъ постъпил въ сърбска служба са твърде едноставни. Останал съм без пари."[206] Hierin wird deutlich, dass sich selbst jemand wie Simeon Hristov, der nur wenige Monate später zu einem leidenschaftlichen Anhänger der bulgarischen Sache in Pirot werden sollte, zu diesem Zeitpunkt alle Optionen offen hielt. In einem Brief betonte er, dass er allein aus pragmatischen Gründen den Posten angenommen habe. Als Schreiber in der serbischen Armee, stationiert in Pandiralo, in der Nähe Pirots, hoffte er, dadurch auch bei dem weiteren Geschehen präsent zu sein.[207] Doch in erster Linie ist hier die Offenheit von Möglichkeiten bemerkenswert, die Entwicklungen in unterschiedliche Richtungen erlaubte. Panta Srećković versuchte, ihn 1878 als Unruheherd in Pirot zu neutralisieren, indem er Hristov über dessen Vater einen Posten in der Stadtverwaltung anbieten ließ.[208] Das bedeutet nicht, dass es sich um prinzipienlose „Postenjäger" handelte, wie sie Ivan Vazov einige Jahre später nennen sollte. Hristov nahm das Angebot nicht an. Es zeigt vielmehr, dass die handelnden Individuen in dieser Zeit bei weitem nicht so eindimensional auf das Ideologische zu reduzieren waren, wie es die nationalen Historiografien nachdrücklich bis in die Gegenwart nahelegen.

Offensichtlich hatte Hristov zuvor, 1876, tatsächlich auf verschiedenen Wegen nach materieller Unterstützung gesucht. Hristov hatte sich auch an Konstantin Jireček mit der Bitte um Unterstützung gewandt, der gerade seine *Geschichte Bulgariens* veröffentlicht hatte. Jireček wiederum hatte Marin Drinov den Brief zu seinem Wohnsitz nach Charkow weitergeleitet, wo Letzterer Professor für Geschichte an der Universität war, doch ohne Erfolg: „Ich danke Ihnen für die Weiterleitung des Briefes von Hristov. Was wir mit ihm tun sollen, weiß ich nicht. Es ist sehr schwierig, ihn in der jetzigen Situation zu unterstützen. Die Leute sind derzeit überall mit vielen Problemen beladen."[209]

Im Herbst 1876 kehrte Hristov zurück nach Prag, jedoch schien die Fortsetzung des Studiums dabei von immer geringerer Bedeutung zu sein.[210] Im Mai 1877 schien auch sein Vater nicht mehr der Überzeugung, dass Hristov sein Chemiestudium erfolgreich beenden könnte, und forderte ihn zur Rückkehr auf: „Добихъ писмо от тате чрез Сърбия, въ което ме вика веднага да търгна, а при туй забележва, че е телеграфирал на Бае Кото, въ

205 Ebenda.

206 NBKM BIA Fond Nr. 227, a. e. 21, l. 11a. „Die Gründe, weshalb ich in serbische Dienste getreten bin, sind sehr einfach. Ich hatte kein Geld mehr."

207 Ebenda.

208 NBKM BIA Fond Nr. 227, a. e. 21, l. 11a.

209 Brief von Drinov an Jireček, Prag 28.8.1876 (Jireček war zu diesem Zeitpunkt in Wien). Auch danach gab es keine Möglichkeit einer Unterstützung aus dieser Richtung. Drinov an Jireček: „Ich bedauere Hristov sehr, und verzweifle und leide seelisch darunter, dass ich im Augenblick nicht in der Lage bin, ihm in irgendeiner Form zu helfen. Charkow April 1877." Mijatev, Iz arhiva, Bd. 2, 1959, S. 128, 137.

210 NBKM BIA Fond Nr. 227, a. e. 21, l. 20a.

които му заръчва да ми прати пари за път."[211] Hristov solle so schnell wie möglich aufbrechen. Vacov gegenüber vermutete Hristov, sein Vater würde ihn nicht zurückrufen, wenn er wüsste, dass im Monat zuvor der Krieg zwischen dem Osmanischen Reich und Russland ausgebrochen war. Er selbst denke tatsächlich darüber nach, Prag zu verlassen, aber nach Serbien, nicht nach Pirot.[212] Doch offensichtlich rief der Vater ihn eben wegen des Kriegsausbruchs zurück. Eine Stadt an einer derart belebten Kommunikationslinie hatte die Nachricht über den Kriegsausbruch bereits erreicht. Der Vater versuchte wohl, seinen Sohn vor einem – für seine Begriffe – „Abenteuer" zurückzuhalten. Dies hatte eine tiefe Familienkrise zur Folge. Hristov berichtete Vacov, dass sein Vater wie auch seine Mutter außerordentlich getroffen waren von seiner Entscheidung, nicht nach Pirot zu kommen.[213] Offenkundig erwartete der Vater von seinem Sohn keine Heldentaten für die nationale Sache welcher Seite auch immer, sondern eine Laufbahn, wie sie seit zwei Jahrzehnten im Osmanischen Reich schon einige Christen eingeschlagen hatten, die Ärzte geworden oder zu hohen Beamtenpositionen, ja sogar bis in den diplomatischen Dienst gekommen waren. Letztlich sollte das Studium die Grundlage für eine Beamtenkarriere sein – in welchem Staat auch immer.

Durch den Kriegsverlauf begünstigt reiste Simeon Hristov überraschend (er selbst hatte in den Briefen eine Rückkehr zunächst verworfen) und früher als gedacht nach Pirot, nämlich schon am 20.12.1877 (nach dem neuen Kalender, Anfang Januar 1878). Er reiste gemeinsam mit Kota Daskalov, einem ehemaligen Piroter Lehrer, von dem im Kapitel zuvor die Rede war, und Bae Aleko Stefanov. Begeistert schrieb er Vacov: „Es lebe die Freiheit, in deren Schatten, wenn es Gott gibt, wir leben werden." Es folgte ein bemerkenswerter Satz, da er aus der heute in der serbischen Publizistik bestimmenden Perspektive auf Simeon Hristov Verwirrung stiftet: „Сега за сега ни се испровождат все тукашни хора, хора просветени и интелегентни, които ще ни отваратъ очитѣ, защото наши нѣма да се приемватъ всекакви прости хора, найпаче мизерници, макаръ ти били каквито да били"[214] Erneut wird, wie bei der Auseinandersetzung um seinen Eintritt in serbische Dienste, deutlich, dass aus der Perspektive von Zeitgenossen Akteure nicht auf ein bestimmtes Handeln festgelegt waren, wie es ihnen danach unterstellt wurde. Hristov konnte sich auch einen Zugewinn an Emanzipation durch die Unterstützung der serbischen Beamten ohne weiteres vorstellen. In der bulgarischen Historiografie dominiert bis in die Gegenwart die Interpretation, dass die treuherzigen Erwartungen der jugendlichen bulgarischen Revolutionäre auf perfide Weise von Serbien missbraucht und betrogen worden seien. Was hier aber v. a. deutlich wird, ist, dass die postosmanische Zeit selbst von den lokalen Protagonisten nationaler Ideen nicht in Semantiken nationaler Abgrenzung gedacht

---

211 NBKM BIA Fond Nr. 227, a. e. 21, l. 24a. „Ich habe Papas Brief über Serbien bekommen, in dem er mich auffordert, sofort aufzubrechen, und dabei auch notiert, dass er an Bae Koto telegrafiert hat, indem er ihm aufträgt, mir Geld für die Reise zu schicken."

212 NBKM BIA Fond Nr. 227, a. e. 21, l. 25–27a.

213 NBKM BIA Fond Nr. 227, a. e. 21, l. 29.

214 NBKM BIA Fond Nr. 227, a. e. 21, l. 38. Brief vom 29.12.1877. „Zurzeit werden uns Leute von hier (wahrscheinlich Belgrad, Anm. N. St.) geschickt, aufgeklärte, intelligente Menschen, die uns die Augen öffnen werden, denn die Unsrigen werden nicht jeden empfangen, insbesondere schlichte, miserable Leute, gleich von wem sie kommen."

wurde, gleich ob territorial oder politisch. Die „hiesigen" Beamten, wohlgemerkt keine „serbischen", konnten ebenso helfen, den Menschen „die Augen zu öffnen", wie es später die „unsrigen" (Piroter) tun würden.

Wie im vorangegangenen Kapitel deutlich wurde, geriet Hristov jedoch schnell in Konflikte mit der serbischen Verwaltung in Pirot und musste die Stadt verlassen. Daraufhin begann eine Phase, in der Hristov als Protagonist für die Zugehörigkeit Pirots zum bulgarischen Fürstentum in Erscheinung trat. Als Vertreter der Piroter nahm er an der Delegation in San Stefano teil und versuchte, die Vertreter der Großmächte, mit denen er in Kontakt treten konnte, in diesem Sinne zu gewinnen. Als wichtigsten Erfolg betrachtete er den Empfang beim russischen Großfürsten, der ihm, wie er Vacov schrieb, versprochen habe, die Piroter Petition dem Zaren vorzulegen.[215] Seine vorrangige Aufgabe sah Hristov darin, eine breitere Öffentlichkeit über die seiner Ansicht nach unhaltbaren Zustände in Pirot zu informieren, indem er Vacov dazu aufforderte, etwa der Zeitung *Obzor* über die Situation in Pirot zu schreiben. Er selbst berichtete von seinen Versuchen, mit deutschen Journalisten in San Stefano in Kontakt zu treten.

Enttäuscht über die „unerfüllten Hoffnungen", wie er sich Vacov gegenüber ausdrückte, arbeitete Hristov nach 1878 unter anderem am 1882 neu eingerichteten Lehrerseminar im nahe Pirot gelegenen Caribrod, das zum Fürstentum Bulgarien gehörte.[216] Abgeschnitten von der erhofften Möglichkeit, in Pirot zu wirken, begann er, sich nun klar gegen „Serben" abzugrenzen. Immer wieder finden sich in seinen Briefen an Vacov empörte Beschreibungen über den lockeren und freundlichen Umgang zwischen den Beamten an der Grenze aus Pirot wie aus Caribrod. Diese neuen Zuordnungen und Abgrenzungen, die Rede von „Serben" und „Bulgaren" sollten auch ihn unvermutet treffen. Denn eine Kritik, die er über den Caribroder Okolijski Načalnik (Bezirksvorsteher) geäußert hatte, brachte ihm von dessen Seite die Beschuldigung ein, er sei ein serbischer Spion.[217] Vergegenwärtigt man sich Hristovs bisherigen Weg, wird ihn ein solcher Vorwurf wohl tief getroffen haben.

Daran wird auch deutlich, wie die Vertreter staatlicher Herrschaft in der entstehenden Grenzgesellschaft mit vermuteter Illoyalität umgingen: An die Stelle des Vorwurfs des Umstürzlers trat die Bezichtigung als serbischer oder bulgarischer Spion. Hristov schien sich damit in jener Position wiederzufinden, in der er sich zu Zeiten des Osmanischen Reiches gesehen hatte: als Nationalrevolutionär, für den die herrschende Ordnung keine Achtung hat. Umgekehrt wurden in Serbien zu dieser Zeit missliebige Oppositionelle, v. a. Angehörige der Radikalen Partei als „Bugaraši", als „Bulgarentümler" verunglimpft, da sich deren Führung nach dem fehlgeschlagenen Aufstand 1885 im bulgarischen Exil befand. „Radikalizam" und „Bugarizam" firmierten gleichermaßen als Ausweis der Illoyalität in Serbien.

Daran wird auch deutlich, dass die Wege in die neue Ordnung sich selbst für die national begeisterten Akteure nicht einfach und gradlinig gestalteten. Vielmehr schien die neue Ordnung in der Bewertung von freier Öffentlichkeit nicht so verschieden von der bisheri-

215 NBKM BIA Fond Nr. 227, a. e. 21, l. 39. Brief vom 25.4.1878.
216 NBKM BIA Fond Nr. 227, a. e. 21, l. 53.
217 NBKM BIA Fond Nr. 227, a. e. 21, l. 57.

gen. Allein, und das ist zugleich entscheidend, der Druck auf die Individuen wuchs, ihre Loyalität durch eindeutige natonale Zuordnung zu demonstrieren.

3.4.2 Die Opština in Pirot. Übergänge

Hristov war selbst Teil dieses Prozesses der Durchsetzung der neuen Ordnung und sollte nicht als Individuum betrachtet werden, das all dies passiv erlitt. Besonders deutlich wird dies in seinen Äußerungen über die Familie der Krstini in Pirot. Hristov war empört über deren Bereitschaft, sich, wie er es sah, von den neuen Herrschern für deren Zwecke einspannen zu lassen. Ceka Krstić wurde noch in der Phase provisorischer Verwaltung der erste Kmet in Pirot, nachdem Koce Grigoriev die Stadt verlassen hatte. Hristov, der sich allem Anschein nach als Vertreter der Stadtbevölkerung betrachtete und aufgrund seines bisherigen Lebensweges berufen sah, nun in diesen öffentlichen Angelegenheiten von Belang zu sein, war nun plötzlich an den Rand gedrängt, während die „verfluchten Krstini“, wie er sie in seinen Briefen wiederholt nannte, die Geschicke der Opština lenkten.

Zwei Aspekte stehen hier im Vordergrund, erstens im lokalen Kontext die Veränderung der Position der Opština und ihrer Kompetenzen, zweitens im überregionalen Kontext die Formen der Partizipation an der neuen politischen Öffentlichkeit und Herrschaft. Beide Aspekte können zentrale Elemente des Übergangs, der Veränderung verdeutlichen – sichtbar werden beide Aspekte anhand der Karrierewege der lokalen Intelligenz, wie der bisherigen einflussreichen Čorbadžije.

Die Zäsur von 1878, sprich: die Loslösung vom Osmanischen Reich, scheint mit innergesellschaftlichen Krisen zusammenzufallen. Mitte der 1870er Jahre bahnte sich eine Krise des bisherigen Erfolgsmodells für gesellschaftlichen Aufstieg, der Steuerpacht, an. Diese wurde durch den osmanischen Staatsbankrott im April 1876 verschärft. Zeitgleich kam es zu dem im bulgarischen Narrativ zentralen Ereignis, dem „Aprilaufstand“ von 1876, einem Aufstand bulgarischer Nationalisten in der Sredna Gora, der eine harsche Reaktion des osmanischen Militärs folgte und schließlich zum Serbisch-Osmanischen Krieg im selben Jahr. Nach einer Unterbrechung von einem Jahr, zwischen Herbst 1876 und Winter 1877, wurden die Menschen erneut in Kriegsgeschehen involviert, nämlich das des Russisch-Osmanischen Krieges. Diese beiden Jahre waren, wie es auch Simeon Hristov in seinen Briefen schildert, für die Piroter in wirtschaftlicher Hinsicht eine Zeit des Niedergangs. Die bisherige Steuerpacht verlor an Bedeutung, ebenso wirkten sich die Kriegshandlungen negativ auf den Fernhandel von Pirot in Richtung Edirne und Istanbul aus.

Die angespannte Lage der Stadt Pirot äußerte sich jedoch nicht in Konflikten zwischen den konfessionellen Gemeinschaften in der Stadt. Vielmehr schrieb Simeon Hristov als jemand, der auf jedes Anzeichen eines erhofften Umsturzes achtete, über die Lage in der Stadt: Er habe nur lobende Berichte über Jordanča Paša Bakalov erhalten.[218] Dieser sei „gut mit den unseren“. Aber er habe auch „große Achtung unter den Türken“ erlangt. Dadurch sei die Situation in der Stadt ausgesprochen stabil.[219] Trotz aller wirtschaftlichen und politi-

218 Jordanča Paša Bakalov, ein Čorbadžija aus Elena (im heutigen Zentralbulgarien), der offensichtlich eine Laufbahn in der osmanischen Verwaltung eingeschlagen hatte. Vgl. Stefanova, Kniga za bălgarskite čorbadžiji, 1998, S. 246.

219 Der Handel sei unterdessen zum Erliegen gekommen. NBKM BIA Fond Nr. 227, a. e. 21, l. 59.

schen Verwerfungen entstand aus der Stadtgesellschaft heraus keine Dynamik ethnokonfessioneller Gewalt. Die einzelnen Gremien, seien es die staatlichen oder die städtischen auf konfessioneller Grundlage, wie die Obština, waren in den Krisenjahren 1876 und 1877 weiterhin maßgeblich für den lokalen Kontext geblieben. Nach 1878 änderte sich dies gründlich. Die Verachtung, mit der Simeon Hristov über Ceka Krstić schrieb, hatte ihren Grund auch darin, dass dieser letztlich jener Pirot Kmet sein sollte, mit dem die bisherige Geschichte dieser Institution endete. Es ist ausgesprochen fraglich, ob Hristov anders gehandelt hätte, vor dem Hintergrund seiner Orientierung auf den Aufbau eines starken Nationalstaats.

Die Opština wurde nun zu einem Element der staatlichen Verwaltung und stand in der neuen Hierarchie weit unten. Auch das beträchtliche Eigentum der Opština, aus dem diese bisher ihre Ausgaben, etwa zur Wohlfahrt, bestritten hatte, ging nun an den Staat über. Krstić versuchte dies zu verhindern, doch ohne Erfolg. Wie überaus gering dabei die Verflechtung mit den serbischen Behörden war, zeigen die Umwege, welche die Eingabe von Krstić nahm.[220]

Die neu ankommenden serbischen Beamten waren von der Stadt ganz und gar nicht angetan. Die Auseinandersetzungen im Jahr 1878 hatten bei den serbischen Behörden Misstrauen geweckt und Vorurteile bestätigt. Mita Rakić, der im Auftrag der serbischen Regierung in jenem Jahr unterwegs war, um eine erste Bestandsaufnahme der Kulturdenkmäler und Kirchen zu erstellen, und der sonst begeistert von dem „serbischen Charakter" der Landbevölkerung schrieb, notierte über die Piroter nur wenig Vorteilhaftes: „Die Stadt ist sehr unglücklich. Niš ist ein Belgrad für Pirot. Die Leute sind sehr schlecht, von der Erscheinung und auch sonst, wie mir versichert wird. Die Rasse ist sehr krumm und hässlich. Es gibt viele Juden." Dafür seien auch die Stadtbewohner, ebenso wie die Landbevölkerung, sehr fleißig, und es gebe ein entwickeltes Handwerk: „Das Handwerk ist sehr entwickelt: Kelims, Decken, Tücher. Der Jahrmarkt berühmt im türkischen Reich. Auch jetzt gibt es einen, doch sind viele der Jahrmarktläden im Winter zerstört worden, die einen Teil der Stadt bilden."[221]

Wesentlich für das Verständnis der Wahrnehmung der neuen Gebiete ist auch, wie Rakić reiste: Er kam als Teil des Militärs und ausschließlich in Begleitung weiterer Offiziere. Selbst in den Städten, etwa in Pirot, übernachtete Rakić bei den dortigen Offizieren. Der Kontakt zur lokalen Bevölkerung, ob in der Stadt oder auf dem Land, war eingeschränkt, und offenbar versuchte Rakic auch nicht, diesen zu erweitern. Sein Tagebuch

---

220 Nachdem der Ministerrat entschieden hatte, dass die Piroter Gemeinde all ihr Gut an den Staat zu übergeben habe, wandte sich der von Serbien eingesetzte Bürgermeister Čorbadži Ceka Krstić nicht direkt an die Institutionen, sondern an den Geschichtsprofessor und Propagandisten der serbischen Sache in Makedonien, Miloš Milojević. Der Brief erreichte Milojević über zwei Stationen: Nach Belgrad gelangte er über einen Schüler der Velika Škola (dem Vorläufer der späteren Universität) in Belgrad, der diesen dann einem Jovičić übergab. Dieser schickte wiederum den Brief dem eigentlichen Adressaten. In dem Brief bat Ceka Krstić Professor Milojević um Unterstützung gegenüber der Regierung. Die Gemeinde sei ohnehin arm, und würde man ihr jetzt noch ihren Besitz nehmen, würde es „ganz böse werden". Ceka Krstić an Miloš Milojević, 3.10.1879; zit. nach PSNG, Bd. 1, Dok. Nr. 495, S. 442.

221 Vojinović, Staniša: Fragmenti putnog dnevnika Mite Rakića koji su poslužili za pisanje putopisa „Nove Srbije", in: Pirotski Zbornik, Bd. 27–28, 2002, S. 25–41.

dokumentiert, dass er Informationen, Neuigkeiten, Geschichten ausschließlich von anderen, namentlich erwähnten Offizieren erhielt oder in der Wendung „man sagt“ festhält. Weder bei Rakić noch in anderen entsprechenden Berichten ist etwas von Wechselseitigkeit oder Interesse an Beziehungen zu den Einwohnern zu bemerken. Gesprächspartner im Lokalen hatte Rakić keine. Es tauchen weder Kaufleute noch Lehrer als Begleiter auf den Erkundungsritten auf (dies gilt für Pirot genauso wie für Leskovac und Vranje). Gemäß dem nationalen Narrativ wäre zu erwarten gewesen, dass zumindest einige Gewährsleute aus dem lokalen Kontext den „Befreier“ freudig begrüßt und ihn mit seiner neuen Umgebung vertraut gemacht haben. In den Berichten Mita Rakićs tauchen solche Personen jedoch nicht auf.[222]

Während in der Osmanischen Zeit die Vertreter des Zentrums versuchten, gerade durch den Kontakt zu christlichen und muslimischen Notabeln ihre Macht im lokalen Kontext abzusichern und Einfluss zu gewinnen, oder es bei den gewaltsamen Konflikten in den 1830er Jahren den lokalen Akteuren überließen, die Konfliktursachen auszuräumen, zeigte sich im serbischen Staat eine Umkehrung der Verhältnisse. Die Opština wurde derart geschwächt, dass ihr keine Bedeutung in den lokalen Belangen mehr zukam. Durch diese Einschränkung der Handlungsmöglichkeiten wurde der Kmet zu einem reinen Befehlsempfänger, der noch zuvor nicht nur über die Steuereintreibung eine wichtige Mittlerfunktion zwischen Kazavorstehern und Stadtgesellschaft hatte. Der Kreisvorsteher war dagegen nun in allen Belangen die einflussreichste Person, da er vor Ort den Zentralstaat repräsentierte. Dem Nachfolger Panta Srećkovićs und von den Fortschrittlern eingesetzten Kreisvorsteher Panta Drobnjak fehlte das populistische Geschick seines Vorgängers.[223] In der Lokalgeschichtsschreibung wird er als jemand beschrieben, der mit allen Mitteln die erwünschte Ordnung durchzusetzen suchte. In den Erinnerungen Todor Popovićs – der zwischen 1884 und 1886 Panta Drobnjak vertrat – beschränkte sich Drobnjaks Kommunikation mit der Stadtgesellschaft vorrangig auf einen örtlichen Barbier namens Anta Berberin, genannt „ludi Anta“ („verrückter Anta“), der ihm jeden Morgen die neuesten Gerüchte zu berichten hatte. Dieser wurde von den Pirotern als Vertrauter Drobnjaks verachtet.[224] Die Kreisvorsteher blieben lange Zeit unter sich. Bei der Amtsübergabe an seinen Nachfolger, Todor Popović, stellte Panta Drobnjak diesem seine bisherigen wenigen Vertrauten vor. Popović mied viele von ihnen und suchte sich andere Gesellschaft aus den Reihen der serbischen Beamten: „Dr. Senkijević, der Offizier Dimitrijević und Iguman Partenije“ waren seine Vertrauten, mit denen er sich bei schwierigen Fragen austauschte.[225] Als der bulgarische Politiker Todor Ikonomov im Zusammenhang mit seiner Arbeit in der zuvor erwähnten bulgarisch-serbischen Kommission, die die Konflikte an der Grenze gemeinsam lösen sollte, im Oktober 1882 Pirot besuchte, war er einerseits geschmeichelt über die Aufmerksamkeit des Načalnik. Der Piroter Kreisvorsteher (ebenjener Panta Drobnjak) hatte ihn

222 Ebenda, S. 26.

223 Panta Drobnjak war 1882–1884, dann wieder 1889, und 1896–1897 Kreisvorsteher. Popović, Popisi i Šematizam, 2010, S. 53, 114, 121.

224 Todor Popović erwähnte dies in seinen Memoiren im Zusammenhang damit, dass Anta Berberin auch ihm gleich mit dem Amtsantritt seine bis dahin üblichen Dienste anbot, was ihm Popović untersagte; Popović, Blede uspomene, 1996, S. 46. Korruption als Loyalitätsausweis; ebenda, S. 45.

225 Ebenda, S. 51.

schon an der Grenze empfangen. Der Kreis- und die Bezirksvorsteher widmeten ihm dann in Pirot ihre ungeteilte Aufmerksamkeit. Dies wiederum bedauerte Ikonomov, da er dadurch, wie er schrieb, nicht in Kontakt mit den Einwohnern treten konnte.[226] Ikonomov kann dabei nicht unterstellt werden, er habe in seinem 1882 erschienen Reisebericht als glühender bulgarischer Patriot die Verhältnisse in besonders dunklen Farben gezeichnet. Im Gegenteil: In seinem einzigartigen Reisebericht, der eine Seltenheit für dieses Genre darstellt, versuchte er beim bulgarischen Lesepublikum um Verständnis für das „Brudervolk" zu werben. Es sei nun einmal ein Ergebnis des Berliner Vertrages, wenn Pirot nun in Serbien sei, und schließlich stünden sich beide Völker so nahe, dass daraus keine Streitigkeiten um Territorien entstehen sollten. Sonst würde es solche immerzu geben, da sich beide Völker kaum unterscheiden ließen. Und wenn die Piroter zum größten Teil an Bulgarien orientiert seien, dann solle ihnen die serbische Regierung jene Rechte zugestehen, die sie nach dem Berliner Vertrag den Muslimen zugestanden habe. Dann wären alle potentiellen Ursachen für mögliche Konflikte beseitigt.[227] Für den Moment aber stellte Ikonomov fest, dass die Piroter Städter den serbischen Beamten auch fünf Jahre nach deren Ankunft aus dem Weg gingen. So führte er an, dass der Kreisvorsteher ihm gegenüber bedauert habe, dass es ihm immer noch nicht gelungen sei, mit den hiesigen Honoratioren Freundschaften zu schließen. Die Menschen hielten sich abseits der Beamten und würden ihm aus dem Weg gehen.[228]

Spas Vacov, der Freund Simeon Hristovs, berichtete Konstantin Jireček ein Jahr zuvor Ähnliches. Vacov, Jirečeks Mitarbeiter im bulgarischen Erziehungsministerium, konnte immerhin nach Pirot reisen und seine Eltern besuchen. Soweit scheinen die Konflikte aus den Jahren zuvor nicht den Abbruch aller Kontakte bedeutet zu haben. Allerdings waren Vacovs Beschreibungen deutlich stärker in eine nationale Richtung aufgeladen:

> Dort stehen die Dinge schlecht. Die Stadt blühte während ihres Handels mit Vidin, Sofia und Dupnica, jetzt hat die Grenze diese Arterien durchschnitten, alles ist im Stillstand, gar kein Handel, alles wie tot, die Leute säßen ohne Beschäftigung in ihren leeren Läden herum. Das habe sich auch auf ihre politischen Sinne ausgewirkt. Bis heute trügen sie den Fes, damit sie nicht gezwungen seien, den Načalnik und seine Beamten zu grüßen, und weil sie „nicht befreit worden" seien. Die Beamten dort lebten wie in Gefangenschaft, niemand besuche sie. In den Häusern hingen die Portraits des russischen Zaren und des bulgarischen Fürsten, doch nirgendwo Milans (dem serbischen Fürsten, Anm. N. St.). Dort gebe es ein Realgymnasium mit drei Jahrgangsstufen, die Lehrer seien Halbwilde.[229]

---

226 So v. a. in den Erinnerungen seines Sohnes Fotije Stanojević, die in den 1990er Jahren neu herausgegeben wurden; Stanojević, Fotije A.: Pirot i pirotske prilike, hrsg. von Lilić, Borislava, Pirot, 1996. Kritisch dazu: Ciric, Dejan: Local History in 19th-Century Serbia. Two Memoirs, http://www.balkanalysis.com/serbia/2009/02/09/local-history-in-19th-century-serbia-two-memoirs/, zuletzt abgerufen: 18.4.2017.

227 Ikonomov, Todor: Pisma za Sărbija, Ruse, 1883, S. 12.

228 Ebenda, S. 14.

229 Irečеk, Bălgarski dnevnik, Bd.1, S. 336.

Der Piroter Okrug hatte von 1878 bis 1914 insgesamt 26 Vorsteher. Dabei war Panta Drobnjak, der die ersten Jahre unter serbischer Herrschaft prägte, mit sechs Jahren (mit Unterbrechungen) am längsten Amtsinhaber tätig. Mehr als 20 der Načalnici waren weniger als ein Jahr im Amt.[230] Das mag u. a. ein Grund für die Schwierigkeiten und die Distanz zwischen den Vertretern der neuen Zentralverwaltung und der Stadtgesellschaft gewesen sein.

3.4.3 Lokale Gewährsleute. Das Alte im Neuen

Der einzige Vertraute aus dem lokalen Kontext, der in die neuen Herrschaftsstrukturen mit einbezogen wurde, war Aranđel Stanojević. Im Gegensatz zum vergessenen Simeon Hristov ist Stanojević in der gängigen Historiografie Lichtgestalt und Personifikation der tiefen Verbundenheit der Menschen dieser Region zu Serbien.[231] Allerdings lebte er zunächst gar nicht in Pirot, sondern im 30 km entfernten Städtchen Trn, das nun zu Bulgarien gehörte (zu Trn selbst, vgl. Einleitung).

Eine schon in der osmanischen Zeit einflussreiche Persönlichkeit war der bereits erwähnte Aranđel Stanojević/Rangel Stanoev. Wie ausgeführt, wurde dieser in der Geschichtsschreibung im Unterschied zum vergessenen Simeon Hristov zur regionalen Lichtgestalt, dessen politisches Wirken belegen sollte, dass nicht nur der in Serbien verbliebene Teil der Region serbisch orientiert war.[232] Stanojevićs Aufstieg verlief in ähnlichen Bahnen wie jener des Mali Rista, der im Kapitel zuvor beschrieben wurde. Auch Stanojević stieg in das Geschäft der Steuerpacht ein, vermutlich jedoch nicht in demselben Umfang wie Mali Rista. Stanojević war einer der lokalen Čorbadžije, die während der Inspektionsreise des Großvezirs 1860 mit Strafen belegt wurden. Stanojević wurde beschuldigt, als Steuerpächter in den Dörfern um Leskovac den Menschen über 180.000 Groschen zu viel abgenommen zu haben.[233] Offensichtlich konnte er sich aber nach einiger Zeit wieder als einflussreiche Person in Trn etablieren. Mit dem Beginn des Krieges 1877 stellte er seine Dienste dem serbischen Militär zur Verfügung. Vielleicht entstammte sein energisches Handeln zugunsten der serbischen Regierung auch aus der Konkurrenz mit Sima Sokolov. Dieser war als Kind mit einer „Tajfa“, einer Handwerker-Wandergemeinschaft, nach Belgrad gelangt und dort im Umfeld der Obrenovići aufgewachsen. Als serbischer Offizier wirkte er dann an der Eroberung Trns mit.[234] Es ist denkbar, dass sich Stanojević vermittels seiner zahlreichen Briefen und Eingaben an die serbischen Behörden für die Zeit nach dem Krieg positionieren wollte und nicht zuletzt mit Sokolov um wichtige Positionen konkurrierte. Stanojević tat zumindest alles, um hinter den Verdiensten Sokolovs nicht zurückstehen. In der Tat hatte er sich gut positioniert und war während der serbischen Verwaltung Trns von Anfang 1878 bis Juni 1879 die maßgebliche Person, die alle wichtigen Entscheidungen traf. Wie im benachbarten Pirot hatten sich auch in Trn die für Bulgarien optierenden Lehrer,

230 Vlajković, Radovan: Skupštinski izbori u Pirotskom okrugu, 1878–1914, Pirot, 1988, S. 26.

231 Stojančević, Kodžobaša, 1979.

232 Ebenda. Ders.: Još jedan objavljeni istorijski izvor o Znepolju i Pirotu iz vremena oslobođenja od Turaka 1877/78. godine, in: Stanojević, Pirot i pirotske prilike, 1996, S. 47–49.

233 Kostov, Stamen und Jordanov, Mitko: Grad Trăn, Sofija, 2011, S. 96. Über die Strafe ist nichts Weiteres bekannt, außer vielen Erzählungen, wie auch bei Mali Rista.

234 Iliev, Nikola: Kapitan Simo Sokolov. Trănskoto văstanie ot 1877, Sofija, 2000.

wie Tako Peev, aus der Ortschaft zurückgezogen.[235] Doch im Unterschied zu Pirot gab es in dem kleinen Ort keine vergleichbaren Auseinandersetzungen zwischen der Stadtgesellschaft und der neuen Verwaltung. Dies könnte auch an Stanojević gelegen haben, der bis heute in der bulgarischen Überlieferung einen überaus schlechten Ruf als Čorbadžija genießt und sich durch Grausamkeit und Willkür ausgezeichnet habe.[236] Beide Momente, das des serbischen Patrons und jenes des grausamen Čorbadžija, finden in einem Bericht Mita Rakićs über seinen Aufenthalt in Trn zusammen: Bevor es zu einer Zusammenkunft kam, notierte Rakić, dass er im Hinblick auf die Person von Stanojević gewarnt worden sei. Dieser sei verschlagen und grausam. So erpresse er von den Bauern Unterschriften unter Schuldscheine, indem er ihnen Nadeln unter die Fingernägel stechen lasse.[237]

Offensichtlich verflogen alle Bedenken, die etwa Mita Rakić noch vor seiner Bekanntschaft mit Stanojević hatte, angesichts der Tatsache, einen derart zuverlässigen Gewährsmann für die serbische Sache in einer Region zu haben, deren Verbleib in den künftigen Staatsgrenzen Serbiens nicht sicher war. Stanojević gehörte zu den wenigen Auserwählten, die vor dem serbischen Fürsten Milan ihre Dankbarkeit für die Befreiung bekunden durften, oder auch auf Reisen an den Zarenhof die eindeutige Orientierung der Region auf Serbien verbürgen sollten.[238] Offensichtlich war Stanojević bis Mitte 1879 auch in Bulgarien gefragt, obwohl er zu dieser Zeit bereits Trn in Richtung Pirot verlassen hatte, nachdem klar war, dass Trn zu Bulgarien gehören würde. So sollen ihm der bisherige Kajmakam (Bezirksvorsteher) von Trn, sowie der ehemalige Mutesarif (hochrangiger Verwaltungsbeamter eines Sandžaks) von Pirot, Jordanča Paša Bakalov, angetragen haben, Mitglied der bulgarischen Konstituante zu werden.[239]

Der Weggang aus Trn bedeutete für Stanojević keine Machteinbuße. Im Gegenteil. In Pirot wurde Stanojević von den serbischen Beamten und dem Bezirksvorsteher größte Achtung entgegengebracht. Symbolisch zeigte sich dies darin, dass Stanojević das dominanteste Gebäude im zentralen Stadtteil Pazar, der Konak des Paša, übergeben wurde.[240] Auch in die Leitung der Verwaltung wurde Stanojević umgehend einbezogen. Als einer der wenigen Vertreter der lokalen Gesellschaft fand er sich nun in der Position des Leiters des Kreisgerichts wieder. Kurz darauf waren er und der Kmet der Stadt, Ceka Krstić, die beiden ersten Abgeordneten von Pirot und Umgebung. Mit seinem politischen Aufstieg ging auch der Ausbau seiner wirtschaftlichen Position einher. Ganz im bisherigen Verständnis der Repräsentation von gesellschaftlichem Status verankert, kaufte er einem der muslimischen

235 Manolova-Nikolova, Nadja: Edno pismo ot Znepolski Peev arhiv, in: Etničeski i kulturni prostranstva na Balkanite, Bd. 1, Minaloto. Istoričeski rakursi, Sofija, 2008, 565–571, hier 570.

236 Kostov/Jordanov, Grad Trăn, 2011, S. 80.

237 Vojinović, Staniša: Rukopis dnevnika Mite Rakića sa puta po krajevima oslobođenim 1877–1878, in: Leskovački Zbornik, Bd. 18, Leskovac, 2003, S. 48–86, hier S. 55.

238 Stojančević, Kodžobaša, 1979.

239 Nadja Manolova-Nikolova schreibt von einer Initiative des ehemaligen Mutesarifs von Trn, Kiroš Efendi, und Jordanča Paša, während der Konstituante in Tărnovo zwischen Tako Peev und Rangel Stanoev/Aranđel Stanojević zu vermitteln und Letzteren von der Teilnahme an der Konstituante zu überzeugen. Doch dies bleibt angesichts mangelnder Ausführungen dazu unklar; Manolova-Nikolova, Edno pismo, 2008, S. 570.

240 Ćirić, Dušan: Mustaf Agin Konak. Dom Aranđela Viteza Trnskog, in: Pirotski Zbornik, Bd. 3, 1973, S. 71–84.

Notablen dessen gesamten Čiflik im Nordwesten von Pirot ab, das heutige Dorf Vranište. Seine Korrespondenz mit den betreffenden Ministerien zeigt ebenso, wie Stanojević sich auch darum bemühte, dass seine schon älteren Söhne gute Grundlagen für eine Beamtenlaufbahn erhielten und trotz mangelnder Qualifikation Klassen überspringen oder Abschlüsse bekommen sollten.[241] Seinem jüngsten Sohn gelang dies auch: Fotije Stanojević machte Karriere als Diplomat im Dienst des Außenministeriums.[242]

Anhand des Lebenswegs Aranđel Stanojevićs wird sichtbar, wie der Übergang eines lokalen Potentaten zu einem wichtigen Gewährsmann der neuen Herrscher aussehen konnte. Hier wird die Kontinuität der Dominanz der bisherigen Honoratioren gegenüber der jüngeren Generation sichtbar, die eine Ausbildung nach westlichem Muster absolviert hatte, die ihnen eine erfolgreiche Laufbahn im Staatsapparat garantieren sollte. Im lokalen Kontext behielten somit die alten Čorbadžije die Oberhand in Anlehnung an die neue Staatsmacht. Zweifellos war das auch den besonderen Verhältnissen in Pirot geschuldet, wo der größere Teil der bisherigen städtischen Oberschicht außen vor blieb – sei es, weil sie als Muslime die Stadt verlassen hatten, sei es, dass das wechselseitige Misstrauen zu groß war. Den Piroter Čorbadžije wurde Aranđel aus dem kleinen Marktfleck Trn buchstäblich vor die Nase gesetzt. Und um zu demonstrieren, was sie von der Zurückhaltung der Piroter hielten, setzten die serbischen Behörden Aranđel in den Amtssitz des Mutesarifen, mitten in Pazar, dem Viertel der alteingesessenen Piroter Familien.

Die Einbeziehung Aranđel Stanojevićs war nicht nur eine Demonstration der serbischen Verwaltung, wie wahrhaftige Loyalität belohnt werden konnte. Sie war ebenso aussagekräftig hinsichtlich des Stellenwerts der lokalen Selbstverwaltung. Zwar spielte die lokale Selbstverwaltung gerade in der serbischen Politik der 1870er eine prominente Rolle und war mit der Verfassung von 1875 auch als Institution festgeschrieben worden. Doch in der Praxis war solche Selbstverwaltung von minderer Bedeutung. Obwohl die lokale Selbstverwaltung durch die Zusammenarbeit der einzelnen Verwaltungsebenen den Kontakt und damit Integration hätte gewährleistet werden könnten, gab der serbische Staat die lokale Selbstverwaltung in Gestalt des Pirotsko Obštestvo auf. Die Amtsträger verließen sich stattdessen lieber auf zuverlässige und mächtige Einzelpersonen wie Aranđel Stanojević. Während in der Phase der Tanzimatreformen die Bedeutung einzelner Potentaten zu schwinden und jene lokaler Gremien und der neuen Institutionen zu wachsen begonnen hatte, fiel die serbische Verwaltung mit der Abschaffung der lokalen Selbstverwaltung hinter das während der Tanzimat Erreichte zurück. Insofern bedeutete die Form der Einbeziehung dieser Region in die neuen Nationalstaaten einen Rückschritt gegenüber dem Stellenwert der lokalen Selbstverwaltung im Osmanischen Reich, griff doch der serbische Staat auf Verfahrensweisen zurück, die vor der Epoche der Tanzimat prägend waren. Das Vorurteil, dass schwache Institutionen auf dem Balkan ein Erbe der osmanischen Zeit seien, offenbart sich hierin als deutlich reduktionistisch. In der Epoche der osmanischen Herr-

241 Brief Aranđel Stanojevićs an das Bildungsministerium vom 12.3.1880, mit der Bitte, dass zwei seiner Söhne zwei Schulklassen überspringen können. Die Bitte wird vom Ministerium abschlägig beschieden. Bildungsministerium an Raša Milošević, seinerzeitigem geschäftsführendem Leiter des Realgymnasiums Pirot vom 10.4.1880; zit. nach PSNG, Bd. 1, Dok. Nr. 524, S. 475 sowie Dok. Nr. 530, S. 480.

242 Stanojević, Pirot i pirotske prilike, 1996.

schaft hatten sich unterschiedliche Herrschaftstraditionen entwickelt: einerseits die Tradition der Selbstverwaltung (die im bulgarischen nationalen Narrativ von seinem osmanischen Kontext separiert und als nationales „Văzraždane" camoufliert wird) und andererseits die Tradition der Willkürherrschaft einzelner Potentaten. Das sich hier Letztere durchsetzte, ist das Ergebnis der Herrschaftspraktiken der Behörden der neuen Nationalstaaten.

Wolfgang Höpken hat die Diskussion, die in der bulgarischen Geschichtswissenschaft lange über die Einschränkung der Handlungsspielräume der Opština geführt wurde, zu Recht als unbefriedigend bezeichnet.[243] Die Gegenüberstellung der Notwendigkeit einer Modernisierung und des Verlustes der Selbständigkeit hat Höpken um den Aspekt erweitert, dass die Gemeinden vor neue Anforderungen in der Verwaltung gestellt wurden, denen sie nicht gewachsen waren.[244] Dies habe andere Formen der Kompetenz erfordert, für welche die Beamten mit der entsprechenden Ausbildung besser geeignet gewesen seien. Zwar habe die Gemeinde bei der Ernennung solcher neuer Beamten kein Mitspracherecht gehabt, doch letztlich sei dies auch durch den Mangel an Fachkenntnissen zu erklären. Es ist Höpken zuzustimmen, dass neue Herausforderungen hinzukamen. Doch in einigen Punkten ergeben sich mögliche andere Akzentuierungen. So sollten die Organisation und die Arbeitsteilung in den Kaza-Medžlise, wie im vorangegangen Kapitel gezeigt, nicht unterschätzt werden. Die Diskussion um die Fähigkeit der Gemeinden zur Selbstverwaltung wurde schon von den Zeitgenossen geführt. So setzten sich die Vertreter aus den neuen Gebieten bei den ersten Sitzungen der neu gewählten Volksversammlung in Serbien nach der Eingliederung der neuen Gebiete dafür ein, dass die bisherigen Gemeinden erhalten bleiben sollten – auch wenn sie Favoriten der Obrigkeit waren, wie der hier zitierte Kole Rašić. Auf das Argument eines Abgeordneten, die Menschen aus den neuen Gebieten seien zur Selbstverwaltung nicht fähig, antwortete Kole Rašić aus Niš, ein enger Vertrauter des Fürsten Milan:

> Aleksa Petković sagt, dass die hiesigen Leute Selbstverwaltung fordern, aber weder wissen, wie diese funktioniert, noch was diese bedeutet. Ich werde denen beweisen, dass sie wissen, was das ist. Zur Zeit des Osmanischen Reiches haben unsere Leute ihre Kmeten allein unter sich ausgewählt, und nicht wie jetzt, wenn sie von der Herrschaft ausgewählt und eingesetzt werden.[245]

Hierin zeigt sich ein ausgeprägtes Selbstbewusstsein der bisherigen Obština. So reichten die Städter aus Vranje bei den ersten Sitzungen der Volksversammlung 1879 eine Petition ein, das Gesetz zu den Gemeinden in seiner Fassung von 1875 solle auch auf die neuen Gebiete angewendet werden. Auch aus Pirot wurde eine Petition mit der Forderung vorgelegt, dass dieselben bürgerlichen Freiheiten – unter die notwendig auch jene nach der Wahl der Ge-

---

243 Höpken, Wolfgang: Zentralstaat und kommunale Selbstverwaltung in Bulgarien 1880–1910. Zum Charakter eines Modernisierungskonfliktes, in: Jahrbücher für Geschichte Osteuropas, Bd. 39, 1991, S. 199–213, hier S. 205.

244 Ebenda, S. 212.

245 Ebenso weist Kole Rašić darauf hin, dass die Gemeinden auch die Finanzen verwaltet hätten; Stojičić, Novi krajevi Srbije, 1975, S. 48.

meindeorgane zu zählen seien – dort gelten sollten, wie innerhalb der alten Grenzen Serbiens.[246]

Drittens kommt hinzu, dass in Pirot die serbische Verwaltung nicht allein von dem Zugewinn an modernen formalen Kompetenzen motiviert war, sondern eine gezielte Ausgrenzung aufgrund des Verdachts des Mangels an Loyalität bei den Piroter Städtern betrieb. Viertens ist, wie es Höpken für Bulgarien selbst thematisiert, die Eignung der aus dem serbischen Kerngebiet kommenden Beamten ausgesprochen fragwürdig. Todor Popović, der 1884 sein Amt als Načalnik des Kreises Pirot antrat, war keineswegs begeistert von den Fähigkeiten seiner Landsleute. Die serbischen Beamten, die nach Pirot geschickt würden, trügen nicht dazu bei, dass der „serbische Geist wieder aus seinem Grab erwacht". Im Gegenteil, die „geldgierigen Beamten", diese „Šumadinci, die sich hier herumtreiben", seien „arm an Ideen und in Alltagsintrigen verstrickt und tragen dazu bei, dass sich die Bewohner der serbischen Herrschaft nicht zuwenden". [247]

3.5 Loyalitäten im Umbruch

Wie tiefgreifend die hier behandelten Veränderungen waren, in welcher Form Integration, Partizipation oder Ausgrenzungen erfolgten, lässt sich mit der Fokussierung auf das Stichwort Loyalität gut veranschaulichen. Im Hinblick auf das Osmanische Reich stand Loyalität schon im Blickpunkt, doch das Konzept von Loyalität erscheint auch hilfreich, um der Essentialisierung nationaler Zugehörigkeit zu entgehen. Wie Hannes Grandits in seiner Arbeit zur spätosmanischen Herzegowina gezeigt hat,[248] lässt sich vermittels der Analyse der Veränderungen von Loyalitäten auch die Transformation zum Ende der osmanischen Herrschaft in diesem Raum als gesellschaftlicher Prozess begreifen, der sich nicht auf eine Dimension und noch weniger auf konfessionelle oder ethnische Zugehörigkeit reduzieren lässt.[249] Dabei stehen die Beziehungen zwischen den einzelnen gesellschaftlichen Gruppen im Vordergrund und nicht abstrakte „Wesenheiten" wie Nation und Religion.

Das Stichwort der „conflicting loyalities", das schon produktiv die Ambivalenzen und Widersprüche in den konkurrierenden Formen von Herrschaft und Zuordnungen in der spätosmanischen Epoche sichtbar machen konnte,[250] wird hier in abgewandelter Form aufgegriffen. Es handelt sich weniger um Loyalitäten im Konflikt, als um Formen von Loyalitäten im Umbruch. Die bisherigen Praktiken von Herrschaft und Unterordnung, Gefolgschaft und Schutz begannen sich zu verändern. Diese Veränderung brachte Herausforderungen mit sich, welche die Städter wiederum mit ihren bisherigen Vorstellungen und Handlungen in Einklang zu bringen hatten. Loyalitäten im Umbruch deutet auch auf die Kontinuitäten hin, die von einer essentialisierenden Geschichtsschreibung, derzufolge die

---

246 Ebenda, S. 46 f.

247 Popović, Blede uspomene, 1996, S. 59.

248 Grandits, Herrschaft und Loyalität, 2008.

249 Ebenda, sowie Clayer, Nathalie, Grandits, Hannes und Pichler, Robert (Hrsg.): Conflicting Loyalties in the Balkans. The Great Powers, the Ottoman Empire and Nation-Building, London/New York, 2010.

250 Ebenda.

Menschen von „Fremdherrschaft befreit" werden, unterschlagen werden. Stattdessen stehen in dieser Untersuchung die Praktiken beider, der staatlichen Herrschaft wie auch der lokalen Gesellschaft, sowie die Möglichkeiten und Grenzen von Aushandlung im Vordergrund. Es ist dies ein implizit diachroner Vergleich der Handlungsspielräume, der die Intensität staatlicher Einwirkung und die Formen, in denen Loyalität eingefordert wird, sichtbar werden lässt und zeigt, wie Loyalität letztlich geleistet wurde. Die Anlehnung an „conflicting loyalities" deutet auf den Gegensatz zwischen Herrschaft und Gesellschaft hin, der für die osmanische Epoche in den national zentrierten Narrativen stark betont wird, danach aber nicht mehr berücksichtigt wird.

Nichtsdestotrotz sind die Kategorien von Religion und Nation und deren essentialisierende Dimension durch den Fokus auf Loyalität im Umbruch relevant – worauf noch ausführlich in Kapitel 4 eingegangen wird. In erster Linie bilden sie für die Protagonisten des Nationalstaats Schlüsselelemente ihres Verständnisses von gesellschaftlicher Ordnung. Der zukünftige Staat wurde von Politikern und Intellektuellen, was zumeist zusammenfiel, immer auch als modern gedacht. Dem gegenüber stand der Orient und damit Islam für eine überholte modernisierungsfeindliche Ordnung, die dem Neuen rasch weichen sollte. Aus dieser Perspektive war insbesondere für die Muslime der neuen Gebiete kein Platz in dieser Ordnung vorgesehen. Diese hatten nicht einmal die Chance, ihre Loyalität zum neuen serbischen Staat zu bekunden, wie ihnen umgekehrt eigentlich durch den Berliner Vertrag alle Rechte und die Unantastbarkeit ihres Eigentums zugesichert worden waren.[251]
Allgemein dominieren mittlerweile zwei Perspektiven auf diese Umbruchssituation: Einerseits werden in den Historiografien der Balkanländer Flucht und Migration der muslimischen Bevölkerung weiterhin nicht grundlegend in Frage gestellt, andererseits hat sich in den letzten Jahren insgesamt die Diskussion in die Richtung zugespitzt, ob es sich um eine „intentionale Vertreibungspolitik" über einen langen Zeitraum gehandelt hat.[252] Die Fokussierung auf einen über mehr als ein Jahrhundert andauernden Prozess, in dem die muslimische Bevölkerung von den neuen christlichen Staaten zur Aufgabe ihrer Heimat und Emigration gezwungen wurde, wird der Komplexität und den einzelnen präziser zu fassenden Epochen nicht gerecht.[253]

Für die hier behandelte Epoche war die Emigration von Muslimen v. a. eine Folge des Krieges in Verbindung mit einer veränderten rechtlichen und politischen Situation, sowie „Reflex auf sehr viel subtilere Veränderungen von Lebenswelten".[254] Gleichwohl ging der Flucht eines Großteils der muslimischen Bevölkerung massive Gewalt voraus: sowohl im

251 Artikel 35 des Berliner Vertrags: „In Serbien darf der Unterschied des religiösen Glaubens und der Bekenntnisse Niemandem gegenüber geltend gemacht werden als ein Grund der Ausschließung oder der Unfähigkeit bezüglich des Genusses der bürgerlichen und politischen Rechte, der Zulassung zu den öffentlichen Diensten, Aemtern und Ehren oder der Ausübung der verschiedenen Berufs- und Gewerbszweige, an welchem Orte es auch sei." Zit. nach Wikisource, Berliner Vertrag.

252 Höpken, Exodus, 2013, S. 309; McCarthy, Justin A.: Death and Exile. The Ethnic Cleansing of Ottoman Muslims, 1821–1922, Princeton, 1996.

253 Vgl. Pezo, Edvin: Zwangsmigration in Friedenszeiten? Jugoslawische Migrationspolitik und die Auswanderung von Muslimen in die Türkei (1918 bis 1966), München, 2013; Müller, Staatsbürger auf Widerruf, 2005.

254 Höpken, Exodus, 2013, S. 309.

zukünftigen Bulgarien seitens der russischen Truppen und der bulgarischen Freiwilligen als auch in den von Serbien eroberten Gebieten. Nach dem Ende der Kriegshandlungen kam es in Bulgarien zur teilweisen Rückkehr vieler geflohener Muslime. Zugleich betrieb die serbische Regierung, die zwar ebenso an die Vorgaben des Berliner Vertrages gebunden war, eine Politik, die in der fast vollständigen Vertreibung insbesondere der ländlichen muslimischen Bevölkerung resultierte.[255]

Jedoch sollte dies nicht dazu verleiten, in Umkehrung der nationalen Narrative der reibungslosen, gesetzmäßigen und demografischen Veränderungen darin einen Automatismus zu sehen, in dem die Errichtung neuer Herrschaft notwendig die sofortige Migration der muslimischen Bevölkerung bedeutete. Vielmehr handelte es sich, wie auch Höpken betont, um einen langwierigen Prozess. Die Migration der muslimischen Piroter lässt sich in drei Phasen einteilen: erstens die Phase der Flucht des größten Teils der Stadtbevölkerung noch während des Krieges 1877–1878. Diese war von unmittelbar danach einsetzenden Plünderungen und Requirierungen begleitet. Die serbische provisorische Verwaltung erließ nur wenige Wochen nach ihrer Ankunft zunächst die Verordnung zur Erfassung muslimischen Besitzes und unmittelbar danach eine Verordnung zur Nutzung des Landbesitzes der Geflohenen. Staatliches Eigentum, sei es Landbesitz oder ihre Läden, wurde dabei befristet auf ein Jahr zur Nutzung gegen eine Pachtgebühr versteigert. Für Čifliks wurde die Regelung getroffen, dass jene, die bis dahin auf den Landgütern der Muslime gearbeitet hatten, dies fortsetzen sollten, mit der Ankündigung, dass die Besitzverhältnisse in nächster Zeit ohnehin neu geregelt würden. Ziel war es, die Versorgung mit Getreide, nicht zuletzt für die Armee, zu gewährleisten.[256]

Die zweite Phase, von Sommer 1878 bis Ende der 1880er Jahre, war geprägt von der Rückkehr einzelner Muslime oder zum Teil ganzer Familien, die den Verkauf ihres bisherigen Besitzes regeln wollten.

Die dritte Phase, von den 1890er Jahren bis in die Zeit vor den Balkankriegen, war geprägt von der endgültigen Migration der letzten muslimischen Familien und der allmählich einsetzenden, graduellen Veränderung des Stadtbildes, was gemeinhin als Entosmanisierung beschrieben wird. Im Unterschied zu Bulgarien, wo der Staat insbesondere im Nordosten kaum sein Gewaltmonopol durchsetzen konnte und sich Banden bildeten, die für einen permanenten Ausnahmezustand sorgten, behielt die serbische Armee in weiten Teilen die Kontrolle (mit Ausnahme eines Teils der neuen serbisch-osmanischen Grenze). Zudem waren weite Teile des bis dahin muslimisch besiedelten Gebietes entvölkert.

Dabei zeigt sich in Pirot wiederum auch ein Unterschied zu der Situation in den von Serbien eingenommenen Gebieten weiter südlich um Vranje und Leskovac. Es war bemerkenswert, wie lange trotz der widrigen Umstände muslimische Familien in Pirot blieben und die Beziehungen zwischen einzelnen christlichen und geflohenen muslimischen Pirotern bestehen blieben. Dass die muslimischen Familien letztlich doch endgültig auswan-

---

255 Ebenda, S. 318. Schätzungen zufolge waren im Russisch-Osmanischen Krieg 1878 bis zu 1,5 Millionen Menschen auf der Flucht. Ebenda, S. 304.

256 Đoka Stefanović an Alimpije Vasiljević, 20.1.1878, AS, PO, k. 64, Nr. 133; zit. nach PSNG, Bd. 1, Dok. Nr. 313, S. 256; Alimpije Vasiljević an alle Verwaltungen in den befreiten Gebieten, 15.2.1878, AS, PO, k. 64, Nr. 137; zit. nach ebenda, Dok. Nr. 328, S. 268.

derten, lag nicht in Konflikten in der Stadt begründet, sondern hatte externe Ursachen. Auch während des Krieges und des Anrückens der serbischen Armee kam es in der Stadt zu keiner Gewalt zwischen den Konfessionen. Trotz der herrschenden Panik sowie der wachsenden Armut wurden die Beziehungen untereinander davon nicht beeinträchtigt, wie Simeon Hristov seinem Freund Spas Vacov schrieb. Es waren v. a. die Panik vor der russischen Armee, Gerüchte über die Untaten der Einheiten des Generals Josef Gurko, welche die Muslime zum Verlassen der Stadt veranlassten: „Турските фамилий почнали да се иселват из Пиротъ. Също се селват и из Паланка. Вижда се, че туй ще е от Гурковата експедиция.“[257]

Die daraufhin unmittelbar einsetzenden Plünderungen der Häuser der geflohenen Piroter Muslime sollten nicht unbedingt als Beleg für die Existenz latenter innerstädtischer Spannungen gedeutet werden. Darauf deutet zumindest eine Auseinandersetzung innerhalb der Armeeführung hin. Der Offizier Jevrem Marković, der Bruder eines der ersten serbischen Sozialisten Svetozar Marković, wurde beschuldigt, sich widerrechtlich Eigentum aus muslimischen Häusern angeeignet zu haben.[258] Es ist wahrscheinlich, dass die Armeeführung Jevrem gegenüber sehr misstrauisch eingestellt war und ihn verdächtigte, mit den Ideen seines Bruders zu sympathisieren. Jevrem Marković verteidigt sich, die Soldaten unter seinem Befehl seien lediglich auf der Suche nach Brennmaterial gewesen und hätten deswegen einige alte Holzhäuser demontiert. Im Unterschied dazu seien es hauptsächlich die Bauern aus der Umgebung gewesen, die umfassende Raubzüge in den verlassenen Häusern der Muslime unternommen hätten.[259] Vor dem Hintergrund der Anschuldigungen gegen Jevrem Marković, die in erster Linie dazu gedacht waren, diesen aus dem Offiziersstand zu entfernen, und weniger in der Sorge um den Besitz der Piroter Muslime wurzelten, wird deutlich, dass die Soldaten den Impuls zu den Plünderungen gaben, indem diese damit begannen, in Häuser einzudringen und diese danach zu zerstören. Die Sanktionslosigkeit dieses Verhaltens, die sich offenbar schnell herumsprach, hatte sicher stimulierende Wirkung auf die Menschen aus den Dörfern. Bemerkenswert ist hingegen, dass die christlichen Städter als bei den Plünderungen Beteiligte in der amtlichen Korrespondenz nicht in Erscheinung traten.[260]

Doch die partiellen Verwüstungen der ersten Wochen hatten zunächst keine grundlegende Auswirkung auf das Stadtbild. Todor Ikonomov, einer der bekannteren bulgarischen Protagonisten des so genannten „Văzraždane“ und nun Minister, machte 1882 auf seiner Reise nach Belgrad wegen der Regelung der Grenzstreitigkeiten in Pirot Station.[261]

---

257 NBKM BIA Fond Nr. 227, a. e. 21, l. 36a; Brief vom 4.11.1877: „Die türkischen Familien haben begonnen, Pirot zu verlassen. Auch Palanka verlassen sie. Es sieht so aus, als sei es eine Folge der Expedition von Gurko.“

258 Zit. nach PSNG, Bd. 1, Dok. Nr. 286, S. 209. Jevrem Marković, Bruder des Sozialisten/Volkstümlers Svetozar Marković, und selbst in dieser Richtung politisch aktiv, wurde noch im Mai 1878 wegen seiner Beteiligung an einer Meuterei von Soldaten in Topola zum Tode verurteilt.

259 Zit. nach ebenda, Dok. Nr. 286, S. 212.

260 Alimpije Vasiljević an das Načelstvo des Okrug Pirot, 9.10.1879; zit. nach ebenda, Dok. Nr. 395, S. 344. Die Vermutung könnte auch naheliegen, dass die Armee nach den Requirierungen bei der Landbevölkerung, die diese sicherlich hart getroffen hatten, die Bauern gleichsam im Tausch dafür bei den Plünderungen gewähren ließ.

261 Der Reisebericht *Pisma iz Srbija*, 1883 erschienen, ist von besonderer Faszination, da es sich um eine

Ikonomov, der dieses Gebiet offenbar von vorherigen Reisen kannte, stellte fest, dass sich die Stadt nach vier Jahren kaum verändert habe. In ihrem Aussehen und Zustand sei es noch eine rein türkische Stadt. Ikonomov führte insbesondere die intakte orientalische Struktur der Viertel und Gassen, die Fortexistent der hölzernen Čaršija an. Viele muslimische Familien hätten Pirot verlassen, doch einige lebten noch in der Stadt. Zugleich hielten sich viele Muslime wieder in der Stadt auf, deren Familien Pirot verlassen hätten, um den Verkauf ihres Besitzes zu regeln. Dies stellte für Ikonomov auch einen Grund dar, weshalb die Moschee noch intakt und als Glaubensstätte in Funktion war.[262]

Todor Popović, der zwei Jahre später (1884) als Načalnikvorsteher des Okrug Pirot eingesetzt wurde, hob in seinen Erinnerungen insbesondere die Präsenz der letztgenannten Gruppe der muslimischen Piroter hervor. Es schien ihn zu überraschen, dass „man in der Gerichtshalle der Gemeinde häufig auf Türkisch lebte, richete und sprach".[263] Es mag sicherlich eine Übertreibung Popovićs sein, da es offensichtlich für den Beamten aus der Šumadija ungewöhnlich erschien, dass „die Türken" in Pirot noch derart präsent waren. Doch nicht zuletzt in Nebensätzen seiner Erinnerungen zeigt sich eine Wirklichkeit, die jenseits der Vorstellung von konfessionellen Antagonismen und der Selbstverständlichkeit des Wegzugs der Muslime lag: Bei dem Übersetzer, der für die serbischen Beamten nötig war, handelte es sich um einen ehemaligen Militär, der eine Muslimin geheiratet hatte und mit ihr in Pirot lebte.[264]

Konflikte entstanden in der neuen Konstellation insbesondere um die Regelung der Besitzverhältnisse, des Verkaufs und der Entschädigungen. Die Auseinandersetzungen um unklare Vereinbarungen und Verträge, gegenseitige Forderungen nach Entschädigungen zwischen dem neuen Staat und den Piroter Muslimen lassen sich anhand der Korrespondenz von Ibrahim Sami Beg mit den serbischen Behörden veranschaulichen.

Ibrahim Sami Beg gehörte zu einer der alteingesessenen Piroter Familien und war Sohn des Ajanen Mustafa, dessen Konak (Mustaf Agin Konak) auch Verwaltungssitz war und wohl zu dieser Zeit das dominanteste Gebäude der Stadt darstellte. Sein Sohn Ibrahim wurde schon in den 1860er Jahren als „Prvenac" bzw. Ajan bezeichnet.[265] Als die serbische Armee Ende 1877 Pirot einnahm, verließ Ibrahim Sami Beg die Stadt in Richtung Sofia und reiste von dort nach Istanbul. Anfang 1879 kehrte er nach Pirot zurück, um seine Besitzverhältnisse zu regeln. Zunächst ging es darum, seinen gesamten Besitz von den neuen Machthabern anerkennen zu lassen, um sich auf dieser Grundlage weiter mit dessen Verkauf bzw. Verpachtung zu befassen. Doch die Anerkennung verlief schleppend bzw. im Sande. Hinzu kam, dass Ibrahim Sami Begs Besitz sich nicht nur für Piroter Verhältnisse imposant ausnahm: Ihm gehörten neben dem erwähnten Konak zahlreiche Dućans (in der Korrespon-

---

der seltenen veröffentlichten Reisebeschreibungen handelt, die von der nationalen Intelligenz innerhalb der neuen Staaten geschrieben wurden. Gerade durch den Vergleich mit den typischen Vertretern dieses Genres, die zumeist aus der Habsburgermonarchie oder aus dem Westen Europas kamen, sind die Formen von Selbst- und Fremdwahrnehmung innerhalb des Balkans in den neu entstehenden nationalen Öffentlichkeiten besonders aufschlussreich.

262 Ikonomov, Pisma, 1883, S. 8.

263 Popović, Blede uspomene, 1996, S. 48.

264 Ebenda.

265 Liste der Spender für die Opfer auf Kreta, Dunav, 17.5.1867, Nr. 175.

denz geht es um mehr als 20 Läden), der Čiflik Nova Malá im Osten der Stadt, der sich schon zu einem eigenständigen Viertel entwickelt hatte, sowie Landbesitz und weitere Čifliks, etwa im Dorf Brlog. Mehr als anderthalb Jahre lang erhielt er, etwa auf seine Forderung, die ihm zustehende Pachtsumme für die Bearbeitung seiner Landgüter auszuzahlen, die in der Zwischenzeit an den serbischen Staat gegangen war, keine Antwort von Gemeinde und Načelništvo.[266]

Doch Ibrahim Sami ließ sich nicht entmutigen. In einem Beschwerdebrief im August 1880 an den Konsul des Osmanischen Reiches forderte er, ihm auf eigene Kosten einen serbischen Beamten zur Seite zu stellen, der in seinem Namen die Unklarheiten mit der Kreisleitung beseitigen solle. Das Innenministerium stimmte dieser Forderung zu, die das osmanische Konsulat übermittelt hatte, und im September 1880 wurde Kosta Jovanović als Vertreter des serbischen Innenministeriums beauftragt, die Streitigkeiten in Pirot zu klären.[267] Zwei Monate befasste sich der Beamte mit einem Bündel von Streitfällen, in die verschiedene Personen und Amtsstellen verwickelt waren. Das Ergebnis der zweimonatigen Bemühungen war für Ibrahim Sami Beg keineswegs zufriedenstellend. Kosta Jovanović, der beauftragte Beamte, konnte ihm lediglich auseinandersetzen, welcher der Amtswege in den einzelnen Streitpunkten einzuschlagen war bzw. vor welchen Gerichten er welche Forderungen einbringen konnte.

Hier soll den zahlreichen Streitfragen im Zusammenhang mit Ibrahim Sami Begs Eigentum nicht im Einzelnen nachgegangen, sondern drei Komplexe herausgegriffen werden, die veranschaulichen, vor welchen Herausforderungen die muslimischen Piroter bei der Klärung der Eigentumsverhältnisse standen, und wie weit die Behörden darauf eingingen, gleichzeitig aber versuchten, mögliche Vereinbarungen zu obstruieren. Daran zeigt sich auch, dass jeweils verschiedene Akteure involviert waren: der Staat selbst, die Gemeinde bzw. der Okrug sowie schließlich die Čiflikčije.

Ein erster Komplex betraf die Nutzung seiner Gebäude, insbesondere des Konaks, durch die serbische Armee in den ersten Monaten nach der Einnahme der Stadt sowie die Verpachtung seiner Äcker, Wiesen und Mühlen durch den serbischen Staat. Nicht nur, dass der Staat sich weigerte, die eingenommenen Pachtsummen auszuzahlen – dies sei unter den außerordentlichen Bedingungen des Kriegszustands geschehen. Vielmehr erhoben die Behörden von ihrer Seite an Ibrahim Sami die Forderung, 5.000 Golddukaten für Reparaturarbeiten zu zahlen, die sie an seinem Konak vorgenommen hatten, um diesen für ihren Bedarf anzupassen. Wie Kosta Jovanović in seinem Bericht schreibt, habe Ibrahim Sami „die Unbegründetheit seiner Forderungen eingesehen und in dieser Hinsicht von einer Klage abgesehen“.[268]

Der zweite Komplex betraf die Streitigkeiten mit den bisherigen Čiflikčije, den Arbeitern auf dem Čiflik in der Nova Malá um den Kauf des Čifliks. Bevor er seinen Besitz verkaufen wollte, forderte Ibrahim Sami Entschädigung für die – wie er betonte – widerrechtlich abgerissene Kula (Wohnturm) des Čiflik. Ibrahim Sami Beg gab an, die Kula sei erst im Mai 1878, also schon längere Zeit nach dem Krieg, von seinen ehemaligen Čiflikčije

266 Ibrahim Sami Beg an das Innenministerium, 9.12.1880, AS MUD-P, F. 17, p. 214/1882.
267 Innenministerium an das Načelstvo des Okrug Pirot, 8.9.1880. Ebenda.
268 Kosta Jovanović an das Innenministerium, 26.9.1880. Ebenda.

abgerissen worden, um daraus Baumaterial zu gewinnen und zu verkaufen. Die Opština hingegen gab an, die Kula sei im Verlauf von Kriegshandlungen zerstört worden, wodurch sich eine Entschädigung erübrige.

Während auch hier Sami Beg zustimmte, bestand er weiterhin darauf, dass ihm die Pachtsumme von 30.000 Groschen erstattet werden solle. Die Verhandlung dieser Forderung erstreckte sich über einen noch viel längeren Zeitraum. Nachdem Ibrahim Sami Beg das gesamte Jahr 1880 damit zugebracht hatte, über die Formen der Verfahren unterrichtet zu werden, zogen sich die Verfahren selbst noch viel länger hin. Nach zweieinhalb Jahren des Wartens telegrafierte Ibrahim Sami Beg, der sich fast die gesamte Zeit hinweg in Pirot aufgehalten hatte, an das serbische Innenministerium, er sei inzwischen mittellos, habe Schulden aufgenommen und warte auf seine Entschädigung für den „ihm abgenommenen Besitz".[269] Offenbar hatte die Zermürbungstaktik der lokalen Behörden Erfolg. Auf dringende Anfragen des Innenministers antwortete das Načelništvo ausweichend. Die Sache sei verworren. Es gebe keine Unterlagen mehr über die Pacht, da der damalige provisorische Načalnik, Lazar Kostić, nach Bulgarien geflohen sei und alle Unterlagen mitgenommen habe.[270]

Bisher hatte sich Ibrahim Sami Beg anscheinend geweigert, den Kaufvertrag zu unterschreiben, ohne dass ihm zuvor die Pachtsumme zurückerstattet wurde. Einen Monat später schließlich, im August 1882, unterzeichnete Ibrahim Sami Beg den Vertrag mit seinen ehemaligen Čiflikčije, die den ehmaligen Čiflik nun übernahmen. Einzig im Hinblick auf das ihm widerrechtlich abgenommene Geld für die Ausstellung der Tapija – der Besitzurkunde – auf seinen Besitz sprach ihm das Innenministerium Recht zu. Doch auch hier wurde durch Verschleppung der lokalen Behörden die Rückerstattung verweigert. Im Oktober 1882 wandte sich Ibrahim Sami Beg erneut telegrafisch an das Innenministerium, dass ihm die 130 Dukaten endlich ausgehändigt werden sollten, die ihm per Beschluss zustanden.[271]

Gleichsam symbolisch für die neue Situation war der dritte Komplex, der Streit zwischen Ibrahim Sami Beg und dem neuen lokalen Machthaber und Günstling der serbischen Herrschaft Aranđel Stanojević. Dieser hatte Ibrahim Sami Beg für 650 Dukaten seinen Konak abgekauft, weigerte sich aber nach der Zahlung von 450 Dukaten, den Rest der Summe zu entrichten. Ibrahim habe ihm weiteren Besitz für die volle Summe versprochen. Solange er diesen nicht erhalte, zahle er nicht. Die Behörden verwiesen darauf, dass sie für solche zivilrechtlichen Streitigkeiten nicht zuständig seien, Ibrahim Sami Beg solle vor dem Gemeindegericht klagen. Der Richter am Gemeindegericht aber war Aranđel Stanojević höchstselbst.

Es ist bemerkenswert, dass die offizielle lokale Überlieferung – mit hoher Wahrscheinlichkeit aus der Perspektive Aranđel Stanojevićs – eine Geschichte des Kaufes des Konaks aufbietet, die voller Harmonie ist. Darin bekam Aranđel Stanojević den seinem Rang selbstverständlich zustehenden Konak des Ibrahim Sami Beg gleichsam angeboten:

269 Ibrahim Sami Beg an das Innenministerium, 1.7.1881. Ebenda.
270 Načalnik Vule Popović an Innenminister Milutin Garašanin, 2.1.1881. Ebenda.
271 Ibrahim Sami Beg an den Innenminister, 29.10.1881. Ebenda.

> Der Aga kannte und schätzte Aranđel und sagte bei einer Gelegenheit zu dem Kaufmann Rufa (Rufa Aron, der den Kauf zwischen beiden vermittelt habe, Anm. N. St.), dass er den Konak am liebsten Aranđel verkaufen würde, wenn dieser sein Käufer sein wolle. „Mir gefällt es, wenn in meinem Konak ein großer Mensch lebt, wie es der Gospodin Aranđel ist", sagte der Aga zu Rufa. „Wenn Allah für mich nicht vorgesehen hat, dass ich mein Leben in diesem Konak verbringe und in ihm sterbe, dann soll ein Mann von gutem Namen und Ansehen in ihm leben."[272]

Mit Handschlag hätten sich dann Ibrahim und Aranđel auf den Kaufpreis von zweitausend Dukaten geeinigt.

Der ehemalige Ajan machte in seiner Heimatstadt einerseits die Erfahrung vollständiger Macht- und v. a. Einflusslosigkeit gegenüber der neuen Herrschaft. Eine Enttäuschung im Hinblick auf seinen Besitz reihte sich an die andere. Andererseits aber existierte noch die vormalige Form von Kooperation: Kota Kuklin, der Schwiegersohn des Mali Rista, war als sein Mittelsmann in seiner Abwesenheit mit der Amtskorrespondenz betraut. Ebenso nahm Ibrahim Sami Beg offensichtlich am städtischen Leben teil, wie eine Liste der Spender für die neue Schule zeigt, in der auch sein Name aufgeführt ist. Ohnehin zeigt sich in den Überlieferungen über seinen Vater Mustafa Aga, dass dieser gute Beziehungen zu den christlichen Čorbadžije gepflegt hatte, und die Unterstützung des Schulbaus durch seinen Sohn in dieser Tradition stand.[273] Umso schwerer wiegt, dass in der neuen Konstellation weder sein bisheriger Rang noch sein Handeln für die Stadt, noch seine Beziehungen zu den Čorbadžije für die neue Herrschaft etwas bedeuteten. Kennzeichnend ist, dass sich die Konflikte einerseits mit externen Akteuren, mit einflussreichen Neuankömmlingen (wie Aranđel Stanojević) oder den neuen Behördenvertretern entwickelten. Beispielsweise beschuldigte Ibrahim Sami Beg Raša Milošević, einem der späteren Führer der Radikalen Partei, der als Lehrer nach Pirot gekommen war, ihm widerrechtlich das Geld für die Tapija abgenommen zu haben. Andererseits mit der Landbevölkerung, die auf seinen Čifliks gearbeitet hatte. Es ist allerdings zu betonen, dass es sich in Pirot um eine Ausnahme gehandelt haben kann, dass Sami Beg den alteingesessenen Čorbadžije vertrauen konnte. Es kam ebenso oft vor, dass Čorbadžije, die als Mittelsmänner ihrer bisherigen muslimischen Nachbarn auftraten, diese Position konsequent zu ihrem Vorteil ausnutzten und zumeist zu sehr niedrigen Preisen den Besitz ihrer Klienten übernahmen.[274]

Interessant ist darüber hinaus, dass es die lokalen Behörden sind, die ohne explizite Weisung der Zentralregierung die Verfahren in jene Richtung lenken, um, wie es Höpken für Bulgarien feststellt, die Verschleppung der Prozesse als Instrument zu nutzen, „um

---

272 Ćirić, Mustaf Agin Konak, 1973.

273 Dušan Ćirić bemühte sich bis in die 1950er Jahre, Geschichten zur Vergangenheit der Stadt zu sammeln, und überließ diese dem Museum: „Mit dem Volk ging er schön und menschlich um. Die alte Kirche unterstützte er heimlich. (...) Während des Einmarsches der serbischen Armee stand Mustafa Aga an der Spitze der Türken, die dem Empfang beiwohnten." Ćirić, Mustaf Agin Konak, 1971, S. 72.

274 In Niš gab es viele Klagen über den Čorbadžija Kole Rašić, der ähnlich wie Aranđel Stanojević nach dem Herrschaftswechsel über viel Einfluss verfügte und sich unter zumeist dubiosen Bedingungen den Besitz von Muslimen in Niš aneignete. Terzić, S.: Politički Život u Nišu do Prvog Svetskog Rata, in: Istorija Niša, Bd. 2, hrsg. von Danica Milić, Niš, 1983, S. 85–118, hier S. 86.

Flucht in dauerhafte Emigration umzuwandeln".[275] Wie hier gezeigt werden konnte, widersprachen die Zentralbehörden den Handlungen im Lokalen nicht. Doch es ist ebenso deutlich geworden, dass die örtlichen Behörden die treibende Kraft war. Ihnen schien die Involvierung auswärtiger Mächte, die regelmäßig die Frage der Entschädigungen aufwarfen, etwa in Gestalt des osmanischen Konsulats, weniger Kopfzerbrechen zu bereiten als dem Ministerium. Indem sie die Anfragen und Beschwerden der osmanischen Konsulate zügig an die lokalen Behörden weiterleiteten, konnten die serbischen Minister gegenüber den Großmächten betonen, dass sie sich an die Vorgaben des Berliner Vertrags zum Schutz des Eigentums von Minderheiten hielten.[276] Zugleich teilten Letztere offenkundig die Intention der Zentralregierung, Überlegungen zur dauerhaften Rückkehr als aussichtslos erscheinen zu lassen, beispielsweise mittels Verschleppung von Prozessen, die in „faktischen Enteignungen" münden konnte.[277] Denn sollte Ibrahim Sami Beg erwogen haben, in seiner Heimatstadt zu bleiben, so wurde im Verlauf der zweieinhalb Jahre klar, dass er keinerlei Unterstützung von der neuen Herrschaft zu erwarten hatte.

Aus der Perspektive der lokalen Gesellschaft kumulieren zwei Faktoren, die sowohl eine Rückkehr behinderten, als auch Entschädigungen extrem erschwerten: einerseits das Interesse einiger Gemeindevertreter vermittels Verzögerungen zu möglichst niedrigen Summen an muslimischen Besitz zu gelangen. Andererseits ergaben sich die Verzögerungen ebenso durch die mangelnde Kompetenz und Routine des neu entstehenden Beamtenapparats, der mit den zahlreichen Prozessen wie jenes des Ibrahim Sami Beg im ersten Jahrzehnt staatlicher Souveränität schlicht überfordert war.

Von einer planmäßig aus dem staatlichen Zentrum heraus betriebenen Politik der systematischen Verhinderung einer Rückkehr kann allerdings nicht gesprochen werden. Vielmehr wurde ein Spektrum an Verhaltensformen der neuen lokalen Machthaber im Hinblick auf Verkauf und Entschädigung sichtbar, wie beispielsweise die gezielte Verschleppungen seitens der neuen Gemeindevorsteher wie bei Ibrahim Sami Beg oder die willkürliche Versteigerung wegen vorgeblicher Verschuldung der betroffenen Muslime.[278] Es gab aber auch konfliktlose Vereinbarungen zwischen Čiflikčije und Čiflikbesitzern, deren gegenseitige Wertschätzung sich auch in den selbständig aufgelegten Kaufverträgen widerspiegelte.[279]

275 Höpken, Exodus, 2013, S. 319.

276 Die vorliegende Korrespondenz zu den einzelnen Anfragen von Piroter Muslimen zeigt, dass zumeist wenige Tage nach Eingang der Anfragen diese an das Načelstvo mit der Bitte um Klärung weitergereicht wurden. Dort kam es dann wie beschrieben zu monatelangen Verzögerungen.

277 Höpken, Exodus, 2013, S. 319.

278 Dass andere Muslime den schwierigen neuen Bedingungen trotzten, zeigt die Steuerübersicht für einen verhältnismäßig wohlhabenden Piroter Muslim, Mehmed Hadži Hasan Efendi, der diese für ein Haus, neun Dućane, zwei Mumhane und eine Mühle zu erbringen hatte. PSNG, Bd. 2, Dok. Nr. 1048, S. 367.

279 Manić, Sava A.: Monografija sela Obrenovac od 1770. do 2011. godine, Pirot, 2013. Zugleich verschuldeten sich viele Bauern langfristig, die in Eigeninitiative Besitz von den bisherigen Besitzern erworben hatten, und nicht wie in Obrenovac gemeinschaftlich einen Verkauf aushandelten. Diese Verschuldung zeigte sich als permanentes Problem, so dass der Staat schließlich Ende 1907 die Schulden der Bauern übernahm; vgl. Sundhaussen, Holm: Historische Statistik Serbiens, München, 1989, S. 195.

Freilich kan es auch zu zahlreichen Fällen, in denen die Prozesse zwischen den ehemaligen Ajanen und den Bewohnern der Dörfer bis zur Jahrhundertwende andauern konnten.

Das Verhältnis der Piroter Muslime zu diesen Prozessen, zur neuen Herrschaft und ihre Wahrnehmung der veränderten Situation ist auf der Grundlage der zur Verfügung stehenden Quellen kaum zu rekonstruieren. Von einer passiven Ergebenheit in das Schicksal, sprich der fügsamen Migration, wie oftmals kolportiert, kann aber nicht die Rede sein. Wie dargestellt, blieben einige der muslimischen Familien in Pirot. So auch jene Ibrahim Mekuševićs, der nun als Übersetzer für all die Amtsangelegenheiten um den Verkauf von Besitz ein neues Auskommen gefunden hatte. Ein Brief seiner Frau an den neuen König Aleksandar Obrenović zeigt keine Anzeichen von unterwürfiger Schicksalsergebenheit und gibt zugleich einen Einblick in den Alltag der Piroter Muslime mehr als ein Jahrzehnt nach der Einbeziehung der Stadt in den serbischen Staat. Daher sei er hier in voller Länge zitiert:

> Seiner Hoheit, dem König Serbiens, Aleksandar I. Eure Hoheit, neben dem übrigen Ungemach, das wir nur deshalb erleben, weil uns unser Besitz nicht zurückgegeben wird, weil uns unsere Löhne nicht ausgezahlt werden, weil wir für unser von der Stadt Pirot für die Regulierung abgenommenes Land nicht nach dem Gesetz zur Expropriation entschädigt werden – neben allem anderen Ungemach, das ich Ihnen in einer anderen Bittschrift beschrieben habe –, befinden wir uns in einem traurigen Zustand. Die kostbare Freiheit des Landes Serbien, die unter Schutz Ihrer Hoheit gedeiht, gilt anscheinend nicht für uns. Wir sind in dieser Freiheit rechtlose Gefangene. Wir haben nicht die Freiheit, uns frei auf den Straßen zu bewegen, zu unseren Freunden und Bekannten zu gehen. Wir werden öffentlich wüst beschimpft und auf den Straßen mit Steinen beworfen. Uns wird auf verschiedene Weise gedroht; auch als wir Schutz beim hiesigen Gemeindegericht suchten, wurden wir verurteilt, was aus den Akten hervorgeht; und so sind wir im freien Königreich Serbien Gefangene in einem ewigen Gefängnis.
>
> Vor einiger Zeit wurden ich und meine Töchter Safija und Sadifa in der Nähe der Rešit-Brücke angegriffen. Wir wurden zwar von Kindern angegriffen, doch diese waren von ihren Eltern dazu angestachelt worden. Erst haben sie uns mit Disteln beworfen, danach mit Steinen, wodurch meine Tochter Safija verletzt wurde, wie es auch aus dem ärztlichen Attest hervorgeht. Mein Sohn Mehmed ist zum Gemeindegericht gegangen, um Klage einzureichen, doch stattdessen wurde er zu einer Gefängnisstrafe verurteilt, die in eine Geldstrafe umgewandelt wurde.
>
> Wir wurden auf dem Großen Friedhof von Kindern und Burschen angegriffen, und hier wurden wir mit den obszönsten Ausdrücken und Körperbewegungen, mit Flüchen und wildem Geschrei durch die ganze Stadt verfolgt, als wären wir nicht Mitglieder eines ehrbaren Hauses und einer ehrbaren Familie. Wir wurden vor dem Načelstvo des Bezirks angegriffen, vor den Augen der Gendarmen, und nicht beschützt, sondern waren Gegenstand ihrer Belustigung. Wir wurden vor der Grundschule angegriffen, von Schülern, vor den Augen ihrer Lehrer, die nur gleichgültige Zuschauer waren. Bei dieser Gelegenheit hörten wir unhöfliches Geschrei: „Bule, bumbule“ und andere unhöfliche Ausdrücke.

Anlässlich des Verhörs Atidžas, der Frau Ali Alijevićs, des Fiakeristen aus Pirot, bei dem auch meine Tochter anwesend war, forderte der Untersuchungsrichter meine Tochter auf, ihre Schleier abzulegen, ihr damit drohend, dass er sie mit Gewalt entfernen werde. Solches Verhalten beleidigt unsere religiösen Bräuche und erniedrigt uns Frauen.

Wenn Bedienstete mit gleich welchem Auftrag zu uns kommen, dringen sie gewaltsam in unser Heim, das nicht zu jeder Zeit zugänglich ist, nicht einmal für unsere Verwandten. Unser Protest gegen ein solches Verhalten fordert nur ihren Spott heraus. Wir hatten ein serbisches Waisenkind, Rajna, die bei uns als Bedienstete arbeitete. Dieses Kind hat uns die Herrschaft abgenommen, und als danach das Kind herumzustreunen begann und niemand es aufnehmen wollte, wurde der Großmutter erlaubt, Rajna wieder zu uns zu geben.

Unlängst haben Unbekannte Steine gegen unsere Fenster geworfen. Es fehlte nicht viel und diese Gaunereien hätten meine Tochter Sadifa den Kopf gekostet und sie wäre ein unschuldiges Opfer geworden. Die Herrschaft hat dem Herren Minister mitgeteilt, dass dies nicht wahr sei. Sie hätte also mit dem Leben bezahlen sollen, damit man ihr glaubt. Man hat uns Unehrlichkeit vorgeworfen.

Und bei all dem hier geschilderten Ungemach und vielem anderen, über das ich schweigend hinweggehe, wird uns noch mit Haft gedroht.

Eure Hoheit, wir sind hier in der goldenen serbischen Freiheit Sklaven ohne Freiheit! Wir sind bei den schönen serbischen Gesetzen ohne Recht und Schutz! Unsere einzige Hoffnung liegt bei Ihnen, Eure Hoheit, dessen Liebe sich auf alle Bürger erstreckt, gleich welcher Religion diese angehören. Retten Sie uns! Beschützen Sie uns! Erfüllen Sie unsere gerechten Forderungen, und unsere Dankbarkeit für das Gute, das Sie uns geben, werden wir in unseren warmen und aufrichtigen Gebeten zeigen, die wir an Gott für Ihre Hoheit schicken werden, als dem wahren Beschützer von Gerechtigkeit und Wahrheit. Eurer Hoheit untertänige Adila, die Frau Ibraim Hadžimekušovićs aus Pirot.[280]

Wenngleich es sich nur um einen kleinen Ausschnitt aus Adilas Alltag handelt, wird ansatzweise die Erfahrung der Muslime in Pirot sichtbar, sechzehn Jahre nach dem Ende der osmanischen Herrschaft. Bei allen Enttäuschungen und Schwierigkeiten sind das Selbstbewusstsein und auch der Mut bemerkenswert, die in dem Brief zum Ausdruck kommen. Bemerkenswert ist, dass Adila nicht, wie eigentlich üblich, von Untertanen spricht, sondern von Bürgern verschiedener Religionen. Dabei bediente sich Adila – ähnlich wie es zwanzig Jahre zuvor viele in der Phase der Tanzimat getan hatten – der Terminologie der neuen Ordnung und bringt so ihren Anspruch zum Ausdruck, weiterhin Teil der Stadtgesellschaft zu bleiben.

Andere Muslime bevorzugten es unter solchen Bedingungen, aus der Distanz weiterhin gute Kontakte zu den alten Nachbarn zu pflegen. Dies zeigt sich im Briefwechsel zwischen

280 Adila an König Aleksandar, 29.7.1894, AS MUD-P, F. 17, p. 227/1894; zit. nach PSNG, Bd. 3, Dok. Nr. 1228, S. 29.

dem nach Istanbul ausgewanderten Abedin Efendi und drei Pirotern: Aleksa Hristić, dem Sohn des Mali Rista, Jovan Džadžić und Raben Beraha, die eine Handelsfirma gegründet hatten. Seit 1892 bestellte Abedin Kelims sowie Butter und Käse (Kaškaval). Zugleich beabsichtigte Abedin, die Piroter mit Rohstoffen, guter Wolle aus Anatolien, für die Kelims zu versorgen.[281] Das Vertrauensverhältnis zeigte sich auch darin, dass Abedin seinen Lieferanten regelmäßig einen Vorschuss nach Pirot schickte. Vereinfacht wurde dieser Austausch durch die Eisenbahnlinie, mit der Pirot seit Ende der 1880er Jahre mit Istanbul verbunden war.

Es ist deutlich geworden, dass unter den neuen Bedingungen der Großteil der muslimischen Bevölkerung Pirot verließ. Unbestreitbar handelte es sich um eine massive Zäsur: Vor dem Krieg gab es in Pirot rund 3.000 christliche und 400 muslimische Haushalte, insgesamt 10.975 Einwohner. 1877, unmittelbar nach Ende des Krieges, sollen es insgesamt 2.750 Haushalte mit 6.530 Einwohnern gewesen sein. Im Jahr darauf (1878) ergab eine erste Volkzählung: 1.943 Haushalte, davon 159 muslimische, 69 jüdische und 1.715 christlichen Haushalten. Im Einzelnen waren 7.185 christliche, 638 muslimische und 360 jüdische Einwohner, insgesamt 8.183 Einwohner.[282] Zugleich ist es aber genauso wichtig, dass knapp die Hälfte der Muslime geblieben war.

Auch vollzog sich der Prozess der muslimischen Auswanderung nicht in jenem Tempo, das zumeist von den Nationalhistoriografien unterstellt wird. Ebenso kehrten, was von den Nationalhistoriografien nicht thematisiert wird, viele Muslime zumindest für einige Zeit wieder in ihre Heimatstadt zurück. Diese Rückkehr war freilich von großen Enttäuschungen begleitet und von der Erfahrung geprägt, dass sie, trotz bekundeter Loyalität zu dem neuen Staat, nicht mit dessen Schutz rechnen konnten. Ebenso wurde gezeigt, dass die hergebrachten Netzwerke zumindest teilweise jenseits aller konfessionellen Grenzen und Verwerfungen der letzten Jahre aufrechterhalten wurden – sei es, wenngleich dies immer auch ambivalent blieb, in der Form von Mittelsmännern für die Verhandlungen über Entschädigung und Verkauf, sei es in Form von Handelskontakten, wie jenen von Abedin Efendi und seinen Lieferanten. Im Gegensatz zu den Erzählungen über das „Türkenjoch" blieben die Erfahrungen solchen Austauschs in einem privaten Bereich, jenseits der offiziellen Öffentlichkeit verborgen. Es fragte auch niemand danach, so dass der Eindruck allzu leicht entstehen konnte, diese habe es nie gegeben. So v. a. bei den Protagonisten des Nationalstaats, Politikern, Beamten, Lehrern. Die alte Zeit war in ihren Augen unwiederbringlich vergangen. Jetzt galt es, Loyalitäten auf einer neuen Grundlage buchstäblich zu befestigen.

3.5.1 Loyaltäten und der Zwang zur Eindeutigkeit

Während, wie gezeigt, die muslimische Bevölkerung trotz der rechtlichen Garantien nicht gleichberechtigter Teil der neuen serbischen Gesellschaft werden sollte, wurde die christliche Bevölkerung in den neuen Gebieten vermittels des Abhaltens von Wahlen in das neue Staatswesen einbezogen. Sie erhielt somit die Möglichkeit, ihre Loyalität zur neuen

281 Abedin Efendi an Gospoda Džadžić, Hristić, Beraha, 10.5.1892, zit. nach PSNG, Bd. 2, Dok. Nr. 1161, S. 822.

282 Stojančević-Nikolić, Uprava pirotska, 1971, S. 40.

Ordnung zu demonstrieren. Einerseits durch die Beteiligung an den Wahlen, andererseits durch die Wahl des „richtigen" Kandidaten.

Dass die „tiefe Beglückung" über die Ankunft der „serbischen Brüder" im serbischen Staat oft nur nominell war und vielmehr Unkenntnis und Distanz bei den Repräsentanten aus dem serbischen Fürstentum überwogen, zeigt eine eigenartige Redewendung im Parlament, die sich einige Male wiederholte. So hieß es anlässlich der Debatten um die rechtliche Angleichung der neuen Gebiete in einer der Reden im serbischen Parlament: „Nachdem wir viele Gesetze eingeführt haben, mussten wir andere auslassen, denn es waren unterschiedliche Umstände, die die Jahrhunderte geschaffen haben, die uns von unseren Brüdern trennten."[283] Die Redewendung von den „Jahrhunderten, die uns trennten" verblüfft vor dem Hintergrund, dass das Fürstentum selbst bis 1878 Teil des Osmanischen Reiches war. Auch wenn man mit der Autonomiewerdung Serbiens 1833 als Zäsur nimmt, so handelte es sich um Jahrzehnte, nicht jedoch um Jahrhunderte. Darin kam das geringe Ausmaß von Kontakt und Kommunikation der Region mit der Šumadija, dem Herzstück des Fürstentums Serbien, in den Jahrzehnten zuvor zum Ausdruck, das sich für die Redner nur in Jahrhunderten messen ließ. Damit waren die Menschen aus der Region nicht in erster Linie gleichberechtigte Teilnehmer von Wahlen, sondern zunächst einmal neue Untertanen, denen das Recht, zu wählen, gleichsam als Gnadenakt ihres Herrschers gewährt wurde.

Doch sowohl in Serbien als auch in Bulgarien bedeuteten Wahlen in den folgenden beiden Jahrzehnten nicht, dass ein geregelter Prozess die Teilnahme an den öffentlichen Angelegenheiten in der neuen staatlichen Gemeinschaft ermöglichte. Im Unterschied zum Wahlverfahren während der Tanzimatzeit, in dem die Honoratioren und die Vertreter der Vilajetregierung ihnen zugetane Vertreter bestimmten, gab es nun zwar dem Gesetz nach die Möglichkeit einer breiten Beteiligung. Doch in der Praxis zeigte sich, dass die Kreisvorsteher unmittelbar in das Wahlverfahren eingriffen.[284] Erstens erfolgten die Wahlen in Serbien, in Anwesenheit der Staatsvertreter öffentlich per Akklamation, so dass dadurch kaum eine Möglichkeit bestand, eine Wahl zu treffen, die von dem behördlich Erwünschten abwich.[285] Zweitens kam es zu massiven Auseinandersetzungen zwischen den konkurrierenden Kandidaten. In Serbien handelte es sich dabei zumeist um Konflikte zwischen den Anhängern lokaler Selbstverwaltung, die sich im Verlauf der 1880er Jahre als Radikale Partei formierten. In Bulgarien prägten Einschüchterungskampagnen die erste Hälfte der 1880er Jahre, in denen die konkurrierenden Kandidaten bewaffnete Gruppen einsetzten, entweder um die Wähler daran zu hindern, den Gegenkandidaten zu wählen, oder aber

283 Stojičić, Novi krajevi Srbije, 1975, S. 31.

284 So der Abgeordnete Jeremija Panić: „Ich habe einige Worte zu sagen, da ich sehe, dass die Vorsteher dort die Kmeten einsetzen und absetzen. Ich bin ganz dagegen. Ich habe das auch letztes Jahr hier gesagt, dass die Vorsteher unbekannt sind, und dass sie die Leute nicht kennen, wie wir aus dem Dorf es tun, und sie deshalb nicht so gut auswählen können, wie wir es könnten. Wenn es so wäre, wie es jetzt verlangt wird, dann würden jene, die um die Türken scharwenzelt sind und sich eingeschmeichelt haben, es genauso bei dem Vorsteher versuchen, und dann würde der Unfähigste zum Kmeten bestimmt." Neben den jeweiligen lokalen Spezifika, unter denen die Auseinandersetzung in den jeweiligen lokalen Kontexten um die Bewertung des Verhaltens Einzelner in der osmanischen Zeit stattfand, ist hier v. a. die Distanz der neuen Würdenträger zu den lokalen Verhältnissen charakteristisch. Ebenda, S. 46 f.

285 Svirčević, Miroslav: Lokalna samouprava u Srbiji i Bugarskoj (1878–1914), Beograd, 2009.

durch solche „Tumulte“ das gesamte Wahlverfahren in einer Stadt zum Erliegen zu bringen.[286] Damit lässt sich schwerlich von einer Zäsur und einer neuen Zeit sprechen, in der die Menschen ihren politischen Willen nun frei artikulieren konnten. Der Spielraum für Aushandlungen mit den Vertretern des Zentralstaats und damit die Beteiligung an der regionalen Verwaltung fielen deutlich geringer aus. Wie anhand der Spenderlisten aus dem Amtsblatt des Donauvilajets deutlich wurde, war der Anteil der Vertreter der lokalen Akteure, der Stadtgesellschaft, auch auf Kazaebene größer als danach in der vergleichbaren Verwaltungseinheit des Okrug.[287]

In Pirot kam es zu einer deutlichen Einschränkung der Partizipationsmöglichkeiten. Gewählt wurden allein jene, die aus der Sicht der Behörden als zuverlässige Gewährsleute galten, so wie Ceka Krstić und Aranđel Stanojević, oder die als Beamte aus Belgrad ihre Zuverlässigkeit bewiesen hatten, wie Panta Drobnjak, der für die Liberalen kandidierte.[288] Der vom serbischen Staat eingesetzte Kreisvorsteher bestimmte, welche Kandidaten aufgestellt werden konnten.[289] Unter diesen Bedingungen blieb die Wahlbeteiligung außerordentlich gering. In den 1880er Jahren beteiligten sich nur 20 % der wahlberechtigten Männer.[290]

Doch schon bei den zu Beginn der 1880 Jahre abgehaltenen Wahlen zur Volksversammlung in Belgrad gelang es Raša Milošević, unabhängig vom Druck der Kreisverwaltung als Abgeordneter für die Stadt Pirot gewählt zu werden.[291] Dass weder die Liberalen, die durch lokale Honoratioren wie Ceka Krstić und Aranđel Stanojević präsent waren, noch die Fortschrittler, die sich v. a. auf die auswärtigen Beamten stützen konnten, den Großteil der Städter (Čorbadžije und Esnaflije) hinter sich versammeln konnten und damit den größeren Teil der Städter mehr oder weniger ausgrenzten, mag zu dem Erfolg Raša Milošević̒s und der im Entstehen begriffenen Radikalen Partei beigetragen haben.[292]

Spas Vacov erwähnte Raša Milošević in seinem Bericht aus Pirot im April 1881 an Konstantin Jireček als große Ausnahme unter den serbischen Beamten und suchte die

286 Zu den Wahlen zur Sofioter Stadtversammlung notierte Jireček, wie Einzelne vor dem Urnengang mit Schlägen von der Polizei eingeschüchtert worden seien; Irečeк, Bălgarski dnevnik, Bd. 2., 1932, S. 249 f.

287 Popović, Popisi i šematizam, 2010, S. 72, 75.

288 Vlajković, Skupštinski izbori, 1988, S. 26. Kole Rašić, einer der Gewährsleute König Milans in Niš und damit Anhänger der Liberalen, stellte sich nach dem Machtverlust der Liberalen und dem Regierungsantritt der Naprednjaci als scharfer Kritiker dieser Verhältnisse dar, da zu viele Kmeten, Schreiber und andere aus den „alten Gebieten“ gekommen seien, sich in alle Opštine verstreut und dort die Sachen an sich gerissen hätten („grdne kapitale napravili i čitave Spahije postali“). Die Menschen hätten gegen dieses Verhalten protestiert und seien darum eingesperrt worden.

289 Popović will sich großzügig und zugleich als Beamter zeigen, und einen Naprednjak bestimmen; Popović, Blede uspomene, 1996, S. 49.

290 Vlajković, Skupštinski izbori, 1988, S. 57. Dies bei einem recht niedrigen Zensus. Konstantin Jireček beobachtete dasselbe für Bulgarien, auch dort überstieg die Wahlbeteiligung im Durchschnitt nicht 20 %; Jireček, Fürstenthum Bulgarien, 1891, S. 299.

291 Vlajković, Skupštinski izbori, 1988, S. 27.

292 Erste Wahlen werden am 29.10.1878 abgehalten, bei denen verdiente Unterstützer der serbischen Politik gewählt werden; Vlajković, Skupštinski izbori, 1988, S. 35. Schon bei den nächsten Wahlen am 30.11.1880 ist Raša Milošević einer der Abgeordneten (ebenda, S. 37), ebenso 1883; ebenda, S. 44.

Gründe in der ethnischen Zugehörigkeit: „(...) nur eine einzige Person, der einstmalige Direktor der Realschule, Miloševič (?), der Piroter Volksvertreter ist, würde Freundschaften mit den Einwohnern schließen, da seine Mutter Bulgarin war (aus dem Timokgebiet).“[293]

Mit dem Aufstand 1883 in Ostserbien, der den Radikalen zugeschrieben wurde, begann die Zuspitzung der Situation – auch in Pirot. Nicht nur, dass die Radikalen als politische Gegner der Regierung nun Repressionen ausgesetzt waren. Ihre politischen Führungskräfte, die sich zum Teil nach Bulgarien abgesetzt hatten, wurden als „Bugaraši“ denunziert. Das traf die Unterstützer der Radikalen Partei in Pirot umso stärker. Deren lokale Anhänger wurden nicht als politische Gegner, sondern als Agenten Bulgariens behandelt. Selbst der Bezirksvorsteher Todor Popović, der bis dahin versucht hatte, eine nicht nur von Unterordnung geprägte Beziehung zur lokalen Bevölkerung aufzubauen, griff nun hart durch und beschuldigte die Anhänger der Radikalen Partei in Pirot, an einem Anschluss an Bulgarien zu arbeiten.[294] Dies entsprach Simeon Hristovs Erfahrung auf der bulgarischen Seite der neuen Grenze in Caribrod, dass politische Aktivität als grundlegende Infragestellung von Loyalität betrachtet wurde. Damit wurde in der eingestandenermaßen kleinen Öffentlichkeit eine Depolitisierung und Fokussierung auf die Demonstration unmittelbarer Loyalität bewirkt.

Ihren Höhepunkt erreichte die Fokussierung auf die Demonstration von Loyalität mit dem Ausbruch des Serbisch-Bulgarischen Krieges 1885. Die Ursachen für diesen ersten Krieg zwischen den neuen Nationalstaaten lagen nicht in der Region. Vielmehr waren es machtpolitische Gründe, die den serbischen König Milan Obrenović zur Kriegserklärung gegen das bulgarische Fürstentum veranlassten. Nach der Vereinigung des Fürstentums Bulgarien und Ostrumeliens sah der serbische König die Machtbalance zwischen den neuen Staaten gefährdet. Ein rascher erfolgreicher Angriff gegen die noch vermeintlich schwachen militärischen Kräfte Bulgariens sollte seine Stärke und die Unverzichtbarkeit seiner Beteiligung an der zukünftig neu zu verhandelnden Ordnung demonstrieren. Allerdings erwiesen sich diese Erwartungen als trügerisch. Nach schnellen Siegen, als seine Einheiten schon unweit der neuen bulgarischen Hauptstadt Sofia standen, wähnte sich Milan Obrenović dem Triumph nahe. Doch nach kurzer Zeit gelang es den bulgarischen Einheiten, den Vormarsch bei Slivnica zum Stehen zu bringen, in kürzester Zeit Geländegewinne von 60 km zu erzielen und Pirot, aus dem Milan Obrenović Hals über Kopf flüchtete, einzunehmen. In der serbischen Geschichtsschreibung wird dieser Krieg als unglückliche Entscheidung eines oftmals irrational handelnden Herrschers bewertet, der zwischen zwei Brudervölkern einen Krieg anzettelte. In der bulgarischen Geschichtsschreibung wiederum handelt es sich um den ersten glänzenden Beweis der Moral und Tapferkeit der jungen bulgarischen Armee.[295]

Die Besetzung Pirots durch bulgarische Truppen dauerte einen Monat und wurde von der serbischen Historiografie, der lokalen wie auch der nationalen, als düsteres Kapitel des

293 Irečck, Bălgarski dnevnik, Bd.1, S. 336; Vlajković, Skupštinski izbori, 1988, S. 29.

294 In seinen Erinnerungen betonte Todor Popović, seine damaligen Beschuldigungen gegenüber den Parteigängern der Radikalen zu bereuen; Popović, Blede uspomene, 1996, S. 120.

295 Istorija na Srăbsko-bălgarskata vojna 1885, Sofija, 1971.

Wütens unzivilisierter Horden beschrieben, die ausnahmslos geplündert und gebrandschatzt hätten. Selbst Alexander Battenberg habe sich von seinem barbarischen Haufen zu Übeltaten hinreißen lassen. Im Verlaufe der vier Wochen einigten sich beide Staaten unter dem Druck Österreich-Ungarns auf einen Frieden ohne territoriale Verschiebungen, und die bulgarische Armee verließ daraufhin die Stadt.[296]

Die einmonatige Besetzung, aber auch die nachfolgenden Jahre offenbarten eine neue Qualität der Einforderung von Loyalität, die unter den osmanischen Verhältnissen noch ungekannt war. Zwar arbeiteten auch die osmanischen Behörden mit Petitionen, in denen die Bürger ihre Unterordnung demonstrieren sollten, indem sie den Herrschern für ihren Schutz ihre Dankbarkeit erwiesen und sich über Aufrührer empörten. Diese Methode übernahmen auch die neuen Nationalstaaten, mit den Dankes- und anderen Adressen. Doch nun kam ein neuartiger Zwang zur Eindeutigkeit hinzu. Im osmanischen Kontext ging es allein um die Demonstration der Untertanenschaft. Die Spezifizierung bestimmter Kriterien wie Religion oder Nation waren nachrangig.[297] Nun richtete sich aber die Aufmerksamkeit nicht auf eine allgemein zu bekundende Untertanenschaft; es galt, die Zugehörigkeit zu einer ganz bestimmten Abstammungsgemeinschaft zu bezeugen. Ebenso neu waren die Praktiken. Nicht mehr nur allein die Geste der Unterordnung, sondern das gesamte Handeln, Sprechen, Schreiben und kulturelle Praktiken standen nun unter Beobachtung.[298]

Nur wenige Tage nach der Einnahme von Pirot wurde eine Adresse abgefasst und von mehr als 200 Piroter Städtern unterschrieben.[299] Sie richtete sich an die Vertreter der Großmächte in Sofia. In bekannter Form wurde ihnen für die Befreiung der Stadt gedankt, die sich nun unter dem Schutz „der starken Rechten" von Alexander Battenberg persönlich befand, der sich während dieser Zeit in Pirot aufhielt. Es wurde für den Verbleib der Stadt in Bulgarien plädiert, doch die Gründe unterschieden sich von jenen, die in den Petitionen sieben Jahre zuvor formuliert wurden. Nur kurz wurde – nahezu als Selbstverständlichkeit – erwähnt, dass es sich bei den Einwohnern um Bulgaren handele. Für den Verbleib seien zwei Dinge ausschlaggebend: Erstens würde die Begeisterung, welche die Piroter während der Ankunft der bulgarischen Einheiten gezeigt hätten, bei einer Rückkehr der serbischen Behörden ernste Repressalien nach sich ziehen. Zweitens wäre der ganze Handel der Stadt auf Bulga-

296 Koljević, Vasa: Bugarsko-tatarska razbojništva, pustošenje, silovanje u ratu našem 1885, Niš, 1886.

297 Clayer/Grandits/Pichler, Introduction, 2011.

298 Vlajković, Skupštinski izbori, 1988, S. 51; Živković, Vitomir: Pirotska golgota 1885–1886, Pirot, 2001. Živković, der Autor dieser Studie, verdiente ebenso eine Biografie, als Grenzgänger zwischen beiden Staaten und jemand, der sich nicht vor solch ambivalenten Themen scheute. Die Phase nach der Besatzung, das in Pirot eingerichtete Sonderkommissariat, wurde bis zuletzt kaum thematisiert. Die Erinnerungsformen an diese Zeit verdienten gleichermaßen eigene Studie. Mit Ausnahme von kurzen, aber deutlichen Hinweisen in der Studie Radovan Vlajkovićs sowie der Monografie zur Geschichte Pirots, konnte erst 2001 Vitomir Živkovićs Studie erscheinen, die in aller Ausführlichkeit auf die Geschehnisse einging. Dass die Erinnerung an eine einmonatige Besatzungszeit und ihre Folgen zur Zeit des Königreichs Serbien, noch unter der Dynastie Obrenović, demnach also unter weit entlegenen und vergangenen Bedingungen, selbst nach 130 Jahren für großes Unbehagen sorgen, sagt viel über die Beziehung von zentralen und lokalen Erinnerungsformen sowie den Möglichkeiten und – v. a. – Grenzen von Erinnerung vor Ort aus.

299 Do gospoda predstavitelită na velikite evropejski sili vă Sofija. NBKM BIA, Fond Nr. 227, a. e. 28.

rien ausgerichtet.[300] Diese relativ praktische Argumentation, die auf Geschichte und Volkskunde verzichtete, vermittelt den Eindruck, dass diese tatsächlich vor Ort entstanden ist, da solche Argumentationsformen charakteristisch für Gelehrtenpolitiker aus den Zentren waren, die solche Petitionen „unterschriftsreif" vorbereiteten. Doch die beeindruckende Zahl der Unterschriften mag nicht notwendig bedeuten, dass hier der Wille und die Überzeugungen der Piroter wiedergegeben wurden. Einer der Unterzeichner, der Priester Đorđe Ignjatović, betonte später, dass er nur unter Zwang unterschrieben habe,[301] was angesichts der Präsenz des Militärs in der besetzten Stadt nicht ungewöhnlich gewesen wäre.

Ob diese Petition überhaupt ihre Adressaten erreichte, ist zu bezweifeln.[302] Doch aus dieser Petition, die sich wie eine Zählung der männlichen Bevölkerung liest, in der sich alle Namen der bekannten Piroter Familien finden, geht ebenso hervor, dass offensichtlich außer den serbischen Beamten und den Familien Ceka Krstićs und Aranđel Stanojevićs kaum jemand die Stadt verlassen hatte. Sicherlich spielte dabei die Angst um das Eigentum eine große Rolle, die größer zu sein schien als die Furcht vor den bulgarischen Soldaten. So wurden denn auch nur die Wohnungen und Häuser der serbischen Beamten geplündert und jenes von Aranđel Stanojević später beim Abzug in Brand gesetzt.[303] Gleichzeitig erschienen die Besatzer kaum als Fremde. Im Gegenteil. Die unter der Besetzung eingerichtete Opština bestand aus bekannten Gesichtern. Spas Vacov wurde zum Kmeten der Stadt ernannt. Er scheint auch der Autor der Petition gewesen zu sein, denn seine Unterschrift wird an erster Stelle aufgeführt und seine Handschrift ist nahezu identisch mit jener der Petition.[304] Seine Beisitzer waren alte Bekannte aus der Zeit der Piroter Schule: Georgi Tabakov und Kota Kuklin. An der Spitze dieser provisorischen Gemeindeverwaltung stand damit gleichsam die zweite Generation, die Söhne der Čorbadžije, die jene Ende der 1860er Jahre eingerichtete Schule besucht oder dort unterrichtet hatten. Die Mitglieder des Rates der Gemeinde während der Besatzung waren angesehene Čorbadžije, darunter Stojan Božilov.

Inwieweit es sich dabei um einen Rat handelte, der auf freiwilliger Basis zusammengekommen war, oder ob auf die Čorbadžije Druck ausgeübt wurde, bleibt offen. Bis auf jene, wie die jungen Vacov und Tabakov, die bereits vor dem Serbisch-Bulgarischen Krieg als bulgarische Beamte nach Pirot gekommen waren, ist anzunehmen, dass bei den Čorbadžije eher Zurückhaltung nach den Konflikten sieben Jahre zuvor überwogen haben dürfte. Wie oben gezeigt, war die spontane Empörung gegen das Vorgehen der serbischen Verwaltung folgenlos geblieben, und die Großmächte hatten letztlich entschieden. Daher konnten sich die Čorbadžije keineswegs sicher sein, dass die Behörden nicht zurückkämen. Gleichzeitig galt es, sich gegenüber der aktuellen Verwaltung abzusichern, sollte diese tatsächlich in Pirot bleiben. Tatsächlich wird es dem Großteil der Piroter darum gegangen sein, möglichst keinen Anlass zu Repressalien zu bieten und sich weitestgehend herauszuhalten. Das Ver-

300 NBKM BIA, Fond Nr. 227, a. e. 28, l. 3a.

301 Ignjatović, Djordje: Naši Sveštenici u novooslobodjenim krajevima, in: Vesnik Srpske Crkve, 1903, Nr. 1; zit. nach PSNG, Bd. 1, Dok. Nr. 150, S. 118–36.

302 Das Original befindet sich in Vacovs persönlichen Bestand. Es ist unklar, ob davon eine Kopie existierte.

303 Živković, Pirotska golgota, 2001, S. 120.

304 Abgesehen davon befindet diese sich wie gesagt in Vacovs persönlichen Bestand im NBKM BIA.

halten von Stadt- und Landbevölkerung dürfte sich dabei wenig unterschieden haben. Dieser Versuch, nicht zwischen den Fronten der Protagonisten der Zentralstaaten zerrieben zu werden, wird anhand des Berichts eines serbischen Agenten vor dem Ausbruch des Krieges aus den Dörfern auf der bulgarischen Seite der Grenze besonders anschaulich. In einem Bericht vom 30. September 1885 übermittelte Todor Popović dem serbischen Innenminister Milutin Garašanin Nachrichten über die Erfolge seiner Agenten. Ihnen sei es gelungen, die Einwohner der Dörfer auf der bulgarischen Seite der Grenze bei Visočka Ržana für die serbische Sache zu gewinnen:

> Sie sind bereit zu erklären, dass sie Serben sind und dass sie sich mit uns vereinigen wollen, doch das werden sie erst dann tun, wenn sie unsere Armee an der Grenze sehen, da sie sich vor ihrer Obrigkeit fürchten. Wenn sie die Armee gesehen haben, werden sie auf öffentlichen Versammlungen die notwendigen Erklärungen machen und Gesandte nach Serbien schicken, die dort um Schutz bitten werden. Jedoch soll in diesem Fall die serbische Armee das Gebiet noch vorher besetzen.[305]

Die Bereitschaft der Bauern, sich für die nationale Sache zu opfern, schien ausgesprochen gering zu sein. Es drängt sich der Eindruck auf, dass die Dorfbewohner von Visočka Ržana im Falle eines erfolgreichen Einmarsches etwaige Vergeltungsaktionen wegen mangelnder Kooperationsbereitschaft vermeiden wollten, und aus diesem Grund die Pläne der serbischen Regierung nicht offen ablehnten. Die serbischen Agenten waren ermächtigt, den Bauern eine fünfjährige Befreiung von allen Steuern sowie der Wehrpflicht in Aussicht zu stellen.[306] Dennoch fiel ihr Werben wenig erfolgreich aus. Dementsprechend wurde bald davon abgesehen, die Bauern zum offenen Aufstand zu bringen, vielmehr erzählten ihnen Todor Popović und seine Gewährsleute, dass der bulgarische Fürst Alexander Battenberg den serbischen König um Hilfe gebeten habe, da die Türken zum Krieg rüsteten, und deshalb die serbischen Truppen bald in ihre Dörfer kämen. Die Bauern sollten daher bereits ausreichend Nahrung vorbereiten und die serbischen Truppen bei der Ankunft mit einem „Hurra" begrüßen.[307] Letztlich wurden die serbischen Gewährsleute sofort aus den Dörfern gejagt, da sonst die Bauern fürchten mussten, der Zusammenarbeit mit den serbischen Agenten beschuldigt und damit Repressalien ausgesetzt zu werden. Ein solches Vorgehen war in Pirot selbst nicht möglich. Mit der Rückkehr der serbischen Verwaltung in Pirot verschlechterte sich die Lage für die Einwohner drastisch.

Nach dem Rückzug der bulgarischen Einheiten am 15.12.1885 verfügte die serbische Regierung die Einsetzung des Majors Svetozar Magdalenić als Sonderkommisar für Pirot und den gesamten Kreis. Der Kreisvorsteher Todor Popović blieb zunächst im Amt, hatte aber alle Anordnungen Magdalenićs auszuführen.[308] In seinen Erinnerungen schreibt Todor Popović, dass die Repressalien gegen die Stadtbevölkerung unmittelbar mit der Ankunft des Sonderkommissars Svetozar Magdalenić einsetzten. Zunächst scheint es sich um will-

305 Todor Popović an den Innenminister, 23.9.1885. AS, MG 991, S. 31.
306 Stojančević, Srbija i Bugarska, 1986, S. 323.
307 Bericht des Leiters der Polizeiabteilung im bulgarischen Innenministerium an Dragan Cankov, in: Vănšnatna Politika na Bălgarija. Dokumenti i Materiali, Bd. 1, 1879–1886, Sofija, 1978, S. 584; zit. nach Stojančević, Srbija i Bugarska, 1986, S. 323.
308 Živković, Pirotska golgota, 2001, S. 124, 126.

kürliche Bestrafungen gehandelt zu haben, die hauptsächlich aus körperlichen Strafen wie Stockhieben und Prügel bestanden. Mehrere Kaufleute wurden sofort verhaftet.[309] Doch dann, am 24. Dezember 1885, wurde der bekannte Kaufmann Kota Daskalov hingerichtet, sein Besitz, einige Häuser und Dućans, in Brand gesetzt.[310] An diesem und dem darauffolgenden Tag wurden drei weitere Kaufleute für den nicht weiter ausgeführten Tatbestand des Hochverrats hingerichtet, es handelte sich um Toša Penčić, Miladin Veličković und Toša Vučić, die nicht zu den einflussreichen Familien in Pirot gehört hatten.[311] Die Urteile wurden allerdings erst nahezu einen Monat nach deren Hinrichtung von dem im Januar eingeführten Standgericht offiziell bekannt gegeben, die Strafmaßnahmen schon im Dezember zuvor ausgeführt. Ihr Besitz wurde zur Versteigerung freigegeben, weshalb sich im Amtsblatt *Srpske Novine* überhaupt die Nachricht ihrer Hinrichtung fand. Insgesamt wurden 38 Piroter Kaufleute von dem Strafgericht verurteilt. Darunter fanden sich auch jene, die zu den bekannteren und einflussreichen Familien gehörten, wie Josif Kuklić (Familie von Mali Ristas Schwager) oder Petar Banković (dessen Familie in den letzten Jahren der osmanischen Herrschaft an Einfluss gewonnen hatte). Der größte Teil dieser Städter wurde mit der gesamten Familie zur Exilierung in die Gegend von Čačak und Užice verurteilt. Das bedeutete, dass ein beträchtlicher Teil der Einwohner der Stadt, die zu diesem Zeitpunkt etwa 8.000 Menschen zählte, im Januar 1886 die Stadt zu verlassen hatte.

Nach fortgesetzten Reibungen zwischen Popović und Magdalenić, die Ersterer mit seiner Opposition gegen die Maßnahmen des Sonderkommissars einleitete, wurde Todor Popović versetzt. Seine Stelle übernahm Mića Ljubibratić, der, wie es heißt, mit den harten Repressalien vonseiten Magdalenićs vollkommen einverstanden war.[312] Nach den drakonischen Strafen und der Exilierung vieler Piroter Familien beruhigte sich die Lage allerdings nicht. Der neue Načalnik Ljubibratić und der Sonderkommissar reagierten auf die kleinsten Gerüchte, bis hin zum Singen angeblich bulgarischer Lieder, um die mutmaßlichen Delinquenten mit Prügel zu bestrafen.[313] Während in Serbien der Ausnahmezustand am 18. April 1886 aufgehoben wurde, dauerte er in Pirot noch weit über ein Jahr länger, bis zum 10. Juni 1887. Und erst die Amnestie für die exilierten Familien durch den neuen König Aleksandar Obrenović 1889 und ihre Rückkehr beendete die Zeit unmittelbarer Sanktionen wegen vorgeblich mangelnder Loyalität.[314] Allerdings bedeutete dies nicht, dass das Misstrauen seitens der Behörden verschwunden wäre. Noch 1898 mussten sich zwei Piroter Kaufleute, einer von ihnen der Sohn des 1885 exilierten Stojan Božilović, in einem Schreiben an den König rechtfertigen, dass ihre Reise nach Istanbul keineswegs ihren Grund darin gehabt

309 Ebenda, S. 127.

310 Ebenda, S. 125, 127 f. „Kosta Daskalović, der wegen Hochverrats am 24.12.1885 erschossen wurde.“ Die Nachricht ist unter der Rubrik Konkurs und Versteigerungen aufgeführt. Es wurde verkündet, dass alle, die Ansprüche gegen Kota Daskalov hatten, sich in einer bestimmten Frist melden sollten; Srpske Novine, 9.2.1886, Jg. 53, Nr. 32, S. 128.

311 Srpske Novine, 13.2.1886, Jg. 53, Nr. 35, S. 140.

312 Živković, Pirotska golgota, 2001, S. 136. Ljubibratić war 1887 und 1888 Vorsteher des Kreises Pirot; Popović, Popisi i šematizam, 2010, S. 72, 75.

313 Živković, Pirotska golgota, 2001, S. 134.

314 Ebenda, S. 143.

habe, dass sie der Eröffnung der neuen bulgarischen Kirche dort beiwohnen wollten, wie es ihnen von namentlich genannten Lehrern in Pirot unterstellt worden sei.[315]

Die Repressionen 1885 sind im Zusammenhang mit dem überaus harten Vorgehen gegen die Anhänger der Radikalen Partei nach dem Aufstand in Ostserbien 1883 zu sehen. Diesen Aufstand empfand Milan Obrenović als Angriff auf seine Person. Viele Zeitgenossen sahen in ihm einen impulsiven Charakter, der, getrieben von der Sorge, seinen Thron durch Intrigen der Großmächte und ihrer Unterstützer im Land zu verlieren, zu übermäßig harten Maßnahmen griff.[316] Obwoh sehr stark auf die Person des Königs bezogen, hatte die Verfolgung der – vermeintlichen – Anhänger der Radikalen auch eine politische Konnotation. Die Radikalen traten für politische Veränderungen ein und stellten die Monarchie in Frage. Insofern, als dass sie mit diesen zeitlich koinzidieren, sind die geschilderten Geschehnisse in Pirot in Zusammenhang dieser Phase gesteigerter politischer Repression zu verstehen.

Allerdings werden auch wesentliche Unterschiede zu den landesweiten Repressalien deutlich: Es handelte es sich nicht in erster Linie um die Verfolgung politischer Widersacher. Im Wesentlichen ging es König Milan um die Bestrafung der vermeintlichen Missachtung nationaler Loyalität: Hochverrat, wie es in den Strafurteilen hieß, der aber keine politische, sondern eine nationale Grundlage hatte. Die Piroter wurden dafür verfolgt, dass sie aus der Sicht der Herrschaft ihre Zugehörigkeit zur serbischen Nation verweigerten. Daher hielt das Misstrauen, dass sich in dem Andauern des Ausnahmezustands sowie der Gerüchte zeigte, welche die Vertreter der Behörden streuten, mehr als ein Jahrzehnt bis lange in die 1890er Jahre an.

Es drängt sich die Frage auf, warum es nur in Pirot zu dieser Zuspitzung der Auseinandersetzung um Loyalitäten kam, nicht aber in Niš, Leskovac oder Vranje. Niš war als Zentrum des bisherigen Sandžaks und seiner relativ guten Verbindungen nach Serbien in einer besonderen Situation. Milan Obrenović betrachtete, ob der Loyalität der dortigen Honoratioren, Niš als zweite Hauptstadt und hielt während seiner Herrschaft einen großen Teil der Parlamentssitzungen dort ab. Im Hinblick auf Leskovac und Vranje bleibt die Frage, warum es nicht zu einer Zuspitzung kam, offen. Für beide Orte lässt die offizielle Geschichtspolitik keinen Zweifel daran zu, dass die Eingliederung in größter Harmonie und patriotischer Hingabe der lokalen Gesellschaft vollzogen wurde. Doch es gilt, zu beachten, dass es in dieser Umbruchszeit noch keine Mikrostudien zur Geschichte der beiden Städte gibt – diese könnten durchaus ebenso Überraschendes ergeben, wie diese Studie zu Pirot zeigen konnte. Denn schließlich hatten beide Städte, insbesondere Leskovac, genauso intensive Handelsbeziehungen in Gebiete, die nun zum bulgarischen Fürstentum gehörten.

Im Unterschied zu Leskovac und Vranje scheint die kulturelle Orientierung der jüngeren Generation in Pirot stärker auf einen bulgarischen Kontext ausgerichtet gewesen zu sein. Vranje war wirtschaftlich nach Süden orientiert und stand zudem unter stärkerem griechischem Einfluss, was Formen der Kommunikation betrifft. Auch erwies sich die Abgrenzung zu den albanischen Dörfern im Westen des Umlands von Vranje an der serbisch-osmanischen Grenze als bedeutender für nationale Sinnstiftung als die weiter entfernte

315 Die Lehrer, die aus der Šumadija stammten, wurden wegen Verleumdung bestraft. Ebenda, S. 140.
316 Jovanović, Slobodan: Vlada Milana Obrenovića, 2 Bd., Beograd, 1926.

bulgarische Grenze. Die Wahrnehmung der albanischen Bevölkerung des Arnautluk als Bedrohung und die Konflikte in Folge der Flucht der muslimischen albanischen Bevölkerung aus ihren bisherigen Dörfern im heutigen Südosten Serbiens beförderten die Identifikation mit der neuen Herrschaft und damit die Zuordnung zu einer serbischen Abstammungsgemeinschaft.[317] Es ist aber auch hier nicht anzunehmen, dass dies gleichsam über Nacht geschah – auch in dieser Region, wie anhand der Eingaben im Parlament ansatzweise deutlich wurde, behielt ein regionales Selbstverständnis lange Zeit die Oberhand.

Die Umbruchszeit erscheint weniger als Phase gesellschaftlicher Neuerung denn als krisenhafter Auftakt eines Prozesses, der in Ansätzen und für Teile der Gesellschaft erst fast zwei Jahrzehnte später um die Jahrhundertwende als Veränderung wahrnehmbar wurde, wie im Weiteren an Caribrod gezeigt wird.

3.6 Loyalitäten in Bewegung. Grenzorganisation und Mobilität über die Grenze hinweg

Die Versuche der Behörden des Zentralstaats, Loyalität zu erzwingen und Eindeutigkeit zu erzielen, nahmen gänzlich unterschiedliche Formen an, bis hin zu gewaltsamem Druck. An der neuen Grenze schien sich die Durchsetzung umfassender staatlicher Kontrolle zu verdichten. Der Übergang über die Grenze, die Erlaubnis dazu, sollte ganz allein Sache der Behörden sein. Bedingung war buchstäblich der Ausweis staatlicher Zugehörigkeit. Doch die Etablierung solcher staatlichen Souveränität und der Kontrolle und Lenkung von Bewegung erwies sich als schwierig. Die Stadt Caribrod (das heutige Dimitrovgrad), die unweit von Pirot auf der nun bulgarischen Seite der Grenze entstand, verdankte ihre Aufwertung zu einer Stadt zum Teil „unkontrollierter" Bewegung. In der bulgarischen Historiografie und Publizistik wird sehr betont, dass Caribrod bis 1878 ein kleines Dorf gewesen sei, das erst nach 1878 durch den Zuzug von Piroter Familien zu einer Stadt geworden sei.[318] Tatsächlich war es bis 1878 ein Dorf. Allerdings war Caribrod dank seiner Lage an der Via Diagonalis (der Straße von Istanbul nach Mitteleuropa) seit dem 16. Jahrhundert einer der Rastpunkte der zahlreichen, nicht nur habsburgischen Delegationen, die an die Hohe Pforte reisten. Diesen Reisenden und ihren Aufzeichnungen ist es zu verdanken, dass eine relativ konstante Quellenbasis für die Entwicklung dieses Ortes existiert.[319] Um 1864 habe Caribrod aus nur 90 Häusern bestanden, 20 seien zu diesem Zeitpunkt von den hier ange-

---

317 Nikolić-Stojančević, Vidosava: Vranjsko Pomoravlje – etnološka ispitivanja, Beograd, 1974.

318 Klassisch dafür die Radioansprache des „nationalen Arbeiters" Stilijan Čilingirov nach der Besetzung Pirots im Zweiten Weltkrieg. Čilingirov, Stilijan: Iz Nedalečnoto Minalo na Grad Pirot. Manuskript einer Sendung von Radio Sofia im September 1941; zit. nach Bugarčeva, Elena und Zidarova, Ljudmila: Bălgarite ot Zapadnite Pokrajinini (1878–1975), (= Arhivite Govorjat, Bd. 35), Sofija, 2005, Dok. Nr. 9, S. 21.

319 Wie schon in der Einleitung erwähnt, wird Caribrod in nahezu allen Reisebeschreibungen seit dem 16. Jahrhundert mehr oder weniger ausführlich erwähnt. Auch Adanır verweist in der Diskussion über die Stellung der Christen im Osmanischen Reich auf den Reisebericht von Salomon Schweigger. Adanır/Faroqhi, The Ottomans and the Balkans, 2002.

siedelten Tscherkessen bewohnt gewesen.[320] 1880 ist von 1.074 Einwohnern die Rede.[321] Kurz nach dem Krieg von 1885 reiste der belgische Nationalökonom Emile Laveleye (1822–1892) durch Caribrod:

> Der kleine Marktflecken besteht aus einer einzigen breiten Straße, die sich zwischen Holzhäusern und den niedrigen und offenen türkischen Läden hinzieht. Aber auch hier führt man schon aus Ziegeln einstöckige Häuser auf, und eine Freude ist's, eine ganz neue Schule — ein gutes Zeichen für die Zukunft! — zu erblicken.[322]

Zentrum des neu entstehenden Okrăg (entsprechend dem „Okrug" in Serbien) an der Grenze wurde Trn, das zu dieser Zeit mit 2.323 Einwohnern deutlich größer war.[323] Caribrod selbst wurde zum Zentrum der gleichnamigen Okolija (entsprechend dem „Srez" in Serbien, hier wie dort Unterbezirk des Kreises, des „Okrăg" bzw. „Okrug"), die 20.000 Menschen zählte. Im weiteren Verlauf sollte sich die Zugehörigkeit der Okolija noch verändern, 1897 wurde die Okolija dem Okrăg Sofia zugeschlagen.[324]

Entscheidend für die weitere Entwicklung des Ortes war, dass er zum Grenzübergang bestimmt wurde. Dadurch siedelte sich eine im Vergleich zu anderen Städten größere Zahl von Beamten in Caribrod an. Der Bau der Eisenbahnlinie von Belgrad nach Istanbul in den 1880er Jahren und die Inbetriebnahme der Eisenbahn 1888 bedeuteten einen weiteren Entwicklungsschub dieser Grenzstadt. Als erste Eisenbahnstation auf der Strecke durch Bulgarien kam zu den Grenz- und Zollbeamten nun auch das Eisenbahnpersonal hinzu. Caribrod hob sich damit deutlich von den anderen – sehr dünn gesäten – Grenzübergängen zwischen beiden Ländern ab. 1889 konnte die Stadt nach den Anführungen in der ersten Zeitung der Stadt, *Domašen Učitel*, schon 400 Häuser aufweisen, 500 bis 600 Familien sollen damals in Caribrod gelebt haben. 300 dieser Familien lebten der Zeitung zufolge von der Landwirtschaft.[325] Die große Zahl von Gasthäusern (Mehanas), neueren und klassischen Herbergen (Hans) sowie von Handwerkern zeigt die Ausrichtung auf Dienstleistungen für die Reisenden und v. a. für die wachsende Zahl an Beamten. Mit der Jahrhundertwende bekam die Entwicklung der Stadt einen neuen Schub. Im Unterschied zu Trn, dessen Bevölkerungs-

---

320 Nikolov, Hronologija na Dimitrovgrad, 1963, S. 16.

321 Spisăk na Naselenite Mesta v Knjažestvo Bălgarija ot osvoboždenieto do 1910 godina. Sravnitelen Istoriko-Geografski Pregled, Sofija, 1921, S. 519.

322 Laveleye, Emile: Die Balkanländer 2, Leipzig, 1888, S. 51. Um die Jahrhundertwende schrieb ein serbischer Reisender über den Bahnhof in Caribrod: „Vor dem Eingang nach Caribrod befindet sich ein großer Bahnhof. Dem Betrachter bietet sich auf den ersten Blick die Sicht auf eine ganze Reihe schöner zweistöckiger Häuser, so weitläufig und komfortabel, dass der Besucher – nach dem Bahnhof zu urteilen – meinen könnte, in eine modern eingerichtete europäische Stadt zu kommen. Der Bahnhof ist weiträumig und in den weiteren Gebäuden befinden sich Polizei, Gaststätte, Zoll und Räume zur Aufbewahrung von Zugmaterial." Spasić, Paun: Biljani Petak. Impressionen vom Treffen an der Grenze, in: Iskra, 12 (1898), S. 186–89; zit. nach PSNG, Bd. 3, Dok. Nr. 1371, S. 223.

323 Rajčevski, Stojan: Caribrodskite Bălgari, Sofija, 2008, S. 29.

324 Ebenda, S. 25.

325 Ausführliche Angaben zu Handwerk und Gasthäusern; Domašen Učitel, Nr. 1, 1889, S. 20. 8 Gostilnice, 43 Krčme, 22 Bakalnice, 5 Manufakturisten, 13 Handžije, von denen 3 als Hotels geführt werden: Hotel „Europa", Hotel „Sofija", und der Han der Džadžovi „Vidlič". Darüber hinaus werden insgesamt 57 Dućani aufgeführt, darunter 2 Goldschmiede sowie Platnari, Bajadžije, Alvadžije, Obuštari etc. Ebenda.

zahl bei 2.000 stagnierte, vervierfachte Caribrod die seine zwischen 1882 und 1910: 1882 waren es 1.074 Einwohner; 1887 – 1,785; 1892 – 2.201; 1900 – 2.989 Einwohner; 1905 – 3.631 und 1910 waren es 4.485 (Vgl. Tabelle 2 in Kapitel 6).[326] Um die Jahrhundertwende besaß Caribrod die institutionellen und infrastrukturellen Charakteristiken einer Stadt: ein Krankenhaus, eine weitläufige Kasernen- und eine große Bahnhofsanlage, eine Bibliothek, drei Hotels sowie ein Realgymnasium. 1880 war das bulgarische Lehrerseminar mit dessen Leiter Simeon Hristov von Belogradčik nach Caribrod verlegt worden, das bis 1886 existierte, danach wurde es in eine Schule umgewandelt.

Obwohl, wie gezeigt, vornehmlich die infrastrukturelle Bedeutung Caribrods für den Aufschwung sorgte, war auch der Anteil der Menschen, die sich aus Pirot ansiedelten, keineswegs bedeutungslos, im Gegenteil. Allein schon der Umzug des bulgarischen Lehrerseminars stellte einen Versuch der bulgarischen Regierung dar, Anziehungskraft auf jene Piroter auszuüben, deren Kinder bis 1878 die bulgarischsprachige Schule in Pirot besucht hatten.[327] Sicherlich kamen diese Menschen nicht nur wegen der Schule. Sicher ist aber ebenso, dass es sich um etliche Familien handelte, die aus Pirot kamen. In der serbischen Geschichtswissenschaft wird dies stark heruntergespielt, dort ist nur von „einigen wenigen exarchistischen Familien" die Rede.[328]

Bedeutend ist dabei hauptsächlich, dass es sich nicht um einen einmaligen Vorgang, um eine trennscharfe Zäsur handelte: Die Menschen verließen nicht auf einmal und für immer Pirot in Richtung Caribrod, wie es das bulgarische nationale Narrativ nahelegt. Auch gab es vielfältige Motive für den Umzug in das etwa 25 km entfernte Caribrod, und es zeigte sich eine große Bandbreite an Migrationsformen. Manche, insbesondere die Kaufleute, erwarben sicherheitshalber zunächst ein Grundstück in Caribrod, um zu beobachten, inwieweit sich durch eine Verlagerung in die Stadt die alten Handelsbeziehungen tatsächlich besser aufrechterhalten ließen. Andere wiederum zogen zwar nach Caribrod, doch sie gaben – gleichsam als Rückversicherung – ihr Eigentum in Pirot nicht auf. In anderen Familien wurde die Entscheidung getroffen, dass ein Teil nach Caribrod zog, während der andere in Pirot blieb, um so möglichst alle Vorteile der neuen Situation nutzen zu können. So etwa die Gebrüder Džadžini bzw. Džadžić und Džadžov, die in beiden Städten Läden und Gasthäuser eröffneten. Andere wiederum, wie die Familie Caribrodski (die dem Namen nach zu urteilen ursprünglich aus Caribrod stammte), ließen sich dauerhaft in Caribrod nieder.[329] Auch Spas Vacov, jener Piroter, der in Zagreb studiert und im Briefwechsel mit Simeon Hristov gestanden hatte, wobei er nun unter Konstantin Jireček im Bildungsministerium in Sofia arbeitete, besuchte zwischen 1880 und 1885 einige Male seine Eltern in Pirot. Seine politischen Aktivitäten sowie sein Aufstieg im Bildungsministerium, wo er zu einem der engsten Mitarbeiter Jirečeks wurde, schienen dabei kein Hindernis darzustellen.[330] In den

326 Spisăk na Naselenite Mesta, 1921, S. 519.

327 Offensichtlich mit Erfolg, d. h. nun in Caribrod lebende Piroter gingen dort zur Schule, wie Krăstjo Krăstev. Rajčevski, Caribrodskite Bălgari, 2008, S. 88.

328 Lilić, Istorija Pirota, Bd. 2, 1994, S. 270.

329 Der Name mag den Anschein erwecken, dass es sich ohnehin um Caribroder handelte, doch tatsächlich war Goga Caribrodski einer der angesehen Čorbadžije Pirots in den 1860er Jahren, wie aus dem Kondik der Piroter Gemeinde hevorgeht, dessen Familie auch schon lange zuvor in Caribrod lebte.

330 So reiste etwa Spas Vacov, der mittlerweile Jirečeks Mitarbeiter im Bildungsministerium in Sofia

ersten Jahren dominierte demnach v. a. ein Bild ununterbrochener Bewegung in beide Richtungen. Eine Liste gibt eine Übersicht zu welchen Schichten die nach Bulgarien migrierenden Menschen gehörten, und welche Zielpunkte sie dort ansteuerten. Es handelt sich um 154 Personen, die nach Beruf und Wohnort rubriziert sind, darunter – ganz zu Beginn der Liste – Spas Vacov und Simeon Hristov. Von den 154 lebten 105 in Caribrod, 29 In Sofia, die übrigen verteilten sich auf Breznik, Samokov, Berkovica und Kjustendil, sowie Vidin, Lom, Russe, Svištov, Trnovo, Plovdiv, Sevlievo und Burgas. Unter den Sofiotern und anderenin den genannten Städten waren ein Arzt, zwei Advokaten, und ansonsten vor allem Beamte, gefolgt von Lehrern. In Caribrod waren es zumeist Kaufleute (40), sowie Priester (2), Beamte (9) und vor allem Handwerker (41), sowie Gastwirte und eine Person, die als Arbeiter (Rabotnik) aufgeführt ist. Es wird deutlich, dass es sich vor allem um die obere und mittlere kleinstädtische Schicht handelte, um Beamte und Lehrer, sowie Gastwirte. Unter den Handwerkern waren es vor allem Schneider, Fassbinder (Pinter) und Schuster. Aufschluss über die gesamte Zahl der Piroter, die in das neue Bulgarien umsiedelte kann diese Aufstellung nicht geben, da erstens sie nur die bulgarischen Untertanen enthält, und bekanntlich auch viele Piroter in Caribrod lebten, ohne im Besitz einer bulgarischen Staatsbürgerschaft zu sein. Zweitens lässt sich die Zahl von 154 Personen auch nicht einfach vermittels des Faktors einer Durchschnittsfamilie hochrechnen, da gerade unter den Lehrern viele Junggesellen waren, die noch am Beginn ihrer Laufbahn standen. Dennoch gibt die Tabelle einen Eindruck von der Dimension der Abwanderung aus Pirot wieder.[331]

Offenbar missfiel den serbischen Behörden die rege Kommunikation zwischen beiden Orten dies- und jenseits der Grenze unmittelbar nach deren Errichtung. Es häuften sich die Klagen von Pirotern, die im bulgarischen Caribrod lebten, sie würden bei dem Grenzübertritt nach Serbien schikaniert. Als 1880 einigen Reisenden aus Caribrod ihre bulgarischen Reisepapiere abgenommen und sie in Pirot festgesetzt wurden, protestierte der bulgarische Außenminister Dragan Cankov beim serbischen Vertreter in Sofia gegen dieses Vorgehen und forderte, die Besitzer gültiger Reisepapiere nicht zu behelligen.[332]

An den Schwierigkeiten änderte sich jedoch nichts. Insbesondere die Bewertung, was gültige Papiere seien, genauer: wer diese auszustellen habe und wessen Untertanen diese Menschen seien, war zwischen den Behörden beider Staaten umstritten. Als zwei Jahre später 79 Piroter Familien über den serbischen Gesandten in Sofia um die Entlassung aus der serbischen Staatsbürgerschaft ersuchten, erteilte der serbische Innenminister Milutin Garašanin diesem Begehren eine Absage. Die Begründung lautete, nach dem Artikel 74 des Gesetzes zur Einrichtung der befreiten Gebiete gelte Folgendes: „Jeder, der zur Zeit der Befreiung in einer der betreffenden Siedlungen gelebt hat oder nun ein ehemaliger Einwoh-

---

war, im Frühjahr 1881 ohne Schwierigkeiten nach Pirot, um dort seine Eltern zu besuchen, obwohl er ein Gegner der Grenzziehung war; Ireček, Ireček, Bălgarski dnevnik, Bd.1, S. 336.

331 Liste der aus Pirot weggezogenen bulgarischen Untertanen die um Erlaubnis bitten, frei nach Pirot und Serbien reisen zu können: CDA, F176 op 1, a.e. 762, l.3, ohne Datum.

332 Serbische Vertretung Sofia an Außenminister Jovan Ristić, 12.5.1880, MUD-A, F. 11, r. 140. Ähnliche Schwierigkeiten gab es auch 1894, diesmal für jene Pirotern, die im Zusammenhang mit den Ereignissen von 1885 verurteilt und trotz des Vertrags von Bukarest, der eine Amnestie vorsah, weiterhin schikaniert wurden: Grigor Načovič an die bulgarische Vertretung in Belgrad, 31.12.1894; zit. nach ZP, S. 62. Liste mit 160 Namen.

ner dieser Siedlungen ist, bleibt serbischer Bürger" („građanin srpski"). Demnach seien die 79 aus Pirot verzogenen Familien als serbische Untertanen zu betrachten.[333]

Milutin Garašanin merkte ebenso an, dass die Liste, die der Bitte der bulgarischen Vertretung zugrundelag, nach Ansicht des Kreisgerichts in Pirot, dem die Liste vorgelegt wurde, nicht „den Wünschen vieler entspricht, die dort aufgeführt" seien. Einige der dort Angeführten hätten auch bei den Behörden protestiert, dass sie sich auf dieser Liste wiederfänden. Ebenso seien in der Liste viele Personen genannt, die mehr in Pirot als in Caribrod leben. Über das Zustandekommen solcher Listen ist zuvor schon betont worden, dass ihre Entstehungsbedingungen oft unklar waren. Ebenso sollte es nicht verwundern, dass nach den Erfahrungen der Auseinandersetzungen um nationale Zuordnung vier Jahre zuvor, viele, die um eine Entlassung aus der serbischen Staatsbürgerschaft gebeten hatten, jeder direkten Auseinandersetzung mit den serbischen Behörden aus dem Weg gehen wollten und nun bestritten, dass sie das Gesuch unterzeichnet hatten. Zugleich wird im Wunsch der Menschen nach einer bulgarischen Staatsbürgerschaft der Versuch deutlich, ihre bisherige Lebensweise, Kontakte und (Handels-)Beziehungen unter den veränderten Bedingungen aufrechtzuerhalten – und auch mögliche Vorteile daraus zu ziehen.

So sollten die Menschen, die sich mit dem neuen Hindernis auseinandersetzten, indem sie sich zunächst nicht eindeutig für eine der beiden Seiten der Grenze als Lebensmittelpunkt entschieden, nicht als passive Objekte betrachtet werden, die das neue Faktum lediglich erlitten. Es ist deutlich geworden, dass einige Händler die neue Grenze auch als Möglichkeit sahen, in beiden Städten präsent zu sein. Andere wiederum, ärmere Handwerker, hatten die Aussicht, durch die neuen Bedingungen leichter ein Haus zu erwerben: Die bulgarische Verwaltung in Caribrod verteilte die Häuser der geflohenen Tscherkessen an mittelose Piroter.[334] Zweifellos handelte es sich um eine politische Demonstration, die gleichzeitig für einige Piroter von Nutzen war. Ebenso konnte man sich in beiden Staaten durch den Grenzübertritt strafrechtlicher Verfolgung entziehen.

Doch konnte die Nutzung der Grenze auch zu neuen Konflikten führen. Dies zeigte sich nach dem Serbisch-Bulgarischen Krieg von 1885. Dabei ging es nicht um einen äußeren Anlass, wie bei den Maßnahmen der serbischen Behörden gegen die „Pendler". Vielmehr handelte es sich um einen „inneren" Konflikt in Caribrod, der Gegenstand – die umstrittene Staatsbürgerschaft – blieb derselbe. Offensichtlich hatte die bulgarische Verwaltung bis 1886 die beschriebene Situation toleriert – sei es wegen der unmittelbaren Auswirkungen des Krieges auf viele Piroter Familien und deren Stigmatisierung in Serbien, sei es, um politische Verbundenheit und damit die Loyalität der Piroter zu gewinnen. Obwohl die meisten der nach Caribrod zugezogenen Familien keine bulgarische Staatsbürgerschaft besaßen, wirkten die aus Pirot Zugezogenen in den öffentlichen Angelegenheiten in Caribrod mit, bekleideten wichtige Ämter und ließen sich auch bei den Wahlen für das Nationalparlament aufstellen.

---

333 Innenminister an Vorsitzenden des Ministerrats, 26.1.1882, MUD-P F. 21, r. 201.

334 So wurden Piroter im bisherigen Tscherkessenviertel angesiedelt. Diese waren nach dem Krimkrieg in der Region angesiedelt worden und hatten nach der Niederlage des Osmanischen Reiches Caribrod verlassen. Übersicht des Caribroder Kmeten Naka Daskalov für die auf bisher tscherkessischem Besitz angesiedelten Piroter (ohne Datum); zit. nach ZP, Dok. Nr. 12, S. 26.

Regelmäßig war in den um die Jahrhundertwende erscheinenden Zeitungen von Konflikten zwischen „der Piroter Partei“ und den alteingesessenen Caribrodern die Rede, die lange die Stadtöffentlichkeit prägten. In einem Rückblick um 1909 heißt es über die Jahre nach 1885, dass es insbesondere die Verwaltungsbeamten aus anderen Teilen Bulgariens waren, denen das Selbstbewusstsein der Piroter ein Dorn im Auge war, das in ihrer Präsenz in den Ämtern und in den Parteien zum Ausdruck kam. Es seien v. a. jene Beamte gewesen, die einen Teil der alteingesessenen Händler und Esnaflije gewinnen konnten, um den Einfluss der Piroter zurückzudrängen.[335]

Anlass für die offene Artikulation von Gegensätzen war die Wahl zum Narodno Săbranie (Volksversammlung) 1887. Gewählt wurden Goga Krstev, alteingesessener Piroter und nun Kaufmann in Caribrod, sowie Stamen Mitov aus Gojin Dol, einem Dorf unmittelbar an der Grenze, kurz vor Caribrod. Auch eine Wiederholung der Wahlen wegen angeblicher Unregelmäßigkeiten brachte dasselbe Ergebnis. Erneut wurden beide gewählt, die, wie insinuiert wurde, von der „Piroter Partei“ unterstützt wurden.[336] Daraufhin versuchten es jene Gemeindevertreter Caribrods und der Dörfer der Okolija, denen der Einfluss der von ihnen so wahrgenommenen „Piroter Partei“ zu weit ging, mit einem offiziellen Protest vor der Trner Wahlkommission. Nun ging es nicht mehr nur um die Annullierung der Wahl, sondern um die Klärung der Staatszugehörigkeit. Bereits im Vorfeld der Wahl hatte die Opština dazu erste Schritte unternommen. So erließ die Caribrodska Opštinska Uprava (Caribroder Gemeindeverwaltung) am 16. September 1887, dass bestimmte Personen in der Caribroder Gemeinde aus Pirot nur in die Wählerlisten eingetragen werden konnten, wenn sie über Immobilien in der Stadt verfügten oder wenn sie ihre Verpflichtungen gegenüber dem Staat erfüllten. Jenen, die über kein Eigentum verfügten, bliebe die Möglichkeit einer Garantieerklärung der Gemeinde, dass sie regelmäßig Steuern zahlten, um dann in die Liste jener eingetragen zu werden, die Mitglieder der Gemeindeverwaltung werden können.[337]
Am 23. September 1887 klagten 52 Personen aus Caribrod gegen den oben angeführten Erlass der Gemeindeverwaltung vom 16. September vor einer in Trn dazu eingesetzten Kommission. Sie wandten sich gegen diese Einschränkung des Rechtes, gewählt zu werden. Niemand von ihnen sei fremder Untertan oder Einwohner einer anderen Gemeinde.[338] Dieser Klage wurde von der Kommission stattgegeben, die argumentierte, dass die klagenden Personen zwar aus Pirot stammten, auch Eigentum in Caribrod besäßen, v. a. aber seit sieben bis acht Jahren dort lebten und demnach nicht als fremde Staatsbürger betrachtet werden könnten. Der Erlass der Caribroder Gemeinde vom 16. September 1887 wurde aufgehoben und die Rechte der namentlich aufgeführten Bürger anerkannt.[339] Es ist bemerkenswert, dass der Erlass keine Klärung der rechtlichen Position der Piroter vornahm und sich nicht auf das bulgarische Staatsbürgerrecht berief, sondern letztlich gewohnheitsrechtlich argumentierte.

335 Nišava, 27.9.1909, Nr. 4, S. 3.
336 Rajčevski, Caribrodskite Bălgari, 2008, S. 33.
337 F 176k op. 1 a. e. 468, l. 180.
338 F 176k op. 1 a. e. 468, l. 181.
339 F 176k op. 1 a. e. 468, l. 180.

Das Protestschreiben einiger Vertreter der Caribroder Gemeinde („Izbiratelite na grad C-brod i okolijata mu“ – „Wähler der Stadt Caribrod und seines Bezirkes“) richtete sich gegen genau diese Vagheit. Damit seien „die Piroter“ doppelt im Vorteil: Indem sie nicht aus der serbischen Staatsbürgerschaft austreten würden, behielten sie ihr Eigentum in Pirot, zugleich könnten sie in Caribrod ebenso an allen öffentlichen Angelegenheiten mitwirken, ohne bulgarische Staatsbürger zu sein.[340] Im Einzelnen argumentierte das Protestschreiben damit, dass Caribrod eine Stadt der Möglichkeiten sei:

> Es ist bekannt, dass das Städtchen Caribrod an der serbisch-bulgarischen Grenze liegt, und als solcher geht der Handel („алишь-веришъть“, Anm. N. St.) gut vonstatten, weswegen auch viele Einwohner aus der Nachbarstadt Pirot (Serbien, Anm. N. St.) hierher kamen und auch weiterhin kommen, und das v. a. für ein besseres Leben, nur wegen dieses einen Interesses, und wenn sie eine Weile da waren, kehren sie wieder nach Pirot zurück,

was weiterhin von einer großen Zahl von Pirotern fortgeführt würde. Neben ihrem privaten Gewerbe sei es diesen Pirotern nun gelungen, auch die dortigen Bürgerrechte zu nutzen:

> (…) es ist verwunderlich, wie diese Leute ohne Kontrolle in ihrem Tun belassen wurden, und die Rechte, staatsbürgerliche wie politische, nutzen konnten, genauso wie alle anderen bulgarischen Untertanen, ohne dass ihnen diese Rechte zustehen.[341]

Die Möglichkeit ihrer Nutzung lag dabei „neben unserer Gutmütigkeit auch an der Unkenntnis unserer eigenen“ Rechte. Dadurch konnten sie an den Wahlen teilnehmen und diese dazu nutzen, „nur und ausschließlich unseren Bezirk und unsere Stadt zu exploitieren“. Dieser Zustand habe bis 1884 angedauert, danach seien ihre Söhne durch die neue Ausbildung in der Lage gewesen, die Unrechtmäßigkeiten zu durchschauen.[342] Danach habe der Stadtrat beschlossen, dass „die Piroter“ kein aktives und passives Wahlrecht besäßen, der Beschluss sei jedoch wegen des Krieges 1885 ausgesetzt und anschließend nach Klagen der Piroter durch die Trner Hohe Kommission (Trănskata vărhovna komisija) kassiert worden.[343]

Das Protestschreiben blieb bei der Forderung, dass die Wahlen annuliert werden und Piroter nur mit bulgarischer Staatsbürgerschaft (Nationales vor Lokalem) in der Gemeinde aktiv sein können sollten. Ansonsten könnten „große Skandale und sogar blutige Szenen während der Wahlen geschehen, denn wir sind fest entschlossen, dass es keinem fremden Untertanen erlaubt sein soll, weiterhin unsere Rechte zu missbrauchen.“[344] Die nebulöse

340 Brief der Trnska Okražna postojana Komisija an den Vorsitzenden des Narodno Săbranie mit Unterlagen zu den Streitigkeiten um die Wahlen zu Beginn des Jahres 1888, 8.9.1888; F 176k op. 1, a. e. 468.

341 F 176k op. 1 a. e 468, l. 157.

342 Ebenda.

343 F 176k op. 1 a. e 468, l. 158.

344 F 176k op. 1 a. e 468, l. 160. Unterschrieben von Goga Dudov, Vasa Stankov. Es folgen unterschiedliche Listen auf mehr als drei Seiten, die Namen jener enthalten, die sich in Caribrod an Wahlen beteiligen, aber in Pirot leben. Dabei muten manche Listen denunziatorisch an. Insbesondere eine Liste, die 21 Namen von Personen anführt, die sich geweigert hätten, Zölle für bulgarische

Drohung mit „blutigen Szenen“ lässt sich nicht aufklären. Allerdings scheint es tatsächlich im Zusammenhang mit der Anerkennung der Wahlergebnisse zu Gewaltakten gekommen zu sein, denn 1909 wurde – wenn auch vage – in der *Nišava* an „die unglücklichen Ereignisse von 1888“ erinnert. Gleichzeitig ist zu bedenken, dass ähnlich wie in Serbien auch in Bulgarien „Tumulte“, wie es Konstantin Jireček nannte, den Wahlkampf zur Volksversammlung und die Abstimmungen begleiteten. Die Einschüchterung ging dort nicht allein von den Načalnici aus wie in Serbien, vielmehr warben einige Parteien Gruppen an, die den Auftrag bekamen, den Gegner einzuschüchtern, wodurch es regelmäßig zu Gewaltausbrüchen kam.[345]

Der Konflikt um die Staatsbürgerschaft bzw. staatsbürgerliche Rechte lässt sich somit nicht auf einen nationalen Gegensatz zwischen Pirotern und Caribrodern reduzieren. Letztlich stand zunächst das Lokale im Vordergrund. Vermittels ihrer Tätigkeit im Pirotsko Obštestvo aus der osmanischen Zeit in Angelegenheiten der Gemeindeverwaltung erfahren, sahen sich wohl einige der Piroter besonders befähigt, am Aufbau der neuen Gemeindestrukturen in Caribrod mitzuwirken. So galt es in den 1880er Jahren, die Caribroder Gemeindeverwaltung binnen kurzer Zeit von einer Dorfverwaltung mit einem Muhtar (Gemeindevorsteher) als Verantwortlichem eine komplexe, städtische Verwaltung zu entwickeln. Gerade in diesem ersten Jahrzehnt scheint der von Wolfgang Höpken thematisierte Mangel an Kompetenz[346] nicht durch Beamte aus den neuen Zentren, sondern aus dem regionalen Kontext kompensiert worden zu sein. Die in dem Protestschreiben angeführte mangelnde Befähigung der alteingesessenen Caribroder in den ersten Jahren deutet zumindest auf einen Wissensvorsprung der Piroter hin. Dass mit der Zeit Kompetenzen und Ansprüche der alten Caribroder wuchsen, kann ein Grund für den Konflikt zwischen den alteingesessenen Caribrodern und den aus Pirot Zugezogenen gewesen sein. Doch sollte der Formulierung von dem mangelnden Wissen, das nun durch die Ausbildung ihrer Söhne aufgeholt worden sei, nicht zu großes Gewicht beigemessen werden. Konfliktverstärkend dürfte sich vielmehr die Entstehung einer ähnlichen Konstellation zwischen Beamten, die vom Zentrum bestimmt wurden, und der lokalen Bevölkerung wie in Pirot ausgewirkt haben. Es ist anzunehmen, dass die neuen Beamten, die aus weiter entfernten Teilen Bulgariens kamen, von der selbstbewussten Partizipation der Piroter nicht unbedingt begeistert waren, in denen und in deren Handeln sie primär die Verkörperung von Uneindeutigkeit sahen.[347] Die Initialisierung dieses Konfliktes ging von dem Načalnik aus, dessen Nachfolger im folgenden Jahrzehnt weiterhin die treibende Kraft bei dem Versuch blieben, Eindeutigkeit herzustellen.

Solche Abgrenzungen zwischen neuen und alten Einwohnern wirkten in der Öffentlichkeit Caribrods, also unter den bulgarischen Beamten und Mitgliedern der Gemeindever-

---

Staatsbürger zu zahlen, mit dem Argument, sie seien serbische Untertanen, hätten sich aber in Caribrod ebenso an den Wahlen beteiligt. F 176k op. 1 a. e. 468, l. 164.

345 Beschreibung des Wahlkampfs in Sofia. Daskalov, Bălgarskoto Obštestvo, Bd. 1, S. 270–75.

346 Höpken, Zentralstaat und kommunale Selbstverwaltung, 1991, S. 206.

347 So auch der Zollbeamte Alipija Vlajkov aus Pirdop, der in seinen Memoiren, die weiter unten noch ausführlicher vorgestellt werden, auch über seine Distanz zu den aus Pirot stammenden Caribrodern schreibt. Vlajkov, Alipija G.: Spomeni iz života mi, hrsg. von Ivan Ivanov und Rumjana Penčeva, Sofija, 2008, S. 125.

waltung sowie unter den größeren Händlern bis in das erste Jahrzehnt des 20. Jahrhunderts fort. Sie fanden ihren Ausdruck vornehmlich in der entstehenden lokalen publizistischen Öffentlichkeit. Da sich in ihnen die Dialektik der Integration in die neuen Gemeinwesen zeigt, soll hier kurz auf diese Zeitungen eingegangen werden. Einerseits zeugten sie von der schrittweisen Einbeziehung in die sich formierende nationale Öffentlichkeit. Andererseits artikulierte sich in diesen lokalen Zeitungen auch auf eine ganz neue Weise der lokale Kontext. Wie schon im Hinblick auf Pirot angedeutet, vermittelt sich in der Tatsache, dass ein Großteil der Zeitungen erst Ende des 19. und v. a. im ersten Jahrzehnt des 20. Jahrhunderts entstand, die Zähigkeit und Langsamkeit des Prozesses der Entstehung neuer Formen der Öffentlichkeit und damit der Integration. In Pirot scheiterten Zeitungen in den 1890er Jahren wiederholt nach wenigen Ausgaben. Nach der Jahrhundertwende stellte die örtliche Parteizeitung der Radikalen die einzige Lokalzeitung dar. Den Inhalt bezog sie zum größten Teil aus Belgrad, ein Teil war den politischen Polemiken vor Ort und ein kleiner Teil dem Alltagsgeschehen gewidmet. In Caribrod begann 1889 der bereits erwähnte *Domašen Učitel* zu erscheinen, dessen Name Programm war. Es handelte sich um eine monatlich erscheinende Broschüre, in der Unterweisungen in den Rechtswissenschaften und Landwirtschaft zu lesen waren, sowie lokale Volkskultur und Geschichte vermittelt wurden. Kurzzeitig erschien zwischen 1897 und 1898 die Wochenzeitung *Caribrod*, die an erster Stelle ein Wahlkampforgan bezeichnenderweise der lokalen Kandidaten war, die aus den alten Netzwerken der Stambolov-Anhänger in der Stadt hervorgingen.[348] Nahezu ein Jahrzehnt später begann die *Nišava* zu erscheinen. Mit ihrem Vorläufer *Caribrod* – sowie der in Trn seit 1898 erscheinenden Wochenzeitung *Ruj* – hatte diese Zeitung gemeinsam, dass sie v. a. ein Podium für die Raisonnements des Herausgebers darstellte. Alle drei Zeitungen druckten zumeist auf der ersten Seite einen prinzipiellen Text über Gesundheit, politische Strömungen wie den Sozialismus, die Moral in der Politik, bessere Methoden in der Landwirtschaft etc. Auf der zweiten Seite folgten Nachrichten aus dem In- und Ausland. Die dritte Seite war Meldungen aus der Okolija vorbehalten, hier wurden z. B. der Zustand der Straßen, das Verhalten der Lehrer und die öffentliche Moral thematisiert. In der Zeitung *Nišava* vermittelte sich plastisch auch der über den Nationalstaat hinausgehende Gehalt von Moderne und transnationalen Dimensionen im lokalen Kontext. Hadžiev, der Herausgeber der *Nišava* war einige Zeit in den USA gewesen, hatte sich dort eine Druckmaschine gekauft und später nach Caribrod gebracht. Seine Zeitung finanzierte er in erster Linie mit dem Verkauf von Vordrucken für die Lokalverwaltung sowie zunehmend durch Reklame ansässiger Restaurants, Hotels und Handwerker. Dadurch konnte die Zeitung im Vergleich zu vielen anderen auch verhältnismäßig kontinuierlich sechs Jahre lang erscheinen. Einzig der Eintritt Bulgariens in den Ersten Weltkrieg und das damit verbundene Verbot lokaler Zeitungen bereiteten dem recht erfolgreichen Unternehmen ein Ende. Es erstaunt, dass Pirot mit seinen etwa 8.000 bis 10.000 Einwohnern sowie dem im Gegensatz zu Caribrod (3.500) und Trn (2.000) recht großen Okrug über keine kontinuierliche Lokalpresse verfügte, während in den beiden bedeutend kleineren Ortschaften und der kleinen Okolija immer wieder Initiativen zur Herausgabe von Zeitungen ergriffen und diese von den Einwohnern offenkundig gut angenommen wurden.

---

348 Caribrod, September 1901–März 1902 (insgesamt 17 Ausgaben).

Zugleich hielt sich in dieser publizistischen Öffentlichkeit, die von Einzelpersonen wie Mihail Hadžiev, einem politisch aktiven Unternehmer, initiiert wurde, die Vorstellung von Grenzen innerhalb der Stadtgesellschaft weiterhin, auch noch nach der Jahrhundertwende. Dabei blieb diese Vorstellung durchaus ambivalent. In einem Rückblick der ersten Nummer der neuen *Nišava*-Serie 1909 auf die Jahre zuvor hieß es in der ab 1905 erscheinenden *Nišava*, dass zwischen den alten Einwohnern und den neu angesiedelten bis vor kurzem ein Antagonismus existiert habe, da die „Piroter Kolonie" auf einem höheren „Verstandesniveau" („умственъ уровенъ") stand im Vergleich zu den bisherigen „Hüttenbewohnern" des Tscherkessendorfs. Diese „Kolonisten" wollten die Führerschaft übernehmen und das Schicksal der Stadt bestimmen, doch die Lokalen als Mehrheit hätten ihnen nicht so einfach ihre Rechte überlassen. Im Verlauf der Zeit seien aber verwandtschaftliche und freundschaftliche Beziehungen entstanden. Die angesiedelte „Menge von Leuten" näherte sich den Alteingesessenen an, so dass sich beide auf ein Niveau anglichen. „So verschwand der alte Antagonismus, und die Bürger begannen, besser zusammenzuleben."[349] Allerdings konstatierte der Autor, dessen Name ungenannt blieb – bei dem es sich aber aller Wahrscheinlichkeit nach um den Herausgeber der Wochenzeitung, Mihail Hadžiev, handelte –, dass einige den Antagonismus weiterhin am Leben erhielten:

> Etwas Unschönes ist innerhalb des verschiedenen Kolorits der heutigen Bürger aus der Piroter Kolonie zu bemerken. Es handelt sich dabei namentlich darum, dass Letztere auch heute noch die serbischen Traditionen und den serbischen Chauvinismus unterstützen. So haben sie bis heute nicht ihr schlechtes Serbisch („разваления Сърбски езикь") vergessen, und sobald sie sich treffen, im Dućan, oder wo auch immer ein serbischer Beamter auftaucht oder solche, die in Caribrod Quartier haben, etwa Eisenbahner oder andere durchfahrende Serben, beginnen sie sofort die bulgarische Sprache beiseitezulassen und nutzen die serbische Sprache, so dass, wenn sich zufällig oder absichtlich ein Fremder für die Sprache der Bürger interessieren würde, er denken könnte, dass Caribrod eine serbische Kolonie sei. Diese Tatsache spricht Bände über das sehr schwache nationale Gefühl bei jenen, die sich in Caribrod aus Pirot angesiedelt haben.[350]

Deshalb müssten sich die Verantwortlichen von Caribrod vehement beim Ministerium dafür einsetzen, dass ein Vollgymnasium in der Stadt errichtet werde. Dann würde der eingeschlafene bulgarische Geist erwachen und sich über die noch herrschende Finsternis erheben. Dann könnte sich die Intelligenz unter den Bewohnern von Caribrod, Trn und Breznik zu einer hohen Stufe entwickeln, man würde dann nicht mehr dem täglichen Durcheinander begegnen und die Sprache wäre von Serbismen gereinigt: „Und dann wird sich das Nationalgefühl entwickeln und nichts Fremdes mehr dulden und mit Stolz und Würde sein Eigenes bewahren. Das Bildungsministerium sollte sich Gedanken über unsere Gegend machen."[351]

349 Nišava, 20. 9.1909, Nr. 2, S. 3.
350 Ebenda.
351 Ebenda.

In den nächsten Ausgaben der *Nišava* erfolgte eine Antwort auf die „Unwahrheiten und die mangelnden Kenntnisse“, die in dem Artikel zum Ausdruck gekommen seien. Autor war ein Bazovski, der ebenso eine Zeit lang Bezirksvorsteher von Caribrod war.[352] In der nächsten Ausgabe warf Bazovski dem Autor der oben zitierten Einlassungen zum ungenügenden Patriotismus der ehemaligen Piroter vollständige Unkenntnis der regionalen Gegebenheiten vor und holte zu einer Übersicht über Geschichte, Sprache und Ethnografie aus. Diese wird hier angeführt, da es sich um eines der seltenen Dokumente handelt, in dem zwar die Region national gefasst ist, aber deren Beschreibung nicht von einer Perspektive eines angenommenen Zentrums geleitet wird. Bazovski wies darin die Rede von einer Piroter Kolonie zurück – es handele sich um ein und dasselbe Volk. Es gebe nur gleichberechtigte Bürger, die über die Jahrhunderte zusammengewachsen seien, mit denselben Bräuchen und Sitten.

> Der Antagonismus zwischen den Alteingesessenen und den aus Pirot Zugezogenen nahm seinen Anfang gemeinhin im Jahr 1884 und endete 1886. Seine Ursachen lagen nicht in irgendwelchen rassischen Unterschieden zwischen den einen und den anderen, sondern er war die Frucht von Leuten vom Typ dieses Autors (des gerade zitierten Artikels, Anm. N. St.). Einige seinerzeitige Beamte wollten für ihr Tun möglichst nicht zur Rechenschaft gezogen werden. Der Hauptinspirator war ein Kon. U. Iliev, unterstützt von Sabev, Aleksiev, Filipov u. a. Die Gutgläubigkeit und Naivität der guten Caribroder ausnutzend, entfachte dieser makedonische Sohn das Feuer so weit, dass es zwischen den beiden Lagern zu einem blutigen Zusammenstoß kam. Ja, das Datum des 1.1.1885 ist kein schönes für die Caribroder. All das war ein Mittel des Kon. U. Iliev, sich der Kmetenposition zu bemächtigen, um dann schnell wieder zu fallen, verachtet von beiden Lagern.
>
> Im Hinblick auf die Sprache ist nur darauf hinzuweisen, dass der Autor (der die Verwendung der serbischen Sprache bemängelt, Anm. N. St.), wer auch immer es sein mag (…) die Formulierung „а що се односи“ („was aber [...] angeht“, Anm. N. St.) verwendet, die eine glasklare serbische Formulierung ist.[353]

Ironisch spielt Bazovski hier auf die Inkohärenz der selbsterklärten Hüter nationaler Gesinnung an, die im Lokalen verhaftet seien, ohne dies anzuerkennen. Die Sprache habe sich nach seinem Eindruck erst durch die Grenze verändert. Zuvor habe sie sich nicht unterschieden. Nach 32 Jahren sprachen nun auf der einen Seite der Grenze (in Pirot) noch 50 % bis 60 % bulgarisch, bzw. wie der Autor es nannte, die traditionelle Sprache, und auf der anderen Seite (in Caribrod) 80 % bis 90 %: „(...) doch das gilt nur für die einfache Masse, bei der Intelligenz ist es anders: In Serbien spricht diese rein serbisch, in Bulgarien rein bulgarisch“. Im Übrigen sei es kein serbischer Chauvinismus der Piroter in Caribrod, wenn

352 Nišava, 27.9.1909, Nr. 4, S. 3. In dem Artikel zu Caribrod seien lauter Unwahrheiten, die mangelnde Kenntnis zeigen. Tscherkessen seien 1864 angesiedelt worden, 30 Familien, die auf 145 bis 150 Häuser angewachsen seien. Midhat Paša habe die Umsiedlung aus der Umgebung in die Stadt nicht in den 1840er Jahren angeordnet, sondern dies sei 1870 und 1871 geschehen.

353 Nišava, 3.10.1909, Nr. 5, S. 2.

sie mit serbischen Gästen serbisch sprächen, sondern ein Entgegenkommen als Gastgeber.[354]

Eine Erwiderung folgte in der nächsten Ausgabe; darin wurde Bazovskis Text als willkürlich und böswillig bezeichnet. Es gebe nun einmal eine Piroter Kolonie in Caribrod: „Ist es eine Lüge, dass die Stadt von Menschen aus Pirot und Umgebung bewohnt sei? „Ob es eine Lüge sei, dass sich diese Leute vor ein bis zwei Jahren in Caribrod und Umgebung versammelten, und eine Piroter Vereinigung gründeten, in der sie als Mitglieder nur jene mit Herkunft aus Pirot und Umgebung zulassen wollte. Ob es eine Lüge sei, von jenen, die sich hier angesiedelt haben, als von „Pirotern" zu sprechen. Demnach sei nichts Verwerfliches daran, von einer Piroter Kolonie zu sprechen. Dadurch konnte der nicht namentlich genannte Autor einerseits das Narrativ von der Gründung Caribrods durch die massenhafte Migration durch Piroter und damit den Anspruch auf die Gebiete in Serbien aufrechterhalten sowie dieselben Piroter als potentiell illoyal stigmatisieren, denn: Es handele sich nicht um wenige Dutzend, sondern nahezu Hunderte und Tausende, die „serbische Lieder und die Sprache über die Grenze bringen".[355]

Besonders in der letzteren Beobachtung lag für den Autor eine wesentliche Gefahr. Gleichzeitig zeigt sich, wie beschränkt die Praktiken nationaler Abgrenzung auch nach mehr als drei Jahrzehnten blieben: Das Faktum eines unbehinderten Austauschs und der Zirkulation von kulturellen Gütern über die Grenzen hinweg war gerade solchen selbsternannten Hütern des Nationalen inakzeptabel, stellte solcher Austausch doch ihre Vorstellung eindeutiger und vollständiger nationaler Abgrenzung tagtäglich in Frage. Solche Bewegung von Menschen, materiellen und kulturellen Gütern über die Grenze hinweg wird eingehend in Kapitel 5 analysiert. Zuvor soll an dieser Stelle ein Zwischenfazit im Hinblick auf Loyalitäten in Bewegung gezogen werden.

3.7 Prozesse der Integration, Rhythmen und Geschwindigkeiten

Die Entwicklung neuer Formen von Loyalität, von Loyalitäten in Bewegung und der Erfahrung der Grenze in den ersten drei Jahrzehnten ihrer Existenz in herkömmlicher Weise – vermittels der zwischenstaatlichen Beziehungen – zu periodisieren, ist kaum praktikabel. Obwohl die Grenze ein Produkt der Entstehung beider Staaten war, ist die Zuordnung einzelner Phasen der Entwicklung der Grenzverhältnisse, die auch etwas über die lokale Gesellschaft aussagen würde, schwierig, da keine einzelnen Etappen sichtbar werden, sondern stetige starke Oszillationen in den zwischenstaatlichen Beziehungen. Diese führten innerhalb dreier Jahrzehnte zu einem Krieg (1885), dem sehr späten Abschluss eines Handelsvertrags, der für eine Annäherung stehen könnte (1897), einem spannungsgeladenen Verhältnis durch die Konkurrenz um Territorien in dem noch unter osmanischer Herrschaft

354 Ebenda, S. 3.

355 Nišava, 10.10.1909, Nr. 6, S. 1. Bezeichnend für die Unkenntnis der Ereignisse in Pirot zwischen 1878 und 1886 seitens des bulgarisch-patriotischen Autors ist die Verspottung der seinerzeitigen bulgarisch orientierten Aktivisten in Pirot, die er sinngemäß als „angebliche Patrioten" bezeichnet („иска да величае нѣкой си патриот Пиротчанецъ К.С. Григоровь"). Nišava, 6.9.1909, Nr. 1, S. 1.

stehenden Makedonien nach der Jahrhundertwende, bis hin zu einer Kriegsallianz im Ersten Balkankrieg (1912), die unmittelbar 1913 im Zweiten Balkankrieg in eine militärische Konfrontation umschlug.[356]

Es sind hauptsächlich drei Faktoren Ursache für eine derartige Oszillation der zwischenstaatlichen Beziehungen. Erstens war die Position der beiden Königs- bzw. Fürstenhäuser von Instabilität gekennzeichnet. Insbesondere in Serbien war die Herrschaft Milan Obrenovićs innenpolitisch durch Sprunghaftigkeit charakterisiert, die sich zugleich auf die Dauer der von ihm eingesetzten Regierungen auswirkte, die kaum mehr als ein Jahr im Amt blieben. In Serbien war es dabei v. a. die Auseinandersetzung zwischen der zunehmend an Bedeutung gewinnenden Radikalen Partei einerseits, und König Milan und seinem Sohn Aleksandar Obrenović andererseits, die mit Zensur und Einschränkung von Rechten auf die Radikalen reagierten. Die Verfolgung der Radikalen in den 1880er Jahren führte dazu, dass viele ihrer Führer nach Bulgarien emigrierten, was zu den Spannungen zwischen den beiden Staaten beitrug.[357] Zweitens hatten die Interessenlagen der Großmächte, hier in erster Linie der Habsburgermonarchie und Russlands, starken Einfluss auf die politischen Beziehungen der Balkanstaaten zueinander. Gerade in Bulgarien wird dies sichtbar an der krisenhaften Herrschaft Alexander Battenbergs, der 1886 abdankte und seinem Nachfolger Ferdinand von Sachsen Coburg-Gotha, der erst 1896 von der nominellen Schutzmacht Russland anerkannt wurde. Drittens waren es die territorialen Prätentionen beider Staaten in Makedonien, die beständig Schritte zu einer engeren Zusammenarbeit unterminierten. Viertens waren die wirtschaftlichen Beziehungen nicht aufeinander ausgerichtet. Vielmehr blieben beide Staaten zunächst Peripherien größerer Imperien im Handel: Serbien war bis zum „Schweinekrieg" vollständig auf den Markt der Donaumonarchie ausgerichtet. Der Handel Bulgariens fokussierte sich auf das Osmanische Reich sowie über den Schwarzmeerhandel auf Russland und Großbritannien.

Eine an den politischen Prozessen orientierte Periodisierung von Loyalitäten und Grenze zeigt drei unterschiedliche Phasen, von denen die dritte die kürzeste ist:

1. 1878 bis 1885: Beide Staaten versuchen, sich im lokalen Kontext zu etablieren – mit mäßigem Erfolg.
2. 1885 bis 1910: Polarisierung der politischen Akteure, Druck auf die lokale Gesellschaft und Zwang zur Eindeutigkeit.
3. 1910 bis 1913: Kurzzeitig kamen entgegengesetzte (Kontakte) Prozesse in Gang, an denen nicht nur Einzelpersonen beteiligt waren, sondern auch institutionalisierte Körperschaften (Handelsorganisationen) wie politische Parteien und Vereine.

Der Fokus dieser Arbeit legt eine Periodisierung anhand der Prozesse der Neuausrichtung und Ambivalenzen von Loyalität mit Perspektive auf die entstehende Grenzgesellschaft

356 Jovanović, Srbija i Bugarska, 2002, S. 37.

357 Gleichzeitig sorgten die Radikalen, die in Serbien in den Jahren zwischen 1890 und 1892 die Regierung bildeten, bei der bulgarischen Regierung um Stambolov (1884–1897) für große Verstimmung, da sie den Gegnern des so genannten Stambolov-Regimes Schutz in Serbien boten. So, wie die bulgarischen Nationalliberalen zuvor die serbischen Radikalen unterstützt hatten, erhielten diese nun sicheres Exil auf der serbischen Seite der Grenze.

nahe. Entsprechend der Umkehrung der Perspektive, wie sie Étienne François in kritischer Auseinandersetzung mit Lucien Febvre gefordert hat, rückt auch hier die Region in den Mittelpunkt. Die Grenze erschließt sich demnach nicht nur über die Erforschung des Zentrums, wie Febvre vorschlug, sondern über die Fokussierung auf die Grenzgesellschaft selbst.[358] Eine solche Periodisierung erfasst daher die Integration der lokalen Gesellschaft, der einzelnen Gruppen und Akteure, in den neuen Staat. Damit werden nicht nur die Etablierung der staatlichen Institutionen sowie die Etablierung der Grenzorganisation thematisiert, sondern dies wird mit Blick auf die Prozesse der Einbeziehung der lokalen Akteure in die neuen Institutionen und ihre Aufstiegsmöglichkeiten verbunden. Dabei kristallisieren sich zwei Phasen heraus:

1. 1878 bis Ende der 1890er Jahre: Nur wenige Honoratioren, insbesondere in Pirot, erlangen das Vertrauen der neuen Zentralmacht.
2. Ende der 1890er Jahre bis 1914: Es beginnt eine effektive Teilhabe in Politik und Verwaltung.

Dabei zeigen sich von Stadt zu Stadt Unterschiede. Diese seien hier kurz vorgestellt.

In Caribrod gelang die Integration lokaler Akteure in die neuen Institutionen und politische Verbände im Vergleich zu Pirot und Trn in einem kürzeren Zeitraum. Dies lag nicht zuletzt daran, dass die Beamten nicht auf schon bestehende Gemeindestrukturen wie in Pirot stießen und Formen der kommunalen Organisation lokaler Akteure mit der Entstehung staatlicher Institutionen zusammenfielen. So zeigen die Konflikte um die „Piroter“ in Caribrod, dass lokale Akteure rasch Positionen in den vom Staat organisierten lokalen Gremien einnehmen konnten. Auch der Aufstieg in die übergeordneten staatlichen Institutionen bahnte sich hier schon während der 1890er Jahre an. In Pirot konnten lokale Akteure, wie Vojin Ćirković[359], v. a. für die damalige Opposition, die Radikale Partei, gewonnen werden, die durch ihre Gegnerschaft zu Milan Obrenović bei den Bewohnern Pirots Sympathien wecken konnte, da Obrenović die Repressionen nach 1885 personifizierte. In Caribrod dagegen gab es eine solche Distanz zu den Repräsentanten der neuen Ordnung und ihrer Parteien nicht. Hier wurden vielmehr lokale Konkurrenzen in die neuen Parteiorganisationen übertragen. Die Vertreter des Zentralstaats erschienen in den Auseinandersetzungen der lokalen Akteure um Positionen als Bündnispartner in den neuen Institutionen. Es galt, ihren bisherigen Einfluss zu bewahren. Während es für Vojin Ćirković in Pirot kaum ein Vorteil war, auf seine lokale Verankerung zu pochen, verhielt es sich in Caribrod genau umgekehrt: Bei der Vorstellung der Kandidaten für die Wahlen zur Nationalversammlung wurde in der *Nišava* betont, ob es sich jeweils um einen „Zugereisten“ handelte oder ob der Kandidat aus Caribrod und den umliegenden Dörfern stammte.

358 François/Seifarth/Struck, Grenzen und Grenzräume, 2007, S. 13.

359 Vojin Ćirković verkörpert anschaulich den gesellschaftlichen Aufsteiger um die Jahrhundertwende. Zunächst seitens der staatlichen Vertreter als Anhänger der Radikalen Partei mit Misstrauen betrachtet, beginnt mit deren Etablierung im politischen Leben Serbiens auch seine Karriere im Lokalen. Ćirković wird Abgeordneter für Pirot in der serbischen Skupština. Zur selben Zeit war er auch immer erfolgreicher in seinen geschäftlichen Unternehmungen, die ihm einigen Wohlstand ermöglichten. In den 1910er Jahren gibt es keinen Ausschuss, keinen Verein – vom Gesangsverein bis hin zur Vereinigung zur Förderung der Kelimindustrie –, in dem Vojin Ćirković nicht Mitglied war.

Um diese Form der Integration zu illustrieren, sei hier kurz der Aufstieg des Dorfkmeten Emil Načev aus der Caribroder Umgebung angeführt. Načev hatte es in den 1890er Jahren zum Vorsteher der Okolija gebracht. Er entwickelte gute Beziehungen zur Konservativen Partei, die nach dem Fall des Stambolov-Regimes vergleichsweise lange Zeit (fast die gesamten 1890er Jahre) im Amt blieb. Mit deren Unterstützung begann sein Aufstieg, was ihm ständige Kritik in der *Nišava* einbrachte, die Stambolovisten und Progressisten unterstützte. Obwohl ein „Einheimischer“, hatte er bei der Redaktion der *Nišava* keinen besonders guten Stand. So wurde er bei der üblichen Vorstellung der Kandidaten für die Nationalversammlung (hier waren es die Wahlen von 1909) in der Wochenzeitung scharf kritisiert. Während alle anderen ehrbare einheimische Kandidaten seien, fördere der Kandidat Načev als einziger mit Teodor Teodorov (der um die Jahrhundertwende einige Male Innenminister und Justizminister war) einen auswärtigen, der zudem Regierungsmitglied sei. Načev habe diesen als Vorsteher der Okolija unterstützt, indem er ihn von Steuereintreibern begleiten ließ, welche die potentiellen Wähler damit eingeschüchtert hätten, dass der Besitz all jener, die Teodorov nicht wählen würden, gepfändet werde.[360] Obwohl er die Lokalpresse gegen sich hatte, gewannen Načev bzw. die von ihm unterstützten Kandidaten bei den meisten folgenden Wahlen. Bestechung und Einschüchterung waren dabei, wie von der Wochenzeitung *Nišava* insinuiert, regelmäßig eingesetzte Mittel. Solche Erfolge steigerten natürlich seine Bedeutung bei den Parteikollegen aus der Hauptstadt, die in Načev einen zuverlässigen Gewährsmann in dieser Region hatten. Zugleich versorgte er seine lokalen Unterstützer mit Posten und stieg in kurzer Zeit zum Vorsitzenden des Okrăžni Săvet (Kreisrat) von Sofia auf, sowie in die zentrale Leitung seiner Partei.[361] Gleichzeitig war er in verschiedene Affären verstrickt, wie etwa die Zirkulation gefälschter rumänischer Banknoten[362] oder undurchsichtigen An- und Verkauf von Land zu überhöhten Preisen. 1906 wurde Emil Načev ebenso beschuldigt, den Načalnik von Sofia bestochen zu haben. Es handelte sich wohl um Erwerb von Land unter Vorspiegelung falscher Tatsachen.[363]

Als die Radikalen um die Jahrhundertwende in Pirot wie auch im übrigen Serbien zur dominierenden Partei wurden, erlebte ihr Anhänger Vojin Ćirković eine ähnliche Karriere wie Načev. Allerdings führte ihn sein Aufstieg nicht in Amt und Würden im Okrug – stattdessen war er Abgeordneter im nationalen Parlament. Als solcher gewann Ćirković im lokalen Kontext an Einfluss, was dazu führte, dass es mit seinen Geschäften aufwärtsging. Doch auch bei ihm häuften sich gegen Ende des Jahrzehnts die Vorwürfe wegen Beste-

360 Klassisch waren Koalitionen zwischen einflussreichen Politikern aus dem Zentrum und aufstrebenden Geschäftsleuten, für deren Geschäft gute Kontakte zum Zentrum unabdingbar waren. Sokol Nevljanski schloss sich im Wahlkampf um das Bürgermeisteramt der Gemeinde Borovo der Progressiv-Liberalen Partei an Emil Načev etwa unterstützte Teodor Teodorov, der lange Jahre Ministerämter innehatte und dessen Wahlkreis Caribrod war. Dabei waren Načev und Kollegen nicht zimperlich, wenn es darum ging, Gefolgschaft für Teodorov zu sichern. Gemeinsam mit den Caribroder Steuereintreibern Krsto Agenkov aus Caribrod und Emanuil Ivanov aus Nedeljište drohten sie jenen, die den Kandidaten nicht wählen würden, ihren Besitz für die Steuer zu pfänden. Nišava, 20.9.1909, Nr. 3, S. 3.

361 Ruskov, Bălgari i Sărbi, 2007, S. 110.

362 Ebenda, S. 115.

363 Bericht der Unterschungskommission zu den Wahlen 1909: F 173k, a. e. 2807, l. 7.

chungen.[364] Dies zeigt, dass sich die Muster von Aufstieg und Karriere sich ähnelten und in beiden Kontexten diese erste Generation lokaler Akteure, die sich in den Institutionen etablieren konnte, sich in ihren Handlungsformen nicht von jenen der älteren Čorbadžije wie Aranđel Stanojević unterschied.

In Trn, das besagter Stanojević in Richtung Pirot verlassen hatte, war die Situation vergleichbar mit jener in Pirot. Auch hier waren die Vertreter der Zentralbehörden misstrauisch gegenüber den lokalen Akteuren, die sie verdächtigten, Sympathien für Serbien zu hegen. Die Trner kamen daher in den ersten Jahrzehnten kaum zu Einfluss. Nach dem Weggang Aranđel Stanojevićs wurde Trn von einem russischen Beamten verwaltet. Sima Sokolov, der aus Trn stammte und als Offizier der serbischen Armee an der Einnahme der Stadt beteiligt gewesen war, wurde der Zugang zu Posten verwehrt. Offensichtlich schien Sokolov durch seine engen Beziehungen zu serbischen Offizieren und seiner Sozialisation in Belgrad nicht vertrauenswürdig. Auch die Bekanntschaft zu den beiden nach Bulgarien orientierten Pirotern Simeon Hristov und Spas Vacov, die Sokolov aus seiner Zeit in Belgrad kannte, war ihm nicht von Nutzen.[365] Offensichtlich war für ihn die Zeit nach 1879 eine große Enttäuschung. Bei Besuchen in Sofia stieß er bei vormaligen Freunden auf Desinteresse, es gab keine Unterstützung für eine erfolgreiche politische Laufbahn, ganz zu schweigen vom militärischen Bereich.[366] Versuchen, sich als Rechtsanwalt in Trn zu etablieren, war kein Erfolg beschieden.[367] Als er 1880 als Abgeordneter für das Narodno Săbranie (Nationalversammlung) kandidierte, war auch dies mit vielen Hindernissen verbunden. Gegen den in Trn angesehenen Sokolov kandidierte ausgerechnet Marin Drinov, einer der zentralen Protagonisten der Gründung des bulgarischen Staates, für die Partei des Fürsten, der dann auch die Wahlen „gewann".[368] Jenseits dieser fehlgeschlagenen Versuche, sich in der lokalen Politik zu etablieren, vermittelt sich in Sokolovs Lebensweg eine südslawisch zu nennende Erfahrung jenseits aller Programmentwürfe von Intellektuellenkreisen, die um die Jahrhundertwende zu zirkulieren begannen, und jenseits der noch viel später einsetzenden staatlichen Sinnstiftungen: Sima Sokolov heiratete die Tochter eines Handwerkers aus der Donaumonarchie der zur Zeit des Bahnbaus in Pirot gearbeitet hatte. Sein Trauzeuge wiederum war Nikola Suknarov, Gesinnungsgenosse und Unterstützer Nikola Pašićs und späterer Bürgermeister von Sofia. Mit Nikola Pašić wiederum stand Sokolov Anfang der 1880er Jahre in brieflichem Kontakt, als es um die Planungen des Aufstands in Ostserbien ging.[369]

364 Während der Wahlen 1906 zur serbischen Volksversammlung gab es seitens der sozialdemokratischen Opposition zunehmend Vorwürfe der Korruption gegen Vojin Ćirković; Vorwürfe der Piroter Sozialdemokraten im Wahlkampf 1906, vgl. PSNG, Bd. 3, 1981, Dok. Nr. 1731, S. 720–31.

365 Sima Sokolov war serbischer Offizier und nach 1878 bulgarischer Immobilienspekulant. Hristov schreibt Vacov im August 1878, dass auch Sima Sokolov in Belgrad sei. Offensichtlich sind sie miteinander bekannt. Briefe an eine Berta in Zara; NBKM BIA Fond Nr. 227, a. e. 21, l. 31.

366 Iliev, Kapitan Simo Sokolov, 2000, S. 118.

367 Ebenda, S. 121.

368 Von 4.847 Wahlberechtigten stimmten 1.243 ab, und Sokolov erhielt 1.068 Stimmen. Allerdings wurde die Wahl mit der Begründung angefochten, dass er weniger als ein Drittel der gesamten Stimmenzahl erhalten habe. Nach einer zweiten Wahl wurde sein Erfolg anerkannt. Ebenda, S. 122.

369 Ebenda, S. 132.

Doch dieses Geflecht von Bekanntschaften und Kontakten über die neue Grenze hinweg materialisierte sich nicht in einer Position im politischen Establishment. Ab Ende der 1880er Jahre versuchte sich Sokolov als Bauunternehmer. Auch hier nutzte er Netzwerke, diesmal jene traditionellen der Trner Handwerker, mit deren Hilfe er eine Baufirma in Sofia etablieren wollte. Auch versuchte er sich als Immobilienspekulant: So kaufte er Grundstücke in der Nähe des projektierten Bahnhofs in Caribrod auf, um später – im Zuge des Baus der Eisenbahnstation – von deren Verkauf zu profitieren. Doch auch abseits des politischen Parketts waren ihm Leute vom Format Emil Načevs voraus, die mit ihren hervorragenden Beziehungen in die Ministerien und die Kreisverwaltung solche Unternehmungen profitabel gestalten konnten. Sokolov bankrottierte, nachdem weder die Bauunternehmungen noch der Grundstückskauf Profite realisieren konnten. Sima Sokolov lebte seit der Jahrhundertwende zurückgezogen in bescheidenen Verhältnissen in Sofia.[370] Hier zeigt sich, wie wichtig Beziehungen zu den neuen Netzwerken zwischen Institutionen und politischen Gruppierungen für solche wirtschaftlichen Unternehmungen waren. Sokolovs Netzwerk war in einer paradoxen Form zu weit, zu grenzenübergreifend gespannt, indem es von Sofia bis Belgrad reichte.

Diese drei Lebensläufe – jener Emil Načevs, Caribroder Lokalmatador der Konservativen, Vojin Ćirkovićs, Parlamentsabgeordneter der Radikalen für Pirot, und jener des im neuen System gescheiterten ehemaligen Offiziers der serbischen Armee Sima Sokolov – vermitteln die Karriere- und Aufstiegswege der zweiten Generation, die von 1890 bis 1910, also nach der Zeit der Čorbadžije, das Geschehen prägte. In ihrem Handeln wird das Alte im Neuen sichtbar. Wie bei Mali Rista schienen Bestechung, den Gesetzen zuwiderlaufende Absprachen und die Absicherung bei den Mächtigen zum Erfolg dazuzugehören. Dennoch war zweierlei neu: der eingeschränkte Handlungsradius und die Formen von Loyalität. Vieldeutigkeit war hier eher von Nachteil, wie es im Fall Sima Sokolovs sichtbar geworden ist.

Während in den ersten zwanzig Jahren nach 1878 die Integration stagnierte, kann die Wende zum 20. Jahrhundert als Beginn eines stetigeren Integrationsprozesses betrachtet werden. Bis zur Jahrhundertwende hatten die Institutionen des Zentralstaats und seine Protagonisten die Region noch nicht eindeutig prägen konnten – wie die Auseinandersetzung um die „Piroter Kolonie" in Caribrod verdeutlicht hat. Danach festigten sich Institutionen, Verbände und Netzwerke des Zentralstaats in der Region und es entwickelte sich gleichzeitig neuer Handlungsspielraum für die lokalen Akteure. Nach der Jahrhundertwende zeigt sich – hier besonders bei Akteuren wie Emil Načev –, in welchen Formen sich lokale Akteure die neuen Institutionen für ihren Bedarf anzueignen beginnen. Es ist zu betonen, dass es sich dabei um mehr als zwei Jahrzehnte handelt, und dabei nur ein gesellschaftliches

370 Ebenda, S. 140, 146. In diesen Jahren versuchte er immer wieder, eine Anerkennung für seine Beteiligung an dem Krieg 1877 in Form einer Rente zu erlangen. Sokolov wurde von der lokalen Publizistik erst spät entdeckt, doch dann letztlich in den nationalen Kanon mit dem „Šopsko văstanije" aufgenommen.

Segment der lokalen Gesellschaft in dieser Qualität von den neuen Verhältnissen erfasst wurde: Wie gezeigt waren es v. a. Kaufleute, Lehrer, Beamte und Dorfvorsteher.

Auch in den Augen der Zeitgenossen, zumindest jener, deren Raisonnement uns vermittels ihrer Zeitungen zur Verfügung steht, scheint die Wende zum 20. Jahrhundert als Beginn des Integrationsprozesses wahrgenommen worden zu sein, genauer gesagt setzte für sie der Aufschwung Anfang der 1890er Jahre ein. Hier war die Eisenbahn das Medium, das einen neuen Erwartungshorizont erschloss. Gleichwohl blieb dieser nicht eingeschränkt auf die Integration allein ins Nationale. Darin vermittelten sich weitaus größere Orientierungsräume, wie es etwa die Werbung in der *Nišava* für „Kolonialwaren", Wiener und Budapester Artikel zeigte. Auf diese Weise – mit den Bestellungungen aus ebenso anoncierten Katalogen – versorgte sich die städtische Oberschicht direkt mit Waren aus den europäischen Zentren. So etwa auch in Trn. In ihren Erinnerungen berichtet eine Lehrerin über ihr damaliges Leben in Trn: Durch die ausgesprochen niedrigen Lebenshaltungskosten in Trn um die Jahrhundertwende, „konnten wir europäischen Waren kaufen, Möbel aus Wien, Kleidung aus Paris, (...) schweizer Uhren, (...) alle möglichen Instrumente und Textilprodukte. In diesem weit entfernten Winkel der Provinz flanierten Frauen und Männer in Pariser Kostümen und Schuhen. Euer Vater hat aus Pariser Journalen eleganteste Kleidung für die Frauen der Beamten und die Lehrerinne bestellt. Aus Italien hat er mir eine Gitarre bestellt, auf der ich dann während unserer Versammlungen spielte."[371] Trotzdem verblieb die Eisenbahn als transnationale Erfahrungsdimension per se in einem intensiven Spannungsverhältnis mit dem Nationalen, wie noch zu zeigen sein wird.

Enttäuschung oder Zufriedenheit mit dem Neuen drückte sich auch räumlich aus. Insbesondere im ersten Jahrzehnt des 20. Jahrhunderts wurden die bisherigen Erfahrungen in räumlicher Perspektive bewertet. So resümierte ein Redakteur der Zeitung der Radikalen Partei in Pirot, dass die Stadt im serbischen Gemeinwesen eine marginale Existenz führe. Seit 28 Jahren sei Pirot eine vergessene Stadt, in die Beamte strafversetzt oder deren Versetzung hierher sie als Strafe empfinden würden.[372] Bemerkenswert ist der Blick über die Grenze in der Beurteilung der nach Ansicht des Redakteurs beklagenswerten Situation, in der sich Caribrod geradezu zu einem Konkurrenten auswächst: Wäre die unselige Grenze nicht gewesen, so hätte das dann vereinte serbische Volk das Wachstum Caribrods auf Kosten Pirots nie zugelassen.[373] Allerdings ist es ebenso bemerkenswert, dass die Schuld an dieser Situation nicht allein der Grenze zugeschrieben wird, sondern auch den Entscheidungen und dem Handeln der verantwortlichen staatlichen Akteure – auch wenn es sich um Zeiten des Wahlkampfs handelte, lässt sich eine solche Bewertung nicht allein darauf reduzieren:

---

371 CDA, Fond 1755, op. nr. 1, a.e. 72, l.12. Marija Pop-Haralampijeva-Nikolova, Semejna hronika.

372 „Unsere Gegend ist aufgegeben, alleingelassen, und niemand, weder die Berufenen noch die dazu nicht Berufenen, haben uns Aufmerksamkeit geschenkt. Der Staat hat uns verlassen und erinnert sich an Pirot und den Piroter Bezirk nur, wenn ein Beamter bestraft werden soll. Die *Pokret* wird daran arbeiten, Pirot mit Serbien zu verbinden." Pokret, Nr. 1, Jg. 1, 25.12.1905, S. 1. Dabei ist zu bedenken, dass sich in diesem einen Jahr die Radikalen in der Opposition befanden, und sie in dem Jahrzehnt zuvor einige Male an der Regierung beteiligt waren. Wie brisant weiterhin die Zugehörigkeit ist, zeigt die zweite Ausgabe, in der ausführlich über diesen Satz polemisiert wird.

373 Pokret, Nr. 2, Jg. 2, 5.1.1906, S. 4.

> Wäre Pirot jenes Gebiet seines Umlandes erhalten geblieben, das die serbische Armee eingenommen hatte, wäre die Stadt angesichts der Tatsache, dass es sich um einen großen Bezirk gehandelt hatte, heute in einer besseren Lage. Doch das, was Europa der Stadt am grünen Tisch in Berlin abgenommen hat, hätten wir auf eine andere Weise kompensieren können, so dass Pirot heute nicht nur ein fortschrittlicher Ort geworden wäre, sondern auch ein Anziehungspunkt für all das fleißige serbische Volk aus der Umgebung von Trn, Breznik, Caribrod und dem Visok, und wir hätten es nicht erlaubt, dass sich Caribrod ganz unnatürlich und zum Schaden Pirots entwickelt.[374]

Pirot lag in dieser Wahrnehmung am Ende Serbiens – während es bis dahin eine Stadt gewesen war, die an einer wichtigen Handelsroute prosperierte. Gleichsam komplementär wurde in Caribrod die Grenzziehung vom Herausgeber der Wochenzeitung *Nišava* ganz anders wahrgenommen, als Möglichkeit und Grundlage des Aufschwungs des bisherigen Dorfes. Es war Bulgariens Tor zu Europa, wie es in einem Text von 1909 hieß: „Diesem ehemals verschlafenen Dorf war es von der Vorsehung vorbestimmt, aus seinem tiefen Schlaf zu erwachen und sich zu einer zukünftigen Stadt aufzurichten, die heute die Schwelle zu Europa ist."[375] Caribrod war somit die erste Station aller Reisenden nach Bulgarien bzw., wie es dieses Bild nahelegt, das Tor, durch das die Reisenden aus Bulgarien nach Europa gelangten. So wurden die Reisen des bulgarischen Fürsten bzw. Königs oder die Ankunft von Zügen mit hochrangigen Politikern und Diplomaten von der Stadtverwaltung zelebriert. Bahnhof und Umgebung wurden beflaggt, für eine Weile zeigte sich der Herrscher bei seiner Abfahrt oder Rückkehr, worüber in aller Ausführlichkeit berichtet wurde. Die Vorstellung von einer hervorgehobenen Position wird auch dort deutlich, wo die Grenze nicht als Rand, sondern als Beginn betrachtet wird: Dies zeigt sich beispielsweise in einer kleinen Nachricht in der *Nišava*, dass die gesamte Lehrerschaft des Progymnasiums ausgewechselt werde. Vom Redakteur werde das begrüßt, denn es sei klar, dass in einer solchen Stadt nicht einfach jeder Beliebige Lehrer sein könne. Lehrer, die mit veralteten Methoden arbeiteten,

> die vielleicht gut genug für die Dörfer unseres Königreichs sind, nicht aber für Caribrod, das als Städtchen die westliche Vorstadt von Sofia bildet, zudem noch Grenzstadt ist, und als solche ist es absolut notwendig, dass sein Lehrerpersonal aus Menschen bestehen soll, die hochintelligent sind, und nicht aus zu vielen Lehrerinnen. Wenn sich die Zeiten ändern und die neuen Notwendigkeiten deutlich werden, warum sollte diese nicht auch Caribrod fordern.[376]

Auch die Vorstellung von der „westlichen Vorstadt Sofias", gleichsam als das klassische bessergestellte „Westend", ist v. a. der buchstäblichen Erfahrung der Eisenbahn geschuldet, welche die 60 km auf zwei Zugstunden schrumpfen ließ. In der hochmütigen Selbstzufriedenheit des Autors verschränken sich die beiden Erfahrungsmomente, die neue Kommunikationslinie und die Grenze als Hauptmerkmale der Stadt.

---

374 Ebenda.

375 Nišava, 10.09.1910, Nr. 50, S. 1.

376 Ebenda.

3.8 Grenzorganisation

Die Grenze als materielles Faktum blieb in Entsprechung zu der beschriebenen zögerlichen Durchsetzung der neuen Herrschaftsgebilde über einen langen Zeitraum kaum sichtbar. So wenig es nach innen gelang, die Menschen zu disziplinieren und eindeutig auf die jeweils neue Herrschaft auszurichten, so wenig konnte sich an der Grenzlinie selbst die Fantasie von eindeutiger Trennung materialisieren.

Wie anhand der Grenzkommissionen gezeigt, wirkten auch starke Widerstände gegen eine solche Materialisierung der „Ideallinie" und verwandelten diese wiederholt in ein Phantom. Genauso sollte die Entstehung der Infrastruktur der Grenzlinie nicht als einmaliger Vorgang vorgestellt werden. Ebenso wie die Grenze als Erfahrung nicht abrupt mit dem Alltag der Menschen interferierte, da die Grenze als Infrastruktur erst allmählich entstand. Übergänge, Zoll- und Poststationen, Wachposten, Regeln und Vorschriften entstanden über einen Zeitraum von zwei Jahrzehnten. Mit der vollen Souveränität Serbiens und der Selbständigkeit Bulgariens begann erst die Entwicklung des gesamten Regelwerks zur Grenzüberwachung, Grenzpassage und Warenverkehr, insbesondere die Zollbestimmungen wurden dabei immer weiter verfeinert.[377] Daher lässt sich nicht von einer plötzlichen Konfrontation mit der neuen Barriere ausgehen, sondern von einer stetigen Wechselbeziehung zwischen Letzterer und dem eigensinnigen Umgang damit seitens der lokalen Akteure. Zumeist werden die überregionalen und internationalen Konstellationen in den Fokus genommen, wenn es um Handelskonventionen, Zollbestimmungen etc. zwischen den neuen Staaten und den Großmächten geht. Hier soll gleichwohl der Fokus auf die lokalen Wirkungen beibehalten werden.

Auf beiden Seiten der neuen Grenze gab es zu Anfang nur wenige Grenzposten. Diese wurden im Abstand von mehr als 20 km in dem nicht besonders gut einsehbaren Gelände errichtet.[378] Hinzu kam, dass die eigentliche Grenzlinie kaum durch Grenzsteine oder Ähnliches markiert war. Auf der bulgarischen Seite waren etwa die Holzkonstruktionen um die trigonometrischen Punkte, mit deren Hilfe die russischen Offiziere die Kartografierung des Grenzverlaufs vorgenommen hatten, zumeist nach einer Weile verschwunden. Bauern vermuteten, dass die Holzkonstruktionen dazu dienten, Schätze wiederzufinden, welche die russischen Militärs vor ihrem Weggang dort vergraben hatten, und gruben dementsprechend dort nach dem vermuteten Gold. Doch weder tauchte solches auf, noch existierten

377 Gleichwohl stammten erste Bestimmungen aus der Zeit Miloš Obrenovićs. Es wurden wiederholte Veränderungen etwa des serbischen Regelwerks zum Zoll vorgenommen, allein viermal in den 1890er Jahren. Ebenso häufig kam es zu Verlegungen von Zollstationen. Krsmanović, Carina, 2006, S. 77. Die erste größere Initiative erfolgte 1893, die das bisherige Gesetz über das „Ustrojstvo Carinsko" von 1863 ersetzt; ebenda, S. 142. Der „Carinski Zakon" von 1899 ist das bis dahin umfangreichstes Regelwerk hierzu; ebenda, S. 80.

378 Die Grenzposten in der Caribrodska Okolija waren Konuštica, Senokos, Odorovci, Planinica, Vlasi Banski Dol, Slavinja, Željuškite Anove. Rajčevski, Caribrodskite Bălgari, 2008, S. 31. Von serbischer Seite waren es insgesamt 14 Zollstationen an der Grenze zur Donaumonarchie; jeweils zwei nach Rumänien; in Richtung Bulgarien waren es: Vrška Čuka, Balta-Berilovac, Ržana, Pirot, die Filiale Obrenovac, Deščani Kladenac, Vlasina; sowie vier an der Grenze zum Osmanischen Reich; fünf an der Grenze zu Bosnien. Zakon o ustrojstvu Carina, 19.8.1893, in: Zbornik zakona, 51, S. 42.

danach die Markierungen.[379] Dieser wenig sichtbaren Grenze entsprach in den ersten beiden Jahrzehnten auch die Form ihrer Bewachung. Darin war auf serbischer Seite v. a. die lokale Bevölkerung eingebunden. Für den vormaligen Čiflik und nun das Dorf Obrenovac ist überliefert, dass sich jene als Grenzwächter verdingten, die Steuerschulden abzuzahlen hatten. Es gab keine weitere Ausstattung durch den Staat, Kleidung und Verpflegung hatten die Wächter selbst zu stellen. Der Lohn betrug 20 Dinar im Monat.[380] Insgesamt ist für das Gebiet Obrenovac überliefert – was sicherlich auch für andere Abschnitte gilt –, dass es nicht besonders schwer war, die Grenze zu überqueren. Man hätte sich zwar bei den Grenzwächtern melden sollen, doch viele hätten auch das nicht getan.[381]

Aus der Perspektive der Staatsbeamten handelte es sich dabei um einen erheblichen Missstand. In einem Schreiben des Vorstehers für den Bezirk Vlasotinci, ein gewisser Branković, der auch die Aufgaben der Grenzkontrolle übernommen hatte, kam dies anschaulich zum Ausdruck.[382] Seine Klagen betrafen sowohl den Vergleich des Status der Grenzbeamten auf beiden Seiten als auch die Form der Grenzüberwachung selbst. Branković war seinem Amt nach eigentlich nur ein Schreiber, aber in Ermangelung eines Leiters der Grenzstation gleichzeitig deren Chef und damit einziger Repräsentant des Staates an diesem Teil Grenze. Eigentlich sollten die Unterschiede „zwischen dem älteren Staat – dem Königreich Serbien – und einem Staat, der erst gestern gegründet worden ist – dem Fürstentum Bulgarien“ eindeutig sein, doch

> die Umstände sind solche, dass wir nicht schweigend darüber hinweggehen können. Ich halte dafür, dass ein Patriot, ein Serbe, außer jenen, die mit Gewinn aus der Schmuggelei rechnen, am allerwenigsten ein Beamter gleichgültig bleiben kann gegenüber der offensichtlichen Lage der Dinge, beziehungsweise der Art und Weise, wie die Grenze bewacht wird und die staatlichen Interessen geschützt werden. Das junge Fürstentum Bulgarien hat seine Infanterie-, Kavallerie-, und Finanzorgane an der Grenze. Die einen wie die anderen sind militärisch gekleidet, gut bewaffnet und mit einem Überfluss an Munition ausgestattet. Allein diese Erscheinung erweckt den Eindruck ernsthafter, strenger und verantwortungsbewusster Hüter und Verteidiger ihrer staatlichen Interessen. Die Zuersterwähnten werden mit 50 Dinar monatlich entlohnt, die Zweiterwähnten mit 80 Dinar. (...) Deshalb dienen sie fröhlich, treu und zuverlässig.[383]

Daneben gebe es auf der bulgarischen Seite auch Gendarmen, die an der Grenze Streifendienst leisteten. Doch solche scheinbare Überlegenheit in der Ausstattung auf der bulgarischen Seite könne nur niedere Beweggründe haben. Der Načalnik vermutete, dass gerade dieser Eindruck von strenger und effektiver Kontrolle genutzt werde, um ungestörten

379 Giles, Frank L.: Boundary Work in the Balkans, in: The Geographical Journal, 75 (1930) 4, S. 300–10.

380 Kolić, Hronika, 1962/63, S. 27.

381 Ebenda.

382 Ausführlicher Bericht des mit der Wahrnehmung der Geschäfte des Načelnik des Grenzübergangs Vlasotinci beauftragten Schreibers Branković an das serbische Innenministerium, 22.1.1888. MUD-P 6, p. 107, 1888.

383 Ebenda.

Schmuggel zu ermöglichen. Die gute materielle Ausstattung hebe derart das Selbstbewusstsein dieser bulgarischen Beamten, dass sie auch nicht davor zurückschreckten, zwei bis drei Stunden tief in das serbische Territorium einzudringen und serbische Staatsbürger zu maßregeln, damit diese ihr Treiben nicht störten. Die Dreistigkeit der bulgarischen Grenzer war für den Načalnik in der guten Bezahlung und Bewaffnung begründet. So konnten die serbischen Grenzposten ihnen nicht auf derselben Ebene entgegentreten. „Gerade darin liegt unser Übel. Während Bulgarien drei Arten von Grenzwachen hat" – die wie gesagt gut bezahlt und ausgestattet sind –

> haben wir nur eine Form, die Infanteriegrenzwacht, die schlecht bezahlt, schlecht ausgerüstet, und ärmlich – unmilitärisch gekleidet ist, deren ausgediente Gewehre an Schnüren befestigt über ihre Schultern hängen, für die sie zudem keine Munition haben, so dass sie im Vergleich zu den bulgarischen Grenzwachen wie irgendwelche Waisenkinder aussehen.

Es sei daher kein Wunder, dass sich die Bulgaren so weit in das serbische Staatsterritorium vorwagten und so selbstbewusst seien,

> dass sie auch unseren Wächtern ihre Gewehre abnehmen, wie es einmal der Fall war (…), und sich dann darauf herausreden, dass sie einfach nicht gewusst hätten, dass es sich bei der Person um einen Staatsvertreter, einen Grenzwächter handeln solle, da er keine Uniform trug und sie ihm daher das Gewehr abnahmen. Hinzu kommt, dass unsere Wächter (…) jetzt im Winter (…) trotz allem häufig ihren Wachplatz verlassen, wegen der geringen Löhne, so dass, bis mit großer Mühe neue Leute gefunden wurden, die Grenzposten für einige Tage unbewacht blieben.

Wenn sie sich schon im Winter so verhalten, fragte der Načalnik rhetorisch, wie sollte es dann erst im Frühjahr und im Sommer sein, wenn es auf den eigenen Feldern viel zu tun gibt? Die Grenzposten selbst waren zudem schwer zu kontrollieren, da sie teilweise zehn Stunden vom Zentrum des Bezirks Vlasotinci entfernt waren. Ebenso verlören die Beamten sehr viel Zeit, indem sie an der ohnehin schon entlegenen Grenze wiederholt neue Posten instruieren müssten, da nur wenige für längere Zeit blieben.

Auch im Hinblick auf den Zoll zeigte sich in diesem Gebiet die Lückenhaftigkeit der Grenze: Pro Station sollte es mindestens zwei Zollbeamte geben, zumeist war es aber nur einer.[384] Versetzungen dienten als Mittel, um Korruption zu verhindern, doch die meisten davon erfolgten unabhängig davon am Grenzübergang nach Trn. Von 1888 bis 1908 wechselten sich dort 18 Zollbeamte ab. Ein ganzes Jahr gab es dabei überhaupt keinen Zöllner.[385]

Aus diesem von dem Beamten an der Grenze angestellten Vergleich, der im Hinblick auf Ausstattung und Organisation durch andere Quellen gestützt wird,[386] wird deutlich, dass in Bulgarien den Fragen der Repräsentation auch an den Rändern große Aufmerksamkeit gewidmet wurde, während dies für den serbischen Staat scheinbar von nachrangiger Be-

384 Krsmanović, Carina, 2006, S. 131.
385 Ebenda, S. 133.
386 Valkova, Sonja et al. (Hrsg.): Istorija na Bălgarskite Mitnici, Sofija, 2009, S. 2–15.

deutung war. Aus der Sicht des Vertreters des serbischen Staates an dem neuentstandenen Rand war dies ein Missstand. Auch wenn die finanziellen Möglichkeiten des Staates im Augenblick beschränkt seien, sei es wichtig, „Ehre und Würde des Königreichs Serbien als unabhängigem und älterem Staat zu zeigen, wenigstens eine solcherart ausgestattete Wache zu haben wie Bulgarien, wenn nicht sogar besser.“[387]

3.8.1 Traditionelle Handelswege oder Schmuggelpfade?

Momir Samardžić bemerkt in seiner Studie über die „Grenzprobleme“ zwischen Serbien und Bulgarien im letzten Drittel des 19. Jahrhunderts lapidar, es habe zwischen beiden Staaten keinen nennenswerten Warenaustausch gegeben.[388] Diese Feststellung, die insgesamt die Wirtschaftsbeziehungen zutreffend bewertet, suggeriert aber zugleich eine grundlegende Distanz zwischen zwei abgeschlossenen Ganzheiten.

Ein Blick weg von einem imaginierten Zentrum hin auf die regionalen Schwerpunkte von Handel und Verkehr löst solche prinzipiellen Einschätzungen als Abstraktion auf. Das Fürstentum Serbien war fast ausschließlich auf den Handel mit Österreich-Ungarn ausgerichtet. Die Hauptstadt Belgrad verkörperte dabei auf eigentümliche Weise das wirtschaftliche Zentrum des Fürstentums und gleichzeitig als Grenzstation zum Habsburgerreich die Intensität des Warentausches mit der Habsburgermonarchie. Der wirtschaftliche Einfluss Österreich-Ungarns auf Serbien steigerte sich nach 1878, bis im so genannten Zollkrieg von 1906 schrittweise Veränderungen eintraten. Hier ist v. a. von Bedeutung, dass sich das kommerzielle Geschehen im Norden des neuen Landes abspielte. Im neuen bulgarischen Staat vollzog sich der Großteil des Handels jenseits des neuen politischen Zentrums, wie z. B. in Plovdiv/Filibe (ab 1885 im Fürstentum), das durch die traditionelle Ausrichtung auf das imperiale Zentrum geprägt war. Weitere wichtige Zentren waren die Städte an der Donau, Vidin, Lom, Svištov und Rusčuk/Russe – wichtige Transithäfen von der Doppelmonarchie und den Donaufürstentümern ins Landesinnere und nach Istanbul. Hinzu kamen die beiden neu entstehenden Schwarzmeerhäfen Varna und Burgas. Tatsächlich zeigte sich auch in den ersten Statistiken, dass der Großteil der Ein- und Ausfuhr über die Donauhäfen und die beiden Städte am Schwarzen Meer erfolgte. Caribrod stand 1880/1881 von den 23 Zollstationen an zehnter Stelle.[389] Die nahegelegene neue Hauptstadt Sofia wirkte sich für die hier behandelte Region in diesem ersten Jahrzehnt noch kaum auf Warenverkehr und Migration aus. Vielmehr lag sie isoliert von den bisherigen Handelszentren.[390]

387 Ausführlicher Bericht des mit der Wahrnehmung der Geschäfte des Načelnik des Grenzübergangs Vlasotinci beauftragten Schreibers Branković an das serbische Innenministerium, 22.1.1888. MUD-P 6, p. 107, 1888.

388 Samardžić, Od San Stefana do Slivnice, 2008, S. 83.

389 Die wichtigsten Plätze für den Im- und Export von Waren waren Varna, Svištov, Russe und Lom Palanka. Der Zollwert der Einfuhr fiel in der Anfangszeit mit ca. 70.000 Leva (1880) und 80.000 Leva (1881) deutlich höher aus als der Ausfuhrwert mit 2.000 Leva (1880) und 1.000 Leva (1881); Statistika na Knjažestvoto Bălgarija, Bd. 2, Vănšna Tărgovija na Knjažestvoto prez 1880–1881, Sofija, 1883, S. 28. Der Handel mit Rumänien gestaltete sich in dieser Zeit weitaus intensiver als mit Serbien. Ebenda, S. 28 f.

390 Dieser Widerspruch zwischen entstehender Bürokratie und der Ferne der bisherigen Handelszentren stellte die entstehende Nationalökonomie vor schwierige Herausforderungen. Berov, Balkanska industrijalizacija, 2012.

Hinzu kam, dass beide Staaten nach knapp sieben Jahren staatlicher Existenz 1885 miteinander im Krieg standen. Danach führte Bulgarien das Verbot der Ausfuhr neuer Maschinen sowie Zölle ein, welche die ansonsten geltenden, ohnehin hohen 8 % weit übertrafen. Dies wirkte sich auf die traditionell engen interregionalen Handelsbeziehungen in der Textilwirtschaft und Seilerei im Gebiet um Leskovac (Serbien) mit den Produktionsstätten in Gabrovo und Umgebung (Bulgarien) aus.[391] Serbien wiederum – an Verträge mit Österreich-Ungarn gebunden – untersagte die Einfuhr von Lebendvieh aus Bulgarien.[392]

Der schon erwähnte Nationalökonom Laveleye sprach von einer chinesischen Mauer für die Wirtschaft, als er die Zollstation bei Sukovo auf der Straße zwischen Caribrod und Pirot passierte:

> Serbien hat bis jetzt einen sehr massigen Zolltarif beibehalten, welcher über drei bis fünf Prozent des Werthes nicht hinausgeht und auch auf der Ausfuhr liegt. Der bulgarische ist höher und trägt ein schutzzöllnerisches Gepräge. So belastet er die Oka Wein (1,020 kg) mit 25 Centimes, und während dieselbe in Pirot 20 Centimes kostet, wird sie in Sofia mit 80 Centimes bis einem Franken bezahlt. Der Zollbeamte sagte mir, dass man hauptsächlich Butter und Käse von Serbien nach Bulgarien bringt, und dass diese Artikel bis nach Konstantinopel gehen. Aber auch Hanf und Taue werden eingeführt. Die 1882 über Sukofski-Most eingegangenen Waaren stellten einen Werth von 2500000 Franken dar, und der ganze Handel zwischen Bulgarien und Serbien wies im selben Jahre — die Ein- und Ausfuhr zusammengenommen — einen Umsatz von 4500000 Franken auf. Mit diesen ungemein niedrigen Zahlen steht die beschwerliche Verkehrsart natürlich in engstem Zusammenhange, und man fühlt sich wirklich versucht, von einer die beiden Länder trennenden chinesischen Mauer zu sprechen.[393]

Laveleye hoffte auf die Eisenbahn, die den Handel zwischen den beiden Staaten intensivieren würde. Doch es dauerte lange, fast ein Jahrzehnt nach der Eröffnung der Eisenbahnstrecke, bis es 1897 zu einem ersten Handelsvertrag kam.[394] Priorität hatten für Serbien die Beziehungen zu Österreich-Ungarn und für Bulgarien jene zum Osmanischen Reich.

---

391 Ebenda; Jackson, Marvin und Lampe, John: Balkan Economic History 1550–1950. From Imperial Borderlands to Developing Nations, Bloomington, 1982, S. 247.

392 Der Großteil der Korrespondenz der Finanz- und Außenministerien kreiste um dieses Thema. Sept. 1882: Serbien unterzeichnete eine Veterinärkonvention mit der Donaumonarchie, die ein Verbot der Einfuhr von Vieh aus Rumänien, Bulgarien und dem Osmanischen Reich vorsieht. Bulgarien sperrte die Grenze für Vieh aus Serbien. Danach wurde zumindest eine Einigung ausgehandelt, dass Reisende auf Pferden passieren könnten, und ebenso, dass Dvuvlasnici ihr Vieh auf beiden Seiten zur Arbeit einsetzen könnten; Samardžić, Pogranični problemi, 2006, S. 209.

393 Laveleye, Balkanländer, Bd. 2, 1888, S. 49.

394 Händler und Industrielle werden bei Vorlage einer „legitimacijska karta“, die belegt, dass sie Steuern in jenem Land zahlen, keinen weiteren Steuern unterworfen; Zbornik zakona, 52, S. 48. Zugleich gibt es viele Ausnahmen; ebenda. Hornvieh ist ebenso aus der Vereinbarung ausgenommen, sowie dass es keine Verbote von Ausfuhren in beide Richtungen geben wird; ebenda, Artikel 7, S. 50. Gültigkeit bis 1.1.1904; ebenda, Artikel 20, S. 55. Eine Zone soll eingerichtet werden, die sich 20 km in beide Staatsgebiete erstreckt, in der besondere Erleichterungen gelten: unbearbeitete Garten- und Feldfrüchte, Heu, Weizenbrot bis zu 10 kg, Frischfleisch bis zu 4 kg, Käse und Butter bis zu 2 kg, Mehl

Trotz dieser massiven Einschränkungen ist das Bild eines Nicht-Kontaktes, das Momir Samardžić vermittelt, unzutreffend. Erstens wird der traditionelle regionale Warenverkehr außer Acht gelassen.[395] Die Ausrichtung auf die Statistiken des internationalen Warenhandels lässt den regionalen Handel zu einer unbedeutenden Größe schrumpfen und verzerrt damit notwendig das Bild. Zweitens hatten viele Kaufleute aus Pirot ihren Geschäftsmittelpunkt nach Caribrod verschoben und wickelten von dort ihren Handel mit Samokov, Plovdiv und in Teilen Istanbul ab. So tauchte dieser nicht in den Zollstatistiken auf, beruhte aber auf den bisherigen Handelskontakten der Region. Drittens erschien ein weiterer gewichtiger Anteil nicht in den offiziellen Statistiken, da es sich um Schmuggel handelte.

Ebenso wie die lückenhafte Infrastruktur der Grenzüberwachung war ein Regelwerk und Zollsystem erst im Entstehen begriffen.[396] Pirot war dabei eine Zollstation zweiter Ordnung, die übrigen auf der serbischen Seite der Grenze dritter u. v. a. vierter Ordnung, was wiederum auf die geringere Bedeutung dieser Grenzübergänge aus der Perspektive des Zentrums hindeutet.[397]

Tatsächlich war Schmuggel mit dem Beginn der Existenz der Grenze präsent, wie Berichte des Finanzministeriums über die Situation in Pirot an das Innenministerium 1882 zeigten: Auf dem Markt in Pirot wurden von den Bauern nicht nur Stoff und Seile verkauft, also Güter, die zumeist aus Bulgarien kamen bzw. zwischen den Gewerbezentren in Leskovac (Serbien) und Gabrovo (Bulgarien) gehandelt wurden, sondern auch Zucker und sogar Kaffee, zu Preisen, die aus der Sicht des Finanzministeriums nur durch Schmuggel

---

bis 50 kg, Landwirtschaftsgeräte aus Holz etc.; ebenda, S. 58. Dennoch bleibt die Ausfuhr vieler Waren, die gerade im regionalen Handel von Bedeutung sind, mit relativ hohen Zöllen belegt, so etwa aus Serbien Leinen sowie Opanken mit 10 %, Töpferware, Besteck etc., Wolle mit 12 %. Zugleich wird sichtbar, dass es v. a. die Einfuhr nach Bulgarien ist und weniger die Ausfuhr nach Serbien, die den Grenzhandel bestimmt.

395 Todor Popović weist auf den Verlust des Marktes im Osmanischen Reich hin. Nach Edirne wurden das ganze Jahr hindurch bis zu 40.000 Hammel sowie Butter („tausende Oka") geschickt. Popović, Blede uspomene, 1996, S. 104. Noch gibt es Mitte der 1880er Jahre keine Postkonvention mit Bulgarien, so dass die meiste wertvolle Post über Belgrad oder die unteren Donaustädte nach Pirot gelangt. Ebenda, S. 105.

396 In Serbien gab es trotz der schon zuvor existenten Zollstationen 1880 Bemühungen, Zollwesen und Statistik zu vereinheitlichen; vgl. Raspis svima carincama, 23.6.1880, in: Zbornik zakona, 46, S. 655. 1890 werden Stempel und Bleiplomben verpflichtend für alle Waren in Säcken und Fässern eingeführt; ebenda, S. 690. Im Grunde entsteht im Verlauf der folgenden Jahre ein Regelwerk für die Zollstationen; ebenda. Schon zu Beginn kann der Finanzminister die Höhe des Zolls für Türkei und Bulgarien nach eigener Einschätzung bestimmen, sowie nach der Höhe der Zölle auf osmanischer und bulgarischer Seite; Zbornik zakona, 46, S. 182. Zu Beginn richten sich die Zollstationen in Bulgarien nach dem osmanischen Recht in der Verzollung von Waren. Obwohl bereits eine gesetzliche Regelung zu Akzisen auf Getränke existierte, richteten sich die Zöllner nach den alten Regeln. Stolz berichtet Alipija Vlajkov, der von Juni 1885 bis März 1887 in Caribrod arbeitet, dass nach einer Eingabe dazu an das Finanzministerium die neuen Regeln beachtet werden; Vlajkov, Spomeni, 2008, S. 118. Auch in der Übersicht zum bulgarischen Außenhandel (Commerce Extérieur) wird auf die Veranschlagung nach den osmanischen Tarifen von 1861/1862 hingewiesen; Vănšna Tărgovija, 1883, S. 6. 1883 Gesetz über den allgemeinen Zolltarif, in dem relativ genau Waren und die zu verlangenden Zölle angeführt werden. 11.7.1883; Zbornik zakona, 46, S. 150. 1883

397 Gesetz über die Einrichtung des Zolls, 19.8.1893; Zbornik zakona, 51, S. 43.

möglich waren. Die aus der lokalen Bevölkerung stammenden Grenzwächter seien unzuverlässig, auf ihre Mitwirkung sei nicht zu zählen.[398]

Für den erwähnten Načalnik Branković aus Vlasotince war der Schmuggel die größte Unbill, die er unmittelbar auf die weiter oben geschilderte, als störend empfundene freie Passage der „Dvuvlasnici“ (Besitzer von Land auf beiden Seiten der Grenze) bezog. Der in seinen Augen unkontrollierte Verkehr zwischen den Anwesen auf beiden Seiten der Grenze diene den Dvuvlasnici nicht nur zur Bearbeitung ihrer Felder, sondern zum Schmuggel, was der bulgarische Staat auch noch unterstütze. So nutzten auch Dorfbewohner, die kein Land auf der anderen Seite der Grenze hätten, die Paradoxie der neuentstandenen Situation aus, indem sie ungestört die Grenze überquerten, um Ressourcen ihres Nachbardorfes für sich zu nutzen, das sich auf derselben Seite befand, aber auf der anderen ebenso Land besaß – unbeobachtet von dessen Einwohnern. Der erwähnte Branković aus Vlasotinci brachte diese Praktiken auch mit Schmuggel in Verbindung. „Auf vertraulichem Wege habe ich erfahren, dass es in den bulgarischen Grenzdörfern ganze Magazine und Ladeplätze mit allen Waren gibt, die nach Serbien auf dem Wege des Schmuggels eingeführt werden.“[399]

Bei der allmählichen Entwicklung eines Zollregelwerks experimentierte der serbische Staat mit verschiedenen Kontrollformen, um die geschilderten Praktiken zu unterbinden. Unter Aleksandar Obrenović wurde 1893 die Einrichtung einer „Pogranična Straža“ (Grenzwache) beschlossen, die dem Militär unterstellt war und in erster Linie Schmuggel verhindern sollte.[400] Ab 1896 wurde diese als Grenzgendarmerie bezeichnet. Offensichtlich brachte die Gendarmerie nicht die gewünschten Ergebnisse, denn 1899 übernahm die Armee die Grenzüberwachung. Für die Belange des Zolls wurde eine Zollwache eingeführt.[401] Eine detaillierte Beschreibung der Formen des Schmuggels ist dem bulgarischen Zollbeamten Alipija Vlajkov zu verdanken. Dessen unlängst veröffentlichte Memoiren, die er nach seiner Pensionierung geschrieben hatte, lesen sich wie eine Art Tugendgeschichte der Prinzipien, denen ein redlicher Beamter folgen sollte. Verfasst als Rekapitulation einer langen Beamtenlaufbahn, spricht aus den Erinnerungen die Zufriedenheit über eine Karriere allen Anfechtungen durch Intrigen oder Versuchungen der Bestechung zum Trotz, in deren Mittelpunkt Korrektheit und Rechtschaffenheit seinen Aufstieg begründen. Diese Anfechtungen und Versuchungen werden dabei detailliert beschrieben, um die Unbestechlichkeit des Autors zu betonen. Gerade wegen des ausführlichen Rückblicks auf seine Erfahrungen sind die Erinnerungen von Alipija Vlajkov aufschlussreich hinsichtlich der Beziehungen zwischen Beamten und Lokalgesellschaft, Formen des Schmuggels und der Karrierewege jener, die diesen verhindern sollten.[402]

---

398 Bericht des Finanzministeriums an das Innenministerium, 8.8.1882; zit. nach PSNG, Bd. 1, Dok. Nr. 743, S. 737.

399 Ausführlicher Bericht des mit der Wahrnehmung der Geschäfte des Načelnik des Grenzübergangs Vlasotinci beauftragten Schreibers Branković an das serbische Innenministerium, 22.1.1888. MUD-P 6, p. 107, 1888.

400 Erlass (Uredba) über die Einrichtung einer Grenzgendarmerie, 20.9.1893; Zbornik zakona, 51, S. 73.

401 Die Kosten für Kleidung, Ausstattung und Bewaffnung mussten die Bediensteten verpflichtend innerhalb von drei Jahren zurückzahlen, wobei das Geld erstattet wurde, wenn alles in gutem Zustand wieder abgegeben wurde; Krsmanović, Carina, 2006, S. 153.

402 Vlajkov, Spomeni, 2008.

Wie schon erwähnt, gelangten zu Beginn der 1880er Jahre die meisten europäischen Waren über die Donaustädte nach Bulgarien. Caribrod passierten v. a. Waren aus dem „neuen Altserbien" (Vranje und Leskovac), also jener Region Serbiens, die noch vor kurzem Teil eines gemeinsamen regionalen Handelsraums war, wie es an der Karriere des Mali Rista deutlich wurde, der hauptsächlich mit Seilen, Wein und Rakija gehandelt hatte. Doch nicht nur, dass diese neue Zollbarriere existierte – beide Staaten überboten sich in den ersten beiden Jahrzehnten nahezu in protektionistischer Politik. Von bulgarischer Seite wurden insbesondere auf Spirituosen sehr hohe Zölle erhoben, so dass der Verkauf über die Grenze unprofitabel war. Im Gegenzug erhöhte Serbien die Zölle wiederum auf Aba (Wollstoff) und Seile nahezu auf ihren Kaufpreis, so dass auch hier der Handel für bulgarische Händer nach Serbien kaum noch lohnte.

An den Beschwerden über Schmuggel änderte sich im Verlauf der ersten beiden Jahrzehnte kaum etwas. So forderten beispielsweise die Zollbeamten von der Station Sukovski Most (in Richtung Caribrod) 1882, dass Gendarmen die Grenze kontrollieren sollten. Kaufleute aus Leskovac beschwerten sich über die günstigeren, aus Bulgarien geschmuggelten Seile. Die Beobachtung der Leskovacer Kaufleute, an den neuen Grenzübergängen würden die bulgarischen Händler nur einen geringfügigen Teil ihrer Ware anmelden, um dann den Großteil auf alten Wegen zu schmuggeln, zeigt, dass diese Praktiken viel zu erfolgreich waren, als dass sich daran etwas ändern sollte.[403] Die Bewertung der genannten Güter beschäftigte den Zoll nur ein bis zwei Stunden pro Tag.[404] Die Vorwürfe der Kaufleute aus Leskovac, nur ein Bruchteil von Stoffen und Seilen würde den offiziellen Weg über die Grenze nehmen, schien nicht unbegründet. Vlajkov beschreibt ausführlich die Praktiken der Kaufleute aus Pirdop, Karlovo und Panagjurište, welche die Stoffe Aba und Šajak nach Serbien lieferten. Aufgrund der hohen Zölle wurde der Großteil der Ware geschmuggelt. Wie Vlajkov betont, geschah dies mit der Unterstützung der Zollbehörden und der Grenzwachen. Der serbischen Grenzwache gelang es, kaum mehr als 5 % der Schmuggelware zu entdecken. Darüber waren Vlajkov und seine Kollegen durch die Kaufleute sehr gut informiert. Letztere hatten in Pirot größere Kontore, in denen sie ihre Stoffe zwischenlagerten. Für ein Zehntel der am Zoll vorbei über die Grenze gebrachten Ware holten sie sich dann beim serbischen Zoll eine Quittung, womit sie wenigstens für einen Teil der Ware eine rechtmäßige Verzollung belegen konnten – meistens gelang es ihnen durch Bestechung, diesen Anteil zu erhöhen. Damit konnten sie die Waren ohne Gefahr verkaufen, da sie immer eine Quittung für die gehandelte Menge vorlegen konnten, dass diese korrekt nach Serbien eingeführt worden war.[405]

Der Schwerpunkt der Arbeit Vlajkovs und seiner Kollegen lag umgekehrt auf der Verhinderung von Schmuggel aus Serbien. 50 bis 60 Schmuggelversuche jährlich wurden aufgedeckt. Doch auch bei diesen Fällen hielt sich der nachhaltige Erfolg in Grenzen. Für die Sanktionierungen waren Zollstation und Finanzministerium zuständig, die zweite Stufe war das Kreisgericht, die dritte das Kassationsgericht. Die Fälle zogen sich zwischen einem und fünf oder auch sechs Jahren hin. Wurden die Schmuggler verurteilt, wurde ein Teil der

403 Berov, Balkanska industrijalizacija, 2012.
404 Vlajkov, Spomeni, 2008, S. 122.
405 Ebenda, S. 121.

Ware öffentlich verkauft, der andere an die Beamten, Zöllner und Personen gegeben, die an der Aufdeckung beteiligt waren.[406] Das Schmuggelaufkommen in Caribrod war nach den Erfahrungen Vlajkovs, der nach seiner Caribroder Zeit als Leiter der jeweiligen Zollstationen an die bulgarisch-osmanische Grenze nach Kjustendil und später an die Donauhäfen befördert wurde, am größten. Die hohen Zölle auf Wein und Schnaps, sowie der große Preisunterschied zwischen dem günstigen Pirot und dem teureren Caribrod ließen den Schmuggel anwachsen.[407]

Die zuvor erwähnte Verpflichtung von Grenzwächtern aus der lokalen Bevölkerung auf der serbischen Seite wurde ähnlich auch auf der bulgarischen praktiziert. Zugleich zeigen Vlajkovs Erinnerungen, dass sich dabei – zumindest auf der bulgarischen Seite – recht schnell Verflechtungen und Netzwerke zwischen den lokalen Bediensteten und den ranghöheren Beamten in den Ministerien entwickelten.[408] Dies wird besonders anschaulich an einer Geschichte, die Vlajkov zur Illustration seiner hohen Dienstauffassung anführt:

In Gojin Dol, jenem Dorf auf bulgarischer Seite, das unmittelbar an der Grenze und dem Grenzübergang lag, war ein Einwohner durch den Anbau von Trauben und Pflaumen, die er zu Wein und Rakija verarbeitete, zu Wohlstand gekommen. Jedoch unterstellte ihm Vlajkov, dass es weniger dessen eigene Produktion war, an der er gut verdiente, als vielmehr aus Serbien geschmuggelte Ware, die er dann in seine Fässer umfüllte. Doch ließ sich dieser Transfer nicht aufdecken, da der Bauer regelmäßig von dem dortigen Grenzwächter Miloš gewarnt wurde. Die Selbstsicherheit des Bauern aus Gojin Dol war so groß, dass er Vlajkov gelegentlich bei Kafanabesuchen in Caribrod vor den Anwesenden verspottete, angesichts dessen misslungener Versuche, ihm das Handwerk zu legen. Als Vlajkov den Grenzwächter Miloš versetzen wollte, um damit das Informationsleck zu schließen, sei ihm gedroht worden, dass der Grenzwächter einflussreiche Gönner habe, darunter einen seiner direkten Vorgesetzten im Ministerium. Milošs Tochter war als Hausmädchen bei einem einflussreichen Sofioter Beamten angestellt. Doch Vlajkov ließ sich nicht beirren und versetzte den Grenzwächter nach Senokos in den Visok. Umgehend beklagte sich dessen Frau bei dem erwähnten hohen Beamten in Sofia und forderte Vlajkovs Entlassung. Der weitere Fortgang liest sich als Moritat, in der sich der rechtschaffene Beamte durchsetzte, da dessen Beharrlichkeit dem Ministeriumsmitarbeiter imponierte und er dann doch der Versetzung des Grenzwächters zustimmte. Der schmuggelnde Landwirt aus Gojin Dol, der so oft über Vlajkov gespottet hatte, nahm in dieser Geschichte ein trauriges Ende: Da er nun keine Vorwarnung mehr bekam, wurde der Schmuggel aufgedeckt. Durch die hohen Geldstrafen

406 Ebenda, S. 122.

407 Rakija kostete in Pirot 20–40 Stotinki, in Caribrod 80 Stotinki, dadurch war es ein lohnendes Geschäft. Ebenso bei Wein, in Pirot 20, in Caribrod 40–50 Stotinki, und Schafe waren in Caribrod doppelt so teuer wie in Pirot; ebenda.

408 Die meisten Beamten kamen aus den verschiedensten Teilen Bulgariens, u. a. aber auch aus der Gegend, wie Nikola Kožuharov, der in Trn aufgewachsen war und in Istanbul gearbeitet hatte ebenda, S. 119. Ebenso ein Spas Cigančev, der aus Pirot in den 1880er Jahren nach Caribrod übersiedelte. An dessen Biografie zeigt sich ebenso wie bei Sima Sokolov der stetige Wechsel zwischen unterschiedlichsten Arbeitsfeldern. Spas Cigančev war Bewerter beim Zoll und handelte gleichzeitig mit Vieh, das er von einem Händler aus Belgrad geliefert bekam. Er verschuldete sich, ging in den Konkurs und eröffnete schließlich einen Biergarten in Caribrod; ebenda, S. 181.

verarmt, starb der Schmuggler aus Gojin Dol schließlich in elenden Verhältnissen, wie Vlajkov nicht ohne Genugtuung berichtet.[409]

Aus dem Bericht des Zollbeamten Alipija Vlajkov geht hervor, dass es nicht allein die Anreize zu großem Gewinn waren, welche die Grenze im lokalen Kontext mit sich brachte. Ebenso lässt sich das, was aus der Perspektive der neuen Verwaltungen als Schmuggel kriminalisiert wurde, auch als Form verstehen, die bisherigen interregionalen und lokalen Handelswege bzw. Pfade beizubehalten. Der Handel mit Aba, Wein und Rakija bahnte sich seine alten Wege trotz der neuen Barriere wie zuvor in der lokalen Arbeitsteilung. Schließlich handelte es sich dabei auch um Formen der Überschreitung, die von der neuen Barriere selbst hervorgerufen und von den lokalen Akteuren als zwar etwas riskante, aber vielversprechende Möglichkeit zusätzlichen Gewinns betrachtet wurden. Auch hier wird deutlich, dass die Grenze im lokalen Kontext nicht nur abschnitt, beschränkte und Kommunikation erschwerte, sondern neue Formen des Austausches systematisch mitinitiierte.

3.8.2 Wandernde Feiertage und andere neue Pfade

Die traditionellen lokalen und regionalen Handelswege verwandelten sich in den Augen der Vertreter der neuen staatlichen Institutionen in Schmuggel, eine buchstäbliche Übertretung geltenden Rechts. Sie blieben nicht die einzige Form der Bewegung über die Grenze hinweg, die aus dem Zentrum nicht intendiert war. Auch jenseits der neuen kommerziellen Seitenpfade entwickelten sich im Alltag Kommunikationsformen, die über die Grenze hinweg funktionierten.

Besonders deutlich wurde dies an einem lokalen Feiertag der Piroter. Der so genannte „Blagi Petak“ oder „Biljani Petak“ war ursprünglich ein Feiertag, der in der Woche nach Ostern in Pirot gefeiert wurde. Mit der schon beschriebenen Migration vieler Piroter Familien kam es ebenso zu einer räumlichen Verlagerung des Feiertags. Bis dahin war dieser als großes Picknick auf dem sogenannten Barje, dem teilweise trockengelegten Sumpfgebiet bei Pirot, begangen worden. Nun trafen sich die Familien – jene, die nach Caribrod gegangen, und jene, die in Pirot geblieben waren – unmittelbar an der neuen Grenze auf der bulgarischen Seite, im Dorf Željuša kurz vor Caribrod. Oder wie es ein Zeitgenosse formulierte, der über dieses Phänomen in der Belgrader Presse berichtete: „Unser verfluchtes Unwesen des Parteienstreites und -kampfes hat dazu geführt, dass viele fleißige Arbeiter aus Pirot nach Bulgarien umgesiedelt sind. Die größte Zahl von ihnen hat sich in Caribrod angesiedelt.“ Zunächst handelte es sich bei dem „wandernden“ Feiertag, der nun an einem anderen Platz begangen wurde, um die Eigeninitiative der Menschen aus Pirot und Caribrod. Doch nach einigen Jahren zogen auch die staatlichen und kirchlichen Institutionen nach. Spätestens seit 1889 schien dieser kirchlich akzeptiert zu werden, da sich Piroter Geistliche an den Feierlichkeiten beteiligten. Anfang der 1890er Jahre bekam dieser Feiertag dann auch die Anerkennung seitens der beiden Staaten, indem sie die Grenze bei Željuša für drei Tage öffneten. Die Grenze konnte ohne Ausweise überquert werden.[410]

409 Ebenda, S. 148.

410 Der „Biljani Petak“ wurde zumeist im April begangen. Die Grenze wurde wohl ab 1896 für drei Tage geöffnet.

Allerdings bedeutete dies gleichzeitig, dass eine umfangreiche bürokratische Prozedur in Gang zu kommen hatte. Jährlich musste eine Anfrage des Okružni Načalnik (Kreisvorstehers) von Pirot vom serbischen Innenministerium genehmigt werden. Daraufhin wurde das bulgarische Außenministerium von der serbischen Botschaft benachrichtigt, dass sie die Grenze öffnen würden, worauf das bulgarische Außenministerium bestätigte, dasselbe zu tun.[411] Hierin wird besonders gut sichtbar, wie sich die bisherigen kurzen Pfade der lokalen Bevölkerung von den umständlichen, weil zentralisierten Wegen der neuen Institutionen auf beiden Seiten der Grenze unterschieden.

Die staatliche Beteiligung bedeutete allerdings nicht nur neuartige Umwege für die Kommunikation über die Grenze hinweg, sondern auch eine Veränderung und Steigerung von Mobilität, indem die Eisenbahn für den wandernden Feiertag eingesetzt wurde. Hier tritt seit der Eröffnung der Bahnlinie dieses wichtigen Verbindungsstücks zwischen Mitteleuropa und Istanbul deren lokale Bedeutung in Erscheinung – jenseits der im Allgemeinen oft thematisierten negativen Wirkung auf den lokalen Handel. Damit weitete sich der Radius der Besucher beträchtlich aus. Es blieb nicht nur bei einem Feiertag der Piroter Familien auf beiden Seiten der Grenze. Stattdessen wandelte er sich zu einem großen Jahrmarkt mit Blaskapellen, Marschmusik und anderen Belustigungen.

Es ist unklar, seit wann die Eisenbahn mit einbezogen wurde. Zumindest in dem Bericht von 1896 wird ihre große Bedeutung für den Feiertag deutlich. Es kam zu einem regelrechten Ansturm auf den Bahnhof von Pirot. Über 8.000 Karten wurden verkauft. Lokalzüge verkehrten an diesem Tag ununterbrochen zwischen Pirot und Caribrod. Viele nutzten die Gelegenheit dieser Feiertage und reisten weiter nach Sofia oder in anderer Richtung nach Niš. Allein von serbischer Seite waren an diesem Tag über 12.000 Menschen unterwegs.[412]

Im Vordergrund stand bei den Fahrten nicht die Bequemlichkeit für die Reisenden, sondern der Transport. Hauptsächlich bestanden die so genannten „Spazierzüge" aus Wagen zweiter und dritter Klasse. Ähnlich wie in Westeuropa bestand die dritte Klasse zu dieser Zeit v. a. aus Waggons ohne Sitzplätze und mit nur sehr wenigen Fenstern.[413] Zwischen Pirot und Caribrod wurden sogar Viehwaggons als dritte Klasse eingesetzt, wie der Schriftsteller Aleko Konstantinov in einer Satire auf die Feierlichkeiten an der Grenze amüsiert berichtete:

---

411 Information des Außenministeriums an das Innenministerium, dass die serbische diplomatische Vertretung in Sofia mit den dortigen Behörden eine Vereinbarung über die freie Passage an der Grenze anlässlich des Biljani Petak vereinbart hat; zit. nach PSNG, Bd. 3, 1981, Dok. Nr. 1622, S. 558. Mit der Zeit wurden die freie Passage und die Bahnfahrt am Biljani Petak zu einer Tradition. Jedoch blieb die Bahnfahrt ab 1908 nicht kostenlos, die Fahrkarten sollten aber zu „niedrigen Preisen" verkauft werden. Der Vorsteher des Gemeindegerichts Obrenovac an den Načelnik des Nišava-Srez: Bitte um die Gewährleistung von Militärmusik wie jedes Jahr; zit. nach ebenda, Dok. Nr. 1802, S. 801.

412 Spasić, Biljani Petak; zit. nach PSNG, Bd. 3, 1981, Dok. Nr. 1371, S. 223.

413 Vgl. Roth, Ralf: Das Jahrhundert der Eisenbahn. Die Herrschaft über Raum und Zeit 1800–1914, Ostfildern, 2005, S. 136–38. Während der Rückfahrt, mitten in der Nacht, hob Aleko Konstantinov v. a. die Unruhe der Reisenden in den Viehwaggons hervor, nachdem ihre Kerzen recht schnell ausgegangen waren. Konstantinov, Aleko: Do Željuša s Goveždi Vagoni, in: ders.: Săčinenija, Bd. 1, Sofija, 1957, S. 390–93.

Fünfhundert Menschen, Männer, Frauen und Kinder, versuchen aus den Waggons zu steigen, andere Tausende versuchen gleichzeitig hinzuklettern. In jedem Waggon, der jeweils für acht Rinder vorgesehen ist, drängeln sich dreißig Menschen

Wenn die Rinder in den Waggon steigen oder ihn verlassen, wird eine kleine Bretterbrücke angelegt, bei den Menschen gab es nun keine solche. Von der Waggontür sind es eineinhalb Meter bis zum Boden. Stellen sie sich nun all die Menschen in ihrer engen Feiertagskostümierung vor, die beim Versuch des Ausstiegs von jenen bedrängt werden, die gerade springen wollen, und von den anderen behindert werden, die gerade hineinzuklettern beginnen.[414]

In der satirischen Beschreibung des feiertäglichen Trubels und Getümmels kommen zwei Dinge zum Vorschein: die Neugier auf das jenseits der Grenze Liegende, aber auch auf das neue Transportmittel selbst. Auch wenn im Osmanischen Reich schon Bahnlinien existierten (1866 die Linie von Ruščuk nach Varna, 1873 jene von Edirne nach Belovo, ebenso seit 1873 von Saloniki nach Kosovska Mitrovica), war es in dieser Region etwas Neues, das bei dieser Gelegenheit auch kostengünstig ausprobiert werden konnte. Dieses Experiment führte dann auch noch zu etwas anderem: der Fahrt von Sofiotern weit über die neue Grenze hinweg, ebenso wie aus umgekehrter Richtung nach Sofia. Darin zeigte sich, wie unter den neuen Bedingungen die neue trennende Infrastruktur – als Errungenschaft moderner Staatlichkeit begriffen – durch die im Berliner Vertrag enthaltene Verpflichtung zum Eisenbahnbau auch immer mit ihrem Gegenteil verbunden war, der Bewegung über die Grenzen hinweg.

Nicht gesteuerte Bewegungen über die Grenze waren nicht nur kommerzieller Art wie Schmuggel. Ebenso gehörte die Zirkulation von kulturellen Gütern dazu. Etwa populäre Lieder, „Gassenhauer“, die – wie kurz in einem zitierten Beitrag aus der *Nišava* aufschien – bei den patriotisch gesinnten Bürgern durch ihre sprachliche und thematische Uneindeutigkeit Argwohn erregten. Den meisten Pirotern und Caribrodern schien es vollkommen einerlei zu sein, ob diese Lieder bulgarischer oder serbischer Art seien. Diese Gleichgültigeit erzürnte den Verfasser des Artikels in der *Nišava* wohl am meisten. Ein Austausch setzte dann auch in den patriotischen Vereinen ein, was auf den ersten Blick einen Widerspruch darstellen konnte.

Wie gezeigt wurden erste Anzeichen einer sich entwickelnden Eingliederung erst verhältnismäßig spät sichtbar, nämlich im ersten Jahrzehnt des 20. Jahrhunderts, und das auch nur in größeren Ortschaften der Region. In dieser Zeit entstanden dies- und jenseits der Grenzlinie die ersten Vereine – eine Form von Zivilgesellschaft, in ihrer Sinngebung jedoch zugleich patriotisch überformt: der Gesangsverein „Momčilo Vojvoda“ in Pirot, die Theatergruppe „Hristo Botev“ in Caribrod. Es ist bemerkenswert, dass diese ersten Organisationsformen des Nationalen zugleich jene Akteure waren, die einen systematischen Austausch über die Grenzen hinweg in Gang brachten.

Ein solcher Austausch begann 1896 mit Abiturienten aus Pirot, die sich, wie es in einem Zeitungsartikel in der *Iskra* hieß, mit den Schülern eines Sofioter Gymnasiums in Caribrod

414 Ebenda, S. 392.

trafen.[415] Es folgten eine gemeinsame Fahrt nach Pirot sowie die Rückfahrt der Piroter und Sofioter Gymnasiasten zu einer Feier nach Sofia. Allerdings scheinen diese Kontakte durch Impulse aus den beiden Zentren ermutigt worden zu sein – hier sei in Erinnerung gerufen, dass Reisen von Pirotern nach Sofia oder Istanbul Anfang der 1890er misstrauisch verfolgt und den Reisenden Illoyalität unterstellt wurde. Den Impuls zu grenzüberschreitenden Treffen gaben 1897 Gesangsvereine aus Belgrad, die zu einem Sängerfest nach Sofia reisten.[416] Sogar das Militär beider Staaten veranstalte siebzehn Jahre nach dem Serbischen-Bulgarischen Krieg öffentliche Feiern und nicht mehr nur inoffizielle Treffen in den Hans bei Obrenovac, die auch umgehend gerügt wurden. 1902 wurde in Obrenovac eine gemeinsame Feier von Offizieren aus Pirot und Caribrod „zur allgemeinen Freude" abgehalten.[417]

Nicht alle Stadtbewohner waren von dieser neuen Form der Kontakte begeistert. So schrieb der Redakteur der *Nišava* über einen Besuch des Gesangsvereins aus Pirot 1909, trotz des großen Interesses und eines überfüllten Saals:

> Es gereicht den Caribroder Bürgern zur Ehre, dass sie anlässlich des Empfangs solche Aufrichtigkeit gegenüber ihren Gästen zeigen, doch diese Gäste vermochten es nicht, ihren Platz in diesem Rahmen zu finden und die Erwartungen des Publikums zufriedenzustellen, durch ihre unmoralischen Lieder und ihren Chauvinismus.[418]

Andere, wie ein aus Pirot Zugezogener, sahen in dem Besuch gerade angesichts der Polemik über die „Piroter Kolonie" in Caribrod ein bemerkenswertes Ereignis. Diese Veranstaltung werde alle Missverständnisse beseitigen, die in der Zeitung geäußert worden seien.[419]

Der Hinweis seitens des patriotischen Zeitungsredakteurs auf die „serbischen chauvinistischen Lieder" offenbart die Dialektik, die dem Austausch zugrundelag. Zunächst ist festzuhalten, dass es sich um eine neue Form von Austausch handelte, im Unterschied zu der nicht bewusst intendierten Zirkulation von Liedern, die den Geschmack der Leute in der Region trafen. Bei dem Austausch der Vereine handelte es sich mehr um einen unbewussten, selbstverständlichen Impuls, wie bei den „Gassenhauern", der zugleich die Bedeutungslosigkeit der Grenze in dieser Hinsicht zeigte. Bei den Vereinen wurde dabei eine Dialektik von Grenzüberschreitung und Abgrenzung sichtbar, denn bei den Auftritten auf beiden Seiten der neuen Grenze wurde die nun angeeignete „Nationalkultur" präsentiert,

---

415 Spasić, Biljani Petak; zit. nach PSNG, Bd. 3, 1981, Dok. Nr. 1371, S. 224. Noch vor dem serbisch-bulgarischen Krieg existierten solche Formen des Kontakts der „Gesellschaft", wo es offensichtlich selbstverständlich war, aus Pirot nach Sofia zu Bällen – wie dem zweiten Hofball in diesem Jahr – zu reisen, wie Konstantin Jireček in seinem Tagebuch den Besuch der Frau des Piroter Apotherkers Dr. Valenta festhielt: „5/17 Februar 1884, Sonntag: Die ganze serbo-kroatische Gesellschaft: Mme Sarafova, Mlle Cvetišić, Mme Bodi, Mme Bodić, und aus Pirot die Frau von Dr. Valenta mit ihrer Schwester." Irečck, Bălgarski Dnevnik, Bd. 2., 1932, S. 263.

416 Bericht eines Mitglieds des Belgrader Gesangsvereins über eine Reise nach Sofia 1897. Brzak, Dragomir: S Avale na Bosfor. Putne beleške sa pohoda Beogradskog Pevačkog Društva u Aprilu 1895, Beograd, 1897; zit. nach PSNG, Bd. 3, 1981, Dok. Nr. 1245, S. 50.

417 Spasić, Biljani Petak; zit. nach PSNG, Bd. 3, 1981, Dok. Nr. 1371, S. 222.

418 Nišava, 20.2.1910, Nr. 25, S. 3.

419 Ebenda.

der neue Unterschied vorgeführt. Bei solchen Anlässen wurden „patriotische Lieder" vorgetragen, eine Neuschöpfung der Protagonisten der Nationalkultur aus den beiden Hauptstädten. Demnach mag die traditionelle lokale Verbundenheit nur ein Motiv für die gegenseitigen Besuche gewesen sein. Vielmehr bot die Nähe der Grenze eine gute Möglichkeit, gerade jenes einzuüben, was sonst nur mühsam gelingt: die Zugehörigkeit zur Nation durch die Abgrenzung zu einem imaginierten Gegenüber. Dies war durch die räumliche Nähe dieses imaginierten Andersartigen besonders gut möglich, da sie hier so einfach und schnell erlebt werden konnte. Lokaler Austausch zwischen den Gesangsvereinen zweier Nachbargemeinden wurde so zu einem Ereignis zwischenstaatlicher Begegnung und der Kultivierung von Abgrenzung zugleich, indem beide ihr jeweils differentes patriotisches Liedgut vortrugen. Die Piroter Nachbarn kamen nicht einfach zum Singen nach Caribrod, sie kamen als Vertreter Serbiens. Somit konnten die Sänger aus Pirot für einen Moment jenes Selbsverständnis zeigen, das ihnen von vielen auswärtigen, misstrauischen serbischen Beamten immer wieder abgesprochen wurde: ihre loyale Zugehörigkeit zur serbischen Nation zu demonstrieren und zu einem nationalen Ganzen zu gehören. Damit waren es nicht allein lokale Beziehungen, die bei den Treffen gepflegt wurden, sondern ebenso Rituale der Repräsentation der neuen Zugehörigkeiten, die für dieses Bedürfnis essentiell waren.

Die Neugier und das Interesse am Austausch verringerten sich bis zum Ausbruch der Balkankriege nicht. So etwa bei dem Treffen der Caribroder Fahrradfahrer und Piroter Sänger 1912: „Einen Ausflug nach Pirot wird morgen der Caribroder Fahrradverein unternehmen. Der Verein hat eine Einladung mit einem offiziellen Brief vom Piroter Gesangsverein Momčilo erhalten, der alles für einen glänzenden Empfang der Gäste vorbereitet hat."[420]

Auch die mittlerweile in beiden Staaten entstandenen sozialdemokratischen Parteien und ihre Organisationen in Pirot und Caribrod pflegten in dieser Zeit nicht nur gemäß der Ausrichtung auf die „internationale Verbrüderung" ebensolche Verbindungen. Oft handelte es sich dabei um schon lange existierende persönliche Bekanntschaften, welche die Abhaltung gemeinsamer Manifestationen, etwa zum 1. Mai, erleichterte.

Die 1913 einsetzende Gewalt, die bis zur neuen Grenzziehung 1920 dauerte, schien einen tiefen Riss in den jahrzehntelang zuvor entstanden Netzen und Bekanntschaften mit sich zu bringen. Doch gerade im Bereich der politischen Akteure aus der Sozialdemokratie und dem bulgarischen Bauernbund wurden immer wieder – gerade aus den lokalen Konstellationen – Verbindungen geknüpft und Beziehungen wiederhergestellt, was an anderer Stelle thematisiert werden soll.

---

420 Nišava, 2.6.1912, Nr. 24-124, S. 3.

4 Vom undefinierten Gebiet zur abgrenzenden Einordnung. Praktiken der Eindeutigkeit zwischen 1878 und 1920

In den Prozessen der Definition, der darauf folgenden Delimitierung und schließlich der Verwirklichung der Grenze zwischen dem Fürstentum Serbien und dem Fürstentum Bulgarien 1878 trat nur allmählich auch die Landschaft jenseits der kartografisch bestimmten Fläche in den Blick der Protagonisten der Grenzziehungen. Zumeist schrumpfte die Wahrnehmung von Region, Gebiet und Landschaft auf ein prospektives, schlecht abstraktes Territorium, das um keinen Preis dem anderen Staat zugehören durfte. Diese besondere Form der Aufmerksamkeit bedeutete v. a. Kontrolle, die sich in der Befestigung der Grenzlinie und, wie gesehen, der Sorge vor einer „Verletzung" derselben ausdrückte. Kontrolle bedeutete aber ebenso die „wissenschaftliche" Untermauerung, gleichsam die rationale Befestigung der Zuordnung und Abgrenzung, hauptsächlich der Rechtfertigung von Vereinnahmung, die sich scheinbar objektiver Verfahren bediente. Hier kamen die entstehende Ethnografie nebst Geschichte und Sprachwissenschaft ins Spiel. Bis zum Beginn des 20. Jahrhunderts handelte es sich um das Amalgam einer „Volkswissenschaft", die im zweiten Viertel des 19. Jahrhunderts in Südosteuropa einen Aufschwung erlebte. Staatsbeamte, Lehrer und Gelehrte bedienten sich vielfältiger Versatzstücke aus Altertumskunde, Philologie und romantisierender Nationalgeschichte, um an einen „Kern des nationalen Wesens" zu gelangen, der sich in Rohform im Volk noch verborgen halten würde, und nur auf die Fähigkeiten des Gelehrten wartete, um zu „wahrer Entfaltung" zu gelangen.

In anderen Kontexten Europas war diese Beziehung zwischen der entstehenden Volkskunde und dem Staat ebenso vorhanden. Neben Reiseerkundungen und dem später einsetzenden romantischen Interesse am „Volk" stand am Anfang die „anwendungsorientierte" administrative Volkskunde in deutschen Fürstentümern im Übergang vom 18. zum 19. Jahrhundert.[1] Diese hatte in enger Anlehnung an die jeweiligen Höfe durch das Studium der Bevölkerung (der Untertanen), ihrer Sitten und Gebräuche, sowie vermittels demografischer Daten eine effektivere Verwaltung und höhere Produktivität zu ermöglichen. Dabei wird eine Kontinuität einer solchen administrativen Volkskunde bis zu den Arbeiten Wilhelm Heinrich Riehls zur „politischen Folklore" in den 1860er Jahren sichtbar.[2] Nach dem Abebben der frühen romantischen Impulse zu Beginn des 19. Jahrhunderts schien es eine besondere Mission der entstehenden Volkskunde zu sein, eine feste Grundlage der nationalen Gemeinschaft zu entwickeln. Kontrolle als ein wichtiges Moment ist dabei zunächst nicht im Vordergrund sichtbar, doch sie blieb präsent. In der Wendung Riehls, dass „politische Folklore" die Garantie der politischen Zukunft des Staates ist, kommt die Dimension

---

1 Linke, Uli: Colonizing the National Imaginary. Folklore, Anthropology, and the Making of the Modern State, in: Cultures of Scholarship, hrsg. von Sally Humphreys, Ann Arbor, 1997, S. 97–138, hier S. 103. Vgl. auch Kaschuba, Wolfgang: Einführung in die Europäische Ethnologie, München, 2012^{4}, S. 29.

2 Linke, Colonizing, 1997, S. 110.

ethnografischen Wissens als selbstverständliches Moment von Herrschaftspraxis anschaulich zum Vorschein. Volkskunde bedeutete selbst in der nationalromantischen Phase, dass Definition und Kategorisierung und damit die Einhegung der Individuen in das Gatter „Volk" nicht aus „interesselosem Wohlgefallen" erfolgen, sondern zum Zweck der Stärkung der Nation, also des (prospektiven) Staates, dessen Legitimation sich durch seine Expansionsbestrebungen vollzog.

Dieser für Mitteleuropa charakteristische Zusammenhang zwischen Entwicklung institutionalisierter Wissenschaft und der Etablierung des Staates charakterisierte ebenso die Beziehung zwischen den entstehenden Staaten auf dem Balkan und der Herausbildung lokaler wissenschaftlicher Institutionen. Schon in den ersten Publikationen von Foren, die später zu Gelehrtengesellschaften wurden, sei es in Belgrad, sei es in den Zentren der bulgarischen Emigration wie Bukarest und Istanbul, deutete sich die Beziehung zwischen Wissenschaft und den praktischen Formen der Kontrolle an. Gerade 1878, im Vorfeld des Berliner Kongresses, manifestierte sich diese Beziehung. In dieser Zeit begann ein Prozess der Spezialisierung und Verschränkung zugleich, im Hinblick auf die Beziehung zwischen Wissenschaft und Politik, der sich bis zum Beginn des Ersten Weltkrieges intensivieren sollte. Der charakteristische Gelehrtenpolitiker[3] (Hübinger) dieser Zeit war auch in den Balkangesellschaften einerseits zunehmend Spezialist im Hinblick auf Linguistik, Volkskunde und Geschichte und sah sich zugleich als Staatsmann berufen, die Vervollkommnung der noch jungen Staatsgebilde mit den Mitteln der Wissenschaft zu betreiben.

Die Auseinandersetzungen rund um den Berliner Kongress sind ein Schlüssel zum Verständnis der Beziehung zwischen Wissenschaft und Politik in ihrer systematischen Verschränkung: Bildete der Kongress doch den Punkt, an dem es für die Protagonisten des Nationalstaats darum ging, den Kongressteilnehmern „eindeutige Tatsachen" zu präsentieren, die wissenschaftlich erarbeitet waren und „eindeutig" die historische, linguistische, ethnografische Zugehörigkeit eines bestimmten Gebiets zu dem jeweiligen Nationalstaat begründen sollten.[4]

Hier verschränkten sich aufklärerische Impulse der Begeisterung für die neuen Wissenschaftsdisziplinen mit Herrschaftspraktiken der Sicherung und Kontrolle von Territorien.

Im Folgenden stehen zunächst die Voraussetzungen der Formung des späteren wissenschaftlichen Diskurses im Vordergrund: Welche Beziehung hatten jene, die angesichts des Berliner Kongresses wissenschaftliche Memoranden schrieben und antichambrierten (direkten Zugang zu den Verhandlungen hatten die Politiker Serbiens und des zukünftigen Bulgarien nicht), zu ebenjenen Gebieten, von denen sie überzeugt waren, dass diese naturnotwendig zu Serbien bzw. Bulgarien gehören müssten? Handelte es sich um vertrautes

3 Hübinger, Gangolf: Gelehrte, Politik und Öffentlichkeit. Eine Intellektuellengeschichte, Göttingen, 2006.

4 So hatte etwa Jovan Ristić ein ausführliches Memorandum ausarbeiten lassen, das in seinem Namen gezeichnet einen Überblick über Geschichte, Kultur und Volkskunde der von Serbien beanspruchten Gebiete gab. Bemerkenswert ist die Tatsache, dass es sich um handschriftliche Memoranden (es gab einige Kopien) handelte. Damit sollte doppelte Autorität erzielt werden: die wissenschaftliche Qualifikation der politischen Forderungen des Staatsmannes, umgekehrt die staatsmännische Autorität hinter wissenschaftlichen Argumenten; Memorandum von Jovan Ristić an den Berliner Kongress mit Karte der territorialen Ansprüche des Fürstentums Serbien, PA AA R 12868.

Gelände, waren sie Sprecher aus und für diese Regionen? Wie kam das Wissen über diese Gebiete zustande? Wie vollzog sich dann in der Folge die wissenschaftliche Erfassung?

Ein zweiter Fragenkomplex beschäftigt sich damit, wie überhaupt ein Begriff von der hier behandelten Region entstand. Mit der Frage, woher Benennungen und Zuschreibungen kamen, werden Themen aus Kapitel 2 aufgegriffen und auf die Akteure der entstehenden wissenschaftlichen Institutionen aus den neuen Zentren bezogen. Wer prägte diese Vorstellungen? Veränderten sich diese im Laufe der folgenden Jahrzehnte unter den neuen Herrschaftsbedingungen – und wenn ja, warum? Wird vielleicht auch unabhängig von den wissenschaftlichen Diskursen ein regionales Selbstverständnis sichtbar? Was sagen die zeitgenössischen Zuschreibungen über diese Gesellschaft im Übergang von der spätosmanischen Epoche zu jener der Nationalstaaten aus?

Hierbei ist natürlich festzuhalten, dass sich die Antworten über Quellen erschließen lassen, die allesamt die Perspektive derjenigen wiedergeben, die nun Vertreter der neuen Herrschaft in diesen Gebieten waren. Mithilfe der Tagebücher, die während jener Expeditionen geführt wurden, ist es möglich, die Differenzen zwischen den späteren offiziellen Veröffentlichungen und den ersten Eindrücken und Überlegungen produktiv zu machen für eine Analyse der Beziehungen zwischen den Vertretern der neuen Herrschaft und „ihrer neuen Gebiete", der dortigen Bevölkerung. Darin werden Widersprüche, Ambivalenzen und Distanz deutlich, die oftmals kontrastieren mit der wissenschaftlich autoritativ vereinnahmenden Geste der späteren Veröffentlichungen – diese Gebiete stünden zweifelsfrei dem jeweiligen Staat zu –, in denen aber dieses nicht reflektierte vereinnahmende Verhältnis gegenüber der lokalen Gesellschaft wissenschaftlich kodifiziert wurden.

4.1 Neugier, Erkundungen, Zuschreibungen, Distanz

Dies wird hier an Tagebuchnotizen und Skizzen zweier serbischer Beamter, die oben bereits erwähnt wurden, Mita Rakić und Todor Popović, analysiert. Mita Rakić wurde, wie beschrieben, noch vor dem Beginn des Berliner Kongresses auf eine Erkundungsreise der „neuen Gebiete" geschickt. Als Todor Popović 1884 als Načelnik des Bezirks Pirot eingesetzt wurde, sollte er diese Position ebenso für sein Vorankommen in der Wissenschaft nutzen. Einem der angesehenen Gelehrtenpolitiker und Bildungsminister dieser Zeit, Stojan Novaković, hatte Popović eine umfangreiche Studie über Pirot und Umgebung versprochen, deren Skizze erhalten geblieben ist. Schließlich wird vermittels des Tagebuchs aus seiner Zeit in Sofia das Verhältnis Konstantin Jirečeks zur lokalen Bevölkerung erschlossen. Um dieselbe Zeit hielt sich auch der spätere Nationalromancier Ivan Vazov auf der bulgarischen Seite des in dieser Studie betrachteten Gebiets auf, wo er in Berkovica eine Position als Bezirksrichter übernommen hatte. Dessen Verarbeitung dieser Zeit in dem Roman *Nova Zemja* (*Neues Land*) wird ebenso herangezogen.

Bei Mita Rakić war im Unterschied zu den späteren „Erforschern" die Grenze noch virtuell, die zukünftige Linie noch in Bewegung, was dem Entdeckergeist des jungen Lehrers, Dichters und Militärs zusätzliche Energie verlieh, im Frühsommer 1878 möglichst alle Gebiete zu erkunden, die zum Zeitpunkt des Waffenstillstands von der serbischen Armee kontrolliert wurden. Auf Anordnung des Generalstabs sollte Rakić eine Inventarisierung der

„neuen Errungenschaften“ vornehmen, eine Übersicht über die vorhandenen Kirchen und Klöster aufstellen sowie Handschriften sammeln, um am Ende einen Bericht über die Kulturgüter im „Neuen Serbien“ vorzulegen.[5] Die entsprechende Artikelserie erschien in der Zeitschrift *Otadžbina* in den Monaten nach dem Berliner Kongress. Hast und Staunen sind zwei dominante Merkmale der Tagebucheintragungen Mita Rakićs. Hast: nichts zu versäumen, was vielleicht nach dem Berliner Kongress unzugänglich wäre. Das galt insbesondere für den von ihm so bezeichneten „Arnautluk“, wie Rakić das Gebiet zwischen dem heutigen Kosovo und Südostserbien bzw. den Städten Leskovac, Prokuplje und Vranje nennt. Staunen: die Überraschung über die unvermutete Zivilisiertheit der Umgebung.

> Die Felder sind alle hervorragend bearbeitet. Das Korn wird bereits geerntet. Die Arnauten sind ein sehr fleißiges und agrikulturelles Volk, sie düngen ihre Felder, wovon der Šumadinac keine Ahnung hat. Es ist wesentlich, dass die Arnauten weder Wein noch Rakija trinken, nur Kaffee und auch das nur selten.[6]

Das in seinem Reisetagebuch vermittelte spontane Staunen offenbart etwas von den Vorstellungen, die bis zum konkreten Kontakt präsent waren: Alle Gebiete, die noch nicht „erlöst“ seien, litten unter der Willkürherrschaft der lokalen osmanischen Potentaten und versanken im Elend orientalischer Rückständigkeit, die nichts anderes zu kennen schien als Verharrung und Desinteresse. So zumindest beschrieben es regelmäßig auch Koryphäen und Vorbilder der serbischen Kundschafter wie Felix Kanitz.[7] Auf seiner Route durch den „Arnautluk“ äußerte sich Rakić immer wieder begeistert über die „Arnauten“ und betrübt über die vielen menschenleeren Dörfer, deren Einwohner vor der serbischen Armee geflohen oder vertrieben worden waren. In den späteren Veröffentlichungen finden sich solche Impressionen nicht wieder. Sein Vorgesetzter hatte ihn nach der Durchsicht des Manuskripts dazu angehalten, solche vorteilhaften Schilderungen über die „Arnauten“ doch zu unterlassen:

> Ich muss Ihnen hier noch sagen, wie sehr es mich wundert, dass Sie das arnautische Volk als „gastfreundlich“ beschreiben. Auf dasselbe liefe es hinaus, von einer zahmen Hyäne oder einem gutmütigen Luchs zu sprechen. Ich möchte Sie bitten, solche Äußerungen nicht zu tätigen, solange Sie das nicht noch einmal studiert haben.[8]

Überraschtes Staunen hielt auch auf seiner Fahrt nach Pirot an, wo Rakić nicht umhin konnte, den klugen Mithad Paša für den Straßenbau zu loben, da Rakić dank der Chausseen

---

5 Maksimović, Goran: Nova Srbija u putopisima i slikama Mite Rakića, in: Leskovački Zbornik, Bd. 18, 2003, S. 87–99, hier S. 89.

6 Vojinović, Rukopis dnevnika, 2003.

7 Der Niedergang des Osmanischen Reiches ist dort gleichsam ein Allgemeinplatz. Kanitz schildert einen Disput mit den Piroter Ajanen über die Einführung von Reformen im Osmanischen Reich und deren Aussichtslosigkeit ob des Müßiggangs der dortigen Elite: „Zur Antwort erhielt ich den matten Abklatsch der zeitweise und auch gegenwärtig wieder von Constantinopel in die Welt gesandten Versicherungen bald einzuführender Reformen. ‚Jawasch, jawasch‘ (‚allmählich‘, Anm. N. St.), schlössen die Herren, würde man die Türkei von einem à la franca regierten Reiche kaum unterscheiden können! Ich wusste genau, wie ernst es den respectablen Herren mit ihren Phrasen ist.“ Kanitz, Donau-Bulgarien, Bd. 1, 1875, S. 362.

8 Brief von Kosta Protić an Mita Rakić, 29.7.1879; zit. nach Vojinović, Rukopis dnevnika, 2003, S. 48.

nun nichts von seiner kostbaren Zeit verlieren würde. Auch auf dem Weg nach Pirot wiederholte sich das Staunen über den Fleiß der Dorfbevölkerung. Im Gegensatz zur „Šumadija“:

> Die Menschen sind hier sehr arm, aber sehr arbeitsam. Das Wenige an gutem Boden zwischen den Bergen ist bebaut wie ein Garten. Šumadija, Sumadija, Du bist so voller Menschen und vergeudest Dich in Streitereien („leventuješ“, Anm. N. St.). Du verschwendest und verprasst es. Du hast nicht einmal Zeit, selbst um die Zwiebeln herum oder am Weinberg Unkraut zu jäten. Was Du für Häuser, was Du für Böden und was für weitere Annehmlichkeiten Du hast, und trotzdem bist du in manchem zurückgeblieben hinter diesem armen Volk![9]

Rakićs Interesse galt aber weniger Pirot als vielmehr den serbischen Vorposten, die sich etwa 40 km vor Sofia befanden, um die dortige Bevölkerung in Augenschein nehmen zu können. Die von Adorno stammende Wendung vom „identifizierenden Denken“[10] lässt sich auf Rakićs Beobachtungen übertragen. Seine Erkundungen waren davon bestimmt, bei den Menschen, denen er in den Dörfern begegnete, möglichst eindeutig das „Serbische“ „festzustellen“. Die Landschaften und die Menschen interessierten Rakić jenseits davon kaum. Seine Aufmerksamkeit richtete sich allein darauf, inwieweit diese mit einem vorgestellten serbischen Organismus zu identifizieren waren. So hielt er regelmäßig in seinen Notizen fest, wenn ihm „serbisches Nationalbewusstsein“ über den Weg lief, etwa „Großvater Pana singt serbische Lieder“ und „danach zwei gute Bauern, Leka und Koca, die unser Heer geführt haben. Die Menschen hier sind sehr gut und schön.“[11] Quasi nebenbei entstand während der Reise ein recht umfangreiches Glossar jener Worte, die Rakić nicht verstand und in seinem Notizbuch festhielt. Bemerkenswert ist die Verschränkung von Schönheit und scheinbar Vertrautem. Während die Piroter in den Notizen als klein, gebeugt und hässlich erschienen, wirkten die Menschen in den Dörfern – je mehr sie einem Bild des Serbischen in Rakićs Wahrnehmung zu entsprechen scheinen – umso schöner. Hinzu kommt eine weitere Korrelation: Je weiter Rakić über die zukünftige Demarkationslinie in Richtung Sofia kam, je geringer also die Aussichten waren, dass diese Gebiete Serbien zugeschlagen würden, desto stärker entfaltete sich das serbische Naturell der Dorfbevölkerung: „(...) das Volk wunderschön, groß, hochgewachsene Leute, doch mit Glatzen. Sie kleiden sich überaus schön. Das ist die echte altertümliche serbische Tracht.“[12]

Wie anhand der Piroter erkennbar, wird entlang der Negativität von Städtern die Positivität des Ruralen im Hinblick auf nationale Zuordnung entwickelt. In der geschilderten Situation, als Rakić durch jene Dörfer in der Nähe von Sofia kommt, die nicht an Serbien fallen würden, scheint sich Rakić umso mehr im Recht zu wissen, als er dort einem Städter aus Plovdiv begegnet, der damit zugleich seiner Vorstellung nach aus dem eigentlichen Bulgarien stammt:

---

9 Ebenda, S. 29.

10 Nach einer Wendung Adornos über das Verfahren der Phänomenologie des Geistes. Vgl. Adorno, Theodor W.: Negative Dialektik, Frankfurt am Main, 1995[5].

11 Vojinović, Fragmenti, 2002, S. 30.

12 Ebenda, S. 31.

> Hier war auch einer aus Filipolje und da sah ich den wirklichen Unterschied zwischen den Bulgaren und diesen unseren Altserben. Dieser spricht ganz anders, prononciert und akzentuiert für mein Ohr unglaublich barbarisch, zum Beispiel: az săm (1. Person Singular für „sein", auf Serbisch: *ja sam*, Anm. N. St.), Milojević hat recht.[13]

Die Reisenotizen vermitteln die Anmutung eines gleichsam kolonialen Selbstverständnisses bei den serbischen Beamten, welche die zwar provisorischen, aber als „neue Errungenschaften" gefeierten Gebietsgewinne begutachten. Dafür spricht das identifizierende und zuordnende Verfahren, das den kolonialen Zugang prägt. Wie die ethnologische und kulturanthropologische Forschung gezeigt hat, ist es das Bedürfnis der Kolonialverwaltungen nach eindeutigen Zuordnungen und Grenzen gewesen, das die Kategorie des Ethnos zu diesem Zweck überhaupt erst etablierte.[14] Doch mit einem wichtigen Unterschied zu den kolonialen Praktiken dieser Zeit kommen hier weitere Bedürfnisse hinzu: Klassifizierung verfolgte hier vornehmlich den Zweck, die Menschen in den neuen Gebieten als prospektive Untertanen zu erfassen und zugleich als Teil einer homogenen nationalen Gemeinschaft. Auch darin bleibt aber die koloniale Perspektive präsent: Das, was als nationale Befreiung verstanden wurde, bedeutete nicht Emanzipation. Die Menschen, denen Rakić begegnete, erscheinen in doppelter Hinsicht als Objekte: erstens als Forschungsobjekte und zweitens, indem sie primär als Untertanen wahrgenommen wurden, als Objekte künftiger Herrschaft. Dies wurde gerade dadurch befördert, dass Beamte wie Rakić sich ihrem Verständnis nach nicht innerhalb der vorgefundenen Gesellschaft bewegten, damit keine Möglichkeit der Interaktion eröffnet wurde, sondern sie immer nur auf diese „trafen" und sie „definierten".

Bei Todor Popović war fünf Jahre später die begeistert vereinnahmende Geste aus Rakićs Tagebuch verschwunden. In seinen Memoiren zeichnete Popović von sich selbst das Bild eines unkorrumpierbaren Militärs und Staatsbeamten, der nach seinem Amtsantritt 1884 allein den Interessen des serbischen Staates verpflichtet war und für diesen auch die lokale Bevölkerung zu gewinnen versuchte.[15] Teil seiner Mission war die wissenschaftliche Erkundung von Pirot und Umgebung. Seine Befähigung zu wissenschaftlicher Arbeit war mit ein Grund, weshalb ihn Stojan Novaković, der zu diesem Zeitpunkt das Bildungsministerium leitete, für diesen Posten empfohlen hatte. Wie bei Rakić war die Verschränkung von militärischem Hintergrund, Verwaltungsfunktion und Selbstverständnis als Wissenschaftler charakteristisch. Diese war prägend für die Protagonisten des Nationalen in dieser Epoche.

Mit großer Wertschätzung für das Amt, doch wenig Begeisterung für die Region kam Popović in Pirot an. Letztere schwand nach kurzer Zeit vollends und machte einer grundlegenden Enttäuschung Platz.

---

13 Miloš Milojević (1840–1897) war einer der Propagandisten serbischer nationaler Zugehörigkeit. Von zeitgenössischen serbischen Wissenschaftlern wurden seine Arbeiten als unseriös angesehen. Ebenda.

14 Graeber, David: Fragments of an Anarchist Anthropology, S. 57, http://www.prickly-paradigm.com/sites/default/files/Graeber_PPP_14_0.pdf, zuletzt aufgerufen: 29.1.2013.

15 Popović, Blede uspomene, 1996.

> Der Piroter Bezirk hat mit der Šumadija nichts gemeinsam. Das ist von so machtvollen Tatsachen bedingt, dass ich mit gutem Grund zweifele, dass jemals eine Zeit eintreten wird, in der Pirot mit seinen Eigenschaften nicht wie ein Tumor, wie ein Auswuchs auf dem Organismus Serbiens wirken wird.
>
> Erst durch seine geografische Lage, durch eine ganze Kette von Gebirgen von Serbien abgetrennt, sein Horizont weitet sich in Richtung der Ebenen von Sofia. Und dann durch seine politische Situation. Bis zur Befreiung war das Häuflein serbischen Volkes so lange Jahrhunderte in einer festen organischen Beziehung mit einem Element, unter dem alle männlichen Empfindungen und die wunderschöne serbische Sprache für alle Zeiten einer Dickköpfigkeit und einem barbarischen Dialekt Platz gemacht haben.[16]

Politische und insbesondere geografische Faktoren, die Popović anführte, um den großen Unterschied zwischen Serbien und dieser Region zu erklären, reichten allerdings nicht aus, um die Armseligkeit des nationalen Geistes vor Ort zu begründen. Erst die Vergegenwärtigung der allgemeinen, natürlichen Beschaffenheit des Bezirks, die wiederum die Natur seiner Einwohner geprägt habe, könne den traurigen Zustand begreiflich machen:

> Doch nicht einmal die Gewalttaten der Türkei, die Perfidie Bulgariens konnten dem serbischen Geist in diesem Bezirk so viel Verderbnis bringen, wäre da nicht die unwiderstehliche Kraft der Natur dieses Bezirks. Auf der niedrigsten Stufe der Verstandesentwicklung stehend und dabei durch die Walachei und Bulgarien als Tagelöhner taumelnd, bringt er Eindrücke ordinärster Art mit nach Hause; so dass es heute vergeblich ist, nach einem Hausherrn („domaćin“, Anm. N. St.) zu suchen, wie es sie in der Šumadija gibt.[17]

Karge Natur führe zur Suche nach Lohn und Brot, damit zur Wanderschaft und diese notwendig in die zweifelhafte Fremde, aus der nichts Gutes kommen könne. So wirke sich die Natur notwendig auf die Zerrüttung von Sitten und Moral aus, deren deutlichste Erscheinungsform die Syphilis sei. Überraschend ist allerdings, dass Popović einen weiteren Faktor heranzog, nämlich die Grenzziehung selbst:

> Demnach: Sowohl der Dialekt, als auch der Charakter, die Natur und die Sitten stehen hier in vollständigem Gegensatz zu all dem bei uns.
>
> Es ist daher natürlich, dass mit der Angliederung Pirots an Serbien der Piroter Bezirk in einen anormalen, krankhaften Zustand verfallen ist, denn ihm wurden alle Bindungen durchgeschnitten, die in seinem vergangenen Leben und den materialen Verhältnissen sein Blutkreislauf waren.[18]

Bemerkenswert ist bei Popović, dass naturwissenschaftliche Metaphorik nicht auf den Nationalstaat als Organismus fixiert ist, sondern sich darüber hinaus auf Gesellschaft erstre-

---

16 Todor Popović an Stojan Novaković, 9.12.1884, in: Popović, Blede uspomene, 1996, S. 57–60, hier S. 58.

17 Ebenda.

18 Ebenda.

cken kann: So könne es „Neoplasmen“ am nationalen Körper geben, die aus einem anderen Gewebe stammten und nur unter Schwierigkeiten anwachsen würden. Ebenfalls bemerkenswert ist, dass sich der Offizier und Amtmann Popović dabei ganz im europäischen Zeitgeist bewegt, in dem Naturwissenschaften sowie Versatzstücke aus Darwins Lehren längst die großen philosophischen Systeme ersetzt hatten und ein sonderbares Konglomerat vitalistischer Weltanschauung vom „nationalen Organismus“ bildeten. Vermittels der naturwissenschaftlichen Metaphorik erschließt sich zugleich die Distanz gegenüber der lokalen Gesellschaft, in der sich Popović bewegte. Die Bezüge auf Politik, Geografie, Geologie, Biologie und Moralhygiene weisen unmissverständlich aus, für wie groß Popović die Kluft zwischen dem Lokalen und seiner Welt hielt.

Schopen

In der bisherigen Darstellung kommen Zuschreibungen des lokalen Kontextes von Pirot und Umgebung ohne eine weitere Spezifizierung regionaler Zuordnung aus. Dies gilt nicht nur für die Tagebücher, sondern ebenso für Rakićs spätere Veröffentlichungen: Städter, Bauern und Serben stellen ohne weitere Spezifizierung die Forschungsobjekte in diesen Texten dar. Diametral entgegengesetzt verhält es sich aus der Perspektive jener, die im Begriff sind, den bulgarischen Staat aufzubauen. Dort scheint sich die Zuschreibung „Šopi“ über die gesamte Landschaft, die gesellschaftlichen Rollen, die gesellschaftliche Arbeitsteilung etc. zu legen. Ein Grund für die schnelle Dynamik der Zirkulation dieser Zuschreibung in Bulgarien liegt darin, dass sich die neue Funktionselite des Fürstentums Bulgarien in einem Ort als Hauptstadt des neuen Staates wiederfand, zu dem es bis dahin nur wenige Beziehungen gab, und der gleichzeitig im Verhältnis zu anderen Zentren (Veliko Tărnovo, Plovdiv etc.) als noch unentwickelt wahrgenommen wurde. Dies kam in der spöttischen Verwendung der Bezeichnung für die Landbevölkerung des Umlands von Sofia zum Ausdruck. Ein Großteil der national orientierten Intelligenz oder aber jener, denen ein Aufstieg in den osmanischen Behörden gelungen war und die nun ihre politische Karriere im Nationalstaat fortsetzten, war bis 1878 in Istanbul aktiv. Wichtige Kaufleute, die sich nun zu politischen Akteuren wandelten, kamen aus den Handels- und Gewerbestädten Zentralbulgariens (Gabrovo, Veliko Tărnovo) oder v. a. aus wichtigen Handelszentren wie Bukarest, Odessa, viele aus der künftigen Beamtenschaft vornehmlich aus Kischinau, Kiew und Sankt Petersburg.

Nachdem das Projekt eines San-Stefano-Bulgarien gescheitert war, dessen Zentrum die „alte mittelalterliche Hauptstadt“ Veliko Tărnovo sein sollte, plädierten nun wichtige Strömungen innerhalb der neuen nationalen Funktionselite darauf, die Hauptstadt nach Sofia zu verlegen. Auf diese Weise, so ihr Argument, würde die neue Hauptstadt, die kaum 70 km von der serbischen und keine 80 km von der osmanischen (der heutigen makedonischen) Grenze entfernt war, ein entscheidendes Signal für die Zukunft an die noch „unerlösten“ Bulgaren senden.[19] Ebenso wichtig, wenn nicht ausschlaggebend war die verkehrstechnisch bessere Anbindung Sofias an die zukünftigen Kommunikationslinien der Eisenbahn, wogegen Tărnovo in diesen Planungen abseits geblieben wäre. Zugleich kam zu diesem Zeitpunkt Plovdiv als Hauptstadt des neuen Fürstentums nicht in Frage, da es zum Zentrum der

19 Văzvăzova-Karateodorova/Dragolova, Sofija prez Văzraždaneto, 1988, S. 161.

Provinz Ostrumelien[20] auserkoren war. Wichtiger Verfechter für Sofia war der im vorigen Kapitel erwähnte Marin Drinov, bis dahin Geschichtsprofessor in Charkow, der nach Jahrzehnten in Russland nun in Bulgarien die Entwicklung der Wissenschaften vorantreiben sollte. Schließlich wurde der Kompromiss gefunden – der Widerstand gegen Sofia als Hauptstadt war nicht unbedeutend –, dass Sofia tatsächlich die Hauptstadt und Verwaltungszentrum sein sollte, in der sich alle wichtigen Institutionen finden würden, während Tărnovo nun als Veliko Tărnovo den Rang einer Hauptstadt einnehmen sollte, in der alle „großen", verfassungsgebenden Parlamentssitzungen stattfinden würden.[21]

Die Sofioter selbst hatten weder an dem Streit darüber, welche die neue Hauptstadt sein sollte, noch an dessen Ausgang einen Anteil, so dass der Kontrast zwischen der von einer historischen Mission beseelten Entscheidung und der Realität der Stadt Sofia von 1878 wohl sehr groß war. Dies geht aus zahlreichen Briefwechseln der neuen Funktionselite hervor, insbesondere aber aus den Tagebüchern und Briefen Konstantin Jirečeks. Dieser hatte 1876 im zarten Alter von 22 Jahren in Prag seine Dissertation über die *Geschichte der Bulgaren* vorgelegt, die sofort große Beachtung fand. Bis dahin hatte es wenig und recht verstreute Forschungen zu diesem Teil des Balkans gegeben, was dazu führte, dass seine *Geschichte* auch bei Akteuren der bulgarischen Nationalbewegung auf besonderes Interesse stieß. Jireček hatte damit gleichsam die Basis des künftigen nationalen Narrativs verfasst, das sich in ihrer Struktur in den nächsten Jahrzehnten kaum verändern sollte. Mit der Gründung des Fürstentums Bulgarien wurde dem jungen Konstantin Jireček 1879 dann auch angeboten, nach Sofia zu kommen, um am Aufbau des bulgarischen Bildungswesens mitzuwirken. Als Sohn des Historikers Josef Jireček und Enkel des Slawisten Pavel Jozef Šafárik entsprach eine solche Kombination von staatlichen Ämtern und wissenschaftlicher Berufung dem Selbstverständnis Jirečeks. Doch allein schon seine Reise – bislang kannte er Teile Bosniens, Belgrad und Dubrovnik – weckte Zweifel, die während der folgenden Jahre in Bulgarien sein beständiger Begleiter werden sollten. Mit dem Zug ging es von Wien über Budapest bis zum Donauhafen nach Oršava. Von dort mit der Fähre nach Vidin und danach über Ziegenpfade, wie es Jireček nannte, nebst zahlreichen Eseln, auf denen europäisches Mobiliar für die neue Hauptstadt festgezurrt war, durch die Wildnis über den Ginci-Balkanpass nach Sofia.[22] Diese Zweifel, die mit der Passage des Balkans wuchsen, sind in seinem Tagebuch festgehalten, das Jireček während seiner Zeit in Bulgarien führte. Auf dieser sowie der Grundlage weiterer Reisetagebücher entstand ein Reisebuch, das zunächst

20 Während gemäß Berliner Vertrag von 1878 die Oberhoheit des Sultans über das Fürstentum Bulgarien eher nomineller Natur war, handelte es sich bei dem ebenso aufgrund des Vertrags gegründeten Ostrumelien um eine zwar autonome Provinz, die aber unter der unmittelbaren Oberhoheit des Sultans stand. 1885 erfolgte im Zuge eines politischen Putsches in der ostrumelischen Hauptstadt Plovdiv die Vereinigung von Ostrumelien und Bulgarien. Vgl. im Zusammenhang mit dem Thema dieser Arbeit: Weber, Claudia: Auf der Suche nach der Nation. Erinnerungskultur in Bulgarien 1878–1944, Berlin, Münster, 2006, S. 117.

21 Văzvăzova-Karateodorova/Dragolova, Sofija prez Văzraždaneto, 1988, S. 161.

22 Dabei scheint ihn hauptsächlich der Transport von Billardtischen nebst weiteren kompletten Einrichtungen für Gasthäuser westeuropäischer Art fasziniert zu haben, die auf diese Weise von Vidin über den Balkanpass nach Sofia geschafft wurden.

in tschechischer Sprache[23] danach als Kompendium über den neuen Staat in deutscher Sprache[24] erschien.

Jirečeks Tagebuch bietet einen faszinierenden Einblick einerseits in das Selbstverständnis eines jungen mitteleuropäischen Gelehrten, der mit dem postosmanischen Balkan konfrontiert wird und dabei zugleich als Akteur in die Etablierung neuer Formen von Institutionen involviert ist.[25]

Wie es schon seine *Geschichte der Bulgaren* vorweggenommen hatte, beschäftigten Jireček besonders die fernere Vergangenheit des mittelalterlichen bulgarischen Reiches und die nähere erhoffte blühende Zukunft des Fürstentums. Die Gegenwart wartete dagegen nur mit orientalischer Tristesse auf. Konstantin Stoilov, der Vertraute des bulgarischen Fürsten in spe, Alexander von Battenberg, und zukünftiger einflussreicher Minister, hatte schon zuvor versucht, Jireček vorsichtig auf Sofia einzustimmen:

> Ein gesellschaftliches Leben gibt es in Sofia noch nicht, da unsere Hauptstadt – unter uns gesagt – nichts anderes als ein Dorf ist, die Schopen leben hier unter höchst primitiven Verhältnissen. Doch allmählich wird sich eine Gesellschaft bilden, und ich hoffe, dass es dann sehr angenehm sein wird, hier zu leben, zumal die hohen Beamten hier auch schon mit ihren Familien sind.[26]

Die Klage über die Zustände in der neuen Hauptstadt waren ein Leitmotiv in den Korrespondenzen der neu zugezogenen Funktionselite, Stoilov drückte sich dabei noch umsichtig aus, schließlich wollte er den jungen böhmischen Gelehrten und zukünftigen hohen bulgarischen Beamten nicht gleich ins Wanken bringen. Bemerkenswert ist im Zusammenhang dieser Arbeit in erster Linie, dass im Gegensatz zu den serbischen Beamten die Bevölkerung eine Zuschreibung erhält. Dabei wird eine pejorative Konnotation deutlich, mit der die neue Funktionselite die lokale Bevölkerung belegt: Erstens werden alle christlichen Einwohner von Sofia und Umgebung durchweg als Schopen bezeichnet, zweitens dominiert in dieser Bezeichnung eine Konnotation zu „primitiv" und „einfältig", wie noch im Einzelnen gezeigt wird.

Auch Jireček sollte sich in dieser Hinsicht schnell in die neuen Verhältnisse einleben und diese Terminologie übernehmen. Indikativ ist weiterhin, dass stets diese Zuschreibung in Tagebüchern und Korrespondenz genutzt wird, ganz unabhängig davon, um welche Bereiche gesellschaftlichen Alltags und dessen Organisation es sich handelte. Es tauchen kaum Personennamen oder Zuschreibungen nach Berufen, Ämtern oder traditioneller Arbeitsteilung auf. Wenn, dann an zweiter Stelle nach der Zuschreibung „Schope". Diese Formen der Zuschreibung erinnern an die amerikanischen Westerngeschichten, wo allein von „den Apachen" etc. die Rede ist. Es ist kein Zufall, dass der Schriftsteller Aleko Konstantinov bei seinem Besuch der Weltausstellung in Chicago 1893 ausführliche Überlegungen über die Nähe der amerikanischen Indianer zu den Schopen anstellt: Sie seien auf die-

23 Jireček, Konstantin Josef: Cesty po Bulharsku, Praha, 1888.
24 Jireček, Fürstenthum Bulgarien, 1891.
25 Ireček, Bălgarski dnevnik, 1930–32.
26 Brief von Stoilov an Konstantin Jireček, 27.8.1879; zit. nach Văzvăzova-Karateodorova/Dragolova, Sofija prez Văzraždaneto, 1988, S. 179.

selbe Weise wild, unzivilisiert und ungestüm, außerdem würden sich die Indianerteppiche und die Kelims aus dem Šopluk sehr ähneln.[27] Ausnahmslos ist in Jirečeks Aufzeichnungen von „den Schopen“ und nicht von einzelnen Personen oder sozialen, konfessionellen Gruppen die Rede: So etwa waren es „Schopen und russische Tscherkessen, die türkische Flüchtlinge bei Bali Efendi ausgeraubt“, und „Schopinnen“, die dann die Beute versteckt hätten. Oder „Schopen, die einen Bauern (sic!) bestohlen“ hätten. „Schopen“, die sich von Volksdemagogen hätten verleiten lassen, gegen den Fürsten zu protestieren. Umgekehrt sei „der Schope“ in einem anderen Zusammenhang wiederum der einzige, der noch zum Fürsten stünde. Dieser Kollektivsingular dominiert nahezu alle Beschreibungen der Menschen, alle Sphären ihres gesellschaftlichen Alltags.[28]

Offensichtlich schien Jireček von seiner neuen Umgebung derart angewidert zu sein, dass er die Zuschreibung „Schopen“ in „Schöpse“[29] austrianisierte, die seinen ganzen Überdruss zum Ausdruck bringen sollte:

> Ich machte mich zur Schöpsenumsegelung auf.[30]
>
> Lächerliche Lage, man ist müde der Hauptstadtschöpsen, und erwartet seine geistige Heilung von dem Anblick eines Localschöpsen oder Localabderiten von Kjustendil oder Trn. Quam ridiculum.[31]

Es hat den Anschein, dass die lokale Bevölkerung als „die Schopen“ seitens der neuen hauptstädtischen Elite als eine distinkte Gruppe wahrgenommen wurde, die nicht mit dem Begriff „Bulgaren“ identisch war. Auf der „Schöpsenumsegelung“, die sich in durchaus sachlicher Weise in seinem Buch *Fürstenthum Bulgarien* wiederfand, berichtete Jireček ausführlich von „den Schopen“. In seinem Tagebuch wiederum notierte Jireček an einer Poststation auf der ehemaligen Heerstraße, „Briefträger von allen Völkern: Schopen, Bulgaren, Türken, Russen etc.“ gesehen zu haben.[32] Zentrales Charakteristikum sei dabei die

---

27 Konstantinov, Aleko: Do Čikago i nazad. Pătepisi, Sofija, 1992. Neuburger, Mary: To Chicago and Back. Aleko Konstantinov, Rose Oil, and the Smell of Modernity, in: Slavic Review, 65 (2006) 3, S. 427–45.

28 Vorhergehende Stellen in Ireček, Bălgarski Dnevnik, Bd. 1, 1930, S. 244. Auch in anderen Kontexten rauben und töten nicht Bauern, sondern Schopen: „Schopen haben in einem Wald den Waldhüter getötet, einen Montenegriner (türkischer Wald).“ Ebenda, S. 310. Dabei verschwindet der gesellschaftliche Kontext dieser Konflikte und Verbrechen: Nach der Eroberung Bulgariens erwartete die Landbevölkerung, dass v. a. jenes Land, das osmanisches Staatseigentum war, ähnlich wie in Serbien seinen bisherigen Nutzern überlassen werde. Ähnliches galt für die Nutzung von Wäldern für Brennholz, wo sich die Bauern auf Gewohnheitsrechte unter osmanischer Herrschaft beriefen, auch wenn es sich um Čiflikbesitz handelte. Bis zur endgültigen Regelung der Eigentumsfrage sollte zunächst in den ersten Jahren verhindert werden, dass sich die Bauern dieses Land stillschweigend aneigneten. Es kam dabei zu Konflikten, bewaffneten Zusammenstößen mit den russischen Einheiten sowie einer Flut von Gerichtsprozessen.

29 „Schöps“: kastriertes, verschnittenes männliches Schaf (Widder, Bock).

30 Ireček, Bălgarski Dnevnik, Bd. 1, 1930, S. 155.

31 Ebenda, S. 181.

32 „Пощенскитѣ ‚ямщици‘ сѫ отъ всички народности – шопи, българи, турци, руси, бивши войници и т. н.“ („Die Postkutscher stammen aus allen Völkerschaften – Schopen, Bulgaren, Türken, Russen, ehemalige Soldaten etc); Ireček, Bălgarski Dnevnik, Bd. 2, 1932, S. 22.

fundamentale Rückständigkeit „der Schopen".[33] Als Individuen treten in den Tagebüchern aus Sofia sowie den Reisetagebüchern nur Angehörige der neuen Staatselite oder Geistliche auf. Insbesondere ist der Unterschied markant, dass in der Sofioter Umgebung ausschließlich von „Schopen" die Rede ist, während weiter östlich (etwa ab Samokov) Jireček in seinen Notizen von „Bauern" bzw. Landbevölkerung schreibt. Mit dem Wort „Schope" wird die gesamte Landgesellschaft identifiziert. Zentral dabei ist wie erwähnt die außerordentliche Rückständigkeit, Weltvergessenheit, die seitens der neuen bulgarischen Verwaltungsbeamten, Lehrer und Schriftsteller mit dem Gebiet zwischen Sofia und der serbischen Grenze assoziiert wird.

Als Historiker konnte sich Jireček keinen besonderen Reim auf die Herkunft des Wortes „Šopi" machen:

> Unbestimmt und dunkel ist der sehr verbreitete Name Šópi (Landschaft Šopsko, mit türk. Endung Šoplúk). Historisch lässt er sich kaum auf Menschengedenken verfolgen und eine wissenschaftlich haltbare Erklärung ist bisher nicht gefunden. Auch seine Ausdehnung ist unsicher. Die Bulgaren des Ostens zählen zu den Šopen auch die Bewohner der Landschaften von Vraca, Trn u. s. w., wo man aber davon nichts wissen will. Im Westen, bei Küstendil (im Krajište) und Kratovo bezeichnet der Name der Šopen vorzugsweise die Gebirgsbewohner der nächsten Umgebung, sowie die Einwohner der hochgelegenen Becken von Radomir, Breznik und Sofia. Er haftet an Tracht und Gebirge, keineswegs an einer eigenen Mundart. Die Bevölkerung der drei letztgenannten Becken, die allgemein als das echte Šopenland gelten, bildet ein gewisses Ganzes, mit weisser Tracht und hoher Gestalt. Die Bulgaren im angrenzenden Donaugebiet zwischen Timok und Isker haben in der Sprache und in der männlichen Tracht eine gewisse Aehnlichkeit mit diesen Sofianer Šopen, besitzen aber einen anderen Typus und Charakter; ganz anders sind die schon makedonisch gearteten Leute bei Samokov, Dupnica, Küstendil und Trn, und besonders die vollständig in Sprache, Gestalt, Costüm und Sinnesart verschiedenen östlichen Nachbaren der Sofianer bei Orchanié in der Sredna Gora und bei Ichtiman.[34]

Auch bei Ivan Vazov erscheint diese Gegend als Verkörperung von Wildnis. Vazov war Jirečeks kongenialer Partner in der Konstitution der bulgarischen nationalen Meistererzählung. Während Jireček in seiner *Geschichte der Bulgaren* das heroische staatsbildende Mittelalter als Legitimationsgrundlage zum Vorschein brachte, fasste Vazov 1879 in seinem kanonisch gewordenen Roman *Unter dem Joch* (*Pod Igoto*) die spätosmanische Epoche als „Unterjochung" und 1878 als den „nationalen Befreiungskampf", eine bis in die Gegenwart dominante Vorstellung.[35] Nach dem großen Erfolg von *Unter dem Joch* unmittelbar nach 1878 wollte Vazov mit seinem Roman *Neues Land* (*Nova Zemja*) nun die Geschichte des neuen Bulgarien weitererzählen. Allerdings nicht mehr als heroische Ge-

---

33 „In Bučino erreichten wir die beiden Bischöfe. Gespräch mit ihnen, ob die Schopen irgendwann aus diesem niedrigen Zustand heraustreten können. Grigoriji zweifelt, Simeon meint ja." Ebenda, S. 228.

34 Jireček, Fürstenthum Bulgarien, 1891, S. 55 f.

35 Vazov, Pod Igoto. Erstveröffentlichung als vollständiger Roman 1894. Teile davon wurden zuvor in der Zeitschrift *Sbornik za narodni umotvorenija, nauka i knižnina* 1889 und in den folgenden Jahren publiziert.

schichte, vielmehr als Erfahrung der Profanisierung nationaler Ideale. In seinem historistisch-realistischen Zugang lieferte Vazov in vielen Anspielungen die neue politische Elite scharfer Kritik aus. Daher verwunderte es nicht, dass dieser Roman des „Vaters der bulgarischen Literatur“ auf breite Ablehnung stieß. Dennoch vermittelt dieser Roman gleichsam als historisch-illustratives Kompendium die Atmosphäre von Goldgräberstimmung und Ämterjagd, die unmittelbar nach 1878 eingesetzt haben muss. In *Neues Land*, das den Leser zugleich auf eine Reise durch das neue Fürstentum und dessen wichtigste Schauplätze Russe, Sofia und Plovdiv mitnimmt, spielen auch einige Kapitel in Berkovica[36]. Dort war Ivan Vazov zwischen März 1879 und September 1880 als Bezirksrichter eingesetzt.[37] Offenkundig war Vazov unzufrieden über den Beginn seiner Karriere im neuen Fürstentum an einem derart entlegenen Posten.[38] Auch diese künstlerische Verarbeitung seiner Erfahrungen ist v. a. von Distanz und Unverständnis gegenüber dem regionalen Kontext geprägt. Diese formen die Beziehung der Hauptfigur des Buches zu seiner neuen Umgebung. Der Protagonist des Romans, der Revolutionär Stremski (in seinen autobiografischen Auskünften schreibt Vazov: „(...) in der Figur Stremski habe ich mich selbst abgebildet“)[39] aus der Sredna Gora, dem Zentrum des mythenumrankten Aprilaufstands von 1876, hält sich auf dem Weg aus Russe zurück in seine Heimat einige Wochen in Berkovica auf. Dort lernt er den örtlichen Arzt kennen, der zugleich Bezirksrichter ist. Dieser nutzt die Gelegenheit und klagt dem jungen, hochkultivierten und zivilisierten Mann sein Leid über seine Situation:

> Ich bin begeistert, dass ich hier einen Landsmann vorfinde, einen Thrakier („trakijec“, Anm. N. St.), was bedeutet: einen Freund – in diesem wilden Schoplandija. Hier sind wir im Zentrum der schopischen Wildnis. Deshalb, als ich den Thrakier sah, weinte mein Herz.[40]

Wie sich herausstellt stammen beide aus dem Gebiet zwischen der Sredna Gora und Plovdiv, das von Vazov als das Kernland der bulgarischen Nationalbewegung betrachtet wird. Aus diesem Zentrum in die „wilde“ Peripherie verschlagen worden zu sein, lässt nur noch koloniale Attitüde Trost spenden:

> In dieser Orang-Utan-haften Stadt gibt es auch nichts Schöneres! Stellen Sie sich vor, Bruder: Ich bin hier in der afrikanischen Wüste. Ein schrecklich monotones Leben. Reisende halten selten, wechseln die Pferde an der Station und dann machen sie sich davon. Man ist eine Ausnahme. Einen bewussten Bulgaren kann man hier nicht antreffen, einige vernünftige Worte wechseln – es gibt russische Offiziere – sie sind

36 Berkovica liegt etwa 50 km nordöstlich von Pirot.

37 Ivan Vazov verweist selbst auf den dokumentarischen Charakter des Romans und nennt in den Erinnerungen jene reale Personen aus Berkovica, nach denen er die Charaktere im Roman gestaltete; Šišmanov, Ivan: Ivan Vazov. Spomeni i Dokumenti, Sofija, 1930, S. 56, 244.

38 Jireček hält in seinem Tagebuch die Spötteleien der Kollegen in Sofia darüber fest, dass es den großen Dichter in die gebirgige Peripherie verschlagen hatte. Obwohl Vazov die Stereotypen über die neue Hauptstadt ebenso teilt: „(...) тая си физиономия на още мръсна, вехта и отвратителна валийска столица“ („[...] diese Physiognomie eines noch schmutzigen, alten und abstoßenden Vali-Sitzes“).

39 Šišmanov, Ivan Vazov, 1930, S. 244.

40 Vazov, Ivan: Nova Zemja, in: Săbrani Săčinenija, Bd. 16, Sofija, 1948.

meine Freunde – ich hasse sie. Und die Bulgaren – schlicht, keine geistigen Bedürfnisse.[41]

Nicht nur am Ende der Welt zu leben, bereitet Kummer. Es ist v. a. die Primitivität der Bevölkerung, die den Zustand beklagenswert erscheinen lässt. Dabei handelt es sich nicht nur um einfache Rückständigkeit. Dies wird deutlich, wenn Vazov den „schopischen" Bauern jene aus Thrakien gegenüberstellt. Während die Schopen als schlicht und einfältig geschildert werden, verfügt jener aus Thrakien über Empfindungsfähigkeit, politisches Bewusstsein und ein Minimum an Kultur.[42] Doch diese Primitivität als Charaktermerkmal der regionalen Bevölkerung verfügt wiederum über einen ganz besonderen Kern: ein animalisches Wesen, das die dortigen Menschen besonders kriegerisch und mordlustig werden lässt. Eine Nebenfigur des Romans, die während der gesamten Handlung präsent bleibt, verdichtet in seiner Person die zuvor ausführlich geschilderten Charaktereigenschaften: Hitzig, animalisch, kaum zu bändigen, ermordet dieser einen Türken.[43] Stremski hilft ihm, versteckt ihn und nimmt ihn nach Thrakien mit, um den „Schopen" zu zivilisieren, was aber misslingt. Solche Gemeinplätze über „die Schopen" erinnern an jene, die in Serbien über die todesmutigen und grausamen Montenegriner verbreitet sind. Allerdings fehlt bei einer solchen Stereotypisierung „der Schopen" die Zuschreibung als „nationale Vorkämpfer" gegen die osmanische Unterdrückung, wie sie sich in Bezug auf Montenegro wiederfindet.

Zwischenfazit

Es sind vier (Rakić, Popović, Jireček, Vazov) einander verwandte und zugleich doch auch unterschiedliche Perspektiven, die hier vorgestellt wurden. Mit Ausnahme von Vazov, bei dessen Roman *Unter dem Joch* es sich um eine künstlerische Verarbeitung seines Dienstes an der Nation im Šopluk handelte, sind es hauptsächlich unmittelbare Impressionen, die im Notizheft oder Tagebuch festgehalten wurden, bevor diese dann später in „objektiv wissenschaftlicher Form" publiziert wurden. Es handelt sich um junge Männer im Spannungsfeld zwischen Wissenschaft, Staatslaufbahn als Beamter und Militär, die einem Zukunftsentwurf verpflichtet sind, der sich grundlegend von der angetroffenen Gegenwart unterscheiden soll. Das gegenwärtige regionale Elend bzw. die elende Region kann nur durch eine nationale Überformung in der Zukunft überwunden werden.

Mita Rakićs Unterscheidung zwischen hässlicher, uneindeutiger Stadt und dem schönen, eindeutigen Dorf ist charakteristisch für eine Reihe serbischer Reisebeschreibungen, die diese Region unmittelbar nach dem Waffenstillstand mit dem Osmanischen Reich durchreisten. Hierin findet sich auch der deutlichste Unterschied zu Ivan Vazov, wo allenthalben Primitivität herrscht, unabhängig davon, ob Stadt oder Land. Auch deutet sich ein

41 Vazov, Nova Zemja, 1948, S. 193.

42 In einem Dialog über die anstehenden Wahlen wird die Primitivität des Šopluk hervorgehoben: „Wie kann in der ‚Autonomie' ein Bauer in das Parlament kommen! Hier ist es nicht so primitiv wie in Schoplandija, hier werden nur gebildete Leute gewählt". Vazov, Nova Zemja, 1948, S. 279.

43 „Dieser Schope war ein etwa zwanzigjähriger junger blonder Mann, gekleidet in zerschlissene schopische Tracht. Er war mittelgroß mit gesund entwickelter Kraft, ein ausgezehrtes Gesicht, blaue Augen mit einem energischen Blick, einem wilden Tier gleich, der unter seiner niedrigen, vorgewölbten Stirn leuchtete." Vazov, Nova Zemja, 1948, S. 189.

ansonsten unterschiedlicher Blick auf die Landgesellschaft von bulgarischen und serbischen Intellektuellen an: Während bei Rakić der Bauer als solcher gepriesen und mit dem nationalen Organismus identifiziert wird, verwandeln sich in den Augen der Vertreter des Nationalen in Bulgarien die auf dem Land angetroffenen Menschen schnell in unzivilisierte Schopen. Vielleicht bildet sich darin ebenso der Unterschied in der jeweiligen politischen symbolischen Kommunikation ab. In Serbien eignete sich die Radikale Partei Ende des 19. Jahrhunderts „den Bauern" als politisches Symbol an, das für Gleichheit und Naturwüchsigkeit der Nation stand. In Bulgarien dagegen zeigt sich in der Entwicklungsgeschichte des Bulgarischen Bauernbundes (BZNS) die Ambivalenz der Herrschaftseliten gegenüber der Landbevölkerung als nationalem Symbol. Als etablierte politische Kraft konnte sich der Bauernbund erst nach der Jahrhundertwende in einem antagonistischen Prozess gegen die Vorurteile des städtischen Establishments durchsetzen.[44] Doch so einfach – hier eine nationalromantische Verklärung des Dorfes, dort ein geringschätziges Verhältnis diesem gegenüber, verdichtet in der pejorativen Zuschreibung der Schopen – lässt sich dieser Unterschied nicht gänzlich zusammenfassen, wie weiter unten noch zu zeigen sein wird.

Ansonsten dominieren die Gemeinsamkeiten: Bei den beiden Staatsbeamten Vazov und Popović bezieht sich ihre Geringschätzung auf die gesamte lokale Gesellschaft. Kaum etwas vom Vorgefundenen lässt sich mit deren Vorstellungen von einer „gesunden" nationalen Basis in der bisherigen Tradition identifizieren. Wie auch bei Rakić ist diese gespeist aus dem immanenten Vergleich zu einer „staatsbildenden Region", die den vorläufigen Kern des Nationalstaats bildet, im Fall Serbiens die Šumadija, im Fall Bulgariens die Sredna Gora/Thrakien. Ebenso ist allen dreien ein kolonialistischer Unterton gemein, einerseits in dem Bedürfnis nach festen, abgrenzenden Kategorien, andererseits in der Hervorhebung der Primitivität der Menschen dieser Region. Die Darstellungen der beiden Beamten aus Serbien unterscheiden sich von jenen Vazovs und Jirečeks in der Verwendung des Toponyms „Šopluk" („Šoplandija"), sowie „Schope" als regionale Zuordnung. Eine regionale Bezeichnung bleibt in der serbischen Perspektive gänzlich aus, wobei Rakić und Popović repräsentativ auch für spätere Darstellungen dieser Region in Serbien stehen.

4.2 Landschaften, Mikroregionen, nationale Territorien

Woher aber kommen diese Bezeichnungen, „Šopi", „Šopluk", für die Region? Bevor im Einzelnen auf die „Entdeckung" dieser Region eingegangen wird, ist es notwendig, sich die Entwicklung der Raumvorstellungen für die Region seit dem Beginn des 19. Jahrhunderts zu vergegenwärtigen. Ohne den allgemeinen Prozess der Versuche von Zuordnung und Definition lässt sich diese spezifische Toponymik nicht angemessen verstehen.

Für die westliche Toponymik im Hinblick auf den Balkan zu Beginn des 19. Jahrhunderts war charakteristisch, dass sie sich weiterhin an die Tradition aus der Renaissancezeit hielt und die zu diesem Zeitpunkt noch wenig bekannte Balkanregion mit den antiken Na-

44 Bell, John D.: Populism and Pragmatism. The BANU in Bulgarian Politics, in: Populism in Eastern Europe. Racism, Nationalism and Society, hrsg. von Joseph Held, New York, 1996, S. 20–62.

men belegten, unabhängig davon, ob diese dort überhaupt bekannt waren und verwendet wurden.

Bei dem französischen Geografen Ami Boué, dem Verfasser des für das 19. Jahrhundert maßgebenden Werks *La Turquie d'Europe* (1840), war ein solcher Rückbezug noch stark präsent, versuchte er doch, die Gliederung der römischen Provinzen weiter aufrechtzuerhalten, indem er die hier diskutierte Region als „Obermösien" bezeichnete:

> Im Mittelpunkte der Türkei befindet sich ein viereckiges Gebirgsland, welches so zwischen sechs anderen türkischen Provinzen liegt, dass es zum Übertritte von der einen in die andere dient. Diese Gegend bildete das alte Dardanien und einen Theil von Inner-Dacien, wobei Bulgarien, Ufer-Dacien und (sic!) Untermösien, Serbien und Bosnien dagegen Obermösien bildeten; dessen ungeachtet möge es gestattet sein, da man auf den Karten diesen letzteren Namen der oben genannten Gegend gegeben hat, denselben dafür beizubehalten, weil sie keinen geographischen Namen, weder einen slavischen noch einen türkischen besitzt und einen Theil von Rumelien darstellt. Dennoch gehörte unter serbischer Herrschaft ihr westlicher oder nordwestlicher Teil zu Rascien. Trotz der grösseren Wichtigkeit dieser Provinz ist sie gleichwohl die unbekannteste der Türkei.[45]

Bezeichnungen wie Obermösien und Untermösien setzten sich in der Sprache der Gelehrten dieser Zeit durch. Makedonien, Thessalien und Thrakien etwa sind Beispiele einer Nomenklatur, die bei Boué existierte und die auch Jireček verwendete.

In diesem Prozess scheint auch die Bezeichnung „Šopluk" entdeckt zu werden, doch wird dabei weniger auf alte Kartenwerke zurückgegriffen. Im Unterschied zu Boué gab es auch Ansätze, die in den Regionen gängigen Zuschreibungen als Ausgangspunkt für eine Toponymik zu nehmen. Die bislang älteste Erwähnung des Šopluk findet sich in der Zagreber *Danica Ilirska* von 1834. In der Beschreibung Bulgariens durch einen anonymen Reisenden wird dieses in zwei große Landschaften unterteilt: Thrakien und den Šopluk.

> Durch Bulgarien reisend, fand ich zwischen den Bulgaren einen bedeutenden Unterschied und eine Trennung, sowohl in der Sprache als auch in den Volksbräuchen. Die Bulgaren, die in der Gegend von Stambol bis Filibe und von Galac, Varna bis Vidin leben, nennen sich stolz die echten Bulgaren; und jene, die sich von Filibe und Vidin bis zu den serbischen und arnautischen Kreisen erstrecken, nennen sie beim spöttischen Namen Šoppovi.[46]

Die Herkunft bzw. Bedeutung des Ethnonyms ist weiterhin unbekannt. Eine der ersten schriftlichen Erwähnungen von „Šopluk" findet sich in einer Handschrift im Athoskloster Hilandar, die um 1826 entstanden sein soll. Dort wird „Šopluk" vom türk. Wort *sopa* für

45 Boué, Europäische Türkei, 1889, S. 92.

46 „Prolazeći kroz Bugarsku našo sam medju istimi Bugari znatnu razliku, i neki razpor, koliko u jeziku, toliko u narodnih običajih. Bugari koji stanuju u predelu od Stambola do Filibe i od Galca, Varne do Vidina, ponosito sebe nazivaju pravimi Bugari; a one, koji se od Filibe i Vidina do kotarah sarbskih arnautskih pružaju, pošpotnim imenom ‚Šoppovi' nazivaju."; Nešto o Bugarih (sic!). Izvadak iz dnevnika jednog domorodca putovavšeg u Carigrad na koncu godine 1843. (anonym), in: Danica Horvatska, Slavonska i Dalmatinska, 11 (1844), S. 42–44.

Stock abgeleitet. Pavel Jozef Šafárik und Marin Drinov brachten die Schopen mit dem thrakischen Stamm der Saepai in Verbindung.[47]

Etwa 15 Jahre später, 1859, tauchten dann die Bezeichnungen „Schopen" und „Šopluk" in einem Briefwechsel zwischen Vuk Karadžić und Sava Filaretov auf. Nachdem sich Ersterer bis dahin nicht sonderlich für die Gebiete südlich und östlich des Fürstentums Serbien interessiert hatte,[48] wandte er sich 1859 an den Sofioter Lehrer und Schulreformer Filaretov[49] und bat um eine möglichst ausführliche Zusammenstellung von Daten zu Bulgarien. Dazu schickte Vuk eine lange Liste von Ortsnamen mit der Bitte, Filaretov möge deren Aussprache bzw. Schreibung korrigieren. Ebenso sollte Filaretov Angaben dazu liefern, wie viele „türkische, bulgarische, griechische oder zinzarische Häuser"[50] es jeweils in diesen Städten gebe. Karadžić interessierte sich auch für das Bildungswesen und wollte von Filaretov in Erfahrung bringen, wie viele Schulen jeweils in diesen Städten existierten. Etwa ein halbes Jahr später antwortete Filaretov in einem ausführlichen Brief und fügte diesem seine Rechercheergebnisse als Liste bei.[51] Die Städteliste war lang. Einen Schwerpunkt legte Filaretov auf seinen eigenen Wirkungskreis Sofia und schilderte auch die Umgebung und deren Bevölkerung:

> Sie nennen sie Schopen wie zur Belustigung. Es scheint teilweise eine erniedrigende Bedeutung zu haben, vergleichbar mit Mužik, wobei sie zugleich denken, dass Schopen nichts anderes ist als Sofici, Sof'ci, Schope, ebenso wie Mužik zuvor keine Bedeutung hatte. Die Schopen leben im gesamten Feld von Sofia, das etwa 28 Stunden lang und 6 bis 7 Stunden breit ist.[52]

Der Briefwechsel von Filaretov und Vuk ist hier aus einem weiteren Grund von Bedeutung. In den Briefen vermittelt sich anschaulich der Kontrast zwischen imaginiertem nationalen Territorium und konkretem regionalen Bezugsrahmen. Es wird sichtbar, welche Räume überhaupt in den Gesichtskreis von national orientierten Reformen wie Filaretov in Sofia

47 Vgl. Lemma „Schopen" in: Clewing/Sundhaussen: Lexikon zur Geschichte Südosteuropas, 2016.

48 In der serbischen Philologie und Historiografie finden sich immer wieder Diskussionen, ob Karadžić damit die Gebiete südöstlich des Fürstentums Serbien überhaupt zum štokavischen Sprachraum und damit zur serbischen Sprachnation zähle. Tatsächlich gehörte dieses Gebiet nicht zu seinem Kommunikations- und wissenschaftlichen Aktionsraum, der sich auf die Gebiete der Habsburgermonarchie, der Herzegowina, Montenegros und der Šumadija erstreckte. Diese Gebiete weckten Vuks Interesse wie erwähnt erst in fortgeschrittenem Alter. Vgl. Stojančević, Srbi i Bugari, 1995.

49 Sava Filaretov (1825–1864) wurde in Žeravna bei Sliven geboren, einem jener Orte, die zu den Zentren des Văzraždane gehörten, arbeitete als Lehrer und studierte in Moskau, bevor er gemeinsam mit seiner Frau ein Mädchengymnasium in Sofia eröffnete.

50 Darunter finden sich auch Niš, Pirot, Priština, Leskovac und Vranje. Vuk Karadžić an Sava Filaretov, Belgrad, Juli 1859, in: Karadžić, Vuk: Sabrana Dela, Prepiska, Bd. 28, Beograd, 1995, S. 162 f. Bei serbischen Historikern hat dies lange für verschiedenste Spekulationen gesorgt, bis hin zur Annahme, es handele sich nicht um Karadžićs Manuskript. Vgl. Stojančević, Srbi i Bugari, 1995.

51 Sava Filaretov an Vuk Karadžić, in: Karadžić, Sabrana Dela, Bd. 11 (1855–1859), 1998, S. 328–39, hier S. 329.

52 „Нихъ наричѫт Шопъи като на присмех. Оно оть части като да има унизьително значение, равно съ Мужикъ ако и да мислиѫт че Шопи-тѣ не е друго освен Софици, Софьци, Шопе, точно така както и Мужикъ отпърво не е имало значение. Шопи-тѣ живеѫт по сичко Софийско поле на дължь 28 шаса а на ширь 6/7 часа." Ebenda.

traten, wie weit sich deren Aktionsradius und Wissen in und über Landschaften im Osmanischen Reich erstreckte.

Die Angaben – es handelte sich um zwölf Seiten, auf denen zu jeder Ortschaft die konfessionelle Zusammensetzung und Zahl der Schulen vermerkt war –, die Filaretov an Karadžić übermittelte, zeigen, dass sich sein konkretes Wissen allein auf Sofia, Berkovica, Breznik, Kjustendil und Pirot bezog. Darin wird ein Kommunikationsraum sichtbar, wie er auch schon in anderen Zusammenhängen – etwa bei den Handelsbeziehungen des Mali Rista – aufgeschienen war. Bei einer Reihe von Schulen konnte Filaretov keine weiteren Informationen zuordnen. Daran wird offenbar, dass in den 1860er Jahren selbst unter weit herumgekommenen Gebildeten die Vorstellung von einem nationalen Kommunikationsraum ausgesprochen vage blieb, nationale Netzwerke erscheinen anhand Filaretovs Wissensstand zwar weit geknüpft, aber löchrig, wenn die Kenntnis der Schulen nur einen Radius von etwa 80 km abdeckte.[53] Solche Orientierungen im Raum geben etwas von den Strukturen von Kommunikation, Handel und regionaler Migration wieder. Ohne dass dies notwendig bedeutete, dass die Menschen, die in diesem Raum unterwegs waren, diesem bewusst eine besondere Qualität zusprachen, als Region „für sich". Vielmehr wurde aus anderen Regionen diese Bezeichnung als Orientierungshilfe verwendet. Der bulgarische Volkskundler Hristo Vakarelski, der aus der Stadt Pirdop stammte, erinnerte sich, dass sein Vater (Ende des 19. Jahrhunderts) oft Ziegen „im Šopluk" gekauft habe. Dazu ist in Klammern noch die Präzisierung beigefügt: „im Radomirsko und Trănsko".[54] Darin zeigt sich der funktionelle Aspekt solcher Raumwahrnehmungen – nämlich jenseits nationaler Zuordnungen. Während „Šopluk" bei Vakarelski für eine von anderen Regionen distinkte Großregion steht, lässt sich diese wiederum in weitere Mikroregionen unterteilen.

Wie in der Einleitung ausgeführt, basieren im regionalen Kontext Zuschreibungen und Abgrenzungen auf diesen mikroregionalen Strukturen, wie die angeführten Mikroregionen Burel und Znepolje/Znepole. Solche traditionellen Raumwahrnehmungen und Strukturierungen, in denen die Mikroregion dominantes Strukturmerkmal war, kamen in Konflikt mit den neuen, national ausgerichteten Vorstellungen von Raum.

Bei Konstantin Jireček wurde geradezu ein Unbehagen angesichts der zu seiner Zeit noch ungebrochenen Relevanz von Mikroregionen im Alltagsleben der Menschen sichtbar. Er betonte gegenüber seinem mitteleuropäischen Publikum die Schwierigkeiten, für Bulgarien klar voneinander abgegrenzte Regionen zu definieren, denn auf der südöstlichen Halbinsel, die gleichsam eine abgeschlossene Welt für sich bilde, blieben Geschichte und Geografie der einzelnen Regionen in hohem Grade unklar, wenn sie ohne Rücksicht auf die Nachbarschaft behandelt, also nicht voneinander abgegrenzt würden. In seinen Reisebeschreibungen unternimmt Jireček eine verfeinerte Gliederung des bulgarischen Territoriums.[55] Allerdings ist diese Strukturierung der Empirie mühsam abgetrotzt. Hier sei noch

---

53 Vgl. ebenda, S. 332–35.

54 Vakarelski, Hristo: Mojat păt kăm i prez etnografijata, Sofija, 2002, S. 21.

55 Jireček selbst versuchte sich an einer regionalen Gliederung des Fürstentums Bulgarien. Dabei griff er insofern auf die zahlreichen Mikroregionen zurück, als dass er versuchte, daraus größere regionale Einheiten zu definieren. Sein Reisebuch über das Fürstentum gliederte er nach Städten und Landschaften, beginnend mit der Hauptstadt Sofia, den Städten beiderseits der Stara Planina, der Sredna Gora, den Rhodopen, Westbulgarien (das Gebiet zwischen Trăn, Kjustendil und dem Rilagebirge), sowie dem

einmal an Jirečeks Eindrücke erinnert, die in der Einleitung vorgestellt wurden: Er ist vielmehr verwundert, so wenige Anknüpfungsmöglichkeiten im Land selbst zu dessen Strukturierung vorzufinden – zugespitzt ließe sich sagen, es gebe zu viele Regionen.

> Der geringe Verkehr zwischen den einzelnen Landschaften und der Mangel eines nationalen Zentrums begünstigte die Entwicklung lokaler Eigenthümlichkeiten. Fast jeder Kreis und jedes Thal hat seinen Dialect, seine Gesichtstypen, seine Trachten, sein Temperament, ja mitunter seine eigenen Maase und Gewichte.[56]

Solche Art vorbewusster regionaler Vielfalt hatte in den Augen des Autors wenig Erstrebenswertes. Auch wenn es hier um das christliche Volksleben geht, so enthält die Zuschreibung des Vielfältigen eine ähnliche Ambivalenz wie die des „bunten Gewimmels“, von dem in den Beschreibungen der orientalischen städtischen Vielfalt bei Felix Kanitz oft die Rede war. Dieser konnte lediglich ein Reiz des manifest Überholten abgewonnen werden.[57] So ist sich auch Jireček gewiss, dass diese hinderliche unübersichtliche Vielfalt bald der Vergangenheit angehören werde:

> Die Befreiung und das neue politische und ökonomische Leben haben in diesen Zuständen Veränderungen angebahnt, die einer allgemeinen Modernisirung und Nivelirung zusteuern, durch Landstrassen und Eisenbahnen, Schulen und Heeresdienst.[58]

Insgesamt ist es bemerkenswert, wie wenig die hier angeführten Gelehrtenpolitiker zu dieser Zeit, ähnlich den Ethnografen später um die Jahrhundertwende, die mikroregionale Terminologie der Landbevölkerung aufgriffen. In der serbischen Ethnografie und Geografie werden regionale Gliederungen nach Flüssen (Gornje Ponišavlje, Lužnica etc.), in der bulgarischen nach Städten (Pirotsko, Caribrodsko, Berkovsko etc.) eingeführt. Auf mikroregionale Binnendifferenzierungen (wie z. B. Znepolje) gingen die Wissenschaftler nicht ein. Die hier angeführten Berichte der Protagonisten des Nationalstaats verdeutlichen, wie groß sich die Diskrepanz ihrer Vorstellungen zum gesellschaftlichen Alltag der Menschen jener Gebiete gestaltete, von denen sie doch zugleich beanspruchten unverbrüchliche Teile eines nationalen Ganzen zu sein. Diese Vorstellung blieb aber bis in die Gegenwart hinein vorherrschend: Die gesamte Zeit nach dem Ende des Osmanischen Reiches wird als ein Prozess betrachtet, in dem alle Teile wieder zueinander strebten, verkörpert in den lokalen Aufständen gegen das unterdrückerische „Joch“ und dem zusammenfügenden Wirken der nationalen Zentren.

„Šopluk“ scheint nicht so sehr als übergreifende Bezeichnung für eine Vielzahl von Mikroregionen zu stehen, sondern beinhaltet andere Funktionen der räumlichen Orientie-

---

Černomorie (Schwarzmeergebiet), das bei Jambol und Sliven beginnt. Ireček, Konstantin: Pătuvanija po Bălgarija, Sofija, 1974.

56 Jireček, Fürstenthum Bulgarien, 1891, S. 54.

57 „Für den Fernstehenden scheinbar mit einem Schlage aus viel hundertjährigem Zauber erwachend, wurde sich das vergessene Bulgarenvolk plötzlich seiner einstigen Unabhängigkeit und grossen numerischen Stärke bewusst, äusserte es in nicht zu überhörender Weise seinen Drang nach einer menschenwürdigeren social-politischen Stellung!“ Kanitz, Donau-Bulgarien, Bd. 1, 1875, S. 26.

58 Nikolić-Stojančević, Vranjsko Pomoravlje, 1986, S. 35.

rung unterschiedlicher gesellschaftlicher Akteure. Erstens als allgemeine Bezeichnung für die hier behandelte Region, die in weiter entfernten Regionen verwendet wird. Zweitens konnte „Šopluk“ auch als Orientierungshilfe in der Strukturierung des Erfahrungsraums in der Region selbst dienen, beinhaltete diese Bezeichnung doch die Funktion von räumlichen Abgrenzungen innerhalb der Region selbst. Initial handelte es sich bei „Šopluk“ um eine Abgrenzung zwischen städtischem und ländlichem Bezugsrahmen. Demnach vermittelte sich darin die gesellschaftliche Grenze zwischen Stadt und Land. So konnte „Šopluk“ in dieser Wahrnehmung kaum als „Fläche“ gedacht werden, wie es in der Gegenwart mit der zweidimensionalen Visualisierung „ethnischer Zugehörigkeit“ auf Karten üblich geworden ist. Vielmehr wurde diese Bezeichnung in Städten wie etwa Sofia für das rurale Umland verwendet. Darauf deuten solche bis heute gebräuchlichen Toponyme („Šopsko“) für die Umgebung östlich von Vranje, für jene nordöstlich von Kumanovo oder von Kriva Palanka hin (beide im heutigen Makedonien), ebenso wie es schon zuvor für Sofia sichtbar geworden ist.[59]

Dagegen wurden die Gebiete westlich von Vranje und auch Leskovac als „Arnautluk“ bezeichnet. Dieselbe Form der Toponymik mit der Endung *-luk/-лък* ist kein Zufall. Beide Zuschreibungen kamen aus den Städten, deren Einwohner so ihre ländliche Umgebung kennzeichneten und sich davon abgrenzten. Mittels „Šopluk“ grenzten sich die muslimischen und christlichen Šehirlije als Stadtbewohner von einem christlichen, mittels „Arnautluk“ von einem muslimischen ruralen Umland ab. Die Distinktion war weder ethnisch noch konfessionell, sondern v. a. darauf bedacht, den Unterschied zwischen Städtern/Šehirlije und Dörflern hervorzuheben. Wie anhand von Filaretov gezeigt wurde, verdoppelte sich in dieser verräumlichenden Zuschreibung die Ferne und Unverständlichkeit dieser unzivilisierten Welt. Im Ungefähren der Toponyme „Arnautluk“ und „Šopluk“, die keinen Hinweis auf eine konkrete geografische Region enthielten, wie es etwa bei „Kosovo“ oder „Sredna Gora“ der Fall war, deutet eher darauf hin, dass es sich um Projektionen von Andersheit handelte, die in der Abgrenzung davon abgeleitet werden konnten.

Mit der Inkorporation in die neuen Nationalstaaten begann aber auch das tendenzielle Verschwinden dieser Raumorientierungen. Damit ging überhaupt eine Veränderung des Bedeutungsgehalts von räumlicher Zuschreibung einher, die sich anschaulich an dem vorläufigen Verschwinden solcher regionaler Zuschreibungen nachvollziehen lässt.

Felix Kanitz und Konstantin Jireček bieten dabei einen Schlüssel für das Verständnis dieses Prozesses. Beiden Gelehrten ist gemeinsam, dass sie – obwohl sie aus einem gesellschaftspolitischen Kontext stammten, der noch als Imperium begriffen wurde – in Bezug auf das Osmanische Reich nicht von der Möglichkeit der Aufrechterhaltung des imperialen Ordnungsprinzips ausgingen. Vielmehr blickten sie hinter den in ihrer Wahrnehmung rissig gewordenen Vorhang des Reiches und entdeckten dort, verkörpert in den slawischen Völkern, gleichsam in Anlehnung an Herder, den Nationalstaat als modernes, diesen Raum strukturierendes Prinzip. So ist ihre Arbeit auch davon geprägt, ausgehend von antiken Bezeichnungen die einzelnen Gebiete einem zukünftigen Nationalstaat zuzuordnen.

Es überrascht nicht, dass die sich entwickelnden nationalen Gelehrtenöffentlichkeiten in beiden Staaten sowohl in Jireček als auch in Kanitz Vorbilder sahen, so etwa im Hinblick

59 Ebenda.

auf das Selbstverständnis des entdeckenden und aufklärenden Forschers. Auch die bulgarischen Gelehrten sahen sich vor die Aufgabe gestellt, ihr „eigenes" Land zu entdecken, zu vermessen und zu katalogisieren. Ausgangspunkt dafür war das bei Kanitz und Jireček angelegte Verständnis von Raum: Dieser ist zwar die primäre Kategorie in den Schilderungen der Reisenden, dennoch erscheint dieser in seiner Gestalt bis 1878 als strukturloses Terrain. Die Formung des Raums durch das Osmanische Reich verbirgt in dieser Wahrnehmung sein wahres Wesen und zerstört die zweite Dimension: die Zeit. Die meisten Zeitgenossen verbanden mit dem Orient im Kontext des orientalistischen Diskurses des 19. Jahrhunderts Geschichts- und Zeitlosigkeit, Müßiggang und Zeitvergeudung.[60] Das eigentliche Wesen oder die wesentliche Eigentlichkeit dieses Teils des Osmanischen Reiches, des Zentralbalkans, entdecken die beiden K.u.k.-Forscher in den christlichen Völkern. In Letzteren sei die Dimension der Zeit gleichsam eingekapselt in den glorreichen Vergangenheiten der mittelalterlichen Epochen, die nun wieder zur Entfaltung drängten. Die kontinuierliche Bewegung der Zeit von der heidnischen Antike über das christlich-slawische Mittelalter sei von der zeitlosen Dauer osmanischer Herrschaft angehalten. Der Rückgriff auf die ferne Vergangenheit erschafft in den Vorstellungen der „nationalen Arbeiter" oder – wie sie ebenfalls bezeichnet werden – der „bulgarischen Apostel" die nahe Zukunft. So verwundert es nicht, dass die Periodisierung der Geschichtsschreibung Jireček in der *Geschichte der Bulgaren* dem Osmanischen Reich nur wenige Seiten zuweist. Mit der Freisetzung der Völker kommt Bewegung in den Raum. Die Zeit, gestaut in der Geschichte der Völker, entfaltet sich zunehmend als dominierende Kategorie. Die Dominanz von Zeitlichkeit gegenüber Raum, die Karl Schlögel als charakteristische Tendenz des 19. Jahrhunderts ausmacht,[61] wird auch in dem hier analysierten Kontext sichtbar, in dem Zeitlichkeit/Geschichtlichkeit zunehmend an die Stelle von Raum tritt.

Raum wird nun über die Geschichte der Völker erschlossen. Dies bildet sich u. a. im wachsenden Umfang der Abschnitte zur Geschichte und Ethnografie der einzelnen Balkanvölker in den Übersichtswerken zum Balkan ab. Während Anfang des 19. Jahrhunderts bei Boué noch der Raum im Vordergrund stand, verlagerte sich der Fokus bei Kanitz in seinen Arbeiten zum serbischen Fürstentum sowie bei Jireček zum bulgarischen Fürstentum zunehmend auf deren Geschichte. Dabei erfährt der Raum eine entscheidende Verwandlung: Vermittels der Kategorie „Volk", die das Prinzip der Zeit verkörpert, reduziert sich der Raum auf den „Boden", auf dem das jeweils besondere Volkstum gedeiht, sich entwickelt und in einen Prozess eintritt, der mit der Reifung zum Staat seinen natürlichen Abschluss findet. Raum verliert damit seine Dimensionalität, wird nur noch als Boden eines bestimmten Volkes wahrgenommen, eine Sichtweise, die – wie noch zu zeigen sein wird – ihren Niederschlag in einer ethnischen Toponymik findet. Raum ist damit nur noch abstrakt über Karten erfahrbar, die von allem, was sich auf diesem Boden abspielt, abstrahiert. Sichtbar ist in den unterschiedlichen Farben oder Schraffierungen nur noch postulierte

60 Zum Stereotyp des sinnlichen Müßiggangs, etwa in Darstellungen des Harems, siehe Förschler, Silke: Die orientalische Frau aus der hellen Kammer. Zur kolonialen Postkarte, in: Ethnizität und Geschlecht; (Post-)Koloniale Verhandlungen in Geschichte, Kunst und Differenz, hrsg. vom Graduiertenkolleg Identität und Differenz, Köln, Wien et al., 2005, S. 77–94, hier S. 83.

61 Vgl. Schlögel, Im Raume lesen wir die Zeit, 2003; hier insbesondere: Spatiale Atrophie, das Verschwinden des Raumes, S. 38 f.

ethnische, nicht aber andere Dimensionen von Zugehörigkeit, von gesellschaftlicher Arbeitsteilung und der gesamten Vieldeutigkeit kultureller und religiöser Zuordnungen, die damit zusammenhängen. Dass sich vermittels Kartierung seit der Neuzeit staatliche Homogenisierung von Raum abbildet und vollzieht, zeigt sich hier anhand der Vorstellung von nationaler Homogenität als klar abgegrenzten einfarbigen Flächen, gegenüber der bisherigen „Unübersichtlichkeit". Die Reste dieser „Unübersichtlichkeit" wurden in Karten in sich überlappenden, gegenläufigen Schraffierungen visualisiert, die über das noch existente Territorium des Osmanischen Reiches gezogen wurden, womit die territorialen Ansprüche der Nationalstaaten angezeigt wurden.[62]

Regionen waren dabei nur noch schiere Platzhalter. Dies manifestierte sich spätestens seit den Balkankriegen 1912/13. Idealtypisch hierfür ist das Verständnis des einflussreichen bulgarischen Geografen und Ethnografen Anastas Iširkov von Raum und Region in seiner gleichsam programmatischen Schrift *Die westlichen Gebiete des bulgarischen Landes* (*Zapadnite Krajšta na Bălgarskata Zemja*). 1915 angesichts des Kriegseintritts Bulgariens verfasst, beschrieb Iširkov jene Gebiete, auf die Bulgarien Anspruch erheben könne. Er mahnte, ebenso wie die anderen Staaten auf dem Balkan solle Bulgarien ein Recht darauf haben, die Siedlungsgebiete in einem Staat zu erfassen:

> Unter den Völkern auf dem Balkan sind wir nach den Albanern die am wenigsten zahlreichen, unser Land ist das kleinste und deshalb müssen wird jedes Stück *Boden* (Hervorhebung N. St.) hoch achten, das unsere Ahnen eingenommen haben, sei es durch friedliche Aneignung, sei es durch militärische Beherrschung. Während Griechenland von Kleinasien, dem Nordepirus und sogar Carigrad träumt, Serbien von Bosnien-Herzegowina, Dalmatien und Banat, Srem und Bačka, Rumänien von Bessarabien, Transsylvanien und der Bukowina; während den Türken weite Gebiete in Vorderasien offen sind, bleiben für uns Bulgaren von frühesten Zeiten die eng umgrenzten Gebiete Bulgarien, Thrakien und Makedonien.[63]

In Iširkovs Schrift finden sich in komprimierter Form nahezu all jene Gebiete Südosteuropas, die als historische Regionen bezeichnet werden können und die im Zusammenhang mit dem Ausbruch des Ersten Weltkriegs als Verfügungsmasse seitens der neuen Nationalstaaten betrachtet werden. Es scheint, wie es exemplarisch bei Iširkov deutlich wird, dass die genannten Regionen nur kurz aufschimmerten, um schließlich in den Nationalstaat inkorporiert zu werden. Die Vorstellung, Regionen in historischer Perspektive seien durch den Ethnos, der in ihnen siedelt, notwendig eng gebunden, wenn nicht gar konstituiert, und stellten sonst nur amorphe Gebilde dar, wurde in der bulgarischen Geschichtswissenschaft kanonisiert.

---

62 Biggs, Michael: Putting the State in the Map. Cartography, Territory, and European State Formation, in: Comparative Studies of Society and History, 1999, S. 374–405, hier S. 385.

63 Iširkov, Anastas: Zapadnite Kraišta na Bălgarskata Zemja, Sofija, 1915, S. 2.

4.3 De-finitiv: Die Etablierung von Wissenschaften über das Volk

Anhand der genannten Beschreibungen konnte die Entstehung und Verselbständigung der wissenschaftlichen Toponymik gegenüber jener gezeigt werden, die im lokalen Kontext im Alltag verwendet wurde. Darin verschränkten sich zwei Handlungsmotive der Akteure aus den Zentren: erstens die Entwicklung einer nach „rationalen" Prinzipien hergeleiteten Strukturierung und Definition der Räume, wobei die Akteure darin ihren mitteleuropäischen Lehrern und Vorbildern folgten. Damit sollte eine gleichsam rational begründete Herrschaft über den Raum erreicht werden, jenseits der traditionellen, „unwissenschaftlichen" Benennungen des regionalen Raums durch deren Bewohner. Derart den Vorstellungen von Moderne folgend, sollte in den Augen der Gelehrtenpolitiker dann auch der Zentralbalkan in einen breiteren europäischen Kontext gestellt werden und zu verorten sein. Zweitens diente die Benennung von Regionen dazu, jene Flächen benennbar zu machen, die das Ziel territorialer Expansionsbestrebungen seitens der staatlichen Herrschaftseliten waren. Um zu verstehen, wie sich die Beziehungen zwischen Aufklärung und Wissenschaft, Herrschaft und Gewalt dynamisierten, ist ein Blick auf die Etablierung und die Inhalte der damit befassten wissenschaftlichen Disziplinen und das Selbstverständnis ihrer Protagonisten notwendig.

Einer der zentralen Akteure der Verwissenschaftlichung der bisher beschriebenen Formen des Reisens, Kundschaftens, Wahrnehmens und Zuordnens und ihrer Ausdifferenzierung in einzelne Disziplinen war der Belgrader Geograf Jovan Cvijić. Seine Arbeit markiert den Übergang von der Wiedergabe ineinandergreifender Beobachtungen zu Landschaften, Bräuchen und Sprachen in nationalistisch-romantisch vereinnahmender Absicht hin zu einem Verfahren, das seinem rationalistischen Anspruch gemäß zunächst sinnhafte, regelmäßige Strukturen zu benennen suchte, um dann den Gegenstand der Analyse (Region, Bevölkerung etc.) derart de-finiert vereinnahmen zu können. Dieser Anspruch begnügte sich nicht allein mit Impressionen, wie es bei Mita Rakić sichtbar wurde, die Zugehörigkeit von bestimmten Menschen und Gebieten zu „empfinden", sondern diese – auch für eine wissenschaftlich transnational gefasste Öffentlichkeit – rational begründen zu können.

Über Cvijić ist bereits viel geschrieben worden – im Folgenden liegt der Fokus auf der Herausbildung jener Fachdisziplinen und ihrer Rolle in der Herausbildung von Vorstellung über die hier behandelte Region.

Nach den weiter oben geschilderten ersten Beschreibungen und Zuordnungen setzte Ende des 19. Jahrhunderts, für die Region etwa ein Jahrzehnt später, eine systematische wissenschaftliche Beschäftigung ein, die als klassische Volkskunde beschrieben werden kann. Nach der enzyklopädischen Arbeit Milan Đ. Miličevićs in seinem Werk *Königreich Serbien. Die neuen Gebiete*,[64] in dem die Leser in der Hauptstadt und darüber hinaus über Sitten, Gebräuche, Kultur, Wirtschaft und Gesellschaft der neuen Gebiete unterrichtet wurden, setzte um die Jahrhundertwende im *Srpski Etnografski Zbornik* eine Ausdifferenzierung ein. Volkskunde bedeutete nicht mehr die nationalromantische Symbiose in der Tradition Vuk Karadžićs, in der Sprache, Literatur und Geschichte zusammenkamen, sondern war nunmehr auf bestimmte Elemente von sogenannter Volkskultur fokussiert. Für jedes

64 Milićević, Kraljevina Srbija, 1884.

dieser Gebiete kristallisierten sich gerade in dieser Zeit in Serbien die einzelnen Fächer heraus, die nach europäischem Vorbild klare Zuständigkeit beanspruchten. Zugleich vollzog sich in den einzelnen Fächern, die für die Sinnstiftung des Nationalstaats elementar waren (Sprachwissenschaft, Geschichte und Volksunde), eine Abgrenzung von den bisherigen übergreifenden Thematisierungen – so insbesondere in der Volkskunde. Miličevićs bis dahin relevante Studie *Leben des serbischen Bauern* erschien nun als Auslaufmodell.[65] Cvijić und seine Schüler standen für eine systematische Beschreibung des Lebens der Landbevölkerung, die einem für alle Studien verbindlichen Fragenkatalog folgte. Dabei ist es bemerkenswert, dass der Impuls zu einer modernen Volkskunde aus der Geografie kam und zu Cvijićs Lebzeiten sowie darüber hinaus als Anthropogeografie firmierte. Gleichzeitig war eine enge Verbindung zur Volkskunde schon in seiner wissenschaftlichen Sozialisation angelegt. Er studierte und promovierte in Wien bei Albrecht Penk, der wiederum von Friedrich Ratzel beeinflusst war.[66] Jovan Cvijić, der mit seiner Dissertation über den dalmatinischen Karst in wissenschaftlichen Kreisen schon früh europaweite Bekanntheit erreicht hatte und ein breites Spektrum an Disziplinen abdeckte, etablierte durch seine geologischen Forschungen auch das Primat der Feldforschung für die entstehende Ethnografie, die in Serbien kaum als „Lehnstuhlwissenschaft" bezeichnet werden konnte.[67] In den einzelnen Reihen der von ihm gegründeten Geografischen Gesellschaft erschienen seit der Jahrhundertwende zahlreiche Studien zu einzelnen Dörfern und Landschaften. Diese wurden weniger von der erst im Entstehen begriffenen universitären Infrastruktur getragen. Es waren v. a. Lehrer, die angeregt durch die Veröffentlichung des von Cvijić entwickelten Fragebogens in Zeitungen mit der Feldforschung begannen.[68] Während der Geograf so zum Initiator einer volkskundlichen Feldforschung wurde, achtete Cvijić zugleich im universitären Kontext darauf, dass die Geografie Teil der Naturwissenschaftlichen Fakultät wurde.[69] 1906, vergleichsweise früh, wurde ein Lehrstuhl für Ethnologie an der Philosophischen Fakultät eingerichtet. Zwei seiner ersten Schüler, Jovan Erdeljanović und Tihomir Đorđević, sollten die Ethnologie auch im späteren Jugoslawien lange prägen. Sie waren es auch, die zunehmend die Studien für die einzelnen Serien und den *Srpski Etnografski Zbornik* koordinierten. Wegweisend für die neue Ausrichtung auf eine durch Feldforschung

65 Milićević, Milan Đ.: Život Srba Seljaka, Beograd, 1867.

66 Cvijić, Jovan: Sabrana Dela, Bd. 1, Beograd, 1991, S. 30. Friedrich Ratzel (1844–1904) wird einerseits als Begründer der politischen Geografie und andererseits lange Zeit als Impulsgeber für die „Lebensraum"-Ideologie der Nazis betrachtet. Ratzel erfährt in jüngster Zeit eine Neubewertung im Zuge des *spatial turn*. Vgl. Jureit, Das Ordnen von Räumen, 2012, S. 127–41.

67 Kaschuba, Einführung, 2012. Neben Kosovo und der Herzegowina kam es Ende der 1890er Jahre auch zu Ausflügen in die hier behandelte Region und nach Bulgarien; Cvijić, Sabrana Dela, Bd. 1, 1989, S. 86.

68 Zunächst war allerdings ein Forschungsplan an den Geografski Zavod zu schicken, der von diesem genehmigt werden musste. Danach konnte der Antragsteller zum Teil auch finanzielle Mittel für seine Feldforschung erhalten.

69 Einerseits bindet Cvijić die Geografie bei der Einrichtung der Universität an die Naturwissenschaften. Andererseits fördert er die Etablierung einer Ethnologie, die von seinen Überlegungen zur Anthropogeografie ausgeht; Cvijić, Sabrana Dela, Bd. 1, 1991, S. 35. Zugleich wird kritisiert, dass in der Historiografie die Jireček-Schule vorgeherrscht habe, die sich ausschließlich auf schriftliche Quellen fixiert und andere Faktoren nicht berücksichtigt habe. Ebenda.

gestützte „Geoanthropologie" war Cvijićs Arbeit *Anthropologische Probleme der Balkanhalbinsel* von 1902. Darin manifestierte sich eine grundlegende Umorientierung des *Srpski Etnografski Zbornik.*[70] Letztlich handelte es sich bei seinem Text um eine Anleitung zur Feldforschung: Cvijić vermittelte darin Verfahren der Beschreibung von Haus, Dorf und Landschaft und entwickelte erste Überlegungen in Richtung einer allgemeinen Typologie von Hausbau, Siedlungen etc., die 15 Jahre später in der Arbeit *La péninsule balkanique* mündeten. Auf dieser Grundlage erschienen in Zukunft die Beiträge für den *Srpski Etnografski Zbornik.*

Auch der eingangs oft erwähnte Vladimir Nikolić, im ersten Jahrzehnt des 20. Jahrhundert Schulinspektor für den Kreis Pirot, verfasste Beiträge für den *Zbornik*. In seiner voluminösen Studie *Aus der Lužnica und Nišava* (*Iz Lužnice i Nišave*), die 1911 in der Reihe des *Zbornik* publiziert wurde, gab er auf 600 Seiten einen Überblick über Hausbau, Arbeit, Brauchtum und Volkskultur der Region. Wie die übrigen Autoren hielt sich auch Nikolić an die Definition von Regionen vermittels der Flüsse (Lužnica und Nišava) und verzichtete weitgehend auf die Nennung der Mikroregionen.[71] Zugleich sparte er die in *Anthropologische Probleme der Balkanhalbinsel* vorgesehene Beschreibung des jeweiligen Dialekts vollständig aus. Das verwundert, hatte sich doch gerade Nikolić als Schulinspektor in seinen Berichten viel mit dem Stand der Sprache in den Schulen zu befassen.

Zusammen mit der Arbeit Rista Nikolićs zum an die hier behandelte Region angrenzenden Krajište[72] (die Region westlich der Stadt Kjustendil) lag damit zu Beginn des Jahrhunderts ein erster umfassender Überblick über die Region aus anthropogeografischer bzw. volkskundlicher Perspektive vor.

4.3.1 Definitionen von Regionen. Voraussetzungen

Von der Initiative eines ehrgeizigen Wissenschaftlers und Wissenschaftsorganisators, wie es Cvijić war, lässt sich keine gesamtnationale Ausrichtung in der Etablierung der einzelnen Fachdisziplinen in national-aufklärerischer Absicht ableiten. Doch im Vergleich zu Bulgarien zeigt sich eine frühere Hinwendung zur Volkskunde. Zumindest gab es zu dieser Zeit in Bulgarien kaum solche vergleichsweise systematischen Feldforschungen. Dass solche Arbeiten in Serbien relativ zeitig einsetzten, ist nicht allein mit einem Vorsprung im Aufbau staatlicher Institutionen zu erklären, sondern hatte mehrere Gründe. Diese hatten mit der Ausrichtung des nationalen Projekts unter den Gelehrtenpolitikern zu tun. Es ist kein Zufall, dass bei Cvijić die Herzegowina und später bei Jovan Erdeljanović Montenegro im Mittelpunkt der Feldforschung stand. Beide Regionen galten bei Cvijić spätestens seit den 1910er Jahren als die urtümlichen Kerngebiete des „patriarchalen Typs". Dieser habe dann in späteren Zeiten durch Migrationsbewegungen auch das moderne Kernland, die Šumadija, maßgeblich geprägt. Hier verschränkte sich die Suche nach dem Ursprung in der Vergangenheit mit der Rechtfertigung der Zukunft. Wie schon erwähnt war hauptsächlich Bosnien Zielpunkt der nationalen Mission. Angesichts der Heterogenität der Konfessionen

70 Angeblich Kritik auch schon im ersten Band. Ebenda, S. 74.

71 Vgl. auch die Arbeiten von Cvijićs Assistenten Rista Nikolić: Nikolić, Rista T.: Krajište i Vlasina. Antropogeografska proučavanja, in: Srpski etnografski zbornik, Bd. 18, Beograd, 1912, S. 1–380.

72 Nikolić, Krajište i Vlasina, 1912.

der südslawischen Bevölkerung in Bosnien galt es, Kriterien zu entwickeln, welche die Gemeinsamkeiten zwischen den Angehörigen der einzelnen Konfessionen in den Vordergrund stellten. Sowohl um den Anspruch auf diese Gebiete, als auch deren ethnografische Verbundenheit mit Serbien zu demonstrieren, erschien ein wissenschaftliche Nachweis einer gemeinsamen Basis im „patriarchalen", später „dinarischen Typus" zielführend. Cvijić thematisierte nicht explizit diese nationalpolitische Motivation seiner Forschung zum „patriarchalen Typus". Doch in seinen Reflexionen über die „ethnografischen Grenzen auf dem Balkan" wird dieser Hintergrund sichtbar, wie weiter unten anhand der Bedeutung seines Werks *La péninsule balkanique* für die territorialen Prätentionen des neuen südslawischen Staates auf der Pariser Friedenskonferenz ausgeführt wird. Damit bewegten sich Cvijić und seine Schüler außerhalb des aktuellen Staatsterritoriums Serbiens. Dort galt es, der Dominanz dieses patriarchalen Typs nachzuforschen und diese nachzuweisen. Die Anthropogeografen waren demnach in der Landgesellschaft unterwegs und richteten ihre Aufmerksamkeit auf Dörfer.

Im bulgarischen Kontext war der Blick auf jene Gebiete außerhalb des – immer als provisorisch betrachteten – Staatsterritoriums genauso wichtig. Jedoch mit einer anderen Akzentuierung: Hier spielte sich die Auseinandersetzung um die nationale Hegemonie in den Kirchengemeinden und damit in der Stadt ab (vgl. Kapitel 2), einerseits zwischen den so genannten Patriarchisten, den „Graekomanen", sowie andererseits den Exarchisten, den „bulgarophilen" Kirchengemeinden. Während für die serbischen Wissenschaftler der Fokus auf das Dorf zentral war, entwickelten sich im bulgarischen Kontext die Auseinandersetzungen in den nationalen Öffentlichkeiten der Städte in Makedonien. Das brachte auf beiden Seiten unterschiedliche Schwerpunkte in einer modernen wissenschaftlichen Definition nationalen Raums mit sich.

Dies wird besonders anschaulich an einem Vergleich der Arbeiten des erwähnten Vladimir Nikolić zu Pirot und v. a. seines Werks zur Ethnografie der Nišava und Lužnica mit einer fast zur selben Zeit entstandenen Studie über Samokov – einer Stadt, die mit Pirot über intensive Wirtschaftsbeziehungen bis zur Grenzziehung verbunden gewesen war. Wie in Kapitel 2 gezeigt, waren Nikolićs Notizen zur osmanischen Vergangenheit enorm fragmentarisch. Er hatte diese nicht einmal zur Veröffentlichung vorgesehen. Die Piroter Muslime und Christen blieben in diesen Notizen bis auf sehr wenige Ausnahmen schemenhaft und nahezu unsichtbar.

Ganz anders bei der Studie Hristo Sermedžievs, eines geboreren Samokovlija, der sich zugleich auch nicht scheute, teilweise in Samokover Dialekt zu schreiben. Sermedžiev führte minutiös die Geschichte aller Čorbadžijahäuser auf, nannte die vormaligen muslimischen Besitzer und deren Rolle in der Stadtgesellschaft, sowie die neuen christlichen Besitzer und ihre Karrierewege. Insgesamt vermittelte Sermendžiev das Bild einer differenzierten, komplexen Stadtesellschaft, in der keine Rede von muslimisch-christlichen Gegensätzen war. Seine Arbeit konzentrierte sich ganz auf die Rekonstruktion von Handel, Industrie und Kunsthandwerk in Samokov während der letzten 100 Jahre. Ebenso beschrieb Sermendžiev ausführlich die Bräuche und Sitten der Stadtbewohner. Zu den Dörfern im Samokover Umland hatte der Autor dagegen recht wenig zu sagen, bis auf knappe Notizen zu ihrer Lage und Toponymik. Ganz anders verhält es sich bei Nikolić: Die Piroter Stadtgesellschaft kam in seiner Studie zur Nišava und Lužnica nicht vor. Dagegen konzenrierte sich Nikolić, dem besagten Fragebogen von Cvijić folgend, ganz auf Arbeit, Sitten und Bräuche der Dorfbevölkerung.

Hinsichtlich des Aufschwungs der Volkskunde mit einem Fokus auf das Dorf existierten in Bulgarien andere Ausgangsbedingungen. Dies vermittelt sich anschaulich in der programmatischen Schrift Ivan Šišmanovs über die Aufgaben der Ethnologie in Bulgarien.[73] Hierbei handelt es sich um den Entwurf eines Forschungsprogramms, der 1889 erschien und sich intensiv mit der Forschungstradition für Serbien, insbesondere mit Vuk Karadžić, befasste und sich an dieser abarbeitete.

Die Motivation dieses Aufrufs, sich der Volkskunde zuzuwenden, ist nicht allein auf die Konkurrenzsituation mit Serbien zu reduzieren. Zuallererst sah Šišmanov die bisherige Volkskultur als im Verschwinden begriffen. Gerade deshalb müsse sie nun besonders intensiv erforscht werden. Allerdings kommt der Volkskultur auch für Šišmanov eine ähnliche Substantialität zu, wie sie bei seinen Kollegen aus Serbien sichtbar wurde. Denn für Šišmanov ist es ein „Kampf zwischen zwei Kulturen: Die „neue Kultur" würde zwar sicherlich gegen „unsere alte Kultur" siegen, doch das Neue enthalte auch „billiges Manna", weshalb es das Alte zu bewahren gelte.[74]

Aus drei Gründen war die Beschäftigung mit der Volkskultur für Šišmanov wichtig: Erstens – und darin wird sein Anspruch erkennbar, Teil der modernen europäischen wissenschaftlichen Öffentlichkeit zu sein – um einen Beitrag zu der großen, allgemeinen Frage der Ursprünge der Volkskultur zu leisten. Zweitens trage die Erforschung der Volkskunst zur „Regeneration" der zeitgenössischen Literatur bei. Diese werde vermittels der Inspiration durch die Volkskultur zu neuer Originalität gelangen, wie es schon in anderen Ländern geschehen sei.[75] Drittens aber – und hier greift Šišmanov die Tradition der deutschen zeitgenössischen Geografie auf und sich nähert sich dem Selbstverständnis Cvijićs – ermögliche die Beschäftigung mit Folklore und Ethnografie die Definition der Grenzen der einzelnen Ethnien:

> Folkloreforschung und Untersuchungen zur Volkskultur haben auch eine wichtige politische Bedeutung für uns. Sie sind nahezu das einzige Mittel, um die ethnografischen Grenzen der einzelnen Balkanvölker zu bestimmen.[76]

Allerdings war es für Šišmanov v. a. die Sprache, die solche Definitionen wirksam leisten kann, mittels derer sich die ethnischen Grenzen bestimmen lassen. Dies lag in seiner Auffassung von Volkskunde begründet: Zwar leitete Šišmanov seinen Aufsatz mit einem Verweis auf Vuk Karadžić, dem „serbischen Grimm", ein, um jedoch im Anschluss die „Grimmsche Mythologie" zu kritisieren.[77] Šišmanov zufolge könnten Volksepik und damit die Dimensionen von Geschichte und Brauchtum kaum tauglich sein, um die Individualität, Originalität und Unverwechselbarkeit einer nationalen Volkskultur zu dokumentieren. Er ging dabei von der zeitgenössischen Sprachforschung aus, die in der Volksepik Anleihen

---

73 Šišmanov, Ivan: Značenieto i zadačite na našata etnografija, in: Sbornik za narodni umotvorenija, Bd. 1, 1889, S. 1–65.

74 Ebenda, S. 10.

75 Ebenda, S. 24.

76 Ebenda, S. 31.

77 Ebenda, S. 13.

und Übernahmen zwischen unterschiedlichen Kulturen in den Mittelpunkt stellte. Daher folgerte Šišmanov, dass gerade dieser Bereich (Geschichte und Epik) von Entlehnungen dominiert sei und wenig über einen Volkcharakter aussagen könne. Die Berufung auf Geschichte führe nur zu Beschuldigungen und Leidenschaften. Dabei berief er sich gern auf Stojan Novaković: „Die Zuordnung der einzelnen Ethnien kann nur exakt sein, wenn sie ohne Rücksicht auf die Vergangenheit, sondern mit der Grammatik und Dialektologie in der Hand geschieht.“[78] Diesen Satz Novakovićs hielt Šišmanov – wie er schrieb – „den unsrigen wie den serbischen Chauvinisten“ entgegen.

Obwohl die Volkskultur bei Šišmanov ein Mittel sein konnte, um gegen die verwerflichen Seiten der Moderne zu bestehen, kam der Volkskultur als politischem Symbol nicht jener Rang zu, wie es in der serbischen Publizistik im Allgemeinen zu dieser Zeit der Fall war. Letztlich besaß in Šišmanovs Augen die Volkskultur für sich keine Authentizität, sondern ging wiederum auf Elemente vergangener Hochkulturen zurück, aus deren uralten „literarischen Quellen“ auch die Volkskultur ihre Kreativität gespeist habe.[79] Damit bleibt es bei einem überzeitlichen Primat der Hochkultur, während der Volkskultur keine besondere Dignität zukam. Zugleich wurde hier eine gedachte Volkskultur viel stärker als Objekt wahrgenommen. Volkskultur war nicht selbstverständlicher Bestandteil des nationalen Bewusstseins: Sie musste überhaupt erst erkannt, „ihre Seele durchdrungen“ werden.[80] Damit distanzierte sich Šišmanov von der, wie er sie bezeichnete, „patriotischen Epoche“, die in seinen Augen insgesamt von Unwissenschaftlichkeit, Erfindungen und Übertreibungen geprägt gewesen sei.[81] Um aber die Volkskultur zu erkennen, sollten dieselben Methoden angewandt werden wie bei Cvijić: Šišmanov entwarf einen Fragebogen, mit dessen Hilfe sich „Lehrer, Priester, Schüler, Inspektoren, Ärzte, Richter, Philosophen, Künstler (…)“ auf die Suche nach der Volkskultur begeben sollten.

Allerdings schien das Interesse daran nicht besonders groß. Offensichtlich beinhaltete die Distanz zum Forschungsobjekt „Volk“ auch eine lebensweltliche Dimension, so dass die Städter, bisher bereits distanziert und nun zunehmend westeuropäisch gebildet, kaum neue Neigungen entwickelten, die ländliche Umgebung näher und anders in Augenschein zu nehmen. Solches Befremden über das Desinteresse der Städter an der ländlichen Umgebung äußerte auch Konstantin Jireček in seiner Zeit in Sofia. Seine Tagebücher dokumentieren seine Verärgerung darüber, dass seine Kollegen und Vorgesetzten kaum Verständnis für seine Bitte um ausgedehnte Expeditionen durch das Land hatten. Die Verschleppung dieser in seinen Verträgen vorgesehenen Forschungsreisen war immer wieder Anlass für ultimative Abreisefantasien. Schließlich gelang es ihm 1881 nach mehr als einem Jahr Aufenthalt in Sofia, erste kleine Reisen durchzuführen. Insgesamt dauerte es bis in die 1920er Jahre, dass Šišmanov noch kurz vor seinem Tod Schüler fand, die sich seine Idee der Feldforschung zu eigen machten. In seinen Memoiren berichtet der in der Zwischenkriegszeit und danach einflussreiche Ethnologe Hristo Vakarelski, dass er sich lange Zeit

78 Ebenda, S. 31.
79 Ebenda, S. 11.
80 Ebenda, S. 23.
81 Ebenda, S. 21.

geziert habe, sich auf die Ethnografie einzulassen, da mit dieser Disziplin kein besonderes Prestige verbunden war.[82]

Doch sollte dadurch nicht der viel zu einfache Umkehrschluss gezogen werden, hier würden sich grundlegende Unterschiede zwischen Serbien und Bulgarien zeigen. Zwar spielte in Serbien die heroische Volksepik in der publizistischen Öffentlichkeit eine größere Rolle, dennoch wies das Verhältnis der Wissenschaftler in Serbien und Bulgarien gegenüber ihren Forschungsobjekten große Ähnlichkeiten auf. Auch für die Wissenschaftler in Serbien und insbesondere die „Deuter der Volksseele" hatten das Dorf und der Bauer als Verkörperung der serbischen Nation, trotz deren Idealisierung in der breiteren Öffentlichkeit, ihre klar zugewiesene Funktion.

Ivan Čolović analysierte die Aneignung der Kultur der Landgesellschaft seitens der Protagonisten der neuen Nationalstaaten, gerade anhand von Cvijićs Schüler Tihomir Đorđević.[83] In Đorđevićs Denkmodell gab es eine klare Trennung zwischen zwei Kulturen durch die Geschichte des Osmanischen Reiches hindurch: Stadt und Dorf standen sich darin antagonistisch gegenüber. Die Städte hätten sich nicht nur durch den Islam von ihrer eigentlichen Umgebung entfremdet, sondern ebenso aufgrund ihrer Funktion als kommerzielle Zentren[84], in denen verschiedene Gruppen lebten und unterschiedliche Sprachen gesprochen wurden: Griechisch, Ladino, Arabisch, Armenisch und Türkisch.[85] In diesem Gewirr verschiedener Kulturen verschwinde das serbische Element. Dieses wiederum habe sich auf dem Land erhalten. Gemäß der nationalen Meistererzählung war das serbische Dorf kaum zugänglich für die Vertreter des osmanischen Staates. Steuereintreiber wagten sich kaum in die christlichen Dörfer, hieß es. So seien die Dörfer auch von der Dekadenz orientalischer Kultur verschont geblieben. Auf diese Weise konnte die authentische serbische Kultur über Jahrhunderte konserviert werden.[86] Im Gegensatz zu den Städten, die sich im Prozess unaufhaltbaren Verfalls befanden, blühte in den Dörfern die vitale und kraftvolle Dorfkultur. Doch hatte auch für Đorđević, wie schon im Eingangskapitel beschrieben, das Dorf keinen Selbstzweck: Mit der Befreiung Serbiens von osmanischer Herrschaft kam ein grundlegender Umwandlungsprozess in Gang, als die anderssprachige und islamische Bevölkerung die Städte verließ, die serbische Dorfbevölkerung sich dort ansiedelte und seine lebendige Kultur mitbrachte.[87] Doch der neue Bewohner der Städte war in dieser

82 Interessant ist, wie die klassische sozialistische Ethnografiegeschichte gegen die Einschätzung polemisiert, eine Ethnografie sei mit Vakarelski entstanden. Offenbar war es für Šišmanov schwierig, in den 1920er Jahren Interessenten für ein Studium der Ethnografie zu finden. Vakarelski beschreibt sein großes Desinteresse und Šišmanovs Beharrlichkeit, Leute für dieses Wissenschaftsgebiet ausfindig zu machen. Es wird weniger die Qualität von Vakarelskis Arbeit gewesen sein, der für Šišmanov die Beschreibung von Bräuchen in seiner Heimatgegend übernommen hatte, als der Mangel an jungen Ethnologen; Vakarelski, Mojat păt, 2002, S. 38. Zu dieser Zeit gab es nur wenige Studien zur materiellen Volkskultur, etwa von Dimităr Marinov; Marinov, Dimităr: Materiali za veštestvena kultura za zapadna Bălgarija, in: Sbornik za Narodni Umotvorenija, Nauka i Knižnina, 18 (1901), S. 1–201.

83 Čolović, Town and Country, 2002.

84 „Čaršija" (türkisch „çarşı") bezieht sich auf das Zentrum einer Ortschaft, insbesondere jenen Teil, der von Handel und Handwerk bestimmt wird.

85 Čolović, Town and Country, 2002, S. 115.

86 Ebenda.

87 Ebenda, S. 117.

Konzeption kein eigenständiger Protagonist dieser tiefgreifenden Veränderung. Der Gelehrtenpolitiker betrat ebenso die Bühne, und es war seine Aufgabe, Verfahren zu entwickeln, mit denen sich das Authentische der nationalen Kultur aus den grobschlächtigen Bräuchen der Bauern destillieren ließ. Die Volkskunde stellte dabei das zentrale Mittel dar. In Tihomir Đorđevićs Verständnis war die Rohform der angetroffenen Volkskultur nicht identisch mit der nationalen Kultur. Die vorgefundene primitive Kultur der Bauern war in Đorđevićs Augen geprägt von Aberglauben und sonderbaren, unzugänglichen Ritualen. Insbesondere hatten die Menschen vom Land keine Vorstellung von der Bedeutung des Nationalstaats. Es war die Aufgabe der wissenschaftlichen Disziplinen Geschichte, Volkskunde und der Sprachwissenschaft, gleichsam als Raffinerie zu dienen und aus dem Material der real existierenden Volkskultur jene wertvollen Elemente hervorzubringen, die vor dem Vergessen bewahrt werden mussten und aus denen eine genuine Nationalkultur entstehen sollte.[88]

Obwohl Tihomir Đorđević hervorhob, dass eine solche Nationalkultur die Gefahren der Entfremdung durch die Moderne bannen könne, ging es ihm nicht um eine Ablehnung der Errungenschaften der Moderne per se. Diese Moderne in Serbien solle auf einem gesunden Fundament ruhen, das von der vitalen dörflichen Kultur getragen werde. Den Wissenschaftlern komme dabei die zentrale Aufgabe zu, dieses Fundament überhaupt zu erschaffen und mit der Moderne zu verbinden. Die vorgefundene Volkskultur und damit die Menschen der Landgesellschaft wurden damit auf bloße Objekte reduziert. Die Kategorie des Subjekts des Nationalen stand somit vornehmlich dem Gelehrtenpolitiker zu, der die zunächst unverständliche Volkskultur deuten und buchstäblich definieren konnte.

Lange wurden die Balkangesellschaften als harmonische Symbiose zwischen pastoralem Ursprung und modernem Nationalstaat beschrieben. Doch hier wird eine Hierarchie sichtbar, in der die Wissenschaftler sich nicht nur als Interpreten der Volkskultur verstehen, sondern als Schöpfer einer edleren, moderneren Variante und damit der modernen Nation selbst. Dabei arbeiteten die Gelehrtenpolitiker zugleich ebenso gern an dem Missverständnis einer vermeintlichen harmonischen Symbiose zwischen Volk und Moderne mit: So notierte Šišmanov in seinen Memoiren, welches Vergnügen es ihm und seinem Freund während der Studienzeit bereitete, in Volkstracht gekleidet durch Jena zu promenieren:

> Wir hatten ein wirkliches „Flegeljahr“ (deutsch im Original, Anm. N. St.). Wir schufen uns fantastische Kostüme, wir gingen in Stiefeln und bunten Schopenstrümpfen durch die Stadt, um zu zeigen, dass wir Bulgaren sind. Wir trugen Wollmützen („kalpak“, Anm. N. St.) Einmal fotografierten wir uns in den von uns komponierten Trachten mit einem Portrait von Ljuben Karavelov in unserer Mitte.[89]

Eine Idee, auf die sie in Sofia nie gekommen wären, sich mit dem Forschungsobjekt derart gemein zu machen, und dann noch mit den Schopen.[90] Gleichwohl wird hier der Einbruch

88 Ebenda, S. 119.

89 Burilkova, Iva und Biljarski, Cočo (Hrsg.): Ivan Šišmanov Dnevnik, Sofija, 2003, S. 20.

90 Eine gesonderte Frage ist dabei, wann in den Fotoateliers die Mode aufkommt, sich in Volkstrachten zu fotografieren. Während der osmanischen Zeit war dies – wie zumindest die Forschung für diese Region gezeigt hat – gänzlich unüblich. Es scheint, dass es um die Jahrhundertwende unter den Städtern populär wurde, wie es Fotografien aus Caribrod belegen.

des „Narodno" („Volkstümlichen") durch das Portrait Ljuben Karavelovs gezähmt, das die sinnvolle, also patriotische Indienstnahme der Versatzstücke aus der Volkskultur klarstellte. Es wird deutlich, wie Volkskultur genutzt werden konnte: Nach außen konnte sie das Neue (die neuen Staaten) und zugleich deren Tradition, die Verwurzelung in einer vorgestellten Volksgemeinschaft symbolisieren. Nach innen jedoch waren solche Symbolisierungen zu dieser Zeit noch nicht erforderlich. Hier galt es zunächst, überhaupt die neuen Hierarchien des Nationalstaats zu behaupten.

4.3.2 Gelehrtenpolitiker: De-finition, Typenbildung, Grenzziehung

In der erwähnten Beziehung zwischen Aufklärung und Wissenschaft, Herrschaft und Gewalt kam es mit dem Zweiten Balkankrieg und dann mit dem Ersten Weltkrieg zu einer bis dahin nicht gekannten Dynamik. Die Wunsch nach einer dem Zeitgeist gemäßen wissenschaftlichen Fundierung der Kriegsziele und die Involvierung auch der hier genannten Wissenschaftler in die Planungen für die Kriegsvorbereitung führten zu einer spannungsvollen Wechselbeziehung zwischen den genannten Punkten, die gerade im Ersten Weltkrieg zu einer neuen wechselseitigen Dynamik zwischen Vorstellungen vom nationalen Raum und den konkreten militärischen und Verwaltungspraktiken führten.

Zunächst handelte es sich dabei in den ersten Monaten des Krieges überall in Europa um Petitionen und Schriften, Broschüren, die in hoher Auflage und verschiedenen Sprachen gedruckt wurden. Beispiele hierfür sind die Erklärung deutscher Universitätsprofessoren an die „zivilisierte Welt", die Erklärung englischer Wissenschaftler *Why we are in war* sowie die Erklärung von Hochschullehrern der Belgrader Universität.[91] Ljubinka Trgovčević betont, dass die Wissenschaftler bei ihrer Involvierung in die Politik, insbesondere der Öffentlichkeitsarbeit im verbündeten Ausland, ihren möglichen Erfolg gerade darin sahen, als Wissenschaftler aufzutreten und die Forderungen ihrer Regierung mit rationalen Argumenten zu untermauern. Einige, wie der Literaturwissenschaftler Ljubomir Stojanović, nahmen mit der Zeit Abstand von dieser Tätigkeit, da sie die Grenzen ihrer Wirkungsmöglichkeiten in den Kabinetten sahen. Trotz eines Selbstverständnisses, das mit der Zuschreibung „Gelehrtenpolitiker"[92] auch für diesen Teil Europas angemessen beschrieben wird, zogen sich gerade jene, die einer breiteren zeitgenössischen wissenschaftlichen Öffentlichkeit in Europa bekannt waren, zumeist auf ihre Rolle als Wissenschaftler zurück.

Nachdem sich die bulgarische Regierung trotz des Werbens Englands und Frankreichs entschlossen hatte, sich den Mittelmächten anzuschließen, erfolgte am 12.10.1915 die Kriegserklärung an Serbien. Der Kriegseintritt Bulgariens bedeutete auf dem Balkan die Wende in den militärischen Auseinandersetzungen, in deren Folge sich die serbische Armee aus dem Land zurückzog. Serbien wurde zwischen der Donaumonarchie und Bulgarien als Okkupationsgebiet aufgeteilt. Einer der zwei Hauptangriffe der bulgarischen Armee erfolgte über die Grenze bei Caribrod. Nach schweren Gefechten in der Nähe des Dorfes Sukovo begann die serbische Armee am 27.10.1915 mit dem Rückzug aus Pirot und Niš.[93]

91 Trgovčević, Ljubinka: Naučnici Srbije i stvaranje Jugoslovenske Države 1914–1920, Beograd, 1986, S. 112.

92 Hübinger, Gelehrte, 2006.

93 Lilić, Istorija Pirota, Bd. 2, 1994, S. 492.

Die bulgarische Armee besetzte das gesamte Serbien rechts des Flusses Morava bis zur Donau, sowie Makedonien. Im besetzten Serbien wurde am 17.11.1915 die „Moravska voennoinspekcionna oblast" („das Morava-Militärinspektionsgebiet") ins Leben gerufen, zu der auch Pirot gehörte, mit Niš als Verwaltungszentrum.[94]

Mit dem Kriegseintritt Bulgariens im September 1915 und dem Rückzug der serbischen Armee aus Serbien verließ auch der größte Teil der Universitätsprofessoren das Land. Wenn sie sich entschieden, weiter aktiv die Regierung zu unterstützen, wie es bis dahin v. a. durch Reisen in die Hauptstädte der Verbündeten zu Vorträgen und Hintergrundgesprächen üblich gewesen war, setzte sich diese Öffentlichkeitsarbeit darin fort, die Legitimität der Ansprüche der serbischen Regierung auf die Aufrechterhaltung der Integrität des bisherigen staatlichen Territoriums, aber auch weitergehender Ansprüche in der wissenschaftlichen Öffentlichkeit der alliierten Staaten zu begründen. So etwa bei Cvijić, dessen Arbeit in Frankreich während des Ersten Weltkriegs in dem gleichsam paradigmatische Werk *La péninsule balkanique* resultierte.

Anders gestaltete sich die Situation in Bulgarien. Mit der Okkupation des bisherigen serbischen Staatsgebiets im Herbst 1915 standen hier zweierlei Momente im Vordergrund: die Transformation der besetzen Gebiete, der dort lebenden Bevölkerung in national loyale Bulgaren sowie ihre wissenschaftliche Erschließung.

4.3.3 Praktiken im lokalen Kontext

Während sich die Praxis der Wissenschaftler aus Serbien im Hinblick auf die Behauptung der Integrität des nationalen Territoriums sowie der territorialen Ansprüche eines zukünftigen südslawischen Staates zumeist auf Hörsäle, Broschüren, Zeitungsartikel fokussierte, zeigte sich bei den bulgarischen Kollegen besonders anschaulich die Intensität der Beziehung zwischen Herrschaft und Wissenschaft, die zugleich eine handfest praktische Dimension beinhaltete. Christian Marchetti hat anhand der Expeditionen österreichisch-ungarischer Volkskundler auf den Balkan während des Ersten Weltkriegs die Involvierung der Wissenschaftler untersucht und ihre Arbeit im Zusammenhang mit dem Krieg als Prozess bezeichnet, der Etappen von Mobilisierung, Enthemmung und Eskalation durchlief.[95] Stufen eines solchen Prozesses lassen sich auch für die Entwicklungen in der hier untersuchten Region finden. In diesem Fall beschränkten sich die Wissenschaftler jedoch nicht nur auf ihren gewohnten Bereich der Feldforschung. Ihre Expeditionen ins Lokale griffen viel weiter in das Leben der Menschen ein. Es kam zu einer neuen Form der Konfrontation zwischen der lokalen Bevölkerung und den Protagonisten des Zentrums, die sich ganz erheblich von dem Verhältnis in der Zeit nach 1878 unterschied, dem Beobachten, Klassifizieren und hochgradig vermittelten Prozess der Entstehung neuer Zuordnungen. In dieser neuen Situation handelte es sich keineswegs um eine Folgewirkung der Gewalt des Krieges. Umgekehrt war die konkrete militärische Gewalt Instrument des Ziels der Schaffung eines homogenen Nationalstaats. Formen vermittelter Gewalt sollten aus der Sicht der Protagonisten des Zentrums ebenso auf das Bewusstsein der besetzten Bevölkerung wirken.

94 Befehl zur Bildung der Morava-Oblast, Kjustendil, 17.11.1915; zit. nach ZP, Dok. Nr. 51, S. 93.

95 Marchetti, Christian: Balkanexpedition. Die Kriegserfahrung der österreichischen Volkskunde. Eine historisch-ethnographische Erkundung, Tübingen, 2013.

Die Wissenschaftler aus Bulgarien griffen die österreichische Praxis der Expeditionen in die besetzten Gebiete auf und stellten im Juni 1916 eine Reisegruppe zusammen, die Makedonien und das „Pomoravie“ (das Moravagebiet in Serbien von Vranje bis Niš) erforschen sollte. Dabei gab der Generalstab einigen Wissenschaftlern den Auftrag, die neugewonnenen, eroberten Gebiete systematisch zu erforschen.[96] Dass Unterfangen wie diese „wissenschaftliche Expedition“ allein rationalen Prinzipien folgten, sollte dadurch untermauert werden, dass ein wichtiges Ziel in der Suche nach Bodenschätzen in den eroberten Gebieten bestand. Insgesamt wurden vier Sektionen von renommierten Wissenschaftlern gebildet: eine dialektal-ethnografische mit Stojan Romanski und Mihail Arnaudov, eine historisch-archäologisch-geografische mit Vasil Zlatarski sowie eine sozio-ökonomische und eine geologische Sektion. Die Expedition dauerte von Juli bis September 1916. Dabei werden Transfers zwischen den Kriegsgegnern sichtbar: Zusätzlich zu den Studien, die aus der Expedition entstanden, wurde auch der Aufsatz *Nova Srbija* von Jefto Dedijer als Handreichung für die Ministerien übersetzt. Die Studien wurden per Schreibmaschine vervielfältigt und ausschließlich an die Ministerien versandt. Es erfolgte keine öffentliche Publikation in Bulgarien.[97]

Das Interesse der Expedition fokussierte sich insbesondere auf Makedonien, ebenso wie auf die albanische Bevölkerung. Die hier im Mittelpunkt stehende Region wurde wenig berücksichtigt, da sie als unbestritten bulgarisch betrachtet wurde. Insgesamt verblüfft die Empathie für die muslimische albanischsprachige Bevölkerung. In den Beiträgen, die nach der Expedition angefertigt wurden, wurde wiederholt die gewaltsame Vertreibung in den 1878 Serbien zugeschlagenen Gebieten sowie das Leiden dieser Bevölkerung unter serbischer Besatzung hervorgehoben. Die nur wenige Jahre zurückliegende Gewalt in den Balkankriegen gegenüber Muslimen seitens des bulgarischen Staates scheint nicht als Widerspruch zu den nach dieser Expedition niedergeschriebenen Beobachtungen empfunden worden zu sein.[98]

Für die Fragestellungen in dieser Arbeit ist von Bedeutung, dass in den Beiträgen nicht nur die Beschreibung des gegenwärtigen Zustands, sondern ebenso die Möglichkeiten der Bulgarisierung in der Zukunft eine zentrale Stellung einnahmen.

Auf die ubiquitäre Feststellung, dass die serbische Herrschaft die Bevölkerung des Pomoravie „chauvinisiert“ und von ihren bulgarischen Wurzeln entfremdet habe, folgte eine Überlegung, die zu der Annahme, Pirot und Umgebung wären uraltes bulgarisches Stammland, in deutlichem Widerspruch stand. Der schon weiter oben erwähnte Atanas Išírkov forderte, insbesondere in Pirot zusätzlich Menschen aus dem „Zarentum“ anzusiedeln. Unabhängig davon, ob Niš unter bulgarischer Herrschaft verbleiben werde, solle Pirot zu einem bulgarischen „Bollwerk“ ausgebaut werden.[99]

96 Petrov, Petăr: Naučna ekspedicija v Makedonija i Pomoravieto (1916), hrsg. von VIK „Sv. Georgi Pobedonosec“ und UI „Sv. Kliment Ohridski, Sofija, 1993, S. 6.

97 Ebenda, S. 7.

98 Mančev, Krăstjo: Balkanski Razpri, Sofija, 2015.

99 Išírkov, Atanas: Pătuvanie po istočna Makedonija i Albanija; zit. nach Petrov, Naučna ekspedicija, 1993, S. 107.

Ein Bericht der „Militärischen Gebietsinspektion Morava“[100] ging sogar so weit, zwischen Donau und Morava einen rein bulgarischen Schutzwall mit einer Tiefe von 25 km bis 30 km zu schaffen, die sofort und per Gesetz als eine „Zone mit Zwangsenteignung“ dekretiert werden sollte. Dort sollten „geschickte Personen“ aktiv sein, um Kontakte zur österreichisch-ungarischen Einflusszone zu verhindern. Denn diese könnten dazu führen, dass ausländische diplomatische Kreise aus Eigeninteresse revolutionäre Unruhe schürten, um den „inneren Frieden des Zarstvo, insbesondere im Moravagebiet“, zu stören. Im Zusammenhang damit sollten auch ethnische Karten der Bevölkerung angefertigt werden, die dann offensichtlich von ebensolchen „geschickten Personen“ als Ausgangspunkt für Umsiedlungen genutzt werden sollten.[101]

Die Teilnehmer der Expedition erhoben dabei keine neue Forderung. Schon mit dem Beginn des Okkupationsregimes war es eines der wichtigsten Ziele, mit allen Mitteln den bulgarischen „Geist wieder zum Leben zu erwecken“. Die Idee eines „Schutzwalls“ um die besetzten Gebiete war eines davon. Dies spiegelte sich nicht allein auf einer Diskursebene wider, in Broschüren, Debatten in Zeitungen und Lesesälen, sondern verwandelte sich für viele Menschen zu einer existentiellen, lebensbedrohenden Gefahr. In der Überzeugung, in der sich die für beide intellektuellen Öffentlichkeiten charakteristische Vorstellung von Bevölkerung und Volk als Objekt wieder zeigte, welches die Elite aus Gelehrten und Politik formen konnte, ging das bulgarische Besatzungsregime zunächst davon aus, dass die im Grunde unschuldige Bevölkerung von den Repräsentanten des serbischen Staates verführt worden sei. Die Militärische Gebietsinspektion Morava jedoch konstatierte:

> Der Geist der Bevölkerung ist zweifellos serbisch, sogar in jenen Gebieten, die wir als bulgarisch betrachten. Der Frieden in der Bevölkerung ist nur Schein. Die Bevölkerung hat sich nicht mit der neuen Lage abgefunden und wird es auch nicht so leicht. Für seine Assimilierung werden wir nach dem Krieg systematische Maßnahmen vornehmen, die eine Reihe von Jahren in Anspruch nehmen werden. (...) Im Augenblick sind wir in den Augen der hiesigen Bevölkerung Eindringlinge, slawische Verräter, Abfall, der beseitigt werden muss.[102]

Die Arbeit der serbischen Intelligenz wurde in dem Bericht ausdrücklich gewürdigt, sie habe „hervorragende Resultate“ erzielt und die Bevölkerung sei „von Nationalstolz durchtränkt“.[103] Man solle nicht glauben, dass „sich die Bevölkerung einfach assimilieren lassen und uns nach dem Friedensschluss zuneigen wird“.[104] Vielmehr folge „dem Sieg auf den Schlachtfeldern jetzt das Ausfechten des Sieges auf dem Feld der Bildung und Kultur“. Es sei die Fortführung des Krieges im Frieden: „Das, was wir Frieden nennen, ist nichts anderes als ein friedlicher Krieg.“[105]

---

100 Ohne Datum. Wahrscheinlich aus dem Jahr 1916, da noch keine Rede von den Aufständen von 1916 ist; Militärische Gebietsinspektion Morava, Allgemeiner Zustand in den Kreisen, ohne Datum, CDA F. 313, op. 2 a. e. 39.

101 Ebenda, l. 14.

102 Ebenda, l. 8.

103 Ebenda, l. 10.

104 Ebenda, l. 11.

105 Ebenda, l. 11g.

Es sollten keine Spuren der, wie es in den bulgarischen Berichten hieß, serbischen chauvinistischen Hetze übrig bleiben. Nachdem die verbliebene lokale serbisch orientierte Intelligenz in Lager gebracht worden war, sollten auch alle serbischen Bücher, die sich noch in Pirot befanden, beseitigt werden. Diese Fokussierung auf die schriftlichen Erzeugnisse des Gegners zeigte sich darin, dass eigens ein Mitarbeiter der Bulgarischen Nationalbibliothek, Stilijan Čilingirov[106], mit dieser Mission beauftragt und dafür nach Pirot geschickt wurde. Čilingirovs Rapport gibt einen plastischen Einblick in die Vorstellungswelten der nationalistisch orientierten Vertreter der bulgarischen Intelligenzija und der Gelehrtenpolitiker aus Bulgarien sowie die intensive Wechselbeziehung zwischen Vorstellungen von homogener Ordnung und ihrer Umsetzung.

Auf Befehl des Ministeriums Ende Oktober 1915 sollte Stilijan Čilingirov alle serbischsprachigen Bücher aus allen öffentlichen und Privatbibliotheken in Pirot „zusammenstellen".[107] In seinem Rapport stellte sich Čilingirov als gewissenhafter Beamter dar, der alle „zivilisatorischen Prinzipien aus tiefster Überzeugung" beachten würde. Er betonte, dass er unmittelbar nach seiner Ankunft den zuständigen Personen die Anweisung gegeben habe, dass aus den verlassenen Häusern nichts abtransportiert werden dürfe, bevor nicht geklärt worden sei, ob es dort Bücher gebe, die entweder für die bulgarische Nationalbibliothek mitgenommen oder aber vernichtet werden sollten. Čilingirov sprach explizit von „vernichten". Im Rapport vermittelt sich ein Selbstverständnis, in dem immer wieder von der Bewahrung der Zivilisation die Rede ist. Offensichtlich empfand Čilingirov sich derart stark von zivilisatorischen Prinzipien durchdrungen, dass ihn dies wiederum befähigte zu urteilen, was zivilisiert sei und was nicht. Erst von dieser hohen Warte konnte gelassen von der Vernichtung von Büchern gesprochen werden, die im krassen Gegensatz zu zivilisierten Praktiken steht. Angesichts des verrohten Inhalts sei es geradezu eine zivilisatorische Pflicht, die Bücher zu vernichten:

> Ich sage ganz bewusst, dass sie vernichtet werden sollen, weil ich die Methoden der serbischen Propaganda gut kenne, ich nahm an, dass in Pirot in privaten Häusern und öffentlichen Einrichtungen viele chauvinistische Broschüren lagerten, sei es über die Stadt und ihre Umgebung, sei es über die von den Serben angeeigneten makedonischen Länder. Meine Vorgesetzten haben mich zu Ehren unserer Heimat nicht nur richtig verstanden, sondern gaben mir auch ihre wertvolle Unterstützung, ohne die ich, was ich eingestehe, meine Mission (Beschlagnahmung und Vernichtung, Anm. N. St.) nicht mit Erfolg erfüllen könnte.[108]

Ein Augenzeuge berichtete kurz nach dem Krieg 1918 von der Verbrennung von Büchern. Nachdem im November 1915 ein Teil aus der öffentlichen Bibliothek Pirots nach Sofia

---

106 Zu Stilijan Čilingirov (1881–1962): Schriftsteller, Publizist, nach dem Ersten Weltkrieg eine Zeit lang Direktor des Ethnografischen Museums. In der Zwischenkriegszeit und während der Besatzung Pirots durch die bulgarische Armee im Zweiten Weltkrieg veröffentlichte Čilingirov zahlreiche Artikel, die den „bulgarischen Charakter" dieser Region hervorheben.

107 Rapport von Stilijan Čilingirov an das Bildungsministerium („Črez Gospodina Direktora na Narodnata Biblioteka do Gospodina Ministra na Narodno Prosveštenie"), ohne Datum; CDA, Fond 108K, op. 2, a. e. 2409.

108 Ebenda, l. 262.

gebracht worden war, wurde einen Monat später die „Jagd auf Bücher“ in den Privathaushalten eröffnet. Es sollen zwei Polizeikommissare der Besatzungsmacht gewesen sein, die von Čilingirov damit beauftragt worden waren. Danach wurden an drei Plätzen in der Stadt einen Tag lang die Bücher verbrannt, an einem Platz in Tija Bara und an zwei Orten in Pazar. Ausführlich beschrieb der Jurastudent Stojan Jovanović dabei seine patriotischen Gefühle angesichts der brennenden Bücher: „Die Bibliothek hätte eine Stütze für die serbischen Idealisten sein können, um die schwersten Stunden der Sklaverei zu mildern.“ Junge Schüler ließen sich denn auch nicht beirren und versuchten, wenn die Polizisten für einen Augenblick abgelenkt waren, den Flammen Bücher zu entreißen.[109]

So schnell wie möglich sollte man diese Gegend, so forderte Čilingirov, „von der Wirkung des serbischen Buches säubern, die nur politische und moralische Schädlichkeit für die Bevölkerung hier enthält“. Čilingirov war konsequent. Kein Unbefugter sollte sich Bücher widerrechtlich aneignen können. Sie sollten, wie er schrieb, nicht einmal den Metzgern als Packpapier zur Verfügung gestellt werden. Der Buchbeauftragte der bulgarischen Regierung betonte in dem Rapport die Notwendigkeit ihrer Verbrennung.[110] An Grenzen stieß er jedoch, als er serbische Bücher aus Papierhandlungen, die dort noch zu kaufen waren, beschlagnahmen wollte („alle Bücher, besonders jene, die in letzter Zeit erschienen und gegen uns gerichtet sind“). Der Ministerrat erteilte dafür keine Erlaubnis. Čilingirov rühmte sich in dem Bericht, dass er sogar im Hof der Neuen Kirche graben ließ, um Gerüchten nachzugehen, dort seien Bücher versteckt worden. Allein in den Dörfern zu suchen gelang ihm nicht, was Čilingirov mit Zeitmangel rechtfertigte.[111]

Das vorgefundene Durcheinander, etwa umgestürzte Regale im Gymnasium, seien nicht dem Auftreten der bulgarischen Einheiten geschuldet, sondern „die Serben“ selbst hätten im Zuge der Umfunktionierung des Schulgebäudes in ein Lazarett sowie bei der späteren Flucht für den beklagenswerten Zustand gesorgt. Čilingirov betonte in seinem Rapport regelmäßig, wie „zivilisiert“ die bulgarischen Soldaten mit dem Eigentum „ihres Feindes“ umgingen.[112]

---

109 Bericht von Stojan Jovanović im *Pirotski Glasnik* 1918; PSNG, Bd. 3, Dok. Nr. 2034, S. 1105. Die Zahlen scheinen nicht zuverlässig. Es ist allein für die Bibliothek von Aleksa Ristić (dem Sohn des Mali Rista) die Rede von 1.000 Bänden, die verschleppt worden seien.

110 CDA, Fond 108K, op. 2, a. e. 2409, l. 263 a.

111 Ebenda, l. 263b.

112 Ebenda, l. 263a. Petar Velković als Kmet von Pirot. Wie unsystematisch allerdings Čilingirov selbst mit dem Büchergut umgegangen war, zeigte sich bei den Verhandlungen um die Rückgabe einzelner beschlagnahmter Bibliotheken: Die Bücher seien nicht nach ihren Herkunftsorten bzw. vorherigen besitzenden Bibliotheken katalogisiert worden, so Čilingirov, der zu diesem Zeitpunkt Leiter der Nationalbibliothek war, sondern als Ganzes in den Bestand der bulgarischen Nationalbibliothek eingefügt worden. Čilingirovs Erklärung enthält andere Motive als jene aus dem Rapport: „Die infrage stehende Bibliothek des Aleksa Stojnović sowie andere private Bibliotheken habe ich auf Anordnung des Ministeriums für Volksbildung nach der Flucht ihrer Besitzer, da diese dann ohne Eigentümer waren, eingesammelt, damit sie vor der Zerstörung bewahrt werden konnten, die jeder Krieg mit sich bringt, sei es seitens der lokalen Bevölkerung, sei es durch die ankommenden Heere. (…) Stojkovićs Bibliothek konnte nicht gesondert aufbewahrt werden, da es dafür an entsprechenden Einrichtungen fehlte, zweitens war es meine Aufgabe, die Bücher zu sammeln, nicht aber, diese zu sortieren.“ Brief des Direktors der Nationalbibliothek an das Bildungsministerium, 24.6.1921; ZP, Dok. Nr. 116, S. 210. Die Initiative zur Zurückerlangung der Bücher aus Privatbibliotheken ging von dem erwähnten

Čilingirov notierte, dass die öffentliche Bibliothek in Pirot von besonderem Wert sei. Zwar nicht der Quantität nach, doch sie enthalte Bücher aus „der ersten Hälfte des 19. Jahrhunderts“, von Belletristik bis hin zu Büchern mit politischen, historischen und anderen Themen.[113] Aus der Bibliothek des Okrug Pirot wurden die Gesetzessammlungen mitgenommen. Detektivisch spürte Čilingirov möglichen Privatbibliotheken nach.[114] Dabei wird auch die Oberschicht der Stadtgesellschaft sichtbar. Es handelte sich um die Privatbibliotheken des örtlichen Veterinärmediziners, des Vorsitzenden des Kreisgerichts, des Kreisingenieurs, des Leiters der Grundschule.[115] „40 große Kisten“ und „insgesamt 4.000 Bände“ betrage der von ihm gesammelte „Bücherreichtum“,[116] brüstete er sich.

Čilingirov erlaubte sich in dem Bericht auch Abschweifungen, in denen er die Mentalität der „Serben“ genauer studierte. So beobachtete er, dass wenig internationale Literatur gelesen wurde. Es sei v. a. serbische Prosa. Im Haushalt des Veterinärmediziners Stojnović war Čilingirov zunächst überrascht, internationale Belletristik vorzufinden, da dies nicht zu seinem bisherigen Befund passte. Nahezu erleichtert berichtete Čilingirov sodann, dass er dieser Ungereimtheit nachgegangen sei und in Erfahrung bringen konnte, dass Stojnovićs Frau aus Österreich kam: „So war die einzige Bibliothek, in der sich fremdsprachige Bücher fanden, nicht die eines Serben, sondern einer Fremden.“[117]

Ebenso vermerkte der Buchbeauftragte in seinem offiziellen Bericht kritisch, dass es kaum bulgarische und russische Bücher in Pirot gebe, jeweils nur drei, was viel über die serbischen Interessen gegenüber diesen „Brudervölkern“ aussage.[118] Geringschätzigkeit durchzieht diesen Rapport: Čilingirov war erstaunt, nur eine Ausgabe der gesammelten Werke von Goethe, Schiller und Heine vorzufinden.[119] Für ihn war dies ein Offenbarungseid über den Stand der serbischen Kultur. Diese Inversion ist bemerkenswert, einerseits soll es sich um jahrhundertealtes bulgarisch-nationales und damit vertrautes Territorium handeln, und doch bewegt sich der Beamte und Intelligenzler inmitten der Fremde, studiert die Kultur des Gegners. Diese Fokussierung auf den Feind geht so weit, dass Čilingirov nicht mehr zwischen Haupt- und Grenzstadt unterscheiden kann. Es ist ganz und gar Serbien, wonach er sucht und was findet.

Grundsätzlich wird in dem Rapport Unverständnis gegenüber allem Nichtbulgarischen sichtbar, eine freiwillige Selbstbeschränkung in einen abgeschlossenen nationalen Kosmos:

Jurastudenten Stojan Jovanović aus. Im November 1918 wandte sich das Načelstvo Pirot an das Außenministerium, um etwas über den Verbleib der Bücher in Erfahrung zu bringen. Am 31.7.1919 antwortete die Leitung der Narodna Biblioteka in Belgrad dem Außenministerium, die Bücher seien mittlerweile über den Donauhafen Lom Palanka nach Belgrad geschickt worden. Sie seien jedoch „vollkommen durcheinander verpackt“, so dass es lange Zeit benötigen werde, bis die einzelnen Besitzer festgestellt werden könnten; PSNG, Bd. 3, Dok. Nr. 2037, S. 1106.

113 CDA, Fond 108K, op. 2, a. e. 2409, l. 263a.

114 Ebenda, l. 263b.

115 Ebenda, l. 264.

116 Ebenda.

117 Ebenda. Er wundert sich auch, wie viele veraltete und unbedeutende Schriftsteller sogar von der Srpska Književna Zadruga gedruckt werden.

118 Ebenda. Er bewegt sich buchstäblich in fremdem Land und vergisst kurz, dass doch Pirot immer schon zur „Heimat“ gehört hat.

119 Ebenda, l. 264b.

So hielt Čilingirov fest, es sei verblüffend, dass in den Sammlungen „maßlose Liebe für das Eigene, die unendliche Apathie gegenüber dem Fremden und der unerklärliche Hass gegen uns“ zum Ausdruck komme.[120]

Dass sie ganz und gar Serbien vorfanden, schien in einer paradoxen Volte die Überzeugung jener Beamten wie Čilingirov in Pirot zu sein, die sich doch zugleich als Befreier ihrer Brüder und Schwestern verstanden. Doch schienen sie in Letzteren ebenso v. a. potentielle Feinde zu sehen. Die Bemühungen Čilingirovs und seiner Kollegen, das Fremde aus dem Bewusstsein der Menschen zu tilgen und mit neuen Kultureinrichtungen die Grundlage für ein „gesundes“ Nationalbewusstsein zu schaffen, schien ihnen selbst dabei nicht besonders aussichtsreich.[121] Dies hielt auch die erwähnte Gebietsinspektion Morava fest:

> In kultureller Beziehung steht die Bevölkerung recht hoch, der größere Teil kann Lesen und Schreiben und ist von Nationalismus durchtränkt. Sogar die serbische Masse selbst ist chauvinistisch, und es ist nur eine Minderheit, die mögliche Zeichen einer Bereitschaft für eine eventuelle Assimilation zeigt. Letzteres könnte man teil-

120 Ebenda.

121 Dies geht aus einem Appell des „Pomoravski Narodno-Prosveten Komitet“ zur Durchführung von Kultur- und Bildungsaktivitäten hervor. Solche Komitees wurden in den besetzten Gebieten gegründet. Für das Pomoravie befand sich die Leitung in Niš, die Vorstandsmitglieder der zentralen Leitung des Komitees lebten jedoch zumeist in Sofia. In jenem für Niš waren u. a. Krsto Krstev und Spas Vacov als ehemalige Piroter Mitglieder, sowie Atanas Iširkov und Stilijan Čilingirov. In dem Appell wurde das mangelnde Interesse in Bulgarien am Pomoravije kritisiert und es sei gänzlich in Vergessenheit geraten, dass die „Großväter (der heutigen Pomoravci, Anm. N. St.) die ersten waren, die für die politische Freiheit der Heimat aufstanden“ (hier wird auf die Aufstände von 1841 in der Region referiert). „Wer hört nicht in sich die Stimme der Pflicht, der Pflicht, dass wir unseren Landsleuten, den Pomoravci, näherkommen, sie kennenlernen, sie mit brüderlicher Sorge und Teilnahme wärmen und sie durch unser Handeln in Liebe mit Bulgarien verbinden, die ihre Heimat ist.“ Dies sei erreichbar, indem sich die bulgarische Öffentlichkeit mit der Vergangenheit dieser Gebiete bekanntmache. V. a. aber ging es bei dieser späten Gründung, zwei Jahre nach der Besatzung, um finanzielle Unterstützung, die das Komitee einforderte. Appell des „Pomoravski Narodno-Prosveten Komitet“ zur Durchführung von Kultur- und Bildungsaktivitäten, 25.7.1917, CDA f. 1564 k, op. 1, a. e. 1067, Blatt 1; zit. nach ZP, Dok. Nr. 53, S. 95. In einem Rundschreiben des Nišer Vereins „Kulturno-prosvetna družba Morava“ wurde im Januar 1918 – also nahezu drei Jahre nach Beginn der Besatzung – das weiterhin mangelhafte Interesse an diesen Gebieten offenbar. Es sei Zeit, schrieb der Vorsitzende Angelov in einem Zirkular an Journalisten, dass sich das bulgarische Volk mit der Vergangenheit des Pomoravie beschäftige, dann werde es mit Überraschung feststellen, wie ungerechtfertigt die bisherige mangelnde Wertschätzung für diese Gebiete sei. Mit „flammender Energie“ müssten nun die „geistigen Führer“ Bulgarien mit den neuen Gebieten vertraut machen: „Sollen die Spalten der Zeitungen und Broschüren sich für unsere Tat im Moravsko weit öffnen; sollen die Journalisten und Publizisten mit der Feder ihrer Pflicht nachkommen, die ihnen die allgemeinen gesellschaftlichen Interessen auferlegen; sollen die Politiker ihre Stimme zum Nutzen des Moravsko erheben.“ Appell der Kultur- und Bildungsvereinigung Morava an den Volksvertreter Grigor Vasilev zum Schutz des Bulgarentums im Moravsko; ZP, Dok. Nr. 56, S. 101. Dem beinahe verzweifelten Pathos stand eine Erfahrung gegenüber, in der sich wie bereits erwähnt kaum jemand aus dem lokalen Kontext von der „echten Vergangenheit“ begeistern ließ. Im Juni 1918 wurde das „Moravsko Predstavitelstvo“ in Sofia unter der Leitung Stilijan Čilingirovs gegründet, der gemeinsam mit weiteren Redakteuren einiger Zeitschriften dem im Appell genannten Ziel etwas näher kommen wollte; ZP, Dok. Nr. 59, S. 107.

weise auch für die Bevölkerung des Piroter Kreises annehmen, doch man sollte ihr nicht glauben.[122]

Allerdings waren es weniger der mögliche Widerstand der Menschen aus der Region als vielmehr die Besatzungsherrschaft selbst, die sich dabei im Weg stand. Dies veranschaulicht ein Brief eines Piroters an den schon erwähnten gebürtigen Piroter Spas Vacov, der während der kurzen Besatzungszeit das Amt des Bürgermeisters übernommen und sich zu einem in Bulgarien angesehen Wissenschaftler entwickelt hatte, der die Grundlagen für die Meteorologie in Bulgarien legte. Offensichtlich genoss Vacov weiterhin Respekt in Pirot.

Der Absender aus Pirot bat Vacov, dieser solle sich bei der Regierung dafür einsetzen, dass die jetzige bulgarische Verwaltung abgelöst werde.[123] Sie schade der nationalen Sache, da sie Misstrauen zwischen dem bulgarischen Staat und der Bevölkerung säe. Sie behandele das Volk nicht wie „befreite Brüder", sondern wie „Sklaven". Indem sie der Überzeugung sei, die Bevölkerung sei serbisch, unruhig und unbeugsam, arbeite sie den Zielen des serbischen Staates zu. Wie die Piroter selbst sagten, so der Informant, was den Serben in 38 Jahren nicht gelungen sei, nämlich aus ihnen Serben zu machen, würden die Bulgaren jetzt in kurzer Zeit schaffen. Er habe einen alten Mann fragen hören, ob das wirklich Bulgaren seien. Auf die bejahende Antwort habe der alte Mann entgegnet, diese seien aber nicht wie jene, die er gekannt habe. Diese seien wahrscheinlich aus Bessarabien.[124] Mit der Rückkehr von Pirotern, die seit langem in Sofia lebten und dort in Amt und Würden seien, könnte sich die bulgarische Herrschaft rehabilitieren und zeigen, dass sie auch heute Befreier seien.[125] Dann werde die Piroter Bevölkerung erkennen, dass sie in ihrem Misstrauen gegenüber der Verwaltung im Irrtum sei.[126] Der Načalnik, so der Piroter weiter, sehe in der Bevölkerung keine Bulgaren, sondern Gegner. Umgekehrt ließe er sich von ihnen regelmäßig bestechen.[127] Indikativ für die Erfahrung der Integration in die neuen Nationalstaaten seitens der lokalen Bevölkerung ist ein Vergleich, den der Autor vornimmt, mit dem die aktuelle Misere betont werden soll. Der Načalnik sei genauso wie Panta Drobnjak – der erwähnte serbische Načelnik, der in der schwierigsten Zeit zwischen 1878 und dem Beginn der 1890er wiederholt dieses Amt innehatte –, er wolle genauso aus den Menschen mit allem Mitteln Serben machen.[128]

---

122 Militärische Gebietsinspektion Morava, Allgemeiner Zustand in den Kreisen, ohne Datum, CDA F. 313, op. 2 a. e. 39, l. 8.

123 Brief von Gerfanov (unleserl. Unterschrift) Vacov aus Pirot, 17.8.1917; NBKM BIA, F. 227, a. e. 17, l. 1.

124 NBKM BIA, F. 227, a. e. 17, l. 3.

125 Ebenda, l. 2.

126 Ebenda, l. 2a.

127 Weitverbreitete Korruption bestätigt auch der Bericht der Militärischen Gebietsinspektion: „Leider müssen wir eingestehen, dass ein bedeutender Teil, wenn nicht sogar der größere Teil unserer Beamten und Offiziere in den neuen Gebieten ausschließlich von räuberischen Instinkten geleitet wird, mit dem Traum, nicht für sein Vaterland Gutes zu tun, sondern ein sorgenfreies Leben auf Kosten der lokalen Bevölkerung zu führen und sein Auskommen mit unsauberen Mitteln zu bestreiten." Es seien auch schon Maßnahmen getroffen worden und eine Reihe von Beamten entlassen worden. Militärische Gebietsinspektion Morava, Allgemeiner Zustand in den Kreisen, ohne Datum, CDA F. 313, op. 2 a. e. 39, l. 14.

128 NBKM BIA, F. 227, a. e. 17, l. 3a.

Offenkundig aber reichte der Einfluss Vacovs und der anderen Piroter in Sofia nicht mehr sehr weit. Die Befindlichkeiten der Akteure vor Ort, ebenso wie jener, die aus diesem Kontext stammten, schienen irrelevant zu sein. Als Unterzeichner für Adressen gegen die Grenzveränderungen bzw. für den Verbleib Pirots in Bulgarien angesichts der Friedenskonferenz 1919 in Paris waren sie und ihr Piroter Hintergrund dann wieder willkommen.

Als die bulgarische Armee und mit ihr die Verwaltung Pirot im Oktober 1918 verließ, folgte ihr niemand der Einwohner, wie noch 33 Jahre zuvor.

4.4 Wissenschaft und Grenzziehung: Die Pariser Friedenskonferenz 1919

Die Entscheidungen während der Pariser Friedenskonferenz handelten nicht die betroffenen Staaten Serbien und Bulgarien, sondern die Großmächte aus. Es waren machtpolitische Erwägungen, die zu den einzelnen Friedensverträgen und den damit verbundenen Grenzziehungen führten. Dennoch unterschied sich die Pariser Friedenskonferenz in einem Punkt vom Berliner Kongress 1878: In der Öffentlichkeit hatte die wissenschaftliche Begründung eine neue Bedeutung. Die Rationalität der Grenzziehung, die 1878 nur in der Arbeit der Kommissionen im Gelände ein Kriterium gewesen war, die Vorstellung von natürlichen Grenzen, die es im jeweiligen Terrain zu entdecken galt, wurde in Paris erweitert und in einen ganz anderen Rang erhoben. Hier ging es nun um die ethnografische, sprachliche und historische Richtigkeit von Grenzen. Umfangreiche Expertengruppen, wie „The Inquiry" aus den USA, begleiteten die Friedenskonferenz. Das britische Foreign Office stellte ebenso eine große Anzahl von Fachleuten zusammen, ca. 200 Personen, die zu den einzelnen anstehenden Fragen nach der Lage Expertisen abliefern sollten.[129]

Um die Vorstellungen und Argumentationen im Hinblick auf Grenzziehungen, welche die Region betrafen, zwischen dem neu entstehenden südslawischen Staat und Bulgarien besser verstehen zu können, ist es wichtig, die ihnen zugrundeliegenden Konzeptionen von Raum zu analysieren. Daher steht wiederum Cvijić im Vordergrund: erstens im Hinblick auf dessen allgemeine Vorstellungen eines neuen staatlichen Raums. Obwohl einige der Gelehrtenpolitiker aus Serbien diese nicht teilten, kamen Cvijićs Überlegungen den in den nächsten beiden Jahren der Verhandlungen in Paris entstehenden Legitimationsversuchen am nächsten. Zweitens beruhten seine Überlegungen zur geografischen Eingrenzung des zukünftigen Staatsterritoriums, wie schon zuvor entwickelt, v. a. auf einer Kategorie, die auch den Raum rückwirkend in seiner Bedeutung einschränkte: jene der Volkstypen. Cvijić arbeitete in seinem Werk *La péninsule balkanique*, das in den letzten Kriegsjahren in Paris entstand und als Entwurf eines zukünftigen südslawischen Staatsraums gelesen werden kann, weitere Abstufungen und Differenzierungen der Kategorie Volk im Verhältnis zu seinen Arbeiten aus den Jahren zuvor heraus. Das betraf auch die hier behandelte Region. Die Schopen tauchten nun wieder in wissenschaftlichen Diskursen auf. Hier verschränkten sich im Hinblick auf diese Region Konzeptionen von Grenzziehung und zugleich Gruppenkategorisierung auf eine neue Weise, die bisher geschilderten Prozesse von Zuordnung und Abgrenzung fanden in eine neue systematisierende Form bei Cvijić zusammen.

129 Trgovčević, Naučnici Srbije, 1986, S. 286.

Die Balkanhalbinsel dokumentierte eine Evolution in Cvijićs Vorstellungen, ohne sich vollständig von seinen Überlegungen aus dem Jahrzehnt vor dem Ersten Weltkrieg zu lösen. In den *Kulturni pojasi Balkanskog poluostrva* (*Die Kulturgürtel der Balkanhalbinsel*) ging es noch um die Suche nach dem ethnografischen Kerngebiet, dem Ausgangspunkt der serbischen Nation. Diese meinte Cvijić v. a. in den Herzegowinern und dem Stamm der Vasojevići zu entdecken, die „unsere prägnantesten ethnischen Eigenschaften“ tragen und sich „wegen ihrer großen Fruchtbarkeit und Expansivität“ auch weit in das derzeitige serbische Staatsgebiet verbreitet hatten. Dieses „Kerngebiet“ war Vergangenheit und Zukunft zugleich: Ausgangspunkt der Nationswerdung und in der Gegenwart außerhalb des Staatsterritoriums liegend, und daher in der Zukunft zu befreien. Zu diesem Zeitpunkt fungierte das wissenschaftliche Konstrukt der Schopen als Abgrenzung des serbischen nationalen Volksraums: „Am stärksten haben sich den ethnischen Eigenschaften nach die Schopen von unserem ethnografischen Zentrum entfernt.“[130] Die diesen Überlegungen zugrundeliegende Theorie der Kulturgürtel[131] wurde dann in der *Balkanhalbinsel* in eine südslawisch zentrierte Gliederung nach einzelnen Typen transformiert.[132]

Im „dinarischen Typus“ ging dabei der aus dem Jahrzehnt zuvor vermutete Kern der serbischen ethnischen Gruppe auf, die Herzegowiner und Montengriner. Damit wird deutlich, dass sich die *Balkanhalbinsel* der Herausforderung stellte, territorial-kulturelle Homogenität jenseits der bisher üblichen engen ethnokonfessionellen Vereinnahmung zu denken, jenseits der unmittelbaren Identifikation mit dem serbischen Ethnos. Angesichts der unterschiedlichen kulturellen Einflüsse, der Sichtbarkeit konfessioneller Differenz – nicht nur in Bosnien –, wollte sich Cvijić nicht auf eine gemeinsame Sprache, wie es seit Vuk üblich war, beschränken, sondern auch in den „anthropogeografischen und psychologischen Grundlagen“ Verbindendes herausarbeiten und damit die Einheit in der Vielfalt entdecken. Dieses Verfahren unterschied Cvijić von einem traditionellen serbischen Ethnonationalismus. In seinen Augen ging es angesichts der Heterogenität des zukünftigen südslawischen Staatsraums darum, in den einzelnen „psychologischen Typen“ verbindende Wesensbestimmungen zu entdecken. Nun ging es nicht mehr nur darum, dass die serbische Nation in den Herzegowinern ihr Gravitationsfeld hatte, sondern dass im „dinarischen Typus“, der alle bisher den Herzegowinern zugeschrieben Eigenschaften zugewiesen bekam, auch Kro-

130 Cvijić, Jovan: Kulturni Pojasi Balkanskog Poluostrva, in: ders., Sabrana Dela, Buch 4, Bd. 1, Antropogeografski Spisi, Beograd, 1991, S. 33–99, hier S. 35.

131 Vier Kulturgürtel: byzantinisch-aromunisch (oder byzantinisch-zinzarisch), patriarchal, italienisch und mitteleuropäisch. Ein türkischer sollte ebenso hinzugefügt werden. Ebenda.

132 Die Bewohner der Balkanhalbinsel unterteilt Cvijić in vier Hauptgruppen: den „dinarischen Typus“, der sich auf dem Gebiet des slowenischen Karsts, Dalmatiens, der kroatischen Krajina, Bosniens, Westserbiens und der Šumadija wiederfindet. Der „zentrale Typus“ ist nach Cvijić in Südostserbien, Kosovo, Makedonien und Westbulgarien beheimatet. Das Gebiet des „ostbalkanischen Typus“ deckt sich nahezu mit dem Territorium des bulgarischen Staates. Der „pannonische Typus“ umfasst Nordkroatien und die Vojvodina. Die einzelnen Typen werden wiederum in verschiedene Varietäten und Gruppen untergliedert, denen verschiedene Kriterien zugrunde liegen: regionale – wie bei der serbischen Varietät des „dinarischen Typus“; religiöse – wie bei den bosnischen Muslimen; kulturelle – wie im Falle des dalmatinischen Küstenstreifens. Kernländer des „dinarischen Typus“ sind für Cvijić die Region des „Stari Vlah“, ein Gebiet, das sich von Westserbien bis Zentralbosnien erstreckt, sowie die Herzegowina und Montenegro.

aten und andere ihren nationalen Wesenskern entdecken konnten. Dieser Typus war damit erstens der Gravitationspunkt des entstehenden südslawischen Staates, doch dieses Projekt der „Vereinigten Südslawischen Staaten", wie es Cvijić gegenüber einem amerikanischen Journalisten nannte, war zweitens räumlich und zeitlich offen, die territoriale Erweiterung des neuen Staatsgebiets, eine Vereinigung aller Südslawen in der Zukunft waren vorgesehen: Dies zeigten die Figuren des „zentralen" und des „ostbalkanischen Typus". Freilich war der „dinarische Typus" bei der Entdeckung des Einheitlichen im bisher Unübersichtlichen, der Umsetzung der Einheit als zentraler Protagonist gedacht.

Mit den psychologischen Typen, die Cvijić bestimmten Gebieten der *Balkanhalbinsel* zugeordnet hatte, wird die Transformation der früheren Konzeptionen sichtbar – so auch im Hinblick auf die als Schopen bezeichnete Bevölkerung. Im zehn Jahre zuvor erschienenen Buch *Kulturni Pojasi* symbolisierten die Schopen die Grenze des serbischen Ethnos, den Unterschied zum herzegowinischen Kern. In der *Balkanhalbinsel* aber waren sie nicht mehr Marker einer äußeren Grenze, sondern eine Variante, die dem „zentralen Typus" zugehörig war und damit innerhalb der südslawischen Struktur einzelner „psychischer Typen" platziert. Eine Differenz blieb zwar bestehen, doch die vormalige abgrenzende Definition abgeschwächt, indem nun zwischen beiden vermittels der „psychischen Typen" ein Zusammenhang hergestellt war.[133]

In diesem Zusammenhang wurde das Konstrukt „Schopen" mit einer „wissenschaftlichen" Bedeutung versehen, die jenseits der zuvor im regionalen Kontext gebräuchlichen Zuschreibungen lag. Sie wurden von Cvijić nun als „ethnische Varietät innerhalb des zentralen Typus" definiert, der räumlich von dem „Morava-Vardar-Typus" durch „einen Streifen muslimischer Bevölkerung getrennt" war.[134] Die Besonderheit dieser Gruppe erkläre sich daraus, dass sie sowohl von Serben als auch Bulgaren, als etwas anderes, nämlich als Schopen bezeichnet werden. Dieser Name werde jedoch von „den Schopen" abgelehnt.

Hinsichtlich des psychologischen Typus stellt Cvijić fest, dass die Schopen nicht so arbeitsam wie die übrigen Varietäten des „zentralen Typus" seien. Daher sei es verwunderlich, dass es in Pirot zum Entstehen der Kelimanfertigung kommen konnte. Bemerkenswert ist, dass Cvijić hier ganz in zeitgenössischer Manier den Unterschied zwischen Stadt und Land im spätosmanischen Kontext ignoriert. Die patriarchale Kultur der Schopen sei ärmer

---

133 Als wesentlichen Charakterzug des „zentralen Typus" stellt Cvijić dessen Knechtsbewusstsein, seinen „Raja-Geist" heraus. Diese Raja-Eigenschaften der slawischen Bevölkerung im Zentralbalkan sind ihm zufolge ein Ergebnis der „moralischen Mimikry", die unter der osmanischen Herrschaft überlebensnotwendig gewesen sei. Dabei werden zwei Merkmale herausgestellt: bedingungslose Hörigkeit und die nicht hinterfragte Vorbildfunktion der türkischen und albanischen Herrschaftselite mit dem Ergebnis, dass sich die Serben in diesen Gebiete auch in Tracht, Hausbau und allgemeiner Kultur kaum von den Albanern unterschieden. Zugleich erblickt Cvijić im „zentralbalkanischen Typ" einen ausgeprägten nüchternen Realismus, dessen oberstes Gebot die „Rabota" („Arbeit") sei, die das gesamte Leben dieser Menschen präge: „Sie sind von Rabota erfüllt, wie die Montenegriner mit dem Glauben an Obilić." Vgl. Stefanov, Wissenschaft, 2011, S. 157 f.

134 Cvijić, Jovan: Balkansko Poluostrvo, in: ders., Sabrana Dela, Buch 7, Beograd, 1991, S. 437. Eine ebensolche klare Grenze der Varietät der Schopen existierte für Cvijić im Osten. Ein breiter Streifen zwischen den Flüssen Iskar und Osma, dann südlich entlang der Scheidelinie zwischen Iskar und Marica sowie zwischen Vakarel und Ihtiman rahmte das Gebiet der so genannten ethnischen Varietät nach Dafürhalten des Anthropogeografen ein.

als die des „dinarischen Typus", das Hauswesen überaus karg, das immer gleiche Essen in einförmiger Zubereitung. Hier zeigen sich Parallelen zu den Bildern der Schopen im oben bereits analysierten Roman *Nova Zemja* von Vazov, denn, so Cvijić weiter, diese ethnische Varietät sei von physischer Stärke und großer Ausdauer. „Dafür entwickeln sie sich intellektuell sehr langsam, und diese Entwicklung dauert bis in die reiferen Jahre."[135] Die Schopen hätten wie die übrigen Varietäten des „zentralen Typus" viele Raja-Eigenschaften[136] beibehalten, wie

> Verschlossenheit und schlichte Listigkeit. Es scheint, als gebe es in dieser Varietät mehr geistig Träge als in anderen Varietäten. Oft existiert eine charakteristische Dickköpfigkeit, die nicht nachgibt und schwer bezwungen werden kann.[137]

Hinzu komme „untergründiger, gedämpfter Stolz". Davon wichen allerdings einige Gruppen ab, so jene im Piroter Visok (die also zum serbischen Staatsgebiet gehörten), und jene im Trner Umland (die 1878 mit Serbien sympathisierten), die Lustigkeit und Scherz kannten.

Im Guten, im Sinne positiver psychischer und kultureller Eigenschaften, wirkt laut Cvijić die Gravitationskraft des „dinarischen Typus" (bzw. der serbischen Kultur) auch bis weit über seinen Kern aus:

> Die bulgarische Hauptstadt liegt inmitten der schopischen Varietät. Deshalb konnte es dort zu einer Bulgarisierung der Schopen in bedeutendem Maß kommen, doch die echten Bulgaren, jene des ostbalkanischen Typus, empfinden sie dennoch als etwas anderes, von ihnen Verschiedenes. Im Gegenteil, viele Familien aus Sofia, Vraca, Berkovica und Vidin, die nach Serbien übergesiedelt sind, zählen heute zu den besten serbischen Familien. Die einzigen Schopen, die sich überhaupt im öffentlichen Leben ausgezeichnet haben, stammen aus diesen Familien.[138]

Hier wird gut sichtbar, wie bei der Konstruktion dieser Vorstellung von Schopen die Erfahrungen der Feldforschung mitspielten, in welcher, wie schon gezeigt, der Forscher Herrschaft verkörperte. Offenkundig war das Bedürfnis vieler Menschen aus dem lokalen Kontext nicht besonders groß, sich mit der Verkörperung von Herrschaft in Person des Forschers auszutauschen. Seitens des Forschers wurde dies als Mangel an Intelligenz und als

135 Ebenda, S. 438.

136 In der Konzeption der einzelnen Typen bei Cvijić ist der „Raja-Geist" („rajinski duh") Charaktermerkmal insbesondere des „zentralen Typus". In Anlehnung an die Bezeichnung „Raja" als Untertanenschaft im Osmanischen Reich bezeichnet sie hier die Verinnerlichung dieses Zustandes bei den Menschen des „zentralen Typus". Die Folge sei nicht nur die kaum ausgeprägte Neigung zum Aufstand wie beim „dinarischen Typus", sondern auch der Verlust nationalen Bewusstseins. Der Raja-Geist führe dazu, sich möglichst gut anzupassen und für die Herrschenden unsichtbar zu sein, dies resultiert nach Cvijić in einer „ethnischen Mimikry": Um nicht potentielles Ziel von Unterdrückung zu sein, wie es eben der „dinarische Typus" mit seiner sichtbaren Unbeugsamkeit herausfordere, habe sich der „zentrale Typus" durch Mimikry den Muslimen anverwandelt, die Teil der herrschenden Ordnung seien, oder aber den Bulgaren, da diese den Osmanen als träge und nicht aufrührerisch gälten.

137 Cvijić, Balkansko Poluostrvo, 1991, S. 438.

138 Ebenda.

psychische Starrheit interpretiert. Aus diesen Befunden destillierte Cvijić, genauso wie es später sein Schüler Tihomir Đorđević im Hinblick auf eine reine Nationalkultur tat, die Charakterzüge der einzelnen Varietäten. Dabei treffen Cvijićs Typisierungen der Schopen nahezu alle wesentlichen Eigenschaften, die etwa Bauern in Mitteleuropa im 19. Jahrhundert zugeschrieben wurden, nur dass sie hier in einen ethnopsychologischen Kontext gestellt werden. Dass Thomas Lindenberger solche Beschreibungen von Landbevölkerung im Entwicklungszusammenhang des Begriffs „Eigensinn" anführt, ist umso aufschlussreicher, als dass diese Beziehung zwischen dem Forscher und dem Objekt seines Interesses auch eine Herrschaftsbeziehung ist.[139] Diese tritt in diesem Fall sehr plastisch zu Tage: Der Forscher, der hier den Bauern gegenübersaß und deren Wesen zu enträtseln, ihre Eigenschaften zu erkennen und zuzuordnen suchte, war zugleich jener, der an weitreichenden Entscheidungen wenn nicht direkt beteiligt, dann doch zumindest gefragt wurde oder bei der Friedenskonferenz in Paris die Argumentationsstrategien der serbischen Regierung ausarbeitete.

Dass die Menschen aus der Region nicht auf die Zuschreibung „Schopen" reagierten, liegt nicht in erster Linie an dessen pejorativem Gehalt. Denn Bedeutung erlangte er nur aus der Perspektive des Zentrums und des Bedürfnisses nach einer strukturierten und zugleich homogenen Ordnung.

Die spezifische Bedeutung der Strukturierung des Staatsgebiets nach „psychischen Typen" und „ethnischen Varietäten" (die kartografische Visualisierung der Typen war von großer Bedeutung) für die Sinnstiftung des neuen südslawischen Staates wird im Vergleich zu Bulgarien deutlich. Obwohl sich der größte Teil jenes Gebiets, das Cvijić als jenes der schopischen Varietät bezeichnete, auf dem Territorium des bulgarischen Staates befand, entwickelte sich dort weder eine solche Wahrnehmung der „Schopen", noch gab es Ansätze eines Begriffstransfers oder ähnlich gelagerter Einteilung der bulgarischen Gebiete auf der Grundlage einer psychologischen oder kulturellen Typologie.[140] Dafür bestand auch aus der Perspektive des dort geltenden Konzepts des Ethnonationalismus keine Notwendigkeit. Vermittels der Auseinandersetzungen mit der osmanischen Herrschaft sowie im Kirchenkampf mit dem Konstantinopolitaner Patriarchat war in den Augen der Protagonisten nationaler Homogenität bereits die Einheit der Nation hergestellt: Es waren alles Bulgaren. Re-

---

139 Thomas Lindenberger führt in einer Art Genealogie der Verwendung des Begriffs „Eigensinn", eine Beschreibung „bäuerlichen Eigensinns" an: „Zu dem tückischen Wesen (der Bauern, Anm. N. St.) kann man als einen Bestandtheil, oder als eine Folge, einen gewissen Eigensinn setzen, der den Bauer, wenn er in Leidenschaft ist, oder wenn ein Vorurtheil sich einmal bey ihm eingewurzelt hat, unterscheidet. So wie sein Körper und seine Glieder steif sind, so scheint es in diesem Falle auch seine Seele zu seyn. Er ist alsdann taub gegen alle Vorstellungen, die man ihm macht. (…) Nichts bringt mehr gegen den Bauern auf, als wenn man diesen Eigensinn an ihm gewahr wird. Denn was kann der Höhere weniger ertragen, als wenn der Geringere ihn nicht hört? (…)"; zit. nach Lindenberger, Thomas: Eigen-Sinn, Herrschaft und kein Widerstand, Version: 1.0, in: Docupedia-Zeitgeschichte, 2.9.2014, URL: http://docupedia.de/zg/Eigensinn?oldid=97390, zuletzt aufgerufen: 20.4.2017.

140 Tatsächlich gab es eine gegenseitige Rezeption. Doch nur im Hinblick auf die Kritik des jeweiligen Anspruchs etwa auf Makedonien. In diesem Streit kamen unterschiedliche Konzeptionen zum Tragen, doch die Begriffe selbst und ihre Unterschiede standen nicht im Mittelpunkt der Kritik. Cvijić, Jovan: Makedonski Sloveni (1905), in: ders., Sabrana Dela, Buch 3, Bd. 1, Beograd, 1991, S. 153–58.

gionale Besonderheiten fielen ob der Absenz konfessioneller Unterschiede nicht ins Gewicht. Zudem war der Kirchenkampf und der moderne Nationalismus eine Bewegung in und aus den einzelnen Städten, in denen die Ideologie von der patriarchalen Grundlage der Nation nicht den Stellenwert wie bei Cvijić besaß und abstrakter diskutiert wurde. Allerdings teilten Wissenschaftler in Bulgarien das vitalistische Konzept der ungezähmten Kraft des Volkes. Cvijićs Widerpart in der Auseinandersetzung um die Zugehörigkeit Makedoniens verwendete ebensolche Kategorien der destruktiv-produktiven Vitalität, wenn er territoriale Ansprüche auf die thrakische Ägäisküste formulierte.

> Die griechisch-bulgarische Grenze ist am unnatürlichsten in politisch-ökonomischer Hinsicht. Sie trennt das Gebirge von den Niederungen (...) und die Gebirgsränder von ihrem natürlichen Ausgang zum Meere, hindert den Handel zwischen den Gebirglern und den Bauern des Flachlandes.[141]

Hier ist die Grenze zwischen Bulgarien und Griechenland, die erst kurze Zeit existierte, als Išírkov diese Überlegungen anstellte, explizit eine künstliche, die von der Natur – dem Volk – in naher Zukunft beseitigt würde.

> Das bulgarische Hinterland Kawallas erstreckt sich oberhalb des schmalen griechischen Küstenstreifens zwischen Struma und Mesta: in den Tälern und auf den Bergen, die sich aus der Ebene von Serres und Drama erheben, häuft sich die bulgarische Volkskraft an, und eines Tages werden sich die gespeicherten Kräfte wie ein reißender Strom in die Niederung ergießen. Das ist ein Naturgesetz und eine künstliche politische Grenze wird nicht vermögen, die Ausbreitung des bulgarischen Volkes an das Meer zu verhindern.[142]

An Typologien dagegen sollte sich ein punktuelles Interesse erst nach dem Ersten Weltkrieg entwickeln und dies als Form der Selbstvergewisserung, was nach den beiden „Katastrophen" noch von Bulgarien bliebe, welcher Art der Nationalcharakter sei, welche Qualitäten dieser beinhalte.[143]

---

141 Išírkov, Anastas: Bulgarien, Land und Leute, Bd. 1, Leipzig, 1916, S. 14.

142 Ebenda, S. 15.

143 Der Publizist und Schriftsteller Anton Strašimirov beschäftigte sich in den 1920er Jahren damit, einzelne Untergruppen der Bulgaren auf Grundlage ihres Dialekts zu definieren. Er sprach von den „Mizijci" zwischen Donau und Balkangebirge, den „Trakijci" im Süden, den „Rupci" um das Rhodopengebirge, den „Makedonci" und den „Šopi". Diese stellten „von allen bulgarischen Gruppen eine Besonderheit dar". Es waren ähnlich pejorative Zuschreibungen: „Der Schope lebt in Unordnung, sagen wir unsauber", sein Haus und Hof seien in Unordnung, er trinke viel. Dennoch stelle er seinen Besitz über alles andere. „Schweigsam und langsam erscheint der Schope wie ein Schaf, doch die Sofioter Juden kennen ihn genau: Hüte dich vor dem Schopen, sagen sie, wenn er wie ein Büffel seinen Nacken senkt und auf den Boden blickt." Wie deutlich wird, handelte es sich ähnlich wie bei Vazov um Impression, weniger wie bei Cvijić um die Ambition, solche Eindrücke in ein rationalistisches System zu fassen. Strašimirov, Anton: Našijat Narod (Reprint von Aufsätzen), Sofija, 1993, S. 68 f.

4.4.1 Grenzziehungen

Die Sinnstiftung des neuen Staates durch einen gemeinsamen ethno-psychologischen Kern, bildete den theoretischen Hintergrund, vor dem dann nach dem Ende des Ersten Weltkriegs dessen neue Grenzen diskutiert wurden, was auch die hier behandelte Region betraf.[144]

Bei der Friedenskonferenz galt es nun, diese Außengrenzen zu bestimmen, wobei es sich erwies, dass die Interessen innerhalb der südslawischen Delegation unterschiedlich gelagert waren. Die Delegierten aus Slowenien und Kroatien konzentrierten sich auf die neuen Grenzen zu Österreich und Italien, den Vertretern der serbischen Regierung lag die Grenzziehung in Südserbien zu Griechenland und Makedonien näher. Häufig belasteten diese Divergenzen hinsichtlich der Schwerpunktsetzung in den Verhandlungen mit den Alliierten die Sitzungen der südslawischen Delegation.[145] Hinzu kam eine deutliche Differenz in der Herangehensweise zwischen Militärs und Wissenschaftlern. Der Leiter der Militärmission der südslawischen Delegation, Petar Pešić, die ebenso wie die „ethnografisch-historische Sektion" (unter der Leitung Jovan Cvijićs) der politischen Delegation untergeordnet war, forderte, dass die zukünftigen Grenzen des neuen südslawischen Staates nach allen Richtungen, gegenüber allen Nachbarn erweitert werden sollten. Im Hinblick auf Bulgarien sollten die Städte Pernik, Petrič, Dragoman, Arčar und Vidin Teil des neuen Territoriums werden.[146] Der Militär argumentierte dabei auch mit Verweisen auf Geschichte und Ethnografie. Es waren aber v. a. zwei andere Momente aus seiner Sicht entscheidend: strategische und machtpolitische. Die gegenwärtige bulgarische Grenze sei viel zu nah an den wichtigsten Kommunikationslinien Serbiens von Belgrad nach Griechenland. Daher müsse die Grenze weiter nach Osten verschoben werden, damit sich „Überfälle" wie jene von 1913 und 1915 nicht wiederholten.[147] Um den defensiven Charakter hervorzuheben, gestand Pešić dem bulgarischen Staat ein großes Militärlager bei Slivnica zu, also unmittelbar an der dann verschobenen Grenze.

Der serbische Regierungschef und Leiter der Delegation, Nikola Pašić, machte sich diese Argumentation zu eigen und forderte, abgesehen von der Wiederherstellung des Status quo ante in Makedonien von 1915, auch die erwähnte territoriale Erweiterung auf das bisherige Staatsgebiet Bulgariens. Die Städte Caribrod, Bosilegrad und Strumica in Bulgarien sollten dem neuen südslawischen Staat als Minimalziel zugeschlagen werden.[148]

---

144 Der Großteil der Karten, die zu Beginn des Krieges entstanden, hielt sich noch an die bestehenden Grenzen zwischen Serbien und Bulgarien. Einzig Cvijić erarbeitete schon 1914 zwei Karten mit den möglichen Grenzen eines zukünftigen jugoslawischen Staates mit dem Titel *Die Einheit der Jugoslawen*; Trgovčević, Naučnici Srbije, 1986, S. 271. Ab 1916, nachdem Bulgarien in den Krieg eingetreten war, wurden auf Anweisung der serbischen Regierung neue Grenzen gezeichnet, deren weiteste Linie am Iskar entlang bis Sofia reichte und entlang der Struma bis zur griechischen Grenze führte. Im August 1918 wurden schließlich Wissenschaftler von einem Mitglied der serbischen Regierung aufgefordert, gemeinsam eine gültige Karte zu entwerfen, mit „besonderer Aufmerksamkeit gegenüber den Grenzen zu Griechenland und Bulgarien". Ebenda, S. 279.

145 Hrabak, Bogumil und Krizman, Bogdan (Hrsg.): Zapisnici sa sednica Delegacije Kraljevine SHS na mirovnoj konferenciji u Parizu 1919–1920, Beograd, 1960.

146 Mitović, Andrej: Jugoslavija na Konferenciji Mira 1919–1920, Beograd, 1969, S. 81 f.

147 Wie Andrej Mitrović spielte hier Pešić auf die Revanchestimmung bei den französischen Alliierten gegenüber Deutschland an. Ebenda.

148 Mitglieder der Delegation erhoben auch Forderungen, das Bergwerk Pernik von Bulgarien einzufordern.

Auch hinsichtlich der Evolution der Vorstellungen zu den Grenzen Serbiens in der untersuchten Region nimmt Cvijić wiederum eine zentrale Rolle ein, da er eines der maßgebenden Mitglieder in der wissenschaftlichen Kommission der südslawischen Delegation für diese Angelegenheiten war. Noch in seinem Aufsatz *Etnografski raspored balkanskih naroda* (*Die ethnografische Einteilung der Balkanvölker*) hatte Cvijić 1913 argumentiert, es sei nahezu unmöglich, eine Grenze zwischen beiden Völkern zu ziehen, da sie angesichts der Vielzahl an gemeinsamen Eigenschaften nahezu dasselbe Volk seien. Zwischen den beiden ethnischen Kernen finde sich ein breites Gebiet der „Übergangsbevölkerung" („prelaznog stanovništva"). Die Sprache sei über ein weites Gebiet hinweg verständlich, die Menschen hingen demselben Glauben an und daher es gebe keine Antagonismen. Doch sei zu betonen, dass sich die Serben von jenen Bulgaren östlich des Flusses Osma nach anthropologischem Typus und psychischen Eigenschaften deutlich unterschieden.[149] Das habe zugleich dazu geführt, dass diese Gebiete zwischen der serbischen und bulgarischen Elite umstritten seien. Dabei handele es sich v. a. um zwei Gebiete: jenes zwischen Timok und Iskar sowie das so genannte Makedonien.

Hier ging Cvijić auch unmittelbar auf die zeitgenössische Diskussion ein, was er später in der *Balkanhalbinsel* nicht mehr tat: Seiner Ansicht nach habe es eine Fehlwahrnehmung dieser Gebiete als eindeutig bulgarisch gegeben, nachdem diese auf der berühmten Karte Pavel Josef Šafaříks[150] 1842 als bulgarisch gekennzeichnet worden seien. Dies habe dann auch Ami Boué übernommen und von ihm der Ethnograf Lubor Niederle sowie der Historiker und Slavist Timofej Florinski, wodurch sich in der internationalen Wissenschaft ein falscher Eindruck festgesetzt habe. Hier bezog sich Cvijić – trotz des Widerspruchs zu seinen Ausführungen über das Dialektkontinuum – noch auf die Sprache als Grundlage der Grenzziehung. Die bisherige Forschung habe gezeigt, dass diese dem serbischen Standard zuzuordnen sei.[151]

Auf der Friedenskonferenz aber hatte sich seine Argumentation verändert. Erstens war Cvijić nicht sonderlich überzeugt von einer Grenzerweiterung nach Osten.[152] Zweitens schien ihm eine Begründung der Eingliederung von Caribrod und Bosilegrad, die sich auf Volkskunde und Geschichte stützten, problematisch. Ethnografische, historische und kultur-nationale Argumente seien hier sekundär. In einem Memorandum für den internen Gebrauch betonte Cvijić, dass Serbien keine guten Argumente für eine Einbeziehung des Šopluk auf der bulgarischen Seite der Grenze hätte. Hauptsächlich jedoch brachte er diese territorialen Ansprüche in Zusammenhang mit Makedonien:

> Jedem ist bekannt, dass die Makedonier auch in den Reihen unserer Verbündeten im Hinblick auf die nationale Zugehörigkeit als offene Frage betrachtet werden. Nun

149 Cvijić, Kulturni Pojasi, 1991, S. 208.

150 Šafařík, Pavel Josef: Slovanský zeměvid, Praha, 1842.

151 Argumente Belićs und Milan Rešetars sowie die Untersuchungen Rista Nikolićs zeigen eindeutig, dass diese dem Serbischen zuzuordnen seien. Cvijić, Kulturni Pojasi, 1991, S. 209.

152 In seinem Fokus standen während der Friedenskonferenz die zukünftigen Grenzen gegenüber Ungarn und Rumänien im Banat.

> nationale Rechte in der Frage des Šopluk vorzutragen, bedeutet, komplexe nationale Fragen in den umstrittenen Gebieten in Gang zu setzen.[153]

Würde die Regierung auf den Šopluk mit ethnografischen und historischen Argumenten Anspruch erheben, so bestehe die Gefahr, dadurch in Makedonien eine umgekehrte Dynamik in Gang zu setzen, die bulgarische Ansprüche befördern könnte. Die Delegationsleitung blieb zwar bei ihrem Anspruch auf die Erweiterung auf bisheriges bulgarisches Staatsterritorium, übernahm aber Cvijićs Vorschlag, insbesondere strategische Argumente in den Vordergrund zu stellen. Zudem setzten sich hier wohl die Militärs sowie Nikola Pašićs nahezu persönlich getriebenes Revanchebedürfnis durch.[154]

Die Bedeutung der Gelehrtenpolitiker sollte aber nicht unterschätzt werden. Es ist deutlich geworden, dass sich Cvijić in zentralen Punkten durchgesetzt hatte. Ebenso blieben Wissenschaftler wichtige Stichwortgeber für Legitimation und Formulierung politischer Zielvorstellungen. Vladan Jovanović hat gezeigt, wie die Wendung Cvijićs von der „amorphen Masse" im Hinblick auf die Bevölkerung Makedoniens in die parlamentarischen Debatten in den 1920er Jahren Eingang fand, wo oft von der „wankelmütigen Masse" die Rede war.[155]

Innerhalb der „historisch-ethnografischen Sektion" argumentierte Cvijić vermittels der Darstellung der Übergangszone zwischen Serbien und Bulgarien auf einer Karte, die es erschwere, eine klare Grenze zu ziehen. Allerdings galt dies erst ab Caribrod in Richtung Osten. Er setzte sich dafür ein,

> eine Übergangszone zu zeichnen, die an der heutigen Grenze beginnt, in serbischer Farbe (sic!) dargestellt wird und nach Osten hin allmählich in bulgarische Farbe (sic!) übergeht, wobei die definitive Grenzziehung von anderen Faktoren abhängen sollte (strategische, ökonomische, geografische).[156]

Vor diesem Hintergrund sprach sich die Sektion gegen einen ethnisch begründeten Vorschlag zur Grenzziehung aus, womit auch ein Anspruch auf den „gesamten Šopluk" als Grenzkorrektur gegenüber Bulgarien verworfen wurde. Ebenso entschied sich die Sektion dagegen, die zu dieser Frage vorliegenden Expertisen Aleksandar Belićs, Tihomir Đorđevićs und Božidar Markovićs zu veröffentlichen, die ebenfalls die Verpflichtung über-

153 Mitrović, Jugoslavija na Konferenciji, 1969, S. 87.

154 Trgovčević sieht daher die Einflussmöglichkeiten der Wissenschaftler als begrenzt an und stellte die ohnehin bestehenden Präferenzen von Nikola Pašić in den Vordergrund. Wissenschaftler, zumeist in der Funktion von „technischen Beratern", konnten Erklärungen abgeben und Kommissionen bilden. Trgovčević, Naučnici Srbije, 1986, S. 292. Insgesamt 30 Wissenschaftler waren in der Delegation und machten damit ein Drittel aus. Zumeist hatten sie keine politische Funktion. Von den sieben Sektionen, in denen die jugoslawische Delegation mitarbeitete, standen vier unter der Leitung von Wissenschaftlern aus Serbien: Jovan Cvijić leitete die ethnografisch-historische, Slobodan Jovanović jene für internationales Recht; ebenda, S. 298. Zugleich hatten die Wissenschaftler aus Serbien keinen direkten Zugang zu wichtigeren Kommissionen der Friedenkonferenz, wie etwa der Territorialen Kommission. Hier konnte Cvijić nur vorsprechen und Ansprüche erläutern; ebenda, S. 310.

155 Jovanović, Vladan: Vardarska Banovina 1929–1941, Beograd, 2011, S. 49.

156 Trgovčević, Naučnici Srbije, 1986, S. 300.

nommen hatten, für ihr Arbeitsgebiet eine Karte des Šopluk zu erstellen.[157] Die Sektion war der Ansicht, dass es sich bei dieser Grenzverschiebung um „eine politische Frage“ handelte, die (im Mai 1919) „mit Erfolg einzig seitens der strategischen und nationalen Garantien verteidigt werden könne“, was nicht in die Kompetenzen der Sektion falle. Obwohl „unser Volk nationales Recht auf einen Teil“ des Gebiets haben könne, gingen sie nach Einschätzung von Trgovčević davon aus, dass ethnografische und historische Argumente hier zweitrangig seien.[158] Trotz des Votums der Sektion, die sich zunächst mit einer wissenschaftlichen Einschätzung zurückhalten wollte, ließ die Delegation die Expertisen drucken.

Die Wirkungsmacht von Grenzziehungen und Abgrenzungen der Wechselbeziehung zwischen Aufklärung und Wissenschaft, Herrschaft und Gewalt ist hier anschaulich geworden. Das Spannungsverhältnis zwischen dem aufklärerischen Bedürfnis nach Erkenntnis und der Einordnung in ein abgeschlossenes System war dabei von Anfang an bestimmend: so die Neugier in den ersten Notizen bei Mita Rakić, die aber immer zugleich davon geleitet blieb, zu bestimmen, was dazugehören kann und was nicht. In der Konfrontation mit der real existierenden Landgesellschaft blieb diese aber Objekt, Projektionsfläche für Vorstellungen eines homogenen Ganzen. Ebenso sind Mita Rakić oder Ivan Vazov sowie später Jovan Cvijić immer gleichzeitig als Repräsentanten der neuen Herrschaft unterwegs. Der konkrete, vieldeutige Raum wird dabei als monochrome Fläche der politischen Karten imaginiert.

Damit bleibt eine Kluft zwischen dem Anspruch wissenschaftlicher, rationalistischer Sinnstiftung und dem konkreten lokalen Kontext. Nicht nur vom Schreibtisch aus, sondern auch in der Feldforschung sind imaginierte Ordnungen immer von einem Zentrum gedacht worden, aus dem sich in dem Verfahren der Gliederung und Einordnung notwendig Hierarchien ergeben, so etwa in Cvijićs Terminologie von Nationen zu ethnischen Varietäten.

Wie Deutungsmacht und praktische Gewalt in einen Vermittlungszusammenhang traten, konnte anhand der Vernichtung und Beschlagnahmung von Büchern seitens der bulgarischen Besatzungsmacht gezeigt werden. Die Dynamiken, die diese auslösten, unterschieden sich aber drastisch von den Intentionen jener, die sie anwendeten, wie an den Konflikten um die Zugehörigkeit Pirots zwischen bulgarischem Staat und Stadtgesellschaft während der Besatzung sichtbar wurde. Die Menschen verweigerten sich dem Druck der Einordnung in ein bulgarisches Nationalkollektiv. Der mit Wissenschaft immer mitgedachte aufklärerische Impuls wurde durch die damit verbundenen gewaltsamen Praktiken dementiert.

In diesem Prozess, der 1878 eingeleitet wurde und 1914 bis 1920 eine erste Zuspitzung erlebte, entwickelte sich gerade im Segment der Gelehrtenpolitiker ein Verständnis von „Deutungsmacht“, in dem territoriale Ordnungen und räumliche Strukturen strikt hierarchisch aus der Perspektive des Zentrums gedacht wurden, was bis in die Gegenwart für das Verhältnis Wissenschaft und Region prägend geblieben ist.

---

157 Ebenda, S. 314. Am 24.1.1919 war in der Sektion beschlossen worden, Expertenteams für die einzelnen Regionen zu bilden, die auch ethnografische Karten zu diesen erstellen sollten.

158 Ebenda, S. 300. Im Mai 1918 erklärt Cvijić gegenüber Douglas Johnson von der Gruppe „The Inquiry“ die angestrebten Grenzen. Dazu führt er im Hinblick auf die bulgarische Grenze die Notwendigkeit ihrer Veränderung aus strategischen Gründen an. Dabei wird allerdings der südliche Teil mit Strumica in den Mittelpunkt gerückt, von weiteren Städten ist noch keine Rede. Ebenda, S. 276.

5 Grenzen Verschieben. Loyalitäten Fixieren. 1920–1956

In diesem Kapitel steht die Beschreibung der Grenzveränderungen im Mittelpunkt, der innergesellschaftlichen Krisen insbesondere im neuen Jugoslawien, die sich an den Konflikten um die Grenze manifestierten. Mit einigen Unterbrechungen handelt es sich dabei um eine Phase, die von 1920 bis 1956 andauerte. Zugleich ist diese Zeit, v. a. gegen Ende der 1950er Jahre, von der Transformation der Formen von Loyalitäten geprägt, die sich zunehmend stärker auf das einzelne Individuum und dessen Zu- und Einordnung fokussierten.

Gleichzeitig intensivierte sich die Präsenz des Staates in diesem Grenzraum, die Umgebung und die bisherige Funktion der Grenze veränderten sich. Das Spannungsverhältnis zwischen der bisherigen Aneignung des Grenzraumes durch die Landgesellschaft – v. a. im Hinblick auf den Besitz von Land zu beiden Seiten der Grenze – und dessen Kontrolle durch den Staat modifizierte sich immer weiter zugunsten des Letzteren.

Voraussetzung waren die Entscheidungen der Pariser Friedenskonferenz. Die serbische bzw. „jugoslawische" oder südslawische Delegation hatte deutlich mehr zu sagen als noch die serbischen Minister, die 1878 nur Zaungäste in Berlin waren. Deshalb wird hier im Anschluss an die Analyse der Begrifflichkeiten im vorhergehenden Kapitel, mit denen gesellschaftliche Räume definiert und territoriale Prätentionen wissenschaftlich legitimiert wurden, die politische Argumentation der serbischen Delegation thematisiert, mit der sie Anspruch auf Caribrod und Umgebung erhob.

Unabhängig von der Diskussion darum, welche Begründung aus wissenschaftlicher Sicht angemessen sei, gab es, wie schon angesprochen, auch unter den Politikern und Regierungsmitgliedern unterschiedliche Bewertungen. So wies der einflussreiche dalmatinische Vertreter der südslawischen Delegation, Josip Smodlaka, den General Petar Pešić darauf hin, dass dessen Entwurf viele Gebiete einschließe, die nicht eindeutig serbisch besiedelt seien. Dies würde den Prinzipien der Friedenskonferenz ebenso widersprechen, wie es umgekehrt dann Italien mit seinen Ansprüchen auf Dalmatien ins Recht setze. Bei einer weiteren Sitzung betonte Smodlaka: „So wie wir uns gegenüber den Bulgaren verhalten, wird Italien mit uns verfahren. Wir würden damit für Italien den Anlass bieten, strategisch zu argumentieren." Abgesehen davon, schade die Grenzverschiebung einer notwendigen Verbesserung der Beziehungen zu Bulgarien. „Die Bevölkerung der Gebiete, die wir wollen, will nicht mit uns, ebenso wie die Einwohner von Pirot vorher nicht mit den Bulgaren wollten."[1]

Während einer weiteren Sitzung betonte Pašić gegenüber den Kritikern, dass keine Forderungen nach territorialer Vergrößerung an Bulgarien gestellt würden, sondern nur nach einer „Korrektur der Grenze". Pašić hob zu diesem Zeitpunkt noch hervor, es ginge nicht darum, die Bulgaren zu bestrafen, sondern um den Schutz der strategisch wichtigen Ver-

---

1 Hrabak/Krizman, Zapisnici, 1960. Sitzung vom 18.1.1919, S. 27, 33.

kehrslinien, wodurch ein neuerlicher Angriff Bulgariens unwahrscheinlich würde.[2] Im Vorfeld der Konferenz war noch die Forderung erhoben worden, in diesem Teil die Grenze bis vor Dragoman zu verschieben. Anfang April 1919 übergab die Territorialkommission der südslawischen Delegation dem Hohen Rat der Konferenz den Vorschlag für die Grenzziehung. Am 16. April wurde die südslawische Delegation über den Grenzverlauf informiert, der nicht den Maximalforderungen entsprach.[3] In einem Gespräch mit Woodrow Wilson reformulierte Pašić seine bisherigen Ansichten und betonte – gleichsam in Anlehnung an die Diskurse zur Kriegsschuld des Deutschen Reiches, wie sie in Frankreich geführt wurden – die Schuld des gesamten bulgarischen Volkes für den Krieg. Die Verantwortung sollte nicht nur auf eine Regierung oder ausschließlich auf den Herrscher, auf eine Person übertragen werden. „Insbesondere im Hinblick auf Bulgarien sollte die Verantwortung Ferdinands nicht die des bulgarischen Volkes verdecken."[4] Gegenüber Wilson äußerte Pašić, dass Bulgarien wegen seiner Hinterhältigkeit, nun besiegt, die Todesstrafe verdient habe,

> aber wir, die wir nicht von Rachegefühlen geleitet sind, haben nur eine Korrektur der Grenze verlangt, wir sind nicht einmal bis an die ethnischen Grenzen unseres Volkes gegangen, die tief in das bulgarische Staatsgebiet hineinreichen. Denn wenn sich die zukünftigen Generationen reuevoll zeigen, ist der Weg zur Versöhnung offen.[5]

Im Verlauf des Sommers entschied sich die Delegation, die Diskussion um die Grenze zu Bulgarien zurückzustellen, da davon ausgegangen wurde, dass es angesichts der übrigen offenen Punkte im Hinblick auf die Grenzen zu Italien, Österreich und Ungarn kein günstiger Moment sei, gegenüber der Entente auf der Durchsetzung der Maximalziele zu bestehen.[6] Im September 1919 kam allerdings erneut Bewegung in die Angelegenheit, als die bulgarische Regierung gegenüber der Entente verstärkt auf den Grenzen von 1913 beharrte, was in der Folge Unruhe bei der südslawischen Delegation auslöste. Eine Note am 13.9.1919 wurde an den Hohen Rat geschickt, die besagte, dass „die Linie, die schon bestimmt ist, beibehalten wird".[7] Die bulgarische Regierung empfing dann von der Leitung der Friedenskonferenz am 19.9.1919 die Bedingungen für einen Frieden, eine Frist von 25 Tagen wurde für eine Antwort festgesetzt.

Der Widerstand der bulgarischen Regierung, den die Bedingungen auslösten, insbesondere aber gegen die Verschiebung der Grenze in der Region, veranlasste die Vertreter der Entente, bei der serbischen Delegation dafür zu werben, auf Caribrod zu verzichten. Nicht nur der Leiter der amerikanischen Delegation teilte dem Leiter der südslawischen Delegation mit, dass „sich die bulgarische Regierung energisch gegen eine Übergabe von Caribrod weigert, da die Grenze in empfindliche Nähe von Sofia rücke".[8] Auch seitens Frankreichs

---

2 Ebenda, Sitzung vom 23.1.1919, S. 29.
3 Mitrović, Jugoslavija na Konferenciji Mira, Beograd, 1969, S. 132.
4 Hrabak/Krizman, Zapisnici, 1960, S. 48.
5 Hrabak/Krizman, Zapisnici, 1960, Sitzung vom 17.4.1919, S. 113.
6 Mitrović, Jugoslavija na Konferenciji, 1969, S. 132.
7 Ebenda, S. 133.
8 Ebenda.

wurde versucht, im Vorfeld der Unterzeichnung des Vertrags von Neuilly noch einmal die südslawische Delegation von Caribrod abzubringen. „Die bulgarische Seite würde von allen Punkten diesen am allerschwersten hinnehmen".

Als Teil der besiegten Mittelmächte wurde die bulgarische Regierung relativ spät Mitte Juni 1919 zur Friedenskonferenz nach Paris vorgeladen.[9] Diese Delegation bestand aus Politikern, von denen es hieß, dass sie während des Krieges der Entente zugeneigt gewesen waren, und die erst nach der Abdankung von Zar Ferdinand die Regierungsverantwortung übernommen hatten.

Die brennenden Fragen aus der Sicht der bulgarischen Delegation betrafen den Umfang der Reparationen sowie insbesondere die Zurückweisung der Beschuldigungen für Verbrechen während der Besatzungszeit in Serbien, Makedonien und Griechenland. Ein umfangreiches zweibändiges Weißbuch (*La vérité sur les accusations contre la Bulgarie*) sollte dazu dienen, die Anschuldigungen zu widerlegen.[10] Hinsichtlich der Verhandlungen um die zukünftigen Grenzen konzentrierte sich die bulgarische Delegation zunächst v. a. auf den Erhalt Thrakiens. Kolev zufolge kam es erst im September 1919, nachdem vertrauliche Informationen die Delegation erreichten, dass Serbien bzw. der neue SHS-Staat sogar Gebiete im Westen des bulgarischen Staatsterritoriums einfordere, zu einer Umorientierung und Fokussierung der öffentlichen und diplomatischen Aktivitäten auf die Gebiete um Caribrod.[11] Die tiefgreifenden politischen Umbrüche in Bulgarien wirkten sich vergleichsweise schwach auf die Zusammensetzung und Arbeit der Delegation aus. Die Ergebnisse der Wahlen vom August 1919 führten zu einer grundlegenden Veränderung der politischen Machtkonstellationen in Bulgarien. Die Siege des Bauernbundes sowie der Kommunistischen Partei und der Regierungsübernahme durch den Führer des Bauernbundes Aleksandăr Stambolijski veränderten erst kurz vor Abschluss und Unterzeichnung des Vertrages von Neuilly die Zusammensetzung der Delegation. Ministerpräsident Teodor Teodorov, der bei den Wahlen seinen Wahlkreis Caribrod nicht behaupten konnte, übergab die Delegationsleitung an Stambolijski, der dann den im bulgarischen nationalen Narrativ als Katastrophe geltenden Vertrag von Neuilly unterzeichnete.[12]

Wie wenig den bulgarischen Gelehrtenpolitikern die Machtkonstellationen in Paris sowie die Konsequenzen der erfolglosen Besatzungsherrschaft bewusst waren, zeigt ein Brief an Woodrow Wilson, den Čilingirov und Spas Vacov sowie Stojan Romanski unterzeichneten und in dem sie den Verbleib von Pirot in Bulgarien forderten. Auch kritisierten Čilingirov und Vacov am 19.3.1919 Teodor Teodorov, den sie für das Memoir für die Friedenskonferenz kritisieren, da darin keine Ansprüche auf das „Moravsko" erhoben wurden.[13] In dem „Apell-Plebiszit an den amerikanischen Präsidenten für die Beibehaltung Pirots" fanden sich die Namen vieler Caribroder Kaufleute. Offenkundig lag zu diesem Zeitpunkt in Caribrod der Gedanke noch vollkommen fern, dass sie sich weniger um die Beibehaltung

9 Kolev, Valery: The Bulgarian Delegation at the Paris Peace Conference, 1919–1920, in: Jahrbuch für Europäische Geschichte, 13 (2012), S. 43–53, hier S. 45.

10 Ebenda, S. 47.

11 Ebenda.

12 Ebenda.

13 Brief von Intellektuellen an den Präsidenten des Ministerrates Teodor Teodorov, 19.3.1919; zit. nach ZP, Dok. Nr. 66, S. 130.

Pirots als um den Verbleib ihrer Stadt in Bulgarien sorgen sollten.[14] Solche Sorglosigkeit zeigte sich ebenso in einem Protestbrief vom 25.4.1919 wegen des Verlustes von Pirot an Teodor Teodorov, „von Pirotern“ aus Caribrod, mit 329 Unterschriften.[15]

Ende September, als sich abzeichnete, dass die territorialen Erweiterungen zugunsten Serbiens bzw. des neuen südslawischen Staates durchaus Realität werden konnten, kam es zu Protestversammlungen in Caribrod, Bosilegrad und Trn, bei denen an die Regierung und die internationale Öffentlichkeit appelliert wurde, alles zu tun, damit die Region nicht unter serbische Herrschaft gelange.[16] Zwei Tage zuvor hatte bereits eine große Protestversammlung von Bewohnern aus der Region in Sofia stattgefunden.[17]

Im Mittelpunkt der Proteste gegen die Verschiebung der Grenze stand hauptsächlich, dass bei der Forderung der serbischen Regierung nach territorialer Erweiterung ausschließlich strategische Gründe vorgebracht würden. Diese stünden im scharfen Widerspruch zu den Prinzipien, denen sich die Pariser Friedenskonferenz verpflichtet habe, der Selbstbestimmung der Völker. Dem bulgarischen Volk sei schon mit der Grenzziehung von 1878 Ungerechtigkeit zugefügt worden, da die Tatsache, dass diese Gebiete bulgarisch besiedelt seien, keine Berücksichtigung gefunden habe. Abgesehen davon treffe es nicht zu, dass es sich um eine strategische Grenzziehung handele, die rein defensive Funktion habe. Indem Serbien die Verschiebung der Grenze weiter nach Osten verlange, würde umgekehrt die bulgarische Hauptstadt zu einem leichten Ziel einer serbischen Offensive.[18] Solche und ähnliche Kritik wurde bei den Protestversammlungen in den Städten der betroffenen Mikroregionen geäußert.[19]

Die neugewählte Regierung von Aleksandăr Stambolijski betonte in den letzten Wochen vor der Unterzeichnung, dass Serbien keinen wirtschaftlichen Nutzen von den beanspruchten Gebieten haben werde. Ebenso sei es für Bulgarien: Strategisch, wirtschaftlich und politisch seien diese Gebiete nicht von großer Bedeutung. „Deren Abtrennung hat aber ungeheure moralische Qualität, weil es den Charakter einer umfassenden Rache und Bestrafung annimmt.“[20]

---

14 „Appell-Plebiszit der Bulgaren aus Pirot an den Präsidenten der USA“, von Spas Vacov, Krsto Krstev, Nikola Manov und anderen unterzeichnet. Ausführliche Beschreibung des Hintergrundes der letzten vier Jahrzehnte. Unterzeichnet haben aus Caribrod nahezu alle wichtigen Kaufleute: Jordan Caribrodski, Elenko Belčev, Velko Videnov, Todor Šipov, Georgi Brajkovski, Giga Tončev, Todor Brzakov, Dimitri Bonev, Todor Božilov, Stefan Belčev, Petr Simov, Sima Krstev, Stojan Džadžov, Georgi Minev (Buchhändler), Vaca Bazovski (ehemaliger Bediensteter in der Stadt), Georgi Aleksiev (ehemaliger Lehrer), Kiro Gajdarov (Priester). Appell-Plebiszit der Bulgaren von Pirot an den Präsidenten der USA W. Wilson für die Einbeziehung von Pirot und Umgebung in das bulgarische Staatsgebiet, CDA, F. 108 k, op. 2 a. e.1641, l. 1-27, frz. i. O., gedruckt; zit. nach AG, Nr. 65, S. 129.

15 Brief der Einwohner von Caribrod an Teodor Teodorov, 25.4.1919; zit. nach ZP, Dok. Nr. 68, S. 133.

16 In Caribrod am 28.9.1919; Protest ot Caribrodžani, in: Caribrod, Trn, Bosilegrad, hrsg. von Graždanskite Komiteti na trite Grada, Sofija, 1919, S. 27.

17 Mančev/Gudeva, Zapadnite Pokrajnini, 1990, S. 5. Erklärung der Piroter in Sofia gegen die Entscheidung der Pariser Friedenskonferenz: Au nom de émigres pirotains résidant á Sofia fondateur de ville nouvelle de Tzaribrode et des émigrés pirotains résidant dans le autres villes de Bulgarie. NBKM-BIA, Fond Nr. 27, a. e. 31, l. 2.

18 Gr. Vasilev, Novi Robi, in: Graždanskite Komiteti, Caribrod, Trn, Bosilegrad, 1919, S. 20.

19 Adresse an den Vorsitzenden der Friedenskonferenz, George Clemenceau; ebenda, S. 6.

20 Mančev/Gudeva, Zapadnite Pokrajnini, 1990, S. 8.

Durch die besondere Lage Caribrods einerseits an der Grenze, andererseits an der zentralen Kommunikationslinie des Landes, der Eisenbahnverbindung nach Mitteleuropa, kam es zu der eigentümlichen Situation, dass die Stadt für die nach Paris reisenden bulgarischen Politiker die erste bzw. letzte Station in Bulgarien war, und sich regelmäßig bei dem obligatorischen Halt des Zuges große Menschenmengen am Bahnhof zusammenfanden.[21] Dadurch sahen sich die bulgarischen Politiker gezwungen, ausgerechnet in jener Stadt ihre ersten bzw. letzten Stellungnahmen abzugeben, um die es in Paris bei den Verhandlungen um die neuen Grenzen ging. So konnten deren Einwohner gleichsam Informationen aus erster Hand erfahren.

Schon bei der Reise im März 1919 empfing Teodor Teodorov als Ministerpräsident am Bahnhof den Kmet, sprach aus dem Zugfenster zu den versammelten Menschen und beschwichtigte sie, dass noch nichts entschieden sei.[22] Auch noch am 10.10.1919 auf seiner Reise nach Paris wurde Ministerpräsident Teodorov von einer Menschenmenge am Bahnhof erwartet, für die er wiederum beruhigende Worte fand. Offensichtlich wurde ihm das später nicht als böswillige Irreführung ausgelegt. Während Teodorov seinen Wahlbezirk Caribrod bei den Parlamentswahlen im August 1919 nicht behaupten konnte, erhielt seine Partei nach der Unterschrift unter den Vertrag von Neuilly, bei den Wahlen der Gemeinderäte in Caribrod im Dezember 1919 die meisten Stimmen.[23]

Auch die Nachfolgeregierung des Bauernbundes unter Aleksandăr Stambolijski ging offensichtlich davon aus, die Entente im Hinblick auf Caribrod noch überzeugen zu können, dass die Stadt weiterhin Teil des bulgarischen Staatsterritoriums bleiben würde. So zumindest verkündete es Stambolijski ihren Einwohnern. Sogar im Falle einer Übergabe ging er davon aus, dass in Serbien die Einsicht wachsen würde, dass es eine falsche Entscheidung gewesen sei, und die serbische Regierung schließlich von dieser Forderung zurücktreten würde.[24] Auf seinem Weg nach Paris am 12.11.1919 zur Unterzeichnung des Vertrags von Neuilly wurde er beim Halt seines Zuges am Bahnhof von Caribrod von der versammelten Menschenmenge gefragt, ob es noch Hoffnung gäbe, die Übergabe an Serbien rückgängig zu machen. Nach dem zitierten Zeitungsbericht antwortete Stambolijski, dass es nicht demnächst geschehen würde, vielleicht nach einer Frist von drei Jahren.[25]

Stambolijski war nicht entgangen, dass die südslawische Delegation, die nun offensichtlich von ihren Maximalforderungen abgerückt war, auf dieser Grenzverschiebung beharrte, mit der auch die Entente sich im September noch einverstanden gezeigt hatte. Letztlich versuchten die Vertreter der Entente nicht mehr, die Delegation umzustimmen, und im Vertrag von Neuilly, der am 27.11.1919 unterzeichnet wurde, blieb es dabei, dass Caribrod nun Teil des neuen südslawischen Staates werden sollte.

---

21 Nur bei der ersten Reise nach Paris nahm die Delegation einen großen Umweg über Rumänien in Kauf; Kolev, Bulgarian Delegation, 2012, S. 47.

22 Appell-Plebiszit der Bulgaren von Pirot an den Präsidenten der USA zur Angliederung von Pirot und Umgebung an Bulgarien; zit. nach ZP, Dok. Nr. 65, S. 129.

23 Mančev/Gudeva, Zapadnite Pokrajnini, 1990, S. 7.

24 Ebenda, S. 8.

25 Ebenda.

Mit dem Vertrag von Neuilly kamen für den neuen Staat in dieser Region 2.566 km^2 und etwa 92.000 Einwohner hinzu.[26] Doch bevor dieses Gebiet vom Königreich SHS in Besitz genommen werden konnte, sollte die Grenzziehung durchgeführt werden. Erst danach war die Übergabe an die SHS-Autoritäten vorgesehen. Der Vertrag von Neuilly trat demgemäß nach dem Ende der Grenzziehung im Jahr 1922 in Kraft.[27] Der Beginn der Arbeit der Grenzziehungskommission bedeutete ebenso die Aufnahme diplomatischer Beziehungen mit Bulgarien.[28] Die Grenzziehungskommission bestand aus fünf Mitgliedern der Ententestaaten, sowie jeweils einem Vertreter des Königreichs SHS und Bulgariens. Die Kommission trat zum ersten Mal in Paris im August 1920 zusammen. Ende Oktober desselben Jahres begann die Kommission mit der kartografischen Delimitation des SHS-bulgarischen Teilstückes. Doch erst im April 1921 begann die Arbeit im Gelände, von der Donau bis zum Fluss Belasica, die den Sommer hindurch andauerte. Dieser Teil der Grenze des neuen SHS-Staates zu Bulgarien wurde in vier Abschnitte unterteilt. In jedem übernahm je einer der Vertreter der „nicht-interessierten Staaten" die Leitung.[29] Wie im dritten Kapitel schon einmal erwähnt, wurde diese Grenze im Unterschied zu 1878 durch Betonpyramiden, deren topografische Position detailliert beschrieben wurde, dauerhaft sichtbar gemacht. Es wurden 575 Pyramiden auf einer Länge von 536 km errichtet.

Im Gegensatz zu den bulgarischen Politikern und SHS-Vertretern in der Delegation sah das englische Mitglied der Grenzziehungskommission, Colonel Frank L. Giles, in der neuen Grenze „a well-defined ridge 6000 feet high with steeply sloping wooded sides and forms an excellent geographical frontier".[30] Insgesamt blieb der britische Colonel angesichts der Arbeit der Grenzziehungskommission auch im Hinblick auf die Teilung von Dörfern gelassen:

> Owing to the montainous nature of the country no confusion of interpretation ever arose, nor did the division of villages present any difficulty, as the average Balkan village consists of scattered huts spread over as much as 20 square miles of country.[31]

Der Grenzziehungsspezialist genoss die ästhetische Seite seiner Arbeit sichtlich. Es schien ein Vergnügen, eine „schöne", eine „excellent geographical frontier" zu ziehen. Die wenigen Hütten, die von ihren Höfen getrennt wurden, fielen angesichts dessen nicht so sehr ins Gewicht. Schwierigkeiten gab es eingestandenermaßen mit dem durchschnittenen Besitz der Dorfbewohner. Ein *laissez-passer*-Verfahren, das die Kommission noch während der Grenzziehung vorschlug, wurde von den beiden „interessierten Seiten" abgelehnt.[32]

Im Gegensatz zum gelassenen Kennerblick des britischen Offiziers mit der Erfahrung von Grenzziehungen in den britischen Kolonialgebieten, zeigten die „interessierten Seiten"

26 Pavlica, Branko: Razgraničenje Jugoslavije s Bugarskom, in: Tokovi Istorije, 1-2, 2002, S. 7–23, hier S. 17.
27 Ebenda, S. 20.
28 Mančev/Gudeva, Zapadnite Pokrajnini, 1990, S. 11.
29 Giles, Boundary Work, 1930, S. 303.
30 Ebenda, S. 302.
31 Ebenda, S. 300.
32 Ebenda.

von Beginn an äußerstes gegenseitiges Misstrauen. Auf der bulgarischen Seite kursierten Gerüchte von Vorbereitungen bewaffneten Widerstands der lokalen Bevölkerung. Diese schienen mehr der hauptstädtischen Tagespresse zu entstammen, als der Stimmung vor Ort zu entsprechen, wie weiter unten gezeigt wird. Am 27.10.1919 schrieb der Außenminister Mihail Madžarov an das Kriegsministerium, die Bevölkerung solle angesichts der Gerüchte um bewaffneten Widerstand gegen eine serbische Besatzung eindringlich dazu aufgefordert werden, sich jeder Gewalt zu enthalten, die nur negative Konsequenzen für Bulgarien haben könne.[33]

Die Regierung des Königreichs SHS wiederum leitete Anfang 1920 eine Beschwerde an die Konferenz, die bulgarische Regierung würde die Bevölkerung zur Umsiedlung zwingen, und verlangte, die im Vertrag gewonnenen Gebiete sofort besetzen zu können. Im April und Mai 1920 wurde diese Forderung wiederholt.[34] Solche Gerüchte waren schon ein halbes Jahr zuvor im Umlauf. Sogar eine Woche vor der Unterzeichnung des Friedensvertrags, am 20.11.1919, machte sich eine Gruppe französischer Militärs (die ohnehin seit Ende des Ersten Weltkriegs in der Region stationiert waren) auf den Weg, um herauszufinden, ob es zu zwangsweisen Umsiedlungen kam. Dabei wurden sie von bulgarischen Militärs begleitet. Die befragten Bauern bekundeten dann vor den französischen und bulgarischen Offizieren, dass sie ihre Höfe verlassen würden, weil sie nicht in Serbien leben wollten. Der französische Offizier versuchte, die Einflussnahme der bulgarischen Offiziere zu mindern, und schriftliche Antworten auf die Frage zu bekommen, ob die Landbevölkerung zum Verlassen ihrer Dörfer gezwungen würde. Er verteilte Zettel mit dieser Frage, auf denen die Befragten schriftlich mit ja oder nein antworten sollten. Die Ergebnisse dieser Umfrage teilte er dem bulgarischen Offizier nicht mit.[35]

Zwei Momente hatten sich damit seit der Grenzziehung vier Jahrzehnte zuvor deutlich verändert:

Erstens war der Zugriff des Staates auf die lokale Bevölkerung ungleich schwächer vermittelt, wie der erwähnte Druck der bulgarischen Behörden in den ersten Monaten nach der Vertragsunterzeichnung auf die Landbevölkerung, ihre Siedlungen demonstrativ zu verlassen, zeigt.[36] 1878 hatten die serbischen Behörden große Schwierigkeiten ihre „neue Errungenschaft", die Grenzlinie, vor „Verletzungen zu schützen". Es waren in den ersten Jahren nur wenige Grenzbeamte und kaum reguläre Wachen auf einem großen Gebiet in weiten Abständen voneinander postiert. Die neuen serbischen Behörden hatten im ersten Jahr nach der Einnahme große Mühe, überhaupt Einfluss auf die Piroter Stadtgesellschaft zu gewinnen. Auf der anderen Seite der Grenze waren staatliche Institutionen gar erst im Aufbau begriffen gewesen. Protagonisten des Nationalstaates in dem nun bulgarischen Teil der Region waren junge Studenten, die zugleich kaum Bezug zur und keine Autorität in der

33 Vertraulicher Brief des Außenministers Mihail Madžarov an das Verteidigungsministerium, Sofija, 27.10.1919; zit. nach ZP, Dok. Nr. 77, S. 143.

34 Rapport des „Rotmistr" Botjov an den Kommandanten der Leibgarde, Sofija, 20.11.1919; zit. nach ZP, Dok. Nr. 82, S. 146.

35 Ebenda, S. 147.

36 Die Politik, die Bevölkerung zum Verlassen der an Serbien fallenden Dörfer anzuhalten, wurde rasch aufgegeben, die Menschen wurden vor dem Hintergrund der neuen Bedeutung nationaler Minderheiten im Zusammenhang mit der Gründung des Völkerbundes zum Bleiben bewegt.

Landgesellschaft hatten. Die russischen Militäreinheiten auf dem zukünftigen bulgarischen Staatsgebiet verhielten sich wahlweise ausgesprochen gleichgültig oder aber grob gegenüber dem Eigensinn der Landgesellschaft. Dadurch eröffneten sich verhältnismäßig große temporäre Spielräume für die Dorfbevölkerung, wie das über drei Jahre dauernde Verschwinden und Wiederauftauchen der Grenzlinie gezeigt hat. Die Wechselbeziehungen zwischen den eigensinnigen „Grenzbewegungen" der lokalen Gesellschaft und dem Aufbau einer Grenzinfrastruktur in den folgenden vier Jahrzehnten zeigte, dass Letztere nur sehr langsam ihrer Funktion als Barriere gerecht werden konnte.

Zweitens wurden die Grenzen der Grenzregime und damit der Einwirkung der staatlichen Zentren auf die lokale Gesellschaft auch vier Jahrzehnte später in neuen Formen sichtbar. Angesichts der erneut drohenden, nur weiter nach Osten verschobenen Teilung der Dörfer und des Landes zeigte sich lokaler Eigensinn unter veränderten Konstellationen. Nun nicht mehr als beharrliche Praktik der Grenzverschiebung, der die Behörden auf beiden Seiten mit wenig Wissen über das Gelände ratlos gegenüberstanden.

Entgegen den Warnungen vor einem Aufstand gegen die Verschiebung der Grenze offenbarte die Landbevölkerung nämlich eine erstaunlich pragmatische Einstellung den bevorstehenden Veränderungen gegenüber. Vor dem Hintergrund der Entwicklungen vier Jahrzehnte zuvor wurde ein Erwartungshorizont sichtbar, in dem Eigensinn in veränderter Form hervortrat. In einem Rapport des Vorstehers des Grenzsektors Radomir wurden die Reaktionen der Landbevölkerung auf die drohende Teilung der Dörfer und ihres Besitzes festgehalten: „Seid ihr Serben? Wann wird die Kommission hier vorbeikommen? Seid ihr die Kommission, die die Grenze festlegt, auf welcher Seite werden wir bleiben?"[37] Die Dorfbewohner zeigten sich zudem gut informiert: „Wenn es so ist, wie in den serbischen Zeitungen geschrieben wird, werden wir in Bulgarien bleiben, was gut ist." Die Mehrheit argumentierte gegenüber den bulgarischen Behörden eher pragmatisch: „Wenn Vrabča geteilt werden sollte, dann sollten wir vollständig zu Serbien gehören, da auf der anderen Seite der zukünftigen Grenze unser Wasser ist".[38] Ebenso gebe es viele Familien, die in Serbien Verwandte hätten und sich daher nicht sorgten bzw. sich nicht davor fürchteten, künftig zu Serbien zu gehören. Nur in der Bosilegrader Gegend sei es zu Fluchtbewegungen gekommen. Anderswo sei hauptsächlich zu hören:

> Sollten die Soldaten Widerstand gegen die serbische Okkupation leisten, werden wir die bulgarischen Soldaten schlagen. Wir werden es nicht zulassen, dass sie (die Serben, Anm. N. St.) denken, dass wir es sind, die sich wehren, damit sie (die Serben, Anm. N. St.) uns dann schlagen und alles in Brand setzen.

Offenbar befürchteten die Bewohner des Dorfes keine Nachteile wegen ihres Selbstbewusstseins, das sich klar von einem staatlich gewünschten folgsamen Patriotismus absetzte, was unter anderem in der Forderung nach transparenter Information an beide Staaten resultierte: „Setzt euch bei den Verantwortlichen dafür ein und befiehlt, dass die Grenze so ver-

37 Rapport des Vorstehers des Grenzsektors Radomir über die Grenzziehung, Radomir, 4.6.1920; zit. nach ZP, Dok. Nr. 85, S. 156.

38 Ebenda, S. 157.

läuft, dass sie uns nicht den Besitz teilt, von dem wir uns ernähren, so wie wir es in den Karten der serbischen und bulgarischen Zeitungen sehen.“[39]

Nicht nur die Akteure vor Ort, auch der Staat hatte konkrete Interessen jenseits der abstrakten Ziele der Bewahrung oder Vergrößerung des Staatsterritoriums: Hier waren es Verkehrslinien und Infrastruktur der geplanten Grenze. Gradina, direkt an der zukünftigen Grenzlinie gelegen, war eines der Dörfer, das strittig blieb. Gegenüber der Grenzziehungskommission argumentierte der bulgarische Vertreter, dass in Gradina die einzige Möglichkeit bestehe, einen Grenzbahnhof einzurichten. Dragoman komme dafür aufgrund seiner gebirgigen Lage nicht in Betracht. Ebenso sei es aus bulgarischer Sicht unmöglich, den Bahnhof Caribrod mit zu nutzen. Der Grenzübergang Caribrod betreffe den „gesamten Export und Import von Europa nach Bulgarien, in die Türkei, Griechenland und Kleinasien, sowie den Transit und ist demnach eine Zollbarriere ersten Ranges“, er sollte daher ein Grenzbahnhof sein, der auf Staatsterritorium lag.[40]

Es wurde um beinahe jede Malá gestritten, so wie bei dem schon erwähnten Dorf Vrabča. Hier bestand die bulgarische Seite auf einer Teilung des Dorfes, im Gegensatz zu den erwähnten Forderungen der Einwohner, dass es entweder der einen oder der anderen Seite vollständig zugeschlagen werden sollte. Durch Vrabča verlief ein Teil der Chaussee von Mithat Paša, die seit vier Jahrzehnten nun die Trner Region entlang der Grenze mit den wichtigen Bahnhöfen in Caribrod und Dragoman verband. Würde das Dorf Serbien zuerkannt, so argumentierten die bulgarischen Vertreter, wäre diese Kommunikationslinie durchtrennt und die Menschen aus der Umgebung, die weiterhin in Bulgarien verbliebe, hätten zum nächstgelegenen Bahnhof einen Weg von vier Tagen statt bisher zwei. Wenn schon nicht das gesamte Dorf zu Bulgarien gehören könnte, dann wenigstens jener Teil, durch den die für Westbulgarien wichtige Verkehrslinie führte. Nach einiger Zeit gelangte man zu der Einigung, dass das Dorf geteilt werden sollte.[41]

Doch die Auseinandersetzungen um einen „sinnvollen“ Verlauf der neuen Grenze fanden jäh ein vorläufiges Ende. Am 6.11.1920 übernahmen serbische Einheiten überraschend Caribrod und Umgebung sowie das übrige vereinbarte Gebiet bis auf drei strittige Dörfer, die nur zeitweise besetzt wurden.[42] Dies geschah weit vor dem vereinbarten Zeitpunkt. Zwar waren bereits zwei Jahre nach dem Kriegsende vergangen und nahezu ein ganzes Jahr nach dem Friedensvertrag, doch eigentlich war von der Kommission der Friedenskonferenz vorgesehen gewesen, dass der Einmarsch sukzessive erfolgen sollte, nachdem der jeweilige Teil der Grenzziehung abgeschlossen wäre.[43]

---

39 Ebenda.

40 Rapport des Kommandanten der 5. Donau-Division an den Stabskommandanten der bulgarischen Armee über die Arbeit der Grenzziehungskommission, Sofija, 11.12.1920; zit. nach ZP, Dok. Nr. 97, S. 180.

41 Ebenda, S. 181.

42 Bericht des Inspektors der Grenzwache Mustakov, 11.11.1920; zit. nach ZP, Dok. Nr. 91, S. 161.

43 Die vorzeitige Einnahme wird angesichts der vorgebrachten Gründe (diese werden nicht erwähnt) gebilligt; Rapport des Kommandanten der 5. Donau-Division an den Stabskommandanten der bulgarischen Armee über die Arbeit der Grenzziehungskommission, Sofija, 11.12.1920; zit. nach ZP, Dok. Nr. 97, S. 180.

Trotz des Vertrags von Neuilly hatte sich bis dahin die Regierung des Bauernbundes intensiv bemüht, das Königreich SHS zu überzeugen, die Grenzverschiebung zu überdenken.[44] Offensichtlich schienen diese Bemühungen das Gegenteil bei der SHS-Regierung auszulösen: Diese drängte nämlich seit dem Frühjahr 1920 auf die Vorziehung der Besetzung.

Für Krsto Mančev kam die vorzeitige Besetzung nicht überraschend, vielmehr stellt er die Frage, warum der südslawische Staat so lange gewartet hatte. Mančev weist darauf hin, dass die Hinauszögerung der Besetzung mit den noch andauernden Konflikten mit Italien und der noch offenen Klärung des Grenzverlaufs gegenüber Ungarn zu tun hatte. Allerdings war im Vertrag von Neuilly keine Besetzung vor dem Ende der Grenzziehung vorgesehen. Gleichwohl bleibt die Frage von Mančev berechtigt, denn die Regierung in Belgrad hätte sich auch früher schon zu einem Vertragsbruch entschließen können, was ohnehin keine nachteiligen Konsequenzen mit sich gebracht hätte.[45] Im Zuge der Verhandlungen mit Italien, die in der Unterzeichnung des Vertrags von Rapallo am 12.11.1920 resultierten, habe sich das Königreich für die vorzeitige Besetzung als ausreichend abgesichert gesehen.[46] Für den Hintergrund dieser Entscheidung ist hier ein weiterer Aspekt von Bedeutung: Noch am 4.11.1920 hatte sich die Grenzkommission für die Beibehaltung der gegenwärtigen Grenzlinie ausgesprochen. Dies schien ein entscheidender Impuls für den Beschluss der SHS-Regierung zu sein, am 6.11.1920 die Besetzung von Caribrod und Bosilegrad vorzuziehen.[47] Es erfolgte zwar ein Demarche der Botschafter der Entente in Belgrad gegen diesen Schritt, doch die Belgrader Regierung ließ verlauten, weder die Friedenskonferenz noch die Grenzkommission und schon gar nicht die bulgarische Regierung seien in dieser Frage zuständig. Der Befehl der königlichen Regierung entspreche ganz dem Vertrag von Neuilly.[48]

Einer der wichtigsten serbischen Tageszeitungen, der *Politika*, zufolge, marschierten die serbischen Einheiten ein, während die Einwohner noch schliefen. Danach, bei der Übergabe der Stadt durch die bulgarischen Verwaltungsleiter, hätten sich die Bewohner in ihren Feiertagskleidern eingefunden, und die neue Herrschaft „warm empfangen“.[49]

Nach den Erinnerungen eines Caribroders, Stefan Hristov, eines Kommunisten, von dem im Folgenden noch ausführlicher die Rede sein wird, demonstrierten dagegen die Einwohner ihren Protest, indem sie der Übergabe der Stadt durch den bisherigen Načalnik Asen Atanasov und seine Mitarbeiter an die serbischen Behörden fern blieben.[50] In den Tagen danach, erinnerte sich Hristov, zeigten sich die Einwohner gegenüber der neuen Herrschaft distanziert. Die bulgarischen Lehrer agitieren für eine vollständige Verweigerungshaltung, während die Kommunisten in der Stadt zwar Protest guthießen, jedoch die notwendige Kooperation mit dem jugoslawischen arbeitenden Volk befürworteten, um die neue nationale und bisherige soziale Knechtschaft überwinden zu können.[51]

---

44 Mančev/Gudeva, Zapadnite Pokrajnini, 1990, S. 10.
45 Ebenda, S. 11.
46 Ebenda.
47 Ebenda, S. 12.
48 Politika, Okupacija novih oblasti, 9.11.1920, S. 4.
49 Politika, 7.11.1920, S. 1.
50 Hristov, Pătišta izvărveni, 1979, S. 50.
51 Ebenda, S. 51.

Indessen zelebrierte die *Politika* die symbolische Inbesitznahme der neu hinzugekommenen Gebiete. Im Leitartikel tags darauf wurde unter der Überschrift „Caribrod und Bosilegrad" v. a. festgehalten, dass nun „die jugoslawische Fahne nahe Sofia weht", jedoch weder freundschaftlich noch feindlich. Nach den Kriegen der Vergangenheit, wobei bis in die Zeit „des Simeun" im Frühmittelalter ausgeholt wurde, gäbe es keinen Grund zur Erniedrigung des Gegners, da dies dem serbischen Nationalcharakter widerspreche. Zugleich verbiete sich nach dem letzten Krieg Freundschaftlichkeit. In dem Leitartikel wird die Perspektive des Zentrums sichtbar, in der Grenzen nicht ein für alle Mal fixiert sind, sondern in Bewegung gesehen werden. Das Primat des Impulses für diese Bewegung jedoch eignet allein dem serbischen nationalen Zentrum zu. Es habe sich in dem Sieg bei Dobro Polje (der militärischen Wende an der Balkanfront im Jahr zuvor) ein „grundlegendes und unbestechliches Gesetz" gezeigt: „Die Vereinigung des Volkes erfolgt vom Zentrum in die Peripherie und nicht umgekehrt". Daher seien – Bulgarien als Peripherie begreifend – alle Expansionsversuche Bulgariens notwendig gescheitert. Umgekehrt haben sich stetig die Grenzen Serbiens in Richtung der Peripherie erweitert. „In der Folge dieses historischen und unbestechlichen Gesetzes kommen nun Caribrod und Bosiljgrad hinzu." Um die Berechtigung auf diese Gebiete zu untermauern, wurde im abschließenden Satz auf die offensichtlich im Alltagswissen verbreitete mangelnde Wertschätzung dieser Region seitens Bulgarien angespielt (vgl. Kapitel 4 zu den Schopen, die in Kapitel 3 beschriebene Piroter Erfahrung solcher Geringschätzung seitens des Zentrums in den 1880er Jahren wurde hier natürlich ausgeklammert):

> Und als Sinnbild dieses historischen Prozesses begrüßen wir heute die jugoslawische Fahne auf unserer neuen Grenze gegenüber Bulgarien. Sie weht heute über dem Šopluk, jenem Šopluk, den der bulgarische Nationaldichter Vazov in seinen Schriften verspottet, und gegen den der gesamte bulgarische Beamtenapparat gekämpft hat, da er ihn für national verdächtig gehalten hat. Sie weht heute frei und rein, nahe dem bulgarischen Dichter Kiril Hristov, der während des Krieges so prahlerisch als „Tatar-Bugarin" unterschrieben hat, damit den neuen, aber friedlichen zukünftigen Kampf andeutend, neue, aber glänzende Siege über die „Tatar-Bugarština".

Die „jugoslawische Fahne" erscheint hier als Symbol der folgerichtigen und zukünftigen Expansion, des neuen Staates als Träger einer neuen Ordnung, deren Sinn in ständiger Erweiterung liegt. Trotz dieser affirmativen Vereinnahmung des Šopluk enthielt der Leitartikel kein Willkommen, sondern wie schon 1878 die königlichen Erklärungen gegenüber den Pirotern eher Mahnung zur Dankbarkeit als Peripherie und Verpflichtung zur Absage an die „Tatar-Bugarština".[52]

52 Politika, 7.11.1920, S. 1.

5.1 Jugoslawisch-Bulgarische Beziehungsgeschichten: Politik und Diplomatie

An dieser Stelle sollen zunächst grob die politischen Beziehungen der beiden Staaten umrissen werden und wie sich diese auf die Region auswirkten, sowie die in der bulgarischen Geschichtswissenschaft und Publizistik dominanten Narrative skizziert werden. Anschließend wird in einzelnen Themenkomplexen wie Integration und Migration die Perspektive der lokalen Akteure in den Mittelpunkt gestellt.

Kolonnen von Flüchtlingen, Empörung und Aufbegehren. Zwei Jahrzehnte währende Unterdrückung. Auch hier, wie in allen nationalen Narrativen, werden die Konturen von politischen Prozessen, die einzelnen Etappen in der Eskalation von Konflikten unscharf, die dann doch wieder nur ein Detail einer unüberblickbaren Leidensgeschichte darstellen. Dabei haben für den Diskurs des Nationalen in Bulgarien der Vertrag von Neuilly und der Verlust der „Westlichen Gebiete" eine besondere Bedeutung. Unabhängig von dem mangelnden ökonomischen etc. Stellenwert der abgegebenen Caribrod und Bosilegrad liegt deren Wert darin, dass sich darin aus der Perspektive des nationalen Narrativs die vermeintlich evidente Ungerechtigkeit des Systems der Nachkriegsordnung von Paris manifestiert: Ein integraler Teil des Staatsgebiet, keine okkupierte Region, wurde dem Land einfach weggenommen. Wie Versailles und Trianon ermöglichte es Neuilly, die Frage nach den Konsequenzen expansionistischer nationalistischer Mobilisierung und damit die Frage politischer Verantwortung hintanzustellen, und transformierte die eben noch siegreiche Nation, die Territorien souveräner Staaten besetzte, in eine passive Opfergemeinschaft, der evidente Ungerechtigkeit widerfährt. Mit dem Verlust des vergleichsweise kleinen Gebietes wurde zugleich alle Fragwürdigkeit der Bestrebungen in Makedonien kompensiert. Bei allen politischen Schwenks blieb die Vorstellung von der widerrechtlichen Besatzung der „Westlichen Gebiete" durch Serbien bzw. Jugoslawien eine Konstante in der bulgarischen Außen- und Innenpolitik. Zudem war die Rückgewinnung dieser – im Unterschied zu Makedonien – zuvor zum Staatsterritorium gehörenden Gebiete (ähnlich wie bei der Süddobrudscha) Ziel aller folgenden bulgarischen Regierungen.

Auf der Ebene der Beziehungen zwischen den beiden Staaten lassen sich drei Phasen ausmachen: Die erste von 1920–1923 mit der Regierung des Bauernbundes unter der Führung Aleksandăr Stambolijskis, der sich als Gegner des bulgarischen Waffengangs im Ersten Weltkrieg – wofür er eine Gefängnisstrafe hatte abbüßen müssen – nun ganz entschieden für eine Aussöhnung mit den Nachbarstaaten, insbesondere aber mit dem SHS-Staat einsetzte. Dabei stieß er allerdings auf enorme Distanz und ihm wurde seitens der SHS-Regierung Doppelzüngigkeit vorgehalten, da die Regierung des Bauernbundes gleichzeitig Einfälle von Četa-Banden nach Makedonien nicht aufhalten konnte. In Belgrad dominierte in politischen Kreisen eine eigentümliche Mischung aus Gleichgültigkeit, Geringschätzung sowie Revanchestimmung gegenüber Bulgarien. Dennoch war es, wie noch zu zeigen sein wird, von großer Bedeutung für die Region, dass die Stambolijski-Regierung alles versuchte, um die Beziehungen zu dem Nachbarland zu verbessern.

Aleksandăr Stambolijski rief dazu auf, „das bittere Glas zu leeren", in der Hoffnung, dass sich auf der Grundlage von eingehaltenen Verträgen beide Staaten die Hand zur Annährung reichen würden, „denn aus uns spricht die Vernunft".[53] Gleichwohl nahm die Regierung die Besetzung Caribrods und Bosilegrads, wie bereits erläutert, nicht einfach hin. Die von der Belgrader Regierung geschaffenen Fakten lösten heftige Empörung im Parlament in Sofia aus. Auch der Bauernbund kritisierte Belgrad für die überhastete und nicht vereinbarte Besetzung. Zu diesem Anlass wurde ein nationaler Trauertag ausgerufen.[54]

In dieser Zeit begannen sich auch die Emigranten aus Caribrod und den anderen Gebieten im bisherigen Westen des Landes zu institutionalisieren. Eine Kommission zur Unterstützung der Flüchtlinge, „Nišava", wurde am 28.11.1920 gegründet und sollte die gegenseitige Hilfe organisieren.[55]

Waren in der ersten Phase solche Vereine v. a. auf die Organisation von Selbsthilfe aus, wurden sie in der zweiten Phase der Beziehungen zu Protagonisten der Zuspitzung. Diese zweite Phase wurde mit dem brutalen Mord an Stambolijski seitens der VMRO aus Rache für die Unterzeichnung des Vertrags von Niš eingeleitet.[56] Mit dem Tod von Stambolijski sowie dem Sturz seiner Regierung und der Verfolgung seiner Sympathisanten verschlechterten sich die Beziehungen zwischen beiden Staaten drastisch. Gab es bis dahin wenigstens seitens der bulgarischen Regierung Versuche einer Annäherung, so entwickelten sie sich nun zu einer Konfrontation. Die Regierung des so genannten „Naroden sgovor" („Volksbund"), in dem sich viele Politiker wiederfanden, die während des Ersten Weltkriegs an der Macht waren, verfolgte offen die Revision der Grenzen von Neuilly und nahm dafür die Konfrontation mit dem Staat der Serben, Kroaten und Slowenen hin. Diese Phase zwischen 1923 und 1934 bedeutete für die Region eine bis dahin nicht gekannte Erfahrung von Gewalt im gesellschaftlichen Alltag.

Eine erste Folge der politischen Veränderungen nach 1923 in Bulgarien war die offizielle Unterstützung und weitergehende Institutionalisierung der Flüchtlingsorganisationen. Es existierten drei Organisationen von in Sofia lebenden Flüchtlingen: jeweils für die Städte Caribrod, Trn und Bosilegrad. Danach entstanden solche Gruppen auch in anderen Städten und Dörfern.[57] Am 8.11. wurden jedes Jahr große Trauerfeiern abgehalten („Tag der Westlichen Gebiete"). 1923 wurde die Zeitung der Flüchtlingsorganisationen „Zapadno

53 Petrov, Metodi: Nacionalno-osvoboditelnoto dviženie v Zapadnite pokrajnini, 1919–1934, Sofija, 1995, S. 28.

54 Ebenda, S. 33.

55 Ebenda, S. 57.

56 Konferenz in Niš 1.3.1923. Bis 1972 wurde dazu in Bulgarien nicht geforscht, es gab keine Kenntnis der Vertragsdokumente. Kumanov, Milen: Niška spogodba ot 1923, in: Vekove, 5, 1972, S. 34–42, hier S. 35 f. Wichtigstes Thema der Konferenz war die Sicherheit an der Grenze. Ende 1920 wurden diplomatische Beziehungen aufgenommen. Ebenda, S. 38. An der Konferenz nahmen v. a. Mitglieder beider Generalstäbe teil, die für Grenzfragen zuständig waren. Ebenda, S. 40. Es herrschte keine gute Atmosphäre, viele gegenseitige Beschuldigungen wurden gemacht. Eine der wenigen Vereinbarungen war die Vereinfachung der Arbeit der Doppelbesitzer auf beiden Seiten der Grenze bis zur definitiven Auflösung solcher Besitzverhältnisse. Ebenda, S. 41. Zudem wurde die Vereinbarung getroffen, die Gespräche Ende März in Sofia fortzusetzen. Eine Weile später bat Stambolijski um Verschiebung in die zweite Jahreshälfte. Ebenda, S. 42.

57 Petrov, Nacionalno-osvoboditelnoto dviženie, S. 87.

Eho" gegründet. Diese führte eine der empfundenen Dramatik entsprechende Terminologie ein. Im öffentlichen Sprachgebrauch war nicht mehr wie bisher von Emigranten die Rede, sondern von Flüchtlingen.[58] Ebenso zeigte sich nun die Gegenwart des Staates, der neuen Regierung darin, dass die Flüchtlingsorganisationen zentralisiert wurden. Ein „Vremenen vrhoven komitet za bežancite od zapadnite porobeni pokrajnini" („Provisorisches Komitee der Flüchtlinge aus den westlichen versklavten Gebieten") wurde gegründet, das die Flüchtlinge repräsentieren sollte.[59]

Insgesamt war diese Phase von 1923 bis 1934 von wachsendem Misstrauen und intensivierten Konflikten geprägt. In beiden Staaten existierte zudem eine „Emigration", die an der Instabilität auf der jeweils anderen Seite der Grenze interessiert war. Im Königreich SHS waren es die Emigranten des Bauernbundes BZNS und der bulgarischen KP, die einen Sturz der neuen offen nationalistischen Regierung verfolgten, in Bulgarien die „Ivanmihajlovisten", eine Strömung der VMRO, die mittels Gewalt die Belgrader Regierung in Makedonien zu schwächen versuchte.[60]

Während 1925 von ersten Četa-Aktivitäten außerhalb Makedoniens berichtet wurde, spitzte sich 1926 die Lage nun auch in der Region entscheidend zu. Am 1.1.1926 wurde Bulgarien offiziell von den Ententestaaten Rumänien, dem Königreich SHS und Griechenland informiert, dass zehn Četas in ihre Gebiete eingefallen waren. Fünf davon hatten die Grenze in Richtung des Königreichs SHS überquert.[61] Auch in der Umgebung von Caribrod führten Četas bewaffnete Aktionen durch. Sprachrohr dieser Četas aus den so genannten „Westlichen Gebieten" war die Zeitung *Vrtop*, benannt nach einem Berg in der Umgebung von Bosilegrad, die im März 1926 zu erscheinen begann. Ziel der „Komíte" war es, „bulgarisches Bewusstsein bei den Menschen zu bewahren". In den Beiträgen der Zeitung wurde eine eigentümliche patriarchale Ideologie entwickelt, die uneingestanden der Tatsache Rechnung trug, dass die Bevölkerung in Caribrod und Umgebung keineswegs mit Aufstandsvorbereitungen befasst war. In den Projektionen der „Befreiung" war der entscheidende, gewaltvolle Part den Männern zugedacht, der Frau in den „besetzten Gebieten" kam dagegen ausschließlich die Rolle als Mutter zu: „Nur noch die Mutter ist es, die mit gewaltloser Anstrengung den bulgarischen Geist im Kind erhalten kann." Doch deren schlechte soziale Lage schränke auch diese Möglichkeit ein. Zugleich gebe es viele Leichtgläubige, die den Serben vertrauten, dass diese eines Tages die Gebiete zurückgeben würden. Auch ihnen wurde der Kampf angesagt:

> Den Leichtgläubigen werden wir den Krieg erklären und sie zwingen, wie wir zu denken. Danach werden wir uns den noch nicht erwachsenen Brüdern und Schwestern zuwenden – wir werden sie bulgarisch schreiben und lesen lehren, so werden wir die Serbisierung aufhalten.[62]

Erste Aktionen bestanden aus demonstrativen Einfällen und Schusswechseln. Schon zuvor hatte es gelegentlich Bombenexplosionen unmittelbar an der Grenze gegeben, die auf

58 Ebenda, S. 64.
59 Ebenda, S. 65.
60 Mančev, Jugoslavija i meždunarodnite otnošenija, 1989, S. 22.
61 Kosev, Dimitar: Andrej Ljapčev, 1926–1931, Sofija, 1995, S. 49.
62 Petrov, Nacionalno-osvoboditelnoto dviženie, S. 112.

einen patriotischen Grenzoffizier zurückgingen, der dieserart seinen Unmut über die neue Grenzlinie demonstrierte. Als Gegenreaktion auf die vermehrten Einfälle von kleinen bewaffneten Gruppen aus Bulgarien erfolgte wachsender Druck auf die Landbevölkerung, die seitens der serbischen Behörden verdächtigt wurde, die Četas zu decken.[63] Zusätzlich kam es zunehmend zu Anschlägen auf die Bahnlinie. Zu Beginn fanden diese Aktionen noch unter Anleitung der VMRO statt.[64] Doch entwickelte sich mit der Zeit in Bulgarien eine innen- und auch außenpolitische Notwendigkeit, die Authentizität einer bewaffneten Bewegung in der Region zu dokumentieren. Aus diesem Grund wurde der Vrtop in der bulgarischen Öffentlichkeit mit offizieller Billigung als illegaler Arm der legalen Bewegung der „Westlichen Gebiete" sichtbar.[65] Die „Aktionen" dehnten sich immer weiter aus. Zwischen 1927 und 1928 wurde deswegen immer wieder seitens der Belgrader Regierung die Schließung der Grenze für längere Zeit angeordnet.[66]

Als sich erste Schritte der Annäherung beider Regierungen zwischen Februar und September 1929 anbahnten, insbesondere mit der Konferenz von Pirot, welche die Probleme der „Dvuvlastnici" und strittige Grenzverläufe lösen sollte,[67] intensivierten sich die Anschläge. Im Oktober 1929 kam es zu einem Bombenanschlag auf den „Konventional", die lokale Bahnverbindung, der eine Schließung der Grenze zur Folge hatte.[68] Im Dezember 1929 wurde ein Anschlag auf den Orient-Express kurz vor Caribrod verübt.[69] Am 3.3.1930 kam es zu einem Attentat in Pirot, nachdem sich abzeichnete, dass beide Regierungen die Verhandlungen fortsetzen wollten.[70] Der Radius der Anschläge weitete sich aus: Am

63 In dieser Zeit kam es zu zahlreichen Verhaftungen in Zabrđe und Visok im Mai. Den Beschuldigten wurde die Mitgliedschaft in Vrtop zur Last gelegt. Ebenda, S. 113. Die *Zapadno Eho* berichtete unausgesetzt über Unterdrückung: Weil sie bulgarische Bücher und Presse gelesen hätten, seien Nikola Hristov aus Senokos zu 15 Jahren, Delča Cenkov aus Mazgoš, Vaca Džunov aus Brebevnica und Mihail Gančev aus Senokos zu 12 Jahren sowie Trendafil Georgijev aus Prtopopinci zu 10 Jahren Gefängnis verurteilt worden. Ebenda, S. 100.

64 Ebenda, S. 76, 113.

65 In diese Zeit fiel die Gründung der „Befreiungsbewegung" VZRO VRTOP („Vatrešna Zapadnopokrainska Revolucjiona Organizacija Vrtop" – „Innere Revolutionäre Organisation der Westlichen Gebiete Vrtop"). Ihr Führer Ivan Gjošev kam aus Caribrod, war dort Mathematiklehrer und Direktor des Caribroder Gymnasiums 1922. Ebenda, S. 105.

66 Mičeva, Zdravka: Bălgaro-Jugoslavski Sporazumenija (1929–1933), in: Studia Balcanica, 6, 1972, S. 165–85, hier S. 167.

67 25.2.1929 findet in Pirot die Konferenz der gemischten bulgarisch-jugoslawischen Kommission. Die zweite Konferenz in Pirot (Kosev, Andrej Ljapčev, 1995, S. 103) beschließt Regeln für die einer neuen Grenzordnung. Diese sollten zunächst für die Dauer von drei Monaten gelten und dann angepasst oder verlängert werden. Dennoch kam es zu Spannungen, diesmal durch Četas von jugoslawischer Seite; Mičeva, Bălgaro-Jugoslavski Sporazumenija, 1972, S. 180.

68 Ebenda.

69 Eine Bombe explodierte unter dem Zug. Es gab keine Verletzte. Petrov, Nacionalno-osvoboditelnoto dviženie, S. 171. 1930

70 Eine Bombe explodierte im Hotel National, zwei weitere auf den Straßen. Es gab drei Tote und 30 Verletzte. Ebenda, S. 173. In derselben Zeit kam es zu den ersten größeren Prozessen gegen vermeintliche und wirkliche Anhänger des Vrtop: Am 13.5.1930 etwa der Prozess in Pirot gegen mutmaßliche Attentäter auf Züge im Oktober und Dezember 1929. Die Bauern Dimitar Stavrev aus Željuša, Ivan Pejčev aus Donja Nevlja, Ivan Kolev und Kamen Cvetin aus Gojin Dol wurden angeklagt. Vrtop behauptete in seiner Zeitung, diese Leute hätten mit der Organisation nichts zu tun.

12.6.1930 gab es vier Explosionen in Niš und Umgebung.[71] Am 17.3.1931 wurde in Belgrad ein Bombenanschlag auf die jugoslawische Nachrichtenagentur *Avala* verübt.[72] Der Vrtop stand offen zu den Anschlägen – auf Terror werde mit Terror geantwortet.[73] Es wurde eine klare Absage an die weitere Beteiligung Bulgariens am europäischen Kongress der Minderheiten gefordert, der bis dato die Zustimmung der legalen Flüchtlingsorganisation gehabt hatte. Der Kongress der Minderheiten sei keine „freie Tribüne", im Gegenteil werde damit „revisionistischen" Bestrebungen entgegengearbeitet, im dem Sinne, dass die Existenz einer bulgarischen Minderheit bestritten würde. Daher sei „jede Beteiligung an der Konferenz falsch".[74]

Die bulgarische Regierung war in dieser Zeit an der Stärkung der Beziehungen zu Italien interessiert, dessen Verhältnis zu Jugoslawien spannungsgeladen war, und nahm daher die Zuspitzung der Beziehungen zu Jugoslawien hin, um nicht gegen die von Italien protegierte VMRO und damit auch den Vrtop vorzugehen.[75] Offiziell erklärten die Behörden, Hinweisen auf die Attentäter nachzugehen, doch die Ermittlungen verliefen im Sande.[76] Gleichzeitig hielt die bulgarische Regierung an den Verhandlungen über die Verbesserung der Lage an der Grenze fest.[77] Doch die bewaffneten Zusammenstöße dauerten bis 1932 an.[78] Die Gewaltspirale hatte sich weitergedreht: Nun wurden die Attacken als Vergeltung für die Todestrafen verstanden, die in Belgrad gegen festgenommene Mitglieder des Vrtop verhängt wurden. V. a. aber wurden die Anschläge verübt, um weiterhin alle Versuche einer Zusammenarbeit beider Regierungen zu verhindern.[79] Erst nachdem die bulgarische

71 Asen Nikolov aus Preseka wurde vom Autor als Attentäter genannt. Ebenda, S. 175. Die Bomben-Attentate wurden international zunächst durchweg der IMRO zugeschrieben. So auch in der jugoslawischen Presse, etwa in der *Politika* vom 14.6.1930, die einen kurzen Bericht in dieser Richtung enthielt.

72 Ebenda, S. 177.

73 Ebenda, S. 147.

74 Ebenda, S. 149.

75 Mančev, Bălgarija i nejnite săsedi, 1978, S. 158.

76 So deckten die bulgarischen Behörden auch Nacko Ilijev, nach dem die jugoslawische Polizei intensiv suchte. Die bulgarischen Behörden erklärten gegenüber den jugoslawischen Stellen, allen Hinweisen nachzugehen, jedoch vermeldeten sie nach einiger Zeit, wie in allen Fällen, dass sich die „Spuren verlieren". Der Weg Nacko Ilijevs in den Vrtop war insgesamt typisch: Aus dem Dorf Radejna bei Caribrod kam er als sehr junger Mann nach Sofia und verdingte sich zeitweise als Hilfsarbeiter in einer Großbäckerei. Landsleute, die im Vrtop und dem Flüchtlingverband aktiv waren, konnten ihn schließlich für ihre Sache gewinnen. Schließlich waren ihre Aktivitäten nicht illegal (sie wurden praktisch nicht von der Polizei verfolgt) und wurden in großen Teilen der Öffentlichkeit – ähnlich wie bei der IMRO – sogar begrüßt. Ilijev kam bei einer Schießerei mit der jugoslawischen Gendarmerie im Herbst 1931 ums Leben. Petrov, Nacionalno-osvoboditelnoto dviženie, S. 183.

77 Am 14.2.1930 kam es in Sofia zwischen Jugoslawien und Bulgarien zu einer Einigung auf einen neuen „Pravilnik za poddăržane na dobrija red i sigurnost na granicata" („Regelwerk zur Einhaltung der guten Ordnung und Sicherheit an der Grenze"), mit dem die Doppelbesitze aufgelöst werden sollten. Mičeva, Bălgaro-Jugoslavski Sporazumenija, 1972, S. 181. Daraufhin wurden fünf Unterkommissionen (für Timok, Caribrod, Trn, Kriva Palanka und Belasica) vor Ort gebildet, die sich aus Richtern beiderseits der Grenze zusammensetzten; Jovanović, Vardarska banovina, 2011, S. 75. Diese sollten die Modalitäten des Verkaufs oder Tausches von Landeigentum regeln. Ebenda, S. 76.

78 Mitte September 1932 kam es zu Schießereien mit Vrtop-Anhängern an der Vlaška Planina. Petrov, Nacionalno-osvoboditelnoto dviženie, S. 185.

79 Im Oktober 1931 wurden Kostadin Velkov und Asen Nikolov wegen der Attentate in Belgrad zum Tode

Regierung dann sichtbar Druck auf die VMRO ausübte, wurde am 15.6.1933 seitens der jugoslawischen Regierung die Grenze nach längerer Zeit wieder geöffnet.[80]

Mit dem Treffen des bulgarischen Zaren Boris und des jugoslawischen Aleksandar in Belgrad und Evksinograd bei Varna im Oktober 1933 begann eine dritte Phase der Beziehungen unter den Auspizien der Stärkung autoritärer Herrschaftsformen in beiden Staaten. König Aleksandar hatte am 6.1.1929 die Auflösung des Parlaments bekanntgegeben, was den Beginn der Königsdiktatur markierte. Zar Boris folgte zwei Jahre später mit der Durchsetzung seines persönlichen Regimes. Indessen verbesserten sich die zwischenstaatlichen Beziehungen. In Belgrad wurde eine jugoslawisch-bulgarische Liga gegründet, in Sofia eine jugoslawisch-bulgarische Gesellschaft.[81] Trotz der Annäherung wurde seitens der bulgarischen Regierung die revisionistische Politik nicht aufgegeben.[82] Es sollte jedoch zugleich kein Anlass dafür geschaffen werden, dass die Nachbarländer gegen Bulgarien neue Bündnisse miteinander schlossen.[83] Jugoslawien war aus pragmatischen Gründen ebenso an einer Verbesserung der Beziehungen interessiert, da die bulgarische Regierung zunehmend die Aktivitäten der Ivan-Mihajlov-Gruppierung in Makedonien unterband.[84]

Das intensivierte Bemühen um die Verbesserung der Beziehungen wirkte sich ebenso auf die illegale Organisation Vrtop aus. Dabei zeigte sich, dass die Behörden durchaus Einfluss nehmen und die Organisation gar kontrollieren konnten. Das neue Regime, das am 19.5.1934 die Macht übernahm und primär aus Militärs bestand, die zudem der VMRO und seinem Ableger Vrtop feindselig gegenüberstanden, war der Anfang vom Ende für den Vrtop.[85] Es kam zu einem Führungswechsel im „Vrhoven komitet", die bisherigen Führer Anton Gogov und Evtim Stefanov traten ihren Erklärungen nach aus Protest gegen die neue Politik des Regimes zurück.[86] Es kam zur Spaltung der Organisation in zwei Strömungen: Die kleinere setzte sich für die Fortsetzung des Terrors ein, während die größere Gruppe die Veränderung der Grenzen durch eine Balkanföderation propagierte.[87]

Bei dem Besuch des Königs Aleksandar 1934 in Sofia kam es indessen zu neuen Vereinbarungen: Zwei neue Grenzübergänge, einer nördlich und zwei südlich von Dragoman, sollten eröffnet, die Passformalitäten vereinfacht werden.[88] Doch kurz darauf wurde Aleksandar Karađorđević von Ustaša und der Ivan-Mihajlov-Gruppe am 9.10.1934 in Marseille ermordet. Der Mord an dem jugoslawischen König hatte nicht die Wirkung, die die Attentäter erwartet hatten. Unmittelbar danach, noch im Oktober 1934, wurden zwar von

---

verurteilt. Ebenda, S. 184. Am 30.5.1932 kam es erneut zu einem Attentat auf einen Zug der Linie Niš-Belgrad, diesmal ohne größere Schäden. Der Attentäter Rajko Rangelov wurde schnell festgenommen und am 28.2.1933 in Belgrad gehenkt. Ebenda, S. 185.

80 Mančev, Bălgarija i nejnite săsedi, 1978, S. 77.

81 Ebenda, S. 78.

82 Angeblich bat Zar Boris in Evksinogradum die Berichtigung der Grenzlinie südlich von Pirot. Ebenda, S. 80.

83 Ebenda, S. 98.

84 Ebenda, S. 68.

85 Petrov, Nacionalno-osvoboditelnoto dviženie, S. 192.

86 Ebenda, S. 162.

87 Ebenda, S. 167. Vrtop schrumpfte zunehmend, nur noch 15 Personen nahmen bei der Jahresversammlung teil. Ebenda, S. 18.

88 Mančev, Bălgarija i nejnite săsedi, 1978, S. 137.

jugoslawischer Seite die Beziehungen eingefroren und in der Presse herrschte eine antibulgarische Stimmung vor. Doch Milan Stojadinović, der neue „starke Mann" in Belgrad, wollte möglichst in naher Zukunft „schnelle Schritte" der Wiederannäherung an Bulgarien erzielen. Übergangspunkte, „die seit langem geschlossen waren", wurden in der zweiten Jahreshälfte 1935 wieder geöffnet, auch bulgarische Zeitungen wurden in Jugoslawien wieder verkauft.[89] Es kam zu einem Treffen der nationalen Sokol-Verbände in Sofia mit 6.000 Teilnehmern. Ein Kulturaustausch wurde beschlossen.[90] Es folgten eine Vereinbarung zur Vereinfachung der Passformalitäten, die Eröffnung weiterer drei Grenzübergänge, einer nördlich, zwei südlich von Caribrod.[91]

Am 24.1.1937 wurde voller Pathos ein „Pakt der ewigen Freundschaft" zwischen beiden Staaten in Belgrad unterzeichnet. Es wurde keine genauere inhaltliche Spezifizierung gemacht. So konnten die meisten bulgarischen Politiker weiterhin der Ansicht sein, dass damit die Revision der Grenzen nicht ad acta gelegt sei.[92] Zumindest mit der Rückgabe von Caribrod und Bosilegrad hatten sie gerechnet. Die Perspektive einer Militärkonvention und Zollunion ließ dieses Ziel in den Augen einiger Politiker auch auf friedlichem Wege realisierbar erscheinen.[93]

Der Führer des serbischen Bauernbundes Dragoljub Jovanović, der v. a. in Pirot seine Basis hatte und sich ununterbrochen für ein gutes Verhältnis zwischen beiden Staaten eingesetzt hatte, stand in Opposition zur autoritären Herrschaftsform Stojadinovićs und kritisierte den Hintergrund dieser Annäherung. Im Januar 1937 schrieb Jovanović, es handele sich um Impulse aus Berlin und Rom, die diese Annäherung wünschten. Das sei gefährlich, „denn ein solches Bündnis würde uns in einen Krieg gegen unser Allerheiligstes werfen, gegen das bäuerlich-slawische Volk in Russland." Ein wirkliches Bündnis mit Bulgarien sei nur mit Frankreich und England und der Unterstützung von Russland möglich. Der Vertrag sei auch gegen das bulgarische Volk gerichtet, da dadurch das autoritäre Regime in Bulgarien Stabilität erlangen würde, um die Menschen dort weiter zu unterdrücken.[94]

Allerdings blieb der „Pakt der ewigen Freundschaft" im Ganzen eine Absichtserklärung. 1938 beschwerte sich Kimon Georgiev (vormaliger Premier des Militärregimes von 1935 und danach in der Opposition) vor jugoslawischen Journalisten, dass an den Übergängen „noch Gras wächst, dass keine Passerleichterungen umgesetzt" worden seien.[95] Dennoch bedeutete die politische Annäherung seit 1933 eine graduelle Verbesserung der Situation an der Grenze. Bis 1933 war diese eine „faktisch geschlossene Grenze".[96] Seit 1934 zeichnete sich eine schrittweise Milderung des Grenzregimes ab. 1935 kam es zu ersten „Gruppenbegegnungen", Treffen von durch die Grenze, Flucht und Migration getrennten Familien bei Strezimirovci (Trn), Slavčeto (Bosilegrad) und Kalotina (Caribrod). In den nächsten beiden

89 Ebenda, S. 194; allerdings mit weitgehenden Beschränkungen: Zwei Monate lang konnten in Jugoslawien zwei bulgarische Zeitungen verkauft werden. Jovanović, Vardarska banovina, 2011, S. 244.

90 Ebenda.

91 Ebenda, S. 246.

92 Mančev, Bălgarija i nejnite săsedi, 1978, S. 228, 231.

93 Ebenda, S. 230, 254.

94 Mančev, Jugoslavija i meždunarodnite otnošenia, 1989, S. 262.

95 Mančev, Bălgarija i nejnite săsedi, 1978, S. 257.

96 Ebenda, S. 263.

Jahren erfolgte eine Fortsetzung dieser Treffen, allerdings oftmals mit einer Trennlinie von dreißig Metern, welche die Menschen nicht überqueren konnten.[97]

Die Annäherung setzte sich bis kurz vor dem Ausbruch des Zweiten Weltkriegs fort. Es gab Sondierungen zur Abschaffung der Doppelbesteuerung und einer Konvention zur Staatsbürgerschaft. Diese sollte besonders die Situation jener verbessern, welche die bulgarische Staatsbürgerschaft angenommen hatten, aber von Jugoslawien auf Grundlage der Friedensvereinbarungen als jugoslawische Staatsbürger betrachtet wurden.[98] Am 8.3.1939 wurde schließlich eine Vereinbarung zur endgültigen Regelung der Dvuvlastnici abgeschlossen, der Grenzverkehr wurde in diesem Zusammenhang liberalisiert.[99]

5.2 Zwischen den Grenzen: Caribrod

Welche Auswirkung hatte die Tatsache auf die lokale Gesellschaft, auf Caribrod und Umgebung, dass die Stadt nun zu einem neuen Staat gehörte, nicht mehr Teil Bulgariens war, die Grenze nun nicht mehr westlich der Stadt lag, sondern östlich davon die bisherige Okolija durchschnitt?

Es soll v. a. auf drei Akteure, einen Parteiaktivisten, eine Lehrerfamilie und ein Ehepaar, punktuell eingegangen werden, um anhand ihrer Biografien die Wirkung der neuen Grenzlinie, der neuen Herrschaft und des neuen Alltag an der Grenze aus einer anderen Perspektive zu erschließen. Dieser andere Blickwinkel unterscheidet sich von dem bis heute in der bulgarischen Öffentlichkeit kursierenden verdinglichten Narrativ unausgesetzten Leids durch nationale Unterdrückung.

Während dieses Narrativ in Bulgarien – wenn es um die behandelte Region geht – immer noch unumstritten präsent ist, gab und gibt es im lokalen Kontext keine Überlieferung dieser Zeit, die in ein solches Pathos eingefasst wäre. Von nationalistischen Medien in Bulgarien wird dies mit der fortgesetzten Unterdrückung alles Bulgarischen in Serbien erklärt, weshalb die Einwohner von Caribrod/Dimitrovgrad weiterhin Angst hätten, über diese Zeit zu sprechen.[100] Es ließe sich aber auch fragen, ob sich trotz der Absenz von subjektiven Überlieferungen in der öffentlichen Sphäre dennoch Überreste dieser Erfahrung auffinden lassen, und ob sich diese Erfahrungen von dem bis heute geltenden Narrativ unterscheiden. Vielleicht wäre dann darin der Grund zu suchen, dass es keine öffentliche Artikulationsform gefunden hat.

97 Ebenda, S. 264.

98 Ebenda, S. 258.

99 Jovanović, Vardarska banovina, 2011, S. 250.

100 Zu Geschichtspolitiken bis 1989 vgl. Kapitel 6. Von diesem Zeitraum bis in die Gegenwart kam Vergangenheit im öffentlichen Raum wenig Bedeutung zu. Dies begann sich in den letzten Jahren während meiner Feldforschung allmählich zu ändern. Es handelt sich dabei um private Initiativen, die entweder „Internetmuseen“ (http://muzejcaribrod.blogspot.de) gründen. oder die Geschichte ihrer Familien (http://gotzevi.com/) – gerade für die behandelte Zeit zwischen 1920 und 1956 – dokumentieren. Dabei überwiegt erstens ein alltagsgeschichtliches Interesse oder zweitens der Aneignung von Einzelgeschichten, die in dieser Form bisher keinen Platz hatten. Auch eine explizit am bulgarischen Narrativ orientierte „Wiederentdeckung“ der „tabuierten Vergangenheit“ ist präsent, stößt jedoch auf geringes Interesse.

Es sind wie gesagt drei Akteure, mit denen sich diese Möglichkeit verbindet: Stefan Hristov Grčeto, auf dessen Memoiren zurückgegriffen wird,[101] Vlasaki Aleksov und Žorž Gajdarov, deren Nachlass teilweise in der Bibliothek von Dimitrovgrad aufbewahrt wird.

Dabei ist es alles andere als selbstverständlich, solche Spuren von Subjektivität, v. a. niedergeschriebene Erinnerungen und verschiedenste Formen verschriftlichter Ego-Dokumente jenseits der größeren städtischen Zentren erwarten zu können – und das in einer Kleinstad, deren vermeintlich umfassende Peripherität durch die Lage an der Grenze ganz besonders plastisch versinnbildlicht wird. Dieser Eindruck aber trügt. Wie in der Einleitung erwähnt, bin ich während meiner Feldforschung in der dortigen Bibliothek auf mehrere Kisten mit Briefen gestoßen. Wie mir die Mitarbeiter erklärten, befanden sich diese Kisten seit Mitte der 1980er Jahre dort und sind bis dahin nicht beachtet worden. Es handelt sich dabei um die Korrespondenz der Familie Gajdarov, die von 1882 bis 1944 reicht, etwa 900 Blatt. Ebenso tauchte bei dieser Gelegenheit die Korrespondenz zwischen dem Ehepaar Aleksov auf, die hauptsächlich den Zeitraum zwischen 1923 und 1929 umfasst. Der Ort, an den solche Erfahrungen verwiesen waren, Kartons in einem Winkel der örtlichen Bibliothek, vermittelt einiges von dem geringen Stellenwert und zugleich dem Verlust der Erinnerungen konkreter Individuen und damit der Erinnerung an die unruhige Zeit der 1920er und 1930er Jahre. Solcher Erinnerungsverlust ermöglicht es der eigentlich dürren und abstrakten Fassung von nationaler Viktimisierung, die in Bulgarien gepflegt wird, als unangefochten zu erscheinen.

Beide Quellen veranschaulichen zugleich auch ein breites Spektrum von Orientierungen: Während es sich bei der Familie Gajdarov um ein Lehrerehepaar handelte, dem Bildung, „gehobene Kultur" und Pariotismus (wie es Briefe aus der Zeit des Ersten Weltkriegs zeigen) als Distinktionsmerkmal wichtig war, fühlten sich Vlasaki Aleksov und seine Frau der bulgarischen KP verbunden. Sie kamen ursprünglich aus Caribrod, lebten seit den 1910er Jahren in Sofia und flohen nach dem misslungenen Septemberaufstand 1923 zurück in die Kleinstadt, die nun auf der anderen Seite der Grenze lag. Während nach Vlasaki Aleksov weiterhin eine Straße in Dimitrovgrad benannt ist, sich sonst aber kaum jemand an ihn erinnert, sind die Erinnerungen an die Gajdarovs noch blasser. In Gesprächen konnte ich erfahren, dass der Nachlass von Žorž Gajdarov, dem Sohn der Lehrer Draga und Georgi, von denen die meisten Briefe stammen, 1976 nach seinem Tod und der Einhaltung einer einjährigen Frist der Bibliothek übergeben wurde, da er keine Nachkommen hatte. Žorž Gajdarov war Uhrmacher und geachteter Violinist, der nach dem Tod seiner Mutter sehr zurückgezogen lebte.

Faszinierend an den entdeckten Briefen ist, dass es sich zum größten Teil um ein Korrespondenznetz dreier Schwestern handelt, die sich regelmäßig schrieben: Draga Gajdarova aus Caribrod, Marija Stojnova in Sofia und Ljuba Bourdillon in Genf. Ohne hier weiter auf

101 Dessen Memoiren dienen weniger als Möglichkeit, subjektive Zugänge zu rekonstruieren. Eine Biografie eines hohen bulgarischen Parteifunktionärs mag dazu wenig geeignet sein. Hier sind die grenzüberschreitenden Netzwerke, die Hristov schildert, von Interesse. Dennoch ist zu betonen, dass sich der Stil deutlich von den sonst dominierenden eindimensionalen Hagiografien dieses Genres abhebt und überraschend deutlich viel Selbstreflexion sichtbar wird.

den bemerkenswerten Weg der Familie Kušev aus Veles eingehen zu können, sind die Briefe umso kostbarer, als sich in ihnen die Perspektive von Frauen artikuliert. In einer Zeit, in der dies – in der Provinz – kaum selbstverständlich schien.

Natürlich sollten solche Briefe nicht mit der Erwartung überfrachtet werden, in ihnen fände sich gleichsam verkapselt ein anderer, wahrhaftigerer Kosmos. Es ist auch kaum zu erwarten, dass in den Briefen konkrete tagespolitischen Themen verhandelt worden seien. Tatsächlich kommt aber eine andere Welt zum Vorschein, als jene in den nationalen Narrativen stillgestellte. Anderes steht im Mittelpunkt. Die schreibenden Individuen werden als Menschen in Bewegung sichtbar: mit großen Sorgen und vagen Hoffnungen, aber auch bestimmten Erwartungen. Sichtbar werden auch andere Facetten dieser Epoche, die in dem nationalen Narrativ nicht in Erscheinung treten: die spanische Grippe, Tuberkulose, die selbst in den „besseren Kreisen" herrschende finanzielle Not, beständige Verschuldung.

Die Eltern von Žorž Gajdarov, Georgi Gajdarov und Draga Kuševa, lernten sich, der Korrespondenz und anderen Quellen nach zu urteilen, als Lehrer Mitte der 1890er Jahre an dem Caribroder Progymnasium kennen. Georgi stammte aus Pirdop und hatte die Lehrerschule in Vraca besucht. Draga war die Tochter von Emil Kušev, der aus Veles im Osmanischen Reich (heute Makedonien) nach Russe gekommen war und dort als Zollbeamter eine Stellung hatte. Es scheint, dass Eftimija, die Ehefrau von Emil Kušev, aus dem damaligen Russland stammte, denn seine drei Töchter (Draga, Marija und Ljuba) erhielten ihre Schulbildung in Odessa.[102] Draga lebte mit ihrem Mann und den drei Kindern Nadja, Žorž und Nikola in der Grenzstadt Caribrod, während sich Dragas Schwestern standesgemäß aus Ruse nach Sofia und Genf verheirateten. Einige erinnern sich an Draga Gajdarova in den 1950er Jahren als an eine alte Dame, die aus einer anderen Zeit zu stammen schien, überheblich und unnahbar.[103]

Vlasaki Aleksov und Ljuba Aleksova siedelten sich wie erwähnt nur aus Notwendigkeit in Caribrod an. Vlasakis Eltern waren alteingesessene Caribroder.[104] Um ihr Überleben in der kleinen Stadt zu sichern, eröffnete Ljuba eine Haushaltsschule für unverheiratete Mädchen der Esnaflije und Beamten.[105] Vlasaki blieb über die gesamte Zeit, die sie in Caribrod

---

102 Dies geht aus den Briefen hervor, die 1892 aus einem Internat in Odessa an den Vater in Russe geschickt werden.

103 Ein Bild wird ganz besonders mit ihr verbunden: Im Garten ihres kleinen Hauses in einem Korbsessel sitzend, französische Romane lesend. Draga Gajdarova wird dabei als schmal und klein erinnert, als ganz in weiß gekleidet, ein ebenso weißes Häubchen tragend. Auf die Kinder wirkte sie einschüchternd, die Draga nur heimlich durch den Heckenzaun beobachteten. Auskunft von Ivan Ivanov, 20.4.2014.

104 Vlasaki Aleksov besuchte nach dem Gymnasium die Offiziersschule in Knjaževo und wurde 1918 an die Front nach Bitola abkommandiert. Dort war er innerhalb des Kreises sozialistisch orientierter Offiziere aktiv. Die Kriegsgefangenschaft bei britischen Streitkräften nach dem Zusammenbruch der Front führte ihn über Solun nach Ägypten. Im Frühjahr 1919 kehrte er wie alle übrigen aus der Gefangenschaft nach Caribrod zurück, brach seine Offizierslaufbahn ab und immatrikulierte sich in Rechtswissenschaften an der Universität Sofia. Seine Eltern (sein Vater als einfacher Handwerker liest anderen Nachbarn an der Strošena Češma abendlich die Zeitung vor) unterstützen mit bescheidenen Mitteln sein Studium, Vlasaki blieb in Caribrod wohnen. Hristov, Pătišta izvărveni, 1979, S. 132.

105 Auskunft von Smilja und Angel Dimitrov, in deren Besitz Fotografien der Aleksovi, sowie der Haushaltsschule sind.

lebten, legal oder illegal politisch aktiv. Nach dem Politikwechsel in Bulgarien 1934 zogen sie zurück nach Sofia, wo beide bei einem der Bombardements der Alliierten 1944 umkamen.

Stefan Hristov, um einiges jünger als Vlasaki, kam aus einer „gemischten Familie“: Sein Vater stammte aus jenen Gebieten, die nach dem Ersten Balkankrieg an Griechenland fielen, was Stefan Hristov den besagten Spitznamen „Grčeto“ („Griechlein“) eintrug, während seine Mutter ebenso wie die Eltern von Vlasaki aus der Malá Strošena Češma in Caribrod stammte, wo sie weiterhin lebten.

Stefan Hristov, in den ersten Jahren der 1920er am dritten Jungengymnasium in Sofia politisiert – er schloss die Schule noch vor dem Vertrag von Neuilly ab[106] –, wurde zu einem der zentralen Akteure am illegalen Kanal der Komintern. 1929 gelangte er nach mehreren Gefängnisaufenthalten illegal nach Wien und von dort nach Paris, wo er sein Geld in der sowjetischen Botschaft als Wächter verdiente. Nach einer kurzen Rückkehr nach Bulgarien 1934, wo er als einer der Sekretäre des Bezirks Sofia aktiv war, gelangte er Ende der 1930er nach Moskau und arbeitete in der Komintern. Nach der Befreiung 1944 kehrte er nach Sofia zurück und hatte bis zu seiner Pensionierung hohe Positionen innerhalb der Nomenklatura inne.

In seinen Memoiren vermitteln sich die Folgen der Grenzziehung für die Stadt, die zugleich eng verbunden sind, mit der Wirkung des Ersten Weltkriegs auf die regionale Gesellschaft. Wie sah die Stadt nun aus? Was veränderte sich? Allgemein erscheint bei dem Blick auf die politische Landkarte der Wechsel gravierend. Von der „westlichen Eingangspforte“ Bulgariens, von der in den besagten örtlichen Zeitungen oft die Rede war, verwandelte sich Caribrod zur östlichen Peripherie eines neuen südslawischen Staates, der sich bis Österreich erstreckte. Doch zugleich blieb das, was die Entstehung der Stadt wesentlich geprägt hatte, bestehen. Caribrod blieb Grenzstadt. Nur verlief die Grenze nicht mehr im Westen, sondern im Osten der Stadt.

Nostalgische Erinnerungen an die Vorkriegszeit vermengen sich dabei mit dem Einschnitt, den die Grenzziehung mit sich brachte. Stefan Hristov spricht vom Leben in der Stadt bis zu den Kriegen, von einem „esnafski idiličen“ („kleinbürgerlich idyllischen“) Alltag.[107] Dabei betont er die gesellschaftlichen Trennlinien in seiner Schilderung der Sonntagsvergnügungen im Zentrum: An einem Teil des Hauptplatzes versammelte sich die

> Elite aus den Esnafen, die Kaufleute und Dienstintelligenz, die zunächst die Hauptstraße entlangspazierte und sich dann in den Kneipen zum Bier setzte. In der Luft lag der Duft gegrillter Kebapčeta. Zu den Klängen der Militärblasmusikkapelle am Pavillon tanzten wohlhabendere Städter und Dörfler, angeführt von den einflussreichen Leuten. Unweit dieses Platzes, näher an den Dućans, der Schmiede, kreiste ein anderes Horo. Zu den Klängen des Zigeunerorchesters tanzten hier die Werktätigen der Stadt.[108]

---

106 Hristov, Pătišta izvărveni, 1979, S. 32.
107 Ebenda, S. 13.
108 Ebenda.

War es ein Einschnitt? Insgesamt ist die Zeit nach dem Ersten Weltkrieg europaweit als eine Zeit einschneidender gesellschaftlicher und politischer Verwerfungen zu sehen.[109] Wie überall wurden auch hier nach dem Kriegsende soziale Krisen (Verarmung, Epidemien), Ausläufer politscher Revolutionen und der Instabilität von Herrschaft erfahren (wie weit sich solche Instabilität auf Loyalitäten auswirkte, wird hier eingehender thematisiert).

Die erste Assoziation mit der Übergabe von Stadt und Umgebung an Serbien/Jugoslawien könnte die der Entstehung politischer ethnonationaler Konflikte sein. Doch es waren zunächst die Ausläufer der Oktoberrevolution, die unmittelbar nach Kriegsende in der hier behandelten Region spürbar wurden. Es ist wohl kein Zufall, dass genauso wie in Makedonien nach den ersten Wahlen in Pirot und Umgebung (Caribrod war zu diesem Zeitpunkt noch nicht Teil des Landes) die neugegründete Kommunistische Partei die meisten Stimmen erhielt.[110] Die Belgrader Regierung akzeptierte die Ergebnisse nicht und beendete die kurze Phase der „Piroter Kommune".[111]

Mögliche Konflikte zwischen den Rückkehrern von beiden Seiten der Salonikifront nahmen keine größeren Ausmaße an. Ebenso blieb in den Dörfern auf der serbischen Seite der Grenze die „Abrechnung" mit „Kollaborateuren" der bulgarischen Besatzungsherrschaft auf einzelne Auseinandersetzungen begrenzt.[112] Einer der Gründe könnte sein, dass serbische wie bulgarische Soldaten Verwandte ersten Grades waren. Sie waren Mitglieder derselben Großfamilie, die in verschiedenen Dörfern zu beiden Seiten der Grenze lebten.[113]

In der wirtschaftlichen Situation nach dem Ersten Weltkrieg und während der Zwischenkriegszeit zeigten sich keine Unterschiede entlang der bisherigen Grenzlinie. Das Strukturproblem zwischen weiterhin subsistenzorientierter Agrarwirtschaft und Unterbeschäftigung, das die bisherigen vier Jahrzehnte in der Region geprägt hatte, blieb auch im neuen Staatsverband bestehen.[114] Die relative Überbevölkerung lag sogar über dem

---

109 Vgl. exemplarisch Raphael, Lutz: Imperiale Gewalt und mobilisierte Nation, Europa 1914–1945, München, 2011.

110 Vgl. Banac, Ivo: The National Question in Yugoslavia. Origins, History, Politics, Ithaca, New York, London, 1985, S. 328–339.

111 Die KPJ gewann bei den ersten Kommunalwahlen am 22.8.1920 die Gemeinde Pirot und einige Dörfer. Es waren 2.100 Stimmen gegenüber 500 Stimmen insgesamt für die Radikale Partei, Demokraten und den Bauernbund. Die Regierung in Belgrad versuchte zunächst durch Obstruktion in jenen Städten, in denen die Kommunisten gewonnen hatten, die neuen Gemeindeverwaltungen zu schwächen, indem sie den Gemeindehaushalt mehrmals ablehnten und keine finanziellen Mittel für die Städte bereitstellten. Obwohl sich im November bei den landesweiten Parlamentswahlen – wie in anderen Städten – die Dominanz der neuen Kommunistischen Partei bestätigte, konnten Ende November schließlich die Kommunisten aus der Gemeindeverwaltung gedrängt werden. Kozić, Petar: Putevima Revolucije. Prilog za Proučavanje Radničkog i Narodnooslobodilačkog Pokreta u Pirotu i Okolini, Pirot, 1965, S. 12–16. Die Spezifik der sozialen Konflikte fand in der Gründung der Bauernpartei des Piroters Dragoljub Jovanović Ausdruck, der gerade in Pirot und Caribrod erfolgreich sein sollte. Auch unter den schwierigen Bedingungen der Königsdiktatur der 1930er Jahre blieb die Bauernpartei stets zweitstärkste Kraft in der Region; ebenda, S. 43.

112 Rückkehrer versuchten etwa in Obrenovac, jene, die mit den bulgarischen Behörden kooperiert hatten, zur Rede zu stellen und zu bestrafen. Es kam auch zu Todesdrohungen gegen diese Menschen. (M, O, 71)

113 Ivanov, Planinica, 2016, S. 20.

114 Zur Problematik des Begriffs der relativen „Überbevölkerung" und dessen Erweiterung durch den

jugoslawischen Durchschnitt, der wiederum 1930 europaweit der höchste war.[115] 78 % Prozent der Bauern besaßen landwirtschaftlich nutzbare Flächen bis zu 5 ha. Von ihnen waren jene mit kleinem Besitz in der Mehrheit – 53 % besaßen nur 2 ha.[116] Es dominierten weiterhin die Subsistenzwirtschaft und der Handel zwischen den Mikroregionen.[117] 1931 lebten im Srez Nišavski 61.014 Menschen von Land- und Forstwirtschaft, 7.077 waren in Handwerk und Industrie beschäftigt, 1.861 in Handel und Verkehr; Beamte und Angestellte im öffentlichen Dienst machten 2.557 der Bevölkerung aus, und 1.280 wurden als „ohne Beschäftigung" aufgeführt.[118]

Worin bestand dann die konkrete Auswirkung der Verschiebung der Grenze, neben den soeben aufgezählten Nachwirkungen des Krieges und strukturellen Problemen in Caribrod und Umgebung?

Für die bulgarisch orientierten Beamtenfamilien in der Stadt stellte sie einen gravierenden Einschnitt dar, da sie nahezu allesamt Caribrod verließen. Ebenso herrschten in dem Jahr zwischen der Unterzeichnung des Vertrags von Neuilly und der Übernahme durch die serbischen (SHS-)Behörden Spannungen in der Stadt. In einem Bericht des Garnisonsvorstehers von Caribrod vom 10.10.1919 an das Kriegsministerium und den Armeestab hieß es dazu, dass es in Caribrod „etwa zwanzig Familien gibt, die verdächtigt werden, Sympathien für die serbischen Forderungen zu empfinden und die sich unter Aufsicht der Behörden befinden". Andererseits gebe es ein „selbsternanntes besonderes Komitee von Jugendlichen, die anonyme Briefe an die der Serbophilie verdächtigten Familien geschrieben haben, in denen sie ihnen drohen, sie zu schlagen, und ihr Hab und Gut in Brand zu setzen". Ebenso vermehre sich der Wegzug von Tag zu Tag.[119]

Doch war es kein Einschnitt wie in Pirot vier Jahrzehnte zuvor. Wie in Kapitel 3 gezeigt, bewahrten die nach Caribrod migrierten Piroter ihre Kontakte zu ihrer Heimatstadt. Vielleicht referierten die bulgarischen Behörden auf einige ebendieser Familien, wenn sie von „zwanzig Familien" sprachen, die im Bericht der „Serbophilie" verdächtigt wurden. Hier sei nur die Familie Džadžini genannt, die sowohl in Pirot als auch in Caribrod ihre Geschäfte betrieb.[120] Als Standort war für sie Caribrod zunehmend wichtiger geworden, wo sie als Kommissionäre für den Zoll fungierten. Daran änderte sich auch nach 1920 nichts, da wie erwähnt die Grenze weiterhin die wesentlichen Funktionen der Stadt bestimmte. Die Beziehungen nach Sofia waren ohnehin gut entwickelt und blieben es auch.[121] Viele hatten auch verwandtschaftliche Beziehungen in beide Richtungen nicht nur aufrechterhalten,

---

Begriff der strukturellen Unterbeschäftigung vgl. Calic, Marie-Janine: Sozialgeschichte Serbiens 1815–1941. Der aufhaltsame Fortschritt während der Industrialisierung, München, 1994. Zu den Strukturproblemen in der Landwirtschaft vgl. dort S. 237.

115 Zlatković/Vasev/Vidanović, Dimitrovgrad, 1989, S. 136; Calic, Sozialgeschichte, 1994, S. 86.

116 Zlatković/Vasev/Vidanović, Dimitrovgrad, 1989, S. 138.

117 Ebenda, S. 136.

118 Kozić, Putevima Revolucije, 1965, S. 35.

119 Rapport des Garnisonsvorstehers in Caribrod an das Verteidigungsministerium, Caribrod, 10.10.1919; zit. nach ZP, Dok. Nr. 73, S. 137.

120 Zlatković/Vasev/Vidanović, Dimitrovgrad, 1989, S. 145.

121 Die Firma der Brüder Caribrodski, die 1878 aus Pirot gekommen war, konnte sich auch in Sofia etablieren und hatte noch in den 1930er Jahren dort ihre Filialen.

sondern auch weiterentwickelt. Nun, da die Grenze verschwunden bzw. nach Osten verschoben war, zeigte sich der Vorteil beständiger Verflechtungen mit den Piroter Verwandten, von denen in Kapitel 2 die Rede war. Zugleich passten sich viele der Kaufleute an die neue Herrschaft gut an, indem – wie noch zu zeigen sein wird – einige ihre gewinnbringende Lieferantenposition für Staat und Militär weiterhin beibehielten.

Doch nicht nur die Kaufleute blieben. Selbst die meisten der bulgarischen Lehrer unterrichteten weiterhin an den Schulen. Tatsächlich verließen viele Familien der kleinen Esnaflije zunächst spontan die Stadt, insbesondere in Richtung jener Dörfer, die auf der bulgarischen Seite der künftigen Grenzlinie lagen. Die meisten kehrten aber Ende 1920 oder etwas später nach Caribrod zurück, nachdem sie ihr Erspartes aufgebraucht und gesehen hatten, dass die in Teilen der bulgarischen Presse verbreiteten Befürchtungen in dieser Form nicht eintraten und sie ihre Geschäfte auch unter der neuen Herrschaft betreiben konnten.[122] Dies trifft auch auf die Lehrer zu. Sie behielten ihre bulgarische Staatsbürgerschaft, was Voraussetzung für die Auszahlung eines Gehalts war, und blieben nun mit einem serbischen Visum in Caribrod.[123] Erst im Herbst 1921 wurde Unterricht auf Serbisch an den Schulen eingeführt.[124] Bis spätestens März 1922 wurden die bisherigen Lehrer vom bulgarischen Außenministerium entlohnt.[125] Danach wurde Stefan Hristov, der 1920 als Lehrer eingestellt worden war, wie die anderen bulgarischen Lehrer entlassen. Hristov, der sich anschließend zunehmend politisierte, steht wie viele andere und doch in besonderer Form für die Erfahrung von Uneindeutigkeit in der Region. Sein Spitzname Grčeto spielte auf eine von der Umgebung wahrgenommene vermeintliche Andersartigkeit an. Allein schon die Beteuerungen in seinen Memoiren, in seiner Familie sei nie Griechisch gesprochen worden und sein Vater habe sich als patriotischer Bulgare gesehen, lassen die Stigmatisierungen erahnen, die seine Familie in Caribrod erlebte, wie andere, die aus den nach den Balkankriegen an Griechenland gefallenen Teilen des Osmanischen Reiches kamen.[126]

Stefan Hristovs Handeln[127] steht für eine Epoche, in der die Grenzen in einer neuen Form in Frage standen. Vier Jahrzehnte zuvor waren es noch die eigensinnigen Praktiken der Landbevölkerung im Visok, welche die Grenze nach ihren Bedürfnissen verschoben und damit

122 Gespräch mit Petar Andonov, 15.9.2013, und Sreten Igov, 10.5.2015.

123 Bitte des Lehrers Elenko Videnov an das Außenministerium, an der Schule in Caribrod eingestellt zu werden, 30.1.1929, in: ZP, Dok. Nr. 105, S. 197. Die Zuständigkeit wird vom Bildungsministerium in Sofia an das bulgarische Außenministerium übertragen. (AG, Nr. 99, S. 184)

124 Zlatković/Vasev/Vidanović, Dimitrovgrad, 1989, S. 74.

125 (Chiffriertes Telegramm an den Minister K. Todorov, Belgrad, 31.3.1922, zit. n. ZP, Dok. Nr. 124, S. 221) Daran wird deutlich, dass es im Unterschied zum bulgarischen nationalen Meisternarrativ keinen einmaligen Bruch gab, sondern vielmehr ein Übergang charakteristisch war, in dem es für die serbischen Behörden, so lange sie selbst nicht die erforderlichen Ressourcen auf dem Gebiet der Bildungsinfrastruktur besaßen, hinnehmbar war, dass in Caribrod in den Schulen weiterhin auf Bulgarisch unterrichtet wurde.

126 Hier zeigt sich anschaulich, wie immer neue Konstellationen von Uneindeutigkeiten und Vorstellungen von Homogenität in Erscheinung traten und ihnen Grenzen der Anerkennung von Differenz ausgehandelt wurden.

127 Die Erinnerungen Stefan Hristovs wurden in der 1989 erschienen Monografie zu Dimitrovgrad schlicht als Verfälschung bezeichnet. Ausführlich dazu in Kapitel 6.

die Vorstellungen staatlichen Territoriums beider politischer Eliten täglich in Frage stellten. Nun standen in den politischen Öffentlichkeiten der neu geschaffenen Staaten in Zentral- und Südosteuropa die neuen Grenzen beständig in der Diskussion. Während die einen über eine Donauföderation nachsannen, erhofften sich die anderen eine sozialistische Balkanföderation.[128] Ganz zu schweigen von den Revisionsbestrebungen des Versailler Systems in den Staaten der ehemaligen Mittelmächte. Weder erschien die Grenze als unhinterfragbar Gegebenes, noch wurde sie – selbst in den Siegerstaaten – als endgültige Linie verstanden, wie es in dem erwähnten Leitartikel über Caribrod deutlich wurde.

Die Grenzinfrastruktur bestand zu Beginn der 1920er Jahre aus nur wenigen Kontrollpunkten. Zumeist wurden russische Weißgardisten auf der serbischen Seite als Grenzwächter eingesetzt.[129] In der lokalen Erinnerung wurden diese zumeist als unmotiviert beschrieben, häufig wird von Gelagen mit bulgarischen Grenzwächtern erzählt sowie von Einbrüchen und Diebstählen in den Dörfern.[130]

Neben den Schmugglern, die sich schnell auf die Grenzverschiebung eingerichtet hatten, den Dvuvlastnici, deren Besitz durch die neue Grenzlinie durchschnitten wurde, kamen nun auch neue Akteure zum Vorschein, welche die Grenze ganz ohne die erforderlichen Formalitäten überquerten – die „Grenzlinie verletzten", wie es in den behördlichen Papieren hieß. Ebenso wie die „Piroter Kommune" war hier die Aktivität der früheren bulgarischen linken Sozialdemokraten, der „Tesnjaci"[131] und neuen Kommunisten mit den Umwälzungen in Russland verbunden. Durch Caribrod führte, neben der Eisenbahnlinie, nun eine weitere nach Möglichkeit unsichtbare transnationale Kommunikationslinie. Es handelte sich um den so genannten Kanal der Komintern, mittels dessen die Kommunikation mit den kommunistischen Parteien in Österreich und dem SHS-Staat abgewickelt wurde. Ende 1920 begann die Aktivität am „Kanal der Komintern". Stefan Hristov war mit anderen Genossen für diesen Teil des Kanals verantwortlich. Dabei half ihm ein Ehepaar aus dem Dorf Gradina, Simo Milošev und seine Frau.[132] Stefan Hristov unterhielt die Verbindung zwischen Sofia über die Grenze und nach Belgrad zu Milorad Barajević, einem der Mitbegründer der jugoslawischen KP seit Ende 1921.[133] Über ein Netz von Unterstützern und Parteiaktivisten in Sofia, Dragoman und wie erwähnt Gradina, wurde entweder direkt nach Belgrad durch Stefan Hristov oder über einen Zwischenschritt in Pirot die Kommunikation aufrechterhalten. Von dort führte der „Kanal" weiter nach Zagreb und schließlich nach Wien, was besonders nach dem Verbot der BKP Ende 1923 von Bedeutung war. Ein Ziel der Aktivitäten in den ersten Jahren war es, Informationen über die Weißgardisten in SHS zu sammeln, dass von der Komintern angefordert wurde. Ebenso

128 Vgl. Lukać, Dušan: Radnički pokret u Jugoslaviji i nacionalno pitanje 1918–1941, Beograd, 1972.

129 Zlatković/Vasev/Vidanović, Dimitrovgrad, 1989, S. 77.

130 Gespräch mit Krsto Mančev, 10.6.2015.

131 Mit „tesni socijalisti" („engen Sozialisten") wurde in Bulgarien jene Strömung bezeichnet, die sich in erster Linie als Arbeiterpartei verstand und Koalitionen bzw. politische Zusammenarbeit mit den „bourgeoisen Parteien" ausschloss. Die „široki socijalisti" dagegen waren für solche Optionen offen. Vgl. Dimou, Augusta: Entangled Paths Towards Modernity. Contextualizing socialism and nationalism in the Balkans, Budapest, 2009, S. 273–300.

132 Diese waren bis dahin Anhänger der „tesni socijalisti"; Hristov, Pătišta izvărveni, 1979, S. 35.

133 Ebenda, S. 48.

wurde auf diesem Wege Material für die jugoslawische KP in das Landesinnere gebracht sowie, was die wichtigste Aufgabe Stefan Hristovs und seiner Unterstützer war, illegale Grenzübertritte für die jugoslawischen Kommunisten auf ihrem Weg nach Moskau organisiert, die sich nach 1921 in der Illegalität wiederfanden. Seit Anfang 1924, nach dem gescheiterten Septemberaufstand 1923 in Bulgarien, wurden bulgarische Genossen, ihre Parteipresse und zunehmend Waffen in die andere Richtung über die Grenze gebracht.[134]

Nach 1926 verstärkte sich die Zusammenarbeit mit dem Piroter Kommunisten Đoka Dimitrijević und Vasa Krstić, um Personen und Broschüren nach Bulgarien zu bringen, da die Überwachung durch die Polizei im kleinen Caribrod die Arbeit zu riskant werden ließ. Auch wuchs die Zahl der Übergänge, zumeist waren es über drei Stellen, im Visok bei Krivodol, in Gradina und im Burel, an denen die Grenze illegal passiert wurde.[135] Andere Wege waren wohl riskant, aber v. a. schnell. Einige Jahre lang konnte ein Heizer Material direkt in seiner Lokomotive über die Grenze bringen.[136] Der Kanal fand in Caribrod Unterstützung von Stefan Hristovs Schwester, einem Papierwarenhändler und auch Žorž Gajdarov wird in den Erinnerungen genannt – an seine Adresse gelangte Post für Hristov. Erst 1926 wurde in Caribrod eine Zelle der jugoslawischen KP formiert. Im Bezirkskomitee waren die bisherigen langjährigen Tesnjaci und BKP-Mitglieder Vlasaki Aleksov, Stojan Belev, Konstantin Gocev und Nikola Grnčarov.[137] Ende der 1920er Jahre, als sich in Caribrod durch die Aktivitäten der nationalistischen Terrorgruppe Vrtop die Situation derart verschlechterte, dass nicht nur die Grenze, sondern auch die Stadt selbst zunehmend in den Fokus der Polizeidienste rückte, verschob sich der Schwerpunkt der Aktivitäten um den Kanal nach Pirot.[138]

5.2.1 Integration

Wie gelang es nun der neuen Herrschaft, in Caribrod und seiner Umgebung Fuß zu fassen? Oder gelang es überhaupt nicht, wie es die zeitgenössische Presse in Bulgarien, insbesondere die *Zapadno Eho* nahelegte, die von der Caribroder Emigration in Sofia herausgegeben wurde? Bis heute wird in Publizistik und Wissenschaft von ununterbrochenem passiven und aktiven Widerstand ausgegangen, der aus der Mitte der Bevölkerung gekommen sein soll, wofür die Anschläge von Vrtop stehen, die sich wie beschrieben seit 1926 intensivierten.

Wie in Pirot vier Jahrzehnte zuvor wurde alles, was mit Bulgarien assoziiert werden konnte, von den neuen Herrschern aus dem öffentlichen Leben verdrängt. Die bulgarische Sprache wurde in den Ämtern durch die serbische ersetzt und in der Öffentlichkeit verbo-

134 Ebenda, S. 101. Auch ein linker Aktivist der VMRO, Todor Panica, verließ Bulgarien über Caribrod in Richtung Wien. Bei seinem zehntägigen Aufenthalt in Caribrod kam Panica bei Menče Krničeva unter, jener Frau, die ihn neun Monate später in Wien ermorden sollte und die später den Führer der von Sofia gesteuerten VMRO, Vanče Mihajlov, heiraten sollte. Ebenda, S. 105.

135 Hristov, Pătišta izvărveni, 1979, S. 127.

136 In seinen Erinnerungen beschreibt Hristov die Formen konspirativer Kommunikation: Fuhr der Zug in die Stadt ein, stand Hristov an der ersten Schranke im Ort. Steckten die Hände in den Hosentaschen, gab es nichts mitzunehmen. Im gegenteiligen Fall wusste der Heizer das Material am vereinbarten Ort zu übernehmen.

137 Ebenda, S. 129.

138 Ebenda, S. 157.

ten. Alle Firmenschilder auf den Straßen mussten umgeändert werden und serbisch-patriotische Namen tragen. Die Familiennahmen wurden serbisiert, aus -ov wurde -ić, aus Igov wurde Igić, aus Gajdarev wurde Gajdarević. Ob dies den Menschen zusagte oder nicht. Wie im Kapitel zur wissenschaftlichen Erschließung der Region gezeigt, wussten schließlich die Wissenschaftler in Belgrad natürlich besser als die Leute in der Region, dass sie nichts anderes als reinste Serben waren. Die Gelehrtenpolitiker waren sich dessen gewiss, dass die Menschen aufgrund ihrer vorgeblich evidenten Zurückgebliebenheit nur noch etwas Zeit brauchten, um zu begreifen, wie es um ihre nationale Abstammung eigentlich bestellt war. Es war demnach kein voraussetzungsloses Werben um neue Bürger, sondern die klare Zurückweisung der bisherigen Vorstellung von nationaler Zugehörigkeit. Erst auf dieser Grundlage ging es wie auch vor vier Jahrzehnten schon zunächst darum, jene zu gewinnen, die im lokalen Kontext Macht hatten und/oder Ansehen genossen. Auf die bisherige Intelligenz und Lehrerschaft war dabei nicht zu zählen. Vielleicht hätten die Gajdarovi wie andere Beamte und Angestellte auch Caribrod verlassen, doch die Familie wurde gegen Kriegsende gleich von drei Tragödien heimgesucht: Die älteste Tochter Nadja starb 1917, der Vater Georgi 1920.[139] Offensichtlich hatte – wie aus den Briefen hervorgeht – Draga die Arbeit als Lehrerin noch vor dem Ersten Weltkrieg aufgegeben und in der neuen Situation gab es nun keine Möglichkeit mehr, sich um eine Anstellung zu bemühen. Den Briefen nach zu urteilen, trug sich Draga Gajdarov mit dem Gedanken, nach Sofia zu gehen und ihr Glück als Gouvernante zu versuchen. Ihre Schwester Ljuba riet ihr davon ab, sie war sich nicht sicher, ob es für ihre Schwester nicht zu hart wäre, nach dem Erlebten bei einer fremden Familie zu leben.[140] So blieb Draga Gajdarova mit ihren beiden Söhnen Žorž und Nikola als eine der verhältnismäßig wenigen aus dem Angestellten- und Beamtenstand in Caribrod. Und dies unter schwierigen materiellen Bedingungen. In den ersten Jahren war regelmäßig von Pfändungen die Rede. Ihre Schwester Ljuba Bourdillon half mit Kleidungslieferungen und Geldsendungen aus Genf und Sofia.[141]

Die Anpassung an die neuen Verhältnisse scheint Draga nicht leicht gefallen zu sein. Unter den Briefen finden sich auch Konzepte für Briefe an Anwälte, in denen das Pedantische der ehemaligen Lehrerin (der Brief sollte makellos sein), aber auch die Schwierigkeiten mit der neuen Sprache deutlich wurden. Für die an dem bulgarischen Standard orientierte Draga, die wichtigere Fragen mit ihren Schwestern bis Ende 1920er in den Briefen zumeist auf Russisch verhandelte, stellte Serbisch offensichtlich eine Herausforderung dar. Vor dem Hintergrund, dass die lokale Sprache in Caribrod und Umgebung Nähe sowohl zum serbischen, als auch bulgarischen Standard aufweist, erscheint dies auf den ersten Blick ungewöhnlich. Während es den alteingesessenen Caribroder Kaufleuten keine großen Schwierigkeiten bereitete, sowohl mit Sprechern des serbischen, als auch des bulgarischen

139 Tuberkulose war Anfang der 1920er die dominierende Krankheit. Auch eine Schwester Stefan Hristovs und sein Vater sterben daran. Ebenda, S. 33.

140 Ljuba Bourdillon an Draga Gajdarova, Genf, 19.3.1920.

141 Ljuba Bourdillon, Dragas ältere Schwester, heiratete Ende des Ersten Weltkriegs Paul Bourdillon, den sie zuvor in Sofia kennengelernt hatte. Mit ihm zog sie in dessen Heimatstadt Genf. Zu dieser Zeit war Draga verschuldet und berichtete in Briefen an Žorž Anfang 1920 – offensichtlich hält sich dieser länger in Sofia auf –, dass ihre Kommode von einem Gläubiger abgenommen wurde. Žorž Gajdarov an Draga Gajdarova, Sofija, 1.1.1920.

Standards zu kommunizieren, schien dies für Draga nicht der Fall zu sein. Obwohl sie schon fünfundzwanzig Jahre in der Stadt lebte, beinhaltete ihr Festhalten am bulgarischen Standard und die Distanz zur flexibleren lokalen Sprache die Artikulation ihrer sozialen Position. Der Standard war die Sprache der Gebildeten, die lokale Sprache dagegen jene der Landbevölkerung und der „einfachen Städter". Solche Kontaktschwierigkeiten hatten die meisten anderen aus dem Kreis der Wohlhabenderen, jene Kaufleute und bessergestellten Esnaflije, die in der Čaršija Einfluss hatten, jedoch weniger.

Die neue Herrschaft[142] suchte von Beginn an Personen, die zur Kooperation bereit waren. Im ersten Jahr nach der Besetzung der Stadt, als noch die Demokratische Partei[143] in Belgrad die Regierung stellte, war dies besonders deutlich. So war auch der erste Bürgermeister, Giga Tončev, unter der neuen Herrschaft ein Einheimischer, dem als Geschäftsführer sein „serbischer" Landsmann Naka Popović aus Krupac (auf der serbischen Seite der früheren Grenzlinie) zur Seite gestellt wurde.[144] Durch diese Kooperation blieben jene in der Stadt einflussreich, die es auch zuvor unter bulgarischer Herrschaft waren: die Brüder Tokunski (die zu jenen Familien gehörten, die aus Pirot hierher migriert waren), sowie Petar Gigov Brezniški.[145] Hristov beschrieb der Kooperation mit den neuen Parteien seitens der Caribroder so: „Zu Beginn schauten sie sich um, und zeigten ihre Orientierung nicht offen."[146]

Für dieses Umschauen mag eine Rolle gespielt haben, dass die Grenzziehungen der Pariser Friedenskonferenz nicht als endgültige Fakten betrachtet wurden. Überall in Europa befanden sich zu dieser Zeit Grenzen in Bewegung, nichts schien definitiv. Wie wenig die Grenze als letztgültiges Faktum betrachtet wurde, zeigt sich darin, dass sich die Caribroder Esnaflije nach beiden Seiten absicherten. Dies taten sie durch Mittelsmänner, die umgekehrt auch der bulgarischen Regierung über die Lage in Caribrod berichteten. Derart sondierten sie – zumindest bis 1923 – die Stimmung und Einstellung bei den Behörden in Bulgarien. Ein solcher Kontaktmann der bulgarischen Regierung war ein russischer Lehrer in Caribrod, der Informationen an die bulgarische Botschaft in Belgrad übermittelte. Angesichts der Wahlen, so Černišov, überlegten die Caribroder nun, wie sie sich gegenüber der Demokratischen Partei verhalten sollten, die in diesem Augenblick noch den größten Einfluss in der Verwaltung hatte. Verschiedene Kooperationen – etwa mit der serbischen Bauernpartei – seien erwogen, aber wegen ihrer – in den Augen der Caribroder – zu starken serbisch-nationalen Orientierung zurückgestellt worden. Sie beschlossen, eine möglichst

142 Während die Načelnici, wie auch zuvor in Pirot, je nach der Regierungszusammensetzung in der Hauptstadt wechselten, etablierte sich in Dimitrovgrad ausgerechnet ein Priester als feste Größe in der Stadt. Jovan Popović blieb bis Ende der Zwischenkriegszeit in nahezu allen Sphären einflussreich. Er war bis 1934 Vorsitzender der Sokol-Vereinigung, danach der JRZ, sowie Mitglied des Banschafts-Rates. Kaum eine Ausgabe der regionalen Zeitung *Glas Našeg Istoka*, die Mitte der 1930er Jahre erschien, kam ohne eine Erwähnung des „weisen alten Mannes" aus, der in Caribrod offensichtlich viel zu sagen hatte.

143 Im Unterschied zur Radikalen war die Demokratische Partei zunächst bestrebt, als „gesamtstaatlich-jugoslawische" Partei in Erscheinung zu treten. Vgl. Banac, Ivo: The National Question in Yugoslavia. Origins, History, Politics, Ithaca, New York, London, 1985, S. 169–88.

144 Zlatković/Vasev/Vidanović, Dimitrovgrad, 1989, S. 72.

145 Ebenda.

146 Hristov, Pătišta izvărveni, 1979, S. 90.

große Kohärenz nach innen in der bisherigen Stadtgesellschaft zu wahren und mit „einer allgemeinbürgerlichen unabhängigen Liste zu kandidieren.“[147]

Auch der Gymnasialdirektor Gjošev und spätere Führer der Irredenta-Gruppe VRTOP berichtete eifrig nach Sofia. Wie beschrieben existierte bis 1923 noch das bulgarische Schulsystem weiter, bis die Gehaltszahlungen aus Bulgarien eingestellt wurden. Ivan Gjošev informierte in diesem Zeitraum mit nahezu wöchentlichen Berichten, vermittels des Außenministeriums, über die Situation der Schulen in und um Caribrod. In erster Linie ging es dem Direktor dabei um die patriotische Haltung, in den, wie er es nannte, „besetzten Gebieten“. So wurde die Schule etwa anlässlich des Nationalfeiertags zu Ehren von Kyrill und Method am 24.5.1921 feierlich geschmückt „unter der aktiven Unterstützung der Bürger und Bürgerinnen“.[148] Ebenso bereitwillig denunzierte Gjošev jene Lehrer, die mit den serbischen Behörden zu kooperieren begannen, so etwa am ersten Jahrestag der Einnahme der Stadt durch serbische Einheiten, auf dem feierlichen Empfang zugegen waren. Der Direktor nannte deren Namen und forderte ihre Bestrafung. Denn obwohl „die Mehrheit der Bürger“ zu einem Boykott der Veranstaltung entschlossen hatte, „verstanden einige nicht die Bedeutung dieses Boykotts“.[149] Bücher für den Unterricht gelangten dabei auf einem nicht besonders offiziellen Weg in die Stadt. Es war ein Lokführer, der diese bei Beginn seiner Fahrten in Sofia in Empfang nahm und dann den Lehrern in Caribrod weitergab. Gjošev notierte akribisch Zeit der Ankunft und Zahl der Bücher, die auf diese Weise nach Caribrod kamen.[150]

Die Devise, sich in alle Richtungen umzuschauen und abzusichern, als die Bewohner beschlossen, sich an den neuen Herrschaftsstrukturen zu beteiligen, galt wohl besonders für jene, die seit einem Jahr als pensionierte Lehrer ihre Rente aus Bulgarien bezogen. Exemplarisch dafür steht der Versuch des bisherigen bulgarischen Lehrers Georgi Velinov, seinen Einstieg in die Radikale Partei, die seit 1921 tonangebend war und bleiben sollte, den bulgarischen Behörden als patriotische Handlung zu vermitteln. Er würde nun aktives Mitglied der Radikalen mit den folgenden Zielen:

> So viel, wie es geht, wollen wir Caribroder Bulgaren in den Staatsdienst einstellen. Wir können nicht auf hohe Ämter prätendieren, da diese längere Zeit im serbischen Dienst voraussetzen. Bisher sind ein Schreiber bei deren Kreisleitung, zwei Leute in der Post, zwei beim Forstamt, zwei als Bewerter beim Zoll und ein Hilfsschreiber in der Finanzabteilung eingesetzt worden. Von allen genannten ist es für einige schon Tatsache, bei den anderen erwarten wir das. Ein wichtiger Posten von großer Bedeutung ist der Kommisar der Bahnhofspolizei, der zur Verfügung steht.

147 Chiffriertes Telegramm des Botschafters K. Todorov über die politische Stimmung in Caribrod, Beograd, 31.3.1922; zit. nach ZP, Dok. Nr. 124, S. 221.

148 Gymnasium Caribrod, Bericht Nr. 829, 25.5.1921, Caribrod, an das Außenministerium, CDA, F. 166, op. 1, a.e. 502, l. 77

149 Gymnasium Caribrod, Bericht Nr. 1196, 8.11.1921, Caribrod, an das Außenministerium, CDA, F. 166, op. 1, a.e. 502, l. 123.

150 Gymnasium Caribrod, Bericht Nr. 18, 12.2.1922, Caribrod, an das Außenministerium, CDA, F. 166, op. 1, a.e. 502, l. 142.

Da für diesen Dienst noch kein Kandidat vorgesehen war, habe er persönlich sich dafür eingesetzt, dass, bis ein geeigneter unter den Einheimischen gefunden sei, der Posten von einem Serben eingenommen werden könne. Ebenso sei eine Vereinfachung der Grenzformalitäten erreicht worden, so könnten Personen angeblich auch ohne Pass die Grenze überqueren.[151] Das Beste jedoch sei, dass man nun frei reden könne. So habe er bei einer Versammlung in einer Kafana die Anwesenden mit „Brüder Bulgaren" angesprochen, wobei die Serben zusammengezuckt seien und die Kafana verlassen hätten. Seinen Aufruf, das bulgarische Nationalbewusstsein zu bewahren, sei von niemandem gestört worden. Sogar der Kandidat der Radikalen spreche davon, dass sie ihn nicht zu einem Bulgaren machen könnten und er aus ihnen keine Serben, wichtig sei, „dass wir uns verstehen, denn die Türkei sei der gemeinsame Gegner". Zwar sei das sicherlich dem Wahlkampf zuzuschreiben, aber dennoch ein gutes Zeichen. Velinov sah seine Schilderungen als Erfolg seiner bisherigen Kooperation mit der neuen Herrschaft.[152]

Hier wird neben der erwähnten Absicherung auch die Flexibilität auf beiden Seiten sichtbar. Zugleich ist zu vergegenwärtigen, dass es sich noch um die Regierungszeit von Stambolijski handelte, in der ohnehin seitens der bulgarischen Behörden die Situation nicht zusätzlich erschwert wurde. Auch auf den Dörfern traten jene Bauern, die bisher Kmeten waren, in die Radikale Partei ein.[153] Die gesamten zwei Jahrzehnte hindurch blieben zumeist dieselben Personen auf ihren Posten.[154]

Wie gesehen bahnte sich die Kooperation ungleich geräuschloser an als in der Epoche zuvor in Pirot. In den letzten vier Jahrzehnten hatten die Menschen in Caribrod die Verhältnisse in Serbien gut über verwandtschaftliche Netzwerke verfolgen können. Auf der anderen Seite galt dasselbe. Jedoch existierten Kooperation und insbesondere die Integration in neue Strukturen zunächst nur in untergeordneten Funktionen, wie deutlich geworden ist. Interessant dabei ist, dass die Nachfrage nach vermeintlich loyalen (wie erläutert wurde Loyalität mit dem „eindeutigen" Kriterium ethnonationaler Herkunft identifiziert) Personen für Posten aus der nächsten Nähe befriedigt wurde. Ein Großteil der neuen Angestellten kam aus dem „serbischen" Dorf Obrenovac, dem bisherigen Grenzübergang zwischen Bulgarien und Serbien. Obwohl „Zemljaci" (Landsleute) der Caribroder, waren sie nun offenbar lange genug Teil Serbiens gewesen, dass an ihrer Loyalität aus der Perspektive der serbischen Behörden nicht so schnell zu zweifeln war. Zweitens blieben allerdings die leitenden Positionen mit Personen aus Zentralserbien besetzt.[155] Obrenovac war ohnehin eines der Dörfer an der ehemaligen Grenze, das sich nun vollständig auf Caribrod ausrichtete. Der dortige Wochenmarkt war nur 6 km entfernt, im Unterschied zu den 20 km, die nach Pirot zurückzulegen waren. Von 48 Männern aus Obrenovac, dem ehemaligen Čiflik, der über wenig Acker- und Weidefläche verfügte und v. a. durch seine Hans und die vorherige Grenzstation Arbeit geboten hatte, waren nun in Caribrod siebzehn bei der Eisenbahn beschäftigt, zehn gingen zur Polizei (Gendarmerie) oder den Grenztruppen, zwei eröffneten

151 Bericht von Georgi Velinov an das bulgarische Außenministerium über die Lage der Bulgaren unter serbischer Herrschaft, Sofija, 1.3.1923; zit. nach ZP Dok. Nr. 131, S. 228.

152 Ebenda.

153 Ivanov, Skrvenica, 2014, S. 30.

154 Ebenda.

155 Kolić, Božidar: Hronika sela Obrenovca, 1962/63. (Manuskript), S. 27

Kafanas in Caribrod, die übrigen verließen Obrenovac in Richtung Belgrad, um dort als Arbeiter ihr Glück zu versuchen.[156] Schmuggel blieb indessen eine der wichtigsten Ressourcen in Obrenovac, nur dass die Grenze nun etwas weiter entfernt lag.[157]

Während die ehemaligen Lehrer kooperierten, sich dabei aber nach allen Seiten umschauten, waren die Kaufleute, die Esnaflije, zwar nicht minder umsichtig, aber doch zielstrebig. Keiner von ihnen verließ Caribrod wegen des Herrschaftswechsels – und wenn, dann nur aus Vorsicht, um die Lage aus nächster Nähe, etwa aus Kalotina, zu beobachten und dann zu entscheiden. Von jenen, die entweder wichtige Geschäfte, Hotels und Restaurants in Caribrod hielten, arrangierten sich alle recht schnell mit den neuen Behörden. So etwa Petar Brezniški, eine der wohlhabendsten Personen in der Stadt, der sich später damit rühmen konnte, das erste Kino in der Stadt in den 1930er Jahren eröffnet zu haben. Ihm hatten Krieg und Grenze Erfolg gebracht. Durch seine Beschäftigung in der Intendantur während des Krieges gelang es ihm, danach zum Lieferanten der Kaserne aufzusteigen und als Spekulant für die Gegend verhältnismäßig große Gewinne zu erzielen. Dies blieb auch nach dem Herrschaftswechsel so. Zwei Jahre nach der Besetzung beendete er dieses Geschäft und wurde Aktionär der *Osnovna Banka* in Caribrod.[158]

Eine weitere Person, die lange Zeit bis zu seinem unerwarteten Ende geschickt die Gräben des Ersten Weltkriegs überwinden konnte, war Viden Mitov. Als Feldwebel in der bulgarischen Armee war Mitov – wie an verschiedenen Stellen erwähnt wird – offensichtlich für irreguläre Einheiten in Makedonien zuständig. In der Stadt kursierten, nicht nur den Erinnerungen von Stefan Hristov zufolge, Gerüchte über seine Plünderungen während des Krieges. Seine Frau soll mit den „Mitbringseln" aus der Kriegszeit geprahlt haben. Diese verschafften ihm zusammen mit seiner Offiziersrente, die er aus Sofia erhielt, ein gutes Auskommen. Hristov und andere vermuteten, dass ihn die Einbeziehung von Caribrod in den neuen südslawischen Staat vor einem Prozess wegen seines Verhaltens im Krieg bewahrt habe. Auf den ersten Blick klingt dies paradox, da er nun in dem Staat lebte, auf dessen Territorium bulgarische Einheiten – insbesondere im Toplica-Aufstand – zahlreiche Verbrechen begangen hatten. Doch hier scheint für die serbischen Behörden Kooperation Priorität gehabt zu haben. Mitov verhielt sich loyal gegenüber der neuen Herrschaft und bemühte sich zu praktischen Zwecken um gute Beziehungen. Seine Tochter verheiratete er mit einem der neuen serbischen Polizeibeamten. Sein Sohn schlug die Offizierslaufbahn ein. Durch sein öffentliches Eintreten für Serbien wurde er zu einem Feindbild der Vrtop-Anhänger. Sie erschossen ihn am 20.10.1932 am Bahnhof in Sofia, wohin er, wie häufig zuvor, wegen seiner Rente gereist war.[159]

156 Kolić, Hronika, 1962/63, S. 27

157 Ebenda, S. 71

158 Hristov, Pătišta izvărveni, 1979, S. 26.

159 Sein Mörder, der selbst aus Caribrod stammte, erklärte, er sei von Vrtop zu dieser Tat gezwungen worden, um seine Loyalität gegenüber der Organisation zu demonstrieren, da diese zuvor in Zweifel gezogen worden war. Er sei stolz, dass er diese Gelegenheit bekommen habe. Nach kurzer Zeit wurde er aus der Haft entlassen. Viden Mitovs Sohn Aleksandar Vidanović schloss sich während des Zweiten Weltkriegs den Četnici in der Piroter Umgebung an. Nach der Befreiung versteckte er sich in Caribrod, wurde nach einiger Zeit gefunden und von den Partisanen mit dem Tode bestraft. Hristov, Pătišta izvărveni, 1979, S. 11 f.

Eine weitere Gruppe, die in der Stadt präsent war, bestand aus den „Zemedelci", Mitgliedern der Bauernpartei, die nach dem Terror des so genannten „Volksbundes" („Naroden sgovor"), der gegen die Stambolijski-Regierung geputscht hatte, das Land in Richtung Serbien verlassen hatten. Während ein Großteil von ihnen zusammen mit vielen Kommunisten nach deren gescheitertem Aufstand im September 1923 in Niš in Lagern untergebracht wurde, blieben nicht wenige in Caribrod. Recht schnell übte die bulgarische Regierung Druck auf Belgrad aus, dass diese Emigranten sich nicht in der Nähe der Grenze aufhalten sollten. Daraufhin wurden viele Zemedelci in die Vojvodina umgesiedelt. Einige von ihnen erkauften sich das Bleiberecht, indem sie eng mit der serbischen Polizei kooperierten. Darunter auch ein Cvjatko Staniev, der in verschiedensten Kontexten erwähnt wird. Dieser diente den Behörden des SHS-Staates als Kontaktmann unter den Emigranten, erlangte aber nicht nur deswegen einen schlechten Ruf, sondern ebenso, weil er Caribroder bei dem Leiter des Nachrichtendienstes an der Grenze, Tasa Dinić denunzierte.[160]

Die zweite Welle der Emigration bildeten nach dem Attentat auf die Kirche Sv. Nedelja 1925 in Sofia v. a. Kommunisten. Mit dieser Emigration gelangten auch Vlasaki und Ljuba Aleksov zurück nach Caribrod. Ebenso wie viele andere war Vlasaki nach einiger Zeit gezwungen worden, Caribrod zu verlassen, wovon die Briefe an seine Frau zeugen. Das vordringlichste Anliegen insbesondere für seine Frau war es, einen Aufenthaltsstatus im SHS-Staat zu erlangen. Dies gelang Anfang 1926, nachdem sie nachweisen konnten, dass sie aus Caribrod stammten.[161] In diesem Zusammenhang sollte ein weiteres Phänomen erwähnt werden, in dem sich plastisch die Orientierung jenseits bestehender Grenzen zeigte, und die nicht allein in der internationalistischen Ideologie der KP verankert war: Esperanto, sicher eine Modeerscheinung dieser Zeit in Europa im Allgemeinen und in Bulgarien im Besonderen, wo es von der Stambolijski-Regierung gefördert wurde. Doch es ist kein Zufall, dass gerade in dieser Region – auch in Pirot, das seit 1878 zu Serbien gehörte – Esperanto einen großen Reiz auf die Gebildeten ausübte. In einem Gebiet, in dem seitens der Herrschenden in beiden Staaten Sprache als der zentrale Ausweis nationaler Loyalität betrachtet wurde. In der Kommunikation auf Esperanto vermittelte sich das Bedürfnis der Individuen, sich von diesem Zwang zur Eindeutigkeit zu befreien. Die Hälfte der Briefe zwischen Vlasaki und Ljuba Aleksov sind in Esperanto geschrieben. Auch hierin scheint die Möglichkeit von Subjektivität auf, in der die Einzelnen nicht nur Teile eines nationalen Kollektivs sind. Zugleich konnte dadurch nicht jeder Polizeichef in der Provinz die Briefe einfach mitlesen.

5.2.2 Zuspitzung und Eskalation

Einige der Emigranten blieben nicht passiv. Parallel zu der politischen Öffentlichkeitsarbeit in Belgrad[162] gab es auch Versuche seitens der Emigranten, mittels Gewalt auf Entwicklungen in Bulgarien Einfluss zu nehmen. Unter Duldung und auch aktiver Unterstützung der SHS-Behörden unternahmen etwa 20–30 Zemedelci, Anarchisten und Parteilose einen

160 Ebenda, S. 108.
161 Ebenda, S. 125.
162 Vgl. auch: Ristić, Ivan: Bugarska politička emigracija u Kraljevini SHS, in: Istorija 20. veka, 2 (2012), S. 41–61.

Angriff auf die Ortschaft Godeč unweit der Grenze, die zuvor noch zur Caribrodska Okolija gehört hatte. Letztlich blieb der Versuch erfolglos und die Angreifer zogen sich noch am selben Tag nach Caribrod zurück. Stefan Hristov vermutete, dass die Emigranten, angesichts ihrer bulgarischen Uniformen und Mannlicher-Gewehre, die in der bulgarischen Armee verwendet wurden, vom serbischen Geheimdienst ausgestattet waren.[163] Im Jahresbericht der britischen Botschaft in Belgrad für 1925 wurde der Angriff auf Godeč als „ernstestes" Ereignis dieser Art in diesem Jahr genannt. Darin war die Rede von einem Toten, der die Uniform eines serbischen Offiziers trug, während es sich nach bulgarischen Berichten bei einem der Festgenommenen um einen Soldaten der jugoslawischen Armee handeln sollte.[164]

Doch für weitaus mehr Unruhe sorgte die Vrtop-Bewegung in einer engen Wechselbeziehung mit den serbischen Sicherheitsbehörden. Insgesamt unterschied sich das Vorgehen der Sicherheitsbehörden, der Polizei, der Gendarmerie und der Grenzsicherheit nach den Erinnerungen der Gesprächspartner zu diesem Thema[165] deutlich von jenem der politischen Verwaltung. Der Schriftsteller Detko Petrov hat die Erfahrung von Willkür, Misstrauen und Gewalt, das die Landbevölkerung erlebte, literarisch verarbeitet.[166] Darin deutet sich etwas von jener Distanz und dem Unverständnis an, das in den Quellen für die Prozesse vier Jahrzehnte zuvor sichtbar wurde. Der Chef der Grenzsicherheit, Tasa Dinić, verkörperte in den Erinnerungen der Gesprächspartner diese Erfahrung.[167] Seine Nachfolger versuchten zumindest durch ein anderes Auftreten, durch vertrauensbildende Maßnahmen Genaueres über die Stimmung unter den Einwohnern und mögliche Aktivitäten zu erfahren.[168] Dennoch änderte sich nichts an der Verschlechterung der Situation in der Stadt und Umgebung, die seit 1926 besonders spürbar wurde.

In diesem Jahr begannen die ersten weiterreichenden terroristischen Aktionen des Vrtop. Stefan Hristov beschreibt die Jahre 1926 und 1927 als besonders schwer. Die Ursache für die Zuspitzung lag nicht in der Region: Die Ermordung des Generals Kovačević in Štip durch die VMRO am 6.10.1926 führte zur vollständigen Schließung der Grenze für bulgarische Staatsbürger.[169] Die Auswirkungen für die lokale Bevölkerung waren deutlich spürbar. Es kam zur Verdopplung der Zahl der Grenzwächter. Personen, die abends die Stadt verlassen wollten, wurden von nun an überprüft. Junge Männer wurden abends von der Gendarmerie angehalten, in ihren Wohnungen zu bleiben, bzw. aufgefordert, öffentli-

163 Hristov, Pătišta izvărveni, 1979, S. 110.

164 Avramovski, Živko: Britanci o Kraljevini Jugoslaviji, 1921–1930, Beograd, Zagreb, 1986, S. 285.

165 Bei den Gesprächspartnern handelt es sich zumeist um die Jahrgänge ab 1920, welche die Erinnerungen ihrer Eltern wiedergeben oder aber als Kinder diese Zeit erlebt hatten. Vgl. auch Zlatković/Vasev/Vidanović, Dimitrovgrad, 1989, S. 83.

166 Petrov, Detko: Granica, Beograd, 1972.

167 Es ist bemerkenswert, dass dieser Name explizit von den meisten Gesprächspartnern genannt wurde. Tanasije Dinić, Militär und rechtsgerichteter Politiker, war später Innenminister des kollaborationistischen Nedić-Regimes während der deutschen Okkupation Serbiens. 1946 wurde Dinić von den amerikanischen Besatzungskräften in Salzburg verhaftet, nach Jugoslawien ausgeliefert und dort zum Tode verurteilt. Vgl. Tomasevich, Jozo: War and revolution in Yugoslavia, 1941–1945, Stanford, 1975, S. 185.

168 Hristov, Pătišta izvărveni, 1979, S. 160.

169 Avramovski, Britanci, 1986, S. 431.

che Plätze zu verlassen. Insgesamt wurde die Verbindung zwischen Stadt und Grenzdörfern erschwert. Auch wurden alle Wege von der Grenze ins Landesinnere nun bewacht und jeder musste sich dort ausweisen.[170] Reisende, die in Caribrod nur in den lokalen Zug nach Pirot zustiegen, wurden kontrolliert, daher ging Stefan Hristov wie andere auch etwa 10 km zu Fuß bis zur alten Grenzlinie und stieg dann in Obrenovac zu.[171] Eine ganze Kompanie der Gendarmerie wurde in Caribrod stationiert, neue Polizeistationen an den wichtigen Verkehrswegen errichtet sowie bei den Gemeindeeinrichtungen der Dörfer. Allein entlang der Eisenbahnlinie wurden von der Grenze bis Obrenovac vier Polizeistationen eingerichtet. An der Grenze selbst wurden in kurzen Abständen, insbesondere in nicht gut einsehbarem Gelände wie im Burel, alle 4 km neue Grenzerhäuser/Karaulas errichtet, und zwischen den Grenzerhäusern dazwischen in Sichtabstand Wachtürme. Auf Wegen und Ziegenpfaden, die zur Grenze führen, wurden bei Einbruch der Dunkelheit Mienen gelegt, bei Sonnenaufgang wieder entfernt.[172]

Die Behörden beließen es nicht nur bei solchen infrastrukturellen Maßnahmen. Auch die Einwohnerschaft wurde mobilisiert. Städter und Dorfbewohner wurden in Gruppen an die Grenze geschickt, um dort Tag und Nacht zu patrouillieren, aber auch um so genannte Treibjagden in Gegenden durchzuführen, in denen Vrtop-Anhänger vermutet wurden. Die Aufforderung zur Teilnahme wurde auch als Einschüchterung gegenüber Einzelnen aus der Stadt genutzt. So auch gegenüber Žorž Gajdarov. In den Erinnerungen von Ljubomir Aranđelović, der gemeinsam mit Gajdarov die musikalische Sektion der staatlichen Jugendorganisation leitete, wurde Gajdarov zu einer der Treibjagden beordert, von denen er wegen seines kranken Beins bisher befreit worden war. Aus Angst, dass ihm dabei etwas zustoßen konnte, wandten sie sich an den neuen Popen Jovan Popović, der nicht nur viele Ehrenämter in der Stadt innehatte, sondern überaus einflussreich war. Dieser beauftragte ihn mit der Ausarbeitung eines Musikstücks für die Kirche und erklärte ihn damit für unabkömmlich.[173]

Die Anschläge des Vrtop, die Gegenmaßnahmen der Polizei sowie die langen Haftstrafen für mutmaßliche Mittäter veränderten die Atmosphäre in der Stadt. Serbische Beamte besuchten nur noch solche Cafés und Kafanas, deren Besitzer Serben waren, die alteingesessenen Einwohner trafen sich umgekehrt ausschließlich in jenen, die von Einheimischen betrieben wurden.[174]

In der mündlichen Überlieferung wird die Verschärfung auch zumeist damit erklärt, dass die Beschäftigten der Srez-Behörden selbst ihre Berichte in diese Richtung zuspitzten, um dann besondere Zulagen wegen der größeren Gefahr sowie besondere finanzielle Mittel dafür zu fordern, weitere Personen für die Terroristenbekämpfung einstellen zu können. Das Geld sollen die Grenzpolizisten dann für sich behalten haben. Die Massentreibjagden

---

170 Hristov, Pătišta izvărveni, 1979, S. 174.

171 Ebenda, S. 206.

172 Mančev, Krsto: Sărbija i Srăbsko-Bălgarskite Otnošenija 1804–2010, Sofija, 2014, S. 358; Gespräch mit Krsto Mančev, 10.6.2015.

173 Zlatković/Vasev/Vidanović, Dimitrovgrad, 1989, S. 83.

174 Hristov, Pătišta izvărveni, 1979, S. 170 f.

gegen vermeintliche Vrtop-Anhänger sollten die Gefahr in aller Öffentlichkeit demonstrieren.[175]

Doch nicht nur die Verwaltungsleiter nutzten die Situation, um sich zu bereichern, und spitzten diese dieserart gleichzeitig zu. Auch die einzelnen Gendarmen ersannen Wege, von der Instabilität zu profitieren. In Interviews, die Ende der 1960er Jahre mit Dorfbewohnern des Visok und Zabrdje durchgeführt wurden, offenbarte sich eine besondere Strategie der Bereicherung. Erfuhren die Gendarmen, dass sich Anhänger des Vrtop bei einem Bauern versteckten, sprachen sie diesen an, wiesen ihn darauf hin, dass sie davon wussten, und erklärten ihm, dass sie sich bei den höheren Behörden für ihn einsetzen und mögliche Strafen abwenden könnten. Jedoch würde das Geld kosten, um die höheren Stellen zu bestechen. Oftmals kamen danach andere Gendarmen und verlangten wiederum Geld. Dies führte häufiger zu ausweglosen Situationen, in denen sich die Betroffenen zur Migration nach Bulgarien und zum Teil dort für die Zusammenarbeit mit Vrtop entschieden.[176]

Das nahezu abrupte Ende der Gewalt und der Handlungen zeigt anschaulich, wie wenig diese aus den lokalen Verhältnissen induziert war. Mit der schärferen Gangart der bulgarischen Regierung gegenüber der VMRO und damit auch gegenüber Vrtop hörten die Gewaltakte an der Grenze abrupt auf. Das Misstrauen der serbischen Behörden gegenüber der lokalen Bevölkerung und deren Distanz gegenüber der Herrschaft aber blieben für den Rest der Zeit bis zum Einmarsch deutscher und bulgarischer Truppen 1941 bestehen. Insofern hatten die bewaffneten Aktionen tatsächlich anhaltende Folgen in der Region.

In der bulgarischen Publizistik werden nicht viele Worte über die Ursachen der Mobilisierung für Vrtop und deren Akteure verloren, denn für einen Großteil der Autoren handelt es sich dabei um einen natürlichen, gleichsam organischen patriotischen Reflex gegen jede Art von Fremdherrschaft. Den Ursachen und Akteuren kann an dieser Stelle nicht nachgegangen werden, zudem wäre eine gründliche Auswertung von Quellenbeständen notwendig, die bisher nur zum Teil herangezogen werden können. Jedoch können auch auf Grundlage der bisher publizierten Quellen einige Thesen aufgestellt werden: Erstens war im Vergleich zur VMRO in einem noch viel stärkeren Maße der bulgarische Staat involviert. Es kam erst nach dem Sturz der Stambolijski-Regierung „plötzlich“ zu bewaffneten Zusammenstößen an der Grenze. Ebenso wie die bulgarische Regierung die legalen Flüchtlingsorganisationen unterstützte, ist davon auszugehen, dass sie die Aktivitäten des Vrtop zumindest nicht verhinderte. Wie die VMRO hatte der Vrtop zumindest in der Administration Unterstützer. Dies zeigte sich plastisch bei dem Zerfall der Organisation. Zunächst wurde mit Unterstützung des Innenministeriums eine Strömung forciert, die sich für die friedliche Wiederangliederung der so genannten „Westlichen Gebiete“ einsetzte. Als sich jedoch der Streit zwischen den beiden Strömungen hin zu ernsthafteren Handgreiflichkeiten verschärfte, war es die Polizei, die beide „Seiten“ zu einem Treffen einlud, bei dem sie sich aussöhnen sollten. Ivan Gjošev, zuvor Direktor des Gymnasiums in Caribrod und Anführer der kompromisslosen Fraktion, weigerte sich allerdings in der Hoffnung, dabei von Vertrauten von VMRO-Anhängern im Innenministerium unterstützt zu werden. Doch Gjošev

175 Stellvertretend für zahlreiche andere: Kostadin Kostićs Erinnerungen in Zlatković/Vasev/Vidanović, Dimitrovgrad, 1989, S. 81.

176 Ebenda, S. 84.

hatte sich verkalkuliert. Nach dem Attentat an König Aleksandar in Marseille und der Ausrufung der Königsdiktatur verlor die VMRO in Bulgarien an Boden. Schließlich wurde Gjošev schlicht fallengelassen. Die genauen Dossiers zu Ivan Gjošev, über welche die Polizei verfügte, zeigen ebenso, dass sich das Innenministerium mit der Organisation, von der sie nach außen noch nie gehört hatte, bestens auskannte.[177] Im Hinblick auf die gewaltsamen Praktiken erscheint Vrtop als eine Art Franchise der VMRO. Logistik und Material der ersten Aktionen stammten aus dieser Organisation. Auch die zunehmende Dominanz von Bombenattentaten ging darauf zurück. Daran zeigt sich, dass es weder eine größere Bewegung war, noch zu Anfang überhaupt Menschen der Region in ausreichender Zahl mobilisiert werden konnten. Die Führung von Vrtop bestand wie aufgezeigt aus Teilen der Intelligenz aus Caribrod und Bosilegrad. Jene, die bewaffnet über die Grenze gehen und den „Freiheitswillen" demonstrieren sollten, kamen aus den Dörfern in der Umgebung der beiden Städte. Meistens handelte es sich, wie etwa bei Nacko Ilijev aus Radejna, um junge Männer, die auf der Suche nach Arbeit nach Sofia gekommen waren. Nacko Ilijev verdingte sich als Hilfsarbeiter in einer Bäckerei und bekam dann von einem Bekannten das Angebot, sich erstens für weit mehr Geld und zweitens für eine große Sache in den Dienst der Nation zu stellen. Andere wurden, wie am Mord von Viden Mitov zu sehen, zu solchen Taten als Loyalitätsbeweis gedrängt, unter der Versicherung, dann einer großen und mächtigen Organisation anzugehören. Tatsächlich wurde, wie bereits erwähnt, Viden Mitovs Mörder von der bulgarischen Polizei vor Nachfragen aus Jugoslawien gedeckt, bis er letztlich in einem Schusswechsel mit der serbischen Polizei umkam. Obwohl die Zahl der Unterstützer mit der intensivierten Repression durch die serbischen Behörden wuchs, genoss der Vrtop keine Sympathie in der Bevölkerung. Vielmehr wurde er für die Verschlechterung der Lage verantwortlich gemacht.[178]

Ein weiteres Topos des bulgarischen Meisternarrativs, das in Zusammenhang mit der Dynamik der Gewalt steht, ist die nahezu permanente Schließung der Grenze, die das Leiden der Menschen nur verschlimmerte und die Gräben zwischen lokaler Bevölkerung und den neuen Machthabern bis zur Unversöhnlichkeit vertiefte. Die Briefe der Gajdarovi können dabei helfen, eine differenzierte Vorstellung davon zu entwickeln, in welchem Maße die neue Grenze zu einer schwer zu überwindenden Barriere wurde.

Wie schon eingangs betont, wäre es verkehrt, in der Korrespondenz der Gajdarovi eine explizite Bezugnahme auf die konkreten Verhältnisse zu erwarten. Dass diese in den Briefen ausbleibt zeigt zweierlei: erstens welche existentiellen Fragen zu dieser Zeit die Familienmitglieder bewegten und nicht mit den Auseinandersetzungen um die Grenze zusammenfielen. Zweitens kann die Absenz dieser Dimension auch auf die Vorsicht hindeuten, die mit der Erfahrung der Zuspitzung der Verhältnisse vor Ort verbunden war. Wohlgemerkt schrieben sich die Schwestern über wichtigere Dinge auf Russisch. Ebenso sollte nicht angenommen werden, die Dimension des Nationalen wäre den Schwestern gleichgültig gewesen. Das war keineswegs der Fall, wie in den Briefen deutlich wird, die Ljuba Bourdillon 1941 nach der Besetzung Caribrods durch bulgarische Truppen schrieb. Dort verlieh

177 Exemplarisch als einer von zahlreichen Berichten des Innenministeriums: Bericht der Polizeidirektion über die Aktivitäten von Vrtop – Flügel Iv. Gjošev; zit. nach ZP, Dok. Nr. 269, S. 452 f.

178 Gespräche mit Sreten Igov, 12.5.2015, und Ivan Ivanov, 20.4.2014.

sie ihrer Hoffnung Ausdruck, dass nun bessere Gesellschaft in Caribrod anzutreffen wäre: „надявам се че сега имате подобро общество въ Царибродъ" („ich hoffe, ihr habt jetzt bessere Gesellschaft in Carib od").[179] Weiter hieß es im Brief, Žorž könnte jetzt ein Heim gründen, denn „трябва сега да имате много добри български семейства въ Цариброд" („es gibt jetzt wahrscheinlich viele gute bulgarische Familien in Caribrod").[180] Eine weitere Bemerkung aus dieser Zeit zeigt, dass die Grenze durchaus ein Hindernis war, denn bei einer der wiederholten Anregungen an Draga, doch zur Verwandtschaft in Sofia zu fahren, betonte Ljuba: „сега лесно се отива за София" („jetzt kann man leicht nach Sofia fahren").[181]

Doch ist es wichtig zu betonen, dass es auch zuvor nicht unmöglich war. Die administrativen Schwierigkeiten werden weiter unten behandelt, hier gilt es, sich noch einmal klarzumachen, dass es sich auch dabei um eine Entwicklung handelte, in welcher der Charakter der Barriere kontinuierlich zunahm, um dann wieder ab Mitte der 1930er Jahre zu schwinden. Gleichwohl spielt die Grenze in der Korrespondenz eine prominente Rolle.[182] Es ist in erster Linie die Wechselhaftigkeit von Offen und Geschlossen, die den Menschen zu schaffen machte, weniger die Herausforderung einer hermetisch abgeriegelten Grenze. Ljuba schickte aus Genf zwischen 1921 und 1924 weiterhin Schecks und Pakete für Draga in Caribrod und zu ihrer Schwester nach Sofia. Es war v. a. Improvisation gefordert, um auf die schnell wechselnden politischen Wetterlagen zu reagieren: In einem Brief von 1925 fragt Ljuba ihre Schwester Draga, ob ein dortiger Genfer Student, der auf seiner Rückreise durch Caribrod fuhr, das Paket auch am Bahnhof abgeben könne.[183]

Selbst in der Phase, in der sich die Anschläge häuften, wird in den Briefen immer wieder auf Aufenthalte in Sofia Bezug genommen. Der zweite Sohn, Nikola, lebte zu dieser Zeit bei seiner Tante in Sofia und ging 1927 dort zur Schule. Da es Schwierigkeiten gab, bat Marija ihre Schwester, nach Sofia zu kommen. So reiste Draga auch wiederholt wegen ihrer Rente nach Sofia.[184] In den Jahren intensivierten Terrors und häufiger

179 Ljuba Bourdillon an Draga Gajdarova, Genf, 14.12.1941, S. 2.

180 Ebenda, S. 4. Wobei es durchaus sein kann, dass Draga die Tatsache der ungewöhnlich langen Junggesellenzeit ihres Sohnes womöglich mit dem Verweis auf die „nationalen Verhältnisse" zu rechtfertigen versuchte.

181 Ljuba Bourdillon an Draga Gajdarova, Genf, 14.12.1941, S. 2.

182 Schon in der ersten Phase bis 1923 gab es kurzfristige Schließungen der Grenze: Ljuba Bourdillon, die in Sofia war, hatte von Žorž in einem Brief erfahren, sollte die Grenze offen sein, würde auch Draga nach Sofia kommen. Sollte die Grenze nicht geöffnet werden, überlegte Ljuba, ob sie mit ihrem Schweizer Pass nach Caribrod reisen könne. In demselben Brief riet sie davon ab, Žorž schon zu diesem Zeitpunkt in die Schweiz zum Arbeiten zu schicken. Dafür sei es noch viel zu früh. Es ginge auch nicht in Genf, sondern nur in anderen Kantonen, außerdem sollte dieser vollständig gesund sein, wenn er dort Arbeit suche. Zu dieser Zeit war Draga verschuldet, so berichtet sie in Briefen an Žorž Anfang 1920 – offensichtlich hielt sich dieser länger in Sofia auf –, dass ihr eine Kommode von einem Gläubiger abgenommen wurde. Marija Stojnova an Draga Gajdarova, 1.1.1921.

183 Ljuba Bourdillon an Draga Gajdarova, Genf, 5.3.1925.

184 Dies wird daran deutlich, dass in einem Brief von 1929 im Zusammenhang mit Dragas Pensionskarte und der Möglichkeit, ihre Rente abzuholen, festgehalten wird, dass diese dafür persönlich anwesend sein müsse. Marija Stojnova an Draga Gajdarova, Sofia, 1928_12_02 An anderer Stelle, wohl ein Entwurf an eine Behörde, heißt es: „Докато Цариброд беше български азъ получавах пенсията си по установения редъ, а отькато Цариброд стана сърбски, азь идвамъ да получавамй пенсията

Grenzschließungen bekam Draga regelmäßig Einladungen nach Sofia. Auch Žorž hielt sich dort insbesondere zwischen 1929 und 1932 wiederholt für längere Zeit auf. Draga sagte allerdings häufiger die Einladungen ab. Dabei hob sie ihren permanenten Geldmangel hervor. Wäre die Grenze wirklich ein unüberbrückbares Hindernis gewesen, hätten sich in den Briefen vermutlich Anspielungen auf die „Verhältnisse" gegeben. Es ist kaum anzunehmen, dass es an weltfremder Naivität lag, dass Marija ihre Schwester ab und zu dafür kritisierte, dass Draga sie nicht besuchte. Nicht Weltfremdheit, jedoch die räumliche Distanz und dadurch Unkenntnis der Verhältnisse könnten für ihre Schwester Ljuba in Genf der Grund dafür gewesen sein, dass Draga so selten aus der nun serbischen Provinz in die ehemalige Hauptstadt reiste.[185] Doch auch das ist unwahrscheinlich, da Ljuba enge Beziehungen zum bulgarischen Konsulat in Genf pflegte. Es ist wichtig, darauf hinzuweisen, dass es sich hier um relativ privilegierte Menschen handelte, die Zugang zu Pässen und auch den finanziellen Mitteln für Zugreisen hatten. Das traf für den Großteil der Landbevölkerung nicht zu. Für viele Menschen aus den Dörfern unmittelbar an der Grenze bedeuteten die Schließungen tatsächlich, dass sie ihre Felder nicht bearbeiten konnten. Der wechselnde Druck von Gendarmerie und Vrtop-Anhängern führte immer häufiger zu der Entscheidung zu migrieren.

5.2.3 Migration

Migration ist das dritte zentrale Topos der Zwischenkriegszeit, zu dem zugleich bisher keine wissenschaftlichen Untersuchungen vorliegen. Vielmehr dominiert in der bulgarischen Publizistik das Bild ununterbrochener Flüchtlingsströme, welche die neue Grenzziehung auslöste. Mančev schränkt dies aber mit Blick auf die Sozialstruktur ein.[186] Derart viele Menschen konnten kaum ihren gesamten Besitz in den Dörfern aufgeben. Daher geht es v. a. darum, auszuloten, inwieweit die Grenzziehung einen Impuls für eine schon längere existierende Motivation zu Migration aus ökonomischen Gründen und weniger die Ursache selbst war.

Zunächst gab es tatsächlich sporadisch Aufforderungen der bulgarischen Behörden an die Lokalbevölkerung, ihre Dörfer zu verlassen, doch spätestens mit der Regierung Stambolijski wurden Forderungen gegenüber dem Völkerbund erhoben, dass die Nachbarstaaten Geflohene wieder aufnehmen sollen. Angesichts der Migrationsströme aus Makedonien, jenen Teilen, die an den SHS-Staat und Griechenland gefallen waren, kam es in den folgenden Jahren zur Gründung einer „Hauptdirektion für Ansiedlung von Flüchtlingen", die

си съ сърбския паспорт." („Solange Caribrod bulgarisch war, erhielt ich meine Pension den bestehenden Regeln entsprechend, aber nachdem Caribrod serbisch wurde, brauche ich, um meine Rente empfangen zu könnne, meinen serbischen Pass.") Briefentwurf undatiert mit der Überschrift „Заявление оть Драга Г. Гайдарова – пенсионерка (царибродска жителка)". Marija Stojnova an Draga Gajdarova, Sofija, 2.12.1928.

185 1932 Ljuba Bourdillon riet ihrer Schwester, für längere Zeit nach Sofia zu fahren, und wunderte sich, dass Žorž sie noch nicht dorthin gebracht hatte. Dort könne sie endlich unter Verwandten sein. In Caribrod sei sie doch nur immerzu einsam. Ljuba fragte, ob Draga Gajdarova dort überhaupt jemanden zum Reden hätte. Ljuba Bourdillon an Draga Gajdarova, Genf, 1.11.1932. Tatsächlich schrieb ihr Draga einige Tage danach aus Sofia; Ljuba Bourdillon an Draga Gajdarova, Genf, 13.11.1932.

186 Mančev/Gudeva, Zapadnite Pokrajnini, 1990, S. 6.

von 1926 bis 1931 existierte. In diesem Zusammenhang wurde auch ein „Flüchtlingskredit" beim Völkerbund beantragt, dessen Gewährung sich durch das Ausbleiben der im Gegenzug dafür geforderten Beendigung der VMRO-Unterstützung lange hinzog. Nachdem Bulgarien der Flüchtlingskredit gewährt wurde, konnten Flüchtlingsfamilien etwa 30 Dekar Land und ein Haus erhalten.[187] Jene, die aus Caribrod und den umliegenden Dörfern nach Sofia migriert waren und in den Genuss dieser Unterstützung kamen, wurden in den unterschiedlichsten Regionen des Landes verteilt. Viele kamen nach Ferdinand, hauptsächlich nach Nordbulgarien, Pleven und Nikopol. Zahlreiche Familien aus dem Burel führte das Programm des „Pozemlenie" (Ausstattung mit Land) in diese Gegend.[188] Das Ausmaß der Unterstützung bewegte sich zwischen 10.000 und 20.000 Leva. Allerdings war das Programm bei weitem nicht so großzügig, wie es auf den ersten Blick scheint. Die Flüchtlinge hatten das von der Regierung gewährte Land und Haus abzubezahlen.[189] Viele kehrten daher schon in den 1930er Jahren in ihrer Dörfer im Burel zurück, da sie sich nicht an die neuen Lebensbedingungen, insbesondere in der Gegend um Pleven, anpassen konnten.[190]

Krsto Mančev geht von maximal 10.000 Flüchtlingen aus den nun zu Serbien gehörenden Gebieten aus, die zeitgenössische Propagandaliteratur von 20.000.[191] Insgesamt kam es zu zwei Migrationswellen. 1920 waren es, wie beschrieben, zunächst v. a. die bisherigen Beamten, welche die Stadt verließen. Von den kleineren Handwerkern kehrten in den Jahren darauf viele nach Caribrod zurück. Eine zweite Welle der Migration setzte um 1927 ein und intensivierte sich v. a. 1929. Die Gründe, warum ausgerechnet im Frühjahr 1929 um die 108 Personen aus der Caribroder Gegend illegal über die Grenze nach Bulgarien kamen, sind unklar. Es waren aus allen Dörfern Gruppen, jeweils regelmäßig Gruppen von zehn jungen Männern.[192] Wahrscheinlich handelte es sich um eine Folge wachsender Unsicherheit, die auch in den vermehrten Todesfällen an der Grenze Ausdruck fand und der weiterhin schwierigen wirtschaftlichen Situation, ebenso konnten sich die jungen Männer dieserart dem Wehdienst entziehen. Während noch, wie im Kapitel zuvor beschrieben, aus den Piroter Dörfern wie Krupac eine konstante Arbeitsmigration nach Sofia bis zu Beginn der Balkankriege stattfand, war dieser legale Weg unter den neuen Bedingungen der ständigen Schließung der Grenze und der damit verbundenen Ungewissheit kaum möglich.

Insbesondere häuften sich aber, wie erwähnt, zwischen 1929 und 1930 die Todesfälle an der Grenze. Häufig wurden Menschen, die versuchten, illegal die Grenze zu überqueren (ein 70-jähriger Mann und seine achtzehn Jahre alte Schwiegertochter), an der Grenzlinie tot aufgefunden. Darunter etwa ein Ehepaar, das zunächst nach Bulgarien geflüchtet war, nach drei Jahren zurückkehrte und schließlich beim erneuten illegalen Grenzübergang nach Bulgarien getötet wurde. Neben dem Schießbefehl und der wachsenden Zahl der Menschen, die nun die Grenze illegal zu überqueren versuchten, kam ein weiterer Grund für die Häu-

187 Mančev, Sărbija i Srăbsko-Bălgarskite Otnošenija, 2014, S. 356.
188 Ivanov, Banski dol, 2010, S. 29.
189 Angaben zu den Flüchtlingsfamilien in Ferdinand (heute Montana), August 1927; zit. nach ZP, Dok. Nr. 167, S. 271.
190 Ivanov, Skrvenica, 2014, S. 30.
191 Mančev, Sărbija i Srăbsko-Bălgarskite Otnošenija, 2014, S. 357.
192 Ivanov, Dragovina Zlatna, 2007, S. 45.

fung von Todesfällen an der Grenze zum Tragen.[193] Es schien sich dabei auch um Strafmaßnahmen der Gendarmerie gehandelt zu haben, eine Praxis, die zwischen 1948 und 1956 besonders intensiv praktiziert werden sollte. Exemplarisch dafür war ein Fall in dem Dorf Skrvenica. Dort wurde ein junger Dorfbewohner, Ivan Denkov „beim Fluchtversuch“ erschossen. Allerdings war dessen Familie der Ansicht, dass es sich dabei um eine Vergeltungsmaßnahme der Polizei handelte, da dieser nicht die Absicht hatte, sein Dorf zu verlassen, da sein Bruder, nachdem er einen Gendarmen verprügelt hatte, über die Grenze geflohen war. Vielmehr nahmen sie an, dass er an Stelle seines Bruders die Prügel an dem Polizisten sühnen sollte.[194]

Die bulgarische Staatssicherheit verhörte die Flüchtlinge, die illegal über die Grenze gekommen waren. Es handelt sich dabei zumeist um standardisierte Auskünfte, in denen hauptsächlich die Unterdrückung durch die serbische Polizei im Vordergrund steht. Doch wird auch eine Gemengelage deutlich, da in den Protokollen immer wieder erwähnt wurde, dass sie keine Arbeit bekämen:

> Die Serben geben uns keine Arbeit, und deshalb war ich gezwungen, nach Bulgarien zu flüchten. Wir verabredeten uns mit einigen Leuten und am 6.5. dieses Jahres um zehn Uhr abends überquerten wir zwischen den Posten 14 und 15 die Grenze und meldeten uns dann. Hier in Bulgarien habe ich einen Onkel namens Gero, der in der Straße Nišava Nr. 125 lebt und von dem ich denke, dass er mir helfen kann, Arbeit zu finden.[195]

In einem Bericht der bulgarischen Botschaft zu den Ursachen der Migration wird hervorgehoben, dass diese schon lange zuvor existiert habe. Es seien v. a. die schwierigen Lebensbedingen in diesen „passiven Gebieten“, die sich durch die Grenzziehung und die damit erzeugte Teilung ihres Besitzes noch verstärkt habe. Doch sollte diese Migrationsbewegung nicht unterstützt werden, um die schon existierende Migration im Land nicht zu vergrößern. Wenn sie schon nicht aufzuhalten sei, dann sollte sie kanalisiert werden. Nach der Migrationsbewegung aus Makedonien seien es nun v. a. Menschen aus den „Westlichen Gebieten“, deren Migration primär der Absicht der Serben diene, alle fremden Elemente aus Serbien zu entfernen. „Human betrachtet ist es unsere Pflicht, diese Menschen aufzunehmen, doch neben dieser Bürde hat es auch seine gute Seite, dass sich in den engen Grenzen Bulgariens alle jene versammeln, die sich bulgarisch fühlen.“[196] Der offizielle Weg in den ruhigen Phasen des ansonsten unruhigen Jahrzehnts, nach Bulgarien zu gelangen, waren Visaanträge bei der bulgarischen Botschaft. Vergegenwärtigt man sich die Entfernungen, wird deutlich, was für eine Hürde eine Reise nach Belgrad für die Landbevölkerung darstellte. Zugleich waren sich die Behörden nicht ganz im Klaren, ob es überhaupt sinnvoll war, solche Visa auszustellen. So bat der Botschafter in Belgrad um Instruktionen zu dieser

193 Ebenda.

194 Ivanov, Skrvenica, 2014, S. 31.

195 Staatssicherheit, Protokoll der Befragung von Boris Sokolov, Sofija, 10.5.1929; zit. nach ZP, Dok. Nr. 184, S. 303.

196 Schreiben des bulgarischen Botschafters in Belgrad an die bulgarische Regierung zu den Ursachen der Aussiedlung der Bevölkerung der Westlichen Gebiete nach Bulgarien, 23.6.1929; zit. nach ZP, Dok. Nr. 188, S. 310.

Frage. Dabei kritisierte er die Haltung der Delegation in Pirot, während der bulgarisch-jugoslawischen Verhandlungen über die Verbesserung der Verhältnisse an der Grenze unflexibel gewesen zu sein und zu sehr auf ihren Forderungen beharrt zu haben. Prioritär sei dagegen die punktuelle Verbesserung gewesen:

> Man sollte nicht aus dem Blick verlieren, dass diese neue Grenzziehung vielleicht doch nicht von kurzer Dauer sein wird, wie manche denken, und dass das SHS uns gegenüber psychologisch und aus Notwendigkeit nicht großzügiger sein wird als gegenüber den anderen Nachbarn, und dass mit Verhandlungen und Korrektheit mehr erreicht werden kann als mit anderen Mitteln.[197]

Dennoch sollte die Dimension von Gewalt als Motiv nicht unterschätzt werden. Die Erfahrung von beständiger Unsicherheit wird bei den meisten den Ausschlag für die Migration gegeben haben. Das wird besonders daran deutlich, dass Mitte der 1930er Jahre viele der ärmeren Familien aus dem Burel in ihre Region zurückkehrten, und die klassische saisonale Arbeitsmigration, etwa in die nahegelegenen Bergwerke wie Pernik, wieder einsetzte.

Dass die Grenze gerade in diesen Jahren ein schwer zu überwindendes Hindernis war, zeigt sich auch in den Treffen an der Grenze, die einmal jährlich stattfinden sollten, damit sich Familienmitglieder wiedersehen konnten, von denen im dritten Kapitel die Rede war. Auf diese Weise wanderte der „Blagi Petak“ weiter nach Osten. Doch dabei veränderte er sich grundlegend. Das neue Datum des Feiertags und die Transformation in einen Trauertag, von einem Jahrmarkt und Volksfest zu einer streng reglementierten Begegnung aus der Ferne, zeigten diese Wandlung an. Bei allen Verabredungen und Bekundungen auf beiden Seiten kam es nur sehr selten zu wirklichen Treffen. Wenn überhaupt, dann erlaubten die jugoslawischen Behörden etwa 1935 nur, dass die Menschen von beiden Seiten einander aus 100 m Entfernung zurufen konnten. Im besten Fall wurden Kinder von den Polizisten von der einen zur anderen Seite getragen, oder konnten sich kleine Gruppen in der Mitte treffen. Dieses Zögern insbesondere der Behörden auf jugoslawischer Seite, die Grenze zu öffnen, stand in Zusammenhang mit der Ausrichtung, mit der diese – zunächst einseitigen – Veranstaltungen in den Jahren zuvor institutionalisiert waren. Oft war die Präsenz der Symbole der Flüchtlingsorganisationen aus Bulgarien der Grund dafür, dass die jugoslawischen Behörden das bereits verabredete Zusammentreffen abbrachen. Denn nach dem Fall von Aleksandăr Stambolijski hatte sich insbesondere seit 1924 die Institution jährlicher Treffen zu „Trauerfeiern“ an zwei Punkten entwickelt, Slavčeto bei Bosilegrad und Kalotina bei Caribrod. Die Vertreter der emigrierten Intelligenz, der Flüchtlingsorganisationen und der Kirche hielten anlässlich des Tages der Unterzeichnung des Vertrags von Neuilly Trauerzeremonien in unmittelbarer Nähe der Grenzlinie der vom „nationalen Organismus abgetrennten Teile“.[198] Für die jugoslawischen Behörden stand diese eigentümliche Sakralisierung nationalen Territoriums als geplagtem Körper viel stärker im Vordergrund, da sie auch aufgrund der Ähnlichkeit der nationalistischen Semantiken zu Raum und Territorium gut verstanden und als Bedrohung empfunden wurde. Diese überblendete vollständig die Bedürfnisse der lokalen Gesellschaft nach Kontakten, und sei es in der Form von

---

197 Ebenda.
198 Mančev, Sărbija i Srăbsko-Bălgarskite Otnošenija, 2014, S. 360.

jährlichen Treffen, wie sie etwas weiter westlich nahezu drei Jahrzehnte lang praktiziert worden waren.

5.2.4 Dvuvlastnici – Landeigentümer zwischen den Grenzen

Während ritualhaft die Trennung des nationalen Körpers betrauert wurde, war es für die Dörfer unmittelbar an der Grenze eine tägliche Herausforderung, ihre Felder weiter zu bestellen. Das Aufkommen der so genannten „Dvuvlastnici" („Doppelbesitzer") war wie bei der ersten Grenzziehung ein unerwünschtes Nebenprodukt – diese mussten tagtäglich über die Grenze migrieren. Solche Bewegung war nun aber zumindest auf der jugoslawischen Seite explizit unerwünscht.

Während der Stambolijski-Regierung konnten die Doppelbesitze ohne weitere Formalitäten bearbeitet werden. Eine provisorische Regelung seitens der SHS-Regierung ermöglichte den Doppelbesitzern Zugang zu ihrem Land mit einem so genannten „otkrit list", einem „offenem Papier". Insgesamt blieb es bei den Regeln, die an der bisherigen Grenze galten. Es gab die Verpflichtung zur Anmeldung beim nächsten Grenzposten, auch konnte die Grenze nur am Tage überquert werden.[199] Nach dem Sturz der Stambolijski-Regierung und den gewaltsamen Auseinandersetzungen entlang der neuen Grenzlinie wuchs der Druck auf die bulgarische Regierung zur Beseitigung dieses aus der Sicht des SHS-Staates unhaltbaren Zustandes.[200] Im Frühjahr 1929 sollte eine Konferenz der so genannten „Gemischten Bulgarisch-Jugoslawischen Kommission" in Pirot Abhilfe schaffen.

Es blieb allerdings zunächst bei heftigen Debatten ohne Ergebnis. Die bulgarische Seite war überrascht von der harten Position der jugoslawischen Delegation, welche die sofortige Auflösung der Doppelbesitze forderte. Besonders nach dem Mord an einem serbischen General durch VMRO-Četas in Makedonien strebte die jugoslawische Regierung durch die Auflösung der „dvuvlasni imoti" eine Erhöhung der Sicherheit an der Grenze an. Schließlich wurde diese Frage allerdings zurückgestellt und zunächst ein Regelwerk entworfen, in dem alle Fragen behandelt werden sollten. Es wurden die drei Regelwerke A, B und V vereinbart und ein zusätzlicher, G, der jene Fragen enthielt, in denen keine Einigung erzielt werden konnte. Regelwerk A bestimmte, was unter Doppelbesitzen zu verstehen war. B enthielt die Aufgaben der Grenzdienste der beiden Seiten in diesen Angelegenheiten. V sah polizeiliche Erleichterungen vor, die sowohl für die Doppelbesitzer als auch für die übrige Bevölkerung gelten sollten.[201]

Auf der Konferenz wurde vereinbart, dass die Grenze weiterhin nur mit gültigen (dies galt auch für die Doppelbesitzer) Pässen überquert werden konnte, die einen so genannten „graničen list" („Grenzpapier") enthielten. Die bulgarische Delegation hatte gefordert, dass die Doppelbesitzer sich nur mit einem solchen Papier bewegen können sollten, während bei Saisonarbeitern ein Gruppenpass ausreichen sollte. Die jugoslawische Delegation kam diesen Forderungen nicht entgegen, einzig die Reduzierung der Gebühren für die Ausstel-

---

199 Befristete Anordnung der serbischen Behörden zur Grenzpassage. Bulgarische Übersetzung, Beograd, 18.9.1920; zit. nach ZP, Dok. Nr. 186, S. 159.

200 Mančev, Sărbija i Srăbsko-Bălgarskite Otnošenija, 2014, S. 359.

201 Kosev, Dimităr K.: Vănšnata politika na Bălgarija pri upravlenieto na Andrej Ljapčev, Sofija, 1995, S. 98–101.

lung des Grenzpapiers wurde vereinbart. Weiterhin wurde beschlossen, eine direkte Telefonlinie zwischen Sofia und Belgrad einzurichten sowie zwischen beiden Staaten Eisenbahn- und Telegrafenkonventionen abzuschließen.[202]
Die Ratifizierung einer Erklärung im April 1929 für die Gründung einer gemischten Kommission, die alle strittigen Grenzfragen untersuchen sollte, gelang jedoch nicht, da die SHS-Regierung nach dem als Provokation verstandenen Besuch des Ustaša-Führers Pavelić in Sofia aus Protest davon Abstand nahm.[203] Erst auf Druck der britischen Botschaft und trotz neuerlicher Zwischenfälle, Bombenexplosionen in Makedonien und in der Nähe von Pirot wurde im September desselben Jahres die vorgeschlagene gemischte Kommission gegründet, die in Pirot zusammentraf. Ebenso unterzeichneten beide Staaten die gemeinsame Erklärung der gemischten Kommission, obwohl im November weitere Anschläge folgten, so am 21.11.1929, als der Simplon-Express bei Caribrod auf eine Miene traf.[204] Die Vereinbarung sah vor, dass der Tausch von Besitz an der Grenze den Einwohnern selbst überlassen werden sollte. Im folgenden Frühjahr sollte eine gerichtsähnliche Kommission gebildet werden sowie eine Kommission als zentrale Appellationsinstanz für fünf lokale Kommissionen. Dort sollten alle Streitfälle entschieden werden, die nicht vor Ort geregelt werden konnten.[205]

Eine scheinbare Lösung der Probleme war mit einer Konvention zur Liquidierung der Doppelbesitze in Sicht, die am 14.2.1930 unterzeichnet wurde und am 30.3.1930 in Kraft trat. Die strittige Forderung nach eine demilitarisierten Zone wurde aufgegeben und ein Kompromiss formuliert, in dem alle jene als Doppelbesitzer betrachtet wurden, die innerhalb von 10 km ein Haus auf der einen und ihren Besitz auf der anderen Seite der Grenze hatten. Ebenso wurde eine „Ständige Gemischte Kommission" eingerichtet, die all jene Zwischenfälle untersuchen sollte, in denen nicht nach dem Protokoll B der Piroter Konferenz verfahren werden konnte. Ein erneutes Attentat in Pirot am 3.3.1930 mit einem Toten und mehreren Verletzten war der erste Fall, mit dem sich die Gemischte Kommission befasste.[206] Die zweite wichtige Instanz, die im Februar 1930 angestrebt wurde, war die 1931 eingerichtete Zentrale Gemischte Kommission für die Liquidation der Doppelbesitze.[207] Zu diesem Zeitpunkt, Ende 1931, als die Kommission zusammentrat, ging es noch um 15.660 ha von 17.400 ha, die aufzulösen bzw. verkaufen und einzutauschen waren. Dabei handelte es sich nach Einschätzungen der britischen Botschaft in erster Linie um Gemeindeland in 7.500 Besitzen. In Privatbesitz waren etwa 5.000 ha. Die Auflösung kam indessen kaum voran. Die Kommission vermeldete Ende 1931 die Regelung für 1.800 ha auf der jugoslawischen und 2.400 ha auf der bulgarischen Seite.[208] Vorgesehen war, bis 1933 das Verfahren beenden zu können, doch die Frist für die Auflösung wurde verlängert.[209]

202 Mičeva, Bălgaro-Jugoslavski Sporazumenija, 1972, S. 173.
203 Avramovski, Britanci, Bd. 1, 1986, S. 596.
204 Ebenda, S. 598.
205 Ebenda, S. 599.
206 Ebenda, S. 651.
207 Avramovski, Britanci, Bd. 2, 1986, S. 17.
208 Ebenda.
209 Ebenda, S. 91.

Das lag offensichtlich nicht nur an dem Zögern der Landbesitzer, sondern auch an dem vertragsbrüchigen Verhalten der Behörden. In einigen Dörfern stoppten diese den eigeninitiativ begonnenen Tausch der Bewohner, etwa im Dorf Vrabča. An anderen Stellen verboten die SHS-Behörden Bauern Land auf der SHS-Seite zu bearbeiten, mit der Begründung, sie hätten geflohene Familienmitglieder aufgenommen, oder aber – eine bereits in den 1890er Jahren oft angebrachte Erklärung – wegen ausgebliebener Steuerzahlungen an den jugoslawischen Staat.[210]

1938 wurde konstatiert, dass dieses Problem die Beziehungen, die sich in der Zwischenzeit auf der politischen Ebene verbessert hatten, insgesamt zu sehr belaste. Es sollten nun unterschiedliche Regelungen für die einzelnen Grenzabschnitte gefunden werden. Im März 1938 einigten sich beide Regierungen darauf, dass am nördlichen Teil der Staatsgrenze – also der vormaligen Grenzlinie zwischen dem Königreich Serbien und dem Fürstentum Bulgarien – von der Donau bis zu Deve Bair von einer Liquidation der Doppelbesitze abgesehen werden sollte. Südlich davon, also im Gebiet Makedoniens von Deve Bair bis zur griechischen Grenze, sollten Doppelbesitze weiterhin abgeschafft werden. Die Begründung lautete, dass dort im Unterschied zum nördlichen Grenzabschnitt die Möglichkeit der freien Passage für Doppelbesitzer ohnehin nie praktiziert worden sei und diese nachträglich auch nicht zusätzlich eingeführt werden sollte. Ebenso hätten sich auf der jugoslawischen Seite aufgrund der Verstaatlichung des Forstes und der Agrarreform die Verhältnisse ohnehin geändert.[211] Dass die instabilen Verhältnisse im jugoslawischen Makedonien Grund für das Interesse an einem möglichst menschenleeren Grenzsaum sein konnten, wurde nicht erwähnt.

Die Arbeit der Kommission zog sich in dieser Form bis 1939 hin, ohne aus der Sicht der Staaten entscheidende Verbesserungen an der Grenze erzielen zu können. Krsto Mančev zufolge besaßen bulgarische Staatsbürger zu diesem Zeitpunkt noch 50.000 Dekar Land auf jugoslawischem Gebiet und jugoslawische 15.000 Dekar auf bulgarischem. Die Gemischte Kommission strebte eine beschleunigte Auflösung an, die jedoch durch den Ausbruch des Zweiten Weltkriegs nicht mehr zustande kam. 1950 schließlich, inmitten der enorm zugespitzten Beziehungen zwischen beiden Staaten und sehr wahrscheinlich gerade deswegen, wurden die aus der Perspektive der staatlichen Zentren störenden Anomalitäten endgültig aufgelöst.[212]

5.2.5 Rumba an der Grenze. Arrangements in unruhigen Zeiten.

Während für Stefan Hristov die Esnafen-Idylle vollendete Vergangenheit war, noch aus dem langen 19. Jahrhundert, war sie im Gegenteil für die Propagatoren der jugoslawischen Königsdiktatur ganz Gegenwart. In etwas unbeholfenen, sonderbaren Alltagsbeschreibungen malte die Wochenzeitung *Glas Našeg Istoka* („Die Stimme unseres Ostens") von Beginn an ein leichtes Leben in Caribrod. So etwa berichtete die Zeitung gleich in der ersten

---

210 Kjoseivanov, G.: Zur endgültigen Regelung des Doppelbesitzes an der Grenze zwischen Jugoslawien und Bulgarien, Sofija, 25.3.1939; zit. nach ZP, Dok. Nr. 300, S. 497.

211 Befristete Anordnung der serbischen Behörden zur Grenzpassage. Bulgarische Übersetzung, Beograd, 18.9.1920; zit. nach ZP, Dok. Nr. 186, S. 159.

212 Mančev, Sărbija i Srăbsko-Bălgarskite Otnošenija, 2014, S. 360.

Ausgabe von den Abendvergnügungen in Caribrod. Es herrscht entspannte Atmosphäre, Jungen schauen Mädchen hinterher, Damen tanzen mitten auf der Straße zu modernster Musik, einen Rumba, wofür „in einer anderen unserer Städte, etwa in Veles, wo die Menschen noch patriarchal sind, die Damen gelyncht würden. Aber Caribrod ist etwas anderes und genießt die modernen Errungenschaften der Welt."[213] Knapp ein Jahr danach, 1933, als es immer noch regelmäßig Attentate in der Umgebung gab, fiel dem Redakteur offensichtlich nicht viel Neues zu den netten Seiten des Lebens in Caribrod ein. Nur dass anstelle von Rumba und Veles Foxtrott und Prizren die Kontrastpaare bildeten. Wiederum tanzen zwei Frauen mitten auf der Straße, nun aber Foxtrott, was dieses Mal als Vergleich in Prizren unmöglich wäre. Ein idyllisches Bild des Caribroder Korso, der Läden und der Menschen wird gezeichnet, eine entspannte Atmosphäre in nächster Nähe zur Staatsgrenze.[214]

Musik spielte bei dem Arrangement mit den neuen Verhältnissen für einige tatsächlich eine Rolle. Die neuen Kulturoganisationen, die in der Zeit der Königsdiktatur ins Leben gerufen wurden, sollten eine Möglichkeit der Vermittlung zwischen den „nationalen Visionen" und den kulturellen Praktiken der Stadtgesellschaft bieten. Die Formen der Kooperation und Integration in den 1930ern lassen sich anschaulich am Beispiel Žorž Gajdarovs nachvollziehen. Nach der Ausrufung der Königsdiktatur und mehr noch mit der fortschreitenden Stabilisierung der Situation in Caribrod bis Mitte der 1930er Jahre, wurden auch dort die von der Königsdiktatur forcierten Jugendorganisationen gegründet. Gajdarov war von Anfang an dabei, wie die meisten Söhne und Töchter der bessergestellten Esnaflije und Kaufleute. Er war Vorsitzender des Klubs der musikalischen Jugend. Daneben existierten noch Theater-, Chor-, und Rezitiergemeinschaften mit insgesamt bis zu achtzig Jugendlichen.[215] Diese Jugendvereine waren eng mit der Mission der Königsdiktatur verbunden, die Bindung an den neuen Staat zu stärken. Nicht umsonst sprach das regionale Sprachrohr der Regimepartei JRZ[216] und ihrer Vorläuferorganisationen *Glas Našeg Istoka* von der „Jugend als unserem Stolz, der unsere Bastion Caribrod bewacht". In der Zeitung wurde Žorž Gajdarov(ić) anlässlich des zweijährigen Jubiläums der Nationalen Jugend auch in hohen Tönen für seine Arbeit in der Musikorganisation gelobt, die überregional beeindrucken könne.[217] Lässt sich draus schließen, dass Gajdarov vom Willen erfüllt war „unsere Bastion Caribrod" zu schützen?

Kaum. Die Zeitung war in erster Linie ein Parteiblatt der neu gegründeten JRZ. Der lokale Kontext trat insofern in Erscheinung, als es galt, die Errungenschaften der neuen

213 Glas Našeg Istoka, Nr. 1, 28.5.1932, S. 3.

214 Naš Istok, Nr. 46, 29.4.1933, S. 2. „Corso unter Mondschein. Eine Stadt mit 43 leeren Kneipen. Caribrod hat weder die Spuren noch die Traditionen einer alten Stadt bewahrt."

215 Zlatković/Vasev/Vidanović, Dimitrovgrad, 1989, S. 128.

216 Die „Jugoslovenska Radikalna Zajednica" („Jugoslawische Radikale Gemeinschaft") war ein Zusammenschluss von Parteien (der Radikalen Partei, der Jugoslawischen Muslimischen Organisation, der Slowenischen Volkspartei etc.), der vom Ministerpräsidenten Milan Stojadinović 1935 ins Leben gerufen wurde. Die JRZ sollte nach dem Vorbild der autoritären Tendenzen der Zwischenkriegszeit eine Sammlungsorganisation für all jene politischen Kräfte werden, die den politischen Status quo in Jugoslawien erhalten und die Möglichkeit von Opposition in Form der kroatischen Bauernpartei einschränken wollten. Petranović, Branko: Istorija Jugoslavije, Bd. 1, Kraljevina Jugoslavija, Beograd, 1988, S. 265.

217 Naš Istok, Nr. 30, 7.1.1933, S. 4.

Machthaber in der Region zu preisen und ihre politischen Gegner zu verunglimpfen. V. a. ging es den Herausgebern darum, ein Bild einmütiger Unterstützung für die JRZ in der Region zu schaffen..[218] In den Berichten von *Unser Osten*, in welche die wöchentlich erscheinende Zeitung nach einer Weile umbenannt wurde, nahm Gajdarov immer wieder eine prominente Stellung ein, war er doch ein lebendiger Beweis dafür, dass unter den Caribrodern die jugoslawische Idee (wie sie seit der Königsdiktatur propagiert wurde) und damit auch der König eine starke Anhängerschaft hatte.[219]

Es ist anzunehmen, dass es in erster Linie seine Leidenschaft für die Musik war, die ihn dazu bewog, trotz seines bulgarisch orientierten Elternhauses und seiner Familie diese Möglichkeit zu nutzen. Ebenso wie Gajdarov wenige Jahre später nach der bulgarischen Besetzung Caribrods in der nationalistischen Jugendorganisation „Otec Pajisii“[220] die Leitung der Gesangs- und Musikabteilung innehatte. Zudem wird es dem Selbstverständnis der Familie entsprochen haben, als Teil der örtlichen Elite in Erscheinung treten zu können, genauso wie es bei allen anderen Mitgliedern der Jugendorganisationen war, die sämtlich aus den „besseren Familien“ in Caribrod stammten.[221] Schließlich entsprachen sich die Vorstellungen von Ordnung, Hierarchie und homogener Nation im serbischen wie im bulgarischen nationalen Meisternarrativ. Dass diese in der politischen Praxis gegeneinander gerichtet waren, da beide Anspruch auf die Region erhoben, schien in dieser Situation zu erdulden zu sein.

Wie beschrieben bedeutete Anpassung zugleich Absicherung nach beiden Seiten. In der Kooperation und Partizipation in der neuen Ordnung versuchten einige Caribroder, sich zugleich an den Verhältnissen auf der nun anderen Seite der Grenze zu orientieren. So zeigen Spitzelberichte aus Caribrod, dass sich einige der Einheimischen, wie der zuvor erwähnte ehemalige Bulgarischlehrer Georgi Velinov, lieber doppelt in ihren Aufstiegsbestrebungen absicherten. Dessen Sohn Velin machte Karriere in der Radikalen Partei und ihren Nachfolgeorganisationen und nahm, zusammen mit den aus Zentralserbien kommenden und dort lebenden Verwaltungsbeamten, aktiv an tagespolitischen Auseinandersetzun-

---

218 Naš Istok, Nr. 31, 14.1.1933, S. 2. Es sind immerzu „glänzende Versammlungen“, bei denen die Bauern einmütig die Parteileute hochleben ließen. Eine nicht enden wollende Euphorie drängt sich dem Leser auf.

219 „Großartige Jahresversammlung der Nationalen Jugend. Keine andere gesellschaftliche Organisation ist so aktiv wie die nationale Jugend.“ Žorž Gajdarov(ić) (mit Foto) wurde besonders hervorgehoben: mit einer „kurzen, aber inhaltsreichen Rede“, die beeindruckt und zu einem Telegramm an den König aufruft. Besonders wurde seine Arbeit mit der Musikabteilung gelobt. Er blieb weiterhin ihr Leiter. Naš Istok, Nr. 47, 7.5.1933, S. 2.

220 Der „allbulgarische Verband Otec Paisij“ wurde 1927 gegründet und war v. a. in der Zeit ab 1934 einflussreich. Es handelte sich um einen „Elitenverband“, der „die nationale Einheit aller Bulgaren“ zu erreichen suchte. „In den Debatten in ‚Otec Pajsij‘ und ‚Bălgarska Misăl‘ (der Zeitschrift des Verbandes) wurden vielmehr eine nationalistisch ausgerichtete Volksphilosophie und Psychologie entwickelt, die, in den 1930er Jahren mit rassistischen Elementen aufgeladen, den „nationalen Genius“ in der metaphysischen Zeitlosigkeit eines ewig hohen Bulgarentums verortete.“ Weber, Clauda: Auf der Suche nach der Nation. Erinnerungskultur in Bulgarien von 1878–1944, Berlin, 2006, S. 274, 276.

221 So etwa bei der Gründung der Jugendorganisation der Jugoslawischen Nationalen Partei. Auf der „großartigen Konferenz“ habe „die Jugend Caribrods wieder ihren patriotischen Geist gezeigt.“ Naš Istok, Nr. 80, 1.4.1934.

gen teil. Das war im Übrigen ganz im Sinne der bulgarischen Behörden, denn so gedachten sie den Einfluss auf die lokalen Verhältnisse aufrechtzuerhalten:

> Ich bitte Sie, Herr Načalnik, wenn Sie es für richtig halten, geben Sie mir Instruktionen, mit denen ich über einige dortige Personen versuchen will unseren Bulgaren zu erklären, dass sie nicht passiv bleiben, sondern sich für die eine oder andere Seite entscheiden, in Abhängigkeit von den Interessen unseres Staates. In diesem Moment interessiert das die Mehrheit und sie fragen mich ständig danach.[222]

Dass sich einige Caribroder bei ihren Karrierewegen im neuen Staat sicherheitshalber nach Bulgarien umschauten, war nicht nur den Revisionsbestrebungen geschuldet, die nahezu alle Parteien in Bulgarien unterstützten, und die in allen Phasen einmal mehr einmal weniger sichtbar blieb. Es handelte sich ebenso um die Erfahrung der massiven Grenzveränderungen nach dem Ersten Weltkrieg und der Labilität dieses Prozesses. Die Widerrufbarkeit der Grenzziehungen von Versailles und den Pariser Vorortverträgen wurde den Menschen in einer europäischen Dimension zugleich mit dem Aufstieg des Faschismus in Italien und des Nationalsozialismus in Deutschland bewusst. Der Anschluss Österreichs, die Aufhebung der Souveränität der Tschechoslowakei und schließlich der Rückgabe der Süddobrudscha durch Rumänien an Bulgarien ließen offensichtlich in den Augen der Caribroder auch die Wahrscheinlichkeit wachsen, dass ihre Stadt wieder zu Bulgarien gehören könnte. In der Erfahrung der Zwischenkriegszeit waren Grenzen nichts Gegebenes, vielmehr chronisch umstritten. Gerade und trotz der massiv präsenten Staatsgewalt, die in keinem Verhältnis zu der Zeit bis 1920 stand.[223]

5.3 Grenzen in Bewegung: Verschwinden der Grenzen 1941–1948

Mit dem Ausbruch des Zweiten Weltkriegs, insbesondere aber mit dem Angriff Nazi-Deutschlands auf Jugoslawien am 6.4.1941 mit der Unterstützung von Verbündeten wie Bulgarien, begann eine neue Phase, in der sich die Spannung zwischen dem Zwang zur Eindeutigkeit und Gewalt nochmals intensivierte, die bis Mitte der 1950er Jahre anhielt. Geht es um Grenzen, erfuhr die in verschiedenen Formen immer präsente Konstellation zwischen überregionalen Faktoren bzw. imperialen Mächten, regionalen Faktoren bzw. den Nationalstaaten in Südosteuropa und den lokalen Akteuren eine graduelle Veränderung. Zwischen 1941 und 1953 (mit Auswirkungen bis 1956) waren überregionale Mächte – die seit 1878 Grenzziehungen und damit Herrschaftsräume mitgeprägt hatten – nun ganz direkt involviert. Die nationalsozialistische Okkupation Jugoslawiens, die so genannte „Neuord-

---

222 Rapport der Polizeidirektion Dragoman an den Vorsteher der Staatssicherheit im Hinblick auf die Stimmung in Caribrod; zit. nach ZP, Dok. Nr. 298, S. 495.

223 „Die Forderung nach ‚Revison' der Verträge gehörte bis zur Entfesselung des Zweiten Weltkriegs mit dem deutschen Angriff auf Polen am 1.9.1939 zu den Dauerthemen europäischer Diplomatie und war in den besiegten Ländern außenpolitischer Konsens unter Einschluss der Kommunisten. Im Fall des Vertrages von Sévres erfolgte diese Revision bereits nach drei Jahren mit dem Friedensvertrag von Lausanne." Raphael, Lutz: Imperiale Gewalt und mobilisierte Nation. Europa 1914–1945, München, 2011, S. 66.

nung" des „Südostens" und die damit einhergehende Gewalt waren von neuer Qualität.[224] Ebenso verhielt es sich mit dem 1948 zwischen Jugoslawien und der Sowjetunion ausbrechenden Konflikt aufgrund der mangelnden Unterordnung Jugoslawiens unter Stalins grenzenlosen Herrschaftsanspruch. Stalin und die sowjetische Führung versuchten in den folgenden fünf Jahren vermittels militärischen, wirtschaftlichen und politischen Drucks die Herrschaft Titos in Jugoslawien zu unterminieren.

Im Hinblick auf die Beziehungen zwischen Jugoslawien und Bulgarien war es zugleich eine Phase stärkster Oszillationen der Beziehungen: Vier Jahre Krieg, vier Jahre engste Beziehungen, sieben Jahre Feindschaft, bis sich ab 1956 eine Stabilität misstrauischer Kooperation entwickelte, die bis 1989 anhielt.

Die Besatzungszeit 1941–1944 wird hier nur im Hinblick auf ihre Auswirkungen auf die Region und die Erfahrung von Herrschaft vermittels der Grenze thematisiert.[225] Selbiges gilt für die Phase der „Resolution des Informbüros" (IB). Hier steht deren Bedeutung für die gesellschaftlichen Beziehungen, Selbstverständnisse und Vorstellungen von gesellschaftlicher Ordnung in der Region und ihre Auswirkung auf das Leben an der Grenze im Mittelpunkt.

Die Reaktion der Nazi-Führung auf die Aufkündigung des zunächst vorgesehenen Beitritts zum „Achsenpakt" bekamen die Menschen in der Region besonders schnell zu spüren. Caribrod und Umgebung waren die erste Station auf dem Feldzug der Militäraktion „Rösselsprung" (aus östlicher Richtung), die das unbotmäßige Jugoslawien ausschalten sollte.[226] Der Widerstand der jugoslawischen Armee im Nordosten der Stadt – die deutsche Wehrmacht überquerte die Grenze im Zabrđe, um von dort direkt weiter auf Pirot zuzumarschieren –war nur von kurzer Dauer. Binnen eines Tages gaben die jugoslawischen Soldaten ihre

224 Vgl. Ristović, Milan: Nemački „novi poredak" i Jugoistočna Evropa 1940/41–1944/45, Beograd, 1991. Militärische Präsenz hatte es zuvor zwischen 1878 und in Form der Truppen des Zarenreiches gegeben. Ansonsten blieb die Einwirkung der Großmächte über Außenpolitik und Wirtschaft vermittelt.

225 Selbiges gilt auch für die Berücksichtigung der Forschung zu Widerstand und Besatzung. Wie Holm Sundhaussen treffend formuliert hat, ist pro Kopf nirgendwo auf der Welt derart viel zum Zweiten Weltkrieg publiziert worden wie in Jugoslawien, ohne dass damit etwas über die Qualität der Arbeiten gesagt wäre. Dies gilt mit leichten Abstrichen auch für diese Region. Zugleich bildete der NOB einen deutlichen Schwerpunkt in der Publikation historischer Themen in den Zbornici (insbesondere Pirot und Leskovac), war doch die Gegend um Crna Trava eines der Zentren der Partisanenbewegung in Serbien. Deren besondere Relevanz rührte daher, dass sie ununterbrochen durch die Okkupationszeit agiert hatte, und damit als Beleg für die „richtige" Haltung der Bevölkerung in Serbien diente und somit jene Zweifel, die der Schatten der Četnici-Bewegung aufwarf, wegwischen konnte. Darüber hinaus steigerte sich die Zahl der Publikationen dieser Gattung mit der Zeit auch deswegen, weil mit der entsprechenden Erinnerungsliteratur der erforderliche meritokratische Nachweis für einen weiteren Aufstieg in der Parteihierarchie erbracht werden konnte. Erste Texte, die sich auf die Besatzungszeit fokussieren, erschienen Anfang der 1970er Jahre: Kostić, Nikola: Iz godina okupacije u gornjem Visoku, in: Pirotski Zbornik, Nr. 5, S. 185–198. Der Volksbefreiungsbewegung, die sonst auch in Einzelpublikationen im Vordergrund stand, waren ganze Ausgaben gewidmet: Pirotski Zbornik, Nr. 6 und Nr.13.

226 Vogel, Detlef: Das Eingreifen Deutschlands auf dem Balkan, in: Der Mittelmeerraum und Südosteuropa. Von der „non belligeranza" Italiens bis zum Kriegseintritt der Vereinigten Staaten. Das Deutsche Reich und der Zweite Weltkrieg, hrsg. von Gerhard Schreiber, Bernd Stegemann und Detlef Vogel, Stuttgart, 1984, S. 476–84.

Stellungen auf und fanden sich zumeist in Kriegsgefangenschaft wieder. Nur wenige Tage danach übergab die Wehrmacht das Kommando an die bulgarischen Streitkräfte. Gemäß einer Vereinbarung, die aufgrund der bulgarischen Forderungen von schwierigen Verhandlungen begleitet war, bekam Bulgarien die Oberhoheit über ein Gebiet zugesprochen, das Makedonien, Caribrod sowie Pirot einschloss, dessen Umfang aber deutlich kleiner war als jener des Besatzungsgebiets im Ersten Weltkrieg. Die Demarkationslinie mit dem deutschen Besatzungsgebiet, die nun 10 km nördlich von Pirot verlief, betrachtete die bulgarische Regierung als Grenze zu ihrem Staatsterritorium. Ebenso hatte Zar Boris versucht durchzusetzen, dass in den Vereinbarungen mit dem Deutschen Reich nicht von Besatzung gesprochen wurde. Die Formulierung sollte vielmehr lauten, dass die bulgarischen Einheiten herangezogen würden, um für „Sicherheit und Ordnung“ zu sorgen.[227] Anders sah dies ein Großteil der Menschen in Pirot und Umgebung. Noch deutlicher als zuvor wurde die abermalige militärische Präsenz Bulgariens im nun dritten Krieg binnen von drei Jahrzehnten eindeutig als Besatzung betrachtet.[228]

Die Caribroder, die sich wie beschrieben in den letzten beiden Jahrzehnten oftmals „umgeschaut“ hatten, sahen sich in ihrer Vorsicht bestätigt. Insbesondere der Esnaflije-Teil der Stadtgesellschaft sah im Einmarsch bulgarischer Truppen die Berichtigung eines Fehlers, mit dem man sich für eine Weile arrangiert hatte. „Ich gratuliere euch zur Freiheit“, schrieb der Offizier Strašimir Kušev im August 1941 an seine Schwester Draga Gajdarov. Dass er sich offenkundig recht spät bzw. überhaupt mit seinen Glückwünschen bei seiner Schwester meldete, versuchte er durch Ironie zu kaschieren.[229] Er habe so lange gebraucht eine Karte zu schreiben, weil er sich von dem Trauma der ihm wieder zurückgeschickten Briefe erholen müsse. Nie habe er das -ić an den Familiennamen anfügen wollen, weshalb die Briefe an den Absender zurückgeschickt wurden. Einmal habe er auch „Gajdarov – ič, ič, hič[230]!“ geschrieben, und so sei es nun auch gekommen. Insbesondere national bulgarisch orientierte Vertreter der Intelligenzbetrachteten den Einmarsch im April 1941 als Befreiung. Die Veränderungen in Caribrod seit April 1941 entsprachen daher für Menschen wie Strašimir Kušev einer Rückkehr in den vermeintlichen Normalzustand. Dass dieser mitten in einem entfesselten Weltkrieg erfolgte, schien nicht derart ins Gewicht zu fallen, folgt man den Briefwechseln der Familie Gajdarov.

---

227 Markov, Georgi und Vačkov (hg.): Daniel: Istorija na Bălgarija, Bd.9 1918–1944, Sofija, 2012, S 439.

228 Das Topos der „faschistischen bulgarischen Okkupation“ ist mit am stärksten vertreten, wenn es um Geschichte/Vergangenheit in den Dorfmonografien des Piroter Umlands geht. Im Mittelpunkt steht die Brutalität und Willkür der Besatzungsmacht insbesondere ab 1943. Auch im Pirotski Zbornik ist der Anteil der Besatzungszeit bzw. die Aktivitäten des Widerstandes der Partisanen im Hinblick auf alle historiografischen Beiträge am höchsten. Die bisherigen Monografien zur Besatzungszeit streifen die Region nur kursorisch. Neuere Arbeiten konzentrieren sich höchstens auf eine Neubewertung der Rolle der Četnici in der Region. Manić, Miljan: Ravnogorski pokret u okrugu Pirotskom, Pirot, 2012. Eine Analyse des Verlaufs der Besatzungsherrschaft, Formen von Kooperation und Kollaboration mit den Besatzern sowie ein Vergleich der Praktiken in Pirot und Caribrod stehen noch aus.

229 Insgesamt ist der Anteil der Briefe Strašimir Kuševs im Vergleich zu jenen seiner Schwestern am geringsten. Die Beziehung zwischen ihm und Draga Gajdarov scheint nicht besonders intensiv gewesen zu sein.

230 Auf Bulgarisch bedeutet *(h)ič* „nichts“; Strašimir Kušev an Draga Gajdarova, Sofija, 8.8.1941.

Mit dem Beginn der Besatzung kehrten viele, die nach Sofia und Umgebung emigriert waren, nach Caribrod zurück. Diese Migration betraf alle Schichten: ehemalige einfache Beamte, Arbeiter, teils Landbevölkerung. Der erwähnte Grossist Petar Brezniški, für den der Herrschaftswechsel zwei Jahrzehnte zuvor wie erwähnt auch eine Erfolgsgeschichte war, bereitete der neuen Herrschaft einen feierlichen Empfang in seinem Kinosaal.[231] Die Caribrodska Okolija (Bezirk) wurde wieder als Teil des Sofijski Okrăg (Kreis) ins Leben gerufen. Nach 1920 hatte der Bezirk unter diesem Namen auf der bulgarischen Seite weiter existiert, allerdings mit Godeč als Zentrum. Bürgermeister und leitende Angestellte kamen zunächst aus anderen Teilen Bulgariens, oder aber es handelte sich um „bewährte" Emigranten, die in den ersten Monaten mit Posten versorgt wurden. Dies galt sowohl für die Stadt als auch für die größeren Dörfer.[232] Doch mit der Zeit kehrten nahezu all jene wieder in ihre Amtstuben zurück, die sich dort auch schon unter serbischer Herrschaft aufgehalten hatten. Auch in den Organisationen, die seitens des bulgarischen Staates in Anlehnung an das nationalsozialistische Deutschland nun auch in Caribrod eingeführt wurden, tauchen die Namen jener auf, die zuvor im Sokol oder in der „jugoslawischen Jugend" aktiv gewesen waren. So übernahm Žorž Gajdarov die Leitung der Musikabteilung in der Organsation „Otec Pajsiji", andere wie Tokunski waren im „Brannik" aktiv.[233]

Rückkehr in den Normalzustand bedeutete auch die Wiedereinführung der bulgarischen Sprache in Schulen und Ämtern. Die Bibliothek, die als „Bežansko čitalište" („Bibliothek der Geflüchteten") nach Sofia gebracht worden war, kehrte nun nach Caribrod zurück.[234] Doch vieles in diesem scheinbaren Normalzustand erinnerte zugleich an die Zeit des Ersten Weltkriegs, so wie diese die Piroter erlebt hatten. Erneut kam es zur Verbrennung von serbischen Büchern, doch diesmal auch in Caribrod.[235] In einem Zirkular des Innenministeriums vom 15.6.1942, das an alle Schulinspektoren in den besetzten Gebieten ging, hieß es, dass alle serbischen Bücher zu vernichten seien. Ausgangspunkt für diese Anordnung war eine Mitteilung der Militärbehörden, dass in dem Haus von Marko Manoilov in Gradinje eine „recht große Bibliothek vorgefunden wurde, die nur aus Schulbüchern und Literatur in serbischer Sprache besteht". Da auch in anderen Häusern im Caribrodsko und nicht nur dort viele solche Bücher gefunden worden seien, wurde befohlen,

> dass der durch die Bücher weiter vorhandene serbische und griechische Einfluss beendet wird, und dass den Serbomanen klar wird, dass es kein Zurück geben kann, und dass die bulgarische Herrschaft für immer errichtet wird. (…) Daher sollen alle

231 Zlatković/Vasev/Vidanović, Dimitrovgrad, 1989, S. 178.

232 Ebenda, S. 183.

233 Tokunski, der zuvor in der Jugend der JRZ aktiv war, wechselte problemlos nach dem Beginn der bulgarischen Besatzung in die Organisation „Brannik"; Zlatković/Vasev/Vidanović, Dimitrovgrad, 1989, S. 197. Brannik, 1940 gegründet, folgte faschistischen und nationalsozialistischen Vorbildern einer militarisierten Jugendorganisation (Uniformen, Wehrübungen). Vgl. Poppetrov, Nikolaj: Socialno naljavo, nacionalizmăt napred. Programni i organizacionni dokumenti na bălgarski avtoritaristki nacionalističeski formacii, Sofija, 2009, S. 805–48.

234 Der in Sofia von Caribrodern gegründete Fußballklub Bežanec (Flüchtling) wurde dagegen nicht weiterbetrieben. (Unterlagen dazu werden in der Bibliothek „Detko Petrov" in Dimitrovgrad aufbewahrt.)

235 Zlatković/Vasev/Vidanović, Dimitrovgrad, 1989, S. 189.

> serbischen und griechischen Bücher in Makedonien, Thrakien und Moravsko aus den privaten und öffentlichen Bibliotheken entfernt und vernichtet werden. Die vorgefundenen Bücher sollten entweder den Papierfabriken zur Gewinnung von Altpapier zur Verfügung gestellt werden oder im Falle wichtiger wissenschaftlicher Arbeiten und historischer Dokumente an die Nationalbibliothek geschickt werden.[236]

Ein neues Amt dagegen war ein unmittelbarer Ausdruck dessen, dass es keine Normalität gab – und es sich nicht um die Rückkehr in bulgarische Friedenszeiten handelte: Neben dem Kmet, dem Dorfvorsteher, wurde in den Dörfern das Amt des „Kmetski Namestnik" geschaffen. Dieser unterstand dem Besatzungsapparat und war verpflichtet, dessen Befehle auszuführen. Es handelte sich bei den Amtsinhabern v. a. um ehemalige Offiziere und Unteroffiziere aus dem Ersten Weltkrieg aus Caribrod und Umgebung sowie Vrtop-Mitglieder. Von 44 Kmetski Namestnici kamen sieben aus dem Landesinneren Bulgariens, 37 dagegen aus Caribrod. Ihre Hauptaufgabe bestand in den kommenden Jahren in der Umsetzung von Requirierungen, weshalb sie in der Bevölkerung nicht besonders beliebt waren.[237]

Eine weitere Form, den Herrschaftsanspruch des bulgarischen Staates auf Dauer zu verankern, die überdies räumlich erfahrbar werden sollte, war die Errichtung eines großen Gefallenenfriedhofs. Mitte 1942 wurde beschlossen, auf dem städtischen Friedhof auf einem Hügel unmittelbar oberhalb der Stadt ein großes Gefallenendenkmal zu errichten.[238] Dort sollten nicht nur jene Soldaten beerdigt werden, die in der Region ums Leben gekommen waren, es wurden hier vielmehr alle Soldaten beerdigt, die auf dem gesamten Besatzungsgebiet in Makedonien und Südostserbien gefallen waren. Die Lage des Friedhofs auf einem Hügel, der die Stadt dominierte und von allen Seiten sichtbar war, wurde durch die neue Anlage noch einmal deutlich herausgehoben. Diese wurde als massive Burgbefestigung errichtet, die nun über der Stadt thronte. Ein 5 m hoher Obelisk dominierte die Anlage, auf der am Haupteingang die Worte des Nationaldichters Ivan Vazov zu lesen waren: „Für Bulgarien lebten sie, für Bulgarien starben sie". Diese Gedenkstätte für die gefallenen Soldaten ließ die Stadt zu einem Anhängsel unterhalb der neuen Friedhofsfestung schrumpfen. Die schnelle Fertigstellung im November 1942 wurde durch die Zwangsverpflichtung der Bevölkerung möglich. Wer sich dieser entzog, wurde bestraft.[239] Mehr als 800 bulgarische Soldaten wurden dort mit der Zeit beerdigt.

Ähnlich wie im serbischen nationalen Narrativ markierte das Grab in einer ultimativen Form die Ausdehnung des nationalen Territoriums.[240] Es zeigte sich dabei aber auch, dass, wenngleich offiziell Prätentionen auf weitaus größere Territorien erhoben wurden, sich hier der Anspruch auf die so genannten „Westlichen Gebiete" beschränkte, die im Unterschied

---

236 Zirkular des Ministeriums für Volksbildung wegen der Aussonderung fremder Literatur („čužda literatura"), Sofija, 15.8.1942; zit. nach ZP, Dok. Nr. 347, S. 557.

237 Zlatković/Vasev/Vidanović, Dimitrovgrad, 1989, S. 185. Die Namen wurden in der Monografie zum Teil nicht genannt, um, wie es hieß, deren Familien nicht nachträglich zu stigmatisieren, da diese mit dem Handeln ihrer Verwandten, die damals schon relativ alt waren, „nichts zu tun haben"; ebenda, S. 187.

238 Ebenda, S. 221.

239 Ebenda, S. 223. Die Unwilligkeit, insbesondere der Einwohner von Lukavica wurde von den Autoren als Form des passiven Widerstands gegen die Besatzung gedeutet.

240 Čolović, Ivan: Frontiers, in: ders., Politics of Symbol, 2002, S. 36.

zu Makedonien tatsächlich schon einmal bulgarisches Staatsgebiet waren. Offenkundig hielt man die Beibehaltung Caribrods für wahrscheinlicher als etwa jene Pirots und des so genannten Moravsko, des südlichen Moravagebiets. Die Manifestation dieses Anspruchs vermittelte sich als kollektive Trauerzeremonie und erfolgte auf zwei Wegen: Zum einen war die Bevölkerung per Verordnung angehalten, bei den feierlichen Begräbnissen vom Bahnhof bis zum Friedhof Spalier zu stehen, Trauerkleidung zu tragen sowie an der Beerdigungszeremonie teilzunehmen. Auf diese Weise sollte das Band zwischen den vom Mutterland entfremdeten „Westlichen Gebieten" und jenen Menschen erneuert und gefestigt werden, die aus ganz anderen Gegenden Bulgariens kamen, um ihre Söhne hier zu beerdigen.[241] Das familiäre Ritual der Beerdigung verwandelte sich so zu einer Zeremonie, in der die nationale Gemeinschaft wiederhergestellt wurde. Indem die Caribroder unbekannten Toten und deren Familien ihre Achtung erwiesen, kehrten sie in die verlorengegangene Gemeinschaft zurück. Dieserart verwandelte sich die Grenzstadt in ein Zentrum der Ehrung der bulgarischen Gefallenen aller Kriege. Zum anderen kam dies in der massiven räumlichen Prägung der Stadt durch die neue Gedenkfestung zum Ausdruck. Wie gesagt dominierte der Soldatenfriedhof nun die gesamte Stadt. Es schien, als würde er zu einem neuen Wahrzeichen: Unzählige Familienfotos, die sich noch in den Fotoalben finden, die unter dem Obelisken und auf anderen Teilen der Anlage entstanden, zeugen davon. Es ist durchaus anzunehmen, dass sich die Trauernden aus anderen Teilen Bulgariens dort ebenso fotografieren ließen. Wer mit dem Zug die Stadt erreichte bzw. auf der Durchreise war, blickte in erster Linie auf die Anlage.

Nicht zufällig wurde diese Gefallenenfriedhofsfestung, nachdem die sterblichen Überreste der Soldaten nach Bulgarien überführt worden waren, 1946 gesprengt.[242] Wie monumental die Anlage im Verhältnis zur Stadt war, wird an ihren Resten deutlich, die nicht zerstört werden konnten und immer noch sichtbar in die Friedhofsanlage integriert sind.

Trotz solcher Maßnahmen, die nun auch Radiosendungen für die Region sowie eine Wochenzeitung *Bălgarski Zapad* („Bulgarischer Westen") umfassten, bis hin zur Verbrennung von Büchern und die erwähnte Errichtung des Gefallenenfriedhofs, blieben die Behörden gegenüber der lokalen Bevölkerung misstrauisch.

Die „alte Grenze" von 1878 tauchte trotz aller öffentlichen Erklärungen in der amtlichen Sprachregelung der bulgarischen Behörden auf, indem zwischen den „neu befreiten" und „ganz neu befreiten" Gebieten unterschieden wurde.[243] Den Erinnerungen der Gesprächspartner zufolge materialisierte sich die alte Grenze jedoch nicht. Gerade während der sich intensivierenden Gewalt nach 1942 unterstützten viele aus den „bulgarischen" Dörfern ihre Verwandten und Nachbarn aus den „serbischen" Dörfern gegenüber den bulgarischen Behörden.[244] In einem Bericht des Innenministeriums vom 7.5.1943 heißt es demnach, dass

---

241 Mit der Zeremonie, dem Spalier durch die Stadt hat es wohl immer wieder Schwierigkeiten gegeben, die ausreichende Zahl an Menschen dafür zu finden. Unter den Gymnasiasten herrschte Unmut über diese Verpflichtung. Doch sie wussten Letztere auch zu ihrem Vorteil zu nutzen. Mehrere Male nutzten sie die Ausrede, eine Beerdigung finde statt, um den Unterricht an der gesamten Schule für den Tag ausfallen zu lassen. Zlatković/Vasev/Vidanović, Dimitrovgrad, 1989, S. 223,

242 Ebenda.

243 Zlatković/Vasev/Vidanović, Dimitrovgrad, 1989, S. 202.

244 Ebenda.

die Bevölkerung in den „Zapadni pokrajnini“, die an den Kreis Sofia angeschlossen worden waren, sowie jene aus dem Piroter und Babušnica-Gebiet feindlich eingestellt sei und weiterhin von der Errichtung eines „Groß-Jugoslawien“ träume.[245]

Dass diese neue Grenze, die Demarkationslinie des bulgarischen Besatzungsgebietes mit Nedić-Serbien nordwestlich von Pirot alles andere als jene eines souveränen Staates war, zeigte sich gerade am Schicksal der Piroter Juden. Entgegen dem bis heute in Bulgarien gepflegten Narrativ vor der Hilfe und Unterstützung für die Juden in Bulgarien, waren Juden in den von Bulgarien besetzten Gebieten, die doch gleichzeitig in der offiziellen Propaganda als untrennbarer Teil des nationalen Organismus betrachtet wurden, der Verfolgung durch die Nationalsozialisten schutzlos ausgeliefert. Zugleich hofften viele Piroter Juden, die mittlerweile in anderen Teilen Jugoslawiens lebten, insbesondere in Kroatien, das nun als „Unabhängiger Staat“ rassistische Ideologie in die Tat umsetzte, dass die Situation in den von Bulgarien kontrollierten Gebieten erträglicher sei. Zumindest hatte es den Anschein, dass trotz der Einführung antisemitischer Gesetze (das Gesetz „Zum Schutz der Nation“ vom 21.1.1941), es nicht zu jenen mörderischen Praktiken kam, wie in Kroatien und Serbien. Daher entschlossen sich viele Familien, nach Pirot zurückzukehren. Auch Juden aus Niš flüchteten nach Pirot.[246] Doch die Atempause in der Verfolgung war nur von kurzer Dauer. Vorboten dafür war die verbindliche Einführung des Judensterns in Pirot, sowie die Einschränkung der Bewegungsfreiheit.[247] Im Februar 1943 folgte dann ein Berufsverbot für alle Menschen jüdischen Glaubens, da die Personen „in den neubefreiten Gebieten nicht als bulgarische Staatsbürger betrachtet werden“.[248] In demselben Monat wurde dann auch Deportation der Juden in den besetzten Gebieten beschlossen.[249] Am 12.3.1943 wurden schließlich alle Juden Pirots in den frühen Morgenstunden die dortige Turnhalle gedrängt.[250] Am 19.3.1943 begann die Deportation der Piroter Juden, insgesamt 188 Personen, an den Donauhafen Lom. Von dort sollte es donauaufwärts nach Mitteleuropa gehen. Zielort war Treblinka. Einzig sieben Familien mit bulgarischer Staatsbürgerschaft, die im Zuge der Besatzung nach Pirot verbracht worden waren, wurden von der Deportation ausgenommen.[251] Am 29.3.1943 konfiszierten dann die Besatzungsbehörden das gesamte Privateigentum.[252] Danach begann die Versteigerung des Besitzes der jüdischen Familien, an der sich viele Einwohner von Pirot, Caribrod, Sofia und Dragoman beteiligten. Es sollen bei den einzelnen Versteigerungen (der Besitz jedes Hauses wurde einzeln versteigert) jedes Mal mehr als hundert Interessenten zugegen gewesen sein[253]. Einige wenige konnten sich während des Transports nach Lom retten, und aus den Wag-

245 Rapport über das Verhalten der Bevölkerung in den westlichen Gebieten gegenüber dem bulgarischen Staat, Sofija, 7.5.1943, in: ZP, Dok. Nr. 357, S. 575.

246 Lebl, Ženi: Jevreji u Pirotu, Pirot 2015, S. 80.

247 Velkova, Saška und Panajotović, Mila: Šalom iz Pirota. Sećanje na Pirotske Jevreje, Pirot 2015, S. 92.

248 Velkova, Saška und Panajotović, Šalom iz Pirota, 2015, S. 94

249 Ebenda, S. 90.

250 Ebenda, S. 96.

251 Ebenda, S. 98.

252 Ebenda, S. 75.

253 Ebenda, S. 101.

gons flüchten. Nach dem Krieg kehrten Avram Samuil Avramović und Isak Tuvi Jusefović nur für kurze Zeit nach Pirot zurück, um dann zu Beginn der 1960er Jahre nach Israel auszuwandern. Damit hatte die jüdische Gemeinde in Pirot für immer aufgehört zu existieren.[254]

Insgesamt verschlechterte sich die politische und wirtschaftliche Situation seit Ende 1942 nach einer vorhergehenden ruhigeren Phase. Bis dahin hatten die bulgarischen Behörden versucht, die Fehler der Besatzung des Ersten Weltkriegs zu vermeiden. Das bedeutete v. a. die Vermeidung von Repressalien und eine bessere Versorgung. Jedoch veränderte sich die Situation mit dem Auftreten erster Aktivitäten von Četnici-Gruppen und Partisanenverbänden. Insbesondere weiter südlich, in der Gegend um Crna Trava, wurden ganze Dörfer in Brand gesetzt, die der Zusammenarbeit mit den Partisanen bezichtigt wurden. Insgesamt waren es weniger bewaffnete Auseinandersetzungen als die gewaltsamen Praktiken einiger Militärs. In den Dorfmonografien des Piroter Umlands, aber auch in den Dörfern der Caribroder Umgebung wird immer auf einen „Offizier Stojanov" verwiesen, der aus Sadismus Menschen gequält und getötet habe. Der Schwerpunkt der negativen Erfahrungen aber lag in Crna Trava sowie außerhalb der hier behandelten Region, als die bulgarischen Einheiten zu Unterstützung der Wehrmacht in der Bekämpfung von Partisanen nach Zentralserbien beordert wurden. Dort wurde der Hauptteil der Kriegsverbrechen begangen, den bulgarische Einheiten zu verantworten hatten.[255] Die Region selbst war kein zentraler Schauplatz bewaffneter Auseinandersetzungen. Zumeist tauchten die Partisanen aus Crna Trava sowie ihre bulgarischen Genossen für kurze Zeit in den Dörfern auf und warben für ihren Kampf, um nach der Zerstörung der Gemeindearchive und Molkereianlagen schnell wieder zu verschwinden. Erst im Frühjahr und Sommer 1944 formierten sich größere Partisanenverbände. In der Caribroder Umgebung geschah dies unter der Anleitung von BKP-Vertrauensleuten, die aus Sofia in die Region beordert worden waren, ebenso wie mit der Unterstützung von bulgarischen Partisanengruppen auf der anderen Seite der Stara Planina. Wobei dies bis in die jüngste Zeit von der jugoslawischen Publizistik bzw. den Veteranenverbänden stets vehement bestritten wurde.[256]

Insgesamt forderte die Okkupation Bulgariens in Jugoslawien 11.170 Opfer. Erschossen wurden 3.657 Männer, 366 Frauen, und 167 Kinder. Erhängt wurden 87 Männer und 14 Frauen, mit Stichwaffen ermordet wurden 179 Männer, 14 Frauen und 5 Kinder.[257]

Da hier nicht die Besatzung, Widerstand und Kollaboration im Mittelpunkt steht, sondern v. a. die Orientierung der lokalen Bevölkerung im Hinblick auf die Grenze in dieser Zeit, sind die Geschehnisse im Zuge der Befreiung bzw. dem Ende der bulgarischen Besatzung von zentraler Bedeutung. Der 9.9.1944 als Datum der Befreiung von der bisherigen Besatzungsherrschaft vermittelt weniger ein definitives Ende und einen eindeutigen Beginn des Neuen, wie es nachträglich auf diesen Tag projiziert wurde. Es handelte sich vielmehr

---

254 Die Synagoge war nach der Deportation von der bulgarischen Besatzungsherrschaft in eine Garage für Lastwagen umfunktioniert worden. Dies änderte sich auch nach dem Ende der Besatzung nicht, Freiwillige Feuerwehr und später das Piroter Transportunternehmen nutzten die Synagoge als weiterhin als Garage. 1958 wurde die Synagoge abgerissen. Ebenda, S. 35.

255 Aber auch 1943 in Vladičin Han; Dragišić, Jugoslovensko-Bugarski Odnosi, 2007, S. 18.

256 Zlatković/Vasev/Vidanović, Dimitrovgrad, 1989, S. 205.

257 Dragišić, Jugoslovensko-Bugarski Odnosi, 2007, S. 18.

um sonderbare Tage, in denen aus den bisherigen Besatzern wiederum in atemberaubender Geschwindigkeit Befreier wurden. Die Kriegserklärung der Sowjetunion an Bulgarien und die gleichzeitige Abdankung des Regentschaftsrates, die Übernahme der Regierung unter der Führung der bulgarischen KP am 9.9.1944 resultierten in der Beteiligung der bulgarischen Armee an dem Kampf der jugoslawischen Partisanen und der sowjetischen Armee gegen die deutsche Wehrmacht. In Caribrod sowie auf der alten Chaussee nach Istanbul ließ sich diese Verwandlung erleben. In den letzten Tagen vor dem 9.9.1941 strömten Truppenteile in Erwartung der nahenden Kapitulation auf diesem Weg Richtung Bulgarien. Große Verbände lagerten zunächst in Caribrod und verwandelten die zahlreichen Gemüsegärten in der Umgebung der Stadt in ein Militärcamp. In dieser Situation sollte der offizielle Akt der Befreiung durch die zahlenmäßig weit kleineren Partisanenverbände erfolgen. Es war klar, dass es keinen Widerstand seitens der bulgarischen Soldaten geben würde. Eine kleine Einheit, die als Kern des zukünftigen Caribroder Partisanenverbandes vorgesehen war, machte sich aus der Kreisleitung Pirot auf den Weg, um im Namen der jugoslawischen Volksbefreiungsarmee die Befreiung zu vollziehen. Um die Verwirrung noch zu vervollständigen, kämpften in dieser Einheit auch Caribroder, die als BKP-Mitglieder im Frühjahr 1944 aus Sofia gekommen waren, um sich dem soeben gegründeten Verband anzuschließen. Der Akt der Befreiung bestand in der Entwaffnung der bulgarischen Polizei im Ort sowie der Agitation der bulgarischen Soldaten. Zum selben Zeitpunkt trafen weitere Kommunisten aus Sofia in der Stadt ein, die für sich beanspruchten, in der Stadt die bisherige Verwaltung im Namen der nun regierenden „Vaterländischen Front" („Otečestven front", OF) zu entmachten. Die ersten Septemberwochen waren von dieser chaotischen, aber unblutigen Machtübernahme, von Unübersichtlichkeit und einer Art paralleler Befreiung geprägt: konkurrierende bzw. unkoordinierte Gruppen innerhalb der Befreier, eine große Zahlen von regelmäßig die Stadt durchquerenden, dort kampierenden Soldaten und Offizieren, die sich zugleich nicht entwaffnen ließen. Bei den meisten Einwohnern überwog die Unsicherheit, was die neue Situation bedeuten konnte, welche Konsequenzen diese für sie bereithielt.

Gerade in dieser Hinsicht kam es innerhalb der kleinen Gruppe der Befreier schnell zu ersten Unstimmigkeiten. Diese Gruppe bestand erstens aus Vertretern der Piroter Parteileitung, zweitens aus Caribroder Kommunisten, die in den letzten Jahren in der Stadt geblieben waren[258] oder die schon lange in Sofia lebten und kurz vor dem 9.9.1944 zu ihnen gestoßen waren, sowie drittens aus offiziellen Vertretern der OF, die nach dem 9.9. aus Sofia nach Caribrod kamen. Der Order aus Pirot folgend hatte ein Teil aus der Piroter Partisanengruppe damit begonnen, die männlichen Bewohner aus Caribrod und Umgebung für neu aufzustellende Einheiten zu mobilisieren, um diese dann in die aktuellen Kampfgebiete in der näheren Umgebung zu schicken. Einer der Caribroder Anführer unterlief diesen Befehl, erlaubte es den Mobilisierten, die Kaserne zu verlassen, und schickte sie in ihre Dörfer zurück.[259] Zweifellos war die Bereitschaft bei einem Großteil der noch nicht von der

258 Diese hatten sich an den Anweisungen der BKP orientiert, die bis zum Einmarsch der Sowjetunion in Bulgarien eine abwartende Haltung vorsah. In der Monografie zur Geschichte Dimitrovgrads wurde diese Strategie als „Veranstaltung von Lesezirkeln" kritisiert.

259 Zlatković/Vasev/Vidanović, Dimitrovgrad, 1989, S. 322.

bulgarischen Armee eingezogenen Jahrgänge kaum ausgeprägt, nachdem der Krieg in Caribrod zu Ende gegangen war, weiterhin daran teilzunehmen, und dies ausgerechnet in Serbien. Nachdem sich die Kritik an dem Caribroder Parteifunktionär aus Pirot verschärfte, versuchte dieser die Verantwortung auf die beiden maßgeblichen Führer der Partisanengruppe abzuschieben, die den Direktiven der BKP verpflichtet waren. Daraufhin kam es zu scharfen Auseinandersetzungen zwischen den beiden BKP-Funktionären und den Piroter Kommunisten, wem sich erstere nun unterzuordnen hatten.[260]

Auch auf den höheren Ebenen schien es zwischen jugoslawischen und bulgarischen Kommunisten keine Klarheit bzw. keine Übereinkunft über die weitere Entwicklung zu geben, bzw. welche KP das Sagen in Caribrod haben sollte. So kam einige Tage später ein hochrangiger Funktionär, Dobri Terpešev, aus Sofia nach Caribrod und erklärte, dass die Stadt Teil Bulgariens war, ist und bleiben würde. Es solle keine Mobilisierung erfolgen, weder durch Jugoslawien noch durch Bulgarien. Terpešev ordnete an, mit dem Aufbau von Organisationen nach dem Vorbild der OF zu beginnen.[261] Vier Tage später wurden diese Vorbereitungen eingestellt, als wichtige jugoslawische Partisanenführer in die Stadt kamen und erklärten, dass Caribrod Teil Jugoslawiens sei und daher ihre Richtlinien zu befolgen seien.[262]

Diese initiale Phase der Unklarheit dauerte etwa zwanzig Tage. Danach bemühte sich primär das Kreiskomitee Pirot, stärkeren Zugriff auf die Parteigruppe in Caribrod zu gewinnen, die in dieser Phase unter dem Einfluss der Genossen aus Sofia stand.[263] Bemerkenswert ist, worin die Stärkung der Kontrolle der Piroter Genossen bestand: An die Stelle eines Mitglieds der BKP, das aus Caribrod stammte, kam ein Mann des Geheimdienstes der KPJ, der von nun an die Fäden in der Hand halten sollte. Im November verließ der bisherige Parteisekretär Krum Milanov Borimečka Caribrod, um einen anderen Posten in Bulgarien anzutreten. Sein Nachfolger wurde Voja Bogojević, der als Vertreter des Geheimdienstes, der Ozna, die aus der Sicht der jugoslawischen Kommunisten schwierige Situation bereinigen sollte und bis Anfang 1945 in Caribrod eingesetzt wurde.[264] Doch die Herausforderungen für Bogojević hatten gerade erst begonnen. Wenige Tage nach seiner Einsetzung kam es zu einer spontanen Versammlung von unzufriedenen bulgarischen Soldaten und Einwohnern, bei dem der Versuch unternommen wurde, das an der örtlichen Kommandatura auf Serbokroatisch angebrachte Schild abzumontieren. Der Aufruhr wurde schnell unter Kontrolle gebracht, auch der noch in Caribrod anwesende Borimečka stellte sich gegen diese Form des Protests.[265]

Als Antwort auf die anhaltende Unruhe in der Stadt sollte am 24.12.1944 von den jugoslawischen Kommunisten eine große Demonstration organisiert werden, welche die eindeutige Zugehörigkeit zu Jugoslawien sowie die Brüderschaft zwischen Jugoslawien und Bulgarien betonen sollte. Die Stimmung kippte jedoch schnell. Etwa 4.000 Caribroder,

260 Ebenda, S. 323.
261 Ebenda, S. 325, 327.
262 Ebenda, S. 328.
263 Ebenda, S. 375.
264 Es handelt sich um unveröffentlichte Erinnerungen Voja Bogojevićs, die als Typoskript vorliegen. Ich danke Petar Videnov für die Möglichkeit der Einsichtnahme.
265 Ebenda, S. 382.

viele aus den umliegenden Dörfern, sowie bulgarische Soldaten brachten ihren Unmut zum Ausdruck. Angeblich geschah dies, den Erinnerungen Bogojevićs zufolge, als ausgerechnet der in Caribrod beliebte Arzt und altes Mitglied der bulgarischen KP Konstantin Gocev sprechen sollte. Dieser sei niedergeschrien worden. Bogojević ließ Gocev von dem Balkon entfernen, um die Kontrolle zu übernehmen. Während seiner Ansprache habe zunächst Ruhe geherrscht. Doch zunehmend schien die Situation außer Kontrolle zu geraten. Bogojević zufolge haben die Menschen „Nieder mit der serbischen Herrschaft, es lebe Bulgarien und der OF, nieder mit den Verrätern des bulgarischen Volkes!" gerufen.[266] Bogojević habe den anwesenden bulgarischen Kommandanten gewarnt, er werde ihn erschießen, sollte dieser nicht seine Soldaten aus der Menge zurückziehen. Angesichts der drohenden Eskalation befahl der bulgarische Kommandant den anwesenden Soldaten, die Versammlung zu verlassen. Ebenso habe Bogojević der Menge gedroht, sollten die Menschen nicht auseinandergehen, werde er die Stadt niederbrennen lassen, und auch das werde die feste bulgarisch-jugoslawischen Freundschaft nicht beeinträchtigen.[267]

In der offiziellen Version der Ereignisse wurde die Verantwortung für die Unruhen dem Caribroder Parteimitglied Anta Apostolov zugeschrieben, der die Menschen aufgewiegelt habe. Nachdem er gesehen habe, dass sein Versuch erfolglos geblieben sei, habe er die Stadt in Richtung Sofia verlassen und sei dort mit einem hohen Posten belohnt worden.[268] Die ganze Versammlung sei von Chauvinisten, heimatlosen Unzufriedenen und „verschiedenen Spekulanten" manipuliert worden, diese haben die nachvollziehbaren Sorgen rechtschaffener Bürger missbraucht. Letztere haben in den Konferenzen danach ihre „Fehler eingestanden".[269] Gerüchten zufolge haben Anta Apostolov und seine Gesinnungsgenossen schon eine bulgarische Fahne bereitgehalten, die sie dann nach der Demonstration an der alten Grenze bei Gojin Dol aufstellen wollten.[270] Der Umfang der im Anschluss erfolgten Verhaftungen und Untersuchungen bleibt unklar. Viele Einwohner wurden jedoch zu „Gesprächen und Selbstkritik" vorgeladen.[271] Eine weitere Maßnahme zur Stabilisierung der Situation war eine weitere Versammlung mit weitaus weniger Menschen, bei der bekannte und geachtete bulgarische Partisanen sprachen. Sie betonten, dass Caribrod weiterhin in Jugoslawien verbleiben, die Grenze jedoch immer offen sein werde.[272]

Bogojevićs Erinnerungen an seinen Dienst in Caribrod sind in einem sehr distanzierten Ton gehalten. Es entsteht der Eindruck, der Funktionär habe sich in einem gänzlich fremden Land aufgehalten, von einer unfreundlich gesinnten Bevölkerung umgeben. Er schreibt von „schweren Tagen", da er „inmitten der bulgarischen Bevölkerung arbeitete, die mit

266 Bogojević, Erinnerungen, S. 42.

267 In der Monografie *Dimitrovgrad 1878–1945* ist die Version zu lesen, Bogojević habe den anwesenden bulgarischen Kommandanten gewarnt, er werde seine Leute aufmarschieren lassen, sollte dieser nicht seine Soldaten aus der Menge zurückziehen. Angesichts der drohenden Eskalation befahl der bulgarische Kommandant den anwesenden Soldaten, die Versammlung zu verlassen. Zlatković/Vasev/Vidanović, Dimitrovgrad, 1989, S. 385.

268 Ebenda.

269 Ebenda.

270 Ebenda.

271 Ebenda, S. 386.

272 Ebenda, S, 388.

dem Mutterland Bulgarien durch Bluts- und Verwandtschaftsbande verbunden war".[273] Diese Terminologie verwundert, da Bogojević aus einem Dorf unweit der alten Grenze kam. Zugleich schien in diesen Wochen und Monaten auch im Hinblick auf die bisherige Erfahrung mit der jugoslawischen/serbischen Herrschaft die alte Grenze tatsächlich weiter zu wirken. Und dies im Unterschied zu ihrer geringen Bedeutung im mikroregionalen Austausch, des gegenseitigen Beistands während der Besatzungszeit. Dies zeigte sich in der Entschlossenheit, noch angesichts der von außerhalb der Region entfesselten Gewalt offen gegen den Verbleib in Serbien und damit gegen die neue Herrschaft zu protestieren. Die Präsenz der bulgarischen Soldaten mag sicherlich ermutigend gewesen sein, doch diese würden Caribrod demnächst verlassen, während die Caribroder blieben. Wie zu keinem früheren Zeitpunkt zeigte sich die Gegenwart der alten Grenze, der Wunsch nach deren Reaktivierung. Die beiden vergangenen Jahrzehnte hatten offensichtlich nicht zu deren Verschwinden beigetragen. Im Gegenteil. Hinzu kam die Erfahrung einer neuen Qualität von Gewalt im Verlauf der Kriegsjahre, die in neuer Form solche Grenzziehungen noch zusätzlich dynamisierte.

Die zentrale Parteiführung der KPJ sah die Verantwortung für den Unmut in Caribrod auch auf Seiten der bulgarischen Behörden, die gegen die zunehmenden Absetzbewegungen junger Männer nichts unternahmen, sondern denen, die Caribrod verlassen hatten, auch noch entgegenkamen, etwa in der Unterstützung bei der Arbeitssuche.[274] Seitens des bulgarischen Regimes wurde die Parole ausgegeben, dass mit einer Föderation zwischen beiden Staaten Caribrod und Bosilegrad zum bulgarischen Staat gehören würden. Darin wird einerseits, wie Dragišić zutreffend beobachtet, die Zurückhaltung der BKP gegenüber einer aktiven Eingliederung der beiden Städte deutlich, gleichwohl wird diese grundsätzlich als berechtigt angesehen und, wie die Präsenz wichtiger Funktionäre in den unruhigen Monaten zeigte, auch nicht aufgegeben[275].

Indessen dauerte das Tauziehen in den folgenden Jahren an. So betrachtete die bulgarische Seite Caribrod im amtlichen Verkehr immer noch als Stadt in Bulgarien, die jugoslawische Seite versicherte den Einwohnern gegenüber, dass es sich nur um eine reine Verwaltungsgrenze handele. Die Unruhe legte sich jedoch nicht. Regelmäßig wurden aus unterschiedlichen Anlässen Forderungen nach einer Angliederung an Bulgarien laut. So etwa während der jugoslawischen Kampagne um Triest. So wie Triest für Jugoslawien eingefordert werde, könne in der Konsequenz dieser Argumentation auch Caribrod mit noch größerem Recht zu Bulgarien gehören.[276] Hoffnungen wurden auch an die Friedenskonferenz in Paris geknüpft. Den Informationen der lokalen und zentralen Parteileitungen in Jugoslawien zufolge würden bulgarische Grenzsoldaten der Landbevölkerung erzählen, dass die Wiedereingliederung nur noch eine Frage der Zeit sei.[277] Zunächst sorgte dieses Gerangel für große Unsicherheit bei den Einwohnern, was die bulgarischen Behörden durch zahlreiche Erleichterungen gerade im Hinblick auf die unproblematische Passage der Grenze zu

---

273 Bogojević, Erinnerungen, S. 42.
274 Dragišić, Jugoslovensko-Bugarski Odnosi, 2007, S. 101.
275 Ebenda, S. 103.
276 Ebenda, S. 102.
277 Ebenda, S. 103.

ihren Gunsten zu nutzen versuchten. Für die Menschen aus Caribrod und Umgebung war die offene Grenze von großer Bedeutung, da sie entweder in Sofia arbeiteten oder die bessere medizinische Versorgung dort nutzten, und schließlich sehr viele nahe Verwandte dort lebten. Der bereits während des Krieges bestehende und zu Kriegsende intensivierte Trend der Arbeitsmigration nach Sofia setzte sich nun fort. Während unmittelbar nach der Befreiung keine Regelung der Überquerung der Grenze existierte und diese frei passiert werden konnte, wurden 1945 erneut so genannte „otkriti listove" („offene Papiere") eingeführt, die vor Ort ausgestellt wurden und bis 1948 in Gebrauch waren. Dass es sich nicht nur um einen kurzen Moment in der Gegenwart handelte, sondern die Zukunft im Hinblick auf die Bewegungsfreiheit in der Region noch Besseres bereithielt, ließen die Verhandlungen zwischen Tito und dem in Caribrod hohes Prestige genießenden Georgi Dimitrov hoffen. Die Erklärung Georgi Dimitrovs im Zentralkomitee der BKP im August 1946, dass Pirin-Makedonien an die jugoslawische Republik Makedonien angeschlossen werden solle, festigte den Eindruck, dass es beiden Staatsführern mit einer Überwindung der bisherigen Grenzen ernst war.[278]

Gleichzeitig blieb es im Konkreten bei einem verhaltenen Tauziehen, wie sich in der Bildungspolitik zeigte. Zunächst wurde mittels Vertrag im Dezember 1944 die Zuständigkeit des bulgarischen Bildungsministeriums für bulgarische Lehrer im Srez Caribrod geregelt.[279] Dies erschien jugoslawischen Behörden nach einiger Zeit problematisch, daher wurde 1946 eine Verfügung erlassen, der zufolge sich die Lehrer nach den jugoslawischen Unterrichtsplänen zu richten hatten. Die Arbeit der Lehrer fiel nun in den Zuständigkeitsbereich des serbischen Bildungsministeriums.[280] Dabei wurden auf jugoslawischer Seite alle Instanzen in Gang gesetzt, von der örtlichen Parteiführung über das Bildungs- und Außenministerium bis hin zur Regierung. Zwei Mankos standen im Blickfeld der jugoslawischen Behörden: Erstens seien es im Vergleich zu den anderen Bezirken zu viele Schulen (angesichts der Übernahme der Finanzierung schien dies ein Problem zu sein) mit zahlreichem Personal, zweitens seien viele Lehrer Jugoslawien gegenüber nicht wohlgesonnen.[281] Mit denselben Motiven und einem ähnlichen Verfahren kam es 1946 zu einer Einigung über die Übernahme der Versorgung der Region durch Jugoslawien. Bisher war Caribrod mit Lebensmitteln und anderen Gütern durch Sofia versorgt worden. Dies wurde seitens der jugoslawischen Behörden zunehmend als Infragestellung der staatlichen Souveränität empfunden.[282]

Da sich im Alltag zeigte, dass die Grenze tatsächlich nur eine Verwaltungsgrenze war, entspannte sich mit der Zeit die Situation in der Stadt und Umgebung. Caribrod blieb auf Sofia ausgerichtet. Vier Jahre dauerte dieser Zustand noch an. Danach begann eine Phase, in der sich die Grenze zu einer bis dahin ungekannten hermetischen Barriere entwickelte. In

278 Zum von zahlreichen Volten geprägten Verlauf der Verhandlungen zwischen Jugoslawien und Bulgarien und dem Verhältnis der Sowjetunion zu diesen vgl. Sundhaussen, Holm: Jugoslawien und seine Nachfolgestaaten. Eine ungewöhnliche Geschichte des Gewöhnlichen, Wien, Köln, Weimar, 2012, S. 88.

279 Zlatković/Vasev/Vidanović, Dimitrovgrad, 1989, S. 368.

280 Ebenda, S. 369.

281 Dragišić, Jugoslovensko-Bugarski Odnosi, 2007, S. 107.

282 Ebenda, S. 108.

dieser neuen Hermetik bahnte sich zugleich ein Zugriff des Staates auf die lokale Gesellschaft an, der bis dahin in dieser Form ebenso wenig vorstellbar gewesen war und in dem sich eine neue Qualität der Organisation von Herrschaft manifestierte.
Ursache für die Veränderung der Situation im lokalen Kontext war wiederum ein Konflikt zwischen einer internationalen Macht und einem der beiden Staaten. Dabei ging es nicht mehr wie bisher nur um territoriale Souveränität, die von einer Großmacht in Frage gestellt wurde. Diese Auseinandersetzung erfasste viel weiter gehender alle gesellschaftlichen Sphären. Der schon seit Langem schwelende Konflikt zwischen der sowjetischen Führung und den jugoslawischen Kommunisten um die eindeutige Unterordnung Jugoslawiens unter sowjetische Hegemonie, da nach Stalins Ansicht die jugoslawischen Genossen eine zu eigenständige Politik führten – so etwa bei dem Vorhaben einer Balkanföderation[283] –, eskalierte mit der „Resolution des Informationsbüros über die Lage in der KPJ“[284] im Juni 1948. Nachdem der massive politische und wirtschaftliche Druck sowie die militärische Drohkulisse, den die Sowjetunion nebst ihren Bündnispartnern auf Jugoslawien aufbaute, nicht in dem schnellen erwarteten Zusammenbruch der Herrschaft Titos resultierte, wurden schrittweise die bisherigen Beziehungen in allen Segmenten abgebrochen.[285] Dies führte letztlich Ende 1948 zur Schließung der Grenze. Dabei verwandelte sie auf ganz sonderbare Weise in einen Kommunikations- und Handlungsraum in der nun einsetzenden machtpolitischen Auseinandersetzung zwischen Jugoslawien und dem sowjetischen Block.

Genauso, wie die sowjetische Führung mittels der bewährten stalinistischen Techniken von außen versuchte, die jugoslawischen Kommunisten mit Tito an der Spitze zu entmachten, war die jugoslawische Partei bestrebt, vermittels der gleichen Repressionspraktiken, die Kontrolle im Landesinneren aufrecht zu erhalten. Als stalinistische Kaderpartei konzentrierte sie sich auf die politische Denunzierung und gesellschaftliche Isolation vermeintlicher und möglicher Gegner in ihren Reihen. Insgesamt wurden 55.000 Mitglieder aus der Partei ausgeschlossen, denen unterstellt wurde, dass sie die Stalinsche Resolution unterstützten. Doch damit begnügte sich die Parteiführung nicht. Bisher wird vermutet, dass um die 11.000 bis 18.000 Frauen und Männer auf die Inseln Goli Otok oder Sv. Grgur kamen.[286]

Dass die Auseinandersetzungen um die Resolution des IB in Caribrod weitaus größere Erschütterungen auslösten als in Bosilegrad,[287] sagt etwas über den veränderten gesellschaftlichen Inhalt und die Akteure aus. Während Bosilegrad in der Mobilisierung für den Vrtop in den 1930er Jahren und in den Emigranten- sowie den illegalen Organisationen

283 Wobei es weniger darum ging, dass die jugoslawische Führung diese zu schnell vorantrieb, sondern sich nicht den sowjetischen Vorstellungen unterordnete. Daraus resultierte, wie schon erwähnt, einige Unübersichtlichkeit: So forcierte Jugoslawien zunächst die Bildung einer Föderation mit Bulgarien wie auch Albanien, um – als die sowjetische Führung diese Einigung für opportun hielt – die Geschwindigkeit herauszunehmen. Sundhaussen, Jugoslawien, 2012, S. 88.

284 Als Kurzform etablierte sich in Jugoslawien die Bezeichnung „Informbüro“ bzw. die Abkürzung „IB“, die Sympathisanten wurden als „Ibeovci“ („IB-ler“) bezeichnet.

285 Nach der Auflösung des Freundschaftsvertrags wird 1950 auf bulgarisches Betreiben die jugoslawische Botschaft in Sofia geschlossen. Dragišić, Jugoslovensko-Bugarski Odnosi, 2007, S. 228.

286 Sundhaussen, Jugoslawien, 2012, S. 93.

287 Dragišić, Bugarska manjina, 2002, S. 39.

großes Gewicht hatte, verlagerte sich nun der Schwerpunkt des Konflikts auf Caribrod. Der Vrtop hatte seine Gefolgschaft v. a. unter den Migranten vom Land in Sofia gefunden. Im Fokus der Auseinandersetzung um die Resolution standen nun andere gesellschaftliche Gruppen: Es waren zunächst die Partei-funktionäre und -Mitglieder aus der lokalen Gesellschaft, dann die Schüler am Gymnasium, die während des Konflikts eine besondere Rolle spielen sollten, insbesondere aber die Lehrerschule, die sich offen für die Resolution ausgesprochen hatte.[288] Initial stand damit die zukünftige Bildungselite im Fokus des jugoslawischen Parteiapparats. Doch Schritt für Schritt erfasste die Repression der Parteizentrale alle gesellschaftlichen Schichten. Menschen wurden aus ganz unterschiedlichen Gründen verhaftet, die oftmals gar nichts mit der Resolution zu tun hatten.

In den ersten Monaten waren es 121 Personen, die wegen des IB Caribrod illegal über die Grenze in Richtung Bulgarien verließen. Insgesamt wurden bis 1953 744 Personen als geflüchtet gemeldet. Der Partei gelang es bis November 1948, die Parteilinie, die Kritik der Resolution durchzusetzen. Von insgesamt 354 Mitgliedern (wahrscheinlich ohne jene, die zuvor schon die Stadt in Richtung Bulgarien verlassen hatten) stimmten 340 der Kritik der Resolution zu, 8 waren dagegen und 6 wurden als unschlüssig eingestuft. Aus der Zentrale gab es massive Kritik an der Parteiarbeit im Lokalen. Diese sei angesichts des zu erwartenden Einflusses aus Bulgarien dennoch unvorbereitet gewesen. Ein mobiles Kino und eine halbstündige Radiosendung wurden – neben der Repression – als Gegenmaßnahmen erwogen. Ebenso sollten bekannte Funktionäre in die Region reisen und die dortigen Parteimitglieder zu Veranstaltungen in der Hauptstadt eingeladen werden, um eine „Bindung an Jugoslawien" zu erreichen.[289] 1953 schließlich war die Partei zufrieden mit der Situation in den beiden Städten, wo die Parteimitglieder diszipliniert der vorgegebenen Linie folgten.[290]

Potentielle Störenfriede waren auch nicht mehr vorhanden, nachdem mindestens ein Drittel der Gymnasiasten nach Bulgarien geflohen waren. Wie die Quellen des bulgarischen Innenministeriums zeigen, waren es in der Mehrzahl junge Männer zwischen achtzehn und zwanzig Jahren, die nach Bulgarien kamen.[291] Ein Impuls war der bevorstehende Militärdienst. Ein weiterer Grund kann auch die starke Bindung an die zumeist nach Bulgarien orientierten Lehrer gewesen sein. Doch auch bei den Dagebliebenen waren in diesen Jahren Unmutsbekundungen zu beobachten. Insbesondere in der Phase verschärfter Repression kam es zum öffentlichen Protest der Gymnasiasten zu Beginn der 1950er Jahre wegen der ihnen auferlegten strengen Regeln. V. a. das Verbot, sich abends in der Stadt frei zu bewegen – das in einigem an die Verordnungen der 1930er Jahre erinnerte. Soweit es rekonstruierbar ist, wurde diese öffentliche Demonstration von Unmut seitens der Parteifunktionäre als potentieller Kontrollverlust empfunden, so dass eine öffentliche Diskussion zu den

288 Ebenda, S. 40.

289 Ebenda, S. 42.

290 In Bosilegrad werden zwischen 1948 und 1953 142 Personen verhaftet; ebenda, S. 43. Zahlen, die für die einzelnen Jahre genannt werden, stimmen nicht mit der Gesamtzahl überein. Möglicherweise gelten diese Zahlen nur für Caribrod; ebenda. Mančev geht von 70 Personen aus Caribrod aus, die in Goli Otok waren; Institut po Balkanistika: Jubileen Sbornik. Izsledvanija v čest na 80-godišninata na Prof. Krăstjo Mančev, Sofija, 2006, S. 85.

291 Bulletin des Außenministeriums zur Lage an der Grenze zu Jugoslawien für die Zeit vom 19.–20.9.1949, in: ZP, Dok. Nr. 402, S. 656.

Ursachen des Protests im Dom Kulture abgehalten wurde. Unmittelbar auf diese vermeintliche Geste der Toleranz in der Partei folgte die Sanktionierung des unbotmäßigen Verhaltens. Insbesondere wurde darauf geachtet, welche von den Verbliebenen Verwandte hatten, die über die Grenze geflüchtet waren.[292]

Die Biografie des bereits häufig zitierten Historikers Krsto Mančev kann das Bündel von Motiven zum Verlassen Jugoslawiens, die Kontingenz solcher Entscheidungen plastisch veranschaulichen, obwohl dieser etwas älter als die erwähnten Gymnasiasten war. Mančev nahm nach einer längeren Unterbrechung – viele Schulen waren in der Zwischenkriegszeit geschlossen worden – erst 1941 den Schulbesuch wieder auf. Zuvor war er Ziegenhirte in seinem Dorf gewesen, das unmittelbar an der Grenze lag.[293] Die Zeit seit 1941 beschreibt Mančev als Zeit, in der es „keine Angst vor Bären und Wölfen", aber vor „Herrschaft" (*vlast*) gab.[294] Unter diesen Bedingungen setzte er seinen Schulbesuch auch 1944 fort. Am Gymnasium traf Mančev eine starke kommunistische Jugendorganisation an, die von den bulgarischen Lehrern geprägt wurde und unter den Schülern viel Anerkennung genoss. Dort kam er auch erstmalig mit der Lehre des Marxismus-Leninismus in Berührung.[295] 1946 erhielt er als guter Schüler aus einer armen Kleinbauernfamilie ein Stipendium für das Studium der Geschichtswissenschaften in Belgrad. Bis 1949 vollzog sich sein Leben zwischen Studium und Landarbeit, um dann eine abrupte Wendung zu nehmen. Nachdem ein Mitstudent aus Caribrod verhaftet worden war, löste dies bei anderen den Impuls aus, Jugoslawien zu verlassen. Mančev half ihnen, da sein Elternhaus direkt an dem Bach stand, der die Grenze bildete. Aus einem – wie er es später bezeichnete – dummen Missverständnis heraus ging er schließlich selbst am 19.5.1949 auf die andere Seite. Mančev meldete sich sofort beim Militärposten in Višan, dem Dorf gegenüber, und wurde nach Dragoman gebracht. Nach zwei Tagen folgte seine Überstellung nach Sofia zur Staatsicherheit. Dort wurde Mančev eine Woche festgehalten und nach günstigen Zeugenaussagen von vorherigen Flüchtlingen, dass er sie über die Grenze gebracht habe, freigelassen. Mančev konnte in Sofia sein Studium fortsetzen, jedoch mit Auflagen.[296] Er bekam zunächst eine befristete und erst nach einem Jahrzehnt die vollständige bulgarische Staatsbürgerschaft.[297]

An Mančev wird auch exemplarisch nachvollziehbar, weshalb der Doppelbesitz letztlich beiden Staaten ein Dorn im Auge war. Er nutzte diese noch existierende Institution als Kommunikationsnetzwerk, die Verwandten von der bulgarischen Seite konnten bei der Feldarbeit auf der jugoslawischen seiner Familie Nachrichten übermitteln. So konnte er schließlich Ehefrau und Kind Ende 1949 illegal über den Fluss bringen. Eine Tante auf der

292 In diesem Sinne, und weil er sich bei der Versammlung im Dom Kulture unwillig zur Selbstkritik gezeigt hatte, wurde der spätere Schriftsteller Detko Petrov von der Schule entlassen. Nicht zuletzt weil sein Bruder, der spätere Lyriker Blagoj Dimitrov, nach Bulgarien geflohen war. Andonov, Mateja: Črez vesnika se zapoznahme, in: Bratstvo, Nr. 2227/28, 16.1.2009, S. 3.

293 Institut po Balkanistika, Jubileen Sbornik, 2006, S. 40.

294 Ebenda, S. 41.

295 Ebenda, S. 43.

296 Ebenda, S. 45.

297 Ebenda, S. 60. Selbstironisch bezeichnet sich Mančev bis in die Gegenwart als „Bălgarin od vtoro kačestvo" („Bulgare zweiter Klasse").

bulgarischen Seite nahm bei ihren regelmäßigen Gängen zu den Feldern auf der anderen Seite der Grenze Kontakt zu seiner Frau auf. Dies funktionierte, solange der Doppelbesitz noch nicht aufgehoben war.[298] In den 1950er Jahren wurde er in die bulgarische Provinz an der türkischen Grenze geschickt, 1965 gelang es ihm dann, am Institut für Balkanistik bei Nikolaj Todorov ein Stipendium zu bekommen, wodurch er 1965 promovieren konnte.[299] Trotz der unerwarteten Karriere blieb ihm als Dozent an der Universität in Veliko Tărnovo Misstrauen nicht erspart. Sein Schwerpunkt, die Zeitgeschichte Jugoslawiens, und seine Forschung, die ohne die übliche Rhetorik auskam, sorgten beständig für Unterstellungen, zu einer fünften jugoslawischen Kolonne zu gehören.[300]

Es ist deutlich geworden, dass es weniger feststehende Überzeugungen oder unverrückbare Orientierungen waren, die zur Flucht nach Bulgarien führten. Freundschaften, Lehrer mit Vorbildfunktionen, ebenso wie situative Faktoren wie das erwähnte Missverständnis von Krsto Mančev konnten Auslöser für die Überquerung der Grenze sein. Zugleich konnten beide Staaten zunächst keine hermetische Schließung der Grenze erzielen. Mančev gelang es über familiäre Netzwerke, den Kontakt zu seiner Frau auf der anderen Seite zu halten und sie sogar zur Flucht zu bewegen. Doch zunehmend wandelte sich die Grenze von einem Interaktionsraum der lokalen Bevölkerung in einen Kommunikations- und Aktionsraum der beiden Staaten, die an der Grenzlinie Macht, Ideologie und Souveränität repräsentierten und praktizierten.

Die Grenze zwischen Jugoslawien und Bulgarien wurde zu einem Teil des Eisernen Vorhangs. Die Doppelbesitze wurden, wie erwähnt, aufgelöst. In den Erinnerungen erscheint die Zeit zwischen 1948 und 1956 als Abbruch aller Kontakte an einer hermetisch geschlossenen Grenze. Während sich die Landbevölkerung aus dem Grenzsaum von ihren Feldern zurückzog, wurde dieser Raum nun von Militär und Sicherheitskräften besetzt. Lautsprecheranlagen wurden auf beiden Seiten für Propaganda- und Schmachreden installiert. Auf bulgarischer Seite wurde an diesem Grenzabschnitt im Burel ein 3 m hohes Eisennetz am Ufer des Baches angebracht. Es kam immer wieder zu tödlichen Zwischenfällen.[301] Nahezu alle Gesprächspartner in Dimitrovgrad und Umgebung betonten, dass eine Form der Strafe durch die Geheimpolizei für angeblich illoyales Verhalten, ähnlich wie in der Zwischenkriegszeit, nur noch häufiger, die Erschießung von Dorfbewohnern unmittelbar an der Grenzlinie gewesen sei. Danach sei festgehalten worden, dass die Person beim Versuch des „illegalen Grenzübergangs" erschossen worden sei.[302] Insgesamt kam es zwischen 1948 und 1949 zu 175 so genannte Grenzzwischenfällen. 1949 wurden 87 Zwischenfälle gezählt, die durch Bulgarien hervorgerufen worden seien. Nach den jugoslawischen Angaben waren es bei den durch Bulgarien hervorgerufenen Zwischenfällen 4 tote jugoslawische Soldaten, 5 Verletzte und 11 Verschleppte.[303] Von jugoslawischer Seite wurde ebenfalls geschossen, wobei die Zahl der Toten und Verletzten nicht ausgewiesen wurde.[304]

298 Ebenda, S. 46.
299 Ebenda, S. 51.
300 Ebenda, S. 53.
301 Ebenda, S. 87.
302 Gespräch mit Krsto Mančev, 28.5.2016.
303 Dragišić, Jugoslovensko-Bugarski Odnosi, 2007, S. 224.
304 Ebenda, S. 225.

Im gesamten Zeitraum zwischen 1948 und 1952 wurden 214 Menschen an der Grenze der Spionage beschuldigt, wobei dies für die gesamte Grenze gilt. Umgekehrt waren es nach jugoslawischen Angaben 70 Agenten, die nach Bulgarien geschickt wurden.[305] Damit war ein Höhepunkt in der Transformation der Grenze zu einem Konfrontationsraum erreicht, der nun durchweg von den staatlichen Akteuren in einer bis dahin ungekannten Intensität beherrscht wurde. Zwar nicht in der technischen Perfektion, doch in den Maßnahmen und Einschränkungen der Bewegungsfreiheit im Grenzgebiet jener an der deutsch-deutschen Grenze.[306]

Anfang der 1950er Jahre zeigte sich die Partei zufrieden mit der politischen Lage im Lokalen und den Ergebnissen der bisherigen Einschüchterung. Die Bevölkerung beteilige sich vorbildlich bei der Suche nach IB-Banden, hieß es in den Berichten. Man organisierte Treibjagden gegen mutmaßliche Spione.[307] Ebenso wurden Protestveranstaltungen gegen Verhaftungen von Dorfbewohnern in Bulgarien abgehalten.[308] Die Zustände von vor weniger als zwei Jahrzehnten schienen sich zu wiederholen, als die Landbevölkerung von Polizei und Gendarmerie gezwungen wurde, Jagd auf vermeintliche Anhänger des Vrtop zu machen. Doch jenseits der scheinbaren Wiederkehr sind die neuen Momente entscheidend, die den Unterschied ausmachen: In den Erinnerungen, sei es in Romanen[309] oder Gesprächen, figurieren als zentrale Akteure der neuen Macht junge Männer, die entweder Parteifunktionäre in den Dörfern oder Angehörige des Geheimdienstes und stets auf dem Land präsent waren. Das Bild des jungen Aufsteigers als Funktionär in seinem für die damaligen Verhältnisse außerordentlich ungewöhnlichen Fahrzeug, dem Jeep, ist die Personifikation der Erinnerungen an die Zeit des IB. Damit waren es nicht mehr auswärtige Beamte aus dem Landesinneren, ohne Kenntnis über und mit Geringschätzung für die Gegend, in der sie nun arbeiteten. Der Konflikt zog sich nun mitten durch die Dorfgesellschaften.

Die Ausweitung der Kontrollsphäre und die neuartige Involvierung der lokalen Gesellschaft in die repressiven Herrschaftspraktiken zeigte sich in einer weiteren Beziehung: In den Gesprächen, in denen die Zeit zwischen 1948 und 1956 im Mittelpunkt stand, wurde häufig die Konstellation genannt, dass, nachdem jemand aus der näheren Verwandtschaft über die Grenze geflüchtet war, ein anderer aus der Familie danach für die Polizei zu arbeiten hatte. Infolge der Flucht war für viele Familien eine solche intensivierte Zusammen-

305 Ebenda, S. 228.

306 Detko Petrov beschreibt eindrücklich den Spitzelalltag und die Interaktion der Leute des Innenministeriums mit der Bevölkerung; Petrov, Granica, 1972.

307 Dragišić, Bugarska manjina, 2002, S. 43.

308 Es handele sich um frühere Mitkämpfer. Ganze Dörfer würden umgesiedelt. Hier wird auch eine Fortsetzung der Tradition aus *Naš Istok* sichtbar, Telegramme politischer Loyalität werden in die Hauptstadt geschickt. Nun aber in der Eigenschaft als Angehörige der nationalen Minderheit, die sich um ihre Konationalen in Bulgarien sorgen. Die Dimitrovgrader protestieren gegen die Internierung der Grenzbevölkerung in Bulgarien; Glas na Bălgarite, 28.8.1950, Nr. 85, S. 2. Ein Bericht über die Repressionen von Menschen auf der bulgarischen Seite der Grenze spricht von 156 Familien aus der Umgebung von Trn, die in andere Landesteile umgesiedelt worden seien. Einige werden namentlich genannt.

309 Vgl. Panić, Nataša: Crvena Lokva, Dimitrovgrad, 1999; sowie dies.: Granica. Natam Navam Pokre Granicu, Dimitrovgrad, 2016.

arbeit mit den Behörden, die oft auch erzwungen wurde, ein Weg, möglichen weiteren Sanktionen – etwa im Zusammenhang mit der Kollektivierung der Landwirtschaft – zu entgehen. Auch die immer wieder in den Gesprächen betonte, unvermittelt erscheinende Gewalt – wenn Dorfbewohner ohne Grund in die städtische Polizeizentrale verschleppt und dort geschlagen wurden –[310] sollte durch die Zusammenarbeit verhindert werden. Dadurch kam in der Stadt und der Landgesellschaft, in einem relativ übersichtlichen gesellschaftlichen Raum, eine noch nicht gekannte Eigendynamik von Denunziation und Gegendenunziation in Gang. Paradox ist, dass gerade die Rückkehrer von Goli Otok als potentielle Spitzel betrachtet wurden.[311]

Die Einbeziehung lokaler Akteure in das neue Repressionssystem bedeutete eine entideologisierte Ausweitung der Verfolgung vermeintlicher IB-Anhänger. Um ihre Loyalität, die Dankbarkeit gegenüber ihren neuen Mentoren zu beweisen, waren die lokalen UDB-Mitarbeiter besonders motiviert, jede Form von vermeintlicher feindlicher Aktivität zu sanktionieren. Viele wurden wegen harmlosen Spotts für Wochen eingesperrt und misshandelt.[312] Oft hatten Verhaftungen nichts mit „der Politik“ zu tun, sondern beruhten auf persönlichen Animositäten.[313] Bemerkenswert ist die Dynamik, mit der nun die gesamte lokale Gesellschaft von der neuen Herrschaftsform erfasst wurde, sei es als Akteur oder als Ziel der Repression. Die Einbeziehung der lokalen Bevölkerung, vor der die bisherigen Herrschaften zurückgeschreckt waren, resultierte quantitativ in der umfassenden Präsenz des Staates nun nicht mehr als Posten im Dorf, sondern sogar innerhalb der Familien. Es gab auch qualitative Auswirkungen: Die bloße Loyalitätsbekundung, serbisch bzw. bulgarisch zu sein, und weiter nicht aufzufallen, reichten nun nicht mehr aus. Ein neuer Zwang zur Loyalität wurde nun aus der Lokalgesellschaft selbst generiert, der vermittels der bisherigen Herrschaftspraktiken nicht erreicht worden war. Bis dahin waren es nur wenige Segmente der lokalen Gesellschaft, wie einflussreiche Kaufleute oder höhere Militärs, wie an dem Beispiel des Offiziers Viden Mitov deutlich wurde, die eigeninitiativ kooperierten. Andere wurden nur punktuell zu Spitzeldiensten gezwungen.

Die neuartige Ausprägung der neuen Herrschaftsform in der lokalen Gesellschaft bedeutete den Übergang zu veränderten Anforderungen an Loyalität. Loyalität ging zwar auch weiterhin initial von nationaler Zugehörigkeit aus, da die lokale Bevölkerung als „bulgarische Minderheit“ zunächst kollektiv des potentiellen Loyalitätsbruchs mit Titos Jugoslawien verdächtigt wurde. Doch das bisher Statische nationaler Ausgrenzung wurde hier gleichzeitig überwunden: Durch die Demonstration ideologischer Loyalität war Akzeptanz möglich. Die Aufmerksamkeit der Vertreter der neuen Ordnung fokussierte sich ganz auf den Einzelnen und seine so genannte „ideologische Zuverlässigkeit“. Aus der Perspektive der Herrschaft war der Einzelne nicht mehr nur eine Variable eines nationalen Kollektivs, sondern er selbst hatte seine Loyalität im Alltag zu manifestieren, indem er kooperierte, in den

310 Gespräch mit Stana S., deren Vater wiederholte Male in der Polizeistation verhört und misshandelt wurde; 22.4.2013.

311 Gespräch mit Cvetko Ivanov, 6.9.2015.

312 Gespräch mit Stana S., 22.4.2013.

313 Denunziert wurde offensichtlich auch mit der Motivation, sich danach den Besitz des Denunzierten anzueignen. Gespräch mit Cvetko Ivanov, 6.9.2015.

neuen Institutionen aktiv war und auf „ungesunde Tendenzen“ in seiner Umgebung hinwies.

Am Beispiel Žorž Gajdarovs vermittelt sich diese Veränderung recht anschaulich. Ob serbische oder bulgarische autoritäre Organisation, Gajdarov konnte in beiden hauptsächlich seiner Leidenschaft für das Violinenspiel nachgehen, viel mehr wurde darüber hinaus nicht von ihm erwartet.[314] Nun aber hätte Gajdarov als Abkömmling des Kleinbürgertums völlig andere Loyalitätsausweise erbringen müssen, um anerkannt, d. h. in die neuen Organisationformen aufgenommen zu werden. Sein „bourgeoises“ Violinenspiel wäre sicherlich – besonders in der Anfangsphase der Etablierung der neuen Herrschaft – nicht hilfreich gewesen. Dementsprechend handelt es sich auch um eine Zeit, in der Gajdarov im örtlichen Kulturleben nicht mehr in Erscheinung trat.

Diese neue Herrschaftsform brachte in ihrer Interaktion mit der lokalen Gesellschaft neue Formen von Loyalitätspraktiken hervor, die als Konformismus bezeichnet werden kann. Bisher war dieser nur latent als Denunziation und gelegentliche Spitzelei einiger weniger präsent. Konformismus wurde nun zum Strukturmerkmal und erfasste die gesamte lokale Gesellschaft. Jene, die sich nicht beteiligten, flohen entweder nach Bulgarien (wo sie jedoch von einer ähnlichen Herrschaftsform eingeholt wurden) oder sie waren in einem solchen Maße Repressionen ausgesetzt, wie es sie in den Metropolen der Föderation nicht gab, wo weiterhin gesellschaftliche Nischen für nicht-konformes Verhalten vorzufinden waren. Solche existierten natürlich auch im Lokalen, doch sie waren weitaus schwieriger zu behaupten.

Damit kehrte sich das bisherige Verhältnis von Herrschaft aus dem Zentrum und dem Lokalen als Peripherie um: Bis hierhin war Letztere schwer erreichbar und ausmessbar für die zentrale Herrschaft. Nun war das Lokale insbesondere wegen der Grenze ein genau auszuleuchtendes Terrain. Daran beteiligten sich auch im Unterschied zu vorher in einer neuen Qualität die Akteure der lokalen Gesellschaft. Das, was in *Glas Našeg Istoka* noch als Parole und Wunsch formuliert wurde – Caribrod als „unsere Bastion“ –, wurde nun Wirklichkeit. Damit vollzog sich der Übergang geprägt von einem dialektischen Wechselverhältnis von Zwang und Freiräumen: weg von einem ethnonationalem Zwang zur Eindeutigkeit, der zwar ideologisch statisch, aber dem Einzelnen auch Spielräume zum Ausweichen gewährte, und hin zu einem Zwang zur Eindeutigkeit, der weitaus flexibler, weil universell ausgerichtet war, und zugleich das Individuum selbst vollständig erfassen wollte.

Dabei handelte es sich um keinen abrupten Übergang: Gerade anhand der Jugendorganisationen zeigt sich, wie sich seit den 1930er Jahren allmählich ein neues kollektivistisches Verständnis bei den Jugendlichen verankerte, das über die traditionellen Formen der Kollektivität in der Landgesellschaft hinausging. Die Jugoslawische Radikale Jugend, Sokol, Otec Pajisiji sowie Brannik bildeten die Basis für die Kontinuität des neuen Dazugehörens, nun in den kommunistischen Jugendorganisationen. Zumindest zeigen die Gespräche, dass Zugehörigkeiten zu den unterschiedlichen Gruppen nicht als Bruch empfunden wurden. So etwa bei einem Gespräch über die weiter oben beschriebenen Gymnasias-

314 Ohne dass damit gesagt ist, dass es sich um eine bewusste Strategie handelt, bzw. sich darin ebenso eine Unterordnung und Hinnahme solcher autoritärer Formen von Organisation zeigt.

tenproteste. Der Gesprächspartner erklärte, dass in dieser Zeit die Reden Georgi Dimitrovs unter den Schülern zirkulierten und begeistert als Dokument aufrechten Widerstandes gedeutet wurden, den sie mit ihrer Situation identifizierten. Nur wenige Jahre zuvor waren viele aber noch Mitglieder von Organisationen gewesen, deren Ideologie der nun aktuellen diametral entgegengesetzt war. Oftmals wurde in den Gesprächen nicht zwischen der Schule in der Kriegszeit und jener danach unterschieden. Wenn thematisiert, wurde dies nicht als Widerspruch empfunden. Die Absenz einer Kontradiktion weist auf die strukturelle Gemeinsamkeit beider autoritärer und kollektivistischer Organisationsformen hin.[315]

Rückblickend und zugleich auch die jüngere Gegenwart einbeziehend, kommentierte der Großteil der Gesprächspartner unaufgefordert die eigenen Ausführungen mit einem Schulterzucken: „Kvo da se praji, mi smo granično mesto" – „Was soll man tun, wir sind ein Grenzort". Als seien Kontrolle und Konformismus gleichsam eine meteorologische Eigenschaft von Stadt und Umgebung, in der Konformismus eine natürliche Form der Anpassung an diese Gegebenheiten darstellte. Die spezifische Form der Anpassung an die neuen Gegebenheiten, die als Konformismus bezeichnet werden kann, stellt eines der Strukturmerkmale bis 1989 dar.

Diese veränderte Form der Beziehung zwischen Zentrum und Grenzperipherie, die sich auch im neuen Inhalt von Loyalität vermittelte, markierte zugleich den Entstehungsbeginn der Phantomgrenze. Die Entstehung neuer Formen von Loyalität manifestierte sich als dialektischer Widerspruch, gerade in einem Moment, in dem die Grenze zu einer schier unüberwindlichen Barriere wurde:[316] Einerseits war die alte Grenze so stark wie nie zuvor als Markierung von Unterschieden zwischen Pirot und Caribrod sichtbar. Andererseits bahnte sich, wie beschrieben, in der neuen Form von Loyalität eine Überwindung der bisherigen klassischen ethnonationalen Abgrenzungen an.

315 Ebenso wird Kontinuität über alle formalen Brüche hinweg gestiftet, und damit das Wesentliche, das Verbindende jenseits der oberflächlich entgegengesetzt erscheinenden Unterschiede sichtbar. Mit Stolz erzählte ein Gesprächspartner von seiner Aufnahme im Sokol und deren Reise zum großen Sokol-Treffen in Sofia. Eine Empfindung davon, möglicherweise auf der „falschen Seite" mitzumachen, vermittelte sich in seinen Erinnerungen in keinem Augenblick.

316 Im Rückblick wird die Stimmung in der Stadt so beschrieben, dass auf einen Angriff der Sowjetunion gehofft wurde, damit Caribrod wie acht Jahre zuvor durch Nazideutschland mittels Gewalt wieder Teil Bulgariens würde. Institut po Balkanistika, Jubileen Sbornik, 2006, S. 44.

6 Die Region im Wandel: Strukturen, Grenzen, Räume

6.1 Veränderung der Infrastrukturen: Gesellschaft und Grenze

In der in diesem Kapitel behandelten Zeit zeigten sich neue Formen der Loyalität, zugleich aber auch dem bisherigen Zwang zur Eindeutigkeit entgegenlaufende Tendenzen, die in den 1960er Jahren einsetzten und auch mit grundlegenden gesellschaftlichen Veränderungen in Beziehung standen. Um diese Tendenzen zu verdeutlichen, in denen sich die Bedeutung bisheriger Zuordnungen nachvollziehen lässt, wird hier – wie schon in der Einleitung beschrieben – der Wandel von urbanen, Verkehrs- und Grenzinfrastrukturen, Demografie sowie Migration in einem zeitlichen Querschnitt geschildert, der auf das 19. Jahrhundert zurückgreift. Daraus ergeben sich Ansätze einer andersartigen Periodisierung, in der einer langen Zwischenzeit der Stagnation nach dem Ende der Osmanischen Herrschaft bis 1956 eine neue Entwicklungsdynamik insbesondere im föderativen und sozialistischen Jugoslawien folgt.

Im Verhältnis zur Entwicklung von 1878 bis 1945, der Erfahrung von zwei Generationen, einem Menschenalter mit dem Nationalstaat, erscheint die darauffolgende Phase, insbesondere zwischen den 1960er und 1980er Jahren, als Zeit intensiver Veränderungen, die buchstäblich neue Erfahrungsräume ermöglichen, Handeln und Vorstellungen der Menschen in der Region neu ausrichten.

Es blieb nicht nur bei den Proklamationen der neuen Ordnung, in denen eine fundamentale gesellschaftliche Umgestaltung angekündigt wurde, die einen neuen Menschen erschaffen sollte, um endlich mit der „Vorgeschichte der Menschheit“ (Marx) zu brechen. Dabei ist zu betonen, dass diese Veränderungen hier ausschließlich im Hinblick auf ihre Bedeutung für die hier behandelte Region und das Leben an der Grenze thematisiert werden und nicht der Anspruch eines umfassenden gesellschaftsgeschichtlichen Überblicks erhoben wird.

Allmählich gelangten die neuen Verhältnisse, wie sie sich in anderen Teilen Jugoslawiens zu entwickeln begannen – nicht nur verkörpert in den beschriebenen jungen Männern in ihren Jeeps, die für eine neue Form des Zwangs zu Loyalität standen –, auch in die Peripherien. In den zentralen Fünfjahresplänen wurde spätestens seit Mitte der 1950er Jahre die Parole ausgegeben, dass in den „passiven Gebieten“, wie die Region nun zunehmend auf jugoslawischer Seite genannt wurde, in den nächsten zwei Jahrzehnten der ökonomischen Anschluss an die entwickelten Republiken gelingen sollte.[1] Bekanntlich wurden zwar solche Ziele von der ökonomischen Anpassung bis hin zum „Neuen Menschen“ (der in Jugoslawien im Vergleich zu Bulgarien recht schnell aus den Planungen verabschiedet wurde) nicht erreicht, dennoch erfolgte eine tiefgreifende gesellschaftliche Transformation in die-

1 Vgl. eine Studie zum Entwicklungspotential der Region: Vasev, Cvetan: Ikonomičesko Razvitie na Gorno Ponišavie, Niš, 1970.

sen Jahrzehnten.[2] Erst recht unterschieden sich Praktiken des „sozialistischen Aufbaus" und dessen Wirkung von Region zu Region. Diese regionale Dimension, die Auswirkungen der „neuen Pläne" für „neue Menschen" in der Region, die strukturellen Veränderungen, Formen von Anpassung, Ausübung und Umgang mit Herrschaft stehen hier im Vordergrund.

An der Grenze, den Grenzregimen, werden die Besonderheiten der neuen Ordnung besonders plastisch – wie in der schon beschriebenen neuartigen, ungekannten Hermetik. Doch allein mit dem Blick auf die Grenze werden die Veränderungen unvollständig erfasst, die sich zu ihren beiden Seiten in der regionalen Gesellschaft abspielten und insbesondere auf der jugoslawischer Seite neue, andere Horizonte und Orientierungen ermöglichten. Insgesamt lässt sich diese Phase als Zuspitzung zwischen neuen Möglichkeiten der Kommunikation und Mobilität sowie der Grenze als Barriere beschreiben.

Um diese durch die sozialistische Transformation ausgelösten Veränderungen auf knappem Raum veranschaulichen zu können, werden die Veränderungsprozesse in einzelnen thematischen Querschnitten gebündelt beschrieben. Vermittels des Bezuges auf Demografie, wirtschaftliche Entwicklung und soziale Mobilität sowie in einem zweiten gesonderten Schwerpunkt auf Grenzregime und die Bedeutung der Grenze im lokalen Kontext, sollen die einzelnen Momente dieser Veränderungen umrissen werden.

6.1.1 Demografie und Migration

Die Grenzziehung von 1878 bedeutete in dieser Hinsicht einen tiefgreifenden Einschnitt durch die Emigration der muslimischen Bevölkerung aus Pirot, Caribrod und den Dörfern der Umgebung.

Die demografische Veränderung in der danach einsetzenden Phase zeigt dem Überblick der bulgarischen Statistik zufolge ein langsames, nicht in allen Mikroregionen gleichermaßen stetiges Wachstum. So verloren in dieser Zeit v. a. die Dörfer des Visok Einwohner. Die Migration war eine weniger tragende Ursache dafür, viel wahrscheinlicher waren Krankheiten und Epidemien der Hauptgrund für die Bevölkerungsabnahme. Wie in Kapitel 3 diskutiert, wurde das Bevölkerungswachstum nicht durch modernere Anbaumethoden aufgefangen, die Realteilung führte zusätzlich zu einer immer weniger rentablen Agrarwirtschaft.

Im Verhältnis zu anderen Landgesellschaften in Europa blieb die Bevölkerungsdichte allerdings gering.

Während Pirot im Hinblick auf seine Einwohnerzahl in dieser Phase stagnierte, erlebte das vormalige Dorf Caribrod bis zum Beginn der Balkankriege einen allmählichen, aber stetigen Bevölkerungszuwachs. Paradoxerweise erreichte in der Region kurz nach dem Zweiten Weltkrieg insgesamt eine positive demografische Entwicklung ihren Höhepunkt, eine Zeit, in der die Dörfer in allen Mikroregionen ihre höchste Einwohnerzahl erreichten. Nach der Mitte der 1950er Jahre sank die Bevölkerungszahl dann.

Dies wird auch an der Entwicklung für die Opština Pirot deutlich, die besonders klar zeigt, dass der Zuwachs der städtischen Bevölkerung v. a. auf mikroregionale Binnenmigration zurückgeht, weniger aber auf einen so genannten „natürlichen" Bevölkerungszu-

2 Brunnbauer, Ulf: „Die sozialistische Lebensweise". Ideologie, Gesellschaft, Familie und Politik in Bulgarien (1944–1989), Wien, Köln, Weimar, 2007.

wachs. Es sind demnach v. a. Stagnation, Abwanderung und Verlagerung der Schwerpunktes vom Land in die Stadt, die nach 1953 die Entwicklung generell prägen:

Tabelle 1: Bevölkerungszuwachs in der Opština Pirot, Stadt und rurales Gebiet

Jahr	Insgesamt	in ruralem Gebiet	in der Stadt
1921	53.688	43.230 (80,5 %)	10.458 (19,5 %)
1930	61.257	50.453 (82,4 %)	10.804 (17,6 %)
1948	70.049	58.181 (83 %)	11.686 (17 %)
1953	69.210	56.035 (81 %)	13.175 (19 %)
1961	68.073	49.658 (73 %)	18.415 (27 %)
1971	69.285	39.987 (57,7 %)	29.298 (42,3 %)
1981	69.653	33.360 (48 %)	36.293 (52 %)

Quelle: Ćirić, Jovan: Pirot, in: Socijalistička Republika Srbija, Bd. 3, Beograd, 1985, S. 487.

Dasselbe lässt sich für die Stadt Caribrod/Dimitrovgrad sagen. Seit 1948 ging die Bevölkerungszahl auf dem Gebiet der Opština aber beständig und deutlich zurück: Im kurzen Zeitraum von 1948 bis 1961 fiel sie von 23.063 auf 16.365 Einwohner, bis schließlich 1981 noch 65 % im Verhältnis zu 1948 in der Gemeinde lebten.[3] Dies stellte auch eine Besonderheit im Vergleich zu anderen Regionen in Serbien dar, die insgesamt von einem Bevölkerungsrückgang betroffen waren. Nur sechs weitere Gemeinden wiesen eine derart starke Schrumpfung wie Dimitrovgrad auf: Davon waren zwei Gemeinden, Babušnica (63,3 %) und Bela Palanka (62,2 %), ebenso Teil des Okrug Pirot, sowie drei Gemeinden in Südostserbien, nicht allzu weit entfernt – Gadžin Han (bei Vranje) (61,6 %), Crna Trava (45,5 %) und Trgovište (57,7 %, zwischen Caribrod und Bosilegrad).[4] Auch im Hinblick auf die Einwohnerdichte gehörte Dimitrovgrad mit 45 Einwohnern pro km^2, gemeinsam mit Bosilegrad (36 pro km^2) zu einem der am dünnsten besiedelten Gebiete in der Republik.[5]

Der Bevölkerungsrückgang betraf besonders drastisch in der Gemeinde Dimitrovgrad Mitte der 1980er Jahre die Dörfer des Burel, in denen nur 12,8 % der Bevölkerung im Vergleich zu 1948 lebten: Das Dorf Dragovita etwa wies 1948 938 Einwohner auf, während es 1981 184 waren, und das Dorf Banski Dol hatte 1948 noch 402 Einwohnern, 1981 dagegen nur 79. Die Dörfer des nahen Zabrđe halbierten ihre Einwohnerzahl: Smilovci mit 964 Einwohner 1948 und 401 im Jahr 1981. Die zahlenmäßig einschneidende Zäsur lag in dem Jahrzehnt zwischen 1961 und 1971, als die Hälfte der Einwohner die Dörfer verließ.[6]

Diese Entwicklung sei hier anhand der Übersicht über jeweils zwei Dörfer der verschiedenen Mikroregionen veranschaulicht:

3 Ristić, Kosovka: Dimitrovgrad i Njegova Brdsko-Planinska Okolina, Beograd, 1985, S. 6.
4 Ebenda, S. 20.
5 SG SFRJ 1955, S. 383.
6 Ristić, Dimitrovgrad, 1985, S. 42.

Tabelle 2: Bevölkerungsentwicklung ausgewählter Dörfer in der Opština Dimitrovgrad

Dorf	1881	1893	1900	1905	1911	1948	1953	1961	1971	1981
Senokos (Visok)	625	551	562	592	591	568	562	405	269	139
Gornji Krivodol (Visok)	375	428	424	437	417	454	413	283	147	102
Smilovci (Zabrđe)	542	585	628	718	762	964	936	762	513	401
Prtopopinci (Zabrđe)	289	292	310	346	318	500	470	377	269	163
Trnski Odorovci (Derekul)	344	437	490	548	639	1292	1279	949	731	446
Kusa Vrana (Derekul)	296	370	410	483	550	1010	1005	830	670	442
Skrvenica (Burel)	193	235	252	274	282	413	396	327	213	102
Vrapča (Burel)		987	1039	1158	1259	309	266	175	84	61
Gojin Dol	299	351	415	425	444	518	493	348	330	345
Željuša	341	467	510	559	615	476	454	490	850	1385
Dimitrov grad	1074	2201	2989	3631	4485	2944	2891	3665	5488	7044

Quelle: Bulgarische Statistik (Spisăk na naselenite mesta)1880–1910; Ristić, Dimitrovgrad, 1985, S. 44.

Es wird deutlich, dass die demografische Entwicklung um 1948 ihren Höhepunkt erreichte. Zuvor aber wird in Caribrod/Dimitrovgrad ein Bruch im Bevölkerungszuwachs deutlich, der mit der Grenzziehung 1920 verbunden war und der instabilen Entwicklung in der Zwischenkriegszeit (das Dorf Vrapča wurde durch die Grenzziehung 1920 geteilt, womit sich der demografische Einbruch in der zweiten Hälfte der Tabelle erklärt). Es ist zu beachten, dass es nach 1971 v. a. ältere Haushalte sind, die in den Dörfern verbleiben, es sich also nicht einfach um eine quantitative Schrumpfung der Bevölkerungszahl handelt, sondern um eine qualitative Veränderung der Dorfstruktur. Dabei werden Unterschiede zwischen den Mikroregionen deutlich. Während der Visok mit der Grenze zu einer peripheren Region wurde, und Landwirtschaft nicht ertragreich, Viehwirtschaft dagegen nicht weiter gefördert wurde, und die Verbindungen in die Nišavaebene darüber hinaus schlecht waren, ergab sich hier die deutlichste Abwanderung. Eine ähnliche Situation war im Burel vorzufinden. Die Gründe für die geringere Abwanderung im Derekul und Zabrđe sind dagegen ganz unterschiedlich: Im Zabrđe ermöglichte es die vergleichsweise gute Verbindung nach Dimitrovgrad mit kurzen Distanzen zwischen 6 und 12 km den Menschen, in ihren Dörfern weiter wohnen zu bleiben, und führte zu dem Phänomen der so genannten „Polutani" – Arbeitern, die auch weiterhin Landwirtschaft betrieben. Dieses Phänomen war auch für andere Teile Jugoslawiens charakteristisch, für zwar im Ganzen postagrarische Verhältnisse, mit langsamer Entwicklung urbane Infrastrukturen. Im Derekul existierte mit der Schmalspurbahn für das Bergwerk Rakita, die auch nach dessen Schließung noch bis Anfang der 1960er

Jahre in Betrieb war, einerseits eine Beschäftigungsmöglichkeit für den Betrieb der kleinen Bahnlinie, andererseits waren die Dörfer damit besser angeschlossen an den Bahnhof Sukovo und damit an die zentrale Kommunikationslinie in der Nišavaebene. Das Ende der Schmalspurbahn Anfang der 1960er, ohne dass Ersatz durch Busse geschaffen wurde, beschleunigte im nur noch zu Fuß erreichbaren und 30 km entfernten Dimitrovgrad bzw. Pirot die Abwanderung. Insgesamt aber blieb es bis in die 1970er Jahre für die Dörfer des Derekul charakteristisch, dass viele Einwohner noch dem alten saisonalen Migrationsmuster folgten. Viele waren bei Baufirmen beschäftigt, für die sie nur einige Monate republikweit arbeiteten, um dann in ihre Dörfer zurückzukehren. Damit erklärt sich die im Verhältnis zu den anderen Mikroregionen langsamer abnehmende Bevölkerungszahl.

Dass es sich bei dem Aufbruch aus den Dörfern primär um eine Migration in Richtung des kommunalen Zentrums Dimitrovgrad handelt, zeigt der Vergleich mit Pirot. Dabei liegt grundsätzlich eine strukturell ähnliche Konstellation vor, mit dem Unterschied, dass Pirot sich zu einem Zentrum des gesamten Okrug entwickelte. Hier ist auch die Größe des Territoriums der Opština Pirot zu bedenken, da Pirot flächenmäßig zu den größten in der Republik Serbien gehörte. Insgesamt zeigt sich, dass die Region als solche im größeren jugoslawischen Kontext kaum Menschen anzog, da die Zahlen bei Migranten aus anderen Republiken alle gleich niedrig waren.

Tabelle 3: Herkunft der Einwohner (Stand 1982)

Opština	**seit Geburt wohnhaft**		**aus derselben Opština**		**aus anderer O., selbe Republik**		**andere Republik**		**Insges.**
Pirot	39.596	56,84 %	20.359	29,22 %	**8.689**	12,47 %	1.019	1,46 %	69.663
Dimitrov grad	7.444	49,11 %	5.976	39,42 %	**1.441**	9,51 %	297	1,96 %	15.158
Babušnica	17.130	71,73 %	5.425	22,72 %	1.209	5,06 %	118	0,49 %	23.882
Region Gornje Ponišavlje	64.160	59,03 %	31.760	29,22 %	11.339	10,43 %	1.434	1,32 %	108.693

Quelle: Vladimirov, Mladen: Migracionni Dviženija na Naselenieto v Gorno Ponišavie, in: Most, 98 (1988), S. 79–93, hier S. 85.

Es wird deutlich, dass es sich erstens hauptsächlich um eine Binnenmigration aus den Dörfern der Opština in deren Zentrum Dimitrovgrad handelte. Der Bevölkerungszuwachs der Stadt kam vorwiegend dadurch zustande, während darüber hinaus Pirot auch auf die gesamten umliegenden Gemeinden als Migrationsziel wirkte. Der Migrationsprozess dagegen verlief leicht zeitversetzt: Während in Pirot der größte Anteil der Landbevölkerung im Jahrzehnt 1961–1970 (im Vergleich 32,8 % zu 28,5 % im Jahrzehnt 1971–1981) in die Stadt emigrierte, geschah dies in Dimitrovgrad im Jahrzehnt 1971–1981 (im Vergleich 32,1 % zu 31,1 % im Jahrzehnt 1961–1971).[7]

7 Vladimirov, Mladen: Migracionni Dviženija na Naselenieto v Gorno Ponišavie, in: Most, 98 (1988), S. 79–93, hier S. 85.

Hinzu kam, dass sich das Pendeln in der Region als Zwischenform zur Migration etablierte, die aus den Zentren Dimitrovgrad und Pirot weg in andere Regionen führte bzw. aus den Dörfern der Opština in das Zentrum der Opština: Zwischen 1961 und 1981 stieg die Zahl der Pendler, die im nächstgrößeren regionalen Zentrum arbeiteten, von 21,7 % der gesamten beschäftigten Bevölkerung auf 29,7 % im Jahr 1981 (1971 waren es 24,5 %). In Dimitrovgrad wuchs diese Zahl von 1961 mit 19,5 % auf 33,9 % im Jahr 1981 (1971 waren es 30,6 %).[8] Dieses Pendeln in überregionaler Dimension blieb eine Möglichkeit, in der Region zu verbleiben.

Demografen in Jugoslawien betonten den ungewöhnlichen Kontrast zwischen der bedeutenden geografischen Lage an einer wichtigen Kommunikationslinie mit europäischer Relevanz und der demografischen Entwicklung. In ihren Augen wurde das Potential für Unternehmensansiedlungen an dieser Strecke nicht ausreichend genutzt.[9]

Aus historischer Perspektive war seit der osmanischen Epoche die Migration ein Strukturmerkmal dieser Region. Wie beschrieben, waren einerseits bestimmte Dörfer einmal jährlich zur Absendung der männlichen Einwohner verpflichtet, die dort in den Gärten des Sultans arbeiteten bzw. sich um die Pferdeställe der hohen Beamten zu kümmern hatten. Im Gegenzug wurden diesen Dörfern dann bestimmte Steuern erlassen. Anderseits existierte die saisonale Arbeitsmigration unabhängig von solchen Verpflichtungen, die v. a. ebenso nach Stambul, aber auch zur Feldarbeit in die Walachei führte, oder aber nach Zentralserbien, wohin v. a. die Maurer aus der Trner Gegend zogen.

Am längsten erhielt sich die saisonale Migration in die Walachei, hauptsächlich aber in Richtung Südosten. Indessen war das Ziel nicht mehr die ehemalige osmanische Metropole, sondern die neue Hauptstadt Sofia, wo der Bauboom bis kurz vor den Balkankriegen für eine starke Nachfrage nach Tagelöhnern aus der Region sorgte. Trotz der Grenze blieb auch auf der serbischen Seite die Migration in diese Richtung intensiv.[10]

Dabei werden für diese Epoche zwei Etappen der Migration aus dem nun serbischen Gebiet über die Grenze sichtbar: Einmal bis 1890 in die Umgebung von Slivnica, in der die meisten Tagelöhner auf den Feldern arbeiteten und einige dort sogar aus ihren Ersparnissen Kafane eröffnen konnten. Danach, insbesondere nach dem Zusammenbruch des Weinanbaus in der Piroter Gegend Anfang der 1890er Jahre, der bis dahin den Wohlstand der Dörfer an der Nišava gewährleistet hatte, sowie nach zwei schlechten Jahren für die Landwirtschaft, 1897 und 1898, orientierten sich die meisten Pečalbari aus Pirot und Umgebung auf der gleichen Route weiter nach Sofia als wichtigstem Ziel.[11] Allein aus drei Dörfern des Piroter Feldes, mit vergleichsweise günstigen Bedingungen für die Landwirtschaft in der ganzen Region, waren es 1912 um die 200 Menschen die sich regelmäßig länger zum Arbeiten in Sofia aufhielten, was jeweils 8 % bis 14 % der gesamten Einwohnerzahl der drei Dörfer ausmachte.[12]

8 Vladimirov, Migracionni Dviženija, 1988, S. 86.
9 Ristić, Dimitrovgrad, 1985, S. 51.
10 Petrović, Pečalbari, 1920, S. 20.
11 Ebenda.
12 Ebenda.

Bemerkenswert für die Beständigkeit solcher regionaler Beziehungen war auch die Zirkulation von Banknoten unabhängig von deren Wert an den zentralen Börsen. Obwohl der Lev gegenüber dem Dinar im ersten Jahrzehnt des 20. Jahrhunderts leicht unterbewertet war, setzte sich im lokalen Kontext die Gleichwertigkeit der Banknoten durch. So kamen in der Piroter Umgebung zunehmend Leva in Gebrauch. Die Pečalbari brachten die Banknoten mit, mit denen sie entlohnt wurden, sodass diese dann in Umlauf kamen und auch akzeptiert wurden. Die Behörden reagierten auf das Phänomen vergleichsweise verspätet und zugleich losgelöst von diesen konkreten Ursachen, und sahen darin eine „nationale Propaganda Bulgariens".[13]

Zwischen 1908 und 1912 wurden jährlich 3.000 bis 4.500 nach Bulgarien Reisende seitens des Načelstvo des Okrug Pirot registriert. Jelenko Petrović, dessen Studie weit über diese Region hinaus ein Grundlagenwerk zur saisonalen Migration in diesem Teil des Balkans wurde, ging davon aus, dass es deutlich mehr Reisende waren, da viele die Region verließen, um erstens Verpflichtungen gegenüber dem Staat zu umgehen und um zweitens keine Zeit auf den Ämtern zu vergeuden, da sie nur mit für drei Tage gültigen „Opštinske Objave" ausreisten.[14] In den Augen des Staates, aber auch von Forschern wie Jelenko Petrović war solche Migration hochgradig ambivalent: Zu beanstanden war in seinen Augen in erster Linie die Sprache in den Dörfern; denn unkundige Fremde könnten schnell den Eindruck gewinnen, es handele sich um bulgarische Dörfer, da die Migration Einfluss auf die Sprache und Gepflogenheiten nehmen würde. Doch die Sprache um und in Sofia unterschied sich nur graduell von jener in der Piroter Ebene. Was in den Augen derer, die sich von der Vorstellung homogener nationaler Gemeinschaften leiten ließen, weiterhin als ambivalent besetzt war, die lokale Sprache nämlich, wurde nun externalisiert, indem sie in eine Kausalbeziehung mit der Migration gestellt wurde. Andere Phänomene, die mit der Migration zusammenhängen konnten, etwa urbanere Kleidung etc., die im Alltag in Erscheinung traten, wurden nicht thematisiert. Gemäß dem Zeitgeist mochte Petrović das Neue nur auf Nationales zurückführen. Wichtig ist hier insbesondere, dass die traditionellen Routen – trotz aller Bemühungen, die Grenze als Barriere zu stärken – über einen vergleichsweise langen Zeitraum ihre Bedeutung behielten.

Der Erste Weltkrieg, die daraus resultierende Verschiebung der Grenzen und die damit zusammenhängende Eskalation politischer Gewalt setzten solchen Formen der Migration aus dem Piroter Umland zunächst ein Ende, wobei die Beziehungen nicht vollständig zum Stillstand kamen, wie anhand der wirtschaftlichen Entwicklung noch gezeigt wird.

Für das Caribroder Umland hatte die Migration, wie beschrieben, unter den neuen Bedingungen des permanenten Ausnahmezustands der Zwischenkriegszeit ihre Bedeutung behalten bzw. noch zugenommen. Zumindest war die politische Gewalt einerseits des jugoslawischen Staates, verkörpert in den Polizeikräften vor Ort, andererseits der bulgarischen Irredenta zumindest ein ausschlaggebender Impuls, um eine schon existente Motivation zur Migration umzusetzen und dann im Zielland Bulgarien rechtfertigen zu können. Wie bereits erwähnt, blieb auch nach der Einbeziehung in das Königreich Jugoslawien die Hauptstadt

13 Ebenda, S. 27.
14 Ebenda, S. 29.

Bulgariens wichtigstes und nahezu einziges Migrationsziel, gleich nach dem Bergwerk Pernik.

Im sozialistischen Jugoslawien zeigte sich hingegen für diese Region seit dem Ende der 1950er Jahre eine neue Qualität. Zuvor blieb das Dorf im Hinblick auf die saisonale Migration durch die regelmäßige Rückkehr in die Landgesellschaft weiterhin Bezugsraum und Lebensmittelpunkt. Nun aber dominierte, wie zu diesem Zeitpunkt auch in Bulgarien, die Landflucht – außer, wie beschrieben, in der Mikroregion des Derekul. Allerdings waren nicht gleich die großen Städte das Ziel, sondern zunächst ja hauptsächlich Dimitrovgrad und Pirot. Migration erfolgte in mehreren generationellen Etappen: Die Großeltern zogen aus den Dörfern nach Dimitrovgrad, deren Kinder wiederum verließen zumeist nach der oder auch für die Ausbildung die Stadt und zogen weiter nach Niš, in die Bergwerksregion Bor oder aber nach Belgrad. Sicherlich bildete die jugoslawische Hauptstadt wie für viele andere Regionen einen wichtigen Anziehungspunkt, doch die genealogischen Arbeiten von Cvetko Ivanov zeigen eine Dispersion der Migration. Ebenso relevant sind die bosnischen Städte sowie Makedonien, wobei nach bei Bosnien primär Absolventen höherer Schulen, Ingenieure und Lehrer abwanderten, bei Makedonien waren es ebenfalls Angestellte und Beamte. Aus dieser professionellen Gruppe migrierten einige auch nach Slowenien und Kroatien, doch in verhältnismäßig geringerer Zahl.

Solche Migration brachte im lokalen Kontext einen vergleichbaren Reflex hervor, den der Soziologe Jelenko Petrović für die Piroter Dörfer noch misstrauisch verfolgte.[15] Doch seit den 1960er Jahren handelte es sich in Jugoslawien nicht um eine vermeintliche Bulgarisierung, sondern ein völlig neues, gänzlich anderes Phänomen, eine Jugoslawisierung, die zu einer prägenden Erfahrung insbesondere für das Dimitrovgrader Umland werden sollte und von der noch die Rede sein wird.

Die nahezu hermetische Schließung der Grenze zu Bulgarien während des Kalten Krieges, die u. a. ein wichtiger Grund für die neuen Migrationsrichtungen nach Nordwesten waren, kam jedoch nicht ihrer vollständigen Abdichtung gleich. Auch in diese Richtung gab es, insbesondere in den wenigen Jahren besserer Beziehungen und des wirtschaftlichen Aufschwungs in Bulgarien zwischen 1965 und 1968, eine Arbeitsmigration in die Hauptstadt Sofia. Die Verschlechterung der Beziehungen nach dem sowjetischen Einmarsch in der ČSSR wirkte sich negativ auf den Umfang dieser Migration aus. Bemerkenswert an dieser Migrationsrichtung war, dass es hauptsächlich junge, unverheiratete Frauen waren, die in Dimitrovgrad keine Arbeit fanden – Arbeitslosigkeit war in Jugoslawien offiziell institutionalisiert. Cvetko Ivanov spricht von etwa 100 Frauen, die in dieser Form nach Bulgarien migrierten und die dort dann zumeist auch heirateten und Familien gründeten.

Einen weiteren wichtigen Aspekt der Migration über die Region hinaus, welche die Menschen in andere Gegenden Jugoslawiens führte, zumeist in die Metropolen anderer Republiken, stellte die „Bildungsmigration" dar. Die Biografie solcher Migranten war ebenso von verschiedenen Etappen geprägt: Zunächst verließen – es handelte sich v. a. um Männer – diese ihre Dörfer, um das Gymnasium in Dimitrovgrad zu besuchen und sich dann in einem zweiten Schritt zumeist nach Belgrad zum Studium zu begeben. Nach ihrem Abschluss verblieben der Großteil als Fachleute insbesondere in den technischen, aber auch

15 Ebenda, S. 20.

Rechtswissenschaften in der Hauptstadt der jugoslawischen Föderation. Der Verlauf eines solchen Aufstiegs aus den Dörfern an der Peripherie, der Grenzgesellschaft, ist insgesamt charakteristisch für die Generation der in den 1920er und 1930er Geborenen. Diese Karrierewege zeigen zugleich den großen Unterschied zur Zeit des Königreichs Jugoslawien an, in der es das Privileg einiger weniger war, die sich auf die neue Ordnung einließen, wie etwa des ehemaligen bulgarischen Offiziers Viden Mitov, dessen Sohn dann die Offiziersschule besuchte und sich schließlich den serbischen Monarchisten im Zweiten Weltkrieg anschloss. Zudem konnten zu dieser Zeit nur wenige Städter eine solche Karriere verfolgen. Nun wurde eine akademische Karriere zu einer wichtigen Möglichkeit, der ländlichen Armut in dieser Region zu entgehen.

Solche Formen der Migration sind ebenso charakteristisch für die Region auf der anderen Seite der Grenze. Dort war ein ähnlicher Trend für Bulgarien insgesamt zu beobachten, wo sich das Verhältnis zwischen Land- und Stadtbevölkerung Ende der 1960er Jahre umkehrte.[16] Dies wird auch daran deutlich, dass Bulgarien als das Land „mit dem schnellsten Urbanisierungsprozess in Südosteuropa" betrachtet wurde.[17] Die Entwicklung in der Trner Region unterscheidet sich darin von dem generellen Trend in Bulgarien und zeigt zugleich ähnliche Prozesse wie in Dimitrovgrad, nur mit dem Unterschied, dass die Menschen aus den umliegenden Dörfern nicht in einem ersten Zwischenschritt nach Trn migrierten. Die Nähe der Bergwerksstadt Pernik und auch der Hauptstadt, insbesondere für die Trner Maurer, für die der Aufbau des Stahlwerks Kremikovci ein wichtiger Anziehungspunkt werden würde, waren dabei von Bedeutung.[18] Daas Verhältnis zwischen Stadt und Land in der Gemeinde Trn verschob sich im Laufe der 1960er Jahre zugunsten von Trn als Stadt, doch nicht in derselben Größenordnung wie in Dimitrovgrad. Es ist ebenso eine eher stagnierende Entwicklung insgesamt in Stadt und Land der Gemeinde, die zudem vergleichsweise spät – zwischen den 1970ern und 1980ern – zu einem etwas stärkeren Bevölkerungszuwachs in Trn selbst führt.[19] Mittlerweile gehört Trn zu den am schwächsten besiedelten Regionen in Bulgarien, was angesichts des generellen Bevölkerungsrückgangs noch einmal die Spezifik dieser Region ausweist.[20]

Ein wesentlicher Unterschied zwischen beiden Staaten lag in der Möglichkeit, aus Jugoslawien in das westliche Ausland zu migrieren. Im Vergleich zu anderen jugoslawischen Regionen mit ähnlichen strukturellen Problem gab es jedoch eine äußerst geringe Zahl von Gastarbeitern: 1981 waren es 180 Personen, die im Ausland ihr Brot verdienten.[21] Allerdings können solcherlei Zahlen den Umfang der Gastarbeitermigration nicht exakt wieder-

16 Brunnbauer, Die sozialistische Lebensweise, 2007, S. 236.

17 Ebenda, S. 237.

18 Demografsko i Poselištno Razvitie, in Trnski Zbornik, S. 334

19 Demografsko i Poselištno Razvitie, in Trnski Zbornik, S. 331

20 Demografsko i Poselištno Razvitie, in Trnski Zbornik, S. 334

21 Ristić, Dimitrovgrad, 1985, S. 61. 1971 waren es mehr, aber noch immer nur wenige: 221 Personen, die ihr Glück im Ausland suchten. Eine der niedrigsten Zahlen in Serbien; SG SFRJ 1971, S. 534. Wenngleich diese Zahl wie schon bemerkt schwierig ist, da hier nun jene berücksichtigt sind, die sich nicht aus Dimitrovgrad in eine andere Gemeinde in Serbien oder anderen Republiken Jugoslawiens ummeldeten, und wie gesehen Migration oft in Etappen erfolgte. Dennoch dürfte die Gesamtzahl kaum mehr als das Dreifache betragen haben.

geben, da es sich, wie gezeigt wurde, bei Arbeitsmigration um eine Angelegenheit handelt, die in einem längeren Zeitraum über verschiedene Etappen vor sich ging und in der lokalen und föderalen Statistik nicht erfasst wird.

6.1.2 Urbane Infrastruktur und wirtschaftliche Entwicklung

Um den Stellenwert der sozialistischen Transformation innerhalb der Entwicklung seit 1878 zu erfassen und die Ausführungen zur Migration einordnen zu können, sei hier die wirtschaftliche Entwicklung nach 1945 sowie jene der urbanen Infrastruktur kurz zusammengefasst.

Der Geograf Jovan Ćirić gliederte Ende der 1960er Jahre die Entwicklung Pirots seit dem 19. Jahrhundert in vier Phasen. Diese Periodisierung kann im Groben ebenso für die gesamte Region übernommen werden. In Teilen folgte Ćirić dabei den gängigen Periodisierungen, indem er die erste Phase – die Zeit des Osmanischen Reiches im 19. Jahrhundert bis 1886 – im Hinblick auf Wirtschaft und urbane Struktur zwar als „orientalisch“ und – was bemerkenswert ist, da dadurch diese Epoche nicht wie zuvor externalisiert wird – als traditionell bezeichnete.[22] Die zweite Phase charakterisierte Ćirić als Ineinandergehen von patriarchalen (dörflichen) und „bourgeoisen“ Ansätzen (Europäisierung des Stadtbildes in der Architektur). Hier verließ Ćirić das klassische Narrativ vom Aufblühen der Region nach dem Ende der osmanischen Herrschaft, indem er gerade die Epoche des Nationalstaats als „Etappe der Stagnation“ wertete, die von 1886/90 bis 1933/35 andauerte.[23] Die folgende dritte Phase, die er für die Zeit zwischen 1933/35 und 1953 anlegte, charakterisierte er als von einer „kaum spürbaren urbanen Transformation“ bestimmt.[24] Am Ende dieser Phase sah Ćirić die Wirtschaftsblockade des Ostblocks zwischen 1948 und 1953 zur Zeit des IB als wesentlichen Einschnitt, geprägt von einer wirtschaftlichen Krise in der Region, auf die schließlich die vierte Phase der sozialistischen Transformation nach 1953 folgte. Unabhängig von den normativen Implikationen seiner Zeit, die dieser Periodisierung zugrunde lagen, besitzt diese einiges an Plausibilität, wie im Folgenden ausgeführt wird.

Die Erfahrung anhaltender Prosperität, die bis zum Beginn der nationalstaatlichen Epoche in Pirot wie erläutert an der Biografie des Mali Rista anschaulich gemacht werden kann, blieb in der Folge eine Reminiszenz aus einer definitiv vergangenen Zeit. Es ist kein Zufall, dass gerade mit dem Beginn des neuen Jahrhunderts ein romantisches Bild des „pusto tursko“,[25] der patriarchalen Kaufmannsgesellschaft in den Theaterstücken und Romanen von Bora Stanković oder „Zona Zamfirova“ von Stevan Sremac entstand.[26] Wie es mittlerweile gängig ist, im Zusammenhang mit den Transformationsprozessen der Ge-

22 Ćirić, Geografija Pirota, 1965, S. 98.

23 Ebenda, S. 102.

24 Ebenda, S. 46.

25 „Pusto tursko“, das „öde Türkische“, bzw. die „öde türkische Zeit“ war eine Ironisierung des offiziellen Jargons, die der Schriftsteller Bora Stanković in Umlauf brachte. Bei Stanković verwendeten seine Romanfiguren diese Bezeichnung in nostalgischer Umkehrung und meinten damit die „gute alte Zeit“. Diese affirmative Umkehrung wird bis in die Gegenwart verwendet.

26 Den einzelnen weiteren Implikationen kann hier nicht nachgegangen werden, etwa der Exotisierung/Orientalisierung der „neuen Errungenschaften“ bei Sremac, der Verklärung einer patriarchalen Idylle in vornationaler Zeit und dem Unterschied zu den Werken Bora Stankovićs.

genwart in den Gesellschaften des Balkans an solchen Nostalgien ebenso die Mängel der Gegenwart abzulesen, sagt diese Hinwendung zum „pusto tursko“ in Romanen und Theaterstücken, die sich großer Beliebtheit erfreuten, etwas über das Verhältnis der Zeitgenossen zu ihrer nationalen Gegenwart aus.

Die Karrierewege verlagerten sich nach 1878 vom Handel in die entstehende Bürokratie. Im Großen – etwa jener des erwähnten Stambuler Bankiers Tapčileštov, dessen Söhne in den bulgarischen Staatsdienst eintraten – wie auch im Kleineren, im lokalen Maßstab. Dies lässt sich an der Veränderung der Familienfotografien besonders der Kaufmannsschicht nachvollziehen. Die Absenz von Uniformen auf den Familienportraits aus der Zeit der osmanischen Herrschaft, etwa auf den Fotografien des Mali Rista, schlug in das Gegenteil um – in den folgenden Jahrzehnten war nun die Präsenz junger uniformierter Herren auf den Familienbildern Zeichen des gesellschaftlichen Status einer Familie .[27]

Der Verlust des großen Marktes mit dem Ende der Osmanischen Herrschaft und die Wirkung der Grenze als Barriere – und hier entfaltete sie eine stärkere Wirkung als im mikroregionalen Verkehr – ließen die Möglichkeiten auch vergleichsweise geringerer Kapitalbildung in der Region schrumpfen. Während es in der Zeit des Mali Rista noch möglich war, zweigleisig zu Wohlstand zu kommen, mit guten Beziehungen zu den lokalen muslimischen Machthabern, aber auch unabhängig von diesen durch die Pflege guter merkantiler überregionaler Beziehungen, veränderte sich dies einschneidend. Möglichkeiten zur Akquirierung finanzieller Ressourcen, wie es noch über die Steuerpacht möglich war, verringerten sich enorm durch ein faktisch nicht existentes Banksystem bzw. die Zurückhaltung der lokalen Kaufleute, Kredite aufzunehmen.[28] Jene, die wie der Piroter Najdan Mijalković (geb. 1856) zu den Söhnen begüterter Čorbadžije gehörten, waren insofern erfolgreich, als sie im Unterschied zum Sohn des Mali Rista, Aleksa Ristić (1830–1926) versuchten, Elemente des alten Geschäftsmodells weiterhin zu verfolgen. Aleksa Ristić begnügte sich entgegen den Ambitionen seines Vater mit einer Schneiderwerkstatt. Das alte Geschäft führte sein Schwager Kota Pešić Kuklin weiter, jedoch verstarb er bereits 1883.[29] Die Karriere Najdan Mijalkovićs und seiner Söhne ist dagegen instruktiv für die Phase der Stagnation. Zunächst gelang dieser Familie um die Jahrhundertwende mit dem Bau des bis heute bekannten „Hotel Nacional“ im Stadtzentrum ein profitables Geschäft, das zu einem der gesellschaftlichen Mittelpunkte Pirots wurde. Doch nach dem Ersten Weltkrieg scheiterte der Versuch einer Expansion des Geschäfts. Schon die Erweiterung des Hotels um ein Stockwerk führte die Gebrüder Mijalković, bis dahin unter den erfolgreichsten Geschäftsleuten der Stadt, in den Bankrott.[30] Die Zeit bis 1945 lässt sich exemplarisch mit den Stichworten notorische Kapitalknappheit und Verharren in der Protoindustrie beschreiben.

Im Unterschied zu Leskovac, das aufgrund des Aufschwungs der Textilindustrie von den Zeitgenossen als „serbisches Manchester“ bezeichnet wurde,[31] hemmte die neue Grenze in

27 Ein Vergleich mit den Fotografien muslimischer Piroter Familien wäre interessant gewesen.
28 Lampe/Jackson, Balkan Economic History, 1982, S. 376–78.
29 Velkova/Panajotović, Mali Rista, 2014, S. 34.
30 Stojanović, Gordana: Tragom Starih Fotografja, Niš, 2014, S. 114.
31 Berov, Balkanska industrijalizacija, 2012.

der Zwischenkriegszeit die Entwicklung protoindustrieller Bearbeitungsformen von Leinen hin zu einer Textilindustrie. Nach dem Bankrott der Mijalkovići war die einzige Erfolgsgeschichte in dieser Phase in den 1930er Jahren die Entstehung einer Fabrik für die Herstellung der Gummiopanken „Tigar", was u. a. ein Grund für Jovan Ćirićs Charakterisierung dieser Zeit als zwar existente, aber kaum spürbare Transformation war.

Einer der Gründer der Fabrik, der rasch die gesamte Initiative an sich ziehen sollte, Dimitrije Mladenović, bekannter als Mita Gaga, weist viele Gemeinsamkeiten mit Mali Rista auf. Entscheidend sind aber die Veränderungen der Bedingungen für kommerziellen Erfolg. Sie fassen die Situation der Zwischenkriegszeit anschaulich zusammen, deshalb seien diese kurz skizziert. Wie Mali Rista kam Mita Gaga aus den Dörfern der Stara Planina nach Pirot, mit dem bedeutenden Unterschied, dass dies mehr als ein halbes Jahrhundert später geschah. Während Mali Rista neue Geschäftsmöglichkeiten in einer aufstrebenden Stadt suchte, gelangte Mita Gaga als Sohn eines zu Wohlstand gekommenen Schafhändlers in eine stagnierende Umgebung. Während bei Mali Rista die lokalen Netzwerke zu pflegen und auszubauen waren, ging es Mita Gaga weniger um die Piroter als um die Vertreter der Zentralmacht vor Ort. Als Voraussetzung für seine weitere Karriere sah er die Mitgliedschaft in der Radikalen Partei an, zu deren wichtigem Vertreter er in Pirot aufstieg. Dies war auch für seine Geschäfte von großem Nutzen. Vermittelt durch das Zentrum, seine neuen Bekannten und Förderer in der Hauptstadt Belgrad, war er nun derjenige, der im lokalen Kontext gefragt oder um Gefallen gebeten wurde.[32]

Ein weiterer Aspekt ist hier ebenfalls von großer Bedeutung, eine Möglichkeit, die bei Mali Rista nicht existierte: die parallele Laufbahn im Militär. Was allgemein als Katastrophe empfunden wurde, hatte offensichtlich für Mita Gaga auch seine guten Seiten – der Krieg. Denn auch während der Balkankriege und des Ersten Weltkriegs ging es für ihn weiter aufwärts. Indem Mita Gaga über immer höhere Dienstgrade auch im Militär nach oben strebte, lernte er einflussreiche Offiziere und Politiker kennen, die nach dem Krieg zu seinen Gönnern werden sollten. Nicht zufällig wurde Mita Gaga nach dem Krieg dann Abgeordneter der Radikalen Partei für Pirot im neuen Staatsparlament.[33] Über diese Position aus dem Zentrum baute er – also in umgekehrter Richtung zu Mali Rista – seinen Einfluss in der Stadt aus. Doch erst verhältnismäßig spät konnte er sich mit dem Titel eines „Industriellen" schmücken. Dabei aber kam ein Moment ins Spiel, das auch für Mali Rista bedeutsam war: kommerzielle Verbindungen über das Lokale hinaus. Die Idee zur Fabrikgründung kam nicht unbedingt von Mita Gaga, sondern von einem bulgarischen Unternehmer. Dass 1934 die Kontakte angebahnt wurden, unmittelbar nach dem Ende der Aktivitäten des Vrtop, zeigt zugleich, dass die traditionellen Netzwerke davon nicht vollständig in Mitleidenschaft gezogen waren.[34] Der Sofioter Unternehmer Enjo Pantev schlug Mita Gaga vor, in die Produktion von Gummiopanken zu investieren. Vor kurzem hatte die Firma Bata begonnen, in Jugoslawien solche zu platzieren, und beide Compagnons gingen vom Erfolg dieses Produkts in einer Region aus, in der immer noch weitaus mehr schweinslederne

32 Kostić, Bora: Mita Gaga i Braća Cekić. Osnivači Fabrike Tigar, Pirot, 2009, S. 53.

33 Ebenda, S. 95.

34 Ćirić, Geografija Pirota, 1965, S. 69.

Opanken als Schuhe getragen wurden.[35] Das Geschäft war für Mita Gaga nur von Vorteil. Hier kapitalisierte sich nicht zuletzt seine politische Position – mit wem sonst als ihm war ein grenzübergreifendes *joint venture* mit einem bulgarischen Compagnon derart politisch abgesichert. Dass es v. a. sein politischer Einfluss war, zeigt sich an der Verteilung der Investitionen: Mita Gaga brachte ein Grundstück sowie zwei Scheunen als Basis für die Produktionsstätten ein, die Schustergebrüder Cekić beteiligten sich mit 75.000 Dinar, Enio Pantev investierte ebenso 75.000 Dinar und stellte die Maschinen.[36] Im Unterschied zur jüngst einsetzenden Verklärung Mita Gagas zum visionären Unternehmer, war es sein politischer Einfluss, der ihn für die beiden anderen Compagnons zu einem unumgänglichen Faktor für die Firmengründung machte.[37] Dass die gegründete Firma Tigar allein mit seinem Namen verbunden blieb, ist einzig der Tatsache geschuldet, dass es Mita Gaga unter bisher unbekannten Umständen gelang, bereits nach kurzer Zeit Enjo Pantev aus dem Geschäft zu drängen, die Maschinen zu behalten und dessen Investitionen zu übernehmen.

Mit der Besetzung Pirots durch die deutsche Wehrmacht und dem sich anschließenden bulgarischen Okkupationsregime endete die gute Zeit von Mita Gaga noch nicht. Er übernahm den Bürgermeisterposten.[38] Dies war allerdings nach der Befreiung 1944 der Ausgangspunkt für Mita Gagas tiefen Fall. Die neue kommunistische Herrschaft ließ ihn als Kollaborateur verurteilen, sein gesamter Besitz, darunter Tigar, wurde nationalisiert.

Mita Gagas Ende ist charakteristisch für den definitiven Bedeutungsverlust der Piroter Familien im Hinblick auf politischen und wirtschaftlichen Einfluss. Der erste Einschnitt war die Präsenz und der Ausbau neuartiger staatlicher Herrschaft, die schon viel mehr an Verbundenheit und Loyalität erforderte als im bisherigen osmanischen Kontext. Gleichwohl konnten geschickte oder gerissene Kaufleute wie Mita Gaga ihren Einfluss behaupten – doch wie gezeigt, speiste sich ihre Macht nicht mehr aus lokalen Netzwerken, sondern aus Verbindungen nach einem neuen „Oben“, einem neuen Zentrum. Voraussetzung zur Durchsetzung der neuen Herrschaftsform in der Region war der Bruch mit den bisherigen Hierarchien und Netzwerken zwischen Beamten und lokalen einflussreichen Akteuren, und damit in diesem lokalen Kontext tatsächlich auch das Ende des Einflusses der alten Familien in der Stadt – den sie seit 1878 in einer prekären Balance mit den Beamten punktuell behaupten konnten. Diese punktuelle Dominanz bestand in mehr oder weniger kapitalisiertem Privateigentum, das nach 1945 zum allergrößten Teil nationalisiert wurde.

Das bedeutet nicht, dass diese Familien marginalisiert worden wären. Im Gegenteil. Denn im Hinblick auf die soziale Mobilität gehörten sie dank ihrer Voraussetzungen – wie guter Schulausbildung – zu den ersten Aufsteigern im neuen sozialistischen System. Aus diesen Familien stammte im Großen und Ganzen die erste Generation von Ingenieuren und anderen hochqualifizierten Berufen. Allerdings hatten diese ihr Wirkungsfeld nicht mehr in der Region, sondern zogen zumeist nach Belgrad.[39]

35 Kostić, Mita Gaga, 2009, S. 95.

36 Ebenda, S. 97.

37 Die Monografie zu Mita Gaga ist frei von solchen Einschätzungen.

38 In seiner Biografie werden die „seelischen Qualen des aufrechten serbischen Patrioten“ ausführlich nachempfunden, die er auf seiner neuen Position als Bürgermeister unter den „verhassten Bulgaren“ empfunden haben soll. Kostić, Mita Gaga, 2009, S. 186–92.

39 Stojanović, Tragom Starih Fotografija, 2014, S. 120.

Auch im Hinblick auf urbane Infrastruktur gilt die Beobachtung einer sehr langsamen Entwicklung, die zugleich keine Ausnahme im damaligen nationalen Kontext darstellt. Die Charakterisierung der Zeit von den 1880er Jahren bis in die 1930er als Phase der Stagnation wird v. a. im Vergleich mit der Entwicklung im Osmanischen Reich plausibel: Vor dem Hintergrund des wirtschaftlichen Aufschwungs der Stadt und der ersten Schritte zu einer Modernisierung – der Einrichtung einer Straßenbeleuchtung, der Gründung einer textilverarbeitenden Fabrik unter Mithad Paša usw. – erschien die nachfolgende Entwicklung geradezu als Stagnation. Die infrastrukturellen Veränderungen danach hielten sich ebenfalls in einem bescheidenen Rahmen. Nach den ersten Bestrebungen von 1888 (für Tija Bara) bzw. 1891 (für Pazar), Pirot nach der Vorlagen eines Regulierungsplans umzugestalten, datierte ein zweiter Versuch erst von 1957.[40] Bemerkenswert ist dabei, dass nach Jovan Ćirićs Einschätzung die Stadt in dieser ersten Regulierungsbestrebung nicht grundsätzlich erneuert werden sollte, sondern – ähnlich wie bei der Grenzziehung – eine gerade Linie als Straßenverbindung zum neuen Bahnhof durch die Stadthälfte Tija Bara gezogen und diese dann durch eine neue Brücke mit dem Zentrum Pazar verbunden werden sollte.[41] Elektrifiziert wurde Pirot 1919.[42] Caribrod folgte einige Jahre später, mit der privaten Elektrozentrale der Gebrüder Caribrodski. Zu einem Beginn einer Regulierung der Bäche und Flüsse in Pirot kam es erst 1926.[43]

Den eher spärlichen modernisierenden Interventionen in die urbane Infrastruktur wurde in der serbischen Forschung bisher kaum Beachtung geschenkt. Vielmehr dominiert die Vorstellung einer Kontinuität nachholender Entwicklung seit 1878, die in den 1960er Jahren geprägt wurde. Doch das Bild der nachholenden Entwicklung war dem Vergleich zu den entwickelten sozialistischen Republiken in Jugoslawien geschuldet. Die Erfahrung der beschleunigten Veränderung in Pirot seit Mitte der 1950er Jahre im Vordergrund, gerieten die Verhältnisse des 19. Jahrhunderts in Vergessenheit, die Rhetoriken der Gegenwart von Zurückgebliebenheit und Aufholen der 1950er schoben sich vor die Erfahrungen der Vergangenheit. Angesichts des weiterhin dominanten Narrativs von den „zurückgebliebenen türkischen Verhältnissen“ schien es zunehmend undenkbar, dass es in der Osmanischen Zeit einen Aufschwung in der Region gegeben haben sollte.

Caribrod

So wie den Pirotern erging es auch den bis dahin besserstehenden Caribroder Familien, wie den Caribrodski, Džadžini und anderen, die nach 1944 fast ausnahmslos die Stadt verließen, nachdem sie selbst der Kollaboration beschuldigt, verurteilt und ihr Eigentum konfisziert worden war. Im Unterschied zu ersten Versuchen in der Gegenwart in Pirot, an diese Familien zu erinnern, bleiben sie in Caribrod vergessen, unbekannt. Von der offenkundigen Spurenlosigkeit zeugen ihre Familienhäuser, die als erratische Solitäre aus einer vollständig fremden Zeit in die Stadtlandschaft der Gegenwart hineinragen. Wenige Familien blieben, darunter wieder, wie schon nach dem Ersten Weltkrieg, die Gajdarovi. Nun jedoch nur

40 Ćirić, Geografija Pirota, 1965, S. 76.
41 Ebenda.
42 Ebenda, S. 93.
43 Ebenda, S. 83.

noch als kleine Familie, denn Žorž heiratete nicht und bewohnte mit seiner Mutter weiterhin das Familienhaus. Gajdarov überstand offensichtlich die erste Zeit revolutionärer Aktivitäten unbeschadet und konnte seine Uhrmacherwerkstatt auch als Privatunternehmen weiterführen.

1948 wurden fast alle Privatgeschäfte nationalisiert, nachdem 1946 damit erste Maßnahmen dieser Art getroffen worden waren.[44] 1953 kam es dann auch in der Region zur Beschlagnahme von Land auf der Grundlage des Gesetzes zum „agrarischen Maximum", wonach ein Landwirt privat nicht mehr als 5 ha bewirtschaften sollte. Insbesondere im Zabrđe wurden vergleichsweise größere Flächen nationalisiert bzw. den Kooperativen übergeben. Dass es sich dabei keineswegs um Großbauern handelte, zeigt sich an den Flächen, die je Haushalt in Beschlag genommen wurden: So waren es in Smilovci 20 ha von fünf Haushalten, in Radejna 19 ha von sechs Haushalten etc.[45] 1954 umfassten insgesamt 21 Kooperativen 91 % der Bauern.[46] Gerade zu dieser Zeit beendete die Staats- und Parteiführung das Projekt einer umfassenden Kollektivierung, bedingt durch das Ende des Konflikts mit der Sowjetunion, aber auch durch den wachsenden Widerstand der Bauern in verschiedenen Teilen Jugoslawiens.

In dieser Form wurden die neuen Momente von Herrschaft in der Region deutlich. Bis zu diesem Zeitpunkt hatten sich die Akteure staatlicher Herrschaft auf die Durchsetzung politischer Kontrolle konzentriert. Wirtschaftliche Initiative blieb – mit Ausnahme des Bergwerks Rakita in den 1920er Jahren, das auf eine Inititative König Aleksandars zurückging – der Einzelinitiative von Leuten wie Mita Gaga überlassen. Doch die Vorstellung einer umfassenden gesellschaftlichen Veränderung seitens der Kommunistischen Partei bedeutete nun auch eine zentrale Steuerung der wirtschaftlichen Entwicklung der Region vermittels der Fünfjahrespläne. Die Partei nutzte die Grenzregion selbst nicht als Schaufenster für die wahre kommunistische Modernisierungslinie, und das obwohl Jugoslawien nach der Resolution des Kominform in einen Wettbewerb mit den Staaten des Warschauer Pakts und damit auch mit der benachbarten Volksrepublik Bulgarien eintrat, wo die wahrhaftige Linientreue herrsche. Die Beschleunigung von (Schwer-)Industrialisierung, Elektrifizierung und die Aufhebung des Unterschieds zwischen Stadt und Land sollten demonstrieren, dass die Jugoslawen die authentischen Erben Lenins waren.[47]

In Caribrod vollzogen sich die Veränderungen zwar langsam, aber deutlich spürbar. Die Entwicklung folgte zeitversetzt zu den Zentren sozialistischer Modernisierung in Jugoslawien.

Zwar wurde schon 1945 ein Betrieb für Holzverarbeitung („Cile") als ein erstes Zeichen einer neuen Zeit gegründet, aus dem dann in den 1960er Jahren eine bescheidene Möbelfabrik entstehen sollte, mit einigen Filialen in Serbien und der Hauptstadt Belgrad.[48] Doch erst 1959 machten die sozialistischen Planer Ernst mit der Industrialisierung der Opština Dimitrovgrad. Nach dem zunehmenden Wachstum des nun nationalisierten Unternehmens

44 Nikolov, Hronologija, 1963, S. 66.
45 Ebenda, S. 70.
46 Ebenda, S. 71.
47 Vgl. Brunnbauer, Die sozialistische Lebensweise, 2007, S. 38–46.
48 Nikolov, Hronologija, 1963, S. 63.

Tigar in Pirot wurde eine Zweigstelle in Dimitrovgrad gegründet und damit die erste größere Fabrik in der Stadt, welche die größte Zahl an Arbeitern in den nächsten beiden Jahrzehnten in der Kommune generieren sollte.[49]

Noch Ende der 1960er Jahre entfielen weiterhin 71 % der Produktion auf die Landwirtschaft.[50] Die Autoren des 1970 für Dimitrovgrad entwickelten Urbanisierungsplans konstatierten, dass die wirtschaftliche Entwicklung insgesamt „hinter den Möglichkeiten" zurückblieb. Dafür machten sie die unter ungünstigen Umständen vorgenommene Stärkung der genossenschaftlichen Landwirtschaft verantwortlich, die in einem Mangel an Kadern im Vergleich zu den Erfordernissen, ungünstiger Unterbringung, Transport und Ablauf resultierte. Mangelnde Mechanisierung verhinderte bessere Resultate.[51] Das BIP wuchs in Dimitrovgrad zwischen 1956 und 1959 um 46 % von 467.017 Dinar auf 1.325.060. Der „nacionalni dohodak" (Nationaleinkommen) stieg in diesem Zeitraum von 255.149 auf 681.743 Dinar.[52] Der Großteil der Investitionen in dem Zeitraum von 1956 bis 1959 ging auf „neprivredne delatnosti" (nichtwirtschaftliche Tätigkeiten) zurück, während sich seitdem der Anteil der Investitionen in die Wirtschaft allmählich erhöhte (von 73.800 auf 154.700 Dinar). In welchem Verhältnis dieses Wachstum zu den Prozessen auf jugoslawischer Ebene stand, zeigt sich in einem Vergleich des Nationaleinkommens:

Tabelle 4: Nationaleinkommen im regionalen Vergleich auf der Grundlage der Preise von 1960

	1947	**1952**	**1957**	**1962**	**1965**	**1967**
Jugoslawien	730	760	1.118	1.570	1.980	
Serbien	690	660	1.080	1.410	1.800	
Vojvodina	800	680	1.290	1.620	2.050	
Ostserbien	580	560	916	964	1.580	1.720
Ponišavlje	560	540	884	934	1.700	1.800
Kosovo	380	380	500	530	730	

Quelle: Vasev, Cvetan: Ikonomičesko Razvitie na Iztočna Sărbija i Ponišavieto, Niš, 1970, S. 28.

Im Vergleich zur gesamtjugoslawischen Entwicklung begann sie auf einer ausgesprochen niedrigen Basis, doch die Veränderungen in diesem Bereich werden daran deutlich, dass die prozentualen Wachstumsraten in diesem Vergleichsrahmen für die Jahre zwischen 1962 und 1965 die höchsten sind: ganze 21,2 % für die Region gegenüber 8,1 % im gesamten Land und 8,5 % in Serbien.[53] Ebenso fällt der Anstieg in der gesamten Zeit höher aus als im Gesamtstaat Jugoslawien. Während es in der Föderation 271,2 % waren, wies das Ponišavlje ein Wachstum von 303,6 % auf. Insgesamt zeigten sich darin aber die ver-

49 Ebenda, S. 74.

50 Konstrukcioni-Projektanski Biro „Avala" Beograd: Program za generalni urbanistički plan grada Dimitrovgrada, Arhiv Pirot, ohne Datum (ca. 1971), S. 11.

51 Ebenda.

52 Ebenda, S. 25.

53 Vasev, Ikonomičesko Razvitie, 1970, S. 31.

gleichsweise – mit Ausnahme des Kosovo – eingeschränkten Voraussetzungen für eine wirtschaftliche Entwicklung, wie sie zu dieser Zeit den Ökonomen vorschwebte, deren wesentliches Ziel nämlich das Einholen der industriell weiter entwickelten Republiken sein sollte. Gleichzeitig aber wird auch der Grad der Veränderungen sichtbar, den die Menschen in der Region im Vergleich zu den Zeiten davor erlebten.

Der Anteil der Beschäftigten an der Gesamtbevölkerung war in der Region ebenfalls geringer als auf der Ebene von Föderation und Republik, so etwa im Verhältnis zum neuen industriellen Zentrum im Südosten Serbiens, zu Niš (8,4 % zu 4,6 %) oder zur Republik (12,3 % zu 4,6 %), noch ungünstiger war das Beschäftigungsverhältnis zur föderalen Ebene (13,9 % zu 4,6 %).[54] Dass sich aber etwas tat, zeigt die Höhe des Wachstumsindex, der für den Zeitraum von 1956 bis 1959 mit 46,0 % gegenüber 15,4 % auf Bundes-, bzw. 14,3 % auf Republikebene ungleich höher war, mit 14,4 % auf regionaler Ebene.[55] In der Planungsphase zwischen 1961 und 1965 vervierfachten sich im Vergleich zum bisherigen Umfang die Investitionen in die lokale Infrastruktur.[56] Schon 1959 schrieb *Bratstvo*, die Wochenzeitung der bulgarischen Minderheit, nicht ohne einen gewissen Stolz, über die gestiegenen Konsumbedürfnisse in Dimitrovgrad und v. a. auf dem Land: Auch die Bauern würden zunehmend modern hergestellte Kleidung und Fabrikmöbel kaufen wollen. Zufrieden pries die Wochenzeitung der bulgarischen Minderheit die gestiegenen Reallöhne und die Entscheidung zur größeren Produktion von Konsumgütern, die nun auf eine wachsende Zahl von Abnehmern stießen.[57]

Doch brachte das Wachstum der 1960er Jahre Versorgungsschwierigkeiten beim Grundbedarf mit sich. Die *Bratstvo* monierte gleichzeitig, dass es keine Infrastruktur für den Verkauf von Brennstoff im Winter gebe, was den größten Unmut unter den Einwohnern hervorrufe. Auch die Versorgung mit Lebensmitteln war nicht gewährleistet. Es gab weniger Waren in den Regalen, nicht einmal jene, die in der Stadt und Umgebung produziert wurden. Die Möbelfabrik Cile konnte in der Stadt die wachsende Nachfrage nach modernen Möbeln nicht aufgreifen, da es wie gesagt Filialen in der Hauptstadt und anderswo gab, nicht aber am Produktionsort.

54 Program za generalni urbanistički plan, S. 26.

55 Ebenda, S. 27.

56 Ebenda, S. 28.

57 Nejkov, Mile: Ličnoto potreblenie v Dimitrovgrad narastva, in: Bratstvo, 16.11.1959, Nr. 11, S. 2. 1961 gab es 91 Handwerkswerkstätten in der Stadt, die demnächst den neuen Fabriken zunehmend den Vorrang über-lassen sollten; ebenda, S. 44. Kaufläden 1959: 43, 1961: 54; ebenda, S. 45. Allerdings kam der Wandel langsam voran. Im Jahr 1958 waren 31 Wohnungen gebaut worden, 33 Läden (in Pirot waren es 94); SG SFRJ 1959, S. 540. Ein Jahr später waren es 43 Läden (in Pirot dagegen 143), das Kino im „Haus der Kultur" war mit 204 Vorstellungen und 57.000 Besuchern 1963 gut ausgelastet; Program za generalni urbanistički plan, S. 51. Der Urbanisierungsplan gibt auch Auskunft über die Beschaffenheit der Wohnhäuser in der gesamten Opština: 1963 bestanden 85 % aus Holz (dabei wird wahrscheinlich an die Bondruk-Bauweise mit einem hohen Anteil von Lehm gedacht), 8 % aus Ćerpič (ungebrannte Ziegel aus Erde), und nur 7 % aus Ziegeln; ebenda, S. 52. In der Stadt waren 30 % der Häuser aus Opeka, 10 % Ćerpič und 60 % aus Bondruk. 50 % der Häuser waren älter als 30 Jahre. 30 % waren 10 Jahre zuvor erbaut worden und 20 % 5 Jahre zuvor; ebenda, S. 53.

Wichtig ist hier insbesondere, dass Mitte der 1960er Jahre schrittweise jene Entwicklung einsetzte und allmählich spürbar wurde, die in den jugoslawischen Metropolen schon zur Entfaltung kam, für welche die Wendung von den „Goldenen 1960er Jahren" steht.

Besondere Bedeutung erlangte – im Vergleich zu anderen Ortschaften dieser Größe in der Republik – die Entstehung einer bescheidenen touristischen Infrastruktur. Für die Erfordernisse des seit Ende der 1960er Jahre an Bedeutung zunehmenden Transitverkehrs türkischer Gastarbeiter, die auf der alten Route zwischen Istanbul und Mitteleuropa immer häufiger auch mit einem PKW unterwegs waren, wurden ein verhältnismäßig modernes Hotel und ein Motel am Autoput eingerichtet.[58] Mitte der 1970er Jahre erreichte diese Branche ihren Höhepunkt: 1975 wurden 12.500 Übernachtungen ausländischer Gäste gezählt. Im Verhältnis zur Einwohnerzahl bewegte sich Dimitrovgrad damit auf dem Niveau der Großstädte in Serbien.[59]

Die Struktur in der Landwirtschaft veränderte sich dagegen kaum. Das Ausbleiben bzw. die Rücknahme der Kollektivierung bewirkten, dass auf dieser Seite der Grenze weiter der Kleinbesitz dominierte. Nahezu die Hälfte, 44,97 % der landwirtschaftlich genutzten Fläche bestand aus Kleinbesitz von 4 ha bis 8 ha oder noch kleineren Flächen: 3 ha besaßen 17,57 % der Landwirte, 2 ha 15,28 % der Landwirte, wohingegen 20 ha und mehr auf nur 0,56 % der Höfe in der Region entfielen.[60] Umgekehrt bedeutet dies nicht die eindeutige, ungebrochene Dominanz des primären Sektors. Kleinteiliger Besitz blieb weiterhin prägend. Doch insgesamt ging der Anteil der Landwirtschaft zurück: Lebten 1971 noch 8.779 Menschen und damit 54 % der Gesamtbevölkerung von der Landwirtschaft, waren dies 1981 nur noch 4.438, etwa 29 % der Gesamtbevölkerung der Gemeinde.[61] Innerhalb eines Jahrzehnts hatte sich dieser Produktionssektor noch einmal halbiert, ohne dass dies im Gegenzug in der Region selbst durch eine intensivere Entwicklung der beiden anderen Sektoren kompensiert worden wäre.

---

58 1959 existierten sechs Restaurants sowie Hotels (zusammengefasst unter der Bezeichnung „ugostiteljska radnja"), mit elf Betten und 40 Millionen Dinar Umsatz, 1961 waren es acht, mit weiterhin elf Betten und 41 Millionen Dinar Umsatz, 1963 acht Gaststätten mit fünfzehn Betten und 63 Millionen Umsatz; ebenda, S. 45.

59 Der Unterschied zu den Jahren zuvor wird an den Zahlen ab 1966 deutlich: Restaurants sowie Hotels 3, Zahl der Betten 64, Touristen: 8.726 Übernachtungen, davon Ausländer 5.333 Übernachtungen (was recht hoch war, im Vergleich Pirot mit 1.969 Übernachtungen). 1966 waren es 9.395 Übernachtungen, davon Ausländer 5.812 (mit am höchsten in Serbien im Verhältnis zur Einwohnerzahl); SG SFRJ 1967, S. 574. Die Zahlen blieben zwischen 1969 und 1973 stabil: 16 Restaurants und ein Hotel in Dimitrovgrad, mit der Kapazität von 115 Betten, 17.300 Touristen übernachteten in der Stadt, davon waren 9.800 Ausländer. Diese Zahlen stiegen 1973 auf 19.700 Übernachtungen (davon 11.400 Ausländer). Damit hatte Dimitrovgrad mehr Übernachtungen aufzuweisen als etwa das serbische Industriezentrum Kragujevac; SG SFRJ 1974, S. 631. Die Zahlen hielten sich auf diesem Niveau, bis sie Ende der 1980er Jahre zu fallen begannen: 1982 gab es 17.600 Übernachtungen, davon 9.700 Ausländer. Mittlerweile waren es 20 „Geschäftseinheiten" („poslovne jedinice") mit 125 Betten; SG SFRJ 1983, S. 686. 1987: 20.300 Übernachtungen, davon 8.700 Ausländer. 1990: 14.300 Übernachtungen, davon 7.000 Ausländer; SG SFRJ 1991, S. 698.

60 Vasev, Ikonomičesko Razvitie, 1970, S. 121.

61 Ristić, Dimitrovgrad, 1985, S. 60.

Hier zeigt sich der Unterschied zu Trner Region in der Volksrepublik Bulgarien. Durch die vollständige Kollektivierung der Landwirtschaft und die Schaffung von Kollektivlandwirtschaften („Trudovo kooperativno zemedelsko stopanstvo", TKZS) wurde eine industrielle, zentral gesteuerte Land- und Viehwirtschaft geschaffen. Die einzelnen TKZS wurden in den 1970er Jahren in noch größere Einheiten, so genannte „Agrarindustrielle Komplexe" („Agrarno-promišleni kompleksi", AKP) für Viehwirtschaft vereinigt. Damit existierte in der Trner Region in stärkerem Maße eine agrarwirtschaftliche Struktur, als dies auf der jugoslawischen Seite der Fall war, wo der Stadt-Land-Kontrast im Hinblick auf Beschäftigungsmöglichkeiten umso deutlicher ausgeprägt war.[62]

Der Komplex der Kleinproduzenten in der Landwirtschaft, der auf der jugoslawischen Seite klar gegenüber den landwirtschaftlichen staatlichen Genossenschaften überwog, tritt in den Statistiken, die ausschließlich die Beschäftigungslage im „gesellschaftlichen Sektor" abbilden, nicht in Erscheinung. Ebenso wurde die Arbeitslosigkeit ausgeklammert, obwohl sie zur Spielart des jugoslawischen Sozialismus ganz offiziell dazugehörte. In den statistischen Jahrbüchern taucht sie nicht auf.

Dennoch kann diese Übersicht auf Grundlage der statistischen Daten die Transformation der Region in eine postagrarische Gesellschaft veranschaulichen.

62 Petrov, Stefan: Podem na selskoto stopanstvo, in: Trănsko – minalo i săvremie, dokumentalno-istoričeski i literaturen sbornik za trănsko i trănčani, hrsg. von Todor Gigov, Maria Znepolska und Stamen Kostov, Sofija, 2008, S. 458 f. Vgl. auch Brunnbauer, Die sozialistische Lebensweise, 2007, S. 223–32.

Tabelle 5: Beschäftigungszahlen in der Gemeinde Dimitrovgrad

Jahr	Einwohner	Beschäftigte	Industrie	Landwirtschaft	Bau	Verkehr	Handel und Gastronomie	Andere / Kultur und Bildung	Angestellte in Organisationen
1961	18.418	9.621	361	7678	84	118	119	789[63]	
1964		2.111	625	351	291	97	90	356	
1965		2.185	864	368	269	116	97	202	138
1966		2.272	1.043	345	264	125	117	215	135
1967		2.068	1.081	336	141	71	71	215	197
1968		2.325	1.112	342	172	188	89	214	133
1969		2.655	1.249	404	280	136	108	222	135
1970	16.377	2.572	1.181	374	258	140	114	219	142
1971		2.842	1.385	297	276	146	203	236	142
1972		3.257	1.642	320	329	160	245	249	136
1973		3.266	1.609	288	335	179	253	271	146
1974		3.249	1.596	304	290	174	263	272	153
1975		3.356	1.584	311	350	181	292	282	180
1976		3.358	1.563	313	307	184	330	293	175
1977		3.599	1.821	320	319	240	360	185	181
1978		3.836	2.030	331	334	238	347	190	193
1979		3.982	2.054	359	355	238	352	190	244
1980		4.035	2.177	336	347	239	325	178	237
1981	15.158	4.338	2.488	329	287	255	327	190	244
1982		4.363	2.506	333	247	254	364	169	247
1983		4.314	2.542	328	227	245	363	168	237
1984		4.328	2.522	338	234	245	369	176	240
1985		4.383	2.537	321	234	263	376	168	252
1986		4.342	2.497	304	226	263	395	166	245
1987		4.570	2.646	312	202	258	458	170	253
1988		4.721	2.781	311	190	262	477	165	242
1989		4.720	2.793	307	180	256	459	165	255
1990		4.595	2.740	273	160	253	427	167	260
1991		4.491							
1992		4.393							

Quelle: SG SFRJ 1962–1991, SGJ 1992–1993.

63 SG SFRJ 1963, S. 525. Die Rubrik „Andere" bezieht sich auf: kommunal Beschäftigte, Kultur und Wissenschaft, Gesundheit und Soziales, Bank und Versicherungen, Verwaltung und Justiz.

Anhand dieser Aufstellung der Entwicklung der Beschäftigungsverhältnisse wird die Transformation der gesellschaftlichen Verhältnisse sichtbar: Die bisherige dünne städtische Oberschicht verschwand, migrierte wie angedeutet in die großen Zentren und konnte zugleich auch unter den neuen Bedingungen über gute Startpositionen für höhere Qualifikationen ihren Status sichern. In zwei Jahrzehnten wuchs die Stadt insbesondere durch die Binnenmigranten der umliegenden Dörfer. Nicht nur im Verhältnis zur Landwirtschaft leichtere physische Arbeit und die Möglichkeit der Ausbildung zum Facharbeiter machten Tigar und andere Betriebe zu attraktiven Zielen. Ebenso erschlossen sich den Menschen aus den umliegenden Dörfern neue Karrierewege: Tigar etwa vergab Ende der 1960er Stipendien für Fachhochschulstudien und rekrutierte daraus die zweite Generation seiner Ingenieure und Direktoren. Ganz zu schweigen von den neuen Aufstiegsmöglichkeiten vermittels der Mitgliedschaft im Bund der Kommunisten in der städtischen Verwaltung und den lokalen Parteiorganisationen. Die Rubrik „Beschäftigte in der Industrie" besteht fast ausschließlich aus Arbeiterinnen und Arbeitern von Tigar und der Textilfabrik Svoboda, und dokumentiert die Abwanderung aus den Dörfern. Die Arbeiterschaft bestand v.a. aus der jüngsten Generation der aus den Dörfern zugezogenen, für die sich mit der Arbeit in den beiden Unternehmen sozialer Aufstieg verband, der im Bau von Eigenheimen Ausdruck fand, die das Stadtbild zunehmend prägen sollten. Zugleich kam es zu einer Diversifikation der Berufe in der Stadt im Vergleich zum vorhergehenden Zustand durch die Zunahme von Angestellten in Behörden und Dienstleistungen. Die Beschäftigten in der Rubrik Handel und Verkehr, zeigen die wachsende Bedeutung der Grenze und der damit verbundenen Infrastruktur für die wachsende Erwerbstätigkeit. Allerdings täuscht die geringe Zahl der in der Landwirtschaft beschäftigten (einzige Ausnahme ist die Zeile zum Jahr 1961, in der auch die private Landwirtschaft aufgeführt ist). In der Tabelle sind nur jene angeführt, die in staatlichen Betrieben, Farmen etc. arbeiteten, nicht aber die Kleinbauern, die privat ihr Land bearbeiteten.

So strukturierten sich neue gesellschaftliche Schichten und Hierarchien aus den bisherigen Hierarchien ruraler Gesellschaft heraus. Erstens wandelten sich die traditionellen Herrschaftsbeziehungen im Lokalen – nicht mehr die ehemals einflussreichen Angehörigen der bisherigen städtischen Oberschicht, Kaufleute, Handwerker und Kommissionäre hatten das Sagen, sondern die aus allen Schichten rekrutierten Funktionäre. Zweitens wuchs dadurch im Vergleich zur Zwischenkriegszeit die Partizipationsmöglichkeit der lokalen Akteure in Verwaltung und Parteiapparat. Die Figur des in die provinzielle Verbannung geschickten korrumpierten Beamten aus dem Zentrum, wie sie bis in die Zwischenkriegszeit vorherrschend war, verschwand zusehends. Damit hing die Karriere in diesem Segment schrittweise weniger vom Zentrum ab, die lokalen Parteifunktionäre erlangten zunehmend neue Spielräume. Waren es noch in den 1950ern durchweg externe Kader aus der weiteren Region, die insbesondere im Sicherheitsapparat die Richtung bestimmten, traten seit Mitte der 1960er Jahre immer mehr lokale Kader aus der Gemeinde an ihre Stelle. Dies wurde vom Zentrum bewusst gefördert. Exemplarisch wird dies an der Karriere des lange Jahre in Dimitrovgrad als leitender Parteikader amtierenden Ivan Denčev deutlich.[64]

---

64 Vgl. autobiografische Skizze: Denčev, Ivan: Put posipan Trnjem, Dimitrovgrad, 2015.

Aus ärmsten Verhältnissen stammend und als Waisenkind aufgewachsen, finanzierte die Partei seine Ausbildung und baute ihn – auch gegen nicht offen geäußerte Vorbehalte aus Pirot – zum Leitungskader in der Stadt auf. Diese Erfahrung teilten viele aus Denčevs Generation, die wichtige Posten in der Kommune einnahmen. Sie waren aufgrund ihrer formalen Zugehörigkeit zur bulgarischen Minderheit potentiell stigmatisiert, erstens durch die Okkupationserfahrung durch Bulgarien in der weiteren Region, zweitens durch die weiterhin belasteten Beziehungen zum staatssozialistischen Bulgarien.[65] Um diesem Makel zu begegnen, wollten die neuen Kader (zumeist ab den Jahrgängen 1930) ihre ideologische Zuverlässigkeit nachhaltig demonstrieren. Das resultierte erstens in einer besonders großen Treue zu den aktuell geltenden Programmen der Partei und einer scharfen Distanzierung gegenüber der bulgarischen offiziellen Politik. Zweitens wurden in allen lokalen Angelegenheiten, in denen die lokalen Parteikader Entscheidungskompetenz hatten, die geltenden Regeln besonders eng ausgelegt. Dies traf insbesondere jene, deren Verwandte während der 1950er Jahre nach Bulgarien geflohen waren. Ihnen blieben keine Aussichten auf eine Karriere in Partei und Verwaltung. In den Gesprächen während der Feldforschung wurde ebenso deutlich, dass die demonstrative Linientreue in einem Punkt auch dazu diente, Freiräume für die Befestigung informeller Macht in der Gemeinde zu nutzen. In völlig unterschiedlichen Gesprächen wurde dabei immer auf zwei Bürgermeister verwiesen, die ihre nach außen hin manifestierte ideologische Rigorosität dazu nutzten, sich materielle Vorteile zu verschaffen und mögliche Konkurrenten auf diesem Feld als ideologisch unzuverlässig zu denunzieren.[66] Bei dem Großteil der Parteifunktionäre überwog aber v. a. die Perspektive auf die Anerkennung durch die Parteiführung im Zentrum. Gerade die erste Generation der Parteikader hatte dem jugoslawischen System – trotz anfänglicher Furcht vor Stigmatisierungen als Bulgaren – ihren Aufstieg und hohen sozialen Status im Verhältnis zum Leben ihrer Eltern zu verdanken. Daraus erklärt sich auch die Loyalität der Parteiführung in der Opština gegenüber der Zentrale in Belgrad bis zum Ende Jugoslawiens.

Während die Identifikation mit dem Staat sich bei dieser Gruppe auf einen recht kleinen Teil der Generation bezog – für viele standen die Verwerfungen der 1950er Jahre im Vordergrund –, verbreiterte sich diese deutlich bei jenen, die zwischen Ende der 1940er und Mitte der 1950er Jahre geboren waren.[67] Ob mit oder ohne hohen Bildungsgrad, war hier

---

65 In einem Gespräch schilderte Denčev eine Mischung von Geringschätzung und Misstrauen, die in Distanz gegenüber jungen Nachwuchskadern aus Dimitrovgrad resultierte: Am Rande der ersten Lehrgänge für junge Kader in der Region wurde er von den Nachwuchskadern aus den serbischen Gemeinden in der Region darauf angesprochen, ob er sich wirklich vorstellen könne, als Bulgare im serbischen Bund der Kommunisten ernst genommen zu werden.

66 Der Schriftsteller Detko Petrov hat diesen Praktiken einen ganzen Roman gewidmet: Krilate Duše. Knapp zusammengefasst handelt er von einem Individualisten, der als Bauunternehmer beständig mit den von einflussreichen Funktionären gelenkten Firmen in Konflikt kommt. Als er diese Machenschaften aufdecken will, bleibt ihm, um einer Verhaftung zu entgehen, nur, die Region zu verlassen. In Momenten ist darin die Erfahrung Detko Petrovs selbst enthalten, der in Dimitrovgrad „wegen aufrührerischen Verhaltens“ vom Gymnasium in Dimitrovgrad geworfen wurde, in Pirot dann die Schule beendete, in Belgrad studierte und anschließend in verschiedenen bosnischen Städten als Lehrer und Schriftsteller arbeitete. Andonov, Mateja: Črez vestnika se zapoznahme, in: Bratstvo, Nr. 2227/28, 16.1.2009, S. 3.

67 In seiner Monografie über das Dorf Petrlaš schildert der Autor Stanimir Stavrov (Jahrgang 1935) den

die Erfahrung vertikaler sozialer Mobilität ausschlaggebend. Sowohl bei Hoch- als auch geringer Qualifizierten unterschied sich deren Leben, Einkommen und Arbeitsalltag von jenem ihrer Eltern ganz erheblich. Die neuen Arbeitsmöglichkeiten bei Tigar, das Studium in Belgrad mit anschließenden Aussichten auf eine gute Stelle in der Gemeinde ließen die Akzeptanz des jugoslawischen Modells wachsen.

Eine bis dahin ungekannte vertikale soziale Mobilität ist ein wichtiger Aspekt, der die Verbundenheit mit der neuen jugoslawischen Ordnung durch alle gesellschaftlichen Schichten hinweg erklärt, die seit den 1960er Jahren die Erfahrungen der Verwerfungen des Jahrzehnts davor zu überlagern begann. Hinzu kam die Prosperität der „Goldenen 1960er Jahre", die wie gesagt hier zeitversetzt bis in die 1970er anhielt und auch darüber hinaus in der Krisenzeit der 1980er Jahre durch die Arbeitsmöglichkeiten an der Grenze abgefedert wurde. Wie in Tabelle 4 gezeigt, wuchs die Zahl der Beschäftigten auch in diesem Jahrzehnt gegenüber der insgesamt abnehmenden Bevölkerungszahl.[68]

Verkehrsinfrastruktur

Ähnlich wie in Pirot setzte eine umfassende Modernisierung der städtischen Infrastruktur erst nach dem Zweiten Weltkrieg ein, doch geschah diese um etwa ein Jahrzehnt verzögert. Dimitrovgrad wurde erst 1963 über die Hauptstraße hinaus elektrifiziert, einschließlich der in der Nähe liegenden Dörfer. Das Zabrđe wurde ab 1970 mit Strom versorgt, der Visok in den Jahren darauf, ebenso wie die Dörfer des Burel und Derekul.[69] Bis 1963 existierte eine einzige Wasserleitung in der Hauptstraße. Auch dies änderte sich nicht früher als in den 1970er Jahren.[70]

Erst in den 1960er Jahren nahm eine Art urbane Verdichtung ihren Anfang, für die noch die Autoren des ersten Urbanisierungsplans zwischen den einzelnen Schwerpunkten wie Bahnhof, Rathaus, Krankenhaus großzügig Raum belassen hatten. 30 % der Stadtfläche bestanden bis 1963 aus Gärten.[71] Ganz allmählich veränderte die Stadt ihr Gesicht. Nach

---

Aufbruch eines Teils seiner Generation aus petroleumbeleuchteten kargen Verhältnissen in das metropolitane Belgrad der 1960er Jahre. Stavrov, Stanimir: Petrlaš, Dimitrovgrad, 2000.

68 Vgl. auch Petković, Olgica: Karakteristike Privređivanja u Pirotu u Periodu 1980–1985, 1986, S. 84. In diesen jugoslawischen Krisenjahren war besonders die Gummifabrik „Tigar" betroffen, die hohe Verluste verzeichnete; ebenda, S. 85. Besonders problematisch waren die Devisenknappheit und die hohen Rohstoffpreise. Der Verkauf von Endprodukten auf dem internationalen Markt zu niedrigen Preisen bedeutete mehr Risiko durch Inkaufnahme niedrigerer Gewinnspannen; ebenda, S. 86. 1985 schienen dagegen die schwierigsten Zeiten hinter den Unternehmen zu liegen. Tigar und andere gründeten neue Produktionsbereiche bzw. die Betriebe investieren in diesem Jahr weitaus größere Mittel als zuvor. Zu diesem Zeitpunkt betrug die jährliche Inflationsrate 70 %; ebenda, S. 85. Für Pirot wird die Zahl von 20.103 Beschäftigten angeführt; ebenda, S. 87. Einkommen waren zu dieser Zeit etwa um 25 % niedriger als im Durchschnitt in Serbien; ebenda, S. 89.

69 Nejkov, Ličnoto potreblenie, 1959, S. 2.

70 In dem Stadtviertel Strošena Češma erfolgte die Wasserversorgung weiterhin über Brunnen; Program za generalni urbanistički plan, S. 54. Gründe, dass es trotz der bestehenden Wasserleitung keine in den zentralen Vierteln gab, waren die mangelnde Kapazität des Pumpsystems (Goljam interes na graždanite za razrešavaneto na komunalnite problemi v Dimitrovgrad, in: Bratstvo, 17.4.1970, S. 4) und die fehlende Kanalisation (Program za generalni urbanistički plan, S. 54). An Strom war die Stadt dagegen zu dieser Zeit schon über den Vlasinasee angeschlossen.

71 Ebenda, S. 56.

den ersten moderneren Gebäuden, wie der Opština und dem Dom Kulture, die noch Anfang der 1950er Jahre errichtet wurden, kamen ein Jahrzehnt später die ersten modernen Wohngebäude in der Innenstadt hinzu ebenso wie neue Viertel für die Beschäftigten bei Tigar und in den anderen Fabriken der Stadt. Das Erscheinungsbild veränderte sich kontinuierlich, aber langsam, und dieser Prozess dauerte noch bis in die 1980er Jahre an.

Das galt auch – mit der großen Ausnahme der Eisenbahn, die wiederum im mikroregionalen Kontext nicht von Bedeutung war – für die Verkehrsinfrastruktur. Verkehrsstraßen erster Ordnung existierten 1961 nur in der Länge von 10 km. Insgesamt gab es 95 km Straßen, davon dritter Ordnung 43 km, vierter Ordnung 42 km. 8 Lastwagen und 16 Pkw waren im Besitz in der Opština angemeldet.[72] Wie bescheiden die Motorisierung in der Region ausfiel, zeigt sich an den Zahlen für das Jahr 1961: Auf der Straße zwischen Pirot und Dimitrovgrad waren zu diesem Zeitpunkt 540 Radfahrer, 91 Pkw und 50 Lkw unterwegs.[73] Dabei ist natürlich zu bedenken, dass die Eisenbahn noch mindestens ein Jahrzehnt das bedeutendste Transportmittel für Güter und Menschen in der Region blieb. Die Straße zwischen Pirot und Dimitrovgrad war bis 1963 nicht asphaltiert („tucanik na mestimičnoj kamenoj podlozi“ – „Bruchstein, teilweise auf steinernem Untergrund“). Der Teil der Straße nach Istanbul, der durch die Stadt führte, bestand aus Kopfsteinpflaster.[74] Auch hier änderte sich danach vieles. Mit dem Bau dieses Teilstücks des jugoslawischen Autoput in Richtung Sofia und Istanbul verwandelte sich die staubige Reminiszenz an den Weg nach Stambul in eine asphaltierte – einspurige – Autobahn, nebst modernem Motel auf der Strecke.

Freilich verhielt es sich hier wie mit der Eisenbahn sieben Jahrzehnte zuvor, die mikroregionalen Verkehrswege wurden von den neuen schnellen Errungenschaften zunächst kaum berührt. Wichtige Verkehrslinien wie Željuša–Poganovo waren Straßen vierter Ordnung und höchstens 3 m bis 4 m breit.

Ein öffentlicher Nahverkehr kam nur sehr zögerlich in Gang. Mit der Ausnahme der Verbindung zwischen Pirot und Dimitrovgrad, die von dem Piroter Verkehrsunternehmen Autotransportno betrieben wurde, waren die Menschen zwischen den Mikroregionen und der Stadt im besten Fall zu Pferd, zumeist aber zu Fuß unterwegs. Dimitrovgrad selbst hatte zwei Kleinbusse, die kaum die beschriebenen neuen Bewegungen zwischen Stadt und Umgebung auffangen konnten.[75] Erst zu Beginn der 1970er Jahre entstand ein öffentliches Verkehrsnetz. Die Straßen in das Zabrđe dagegen blieben schlecht – mit Ausnahme der Asphaltierung eines etwa 6 km langen Teils der Strecke. Die von dort weiterführende

72 Ebenda, S. 21.

73 Ebenda, S. 24.

74 Ebenda, S. 56.

75 Der Busverkehr, der Ende der 1950 allmählich einsetzte, wurde immer wieder unterbrochen. So existierte nur wenige Monate ein Bus von Pirot nach Smilovci, der eingestellt wurde, weil der Fahrer nicht in Smilovci übernachten wollte. Hinzu kam, dass es keine klaren Absprachen zwischen den Busunternehmen in Niš und Pirot gab und diese immer wieder auf die Opština Druck ausübten, zu jeweils günstigeren Konditionen die alleinige Konzession zu bekommen. Dadurch kam es in den 1960ern durchweg zu langen Phasen ohne öffentlichen Nahverkehr.

Straße in den Visok blieb bis Ende der 1980er Jahre eine für Busse schwierig zu meisternde Serpentinenstrecke.[76]

6.2 Infrastrukturen der Grenze

Im Unterschied zur Stagnation der regionalen Gesellschaft über viele Jahrzehnte hinweg erfuhren die Grenze, Infrastruktur und Grenzregime seit ihrem Bestehen einen stetigen Aufschwung. Wie gezeigt, prägte die politischen Eliten beider Staaten seit dem 19. Jahrhundert ein spezifisches Verständnis von dem neuen staatlichen Raum als *Frontier*: Die osmanische Wildnis galt es national zu zivilisieren, territorial in die noch vom Orient geprägte Heterogenität vorzurücken. Ein Ausdruck dieser Vorstellung von Zivilisation waren, wie erläutert, klare Abgrenzungen. Dieser Widerspruch zwischen der Vorstellung von der dynamischen Erweiterung des nationalen Territoriums und zugleich möglichst festen Grenzen war konstitutiv für dieses Verständnis.

Die Idee einer klaren Abgrenzung implizierte auch die Notwendigkeit einer eindeutigen Zugehörigkeit der Einwohner, die wie beschrieben weniger als Staatsbürger denn als Untertanen betrachtet wurden. Ein Moment der Umsetzung und der Verbindlichkeit der neuen Konzeption neuer Zivilisation in der Form nationaler Ordnung und ihrer Stabilität war das Passwesen. Nicht von ungefähr enthalten die französischen und englischen Ausdrücke für Ausweise den Kern dieser Beziehung zwischen staatlicher Ordnung und Individualität, bzw. deren Kontrolle. Es ist damit der Nationalstaat und dessen neue Institutionen, die diese spezifische Form von Individualität bzw. Wiedererkennbarkeit des Einzelnen erst erzeugt: Dieses Zusammenspiel von Identifizierbarkeit, Unverwechselbarkeit und moderner staatlicher Herrschaft, im Dreieck zwischen Kunstgeschichte, Sherlock Holmes und Psychoanalyse hat Carlo Ginzburg brillant demonstriert.[77] Das Passwesen der neuen Nationalstaaten zielte überhaupt auf die Hervorbringung eines neuen Herrschaftsverhältnisses zwischen Staat und Gesellschaft ab. In der Tendenz war es in seiner Entstehung ähnlich wie in den westlichen Staaten Europas gegen Ende des 19. Jahrhunderts auf die Kontrolle der Bewegung der neuen Untertanen ausgerichtet. Wie in Kapitel 3 gezeigt, geschah dies vergleichsweise lückenhaft und war zugleich von jenem liberalen Zeitgeist begleitet, der in den westlichen Staaten im Hinblick auf das Passwesen bis zum Ersten Weltkrieg herrschte.[78]

---

76 Ristić, Dimitrovgrad, 1985, S. 39.

77 Ginzburg, Carlo: Spurensicherung. Die Wissenschaft auf der Suche nach sich selbst, Berlin, 2002[3], S. 7–57.

78 Torpey, John: The invention of the passport. Surveillance, Citizenship and the State, Cambridge, New York, 2000.
Vgl. für die Regelungen Ende des 19. Jahrhunderts den Zakon za zadgraničnite pasporti bileti: Dieses Gesetz von 1897 zeigte die verhältnismäßige Liberalität des Grenzregimes zu dieser Zeit. Zwar hatte nun jeder bulgarische Untertan die Pflicht, bei der Ausreise aus dem Land einen Pass zu besitzen, doch die Regelungen für die Menschen, die in der Nähe des Grenzsaumes lebten, waren noch großzügig. Jene, die maximal 20 km von der Grenze entfernt lebten, konnten für „schnelle Angelegenheiten" die Grenze mit einem so genannten „Pograničen Bilet" überqueren (Artikel 3). Diese wurden von den Kmeten jener Dörfer und Städte erteilt, die an der Grenze lagen. Diese Billets hatten eine Gültigkeit von 15 Tagen und kosteten einen Lev. Pässe dagegen wurden von den „Bezirksvorstehern und anderen

Eine qualitativ neue Erfahrung stellte auch auf diesem Gebiet die Zeit des Realsozialismus dar. Hier soll entsprechend dem bisherigen Verfahren ein Querschnitt gezogen werden, der sich auf die Segmente Passwesen, Grenzregime und insbesondere den Umgang der lokalen Akteure damit in den fünf Jahrzehnten sozialistischer Ordnung auf beiden Seiten der Grenze bezieht.

Der allmähliche Zuwachs an buchstäblicher Beherrschung erstens moderner Praktiken zum „Überwachen und Strafen", zweitens der Entstehung eines Regelwerks zur Erteilung von „Identitätsdokumenten" – deren Voraussetzung die Eingebundenheit in ein europäisches Polizeinetzwerk war – erfolgte über einen vergleichsweise langen Zeitraum und erstreckte sich bis zum Zweiten Weltkrieg. Entgegen dem Selbstverständnis der politischen Eliten, die sich auf der Höhe aller technischen Möglichkeiten ihrer Zeit wähnten, handelte es sich um einen Start aus rudimentär vorhandenen Bedingungen, die stetig, aber nur sehr langsam optimiert wurden. Gerade in der Zwischenkriegszeit war auch in dieser Domäne das Verhältnis zwischen dem Versuch zur Kontrolle und deren zumeist nur punktuell, dafür jedoch unvermittelt gewaltsamen Durchsetzung vorherrschend, wie anhand der Konflikte zwischen Vrtop und serbischer Gendarmerie gezeigt.

Mit dem Beginn der sozialistischen Epoche erfolgte eine beschleunigte Entwicklung auch auf dem Gebiet der Technik, der Herstellung von solchen Dokumenten sowie bei der gleichzeitigen enormen Einschränkung ihrer Verfügbarkeit, namentlich der Reisepässe.

So wurde etwa in der neuen Volksrepublik Bulgarien, vollständig dem sowjetischen Vorbild folgend, der Besitz eines 1952 eingeführten Personalausweises für alle „Bürger über sechzehn Jahre"[79] zur gesetzlichen Pflicht, deren Nichtbeachtung Sanktionen zur Folge hatte. Die Bürger hatten diesen Ausweis alle fünf Jahre zu erneuern. Wer besondere Anerkennung genoss und der Partei ausreichend vertrauenswürdig erschien, wie die Veteranen der bulgarischen Partisanen, erhielt ein unbefristetes Dokument, da sich die Partei nicht alle fünf Jahre über den Zustand des jeweiligen Bürgers vergewissern brauchte. Entsprechend der Pflicht zum Personalausweis, einem „samoličen pasport", durch Sanktionen bei ihrer Verletzung gesetzlich geschützt war und in einer Novelle von 1956 noch genauer geregelt wurde,[80] war nicht jedem erlaubt, einen Reisepass zu besitzen, doch die Restriktionen zur Erteilung eines Reisepasses, dem „zadgraničen pasport",entsprachen genau dem staatlichen Fokus auf Steuerung, Handhabung und Kontrolle der Bewegungsfreiheit, wie sie bislang unbekannt war. Reisepässe wurden nicht ausgegeben an Personen, die unter

polizeilichen Herrschaftsorganen" herausgegeben, die vom Innenministerium dafür bestimmt wurden. Sie waren ein Jahr gültig und kosteten respektable fünf Leva (Artikel 5). Der Antragsteller benötigte für die Ausstellung eines Passes verhältnismäßig wenig, eine Bescheinigung, dass es dafür keine Hinderungsgründe gab, die vom Gesetz vorgesehen waren, u. a. Personen, gegen die ein Gerichtsverfahren im Gange war, sowie „Jugendliche, die der Wehrpflicht unterliegen, ausgenommen Regelungen, wie sie die Militärgesetzgebung vorsieht" (Artikel 15). War der Antragsteller für ein Billet oder einen Pass dem Kmetstvo unbekannt, wurde seine „Identität – persönliche Angaben" mittels zweier Zeugen erbracht, die bulgarische Staatsangehörige und in der Stadt bzw. in dem Dorf wohnhaft sein mussten. Frauen wurden in die Pässe ihrer Ehemänner bzw. Väter eingetragen, männliche Kinder bis zum 17. Lebensjahr ebenso (Artikel 16). Zakon za zadgraničnite pasportni bileti, in: Državen Vestnik, Nr. 44, 26.2.1897, S. 2 f.

79 Izvestija na Prezidiuma na Narodnoto Săbranie, Nr. 27, 1.4.1952., S.2

80 NRB, Izvestija na Prezidiuma na Narodnoto Săbranie, Nr. 10, 19.6.1955, S. 1.

„präventivem Verdacht einer möglichen Straftat stehen", sowie u.a. „nichtrehabilitierten" Personen (Zakon za zadgraničnite pasporti Art. 7b), sowie „Personen deren Reise in das Ausland den Interessen des Staates widerspricht, oder die mit ihrem Verhalten im Ausland das Ansehen der Volksrepublik Bulgarien beschädigt haben. (Zakon za zadgraničnite pasporti Art. 7g)[81]

In dieser Anfangsphase gab es keine Unterschiede zu Jugoslawien. Einen Antrag auf einen Reisepass konnte jeder stellen, das Innenministerium behielt sich aber die letztgültige Entscheidung vor. Ebenso bedeutete der Besitz eines Reisepasses dann nicht, dass man auf eigene Faust das Land verlassen konnte. Jede einzelne Reise musste beantragt werden (im jeweiligen Srez), mit Staatsbürgerurkunde, polizeilichem Führungszeugnis, Bescheinigungen des örtlichen Gerichts, dass es keine laufenden Verfahren gab, sowie der Armeeleitung im Srez, einschließlich vier Passfotos sowie gegebenenfalls weiteren geforderten Unterlagen.[82] Voraussetzung für die einzelne Reise war die Ausstellung eines Reisevisums.[83] Das bedeutete, dass das Visum das genaue Datum und den konkreten Grenzübergang festhielt. Es konnte nur jeweils für einen Auslandsaufenthalt beantragt werden, zudem hatte sich der Reisende spätestens acht Tage nach seiner Ankunft im Ausland bei dem zuständigen jugoslawischen Konsulat zu melden. Der Auslandsaufenthalt durfte höchstens sechs Monate dauern.[84]

Auch hier waren die 1960er Jahre der zeitliche Einschnitt, in dem die bis dahin geltenden Regelungen liberalisiert wurden. Nicht zuletzt, weil nun tatsächlich eine große Zahl von Menschen in Bewegung kam, als „Gastarbeiter" bekannt nun in Richtung Westeuropa zog und dafür mit Pässen ausgestattet wurde. Im Unterschied zu Jugoslawien kam es in Bulgarien zu keiner Liberalisierung der Passvergabe. Es herrschten vergleichbare Regelungen wie in der DDR. Der jugoslawische Reisepass hingegen wurde bekanntlich unter den Verhältnissen des Kalten Krieges buchstäblich zu einem Ausweis ungehinderten Reisens und damit zu einem Prestigeobjekt. Sowohl nach West- als auch nach Osteuropa wurden dem Inhaber eines solchen Reisepasses keine Hindernisse in den Weg gelegt. Das bedeutete auch für die Menschen dieser Region zum ersten Mal seit dem Bestehen der Nationalstaaten vergleichsweise ungehindertes Reisen – soweit es die finanziellen Möglichkeiten zuließen und, nicht zu vernachlässigen, die Grenzen der Konformität beachtet wurden.

6.2.1 Grenzregime

Zunächst ist zu beachten, dass in der Sprache der Bürokratie der Begriff der Grenzlinie weiter gefasst war: Diese wurde nicht schlicht als Linie verstanden, die landschaftliches Terrain durchzog, sondern gleichsam als alle Elemente, Himmel und Erde durchdringende Abgrenzung: „Die Staatsgrenze (...) grenzt vertikal das Territorium beider Staaten ab, auf der Erdoberfläche, im Luftraum, und unter der Erdoberfläche".[85] Die Staaten waren somit

81 Georgi Kostadinov, Ivan Dermendžiev, Alelksandar Vodeničarov: Administrativno Pravo, Sofia 1973, S.268. Zakon za zadgraničnite pasporti, in: Dăržaven Vestnik, 28.11.1969, S. 5-6.

82 Artikel 16; Pravilnik o Putnim Ispravama za Prelaz preko Državne Granice, in: Službeni List FNRJ, Nr. 21, 12.3.1949, S. 317–20.

83 Teil 5, Artikel 26.

84 Ebenda, Artikel 34.

85 Vereinbarung vom 5.11.1981; Uredba o Ratifikaciji Konvencije Između SIV-a Skupštine SFRJ i Vlade

durch eine alle Materialitäten hindurchgehende, zunächst unsichtbare, unstoffliche Vertikale getrennt. Der Pflege der materialen Seite dieser vertikalen Barriere galt, in der Tradition der Vorstellungen von staatlicher Souveränität, nahezu größere Sorge als den praktischen Beziehungen zwischen den aneinandergrenzenden Staaten im konkreten Raum. Beide Staaten arbeiteten seit 1948 intensiv an deren Hermetik. Wie erläutert, entwickelte sich die Grenze seitdem zu einem kaum zu überwindenden Hindernis, das insbesondere auf der bulgarischen Seite buchstäblich mit einem Eisenvorhang versehen wurde.

Bis 1956 stand die so genannte Grenzsicherung im Vordergrund, jedweder Kontakt zwischen den Grenzbehörden war seit 1948 abgebrochen. Ein erster Rahmenvertrag zur Regelung der Grenzregime wurde 1954 angestrebt, doch immer wieder aufgrund von Streitigkeiten um Grenzverletzungen aufgeschoben. Kurze Zeit war ein in Kjustendil geschlossener Vertrag über die Erneuerung der Grenzlinie in Kraft, da die bulgarische Armee die Grenzmarkierungen während der Besatzungszeit im Zweiten Weltkrieg entfernt hatte.[86] Am 16.6.1956 wurde schließlich eine gemeinsame Konvention unterzeichnet, die einen Austausch über „Grenzverletzungen" vorsah sowie alle übrigen Belange regelte, die mit der Aufrechterhaltung der Infrastruktur der Grenze verbunden waren. Vorwiegend mit diesen Angelegenheiten waren die Treffen in den 1960er Jahren befasst, etwa der Instandsetzung von Grenzsteinen.[87]

Die Infrastruktur der Grenze – bei der Beibehaltung des strengen Grenzregimes mit Spurenstreifen, Zäunen und Vorhängen – erreichte Anfang der 1980er Jahre ihre Vervollständigung. Dies betraf primär die Bestimmung ihrer Exaktheit. Seit den 1960er Jahren wurde die Grenzlinie zwischen beiden Staaten von zwei fixen Pyramiden aus definiert, die eine im jugoslawisch-bulgarisch-griechischen Dreiländereck, die andere war die Pyramide „Signal" auf dem „linken Donauufer auf rumänischen Territorium", die ebenso die Funktion hatte, das Dreiländereck zwischen Jugoslawien, Rumänien und Bulgarien genau zu bestimmen.[88] An diesen beiden Fixpunkten orientierte sich der Verlauf der Grenze, die durch „Haupt- und Nebenpyramiden markiert wurde. Für die „Erhaltung und Pflege der Staatsgrenze", die Erneuerung von Pyramiden, die regelmäßige Entfernung von Bewuchs jeweils 3 m in beide Richtungen der Staatsgrenze etc., teilten die beiden Staaten einzelne Abschnitte untereinander auf. Die Grenze wurde in etwa vier gleich lange Trassen gegliedert, die von der Donau bis an das jugoslawisch-griechisch-bulgarische Dreiländereck

---

NRB o Obnavljanju i Održavanju Granične Linije i Granični Oznaka na Jugoslovensko-Bugarskoj Državnoj Granici, in: Službeni List SFRJ, 22.11.1981, 11/81, S. 808 f.

86 Cvetković, Vladimir Lj.: Sabori na jugoslovensko-bugarskoj granici 1956–1958, in: Geografija i Politika, hrsg. von Vera Božić, Beograd, 2014, S. 263–276; hier S. 266.

87 Die erste Sitzung einer gemeinsamen gemischten Grenzkommission fand am 4.10.1966 in Niška Banja statt, die wegen der Erneuerung der Grenzmarkierungen dann noch zwei Mal bis 1968 zusammenkam. Die Arbeiten dauerten dann von Juni bis September 1967. Diese Gelegenheit wurde genutzt, um auf jugoslawischer Seite die alten durch die neuen Initialen zu ersetzen (FNRJ durch SFRJ). Die abschließende Sitzung fand am 28.8.1967 in Dimitrovgrad statt; Odluka o Ratifikaciji Mešovite Jugoslovensko-Bugarske Komisije o Završenim Radovima na Obnovi i Obeležavanju Granične Linije, Graničnih Piramida i Drugih Graničnih Oznaka na Jugoslovensko-Bugarskoj Granici, in: Službeni List SFRJ, Međunarodni Ugovori, 68/3, S. 214–18.

88 Službeni List SFRJ, 1984, S. 558; diese Konvention trat an die Stelle des Vertrags von 1956.

reichten.[89] Jugoslawien war für die Abschnitte 1 und 2 zuständig, wobei letzterer ungefähr bei Trn endete, Bulgarien für die Abschnitte 3 und 4.[90] Insbesondere im Hinblick auf die Exaktheit der Trennlinie. Indem diese Vertikale alle Elemente durchschnitt, schien sie – astronomisch fixiert – von ihrer konkreten lokalen Umgebung unabhängig bestimmbar und zugleich unverrückbar zu sein. Was vor neun Jahrzehnten noch praktische Realität war – die Grenzlinie, dort wo sie den Einwohner nicht passte, einfach zu verschieben, Gräben zuzuschütten, andere auszuheben, Grenzsteine verschwinden zu lassen –, wirkte nun in Zeiten des Kalten Krieges mit der Mauer als einer seiner Ikonen wie eine abgeschmackte Anekdote ohne jeden Realitätsgehalt. Nicht mehr der unsichere Augenschein der Grenzkommissionen, die sich mühsam ihren Weg durchs Gelände bahnten, dem der Erfahrungsvorsprung der lokalen Akteure ein Schnippchen zu schlagen wusste, war die Grundlage für die Fixierung der Grenze auf der Landkarte und in der Landschaft. Lokales erschien aus der Perspektive der technischen Innovationen für die Grenzlinie selbst irrelevant. Zugleich waren an die Stelle der unvermittelten „Revisionen" der Grenze, wie es in den 1880er Jahren ab und zu vorkam (vgl. Kapitel 3), in der lokalen Praxis andere Formen ihrer Überwindung getreten. Doch auch ihrer Nutzung: Mit der Erfahrung der Grenze als Realität entwickelte sich ebenso ein Verständnis der Grenze als Ressource.

Grenzbestimmung, die Definition der Fixpunkte waren die einzigen bilateralen Gesichtspunkte der „Grenzpflege", wie es in der Amtssprache hieß. Alle anderen Fragen, wie die Einrichtung von Überwachungsanlagen, waren innere Angelegenheiten der beiden Staaten, wovon Bulgarien mit Zäunen und erwähnten Netzen an den Grenzflüssen intensiven Gebrauch machte. Auch hier wird der Fortschritt im Ausbau und der Definition dessen, was als Grenzbereich bezeichnet wurde, im Vergleich zur Zwischenkriegszeit und der vorangehenden Epoche sichtbar.

Als Grenzbereich wurde in Jugoslawien ein Raum von 100 m verstanden, der in das Staatsterritorium hineinreichte. Allerdings konnte der Grenzbereich je nach Sicherheitslage seitens der Bundesbehörden erweitert werden.[91] Außer jenen, die unmittelbar an dem Grenzstreifen lebten (wie die Menschen in den Dörfern Mojinci und Mazgoš) oder dort ihr Land bearbeiteten, war für den Aufenthalt in diesem Bereich eine Erlaubnis erforderlich. Während eine ständige Erlaubnis v. a. für Mitarbeiter von Behörden möglich war, erhielten alle übrigen Bürger eine befristete, die jeweils nur für einen Aufenthalt im Grenzbereich Geltung hatte.[92] Ein Aufenthalt im Grenzbereich außerhalb besiedelter Ortschaften war für den Besitzer einer Erlaubnis nur tagsüber möglich, in der Zeit eine Stunde vor Sonnenauf- und eine Stunde nach Sonnenuntergang.[93] Zugleich waren Verteidigungs- und Innenministerium befugt, je nach ihrer Einschätzung der Sicherheitslage jede Bewegung im Grenzbereich vollständig zu untersagen (Art. 51) sowie den Grenzbereich um 10 km ins Landesinnere auszudehnen (Art. 52).

89 Ebenda, Artikel 5.
90 Artikel 6, S. 558.
91 Zakon o Prelaženju Državne Granice i Kretanju u Graničnom Pojasu (Artikel 2), in: Službeni List SFRJ, 79/34, S. 1072 f.
92 Artikel 36; ebenda, S. 1077.
93 Artikel 37, ebenda. Sanktionen: Artikel 71 (S. 1081).

Während dieser Grenzabschnitt aus der Perspektive des jugoslawischen Staates – neben jenem zu Albanien – zu den schwierigsten gehörte, gab es in Bulgarien zusätzlich die noch strengeren Grenzregime zu den beiden NATO-Staaten Griechenland und Türkei. Dort existierte nicht nur eine 300 m breite „zabranena granična ivica" – ein „verbotener Grenzrand", zu dem niemand Zutritt hatte, wie etwa an der Grenze in der hier untersuchten Region –, es gab vielmehr zwei weitere Stufen der Kontrolle der unmittelbaren Grenzumgebung: Erstens eine Zone mit ähnlichen Verfügungen wie in Jugoslawien, doch mit einer Tiefe von 2 km, sowie zweitens eine „Grenzzone", die 15 km ins Landesinnere reichte. Deren Einwohner konnten sich nur mit jeweils gesonderten Papieren für beide Zonen in diesem Bereich bewegen. Der Aufenthalt aller Übrigen musste vom Innenministerium mit einem „otkrit list" („offenes Papier") mit einmonatiger Höchstdauer genehmigt werden.[94] Diese Verhältnisse der Grenzinfrastruktur blieben insgesamt bis 1989 bestehen und begannen sich danach stufenweise zu verändern.

Die Vorstellung der staatlichen Akteure von der alle Elemente durchdringenden vertikalen Trennlinie, ihre Pflege und ihr Schutz, dem die bilateralen Kommissionen sehr viel Aufmerksamkeit entgegenbrachten, war paradoxerweise ein wesentlicher Impuls für Kommunikation über die Grenze hinweg, für das Zustandekommen dieser Treffen in der frostigsten Phase des Kalten Krieges in diesem Teil Europas. Anders stand es um die Möglichkeiten der lokalen Gesellschaft, mit diesem buchstäblich wachsenden Hindernis umzugehen. Wie oben dargelegt, versuchten viele, hauptsächlich aber junge, gebildete Menschen unmittelbar nach 1948, Caribrod in Richtung Bulgarien zu verlassen, solange die Grenze als Hindernis überwindbar blieb. Doch die Zeit zwischen 1948 und 1956 ist die einer zunehmenden Hermetik. Es galt, sich mit den neuen schlechten Verhältnissen zu arrangieren, wie es überhaupt seit 1920 ununterbrochen eingeübt wurde.

Allein schon ein Blick auf den Briefverkehr zwischen Jugoslawien und Bulgarien zeigt an, wie der Kommunikationsfluss allmählich abnahm, um fast gänzlich zu versiegen.[95] Bis auf den Grenzübergang bei Dimitrovgrad, der international von Bedeutung war, wurden alle weiteren fünf vollständig geschlossen.[96] Gerüchte auf beiden Seiten von kurz bevorstehenden Invasionen und Terroraktionen trugen zu einer Atmosphäre des permanenten Ausnahmezustandes bei, die sich dann auf jugoslawischer Seite durch die Verfolgung suspekter Individuen aus tausenderlei Gründen und ihrer Internierung auf Goli Otok grausam materialisierte.[97] Wie der Umschwung von 1948 scheinbar aus dem Nichts kam, so erfolgte die

94 Postanovlenie na Ministerskija Săvet ot 9. Juli 1956 za Utvărždavane na Granični Ivici i Zona po Dăržavnata Granica na Narodna Republika Bălgarija, in: Izvestija na Prezidiuma na Narodnoto Săbranie, Nr. 60, 27.7.1956, S. 1 f. (Artikel 5).

95 Der Abbruch buchstäblich jeder Kommunikation lässt sich an der Entwicklung des Briefverkehrs mit Bulgarien aus Jugoslawien veranschaulichen: 1939: 453 480 vs. 545.582 Briefe (gegenüber etwa Belgien 358.065, und pendelte konstant zwischen 120.000 und 220.000), dann 1946: 312.567 Briefe nach Bulgarien vs. 205.539 aus Bulgarien, 1950: 185.154/201.648, 1951: 95.379/91.621, 1952: 50.740/52.284, 1953: 49.064/45.726, 1954: 79.862/58.515; SG SFRJ 1955, S. 203. 1957: 332.000/276.000; SG SFRJ 1958, S. 174.

96 Cvetković, Sabori, 2014, S. 267.

97 So auch ein Bericht in Glas na Bălgarite über politische Emigranten aus Jugoslawien, die in Bulgarien Zuflucht gefunden und danach illegal die Grenze überquert hätten, um „Informbüro"-Propaganda zu betreiben, doch von mutigen Bauern entlarvt worden seien; Nova špionska banda izpratena ot Balgarija, in: Glas na Bălgarite, Nr. 86, 4.9.1950, S. 2.

Wiederaufnahme der Beziehungen auf dem Höhepunkt der von beiden Staaten besonders im Grenzgebiet geförderten Paranoia vor Diversanten und Attentätern, und die Menschen des Grenzgebiets waren gezwungen, durch deren unbarmherzige Verfolgung Loyalität zu demonstrieren.

Der Annäherung mit Jugoslawien folgte nach dem Besuch von Hruščov im Mai 1955 in Belgrad auch Bulgarien, wie die übrigen Staaten des Warschauer Pakts. Doch die Normalisierung der diplomatischen Beziehungen zwischen beiden Staaten ging nicht mit einer Veränderung des Grenzregimes einher. Dieses blieb auf dem erreichten Stand der Hermetik und wurde bis 1989 auf diesem Niveau gehalten. Zugelassen werden sollten möglichst überschaubare Kontakte. Ermöglicht werden sollten nur staatlicherseits effektiv zu kontrollierende Bewegungen der Menschen. Zunächst handelte es sich nur um kurze, stark reglementierte Kontaktmöglichkeiten. Die bulgarische Seite regte Treffen auf der Grenzlinie an, wohl in Anlehnung an die Trauerkundgebungen aus den 1920ern, die unmittelbar an der Grenze abgehalten worden waren, von denen schon die Rede war. Ab 1956 sollten die Menschen, die unmittelbar in den Ortschaften an der Grenze lebten, einmal im Jahr beiderseits der Grenzlinie im Niemandsland für einige Stunden zusammenkommen können.

Die im lokalen Sprachgebrauch „Srešte" genannten Treffen, besonders jene der ersten Jahre, nehmen einen zentralen Platz im lokalen kollektiven Gedächtnis ein. Wenn es in den Familienalben überhaupt Fotografien aus den 1960er Jahren gibt, so waren sie während einer Srešta entstanden, bei der Verwandte aus Bulgarien und Jugoslawien einmal gemeinsam vor der Kamera posieren konnten. Für eine Weile blieb dies der einzige Verweis auf die Verwandtschaft auf der anderen Seite. Die Fotos vermitteln die Anmutung einer Landpartie, eines Picknicks mit Körben voller Leckereien, Weinflaschen, die leutselig in Richtung Kamera gehoben werden. Wahrscheinlich kam eine solche Visualisierung den Behörden auf beiden Seiten gelegen, wollten sie doch nun das Bild um sich greifender Völkerfreundschaft vermitteln. Tatsächlich aber waren gerade diese Treffen von enormer Nervosität und hohem Misstrauen begleitet, sowohl gegenüber der anderen Seite als auch den Menschen, die sich dort trafen. Bemerkenswert ist, dass sich auch die außerordentlich spärliche Forschung zu diesen Treffen nicht aus diesen Mustern löst, wenngleich sie erst jüngst eingesetzt hat.

In den ersten Jahren war der Argwohn vonseiten beider Staatsorgane stark. Jede Kleinigkeit galt bereits als politisches Manöver. So etwa wurde seitens der jugoslawischen Funktionäre ein Ungleichgewicht zwischen den langfristigen Vorbereitungen in Bulgarien und der kurzfristigen Ankündigung der konkreten Örtlichkeit und des Zeitpunktes kritisiert. Als störend und provokativ wurde ebenso die Anwesenheit von „Informbirovci" auf der bulgarischen Seite beschrieben, wie die nach Bulgarien geflüchteten Menschen aus der Region in der Behördensprache genannt wurden.[98]

Die jugoslawischen Parteifunktionäre verdächtigten Bulgarien, gezielt „Diversanten" zu diesen Treffen zu schicken und die Anwesenden durch Desinformation zu demoralisieren. Bulgarien wiederum wollte Treffen nur an der Grenze zu Serbien, nicht aber zu Makedonien abhalten. Tatsächlich handelte es sich in den ersten Jahren bei den Srešte um ein Me-

98 Cvetković, Sabori, 2014, S. 268.

dium eines hochideologisiertes Wettbewerbs der beiden Wege zum Sozialismus. Dieser Wettbewerb entwickelte sich in den folgenden Jahren, insbesondere seit den 1970er Jahren, zunehmend zugunsten Jugoslawiens. So legten es in den 1970er und 1980er Jahren bulgarische Funktionäre zunehmend als „Provokation" aus, wenn bekannte jugoslawische Schlagersänger (die in Bulgarien sehr populär waren) an den Srešte teilnahmen, oder als die jugoslawische Seite begann, Busse bereitzustellen, damit die Besucher aus Bulgarien zum Einkaufen nach Dimitrovgrad nicht mehrere Kilometer zu Fuß zurücklegen mussten. In den Augen der Sofioter Funktionäre kam dies gezielter Propaganda gleich, mit der den bulgarischen Bürgern eigentlich nicht existente volle jugoslawische Schaufenster vorgegaukelt werden sollten.[99] Auch das regelmäßige Defizit nach dem Ende der Srešte, das die bulgarischen Geschäfte zu verzeichnen hatten – Handelsorganisationen aus Jugoslawien und Bulgarien stellten bei den Treffen ihre Zelte auf –, wurde als gezielte jugoslawische Machination verbucht.[100]

Doch bevor überhaupt die Möglichkeit aufkam, dass Busladungen von Menschen dies- und jenseits der Grenze in Bewegung gesetzt wurden, gestalteten sich die Erlaubnis zur Teilnahme und deren Kontrolle äußerst restriktiv. So war im ersten Jahrzehnt ein Papier erforderlich, das nicht jeder bekam. Bei den Gesprächen mit Zeitzeugen wurde deutlich, dass der Zugang ganzen Familien verwehrt werden konnte, wenn bekannt wurde, dass einer ihrer Verwandten nach Bulgarien geflüchtet war. Es konnte auch geschehen, dass jemandem ein Passierschein ausgestellt wurde, dann aber – nach einem langen Fußmarsch bis zur Srešta – der Zutritt verweigert wurde. Eine Gesprächspartnerin berichtete, dass die Treffen auch plötzlich abgesagt werden konnten. So etwa mussten, nachdem sich Menschen aus zahlreichen Dörfern um die Gemeinde Zvonci – über sehr steiles und unwegsames Terrain – auf eine mehr als zehn Stunden dauernde Wanderung in das angrenzende Znepole gemacht hatten, sie bei ihrer Ankunft erfahren, dass das Treffen abgesagt war. Körbe voller Essen, keine Aussicht, Verwandte und Freunde einmal wiederzusehen – das ist v. a. für die Anfangszeit der Tenor vieler Erinnerungen. Ebenso wie Versuche, die unübersichtliche Menschenmenge zur Flucht nach Bulgarien zu nutzen. Manchen gelang dies auch. In den späteren Jahren wiederum drehte sich die Fluchtrichtung. Nun waren die bulgarischen Behörden besorgt, dass Menschen die Srešte zur „Republikflucht" nutzen könnten.[101] Die Maßnahmen des Staates, dies zu sanktionieren und damit zu verhindern, waren drastisch:

> Between late forties and late eighties, Trun border area – as many others where the opposing 'world systems' of the Cold War came in touch – was under military and police control, aimed at preventing such escapes. Repressions on relatives left in the country were another, perhaps more effective tool for dissuade potential 'fleers'. As

---

99 Germanov, Stojan und Tjulekov, Dimităr: Pograničnite săbori v bălgarsko-jugoslavskite otnošenija, in: Kulturno-istoričesko i ezikovo nasledstvo na „săsedna" Bălgarija, hrsg. von Margarita Mladenova und Valentin Gešev, Sofija, 2013, S. 171–98; hier S. 177.

100 Ebenda, S. 184.

101 Vgl. die in Kapitel Fünf genannte Literatur, die sich damit beschäftigt. Vgl. auch „Crvena lokva", den Roman der aus dem Grenzgebiet stammenden Piroter Schriftstellerin Nataša Panić, in dem die Srešte im Mittelpunkt stehen: Panić, Nataša: Crvena lokva, Dimitrovgrad, 1999.

> a rule, the families of fugitives were displaced and re-settled in remote regions, mostly in the extreme North-East of Bulgaria, near the Romanian border.[102]

Das Interesse, jede mögliche Eigendynamik und Verselbständigung dieser Treffen zu verhindern, noch dazu am buchstäblich markanten Symbol staatlicher Souveränität der Grenze, einte beide Behörden. Listen von Personen, die an den Treffen teilnehmen würden, sollten vorher ausgetauscht werden. Es bestand Einigkeit darin, dass nur die Bevölkerung aus bis zu 15 km Entfernung von der Grenze teilnehmen konnte.[103] Gleichzeitig hielt dies die Behörden nicht davon ab, die Zahl der Treffen zu erhöhen: Schon 1957 gab es insgesamt neun Srešte an sieben Plätzen: vier an den ehemals verschobenen Grenzlinien – der Region um Dimitrovgrad und Bosilegrad –, zwei an der alten – bei Zaječar und Negotin – und eines an der Grenze zu Makedonien. Insgesamt 300.000 Besucher kamen zu den Srešte, allein in Caribrod waren es 80.000 Menschen.[104] Bis 1958 war auf jugoslawischer Seite für die Durchführung und ideologische Aufbereitung primär das Innenministerium zuständig. In den Jahren danach wurden schrittweise die lokalen Ortskomitees einbezogen, was wiederum den Grad der Integration in die neue Herrschaftsordnung indiziert. Die Berichte des Innenministeriums zeigen, dass die Partei mit dem Verhalten „ihrer" bulgarischen Minderheit bei diesen Treffen weitestgehend „zufrieden" war.[105] Diese hätte sich nicht von der bulgarischen Agitation beeindrucken lassen. Auch das spricht für eine Veränderung der Verhältnisse im Laufe der 1960er Jahre und die Herausbildung einer neuen Form von Loyalität, die Wolfgang Höpken als „negative Loyalität" bezeichnet, auf die noch zurückzukommen sein wird.

Auf der bulgarischen Seite gab es offensichtlich keinen Anlass zu solcher Zufriedenheit. Hier blieb das repressive Moment auch weit nach den 1950er Jahren sehr präsent.

> The exchange of information was highly controlled; the police watching made it difficult to exchange any practical information about how people lived 'outside'. Talking with a 'Yugoslav citizen' about his/her life in 'Tito's Yugoslavia' or experience of 'abroad' was a risky enterprise: the Bulgarian authorities considered such talks as 'anti-socialist propaganda'. Tête-à-tête talks were supposed to lead to planning one's 'escape into Serbia', and such things could hardly be discussed when taking collective meals. Only the invocation of family memories was tolerated in the public space. As a rule, during the fair people kept in groups and any attempt at sep-

---

102 Doch verhindern konnte der Staat die Fluchtversuche damit nicht: „Such measures could not stop illegal border crossing: most of the success stories of local people abroad started with 'escape' into the former Yugoslavia, and ended in Western Europe." Valtchinova, Kinship and Transborder Exchange, 2006, S. 5. Die *Glas na Bălgarite* berichtete über eine Protestveranstaltung in Dimitrovgrad gegen die Internierung und Deportation „unserer ehemaligen Mitkämpfer" in Bulgarien: Dimitrovgradčani protestirat, in: Glas na Bălgarite, Nr. 85, 28.8.1950, S. 4. Vgl. auch Teror na bălgarskite vlasti v graničnite oblasti kăm Jugoslavija, in: Glas na Bălgarite, Nr. 91, 9.10.1950, S. 2. Dort ist die Rede von „150 Familien, die interniert und nach Nordbulgarien gebracht" worden seien.

103 Cvetković, Sabori, 2014, S. 269.

104 Ebenda, S. 272.

105 Der Autor spricht bei einer Srešta von 40.000 Menschen, die von jugoslawischer Seite aus teilnahmen, als „nahezu der gesamten Minderheit", die sich von bulgarischer Agitation nicht beeinflussen ließ. Ebenda, S. 274.

> arating oneself from the kin-based or neighbourhood-based group one was attached to might be considered as an 'attempt at illegal border-crossing'. However, times and again it happened that when held on the Yugoslav side of the border, some young men or women did not return by the closing down of the fair. The 'non-returnees' were officially presented as 'victims of Serbian machinations', any suggestion of operating kin networks was occulted.[106]

Dies änderte sich auch nicht, als der kommerzielle Charakter immer stärker und besonders für die Besucher aus der bulgarischen Grenzregion immer wichtiger wurde, da sie hier die seltene Gelegenheit hatten – gerade wenn sie nicht zur Funktionärsschicht aus dem hauptstädtischen Zentrum gehörten –, westliche Waren zu erwerben.[107] Zwar berichten meine Gesprächspartner auch für die Zeit nach den 1960er Jahren von Nachfragen seitens der Sicherheitsbehörden, wenn sie Kontakt mit bulgarischen Staatsbürgern hatten, doch bezog sich diese Aufmerksamkeit in erster Linie auf jugoslawische Staatsbedienstete. Insgesamt verwandelte sich das Treffen an der Grenze in ein Spektakel mit besagten jugoslawischen Schlagersängern, Grillbuden und Verkaufsständen. Ebenso trugen die Visaerleichterungen seit 1965 dazu bei, dass die Srešte für die Familien auf beiden Seiten nicht mehr jene Bedeutung hatten wie zuvor.[108] Wobei sich auch hier Parallelen zu der deutsch-deutschen Grenze zeigen: Jugoslawen konnten ohne Visum nach Bulgarien reisen, jedoch mit der Verpflichtung zu einem Umtausch einer bestimmten Summe Leva. Aus Bulgarien konnten nur Rentner die Visafreiheit problemlos nutzen. Bei allen übrigen Staatsbürgern blieb die Hürde des Vorbehalts seitens der Behörden für die Erteilung von Reisepässen.[109]

6.2.2 Kleiner Grenzverkehr

Ein weiterer Faktor für den Bedeutungsverlust der Srešte und eine graduelle Entwicklung hin zu einer leichteren Passage dieses Teils des Eisernen Vorhanges war die Übereinkunft zum kleinen Grenzverkehr zwischen Jugoslawien und Bulgarien 1973.[110] Als Gebiet, für

---

106 Valtchinova, Kinship and Transborder Exchange, 2006, S. 11.

107 „It is worth noting the different perception between people who used to come on the fairs from the two sides of the border. My interlocutors from Trun evoked their experiences from those fairs mainly in terms of access to commodities which they had never previously seen or could never purchase." Ebenda, S. 10.

108 Die beiderseitige Visapflicht wurde – zunächst für die Dauer von drei Monaten – aufgehoben. Sporazum između Vlade SFRJ i Vlade NRB o Ukidanju Viza, in: Službeni List SFRJ, Međunarodni Ugovori, 65/8, S. 679. Damit war – insbesondere für Bulgarien – jedoch nicht gesagt, dass Reisefreiheit herrschte.

109 Der Vertrag hielt fest, dass jeder Seite das Recht zur Ausstellung von Pässen obliege, bzw. welchen Personen sie die Einreise verweigern könne. Ebenso wurde festgehalten, dass während des dreißigtägigen visafreien Aufenthalts kein Recht bestand, in ein Beschäftigungsverhältnis einzutreten.

110 Ratifikacija Sporazuma između vlada Jugoslavije i Bugarske o Regulisanju Malograničnog Saobraćaja Lica u Pograničnoj Zoni, in: Službeni List SFRJ, 17.5.1973, 27/73, S. 39–45. Zuvor galt die Regelung, dass bei Besuchen Geschenke im Wert von bis zu 50 Leva zur Einfuhr erlaubt waren, bei Nachweis von Verwandtschaft bis zu 150 Leva. Aus Bulgarien konnten „Souvenirs" im Wert von bis zu 20 Leva ausgeführt werden. Zugleich wurde die Ein- oder Ausfuhr von Leva verboten. Andonov, Mateja und Nikolov, Bogdan: Edin den pri jugoslavskite i bălgarskite mitničari, in: Bratstvo, Nr. 304, 25.8.1967, S. 4.

das der kleine Grenzverkehr Geltung haben sollte, wurde ein Raum von 20 km zu beiden Seiten der Grenzlinie festgelegt (Art. 2). Jene, die in diesem Bereich ihren Wohnsitz hatten, konnten die Grenze mit „besonderen Ausweisen", so genannten „propusnice", die zu zwölf Reisen im Jahr berechtigten, ohne Visum überqueren. In besonderen Fällen konnten auch über die zwölf Reisen hinaus Besuche genehmigt werden (Art. 3). Diese Genehmigung berechtigte zu einem Aufenthalt von vier Tagen, in besonderen Fällen bis zu zehn Tagen (Art. 4). Dabei behielten sich beide Staaten weiterhin die Entscheidung vor, ob Personen im Einzelnen die Überquerung der Grenze erlaubt wurde (Art. 5). Dieser Punkt zeigt an, dass es sich tatsächlich weniger um eine Liberalisierung handelte, als um die Beibehaltung der restriktiven Steuerung des Grenzverkehrs.

Die Reisenden konnten maximal 200 Dinar bzw. 20 Leva mitführen (Art. 9). Zusätzlich wurde eine ständige Kommission zu diesem Zweck gegründet, die einmal jährlich zusammenkommen sollte (Art. 10). Es wurde vereinbart, dass in Zukunft auch Dörfer der Opština Pirot einbezogen werden sollten, die an die Opština Dimitrovgrad grenzten, sowie einige Dörfer der Opština Babušnica (Art. 41).

Zwei Jahre später wurde der Umfang des vereinbarten kleinen Grenzverkehrs evaluiert: Auf jugoslawischer Seite waren 1.138 Propusnice ausgestellt und für 2.181 Reisen genutzt worden, auf bulgarischer Seite 2.055 solcher Papiere für 6.099 Reisen. Auch hier zeigt sich die Bedeutung, die der kleine Grenzverkehr neben den Srešte für die bulgarischen Bürger hatte: eine seltene Gelegenheit zum Einkauf westlicher Waren bzw. ihrer jugoslawischen Variante. Insgesamt wurde von der zu diesem Zweck einberufenen zwischenstaatlichen Kommission der Umfang als noch zu gering und nicht zufriedenstellend bewertet. Jedoch konnte sich die Kommission bei ihrem Treffen in Kjustendil am 28.9.1973 nicht auf die Erweiterung der Liste der Städte einigen, die einbezogen werden sollten. Die jugoslawische Seite schlug Pirot vor, die bulgarische wünschte auch Niš und Kumanovo einzubeziehen. Ebenso herrschte Uneinigkeit hinsichtlich der Eröffnung weiterer Grenzübergänge. Schließlich kam die Kommission zu dem paradoxen Schluss, die Eröffnung weiterer Übergänge von der Intensivierung des kleinen Grenzverkehrs abhängig zu machen.[111] Es hat den Anschein, dass beide Seiten guten Willen demonstrieren wollten, wobei an einer realen Erweiterung des kleinen Grenzverkehrs und v. a. an der Eröffnung neuer Übergänge insbesondere die Behörden in Sofia jedoch kein ernsthaftes Interesse hatten. In diesem Sinn setzten sich die Verhandlungen fort. 1975 wurden auf jugoslawischer Seite Pirot und Strumica, auf bulgarischer Slivnica und Petrič einbezogen. Die von Jugoslawien vorgeschlagene Eröffnung neuer Grenzübergänge wurde von Bulgarien als „sorgfältig zu erwägen" auf einen späteren Zeitpunkt verschoben, der dann bis 1989 nicht eintrat.

Die wachsende, aber immer noch „nicht zufriedenstellende" Zahl der Inanspruchnahme der „besonderen Ausweise" lag sicherlich auch an den geringen Warenmengen, die jeweils über die Grenze mitgenommen werden konnten: Während 2 l Bier oder eine Stange Zigar-

111 Zwei Übergänge, die noch in der Zwischenkriegszeit existiert hatten, waren in der Diskussion, wieder eröffnet zu werden. Dazu kam es nicht. Odluka o Ratifikaciji Zapisnika Prvog Redovnog Zasedanja Stalne Jugoslovensko-Bugarske Mešovite Jugoslovensko-Bugarske Komisije za Primenu Sporazuma o Regulisanju Malograničnog Saobraćaja Lica u Pograničnoj Zoni, in: Službeni List SFRJ, 17.10.1975, 50/75, S. 839–41.

retten erlaubt waren, war Kaffee auf 200 g, die lokale Käsespezialität Kačkavalj, die sich als wichtiges Meze-Element auf beiden Seiten großer Beliebtheit erfreute, auf 300 g, sowie überraschenderweise Kekse und anderes Gebäck auf 500 g beschränkt. Dagegen waren 4 kg frisches Obst oder 3,5 l nichtalkoholische Getränke erlaubt.[112] Auch hier wird wieder offenbar, dass besonders bei defizitären Waren v. a. in Bulgarien dem Tausch enge Grenzen gesetzt wurden. Nichtdestrotz äußerten beide Seiten in den folgenden Jahren ihre Zufriedenheit mit dem kleinen Grenzverkehr, weitere Städte wurden einbezogen, neue Übergänge dagegen nicht eröffnet.[113]

Zeitgleich mit der graduellen Förderung des kleinen Grenzverkehrs sollte auch der Austausch zwischen den Unternehmen in der Grenzregion unterstützt werden. Viel Spielraum gab es nicht. Die Produkte, die gehandelt werden sollten, wurden zuvor festgelegt.[114] Zudem kamen trotz der politischen Verwerfungen durch den Prager Frühling über die Grenzregion hinausgehende Vereinbarungen zum wirtschaftlichen Austausch und wissenschaftlicher Zusammenarbeit zustande.[115]

Doch es war nicht nur der kleine Grenzverkehr, der den Konsumalltag prägte. Die Menschen setzten sich in völlig neue Richtungen in Bewegung. Ende der 1960er Jahre wurden unter den jungen Leuten aus Dimitrovgrad Shoppingtouren nach Triest beliebt. Das scheinbar so entlegene Triest war durch die guten transeuropäischen Zugverbindungen durch Dimitrovgrad nur noch eine Tagesreise entfernt. Jeans und andere moderne Kleidung aus Triest waren in ganz Jugoslawien Prestigeobjekte, so auch in Dimitrovgrad.

In den 1980er Jahren wurde Triest von Istanbul als wichtigstem Shoppingziel abgelöst. „Das Getümmel, dass es vor zehn und mehr Jahren an der italienischen Grenze gab“, schrieb die *Bratstvo* 1986, „ist nun hierher gewandert, und Istanbul ist heute für die jugo-

112 Odluka o Ratifikaciji Zapisnika Drugog Redovnog Zasedanja Stalne Mešovite Jugoslovensko-Bugarske Komisije za Primenu Sporazuma o Regulisanju Malograničnog Saobraćaja Lica u Pograničnoj Zoni, in: Službeni List SFRJ, 10.9.1976, 40/76, S. 842 f.

113 Schon im Dezember 1975 fand ein drittes Treffen statt, bei dem die Aufenthaltsdauer von vier auf sechs Tage ausgedehnt wurde. Službeni List SFRJ, 15.11.1978, 12/78, S. 865 f. Zur Vereinbarung, den kleinen Grenzverkehr auf weitere Städte auszudehnen, vgl. Službeni List SFRJ, 28.10.1977, 11/77, S. 557–60, hier Artikel 2, S. 557.

114 Dies sollte auf der Grundlage von in Listen gemeinsam vereinbarter Waren geschehen und von den „zuständigen Organen“ in Gang gesetzt werden. Dafür war die „gemischte Kommission“ zuständig, die 1955 institutionalisiert wurde. Službeni List SFRJ, 1971, 16/71, S. 388. Regionaler Warenaustausch zwischen Jugoslawien und Bulgarien setzt 1967 intensiver ein. Kak da se uredi prehodăt pri s. Gradini?, in: Bratstvo, Nr. 260, 20.10.1966, S. 3. Svoboda exportierte 1967 auch nach Bulgarien, Agropromet aus Pirot dabei maßgeblich, als bevollmächtigtes Unternehmen für den Warenaustausch aus Bulgarien mit der Region. 600.000 Dollar Umsatz wurden in beide Richtungen verzeichnet. Graničnijat stokoobmen e na zdravi relsi, in: Bratstvo, Nr. 328, 3.2.1968, S. 1. 1968 wurden auf Grundlage des dreijährigen Handelsvertrags die für den Warenaustausch zwischen beiden Staaten vorgesehenen Kontingente für die Dauer des Jahres festgelegt. Es handelte sich dabei vorwiegend um industrielle Halbfertigprodukte und betraf weniger den Austausch in der Region selbst. Odluka o Ratifikaciji Protokola o Robnoj Razmeni između SFRJ i NRB u 1968 godini, in: Službeni List SFRJ, Međunarodni Ugovori, 1968 Nr. 1, S. 65.

115 1970 wurde prinzipiell eine Zusammenarbeit auf den Feldern Wissenschaft und Kultur beschlossen, die insgesamt den Austausch von Wissenschaftlern und die Zusammenarbeit zwischen Museen beinhaltete. Službeni List SFRJ, 1970, Nr. 55 S. 907. Solche Abkommen bezogen sich aber nicht auf die Region.

slawischen Bürger das, was für sie Triest vor Jahren bedeutete".[116] Mit gecharterten Bussen fuhren nun auch die Dimitrovgrader in die ehemalige Hauptstadt des Osmanischen Reiches, um sich mit der Lederkleidung und v. a. gefälschter Markenkleidung von Ellesse bis Lacoste zu versorgen.[117]

Zum kleinen Grenzverkehr gehörte natürlich auch Schmuggel. Hier kann nur sehr punktuell darauf eingegangen werden, denn eine ausführliche Auseinandersetzung mit solchen Praktiken bedürfte eines gesonderten theoretischen Zugangs, der den Rahmen dieser Arbeit mit ihren Schwerpunkt auf Loyalitäten und regionalen Orientierungen sprengen würde. Zudem wird Schmuggel in der hier behandelte Region erst nach dem Ende des betrachteten Zeitraums besonders relevant. Daher wird nur kursorisch – wie in den Kapiteln zuvor – darauf eingegangen. Drei zentrale Momente sollen indes an dieser Stelle erwähnt werden:

Erstens – wie sich in Gesprächen zeigte – wurde der Schmuggel unmittelbar nach dem Ende der hermetischen Schließung der Grenze Mitte der 1950er Jahre wieder aufgenommen. Offensichtlich scheuten die damit befassten Personen das enorme Risiko nicht, das gerade in dieser Zeit schärfster Konfrontation damit einherging. Bemerkenswert ist, dass es hauptsächlich Menschen aus den wohlhabenderen Dörfern waren, die in solche Unternehmungen einstiegen, sowie jene, die in zentralen Behörden Karriere gemacht hatten und nun ihre alten familiären Netzwerke für derartige Zwecke nutzten. Zudem scheint es sich dabei um sehr beständige übergenerationelle Netzwerke gehandelt zu haben. So zeigt etwa Gavrilo Vidanović exemplarisch das Dorf Radejna an – erstens prägten die dortigen vermögenden Gasthausbesitzer den Schmuggel von 1878–1920, zweitens führten sie dieses Geschäft auch nach der Grenzverschiebung weiter, da sie darin über ausreichend Erfahrung verfügten und ihre Netzwerke ohnehin bestehen blieben.[118] Auch in den Gesprächen hat sich gezeigt, dass Wohlstand die Ausgangsbedingung für Erfolg in diesem Metier war. Nicht Armut, sondern weitere Verdienst- und sogar Aufstiegsmöglichkeiten waren motivierende Impulse. Die zentrale Voraussetzung bildete die Zusammenarbeit mit Polizei und den Behörden des Innenministeriums. Dabei gestalteten sich die Motivlagen zu dieser Kooperation mit den Behörden unterschiedlich, einerseits bestand der entscheidende Impuls im Schutz bereits bestehender nicht legaler Praktiken, andererseits war diese Kooperation oftmals damit verbunden, dass die Behörden des Innenministeriums im einzelnen Fall den Schmuggel tolerierten, dies jedoch an die Bedingung knüpften, bei Reisen nach Bulgarien die dortige Verwandtschaft und Bekannte auszukundschaften. In jedem Fall ist wesentlich, dass Schmuggel ohne die Unterstützung von Polizei und Behörden nahezu unmöglich war. Aufstiegsmöglichkeiten, etwa zu einem Posten bei Behörden in der Hauptstadt, ergaben sich aus der engen Zusammenarbeit mit der Polizei als Informant, was zugleich gedeckten und damit erfolgreichen Schmuggel ermöglichte und gleichzeitig gute Empfehlungen für

116 Turizăm ili „kontrabanda – komerc"? In: Bratstvo, 14.11.1986. Nach offiziellen Berechnungen, so der Autor, kauften die Jugoslawen wöchentlich für vier Millionen Dollar in Istanbul ein.

117 Auf dem Höhepunkt dieses neuen Trends passierten 1,2 Millionen jugoslawische Staatsbürger als „uikendaši" und „šoping turisti" die Grenze in Richtung Istanbul. Nüchtern konstatiert die *Bratstvo*, dass offensichtlich weder die hohe Inflation noch die hohen Benzinpreise die Jugoslawen von solchen Shoppingtouren abhalten würden. Kontrol na nad 4,5 miliona pătnici, in: Bratstvo, 28.2.1986, S. 10.

118 Vidanović-Sazda, Vidlič-Zabrđe, 1960, S. 6.

Beförderungen mit sich brachte. Diese Parallelität von offiziell sanktionierten Praktiken und zugleich enger Zusammenarbeit mit Vertretern offizieller Institutionen erwies sich so also doppelt einträglich: einmal als Folge des Schmuggels an sich, dann aus der engen Verbindung zu den Behörden mit Aufstiegsmöglichkeiten für die eigene Person, Familie und Verwandte. Es ist davon auszugehen, dass die bulgarische Polizei nicht prinzipiell anders verfuhr. Demnach blieb das einzige Risiko, von den Behörden der jeweils anderen Seite, deren Klient man nicht war, überführt zu werden. Diese Verschränkung von Spitzeldiensten mit Schmuggel erschwert bis heute das Sprechen darüber. Nur wenige sind bereit, gerade über diese Zeit des Schmuggels unter den Bedingungen extremer Kontrolle am Eisernen Vorhang Auskunft zu geben. Zwar brachte der zunehmende Austausch über die Grenzen hinweg auch eine Minderung des Risikos und somit auch größeren Spielraum für Schmuggel, doch strukturell blieb die beschriebene Beziehung bis 1989 dominant.

Zweitens handelte es sich v. a. um private Tauschgeschäfte. Wie schon beschrieben, waren bestimmte Konsumgüter, die aus dem Westen nach Jugoslawien kamen und dort zunehmend selbstverständlicher Teil des Konsumangebots wurden, in Bulgarien heißbegehrt. Gesprächspartner erinnern sich daran, wie sie Anfang der 1970er Jahre mitten im Zentrum von Sofia auf ihre Jeans angesprochen wurden, ob sie sie nicht verkaufen wollten.[119] Züge waren allerdings der beliebteste Ort für solche Transaktionen. Bulgarische Reisende konnten dann gleichsam eine Besichtigungsrunde unternehmen. Eine Gesprächspartnerin berichtet von einem durchaus üblichen Tausch Ende der 1960er Jahre: Einer bulgarischen Mitreisenden gefielen ihre Schuhe. Es stellte sich heraus, dass die aus Jugoslawien nach Sofia reisende „Schuhbesitzerin" dieselbe Schuhgröße hatte wie die Tochter der interessierten Bulgarin. Man verabredete sich dann in Sofia auf dem Markt zum Tausch. Zuvor hatte sich die jugoslawische Gesprächspartnerin schon günstige bulgarische Sandalen besorgt.

Drittens kam mit der zunehmenden transnationalen Mobilität und ab Ende der 1960er Jahre Schmuggel in einer neuen Dimension auf, da es sich bei der Verbindung zwischen Istanbul und Mitteleuropa um eine wichtige Route für den zunehmend in Schwung kommenden Drogenhandel zwischen dem Mittleren Osten und Westeuropa handelte. Davon soll in einem anderen Zusammenhang im Folgenden detaillierter die Rede sein.

6.3 Semantiken der Grenze

Oftmals wird schnell vergessen, dass die Erfahrung der Grenzpassage über einen langen Zeitraum eine mobile war. Die meisten Reisenden, welche die Grenze überquerten, erlebten die Passkontrolle bis Mitte der 1970er im fahrenden Zug, wie in dem James-Bond-Film „Liebesgrüße aus Moskau" detailreich nachzuverfolgen ist, in dem die Fahrt mit dem vor-

119 Ebenso verhielt es sich mit jugoslawischen Schallplatten. Sechzehn Platten nicht besonders prominenter Provenienz ließen sich Anfang der 1970er für 32 Leva verkaufen, den Monatslohn eines bulgarischen Arbeiters. Kommerzielles Interesse war dabei nicht ausschlaggebend, eher die Möglichkeit, es sich mit den 32 Leva in einem Restaurant gutgehen zu lassen. Gespräch mit Mile Radenković, 28.8.2015.

maligen Orient-Express die Hauptfigur auf der hier beschriebenen Route von Istanbul nach Belgrad führt. Der Zug war somit ein faszinierender Ort der Gleichzeitigkeit von Handel und Kontrolle, des Kontakts zwischen Menschen, die unter den herrschenden Reglungen sonst wenig Möglichkeiten dazu hatten,[120] wie soeben exemplarisch an dem Tausch von Damenschuhen dargelegt. Im Zug fand Schmuggel einfacherer Waren statt, wie es in der *Bratsvo* hieß, von Kassettenrekordern bis hin zu Stoffen.[121] So etwa auch Kopftücher, die ein bulgarischer Tourist, der aus seinem Urlaub in der ČSSR nach Bulgarien zurückreiste, in ungewöhnlich großer Zahl mit sich führte. Neben dem „Pannonia-Express", der Ostmitteleuropa mit Bulgarien verband, war es insbesondere der Istanbul-Express, der täglich in München startete und dessen Ziel die ehemalige osmanische Hauptstadt war, der das Leben am Dimitrovgrader Bahnhof prägte. Die jungen, nahezu ausnahmslos männlichen Passagiere mit feinem Schnurrbart und in Sonntagsanzügen zogen die Aufmerksamkeit der Menschen an den beiden Bahnschranken in der Stadt und am Bahnhof ganz besonders auf sich. Offensichtlich war das Ziel verheißungsvoll, wenn sich so viele Menschen aus der fernen Türkei so feierlich gekleidet in das ebenso ferne Deutschland aufmachten.

Mögliches aufkommendes Fernweh wurde von der Tatsache gemildert, dass der Bahnhof an der Grenze lag und damit paradoxerweise zugleich Kommunikationsort war. Obwohl bloß eine kleine Station auf dieser großen Strecke, hielten hier die Züge genauso lang wie an den Hauptbahnhöfen. „Wenn Züge ankommen, dann wird dieser zu einer ‚internationalen Oase'. Man kann im Restaurant Gespräche in allen europäischen Sprachen hören", schrieb die *Bratstvo*.[122] Ebenso war der Dimitrovgrader Bahnhof seit 1964 ein gemeinsamer jugoslawisch-bulgarischer Grenzbahnhof und darin „einzigartig auf dem Balkan".[123] Bis dahin fanden die Passkontrollen jeweils in Dragoman und Dimitrovgrad statt, wodurch es zu Verzögerungen im Zugverkehr kam.[124] Danach aber arbeitete nun auch Zoll- und Bahnpersonal aus Bulgarien auf dem Dimitrovgrader Bahnhof, was angesichts der oftmals eher schlechten Beziehungen zwischen den beiden Staaten unter den Bedingungen des Kalten Krieges für die Zeitgenossen aus der Redaktion der *Bratstvo* nochmals zur Einzigartigkeit des Bahnhofs beitrug. Nun waren es nicht mehr nur Staatsmänner, die im Vorbeifahren oder bei einem kurzen Halt huldvoll aus dem Zug winkten wie in der Zwischenkriegszeit, oder zuletzt noch Tito und Dimitrov, sondern die Menschen aus der Region partizipierten selbst an der neuen Mobilität.

Der Grenzübergang an der Straße, die Mitteleuropa mit dem Nahen Osten verband, war bis dahin kaum frequentiert. Dieser entwickelte sich erst ab Mitte der 1960er Jahre neben

---

120 Die *Bratstvo* spricht von den Möglichkeiten des Kontakts zwischen dem politischen Osten und Westen; Prisojiski, Mile: Pod zorkoto oko na mitničarite, in: Bratstvo, 29.11.1961, Nr. 56/57, S. 2.

121 Der Schmuggel intensivierte sich im Vergleich zu früheren Zeiten. Zum einen wegen der zahlreicheren Wirtschaftsgrenzen, zum anderen durch das Aufkommen von „Waren für den breiten Bedarf", die zugleich am meisten geschmuggelt wurden, heißt es in der *Bratstvo* – vom „Magnetofon", dem Kassettenrekorder, bis hin zu Stoffen. Nikolov, Bogdan: Njakoj pătnici ne poznavat svojite prava, in: Bratstvo, 19.11.1962, Nr. 80, S. 7.

122 Ebenda.

123 Tri godini obšta gara v Dimitrovgrad. Družba na Delo, in: Bratstvo, 25.5.1967, Nr. 291, S. 2.

124 Vgl. auch Službeni List SFRJ, 20.7.1964, Nr. 9, S. 730–33, Uredba o Ratifikaciji Konvencije između Srbije i Bugarske o Regulisanju Pograničnog Železničkog Saobraćaja.

Spielfeld an der Grenze zu Österreich zum wichtigsten Grenzübergang Jugoslawiens. Von einem zunächst kleinen Gebäude mit Schlagbaum wuchs die gesamte Infrastruktur in den folgenden drei Jahrzehnten auf ein Gelände von mehreren Hektar Umfang. Seit Mitte der 1960er Jahre begannen sich die „größten touristisch-gastronomischen Unternehmen des Landes" für den Grenzübergang zu interessieren. Schon 1965 erwarb das slowenische Touristikunternehmen „Kompas" ein ausgesprochen großes Grundstück an der Grenze.[125] Bis ein kleines Motel, Duty-free-Shops und Restaurants eröffnet wurden, vergingen allerdings fast anderthalb Jahrzehnte. Dennoch entstand seit Mitte der 1960er Schritt für Schritt eine touristische Infrastruktur an der Grenze. So etwa ein großes Motel oberhalb der Stadt (mit der einzigen Bar zwischen Niš und Sofia, die durchgehend geöffnet hatte), das ganz im nüchtern eleganten Stil der 1960er Jahre gehalten war, sowie ein neues Hotel in der Stadt selbst. Solche Modernität und Internationalität wurde in der *Bratstvo* nicht nur gepriesen, wie es für ein Wochenblatt im Sozialismus eigentlich zu erwarten wäre, vielmehr hatten die Autoren auch einiges auszusetzen.[126]

Weiter oben wurde auf die wachsenden Übernachtungszahlen hingewiesen, die für eine kleine Stadt sonst ungewöhnlich waren. Diese verursachten v. a. türkische Arbeitsmigranten und der seit den 1970er Jahren zunehmende Lastverkehr aus der Türkei und dem Nahen Osten. Insbesondere in den Sommermonaten waren es die türkischen Arbeitsmigranten, die nun nicht mehr nur mit dem Istanbul-Express, sondern mit eigenem Pkw, ob aus den Werken in Köln oder Rüsselsheim, zwischen alter und neuer Heimat pendelten.

Erste Berichte über den Grenzübergang an der Straße wurden schon 1961 veröffentlich. Es waren insbesondere Geschichten von einem noch exotisch anmutenden Schmuggel: Als Hauptfiguren traten Deutsche in großen Autos auf, die Uhren oder 42-kg-Schmuck-Accessoires schmuggelten. Nachrichtenwert hatten ebenso türkischer Staatsbürger, bei denen Opium entdeckt wurde, v. a. aber auch Iraner, wie ein älterer Herr, der im westlichen Ausland lebte, als Multimillionär vorgestellt wurde, nun mit teurem Auto und einer jungen Frau unterwegs war und große Mengen Opium bei sich hatte.[127]

Während der Reiseverkehr mit der Bahn konstant hoch blieb, stieg der Autoverkehr – hier wiederum primär in den Sommermonaten – seit Ende der 1960er Jahre deutlich an. Die Zeitgenossen staunten über dieses Phänomen. Bisher, hieß es in der *Bratstvo*, seien es gar

---

125 Kak da se uredi prehodat pri selo Gradina?, in: Bratstvo, 20.10.1966, Nr. 260, S. 2.

126 Zugleich wurden auch Sorgen durch die Zunahme von Unfällen an der internationalen Straße ausgesprochen. Die *Bratstvo* kritisierte, dass sich weder junge Menschen noch Bauern mit ihren Ochsen- und Pferdewagen an die geltenden Regeln hielten und die internationale Straße benutzten; Meždunarodnijat Păt i našijat Dimitrovgradčanin!, in: Bratstvo, 30.3.1967, Nr. 283, S. 2. Als 1968 angekündigte wurde, dass in der Stadt ein modernes Hotel mit 50 Betten errichtet werden sollte, wurde zugleich die Frage gestellt, ob ein großer moderner Bau notwendig sei, angesichts der Tatsache, dass das neu errichtete Motel an der Straße bisher nur zu 42 % ausgelastet war. Die Touristen würden wahrscheinlich kein modernes Hotel in der Stadt interessieren, sondern etwas „Authentisches, Balkanisches". Der *Bratstvo*-Autor argumentierte für die Aussetzung des Baus aus der Perspektive des „westeuropäischen" Touristen, der in dem Hotel nicht die erwartete Zerstreuung finden würde. Besser sei es, die Anlage am Motel auszubauen; Hotel, Motel ili Kakvo?, in: Bratstvo, 6.6.1969, S. 4.

127 Es entwickelte sich daraus ein eigenes Genre von Reportagen vom Grenzübergang, in denen spektakuläre oder kuriose Schmuggelversuche beschrieben wurden. So hatte ein Reisender in seinem Wagen vier Plattenspieler für den Nahen Osten versteckt; Nikolov, Njakoj pătnici, 1962.

200.000 Reisende und 15.000 Pkws gewesen. „Im Sommer gab es Tage, an denen bis zu 400 Automobile die Grenze in beiden Richtungen überquerten".[128] Die Zahl stieg von 116.180 Pkw im Jahr 1960 auf 369.706 für 1965, wovon 80 % auf Ausländer entfielen.[129] 1968 ist von 1,6 Mio. Reisenden die Rede, die mit Pkw oder Bahn die Grenze in beide Richtungen überqueren, nahezu 1 Mio. entfiel dabei auf Reisende mit Pkw.[130]

Der Anteil der bulgarischen Reisenden nahm sich im Vergleich zu den Zahlen für den kleinen Grenzverkehr mit Italien und Österreich über den gesamten Zeitraum winzig aus.[131] Der Verkehr der Reisenden war geringer als an den Grenzen zu Italien, Österreich und Ungarn, höher als der nach Albanien, Rumänien und Griechenland.[132] Dies zeigen auch die Zahlen für 1985: Bulgarien – 5.659.950 Reisende; Albanien – 57.569, Rumänien – 3.135.178; Griechenland – 4.484.469; Ungarn – 7.824.330; Italien – 22.423.390, Österreich – 25.759.546.[133]

In den 1980er Jahren entwickelte sich Gradina neben jenen (fünf Grenzübergänge nach Italien und Österreich) in Slowenien zum danach wichtigsten Grenzübergang für den Transitverkehr in Jugoslawien, was sich im Übrigen an dem starken Kontrast zu den übrigen Grenzübergängen nach Bulgarien zeigt.[134]

Tabelle 6: Größenordnung der Grenzpassagen

Grenzübergänge	**Einheimische**		**Ausländische**		**Gesamt**	
	Zahl	%	**Zahl**	%	**Zahl**	%
Gradina 1975	423.524	48,9	3.880.077	83	4.303.611	77,8
Dimitrovgrad 1975	58.849	6,8	585.817	12,5	644.666	11,6
Gradina 1985	1.121.558	53,9	3.220.433	89,9	4.341.991	76,7
Dimitrovgrad 1985	29.697	1,5	276.317	7,8	306.014	5,4
Gradina 1990	1.284.020	54,5	5.160.546	67,7	6.444.566	64,6
Dimitrovgrad 1990	80.482	3,4	572.969	7,5	653.451	6,5

Quelle: Stanković, Geografija Ponišavlja, 1996, S. 106, 172.

128 Ebenda.

129 Kak da se uredi,1966. 1967 wurden an der Grenzstation durch Transitreisende 600 Mio. Dinar getauscht; Nikolov, Uspehi, 1968.

130 Hotel, Motel, 1969, S. 4.

131 1954 wird Bulgarien bei der Statistik der über die Grenzübergänge eingereisten Pkws noch unter „Sonstige" geführt, gemeinsam mit Griechenland und Ungarn. Ausgewiesen sind nur Italien und Österreich. Bei diesen Sonstigen sind es 1953 849 Pkw, 64 Motorräder und 32 Busse. 1954: 1.144 Pkw, 114 Motorräder, 57 Busse, davon 219 aus der Türkei (gegenüber 5.099 Pkw aus Österreich, 13.335 aus Italien, 7.146 aus der BRD); SG SFRJ 1955, S. 199. Schon 1957 besteht ein intensiver Verkehr von und nach Österreich und Italien: 14.000 Pkw aus Österreich, 160.000 aus Italien; SG SFRJ 1958, S. 172. Mit beiden Staaten gab es seit 1958 eine Vereinbarung zum kleinen Grenzverkehr („mali granični promet"); SG SFRJ 1960, S. 183.

132 Stanković, Stevan: Geografija Ponišavlja, Beograd, 1996, S. 104.

133 Ebenda, S. 111.

134 Ebenda, S. 123.

Wie aus der Tabelle deutlich wird, erfolgte über Gradina und den Eisenbahnübergang Dimitrovgrad 1970 92,8 % des gesamten Grenzverkehrs von und nach Bulgarien.[135] Ebenso wird offenbar, dass in den 1970er Jahren die Grenzstation an der Straße den Bahnhof als wichtigsten Grenzübergang definitiv abgelöst hatte.

Dabei kam es auch in den 1980er Jahren zum Stocken der Bewegungen über die Grenze. Auf der jugoslawischen Seite hatte das primär wirtschaftliche Gründe. Der überschuldete Staat versuchte, den aus seiner Sicht unkontrollierten Abfluss dringend benötigter Devisen zu verhindern, der durch den Konsum der Jugoslawen im Ausland zustande kam. Daher führte der Staat so genannte „Depositzahlungen" ein. Jeder Bürger hatte nun die Summe 10 DM von bei der Ausreise zu hinterlegen, die allerdings nicht zurückgezahlt wurden.[136] In den Jahren 1982 und 1983 kam es dadurch zu einer drastischen Abnahme der Zahl jugoslawischer Staatsbürger unter der Reisenden. Betrug diese 1981 noch 951.642 und 1982 716.087, fiel sie 1983 auf nur 123.959, wuchs dann 1984 auf bescheidene 375.939 Reisende an, um dann 1985 auf 1.052.301 zu steigen, als diese Zahlungen angesichts wachsender Unzufriedenheit wieder abgeschafft wurden. 1985 verzeichnete die Statistik des Zolls Dimitrovgrad die „Kontrolle von 4.600.000 Personen, die in beiden Richtungen die jugoslawisch-bulgarische Grenze überquert haben", was dem Durchschnitt der 1980er Jahre entsprach.[137] Insgesamt waren die Reisenden 1985, neben der Bahn, mit 1.200.000 Pkw und 23.000 Busse unterwegs.

Auf der bulgarischen Seite waren es vornehmlich politische Motive bzw. der Wille zur Kontrolle der Grenze, die zu einer Einschränkung der Bewegungen über die Grenze führten. Mitte der 1980er Jahren beschlossen die bulgarischen Behörden, dass ausländische Reisende nur über die Grenzübergänge Gradina und Dimitrovgrad reisen konnten, alle anderen sollten nur jugoslawischen und bulgarischen Staatsbürgern vorbehalten bleiben. Diese beiden sowie Delčevo waren zudem die einzigen, die danach 24 Stunden täglich geöffnet waren.[138]

In dieser Zeit, zwischen 1965 und Anfang der 1970er Jahre, formte sich eine neue Semantik hinsichtlich Positionierung, Verortung der Stadt an der Grenze. Als Caribrod zwischen 1878 und 1920 zu Bulgarien gehörte, war mit gewissem Stolz von „unserer Schwelle nach Europa" die Rede gewesen, die alle Güter, Menschen und gekrönte Häupter des Landes auf ihrem Weg nach Europa zu überqueren hatten. In der Zwischenkriegszeit unter serbischer Herrschaft war sie in martialischer Sprache zu „unserer Bastion" geworden, wobei die Einwohner sicherlich nicht gefragt wurden, ob sie diesen Eindruck teilten. Während der erneuten bulgarischen Herrschaft im Zweiten Weltkrieg meinte die Sofioter Regierung, wie erläutert, die Stadt in einen Ehrenfriedhof für die Gefallenen des Krieges zu verwandeln. In der sozialistischen, der „neuen Zeit" sollte Caribrod, selbstverständlich dem

135 Ebenda, S. 105.

136 Ebenda, S. 112.

137 Kontrol na nad 4,5 miliona, 1986.

138 Stanković, Geografija Ponišavlja, 1996, S. 124. Inwiefern dies auch ein Versuch war, die Fluchtmöglichkeiten für Staatsangehörige der sozialistischen Bruderländer von Bulgarien nach Jugoslawien besser zu kontrollieren, da ab diesem Zeitpunkt jeder Ausländer, der sich in der bulgarischen Grenzzone aufhielt, automatisch gegen die geltenden Verordnungen verstieß, kann hier nicht weiter diskutiert werden.

realsozialistischen Jargon folgend, eine Brücke zwischen den beiden Staaten, Grundlage der jugoslawisch-bulgarischen Völkerfreundschaft werden, wie es Georgi Dimitrov ausdrückte.[139] Ausgerechnet auf dem Höhepunkt des Konflikts mit der Sowjetunion wurde die Stadt in Dimitrovgrad umbenannt – um Stalin und seinen Verbündeten zu demonstrieren, dass im Gegensatz zu ihnen Jugoslawien eindeutig zur Völkerfreundschaft stehe. Doch die offizielle Brückenmetaphorik verblasste seit den 1960ern zunehmend angesichts der neuen Erfahrungen.

Die neue Qualität des Verkehrs an der Grenze, die für die Stadt wachsende Bedeutung ihrer Infrastruktur mit Gastronomie und Zoll (wo viele gut bezahlte Stellen fanden) weitete Horizonte, Maßstäbe und Orientierungspunkte. Gleichsam in Anlehnung an die jugoslawische Blockfreienpolitik, die in globalen Dimensionen dachte, war von der Stadt und der Grenze zunehmend als „Tor in den Nahen Osten" die Rede. Der noch in der Metapher von Dimitrovgrad als verbindender „Brücke" zwischen Jugoslawien und Bulgarien sichtbare Nachbar wurde nun schlichtweg übersehen. Der Blick reichte weiter, über die Türkei bis in den Iran – wo schließlich auch die Fortsetzung der E 80 endete. Diese Beschreibung etablierte sich seit den 1960er Jahren im allgemeinen Sprachgebrauch:[140] Es war von der „internationalen Straße Belgrad–Sofia–Carigrad" die Rede, an der „unsere Stadt das Glück hat, sich zu befinden",[141] „eines der wichtigsten Tore unseres Landes", das Reisende aus West und Ost durchqueren.[142] Die Bedeutung dieser Kommunikationslinie wird auch durch den Kontrast zu dem Grenzübergang von Bosilegrad deutlich, wo an „manchen Tagen kein einziger Reisender" die Grenze überquerte. Dort handelte es sich tatsächlich nur um einen jugoslawisch-bulgarischen Grenzübergang, ohne eine überregionale Straßenverbindung.[143] Der verschwindende Anteil von bulgarischen Reisenden am Dimitrovgrader Grenzübergang im Verhältnis zu türkischen Arbeitsmigranten, iranischen Lkw-Fahrern, deutschen, englischen und holländischen Studenten, die mit Interrail in die Türkei unterwegs waren, ist ebenso ein Grund, warum und wie sich die Selbstwahrnehmung der Stadt an der Grenze und der Grenze selbst deutlich veränderte.

Das mit der initialen Grenzziehung von 1878 entstehende Spannungsverhältnis zwischen dieser neuen Form von Abgrenzung und der neuen Qualität von Kommunikationslinien, der Eisenbahnroute nach Istanbul, erlebte in diesen Jahrzehnten des 20. Jahrhunderts eine weitere Steigerung: Einerseits entwickelte sich die Grenze zu einem Teil des Eisernen Vorhangs mit einer neuen Qualität der Hermetik. Andererseits bewirkte die Intensität des neuartigen Verkehrs an der Grenzlinie mit Autobahn und dem Istanbul-Express ein neues regionales Selbstverständnis. Triest und der Nahe Osten waren nun Koordinaten eines veränderten Erwartungshorizonts von einem „Guten Leben", das mit diesen verbunden wurde.

---

139 1952 wurde Caribrod zu Ehren von Georgi Dimitrov und dem 20. Jahrestags des Endes des Leipziger Prozesses in Dimitrovgrad umbenannt. Nikolov, Hronologija, 1963, S. 68. Vgl. Einleitung.

140 Nikolov, Njakoj pătnici, 1965, S. 7.

141 Trajkov, Kiril: Meždunarodnijat păt i našijat Dimitrovgradčanin, in: Bratstvo, 30.3.1967, S. 5.

142 Nikolov, Bogdan: Uspehi koito zadălžavat, in: Bratstvo, 17.4.1968, Nr. 337, S. 7.

143 Zudem handelte es sich um schlechte Straßen, die nicht ausgeschildert waren. Der Grenzübergang Ribarci bei Bosilegrad war kaum frequentiert. Es konnten Tage vergehen, ohne dass ein Reisender den Übergang überquerte. Pri Mitničarite, in: Bratstvo, 6.6.1969.

Zusammenfassend lässt sich sagen, dass sich, wie dargelegt, eine neue Form der Loyalität im Zusammenhang mit staatssozialistischer autoritärer Herrschaft entwickelte. Diese zielte nun nicht mehr auf ethnonationale Einordnung, sondern gestaltete sich viel umfassender. Zunächst überwog die Erfahrung neuer Zwänge im Zuge der Konflikte zwischen Jugoslawien und der Sowjetunion und damit auch mit Bulgarien. In dieser Zeit standen noch ethnonationale Stigmatisierung und der Zwang zu ideologische Loyalität nebeneinander. In den Jahrzehnten zwischen 1960 und 1990, dies gilt insbesondere für die Generation der ab Ende der 1940er Jahre Geborenen, konnten die Menschen neue Horizonte erfahren. Ebenso kam es zu einer Milderung der Stigmatisierung der ethnonationalen Zugehörigkeit, die zudem ihre Bedeutung schrittweise einzubüßen begann.

Wolfgang Höpken spricht für die Zeit der „Goldenen 1960er Jahre" von einer negativen Loyalität, die sich seitens der jugoslawischen Bürger gegenüber ihrem Staat aus dem kontrastierenden Vergleich mit den Verhältnissen in der staatssozialistischen Nachbarschaft entwickelte.[144] Auch für die in dieser Arbeit behandelte Region kann der Begriff der negativen Loyalität als Ansatz für die Analyse der Wandlungen genutzt werden. Hier kam es darüber hinaus zu einer aktiven Identifikation mit dem jugoslawischen Staat und dem, was das Jugoslawe-Sein überhaupt implizierte. Eine Andeutung der Möglichkeit, zur selben Zeit verschiedene Zugehörigkeiten zu artikulieren, jenseits des alten Zwangs zur Eindeutigkeit. Negative Loyalität hatte ihren Ausgangspunkt im alltäglichen Vergleich zu den Lebensbedingungen der Freunde und Verwandten in Bulgarien, gleichzeitig aber gewann die Partizipation an einem größeren nichtnationalen Ganzen eine eigene Qualität. Es ist sicher kein Zufall, dass sich diese Form neuer Loyalität in einem Staatsgebilde formte, das nicht wie bis in die Zwischenkriegszeit hinein national begründet war – zum ersten Mal seit dem Ende der Osmanischen Herrschaft.

Es ist diese Epoche, in der sich aus der alten, durch die offene Stigmatisierung sichtbaren Grenze eine Phantomgrenze zu entwickeln begann.

6.4 Phantomgrenzen

Die heuristische Metapher der Phantomgrenzen ermöglicht es, die Dynamik der Veränderung von Zuschreibungen, Identifikationen, Vorstellungen räumlicher Ordnungen hervorzuheben. Im Hinblick auf die einzelnen Prämissen des Ansatzes der Phantomgrenzen sei hier auf die Einleitung verwiesen.

Wie gezeigt wurde, erfolgte im Verhältnis zu der Zeit davor zwischen den 1960er und 1980er Jahren eine tiefgreifende gesellschaftliche Veränderung. Diese Veränderungen im Alltag der Menschen standen auch in Beziehung zu neuen Zuordnungen und Formen der Identifikation. Gleichzeitig vermittelte sich in diesem Neuen auch weiterhin das Alte, die Eindeutigkeit von Zuordnungen, die Bedeutung nationaler Zuschreibungen unter veränderten Verhältnissen. Das Stichwort Phantomgrenzen gibt diesem Spannungsverhältnis eine

144 Höpken, Wolfgang: Durchherrschte Freiheit? Wie autoritär (oder wie liberal) war Titos Jugoslawien?, in: Jugoslawien in den 1960er Jahren, hrsg. von Hannes Grandits und Holm Sundhaussen, Wiesbaden, 2013, S. 39–65.

räumliche Dimension. Diese wird auf den nächsten Seiten immer wieder aufgegriffen werden.

In diesem Kapitel werden die Bedeutung der Institution der bulgarischen Minderheit für die lokale Gesellschaft analysiert und, damit im Zusammenhang stehend, die Vorstellung von und Reflexion über Vergangenheiten. Thematisiert werden die Bedeutung der alten Grenze für Zuordnungen und Vorstellungen im und von gesellschaftlichen Raum sowie die Formen des Wiederauftauchens, der Remanenz vergangener regionaler Zuschreibungen des Šopluk. Letzteres ist eine Möglichkeit, die Langzeitwirkungen der Grenzziehung seit 1878 zu thematisieren. Vermittels der Analyse von Remanenz-Phänomenen lässt sich umgekehrt auch der „Erfolg" der Durchsetzung der mit nationalstaatlichen Trennlinien verbundenen Ordnung gesellschaftlichen Raumes ermessen.

Unter dem Stichwort Šopluk lassen sich wiederum Formen der Remanenz verschwundener Raumstrukturen der osmanischen Epoche, Praktiken und Imaginationen von Zuordnung und Gesellschaft diskutieren.

6.4.1 Staatsbürgerschaft/Minderheit/Spielräume

Mit der Gründung der Sozialistischen Föderativen Republik Jugoslawien wurden die Einwohner jener Gebiete, die bis 1920 zu Bulgarien gehört hatten, als bulgarische Minderheit anerkannt. Diese Anerkennung trug sicherlich den spezifischen Erfahrungen in der Region Rechnung, die in den zwei Jahrzehnten seit dem Ende des Erstens Weltkriegs vom Druck des ethnonationalen Exklusionismus aus den beiden nationalen Zentren geprägt war, sowie der Tatsache, dass diese Region bis 1920 zu Bulgarien gehört hatte.

Dafür förderte die Anerkennung einer Minderheit einen bemerkenswerten Widerspruch zutage: Wie in der Einleitung gezeigt, gab es in der Region um Pirot und Caribrod weder Unterschiede in den lokalen Sprachen noch in dem, was später als Volkskultur bezeichnet werden sollte, ganz zu schweigen von konfessionellen Unterschieden. Doch mit einem Mal existierten (und existieren bis zum heutigen Tag) entlang der alten Grenzlinie eine Minderheit und damit ex negativo auch eine „Mehrheit", die beide dieselbe Sprache sprechen, dieselben Feste feiern, verschwistert und verschwägert sind. Um diese spezifische Konstellation von Grenzveränderungen, der Institutionalisierung von Minderheit und regionaler Zuordnung besser zu verstehen, wird hier kurz auf die Genese der Auseinandersetzung mit dem Thema Minderheit zurückgeblickt.

Wie in Kapitel 3 dargelegt, war in der Entstehung der neuen Staaten von Beginn an der Widerspruch zwischen dem ius soli als Ausgangspunkt und dem spätestens seit 1878 in den Mittelpunkt rückenden ethnonationalen Verständnis der Nation als einer Abstammungsgemeinschaft angelegt.[145] Dieser Widerspruch zwischen dem rechtlich formulierten Prinzip einer Staatsbürgernation und zugleich der praktischen Exklusion all jener, die nicht zur Titularnation gehörten, wurde in der hier beschriebenen Region aber nicht immer sichtbar. Wie beschrieben konnten die Behörden auf beiden Seiten der Grenze Ende des 19. Jahr-

145 Sundhaussen, Holm: Unerwünschte Staatsbürger. Grundzüge des Staatsangehörigkeitsrechts in den Balkanländern und Rumänien, in: Staatsbürgerschaft in Europa. Historische Erfahrungen und aktuelle Debatten, hrsg. von Christoph Conrad und Jürgen Kocka, Hamburg, 2001, S. 193–215. Vgl. auch Müller, Staatsbürger auf Widerruf, 2005.

hunderts die Menschen nicht im Sinne ihrer Vorstellung von Staatsbürgerschaft steuern. Oder aber sie gingen wie die Caribroder Behörden des Fürstentums Bulgarien ganz pragmatisch damit um und gestanden ihnen aktives wie passives Wahlrecht zu, obwohl sie nicht über die Voraussetzung dazu verfügten, die bulgarische Staatsbürgerschaft.

Dieser Spielraum ging in der Folgezeit Stück für Stück verloren, bis er gerade zum Zeitpunkt der berühmten Wilsonschen Punkte vollständig verschwunden war. Selbstbestimmung mit dem Ziel der Souveränität von Völkern implizierte klare Abgrenzungen von „Völkern". Wo dies nicht möglich war, wie in dieser Region, wurde die Bevölkerung von beiden Seiten vereinnahmt. Nach dem Ersten Weltkrieg wurde, wie erläutert, keine Toleranz gegenüber der wie auch immer gearteten abweichenden Artikulation von Zugehörigkeit geübt.

In dieser Konsequenz wurden die Menschen aus den bisher zu Bulgarien gehörenden Gebieten im Unterschied etwa zu der deutsch- oder ungarischsprachigen Bevölkerung in der Vojvodina nicht als Minderheit anerkannt. Gegenüber der Pariser Friedenskonferenz und der Entente sah sich die Belgrader Regierung bei ihrer Verweigerung von Zugeständnissen in einer vollkommen kohärenten Position: Minderheitenregelungen sollten für jene Gebiete in Betracht gezogen werden, die bisher Teil Österreich-Ungarns waren. Für die Gebiete aber, die Serbien 1913 in den Balkankriegen hinzugewann, sollten solche Regelungen nicht gelten, da sie bereits vor Ausbruch des Ersten Weltkriegs Teil des serbischen Staatsterritoriums waren.[146] Spezifisch war dabei die Situation in Caribrod und Bosilegrad. Hier wurde lediglich die Möglichkeit der Option für eine der beiden Staatsbürgerschaften eröffnet. Im Friedensvertrag einigten sich der SHS-Staat und Bulgarien darauf, dass innerhalb von zwei Jahren nach dessen Inkrafttreten die Bewohner der Gebiete (soweit sie bulgarische Staatbürger waren) für eine der beiden Staatsbürgerschaften optieren konnten. Hatten sich die Menschen für eine der beiden Staatsangehörigkeiten entschieden, so mussten sie in den nachfolgenden zwölf Monaten „ihren Wohnsitz in den Staat verlegen, für den sie optiert hatten".[147]

Obwohl sich diese Konstellation von jener in Makedonien unterschied, forderte die bulgarische Regierung in beiden Gebieten, sowohl in den so genannten „Westlichen Gebieten" als auch in Makedonien, die Anerkennung einer bulgarischen Minderheit. Umgekehrt ging die Belgrader Regierung zumindest in Beziehung auf die tatsächlich bis dahin zu Bulgarien gehörenden Gebiete davon aus, dass mit der Optionsregelung solche Fragen ein für alle Mal geklärt und damit kein Gegenstand von zukünftigen Verhandlungen waren.

Für diese Phase der Zwischenkriegszeit war es bezeichnend, dass es insgesamt zehn Jahre dauerte, bis 1928 ein Staatsbürgerecht für den neuen Gesamtstaat in Kraft trat. Bis dahin galten je nach Herrschaftsgebiet die Regelungen der Habsburgermonarchie oder, bei jenen, die zuvor Teil des Osmanischen Reiches gewesen waren, die serbischen Gesetze. Letzere wiederum galten bis 1928 für das ganze Land, wenn es um Ein- oder Ausbürgerun-

146 Pavlica, Branko: Bugari u Jugoslaviji, in: Aktuelna pitanja iz međunarodnih odnosa: bezbednost, pravo, privreda, hrsg. von Nevenka Jeftić, Beograd, 2008, S. 178–98, hier S. 185.

147 Art. 40 des Vertrages von Neuilly; zit. nach Seeler, Hans-Joachim: Das Staatsangehörigkeitsrecht von Jugoslawien, Frankfurt am Main, 1956, S. 78.

gen ging, und insbesondere die Verträge, die während und nach der Pariser Friedenskonferenz mit den neuen Nachbarstaaten geschlossen worden waren.[148]

Der neue südslawische Staat war im Ganzen von einer enormen Herausforderung der Integration gekennzeichnet, die Vereinigung von bis dahin souveränen Staaten, Provinzen des Osmanischen Reiches sowie jenen der Habsburger Monarchie war gleichsam wesentliche Eigenschaft des neuen Staatsgebildes. Daher waren Auseinandersetzungen, die mit dem neuen politischen Stichwort „Minderheit" in Zusammenhang gebracht wurden, keine Randerscheinung. Die Situation, die für die Menschen in der Region neu war, war im Verband des Staates hingegen nichts Ungewöhnliches, wenn man an die Auseinandersetzung um die Rechtsstellung der deutsch-, türkisch-, italienisch- und albanischsprachigen Bevölkerung etc. denkt.

Dennoch unterschied sich die Situation der Menschen in der Region von jener der genannten Minderheiten. Caribrod sowie Bosilegrad und Umgebung waren auch im Unterschied zu Makedonien die einzige Region, die als Teil des Territoriums eines bereits formierten Nationalstaats dem neuen SHS-Staat zugeschlagen wurde. Alle anderen Gebiete fielen aus den bisherigen Imperien an den jugoslawischen Staat. Ebenso handelte es sich um die einzige Region, deren Bewohner eine südslawische Sprache sprachen (Makedonien war wie gesagt bis dahin Gebiet des Osmanischen Reiches), anders als die deutsch-, ungarisch, italienisch- und albanischsprachigen Gemeinschaften. Ebenso existierte ein wesentlicher Unterschied zu den slawischsprachigen Minderheiten in der Vojvodina, denn diese wurden als Minderheiten anerkannt.[149] Erschwerend kam hinzu, dass Bulgarien nicht Teil der Entente wie die Tschechoslowakei gewesen war, sondern zu den Besiegten gehörte. Hier ähnelte die Situation jener der deutschen und ungarischen Minderheit, doch diese waren im Unterschied zur hier behandelten Region, wie umstritten auch immer, während der Zwischenkriegszeit als Minderheit durch Parteien und Kulturvereinigungen sichtbar.[150]

Mit der Entstehung des sozialistischen und föderativen Jugoslawien wurde die Bevölkerung der 1920 von Bulgarien abgetrennten Gebiete als bulgarische Minderheit anerkannt. Indessen entwickelte sie seit den 1960er Jahren vermehrt ein Selbstverständnis als Jugoslawen. Einer Kategorie, die es paradoxerweise als „Nation" in Jugoslawien nicht gab. Nach 1989 blieb diese immer noch bestehen, um sich dann bei den Volkszählungen zunehmend in „Unentschiedene" zu transformieren.

Die Bezugnahme auf ein Jugoslawentum (*jugoslovenstvo*) offerierte für die lokale Bevölkerung die Möglichkeit, dem bis dahin dominanten Zwang zur Eindeutigkeit zu entgehen.[151] Allerdings erzeugte die im sozialistischen Jugoslawien herrschende Praxis ethni-

---

148 Jovanović, Svetolik: Državljanstvo Socijalističke Federativne Republike Jugoslavije, Beograd, 1977, S. 10.

149 Mit denen der jugoslawische Staat im Unterschied zu den deutsch- und ungarischsprachigen Minderheiten kooperierte; Janjetović, Zoran: Deca careva, pastorčad kraljeva. Nacionalne manjine u Jugoslaviji 1918–1941, Beograd, 2005, S. 186.

150 Ebenda, S. 185.

151 Letztlich war dies auch insofern unproblematisch, als in den einzelnen politischen Strömungen wie dem Bauernbund in Bulgarien und den beiden Sozialdemokratien seit der Jahrhundertwende regelmäßig von der südslawischen Verbrüderung die Rede war. In Bukarest erschien in den 1860er Jahren

scher Schlüssel ohne demokratische Verhältnisse die Dauerhaftigkeit und Fetischisierung ethnonationaler Zugehörigkeit. Der jugoslawische Föderalismus war von dem Grundwiderspruch gekennzeichnet, dass Ethnonationalismus ein für alle Mal gebannt werden sollte, zugleich sich Ethnos aber zu einer zentralen Kategorie politischer Ordnung und Machtressource entwickelte. Damit wurden noch intensiver ethnische Kategorien reproduziert, als ideologisch intendiert. Der emanzipatorische Gehalt der Anerkennung neuer ethnonationaler, ethnokonfessioneller Gemeinschaften verwandelte sich unter den Bedingungen autoritärer Herrschaft in eine Ethnisierung der Gesellschaft, in der alle wichtigen Positionen nach ethnischen Schlüsseln besetzt wurden. Die föderative Ordnung Jugoslawiens, nach Holm Sundhaussen eine „fast geniale Lösung" der bis dahin existierenden Konflikte, hatte ihre Schwachstelle darin, dass sie wiederum Ethnos als Ressource stärkte.[152]

In der Region und für die Menschen aus der Region hatte diese föderative Ordnung eine andere Wirkung. Dimitrovgrad hatte föderationsweit einen der höchsten Anteile an Personen, die sich bei Volkszählungen als Jugoslawen deklarierten.[153] Bei diesen Zählungen wurde seitens des Staates erwartet, dass die Menschen sich entweder als Angehörige der bulgarischen oder der serbischer Nation deklarierten. Jugoslawisch war als Kategorie nationaler Zuordnung bei dieser Gelegenheit nicht intendiert, doch geduldet.[154] Die Offenheit des Konzepts „Jugoslawe" ermöglichte es, darunter verschiedene Ebenen von Selbstverständnissen zu vereinen, so etwa bulgarische Zugehörigkeit und jugoslawische Staatsbürgerschaft.[155]

An dem regionalen *Jugoslovenstvo* wird ein seitens von Staat und Partei nicht intendierter Effekt sichtbar: In dem Moment, in dem Institutionen errichtet wurden, in denen sich eine nationale Minderheit kulturell und politisch artikulieren konnte – innerhalb der von der Partei festgesetzten Grenzen –, wurden diese Institutionen gleichzeitig von einem jugoslawischen Alltag unterlaufen, der ganz andere Identifikationsmöglichkeiten eröffnete.

Wie entwickelte sich nun die Sichtbarkeit dessen, was als Minderheit bezeichnet wurde? Erneut waren initial nicht die Verhältnisse in der Region ausschlaggebend, sondern die

---

eine von bulgarischen Intellektuellen mit *Jugoslavija* betitelte Zeitung. Vgl. Konev, Ilija: Bălgaro-srăbski i bălgaro-chărvatski knižovni vzaimootnošenija, Sofija, 1966.

152 Vgl. Sundhaussen, Jugoslawien, 2012.

153 Nach den statistischen Angaben von 1981 deklarierten sich 65,8 % als Bulgaren, 23,1 % als Jugoslawen und 9,4 % als Serben; Geografski Atlas Jugoslavije, Zagreb, 1988, S. 129.

154 Schließlich bestand die Möglichkeit, die bulgarische Nationalität anzugeben oder die serbische. Die jugoslawische war nicht intendiert, wurde aber geduldet. Gespräch mit Velča Velčev, bildender Künstler, der mittlerweile in Spanien lebt: http://velchavelchev.com/.

155 Gespräch mit Ivan Ivanov 2015, dem damaligen Direktor der Bibliothek „Detko Petrov". Für Ivanov, der den größten Teil seines Lebens in Sarajevo als technischer Ingenieur bei RTV Sarajevo verbrachte, war die Möglichkeit der Artikulation einer jugoslawischen Zugehörigkeit deshalb von Bedeutung, da er so einer Reduktion auf eine bulgarische ethnische Zugehörigkeit entgehen konnte, die nicht jene Relevanz für ihn hatte, wie es von außen durch Name und Herkunft unterstellt werden könnte. Diese Form der Bindung an ein Jugoslawisch-Sein ist repräsentativ für Angehörige höher qualifizierter Berufe. Dort zeigt sich prinzipiell ein affirmatives Verhältnis gegenüber nationaler Zugehörigkeit als solcher. So wird auch Bulgarisch-Sein nicht vollständig verworfen, doch Sinn wird für die Individuen erst durch den starken Bezug auf eine jugoslawische Zugehörigkeit gestiftet. In den anderen gesellschaftlichen Segmenten erfolgte die Selbstidentifikation deutlich stärker ohne den Verweis auf eine zusätzliche nationale Zugehörigkeit.

internationalen politischen Konstellationen. 1949 wurde als „Organ der bulgarischen Minderheit“ *Glas na Bălgarite v Jugoslavija* ins Leben gerufen. Doch weniger als regionales Informationsblatt denn als Kampfblatt, das sich an die bulgarische Öffentlichkeit richtete. Der für die *Glas* zuständige Ivan Karaivanov saß als Abgeordnete aus Dimitrovgrad im jugoslawischen Parlament. Karaivanov, ursprünglich Mitglied der BKP, hatte sich im Konflikt zwischen Stalin und Tito für Letzteren und damit gegen seine bulgarische KP entschieden.[156] Die *Glas* sollte hauptsächlich ein Schaufenster des jugoslawischen Fortschritts nach Bulgarien und in der Region sein und die jugoslawische Position im Konflikt darlegen. Indikativ für diese Ausrichtung war, dass die Herausgabe des Blattes 1955 endete, als sich eine Verbesserung der Beziehungen zwischen Jugoslawien und der Sowjetunion anbahnte.

Wie wenig zu diesem Zeitpunkt Anfang der 1950er Jahre ein Diskurs der „bulgarischen Minderheit in Jugoslawien“ überhaupt entwickelt war, der nicht an die „bourgeoisen“ Ideologien der „Westlichen Gebiete“ anknüpfen sollte, und wie stark dieser noch, wenn es um Bulgarien ging, auf Makedonien zentriert war, demonstrierte eine mehrteilige programmatische Artikelserie im *Glas* unter dem Titel *Bălgarskoto malcinstvo v Jugoslavija* (*Die bulgarische Minderheit in Jugoslawien*). Diese beschäftigte sich vornehmlich mit der bulgarischen Besatzung Serbiens im Ersten Weltkrieg, den Versuchen der territorialen Expansion in Makedonien sowie den Ansprüchen auf das „Moravsko“ (Moravatal). Nur im letzten Teil dieser Serie, der sich vorwiegend mit der Grenzziehung von 1920 befasste, erfolgte zum Schluss eine Bewertung der gegenwärtigen Lage und der aktuellen Grenze: Niemals haben die Führer des Neuen Jugoslawien prätendiert und prätendieren auch nicht, dass dieses Gebiet jugoslawisch war oder sein wird, wie es Bulgarien weiterhin umgekehrt mit dem „Pomoravie“ mache. Die Frage im Hinblick auf dieses Territorium sei mit dem Vertrag von Bled (der Übereinkunft zwischen Tito und Georgi Dimitrov) geklärt worden. Doch die bulgarischen Informbirovci hätten diesen Vertrag dreist aufgekündigt. „Wenn also die Frage der bulgarischen Minderheit ungeklärt bleibt, so sind dafür die bulgarischen Informbirovci verantwortlich.“[157] Entsprechend der deklarativen antiimperialistischen Ausrichtung der KPs seien die Grenzveränderungen immer Sache chauvinistischer „groß-serbischer bzw. -bulgarischer“ Politiker gewesen. Jugoslawien habe sich inzwischen davon befreit, während Bulgarien in dieser Hinsicht nicht anders als in dem zu Beginn des Kapitels zitierten Aufmacher aus der *Politika* von 1920 letztlich Feindesland blieb. Dennoch gab es einen Unterschied in der Ethnisierung negativer politischer Konnotationen, denn diese wurde nicht wie drei Jahrzehnte zuvor auf alles „Bulgarische“ ausgedehnt. Vielmehr wurde unterschieden: hier die bulgarische Minderheit – dort die bulgarische Parteiführung. Selbstverständlich existierte eine bulgarische Minderheit in Jugoslawien und sie sollte auch alle Rechte genießen, so die *Glas*:

156 Wobei sich Ivan Karaivanov zunehmend als Vertreter der Region verstand und nicht nur auf Bundesebene agierte.

157 Bălgarskoto Malcinstvo v Jugoslavija [Die bulgarische Minderheit in Jugoslawien], in: Glas na Bălgarite, Jg. 2, Nr. 101, 18.12. (ohne Jahresangabe), S. 4f.

> Zum ersten Mal in der Geschichte hat die bulgarische Minderheit in Jugoslawien die Möglichkeit, ihre besten und verdienstvollsten Mitbürger als ihre Vertreter in die Staatsorgane zu entsenden.[158]

Agrarreform und Kooperativen zeigten die aktive Mitwirkung der Minderheit. Schulbildung sei zum ersten Mal auf Bulgarisch. Es gebe sogar mehr Lehrer pro Schüler als in den „serbischen Bezirken".[159] Der starre Verlautbarungsstil der Zeitung, in der gesellschaftlichen Praxis begleitet von Spitzelei und Repression, vermittelte die Ambivalenz, welche, wie gezeigt, die 1950er Jahre prägte, als sich noch viele entschieden, über die Grenze zu gehen, anstatt sich an der größeren Zahl von Lehrern zu erfreuen.

In die Zeit der allmählichen Umkehr der Richtung von Flüchtenden, seit den 1960ern zunehmend aus Bulgarien nach Jugoslawien, die schon erwähnten „Goldenen 1960er Jahre", fiel auch die Herausgabe einer neuen Wochenzeitung in bulgarischer Sprache als „Organ" der bulgarischen Minderheit, die bis in die Gegenwart erscheinen sollte. Die *Bratstvo* unterschied sich deutlich von ihrem Vorgänger, der „Stimme der Bulgaren in Jugoslawien", obwohl der Großteil der maßgeblichen Redakteure dort zu publizieren begann. Die *Bratstvo* war tatsächlich, im Rahmen des in Jugoslawien Möglichen, in erster Linie eine Regionalzeitung, die über alltägliche Dinge, Wirtschaft, Kultur und natürlich Politik für die beiden Opštinas Dimitrovgrad und Bosilegrad berichtete, sowie über Surdulica und Babušnica, wo die Bevölkerungsstatistik einen relevanten Anteil der bulgarischen Minderheit an der Einwohnerschaft auswies.

Die Entstehungs- und Arbeitsbedingungen der *Bratstvo* sind instruktiv für die spezifische Situation, Publikationsforum einer Minderheit zu sein, deren „Mutterland" in zumeist schwierigen Beziehungen zu Jugoslawien stand. Die *Bratstvo* begann 1959 als Beilage der Piroter Regionalzeitung *Sloboda* unter dem Namen *Svoboda* zu erscheinen. Eine wie auch immer geartete grenzüberschreitende kulturelle Kooperation existierte zu diesem Zeitpunkt überhaupt nicht.[160] Ab 1961 bezog die Redaktion eigene Räumlichkeiten in Niš und erschien seitdem als eigenständige Wochenzeitung unter dem Namen *Bratstvo*. Zudem wurde der Verlag „Bratstvo" gegründet, in dem die Vierteljahreszeitschrift für Kultur und Gesellschaft *Most*, von einer eigenen Redaktion betreut, zu erscheinen begann sowie eine Jugendzeitschrift.[161]

Gemäß den jugoslawischen Gesetzen über die nationalen Minderheiten erschien die *Bratstvo* auf Bulgarisch. Dem stellten sich ganz alltägliche Hürden in den Weg. Zu Beginn – noch als *Svoboda* – gab es Schwierigkeiten, Schreibmaschinen mit bulgarischen Lettern

---

158 Kakvo Polući Bălgarskoto Malcinstvo v bratskata obštnost ot ravnopravni narodi [Was die bulgarische Minderheit in der brüderlichen Gemeinschaft gleichberechtigter Völker erhielt], in: Glas na Bălgarite, Nr. 62, 20.3.1950, S. 4.

159 Kakvo Poluči Bălgarskoto Malcinstvo, S. 4.

160 Mladenov, Marin: Kogato polagahme osnovite na V. Bratstvo[Als wir die Grundlagen der Zeitung Bratstvo legten], in: Most, Nr. 87 S. 9–12.

161 Weshalb gerade Niš ausgewählt wurde, lässt sich nicht ganz genau sagen. In dieser Zeit war die Stadt Oberzentrum u. a. auch für die Gemeinden Pirot und Dimitrovgrad. Wahrscheinlich sollten auf diese Weise auch potentielle Streitigkeiten zwischen Dimitrovgrad und Bosilegrad im Hinblick auf eine eventuelle Bevorzugung bzw. Benachteiligung durch einen Redaktionssitz in einem der beiden Orte vermieden werden.

in Pirot aufzutreiben. Zunächst wurden die Texte deshalb an eine Lehrerin nach Dimitrovgrad geschickt, die diese auf ihrer bulgarischen Schreibmaschine abtippte, und gingen dann zum Druck zurück nach Pirot. Ein weiteres Hindernis zu Beginn war der Mangel an einzelnen Schrifttypen des bulgarischen kyrillischen Alphabets in der Druckerei. So behalfen sich die Setzer in Pirot etwa dadurch, dass sie das serbische *Љ* (*Lj*) nutzten, um ein bulgarisches Ъ, (der „Murmellaut“ ə – „er goljam“), also einen Vokal, herzustellen.[162]

> Es gab auch weitere Schwierigkeiten: Wir hatten keine bulgarischen Wörterbücher, keine Zeitungen aus Bulgarien, wir waren nicht auf dem Laufenden, was die neue bulgarische politische und wirtschaftliche Terminologie anbelangte, mit neuen Begriffen aus dem Bereich der Technik, Technologie, Sport... Dafür betrieben wir großen Aufwand und befragten eine Reihe unserer Landsleute (*našenci*, Anm. N. St.) – Ärzte, Ingenieure, Agronomen, Ökonomen, Pädagogen, Lehrer; wir suchten in der Literatur, in Enzyklopädien, versuchten es mit russischen Wörterbüchern, um für bestimmte Ausdrücke wie Kaufkraft, Arbeitsproduktivität, Verteilung finanzieller Mittel, Gesundheitsdienst, Kupferwalzwerk, Entlohnung nach Arbeit, Politik der Blockfreien, Sprungbrett, Buchmesse und viele andere Neologismen, die im Serbokroatischen im letzten Jahrzehnt entstanden waren, Entsprechungen im Bulgarischen zu finden, die wir nicht kannten. Uns unterstützten dabei einige Bedienstete in unserer Botschaft in Sofia, indem sie uns einige Pakete verschiedenster Zeitungen schickten. Zugleich begannen wir, aufmerksam Nachrichten auf Radio Sofia zu hören und die für uns interessanten Ausdrücke zu notieren.[163]

Es wird deutlich, dass bei diesem Unternehmen keinerlei Kontakte zu bulgarischen Stellen bestanden, von Zeitungen ganz zu schweigen. Selbst im Kosovo gab es trotz der notorisch schlechten Beziehungen zwischen Jugoslawien und Albanien im Hinblick auf Schulbücher einen offiziellen Austausch. Inwieweit hier das Zentrum solche Kontakte bremste oder ob es die lokalen Funktionäre waren, die aufgrund von Kontakten nach Bulgarien kein falsches Signal senden wollten, ist offen. Dass dies nicht ausgeschlossen ist, zeigte sich in der Reaktion der lokalen Parteileitung auf die Gründung der *Bratstvo*.

Die Platzierung der Redaktion in Niš verschaffte der Redaktion einige Freiräume. Zwar bestand die Aufgabe der Wochenzeitung darin, die Linie der Partei zu vermitteln, doch die lokalen Dimitrovgrader Funktionäre waren bei deren Gründung nur wenig involviert.[164] Diese kritisierten gleich nach dem Erscheinen der ersten Nummer, dass sie dazu nicht befragt worden war. Zugleich waren es v. a. die lokalen Funktionäre gewesen, die lange mit der Herausgabe einer bulgarischsprachigen Wochenzeitung gezögert hatten. Schließlich verging zwischen dem Ende der *Glas na Bălgarite* und dem Erscheinen der *Bratstvo* ein halbes Jahrzehnt. So viel Zeit benötigten die lokalen Funktionäre, um vermeintlich in Erfahrung zu bringen, aus welcher Richtung der Wind aus dem Zentrum blies und in welche er dann wechseln könnte. Hier wird erneut deutlich, wie es auch Marin Mladenov in einem Interview rückblickend betonte, dass die Schwierigkeiten nicht aus Belgrad kamen. Der

162 Mladenov, Kogato polagahme, S. 11.
163 Ebenda, S. 11.
164 Ebenda, S. 12.

vorauseilende Gehorsam und das Bemühen, bloß keinen ideologischen Fehler zu begehen, ließen die lokalen Kader lieber nichts tun und zugleich besonders streng in der Auslegung von Spielräumen sein.[165]

In jedem Fall handelte es sich insbesondere in den 1960er bis Mitte der 1970er Jahren um kein reines Verlautbarungsblatt der lokalen Parteiführung. Vielmehr dokumentiert sich in der *Bratstvo* der weiter oben beschriebene gesellschaftliche Transformationsprozess auch in seiner Konflikthaftigkeit und den durch die Veränderungen in den anderen Landesteilen geweckten Erwartungen der Bevölkerung, hinter denen der Aufbau neuer Infrastrukturen wie Strom, Wasserleitungen und Verkehrsnetz zurückblieb. Ganz anders als noch in der „Stimme der Bulgaren" mit ihrem steifen Verlautbarungsstil vermittelte sich in der *Bratstvo* nun die Selbstverständlichkeit, Teil einer jugoslawischen Öffentlichkeit zu sein.

Gerade dieses Phänomen eines zunehmend positiven Bezugs auf den jugoslawischen Staat, der sich in den 1960er Jahren entwickelte, blieb den bulgarischen Behörden entweder vollständig verborgen oder wurde von diesen nicht begriffen. Dies ist erstaunlich, konnte ihnen doch gerade der Kontrast des Warenangebots bei den Srešte und die Reisefreiheit der Jugoslawen vor Augen führen, warum sich die Menschen in Dimitrovgrad seit 1960 zunehmend nach Westen und immer weniger nach Osten wandten. Doch der bulgarische Staat hatte dafür nur die traditionellen Begriffe der Denationalisierung parat. So etwa forderte das bulgarische Außenministerium die bulgarische Botschaft in Belgrad auf, Informationen über die „denationalisatorische Politik" der jugoslawischen Regierung gegenüber der bulgarischen Minderheit in den „Westlichen Gebieten" zu sammeln. Darauf antwortete die Botschaft:

> Von einer offenen, äußerst denationalisatorischen Politik Jugoslawiens in der Caribroder und Bosilegrader Gegend kann nicht die Rede sein. Die bulgarische Sprache wird offiziell nicht verfolgt. In den Grundschulen und dem Gymnasium in Caribrod wird die bulgarische Sprache unterrichtet.[166]

Der Empfehlung des Außenministers, Vertrauenspersonen damit zu beauftragen, in Gesprächen mit den Einwohnern beider Städte mehr über die dortige politische Stimmung zu erfahren, wurde nicht entsprochen. Begründet wurde dies damit, dass es sich um Grenzzonen handele, daher vorher die Erlaubnis jugoslawischer Behörden einzuholen sei.[167] Dass sich die offizielle bulgarische Politik schwer damit tat, die Veränderungen in der Region zu verstehen, zeigte ein Initiativschreibenden des amtierenden bulgarischen Außenministers aus den 1960er Jahren, der ausschließlich eine „assimilatorische Politik" der jugoslawischen Regierung am Werk sehen konnte und weiterhin vollständig in den Kategorien jenes Nationalismus dachte, der bis zum Ende des Zweiten Weltkriegs vorherrschend war. Es sei zwar zutreffend, dass in den beiden Gemeinden der bulgarischen Minderheit alle Rechte

---

165 Tri od njakolkoto mi premeždia [Drei von einigen meiner Prüfungen], in: Bratstvo, Nr. 2227/28, 16.1.2009, S. 3. Marin Mladenov war Mitherausgeber, Autor von Kurzgeschichten und Professor für Bulgarische Sprache an der Belgrader Universität und prägte die Arbeit der *Bratstvo* und *Most* maßgeblich.

166 Chiffriertes Telegramm der bulgarischen Botschaft in Belgrad an das bulgarische Außenministerium, 24.10.1958; zit. nach ZP, Bd. 1, Dok. Nr. 410, S. 667.

167 Ebenda.

zuerkannt worden seien. Doch in den übrigen von einer „kompakten bulgarischen Masse" besiedelten Gebieten, „in den Gegenden von Leskovac, Crna Trava, Bela Palanka, Pirot und Zaječar" sei seit langer Zeit eine assimilatorische Politik am Werk, obwohl die Menschen dort bis in die Gegenwart in Sprache und Gebräuchen ihren „bulgarischen Ursprung und Charakter" bewahrt haben.

Doch auch in den beiden als Minderheit anerkannten Gemeinden gestalte sich die Lage desaströs. Ökonomisch seien die Gemeinden vollständig vernachlässigt. Dimitrovgrad sei „wegen seiner geografischen Lage ökonomisch etwas besser gestellt". Insgesamt aber herrsche „Verzweiflung". Dabei verfiel der Außenminister ganz in das Narrativ des „türkischen Jochs", indem er betonte, dass „die Steuerlast der Menschen unerträglich" sei. In erster Linie aber war es der Grad schwindenden Nationalbewusstseins, der dem Außenminister Sorge bereite. Es gebe zwar die *Bratstvo* und den Verlag, doch ihre Sprache sei „unmöglich, archaisch und eine Mischung aus serbischen und bulgarischen Wörtern und selbstverständlich mit sehr wenig Material zu Bulgarien, vollständig im Geiste der jugoslawischen Konzeption und nicht selten mit der Übernahme äußerst antibulgarischer Materialien." Auch mit dem Sprachgebrauch im Alltag sehe es demnach schlecht aus:

> Der allgemeine Eindruck ist, dass in Bosilegrad die bulgarische Bevölkerung dem Prozess der Assimilation vergleichsweise geschützter gegenübersteht, während in Dimitrovgrad und Surdulica nationales Bewusstsein, v. a. bei der jüngeren Bevölkerung, stark unter anderem Einfluss steht. Auf den Straßen, in den Läden spricht man dort serbisch oder in einem extrem schlechten Bulgarisch.[168]

Die von Außenminister Ivan Bašev vorgeschlagenen „Gegenmaßnahmen" zu einer vertieften kulturellen Zusammenarbeit, die solche Assimilation aufhalten sollte, wurden von bulgarischer Seite nie in dieser Form eingeleitet oder vereinbart. Dies deutet wiederum auf das faktisch geringe Interesse an diesen Gebieten seitens der damaligen bulgarischen Politik hin, trotz aller gegenteiliger Bekundungen und Empörung, wie die hier angeführte des Außenministers. Bei den Reflexionen des Außenministers handelte es sich zugleich um keine vereinzelte Position. Zwischen 1973 und 1975 wurden die immer gleichen Beobachtungen und Einschätzungen zwischen Botschaft, Außenministerium und Partei wiederholt.[169] Insbesondere aber wird deutlich, dass die offiziellen Stellen, die weiterhin trotz aller sozialistischer Rhetorik in ethnonationalen Kategorien dachten, sich keinen Begriff von den gesellschaftlichen Veränderungen machten, die seit Mitte der 1960er Jahre in Jugoslawien und damit auch in der Region eingesetzt hatten.

Der Sprachverfall war dabei ein zentrales Topos der Korrespondenz zwischen der Botschaft und den einzelnen Ministerien in Sofia. Wie gezeigt, war dies auch schon in den 1920er Jahren ein von Nationalisten oft beklagter Zustand. Zugleich handelt es sich um einen Diskurs, der mit der Grenzziehung 1878 zwischen beiden Staaten einsetzte. Die Berichte der Schulinspektionen seit dem Ende des 19. Jahrhundert sprechen bis zum Ausbruch

---

168 Memoir-Notiz des bulgarischen Außenministers Ivan Bašev an das ZK der BKP (ohne Datum); zit. nach ZP, Bd. 1, Dok. Nr. 417, S. 672–76.

169 Materialien der Botschaft der VR Bulgarien zu den jugoslawisch-bulgarischen Beziehungen für das ZK der BKP, 25.9.1975; zit. nach ZP, Bd. 1, Dok. Nr. 429, S. 697.

der Balkankriege unentwegt von der „großen Schwierigkeiten" beim Erlernen des serbischen bzw. bulgarischen Standards. Sowohl die serbischen als auch die bulgarischen Inspektoren zeigten sich notorisch unzufrieden mit dem Stand der Verinnerlichung der, wie sie es nannten, „richtigen Sprache". In beiden Staaten hat dies seitens der kulturellen und politischen Eliten einen Diskurs der „falschen Sprache" in der Region bis in die Gegenwart befestigt. In Bulgarien wird damit auf die Trner Region gezielt, in Serbien auf den so genannten Süden.

In diesem Diskurs wird ein Widerspruch sichtbar zwischen der Rhetorik des essentialistisch begründeten territorialen Anspruchs auf diese Gebiete und der gleichzeitigen Stigmatisierung der lokalen Sprache und damit ihrer Sprecher. Dabei zielt die Stigmatisierung nicht auf alle Dialekte oder Sprachvarianten in beiden Staaten allgemein. Der gängigen Vorstellung von einem nationalen Standard zufolge ist der reine Kern des Serbischen weiterhin in der Tradition von Cvijić im Herzegowinischen verortet. Wie Tanja Petrović feststellt, ist es in der Hauptstadt Belgrad kein Problem, sich mit einem bosnischen Akzent Gehör zu verschaffen.[170] Subaltern erscheinen nur die Dialekte aus dem Süden des heutigen Serbien. Hier wird nochmals deutlich, dass das serbische nationale Narrativ auf den Westen der Balkanhalbinsel, auf Bosnien und die Herzegowina fokussiert war und ist, die 1878 eroberten Gebiete im Süden erscheinen lediglich als Dreingabe. Ähnlich verhält es sich in Bulgarien mit dem Westen des Landes, und dies, obwohl sich die Hauptstadt im Zentrum des Šopluk befindet. Der Standard basiert dagegen auf ostbulgarischen Dialekten. Die lokale Sprache westlich von der bulgarischen Hauptstadt wird, wie es der soeben zitierte Außenminister bezeichnete, als „verdorbene" bulgarische Sprache (*iskvaren bălgarski ezik*) betrachtet.

Während der Feldforschung fiel auf, dass auf der bulgarischen Seite weitaus weniger selbstverständlich die regionale Sprache in der Kommunikation untereinander genutzt wurde als in der Dimitrovgrader Gegend. Zwar ist auf der serbischen Seite die lokale Sprache ebenso schambesetzt und die Sprecher empfinden sich als mängelbehaftet, jedoch ist deren Gebrauch bei weitem nicht so eingeschränkt wie in Bulgarien.[171] Zugleich hatte die lokale Sprache in Bulgarien kein Refugium wie in Dimitrovgrad, wo auf Ämtern, Schulen und am Arbeitsplatz die Nutzung der lokalen Sprache selbstverständlich war. Standard Sprechen war in Bulgarien offensichtlich noch stärker ein Ausweis von Loyalität. Daher scheint auf der bulgarischen Seite dieses Stigma intensiver verinnerlicht worden zu sein: „Wir sprechen komisch", war nicht nur einmal zu hören.

Die soeben beschriebene Situation der Minderheit, der Mangel an Kommunikation mit bulgarischen Institutionen hatte den paradoxen, nicht intendierten Effekt, dass die lokale Sprache gerade in einer Phase gestärkt wurde, als sie sich überall sonst in Europa als solche

---

170 Petrović, Srbija i njen Jug, 2015. Im serbischen nationalen Narrativ fungiert, wie auch schon in Kapitel 3 gezeigt, die Herzegowina und damit die ijekavische Variante des Serbischen als Kern aller nationalen Tugenden.

171 Dies geht durch alle Schichten hindurch. Zugleich ist es besonders ausgeprägt bei Gebildeten, wie eine Diskussionsveranstaltung mit Tanja Petrović in Pirot zeigte. Bei der Vorstellung ihres Buches kreiste die Diskussion v. a. um das von den Piroter Schriftstellern empfundene Problem, dass ihrer lokalen Sprache außerhalb der Region jede Möglichkeit von Prosa abgesprochen wurde, während sich dies bei anderen lokalen Sprachen ganz anders verhalte.

auf dem Rückzug befand. In den Gesprächen stellte sich heraus, dass der erwähnte Žorž Gajdarov mit seiner Uhrmacherwerkstatt einer der wenigen war, der in den 1960er Jahren noch auf dem Amt bulgarisch sprach. Dies trug dazu bei, dass ihn die jungen Menschen als wunderlich, aus der Zeit gefallen, wahrnahmen. Nur noch einige wenige Menschen, die bis Ende des Zweiten Weltkriegs die örtliche Mittelschicht gebildet hatten und zu deren Vorstellungen es gehörte, ihre gesellschaftliche Position durch die Verwendung der Standardsprache zu demonstrieren, lebten zu dieser Zeit noch in der Stadt. Bulgarische Wissenschaftler erklären dieses Phänomen mit einem mangelnden Prestige der bulgarischen Sprache insbesondere nach dem Zweiten Weltkrieg, wozu noch die unattraktive Variante des bulgarischen Sozialismus komme.[172]

Auch die Schaffung von Institutionen einer bulgarischen Minderheit, dem bulgarischen Schulunterricht oder dem neuen Publikationswesen, dem Recht, auf den Ämtern bulgarisch zu sprechen, trug zu dem paradoxen Effekt bei, dass unter den beschriebenen Bedingungen die lokale Sprache gestärkt wurde. Wenn es also auf dem Amt erlaubt war, in einer anderen Sprache als Serbokroatisch zu kommunizieren, dann bedeutete das hier für die meisten die Erlaubnis, die lokale Sprache zu verwenden. Durch die Entkoppelung von den Entwicklungen im bulgarischen Standard seit Ende der 1940er Jahre konnte sich zudem die lokale Sprache als maßgebliches Medium der Kommunikation in der Region behaupten. Während sich in Pirot in dieser Zeit der serbische Standard in der öffentlichen Kommunikation zunehmend durchsetzte, blieben Angestellte, Lehrer und Schüler in Dimitrovgrad bei der lokalen Sprache. Außer den angeführten bulgarischen Offiziellen störte sich kaum jemand daran.

Bulgarisch verwandelte sich unter diesen Bedingungen gleichsam in eine Zeremonialsprache, der sich die lokalen Funktionäre bei feierlichen Anlässen bedienten. Erst allmählich gegen Ende der 1980er Jahre bewirkten v. a. die elektronischen Medien Veränderungen im Hinblick auf die Bedeutung der lokalen Sprache. Bulgarisches Fernsehen war bis 1989 aufgrund von Störsendern nicht zu empfangen, lediglich bulgarisches Radio konnte in einigen Dörfern empfangen werden.

Auf der Ebene künstlerischer Artikulation ergab sich für jene, die in der *Most* oder *Bratstvo* publizieren wollten, die Schwierigkeit, dies nur auf Bulgarisch tun zu können. Insbesondere für Prosa und Lyrik bedeutete dies, sich in einer Sprache auszudrücken, die immer weniger genutzt wurde. Gleichzeitig waren Wochenzeitung und Monatsschrift die ersten und naheliegenden Zugänge für die Publikationen junger Autorinnen und Autoren. Das hatte allerdings zur Folge, dass ihr Leserkreis zunächst auf ein bulgarischsprachiges Publikum eingeschränkt blieb. Indikativ ist dafür der Werdegang des bereits erwähnten Schriftstellers Detko Petrov, dessen Erzählungen in ihrer bitteren Lakonik jenseits von Dorfidylle und Heimattümelei standen. Aus Dimitrovgrad von der Schule geworfen, been-

---

172 Gespräch mit der Ethnologin Tanja Boneva von der Universität Sofia, die diese Beobachtungen noch dahingehend zuspitzte, die Menschen in der Region hätten die serbische nationale Ideologie zu sehr verinnerlicht, die der bulgarischen Kultur einen niederen Rang zuweisen würde. Auf Hinweise weiterer Gesprächsteilnehmer, dass Boneva die spezifische jugoslawische Erfahrung nicht berücksichtige, die ganz unideologisch zu einer Entfernung vom bulgarischen kulturellen Kontext beigetragen habe, gab es von Boneva keine Antwort. Gespräch mit Tanja Boneva, Elizabeta Georgieva und Cvetko Ivanov in Dimitrovgrad, 2.6.2015.

dete er das Gymnasium in Pirot und studierte dann in Belgrad. Seine Erzählungen und Romane sind in einem ganz individuellen serbokroatischen Standard geschrieben, handeln aber zumeist von der Region. Nur die Sujets änderten sich mit der Zeit, nachdem er sich in Bosnien niederließ, und dort schließlich fanden seine Arbeiten als die eines bosnischen Schriftstellers Eingang in die Sammlung der wichtigsten bosnischen Prosawerke. Hier zeigen sich die erwähnten Grenzen der affirmativen Fokussierung auf ethnische Zugehörigkeit. Gerade jene Individuen, bei denen der Versuch besonders sichtbar war, sich von den geltenden Zuschreibungen zu lösen, waren systematisch und permanent damit konfrontiert. Es ist indikativ, dass es eine Korrelation zwischen der Ablehnung des neuen gesellschaftlichen Konformismus gab und dem Bedürfnis, ethnonationalen Zuschreibungen zu entgehen.

6.4.2 Eindeutige Geschichten über mehrdeutige Vergangenheiten

Bereits in der ersten Phase, in der die Institutionen nationaler Minderheiten im Allgemeinen und hier der bulgarischen im Besonderen entstanden waren, wurde ein Moment sichtbar, das über die gesamte Zeit des sozialistischen Jugoslawien präsent bleiben sollte. Es handelt sich um den Widerspruch der Konstitution von bulgarischer Minderheit als Ausweis der Toleranz der neuen staatlichen Ordnung und der Beziehungslosigkeit dieser Kategorie gegenüber jeglicher Vergangenheit in der Region. Die unter dem Stichwort Minderheit zusammengefassten Menschen blieben ein geschichtsloses Kollektiv. Sie stellen lediglich eine ontologische Tatsache dar.

Zwei Punkte sind in diesem Zusammenhang von Bedeutung: erstens die systematisch in der herrschenden föderativen Ordnung ausgeschlossene Möglichkeit individueller Artikulation, nur die kollektive Form ethnischer Zuordnung hatte Gültigkeit, sowie zweitens die gleichzeitige Geschichtslosigkeit der Formation solcher Minderheit. Geschichtslosigkeit nicht im Sinne der Absenz eines konventionellen ethnonationalen Narrativs, vielmehr die Absenz einer Vorgeschichte und Geschichte der Integration Caribrods/Dimitrovgrads in den neuen gemeinsamen Staat, außerhalb der Formel des Volksbefreiungskrieges. Die Fokussierung auf die Volksbefreiung und den Anteil der Minderheit daran war zwar eine Möglichkeit, die Hürden zu umgehen, die Erinnerungen an Konflikte und Repression für die dauerhafte Integration solcher Gebiete beinhalten konnte. Doch in Situationen wie der Krisenzeit Ende der 1980er Jahre, in denen dann ein neues Bedürfnis nach Selbstvergewisserung entstand, lieferte die dauerhafte Stärkung kollektivistischer Formen von Erinnerung im Realsozialismus die Basis für einen entfesselten Ethnonationalismus. Da sich Selbstverständnisse bis dahin immer nur in einer konformistischen, nicht subjektiven Form artikulieren konnten, waren kaum Anknüpfungspunkte für andere, individuelle, mehrdeutige Formen von Erinnerung gegeben. Damit waren die berechtigte Notwendigkeit, eine spezifische Erfahrung zu artikulieren, und die Anerkennung einer abweichenden Erfahrung, ohne gleichzeitig in ethnisierende Raster zu verfallen, sehr erschwert. Dies lässt sich anhand der Formen nachvollziehen, in denen in Dimitrovgrad Vergangenheit thematisiert wurde.

Wie wurde nun über die Geschichte von Stadt und Umgebung in der hier im Mittelpunkt stehenden Zeit zwischen den 1960er und 1980er Jahren reflektiert? In publizistischer Form waren es wenige kleinere Artikel, die einzelne Begebenheiten aus der Vergangenheit der umliegenden Dörfer aufgriffen, die in der *Bratstvo* erschienen, und dies hauptsächlich zu Beginn der 1960er Jahre. Interessant ist, dass sich die Zeitschrift *Most* überhaupt nicht der regionalen Vergangenheit widmete, sondern, wenn überhaupt, dann der Geschichte im

Großformat, und dabei v. a. die Glanzpunkte serbisch-bulgarischer Beziehungen in den Mittelpunkt stellte, etwa wie jene Mitte des 19. Jahrhunderts, als viele bulgarische Intellektuelle für einige Zeit im Fürstentum Serbien lebten.[173]

Im Unterschied zu der Sphäre des allgemeinen jugoslawischen bzw. Republiks-Meisternarrativs, in der die dafür zuständigen wissenschaftlichen Institutionen wirkten, geschichtswissenschaftliche Institute zuverlässige Autoren und Rezensenten stellten, die historische Zunft um Möglichkeiten und Grenzen von Themen wusste, schien es im provinziellen Kontext, der dazu noch mit dem Stichwort bulgarische Minderheit aufgrund der permanent schwierigen Beziehungen zur Volksrepublik Bulgarien besonders aufgeladen war, ungleich schwieriger, sich in dem verfügbaren Erzählrahmen zurechtzufinden. Insbesondere wenn es keine wissenschaftlichen Gewährsleute gab, die als Autoritäten fürs Lokale die Richtung vorgeben konnten, wie etwa Vladimir Stojančević vom Historischen Institut in Belgrad – wie im Eingangskapitel erläutert – das lokale historische Narrativ für Pirot ein halbes Jahrhundert hatte prägen können.

Die Funktionäre der Partei in Dimitrovgrad sahen sich dahingehend vor einer doppelten Schwierigkeit: Einerseits waren Verdienste nicht nur in der Gegenwart, sondern ganz besonders in der Vergangenheit, im „Volksbefreiungskampf“, wichtig für das weitere Vorankommen. Jede Gemeinde, die etwas auf sich hielt, veröffentlichte dazu mindestens eine Dokumentation.[174] Andererseits war, wie oben gezeigt, Widerstand und Besatzung in der Stadt Teil zweier Meisternarrative, des jugoslawischen wie des bulgarischen, und dazu noch mit einer ganzen Reihe schwieriger Fragen verbunden, für die es noch keine Sprachregelungen gab. Deshalb bewegten sie sich hier auf ganz besonders unsicheren Boden.

Während es wie gesagt vereinzelt kurze Einlassungen zur Vergangenheit einiger weniger Dörfer gab, wurde interessanterweise nichts über die Stadt geschrieben. Bogdan Nikolov veröffentlichte dann zu Beginn der 1960er Jahre eine kleine Chronologie für die Gegend seit den Anfängen menschlicher Besiedlung, die sich auf die Nennung wichtigster Daten beschränkte. Ebenso erschien ein schmales Bändchen über die sozialistische Bewegung in der Region.[175]

Bogdan Nikolov wurde anschließend von der örtlichen Parteileitung 1966 verpflichtet, seine Chronologie zu einem Buch auszubauen und einen Schwerpunkt auf den Volksbefreiungskampf zu legen. Das Buch sollte bei dem Verlag der Minderheit, Bratstvo, erscheinen, der auch die Federführung für das Projekt übernahm. Offensichtlich ging zu diesem Zeitpunkt niemand davon aus, dass die Schwierigkeiten nun erst richtig beginnen sollten, die sogar in einem der wichtigsten Nachrichtenmagazine Jugoslawiens, im *NIN*, Widerhall finden sollten.[176]

---

173 Ignjatović, Đorđe: Štampanje bugarskih knjiga i listova u srpskim štamparijama (1833–1878). Kulturna saradnja Srba i Bugara u 19. veku, Beograd, 1980.

174 Die ausgesprochen kleine Gemeinde Crna Trava, die aber gleichzeitig das einzige über die gesamte Besatzungszeit freie Territorium in Serbien war, veröffentlichte schon Ende der 1960er eine imposante 400-seitige Monografie über Geschichte und Partisanenkampf in: Kostadinović, Radomir: Crna trava i Crnotravci, Leskovac, 1968.

175 Nikolov, Bogdan: Za Svoboda i Socializăm, Niš, 1966. Ders.: Hronologija na po-važni săbitija v Dimitrovgrad, Niš, 1963.

176 Miletić, Vlada: Hronika o jednom falsifikatu, in: NIN, Nr. 1020, 26.7.1970, S. 12 f.

Wie schwierig und unvorhersehbar Reaktionen auf Reflexionen über Geschichte sein konnten, musste Bogdan Nikolov erfahren, als er seine Chronologie in einer ausführlichen, überarbeiteten Form veröffentlichte. Ohnehin mit einer Vergangenheit als Informbirovac belastet, hatte er sich in seiner Chronologie, die den Volksbefreiungskampf fokussiert, zwar an das geltende Narrativ gehalten, dennoch wurde das Buch verboten und Nikolov aus dem BdKJ ausgeschlossen.

Es ist unklar, ob es einen „Wink von Oben“ gab oder die Initiative aus seinem nächsten Umfeld, der Dimitrovgrader Parteileitung, erfolgte. Doch vieles spricht dafür, dass der Impuls nicht aus dem Zentrum, sondern aus dem lokalen SUBNOR kam.[177] Dieser war es, der bei Erscheinen des Buches die Klage zu dessen Verbot einreichte.[178] Was 1970 aus Sicht des SUBNOR unmöglich war, erscheint heute kaum nachvollziehbar: Inkriminiert wurde, dass Nikolov schrieb, es habe eine Zusammenarbeit in der Gegend zwischen Kommunisten aus beiden Partien (KPJ und BRP(k)) gegeben, ohne dass diese von den Parteileitungen verbredet gewesen sei. Ärger bereitete auch die Feststellung Nikolovs, die Jugendorganisation der bulgarischen Kommunisten in Caribrod sei gut verankert gewesen. Ebenso wurde angeprangert, dass Nikolov Quellenmaterial aus Sofia beschafft habe, angeblich gefälschte Quellen aus dem bulgarischen „Partarhiv“ nutze. Tatsächlich hatte Nikolov in Sofia die Erlaubnis erhalten, das Material der BKP zur Geschichte der lokalen Widerstandsbewegung zu verwenden. Für den Kläger handelte es sich dabei um im Nachhinein gefälschtes Material. Offensichtlich betrachtete der SUBNOR bzw. dessen Vorsitzender Srba Zlatković[179] die enge Verbindung und Zusammenarbeit mit Kommunisten aus Bulgarien während der Besatzungszeit nun, Ende der 1960er, als absolut nicht zu erwähnendes, unwichtiges Detail, v. a. aber sah Zlatković gerade Bogdan Nikolov als nicht befugt, über diese Dinge zu schreiben. Auch der Bericht im *NIN* suggerierte, dass es sich um vollständig absurde Behauptungen handelte, wenn von einer Kooperation mit bulgarischen Kommunisten und ganz zu schweigen von einem Einfluss der BRPk auf den Widerstand in der Region die Rede war.

In diesem Konflikt zeigte sich jedoch gleichzeitig ein spezifischer Spielraum, der Anfang der 1970er noch existierte. In ihrer Mikrogeschichte des *Verlages des 20. Jahrhunderts* arbeitete Dubravka Stojanović heraus, dass es sich bei der Beziehung zwischen dem jugoslawischen Staat und der Öffentlichkeit keineswegs um ein starres autoritäres System handelte, sondern sich auf vielen Ebenen Möglichkeiten auftaten, in denen Funktionäre entscheiden konnten, welche Spielräume sie in Konfliktsituationen nutzen wollten und

177 SUBNOR: Savez udruženja boraca Narodnooslobodilačkog rata Jugoslavije (Bund der Vereinigung der Kämpfer des Volksbefreiungskrieges Jugoslawiens). Der Veteranenverband war politisch einflussreich und seine prominenten Mitglieder beteiligten sich an allen geschichtspolitischen Debatten in Jugoslawien.

178 In NIN betonten die örtlichen Parteiführer, sie hätten bei einer ersten Vorlage des Manuskripts, das den Titel *Leben zwischen den Grenzen* trug, auf „Fehler“ hingewiesen, doch die überarbeitete Version sei ihnen nicht vorgelegt worden. Sie hätten erst bei Erscheinen des Buches 1968 – nun mit dem Titel *Dimitrovgrader Chronik* – feststellen können, dass sich nichts verändert hatte. Miletić, Hronika, 1970, S. 12.

179 Srba Zlatković war Mitglied der illegalen kommunistischen Jugendorganisation und beteiligte sich am Widerstand gegen die bulgarische Okkupation. Später war er einflussreicher Funktionär sowie Vorsitzender der SUBNOR Dimitrovgrad.

welche nicht.[180] So konnte der Verlag – freilich mit dem wesentlichen Unterschied einer weitaus besseren Vernetzung der inkriminierten Autoren in der Metropole – trotz scharfer Angriffe einiger Parteiideologen an seinem Programm festhalten. Die Bedingungen für solche Spielräume waren in der Provinz weitaus ungünstiger, noch dazu in einer Grenzregion mit einem belasteten Verhältnis zum Nachbarstaat – worauf der Autor des Beitrags im *NIN* immer wieder anspielte. Die örtliche Parteileitung reagierte auf jeden leisesten Anflug möglicher Zweifel seitens der Republikführung an ihrer Loyalität mit hektischer Aktivität. Demgegenüber zeigten sich die Redaktion und Herausgeberschaft der *Bratstvo* überraschend stur und stellten sich hinter ihren Autor.[181] Eine Bedingung für ein solches unabhängiges Verhalten war, dass die *Bratstvo* als kulturelle Einrichtung der bulgarischen Minderheit aus den Mitteln der „Gemeinschaft für Kultur" der Sozialistischen Republik Serbien finanziert wurde, nicht aber von der regionalen und lokalen Verwaltung.

So mussten die lokalen Funktionäre Gerichte bemühen, um ein Verbot des Buches zu erreichen.[182] Doch auch hier war es nicht selbstverständlich, eine eindeutige Entscheidung zu erwarten. Das Gericht folgte in seinem Urteil zwar der Klage der lokalen Parteileitung sowie den Empfehlungen der Nišer Interkommunalen Konferenz, doch verwies es darauf, dass das Verbot weniger in den einzelnen Stellen des Buches begründet war als in einer beobachteten intensivierten Propaganda aus Bulgarien, der es auch um die Destabilisierung der Dimitrovgrader Region ginge. Auch der Beitrag im *NIN* argumentierte in diese Richtung, indem die Stadt als „gradčeto na granicata" („das Städtchen an der Grenze") mit der Verwendung einer bulgarischen Formulierung ironisierend bezeichnet wurde. Trotz aller Unterschiede zwischen den beiden Epochen blitzte hier die Wahrnehmung als Frontstadt aus der Zwischenkriegszeit wieder auf: Im *NIN* hieß es, die Funktionäre der bulgarischen KP täten alles, um die Menschen auf der jugoslawischen Seite der Grenze für sich zu gewinnen. Die Dimitrovgrader würden mit besserer Bezahlung als die Bulgaren zum Arbeiten nach Bulgarien gelockt, sie erhielten dort privilegierte medizinische Behandlung, zunehmend tauchten bulgarische Offizielle in der Stadt zu Propagandazwecken auf. Das Wirken

---

180 Vgl. Stojanović, Dubravka: Noga u vratima, Beograd, 2011.

181 Das Buch war allerdings noch nicht ausgeliefert worden, sondern befand sich für die gesamte Zeit des Rechtsstreits in der Druckerei in Leskovac. Miletić, Hronika, 1970, S. 12. Der Autor führt an, dass Bratstvo dem Gesetz nach dazu berechtigt war. Was der Verlag dann auch tat: „Da sich die Dinge überhaupt nicht vom toten Punkt bewegten, denn Bratstvo war dem Gesetz nach dazu berechtigt, das Buch in den Verkauf zu geben, wann es nur wollte, entschließen sich alle örtlichen gesellschaftspolitischen Organisationen, ein gemeinsames Treffen der noch lebenden Widerstandskämpfer aus dieser Gegend zusammenzurufen, der Vertreter aller Organisationen der Gemeinde, und der Vertreter von Bratstvo." Allerdings kam eine solche Versammlung erst im Oktober 1970 zustande, wiederum erfolglos. Erst dann nahmen sich die „Međuopštinske Konferencije" von Niš (da administrativ für Dimitrovgrad zuständig) und Vranje (da die Druckerei in Leskovac dort ihren Sitz hatte) der Sache an.

182 Den Dimitrovgrader Funktionären war die durch die räumliche Entfernung entstandene Unabhängigkeit der *Bratstvo* offenbar ein Dorn im Auge: „Wie die Bezirksleitung erst aus Dimitrovgrad nach Pirot und danach nach Niš gewandert ist, so ist damit auch die Redaktion unserer bulgarischen Zeitung mitgewandert. Nun ist sie schon seit Jahren in Niš – das im Vergleich zu uns eine Großstadt ist, und dazu noch großzügig aus dem Budget der Republik finanziert wird – und so hat sich die *Bratstvo* allmählich von unseren wirklichen Problemen entfernt. Ich denke, dass die einzige Medizin die Rückkehr der Redaktion in die Gegend ist, wegen der sie überhaupt existiert. Ansonsten wird die Kluft nur weiter wachsen..." Miletić, Hronika, 1970, S. 12.

Bogdan Nikolovs mit seiner misslungenen Monografie sei in diesem Zusammenhang zu sehen.[183]

Geschichte in der Peripherie war demnach ein diffiziles Unternehmen. Gleichwohl konnte die lokale Parteiführung sich nicht automatisch durchsetzen, wie es ihrem Selbstverständnis entsprach. Die lokalen Parteifunktionäre waren aber nicht einfach nur der verlängerte Arm des Zentrums, der mit Selbstvertrauen zupackte, wenn es erforderlich war.

Letztlich war es ein äußerst ungünstiger Ausgang für die lokale Parteileitung, die in dieser Beschreibung ganz das Stereotyp des ungeschickten und einfältigen lokalen Funktionärs bediente, was sich an dem ironischen Unterton des Berichts im *NIN* nachvollziehen lässt. Der Autor ließ jedoch gleichzeitig keinen Zweifel an der falschen und feindlichen Einstellung des Buchautors, der bulgarische Bücher zitiert habe, die von „erklärten Feinden unseres Landes verfasst wurden".

Was nach diesem Skandal geschah, sagt einiges über die soeben angedeutete unvermittelte Verschränkung von Herrschaft und historischer Sinnstiftung in der Provinz aus. Nur kurze Zeit später gehörte der Initiator der Klage, der Vorsitzende des SUBNOR Srbislav Zlatković, einem Ausschuss an, der eine wissenschaftliche Monografie der Geschichte der Stadt verfassen sollte. Zlatković selbst war für den historischen Teil zuständig, während für Wirtschaft und Landwirtschaft die Autoren Cvetan Vasev und Gavrilo Vidanović verantwortlich zeichneten. Die Wissenschaftlichkeit des Werkes sollte durch Rezensenten des Instituts für die Neuere Geschichte Serbiens gewährleistet werden, in deren Reihe das Buch auch herausgegeben werden sollte.

Als diese Monografie dann schließlich 1989 erschien – mehr als anderthalb Jahrzehnte nach Beginn der Arbeit einer dafür eigens gegründeten Kommission in der Gemeinde – beschuldigte Bogdan Nikolov das Autorenkollektiv und damit besonders Zlatković, sie hätten die von ihm seinerzeit genutzten Quellen und Literatur verwendet, v. a. aber hätten sie ganze Passagen seines verbotenen Buches plagiiert. Was Nikolov besonders empörte, war die Tatsache, dass die damals inkriminierten Passagen zur Rolle der BRP(k) in der Region schlicht ohne Erwähnung der Quellen übernommen wurden.[184] Insbesondere die zuvor als Fälschung abqualifizierte Quellensammlung aus dem bulgarischen Partarhiv fand in der neuen Monografie selbstverständliche Verwendung.[185]

Mehr als ein halbes Jahrzehnt hatten die Beratungen einer eigens dafür von der lokalen Parteiführung eingesetzten Kommission sowie die Autorisierung des Buches durch maßgebliche Stellen gedauert. Nicht zufällig hatte seinerzeit der Beitrag im *NIN* mit einem vieldeutigen Hinweis geendet:

> Doch dem Autor – wenn es denn wieder einen geben sollte – eines neuen und richtigen Buches über die Kämpfe auf dem Gebiet des Städtchens im Schatten der Grenzlinie wird die Arbeit bleiben, genau die Positionen und Kräfteverhältnisse zu be-

183 Ebenda.

184 Nikolov, Bogdan: Knigata „Dimitrovgrad 1877–1945" Očebiešt Plagiat na Mojata Kniga, in: Most, Nr. 123, S. 72–79.

185 Nikolov führte die inkriminierten Teile an, um dann deren Version in der Monografie gegenüberzustellen. Ebenda.

stimmen, die in der Schlacht um das erste Buch über die Geschichte Dimitrovgrads deutlich geworden sind.[186]

Anhand der Affäre um die Geschichte der Stadt werden damit zwei zentrale Punkte deutlich, die wesentlich für das Verständnis von Vergangenheiten an der Grenze sind: erstens die enge Verzahnung von Herrschaft und Geschichtsschreibung, zweitens die Struktur solcher Narrative und die Formen, in denen sich solche Erzählungen verändern konnten – oder auch nicht.

Die lokale Öffentlichkeit war nur in zweiter Linie Adressat einer Legitimationsgeschichte. In erster Linie ging es den Autoren, hauptsächlich aber den Vertretern des SUBNOR darum, ihren Beitrag zur herrschenden Ordnung hervorzuheben, sich als Teil dieser Herrschaft zu legitimieren. Zugleich erweckte der Inhalt weniger den Anschein einer wissenschaftlichen Monografie, als die Funktion eines Kompendiums von Sprachregelungen für alle historischen Epochen, die dann offiziell genutzt werden konnten.

Dass diese Geschichte nahezu zeitgleich mit dem Ende der Herrschaftsform zusammenfiel, vor der sie sich und die sie legitimieren sollte, mag ironisch auf die Beschränktheit solcher Selbstprovinzialisierung verweisen. Schließlich sollte ein möglichst makelloser Beitrag angefertigt werden, der sich widerspruchsfrei in das glänzende große Ganze einfügte. Daran war freilich besonders in dieser Gegend lange zu feilen. Dass jene Quellen, die bei Nikolov noch als Grund für das Verbot herhielten, nun genutzt werden konnten, hing dagegen kaum mit der verstrichenen Zeit zusammen. Wie zuvor blieb es entscheidend, wer mit welcher Autorität und welchen Meriten über fragwürdiges Material verfügen konnte: Vertreter des offiziellen SUBNOR konnten es problemlos, im Unterschied zu einem Autor, auf dem ohnehin durch die IB-Zeit ein Schatten der Illoyalität lastete.

Der zweite zentrale Punkt betrifft die Strukturierung des Narrativs. Wie schreibt man eine Geschichte einer nationalen Minderheit, die zugleich ohne Verweis auf die Nation bzw. den Staat auskommt, mit dem diese Minderheit zusammenhängt?[187] Vor diese Aufgabe sahen sich die Autoren gestellt. Der gegenwärtige Legitimität verleihende jugoslawische Rahmen wurde dabei auf die Vergangenheit zurückprojiziert und konnte daher nicht bulgarisch sein. Dass kaum auf die bulgarische Forschung zurückgegriffen und keine Quellen aus bulgarischen Archiven genutzt wurden (außer jenen, die Nikolov zusammengetragen hatte, und die dann nicht genannt wurden), begründete man damit, dass jene Quellen, die von den bulgarischen Behörden zur Verfügung gestellt worden seien, „nur ihren (bulgarischen) nationalistischen Wünschen und territorialen Prätentionen dienen".[188]

Die Periodisierung der Monografie folgte der in Serbien gängigen, freilich mit dem Problem, dass die Stadt mehr als vier Jahrzehnte zu einem anderen Staat gehört hatte. Formell handelte es sich um eine der Chronologie wechselnder Staatlichkeiten und Herrschaftssysteme folgenden Periodisierung, freilich mit einer spezifischen Gewichtung. Acht Seiten waren der osmanischen Epoche vorbehalten. Die Zeit im bulgarischen Staat wurde

---

186 Miletić, Hronika, 1970, S. 12.

187 Nach der jugoslawischen Formel waren Minderheiten oder später „narodnosti" nämlich solche, deren Nationalstaat bzw. nationales Zentrum sich im Unterschied zu den jugoslawischen „narodi" („Völker") außerhalb des jugoslawischen Staatsgebiets befand.

188 Zlatković/Vasev/Vidanović, Dimitrovgrad, 1989, S. 463.

auf 25 Seiten abgehandelt. Dabei standen wirtschaftsgeschichtliche Daten zum Handwerk im Vordergrund sowie eine knappe Beschreibung der Zusammenarbeit der beiden sozialdemokratischen Vereinigungen in Pirot und Caribrod. Kultur, Politik, Parteien und Akteure dieser Zeit blieben blass oder vollständig anonym. Der Zwischenkriegszeit wurden, wegen des erwähnten „Kanals der Komintern", v. a. aber der „Vorgeschichte" der KPJ in dieser Gegend, 98 Seiten eingeräumt. Den Schwerpunkt bildete der Widerstand im Zweiten Weltkrieg mit 223 Seiten. Hinzu kam ein Apparat zu den Biografien der Widerstandskämpfer und mit weiteren Angaben zum Widerstand auf noch einmal 50 Seiten. Dabei ist zu betonen, dass sich dieser Hauptteil zum Widerstand gegen die bulgarische Besatzung insbesondere mit den Geschehnissen zwischen Frühjahr und Herbst 1944 beschäftigte, die Monografie damit von einem sehr engen chronologischen Ausschnitt dominiert wurde. Diese Gewichtung führt die legitimatorische Funktion solcher Monografien plastisch vor Augen. Entgegen dem Titel *Dimitrovgrad 1877–1945* handelte das Buch von der Phase zwischen 1920 und 1945, womit relevante Vergangenheit auf diese Zeit zusammenschrumpfte.

Das, was als „jugoslawisches Narrativ" in der Monografie bezeichnet werden kann, war der offiziellen Historiografie folgend ohnehin auf die Periode des Widerstandes eingeschmolzen. Spätestens seit den 1960er Jahren bestand das Problem, dass die noch bis Anfang der 1960er gängige Einfügung der ethnonationalen Partikulargeschichten in ein jugoslawisches Ganzes von der Partei selbst nicht mehr forciert wurde und als Unitarismus gebrandmarkt worden war. Nun entwarf jede Republik ihr eigenes historisches Narrativ.[189] Zweitens funktionierte umgekehrt eine exklusiv ethnische Erzählung, wie sie sonst danach zumindest auf Republikebene (und mit Ausnahme Bosnien-Herzegowinas) üblich geworden war, in diesem konkreten Fall aufgrund der explizit negativen Zuschreibungen von Bulgarisch nicht, die beständig mit dem Präfix „faschistisch" versehen wurden, wenn von der Okkupation im Zweiten Weltkrieg die Rede war, bzw. „chauvinistisch", wenn es sich um die Gegenwart handelte.

Für diese Schwierigkeit fanden die Autoren eine recht einfache Lösung: Sie lehnten sich in der Beschreibung der Vergangenheit insgesamt an das geltende serbische Narrativ an. Die Verbundenheit zwischen den Menschen dieser Region und Serbien wurde durch das „gemeinsame Band des Kampfes gegen die Türken" betont. „Diese Verbindung der Bevölkerung dieser Gegend mit dem serbischen Volk wurde bis in die Gegenwart nicht unterbrochen, ungeachtet aller turbulenten historischen Ereignisse in der Vergangenheit".[190] Zlatković verwies, ganz im Sinne der von Vladimir Stojančević geprägten Piroter Geschichtsschreibung, auf die Tatsache, dass die Gegend zuallererst von Serbien befreit worden war.[191]

---

189 Vgl. Höpken, Wolfgang: Zwischen nationaler Sinnstiftung, Jugoslawismus und „Erinnerungschaos". Geschichtswissenschaft und Erinnerungskultur in Serbien im 19. und 20. Jahrhundert, in: Österreichische Osthefte, Sonderheft Serbien und Montenegro, Wien, 2006, S. 354–91.

190 Zlatković/Vasev/Vidanović, Dimitrovgrad, 1989, S. 43.

191 Weiter hieß es, die serbische Armee habe das Ponišavlje befreit und eine Provinzialverwaltung eingerichtet. Die Großmächte seien dann jene gewesen, die mit dem Vertrag von San Stefano und dem Berliner Kongress das „Territorium umschneiderten": „Die Entscheidungen des Berliner Kongresses haben am stärksten die Bevölkerung der Caribroder Gegend betroffen", indem sie von ihrer natürlichen Verbindung nach Pirot getrennt wurden – die Piroter, die nach Caribrod kämen, um ihre Kon-

Gleichwohl war das serbische Narrativ unter den Bedingungen des Staatssozialismus mit deklarativem Antiimperialismus grundiert: Die politische Gewalt, die mit der Entstehung der Grenze einherging, wurde mit den Bestrebungen der Großmächte sowie der „großserbischen und großbulgarischen Bourgeoisie“ erklärt. Die Grenzen seien von den Großmächten gezogen worden.

> Kaum eine der Großmächte berücksichtigte bei den Grenzziehungen die Interessen der kleinen Völker, obwohl sie deren Verbündete in den Kriegen gewesen waren. Solche Grenzen erzeugten Zwietracht, nicht zwischen den Bevölkerungen, die an der Grenze lebte, sondern zwischen den Nachbarstaaten, die in schwereren Fällen auch zu Kriegen führte. So war es auch an dieser jugoslawisch-bulgarischen Grenze, angefangen von der Befreiung von den Türken, dem Vertrag von San Stefano, über den Berliner Kongress bis hin zur Vereinbarung von Neuilly.[192]

Ebenso wurde alles, was mit Bulgarien in Bezug stand, ausdrücklich negativ konnotiert. Letztlich ging es dabei darum, vor jeglichen Kontakten zu diesem Staat zu warnen, da die Vergangenheit gezeigt habe, dass dies denn Menschen nur Unglück bringen könne. Dies galt für die Zwischenkriegszeit, für die Zeit des IB – und ebenso für die Gegenwart:

> Eine solche Emigration, einschließlich der engeren und weiteren Verwandtschaft, die hier geblieben war, war ein potentieller Komplize in der Verwirklichung großbulgarischer Tendenzen und wurde intensiv für verschiedene Diversionen auf jugoslawischem Territorium genutzt, in der Zwischenkriegszeit, aber auch in der neueren Geschichte, in der Nachkriegszeit, in der Phase des Informbüro in den 50er Jahren.[193]

Es ist bezeichnend, dass für die Autoren auch viele Jahre später jene Familien potentiell verdächtig waren, deren Angehörige in den 1950er Jahren nach Bulgarien geflohen waren.

Eigentümlich ist jedoch vor dem Hintergrund des bisher Ausgeführten die Form, in der die Autoren der Monografie den Erinnerungen von Stefan Hristov, die sich auf die 1920er Jahre in Dimitrovgrad beziehen (siehe Kapitel 5), jede Bedeutung absprechen. Auf diesem lagen große Schatten des Verdachts, weil Hristov Mitglied der BKP gewesen war. Hier schoben sich die Konfrontationen mit dem bulgarischen Staat und Partei seit 1948 vor die Erfahrungen der 1920er Jahre. In keinem Augenblick wurde bei der Bewertung der Erinnerungen und auch seiner Bedeutung für den Aufbau einer kommunistischen Organisation in Stadt und Umgebung mitbedacht, dass es selbstverständlich war, dass die wenigen Kommunisten in der Gegend um 1920 BKP-Mitglieder waren, da sie zumeist schon Mitglieder der „Tesnjaci“, der bulgarischen „engen Sozialisten“ der Vorkriegszeit waren, während die KPJ selbst noch im Entstehen und in Caribrod nicht präsent war. Aus den bisher ausgewerteten Quellen geht nicht hervor, dass dies ein Problem für die Piroter und Caribroder

---

takte nach Sofia aufrechtzuerhalten, würden nicht erwähnt. Es sei kein Zufall, dass sich die Bevölkerung dieser Gegend an Serbien wende, um mit „den Serben vereint zu bleiben“. Damit wird die „Bindung an Bulgarien“ als ursächlich für die Konfrontation zwischen den nationalen Bourgeoisien Serbiens und Bulgariens gesehen. Ebenda, S. 49.

192 Ebenda, S. 68.

193 Ebenda.

Genossen war.[194] Es zeigt nur, wie fern und fremd die Welt um 1920 in Caribrod im Jahr 1989 den Dimitrovgrader Autoren der Monografie schien.

Noch weniger fanden die Autoren Begriffe für etwas, das als gesellschaftliche Praxis bereits eine jugoslawische Dimension beinhaltete. Kritik daran kam nicht von Bogdan Nikolov, der sich ganz auf den Nachweis des Plagiats konzentrierte. Es war ein Akteur der damaligen Geschehnisse, Hristo Andonov, der die Engführung der Vergangenheit am serbischen Narrativ in seiner Kritik der Monografie aufgriff.[195] Die Kritik zeigt anschaulich, welche Akzente in dem geltenden eingeschränkten Rahmen gesetzt werden konnten, der nur das offizielle national eingefasste Narrativ des Widerstands zuließ und sich in einer Geschichte jenseits nationaler Zuschreibungen nicht zurechtfand.

Andonov kritisierte den Wegfall der bulgarischen Dimension in der Geschichte des Widerstands. Am Beispiel der Vernachlässigung des Namens des Partisanenverbands, der nur nach dessen Zuordnung zu den größeren regionalen Armeeeinheiten in Serbien benannt wurde, betonte Andonov, dass damit der Anteil der Aktivitäten der Minderheit für die Errichtung der neuen Ordnung in den Hintergrund rücke.[196] Umgekehrt hatte der SUBNOR bei der Auseinandersetzung um Nikolovs Buch die konkrete Verwaltungshierarchie der Gegenwart zurückprojiziert, nach der die Aktivitäten des Widerstands von Pirot aus koordiniert wurden. Insgesamt warf Andonov den Autoren den Versuch vor, möglichst nahtlos die Geschehnisse in Stadt und Umgebung als Teil einer unterschiedslosen Geschichte des jugoslawischen Antifaschismus zu beschreiben, ohne die Besonderheiten zu benennen, die ex post durch den Kominternkonflikt mit einem Makel behaftet seien. Dieser werde in die Zeit vor dem IB-Konflikt zurückprojiziert, wodurch die Autoren mangelndes Selbstbewusstsein zeigen.[197] Als Gipfel solcher Selbstverleugnung betrachtete Hristo Andonov, dass

---

194 In der Monografie sollte Stefan Hristov jede Glaubwürdigkeit genommen werden. Es wurde behauptet, dieser „lebte wie ein König, bekam von der KP das blutig verdiente Geld der Arbeiter." Es ist bemerkenswert, wie Hristovs Erinnerungen ihr Wert abgesprochen wird. Es handelt sich um eine Rückprojektion ethnisierter Trennlinien der KPs der späteren Jahre, da in der Monografie hervorgehoben wird, dass er nicht Mitglied der KPJ war. Es wird deutlich, dass die Autoren keine Vorstellung von der Irrelevanz solcher Bezeichnungen in dieser Phase haben oder diese nicht mehr reflektieren. Der Stefan Hristov der 1920er Jahre wurde abqualifiziert, indem er mit der BKP der Gegenwart identifiziert wurde. Man geht so weit, dass die Gründung der kommunistischen Jugendorganisation durch Hristov abgestritten wird, die allerdings von ganz verschiedenen Zeitzeugen belegt werden konnte; ebenda, S. 91, 100. Ebenso wird die Kooperation von Hristov mit den Belgrader KP-Mitgliedern minimiert. Außerdem wurde behauptet, in seiner Emigrationszeit in Paris habe Stefan Hristov „nur" mit bulgarischen Arbeitern kooperiert; ebenda, S. 101. Hristovs Bedeutung wird indessen dadurch deutlich, dass nach der Verhaftungswelle und seinem Weggang 1929 alle Aktivitäten der KP vor Ort praktisch aufhörten; ebenda, S. 125.

195 Hristo Andonov war Mitbegründer der kleinen Partisanengruppe „Momčil Vojovoda" im Frühjahr 1944. In den darauffolgenden Monaten gehörte er zur Parteileitung in der Stadt. Danach arbeitete er als Parteifunktionär bis zu seinem Lebensende in Skopje.

196 Zitat aus dem Protokoll einer Diskussion der Herausgeber mit Hristo Andonov: Andonov Galča, Hristo: Ustanovjavane na istoričeska istina, in: Most, Nr. 123, S. 57–71, hier S. 59. V. a. aber unternimmt Hristo Andonov eine Rehabilitierung Stefan Hristovs und versucht nachzuweisen, wie in der Monografie dessen Rolle und Bedeutung für die Entstehung einer Parteistruktur systematisch vernachlässigt wurde. Ebenda, S. 62.

197 Ebenda, S. 67.

das Eingangszitat des Buches – welches nahezu bei allen Anlässen in der Stadt bemüht wurde – nicht von Tito, sondern von Georgi Dimitrov stamme.[198]

Insgesamt handelte es sich um eine Kritik an nationaler Einseitigkeit und der Vernachlässigung lokaler Erfahrung:

> Meiner Ansicht nach ist es eines der Spezifika der Bevölkerung an der Grenze zwischen Jugoslawien und Bulgarien, dass diese auf eine Annäherung und wachsendes Verständnis zwischen den Völkern auf beiden Seiten der Grenze hinwirkt. Es sollte selbstverständlich sein, dass das Buch *Dimitrovgrad 1877–1945*, sei es eine „Monografie", sei es eine „Chronik", weder eine Sofioter noch Piroter, sondern Caribroder Geschichte ist, die sich auf die Caribroder Gegend bezieht, verwirklicht von den Menschen, die hier geboren und aufgewachsen sind, und diese Geschichte ihrer Gegend geschaffen haben. Dies solle man beim Schreiben der Geschichte als Ausgangspunkt und als potentielle Kraft seines Volkes vor Augen haben.[199]

Obwohl Andonov offensichtlich ebenso in nationalen Kategorien dachte, störte er sich besonders an der vorauseilenden Ausrichtung auf nationale Zentren, wie es in seiner Anspielung auf Sofia und Pirot deutlich wird, die auf Kosten eines regionalen Selbstverständnisses geht. In dem Zitat wird deutlich, dass Andonov auf die Konkretion der regionalen Dimension hinaus wollte, wodurch seine Kritik sich in neue Richtungen öffnete: die mangelnde Affirmation der Region, die Absenz eines regionalen Selbstverständnisses im Blick auf Vergangenheiten.

Dabei handelte es sich nicht allein um eine Auseinandersetzung innerhalb eines kleinen Kreises, in dem politische Meriten umstritten waren und damit die Ressourcen (Funktionen, Ämter oder aber Sanktionierungen), die daraus hervorgingen, in Frage gestellt wurden. Wie in den Gesprächen während der Feldforschung deutlich wurde, dokumentierte sich in dem Buch eine generelle Praxis der Aneignung von Vergangenem. Die v. a. von Andonov beanstandeten Passagen fielen in diesem Augenblick – Ende der 1980er Anfang der 1990er Jahre – noch nicht derart ins Gewicht. Dies sollte sich erst einige Jahre später ändern. Grund für eine anfängliche Akzeptanz des Narrativs der Monographie im lokalen Kontext war die jugoslawische Erfahrung seit den 1960er Jahren, in der sich nicht nur eine „negative Loyalität" entwickelte, sondern die Erfahrung konstitutive Bedeutung erlangte, in einem solchen staatlichen Zusammenhang nationalen Zuordnungen entgehen zu können.[200] Im Rahmen einer breiteren jugoslawischen Erfolgsgeschichte war das serbische nationale

198 Ebenda.

199 Ebenda, S. 68.

200 Damit konnten auch Ambivalenzen und Ausgrenzungen überbrückt werden, die in der Interaktion mit Menschen aus Zentralserbien entstehen konnten. Gerade dort hatte die bulgarische Besatzung viele Opfer gekostet und „žuti Bugarin" (gelber Bulgare – nach der Farbe der Uniformen der bulgarischen Armee) war ein geläufiges Schimpfwort. Der Gesprächspartner Toma Stojanov erzählt, als junger Lehrer habe er eine Stellung in einem Dorf bei Despotovac (Zentralserbien) Ende der 1950er Jahre angetreten. Der Hausherr, bei dem er gewohnt habe, habe ihn regelmäßig auf die Grausamkeiten der bulgarischen Besatzer angesprochen und ihn dabei verantwortlich gemacht. Der junge Lehrer verteidigte sich dann damit, dass die Verbrechen nicht von den Leuten aus Dimitrovgrad und Umgebung begangen worden seien. Ganz im Gegenteil, diese seien Teil der jugoslawischen Partisanenbewegung gewesen. Gespräch mit Toma Stojanov, 2.9.2016.

Narrativ eingehegt und entfaltete keine verstörenden Assoziationen wie in den Jahren danach. Wie die Gesprächspartner betonten, erschien die jugoslawische als Erfolgsgeschichte: Im Zweiten Weltkrieg auf der moralisch und politisch richtigen Seite, nicht wie Bulgarien als Teil der Achse, danach ein wirtschaftlicher Aufschwung mit größerer Bewegungsfreiheit im Unterschied zu den realsozialistischen Verhältnissen in Bulgarien. In diesem Rahmen war es dann auch möglich, sich mit einem serbisch grundierten Geschichtsnarrativ der Region zu identifizieren, solange dieses Teil des jugoslawischen Erfolgswegs war.

6.4.3 Entstehung der Phantomgrenze Ende der 1960er bis 1989, serbische und bulgarische Dörfer.

Welche Möglichkeiten der Wahrnehmung des regionalen Raumes, eines Selbstverständnisses im Hinblick auf die Region jenseits des Nationalen existierten nun? Welche Anknüpfungsmöglichkeiten gab es dafür in den vergangenen territorialen Fassungen? Welche Bedeutungen hatten die durch die alte Grenze mitgeformten unterschiedlichen nationalen Zuordnungen und die gerade behandelten Diskurse im Alltag? Was bedeuten Imaginationen und Praktiken ethnischer Delimitierung und Homogenisierung, der erlebte Zwang zur nationalen Verwandlung für die Menschen im lokalen Kontext? Im Hinblick auf diese Frage ist die heuristische Metapher der Phantomgrenze eine Möglichkeit, die Ambivalenzen zwischen Verschwinden von Zuordnungen, Abgrenzungen und Remanenz, Wiederauftauchen unter veränderten gesellschaftlichen Bedingungen herauszuarbeiten. Dies lässt sich an jenen drei Dörfern veranschaulichen, die mit der Grenzziehung von 1878 bis 1920 durchschnitten wurden, bzw. wo die Grenzziehung die Entstehung von zwei Dörfern bewirkte. Die Dörfer stehen zugleich für drei Varianten, in denen die Folgen von Abgrenzung und die Präsenz oder Absenz der Dauerhaftigkeit solcher Abgrenzung veranschaulicht werden können.

Paskašija – Kusa Vrana

A. T., Jahrgang 1935, wuchs im Dorf Milojkovac/Paskašija auf, das durch die Grenzziehung 1878 in zwei Hälften geteilt wurde.[201] Als beide Dörfer sich nach 1920 auf einem staatlichen Territorium wiederfanden, blieb diese Trennung bestehen. In ihrer Erinnerung handelte es sich ganz entschieden um zwei unterschiedliche Dörfer. Dabei seien die Menschen aus dem „bulgarischen“ Paskašija eindeutig schlechte Leute. Ihr wurde erzählt, dass bis 1920 die bulgarischen Grenzbeamten regelmäßig das Vieh aus Milojkovac stahlen, wenn es sich nur kurz auf die andere Seite der Grenzlinie verlaufen hatte. Zwischen den Dörfern standen die Wachhäuser beider Seiten. Zwar hätten die jeweiligen Grenzbeamten einander regelmäßig besucht, doch so etwas sei unter den Dorfbewohnern nicht vorgekommen. Nicht einmal Eheschließungen habe es zwischen Einwohnern der beiden Dörfer gegeben, da die Leute aus Paskašija eben schlecht gewesen seien. Die Frage danach, ob es immer schon zwei Dörfer gegeben habe, bejahte sie – ebenso wie die Frage, ob man denn Serben und Bulgaren überhaupt voneinander unterscheiden könne: Erstens würden die Serben großen Wert auf Religion legen und alle kirchlichen Feste begehen, die Bulgaren

201 Bei dem Gespräch waren auch weitere Personen anwesend, die aus anderen Dörfern an der alten Grenze stammten, und zum Teil verwandt mit der Gesprächspartnerin waren.

aber nicht. Zweitens könne man die Männer an ihrer Kopfbedeckung unterscheiden: Die „serbischen" Männer würden die Šajkača (eine Kopfbedeckung militärischen Ursprungs, die zu einer Art serbischem Nationalsymbol geworden ist) tragen, die „Bulgaren" dagegen Schiebermützen.

Diese Antwort von A. T. ist insbesondere unter einem Gesichtspunkt bemerkenswert: 1957 heiratete sie und zog mit ihrem Ehemann in das Dorf Kusa Vrana, etwa 20 km südöstlich von Milojkovac. Seitdem lebte sie bis vor kurzem in diesem Dorf als Bäuerin. Im Gegensatz zu Milojkovac in der fruchtbaren Nišavaebene ist Kusa Vrana ein schwer zugängliches, v. a. von Viehzucht geprägtes Gebirgsdorf. Hinzu kommt, dass Kusa Vrana auf der bulgarischen Seite der alten Grenzlinie lag, demnach ein „bulgarisches" Dorf war, und A. T. damit auch einen bulgarischen Familiennamen angenommen hatte. Während des Gesprächs berichtete sie von dem schweren Leben, aber auch den guten Leuten dort. Deren guter Charakter zeige sich v. a. darin, dass sie fromm waren und alle Kirchenfeste feierten. Dies erwähnte A. T. als Beispiel dafür, wie sich die Feiern „der Serben", von jenen „der Bulgaren" unterschieden. In ihren Augen wurden in Kusa Vrana die Feiern „richtig" begangen. Der offenkundige Widerspruch, dass es sich bei Kusa Vrana doch um ein „bulgarisches" Dorf handelte, die ihrer Ansicht nach entweder nicht oder die Feste nicht „richtig" begehen würden, schien dabei nicht zu stören.

Die genannte Wahrnehmung der Grenze ist charakteristisch für eine bestimmte Deutung der Grenze, in der sich Momente von Ritualen, Religion, ethnonationaler Gemeinschaft verselbständigen und neue Vorstellungen von Abgrenzungen prägen. Diese Vorstellungen stehen nicht in Beziehung zu den Praktiken im Alltag, Traditionen, Ritualen[202] oder Arbeitsformen in der Region, die sich zu beiden Seiten der Grenze nach 1878 nicht veränderten. Viehwirtschaft in den Bergen oder Feldbebauung in der Flussebene werden ohne Unterschied auf beiden Seiten praktiziert. Die lokale Sprache auf beiden Seiten unterscheidet sich weder in der Lexik noch in der Grammatik.

Zudem können sich solche nationalen Zuschreibungen mit klassischen Distanzierungen zwischen Nachbardörfern überlagern. Die ehemalige Grenzlinie ist dabei letztlich ein kontingentes Element, kann Konflikte zwischen Dörfern (oder Dorfteilen) aber mit besonderer Bedeutung aufladen. Eine mögliche Folgerung ist daher, dass hier die Phantomgrenzen allein in der Imagination existieren. Doch bedeuten die beiden vorhergehenden Schlüsse keineswegs, dass solche Vorstellungen in ein vermeintlich wirkungsloses Reich des Imaginären verabschiedet werden sollten. In den Phantomgrenzen reflektieren sich zwar nicht die Strukturen der lokalen bzw. regionalen Gesellschaft im Hinblick auf Reproduktion, Ökologie und Migration. Die befragte A. T. heiratete schließlich selbst über die „alte Grenze" hinweg (wie die Feldforschung bisher gezeigt hat, ist eine intensive Binnenmigration und Eheschließungen in beide Richtungen zu verzeichnen). Was aus der lokalen Perspektive als Imaginäres, als Einbildung erscheint, die den lokalen Erfahrungen widerspricht, ist aus der Perspektive des nationalen Zentrums die einzig gültige Deutung. Die punktuelle Sichtbarkeit der Trennlinie entsteht vermittels staatlicher Strukturen. Die emanzipatorische Absicht ethnonationaler Gleichberechtigung der jugoslawischen Föderation, die hier wie in anderen

202 So ist das Gemeinsame für die Regionen – auch auf beiden Seiten der neuen Grenze – der Sveta-Petka-Kult; vgl. Vălčinova, Znepolski Pohvali, 1999.

Teilen Jugoslawiens die nationale Konfrontation durchbrechen sollte (wie jene in der Zwischenkriegszeit, siehe Einleitung), führte gleichzeitig zur Etablierung der Möglichkeit systematischer ethnischer Segregation und der Reproduktion vom Ethnos als dominanter Zuordnungsform. Aus der Institutionalisierung der bulgarischen Minderheit auf der einen Seite (in Dimitrovgrad) und der Kanonisierung regionalen Selbstverständnisses als unbedingt serbisch auf der anderen (in Pirot) speist sich die gesellschaftliche Sichtbarkeit der alten Grenze.

Hinzu kommt, dass solche ethnonationalen Strukturen in diesem Zusammenhang in Anlehnung an die Wendung der *Nesting Orientalisms*[203] auch als innerregionale kulturelle Hierarchien wirken. Die Region mit dem Zentrum Pirot selbst fungiert aus der Perspektive des Belgrader Zentrums als Provinz, geprägt von potentieller Illoyalität.[204] Um Loyalität in Richtung des nationalen Zentrums zu demonstrieren – und das gilt für alle Phasen seit 1878 –, grenzen sich die national orientierten Akteure (Verwaltungsbeamte, Lehrer, Parteifunktionäre) im lokalen Kontext von „den Bulgaren" ab. Bezugspunkt in der Gegenwart für die explizit negative Konnotation von „bulgarisch" sind hier v. a. die Grausamkeiten des Besatzungsregimes während des Zweiten Weltkriegs und der besonders rigide Staatssozialismus auf der anderen Seite der Grenze bis 1989. Ein Stadtviertel in Pirot, in dem sich primär Menschen aus den Dörfern jenseits der alten Grenze angesiedelt haben, wird „Kalotina" genannt – nach dem ersten Dorf auf der bulgarischen Seite der heutigen serbisch-bulgarischen Grenze und zugleich dem offiziellen Namen des Grenzübergangs auf der bulgarischen Seite. Hier wird deutlich, wie die alte Phantomgrenze durch die gegenwärtige Grenzlinie gleichsam verstärkt werden, mögliche und zugleich längst vergangene Andersartigkeit revitalisieren und hervorheben soll. Anscheinend reicht dazu die Wirkungskraft der alten Grenze allein nicht aus. Dennoch, selbst die diffuse und vage Rede von „Serben" oder „Bulgaren", oftmals von einem Schmunzeln begleitet, das den Worten ihre Ernsthaftigkeit nehmen soll, bildet eine Disposition für stärkere Abgrenzungen in Krisenzeiten, kann handlungsleitend werden. Es ist deutlich geworden, dass hier drei Momente interagieren: erstens die ambivalente Anerkennung von Ethnizität als gesellschaftlicher Ordnungskategorie im sozialistischen Jugoslawien, die in der hier behandelten Region vergangene räumliche Trennlinien nun als nationale verstärkt. Zweitens eine Hierarchie des Nationalen, in der sich der Südosten Serbiens an deren Ende findet, was ein Phänomen langer Dauer (seit 1878) ist. Drittens die Kompensation solcher „Degradation" durch die Abgrenzung von „den Bulgaren" in der Nachbargemeinde Dimitrovgrad. Es ist diese Erfahrung der Versteti-

---

203 Bakić-Hayden, Milica: Nesting Orientalisms. The Case of Former Yugoslavia, in: Slavic Review, 54 (1995) 4, S. 917–31. Bakić-Hayden bezeichnet mit diesem Ausdruck den Prozess des *Othering*, der Orientalisierung von nationalen Kollektiven im jugoslawischen Kontext, der zudem eine räumliche Dimension enthält: Aus der Perspektive slowenischer Nationalisten sind Kroaten und alle übrigen, Teile des Balkans und damit des Orient, aus kroatischer nationalistischer Perspektive sind es hauptsächlich die orthodoxen Serben, aus serbischer nationalistischer Sicht sind es wiederum Muslime. In Serbien selbst ist eine solche Hierarchie im Hinblick auf den Grad der Stärke nationalen Bewusstseins am Werk: Dieses sei im Kernland, wie auch in der Herzegowina am höchsten entwickelt, am schwächsten (mit der Gefahr potentieller Illoyalität) im Südosten (Pirot), Gebieten, die einfach noch zu lange „unter der Türkenherrschaft" waren. In Pirot wird dieser Mechanismus wiederum in Richtung Dimitrovgrad aktiv, freilich mit einem anderen Stoff als Begründung von *Othering*-Hierarchien.

204 Vgl. Kapitel 3 sowie Živković, Pirotska Golgota, 2001.

gung, Institutionalisierung von vermeintlicher Differenz, die als Erfahrung der Phantomgrenze zugrunde liegt.

Preseka

Doch solche Imaginationen und Orientierungen an der alten Grenze sind nicht selbstverständlich und notwendig präsent, was zugleich die besondere Relevanz der jeweiligen ganz konkreten Konstellationen von Lokalität und Situativität deutlich vor Augen führt. In dem zweiten Dorf, das besonders durch die Teilung von 1878 betroffen war, Preseka, verhält es sich anders.[205] Obwohl die Bewohner den Namen ihres Dorfes von der Grenzziehung 1878 ableiten, die diese große Siedlung in zwei Hälften teilte, hat hier die alte Grenze nicht die Bedeutung und Wirkung wie in Paskašija/Milojkovac. Weder veränderte die Grenze das bisherige Heiratsverhalten, noch entstanden aus den beiden Hälften zwei neue Ganzheiten. Die Presečani kommunizierten, heirateten und handelten weiterhin über die Grenze hinweg. Serbisch oder bulgarisch zu sein erlangte im Unterschied zur Wahrnehmung der alten Frau aus Paskašija/Milojkovac durch weiterhin nicht ethnisch grundierte Familienverbände (*rodove*) ebenfalls keine Relevanz. Auch nach 1920 spielte es keine Rolle, wer aus welchem Teil des Dorfes kam. Die Wiedereinführung der bulgarischen Namensform im föderativen Jugoslawien nach 1945 entwickelte ebenso keine abgrenzende Wirkung. Die Namen in derselben Familie können nun unterschiedlich, auf –ić oder –ov enden, doch ist die Zugehörigkeit zu einer Malá oder einer Familie wichtiger als etwaige ethnonationale Zuordnungen. Bei den Gesprächen wurde immer wieder nur im Scherz auf diese Unterscheidung hingewiesen.[206] Die Bedeutungslosigkeit bzw. schwache Fortwirkung vergangener Unterscheidungspraktiken aus den nationalen Zentren findet räumlich darin ihren Ausdruck, dass die ehemalige Grenzlinie nun die (einzig asphaltierte) Hauptstraße des Dorfes ist.

Planinica

Bei dem dritten Dorf, Planinica, das die Grenze durchschnitt, offenbart sich eine weitere Konstellation: Erstens bewirkte die Grenze allererst die Entstehung zweier Dörfer, Dolnja und Gornja Planinica, indem sie das Dorfzentrum von ihren Pojate (vergleichbar mit Almen bzw. Almhütten, so zumindest der Sprachgebrauch in der hier behandelten Region) abtrennte. In allen Dörfern finden sich die Pojate der einzelnen Familien außerhalb des Dorfes. Mit dem Bevölkerungszuwachs nach 1878 kam es dazu, dass die ehemaligen Pojate nun zu Häusern umfunktioniert wurden, in welche die jüngere Familiengeneration zog. Hier siedelte ein Teil der Dorfbewohner direkt bei ihren Pojate, da ihnen der bisherige alltägliche Weg zu diesen durch die Grenze erschwert wurde. Der bulgarische Staat wiederum betrachtete sie als neues Dorf auf seinem Territorium. Das Dorfzentrum wurde Srpska Planinica genannt, die Ansammlung der Pojate Bugarska Planinica. Die über diese Zeit

---

205 Insgesamt waren es drei Dörfer, die von der Grenze geteilt wurden (Paskašija/Milojkovac, Preseka, Planinica), bei den übrigen waren es einzelne Malé, die vom Dorfzentrum getrennt wurden. Der Grenzziehungskommission war die Beachtung der Wasserscheiden, die als Kriterium für die Grenzlinie diente, wichtiger. Preseka liegt auf einem Bergkamm.

206 Gespräch mit Vera und Ljuba Popović, Preseka, 12.5.2015.

hindurch andauernde Bedeutung der übergreifenden Familienverbände zeigte die geringe Barrierewirkung der alten Grenze. Oder wie es Cvetko Ivanov formuliert:

> In der Zeit, als die Grenze existierte, wurden die beiden Dörfer serbische bzw. bulgarische Planinica genannt. In der Gegenwart überwiegen die Bezeichnungen Obere und Untere Planinica, wogegen sie in der Verwaltung in beiden Bezirken bzw. Gemeinden (Pirot und Dimitrovgrad, Anm. N. St.) schlicht Planinica (da jeweils eine Hälfte zur Piroter und Dimitrovgrader Gemeinde gehört, Anm. N. St.) genannt werden. Obwohl die Grenze die beiden Dörfer teilte, wissen die Planiničanje, dass sie ein Dorf waren, und wenn jemand aus dem Oberen Planinica in das Untere Planinica geht, sagt er nicht, „ich gehe in das Untere Planinica", sondern lediglich, „ich gehe ins Dorf", und alle wissen, wohin er geht.[207]

Es ist bemerkenswert, dass in den 1950er Jahren die Einwohner beider Planinicas von den Verwaltungsbehörden in Pirot (wozu Dolnja Planinica gehört) und Dimitrovgrad (Gornja Planinica) ihre „Vereinigung" forderten. Doch beide Verwaltungen entsprachen nicht dem Wunsch der Planiničanje.[208]

Zugleich lässt sich hier ein Phänomen beobachten, das Ähnlichkeiten mit den Ausführungen der Frau aus Paskašija/Milojkovac hat: Projektionen von Zugehörigkeiten. Nur sind diese hier völlig anders gelagert. Zum einen werden die Ambivalenzen reflektiert, welche die Grenzziehung hervorrief, andererseits wird der auf beiden Seiten der Grenze erfahrene Zwang zur Eindeutigkeit auf die andere, „bulgarische" Seite verlagert, obwohl dieser die gesamte Region prägt. Dies wird in den Überlegungen eines Mannes aus Dolnja Planinica deutlich:

> Tja Söhnchen, das ist eine ziemlich knifflige Frage. Für mich ist es leicht. Ich habe immer in Serbien gelebt. Aber jene Planiničanje, die nach Gornja Planinica übergesiedelt sind und vierzig Jahre unter Bulgarien lebten und Bulgaren waren, und danach unter Serbien waren, die sind davon mitgenommen. Die einen sagen, sie sind Bulgaren, die anderen, sie sind Serben, wer weiß. Die Grenze hat diesen Mist angerichtet. Wäre sie hinter Pirot gezogen worden, wären jetzt auch die Piroter Bulgaren, wäre sie hinter Dragoman gezogen worden, dann wären die Dragomaner auch Serben. Doch wer fragt die Armen? Die Grenze ziehen die Mächtigen, wie es Ihnen passt, und das Volk muss sich dann den Kopf darüber zerbrechen, wer oder was es ist. Wir Planiničanje schauen nicht so sehr darauf, welcher Nationalität jemand ist, sondern was für ein Mensch er ist.[209]

---

207 Ivanov, Planinica, 2016, S. 7.

208 Ebenda, S. 29.

209 „Е синко, това је много усукано питање. За мене је лко. Ја сам одувек живејал у Србију и србин сам. Ама онија планиничање што су прешли у Горњу Планиницу и 40 годинe били под Бугарско и били бугаре, а после това су под Србију, они су усметени. Једни кажу да су бугаре, друђи да су срби, кој ђи знаје. Границата је направила туја мурдарију. Да је минула под Пирот и пирочанци би били бугаре, а да је минула над Драгоман, и драгоманчање би били срби. Ама кој пита сиротињу? Границуту турају големите ко им је њим згодно, а после народат че си бије главу кикв је. Ми планиничање не гледамо много на това, кој кв је по народнос, ама гледамо кој кв је човек"; ebenda, S. 63. Ich danke Cvetko Ivanov, der mir seine Befunde noch in der Arbeitsphase vor der Veröffentlichung zur Verfügung gestellt hat.

6.4.4 Phantomregionen 1: das osmanische Erbe

An den drei Dörfern, die durch die Grenze von 1878–1920 durchschnitten wurden, sind drei Momente dessen deutlich geworden, wie in dieser Region verschwundene Grenzen in Erscheinung treten: Einmal, veranschaulicht an Paskašija, wurde Remanenz auf der Ebene der Diskurse sichtbar, die sich von gesellschaftlichem Handeln, kulturellen Praktiken verselbständigt. Solche Remanenz wird verstärkt durch die staatliche (national delimitierende) Ordnung, welche die alte Grenze deutlich hervorhebt. Im zweiten Beispiel anhand des seinerzeit geteilten Dorfes Preseka wiederum bleiben die abgrenzenden Effekte im Hintergrund, die bleibende Bedeutung familiärer Verbände hingegen konterkariert die verschiedenen Formen des Versuchs seitens nationaler Zentren, neue ethnische Trennlinien durchzusetzen. Drittens wird anhand von Planinica beides deutlich: Erst durch die neue Grenze von 1878 zwischen den beiden neuen Nationalstaaten entstehen anstelle des einen zwei Dörfer, die dann den Zusatz „Serbisch“ und „Bulgarisch“ tragen. Doch auch hier scheint ein Bewusstsein auf, das die Kontingenz sowie Situativität von Nationen und den damit zusammenhängenden Grenzen reflektiert. Wie der ältere Bewohner deutlich zum Ausdruck bringt, hätte sich je nach Grenzverlauf auch eine andere nationale Zugehörigkeit ergeben können, und damit widerspricht er nationalistischen Narrativen vom immer schon serbischen Pirot oder notwendig bulgarischen Dragoman. Doch an der Faktizität des Nationalen wird zugleich nicht gerüttelt.

Anhand der alten Grenze vermittelt sich die Komplexität der Beziehung zwischen Remanenz und Situativität nicht vollständig. Um die Bedeutung der Grenzlinie von 1878 in diesem lokalen Kontext besser verstehen zu können, sind auch jene Dimensionen von zentraler Bedeutung, die über das potentiell national Delimitierende hinausgehen. Denn Phantomgrenzen – wie sie in anderen Arbeiten des Netzwerks diskutiert werden – sind hier nicht imperial, sondern ethnonational kontextualisiert. Wie dargelegt, ist die alte, nun verschwundene Grenze 1878 zwischen zwei Nationalstaaten entstanden. Gerade durch diese neue Trennlinie wurde der Bezug zu dem davor liegenden imperialen Erbe in seiner räumlichen Dimension mit dem Verschwinden des Osmanischen Reiches aus dieser Region gekappt.

Mit der territorialen Erweiterung des neu gegründeten Königreichs der Serben, Kroaten und Slowenen 1920 in dieser Region auf Kosten bisherigen bulgarischen Staatsterritoriums wurde die vormalige Grenze zur „alten Grenze“. Somit verkörpert sie eine Grenze zwischen zwei Nationalstaaten. Diese nationale Konnotation ist umso wichtiger, wenn in Betracht gezogen wird, dass die folgenden staatlichen Gebilde auf der serbischen Seite, das Königreich Jugoslawien und die Sozialistische Föderative Republik Jugoslawien, nicht mehr eindeutig national kodiert waren. Im Kontrast konnte die „alte Grenze“ als eine ursprünglich nationale erscheinen.

Jene Orientierungen und Vorstellungen von Raum, von der Region, in denen andere Momente von Selbstverständnissen sichtbar werden, die sich nicht aufs Nationale reduzieren lassen, sind auf die Thematisierung des Nachwirkens vornationaler Strukturierungen und Vorstellungen von Räumen verwiesen, also auf die Zeit des Osmanischen Reiches.

Indem diese Dimension vergegenwärtigt wird, lässt sich auch – wie eingangs betont – die Langzeitwirkung der Grenzziehungen seit 1878 einordnen, wieweit diese auf die lokale Gesellschaft einwirkte. Obwohl diese Dimension des osmanischen Erbes von großer Relevanz ist – nicht nur für diese Region, sondern für den gesamten vormals osmanisch beherrschten Balkan –, wird es bisher kaum in Angriff genommen. Im Gegenteil. Wie in Kapitel 1 deutlich wurde, wird die Bedeutung des osmanischen Erbes in seiner räumlichen Dimension bisher systematisch bestritten und geringeschätzt. Wenn darauf Bezug genommen wurde, dann immer in Verbindung mit der Rechtfertigung territorialer Ansprüche der Nationalstaaten. So argumentierten 1878 serbische Politiker auch damit, dass Pirot zum Nišer Sandžak gehört habe und nun nicht künstlich davon getrennt werden solle. Dass Pirot, wie in der Einleitung festgehalten wurde, in den Jahrhunderten zuvor zum Sofioter Paša-Sandžak gehörte, spielte wiederum für bulgarische Nationalisten die entscheidende Rolle.

Doch welchen Stellenwert haben die vor der Zeit der Nationalstaaten existierenden territorialen Formungen? Konkreter, welche Bedeutung kommt dem osmanischen Erbe in der hier behandelten Region im Hinblick auf die Hinterlassenschaft territorialer Gliederungen und Vorstellungen von gesellschaftlichem Raum zu sowie dessen praktischer Strukturierung im alltäglichen Handeln?

Insbesondere die Verwaltungseinheit des Sandžak wird üblicherweise mit dem Fortleben osmanischer Raumstrukturen in Verbindung gebracht. So stehen etwa die Herzegowina mit ihrer Hauptstadt Mostar oder Novi Pazar als Hauptsitz des Novo-Pazarski Sandžak für diese Entwicklung von einer osmanischen administrativen Einheit hin zu postosmanischen Regionen.[210] Anhand von Novi Pazar wird dies anschaulich, wo sich die Bezeichnung der Verwaltungseinheit (Sandžak) gar in den Namen der Region transformierte und damit auf die Spuren räumlicher Strukturen in der osmanischen Zeit verweist.

In der hier behandelten Region ist die Verwaltungseinheit des Sandžak aus zwei Gründen von geringerer Bedeutung. Die betrachtete Region war alternierend Teil zweier Sandžaks, dem Nišer und dem Sofioter Sandžak.[211] Insbesondere ersterer wurde in den serbischen Narrativen im Hinblick auf die Zugehörigkeit der Region zu Serbien regelmäßig hervorgehoben. Doch wurde die Region vergleichsweise spät Teil des Nišer Sandžaks.

An Bedeutung gewann Niš als neues Verwaltungszentrum nach den osmanisch-habsburgischen Kriegen. Zuvor, während der Blütezeit des Osmanischen Reiches, gehörte Niš zum Sandžak Smederevo. In den 1860er Jahren wurde Niš zum Sandžak, dem die Kaza Pirot Šehirkoj zugeordnet und beide Teil des neuen Donauvilajets zugeschlagen wurden. Für kurze Zeit, 1874–1875, war der Sandžak dann Teil des neuen Vilajet Prizren, dann 1877 kurzzeitig Sandžak des Valilik Sofia, um 1878 als Teil des neuen Vilajet Kosovo geführt zu werden.[212]

210 Vgl. Metzeltin/Schmitt (Hrsg.), Südosteuropa der Regionen, 2015.

211 Im Unterschied zu der Landschaft in Westserbien gleichen Namens, wo dieses Erbe deutlich zutage tritt, aber ethnonational eingefasst ist.

212 Kornrumpf, Territorialverwaltung, 1976, S. 312. So wird etwa 1613 in einem Ferman des Sultans an den Beglerbeg von Rumelien und den Kadi von Sofia von der „Nahija Šehirkoj“ im Paša-Sandžak von Sofia gesprochen, in: Galabov/Duda, Protokollbücher, 1960, Dok. Nr. 691, S. 191. 1647 existierte ein Bistum, das die Kreise Sofia, Breznik, Šehirkoj und Iznebol umfasste; ebenda, Dok. Nr. 1169, S. 364.

Genau entgegengesetzt verlief die Entwicklung Sofias in administrativer Hinsicht, zu dem bis zum Beginn des 19. Jahrhunderts die Kaza Pirot Šehirkoj gehörte: Lange Zeit war Sofia Zentrum des Paša-Sandžaks, des Sitzes des Beglerbegs von Rumelien, bis dieser in den 1830er Jahren nach Monastir/Bitola verlegt wurde. Damit büßte Sofia seine vormalige zentrale Stellung definitiv ein. In der Reformzeit war Sofia dann wie Niš Sandžak des Donauvilajet.[213]

Pirot, wie bereits erwähnt, seit „1525 als Nefs i Sehirköy im Liva Sofya, war (...) stets Kaza im Paša-Sandžak Rumeli. Im 19. Jahrhundert unterstand es Niš“. Anschließend wurde Pirot offensichtlich kurz vor dem Russisch-Osmanischen Krieg zum eigenen Sandžak mit den Kazas Šehirkoj, Iznebol und Piriznik (Pernik).[214]

Beide, Niš und Sofia, verwandelten sich jedoch nach 1878 in Zentren neuer Nationalstaaten. Sofia als Hauptstadt Bulgariens, Niš als Ort, in dem neben Belgrad die Parlamentssitzungen stattfanden.[215] Beide Städte symbolisierten nun den Anspruch der neuen Nationalstaaten auf die weiterhin im Osmanischen Reich verbliebenen Gebiete, indem sie in die noch „unerlösten“ – im Sinne der Irredenta – Gebiete dort nationales Bewusstsein „ausstrahlen“ sollten. Weiter oben wurde darauf hingewiesen, dass im nationalistischen Narrativ das Verständnis der Grenze ein dynamisches ist. Besonders nach 1878 entwickelte sich gegenüber dem Osmanischen Reich auf dem Balkan seitens der Nationalstaaten (Serbien, Bulgarien, Griechenland) ein Verständnis von dessen Territorium als *Frontier*, als beständig zu erschließende und zu zivilisierende Wildnis. Niš und Sofia symbolisierten die Vorposten dieser zivilisatorischen, nationalen Mission in unmittelbarer Nähe der osmanischen Grenze. Das Erbe osmanischer Vieldeutigkeit geriet in beiden Städten – im Unterschied zu besagtem Mostar und Novi Pazar – in den Hintergrund. Die neuen politischen Eliten, die beide Städte nun zu prägen begannen, waren von der Idee eines homogenen ethnonationalen Territoriums geleitet und versuchten diese vermittels der „Befreiungskriege“ umzusetzen. Dass ausgerechnet der erste dieser Kriege beide neuen Staaten 1885 inmitten der hier behandelten Region aufeinander treffen ließ, liegt letztlich in der Konsequenz dieser Imaginationen und Praktiken ethnonationaler Homogenität. Es wird deutlich, dass dadurch die Zentren der vormaligen Sandžaks und damit diese Verwaltungseinheit in der hier behandelten Region keinen Ausgangspunkt bilden, für eine wie auch immer ambivalente Fortwirkung vergangener Orientierungen und Vorstellungen von Räumen. Dafür sind hier andere Strukturierungen und Vorstellungen von Raum relevant.

Die Grenzziehungen von 1878 bedeuteten im Hinblick auf die Ebene der Kaza einen drastischen Einschnitt: Die Kaza Pirot/Šehirkoj wurde in der Mitte zwischen Serbien und dem neuen bulgarischen Staat durchschnitten. Zugleich hatte die Kaza nicht nur bezüglich ihrer Funktion als jurisdiktionelles Zentrum große Bedeutung für die umliegenden Dörfer/Nahije. Wer Tapije einzuholen hatte, in einen Rechtstreit verwickelt war, musste sich nach Pirot begeben. Ebenso deckte sich mit dem Kazaraum die Zuständigkeit der christli-

213 Kornrumpf, Territorialverwaltung, 1976, S. 335.

214 Ebenda, S. 330.

215 Zugleich unterscheidet sich die Bedeutung beider Sandžaks. Während Sofia von Beginn an als Sitz des Beglerbegs von Rumelien ein wichtiger Verwaltungssitz war, gehörte Niš zu unterschiedlichen Sandžaks, um erst spät Anfang des 19. Jahrhunderts einen wichtigeren administrativen Rang zu erlangen.

chen Nišava-Eparchie, von der in Kapitel 2 die Rede war. Auch konnte in den einzelnen Kazas die Steuerlast völlig unterschiedlich sein, was zu Migrationen zwischen den Kazas führte.[216] Doch auch unabhängig davon schien die Kaza als regionale Strukturierung von Raum von Bedeutung. Es ist offensichtlich kein Zufall, dass sich das Netzwerk des Mali Rista für An- und Verkauf ungefähr mit den Grenzen der Kaza deckte. Es reichte im Osten bis zum Dorf Tuden (im heutigen Bulgarien in der Gemeinde Godeč), der östlichen Grenze der Kaza Šehirkoj.

Trotz der späteren Einfassung in territoriale Ordnungen der Nationalstaaten, blieb die Kaza in Umrissen sichtbar. So etwa auf der serbischen Seite im Falle von Pirot: Zunächst als Srez, dann als Okrug mit den Opštinas, den früheren Nahije Bela Palanka, Lužnica und Dimitrovgrad. Der östliche Teil der ehemaligen Kaza wurde im bulgarischen Fürstentum zunächst als Okrăg Trăn (darin Caribrod als Okolija) aufgewertet. Wenige Jahre nach 1878 wurden beide einzelne Teile des Okrăg Sofia. In ihrer räumlichen Ausdehnung entsprachen die Okolijas Trăn und Caribrod aber weiterhin dem östlichen Teil der ehemaligen Kaza Šehirkoj.

In dieser Form werden Kontinuitäten sichtbar, gerade dort, wo Maria Todorova zufolge, wie in der Einleitung betont, überhaupt kein Erbe zu sehen ist. Todorovas Argumentation verweist auf das Mittelalter als Referenzzeit, in der räumliche Zuschreibungen geprägt worden seien, welche die Osmanen dann übernommen hätten. Erstens, sollte dem so gewesen sein – etwa wie bei Kjustendil, der im Süden an die hier behandelte Region grenzte, wo in die Bezeichnung des neuen Sandžaks Kjustendil auch der Name des letzten mittelalterlichen Landesherren Konstantin (osmanisch „Kostadin Ili“, deutsch „Land des Konstantin“) einging –, dann handelt es sich dennoch um eine neue Form der Aneignung, wie es gerade die eigentümliche Namensgebung anzeigt. Zweitens ist es indikativ, dass niemand von den Einwohnern von Kjustendil in den neuen nationalen Zeiten den Anspruch erhob, „Velbăžd“, den mittelalterlichen Namen der Stadt, wieder einzuführen. Die Wahrnehmungen und Prägungen von Raum aus der osmanischen Zeit waren hier offensichtlich wirksam.

6.4.5 Phantomregionen 2: Schopen, Torlaken und Šopluk. Wissenschaftsdiskurse und Aneignungsformen im lokalen Kontext

Die enorm wichtige Frage nach Formen von Remanenz lässt sich anhand eines weiteren Moments von Vorstellungen und Einteilungen gesellschaftlichen Raumes nachvollziehen: Ebenso wenig wie osmanische Herrschaft in ihrer zeitlichen Dimension als (gegenwärtige) Vergangenheit in den neuen Nationalstaaten geduldet war, akzeptierten die Protagonisten nationaler Eindeutigkeit mehrdeutige Räume, Zwischenräume, die nicht national definiert waren.

Das bedeutete aus der Perspektive der Zentren, dass solche Mehrdeutigkeiten, etwa in Jugoslawien, einfach nicht existierten, und deshalb unter der Kategorie „bulgarische Min-

216 Und diese Migrationen führten wiederum zu kleinen Kriegen. So floh aus der Kaza Vranje ein Großteil der christlichen Bauern in die Kaza Leskovac, da dort nach dem Habsburgisch-Osmanischen Krieg und den damit einhergegangenen Verwüstungen ein Großteil der Steuern auf längere Zeit erlassen wurde. Die Ajane und Spahis von Vranje versuchten dann, „ihre“ Bauern mit Gewalt zurückzubringen. Tričković, Radmila: Beogradski pašaluk 1687–1739, Beograd, 2013, S. 181.

derheit“ subsumiert oder aber in Bulgarien in einer imaginierten homogenen ethnonationalen Ganzheit inkorporiert wurden. Hier wird daher, an Kapitel 4 anknüpfend, auf die Formen eingegangen, in denen Akteure sowohl aus dem zentralen als auch lokalen Kontext Deutungen und Definitionen der Region v. a. aus historischer Perspektive entwickelten.

Während in Jugoslawien bzw. Serbien nach dem Ersten Weltkrieg in den einzelnen Disziplinen das Wort Šopluk und Schopen vollständig aus dem Gebrauch kam und nur noch sporadisch Verwendung fand, wurde in Bulgarien eine Form der Kodifizierung dieser Bezeichnung sowohl in territorialer als auch in ethnogenetischer Hinsicht vollzogen. Dabei tauchen zwei chronologische Schwerpunkte auf: einmal in Verbindung mit nationaler Selbstvergewisserung in den 1920er Jahren, von der in Kapitel 4 die Rede war,[217] sowie zweitens im Zuge des Aufschwungs der Folkloristik und Ethnografie im sozialistischen Bulgarien seit den 1960er Jahren.[218]

Die bulgarische Ethnografie hielt die Grenzen der „Šopska etnografska oblast“ buchstäblich fest: Während in der Zeit um den Ersten Weltkrieg immer wieder vage die Frage behandelt wurde, wo der Šopluk zu finden sei, schienen nun die Wissenschaften eine wachsende Kongruenz mit den bestehenden Staatsgrenzen anzustreben (insbesondere mit jenen bis 1920, also einschließlich Caribrods, doch mit Ausnahme jener der SR Makedonien). So sah es zumindest die Forschung der 1980er Jahre, die zum Šopluk primär die folgenden Bezirke zählte: Sofijsko, Perniško, Trănsko, Brezniško, Caribrodsko, Radomirsko, Dupniško, Kjustendilsko, Kratovsko, Ovčepolsko, Palaneško und teilweise Kumanovsko. Dies wird noch deutlicher bei dem, was als Zentrum des Šopluk bezeichnet wird: „Trănsko, Brezniško, Caribrodsko, Radomirsko, Zapadno-Kjustendilsko, Bosilegradsko, Kumanovsko und Kratovsko.“[219]

In der realsozialistischen volkskundlichen Forschung werden bis in die Gegenwart – mit einigen Ausnahmen, von denen noch die Rede sein wird – Schopen als „ethnografisch-historische Gruppe“ bezeichnet.[220] Es ist bemerkenswert, dass nahezu jeder wissenschaftliche Text zum Šopluk und den Schopen mit einem Zitat von St. L. Kostov eingeleitet wird, das nahezu kodifizierende Qualität erlangt hat, in keiner Arbeit fehlt und damit ex negativo offensichtlich auf die Fragilität solcher Konstruktionen hindeutet:

---

217 Es ist nicht ganz klar, ob die Region um Sofia die Wissenschaftlerinnen und Wissenschaftler als Forschungsgegenstand anzog, oder ob es zwischen 1920 und 1950 schlicht pragmatische Erwägungen der Forscher waren, ausgerechnet diese Gegend aufzusuchen: die einfache und schnelle Erreichbarkeit des Forschungsgebiets durch dessen Nähe zur Hauptstadt. „Kaum, dass man die moderne Stadt verlässt, beginnt ein ganz primitives Dasein“, so die Ethnologin Marianne Schmidl 1924; zit. nach: Geisenhainer, Katja: Marianne Schmidl (1890–1942). Das unvollendete Leben und Werk einer Ethnologin, Leipzig, 2005, S. 137. Vgl. auch Sanders, Irwin T.: Balkan Village, Lexington, 1949. Sanders forschte in Dragalevci, heute ein Stadtteil von Sofia am Vitošahang. Ebenso: Wilhelmy, Herbert: Hochbulgarien. Bd. 1. Die ländlichen Siedlungen und die bäuerliche Wirtschaft, Kiel, 1935; ders.: Bd. 2. Sofia, Wandlungen einer Großstadt zwischen Orient und Okzident, Kiel, 1936.

218 Vgl. Übersicht bei Hadžinikolov, Veselin: Problemi na etnografskoto izučavane na Sofija i Sofijsko, in: Narodnata Kultura v Sofija i Sofijsko, Sofija, 1984, S. 11–30.

219 Hristov, Petko: Granicite na Šopluka i/ili Šopluk bez granici, in: Sikimić, Biljana, Skrivene manjine na Balkanu, Beograd, 2004, S. 67–82, hier S. 68.

220 Sefterski, Rajko: Sofijskite Šopi kato istoričesko-etničeska formacija v svetlinata na poslednite izsledvanija, in: Narodnata Kultura v Sofija i Sofijsko, Sofija, 1984, S. 55–65, hier S. 55.

> Was auch immer der Ursprung des Wortes Šop sein mag, es ist klar, dass es keine Zuschreibung im Hinblick auf die Rasse ist, das heißt nicht mit der Vorstellung einer andersartigen Rasse und dem Ursprung der Šopen verbunden ist, die wie alle anderen Bulgaren auch Slawen mit einer reinen slawischen Sprache sind. In anthropologischer Beziehung weist dieser Typ genauso viele Mischelemente mit den von Osten herandrängenden Altbulgaren, Petschenegen, Kumanen, Tataren und Türken auf wie alle anderen Bulgaren.[221]

Abgesehen von der bemerkenswerten Tatsache, dass ohne mit der Wimper zu zucken im bulgarischen Realsozialismus der 1980er Jahre die volkskundliche Terminologie der 1930er Jahre verwendet werden konnte, was wiederum exemplarisch für die allgemeinen Kontinuitätslinien auf diesem Gebiet ist, geht es hier v. a. darum, die Unterschiedslosigkeit zu den anderen bulgarischen „Typen" zu betonen. Gerade dieser Nachweis stand im Mittelpunkt. Minutiös widmete man sich der Rekonstruktion der Ethnogenese der Schopen aus Thrakern und Protobulgaren, etwa anhand der gleichbleibenden Funktion eines so genannten „Čumbas"-Haarschnitts (ein rasierter Schädel mit „Pferdeschwanz" am Hinterkopf), charakteristisch für die Protobulgaren, der sich „über alle Jahrhunderte hinweg" auch bei den Schopen finden ließe:

> Aus den analysierten konkreten historischen, onomastischen, etnografischen und anderen Daten wird deutlich, dass die Formierung der Sofioter Schopen ein komplexer Prozess war, der sich zwischen dem 7. und 12. Jahrhundert abspielte, als sich eine der charakteristischen bulgarischen ethnografischen Gruppen herausbildete, mit Zügen der thrakischen Volkskultur, mit noch bewahrten altslawischen Zügen in seinem Dasein und protobulgarischen Spuren im „Čumbas"-Haarschnitt der Männer, den Stickereien, der dörflichen Wirtschaftsweise u. a.[222]

Damit war der Šopluk in die geltende ethnonationale genetische Hierarchie integriert und aller tendenziell negativen Zuschreibungen („asiatische", „primitive" Petschenegen) entledigt.

Hier wird zugleich deutlich, wie durch alle gesellschaftlichen Umbrüche hindurch Thrakien als Muster, Vorbild und Spitze der Volkstumshierarchien Geltung hat – neben allen Wandlungen, die diese Zuschreibung erlebt. Bei Vazov schon normativer Kontrastpunkt zu den Gebieten im Westen, die seiner Ansicht nach zivilisatorisch tiefer standen, wurde „Thrakisches an sich" nun in der Volkskunde der 1970er und 1980er Jahre buchstäblich tief in die Vergangenheit verankert und als eine der Wurzeln der modernen Nation betrachtet.[223]

---

221 Ebenda, S. 56.

222 Ebenda. Sefterski zeigte den neuen Stand der Forschung an.

223 Vgl. Silverman, Carol: The Politics of Folklore in Bulgaria, in: Anthropological Quarterly, 56 (1983) 2, S. 55–61; sowie neuerdings Marinov, Tchavdar: Ancient Thrace in the Modern Imagination. Ideological Aspects of the Construction of Thracian Studies in Southeast Europe (Romania, Greece, Bulgaria), in: Entangled Histories of the Balkans. Vol. 3. Shared Pasts, Disputed Legacies, hrsg. von Roumen Daskalov und Alexander Vezenkov, Leiden, 2015, S. 10–117.

Eng verbunden mit dem Stichwort „Ursprung“ war in den folkloristisch-volkskundlichen Forschungen das Stichwort „Verbindung“. Insbesondere die Trachtenkunde hatte mit der Entwicklung einer Typologie der Trachten den Nachweis der Verwobenheit aller bulgarischen ethnografischen Gruppen zu leisten – letztlich in der Tradition Vakarelskis, der während des Zweiten Weltkriegs eine Trachtenkarte der ethnografischen bulgarischen Gruppen entwarf.[224] Es kam gleichsam zu einer Blüte einer bis ins kleinste Detail gehenden Beschäftigung mit Motiven und Mustern in der bulgarischen Trachtenkunde. Wenn Volkskundler sich mit dem Šopluk im Realsozialismus beschäftigten, dann hauptsächlich in dieser Richtung: Folklore, die den gemeinsamen Ursprung und die organische Verbindung aller „ethnografischen Gruppen“ Bulgariens herausarbeiten und dokumentieren sollte.[225]

Eine andere Akzentuierung wurde nach dem Ende des Realsozialismus in Bulgarien deutlich: Die Vorstellung eines ganzheitlichen Ethnos blieb grundlegend und die „historisch ethnografischen Gruppe“ auf diesen bezogen. Obwohl sich dieser Ansatz für neuere Themen aus der Kulturanthropologie wie Arbeit und Migration öffnet, blieb die beschriebene Hierarchie zentral, wenngleich nicht mehr historisch-linear gedacht, sondern in einer dynamischen historischen Entwicklung platziert, die von Veränderungen geprägt ist. Hier sei diese Vorstellung kurz illustriert:

> Die Beispiele der nach dem Ersten Weltkrieg entstehenden Gruppen der Flüchtlinge (grundlegend aus Makedonien) und den Hinzukommenden nach der sozialistischen Industrialisierung (und Urbanisierung) bestätigen unzweideutig die These, dass in jedem der Stadien seiner historischen Entwicklung der **Ethnos** (fett i. O.) durch seine innerethnische Aufteilung in Gruppen real funktioniert, deren Beschaffenheit und Entstehung diachron veränderbar ist. Diese Aufgliederung des Ethnos in ethnografische Gruppen, wobei sich Letztere in ihrem Bewusstsein immer als untrennbarer Teil des Ethnos begreifen, zeigt sich der besondere Mechanismus der Selbstbereicherung, wachsenden Komplexität und des Variantenreichtums seiner Kultur, es handelt sich um einen Mechanismus der Hervorbringung seiner Vielfältigkeit.[226]

Es wird deutlich, dass hier Ethnos weiterhin die zentrale Referenzkategorie bleibt. Das homogene Ganze existiert weiterhin, nur dass es dem Zeitgeist entsprechend als in sich von Unterschiedlichem Geprägtes verstanden wird.

Das Moment, das sich hier im Vergleich zum Realsozialismus verändert, ist der Verzicht auf eine Definition der Schopen und Šopluk als in sich homogene ethnische Gruppe. Petko Hristov betont, dass mögliche Grenzen schwer zu ziehen sind, dass es keine gemeinsamen Kriterien (außer der überall von Volkskundlern konstatierten Zurückgebliebenheit) für die Schopen in Makedonien, Bulgarien und Serbien gibt, dass meistens die „Untergruppen“ (was in dieser Arbeit als mikroregionale Zuordnung verstanden wird) wichtiger sind als diese Zuordnung. Als Alternative zu einer ethnogenetischen Herangehensweise schlägt Hristov eine sozialanthropologische Perspektive vor: Den Ursprung dieser Zuschreibung

---

224 http://www.europeana.eu/portal/de/record/9200378/BibliographicResource_3000115528652.html [zuletzt abgerufen am 17.4.2017]

225 Übersicht dieser Forschung bei Hadžinikolov, Problemi, 1984.

226 Hristov, Granicite, 2004.

sieht er in der saisonalen Arbeitsmigration (von der weiter oben die Rede war), bei der die Männergruppen durch ihre Trachten und Sprache von außen identifizierbar waren. Zugleich konnte es zu einer Wechselbeziehung von Fremd- und Selbstzuschreibung kommen, in der sie schließlich sich selbst als Schopen bezeichneten und diesen Ausdruck mit nach Hause brachten.

Zwei Schwierigkeiten bleiben bei diesem Ansatz: Weiterhin wird die Mehrdeutigkeit der Bezeichnung „Šopluk“ ignoriert oder negiert, die Schopen sind fester Teil des ethnonationalen Ganzen. Und, damit verbunden, bleibt die alte – ethnogenetische – Fragestellung bestehen: Es wird weiterhin nach einem „Wesen“ dieser Gruppe gefragt. Darauf wird nur eine neue – sozialanthropologische – Antwort gesucht. Insofern verbleibt Hristov mit der Prämisse der Existenz „ethnischer Gruppen“ in einem bestimmten geografischen Raum im klassischen Kanon. Der Verweis auf soziale Praktiken öffnet dagegen Möglichkeiten für alternative Herangehensweisen. Mit der Referenz auf die saisonale Migration lässt sich das grenzüberschreitende Moment hervorheben, im Gegensatz zu der bisherigen Suche nach den Grenzen des Šopluk.

Erst in den letzten Jahrzehnten kam eine – noch immer kleine – Strömung unter Geografen und Historikern in Serbien und Bulgarien auf, die sich von den genannten Interpretationen absetzte. Ihrer Ansicht nach handele es sich bei den Menschen dieser Region um eine eigenständige Gruppe (wofür gerade die spezifische Sprache der Region stehe, die Unterschiede sowohl zum Serbischen als auch Bulgarischen aufweise), die noch vor dem Einsetzen einer umfassenden Bewusstwerdung, vor der Entwicklung eines eigenen Selbstverständnisses durch die Grenze getrennt worden sei. Die Grenzziehung habe den Prozess der Ethnogenese aufgehalten und abgebrochen, und die Menschen haben sich anschließend in den serbischen wie bulgarischen ethnonationalen Kontext eingepasst.[227]

Bei diesem Ansatz wird systematischer als bei Hristov auf das Verbindende jenseits der Grenzen verwiesen. Doch das Primat bleibt bei den Nationalstaaten, die neue Zuordnungen hervorbringen – wenngleich sie hier in einer anderen zeitlichen Abfolge postuliert wird: Zuerst gibt es die Gruppe und erst danach entstehen ethnonationale Kollektive, während in der bulgarischen Volkskunde in einer nahezu überzeitlichen Ethnogenese beides, „ethnische Gruppe“ und „ethnisches Ganzes“, immer schon miteinander verwoben ist.

Wie gestalteten sich die Diskussionen in der Region selbst, jenseits der wissenschaftlichen Institutionen in den nationalen Zentren? Exemplarisch sei hier eine Replik von Marin Mladenov in Most angeführt, anhand der sich die Spannung zwischen den Verwendungen solcher Zuschreibung im Lokalen und der Kritik daran seitens der Vertreter wissenschaftlicher Institutionen nachvollziehen lässt. Der hier schon häufiger erwähnte Marin Mladenov reagierte in seiner Eigenschaft als Professor für Bulgarisch an der Universität Belgrad und zugleich als gebürtiger Dimitrovgrader auf einen Beitrag in einer der vorangegangenen Ausgaben der *Most* seitens Bogdan Nikolovs, der Anfang der 1970er schon einmal im Mittelpunkt der Aufmerksamkeit stand.

Mladenov störte sich besonders an dem Gebrauch der Termini: *šopski ezik* („schopische Sprache“), *šopski govor* („schopischer Dialekt“), *šopsko tvorčetsvo* („schopisches Schöp-

227 Ćirić, Jovan: Šopluk. Jabuka razdora ili most spajanja na Balkanu?, in: Granice, izazov interkulturalnosti, hrsg. von Božidar Jakšić, Beograd, 1997.

fertum“), *šopski kraj* („schopisches Gebiet“), *region, v kojto živejat šopite* („Region, in der die Schopen leben“). Diese Ausdrücke hätten ihre Berechtigung nur in der alltäglichen Kommunikation, „und wir, die lokalen Leute, verstehen sie, doch in einem seriösen Aufsatz, der auf wissenschaftliche Analyse prätendiert, rufen solche ‚Termini‘ nur Befremden hervor und verringern das Niveau objektiver Information.“[228] Die Rolle, in der Mladenov hier auftritt, ist bemerkenswert: einerseits als Autorität einer wissenschaftlichen Institution, andererseits als lokaler Insider, der seine wissenschaftliche Autorität zu pädagogischen Zwecken einsetzt, die nicht auf die frühere Unterwerfung unter eine der beiden Optionen (Serbisch/Bulgarisch) zielten, sondern auf die allseitige Bildung der lokalen Bevölkerung.

Mladenov betrachtete in der Logik seines Faches (Bulgaristik) Šopski als Dialekt, dem sein Platz im Lokalen klar zugewiesen sei. Ziel der Bildungsbestrebungen der Gegenwart solle es dagegen sein, dass die Menschen die serbokroatische und bulgarische Standardsprache beherrschen lernen, „die heute für unsere nationale Minderheit (*narodnost*, Anm. N. St.) notwendig sind“. Dazu gehöre auch die Kenntnis einer weiteren europäischen oder Weltsprache. Jeder Mensch möge seine lokale Sprache, doch sieht Marin Mladenov – worauf schon Tanja Petrović hingewiesen hat[229] – als Hüter des Standards für die lokale Sprache v. a. den Bereich des Humors, aber auch der Poesie vor. Alles andere hingegen ist undenkbar:

> Es ist absurd (gesellschaftsgeschichtlich und linguistisch), dass die lokale Sprache (aus Uninformiertheit, Unachtsamkeit, absichtlich) zum „šopski ezik“ erklärt wird, denn es handelt sich nur um einen Dialekt, der Teil der bulgarischen Sprache ist.

Die energische Zurechtweisung begründete Mladenov damit, dass dies nicht nur in diesem Aufsatz zum Vorschein gekommen sei, sondern es vielmehr eine verbreitete Tendenz gebe, den örtlichen Zungenschlag (*mestnata reč*) in einen „šopski ezik“ zu verwandeln, der ohnehin dienstlich und in der offiziellen Kommunikation verwendet werde. Dabei behindere das Festhalten an der lokalen Sprache das korrekte Erlernen der Standardsprachen Serbokroatisch und Bulgarisch, wie auch weiterer Fremdsprachen.

Woran sich Mladenov ganz besonders störte, war die unspezifische Verwendung von „Šopsko“, wodurch es als Name einer Region missverstanden werden konnte, die nach seiner Überzeugung gar nicht existiere. Diese war nicht, wie es sein sollte, an einen mikrolokalen Kontext gebunden (sein Vorschlag lautete: *šopi ot Dimitrovgradsko*). Offensichtlich wurde für Mladenov damit eine Hierarchie durcheinandergebracht. In einer solchen Wahrnehmung fiel die Mehrdeutigkeit, mit der Nikolov Šopski versah (als Sprache oder Dialekt) aus dem Rahmen, der mit den Standardsprachen (Serbokroatisch und Bulgarisch) gesetzt war, und löste das Lokale aus dieser Hierarchie heraus, so dass seine Stellung unbestimmt bliebe. Denn aus einer übergeordneten Perspektive konnte ein solches sich eindeutiger Definition und Verortung entziehendes Selbstverständnis nicht verstanden werden.

> Denn wie würden jene Leser den Aufsatz verstehen, die nicht aus dem Dimitrovgradsko, sondern aus dem weiten Europa sind? Mit einem Wort: Lokale Jargonis-

---

228 Mladenov, Marin: Što e „šopski ezik“?, in: Most, Nr. 98, 2015, S. 94–96, hier S. 94.
229 Petrović, Srbija i njen Jug, 2015.

> men (šopski, šopski ezik u. ä.) sollen nicht in Texten verwendet werden, die objektive Informationen über einen Teil der Volkskultur im Dimitrovgradsko (SFRJ) vermitteln.[230]

Was offensichtlich im gesellschaftlichen Alltag nicht zu erreichen war, die Durchsetzung beider Standards in der offiziellen Kommunikation in Geschäften und in der lokalen Verwaltung, gelang zumindest in der *Most*. Für eine längere Zeit, bis zum Ende Jugoslawiens und darüber hinaus, wurden keine Texte mehr über „schopisches Schöpfertum" publiziert. Auch in späteren Jahren hielt sich Bogdan Nikolov, der viel über die Volkskultur in der Dimitrovgrader Region schrieb, an die Sprachregelungen von Mladenov.[231] Doch in seinen Beiträgen schwang zugleich der mehr oder weniger gelungene Versuch mit, diese ironisch zu unterlaufen.[232]

Nikolovs Beitrag gehörte zu einer Reihe von Versuchen lokaler Autoren seit der Mitte der 1990er Jahre, auf die spezifische Erfahrung zu verweisen, auf ein aus ihrer Sicht bislang geringschätziges Verhältnis des Zentrums gegenüber der lokalen Kultur, ohne sich aber gänzlich vom geltenden Kanon zu lösen.

Das galt auch für Pirot. Insbesondere Vitomir Živković, auf den schon in Kapitel 2 verwiesen wurde, der sich des bisher tabuisierten Themas der Repressionen nach dem Serbisch-Bulgarischen Krieg seitens des Königs Milan angenommen hatte, war ein Protagonist eines solchen Versuchs. Doch mit einer Schwierigkeit: Selbst jene wie Živković, die nicht in essentialisierenden Zuschreibungen dachten, zögerten im Unterschied zu ihren Dimitrovgrader Kollegen, das Stichwort Šopluk aufzugreifen. Grund war die weiter oben gezeigte Einhegung dieser Form der Zuschreibung seitens der Volkskunde in einen bulgarischen Kontext, und dieser war aus Piroter Sicht kaum attraktiv. Keiner in Pirot wollte als „bulgarophil" (*bugarofil, bugaraš*) denunziert werden und damit mit einem Makel behaftet sein, der damit seit dem Serbisch-Bulgarischen Krieg von 1885 verbunden war, als die Piroter Čorbadžije ihre Sympathien für Bulgarien offen gezeigt hatten, v. a. aber nach den Erfahrungen der Besetzung in beiden Weltkriegen. Daher brachten Živković und andere eine Zuschreibung in Zirkulation, die auf unterschiedliche Herausforderungen reagieren sollte. Sie solle erstens die Spezifik der Region zum Tragen bringen, zweitens nicht unmittelbar mit dem bulgarischen Diskurs identifiziert werden, und drittens im Einklang mit der serbi-

---

230 Mladenov, Što e „šopski ezik"?, S. 95.

231 In den 1990er Jahren griff Nikolov in seinen Texten seine früheren Vorstellungen von den Schopen jedoch wieder auf. Es ist von der Geschichte der Schopen die Rede und davon, dass diese, als dann die Nationalstaaten geschaffen wurden, zu Serben und Bulgaren wurden. Er spricht davon, dass die schopische Sprache älter sei als das Serbische und Bulgarische. Dies leitet er aus Vuks Überlegungen zur Übergangszone zwischen Serben und Bulgaren ab. Zentral ist für Nikolov dabei, Übergänge und Vermittlung zu betonen, auch in der Sprache. Letztlich legt sich Nikolov bei der notorischen Gretchenfrage der nationalen Zugehörigkeit nicht richtig fest und eröffnet mit dem Aufsatz v. a. für die Leser das Spektrum der bisherigen Diskussionen. Nikolov, Bogdan: Za Šopite, in: Most, Nr. 185, S. 92–101.

232 Gespräch mit Sreten Igov, der betont, dass in seinem Freundeskreis aufgrund der Erfahrungen seit der Zwischenkriegszeit hauptsächlich versucht wurde, ein ironisches Verhältnis zu nationalen Zuordnungen zu haben, wenngleich sie dies nicht offen äußern konnten.

schen wissenschaftlichen Tradition stehen: Torlak.[233] Torlak sei eine vergessene Bezeichnung für das Obere Nišavagebiet, auf die wichtige serbische Wissenschaftler verwiesen haben, die aber „erloschen und aus dem Gebrauch gekommen ist".[234] Tatsächlich hatten Cvijić und andere von der Piroter Umgebung als Torlak gesprochen, die lokale Sprache als „torlakischen Dialekt" bezeichnet. Auch Kanitz erwähnt dieses Wort:

> Das Gesamtgebiet zwischen der Balkankette bis Niš, Caribrod, Trn und den Temskaquellen bei Gubes hiess früher „Torlak" und seine Bewohner nennen sich noch heute „Torlaci". Sie unterscheiden sich in Sprache und Tracht von den vom Ginci-Balkanpasse bis südlich von Sofia wohnenden „Šopci" und auch von den Bulgaren am nördlichen Čiporovica-Balkan, welche in Torlak „Zagorci" genannt werden.[235]

Wichtig bei diesen Versuchen, neue „alte" Zuschreibungen zu etablieren bzw. zu entdecken, ist, dass das Spezifische regionalen Selbstverständnisses in der Kritik des herrschenden Diskurses entwickelt wird. Anknüpfend an jene Wissenschaftler, die Šopluk und Torlak als Übergangsphänomene betrachten und von einem ungenügend entwickelten „nationalpolitischen Bewusstsein" sprechen, verweist etwa Jovan Ćirič auf den damit verbundenen Grundwiderspruch: „Obwohl sie (den Torlaken, Anm. N. St.) bulgarische oder serbische Reinheit zuschreiben, hält ihnen die Mehrheit der Autoren zugleich vor, ungenügend ihr bulgarisches oder serbisches Bewusstsein zu zeigen."[236] Aus der lokalen Perspektive wird zum ersten Mal die Entstehung der Nationalstaaten als negative Erfahrung artikuliert. Die Grenze von 1878 durchtrennte nach Živković den Torlak, mit seiner Ansicht nach bedauerlichen Folgen:

> Die Menschen auf der serbischen Seite wurden zu Serben, auf der bulgarischen zu Bulgaren. Ihre Kinder gehen in unterschiedliche Schulen und lauschen dort einem Unterricht in der jeweiligen Sprache des neuen Vaterlandes, aber keine von beiden Sprachen war ihre Muttersprache. Die nächsten Verwandten, Paten und Freunde wa-

233 Živković, Torlak, 1994; Kostić, Prilog Etnoistoriji Torlaka, 1995.

234 Živković, Torlak, 1994, S. 9.

235 Kanitz, Serbien und das Serbenvolk, Bd. 1, 1904, S. 230.
Jireček: „Endlich gibt es auch vollkommene ethnographische Spitznamen. Dazu gehört der Name Torlak (auch Turlak), Plur. Torlaci. So nennen die Sofianer ihre Nachbarn um Caribrod und Pirot und diese umgekehrt die Leute bei der bulgarischen Hauptstadt. Die Rumelioten in der Gjopsa hängen diesen Namen ihren transbalkanischen Nachbarn an, und im Balkan von Berkovica nennen die Bewohner beider Seiten des Gebirges einander so gegenseitig. Der Name ist auch bei Sliven, Burgas, Šumen bekannt; die Rhodoper bezeichnen mit ihm die Einwohner der thrakischen Ebene. Es ist das albanesische torolak, trulak, turlak, Narr, Dummkopf, ein dem Jargon der zum Steuereintreiben verwendeten Bašibozuks entlehnter Terminus."; Jireček, Fürstenthum, 1891, S. 57. In der dazugehörenden Fußnote heißt es dazu noch einmal deutlicher: „Es ist verfehlt (vgl. z. B. Godisnjica IV. 241 f.), Torlak, Šopsko, Zagorje als fest begrenzte geographische Namen zu behandeln. Ueber die Verbreitung des Namens in Thrakien Slavejkov in der Zeitschrift ‚Nauka' IL 462. Nach demselben (Per. Spis. IX, 111) ist turlak auch im bulg. Sprachschatz in der Bedeutung eines wilden, gemeinen Kerls (divak, prostak) vorhanden." Ebenda.

236 Živković, Torlak, 1994, S. 9.

ren getrennt. Die Nostalgie wurde bei den Sabori oder bei den seltenen Grenzübertritten gemildert.[237]

Wohlgemerkt, so denkt der Autor über die Grenze von 1878 im Jahr 1994.
In dieser Form ließ sich eine Erfahrung artikulieren, die seit 1878 keinen öffentlichen Raum gehabt hatte. Die Grenzziehung konnten freilich wie dargelegt auch Nationalisten auf beiden Seiten anprangern. Doch hier wurde eine Perspektive sichtbar, die strikt lokal geprägt war und auf nationale Zuschreibungen verzichtete. Zugleich entzog sich der Autor durch das Stichwort Torlak dem Vorwurf eines bulgarischen Nationalismus.[238] Hier ist weniger von Bedeutung, ob es eine solche Bezeichnung gegeben hatte und welche Gebiete ein Torlak umfassen würde. Wichtig ist das Bedürfnis nach Differenz zu den dominanten national zentrierten Narrativen.[239] Wie verhärtet diese bleiben, zeigt sich an Vladimir Stojančević, der sowohl der Bezeichnung Torlak als auch Šopluk eine klare Absage erteilte.[240] Besonders aber ist von Bedeutung, dass, wie gezeigt, regionale Zuschreibungsformen in Umlauf kamen, die aus der vornationalen Zeit stammten und mit den wissenschaftlichen Sprachregelungen konfligierten.

Um einer Essentialisierung der von „Schopen" und „Šopluk" zu entgehen, können diese Zuschreibung auch als Remanenzphänomen beschrieben werden. Hier wird daher gefragt, was in den jeweils verschiedenen Epochen diese Stichworte bedeuteten und warum sie unter veränderten Bedingungen wieder relevant werden konnten, und welche wiederum unterschiedlichen Bedeutungsschichten dann in den Vordergrund rückten.

Dafür ist die Zeit vor der wissenschaftlichen Einfassung dieser beiden Zuschreibungen seit dem Beginn des 20. Jahrhunderts, die hier der Einfachheit halber als erste Phase der Zirkulation von Šopluk und Schopen bezeichnet wird, von entscheidender Bedeutung. In

237 Ebenda, S. 47.

238 Obgleich Živković unterschiedlich argumentiert und Torlak ebenso als Teil einer größeren schopischen Region sieht.

239 Diese Zuschreibung ist v. a. im nordöstlichen Bereich der serbisch-bulgarischen Grenze in Umlauf, wo es auch eine Zeitung solchen Namens gibt und Festivals der Torlaken organisiert werden. In der Volkskunde wird diese Zuschreibung aufgegriffen, aber die Unterschiede betont. Dejan Krstić betont in seiner Studie über den Torlak das Trennende zwischen der Volkskultur in den Dörfern auf beiden Seiten der Grenze, und spricht von der Stara Planina als einer natürlichen Grenze. Krstić, Dejan: Etnokulturne razlike između Torlaka u Srbiji i Torlaka u Bugarskoj, in: Glasnik Etnografskog Muzeja, 67–68, S. 139–53.

240 Vladimir Stojančević kritisierte in einem Gespräch mit Borislava Lilić scharf die Verwendung der beiden Bezeichnungen Šopluk und Torlak: „Das Ponišavlje unterscheidet sich sehr stark seiner Bevölkerung nach, ethnographisch, historisch und auch der Sprache und Bräuchen nach von dem so genannten Šopluk, der sich im Osten von Breznik und Radomir anfangend und das Sofioter Feld einbeziehend bis nach Etrople, Zlatica und Pirdop und dem Quellgebiet der Marica erstreckt. Das Ponišavlje kann in keinem Fall mit dem Begriff und dem Umfang, der Ethnographie und der Anthropologie mit dem Šopluk identifiziert werden. (...) *In der gesellschaftlichen Kommunikation und Publizistik, insbesondere in der Wissenschaft sollte dieser beliebige Terminus (Piroter) Šopluk vollständig als wissenschaftlich unbrauchbar eliminiert werden (und politisch instrumentalisiert).* (Hervorhebung i. O.) Dies v. a. wegen der bulgarischen Ansprüche auf den ‚ganzen' Šopluk bzw. das gesamte Ponišavlje!" Lilić, Borislava: Pirot u svetlu istorijske nauke. Razgovor sa akademikom Vladimirom Stojančevićem, in: Pirotski Zbornik, 25–26, 2000, S. 5–15, hier S. 9.

dieser ersten Phase wurde Šopluk in der Osmanischen Zeit als Benennung für den westlichen Teil des Zentrums der Balkanhalbinsel verwendet. Demnach war es eine Zuschreibung von außen, die in der so bezeichneten Region selbst nicht gebräuchlich war.[241] Außerordentlich wichtig ist dabei, dass Šopluk dabei räumlich nicht als geschlossene Fläche im heutigen Verständnis von Region gedacht wurde, wie schon in Kapitel 3 verdeutlicht. Die Bezeichnung Šopluk beinhaltete v. a. auf ein bestimmtes Verhältnis zwischen Stadt und Land und bezog sich jeweils auf das Umland von Sofia, Kjustendil, Egri Palanka, Vranje und Pirot. Dabei handelte es sich um eine soziale Zuschreibung, die eine räumliche Dimension enthielt: jene zwischen den Stadtbewohnern, den Šehirli,[242] und der Landbevölkerung.

Jene Gelehrten, die Ende des 19. und Anfang des 20. Jahrhunderts die Grundlagen für den hier skizzierten wissenschaftlichen Diskurs legten, insbesondere aber jene im serbischen Kontext, ignorierten diesen Unterschied zwischen Stadt und Land. Bei Cvijić und seinen Nachfolgern lag ohnehin der Interessensschwerpunkt auf dem Dorf, während die christlichen Stadtbewohner durch das Zusammenleben mit Moslems als mehr oder weniger degenerierte Filiale der Landgesellschaft betrachtet wurden.[243] Im Unterschied dazu war das Verständnis der Lehrer, Gelehrten und Journalisten, die unmittelbar aus den osmanischen Verhältnissen kamen, von einer Trennung zwischen der Land- und der Stadtgesellschaft geprägt, wie an Sava Filaretov oder Ivan Vazov deutlich wurde, das auch Konstantin Jireček beeinflusste, was seine in Kapitel 3 angeführten Tagebucheintragungen dokumentieren.

Diese räumliche Dimension einer sozialen Zuschreibung aus osmanischer Zeit zeigte sich auch im benachbarten Arnautluk im Westen: Dort enthielt diese Bezeichnung ebenfalls eine Abgrenzung der Städter von Priština, Leskovac und Vranje gegenüber der Landbevölkerung. Der einzige Unterschied lag darin, dass die Landbevölkerung des Šopluk christlich, die des Arnautluk muslimisch geprägt war. Im Fall von Vranje wird dies besonders anschaulich, da die Region östlich der Stadt als Šopluk bezeichnet wurde, westlich davon als Arnautluk.[244] Auch im Arnautluk setzte nach dem Ende imperialer Herrschaft die Auseinandersetzung um nationale Zugehörigkeiten ein. Hier stand die Zuordnung zu einer türkischen oder albanischen Sprachgemeinschaft im Mittelpunkt.

Mit dem Ende der osmanischen Herrschaft kam es nach einer Phase des Übergangs zur Verselbständigung dieser Bezeichnung, die sich von der hier beschriebenen konkreten sozialen Kontextualisierung im Raum (der Beziehung zwischen Stadt- und Landgesellschaft) löste. Gleichzeitig blieb aber das osmanische Erbe an diesem Überrest haften. Mit dem Verschwinden des Osmanischen Reiches hefteten sich die Projektionen von Uneinheitlichkeit und damit Zurückgebliebenheit wie bei Jireček gesehen an die Regionen. Diese

---

241 Anonym: Nešto o Bugarih (sic!). Izvadak iz dnevnika jednog domorodca putovavšeg u Carigrad na koncu godine 1843, in: Danica Horvatska, Slavonska i Dalmatinska, Jg. 10, Nr. 11, 1844, S. 42–44. In der Region selbst überwogen mikroregionale Selbstzuschreibungen, die bis in die Gegenwart in Gebrauch sind.

242 So die geläufige Bezeichnung für Stadtbewohner und deren besonderes Selbstverständnis, mit dem sie sich von der Landgesellschaft absetzten. Vgl. Ellis, Shadow genealogies, 2003.

243 Vgl. den Ausdruck Mimikry bei Cvijić und die Idee von Stadt bei Tihomir Đorđević in Kapitel 3.

244 Vgl. Nikolić-Stojančević, Vranjsko Pomoravlje, 1974.

blieben Residuen eines nicht national strukturierten Raums. Das Irritierende solcher Mehrdeutigkeit, die sich in einer eindeutigen nationalen Zuordnung in Serben oder Bulgaren entzog, überdauerte in der Zuschreibung „Šopluk" mit seiner negativ konnotierten Uneindeutigkeit, die aus der angeblichen Rückständigkeit – da national indifferent – der dort lebenden Menschen abgeleitet wurde. Wenngleich dieser Hintergrund bei „Šopluk" auf Anhieb nicht mehr sichtbar ist, handelt es sich um ein Erbe der Vieldeutigkeit und Komplexität imperialer Ordnung. Denn in den Augen der Protagonisten der nationalen Idee war diese Mehrdeutigkeit ein Überbleibsel der „türkischen Zeit". Dort hatten andere Zuordnungen wie jene der Konfessionen Geltung und es herrschten andere Raumverständnisse und -praktiken vor, die Herrschaft strukturierten.

In dieser zweiten Phase kam es zu einer Wandlung des semantischen Gehalts der Bezeichnung Šopluk durch seine Aneignung seitens der neuen Herrschaftseliten. Dies wurde besonders sichtbar in den entstehenden Legitimationswissenschaften Geschichte, Sprachwissenschaft und Volkskunde. Dort fungierte „Šopluk" wie die übrigen Regionen als Platzhalter, als Name für von den jeweiligen Nationalstaaten beanspruchte Territorien, wie in Kapitel 3 gezeigt wurde. In dem Augenblick der Landnahme und der hier kurz angedeuteten Nationalisierung des Raumes Ende des 19. Jahrhunderts zirkulierten nun auch intensiviert Regionsbezeichnungen wie „Šopluk" seitens der Protagonisten des Nationalstaats.[245]

6.4.6 Remanenz und Situativität

Erst mit der wirtschaftlichen und politischen Krise Jugoslawiens in den 1980er Jahren tauchte „Šopluk" als Bezugspunkt für Selbstverortungen in der Dimitrovgrader Region wieder auf, was hier als dritte Phase bezeichnet wird. Allerdings bestand ein wesentlicher Unterschied zur zweiten Phase. Es handelte sich nicht mehr um eine Fremdzuschreibung, die seitens der Vertreter der Herrschaftselite für einen als subaltern wahrgenommenen Teil der Bevölkerung verwendet wurde. Nun wurde die Bezeichnung „von unten" als Selbstzuschreibung aufgegriffen – hauptsächlich von jenen, die in der Krise der 1980er Jahre an einem jugoslawischen Selbstverständnis festhalten wollten, als dieses, ohnehin nie institutionalisiert, landesweit deutlich von slowenischen, kroatischen, serbischen u. a. ethnozentrischen Konzepten marginalisiert wurde. Wie weiter oben gezeigt, offerierte die Bezugnahme auf Jugoslawien für die lokale Bevölkerung die Möglichkeit, dem bis dahin dominanten Zwang zur Eindeutigkeit zu entgehen.[246] „Šopluk" hingegen wurde dabei gerade seitens der subkulturell orientierten Jugend genutzt, um beides zu unterlaufen: Erstens handelte es sich um die Weigerung, sich automatisch einem ethnonationalen Kollektiv zuzuordnen. Lange Zeit hatte die Zuordnung jugoslawisch für diese Möglichkeit gestanden. Zweitens wurde vor dem Hintergrund der pejorativen Aufladung von „Schopen" und „Šopluk" durch deren Aneignung das Prinzip ethnonationaler Zugehörigkeit als Fetisch des Herrschaftssystems bewusst ironisiert. Drittens war es ein Reflex auf die in der serbischen (und ähnlich auch

245 Vgl. die Funktionen der Einordnung und Zuordnung in ein „System" „psychischer Typen" auf dem Balkan: Cvijić, Balkansko Poluostrvo, 1989, S. 432–38.

246 Die föderative Ordnung Jugoslawiens – nach Holm Sundhaussen eine „fast geniale Lösung" der bis dahin existierenden Konflikte – hatte ihre Schwachstelle darin, dass sie gerade dadurch wiederum Ethnos als Ressource stärkte. Vgl. Sundhaussen, Jugoslawien, 2012.

kroatischen) Öffentlichkeit zunehmend dominierenden Phantasmen „ethnischer Räume“, zukünftiger „ethnisch reiner Staaten“, wo solchen Projektionen klarer Grenzen das Unbestimmte und Grenzüberschreitende entgegengestellt wurde.

Dabei trat kein neuer regionaler Essentialismus in Erscheinung, wie er sich andernorts in dieser Zeit in Europa entwickelte, etwa in Katalonien oder Schottland.[247] „Šopluk“ kam keine Qualität als potentieller Zugehörigkeit an und für sich zu, da es an politischen Akteuren mangelte, die eine regional-essentialistische Ikonografie entwickelt hätten. Vielmehr wird darin ein Reflex sichtbar, der als „nicht-identisch“ bezeichnet werden kann, der lediglich in Beziehung zu Formen des Identifikationsdrucks zum Vorschein kam.[248]

Auf der bulgarischen Seite der Grenze gab es in den 1980er Jahren keine vergleichbaren Phänomene. Dies hatte zwei Gründe: einerseits die Hermetik der Grenze, die zwischen 1948 und 1989 mit jener der deutsch-deutschen zu vergleichen ist, andererseits der explizit zentralistische Charakter des bulgarischen Staates und die Bedeutung der oben beschriebenen Konzeption eines homogenen bulgarischen Ethnos als Herrschaftslegitimation. Hier waren es andere Bedingungen, welche die Konstellationen zwischen zentralstaatlicher Organisation, ethnonationaler Sinnstiftung und regionalem Selbstverständnis bestimmten. In Jugoslawien hatte trotz aller genannten gegenteiligen Effekte die „fast geniale Lösung“ der Föderalisierung zumindest dazu geführt, dass die Gefahr ethnonationalistischer Verselbständigung in den einzelnen Republiken eingegrenzt wurde, indem diese sich gegenseitig in Schach hielten. Zudem ergab sich durch die Duldung einer jugoslawischen Orientierung die Möglichkeit, das Prinzip ethnischer Zuordnung diesem unterzuordnen, da sich wie gerade gezeigt viele Menschen als Jugoslawen bulgarischer Herkunft verstehen konnten und damit Letztere gegenüber der Verortung in der Region zunehmend an Bedeutung verlor. Regionale Selbstverständnisse waren in Bulgarien nur in einer klaren Hierarchisierung und Unterordnung unter das nationale Zentrum denkbar, wie anhand der Diskurse in Folkloristik und Ethnografie veranschaulicht. Region und deren Bewohner wurden auf der bulgarischen Seite der Grenze in den anderen Landesteilen im Alltag sowie seitens der Parteiestablishments weiterhin als subaltern wahrgenommen.[249] Daran änderte auch die offiziöse folkloristische Einfassung und die Kreation einer Šopska Salata nichts, die Mitte der 1950er Jahre von der bulgarischen Tourismusorganisation erfunden worden sein soll.[250] Im vorhergehenden Kapitel wurde offengelegt, wie stark Reglementierung und Kontrolle auf

---

247 Keating, Michael: “Rescaling Europe”, in: Perspectives on European Politics and Society, 10 (2009) 1, S. 34–50.

248 Die Rede vom „Nicht-Identischen“ ist freilich einem ganz anderen Zusammenhang entliehen. Im Kern handelt es sich dabei um die Kritik der Vorstellung der Identität von Begriff und Gegensatz. Das Nicht-Identische bezeichnet dabei zunächst all jenes, was sich dem Begriff im Hinblick auf den Gegenstand entzieht. Zugleich lässt es sich auch als Reaktion, als Widerstreben gegen identifizierendes Denken und Handeln verstehen. Vgl. Adorno, Theodor W.: Negative Dialektik, Frankfurt am Main, 1997[9], S.17.

249 Hier entspricht subaltern dem Kontext, in dem der Begriff initial geprägt wurde: eine periphere Landgesellschaft. Vgl. Chatterjee, Partha: A Brief History of Subaltern Studies, in: Transnationale Geschichte, Themen, Tendenzen und Theorien, hrsg. von Gunilla Budde, Sebastian Conrad und Oliver Janz, Göttingen, 2010[2], S. 94–105, hier S. 94.

250 Vgl. Dečev, Stefan: Bălgarska, no ne točno šopska. Za edin ot kulinarnite simvoli, in: Bălgarski folklor, 1, 2010, S. 125–40.

der bulgarischen Seite der Grenze waren, die auch mögliche abweichende Selbstverständnisse betrafen.

Als einzig Gemeinsames im Hinblick auf den Šopluk blieb, dass die auf beiden Seiten verwendete lokale Verkehrssprache seitens der nationalen Zentren als Stigma betrachtet wurde.

Regionales Selbstverständnis war im bulgarischen Kontext dadurch nicht als Artikulation differenter Erfahrung möglich, sondern blieb reduziert auf die Affirmation der Region als Teil des nationalen Raumes.[251] Während der Feldforschung zeigte sich wie schon erwähnt bei den Gesprächspartnern auf der bulgarischen Seite der Grenze ein enorm defensives Verhältnis zu Region und Sprache. Aus der Region zu kommen, diese Sprache zu sprechen, wurde als individueller Makel begriffen.

Auch im Selbstverständnis der Protagonisten der bulgarischen Minderheitenräte[252] im heutigen Serbien stößt das Stichwort Šopluk auf Misstrauen, hat es doch auch aus ihrer Sicht nur Verschleierndes und damit Störendes an sich. In den Augen der amtlichen Vertreter der bulgarischen Minderheit wird Šopluk ähnlich wie im dominanten Diskurs in Bulgarien als ein Teil des großen bulgarischen Ethnos betrachtet. Es ist bemerkenswert, von welcher Dauerhaftigkeit die Aversion gegen den Šopluk im institutionellen Kontext der Minderheitenräte bleibt. Hier sei an die oben erwähnte Auseinandersetzung in der *Most* um die lokale Sprache verwiesen. In den 1990er Jahren gab es allerdings seitens des Milošević-Regimes den Versuch, ein schopisches Selbstverständnis zu fördern. Ziel war die Verringerung des Anteils von Bulgaren in den Volkszählungen, um auf diese Weise auch die staatliche Förderung von Institutionen der bulgarischen Minderheit einzuschränken. Der Widerstand der lokalen Funktionäre dagegen erklärte sich dabei weniger aus einer starken bulgarischen nationalen Orientierung in dieser Region. Vielmehr ist zu beachten, wie wichtig bis in die Gegenwart die staatliche Förderung von bulgarischem Unterricht, Theater, Galerie, Bibliothek, einem Radio- und Fernsehsender als eine der wenigen Ressourcen in einem ansonsten wirtschaftlich stagnierenden Gebiet ist. Die Existenz dieser Institutionen bedeutet nicht nur staatliche Förderung aus Belgrad, sondern sie bringt auch nach Möglichkeit Unterstützung aus Bulgarien ein, wo ein eigenes Amt für die „bulgarischen Minderheiten in Europa" existiert.[253]

Es ist bemerkenswert, dass trotz der Zuschreibung von Subalternität, kultureller Minderwertigkeit und der Unmöglichkeit einer Institutionalisierung trotz der kurzzeitigen politischen Instrumentalisierung aus dem Zentrum, immer wieder individuelle, spontane Bezüge auf den Šopluk im Handeln der lokalen Akteure auftauchen. So intensiviert sich seit mehr als einem Jahrzehnt das Interesse, auf „Šopski" über die Erfahrungen von Herrschaft und den Zwang zu Loyalität zu schreiben,[254] obwohl es diesseits wie jenseits der Grenze

---

251 Vgl. Todorov, Sbornik Trănski kraj, 1940.

252 In der Republik Serbien wurden 2.002 Minderheitenräte eingerichtet mit dem Ziel, das rechtliche Vakuum auf diesem Gebiet zu beenden und die Rechte der Minderheiten im Hinblick auf Kultur, Bildung, Information sowie die Verwendung als zweite Amtssprache in den betreffenden Gemeinden umzusetzen. Die Räte werden alle vier Jahre in den Gemeinden ab einem bestimmten Minderheitenanteil gewählt.

253 Dăržavna Agencija na Bălgarite v Čužbina: http://www.aba.government.bg/.

254 So etwa die erwähnten Romane der Piroter Schriftstellerin Nataša Panić, gerade zum Thema Grenze

keine institutionelle Förderung dafür gibt. Zunehmend werden eigeninitiativ Vortragsabende in dieser „Sprache“, wie sie die Veranstalter nennen,[255] sowie grenzüberschreitende Festivals organisiert.[256] In den Volkszählungen nimmt die Zahl derer zu, die sich als Schopen bezeichnen, obwohl dies nicht vorgesehen ist. Wie erläutert handelt es sich bei dem Bezug auf ein solches regionales Selbstverständnis um eine subjektive Form der Artikulation der Erfahrung von Zwang zu eindeutiger Zuordnung.

Eine weitere Dimension, in der Remanenzphänomene zum Vorschein kommen, ist die alltägliche Topografie oder Topografie des Alltags der hier behandelten Landschaft, die jenseits der offiziellen nationalen Definitionen von Raum verortet bleibt. Erstens handelt es sich dabei um die Dauerhaftigkeit vornationaler Toponymie, zweitens um die bleibende Bedeutung mikroregionaler und lokaler Zuordnungen. Ersteres zeigt sich im regionalen öffentlichen Nahverkehr. Bei Busfahrten ist es üblich, dass die Fahrgäste dem Busfahrer die Dörfer nennen, an denen sie aussteigen wollen. Ob alt oder jung, keiner der Fahrgäste nennt Srećkovac oder Gradište. Vielmehr ist von Čorin Dol und Zaganica die Rede – also den alten Dorfnamen. Diese Dörfer wurden 1878 umbenannt, als sie Teil des serbischen Staates wurden. Dabei ging es den Vertretern des Zentralstaats darum, nicht nur durch die physische Trennlinie neue Distanz zu erzeugen, sondern auch vermittels der Veränderung der Toponyme eine neue *mental map* durchzusetzen. Diese Umbenennungen sollten eine Beziehung zur neuen Herrschaft stiften, durch den Verweis auf Protagonisten, deren Handeln mit der Region verbunden war: Milojkovac wurde nach dem serbischen Militär Milojko Lešjanin benannt, Srećkovac nach dem ersten serbischen Vorsteher Panta Srećković, Gradište sollte auf eine alte Festung verweisen und Obrenvac schließlich auf die Dynastie der Obrenovići, denen die Ansässigen die „Befreiung“ vom „türkischen Joch“ zu verdanken hatten. Es ist bezeichnend, dass auch mehr als 100 Jahre nach dieser Umbenennung die alten Ortsnamen weiter in Gebrauch sind. Daran wird deutlich, dass trotz der Bemühungen des Nationalstaats, einen national homogenen Raum zu schaffen, und das zumeist vermittels Gewalt in fünf Kriegen, dies in den Alltagspraktiken bis in die Gegenwart bewusst und unbewusst beständig unterlaufen wird.

Ebenso ist in der Alltagssprache weniger von Bulgarien oder Serbien die Rede, und damit auch nicht von Grenzen. Ähnlich wie in dem zuvor thematisierten Dorf Planinica wird in der gesamten Region mit „nach oben“ und „nach unten“ auf das jeweilige Reiseziel verwiesen. „Nach unten“ meint dabei die Fahrt nach Zentralserbien, entsprechend der Richtung der Nišava flussabwärts nach Nordwesten. „Nach oben“ referiert dagegen auf eine Fahrt nach Sofia Richtung Südosten über den aus der Perspektive Dimitrovgrads höher liegenden Dragoman-Pass.[257]

---

und Peripherie, die in der Region viel Aufmerksamkeit finden. Ebenso die erwähnte Seite www.muzejcaribrod.de.

255 Wobei es nicht ganz in dieser Zuschreibung aufgeht, es ist eher ein systematisches Problem der beiden Standards, in denen einerseits die Sprache in Südostserbien, andererseits die Sprache in Westbulgarien als rückständig und anational betrachtet werden. Vgl. die erwähnte Arbeit von Tanja Petrović, Srbija i njen jug.

256 So etwa die Veranstaltung Nišavski Horovod, die abwechselnd in Dimitrovgrad und Dragoman stattfindet, an der Vereine aus anderen Städten der Region teilnehmen.

257 „Gore je poskupo“ – „Oben ist es teurer“, „Ka ideš nadole?“ – „Wann gehst/fährst Du nach unten?“

Auch die eingangs erwähnten Mikroregionen strukturieren bis in die Gegenwart Raumwahrnehmungen und Zuordnungen. Ein wichtiges Differenzierungsmerkmal zwischen den großen Familienhaushalten stellte ihre Benennung nach der Herkunftsregion dar. Dies bezog sich sowohl auf die einzelnen Familienmitglieder als auch auf die Malé, die von ihnen besiedelt bzw. im Zerfallsprozess der Großfamilien geschaffen wurden.[258] Während des Staatssozialismus behielten in abgewandelter Form die mikroregionalen Arbeitsteilungen ihre Bedeutung bzw. wurden neu angereichert. Besonders jene zwischen Zabrđe und Burel. Das relativ wohlhabende Zabrđe mit seinen vergleichsweise guten Bedingungen für Landwirtschaft war Ziel wesentlich ärmerer Bauern aus dem Burel, die sich dort im Sommer als Erntehelfer verdingten. In den späteren Jahrzehnten zeigte sich die Fortexistenz solcher Zuschreibungen darin, dass Kritik an den Verhältnissen zumeist mit der Herkunft der Funktionäre verbunden wurde. Dann wurde verärgert gefragt, warum ausgerechnet so viele Direktoren oder Funktionäre aus der Mikroregion X kämen, und warum die Menschen aus der Mikroregion Y benachteiligt werden.

Perspektiven

Hier wurde das Distinkte, definitorischen Zugriffen Ausweichende, als Kernmoment herausgearbeitet, das von den Handelnden im Lokalen mit „Šopluk" mehr oder weniger explizit verbunden wird. Es handelt sich dabei um eine Verwandlung einer sozial-räumlichen Zuschreibung in der osmanischen Epoche in ein Residuum der Möglichkeit von Uneindeutigkeit, die sich gesellschaftliche Akteure insbesondere in Umbruchzeiten aneignen.

Wie angedeutet verbirgt sich dahinter kein Kohärenz beanspruchendes ideologisches System, das aus einer angenommenen spezifischen Erfahrung besondere Prinzipien wie ethnonationale Toleranz und Multikulturalität postuliert, wie es etwa bei den Protagonisten der Autonomie in der Vojvodina geschah.[259] Es handelt sich vielmehr um einen Reflex auf die schrumpfende Möglichkeit der Artikulation nicht-nationaler Selbstverständnisse, die mit der Auflösung Jugoslawiens einherging, sowie um eine Reaktion auf den danach erneut einsetzenden Druck zu nationaler Eindeutigkeit, der sich in den Kriegen um ethnisch homogene Territorien in den 1990er Jahren auf grausame Weise materialisierte.

Im vergangenen Jahrzehnt zeigten sich dabei zunehmend Parallelen zu den Diskursen in Schlesien, indem der bisherige Makel, etwa die lokale Sprache, zugleich als Vorteil unkomplizierterer Kommunikation über Grenzen hinweg begriffen wird. Nach dem Ende Jugoslawiens wuchs in dieser Region zunächst auch bei den Volkszählungen die Zahl jener, die als Nationalität „neopredeljen" angab, was sich wortwörtlich mit „unentschlossen" übersetzen lässt.[260] Im letzten Jahrzehnt trat die Zuschreibung „Schopen" ähnlich wie „Schlesier" in Erscheinung. Was überraschend war, denn weder war eine solche Kategorie in den Fragebögen vorgesehen, noch wurde sie von lokalen politischen oder zivilgesellschaftlichen Akteuren öffentlich gefördert wie etwa in der Vojvodina, wo vor der letzten

258 Ivanov, Planinica, 2016, S. 18.

259 Vgl. Tomić, Đorđe: Phantomgrenzen und regionale Autonomie im postsozialistischen Südosteuropa. Die Vojvodina und das Banat im Vergleich, Göttingen, 2016.

260 Volkszählung 2011, einsehbar unter: http://webrzs.stat.gov.rs/WebSite/userFiles/file/Aktuelnosti/Etnicke_zajednice_sa_manje_od_2000_pripadnika_i_dvojako_izjasnjeni.pdf, zuletzt abgerufen am 31.10.2016.

Volkszählung große Anzeigetafeln auftauchten, die für die Zuschreibung „Vojvođanka/Vojvođanin" warben.[261] Als Unterschied zu Schlesien kommt aber hinzu, dass der Aufschwung eines schlesischen Selbstverständnisses verbunden war mit der Integration der betreffenden Staaten in die EU. Dadurch wurden die bisherigen Staatsgrenzen zwischen Polen, Tschechien und der Bundesrepublik zu EU-Binnengrenzen. Dagegen wird die hier behandelte Region von einer EU-Außengrenze durchschnitten, die zwar auf ganz andere Weise und in anderer Intensität, aber dennoch weiterhin als Barriere für eine umfassend grenzüberschreitende Kommunikation wirkt.

Anhand der zweiten Phase wurde deutlich, dass die Bezeichnung Šopluk auftritt, wenn es erstens darum geht, seitens des Nationalstaats Gebiete zu benennen, die noch nicht Teil des nationalen Territoriums sind. In der dritten Phase schließlich, seit den 1980er Jahren und insbesondere nach 1989, kam das Bedürfnis nach Uneindeutigkeit zum Vorschein, das im Widerspruch zur Vorstellung eines national homogenen Territoriums steht. In dieser jüngsten Phase wandelte sich diese Bezeichnung von einer negativ konnotierten Fremdzuschreibung zu einer (als nicht-identischer Reflex) situativen positiven Selbstzuschreibung, bei der vermeintlich rückständige Sprachlichkeit nun eine Möglichkeit der Distinktion vom Zentrum bietet, in der die Erfahrung von Stigmatisierung reflektiert wird.

Mittlerweile tauchen in Anlehnung an die serbische und bulgarische Ethnografie und Linguistik[262] zunehmend Karten auf, in denen ein angenommenes Gebiet des Šopluk als Territorium abgebildet wird. Vor dem Hintergrund der bisherigen Analyse dessen, was ein Bezug auf „Šopluk" in der lokalen Gesellschaft im Spannungsfeld zwischen Remanenz und Situativität beinhaltet, bedeutet eine solche Visualisierung im geografischen Raum lediglich die Nachahmung ohnehin fragwürdiger ethnischer Karten, die in der Auseinandersetzung um Makedonien zu Beginn und mit dem Bosnienkrieg Ende des 20. Jahrhunderts zu zweifelhafter Prominenz gelangt sind. Von den bisherigen Überlegungen ausgehend, könnte eine Visualisierung höchstens wie jene auf Wetterkarten gedacht werden, in denen Isobaren sich beständig bewegen, verändern, auflösen und neu entstehen, jedoch nicht als Fläche zum Stillstand kommen.

Das hier beschriebene Verhältnis zur Bezeichnung Šopluk weist auf die Formen hin, in denen sich die Individuen dem Zwang zu solcher Eindeutigkeit zu entziehen versuchen. Ebenso vermitteln sich in der Analyse von Phantomregionen alternative Formen von Orientierungen im und Vorstellungen von Raum, die nicht mit dem klassischen, bislang dominanten national zentrierten Raum identisch sind.

Dies wurde jeweils auf drei Ebenen sichtbar: Einmal in den Imaginationen eines ethnisch homogenen Raums, deren Verwirklichung/Materialisierung die Protagonisten des Zentralstaats anstrebten. Zweitens standen und stehen Praktiken dem gegenüber, die diesem Bestreben nicht folgen, sich davon nicht beeinflussen lassen, wie am Beispiel der Dörfer Preseka und Planinica beschrieben. Drittens wird auf der Ebene der Diskurse in der lokalen Gesellschaft einerseits eine ambivalente Verinnerlichung vergangener Trennlinien sichtbar, genauso wie andererseits der Versuch, andere Vorstellungen und Orientierungen von und im Raum beizubehalten oder zu entwickeln.

---

261 http://www.politika.rs/rubrike/Politika/Funkcioner-LSV-platio-bilborde-Ja-sam-Vojvodjanin_ka.lt.html, [zuletzt abgerufen am 20.4.2017]

262 http://en.wikipedia.org/wiki/Shopi, [zuletzt abgerufen am 20.4.2017]

7 Zusammenfassung

Es hat sich gezeigt, dass die traditionelle Einfassung der Geschichte dieser Region in nationale Rahmen keine Grundlage bietet, um die Multidimensionalität gesellschaftlichen Alltags und Akteure in den einzelnen Epochen, die Vielschichtigkeit der Orientierungen im gesellschaftlichen Raum angemessen zu thematisieren.

So ist deutlich geworden, dass die Zeit zwischen den 1830er und 1870er Jahren, der Reformepoche im Osmanischen Reich, für die Region einen ganz anderen Stellenwert besitzt, als dieser in der Historiographie bisher zugewiesen wurde. An dem Kaufmann Mali Rista wurde exemplarisch nachvollziehbar, wie wenig konfessionelle Grenzen Bedeutung für gesellschaftlichen Aufstieg und wirtschaftlichen Erfolg hatten. Im Gegenteil waren überkonfessionelle Netzwerke und überregionale Kontakte überhaupt Bedingung für Karrieren.

Ganz entgegen dem Bild von Unterdrückung und Ereignislosigkeit, das die nationalen Historiographien zeichnen, vollzogen sich in dieser Zeit der wirtschaftliche Aufstieg der christlichen Städter und ihre Etablierung in der Stadtgesellschaft. Das neue Selbstbewusstsein dokumentierte sich in der Errichtung zweier großer Kirchen (1848 und 1870), der Entstehung von Lesehallen und Schulen, einer entfalteten Form der Selbstverwaltung wie sie am Kondik des Pirotsko Obštestvo deutlich wurde. Ebenso fand dieser Aufstieg der christlichen Städter schließlich in der Partizipation an der Verwaltung der Kaza und der Stadt seinen Ausdruck.

Die Trennlinien zwischen Herrschern und Beherrschten, Arm und Reich liefen zudem quer zu den konfessionellen Grenzen, die bisher als bestimmend betrachtet wurden. Mali Rista machte einen großen Teil seines Vermögens als Steuerpächter, also in einem Bereich, der in der Überlieferung genuin mit der sozialen Ausbeutung der Landgesellschaft durch „die Türken" verbunden wird. Ebenso besaß Mali Rista, wie andere Čorbadžije auch, Čifliks. Die Tendenz zu Privatisierung von Landbesitz und die zunehmende Abhängigkeit der Bauern von den Gutsbesitzern ist damit genausowenig auf die lokale muslimische Elite einzuschränken.

Das Datum 1878, das in der offiziellen Historiographie als Zeitpunkt der Befreiung und Emanzipation firmiert, stellte einen tiefen Einschnitt für Stadt und Region dar. Der Wegzug der muslimischen Bevölkerung veränderte städtische Gesellschaft fundamental. Gleichwohl fand dieser nicht so abrupt statt, wie es im Allgemeinen suggeriert wird. Ebenso handelte es sich dabei um keinen Automatismus, der genauso häufig nahegelegt wird. Einige Piroter Muslime versuchten, ihren Platz unter der neuen Herrschaft zu finden, diese aber setzte wiederum alles daran, sie darin zu entmutigen und zum Verlassen ihrer Heimat zu bewegen. Von dem Einschnitt von 1878 konnten sich in wirtschaftlicher Hinsicht Pirot und Umgebung erst mehr als ein halbes Jahrhundert später, ganze sieben Jahrzehnte nach der so genannten Befreiung, erholen, und das wiederum unter ganz veränderten herrschaftspolitischen Bedingungen.

Mit 1878 waren die Städter mit ganz neuen Erfordernissen an Loyalität konfrontiert. An die Stelle der vielschichtigen Loyalitäten in der osmanischen Stadtgesellschaft, im Vilayet und gegenüber dem Sultan, trat nun eine neue Form eindimensionaler Loyalität. Dabei wurde vom Individuum nicht einmal ein Bekenntnis zu einer einzelnen Nation gefordert, es wurde ganz einfach vorausgesetzt. Gemäß der Abstammungsideologie des Ethnonationalismus hatte das einzelne Subjekt gar keine andere Wahl. Volksunde, Geschichte und Sprachwissenschaft waren die Autoritäten die Abstammung bestimmten und Zugehörigkeit zuwiesen. Mehrdeutigkeit war nicht vorhergesehen.

Hinzu kam als ganz praktische Erfahrung der Verlust des bisherigen Handlungsspielraums und der bisherigen Aushandlungsmöglichkeiten zwischen der christlichen und muslimischen Oberschicht sowie den Repräsentanten der Herrschaft des Sultans vor Ort. Paradoxerweise brachte die „nationale Befreiung" einen geringeren Grad an Partizipationsmöglichkeiten und das ausgerechnet im lokalen Kontext.

Die Zeit des Nationalstaates stand in Pirot für den Verlust des Zugriffs auf die Lokalverwaltung. Im Unterschied zu den bisherigen Gremien (Idare Medžlis der Kaza) in der die einflussreichen Einwohner vertreten waren, wurden regionale Angelegenheiten vom Načelnik geregelt, der vom Innenministerium bestimmt wurde.

Vor allem aber ist deutlich geworden, dass die Integration der lokalen Gesellschaft in die neuen Nationalstaaten, insbesondere in das Fürstentum (später Königreich) Serbien, entgegen der bis in die Gegenwart dominanten Erzählung alles andere als ein harmonischer, naturnotwendiger und konfliktfreier Prozess war. Ganz im Gegenteil. Wie gezeigt, waren die Piroter Čorbadžije nicht davon begeistert, künftig Untertanen des serbischen Fürsten bzw. Königs zu werden. In der Landgesellschaft brauchte es aufwendige Agitation um die Menschen auf die Verheißungen des serbischen Nationalstaats einzuschwören. Der Konflikt zwischen Piroter Stadtgesellschaft und serbischen Behörden war dabei nicht aus Sofia „ferngesteuert", wie es bis heute in der serbischen Geschichtswissenschaft heißt – aber auch in der bulgarischen Historiographie, da ein solches „Komitee" planvolles, aus dem Zentrum koordiniertes, Handeln suggeriert. Im Unterschied zu den Schilderungen in den beiden national zentrierten Narrativen war es nicht irgendein anonymes „Komitee aus Sofia", das demnach aus der Distanz die politische Zuspitzung in Pirot lenkte. Es waren Akteure aus der Stadt, junge Piroter, wie Simeon Hristov und Spas Vacov, die sich gegen eine Einbeziehung der Stadt nach Serbien wehrten.

Es ist kein Zufall dass nach der Entscheidung des Berliner Kongresses, Pirot dem Fürstentum Serbien zuzuschlagen, viele Familien Pirot verließen und sich nahe der Stadt, aber auf der anderen Seite der Grenze im nun bulgarischen Caribrod ansiedelten. Die Verhältnisse in der Stadt angesichts im Vorfeld des Berliner Kongresses, der offene Widerstand einiger Stadtbewohner hatte bei den serbischen Behörden Misstrauen geweckt. Mit dem serbisch-bulgarischen Krieg, der vierwöchigen Besetzung der Stadt durch bulgarische Truppen, und dem in den Augen der serbischen Staatsvertreter „opportunistische" Verhalten der Stadtbewohner gegenüber der Besatzungsherrschaft schien dieses Bestätigung zu finden – der Bürgermeister während der kurzen Besatzungszeit war im Übrigen der Piroter Spas Vacov.

Dieser Argwohn manifestierte sich dann in den drastischen Maßnahmen der serbischen Militärverwaltung nach dem Krieg von 1885 gegen angebliche Kollaborateure. Eine ganze

Reihe von Familien wurde nach Westserbien in die Verbannung geschickt, Todesurteile gegen Piroter Städter als „Helfershelfer der Bulgaren“ ohne Gerichtsverfahren verfügt. Dieses Misstrauen seitens des Belgrader Hofes und der Regierung hielt über zwei Jahrzehnte an, bis sich die Beziehungen zwischen Stadtgesellschaft und Staat zu verändern begannen. Wie aufgeladen diese Problematik ist, zeigt sich an der Tatsache, dass bis vor wenigen Jahren über dieses Ereignis nicht publiziert wurde, dass vor mehr als hundert Jahren stattgefunden hatte, und es weiterhin ein Tabuthema ist.

Eine ethnonational basierte Interpretation wäre hier aber irreführend – die von einem Konflikt zwischen serbischen Beamten und bulgarischen Pirotern sprechen würde. Selbst bei den Lehrern als den Protagonisten nationaler Ideen ist deutlich geworden, wie wichtig situative Faktoren waren. Simeon Hristov hatte noch – kurz bevor er dann gegen die Übergabe der Stadt an Serbien zu agitieren begann – seine Dienste dem serbischen Staat angeboten. Für die Kaufleute stand in erster Linie der Erhalt ihrer Geschäftsbeziehungen in jene Gebiete im Vordergrund, die nun Teil des Fürstentums Bulgarien geworden waren. Gleichzeitig wollten sie nicht alle Verbindungen nach Pirot abbrechen, wie die Auseinandersetzung um „die Piroter Kolonie“ und deren zweifelhafte Staatsbürgerschaft in Caribrod gezeigt hat.

Der Widerstand der Landgesellschaft gegen die neue Grenze, lässt sich ebenso wenig mit ethnonationalen Kategorien erschließen. Dass Grenzpflöcke verschwanden, über Nacht von den Dorfbewohnern die „offiziellen“ Grenzgräben zugeschüttet und „passendere“ ausgehoben wurden, hatte mit den Vorstellungen nationalstaatlicher Territorialität nichts zu schaffen. Hier handelte es sich um einen Konflikt zwischen den Protagonisten des Nationalstaat, für die die Grenze essentieller Bestandteil neuer staatlicher Territorialität war (die es vor „Verletzungen“ zu „schützen“ galt) und der bisherigen Bedeutung lokalen Raumes aus der Perspektive der hergebrachten Nutzungsformen von Wald und Weideland in der Landgesellschaft. Dieser Konflikt wurde nach seiner Eskalation in den 1880er Jahren in einen permanenten an der Grenzlinie in Form des „Doppelbesitzes“ überführt, in dem bis in die 1950er Jahre – bei wechselnden Grenzlinien sich immer wieder Auseinandersetzungen zwischen den Kontrollpraktiken des Staates und dem ganz anders orientierten Vorstellungen und Nutzung des Raumes an der Grenze seitens der Landgesellschaft ergaben.

Der Stellenwert des Nationalen, die Bedeutung nationaler Zuordnung blieb in der Region bis weit ins 20. Jahrhundert gering. Noch bei Mali Rista hatte sich dessen Irrelevanz deutlich gezeigt. Dass er in osmanischen offiziellen Dokumenten als Angehöriger der „bulgar tajfa“ geführt wurde, sagt eher etwas über den seinerzeitigen Inhalt dessen aus, was heute als nationale Zugehörigkeit bezeichnet wird: Tajfa, vergleichbar mit Seilschaft, Vereinigung, Družina deutet auf lose Landsmannschaftlichkeit hin, denn auf eindeutiges, nationales Bewusstsein. Im Gegensatz zu den auch in wissenschaftlichen Publikationen gepflegten Legenden von einem serbischen Patriotismus bei Mali Rista, der deswegen sogar das Exil auf sich nahm hat sich gezeigt, dass es ganz schlicht Schulden waren, die ihn nach Istanbul trieben. Die Fixierung auf die Schreibung seines Namens (Ioanov oder Ioanovič) und welche davon die wahre sei, abstrahiert von der ebenso schlichten Tatsache, dass es offensichtlich für Mali Rista nicht so wichtig war, da er beide Formen abwechselnd verwendete.

Die Indifferenz, die in der Region gegenüber dem Nationalen zum Ausdruck kam, zeigte sich in den jährlichen Berichten beider Bildungsministerien über das dortige Schulwesen. Die Berichte der Schulinspektionen auf beiden Seiten der Grenze von den 1880er Jahren bis in die Zwischenkriegszeit betonen unablässig, dass das Erlernen der neuen Standardsprache (serbisch oder bulgarisch) auf enorme Schwierigkeiten stoße, nationales Bewusstsein unentwickelt sie. Bei letzterem sollten Exkursionen in die Hauptstädte und andere Landesteile Abhilfe schaffen und einen Patriotismus entflammen.

Die Wissenschaftler aus den nationalen Königsdisziplinen Geschichte, Volkskunde und Sprachwissenschaft hatten sich auf diese schwere Entflammbarkeit oder wie sie es nannten, „geistige Trägheit" zu dieser Zeit schon ihren Reim gemacht: unentwickeltes nationales Bewusstsein hatte seinen Grund in unterentwickelter Intelligenz und Kultur dieser Menschen.

Es ist deutlich geworden, dass Wissenschaftler oder Gelehrten – Politiker in doppelter Hinsicht an der Entstehung staatlicher Territorialität beteiligt waren. Nicht nur als Sinnstifter und Lieferanten wissenschaftlicher, volkskundlicher, sprachlicher und historiographischer Rechtfertigung territorialer Ansprüche, sondern überhaupt in der diskursiven Erzeugung solcher Territorien, sowie deren wissenschaftlicher Systematisierung und Hierarchisierung, wie es an Cvijić deutlich wurde. Dabei wurde ein nationaler Kern definiert, von dem gleichsam konzentrisch der Einfluss auf die übrigen Gebiete ausging. Dieser Einfluss sollte aber keineswegs mögliche Unterschiede verwischen. In den hier analysierten zeitgenössischen Diskursen wie jene der „psychischen Typen der Balkanhalbinsel" offenbart sich ein hierarchisches Verhältnis zu diesem nationalen Kern (bei Cvijić in der Herzegowina verortet), in dem alle Tugenden versammelt sind. In konzentrischen Kreisen breitete sich dieser ethno-psychische Einfluss aus. Jene die sich an der Peripherie dieser Kreise fanden, waren nicht einfach *anders*, sondern vor allem *unentwickelt.* Zweitens waren Wissenschaftler – gerade zu dieser Zeit –als Gelehrtenpolitiker, jene Akteure, die etwa bei der Pariser Friedenskonferenz auch an der buchstäblichen Realisierung dieser neuen Räume vermittels neuer Grenzlinien beteiligt waren.

Hier zeigt sich plastisch, wie die verschiedenen Ebenen der Diskurse/Imaginationen, Erfahrungen und Gestaltungen von gesellschaftlichem Raum miteinander vermittelt sind. Dabei können diese drei Momente auch als Gegensätze verstanden werden, die miteinander in Konflikt geraten, wie sich dies anhand des Verhältnisses zwischen Herrschaft und lokaler Gesellschaft nachvollziehen lässt, wo auf die bisherige Erfahrung von Raum ein neuer Anspruch von dessen Gestaltung traf, ausgehend von den Imaginationen national homogener Räume traf.

Gleichzeitig zeigte sich in der Definition von Region (dem bisherigen lokalen Raum) schon deren zukünftige nationalistische Zurichtung. Denn die Wissenschaftler waren nicht nur jene die Grenzen zogen, nationale Räume also buchstäblich definierten, sondern sie beanspruchten genauso Deutungsmacht über den lokalen Raum. Dieser musste erst wissenschaftlich durchdrungen werden, nach den Maßgaben des Zentrums definiert, um dann in das nationale Ganze eingefügt werden zu können. Dabei wurde alles beiseite gelassen, was aus der Perspektive der Wissenschaften, der Protagonisten des Nationalen für diese Einfügung irrelevant war.

Wie eingangs betont, gab es im Unterschied zu anderen Konstellationen von Abgrenzung in den Balkangesellschaften in der hier behandelten Region keine potentiellen Bruchstellen, im Hinblick auf Konfession, ethnonationale Zugehörigkeit oder Sprache, die Ausgangspunkt, bzw. das Rohmaterial für Abgrenzungen in ethnonationaler Form hätten sein können. Daher blieb es vor allem das Geschäft der Gelehrtenpolitiker aus den beiden nationalen Zentren, der Kreisvorsteher, der Lehrer und der Polizei, diesen Prozess auf beiden Seiten der Grenzen in Gang zu bringen. Voraussetzung war Konflikt und Konfrontation: Balkankriege, Erster Weltkrieg, Zwischenkriegszeit und Besetzung im Zweiten Weltkrieg.

Gerade in der Zwischenkriegszeit schien dies zu gelingen. Paradoxerweise mit der Eingliederung von Caribrod nach Serbien bzw. den neuen südslawischen Staat. Hier schien sich unter neuen Bedingungen die Piroter Erfahrung der Zeit nach 1878 zu wiederholen. Nun waren die Einwohner von Caribrod dem permanenten Verdacht nationaler Illoyalität ausgesetzt. Mit dem entscheidenden Unterschied, dass nun aus beiden Staaten Gewalt als Mittel eingesetzt wurde, um Loyalität zu erzwingen. Einerseits in den Terroraktionen des Vrtop seit Mitte der 1920er Jahre, andererseits durch die Repressalien der jugoslawischen Gendarmerie. Erstere versuchten vermittels ihrer Aktionen eine Gewaltdynamik in Gang zu setzen, an deren Ende die Solidarisierung der Landgesellschaft auf ethnonationaler, „bulgarischer“ Grundlage stehen sollte. Dagegen suchten die jugoslawischen Behörden in ihrer Reaktion auf den Terror von Vrtop mittels Gewalt die Grenzgesellschaft unter ihre Kontrolle zu bringen. Doch die Menschen in der Region waren nicht einfach passive Objekte, fanden sich nicht schlicht zwischen Hammer und Amboss wieder, wie es in der lokalen Geschichtsschreibung zumeist heißt. Ebenso treten die Menschen aus Caribrod und Umgebung als Akteure in Erscheinung. Es ist deutlich geworden, dass etwa die Honoratioren in der Stadt sich mit beiden Seiten zu arrangieren versuchten, um Ihre Geschäfte erfolgreich fortzusetzen, vormalige bulgarische Beamte nun ihren Weg zwischen den beiden Staaten suchten, sich alle Optionen offenhielten. In der Landgesellschaft wiederum war die neue Instabilität unmittelbarer Auslöser für schon länger bestehende Motive zur Migration, um Chancen auf ein besseres Leben anderswo zu suchen.

Ebenso glichen sich die Formen der Einordnung in den neuen autoritären Kollektivismus der Zwischenkriegszeit in beiden Staaten. Gerade in den 1930er Jahren entstanden in beiden Staaten, wie anderswo in Europa und insbesondere nach dem Vorbild Hitlerdeutschlands und Italiens Massenorganisationen, wie sie hier anhand der „jugoslawischen Jugend“ oder „Otec Pajsii“ beschrieben wurden. In der Partizipation vor allem der Oberschicht der lokalen Gesellschaft vermengten sich Motive die von Vorstellungen, was gesellschaftliche Konventionen zu sein hatten („gute Familien“ hatten in staatlichen Organisationen vor Ort präsent zu sein), individuelle Vorlieben (das Musizieren für Gajdarov) und erste Elemente eines Konformismus – der besonders in der Zeit danach an Bedeutung gewinnen sollte. Damit war das „Mitmachen“ (Leo Löwenthal) keine existentielle Frage politischer/nationaler Überzeugung für oder gegen Serbien bzw. Bulgarien, sondern der Modus der Selbsterhaltung und des Fortkommens unter gleichbleibenden Bedingungen autoritärer Herrschaft, nur wechselnder nationaler Dekoration.

An der Entwicklung Caribrods ließ sich zugleich auch die Dialektik von Grenze und Kommunikation zeigen. Caribrod entstand in den 1880er Jahren als genuine Grenzstadt. Zunächst verlief die Grenze im Westen der Stadt, dann, ab 1920, als Caribrod zu Jugoslawien gehörte, im Osten. Doch genauso sollte die Stadt durch die Eisenbahn und deren Infrastruktur geprägt werden, gleich wo sich die Grenze befand. An der Entwicklung dieser Stadt lassen sich die unterschiedlichen Etappen der Relevanz, der wachsenden oder schwindenden Bedeutung von Grenzen bzw. von Kommunikationslinien nachvollziehen sowie deren Wirkung auf die lokale Gesellschaft. Während der osmanischen Zeit waren die Kommunikationslinien von einem Ineinander zwischen der alten transregionalen Route in die Hauptstadt Stambul und den neuen von Mithad Paša angelegten modernen intraregionalen Trassen geprägt. Die Grenzziehung von 1878 bedeutete eine von da an einsetzende Schwächung der regionalen Kommunikationslinien, die durchschnitten wurden (siehe Karte). Durch den Eisenbahnbau, zu dem die beiden Staaten durch den Berliner Kongress von 1878 verpflichtet worden waren, kam es dagegen zu einer Stärkung der transregionalen Kommunikationslinie, an der die Lokalgesellschaft zunächst wenig partizipierte. Die Zeit zwischen 1878 und 1913 war zugleich die Phase einer nur allmählich wachsenden Bedeutung der Grenze als Barriere in der bisherigen intraregionalen Kommunikation.

Von 1920 bis Ende der 1950 Jahre waren für Caribrod und Umgebung von dem Widerspruch gekennzeichnet, dass die transregionale Funktion der Kommunikationslinie immer bedeutender wurde, deren Infrastruktur zunehmend ausgebaut wurde (Eisenbahnausbesserungswerk etc.) und zugleich die Grenze aber zunehmend hermetischer wurde bis zum Höhepunkt ihrer Barriere-Funktion Mitte der 1950er Jahre mit Stacheldraht, Zäunen und Beobachtungsposten. Seit Ende der 1950er Jahre kam es aus der Perspektive der lokalen Gesellschaft auf der jugoslawischen Seite der Grenze dahingehend zu einem Umschlag, als dass die transregionale Kommunikationslinie auch für den lokalen Kontext an Bedeutung gewann. Im Orientexpress konnte keiner mitfahren. Aus den Waggons winkten höchsten die Staatsoberhäupter den Menschen zu, seien es Aleksandar Stambolijski, Zar Boris, König Alexander von Jugoslawien, Tito und Georgi Dimitrov. Ab den 1960er Jahren stiegen aber die Dimitrovgrader selbst buchstäblich auf den fahrenden Zug auf, der die Arbeitsmigranten aus der Türkei in den Westen brachte. Doch die Destinationen der Dimitrovgrader waren nicht in erster Linie Deutschland oder Frankreich, sondern die jugoslawischen Metropolen, in denen viele den Aufstieg in die neue jugoslawische Mittelschicht schafften. Zudem wurde, wie gezeigt, die Kommunikationslinie, sei es als Eisenbahn, sei es als Autoput für die neuen Möglichkeiten des Konsums wichtig. Die beiden Endpunkte Triest im Westen und Istanbul im Südosten als Zentren des jugoslawischen Konsumtourismus seit den 1960er Jahren veranschaulichen plastisch die Spezifik des jugoslawischen Sozialismus im Hinblick auf Möglichkeiten der Mobilität.

Damit veränderten sich auch die Selbstzuschreibungen in der Grenzstadt, war noch in der Zwischenkriegszeit von „unserer Bastion", in der der Feind (Bulgarien) zwar ungenannt blieb, aber impliziert war, und so das Gebiet auf der anderen Seite zum Feindesland wurde, was sich dann auch in den 1950er Jahre unter den Bedingungen des Tito-Stalin Konfliktes fortsetzte, verschwand dann Bulgarien zusehends aus dem Blickfeld: nun war Dimitrovgrad laut der Lokalzeitung Bratstvo das „Tor zum Nahen Osten". Ein ganz anderer Bogen wurde jetzt angesichts des zunehmenden Pkw und Lkw Verkehrs in Richtung Türkei, Libanon, Iran (die E-85 war die Hauptroute aus Europa in diese Länder) gespannt. Sein Pendant hatte diese weiter ausgreifende Verortung in dem Selbstverständnis der Caribroder um die Jahrhundertwende, als sie noch zu Bulgarien gehörten, wie es in der Wochenzeitung Nišava zum Ausdruck kam als „Schwelle nach Europa", einem Bild in dem das Nachbarland ebenso wenig auftauchte. Beiden Phasen war gemeinsam, dass jeweils die Kommunikationslinie, und das vor allem als transregionale/transnationale in den Vordergrund rückten.
Ein weiterer wesentlicher Transformationsprozess setzte Mitte der 1950 ein, und betraf den Ausbau von Infrastrukturen, neue Arbeitsverhältnisse und die Veränderung der einzelnen

gesellschaftlichen Schichten. Wie gesehen, kam dieser nach einer über sieben Jahrzehnte währenden Stagnation in Gang. An Dimitrovgrad konnte gezeigt werden, wie sich graduell zwischen den 1960er und 1980er Jahren die rurale in eine postagrarische Gesellschaft (Nebojša Popov) verwandelte.

In dieser Zeit entwickelte sich eine neue, umfassendere Form von Konformität, die vom Individuum nicht mehr primär die Manifestation der „richtigen“ nationale Zuordnung noch Außen forderte, sondern dem Individuum in seiner Alltagspraxis sowie in der Sphäre der Ideologie buchstäblich alles abverlangte. Dieser Prozess war insgesamt charakteristisch für die Gesellschaften des Realsozialismus. Hier aber ist in den Gesprächen mit den Interviewpartnern deutlich geworden, dass solcher Konformitätszwang vermittels der Grenze verinnerlicht und rationalisiert wurde. Die Interviewpartner betrachteten diesen neuen Zwang nicht als allgemeines gesellschaftliches Phänomen, das überall im Land anzutreffen sei. Die Ursache sahen sie in der Staatsgrenze. Die Staatsgrenze würde in den Ortschaften in ihrer Nähe weitaus größere Kontrolle und Überwachung erfordern: „kvo da prajimo, mi smo granično mesto“ („was sollen wir tun, wir sind Grenzgebiet“).

Es konnte zudem gezeigt werden, dass es sich bei dieser Entwicklung hin zu diesem neuartigen Zwang zu Konformität nicht um eine abrupte Veränderung handelte. Es war ein Prozess der sich unter den Bedingungen autoritärer Herrschaft in der Zwischenkriegszeit anbahnte, in der die Menschen, insbesondere die Städter eine neue Form des Mitmachens einübten. Dies widerspricht zugleich der oft gepflegten Erzählung von der Freiheit zur Zeit der Nationalstaaten und dem Realsozialismus als manifesten Antipoden. Zugleich bewirkte die neue Herrschaftsordnung einen Grad von Kohäsion und Integration der lokalen Gesellschaft der bis dahin nicht erreicht worden war. Zuvor waren immer wieder Spannungen zwischen Akteuren der Lokalgesellschaft und der zentralen Gesellschaft zu beobachten. Nun aber – gerade seit den 1960er Jahren – identifizierten sich die Funktionsträger in der lokalen Gesellschaft derart mit dem Zentrum, dass, wie gezeigt, oftmals in vorauseilendem Gehorsam repressive Maßnahmen gegen vermeintliche Gegner ungleich schneller getroffen wurden als in den Zentren. Andererseits war solcher Gehorsam ebenso durch die Erfahrungen durch die massiven Verwerfungen in der Region während des Tito-Stalin Konfliktes 1948-1553 geprägt, in dem viele Menschen aus Region als potentielle Feinde in das Straflager auf Goli Otok geschickt wurden.

Auch im Zusammenhang der Veränderungen der Formen von Loyalität zeigt sich eine Dialektik am Werk: der neue Konformitätszwang schwächte die Bedeutung des Ethnonationalen ab, und eröffnete Möglichkeiten für Selbstverständnisse jenseits des Nationalen. Ohne dass dies seitens der staatlichen Akteure intendiert gewesen war, eigneten sich die Menschen gerade in der hier behandelten Region, und vor allem in Dimitrovgrad und Umland, Jugoslawe als Identifikationsform an, wenn solche Zuschreibungen gefordert wurden, wie etwa bei Volkszählungen. Die neuen Formen der Loyalität resultierten damit in der Abschwächung der bisherigen ethnonationalen Zuordnungen, die für so viele Verwerfungen in den sieben Jahrzehnten zuvor gesorgt hatte – ohne dass diese gänzlich verschwanden. Dabei handelte es sich um eine der wesentlichen Paradoxien der jugoslawischen Ordnung. Obwohl der Ethnonationalismus ein für alle Mal gebannt werden sollte, gewann dieser mit der Zeit – wie in Kapitel Sechs beschrieben – die Bedeutung einer zweiten Legitimationsgrundlage neben dem Sozialismus.

Diese Ambivalenz lässt sich im mikroregionalen Kontext vermittels der heuristischen Metapher der Phantomgrenzen erschließen. Die alte Grenze von 1920 war verschwunden, doch die im progressiven Geist verfolgte Minderheitenpolitik Jugoslawiens führte dazu, dass entlang der verschwundenen Grenzlinie die Menschen in Serben und Bulgaren eingeteilt werden konnten. Wie an den unterschiedlichen Konstellationen an den drei Dörfern gezeigt werden konnten, die von der Grenze zwischen 1878 und 1920 durchschnitten wurden, handelte es sich dabei um keine stetig und dauerhaft wirkende Abgrenzung. Vielmehr waren und sind situative Faktoren von Bedeutung, ob sich Wahrnehmungen von festen Zuordnungen jenseits der Erfahrung verselbständigen. Diese scheinen auf, und verschwinden wieder. Sie sind keine Determinanten im Alltag.

Genauso verhält es sich mit dem entgegengesetzten Reflex, eindeutigen Zuordnungen zu entgehen. Es ist kein Zufall, dass mit der wirtschaftlichen und politischen Krise in Jugoslawien in den 1980er Jahren, der Ethnisierung von Gesellschaft in den einzelnen Republiken der Bezug auf eine längst außer Gebrauch gekommene Bezeichnung in der Region sichtbar wurde: den Šopluk und die Schopen. Hier konnte gezeigt werden, welche Akteure warum zu unterschiedlichen Zeiten diese Bezeichnung verwendeten. Jetzt, Ende der achtziger Jahre wurde aus der negativ konnotierten Fremdzuschreibung, eine das Prinzip ethnischer Zugehörigkeit ironisierende und positiv konnotierte Selbstzuschreibung. In einer Zeit einer wirtschaftlichen und politischen Legitimationskrise Jugoslawiens und zweitens der Zerstörung dieses Konzepts der Mehrdeutigkeit von Zuordnungen in den Kriegen der 1990er Jahre, kam es zu der „Wiederentdeckung" der schillernden Bezeichnung Šopluk, um das immer wieder aufscheinende Bedürfnis nach Uneindeutigkeit artikulieren zu können und dem neuen Zwang zur ethnischen Eindeutigkeit zu entgehen. Es handelt sich, wie herausgearbeitet, dabei um keine kohärente regionale Ideologie, sondern um einen relationalen, nicht-identischen Reflex auf den Zwang zur Eindeutigkeit. Die Kritik und Abwehr an diesem Reflex, die seitens der Hüter der national zentrierten Zuordnungen – wie Vladimir Stojančević, der etwa befürchtete, so würde das genuin Serbische als Eigentliches der Region unsichtbar – oder Marin Mladenov, der durch die Dominanz der lokalen Sprache im Alltag das eigentliche Primat des bulgarischen Standards bedroht sah, zeigt das immer wieder und immer noch (ver-)störende Potential solcher nicht-identischer Reflexe aus der Perspektive des Zentrums an.

Daran zeigt sich umgekehrt die permanente Insuffizienz nationalstaatlicher Ordnung. Aus regionaler Perspektive waren es gerade nichtnationale Konstellationen von Herrschaft im behandelten Zeitraum, sowohl in der Reformphase des Osmanischen Reiches, als auch im föderativen Jugoslawien– um den Begriff des Imperiums für letzteres nicht überzustrapazieren – in denen die Region einen wirtschaftlichen Aufschwung erlebte mit weiter gefassten Handelsradien, größeren Ressourcen für die Entwicklung regionaler Infrastruktur. Ebenso waren in beiden Kontexten entweder eindimensionale Loyalität nicht bekannt, oder war Mehrdeutigkeit wie in Jugoslawien akzeptiert. Keiner der beiden Herrschaftsformen brachte idyllische Zustände. Doch in beiden ergaben sich Möglichkeiten von Entwicklung, in denen die Individuen nicht auf ein im Grunde randständiges Moment ihres Selbstverständnisses reduziert wurden.

Quellen- und Literaturverzeichnis

Quellen

Unveröffentlichte Quellen

Politisches Archiv des Auswärtigen Amtes

PA AA R 12987 Acta zur serbisch-bulgarischen Grenzziehung

Arhiv Srbije

Ministarstvo Unutrašnjih Dela – Policajno odelenje, 1878 ff.

Centralen Dăržaven Arhiv

Fond 176, 1878 ff., Ministerstvo na vănšnite raboti i izpovedanijata
Fond 166, 1920 ff., Ministerstvo na vănšnite raboti i izpovedanijata
Fond 8K, 1878 ff., Ministerstvo na zemedelieto i dăržavnite imoti – Direkcija na gorite i lova
Fond 1755K, Popnikolov, Georgi, (G. P. Popjocov, Georgi Drumev) (1873–1943)

Nacionalna biblioteka Kiril i Metodi, Bălgarski istoričeski arhiv

Fond IA 2786, Hristo Tăpčileštov
Fond IA 227, Spas Vacov

Museum Pirot

Tefter von Mali Rista für das Jahr 1854 (ohne Signatur)
Tefter von Hadži Pavle (1837-1858), Signatur 162.10,
Tefter von Kota Kuklin (1855-1875) (ohne Signatur)

Narodna Biblioteka „Detko Petrov“ Dimitrovgrad

Bestand Žorž Gajdarov.
Bestand Vlasaki Aleksov
Bestand Fotografien

Veröffentlichte Quellen

Periodika

Dăržaven Vestnik 1878 ff., sowie 1963 ff.
Izvestija na Prezidiuma na Narodnoto Săbranie, 1950-1963.
Spisăk na Naselenite Mesta v Knjažestvo Bălgarija ot osvoboždenieto do 1910 godina. Sravnitelen Istoriko-Geografski Pregled, Sofija, 1921.
Statistika na Knjažestvoto Bălgarija, Bd. 2, Vănšna Tărgovija na Knjažestvoto prez 1880–1881, Sofija, 1883.
Zbornik zakona i uredaba Kneževine/Kraljevine Srbije 1877–1913.
Službeni List (FNRJ) SFRJ 1945–1992.

Quellensammlungen

Centralen Dăržaven Arhiv (Hrsg.): Arhivite govorjat, Nr. 35. *Bălgarite ot zapadnite pokrajnini (1878–1975)*, Sofija, 2005 [abgekürzt als ZP].

Commission Internationale Pour la Delimitation de la Serbie: Protocoles 1879, Belgrade, 1879.

Graždanskite Komiteti na trite Grada (Hg.): Caribrod, Trn, Bosilegrad, Sofia, 1919.

Hrabak, Bogumil und Krizman, Bogdan (Hgg.): *Zapisnici sa sednica Delegacije Kraljevine SHS na mirovnoj konferenciji u Parizu 1919–1920*, Beograd, 1960.

Iz Arhiva na Konstantin Ireček. *Prepiska s bălgari. Dokumenti za obštestveno-političeskata i kulturnata istorija na Bălgarija ot 1871 do 1914 godina*, Bd.1, Sofija, 1953. *Prepiska s bălgari*, Bd.2, Sofija, 1959. *Prepiska s čuždenci*, Bd.3, Sofija, 1963.

Nikolić, Ilija: *Pirot i Srez nišavski. Arhivska građa* Bd. 1–3, Pirot, 1981 [abgekürzt als PSNG].

Nikolić, Ilija (Hrsg.): *Tefter Nišavske mitropolije. 1834–1872*, Pirot, 1976.

Zeitgenössische Reisebeschreibungen

Boué, Ami: *Die europäische Türkei*, Wien, 1889.

Jireček, Konstantin: *Geschichte der Bulgaren*, Prag, 1876.

Jireček, Konstantin Josef: *Cesty po Bulharsku*, Prag, 1888.

Jireček, Konstantin: *Das Fürstenthum Bulgarien, seine Bodengestaltung, Natur, Bevölkerung, wirthschaftliche Zustände, geistige Cultur*, Leipzig, 1891.

Kanitz, Felix: Serbien. *Historisch-Ethnographische Reisestudien aus den Jahren 1859–1868*, Leipzig, 1868.

Kanitz, Felix P.: *Donau-Bulgarien und der Balkan. Historisch-geographisch-ethnographische Reisestudien aus den Jahren 1860–1879*, Leipzig, 1875–1879 (3 Bände).

Kanitz, Felix P.: Das Königreich Serbien und das Serbenvolk von der Römerzeit bis zur Gegenwart, Leipzig, 1904–1909 (2 Bände).

Stephen Gerlachs *deß Aeltern Tage-Buch, der von zween glorwürdigsten Römischen Käysern, Maximiliano und Rudolpho beyderseits den Andern dieses Nahmens, höchstseeligster Gedächtnüß, an die Ottomannische Pforte zu Constantinopel abgefertigten, und durch den wohlgebohrnen Herrn Hn. David Ungnad ... mit würcklicher Erhalt- und Verlängerung deß Friedens, zwischen dem Ottomanischen und Römischen Käyserthum ... glücklichst-vollbrachter Gesandtschafft*, Franckfurt am Mayn, Zunner, 1674.

Šafařík, Pavel Josef: *Slovanský zeměvid*, Prag, 1842.

Zeitungen/Zeitschriften

Dunav/Tuna, 1865–1877

Bălgaria, Istanbul, 1859–1863

Carigradski Vestnik, Istanbul, 1848–1862

Srbske Novine, Beograd 1878 ff.

Politika, Beograd, 1920 ff.

NIN, Beograd, 1970

Domašen Učitel, Caribrod, 1889

Caribrod, Caribrod, 1901 – 1902

Nišava, Caribrod, 1909 bis 1915

Glas Našeg Istoka, Pirot/Caribrod, 1933ff. (ab Nr. 22 Naš Istok)

Glas na Bălgarite, Beograd, 1949 – 1956

Bratstvo, Niš, 1959–2013. Neue Serie seit 2016

Most. Literatura, Izkustvo, Nauka, Obštestveni Văprosi, Niš, 1963 ff.

Pokret, Pirot, 1905

Pirotski Zbornik, 1968 ff.

Internetseiten

http://muzejcaribrod.blogspot.de
http://gotzevi.com/
http://www.balkanalysis.com/serbia/2009/02/09/local-history-in-19th-century-serbia-two-memoirs/

Literatur

Unveröffentlichte Manuskripte

Kolić, Božidar: *Hronika sela Obrenovca*, Typoskript, Fertigstellung 1962/63 in Privatbesitz.

Bogojević, Voja: *Erinnerungen* [unveröffentlichtes Typoskript, ohne Datum].

Veröffentlichte Literatur

Adanır, Fikret und Faroqhi, Suraiya (Hg.): *The Ottomans and the Balkans. A Discussion of Historiography*, Leiden, Boston, 2002.

Adorno, Theodor W.: *Negative Dialektik*, Frankfurt am Main, 1995[5].

Andonov Galča, Hristo: *Ustanovjavane na istoričeska istina*, in: Most 123, S. 57–71.

Anonym: *Nešto o Bugarih. Izvadak iz dnevnika jednog domorodca putovavšeg u Carigrad na koncu godine 1843*, in: Danica Horvatska, Slavonska i Dalmatinska, Jg. 10, Nr. 11, 1844, S. 42–44.

Atanasov, Hristijan: *V osmanskata periferija. Obštestvo i ikonomika văv Vidin prez 18. vek,* Sofia, 2008.

Avramovski, Živko (Hg.): *Jugoslovensko-bugarski odnosi u XX. veku,* Beograd, 1980.

Avramoski, Živko: *Britanci o Kraljevini Jugoslaviji, 1921–1930,* Beograd/Zagreb, 1986. (2 Bände)

Bakić-Hayden, Milica: Nesting Orientalisms: The Case of Former Yugoslavia, in: *Slavic Review* 54/4, 1995, S. 917–31.

Banac, Ivo: *The National Question in Yugoslavia. Origins, History, Politics,* Ithaca/New York/London, 1985, S. 328–339.

Baud, Michiel und Schendel, Wilhelm van: Towards a Comparative History of Borderlands, in: *Journal of World History*, 8 (1997) 2, S. 211–42.

Bell, John D.: Populism and Pragmatism. The BANU in Bulgarian Politics, in: *Populism in Eastern Europe, Racism, Nationalism and Society*, hrsg. von Joseph Held, New York, 1996, S. 20–62.

Berov, Hristo: Balkanska industrijalizacija balkanskih “Mančestera”: Leskovac i Gabrovo (1878–1912), in: *Godišnjak za društvenu istoriju,* 3 (2012), S. 7–41.

Biggs, Michael: Putting the State in the Map. Cartography, Territory, and European State Formation, in: *Comparative Studies of Society and History*, 1999, S. 374–405.

Blumi, Isa: Not our Kind: Generational Barriers Dividing Postwar Albanian Migrant Communities, in: *Walls, Borders, Boundaries: Strategies of Surveillance and Survival,* hrsg. von Marc Silberman, Karen E. Till und Jaren Ward, New York, 2012, S. 155–72.

Brunnbauer, Ulf: Vom Selbst und den Eigenen. Kollektive Identitäten, in: *Historische Anthropologie im südöstlichen Europa. Eine Einführung*, hrsg. von Karl Kaser und Robert Pichler, Wien, 2003, S. 377–402.

Ders.: Editorial, in: *Ethnologia Balkanica,* 11 (2007), S. 5–15.

Ders.: *„Die sozialistische Lebensweise“. Ideologie, Gesellschaft, Familie und Politik in Bulgarien (1944–1989)*, Wien, Köln, Weimar, 2007.

Ders.: Der Balkan als translokaler Raum. Verflechtung, Bewegung und Geschichte, in: *Südosteuropa-Mitteilungen*, 51:3, 2011, S. 78–94.

Bruns, Bettina: *Grenze als Ressource: die soziale Organisation von Schmuggel am Rande der Europäischen Union,* Wiesbaden, 2010.
Burilkova, Iva und Biljarski, Cočo (Hgg.): *Ivan Šišmanov Dnevnik,* Sofia, 2003.
Burschel, Peter: Topkapı Sarayı. Oder Salomon Schweiggers Reise ans Ende der Zeit, in: *Räume des Selbst. Selbstzeugnisforschung transkulturell,* hrsg. von Andreas Bähr, Peter Burschel und Gabriele Jancke, Köln/Weimar/Wien, 2007, S. 29–40.

Calic, Marie-Janine: *Sozialgeschichte Serbiens 1815–1941. Der aufhaltsame Fortschritt während der Industrialisierung*, München, 1994.
Cankov, Georgi: *Krăstjo Krăstev*, Sofia, 1987.
Chatterjee, Partha: A Brief History of Subaltern Studies, *in: Transnationale Geschichte, Themen, Tendenzen und Theorien*, hrsg. von Gunilla Budde, Sebastian Conrad und Oliver Janz, Göttingen, 2010[2], S. 94–105.
Clayer, Nathalie; Grandits, Hannes und Pichler, Robert (Hgg.): *Conflicting Loyalties in the Balkans. The Great Powers, the Ottoman Empire and Nation-Building*, London/New York, 2010.
Clewing, Konrad und Sundhaussen, Holm (Hrsg.): *Lexikon zur Geschichte Südosteuropas*, Wien, 2016.
Cvetković, Duhomir: *Hronika sela Kostur,* Pirot, 2001.
Cvetković, Vladimir Lj.: Sabori na jugoslovensko-bugarskoj granici 1956–1958, in: *Geografija i Politika*, hrsg. von Vera Božić, Beograd, 2014, S. 263–276.
Cvijić, Jovan: *Balkansko Poluostrvo*, in: ders.: Sabrana Dela, Buch 7, Beograd, 1991.
Ders.: *Makedonski Sloveni* (1905), in: ders., Sabrana Dela, Buch 3, Bd. 1, Beograd, 1991, S. 153–58.
Ders.: *Kulturni Pojasi Balkanskog Poluostrva*, in: ders., Sabrana Dela, Buch 4, Bd. 1, Antropogeografski Spisi, Beograd, 1991, S. 33–99.
Ćirić, Dušan: Mustaf Agin Konak. Dom Aranđela Viteza Trnskog, in: *Pirotski Zbornik,* Nr. 3, 1973, S. 71–84.
Ćirić, Jovan: *Geografija Pirota. Aspekt primenjene geografije,* Pirot, 1965.
Ders.: Naselja Gornjeg Ponišavlja i Lužnice, in: *Pirotski Zbornik,* 8-9 (1979).
Ders.: Dimitrovgrad, in: *Socijalistička Republika Srbija*, Belgrad 1985, S. 437–43.
Ders.: Šopluk: jabuka razdora ili most spajanja na Balkanu?, in: *Granice, izazov interkulturalnosti*, hrsg. von Božidar Jakšić, Beograd, 1997.
Ćirić, Jovan und Živković, Vitomir: *Krupac – geografija, istorija, društveni život,* Pirot, 1974.
Čelebi, Evlija: *Putopis. Odlomci o jugoslovenskim zemljama*, Sarajevo, 1973.
Čolović, Ivan: *The Politics of Symbol in Serbia. Essays in Political Anthropology*, London, 2002.

Daskalov, Roumen: *The making of a nation in the Balkans,* Budapest, 2004.
Daskalov, Rumen: *Kak se misli bălgarsko văzraždane. Istoriografsko proučvane,* Sofia, 2002.
ders.: *Bălgarskoto Obštestvo,* Bd. 1 [Dăržava, Politika, Ikonomika], Sofia, 2005.
Davidova, Evguenia: *Balkan Transitions to Modernity and Nation-States through the Eyes of Three Generations of Merchants (1780s–1890s),* Leiden/Boston, 2013.
Davison, Roderic H.: *Reform in the Ottoman Empire, 1856–1876*, Princeton, 1963.
Dečev, Stefan: Bălgarska, no ne točno šopska. Za edin ot kulinarnite simvoli, in: *Bălgarski folklor* 1 (2010), S. 125–40.
Denčev, Ivan: *Put posipan Trnjem*, Dimitrovgrad, 2015.
Dimitrov, Mihail (Hg.): *Iz Publicistika na Ljuben Karavelov 1860–1878*, Bd. II [Statii, dopiski i pisma], Sofia, 1965.
Dimou, Augusta: *Entangled Paths Towards Modernity. Contextualizing socialism and nationalism in the Balkans, Budapest*, 2009.
Dimova, Rozita: Transgressing Law and Morality: Temporality, Nationalism and Borders in the Southern Balkans, in: *Journal of Southeast European and Black Sea Studies*, 15 (2015) 3

(=Special issue: Localising Moralities: Power and Temporality in Southeastern Europe, hrsg. von Sabine Strasser and Jelena Tošić).

Donnan, Hastings, Hurd, Madeleine und Leutloff-Grandits, Carolin (Hg.): *Border crossings, moving borders. Divisions, Passages and Thresholds in European Borderlands*, Manchester, 2016.

Dragišić, Petar: Bugarska manjina u Srbiji i Rezolucija Kominforma, in: *Tokovi Istorije*, 1-2 (2002), S. 37–44.

ders.: *Jugoslovensko-Bugarski odnosi 1944–1949*, Beograd, 2007. [PD, JBO]

Duhammele, Christophe, Kossert, Andreas und Struck, Bernhard: Perspektiven für eine vergleichende Grenzforschung Europas, in: *Grenzregionen. Ein europäischer Vergleich vom 18. bis 20. Jahrhundert*, hrsg. von Christophe Duhammele, Andreas Kossert und Bernhard Struck, Frankfurt/Main, 2007, S. 1–24.

Ellis, Burcu Akan: *Shadow genealogies: Memory and identity among urban Muslims in Macedonia*, Boulder, CO, 2003.

Ersoy-Hacısalihoğlu, Neriman: *Textile Trade In Bulgaria In The Mid-Nineteenth Century And The Gümüşgerdan Family*, in: Costantini, Vera und Koller, Markus (Hgg.): Living in the Ottoman Ecumenical Community. Essays in Honour of Suraiya Faroqhi, Leiden, 2008, S. 181–200.

Esmer, Tolga: Economies of Violence, Banditry and Governance in the Ottoman Empire around 1800, in: *Past & Present*, 224 (2014), S. 163–99.

Faroqhi, Suraiya und Adanir, Fikret: Introduction, in: *The Ottomans and the Balkans. A Discussion of Historiography*, hrsg. von Suraiya Faroqhi und Fikret Adanir, Leiden/Boston/Tokyo, 2002, S. 1–56.

Febvre, Lucien: *A Geographical Introduction into History,* London, 1966 (Erstausgabe 1924)

Förschler, Silke: *Die orientalische Frau aus der hellen Kammer. Zur kolonialen Postkarte*, in: Ethnizität und Geschlecht; (Post-) Koloniale Verhandlungen in Geschichte, Kunst und Differenz, hrsg. von Graduiertenkolleg Identität und Differenz, Köln, Wien [u.a.], 2005, S. 77–94.

Francois, Etienne, Seifarth, Jörg und Struck, Bernhard: Grenzen und Grenzräume: Erfahrungen und Konstruktionen, in: *Die Grenze als Raum, Erfahrung und Konstruktion. Deutschland, Frankreich und Polen vom 17. bis zum 20. Jahrhundert*, hrsg. von Etienne Francois, Jörg Seifarth und Bernhard Struck, Frankfurt am Main, 2007, S. 7–32.

Frantz, Eva: *Zwischen Gewalt und friedlicher Koexistenz. Muslime und Christen im spätosmanischen Kosovo, 1870-1913*, Wien, 2014.

Galabov, Galab und Duda, Herbert W.: *Die Protokollbücher des Kadi-Amtes Sofia*, München, 1960.

Gălăbov, Živko und Jordanov, Tjanko: Geografija, in: BAN, Istorija na Bălgarija, Sofia, 1999, S. 431f.

Geisenhainer, Katja: *Marianne Schmidl (1890–1942): das unvollendete Leben und Werk einer Ethnologin*, Leipzig, 2005.

Geiss, Imanuel: *Der Berliner Kongreß 1878. Protokolle und Materialien*, Boppard am Rhein, 1978.

Geografski Atlas Jugoslavije, Zagreb, 1988.

Georgiev, Elizabeta: *111 godina knjige - Biblioteka u Dimitrovgradu 1898–2009*, Dimitrovgrad, 2010.

Germanov, Stojan und Tjulekov, Dimităr: Pograničnite săbori v bălgarsko-jugoslavskite otnošenija, in: Mladenova, Margarita und Gešev, Valentin (Hgg.), *Kulturno-istoričesko i ezikovo nasledstvo na "săsedna" Bălgarija,* Sofia, 2013, S. 171–98.

Geza, David (Hg.): *Ottomans, Hungarians, and Habsburgs in Central Europa. The Military Confines in the Era of Ottoman Conquest*, Leiden, 2000.

Gigov, Todor, Trănsko Kulturno-Prosvetno Družestvo „Ruj“ (Hgg.): *Trănsko – minalo i săvremie,* Sofia, 2008.

Giles, Frank L.: Boundary Work in the Balkans, in: *The Geographical Journal*, Vol. 75, No. 4, 1930, S. 300–10.

Ginzburg, Carlo: *Spurensicherung. Die Wissenschaft auf der Suche nach sich selbst*, Berlin, 2002[3], S. 7–57.

Gjuzelev, Vasil: Marin Drinov (1838–1906) – Begründer der bulgarischen Slawistik und Mediävistik. In: *Palaeobulgarica*, Bd. 17 (1993), Nr. 4, S. 107–26.

Graeber, David: Fragments of an Anarchist Anthropology, http://www.prickly-paradigm.com/sites/default/files/Graeber_PPP_14_0.pdf

Grandits, Hannes: Familie und Gesellschaft in der habsburgischen Militärgrenze: Lika und Krbava zu Beginn des 18. Jahrhunderts, in: *Microhistory of the Triplex Confinium*, hrsg. von Drago Roksandić, Budapest, 1998, S. 27–68.

Ders.: *Herrschaft und Loyalität in der spätosmanischen Gesellschaft. Das Beispiel der multikonfessionellen Herzegowina*, Wien/Köln/Weimar, 2008.

Ders.: Gewandelte Wissensordnungen. Neu gefasste Nostalgien: Zur Aneignung „vergangener" Raummuster in Ostmittel- und Südosteuropa nach 1989, in: *Phantomgrenzen. Räume und Akteure in der Zeit neu denken*, hrsg. von Béatrice von Hirschhausen, Hannes Grandits, Claudia Kraft, Dietmar Müller und Thomas Serrier, Göttingen, 2015, S.134-165.

Grandits, Hannes und Brunnbauer, Ulf: The Ambiguous Nation. Socialist and Post-Socialist Nation Building in Southeastern Europe in Perspective, in: *The Ambiguous Nation. Case Studies from Southeastern Europe in the 20th Century*, hrsg. von Hannes Grandits und Ulf Brunnbauer, München, 2013, S. 23.

Grandits, Hannes, Clayer, Nathalie und Pichler, Robert: Introduction, in: *Conflicting Loyalities in the Balkans. The Great Powers, the Ottoman Empire and Nation Building*, hrsg. von Hannes Grandits, Nathalie Clayer und Robert Pichler, London, 2011, S. 1–12.

Grandits, Hannes, Hirschhausen, Béatrice von, Kraft, Claudia, Müller, Dietmar und Serrier, Thomas: Phantomgrenzen im östlichen Europa. Eine wissenschaftliche Positionierung, in: *Phantomgrenzen. Räume und Akteure in der Zeit neu denken*, hrsg. von Béatrice von Hirschhausen, Hannes Grandits, Claudia Kraft, Dietmar Müller und Thomas Serrier, Göttingen, 2015, S. 18.

Green, Sarah: *Notes from the Balkans: locating marginality and ambiguity on the Greek-Albanian border*, Princeton, NJ, 2005.

Green, Sarah: A sense of border: the story so far, in: *A Companion to Border Studies*, hrsg. von Thomas M. Wilson und Hastings Donnan, Chichester, 2012, S. 573–92.

Grimm, Frank-Dieter (Hg.): *Grenzen und Grenzregionen in Südosteuropa*, München, 1998.

Hadži-Vasiljević, Jovan: *Srpski narod i turske reforme (1852–1962)*, Beograd, 1921.

Hadžinikolov, Veselin: Problemi na etnografskoto izučavane na Sofija i Sofijsko, in: *Narodnata Kultura v Sofija i Sofijsko*, Sofija, 1984, S. 11–30.

Haslinger, Peter: Grenze als Strukturprinzip und Wahrnehmungsproblem: Theorien und Konzepte im Bereich der Geschichtswissenschaften, in: *Die galizische Grenze 1772–1867: Kommunikation oder Isolation?*, hrsg. von Christoph Augustynowicz und Andreas Kappeler, Wien, 2007, S. 5–20.

Herzog, Christoph: Die Entwicklung der türkisch-muslimischen Presse im Osmanischen Reich bis 1875, in: Dietmar Rothermund, *Aneignung und Selbstbehauptung. Antworten auf die europäische Expansion*, München 1999, S. 15–44.

Höpken, Wolfgang: Zentralstaat und kommunale Selbstverwaltung in Bulgarien 1880–1910. Zum Charakter eines Modernisierungskonfliktes, in: *Jahrbücher für Geschichte Osteuropas*, 39, 1991, S. 199–213.

Ders.: Der Exodus: Muslimische Emigration aus Bulgarien im 19. und 20. Jahrhundert, in: *Osmanen und Islam in Südosteuropa*, hrsg. von Reinhard Lauer und Hans Georg Majer, Göttingen, 2013, S. 303–432.

Ders.: Durchherrschte Freiheit? Wie autoritär (oder wie liberal) war Titos Jugoslawien? in: Grandits, Hannes und Sundhaussen, Holm (Hgg.), *Jugoslawien in den 1960er Jahren*, Wiesbaden, 2013, S. 39–65.

Ders.: Zwischen nationaler Sinnstiftung, Jugoslawismus und „Erinnerungschaos": Geschichtswissenschaft und Erinnerungskultur in Serbien im 19. und 20. Jahrhundert, in: *Österreichische Osthefte*, Sonderheft Serbien und Montenegro, Wien, 2006, S. 345–91.

Houtum, Henk van: An Overview of European Geographical Research on Borders and Border Regions, in: *Journal of Borderland studies*, 15 (2000) 1.

Hristov, Hristo: Bălgarskite Obštini prez Văzraždaneto, Sofia, 1973.

Hristov, Petko: Granicite na Šopluka i/ili Šopluk bez granici, in: Sikimić, Biljana, Skrivene manjine na Balkanu, Beograd, 2004, S. 67–82.

Hristov, Petko: Trans-border Exchange of Seasonal Workers in the Central Regions of the Balkans (19th–20th Century), in: *Ethnologia Balkanica*, 12 (2008), S. 215–23.

Hristov, Simeon: Pirotskijat okrâg i negovoto Naselenie, in: *Sbornik za Narodni Umotvorenija, Nauka i Knižnina*, Bd. 11, Sofia, 1994.

Hristov, Stefan: *Pătišta izvărveni, Zapiski na nelegalen partien rabotnik*, Sofia, 1979.

Hübinger, Gangolf: *Gelehrte, Politik und Öffentlichkeit. Eine Intellektuellengeschichte*, Göttingen, 2006.

Ignjatović, Đorđe: *Štampanje bugarskih knjiga i listova u srpskim štamparijama (1833–1878). Kulturna saradnja Srba i Bugara u 19. veku*, Beograd, 1980.

Ikonomov, Todor: *Pisma za Sărbija*, Russe, 1883.

Iliev, Nikola: *Kapitan Simo Sokolov: Trănskoto văstanie ot 1877*, Sofia, 2000.

Institut po Balkanistika: *Jubileen Sbornik. Izsledvanija v čest na 80-godišnata na Prof. Krsto Mančev*, Sofia, 2006.

Ireček, Konstantin: *Bălgarski dnevnik 1879–1884*, hrsg. von Stojan Agrirov, Plovdiv/Sofia, 1930–1932 (2 Bände).

Ireček, Konstantin: *Pătuvania po Bălgarija*, Sofia, 1974.

Istorija na Srăbsko-bălgarskata vojna 1885, Sofia, 1971.

Iširkov, Anastas: Zapadnite Kraišta na Bălgarskata Zemja, Sofia, 1915.

Iširkov, Anastas: Bulgarien, Land und Leute, Bd. 1, Leipzig, 1916.

Ivanov, Cvetko: *Asanovci, Rusimovci, Vrtinci*, Dimitrovgrad, 2016.

ders.: *Banski dol i banskodolci*, Dimitrovgrad, 2010.

ders.: *Borovo - istini i legendi*, Dimitrovgrad, 2004.

ders.: *Dragovita Zlatna*, Dimitrovgrad, 2007.

ders.: *Dušata na Caribrodsko*, Dimitrovgrad, 2012.

ders.: *Gornja Držina*, Dimitrovgrad, 2016.

ders.: *Planinica, Gornja i Donja*, Dimitrovgrad, 2016.

ders.: *Prača*, Dimitrovgrad, 2012.

ders.: *Rusimovci i Vrtinci*, Dimitrovgrad, 2012.

ders.: *Skrvenica*, Dimitrovgrad, 2014.

ders.: *Šumje i Goleš*, Dimitrovgrad, 2011.

ders.: *Vera i kamen*, Dimitrovgrad, 2013.

Ivanova, Svetlana: Sofianeca prez 15-17. vek, in: BAN (Hg.), *Sofia. 120 Godini Stolica*, Sofia, 2000, S. 158–169.

Ivić, Pavle: O poreklu i osobinama pirotskog govora, in: *Izabrani Ogledi 3: Iz Srpskohrvatske Dijalektologije*, hrsg. von Pavle Ivić, Niš, 1991, S. 191–205.

Jackson, Marvin und Lampe, John: *Balkan Economic History 1550–1950. From Imperial Borderlands to Developing Nations*, Bloomington, 1982.

Jagodić, Miloš: *Novi krajevi Srbije (1912–15),* Beograd, 2012.
Jakšić, Božidar: *Granice – izazov interkulturalnosti,* Beograd, 1996.
Janeva, Svetlana: *Bălgari – otkupvači na danăci văv fiskalnata sistema na Osmanska Imperija,* Sofia, 2011.
Janjetović, Zoran: *Deca careva, pastorčad kraljeva: nacionalne manjine u Jugoslaviji 1918–1941,* Beograd, 2005.
Jovanović, Slobodan: *Vlada Milana Obrenovića,* 2 Bände, Beograd, 1926.
Jovanović, Svetolik: *Državljanstvo Socijalističke Federativne Republike Jugoslavije,* Beograd, 1977.
Jovanović, Vladan: *Vardarska Banovina 1929–1941,* Beograd, 2011.
Jovanović, Vladimir: *Srbija i Bugarska: 1886–1896,* Beograd, 2002.
Jureit, Ulrike: *Das Ordnen von Räumen. Territorium und Lebensraum im 19. und 20. Jahrhundert,* Hamburg, 2012.

Kaleshi, Hasan und Kornrumpf, Hans-Jürgen: Das Wilajet Prizren. Beitrag zur Geschichte der türkischen Staatsreform auf dem Balkan im 19. Jahrhundert, in: *Südost-Forschungen,* 26 (1967), S. 176–238.
dies.: Zur Geographie und Infrastruktur des Kaza Pirot (Sehirköyü) vor 100 Jahren, in: *Südost-Forschungen,* 28 (1969), S. 284f.
Karadžić, Vuk: Sabrana Dela, *Prepiska (1855-1859),* Bd.11, Beograd 1998.
Kaschuba, Wolfgang: *Einführung in die Europäische Ethnologie*, München, 2012[4.]
Kaser, Karl: *Freier Bauer und Soldat. Die Militarisierung der agrarischen Gesellschaft an der kroatisch-slawonischen Militärgrenze (1535–1881),* Wien/Köln, 1997.
Katić, Tatjana und Katić, Srđan: Gojin Dol, naselje i stanovništvo u 16. veku, in: *Pirotski Zbornik,* 40 (2015), S. 121–37.
Keating, Michael: 'Rescaling Europe', in: *Perspectives on European Politics and Society* 10/1, 2009, S. 34–50.
Koledarov, Peter: Ethnical and Political Preconditions for Regional Names in the Central and Eastern Parts of the Balkan Peninsula, in: *An historical geography of the Balkans,* hrsg. von Francis W. Carter, London, 1977, S. 293–317.
Kolev, Valery: The Bulgarian Delegation at the Paris Peace Conference, 1919—1920, in: *Jahrbuch für Europäische Geschichte* 13 (2012), S. 43–53.
Kolić, Božidar: *Hronika sela Obrenovca* [unveröffentlichtes Typoskript, Fertigstellung 1962/63].
Koljević, Vasa: *Bugarsko-tatarska razbojništva, pustošenje, silovanje u ratu našem 1885,* Niš, 1886.
Konev, Ilija: *Bălgaro-srăbski i bălgaro-chărvatski knižovni vzaimootnošenija,* Sofija, 1966.
Konstantinov, Aleko: Do Željuša s Goveždi Vagoni, in: ders., *Săčinenia,* Bd. 1, Sofija, 1957, S. 390–93.
ders.: *Do Čikago i nazad. Pătepisi,* Sofija, 1992.
Konstrukcioni-Projektanski Biro „Avala“ Beograd: *Program za generalni urbanistički plan grada Dimitrovgrada.* Arhiv Pirot, ohne Datum, ca. 1971.
Kornrumpf, Hans-Jürgen: *Die Territorialverwaltung im östlichen Teil der europäischen Türkei vom Erlass der Vilayetsordnung (1864) bis zum Berliner Kongress (1878) nach amtlichen osmanischen Veröffentlichungen,* Freiburg, 1976.
ders.: Midhat Pascha, Ahmed Şefik, in: *Biographisches Lexikon zur Geschichte Südosteuropas,* Band 3, München, 1979, S. 192–94.
Kosev, Dimităr K.: *Vănšnata politika na Bălgarija pri upravlenieto na Andrej Ljapčev,* Sofia, 1995.
Kosev, Dimitar: *Andrej Ljapčev, 1926–1931,* Sofia, 1995.
Kostadinović, Radomir: *Crna trava i Crnotravci,* Leskovac, 1968.
Kostić, Bora: *Mita Gaga i Braća Cekić. Osnivači Fabrike Tigar,* Pirot, 2009.
Kostić, Kosta N.: *Istorija Pirota,* hrsg. von Ilija Nikolić, Pirot, 1973.
Kostić, Kosta: *Prilog Etnoistoriji Torlaka,* Novi Sad, 1996.

Kostov, Stamen: *Trănsko,* Sofia, 2002.

Kostov, Stamen und Jordanov, Mitko: *Grad Trăn,* Sofia, 2011.

Kozić, Petar: *Putevima Revolucije. Prilog za Proučavanje Radničkog i Narodnooslobodilačkog Pokreta u Pirotu i Okolini,* Pirot, 1965.

Krsmanović, Dragan: *Carina i carnska služba u Srbiji 1804–1914*, Beograd, 2006.

ders.: *Istorija na bălgarskite mitnici 1879–2008,* Sofia, 2009.

Krstić, Dejan: Etnokulturne razlike između Torlaka u Srbiji i Torlaka u Bugarskoj, in: *Glasnik Etnografskog Muzeja* 67-68, S. 139–53.

Kumanov, M.: Bălgarite ot Pomoravite i Timoško sled Berlinskija Kongres, in: BAN (Hg.), *Istorija na Bălgarija,* Bd. 7, Bălgarija 1878–1903, Sofia, 1991, S. 421–24.

Kumanov, Milen: Niška spogodba ot 1923, in: *Vekove* 5, 1972, S. 34–42.

Laveyle, Emile: *Die Balkanländer 2,* Leipzig, 1888.

Lebl, Ženi, *Jevreji u Pirotu,* Pirot 2015.

Lienau, Cay (Hg.): *Raumstrukturen und Grenzen in Südosteuropa,* München, 2001.

Lilić, Borislava: Pirotska buna 1836. godine i odnos kneza Miloša prema pograničnim krajevima, in: *Pirotski zbornik* 17–18, Pirot, 1992, S. 9–20.

dies.: *Istorija Pirota i okoline I-II (1804–1918)*, Pirot, 1994.

dies.: Pirot u planovima srpskih nacionalnih organizacija za oslobođenje od turske vlasti u XIX veku, in: *Pirotski zbornik* 19–20, Pirot, 1994, S. 9–20.

dies.: Nastojanja Srbije da se oslobodi Stara planina u XIX veku, in: *Pirotski zbornik* 23–24, Pirot, 1998, S. 17–19.

dies.: Pirot u svetlu istorijske nauke. Razgovor sa akademikom Vladimirom Stojananjčevićem, in: *Pirotski Zbornik* 25-26, 2000, S. 5–15.

Lindenberger, Thomas: Eigen-Sinn, Herrschaft und kein Widerstand, Version: 1.0, in: *Docupedia-Zeitgeschichte,* 2.9.2014, URL: http://docupedia.de/zg/Eigensinn?oldid=97390

Linke, Uli: Colonizing the National Imaginary: Folklore, Anthropology, and the Making of the Modern State, in: *Cultures of Scholarship,* hrsg. von Sally Humphreys, Ann Arbor, 1997, S. 97–138.

Lory, Bernard: Schools for the destruction of society: school propaganda in Bitola 1860–1912, in: Clayer/Grandits/Pichler, *Conflicting Loyalties,* 2010, S. 46–63.

ders.: *La ville balkanissime Bitola 1800–1918,* Istanbul, 2011.

Luetić, Tihana: Bălgarski studenti văv Filosofskija fakultet na Zagrebskija univerzitet ot 1874 do 1914 g., in: *Istoričesko bădešte,* god IX, br 1-2/2005, Sofija, 2006, S. 236–66.

Lukać, Dušan: *Radnički pokret u Jugoslaviji i nacionalno pitanje 1918–1941,* Beograd, 1972.

Maier, Charles S.: Transformations of Territoriality. 1600-2000, in: *Transnationale Geschichte. Themen, Tendenzen und Theorien,* hrsg. von Gunilla Budde, Sebastian Conrad und Oliver Janz, Göttingen, 2006, S. 32–55.

Maksimović, Goran: Nova Srbija u putopisima i slikama Mite Rakića, in: *Leskovački Zbornik* 18, 2003, S. 87–99.

Mančev, Krsto: *Bălgarija i nejnite Săsedi,* Sofija, 1978.

ders.: *Jugoslavija i meždunarodnite otnošenia na Balkanite 1933–1939,* Sofija, 1989.

ders.: *Srbija i Srbsko-Balgarskite Otnošenija 1804–2010,* Sofija, 2014.

ders.: *Balkanski Razpri,* Sofija, 2015.

Mančev, Krsto und Gudeva, Mariana: Zapadnite Pokrainini i Bălgarsko-Jugoslavskite Otnošenija, in: *Istoričeski Pregled,* Heft 7, 1990, S. 3–16.

Mančev, Krsto und Nikolov, Bogdan: Caribrod. Prosveta i Kultura na Granica meždu Skarani Državi, in: *Jubileen Sbornik. Izsledvania v čest na 80-godišninata na prof. Krsto Mančev,* Sofija, 2006.

Manić, Miljan: *Ravnogorski pokret u okrugu Pirotskom,* Pirot, 2012.

Manić, Sava A.: *Monografija sela Obrenovac od 1770. do 2011. godine*, Pirot, 2013.

Manolova-Nikolova, Nadja und Želeva, Penka: *Letopisni Beležki ot Sredna Zapadna Bălgarija*, Sofia, 1999.

dies.: *Istoričeski izsledvanija za Sredna Zapadna Bălgarija 15.–19. vek*, Sofia, 2014.

Marchetti, Christian: *Balkanexpedition. Die Kriegserfahrung der österreichischen Volkskunde. Eine historisch-ethnographische Erkundung*, Tübingen, 2013.

Marinov, Dimitar: Materiali za veštestvena kultura za Zapadna Balgarija, in: *Sbornik za Narodni Umotvorenia, Nauka i Knižnina*, Bd. 18, 1901, S. 1–201.

Marinov, Tchavdar: Ancient Thrace in the Modern Imagination: Ideological Aspects of the Construction of Thracian Studies in Southeast Europe (Romania, Greece, Bulgaria), in: *Entangled Histories of the Balkans. Volume Three. Shared Pasts, Disputed Legacies*, hrsg. von Roumen Daskalov und Alexander Vezenkov, Leiden, 2015, S. 10–117.

Markov, Georgi und Vačkov, Daniel: *Istorija na Bălgarija 1918–1944*, Sofija, 2012.

Markova, Zina: *Bălgarskata Ekzarhija, 1870–1879*, Sofia, 1989.

McCarthy, Justin A.: *Death and Exile: The Ethnic Cleansing of Ottoman Muslims, 1821–1922*, Princeton, 1996.

Metzeltin, Michael und Schmitt, Oliver J. (Hg.): *Das Südosteuropa der Regionen. Sitzungsberichte der philosophisch-historischen Klasse*, Wien, 2015.

Mičeva, Zdravka: Blgaro-Jugoslavski Sporazumenija (1929—1933), in: *Studia Balcanica* 6, 1972, S. 165–85.

Middell, Matthias: Der Spatial Turn und das Interesse an der Globalisierung in der Geschichtswissenschaft, in: *Spatial Turn. Das Raumparadigma in den Kultur- und Sozialwissenschaften*, hrsg. von Jörg Döring und Tristan Thielmann, Bielefeld, 2008, S. 103–24.

Middell, Matthias und Naumann, Katja: Global History and the Spatial Turn. From the Impact of Area Studies to the Study of Critical Junctures of Globalisation, in: *Journal of Global History*, 5 (2010), S. 149–70.

Miletić, Vlada: Hronika o jednom falsifikatu, in: *NIN*, Nr. 1020, 26.7.1970, S. 12.

Milićević, Milan Đ.: *Život Srba Seljaka*, Beograd, 1867.

ders.: *Kraljevina Srbija, Novi krajevi*, Teil: Pirotski okrug, Beograd, 1884.

Mironova-Panova, Stojanka: *Trănskijat krai. Očerci iz negovoto minalo*, Sofia, 2008.

Mitev, Plamen und Račeva, Vanja (Hgg.): *Balkanskite izmerenija na Familija Mustakovi*, Sofia, 2008.

Mitović, Andrej: *Jugoslavija na Konferenciji Mira 1919–1920*, Beograd, 1969.

Mladenov, Marin: Kogato polagahme osnovite na V. Bratstvo, in: *Most*, Nr. 87, S. 9–12.

ders.: Što e „šopski ezik"?, in: *Most*, Nr. 98, S. 94–96.

Müller, Dietmar: *Staatsbürger auf Widerruf. Juden und Muslime als Alteritätspartner im rumänischen und serbischen Nationscode. Ethnonationale Staatsbürgerschaftskonzeptionen 1878–1941*, Wiesbaden, 2005.

Nejkov, Mile: Ličnoto potreblenie v Dimitrovgrad narastva, in: *Bratstvo*, 16.11.1959, Nr. 11, S. 2.

Nenova, Trajana: *Razgovor s minaloto*, Sofija, 1985.

Neuburger, Mary: To Chicago and Back: Aleko Konstantinov, Rose Oil, and the Smell of Modernity, in: *Slavic Review* Vol. 65, Nr. 3/2006, S. 427–45.

Newman, David: Contemporary Research Agendas in Border Studies: An Overview, in: *The Ashgate Research Companion to Border-Studies*, hrsg. von Doris Wastel-Walter, Farnham, 2011, S. 33–49.

Nikolić, Ilija (Hg.): *Tefter Nišavske mitropolije 1834–1872*, Pirot, 1976.

Nikolić, Vladimir: Iz Lužnice i Nišave, in: *Srpski Etnografski Zbornik*, Bd. 16, Beograd, 1910.

ders.: *Narodne škole u Pirotu i okrugu pirotskom do oslobođenja 1877. godine, sa starinskim zapisima i beleškama o Pirotskoj eparhiji*, Sremski Karlovci, 1924.

ders.: *Stari Pirot. Etnološke Beleške iz Prošlosti Grada,* Pirot, 1974.
Nikolić, Rista: *Krajište i Vlasina: Antropogeografska proučavanja. Naselja i poreklo stanovništva,* Bd. 8, Beograd, 1912.
Nikolić-Stojančević, Vidosava: *Vranjsko Pomoravlje – etnološka ispitivanja,* Beograd, 1974.
Nikolov, Bogdan: *Hronologija na Po-Važni Sabitija v Dimitrovgradsko,* Niš, 1963.
ders.: Knigata „Dimitrovgrad 1877—1945" Očebiešt Plagiat na Mojata Kniga, in: *Most* Nr. 123, S. 72–79.
ders.: Za Šopite, in: *Most*, Nr. 185, S. 92–101.
Nušić, Branislav Đ.: *Kosovo. Opis Zemlje i Naroda (1902),* Beograd, 1986.

O'Dowd, Liam: The Changing Significance of European Borders, in: *New Borders for a Changing Europe. Cross-Border Cooperation and Governance*, hrsg. von Liam O'Dowd, James Anderson und Thomas M. Wilson, London, 2003, S. 13–36.
Osterhammel, Jürgen: *Die Verwandlung der Welt. Eine Geschichte des 19. Jahrhunderts,* München, 2009.

Panić, Nataša: *Crvena Lokva,* Dimitrovgrad, 1999.
dies.: *Granica. Natam Navam Pokre Granicu,* Dimitrovgrad, 2016.
Pavlica, Branko: Razgraničenje Jugoslavije s Bugarskom (1919–1922), in: *Tokovi istorije*, 1–2 (2002), S. 16–23.
ders.: Bugari u Jugoslaviji, in: *Aktuelna pitanja iz međunarodnih odnosa: bezbednost, pravo, privreda,* hrsg. von Nevenka Jeftić, Beograd, 2008, S. 178–98.
Pešić, Vesna: Krieg um Nationalstaaten, in: *Kollektive Erinnerung, nationale Formierung, ideologische Aufrüstung*, hrsg. von Thomas Bremer, Nebojša Popov und Heinz-Günther Stobbe, Berlin, 1998, S. 15–44.
Petković, Olgica: *Karakteristike Privređivanja u Pirotu u Periodu 1980–1985* [=Pirotski zbornik 14], 1986.
Petrov, Detko: *Granica,* Beograd, 1972.
Petrov, Metodi: *Nacionalno-osvoboditelnoto dviženie v Zapadnite pokrajnini 1919–1934,* Sofia, 1995.
Petrov, M.: Vremenno rusko upravlenie, in: *Istorija na Bălgarija.* Bd. 7 [Bălgarija 1878-1903], hrsg. von BAN, Sofia, 1991, S. 23–28.
Petrov, Milen V.: Everyday Forms of Compliance: Subaltern Commentaries on Ottoman Reform, 1864–1868, in: *Comparative Studies in Society and History,* Bd. 46, Nr. 4 (2004), S. 730–59.
ders.: *Tanzimat for the Countryside: Midhat Paşa and the Vilayet of Danube, 1864–1868,* Ann Arbor, 2007.
Petrov, Petăr: *Naučna ekspedicija v Makedonija i Pomoravieto (1916),* hrsg. von VIK „Sv. Georgi Pobedonosec" und UI „Sv. Kliment Ohridski, Sofia, 1993.
Petrov, Stefan: Podem na selskoto stopanstvo, in: *Trănsko – minalo i săvremie, dokumentalno-istoričeski i literaturen sbornik za trănsko i trănčani,* hrsg. von Todor Gigov, Maria Znepolska und Stamen Kostov, Sofia, 2008, S. 458f.
Petrović, Jelenko: *Pečalbari naročito iz Okoline Pirota,* Beograd, 1920.
Petrović, Tanja: *Srbija i njen Jug: "Južnjački dijalekti" između jezika, kulture i politike,* Beograd, 2015.
Pezo, Edvin: *Zwangsmigration in Friedenszeiten? Jugoslawische Migrationspolitik und die Auswanderung von Muslimen in die Türkei (1918 bis 1966),* München, 2013.
Pletnov, Georgi: *Midhat Paša i upravlenieto na Dunavskija Vilaet,* Veliko Tărnovo, 1994.
Popov, Čedomir: Srbija 1868–1878, in: *Istorija Srpskog Naroda,* Buch 5, Band 1, hrsg. von Vladimir Stojančević, Vladimir, Beograd, 1994, S. 305–448.
Popović, Ivan: *Geschichte der Serbokroatischen Sprache,* Wiesbaden, 1960.

Popović, Ljubodrag: *Popisi i Šematizam u Pirotskom Okrugu od 1879 do 1914 godine,* Pirot, 2010.

Popović, Mihailo: *Von Budapest nach Istanbul. Die Via Traiana im Spiegel der Reiseliteratur des 14. bis 16. Jahrhunderts,* Leipzig, 2006.

Popović, Todor: *Blede uspomene mog života,* hrsg. von Borislava Lilić, Pirot, 1996.

Poppetrov, Nikolai: *Socialno naljavo, nacionalizmăt napred. Programni i organizacionni dokumenti na bălgarski avtoritaristki nacionalističeski formacii,* Sofia, 2009.

Promitzer, Christian (Hg.): *Hidden Minorities. Language and Ethnic Identity between Central Europe and the Balkans*, Münster, 2009.

ders.: Grenzen der Bewegungsfreiheit. Die Diskussion um Quarantänen am Beispiel des Osmanischen Reichs und Bulgariens vom Beginn des 19. Jahrhunderts bis zu den Balkankriegen (1912/13), in: *Zonen der Begrenzung. Aspekte kultureller und räumlicher Grenzen in der Moderne*, hrsg. von Gerald Lamprecht, Ursula Mindler und Heidrun Zettelbauer, Bielefeld, 2012, S. 35–50.

Rajčevski, Stojan: *Caribrodskite Bălgari,* Sofia, 2008.

Reinkowski, Maurus: *Die Dinge der Ordnung. Eine vergleichende Untersuchung über die osmanische Reformpolitik im 19. Jahrhundert,* München, 2005.

Ristić, Ivan: Bugarska politicka emigracija u Kraljevini SHS, in: *Istorija 20. veka,* 2/2012, S. 41–61.

Ristić, Kosovka: *Dimitrovgrad i Njegova Brdsko-Planinska Okolina,* Beograd, 1985.

Ristović, Milan: *Nemački "novi poredak" i Jugoistočna Evropa 1940/41–1944/45,* Beograd, 1991.

Roksandić, Drago: *Triplex confinium ili o granicama i regijama hrvatske povijesti 1500–1800,* Zagreb, 2003.

Roth, Klaus: What's in a Region? Southeast European Regions between Globalization, EU-Integration and Marginalization, in: *Ethnologia Balkanica,* 11 (2007), S. 17–41.

Roth, Ralf: *Das Jahrhundert der Eisenbahn. Die Herrschaft über Raum und Zeit 1800–1914,* Ostfildern, 2005.

Ruskov, Vladimir: *Bălgari i Sărbi. Caribrod, Zapadnite Pokrajinini i po na Zapad,* Sofia, 2007.

Sahara, Tetsuya: The Ottoman City Council and the Beginning of the Modernization of Urban Space in the Balkans, in: *The City in the Ottoman Empire Migration and the making of urban modernity,* hrsg. von Ulrike Freitag, Malte Fuhrmann, Nora Lafi und Florian Riedler, London, 2011, S. 26–50.

Sahlins, Peter: *Boundaries. The Making of France and Spain in the Pyrénées,* Berkeley, 1989.

Samardžić, Momir: Jedno svedočanstvo o razgraničenju Srbije i Bugarske 1879. godine, in: *Zbornik Matice srpske za istoriju,* 65-66 (2002), S. 263–70.

ders.: Izveštaj srpskog komesara u Međunarodnoj komisiji za razgraničenje Srbije o obeležavanju srpsko-bugarske granice 1879. godine, in: *Spomenica Istorijskog arhiva Srem,* 2 (2003), S. 115–45.

ders.: Rad Međunarodne komisije za razgraničenje Srbije i obeležavanje srpsko-bugarske granice 1878-1879. godine, in: *Peščanik* 2 (2004), Niš, 2004, S. 187–203.

ders.: *Evropa i obeležavanje granica Srbije 1878–1879,* Novi Sad, 2006.

ders.: Pogranični problemi u odnosima Srbije i Bugarske 1879–1884. Koreni, razvoj, značaj, in: *Istorijski časopis,* LIII (2006), S. 195–215.

ders.: *Od San Stefana do Slivnice. Srbija protiv Bugarske 1878–1886,* Novi Sad, 2008.

Sanders, Irwin T.: *Balkan Village,* Lexington, 1949.

Schlögel, Karl: *Im Raume lesen wir die Zeit. Über Zivilisationsgeschichte und Geopolitik,* München/Wien, 2003.

Seeler, Hans-Joachim: *Das Staatsangehörigkeitsrecht von Jugoslawien,* Frankfurt am Main, 1956.

Sefterski, Rajko: Sofijskite Šopi kato istoričesko-etničeska formacija v svetlinata na poslednite izsledvanija, in: *Narodnata Kultura v Sofija i Sofijsko,* Sofija, 1984, S. 55–65.

Silverman, Carol: The Politics of Folklore in Bulgaria, in: *Anthropological Quarterly* 56 (2), 1983, S. 55–61.

Sobolev, Andrej N.: *Sprachatlas Ostserbiens und Westbulgariens 1–3,* Marburg, 1998.

Spasić, Časlav: *Hronika sela Prisjan,* Pirot, 2001.

Sremac, Stevan: *Zona Zamfirova,* Beograd, 1906 [Erstausgabe].

Stanković, Borisav: *Nečista Krv,* Beograd, 1910 [Erstausgabe], *Hadschi Gajka verheiratet ihr Mädchen,* München, 1935 [dt. Übersetzung].

Stanković, Stevan: *Geografija Ponišavlja,* Beograd, 1996.

Stanojević, Fotije: *Pirot i pirotske prilike,* hrsg. von Borislava Lilić, Pirot, 1996.

Stavrov, Stanimir: *Petrlaš. Selo koje nestaje,* Dimitrovgrad, 2000.

Stefanov, Nenad: *Wissenschaft als nationaler Beruf. Die Serbische Akademie der Wissenschaften 1944–1992,* Wiesbaden, 2011.

ders.: Verfassungsgeschichte Serbiens, in: *Handbuch der europäischen Verfassungsgeschichte im 19. Jahrhundert,* Band 3 (in Vorbereitung).

Stefanova, Milena: *Knjiga za balgarskite čorbadžii,* hrsg. von UI „Sv. Kliment Ohridski", Sofia, 1998.

Steinke, Klaus und Voss, Christian (Hgg.): *The Pomaks in Greece and Bulgaria. A Model Case for Borderland Minorities in the Balkans*, München, 2007.

Stojkov, Stojko: *Bălgarska Dialektologia,* Sofia, 1993.

Stojančević, Vladimir: *Knez Miloš i Istočna Srbija 1833–1838,* Beograd, 1957.

ders.: *Južnoslovenski narodi u osmanskom carstvu od Jedrenskog Mira 1829. do Pariskog Kongresa 1856. godine,* Beograd, 1971.

ders.: Jugoistočna Srbija u vreme oslobođenja 1877/78. godine, in: *Leskovački zbornik,* knj. XV, Leskovac, 1975, S. 71–78.

ders.: „Kodžobaša" trnske kaze Aranđel Stanojević i srpskobugarski spor oko Trna i Znepolja 1878–1879, in: *Istorijski časopis,* knj. 25/26, 1978/79, Beograd, 1979, S. 193–217.

ders.: *Srbija i Bugarska od Sanstefanskog mira do Berlinskog Kongresa,* Beograd, 1986.

ders.: Srpski Narod pod Turskom Vlašću u Prvoj Polovini 19. veka, in: *Istorija Srpskog Naroda,* Buch 5, Bd. 1, hrsg. von Vladimir Stojančević, Beograd, 1994, S. 215–50.

ders.: *Srbi i Bugari,* Novi Sad, 1995.

ders.: Još jedan objavljeni istorijski izvor o Znepolju i Pirotu iz vremena oslobođenja od Turaka 1877/78. Godine. Nachwort in: Stanojević, *Pirot i pirotske prilike,* 1996, S. 47–49.

ders.: Oslobodilački pokret u Ponišavlju od Velike Seobe 1690. do Oslobođenja Timočke Krajine 1833. godine, in: *Pirotska buna 1836. godine (sa posebnim osvrtom na oslobodilački pokret u Pirotu i Ponišavlju od turskog osvajanja do oslobođenja 1877/78. godine)*, hrsg. von Borislava Lilić, Pirot, 1997, S. 7–19.

ders.: Nastojanja Srbije da se oslobodi Stara planina u XIX veku, in: *Pirotski zbornik*, knj. 23/24, Pirot, 1998, S. 17–19.

ders.: *Iz prošlosti Pirota i okoline,* Pirot, 2000.

Stojančević-Nikolić, Vidosava: Uprava pirotska 1877/78. godine. Administrativna podela, etničke, demografske i socijalno-ekonomske prilike, in: *Pirotski zbornik,* Bd. 3, 1971, S. 39–57.

dies.: Etnička, demografska i socijalno-ekonomska struktura Niša posle oslobođenja od Turaka (1878–1885), in: *Leskovački Zbornik* Nr. 13, Leskovac, 1973.

Stojanović, Dubravka: *Noga u vratima,* Beograd, 2011.

Stojanović, Gordana: *Tragom Starih Fotografja,* Niš, 2014.

Stojičić, Slobodanka: *Novi krajevi Srbije: 1878–1883: državnopravno i političko izjednačenje novooslobođenih krajeva sa doratnom Kneževinom Srbijom,* Leskovac, 1975.

Dies.: *Agrarno pitanje u novooslobođenim krajevima Srbije posle srpsko-turskih ratova 1878-1907: pravni i politički aspekt*, Leskovac, 1987.

Strašimirov, Anton: *Našijat Narod* [Reprint von Aufsätzen], Sofia, 1993.

Sundhaussen, Holm: *Historische Statistik Serbiens,* München, 1989.
ders.: Serbische Volksgeschichte. Historiker und Ethnologen im Kampf um Volk und Raum vom Ende des 19. bis zum Ende des 20. Jahrhunderts, in: *Volksgeschichten im Europa der Zwischenkriegszeit*, hrsg. von Manfred Hettling, Göttingen, 2003, S. 301–25.
ders.: *Jugoslawien und seine Nachfolgestaaten. Eine ungewöhnliche Geschichte des Gewöhnlichen,* Wien/Köln/Weimar, 2012.
ders.: *Sarajevo. Die Geschichte einer Stadt,* Wien/Köln/Weimar, 2014.
ders.: Die Šumadija: historische (Nicht-)Region und/oder "mental map"?, in: *Das Südosteuropa der Regionen. Sitzungsberichte der philosophisch-historischen Klasse*, hrsg. von Michael Metzeltin und Oliver J. Schmitt, Wien, 2015, S. 277–312.
ders.: Unerwünschte Staatsbürger. Grundzüge des Staatsangehörigkeitsrechts in den Balkanländern und Rumänien, in: *Staatsbürgerschaft in Europa. Historische Erfahrungen und aktuelle Debatten,* hrsg. von Christoph Conrad und Jürgen Kocka, Hamburg, 2001, S. 193–215.
Svirčević, Miroslav: *Lokalna samouprava u Srbiji i Bugarskoj (1878–1914),* Beograd, 2009.
Šišmanov, Ivan: Značenieto i zadačite na našata etnografija, in: *Sbornik za narodni umotvorenija,* Bd. 1, 1889, S. 1–65.
ders.: *Ivan Vazov. Spomeni i Dokumenti*, Sofija, 1930.

Tafrova, Milena: *Tanzimatăt, vilaetskata reforma i bălgapite. Administracijata na Dunavskija vilaet (1864-1876)*, Sofia, 2010.
Tasić, Dmitar: Prisajedinjenje Caribroda i Bosiljgrada Kraljevini SHS 1920, in: *Tokovi istorije,* 3 (2007), S. 121–31.
Terzić, Slavenko: Politički Život u Nišu do Prvog Svetskog Rata, in: *Istorija Niša,* Bd. 2 (Od oslobođenja 1878. do 1941. godine), hrsg. von Danica Milić, Beograd, S. 85–118.
Ther, Philipp: Sprachliche, ethnische und kulturelle „Zwischenräume“ als Zugang zu einer transnationalen Geschichte Europas, in: *Regionale Bewegungen und Regionalismen in europäischen Zwischenräumen seit der Mitte des 19. Jahrhunderts,* hrsg. von Philipp Ther und Holm Sundhaussen, Marburg, 2003, S. IX-XXIX, hier S. XIII.
Todorov, Nikolai: *The Balkan City, 1400–1900,* Seattle/London, 1983.
Todorov, Radoslav und Trănsko-Znepolsko kulturno-prosvetno i blagotvoritelno D-vo „Ruj“ (Hg.): *Sbornik Trănski kraj. Prinos kăm izučvane na zapadnite bălgarski kraišta,* Sofia, 1940.
Todorova, Maria: The Ottoman legacy in the Balkans, in: *Imperial legacy: the Ottoman imprint on the Balkans and the Middle East,* hrsg. von Carl L. Brown, New York, 1996, S. 45–77.
Tomasevich, Jozo: *War and revolution in Yugoslavia, 1941–1945,* Stanford, 1975.
Tomić, Đorđe: *Phantomgrenzen und regionale Autonomie im postsozialistischen Südosteuropa. Die Vojvodina und das Banat im Vergleich,* Göttingen, 2016.
Torpey, John: *The invention of the passport. Surveillance, Citizenship and the State,* Cambridge/New York, 2000.
Trebješanin, Radoš: Poslednji Episkop Pirotske Eparhije, in: *Pirotski zbornik 7*, 1975, S. 127–52.
Trgovčević, Ljubinka: *Naučnici Srbije i stvaranje Jugoslovenske Države 1914–1920,* Beograd, 1986.
Tričković, Radmila: *Beogradski pašaluk 1687–1739,* Beograd, 2013.
Trifunoski, Jovan: Les Chops en Macédoine, in: *Balcanica* 4 (1973).
Troebst, Stefan: Vom spatial turn zum regional turn? Geschichtsregionale Konzeptionen in den Kulturwissenschaften, in: *Dimensionen der Kultur- und Gesellschaftsgeschichte. Festschrift für Hannes Siegrist zum 60. Geburtstag*, hrsg. von Matthias Middell, Leipzig, 2007, S. 143–159.
Trubeta, Sevasti: *Die Konstitution von Minderheiten und die Ethnisierung sozialer und politischer Konflikte. Eine Untersuchung am Beispiel der im griechischen Thrakien ansässigen 'Moslemischen Minderheit',* Frankfurt a. M., 1999.

Ursinus, Michael: *Regionale Reformen im Osmanischen Reich am Vorabend der Tanzimat,* Berlin, 1982.
ders.: Zur Diskussion um „millet" im Osmanischen Reich, in: *Südost Forschungen 48* (1989), S. 195–207.
ders.: Gazette and Independent: Early Disputes between Ottoman Newspapers. Metropolitan versus Provincial, in: *Quelles priveés et contestations publiques. Le role de la presse dans la formation de lópinion publique au Proche Orient,* hrsg. von Christoph Herzog, Raoul Motika und Michael Ursinus, Istanbul, 2002, S. 99–114.
ders.: Lemma Čiftlik, in: *Lexikon zur Geschichte Südosteuropas,* hrsg. von Holm Sundhaussen und Konrad Clewing, Wien/Köln/Weimar, 2016, S. 237.

Vakarelski, Hristo: *Mojat păt kăm i prez etnografijata*, Sofija, 2002.
Valkova, Sonja et. al. (Hgg.): *Istorija na Bălgarskite Mitnici,* Sofija, 2009.
Vălčinova, Galina: *Znepolski pohvali. Lokalna religija i identičnost v zapadna Bălgarija,* Sofija, 1999.
Valtchinova, Galia: Kinship and Transborder Exchange at the Bulgarian-Serbian border in the second half of the 20th century, in: *European Journal of Turkish Studies,* 4 (2006); URL: https://ejts.revues.org/607
Vănšna Tărgovija na Knjažestvo. 1880 i 1881 Godina, Sofija, 1883.
Vasev, Cvetan: *Ikonomičesko Razvitie na Gorno Ponišavie,* Niš, 1970.
Vazov, Ivan: *Pod Igoto,* Sofija, 1894 [Erstausgabe].
ders.: Nova Zemja, in: *Săbrani Săčinenia,* Bd. 16, Sofia, 1948.
Văzvăzova-Karateodorova, Kirila N. und Dragolova, Lidija (Hgg.): *Sofija prez Văzraždaneto,* Sofija, 1988.
Velkova, Saška und Panajotović, Mila: *Putopisci o Pirotu Pirotskom Kraju,* Pirot, 2012.
dies.: *O Pismeneh. Stara i Retka Knjiga Muzeja Ponišavlja,* Pirot, 2014.
dies.: *Mali Rista i njegovo vreme,* Pirot, 2014.
dies.: *Šalom iz Pirota. Sećanje na Pirotske Jevreje*, Pirot 2015.
Vezenkov, Alexander: In the Service of the Sultan, in the Service of the Revolution: Local Bulgarian notables in the 1870s, in: Clayer/Grandits/Pichler, *Conflicting Loyalties,* 2010, S. 135–152.
Vidanović-Sazda, Gavrilo: *Vidlič-Zabrđe. Prilog poznavanju privrednog tipa, razvitka i razmeštaja proizvodnje i razmene dobara jedne zaostale periferne kraške oblasti,* Beograd, 1960.
ders.: *Visok: privredno-geografska ispitivanja,* Beograd, 1955.
Vladimirov, Mladen: Migracioni Dviženija na Naselenieto v Gorno Ponišavie, in: *Most,* 98/1988, S. 79–93.
Vlajkov, Alipija G.: *Spomeni iz života mi,* hrsg. von Ivan Ivanov und Rumjana Penčeva, Sofija, 2008.
Vlajković, Radovan: *Skupštinski izbori u Pirotskom okrugu, 1878–1914*, Pirot, 1988.
Vogel, Detlef: Das Eingreifen Deutschlands auf dem Balkan, in: *Der Mittelmeerraum und Südosteuropa. Von der „non belligeranza" Italiens bis zum Kriegseintritt der Vereinigten Staaten. Das Deutsche Reich und der Zweite Weltkrieg,* hrsg. von Gerhard Schreiber, Bernd Stegemann und Detlef Vogel, Stuttgart, 1984, S. 476–84.
Vojičić, Dragoslav: Počeci Gimnazijskog Školovanja u Pirotu, in: *Pirotski Zbornik,* Nr. 24, 2009, S. 11–20.
Vojinović, Staniša: Fragmenti putnog dnevnika Mite Rakića koji su poslužili za pisanje putopisa „Nove Srbije", in: *Pirotski Zbornik* 27-28, 2002, S. 25–41.
ders.: Rukopis dnevnika Mite Rakića sa puta po krajevima oslobođenim 1877–1878, in: *Leskovački Zbornik* 18, Leskovac, 2003, S. 48–86.
Vojvodić, Mihailo (Hg.): *Srbija 1878. Dokumenti,* Beograd, 1978.
Vučo, Nikola: *Raspadanje esnafa u Srbiji*, Bd. 1, Beograd, 1954

Warnke, Martin: *Politische Landschaft. Zur Kunstgeschichte der Natur*, München, 1992.
Weber, Claudia: *Auf der Suche nach der Nation. Erinnerungskultur in Bulgarien 1878–1944,* Berlin/Münster, 2006.
Weber, Eugen: *Peasants into Frenchmen. The modernization of rural France, 1870–1914,* Stanford, 1979.
Wilhelmy, Herbert: *Hochbulgarien*, Kiel, 1935/36 [2 Bände].
Wörsdörfer, Rolf: Ethnisch-nationale Differenzierung in den Ostalpen: "Deutsch, Windisch, Slowenisch" 1920–1991, in: *Die Nationalisierung von Grenzen. Zur Konstruktion nationaler Identität in sprachlich gemischten Grenzregionen*, hrsg. von Michael G. Müller und Rolf Petri, Marburg, 2002, S. 137–160.

Zdravkov, Georgi und Sotirov, Slobodan: *Senokos – selo koje ne sme da nestane,* Pirot, 2012.
Zdravković, Božidar J.: *Od Alačev Čivlika do Velikog Jovanovca,* Pirot, 1976.
Zirojević, Olga: Carigradski Drum od Beograda do Sofije (1459-1683), in: *Zbornik Radova Istorijskog Muzeja Srbije*, 7 (1970).
dies.: Oko imena Šehirkej (tur. Šehirkoy), in: *Istorijski časopis,* 27 (1980), S. 233–36.
Zlatković, Srbislav, Vasev, Cvetan und Vidanović, Gavrilo: *Dimitrovgrad 1877–1945,* Beograd, 1989.
Živković, Vitomir: *Torlak*, Pirot, 1994.
ders.: *Pirotska golgota 1885–1886*, Pirot, 2001.

Abkürzungsverzeichnis

BKP	Bălgarska Komunističeska Partija (Bulgarische Kommunistische Partei)
BdKJ	Savez Komunista Jugoslavije (Bund der Kommunisten Jugoslawiens)
IB	bezieht sich auf die „Resolution des Kommunistischen Informationbüros“ (IB) am 28.6.1948, mit der der Konflikt Jugoslawiens mit der Sowjetunion begann, und im Ausschluß aus dem stalinistischen Herrschaftsbereich resultierte. In Jugoslawien wurde diese Phase zwischen 1948 und 1953 als „Zeit des IB“, und die Anhänger Stalins als IB-ler (Ibeovci) bezeichnet.
OZNA	Odeljenje za zaštitu naroda (Abteilung für Volksschutz, Geheimdienst der jugoslawischen KP bis 1946)
UDBa	Uprava državne bezbednosti (Behörde der staatlichen Sicherheit. Jugoslawischer Geheimdienst 1946-1966)
VMRO	Vnatrešna Makedonska Revolucionerna Organizacija (Innere Makedonische Revolutionäre Organisation)
VZRO Vrtop	Vătrešna Zapadnopokrajinska Revolucionna Organizacija – Vrtop (Innere Revolutionäre Organisation der Westlichen Gebiete – Vrtop; Vrtop bezeichnet dabei ein landschaftliches Toponym in der hier behandelten Region)

Anmerkung zu Zitation und Schreibweisen von Originalzitaten:
Begriffe aus dem osmanischen Kontext werden hier in ihrer südslawischen Variante wiedergegeben. Im Fließtext werden Zitate in ihrer Originalversion angeführt, wenn diese aus dem lokalen Kontext stammen und die lokale Sprache oder die lokale Variante von Standards wiedergeben. Alle übrigen Originalzitate finden sich in den Fußnoten.

Illustrationen und Karten

Abb. 1: Wohnhaus des Mali Rista, heute Museum des Ponišavlje Pirot (Foto privat)

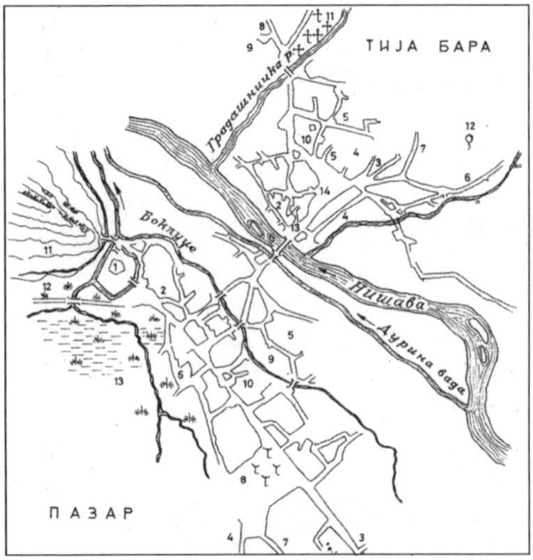

Abb. 2: Osmanisches Pirot mit den beiden Stadtteilen Pazar und Tija Bara (Jovan Ćirić, Geografija Pirota, S. 60)

Abb. 3: Mali Rista (Mitte sitzend), mit seinem Kompagnon Kota Kuklin (links) und unbekannter Person (rechts). Vermutlich Ende der 1850er Jahre. (Museum Pirot, IB-1353)

Abb. 4: Mali Rista (Mitte sitzend), mit seinem Kompagnon Kota Kuklin (links), sein Sohn Aleksa (zweiter von links) und seine Tochter Anastasija (rechts). Vermutlich Anfang der 1870er Jahre . (Museum Pirot, IB-417)

Abb. 5: Ansicht von Pirot aus Richtung Nordwesten. Im Vordergrund die Burg und ehemalige Kaserne der Osmanen. Im Hintergrund die Hauptstraße, die gleichzeitig die Chaussee nach Istanbul war. Vermutlich Angang des 20. Jahrhunderts. (Privatarchiv)

Abb.6: Dragoševa ulica, wichtigste Handelsstraße in Pazar, von der Chaussee nach Istanbul Richtung Norden abgehend. Vermutlich erstes Jahrzehnt 20. Jahrhundert. (Privatarchiv)

Abb. 7: Ansicht von Caribrod aus Nordwesten; vermutlich Angang des 20. Jahrhunderts. (Privatarchiv)

Abb. 8: Ansicht von Caribrod aus Südosten; vermutlich Angang des 20. Jahrhunderts. (Privatarchiv)

Abb. 9: Žorž Gajdarov, vermutlich Anfang der 1930er Jahre (Narodna Biblioteka Detko Petrov)

Abb. 10: Grenzübergang und Innenstadt, vermutlich Ende der 1960er Jahre (Privatarchiv)

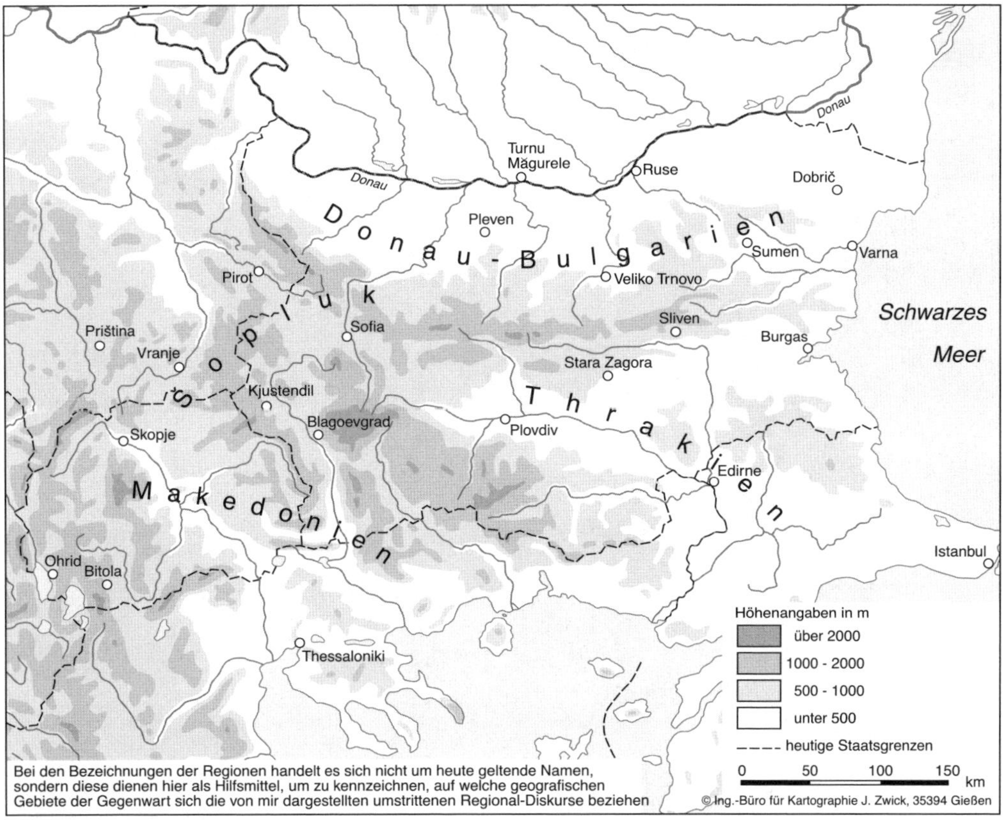
Donau
Turnu Măgurele
Ruse
Dobrič
Pleven
Donau-Bulgarien
Sumen
Varna
Veliko Trnovo
Pirot
Sopluk
Sofia
Sliven
Burgas
Schwarzes Meer
Priština
Vranje
Stara Zagora
Kjustendil
Thrakien
Blagoevgrad
Plovdiv
Skopje
Edirne
Makedonien
Istanbul
Ohrid
Bitola
Thessaloniki
Höhenangaben in m
über 2000
1000 - 2000
500 - 1000
unter 500
heutige Staatsgrenzen
0 50 100 150 km
Bei den Bezeichnungen der Regionen handelt es sich nicht um heute geltende Namen, sondern diese dienen hier als Hilfsmittel, um zu kennzeichnen, auf welche geografischen Gebiete der Gegenwart sich die von mir dargestellten umstrittenen Regional-Diskurse beziehen
© Ing.-Büro für Kartographie J. Zwick, 35394 Gießen

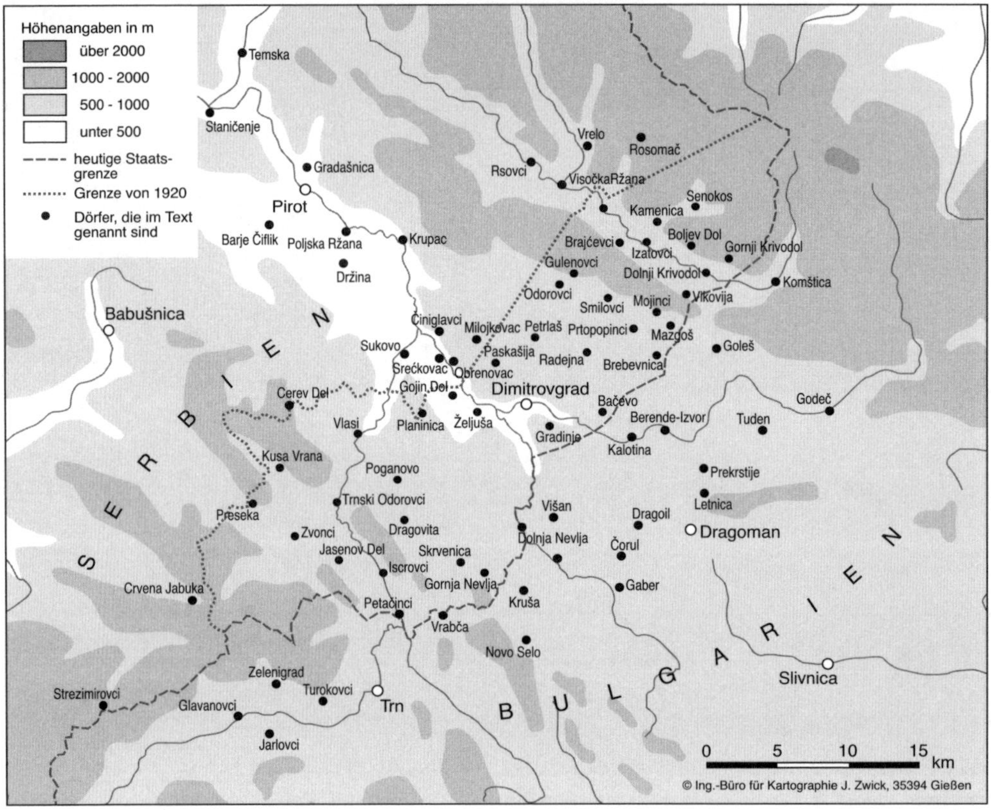

Bulgarien, Grenzfrage

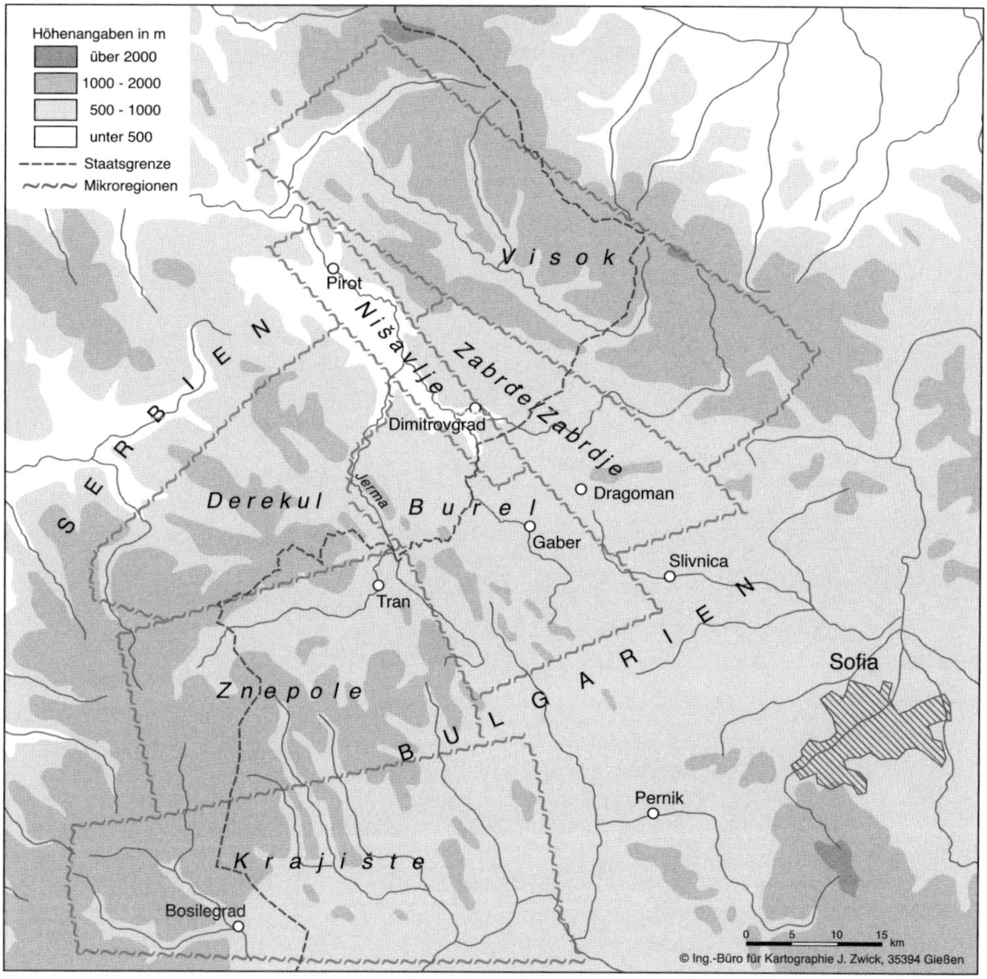

Bulgarien, Mikroregionen

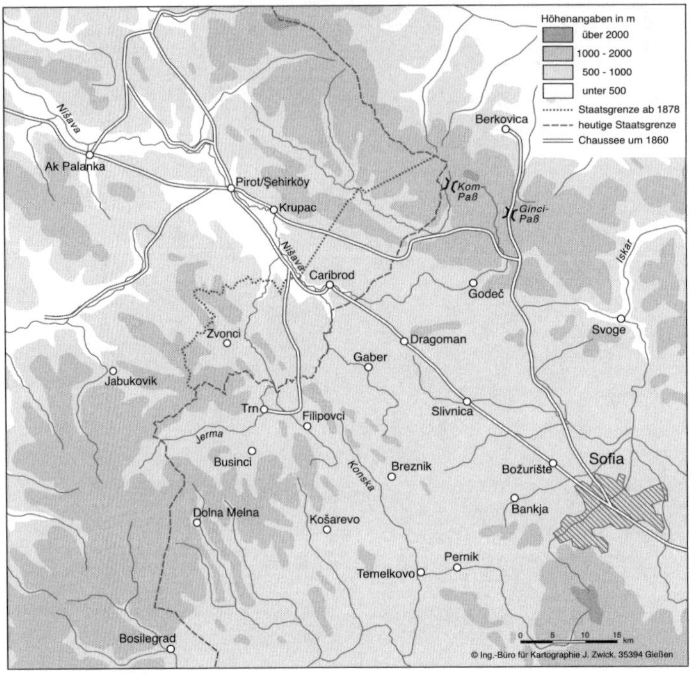

Bulgarien,Kommunikation 1

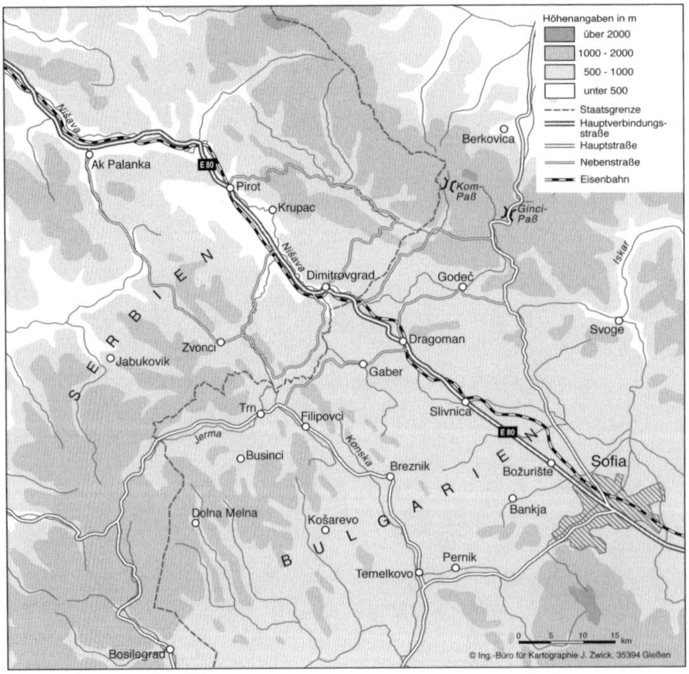

Bulgarien,Kommunikation 2